세존학술총서 3

불교의 기원

Studies in the Origins of Buddhism

고빈드 찬드라 판데 지음 / 정준영 옮김

민족사

2019

3rd Reprint: Delhi, 2015
Fourth Revised Edition: Delhi, 1995
First Edition: Allahanad, 1957

G.C. Pande 著,

STUDIES IN THE ORIGINS OF BUDDHISM
Published by arrangement with
Motilal Banarsidass Publishers Private Limited
A-44, Naraina Industrial Area, Phase-I, New Delhi-110028
Website: www.mlbd.com, Email: mlbd@mlbd.com

간행사 요약

〈이 세존학술총서는 박찬호 거사의 원력과 시주(施主)로 이루어졌다.〉

1.

불교는 약 2,500년 전 바라문교의 폐해를 비판하며 등장한 붓다에 의해 성립한 종교다. 불교는 인도에서 '신흥종교'로 발생하여 세계적인 종교로 발전하였고, 그 불교가 한국에 전해진 지도 1,600여 년이나 지났다. 불국사와 석굴암, 해인사 『고려대장경』 등 국가지정문화재 가운데 불교 문화재가 압도적인 것은 매우 자랑할 만한 일이다.

그럼에도 불구하고 통계청에서 10년마다 실시하는 조사에 의하면, 2005~2015년 사이에 불교 신도수가 760만 명으로 무려 300만 명, 15%나 줄었다. 원인은 여러 면에서 분석해야 하겠지만, 그 책임은 승가에 있다고 보아야 할 것이다. 승가의 허물이 가장 크게 작용했음에는 이론이 없을 것이다.

종교인은 사실상 전문 교육자와 같은 역할을 할 때, 종교와 신도 또한 사회에 모두 이익이 된다. 그런 면에서 승가가 공적(公的) 스승으로서의 역할을 충실히 해 왔는지에 대해서는 아쉬움이 든다. 이에 나 역시 승가의 일원으로 책임을 통감하며 한국불교의 취약한 부분을 조금이라도 보완하는 효율적 방법을 모색하였다. 마침 박찬호 거사가 나의 뜻에 공감하며 화주(化主)를 자처해 극적으로 이루어질 수 있었다.

한국불교의 허약한 체질은 조선시대 이후, 원효(617~686)와 의상(625~702) 같은 걸출한 논사(論師)를 배출하지 못한 데다가, 근·현대 선 수행에 대한 편식으로 교학을 홀대한 결과라고 할 수 있다. 반면 서구와 일본은 이미 1세기 이전부터 불교를 신앙만이 아닌 인문학적이고 사상적인 가치로 접근하여 불교학을 학문의 관점에서 연구를 하였다.

본 세존학술총서는 그들이 축적한 방대한 논문과 학술서 가운데 20년 이상 검증된 세계 최고의 학술 명저와 논문을 선별한 것이다. 이 불사의 시작은 지극히 미미하지만, 감히 바라건대 고려대장경 결집 후 1,000여 년이나 지난 이 시대에 걸맞은 논장(論藏)을 세우는 인(因)이 되었으면 한다. 또한 먼 미래에 불법을 연구하는 이들에게, 불교가 추락할수록 이를 심각하게 염려하는 '사람들'이 있었음을 기억해 주었으면 한다.

2.

한국불교학은 90년대 이후 장족의 발전을 하였다. 가치 있는 학술서도 적지 않게 저술·출판되었다. 그러나 근래 많은 학자들은 한 주제를 가지고 오랜 탐구 끝에 그 결과물을 내기보다는 단편 논문에 집중하여, 전작이 거의 나오지 않고 있다. 더러 한두 권이 나오고 있는 것을 본다면 대부분 현직 학자들보다는 재야 학자들의 저서이다. 반면 외국의 불교학술서들을 본다면 놀라운 연구서들이 많이 나오고 있다. 그것은 학문에만 집중할 수 있는 풍토와 환경이 조성되어 있고, 학자 자신도 탐구나 연구에 몰입하고 있기 때문일 것이다.

이러한 문제점을 보완해 보고자 외국의 뛰어난 학문적 성과물들을 국내에 제공하여 후학들의 학문 탐구에 일조가 되어 보자는 입장에서 이런 해외 우수 학술서들을 번역·출판하게 되었다.

3.

이러한 학술서들을 번역·간행할 수 있었던 것은 오로지 큰 원력을 내 주신 박찬호 거사의 기부와 희사정신에 의한 것이다.

한국의 불자들은 법당이나 불상 등 외형적인 불사에 주로 보시를 하고 있다. 그러나 중국과 대만의 불자들은 불서 간행에 많은 희사를 한다. 두 나라 불자들은 운명할 때가 되면 일정한 재산을 불서간행에 써 달라고 사찰에 보시한다고 한다. 부처님 말씀이 담긴 경전간행에 최고의 의미를 두기 때문이다. 근래 이 두 나라 불교는 장족의 발전을 거듭하고 있다. 대만은 국민의 80%가 불교도이고, 중국도 도교와 불교를 같이 신앙하는 인구가 13억 가운데 거의 80%나 된다. 반면 지금 우리나라는 10년 사이에 약 300만 명이 감소하여 760만 정도로 인구의 약 20% 정도를 차지하는 데 그치고 있다.

이 결과는 한편으로는 한국 신도들의 편협된 보시 관행과 관련이 있는데, 이런 보시 관행은 한국의 승가가 신도들에게 요구해 온 보시의 전형이다. 유형물에 대한 보시의 의미를 넘어, 법보시의 진정한 의미를 되새기게 해 준, 박찬호 거사의 통찰에 깊은 감사를 드린다. 박 거사의 대승적 보시가 장차 한국불교 신도들에게, 붓다의 가르침대로 행하는 보시바라밀로 자리 잡게 될 때 한국불교는 비로소 재도약의 발판을 마련할 인연이 도래할 것이다.

방대한 학술서임에도 불구하고 흔쾌히 번역을 맡아 주신 서울불교대학원대학교 정준영 교수님께 진심으로 감사를 드리며, 어려운 책을 편집·교정해 주신 민족사 편집부 직원분들, 그리고 윤창화 사장님의 안목과 열정에 깊이 감사드린다. 또한 십시일반으로 후원해 주신 불자들께도 감사드린다.

2019년 정월 초하루
고양시 용화사 무설설당에서
세존학술연구원장 성 법 합장

목 차

간행사 요약 … 3

일러두기 … 14

네 번째 개정판 서문 … 15

서문 … 20

역자의 말 … 24

제1부 초기불교의 근원 연구 … 27

제1장 불교의 경전과 연대기 … 29

경장(Sutta Piṭaka, 經藏) 29 / 논장(Abhidharma Piṭka, 論藏)과 다른 판본 29
율장(Vinaya Piṭka, 律藏)과 다른 판본 31 / 경전, 니까야의 연대 39

제2장 니까야의 시대구분: 문제와 방법 … 48

문제 48 / 율장에 담긴 이야기 49 / 경장에 대한 올덴베르그의 입장 50
경장에 대한 리스 데이비즈와 로우의 입장 50 / 경장과 다른 연구자들 54
시대구분 기준 58 / 형이상학적 목적과 형식의 경향 59 / 산문과 운문 84

제3장 『숫따니빠따』, 『이띠웃따까』, 『우다나』의 시대구분 … 87

『숫따니빠따(Sn.)』와 한역 아함 87 / 산문과 게송 88
오래된 「앗타까왁가(Atthakavagga)」와 「빠라야나왁가(Parayanavagga)」 89
『숫따니빠따』의 시대구분 92 / 주요 「앗타까왁가」 94
「앗타까왁가」의 나머지 97 / 「앗타까왁가」에 대한 결론 97

「빠라야나왁가」 97 / 「빠라야나왁가」에 대한 결론 99
『마하왁가(Mahavagga)』 100 / 『마하왁가』에 대한 결론 102 / 나머지 102
『이띠웃따까(Itivuttaka)』 107 / 의심의 여지 없이 진본인 4장(Nipāa) 108
3장(章, nipāta) 110 / 1~2장(章, nipāa) 111 / 결론 114
『우다나(Udāna)』 114 / 결론 120

제4장 『디가니까야(Dīgha Nikāya)』에서 초기와 후기 … 121
『장아함경(Dīrghāgama)』과 『디가니까야』 121
『장아함경』과 『디가니까야』 경전의 순서 123
첫 번째 왁가(Vagga, 品) 126 / 경전의 초기 특징 128 / 경전의 두 부분 129
몇 가지 후기 특징 131 / 두 번째 왁가(Vagga, 品) 141 / 프르질루스키의 결론 146
경전 16에 대한 분석 149 / 이후 경전에 대한 분석 155
세 번째 왁가(Vagga, 品) 160 / 결론 165

제5장 『맛지마니까야(Majjhima Nikāya)』의 초기와 후기 … 167
『맛지마니까야』의 경전 분류와 순서 167 / 후대의 것으로 보이는 세 번째 빤나사 168
초기/후기/복합/불분명으로 경전 분류 169
(a) 초기 170 / 다른 전기(傳記) 경전 두 가지 177
(b) 후기 183 / (c) 복합 201 / (d) 불분명 218

제6장 『상윳따니까야(Saṃyutta Nikāya)』의 초기와 후기 … 245
『잡아함(Saṃyuktāgama, 雜阿含)』과 『상윳따니까야』 245
「사가타왁가(Sagātha vagga)」의 특징 246 / 「데와따상윳따(Devatasaṃyutta)」 247
「사가타왁가」의 나머지 부분 253 / 『상윳따니까야』의 나머지 왁가 262
「니다나상윳따(Nidānasaṃyutta) 266 / 「니다나왁가」의 다른 상윳따 276
「칸다왁가(Khandhavagga)」 279 / 「칸다왁가」의 나머지 상윳따 283

「살라야따나왁가(Saḷāyatanavagga)」 285 / 「살라야따나왁가」의 나머지 상윳따 293
「마하왁가(Mahāvagga)」 297

제7장 『앙굿따라니까야(Aṅguttara Nikāya)』의 초기와 후기 … 306
『증일아함』과 『앙굿따라니까야』 306 / 진본인지 의심스러운 열한 번째 니빠따 307
여섯 번째 니빠따 이후를 구성하는 새로운 동향 307
'유명무실한' 일부 그룹 생략 308 / 『증일아함』에서 '생략'과 숫자로 나타낸 체계 310
『앙굿따라니까야』의 시대층을 구분하는 어려움 310 / 특별한 종류의 일부 경전 310
『앙굿따라니까야』 일부 경전의 시대층에 대한 고찰 311 / 결론 325

제2부 불교의 역사적·문화적 배경 연구 … 327

제8장 베다의 배경 연구 … 329
베다 문명 이전 시대의 중요성 329 / 베다 시대의 무니와 슈라마나 336
베다 사회의 진화 340 / 신과 인간 344 / 추상적 [개념의] 신(神) 증가 349
유일신교와 범신론 경향 350 / 종말론 352 / 의례와 그 발달 353
희생제의 특성 353 / 희생제의 종류 354 / 희생제의 철학 357
윤리와 삶의 가치 358 / 신들 사이의 변화 359 / 상징주의: 비디야, 우빠사나 360
브라흐마나: 종말론과 윤회론의 기원 361 / 우파니샤드 사상 366
카르만 교리와 제사장의 세계: 도덕적 변혁 367
즈냐나(Jñāna, 智)와 카르만(Karman, 業) 368 / 카르만과 신 369
불멸 370 / 자기 지식[앎]의 증가 371 / 브라흐만(Brahman) 377
최고선(最高善) 379 / 위짜라(Vicāra, 伺) 381 / 요가(Yoga) 382
요가의 기원 384 / 상키야의 기원 386 / 최종 견해 391

제9장 붓다 시대의 종교적 조건 … 392
사회적 존재와 사회적 의식 392 / 붓다 시대의 사회적 변화 393
브라흐마나와 그 종교 397 / 대중적인 종교 399 / 금욕주의의 발생 403
[불교 이전이 아닌] 네 가지 아슈라마 이론 404
'네 번째 아슈라마'를 강력히 반대하던 브라흐마나 407
『다르마 수트라』의 네 가지 아슈라마 최초 형태 408
베다 울타리에 금욕주의 등장 409
기원전 6세기 금욕적이고 지적(知的)인 운동의 기원 410
브라흐마나와 비(非)브라흐마나의 금욕주의 411
은둔 수행자와 탁발 수행자 412 / 거주지 420
우안거(雨安居)와 우포사타(布薩) 420 / 지적(知的) 동요 421
시간의 철학 421 / 스바바와바다 422 / 니야티바다 423 / 야드르차바다 423
사상적 동요의 원인: 추정 424 / 아크리야바다 425 / 막칼리 고살라 426
상사라위숫디 426 / 아지바카의 도덕성 429 / 아크리야바다의 또 다른 다양성 431
상키야 또는 바이셰시카 433 / 까싸빠, 깟짜야나와 사상적 동요 433
'회피론자' 아닌 불가지론 434 / 유물론(唯物論) 435
「브라흐마잘라 숫따」 436 / 니간타(자이나교) 437 / 초기 자이나교 신앙의 개요 440
깜마 이론 444 / 가티(Gati, 運命) 449 / 마하비라의 금욕주의 451
결론 452 / 후대에 발달된 일부에 대한 기록 453

제10장 붓다의 생애 … 455
출처 455 / 관점 456 / 출생 457 / 사끼야 457
가족 459 / 어린 시절 459
『아비니슈크라마나(Abhiniṣkramaṇa, 佛本行集經)』 460
고귀한 탐구 (Ariyapariyesanā) 464 / 빠다나(Padhāna, 努力) 465
깨달음 466 / 마라와의 논쟁 407 / 붓다의 첫 번째 설법 469
삼보디 이후의 사건들 470 / 브라흐마의 간청 470

바나라스에서 472 / 위나야의 이야기 472 / 붓다의 교리 전파 473
다른 집단 476 / 불교와 다양한 사회 계급 478
붓다의 성격 479 / 삶과 가르침 481

제3부 초기불교 교리 연구 … 483

제11장 괴로움과 그 기원 … 485

아리야삿짜니(Ariyasaccāni, 고귀한 진리) 485 / 의학과의 관련성 486
아비다르마에 따른 내용 487 / 둑카(苦), 붓다의 가르침에서의 위치 488
리스 데이비즈 여사의 회의론 489 / 근거가 충분치 않음 489
니까야에서의 둑카 490 / 둑카의 본질 491 / 둑카의 기원 494
연기(Paṭiccasamuppāda)의 해석 495 / 연기의 진위 501
연기의 두 가지 측면 501 / 연기의 일반적 원리: 그 발견과 의의 502
연기의 신비로운 면 504 / 유한한 독립존재를 부정하는 연기 505
중도(中道)로서의 연기 508 / 연기와 흐름 513
연기와 브라흐마노우파니샤드의 배경 514 / 붓다의 독창성 515
연기에 대한 개념의 발달 516 / 연기: 응용 형식 518
깜마(業)와 둑카 518/ 기능적이며 비실재적인 깜마 520
대중적인 깜마 이론 형태 522 / 상사라(Saṃsāra, 輪廻)의 유래 522
연기, 정형구 증가 523 / 세 가지 단계 524 / 빳짜야(緣): 관계의 의미 526
다양한 니다나(因緣) 527 / 12 니다나에 대한 결론 531

제12장 니르바나(Nirvāṇa, 涅槃) … 534

니르바나에 관한 논란과 역사적 관점 534 / 니르바나에 대한 해석 — (I) 고대 535
불교의 니르바나 개념: '산따(Santa, 寂靜)'와 '아삼스크르타' 543

니르바나에 대한 해석 — (II) 현대 544 / 결론 549
소빠디와 니루빠디 549 / 붓다와 아라한 550 / 보디(Bodhi, 覺) 551
윗자 552 / 위뭇띠(Vimutti, 解脫) 552 / 삼보디와 직관적 앎 553
빤냐 554 / 연기와 삼보디 556 / 삼보디 557
니르바나와 경험 558 / 담마와 그 중요성 문제 559
담마에 대한 해석 559 / 담마의 두 가지 의미 564 / 삼보디와 담마 566
닙바나와 연기 566 / 닙바나의 본성: 초월적 실재로서의 닙바나 567
연기와 닙바나의 관계에 대한 바루아의 견해 570
닙바나와 상사라 571 / 목표로서의 닙바나 572 / 정적(靜寂)의 본성 573
해방(해탈) 575 / 앗따(Atta, 自我) 문제 576 / 현대적 해석 577
마디야미카(Mādhyamika, 中觀派) 관점 579 / 니까야 자료의 역사적 분석 580
뿌리사 585 / 뿌리사뿍갈라와 뿍갈라 586 / 뿍갈라와다 587
뿍갈라와다의 기원 589 / 윤회의 주체로서 윈냐나 590
초월적 개념으로서 윈냐나와 실증적 개념으로서 윈냐나의 양 측면 591
니까야에서 윈냐나 개념의 세 단계 593 / 칸다 이론의 늦음 594
안앗따 이론 596 / 붓다의 침묵 603 / 결론 607

제13장 니르바나(Nirvāṇa, 涅槃)에 이르는 길 … 609

길(道)과 진리 609 / 불교의 길(道)과 우파니샤드 610
실라, 사마디, 프라즈냐 612 / 길(道)이 아닌 것 613 / 앗탕기꼬 막고 615
믿음(信) 621 / '마음챙김' 624 / 이띠빠다 627 / 보디빡키야 담마: 결론 628
윤리적 문화 629 / 연민(慈悲) 630 / 브라흐마위하라(Brahmavihāra, 梵住) 630
집중과 명상 632 / 고대 불교에서 선정(禪定)의 중요성 632
선정의 목적 634 / 네 가지 선정 636 / 선정의 특징 639
자나(禪定), 아루빠(無色界), 니르바나 640 / 사마타(止)와 위빠사나(觀) 642
정신적 성장[聖人]의 단계 644

제14장 선행 종교와 경쟁관계에서 초기불교 … 646
불교와 자이나교 646 / 불교와 상키야(Sāṅhya, 數論) 653
불교와 요가 658 / 불교와 베다 전통 661 / 결론 663

제15장 니까야 이후 불교의 발전 동향 … 665
분열의 기원 665 / 규율의 상태 667 / 교리에 대해 668
부파 668 / 주요 문제 673 / 발달 계보 674

부록 1 초기 자이나 자료 _ 677
2 빠알리의 발상지에 대해 _ 685
3 마이트라야니야 우파니샤드 _ 687

·약어 및 참고문헌 … 690
·찾아보기 … 708
·증보 … 729
·간행사 전문 … 732

[일러두기]

〈역자 일러두기〉

1. 한국어판의 형식은 원서의 형식을 따르고자 했으며, 주석이나 참고문헌 등에서 나타나는 순서나 형식 역시 원서의 배열을 참고했다. 특히, 약어와 참고문헌이 섞여 있다.

2. 원서에서 경전이나 주석, 외국어 등의 원문만 사용한 경우는 역자가 번역하였다. 본문에 등장하는 원문은 가능한 우리말 번역만 남기고, 그 원문은 각주에 담고자 했다.

3. 산스크리트어, 빠알리어, 아르다마가디어 등의 인도어는 각자의 음사 방법을 따르려 했지만, 역자의 음사 습관에 의지한 것이 사실이다. 가능한 로마자를 표기하고자 노력했다.

4. 원서의 다양한 오류들을 모두 수정하지 못했다. 번호나 숫자의 표기 오류, 원전의 페이지 오류, 오탈자, 주석과 참고문헌의 불일치 등 관련된 오류들은 역자가 가능한 수정하였다. 다만, 서지사항 등에 대한 부정확한 정보 등이 남아 있는 것이 사실이다.

5. 경전명이나 불교용어 등에 원서에 없는 한자를 병기했다.

6. 본고의 색인은 원서와 다르며 본문의 주요 단어로 제한했다.

네 번째 개정판 서문

독자들의 지속적인 관심 덕분에 – 개정하지 않은 부분도 있지만 – 업데이트된 네 번째 개정판을 발행할 수 있었다. 불교학은 세계 각국에서 발전하고 있으며, 그 중에서도 최근 나카무라 교수의 『인도불교』(Delhi, 1987)에서 연구한 몇몇 문헌조사가 주목할 만하다. 그럼에도 불구하고 현재 진행하고 있는 많은 연구들은 일부 불교학파와 나라별 전통에서 이해하는 방식대로 고대의 문헌을 출판 혹은 해석하고 있다. 이처럼 불교를 이해하는 데 있어 오래된 국가적 교리나 새로운 해석이 추가되어 왔으며, 새로운 관념이나 방법론 역시 제시되었다. 하지만 남방이나 북방의 전통 교리도 아니고 마르크스주의나 실증주의의 개념도 아닌 새로운 해석의 등장은 역사적 진위를 확인하는 데 방해가 될 수도 있다.

올덴베르그(Oldenberg)로부터 호너(I.B. Horner)까지 이어져 온 불교에 대한 역사적 비평의 저서들은 빠알리(Pāli) 경전이 상대적으로 더 고대의 것임을 인지하고, 이것이 초기불교를 이해하는 데 고유한 가치를 지녔음을 확인하는 토대가 되었다. 하지만 이러한 사실은 북방 전통에서 찾은 반대주장에 의해 논박당하거나 간과 혹은 축소되어 왔다. 북방 전통은 거의 다 유실된 인도 원전(原典)의 한역본과 티베트 번역본을 따르는 것이 대부분이다. 게다가 산스크리트나 쁘라크리트로 된 경전 중 일부분이 발견되긴 했지만 애가 탈 정도로 적은 양이다. 고대의 한역본 역시 훨씬 뒤에 번역된 티베트 번역본만큼이나 의역(意譯)이 되어 있다. 이러한 상황으로 미루어 볼 때 초기불교의 역사에 대한 최고의 단서는 여전히 빠알리 경전에 있다는 사실을 부정할 수 없다.

붓다는 자신의 가르침이 제자들의 언어로 기억되는 것을 허용했다. 따라서 다양한 부파에서 다양한 표현으로 경전 전통이 발달하는 것은 불가피했을 것이다. 방대한 확장 안에서 테라와다(Theravādin, 上座部)의 빠알리 경전만이 온전히 보존되어 왔다는 사실은 어쩌면 역사적 우연에 불과할는지 모르겠다. 그럼에도 불구하고 붓다의 삶과 가르침을 일별(一瞥)할 수 있는 유일한 창구가 되어 주는 것도 사실이다.

물론 테라와다 불교를 초기불교로 여긴다거나 빠알리 경전을 붓다의 직설(Bhuddhavacana, 붓다의 敎說)로 간주한다는 의미는 아니다. 다만, 붓다의 직설을 찾아내기 위한 어떤 계획이든 빠알리 경전에서 발견되는 내용에 더욱 의지할 수밖에 없다는 사실을 의미한다. 후대의 마하야나(Mahāyāna, 大乘) 문헌에서 언급하고 인용하는 내용들 역시 붓다의 직설 중 일부일 수도 있는 몇 가지 경전이나 빠리야야(paryāya, 分別)를 보여주고 있다. 하지만 이들은 오히려 빠알리 경전의 가치를 확실히 해주고 있을 뿐이다. 빠알리 경전의 문구들과 한역 또는 산스크리트 경전의 문구들을 비교했던 시도를 통해, 이들이 서로 다르게 구성된 모음에 존재했고, 주제나 의도, 개념, 환경적 배경에서는 포괄적으로 유사한 반면에 내용의 일부가 상당히 추가되거나 수정되어 왔다는 사실을 알 수 있었다. 예를 들어, 『대반열반경』은 상당 부분 개정되긴 했으나 까뜨야야나(Kātyāyana, 迦栴延)에 대한 가르침은 다른 버전들 사이에서도 본질적 동일성이 있음을 보여준다.

빠알리 경전과 다른 버전의 문구를 비교하는 작업은 붓다의 직설에서 아비다르마(Abhidharma, 論藏)와 같은 부파불교의 경전, 즉 후대 불교 문헌의 상당 부분을 제외시키는 데 도움이 된다. 불멸 후 200년 이내에 부파가 생겼다면, 특정 부파의 성향을 띠지 않는 근본적인 경전 내용들은 불멸 후 1세기에 해당되어야 한다. 하지만 이런 내용들 역시 순수한 붓다의 직설이 아니라 그 당시 수행 전통을 상세하게 설명하고 있을 뿐이다. 결과적으로 붓다의 직설을 찾기 위해서는 빠알리 경전에서 가장 오래되고 완벽한 모음을 찾고, 가능한 한 비판적으로 검토하고, 시대를 구분하는 것이 유일한 방법이라는 결론에 도달한다. 신앙적 정통이나 전통적 빠알리 학파의 정통성이 이런 과업을 방해하도록 내버려둬서는 안 된다는 것이다.

본서의 방법론은 전통적 빠알리 학파든 일본이나 티베트 학파든 모든 전통적 입장에 거리를 두고 접근을 시도하고자 하였다. 중국·티베트·일본 자료를 연구하는 일부 연구자들이 빠알리 경전이 상대적으로 더 오래되었다는 데 의문을 제기한 것이 사실이지만, 마찬가지로 과거에 히나야나(Hīnayāna, 小乘) 부파에서 마하야나(Mahāyāna, 大乘) 경전의 진위에 의문을 제기하기도 했다. 이런 논쟁은 – 『쿳다까니까야(Khuddaka Nikāya, 小部)』의 몇 가지 내용을 제외하고 – 어느 부파에도 속하지 않는 아소카(Aśoka) 왕 이전의 첫 번째와 두 번째 삐따까(Piṭaka, 經藏·律藏)의 특징을 충분히 계산하지 못했기에 나타난 것으로 보인다. 이러한 맥락에서 결집의 역사적 시기로서 붓다의 열반(Nirvāṇa, 涅槃) 시기를 바라보는 관점을 중요하게 고려해야 한다. 최근에 2차 결집 이전에 100년이 흘렀다는 이유로 붓다의 열반 시기를 기원전 4세기로 추정하는 오래된 관점이 다시 유행하고 있으며, 이들은 2차 결집이 아소카 왕 시대에 진행되었다고 믿고 있다. 이런 오해는 아소카와 칼라쇼카 카카바르니(Kālāśoka Kākavarṇi)를 혼동한 것으로, 반열반(Parinirvāṇa, 般涅槃) 후 218년에 아소카의 대관식이 열린 것을 기록하는 스리랑카 전통을 통해 충분히 반박되었다. 고고학 증거를 토대로 – 물질적 발달의 연대 순서를 활용함으로써 – 붓다의 시대를 결정하려는 시도는 물질적 삶이 자각하지 못하는 방식으로 가설만을 내세우는 셈이 된다. 장기간에 걸쳐 변화했던 시간 안에 불과 100년이라는 차이로 한정된 결정을 내리는 것은 지나친 판단이다. 고고학적 증거에 한정하여 불교 사회의 연대를 정확히 추론한다는 것은 너무나 모호하다. 초기 경전에서 나타나는 사회적 특성은 과거와의 단절이라고 보기 어려우며, 반드시 마우리아 왕조 시대에 위치해야 할 필요도 없다.

마찬가지로, 불교의 발생을 농업·무역·도시가 발생하거나 또는 카스트 계급 사회가 출현함으로써 가나(gaṇa)라는 오래된 씨족이 붕괴되는 것과 같은 사회적·경제적 변화와 연결시키고자 시도했다. 하지만 붓다의 가르침 혹은 초기불교와 그러한 사회·경제적 조건의 연관성은 충분한 증거가 부족할뿐더러 그들 사이에는 타당한 인과관계도 보이지 않는다. 철학이나 실증주의 사회학에서 비롯된 일종의 사회적 결정주의라는 맥락 안에 한정하여 정신적 교리나 움직임을 설명하려는 시도는 그럴듯해 보일 수 있다. 물론 사회적 저항 또는 반대운동을 설명한다는 오해를 받을 수도 있다. 하지만 불교는 사회적 집단이나 저항에 대한 특정의 목소리로 발생하지 않았다. 불교는 실존적 괴로움을 없애는 데 관련된 도덕적·정신적 진리를 새롭게 발견한 것이다. 따라서 인류 모두에게 호소한 것이었다. 불교는 진리를 선포하는 보편적 메시지이다. 이러한 주장에 대해 회의적일 수도 있다. 하지만 이와 같은 회의적 입장은 종교에 대해 대체 가능하면서 불가피하게 추론적이거나 교리적인 이론을 전제하고 있다. 따라서 본서는 증거에 대한 객관적인 역사, 비평적 평가에 국한시켜 진행하고자 한다.

브라흐마나(Brāhmaṇa, 婆羅門)와 슈라마나(Śramaṇa, 沙門)라는 두 갈래의 기본 개념은 권위 있는 학자들에 의해 상세한 설명이 부가되고 증명되어 왔다. 그 과정에서 초기불교는 나이라트미야(nairātmya, 無我) 개념에 대해 더 많은 논의를 이어갔다. 일부 비판적인 학자들은 안앗따(Anattā, 無我)에 대해 자아에 대한 생각 아래 깊게 깔려 있는 모든 정신적 혹은 초월적 실체를 단순히 부정(否定)한 것이라는 관점을 지지했다. 이러한 이해는 초기 경전의 증거에 모순될 뿐만 아니라 불교 교리의 구조 내에서도 심각한 모순을 야기하는 것이라 확인할 수 있다.

이처럼 초기 부파의 역사와 교리에 대한 많은 연구가 진행되어 왔지만, 본서의 결론에는 크게 영향을 미치지 못했다. 이러한 부분에 대해서는 나의 다른 작업에서 자세히 검토했다.

특별한 친구인 빅쿠(Bhikkhu) 빠사디까(Pāsādika) 박사님과 존경하는 S. 린포체(Rev. S. Rinpoche) 님께 감사함을 표시하고 싶다. 이분들은 내가 빠르게 변화하는 불교 교학의 흐름을 따라갈 수 있도록 도와주었다.

이 책에 지속적인 관심을 보여주는 모티랄 바나르시다스(Motilal Banarsidass) 출판사에도 은혜를 입었다.

라마 라바미(Rama-navami), 1993

알라하바드(Allahabad)

고빈드 찬드라 판데(G.C. Pande)

서문

초기불교에 관한 저서들은 많다. 그럼에도 불구하고 해당 주제에 대한 새로운 연구의 필요성은 반박하기 어렵다. 리스 데이비즈(Rhys Davids) 여사는 지극히 중요한 질문을 제기했다. "불교의 본래 메시지는 무엇인가?" 그녀의 날카로운 질문에 침착하게 자리 잡았던 불교 교학은 돌연 혼란스러워졌다. 불교의 가르침 안에 전통적으로 본래 가르침이라고 기록해 온 것과는 다른 부분이 있으며, 전통이 모두 일치하지는 않는다는 사실이 인정되자 문헌에 대한 더 비판적이고 더 역사적인 관점을 취할 수밖에 없게 되었다. 리스 데이비즈 여사가 새로운 접근법을 통한 선구자적인 길을 택함으로써 불교의 기원 문제를 재평가할 필요가 생기게 되었다.

불교 경전 내에서 이용할 수 있는 최초기에 수집된 자료들조차도 그 시기가 불확실하며 여러 종류의 다른 내용들로 이루어져 있음을 이해해야 한다. 리스 데이비즈 여사는 니까야(Nikāya)가 한결같이 동일한 교리를 설하지 않는다는 사실에 주의를 기울였다. 오히려 다양하게 발달하게 될 씨앗을 내포한 것으로 보일 수도 있었다. 때로는 한역 아가마(Āgama, 阿含)를 통해 비슷하게 알려진 내용에서 일반적 결론을 끌어내는 것이 오히려 안전할 수도 있다. 결국 고대 불교에 대해 역사적으로 확실하게 접근하려면, 니까야와 아가마의 시대층을 구분하지 않을 수 없다. 니까야와 관련해서는 본서의 제1장~제7장까지 이러한 연구를 시도하였다.

본 주제에 대해 새로운 연구가 필요한 이유는 더 찾아볼 수 있다. 인더스 계곡의 고대 문명의 발견은 인도 종교 및 문화의 토내에 대한 기존 관점에 대변혁을 일으켰다. 이들은 선사시대 인도에 한때 존재했던, 문명화된 비(非)베다 문화를 보여준다. 이러한 내용은 붓다 이전에 인도에 존재했던 모든 고등사고가 필연적으로 베다에서 기원했을 것이라는 공통된 추정이 틀렸음을 증명한다. 사실상, 인도의 문명화도 다른 곳에서처럼 합성된 창조물이다. 다양한 갈등을 통합하면서 발달된 오랜 인도 문화사(文化史)에서 많은 민족 공동체와 문화 공동체가 만나서 서로 싸우고 어우러졌다. 이런 관점으로 베다의 종교 및 문화의 발전, 붓다와 마하비라(Mahāvīra, 자이나교의 시조) 시대의 사회적·지적 경향의 발전을 검토해 보는 것이 바람직할 것 같다. 이와 관련해서는 주로 제8장~제9장에서 관련 연구를 시도했다.

또한 붓다의 생애에 대한 저서가 다양한데도 불구하고 여전히 붓다의 가르침과 관련하여 붓다의 삶과 탐구, 경험 및 전교의 연관성에 대한 연구가 필요했다. 이런 작업은 제10장에서 시도했다.

연기(Pratītyasamutpāda, 緣起)와 열반(Nirvāṇa, 涅槃)이라는 불교 교리의 핵심을 '올바로' 해석하는 데는 많은 논쟁이 있었다. 이런 점에서 고대 경전과 문헌은 완전히 일치하지 않는데, 논의되고 있는 문헌들이 상당 기간에 걸쳐 퍼져 있기 때문에 상황을 이해할 수 있는 가능성이 충분하다. '본래 가르침'은 그 발달과정에서 다양한 형태를 취했으며, 이내 모호하다고 할 정도로 뒤섞여 버리기도 했다. 고대 불교의 개념을 역사적 관계 또는 발생적 관계와 관련하여 분명하게 분석하지 않는 한 그 근본 토대를 추적하는 것은 거의 불가능할 것 같다. 이와 관련해서는 제11장~제13장에서 연구를 시도했다.

마지막 두 장에서는 초기에 불교가 발달하면서 발생한 몇 가지 역사적 문제에 대해 간단히 분석해 보았다.

따라서 본서는 불교의 기원에 관한 역사적 연구와 관련하여 유기적으로 연결된 그룹을 이루도록 제작했다. 주로 불교의 제도적 측면보다는 교리적 측면에 대해 고찰하였다. 다루는 주제는 상당 부분 문학적이고 종교·철학적 성격이지만, 논의에 대해서는 역사적인 성격을 띠게 될 것이다.

불교에 관해서는 주로 인도의 자료를 통해 접근하고자 하였다. 비록 원어로는 아니지만, 한역본과 티베트본도 활용하였다. 본서는 1947년에 알라하바드(Allahabad) 대학에서 철학박사 학위를 수여 받은 동명의 논문과 대부분 유사하다. 하지만 내용의 배열을 바꾸었으며, 학위수여 이후의 연구 및 소견을 감안하여 필요한 부분은 수정했다.

본 연구과정에서 알라하바드 대학 산스크리트학 부교수 차토파드야야(K. Chattopadhyaya) 님께 가장 크게 은혜를 입었다. 그는 연구하는 내내 이끌어 주시고 지도해 주셨다. 본서가 출판될 수 있게 해주신 알라하바드 대학의 주책임자 스리 자(Sri B. N. Jha) 부총장님, 삭세나(B. R. Saksena) 문학박사님, 예술부의 스리 고빌(Sri K. L. Govil) 교학처장님, 그리고 역사학 교수이신 삭세나(B. P. Saksena) 박사님, 고대 역사, 문화 및 고고학과의 스리 샤르마(Sri G. R. Sharma) 학과장님께 깊이 감사드린다.

서두르느라 오타가 몇 군데 생겨서 유감이지만, 의미의 전달에는 크게 영향을 미치지 않으므로 교정하지 않았다. 구별할 수 있는 구두점이 분명하게 누락된 일부를 제외하고는 끝부분의 정오표(正誤表) 목록에 명시해 두었다.

색인을 준비하는 데 도움을 준 스리 싱하 야다브(Sri Brij Nath Singh Yadav) 박사에게 감사드린다. 본서를 인쇄하는 데 도움 주신 인도출판(Indian Press)의 관리자 스리 고쉬(Sri H. P. Ghosh)와 인쇄 관리자 스리 다르(Sri K. P. Dar)에게도 감사드린다.

고빈드 찬드라 판데(G.C. Pande)

역자의 말

이 책의 저자는 종교 전통의 불교가 아닌 고대 인도에서 불교가 어떻게 시작되었는지 탐색하려 한다. 대승, 상좌부, 금강승이라는 불교 전통에서 벗어나 붓다를 직접 만나려고 시도하는 것이다. 붓다의 원음을 찾고자 현재 전승되어 남아 있는 경전 안에서, 그리고 하나의 경전 안에서까지 고층과 신층을 구분하려 노력한다.

그는 니까야 안에서 법수의 형태로 정의되는 교리들에 대해 붓다의 말씀이라 보기 어렵다고 주장한다. 예를 들어 삼법인, 사성제, 팔정도, 12연기라는 초기불교의 대표적 교리들이 해당한다. 또한 경전 안에서 나타나는 형이상학적·신비적·추상적 표현들을 모두 붓다의 원음에서 제외하고자 한다. 이러한 접근은 최근에 우리나라에 초기불교라는 이름으로 유행하는 상좌부불교 중심의 불교 이해에 경종을 울리는 듯하다. 본서의 2장에서 7장까지는 니까야와 관련된 내용이다. 빠알리 원전이나 우리말 경전 번역을 함께 살핀다면 저자의 흥미로운 연구를 따라가는 데 도움이 될 것으로 보인다.

저자의 불교 지식과 연구 역량은 매우 뛰어나다. 그의 다양한 지식과 표현능력을 따라가기에 역자의 능력은 부족했다. 가능한 한 직역을 하려고 노력했지만 의미 전달이 어려운 부분이 나타났고, 민족사는 과감한 의역제안으로 역자의 부담을 줄여 주었다. 또한 현대적 방식의 문헌 접근에 익숙한 역자가 저자의 오래된 참고자료들을 살피는 것 역시 녹록치 않았다. 아마도 컴퓨터의 사용이 제한된 시대의 연구이기에 따르는 문제점으로 보인다. 검색이 어려운 자료들의 등장에 당혹스러워할 독자들의 표정이 그려진다. 원서의 탓이라고 핑계를 대고 싶지만 역자의 게으름이 일조한 것이 사실이다.

역자의 한계를 많은 분들께서 보완해 주셨다. 김현덕(산스크리트어), 데이브(Dave McPhee; 영어), 진우기(영어), 양영순(아르다마가디어), 이수련(불어, 영어), 한상희(빠알리어), 한자경(독어), 후지나가신(藤永 伸; 아르다마가디어). 이렇게 많은 분들의 지원이 있었기에 번역을 마무리할 수 있었다. 이 자리를 빌려 깊은 감사의 인사를 드린다.

무엇보다도 부족한 역자를 믿고 오랜 시간 기다려 주신 세존학술연구원 성법 스님, 그리고 민족사 윤창화 사장님의 원력으로 가능한 작업이었다. 깊은 인연에 감사드린다. 끝으로 교정을 살펴주신 오세연 님과 민족사 편집부의 여러 선생님들께 감사드린다.

2018년 12월

서울불교대학원대학교 연구실에서

정준영

제1부

초기불교의 근원 연구

제1장 불교의 경전과 연대기

경장(Sutta Piṭaka, 經藏) — 붓다의 말씀은 언어, 지역, 교리 선호도, 용어의 변형, 경전의 분할 등의 차이에도 불구하고, '히나야나(Hīnayāna, 小乘)의 경전'에 속하는 두 가지 삐따까(Piṭakas)에 대해 이야기할 수 있다.[1] 초기 인도의 언어로 이루어진 이 경전의 편집본은 빠알리(Pāli)어본이며 현재까지도 경전의 전체[五部]를 보유하고 있다.[2]

논장(Abhidharma Piṭaka, 論藏)**과 다른 판본** — 논장(Abhidharma Piṭaka)이 경장과 율장에 비해 상대적으로 후대의 것임은 틀림없다. 이들은 아마도 논모(Mātikās)[3]에서 발달됐을 것이며, 테라와다(Theravāda, 上座部)와 사르바스티바다(Sarvāstivāda, 說一切有部)[4]의 두 부파에서 발견되었

---

1) *역자주: 히나야나 혹은 소승불교라는 용어는 대승불교의 상대어로 한쪽에서 다른 쪽을 폄하하는 표현이 될 수 있기에 1950년 WBF(World Fellowship of Buddhism)에서는 현존하는 불교를 지칭하는 용어로는 사용하는 것을 금지하기로 했다. 저자가 두 가지로 분리한 삐따까(Piṭaka)는 바구니(basket)란 의미로 빠알리 경장과 아가마(阿含經)를 지칭하는 것으로 보인다. 빠알리어본에는 3가지 삐따까가 있으며 이들은 경장(經藏, Sutta piṭaka), 율장(律藏, Vinaya piṭaka), 논장(論藏, Abhidharma piṭaka)이다.

2) La Vallée Poussin, Opinions, pp.30f.

3) Winternitz, History of Indian Literature Ⅱ, p.166.

4) Dharmaguptas와 Kāśyapīyas도 논장을 보유했던 것으로 여겨지고 있다. (EMB. Ⅱ, 163, 165를 보라.) Sarvāstivāda와 같은 소수 부파들도 있다. 대중부 경전의 Pañca-

다. 빠알리 아비담마(Abhidhamma)는 『담마상가니(Dhammasaṅgaṇi, 法集論)』, 『위방가(Vibhaṅga, 分別論)』, 『뿍갈라빤냣띠(Puggalapaññatti, 人施設論)』, 『다뚜까타(Dhātukathā, 界論)』, 『빳타나(Paṭṭhāna, 發趣論)』, 『야마까(Yamaka, 雙論)』, 『까타왓뚜빠까라나(Kathāvatthuppakaraṇa, 論事)』의 일곱 개 논서로 구성되어 있다. 사르바스티바다의 아비달마도 『즈냐나프라스타나(Jñānaprasthāna, 發智論)』와 여섯 개의 『파다샤스트라(Pādaśāstras, 六足論)』의 모두 일곱 개 논서로 이루어져 있다. [난죠 분유(南条文雄)의 주장과는 약간 다르지만] 그들의 전통에 따르면 여섯 개의 『파다샤스트라』는 1. 「상기티파르야야파다(Saṅgītiparyāyapāda, 集異門足論)」, 2. 「다르마스칸다(Dharmaskandha, 法蘊足論)」, 3. 「프라즈냐프라띠파다(Prajñaptipāda, 施設論)」, 4. 「위즈냐나까야파다(Vijñānakāyapāda, 識身足論)」, 5. 「다투카야파다(Dhātukāyapāda, 界身足論)」, 6. 「프라카라나파다(Prakaraṇapāda, 品類足論)」의 순서로 구성되어 있다.[5] 그리고 종교적 전통은 이들 아비달마를 붓다의 교설에 포함시키려 하고 있다.[6]

하지만 두 가지 아비달마가 상당히 다른 교리를 가르치고 있다는 사실로 볼 때 이런 견해는 사실이 아님을 알 수 있다. 타카쿠스 준지로(高楠順次郎)는 "두 가지 아비달마를 비교하는 것은 접근하기에 너무 먼 작업이다. 나는 이들이 거의 유사한 주제를 다루고 있음에도 불구하고 형식이나 내용에서 같다고 볼 수 있는 어떠한 것도 찾지 못했다."고 말한다.[7] 아마도 가장 두드러진 유사점은 「뿍갈라빤냣띠」와 「상기

Mātuka 율장을 참고해도 좋다(위의 책, pp.55-56).

5) Rosenberg, Die Probleme, p.271.

6) Minayeff, Recherches, p.14. 각주; Wassiljew, Der Buddhismus Ⅰ, p.115; Aṭṭhasālinī p.23f(Nāgarī Edition, Poona 1942).

7) JPTS(Journal of the Pali Text Society). 1905, p.161.

티파르야야파다」 사이에서 드러나는 부분 정도인데, 둘 다 앙굿따라(Aṅguttara, 增支) 체계를 따르기 때문이다. 하지만 이들 사이의 내용까지 일치하는 것은 아니다.[8] 아비달마는 부파의 흐름에 따라 경전의 교리가 체계화되고 발전한 것으로 보인다.[9] 따라서 이들은 니까야 시대 이후에 발전했음이 분명하다.[10]

율장(Vinaya Piṭaka, 律藏)**과 다른 판본** — 율장에는 테라와다의 빠알리어본, 길기트(Gilgit)[11] 사본에 있는[12] 산스크리트어 물라사르바스티바딘(Mūlasarvāstivādins, 根本說一切有部)의 율장 일부, 티베트어 번역본 그리고 한역본[후대의 일부분]이 있다. 한역본에는 사르바스티바다(Sarvāstivāda, 說一切有部), 다르마굽타(Dharmaguptas, 達摩笈多, 法藏部), 마히샤사카(Mahīśāsakas, 化地部), 마하상기카(Mahāsaṅghikas, 大衆部)의 율장이 있다.[13] 이들의 일부분은 산스크리트어로 되어 있는데, 율장의 원본에 속하거나 율장과 긴밀하게 관련된 것으로 보인다.[14] 적어도 『디브야바다나(Divyāvadāna, 신의 이야기)』에 있는 이야기 중 열여덟 개는 "사르바스티바다 율장의 오래된 일부분을 구성하는 내용과 동일하다."[15] 이는 아바다나(Avadāna, 阿波陀那, 譬喩, 出曜)의 1, 2, 3, 4, 5, 6,

---

8) 앞의 책, p.162.
9) 〈참조〉 Glasenapp, ZDMG. 1938, 408~13.
10) ed. Dr. N. Dutt
11) *역자주: 파키스탄 카슈미르 북서부에 있는 지방.
12) ed. Dr. N. Dutt.
13) Wassiljew, 앞의 책, Ⅰ, p.97. 〈참조〉 Frauwallner, The Earliest Vinaya, p.11, pp.172ff.
14) Winternitz, 앞의 책, Ⅱ, p.283, 각주 1번.
15) Huber, B. Lecole Fr. 1906. p.1. "sont autant de fragments ayant fait jadis partie du Vinaya Piṭaka des Sarvāstivādins."

7, 13, 19, 21, 23, 24, 25, 30, 31, 35, 36, 38을 말한다. 마찬가지로 마하바스투(Mahāvastu, 大事)도 마하상기카의 율장과 관련되어 있다.[16] 마하상기카의 쁘라띠목샤(Prātimokṣa, 波羅提木叉, 別解脫)에 대한 산스크리트 본은 파초(Pachow) 박사와 스리 라마칸타 미샤라(Sri Rama kanta Mishra)가 JGRI(Journal of the Gaṅgānātha Jha Research Institute, X pts. 1−4)에서 편집하였다. 물라사르바스티바다의 『쁘라띠목샤』도 산스크리트 본에서 찾을 수 있다.[17]

이들 율장들 사이에서 '쁘라티목샤'는 모든 부파에서 공통적이라는 점이 기정사실화되었다.[18] 또한 공통점은 [논장의] 『위방가(Vibhaṅga, 分別論)』와 [율장의] 『칸다까(Khandhaka, 犍度部)』까지로 확장되는 것으로 보인다.[19] 일부의 판본은 코웃차(Koutcha, 库车县)[20]에서 발견됐는데, 『마하왁가(Mahāvagga, 大品)』의 일부와 일치한다. 이에 대해 빌(Samuel Beal)은 빠알리 율장의 『마하왁가』와 마하상기카의 율장 체계에 밀접한 유사점이 있다고 말한다.

율장은 편집하는 데 있어 본래 모아 두었던 공통된 규칙을 바탕으로

---

16) 위의 책, p.3.

17) I.H.Q(Indian Historical Quarterly). 1953. G. Roth가 Bhikṣuṇi-Vinaya를 출판했다.; Jinananda, Abhisamācārikā.

18) 〈참조〉 JA(Journal Asiatique). 1913, Nov-Déc. pp.467, 549; JA. 1912. Jan-Févr. p.103; JRAS(Journal of Royal Asiatic Society). 1862 pp.407ff; ZDMG(Zeitschrift der Deutschen Morgenländischen Gesellschaft). 1898. p.645; 〈참조〉 Winternitz, 앞의 인용. 또한 Dr. PaChow는 「Prātimokṣa에 대한 비교 연구」라는 논문을 부분적으로 출판했다.

19) ZDMG 1898 pp.647f ; 〈참조〉 Wassiljew, 앞의 책, p.19.

20) Finôt, JA. 1911. Nov-Déc. 619-25.; *역자주: 고대 불교왕국 구자국(龜玆國)을 말한다. 현재의 신장 위구르 자치구의 아커쑤 지구에 속하며 쿠처 현의 중심이다. 고차현은 현지명으로 비단길에 위치하여 타클라마칸 사막의 북쪽 가장자리 무자트 강의 남쪽에 위치하고 있다.

후대에 더 다양하게 발전한 것으로 보인다.[21)]

빠알리 경전인 『디가니까야(DN, 長部)』, 『맛지마니까야(MN, 中部)』, 『상윳따니까야(SN, 相應部)』, 『앙굿따라니까야(AN, 增支部)』에 해당하는 한역 경전은 『장아함(DĀ, 長阿含)』, 『중아함(MĀ, 中阿含)』, 『잡아함(SĀ, 雜阿含)』, 『증일아함(EA, 增一阿含)』이다.[22)] 니까야에 있는 일부 숫따는 따로 번역된 한역 삼장에서도 발견된다.[23)] 더 나아가 『장아함』[Saṅgīti-sūtra, Āṭānāṭiya-sūtra], 『중아함』[Upāli-sūtra, Śuka-sūtra], 『잡아함』, 『증일아함』과 같은 다양한 경전의 판본 일부는 중앙아시아에서 발견되었다.[24)] 게다가 『아비다르마코샤(Ab.k: Abhidharmakośa, 阿毘達磨俱舍論本頌)』, 『아비다르마코샤 비야카야(Ak.V: Abhidharmakośavyākhya, 俱舍論疏)』, 『마디야미카 카리카(MK: Mādhiyamika Kārikās, 中觀論)』와 『마디야미카 브르티(MK.V: Mādhiyamikā Vṛtti, 中論疏)』와 같은 여러 산스크리트 불교 문헌은 아함경에서 인용한 내용들을 포함하고 있다. 특히 『디브야바다나(Divyāvadāna)』는 4부아함(四部阿含, Āgamacatuṣṭayam)에 대해 자주 언급하고 있다.[25)]

한역 아함과 빠알리 니까야의 관계에 대해, 아네사키 마사하루(姉崎正治)는 "이 둘의 내용은 거의 같으나 배열하는 규칙은 다르다."고 말한다.[26)] "이들 관계는 대체로 별것 아니지만, 때로는 그 편차가 흥미

21) 〈참조〉 Winternitz, 앞의 인용. 율장에 대한 연구는 G.S.P.Misra 박사의 The Age of Vinaya.를 보라.
22) Nanjio, Catalogue, Columns. pp.127-37.
23) 위의 책, pp.138ff.
24) Winternitz, 앞의 책, p.234 각주 3번. Waldschmidt는 Catusparisat, Mahāvadāna and Mahāparinirvāṇa를 출판했다.
25) Divyāv. pp.77, 331, 333.
26) JRAS. 1901 p.895.

롭다."[27] 아카누마 치젠(赤沼智善) 교수는 그의 저서 『한역 아함과 빠알리 니까야 비교 목록』에서 니까야와 아함을 비교하고 있다.[28] 그리고 듀트(Nalinaksha Dutt) 교수는 앞선 작업에 대한 주요 내용을 요약하고 있다.[29] 『디가니까야』에서 「마할리 숫따(Mahāli sutta)」, 「잘리야 숫따(Jāliya sutta)」, 「수바 숫따(Subha sutta)」를 제외한 모든 경전들은 『장아함』과 『중아함』의 일부에 포함되어 있다. 그리고 『장아함』에는 두 개의 경전이 추가되어 있다. 그밖에도 한역 아함과 빠알리 니까야의 경전 구성에는 큰 차이가 있다.[30] 『맛지마니까야』 152개 경전 중에서 19개의 경전이 『중아함』에는 빠져 있다. 이들은 「쭐라사로빠마(Cūḷasāropama)」(30번경), 「마하삿짜까(Mahāsaccaka)」(36번경), 「살레야까(Sāleyyaka)」(41번경), 「웨란자까(Verañjaka)」(42번경), 「깐다라까(Kandaraka)」(51번경), 「지와까(Jīvaka)」(55번경), 「꾹꾸라와띠까(Kukkuravatika)」(57번경), 「아바야라자꾸마라(Abhayarājakumāra)」(58번경), 「아빤나까(Apaṇṇaka)」(60번경), 「떼윗자와차곳따(Tevijjavacchagotta)」(71번경), 「고따무카(Ghoṭamukha)」(94번경), 「짠끼(Caṅki)」(95번경), 「와셋타(Vāseṭṭha)」(98번경), 「상가라와(Saṅgārava)」(100번경), 「빤짯따야(Pañcattaya)」(102번경), 「낀띠(Kinti)」(103번경), 「수나캇따(Sunakkhatta)」(105번경), 「아누빠다(Anupada)」(111번경), 「밧데까랏따(Bhaddekaratta)」(131번경) 숫따이다. 『중아함』에는 222개의 경전들이 포함돼 있는데, 그 중에서 82개는 『앙굿따라니까야』, 10개는 『상윳따니까야』, 9개는 『디가니까야』, 나머지는 『맛지마니까야』와 일치한다. 뿐만

---

27) 위의 책, p.897.

28) The Comparative Catalogue of Chinese Āgamas and Pali Nikāyas(1929).

29) EMB(Early Monastic Buddhism). Ⅱ. p.125ff.

30) '「제4장 『디가니까야(Dīgha Nikāya)』의 초기와 후기」를 참조하라. 빠알리 본의 체계가 더 진본 같다고 제시하고 있다.

아니라 『중아함』에는 『상윳따니까야』, 『테라가타(Theragāthā)』, 『테리가타(Therīgāthā)』, 『위나야 마하왁기(Vinaya Mahavagga, 律藏大品)』[31]의 경구와 일치하는 몇 가지 경전들이 포함돼 있다.

한역본을 구성하는 『잡아함』은 50권으로 구분되어 있으며, 『상윳따니까야』뿐만 아니라 『앙굿따라니까야』의 경전 다수와 기타 경전의 일부를 포함하고 있다. 또한 빠알리 경전과는 유사점이 없는 경전들도 일부 포함되어 있다. 한역 아함과 빠알리 니까야를 비교하자면 『상윳따니까야』의 「사가타왁가(Sagāthavagga)」는 공통점이 많은 반면에, 「니다나왁가(Nidānavagga)」는 그렇지 않다. 즉 니다나의 여덟째와 아홉째 장인 「사마나브라흐마나(Samaṇabrāhmaṇa)」와 「안따라뻬얄라(Antarapeyyāla)」는 아함에는 없는 반면에, 첫째 장과 다섯째 장(Buddha, Gahapati)은 나타난다. 그리고 같은 왁가(품) 안에서도 「아비사마야(Abhisamaya)」[13]·「다뚜(Dhātu) 상윳따」[14]와 다른 상윳따들은 거의 아함에서 누락됐지만, 「아나마딱가(Anamatagga)」[15], 「까싸빠(Kassapa)」[16], 「락카나(Lakkhaṇa)」[19], 「오빰마(Opamma)」[20], 「빅쿠(Bhikkhu)」[21] 등의 다섯 가지 상윳따는 상당히 일치한다. 또한 아함에는 「칸다왁가(Khandhavagga)」의 「옥깐띠까(Okkantika)」[25]·「왈라하(Valāha)」[32]·「왓차곳따(Vacchagotta)」[33]·「자나(Jhāna, 禪定)」[34] 상윳따가 누락되었다. 그리고 「살라야따나왁가(Saḷāyatanavagga)」에 해당하는 아함에는 「마뚜가마(Mātugāma)」[37]·「목갈라나(Moggalāna)」[40]·「아상카따(Asaṅkhata)」[43] 상윳따가 빠져 있다. 마지막으로 [「마하왁가」에 해당하는 아함에도] 「삼마빠다나(Sammappadhāna)」

---

31) EMB. 앞의 인용; 뒤의 「제5장 『맛지마니까야(Majjhima Nikāya)』의 초기와 후기」 부분을 보라. 중부(中部)에 대한 최근 연구로는 Thich Minh Chau의 The Chinese Madhyamāgama and the Pali Majjima Nikāya를 보라. Bapat 교수는 Satkari Mookerjee Felicitation Volume라는 논문의 pp.1ff에서 이의를 제기하고 있다.

[48]·「인드리야(Indriya)」[47]·「발라(Bala)」[49]·「이띠빠다(Iddhipāda)」[50]·「삿짜(Sacca)」[55] 상윳따는 생략된 반면에 「막가(Magga)」[44] 상윳따는 주요 부분으로 다루고 있다.[32)]

『증일아함』과 『앙굿따라니까야』는 공통점이 거의 없다. 이는 『앙굿따라니까야』의 경전들 중 다수가 『중아함』과 『잡아함』에 포함되어 있기 때문이다. 빠알리 경전은 산스크리트 경전보다 훨씬 더 방대하며, 이들 두 가지 경전들은 각각 독립적으로 발전한 것으로 보인다. 다음 내용은 양쪽에 거의 공통된 경전들이다. 「사마찟따(Samacitta: AN.Ⅰ. pp.61-9)」, 「데와두따(Devadūta:Ⅰ. pp.132-50)」, 「브라흐마나(Brāhmaṇa: I. pp.155-72)」, 「로나팔라(Loṇaphala:Ⅰ. pp.239-58)」, 「짝까(Cakka: AN. Ⅱ. pp.32-44)」, 「문다라자(Muṇḍarāja: AN. Ⅲ. pp.45-62)」, 「니와라나(Nīvaraṇa: Ⅲ. pp.63-79)」, 「아가따(Āghāta: Ⅲ. pp.185-202)」, 「데와따(Devatā: III. pp.329-44)」에서 「마하(Mahā: Ⅲ. pp.374-420)」, 「아위야까따(Avyākata: AN. IV. pp.67-99)」에서 「마하(Mahā: Ⅳ. pp.99-139)」, 「가하빠띠(Gahapati: Ⅳ. pp.208-35)」, 「사위따(Savitta: AN. Ⅴ. pp.92-112)」,[33)] 「우빠사까(Upāsaka: Ⅴ. pp.176-210)」, 「자누쏘니(Jānussoṇi: Ⅴ. pp.249-73)」, 「아누싸띠(Anussati: Ⅴ. pp.328-58)」 왁가(vagga)이다. 하지만 다른 부분에서는 일치하지 않는 부분도 있기 때문에 이 목록이 완전한 것은 아니다.[34)]

현재까지 빠알리 경전과 한역 경전에 대해 철저히 비교한 연구가 없

---

32) EMB. Ⅱ. 앞의 인용. 「제6장 『상윳따니까야(Saṃyutta Nikāya)』의 초기와 후기」를 보라.; 〈참조〉 Pischel의 Bruchstücke des Sanskrit-canons. in B. L'ecole Fr. 1904. 473-'4에 대한 Huber의 논평. 상응부는 MN. 1. 497, AN 1. 185와 관련된 숫따를 포함하고 있는 것으로 보인다. 〈참조〉 Dutt, 앞의 책, p.127에 인용된 Lévi in Tóung Pao, Ⅴ. p.299.

33) *역자주: PTS 원서는 「사찟따왁가(sacittavagga)」이다.

34) EMB. Ⅱ. 앞의 인용.

는 상태에서 둘 사이의 관계에 대해 언급하는 것은 상당히 모험적일 수 있다. 그러나 분류와 배열의 차이만큼 내용에 있어서 유사점들이 나타나는 것도 사실이다. 결국 이 둘은 공통적인 근원으로 돌아갈 수 있는 것이 분명하다. 빈테르니츠(Winternitz)는 빠알리 경전과 한역 경전이 "같은 자료에서 편집된 것이나 다른 부파에서 다른 방식으로 배열했다."고 결론짓는다.[35]

또한 후대 산스크리트 불교 문헌에서 인용한 아함경 문구들과 상응하는 부분들이 빠알리 경전에서 자주 나타난다. 따라서 푸쌩(Poussin)은 "빠알리 경전의 상고시대는 산스크리트 자료의 증거에 의해 확인된다."고 말했다.[36] 그는 『아비다르마코샤 비야카야(Ak.V)』에 『상윳따니까야』 Ⅲ. 25, 159, 『앙굿따라니까야』 Ⅳ. 70-4에 상응하는 것이 포함돼 있음에 주목한다. 마찬가지로 『마디야미카 카리카(MK, 中觀論)』에는 『상윳따니까야』 Ⅲ. 142, 138에 해당하는 경구들이 있다. 바이디야(Vaidya)는 MK. ⅩⅤ, 7이 『상윳따니까야』 Ⅱ. 172에 해당하는 것으로 보이는 점에 주목한다.[37] 추가적인 유사성은 아래에 기록돼 있다.[38]

다섯 번째 아함 또는 니까야는 테라와다(Theravāda) 외의 다른 부파에서는 인정받지 못했던 것으로 보인다.[39] 『쿳다까니까야(Khuddaka Nikāya, 小部)』는 여러 가지 내용에 맞는 다양한 특성들이 나타난다.[40] 하지만 산스크리트 경전에는 『우다나(Udāna, 感興語)』, 『다르마파다(Dharmapada, 法句經)』, 『스타비라가타(Sthaviragāthā, Theragāthā, 長老揭)』,

35) 앞의 책, p.235.
36) JA. 1902 XX. p.237.
37) Études, p.21.
38) 다음 참조.
39) Dutt, 앞의 책, p.128; 〈참조〉 Winternitz, 앞의 책, p.236, 각주 2번.
40) 본서의 제3장 내용 참조.

『비마나바스투(Vimānavastu, 天宮事)』, 『붓다밤사(Buddhavaṃśa, 佛種姓經)』라고 불리는 문헌들이 포함되어 있는 것으로 알려져 있으며, 이는 같은 제목의 빠알리 문헌과 일치한다.[41] 뿐만 아니라 한역 삼장은 『숫따니빠따(Suttanipāta, 經集)』와 『이띠웃따까(Itivuttaka, 如是語)』의 「앗타까왁가(Aṭṭhakavagga)」와 「빠라야나왁가(Pārāyaṇavagga)」와[42] 일치하는 내용도 포함하고 있다.[43]

록힐(Rockhill)에 의하면 "『우다나바르가(Udānavarga, 우다나품)』에는 『다르마파다(Dharmapada)』의 게송과 거의 유사한 게송 300개가 포함되어 있으며, 그 중에서 150개는 매우 유사하고, 20개는 『숫따니빠따』에서 함께 발견되며, 위의 책 일부에 같은 수만큼 매우 비슷한 부분이 있다."고 설명한다. 따라서 『우다나바르가』의 절반 이상이 남방의 경전에서 발견된다는 점을 알 수 있다.[44] 라 발레 푸쌩(La Vallée Poussin)은 더 많은 게송을 발견하고 『우다나바르가』를 번역한 다르마트라타(Dharmatrāta, 達摩多羅, 法救)가 『우다나』 전체에 산문과 게송을 사용했다고 말한다.[45]

레비(Lévi)[46]에 의하면, 『담마빠다』(Dhp.)는 한역본에서 네 개의 경전들, 즉 1. 『법구경(法句經)』, 2. 『법구비유경(法句譬喩經)』, 3. 『출요경(出曜經)』, 4. 『법집요송경(法集要頌經)』으로 나타나고 있다. 첫 번째는 기원후 224년에 번역되었으나 글자 그대로 신뢰할 만한 번역은 아니었다. 그때 이미 『다르마파다』는 중국에 보급되고 있었다. 첫 번째의 39개 절

41) Winternitz, 앞의 인용.
42) *역자주: 『숫따니빠따(Suttanipāta, 經集)』의 제5품.
43) 한역본과 빠알리본을 비교하고 싶다면 본고의 제3장 내용 참조.
44) Rockhill, U. Vg.
45) La Vallée Poussin, JA. 1912, Mars, Avril, p.312.
46) JA. 1912, Sept.-Oct., p.203ff.

중에서 26개만 원본 번역에 해당했다. 빠알리『담마빠다』(Dhp.)도 26개 절로 이루어져 있다. 게송의 내용은 다르지만 표제는 같은 체계에 따라 배열되어 있다. 두 번째는 서기 290~306년 사이 두 사문(沙門)에 의해 첫 번째 것에 기초하여 번역되었다. 세 번째는 서기 398~9년에 번역되었으며, 앗타까타(Aṭṭhakathā, 註釋書)의 형태를 지닌다. 네 번째는 10세기 말 무렵으로 인도 승려가 세 번째 번역을 개정한 것이다.

레비는『담마빠다』의 다양한 판본에 나타나는『우다나바르가』의「아프라마다바르가(Apramādavarga)」의 상세한 비교연구를 통해 밀접한 유사성과 함께 차이점들도 보여주고 있다.

경전, 니까야의 연대 — 불교 전통에 의하면, 경장(Sutta Piṭaka)과 율장(Vinaya Piṭaka)은 붓다 입멸 후 라자그리하(Rājagṛha)에서 열린 첫 번째[1차] 결집을 통해 수집되었다.[47] 첫 번째 결집의 역사적 사실성은 학자들 간에 치열한 논쟁으로 반세기 이상 지속되는 주제이다.[48] 빠알

47) 1차 결집에 대한 자료: 1) 빠알리본-CV. XI, 최초기 그룹에 속하며 스리랑카 역사서와 붓다고사의 주석서에 보존된 전통에서 유래되었다. 2) 산스크리트본-Mvu Mañjuśrīmūlakalpa에 짧게 안내. 3) 한역본-Mahīśāsakas, Dharmaguptas, Mahāsaṅghikas, Sarvāstivādins의 율장; Kāśyyapasaṅgītisūtra(tr. A.D. 148-70); Aśokāvadāna(tr. c. 300 A.D.); Mahāprajñāpāramitāśāstra (tr. A.D. 402-5); Parinirvāṇa-sūtra (tr. A.D.290-306); 마가다 왕국에서 붓다가 [완전한] 열반에 든 후 상까샤(Saṅkāśya) 시 북부에서 까샤빠와 아난다가 했던 Tsa Tsang의 편집본과 삼장 편집본에 대한 설명(한역본에는 317에서 420 사이라고 기록되어 있다.); EĀ의 1장에 주석(comy.) (Dutt, EMB. Ⅰ. pp.326ff를 보라.) 4) 티베트본-Buston(tr. E. Obermiller)의 History of Buddhism; Tārānātha의 History of Buddhism in India.

48) Minayeff, 앞의 책, p.25ff.; Oldenberg, Vin. Ⅰ, XXV-XXIX; ZDMG. 1898, pp.613-94; Poussin, IA(Indian Antiquary). 1908, pp.1-18; 81-106; Franke, JPTS. 1908, pp.1-80; R.C.Majumdar, Buddhistic Studies(de. B. C. Law), pp.26-72; Finôt, I.H.Q. 1923, pp.241-6; Obermiller, 위의 책, pp.781-4; Dutt, 앞의 책, p.324ff. Przyluski의 저서 Le Concile de Rājagṛha는 한역본과 티베트본에 있는 모든 전통을 다룬다.

리본, 티베트본, 한역본 등의 모든 자료들이 이용되었으며, 이제는 진부한 논의로 이어져 왔다. 올덴베르그(Oldenberg)는 첫 번째 결집에 대해 「마하빠리닙바나숫따(Mahāparinibbānasutta, 大般涅槃經)」를 주요 토대로 활용하고 있으나 결집의 시기에 대한 언급이 전혀 없는 완전한 허구라고 믿었다.[49] 프랑케(Franke)는 율장 『쭐라왁가(Cullavagga, 小品)』의 XI~XII가 전통에 대해 독립적인 자료로만 이루어져 있으며, 이는 「마하빠리닙바나숫따」를 토대로 꾸며낸 것에 불과하다는 기존의 주장과 같은 견해를 피력했다.[50] 반면에 자코비(Jacobi)는 첫 번째 결집을 설명하기 위해서 「마하빠리닙바나숫따」에 대한 언급은 전혀 필요치 않다고 말함으로써 올덴베르그에게 합리적으로 대응했다.[51] 뿐만 아니라 최근에는[52] 『쭐라왁가』(Cv.) XI~XII는 본래 「마하빠리닙바나숫따」의 일부였다는 주장이 제기되었다. 『쭐라왁가』 XI~XII는 『쭐라왁가』의 부록의 일종으로, 본래 『쭐라왁가』에 속하지는 않았을 것이라는 설명은 매우 설득력이 있어 보인다.[53] 또한 『쭐라왁가』 XI은 다른 장과는 달리 갑작스럽게 시작된다. 『쭐라왁가』 XI은 『마하빠리닙바나숫따』와 같은 방식으로 시작되며, 내용면에서도 상당히 유사하다.[54] 끝으로, 물라사르바스티바딘(Mūlasarvāstivādins, 根本說一切有部)의 율장, 「상윳타바스투(Saṃyuktavastu)」라는 제목의 품은[55] 파리니르바나(Parinirvāṇa, 般涅槃)와

---

49) 〈참조〉 ZDMG. 1898, pp.613-32.
50) 앞의 책.
51) ZDMG. 1880, p.184ff.
52) Finôt & Obermiller, 1. c; Dutt. 앞의 책, p.337f. Dutt 박사는 Cv. XI만을 참고하는 것에 찬성한다고 언급한다.
53) Winternitz, 앞의 책, p.25와 각주 2번을 보라.
54) 〈참조〉 Bauddha Dharma Ke Vikas Ka Itihās, pp.161-62.
55) Nanjio, p.1121.

첫 번째 결집 두 가지 모두에 대해 설명하고 있다. 따라서『쭐라왁가』XI과『디가니까야』16경이 원래 이어지는 서술이었다는 가설이 불가능하지 않다. 하지만 그렇다는 가정을 전제하더라도 테라와다에서 왜 이들 둘을 나누었는지는 분명치 않다. 아마도 그들은『쭐라왁가』XI이『디가니까야』16경보다는『쭐라왁가』XII와 더 깊게 관련되어 있다고 보았을 것이다.

첫 번째 결집을 완전한 허구로만 치부하는 것이 더 이상 그럴듯해 보이지 않음에도 불구하고, 첫 번째 결집의 실제와 작업은 불분명한 상태다. 미나예프(Minayeff)에 의하면, 첫 번째 결집은 명확하게 두 부분으로 이루어져 있는데, 그 중의 하나인 경전의 편집이라 부르는 작업이 더 후대의 것이며 사실상 부파 발생 이후의 것이라고 설명한다.[56] 푸생(Poussin) 교수는 [포살을 위한] 빠띠목카(Pātimokkha, 戒目) 회합이 확대된 것이 결집이라고 본다.[57] 듀트(Dutt) 교수에 의하면,[58] 결집의 동기는 '소소한 계율의 실천을 폐지해도 좋다(Khuddakānukhuddakāni sikkhāpadāni)'고 붓다가 열반에 들기 직전에 동의했던 것을 진행하기 위한 결정이었다. 아난다가 경들을 암송했다는 설명은, 후대에 아난다의 빠리숫디(Pārisuddhi, 청정)에 대한 설명에 추가된 것으로, 다르마굽타(Dharmagupta, 法藏部)의 율장[四分律]을 제외한 적당한 위치, 이를테면 숫따를 암송하기 이전으로 옮겨졌다는 설명이다.

물론, 율장과 경장의 그 방대한 양이 첫 번째 결집에서 모두 '암송'되

56) 앞의 책, pp.35-6, p.29. 그는 1차 결집에서 편집된 것이 확실한지에 대한 자료들 사이에 차이가 있음을 지적한다.; Dutt 박사는 다양한 자료를 토대로 결집에서 수정되었을 것으로 추정되는 작업을 상세히 열거하고 있다. 앞의 책, pp.333-4.; 일부 자료는 아비달마도 수정되었음을 보여준다. Minayeff, 앞의 책, p.30.

57) EMB. Ⅰ, p.339.

58) 앞의 책, p.339f.

었다는 것은 불가능하다. 결집의 목적을 향한 시작은 매우 자연스럽게 이루어졌을 것이 틀림없지만, 명확한 증거가 부족하기 때문에 이 주제에 대해서 확언하기는 어렵다.[59]

붓다의 완전한 열반 이후 몇 년간, 계율 수지의 규칙에 대한 존중뿐만 아니라 교리에 대한 존경심까지도 성장했던 것으로 보인다. 하지만 상가(Saṅgha)는 많은 수의 복잡한 구성원들, 그리고 물리적 재산[富]과 함께 성장했다.[60] 본래 가르침은 해석상 차이가 생길 수밖에 없었고, 오랜 경력의 장로들이 다양한 공동체에서 전통의 전승자는 물론 주석가로서도 활동했을 것이다. 붓다는 자신의 설법을 신성한 것으로 여기는 관습에 동의하지 않았으며, '문자화(산스크리트화, 계급화)'하는 것과 베다 방식의 진언을 금지했던 것으로 여겨진다.[61] 이것은 붓다의 본래 가르침이 관용적 태도로 인해 여러 갈래의 학술적 논쟁의 발달 사이에서, 다양한 학파에서 서로 상충되는 방향으로 정립될 수 있었던 원인으로 보인다. 붓다의 입멸 후(A.B.) 100년 무렵, 공동체 내에서 부파 형태로 분

59) 〈참조〉 Winternitz, 앞의 책, p.7; Mrs. Rhys Davids, Buddhism, p.213 (H.U.L.).

60) 〈참조〉 위의 책, p.26.

61) 특별히 Janapada-niruttis와 Saññās를 지지하는 경향을 보이는 맛지마 139경; Senart가 네 개 부파의 한역본에 있는 율장과 유사한 버전이라고 했던 Cv. V. 33(JA, 1915 Mai-Juin, 441ff). 다르마굽타(Dharmagupta)와 Mahīśāsaka 율장은 Śiṣṭabhāṣā에 대해 말한다.; Sarvāstivāda와 Mūlasarvāstivāda의 율장은 '진언'을 소개한다. Senart는 아마도 그 시대에 억양은 바른 말에 필수적이었다고 말한다. 빠알리 주석서에 따르면, 'chandas를 기록하는 것'은 베다 방식 이후에 산스크리트어로 옮기는 것을 의미했다.(Winternitz Ⅱ, p.603); 붓다는 자신의 가르침을 '각자의 언어(Sakanirutti)'로 기록하도록 허락하였다. 주석서에는 이것이 마가디(Māgadhī)를 의미한다고 기록되어 있다(Winternitz Ⅱ, p.602). 〈참조〉 La Vallée Poussin, Opinions, p.36; 붓다는 자신의 가르침이 어떤 학문적 언어로 고정되는 것을 원치 않았으며, 서로 다른 지역의 고유어로 전해지길 바랐다. 아소카 왕이 비슷한 정책을 따랐음을 기억할 것이다. 예를 들어, 중앙아시아에서 발견된 Prākṛta Dhammapada가 있다. 아마도 빠알리어는 이러한 고대 언어 중 하나로 인도 중부나 데칸 고원의 고대 언어였을 것이다. (App. Ⅰ 참조.)

열되는 확실한 경향이 구체화된 것으로 보인다. 분열의 역사는 뒤에서 살펴보기로 하고,[62] 우리의 당면과제를 위해서는 상가(僧伽)의 분열시대에 속하는, 알아내기 어려운 경전의 상태에 집중하는 것이 필요하다. 바이샬리(Vaiśālī)에서 [계율에 대한] 열 가지 관점[十事] 또는 마하데와(Mahādeva, 大天)의 [아라한에 대한] 다섯 가지 관점[五事]은 대체로 경전이 섬세하게 발달되었다는 것을 보여준다. 또한 한 세기라는 기간은 니까야 내에서 사상적 발전의 확장을 설명하기에 결코 짧은 시간이 아닐 것이다.

니까야(Nikāya)는 다양성과 불일치에도 불구하고, 동질성이라는 일반적 인상을 지니고 있다.[63] 니까야에는 간혹 해석에 대한 논쟁이 기록되어 있으며, 상가(僧伽)의 분열도 두려워했지만,[64] 몇 군데를 제외하고는 사실이 아닌 것으로 추정된다.[65] 『까타왓투(Kathāvatthu, 論事)』와 『아비다르마코샤(Abhidharmakośa, 阿毘達磨俱舍論)』를 보면 이러한 문제들을 다루는 문헌에 대한 존중뿐만 아니라 해석에 대해서도 다루는 부파가 다르다는 것이 분명하게 나타난다. 하지만 니까야의 경전들을 다루는 부파들은 적어도 중요 교리 문제에 있어서는 하나의 시기로 돌아간다.[66] 뿐만 아니라 빠알리어 니까야에서 뿌드갈라와딘(Pudgalavādin, 補特伽羅論者) 관련의 문헌이 존재한다는 사실을 설명하는 것은 어렵지 않다.[67]

---

62) 제15장 참조.

63) 〈참조〉 Keith, B. P., p.21.

64) Dutt, EMB. Ⅱ, p.7ff를 보라.

65) "Abhabbo(Arahā) Navaṭhānāni Ajjhācaritum(이러한 아홉 가지 사항의 부정행위는 할 수 없다)"라고 부르는 DN. Ⅲ. 133은 마하데와(Mahādeva)의 관점을 염두에 둔 것 같다. 마찬가지로 SN. Ⅳ. 325는 2차 결집의 Vajjian 반대론을 염두에 두었을 수도 있다(〈참조〉 MN. p.372, Nāg. ed.).

66) Index Ⅰ의 '논란의 핵심'에서 알 수 있다(pp.401-4).

67) 「제12장 니르바나(Nirvāṇa, 涅槃)」 참조.

동시에 교리 발달이라는 관점에서 볼 때, 부파 간 논쟁에서 나타난 사상의 단계가 니까야보다 후대의 것임도 이미 알려져 있다. 결국 니까야가 더 확실하고 성숙된 형태로 유지되었다. 그밖에 니까야에서 보이는 가장 후대 양식의 일부도 부분적으로 추가되었다. 따라서 니까야는 불교 사상의 최초기, 적어도 상가(僧伽)가 교리적으로 하나였던 때에 나타난 것으로 보인다.[68] 물론, 특정 판본의 니까야에는 편집과정에서 수정, 추가, 삭제된 부분도 많이 있을 것이라는 점을 잊어서는 안 된다.[69]

아소카 왕 통치시대, 3차 결집에서 띳사(Tissa)가 구성한 아비담마 작업의 마지막 『까타왓투(論事)』를 살피면 빠알리어 삼장의 신뢰 문제가 더욱 확실해질 것이다.[70] 『까타왓투』는 『담마상가니(Dhammasaṇganī, 法集論)』와 『위방가(Vibhaṇga, 分別論)』를 인용하고 있으며, 『빳타나(Paṭṭhāna, 發趣論)』 특유의 내용에 대해서도 언급하고 있다. 『다뚜까타(Dhātukathā, 界論)』와 『뿍갈라빤냣띠(Puggalapaññatti, 人施設論)』는 인용하지 않고, 『야마까(Yamaka, 雙論)』에 대한 직접적 언급도 없지만, 그럼에도 불구하고 [존재를 설명함에] '칸다(khandha)'를 대신해서 '보까라(vokāra)'를 사용하고 있다. 나머지 두 삐따까(piṭakas, 藏)에 관해, "우리가 레비, 루카, 존 왕이라 부르지 않고 성서, 셰익스피어라고 말하는 것처럼, 율장을 포함한 모든 것은, '숫딴따(suttanta)' 편집자를(들을) 위한 것이다."라고 표현한다.[71] 이런 특징을 지닌 『까타왓투』가 기원전 3세기에 해당한다면, 니까야는 늦어도 기원전 4세기 전반부에는 성립되었어야

68) 〈참조〉 N. Dutt, Aspects, pp.146-7.
69) 「제2장 니까야의 시대구분: 문제와 방법」의 장을 보라.
70) 전통은 주석서와 스리랑카 역사서에만 나타난다. Debates Commentary, pp.1-7 (tr. B. C. Law, PTS).
71) Mrs. Rhys Davids, Points of Controversy; 〈참조〉 Sakya, p.365; 〈참조〉 S. N. Dube, 'The Date of Kathāvatthu', East and West, March-June, 1972.

한다. 미나예프(Minayeff)는 『까타왓투』가 분명히 베툴야카(Vetulyakas, 方等部, 大乘佛教)에 대해 언급하고 있으며, 따라서 기원전이 될 수 없다고 주장했다.[72] 이에 관해 리스 데이비즈(Rhys Davids) 여사는 실제로 그 명칭이 발견되는 것은 『까타왓투』에 대한 주석서라고 수정했다.[73] 그리고 리스 데이비즈 여사는 『까타왓투』가 한꺼번에 만들어지지 않았음을 시사했다. 『까타왓투』는 그 당시 새로운 이교(異教)라는 누명을 썼던 각각의 까타(kathā, 논의)가 '조각보' 형태로 유지되다 점차 중요성을 얻고 기념비적으로 전통을 얻은 것이라고 설명한다.[74] 본서의 첫 번째 논쟁인 뿍갈라까타(Puggalakathā)에서 언어의 특이점이 드러났기 때문에 『까타왓투』 전체가 동시대에 편집되지 않았다는 것은 분명해진다. 즉, '꼬(Ko)' 대신 '께(Ke)'를, '왓땁보(vattabbo)'나 '왓땁방(vattabbaṃ)' 대신 '왓땁베(vattabbe)'를, '소(so)' 대신 '세(se)'를 쓰고 있다.[75] 따라서 기원전 3세기에는 『까타왓투』의 전체가 존재하지 않았을 가능성이 있다. 한편으로 최초의 까타(論)는 아소카 왕 시대의 마가다 문헌에서 유래됐을 가능성도 있다.

지금까지 테라와다 전통 외에는 3차 결집이라는 사실 자체가 부정되어 왔다.[76] 어쩌면 3차 결집은 열렸으나 특정 부파에 국한된 것이었다는 견해가 좀 더 타당해 보일 수 있다.[77] 아소카 왕이 직접 결집을 지시하지 않은 것으로 보이나,[78] 반다르카르(Bhandarkar)는 아소카 왕의 비문

---

72) Minayeff, 앞의 책, p.82.
73) Dialogues(DN), pt.Ⅰ, Preface; 〈참조〉 Oldenberg, ZDMG. 1898, pp.632-43.
74) Points of Controversy의 서론.
75) Sakya, p.359; JRAS. 1929, pp.27ff.
76) Dutt, 앞의 책, Ⅱ, pp.265-6을 보라.; Keith, B. P,, pp.18-9.
77) Mrs. Rhys Davids, Buddhism(H.U.L), 앞의 인용.
78) Minayeff, 앞의 책, p.75.

중 일부가 그와 같은 행사를 전제하는 것으로 보인다는 견해에 동의한다.[79] 빠알리 전통을 신뢰하는 방식과 마찬가지로 아소카 왕이 3차 결집과 직접적 관련성이 적을 것이라는 가정으로, 그가 결집과 밀접하게 연관되지 않았다고 단정하기도 어려운 일이다.[80]

적어도 『까타왓투』의 일부가 아소카 왕조에 만들어진 것은 가능하다. 일부 니까야는 『까타왓투』를 직접적으로, 그리고 자주 언급하고 있다. 하지만 문체와 교리만 고려해 보더라도 『까타왓투』가 구성되기 전의 니까야가 훨씬 더 많은 부분을 차지한다. 따라서 니까야의 주요 부분은 기원전 4세기에 확실히 존재했던 것으로 보인다.[81]

아소카 왕과 불교의 관계를 주제로 많은 논쟁이 있었지만,[82] 아소카 왕의 교서 곳곳에서 니까야의 어휘나 유사점이 눈에 띄는 것은 분명하다. 비록 바이라트(Bairāṭ) 비문에 언급된 모든 내용이 만족스럽게 확인된 것은 아니지만, 아소카 왕이 다수의 불교 문헌 또는 붓다의 직설이라 여겨지는 법문[담마빠리야야, Dhammaparyāyas], 그리고 현존 니까야에서 볼 수 있는 것과 동일한 경전에 익숙했을 것이라는 점은 부인할 수 없다.[83]

바르후트(Bhārhut)와 산치(Sāñchī) 비문에 대한 연구는 "기원전 2세기 이전 무렵쯤에 '삐따까(Piṭakas)'라고 부르는 불교 문헌 모음집이 이미 존재했으며, 다섯 개의 '니까야'로 나뉘어 있었고, '담마(Dhamma)'에는 …

---

79) Bhandarkar, Aśoka, pp.96-102(2판).
80) 〈참조〉 Dutt, 앞의 책, Ⅱ, pp.269-70.
81) 〈참조〉 Rhys Davids, 앞의 인용.
82) Hultzsch C.I.I. I; Bhandarkar, 앞의 책, 제3장; Dutt, 앞의 책, Ⅱ. 제14장; Minayeff, 앞의 책, p.77; Mrs. Rhys Davids, Buddhism, p.226ff (H.U.L. 1934) 등.
83) 〈참조〉 Bhandarkar, 앞의 책, p.89ff; Winternitz, 앞의 책, 부록 Ⅲ; Keith, 앞의 책, p.17.

설법한 '숫따(suttas)'가 있었으며, 그 중 일부는 삼장(Tipiṭaka)에 포함된 것에 동의했고, 정확하게 같은 종류의 자따까(Jātakas)가 삼장에 포함돼 있으며, 이미 축적된 불교 문헌에 들어 있었다…"는 것을 보여준다.[84]

결국, 기원전 1세기에 빠알리 삼장 전체가 스리랑카에서 문자화되었다고 말한다.[85] 따라서 니까야의 체계는 적어도 기원전 3세기로 돌아갈 것이다.

여전히 전체적으로 빠알리 경전의 연대를 규명하기 위한 유효한 증거는 적다. 하지만 니까야는 기원전 5세기와 3세기 사이에 발전되었다고 할 수 있다.[86] 최초의 부파에서 이의를 제기했던 쟁점 사안을 채택하기보다 외면하려 했다는 사실은 붓다의 입멸 후 1세기 내에 니까야가 사실상 완성되었음을 시사하고 있다.[87] 또한 율장에 3차 결집에 대한 언급이 없는 것은 붓다의 입멸 후 2세기 내에 율장이 완성되었음을 시사한다고 볼 수 있다.[88] 후대의 왕권이나 국가 전통과 매우 밀접하게 대비되는 경전에도 아소카 왕에 대한 언급이 없다는 것 역시 이런 측면에서 중요하며, 경전이 아주 오래되었음을 시사한다.

---

84) Winternitz, 앞의 책, pp.17-8.
85) 위의 책, pp.8, p.617; Malalasekara, DPPN(Dictionary of Pali Proper Names). Ⅱ, pp.817-8.
86) AN. Ⅲ. 57은 파탈리푸트라(Pāṭaliputra)에서 문다(Muṇḍa) 왕에 대해 말한 것이라고 기억될 수도 있다. 〈참조〉 C.I.I., I, p.195.
87) Rhys Davids은 니까야가 붓다의 입멸과 아소카 왕의 즉위 사이 시기에 오래된 소재로부터 종합된 것이라고 결론짓는다.; 〈참조〉 La Vallée Poussin, Opinions, 39.
88) 〈참조〉 Minayeff, 앞의 책, p.17.

제2장 니까야의 시대구분: 문제와 방법

문제 — 니까야(Nikāya) 또는 아함(Āgama)이 초기불교 교리를 연구하는 데 있어 가장 중요한 자료라는 점은 의심할 여지가 없다. 하지만 이 둘은 서로 다른 판본으로 정리되고 편집되어 있으며, 초기의 경전뿐만 아니라 후대 경전도 일부 포함하고 있다.[1] 따라서 고대 불교의 발견이라는 측면에서 경전의 시대를 구분하는 작업은 필수불가결한 연구라고 할 수 있다.[2] 올덴베르그는 PTS에서 출판한 Vin(Vinaya Piṭaka). I의 머리말과 리스 데이비즈와 공저한 SBE(Sacred Books of the East). XIII의 머리말을 통해, 율장의 발달과 함께 발생 가능한 과정을 보여주었다. 적어도 「빠띠목카(Pātimokkha, 婆羅提木叉, 戒目)」[3]와 『칸다까(Khandhka, 犍度部)』[4]에 담겨 있는 전례 원칙 부분은 최초기 층을 이룬다. 그리고 다음 층으로 전체적으로 문헌학적이고 해석적이며, 동시에 전설적이거

1) 〈참조〉 Mrs. Rhys Davids, Sakya; Buddhism (H.U.L.); What was the Original Gospel in Buddhism? 등.

2) 〈참조〉 N. Dutt, EMB. I, 서문.

3) 비구니 Pātimokkha는 비구들의 것을 토대로 만들어졌다(Winternitz, 앞의 책 II, p.24). 또한 "Sekhiyā Dhammā"는 단지 예의에 대한 규칙일 뿐이며, 다양한 율장의 버전에서 다르게 나타난다(위의 책, p.23, 각주 5번 ; JRAS. 1862, p.409).

4) 이 중에서 후대의 것과 초기의 것을 가려내기는 쉽지 않다. 초기 것들 가운데서 Upasampadā Kammavācā가 보일 수도 있다.(SBE, XIII, XIX 참조)

나 의사역사적(擬似歷史的)인 특성은 전혀 포함하지 않은 오래된 주석서가 위치한다. 이러한 전통은 세 번째 단계에서 규칙적인 기록이라 부를 수 있는 문헌들과 함께 오래된 주석서로 통합되었다.[5] 『쭐라왁가(Cullavagga, 小品)』의 마지막 두 권은 후대의 것이며,[6] 특히, 『빠리와라(Parivāra, 附隨)』는 전체 율장 중에서 가장 후대의 것이다.[7] 율장은 작지만 분명한 핵심에서 출발하여, 적어도 다섯 단계를 거쳐 오늘날의 형태에 도달했다. 깜마와짜(Kammavācās, 갈마의규)에 대한 연구는 아직 시작 단계라고 볼 수 있다. 이러한 과정에서 문헌적 기준만으로 시대를 구분하는 것은 충분치 않을 것이다. 상가 조직의 발달과 더불어 물질적 성장의 역사 역시 주요 자료로 조사해야 한다. 더 나아가 율장과 관련 있는 경장의 여러 경전들을 함께 살피는 것도 도움 될 수 있다.[8]

율장에 담긴 이야기 — 이야기의 특성을 보면 대부분이 적절하게 고안된 것으로 보인다. 그럼에도 불구하고 진실된 역사 역시 포함하고 있다.[9] 붓다의 일대기에 관한 부분은 후대에 조정된 것으로 보인다.[10] 전체적으로 북방의 버전을 고려하여 추가연구를 진행해야 할 필요가 있어 보인다.[11]

---

5) SBE, XVII.
6) 〈참조〉 Winternitz, 앞의 책, p.25, 각주 2번.(Cv.의 X장이 비구니들의 이익을 위해 추가되었다는 사실은 이 부분이 마지막 장이라는 사실과 매우 잘 들어맞는다.)
7) SBE XIII, XXIV; Winternitz, p.33 참조.
8) 경장과 율장 사이의 비교 우위나 열위에 대한 견해들은 상당히 유동적이다.(Winternitz, 앞의 책, p.21, 각주 3번을 보라.) 이러한 문제는 경장과 율장을 구성하는 요소들 간의 독립적인 관계에 대해 세분화되어 상세하게 해결되어야 한다. 그러면 일반적이면서도 훨씬 더 정확하게 제한된 서술을 활용할 수 있을 것이다.
9) SBE XIII, p.xx; Winternitz, p.27·28.
10) 본서 제10장 참조.
11) 〈참조〉 Takakusu, Int. Cong. Or. 1899. Tome. 2, pp.11-32(한역 율장과 티베트 율장

경장에 대한 올덴베르그의 입장 — 올덴베르그는 정당한 이유 없이 그만의 방식을 취하기도 한다. 그는 율장의 발전에 대해 전례(典禮, 禮拜)의 방식에서 유추하여 법(Dhamma, 가르침)으로 전환하는 방식을 사용했다. 그는 법(Dhamma)에 대한 초기 표현은 사성제, 십이연기 등과 같은 원칙을 이루는 교리적 문장에 있었으며, 상세한 설명이 부족했다고 생각했다.[12] 하지만 이러한 주장은 사실과 다르다. 사성제와 십이연기 등은 상가의 기본적인 요구로 인해 교리로 만들어졌다. 이들은 교리의 체계적인 통일성과 쉽게 이해하고자 만들어진 것이다. 반면에 올덴베르그의 입장은 다소 신비적인 특성이 살아 있는 종교로, 심오한 진리와 철학이 고려되는 위치로 돌아가고자 하는 것이다. 초기 형태의 경장은 동시대의 개념으로 독창성을 갖는 데 부족함이 발견되며, 신화의 도움을 자주 받으면서 영감어린 비전에서 비롯되었기 때문에 매우 모호하게 설명되기도 한다. 하지만 전통적 방식의 변화와 세부조항을 갖추는 구체적 체계는 신비한 영감을 얻는 데 자주 실패하면서 '부파(部派)'가 발달하고, 논쟁이 활발해지고, 새로운 시대적 영향 아래서 언어습관에 변화가 나타나는 등의 비교적 후대에 나타나게 된다.

그의 주장은 붓다의 교설이 이러한 맥락에서 진화했다는 사실을 입증하지 못한다. 오히려 올덴베르그가 경장이 발전해 왔을 가능성에 관해 언급했던 내용들은 이와 유사한 의견들이 경장을 이해하는 데 얼마나 위험한지를 지적하게 되었을 뿐이다.

경장에 대한 리스 데이비즈와 로우의 입장 — 본 주제에 대한 리

의 비교).

12) SBE. XIII, XII.

스 데이비즈의 연구는 매우 중요하다. 그에 의하면 4부 니까야는 "붓다의 입멸과 아소카 왕의 즉위 사이인 중간 시기에 오래된 자료들로부터 종합된 것"이다.[13] 그 발전 과정을 요약하면 다음과 같다. (1) 교리상의 동일한 단어나 표현들이 구절이나 경전들에서 둘 이상 반복적으로 발견된다.[14] (2) [교리만이 아니라] 사건들이 비슷하게 반복된다. (3) 현재하는 구절이나 경전은 더 이상 개별적으로 존재하지 않는 책들인 실라(Sīlas), 빠라야나(Pārāyaṇa), 옥타드(Octades), 빠띠목카(Pātimokkha) 등을 인용했다. (4) 일부의 시, 민요, 또는 산문 구절은 현존하는 선곡집 등에서 비슷하게 반복되며, 그 외에는 더 오래된 흔적이 보인다. (5) 4부 니까야, 『숫따위방가(Sutta Vibhaṅga, 經分別論)』, 『칸다까(Khandaka, 犍度部)』 [거의 정확하게 불멸 후 100년], (6) 『숫따니빠따(Suttanipāta, 經集)』, 『테리가타(Therīgāthā, 長老尼偈)』, 『우다나(Udāna, 感興語)』, 『쿳다까빠타(Khuddaka Pātha, 小誦經)』, (7) 『자따까(Jātaka, 本生談)』[운문으로만], 『담마빠다(Dhammapada, 法句經)』, (8) 『니데사(Mahā · Cūla Niddesa, 大·小義釋)』, 『이띠웃따까(Itivuttaka, 如是語)』, 『빠띠삼비다막가(Paṭisambhidā Magga, 無碍解道)』, (9) 『뻬따왓투(Petavatthu, 餓鬼事)』, 『위마나왓투(Vimānavatthu, 天宮事)』, 『아빠다나(Apadāna, 譬喩經)』, 『붓다왐사(Buddhavaṃsa, 佛種姓經)』, (10) 아비담마(Abhidamma), 이들 중에서 가장 후대의 것은 『까

---

13) C.I.I(Corpus Inscriptionum Indicarum)., I, 195.

14) 이들 중 일부는 '빠리야야(Pariyāyas)'나 '담마빠리야야(Dhamma Pariyāyas)'라고 불렸던 것 같은데, '숫따'보다 더 일반적인 의미다. '빠리야야'는 니까야에 있으며 아소카 왕이 사용했다. 〈참조〉 DN. I. 46; II. 93; III. 115; MN. I. 445; AN. I. 65; IV. 63; AN. V. 288, 291; '빠리야야'는 특별한 이름을 갖는 경우가 자주 있다. Brahmajala(DN. I. 46); Dhammādāso(DN. II. 93; SN. V. 357); Sokasallāharaṇa(AN. III. 62); Ādittapariyāyo(SN. IV. 168); Lomahaṃsana(MN. I. 83).

타왓투(Kathāvatthu, 論事)』, 가장 초기의 것은 아마도 『담마상가니(Dhammasaṇganī, 法集論)』일 것이다.[15] 로우(B. C. Law)도 몇 가지 주요 차이점을 제외하고, 비슷한 주장을 하고 있다[그의 History of Pali Literature Ⅰ. 42를 보라].

용어 분석: 또한, 리스 데이비즈는 용어 분석의 중요성을 언급한다. 그는 "더 오래된 문헌에서 사용된 용어의 의미와 후대 문헌에서 사용된 다른 용어의 의미[아빈냐(Abhiññā), 아나가민(anāgāmin), 아비담마(abhidhamma), 오가(ogha) 등], 더 오래된 문헌에서 개념을 수정하거나 보충하기 위해 사용된 새로운 용어[둑까따(Dukkaṭa), 두땅가(dhutaṅga) 등], 새로운 개념을 표현하기 위해 만들어진 새로운 용어"의 중요성을 분명하게 언급한다.[16]

비평: 하지만 반복되는 정형구와 경전들은 그 자체가 이미 다양한 시대층에 속한다. 이들은 최소한 세 가지 이상의 다른 방식으로 형성된 것으로 보인다. 때로는 전혀 변하지 않고 기억되었거나, 약간만 변화한 아주 오래된 격언으로 나타나기도 한다.[17] 한편, 수많은 오래된 변종들이 후기의 표준화된 단일 형태를 받아들인 것으로도 보인다.[18] 그리고 많은 경우, 정형구로 나타나는 형식은 상당히 후대의 표현에 가깝다고

---

15) C.I.I. I, 197; Buddhist. Ind. p.188에는 비슷하지만 서로 차이가 있는 목록이 있다. •모든 책에서 발견되는 상투적인 구절을 필요로 한다.; (3) 아래에 "등…"은 없다.; •위에서 표시한 (4)단계는 없다.; •『숫따위방가』와 『칸다까』는 4부 니까야와 위의 (6)에 적힌 경전들보다 더 후대의 것이다.; 『짜리야삐따까』는 (9) 아래에서 발견되며, 아비담마 문헌의 최초는 『뿍갈라빤냣띠』인 것으로 추정된다. 별표(•) 한 차이는 매우 중요하다.

16) Dialogues. Ⅲ, p.ix.

17) 〈예〉 짧은 경구 "attadīpā viharatha" 등.

18) 〈참조〉 Mrs. Rhys Davids, JPTS. 1924-'27, pp.244-45.

볼 수 있다.[19]

구전(口傳)을 유지함에 있어서 기억은 큰 역할을 했고, 표현의 다양성이 줄어든 것은 이런 측면에서 확실히 도움이 되었다. 또한 전통뿐 아니라 내부의 증거들을 통해 경전에 많은 '편집'이 있었다는 사실을 알 수 있다. 결과적으로, 기록된 문헌에서 동일한 구절의 반복을 중요시하던 형태가 많이 줄어들었다. 여기서 일반적으로 도출될 수 있는 확실하고 유일한 결론은 후대에는 더 이상 추가되지 않았음이 확인된다는 점이다.

한때 독립적으로 존재했으나 이제는 더 이상 그렇지 않은 문헌들은, 의심할 여지 없이 전체 니까야의 구성에 대해 언급된 것보다 더 초기의 것임이 분명하다. 그럼에도 불구하고 그들 사이에 아직 단일 시대층은 구분되지 않았다. 4부 니까야가 불멸 후 1~200년 사이에 완성되었는지에 대해서는 다른 장에서 다루었다.[20] 『이띠웃따까』는 훨씬 후대의 것으로 보인다.[21] 따라서 용어를 조사하는 것도 중요하지만, 대부분의 경우 초기불교 사상의 발전에 따른 관점에 집중해야 한다. 이런 측면에서 리스 데이비즈 여사의 연구는 무엇보다도 중요하다.

리스 데이비즈 여사의 연구: 리스 데이비즈 여사에 의하면 "초기불교는 '팔정도', '사성제', '삼법인' 등의 정형구 몇 개로 배울 수 있는 게 아니다." "'교리' 구조의 주변에 남아 있는 '어구(語句)'[단편]들로 파악한다."[22] 그녀는 "세계의 종교는 더 많은 종류의 인간을 다루고 있다. 결코

19) 〈예〉 많은 설법의 말미에 보이는 "Abhikkantaṃ bhante abhikkantaṃ bhante 등"(DN. 경전 2~4).

20) 「제1장 불교의 경전과 연대기」 참조.

21) 〈참조〉 Winternitz, 앞의 책, p.91. 핵심은 뒤에서 자세히 다룬다.

22) Buddhism, (H.U.L.; Home University Library) 개정판, pp.8-9.

그 이하가 아니다."라는 가설에서 출발한다.[23] 그녀는 고타마가 인간은 의도를 지닌 존재로, 세상을 건너는 방법을 가르침에 따라 더 좋아지기도 하고 더 나빠지기도 한다는 것을 발견했다고 한다. 그녀는 이런 사실을 지지하면서 니까야에서 많은 '어구[단편]'들을 모았다.

반면 빈테르니츠(Winternitz)는 리스 데이비즈 여사가 지나친 추측을 했다고 지적하고 있으며,[24] 키스(Keith)는 리스 데이비즈 여사가 이미 쇠퇴하는 심리학을 정당화시키는 것보다도 훨씬 더 의존적이라고 문제를 제기하고 있다. 뿐만 아니라 리스 데이비즈 여사의 '어구[단편]'들은 대부분 너무 짧고 모호해서 결정적인 단서가 안 된다는 것이다. 그럼에도 불구하고 그녀의 연구 이후에, 경전에 추가·수정·삭제된 사실의 발견은 무시하지 못하게 되었다.[25] 또한 "수행승과 그들의 특별한 이상에 대한 관심이 증가하고, 마음과 정신적 과정의 탐구에 대한 열의가 증가한 것"[26]은 그것이 무엇이든 "인간을 보는 오래된 세상의 관점에 대한 주요 사실"의 재발견이라는 점에서 깊이 고려해야 함이 분명하다. 다시 말해서, 시대구분을 위해서 증가된 '부정주의자'의 강조[27] 그리고 학문적 분석과 분류는 후대의 특징으로 받아들여야 한다.[28]

경장과 다른 연구자들 — 리스 데이비즈 여사의 '새로운 시도'를 제

23) 위의 책, p.10.
24) Visvabharti, N. S. May, 1936.
25) 〈참조〉 "Kenāpyadhyāropitānyetāni sūtrāṇītyabhiprāyaḥ"(Ak.V. Fol., 337, Minayeff, Recherches…, p.226에서 인용); "sūtrāṇi ca bahūyantarhitāni mūlasaṅgītibhraṃśāt"(위의 책, p.222).
26) Buddhism, (H.U.L.) 앞의 인용문.
27) 〈참조〉 JPTS. 1924-'7; Wassiljew, Der Buddhismus Vol. I, p.89.
28) Mrs. Rhys Davids에 대한 상세한 내용은 뒤에서 다룰 것이다.

외하면, 니까야의 '시대구분'은 많은 이목을 끌지 못했던 것 같다.[29] 특히 키스(Keith)는 그것이 불가능한 일임을 강력히 주장했다.[30] 프랑케(Franke)에 의하면, 『디가니까야』는 단일한 문학 구성이며,[31] 『맛지마니까야』는 "최소한 어느 정도까지는 한 작가의 통일된 서면 작업"[32]이다. 그는 『디가니까야』의 시작은 "고타마 붓다는 세존, 여래, 선서이시다(D. II. 40, 97)라는 경구를 통해, 그가 자신 스스로를 지도자 중에 하나라고 설한다."고 설명한다.[33] 물론 개념이나 형식에 있어서 일정 부분 동질성이 있음을 부정할 수는 없지만, 프랑케가 언급한 단어, 구절, 문단의 유사성은 단일한 문학 구성이라는 그의 주장에 충분한 논거가 되지 못한다. 따라서 차이점에 대해 충분히 비평하지 못한 것이다. 이런 '차이 속의 동질성'을 설명하려면, 니까야가 공통된 출처에서 유래한 교리를 구현하기 위해 자주 '편집된' 문헌이라는 가설에 의지해야 한다.[34]

반면에 바팟(Bapat) 교수는 프랑케와 상반된 견해를 보인다.[35] 그는 『디가니까야』에서 서로 다른 세 개의 문학적 시대층을 발견했다. 1권 전

29) 〈참조〉 "Rien은 빠알리 문체(Écriture)의 연대 '계층'을 결정짓지는 않았다."(La Vallée Poussin, Dogme, 4판 서문; Opinions avant-propos. p.viii).

30) Keith, B. P,, p.21; Mrs. Rhys Davids의 방법뿐 아니라 Schayer와 자신이, 방법까지도 타당하지 않다고 생각했던 I.H.Q. 1936과는 반대로, 니까야에서 '초기 교리'의 흔적을 밝히고 있다.

31) ZDMG. 1913, p.410.

32) 위의 책, 1914, p.474.: mindestens in groszen und ganzen das einheitlich, in Zusammenhang verfasste Werk eines Schriftstellers ist.

33) WZKM(Wiener Zeitschrift für die Kunde des Morgenlandes). 1912, p.19.: "der Nachweis, dasz Gotama Buddha, der Erhabene, ein Tathāgata (so gegangene) sei, d.h. dasz Gotama selbst den in DN.Ⅱ.40. 97 vorgeschriebenen Heilsweg zur Erlosenden Erkenntnis zurückgelegt habe."

34) 〈참조〉 Winternitz, 앞의 책, pp.54-55. Franke가 내린 특별한 결론은 뒤에서 다룬다.

35) ABORI.(Annals of the Bhandarkar Oriental Research Institute) Ⅷ, 1926, pp.1-16.

체[Sīlakkhandha vagga, 戒蘊品]는 첫 번째 층에 해당하며, 다음과 같은 주장이 기술되어 있다.: “이 경(「샤만냐팔라 숫따Sāmaññaphala sutta, 沙門果經」)은 1권에서, 마지막 경[13. 「떼윗자 숫따(Tevijja sutta)」]을 제외한, 후속하는 모든 경의 기초가 되며, 공통적인 목적을 위한 요소를 제공한다. 따라서 1권의 대부분은 현재 형태로 구성되었음을 나타낸다.”[36] 이러한 경우, 1권의 대부분 경들이 「사만냐팔라 숫따」보다 후대의 것이라는 점을 입증해야 한다.

첫 번째 시대층에는 인간 붓다로서의 개념과 가르침이 명료하게 나타나 있는 반면,[37] [3권(Pāṭikavagga, 當學品)에서 주로 나타나는] 세 번째 시대층에는 붓다를 기적의 주체로 절충하고 있으며, 미륵불[Metteyya Buddha, 멧떼야 붓다]을 언급하고, 탄트라 문학의 출발이라고 할 수 있는 ‘뿌라나’ 전설의 위대한 사랑도 보여준다. 그리고 마지막 두 개의 경전들[33. 「상기띠 숫따(Saṅgīti sutta), 34. 「다숫따라 숫따(Dasuttara Sutta)]에서는 ‘『앙굿따라니까야』의 형식’을 쓰고 있다.[38] 그러나 불교에서 고대 탄트라의 시작이 불분명하다는 점을 기억해야 한다.[39] 또한 ‘『앙굿따라니까야』의 형식’만으로는 후대의 것임을 나타내지 못한다. 문학적 배치에서 숫자를 고려하는 방식이 불교 이전 시대에도 없지 않았기 때문이다. 『리그베다』의 「가계서」에서 신들의 그룹에 대한 찬가는 구절의 숫자가 줄

36) 위의 책, p.4.
37) 위의 책, p.7.
38) 위의 책, p.16.
39) 〈참조〉 비록 다른 맥락이긴 하지만, Bloomfield도 비슷한 문제에 대해 언급하고 있다. “열 번째 책은 방대한 양의 자료를 포함하고 있으며, 특히 Atharvaṇic 종류의 자료는 주요 주제에 대해 확실히 이질적이다. … 그러나 그 모든 내용들이 어째서 더 최근 것이 되어야 하는가…?(JAOS.; Journal of the American Oriental Society, Vol. XXI p.43).

어드는 데 따라 배열되어 있다.[40] 따라서 두 번째 책에서 아그니(Agni)에게 바치는 수쿠타(Sūktas, 찬가)의 첫 번째 그룹은 16개 구절로 된 찬가로 시작하여 6개 구절로 된 찬가로 끝난다. 다음 그룹의 첫 번째 찬가는 인드라에게 바치는 것인데, 21개 구절로 시작해서 4개 구절로 끝난다.[41] 또한, 두 번째부터 열 번째 책에 있는 찬가의 전체 숫자를 고려하면, 전체적으로 진보적인 순서인 43, 62, 58, 87, 75, 104, 103, 114, 191을 얻는다. 뿐만 아니라 첫 번째 책과 마지막 책이 같은 수의 찬가로 이루어져 있다는 사실 역시 흥미롭지 않을 수 없다. 『아타르바베다 삼히타(Atharvavedasaṃhitā. AS)』로 돌아가면, 첫 번째 책의 35개 찬가 중에서 30개 찬가에 각각 4개 구절이 포함되어 있으며, 두 번째 책에는 각각 5개 구절이 포함되어 있는 등 전체 36개 중에서 22개에서 이와 같은 규칙을 발견하게 된다. 세 번째 책에서 31개 찬가 중 13개에는 각각 6개 구절이 포함되어 있으며, 네 번째 책에는 가장 많은 찬가(40개 중에서 21개)에 각각 7개 구절이 포함되어 있다.[42] 여기서 하나씩 늘어나는 '에꼬따라(ekottara) 원칙'이 뚜렷하게 드러난다. 그리고 브라흐마나(Brāhmaṇas)에서 같은 방식으로 같은 수를 생각할 수 있다면 그 대상은 같은 부류(Bandhus)로 분류된다.[43] 때로는 난해하기도 하지만, 특히 숫자에 따라 배열하는 이런 관습은 분류의 시작으로 여겨질 수도 있다. '『앙굿따라니까야』의 형식'이 숫자 그룹의 전개에 지나지 않는다는 주장을 고려한다면 이 문제는 중요해진다.

40) *역자주: 「가계서(family books)」는 만다라(mandala)의 일부를 의미한다. 만다라는 10개의 책으로 구성되어 있으며, 「가계서」는 2~7번째에 해당한다. 『리그베다』 안에서 가장 오래되고 짧은 내용으로 구성되어 있다.

41) 〈참조〉 Macdonell, Vedic Reader, p.XIV.

42) 〈참조〉 Winternitz, 앞의 책, I. p.121.

43) 〈참조〉 Tait(Taittirīyopaniṣad). 1-7.

게다가, 이런 형식이 불교 문헌 외에도 나타난다는 사실은 이전의 공통된 문학에서 발달된 형식임을 나타낸다.[44] 따라서 불교 문헌사에서 상당히 일찍 나타났을 가능성이 있다. 물론 후대에 사용하지 않았다는 뜻은 아니다. 그러나 시대층의 구조에 대한 연구는 증거와 일관성을 보여야 한다. 따라서 이러한 시도들은 매우 단편적인 전거들이기에 한계를 지닌다.[45] 본 연구는 이러한 문제의 반복을 피하기 어렵다. 그럼에도 불구하고 초기부터 후대까지 드러나는 형식의 특성들을 자료로 추가하는 만큼 그 가치는 높아진다고 본다. 사실 이러한 연구는 경전들의 시대를 거의 완벽하게 구분할 수 있을 정도로 자료가 풍부해졌을 때 가능하다.

시대구분 기준 — 니까야는 우파니샤드 시대와 아비달마 시대 사이, 다른 부파불교 문헌 시대 사이에서 발달했다. 이러한 구분은 니까야에서 초기 것은 무엇이고 후기 것은 무엇인지를 발견해 내는 데 전반적인 방향 감각을 제공한다. 교학승이 늘어나고 철학적 분석과 논쟁이 증가함으로써 관념 체계가 복잡 미묘해졌으며, 붓다의 메시지가 거대한 학술적 철학으로 변환되기에 이르렀다.[46] 동시에, 불교가 확산되면서 대

---

44) 예를 들어, Jaiṅa Ṭhāṇaṅga와 Smavāyaṅga, Mbh.의 일부 내용; Winternitz. Ⅱ. p.65, 각주 1번. 다른 민족들도 바로 이러한 숫자 계산법을 수수께끼나 장황한 이야기에 사용한다는 점을 지적한다. 〈참조〉 Satapatha Bra, 1.5.4. 6-11.

45) 〈참조〉 J. E. Carpenter는 또다른 비슷한 연결점에 주목한다. 복음 비판주의에 대한 논평에서 그는 다음과 같이 말한다. "… 판단하기 위해 수집한 요소에 그 성공 여부가 달려 있으며 … 고려해야 할 범위가 결과에 영향을 미친다는 것을 인정했다." (The Bible in the Nineteenth Century, 1903. p.220)

46) 〈참조〉 Rosenberg, "Das Studium des alteren Buddhismus musz mit den in der Sammlung des Abhidharma enthaltenen systematischen Traktaten beginnen d.h. mit der sogenannten Literatur der ≪Kirchenväter≫—und nicht mit den Sūtra."(Die Probleme, p.ix.) 고대 Vaibhāṣikas를 현대적으로 변호하는 것이다.

중적인 종교의 여러 요소들이 흡수되었고 붓다를 신격화하게 되었다.[47] 이처럼 교리가 변해 가는 방향에 발맞추어 표현 방식도 변했는데, 무미건조하고 관념적이며 현학적인 정형구를 지지하면서 동시에 간단하고 자연스러우며 시적 활력을 띤 표현 방식은 줄어드는 경향이 있었다.[48] 언어학적으로도 새로운 전문 용어를 사용하고 고어(古語)를 새로운 의미로 발전시키는 변화를 보였다.[49]

이것은 니까야의 시대구분에 도움이 되는 매우 간단한 일반적 지표 가운데 하나이다. 카펜터(Carpenter)가 복음서(Gospel)에 대해 논평한 내용을 일부 수정하여, 현재 맥락에 적용해 볼 수도 있다. "복음서가 제시하는 대부분의 문제는 그 자체의 도움으로, 다시 말해서 복음서가 제공하는 내용들을 비교함으로써 해결할 수 있다. 복음 비판주의의 역사는 사실 이런 과정의 역사이며, 그 성공은 결과에 영향을 미칠 것으로 보이는 사항의 범위와 판단을 위해 채택된 요소, 중대한 결정을 내리기 전에 드러나는 것들에 대한 기능에 달려 있다."[50] 복음서 연구와 마찬가지로 니까야도 "어둠 속에서 성장했으며, 그 실제의 역사는 그것이 드러내는 사실을 설명하기 위한 일련의 추측 형태로만 발견할 수 있다."[51]

형이상학적 목적과 형식의 경향

(a) **교리의 발전 상태**[52]— 니까야는 목록, 범주, 정의를 확장한 결과

47) 〈참조〉 Louis Renou, The Civilization in Ancient India, p.28.
48) 〈참조〉 Winternitz, History of Indian Literature Ⅱ, pp.68-70.
49) 〈참조〉 Rhys Davids, Dialogues, Ⅲ, p.ix.
50) J. E. Carpenter, The Bible in the Nineteenth Century(1903), p.290.
51) 위의 책, p.303.
52) 교리의 의미와 전반적인 발전과정에 대해 설명된 내용은 Newman, Development

형이상학적 관심 역시 점진적으로 성장한 것으로 보인다. 처음에는 주로 지도자의 설법을 모으고 해설하며 맞춰 가는 데 중점을 두었던 것으로 보인다. 그러나 새로운 문제가 드러남에 따라 점점 더 분석적으로 접근하게 되었으며, 새로운 결과에 비추어 오래된 교리를 끊임없이 재해석해야만 했다. 이 과정에서 서로 상반된 해석들이 빈번히 발생함으로 인해 일관된 체계 안에 조화를 이루게 하려는 시도가 있었다. 하지만 일부만 표준이 되고 나머지는 모두 이단으로 치부되었다. 이처럼 차별과 부파주의가 생겨남으로 인해 각 부파마다 새로운 문헌을 만드는 것은 물론 예전 문헌을 개작하는 '소급적 효력'마저 발생했다.[53)]

결국 체계적인 불교 이론도 형이상학과 더불어 발전하게 된 것이다.[54)] 그 결과 신들의 수와 등급이 증가했고, 새로운 신비 상태나 신의 세계와 소통하는 황홀경을 발견하는 내용들이 불교의 일부분으로 받아들여지게 되었다.[55)] 이들은 붓다가 쓸데없는 '억측'[56)]이라고 비난한 전

---

of Christian Doctrine, Ⅰ장, Ⅴ장과 Marin-Sola, L'Evolution honogène du Dogme Catholique, Tome Ⅰ, pp.24ff를 참조하라.

53) 앞의 내용 참조.

54) 베다 이론과 신화의 접촉 지점은 대개 Brahmā(가장 가까운 베다의 대응물인 Brahmā는 모호한 Prajāpati이다.), Brahma-loka, Yama, Pettivisaya(Māra에 관해서는 아래 내용을 보라.), Inda[Sakka는 Budd에 속한다. 신화는 구축되고 있다.; 〈참조〉 PTSD(Pali Dictionary of the Pali Text Society)에서 'Inda'; Dialogues. Ⅱ. 294-298], Gandhabbas, Accharās이다. 'Prajāpati'는 "devā sa-indakā sa brahmakā sa pajāpatikā"라는 정형구에만 나온다.(PTSD); Soma, Vāyu, Pajjuṇṇa, Varuṇa에 관한 내용은 Buddh. Ind. p.235 참조.; 지옥에 대한 개념은 Purāṇas에 훨씬 더 가깝다. 대체로 이런 신화의 독립성은 뚜렷하게 나타난다. 이들이 발전하는 데 시간이 걸렸을 것이다.

55) 다른 이유는 현지 이교의 신들, 특히 '대지의 신'과 'Nāgas'(〈참조〉 Mahāsamaya, ātānāṭiya)가 침투한 것이다. Rhys Davids 역시 "개념은 사람들 사이의 서로 다른 생각을 융화시킨다. 말하자면 결과는 사람들의 생각이, 뒷문으로 받아들여져서 집 전체를 채운 셈이다."라고 말했다.(Buddh. Ind. p.220) 신화는 아비담마의 요새조차 침략하지 않은 채 남겨뒀지만, [아비담마] 위방가의 세 번째 부분에 신화적 내용이 상당수 포함돼 있는 것에서 알 수 있다.

56) 〈예〉 Brahmajālasutta.

통일에도 불구하고, 우주론적 신화로 번창했으며 간접적으로는 신들을 불신하는 데도 일조했다.[57] 그와 동시에 초자연적 현상에 대한 태도는 중대한 변화를 겪게 되었다.[58]

불교철학의 발생: 무엇보다도 가장 광범위한 신학적 동향은 붓다를 신격화한 것이다. 신을 포함한 모든 존재들과 비교할 수 없을 정도로 뛰어나고, 가끔씩 법성(Dhammatā, 法性)에[59] 따라 측은한 마음에서 실제로, 또는 겉보기에 인간의 모습을 취한다는 개념은 초기의 개념과 전혀 다르다. 이는 최초기 문헌에 비해 몹시 낯선 것으로, 서서히 발전했을 것이다. 변화의 또 다른 양상은 아라한[60] 개념을 비하하는 것인데, 이는 대체로 상가의 의복 문제로 인해 발생한 1차 분열에 원인이 있다.[61] [시키(Sikhī)와 같은] 과거생의 붓다,[62] [미륵과 같은] 미래의 붓다, '보살(Bodhisatta)', 빳쩨까붓다(Pacceka Buddha, 辟支佛, 緣覺), '출생의 기적'에 대한 언급 등과 '법성(Dhammatā)'이 지배하는 붓다의 생애에 대한 설명, 이런 것들이 후대의 특징으로 부각되고 있다. 이런 측면에서 특히, '믿음(saddhā, 信)'과 '전지(全知)'에 대한 개념이 갑자기 변한 것 역시 중요하다. 탑(Thūpas, 塔)을 숭배하는 관습이 현저히 확대된 것도 마찬가지인데, 오랜 관습임에도 불구하고 후대 불자들이 매우 이례적으로 중요

57) 〈참조〉 Aggañña Sutta. 신들에게 Brahmacarya(梵行)가 가능한지 아닌지에 대한 내용은 부파들 간의 뜨거운 논쟁거리가 되었다.
58) Kevaṭṭa Sutta 및 Pātimokkha의 태도와 Pāṭika Sutta의 태도를 대조해 보라.
59) *역자주: 원문은 'fixed norm(고정된 기준)'
60) 〈참조〉 Dialogues에서 Pāṭikasutta에 대한 Rhys Davids의 서문.
61) 다음 장의 내용 참조.
62) 물론 일반적으로 정신적인 전임자를 언급하는 선지자를 발견하는 것은 흔히 있는 일이며, 붓다 역시 그랬을 것이다. 하지만 과거생의 붓다에 대한 이론은 그 정도를 상당히 넘어섰다. Rhys Davids 여사에 의하면, 붓다에 대한 개념은 '바람 속'과 비슷한 이야기가 KS(Kindred Sayings). I. p.1(각주)에 있다.

시하게 되었다.[63] '마하뿌리사락카나(Mahāpurisalakkhaṇam, 大人相)'[64]라는 서른두 가지 외모에 대한 교리 역시 발달하게 되었다.

일반적 이념 경향: 이 부분의 결과는 후대의 표시라고 할 수 있는 신학적·형이상학적 '열거된 그룹'의 수, 정도, 미묘함, 빈도가 증가한 상황으로 요약될 수 있다.

(b) **문학적 발전 상태** — 일반적으로, 눈에 띄게 간소하고 자발적이며 진지한 문체가 더 오래된 문체다. 이런 문체는 짤막한 문헌인데도 더 큰 문헌에 흔히 삽입된 형태로 나타난다. 우파니샤드[65]를 연상시키지만 부드러운 대화체, 소크라테스식의 반어법, 때로는 더 지속된 논의[66]뿐

---

63) 사후 고분이나 불탑의 건축은 고대 사회에 널리 퍼진 관습이었다.(Mitra, PI. pp.301ff; Macdonell, VM. p.165; RS. Ⅶ. 89. 1) 탑이 갖는 오랜 의미는 더 이상 퍼져 나가지 않았다. PTSD를 보라. 〈참조〉 Vin. iv. 308; Jat. Ⅲ. 56. (〈참조〉 Budd. Ind. p.80) 그러나, 아소카 왕조 시대 이전의 탑이 발견되지 않은 것은 중요하다. 이는 불자들이 탑을 후대에 중시하게 되었음을 나타낸다. 〈참조〉 V.S. Agrawal, Bhāratiya Kalā, pp.156-57.

64) 로까야따마하뿌리사락카나(lokāyatamahāpurisalakkhaṇa)라고도 부르며, 브라흐만 교리를 나타낸다.(「암밧타 숫따」의 예시를 보라.) 그러나 브라흐만교의 자료는 전혀 기록이 남아 있지 않다. 최소한 두 가지 표식은 조각품의 영향을 추적하여 찾아냈으며, 관련 참고문헌으로는 jālahatthapādo, uṇhīsasīso가 있다.(Foucher, L'Art gréco-boudhique du Gandhāra 참조.) Sn. 1019, 1021, 1022에는 단지 세 가지 Lakkhaṇa에 관해서만 기록되어 있는 점이 흥미롭다. 〈참조〉 N. H. Samtani, The Arthaviniścaya Sūtra, p.283.

65) 예를 들어, Sāmaññaphala sutta와 Br. Ⅳ, Ⅰ.를 비교해 보라. Winternitz, Ⅱ, p.37, 각주 1번, 위의 책 76쪽을 보라. 예를 들면 Ak.V.(Sphutārthā) Ⅰ, p.17에 인용된 내용이 있다. 이는 우파니샤드의 "Uktaṃ hi Bhagavatā-Pṛthivī bho Gautama kutra pratiṣṭhitā. Pṛthivī brāhmaṇa abmaṇḍale pratiṣṭhitā. Abmaṇḍalam bho Gautama Kva pratiṣṭhitam. Vāyau Pratiṣṭhitam. Vāyurbho Kva pratiṣṭhitaḥ. Ākāśe pratiṣṭhitaḥ. Ākāśam bho Gautama kutra pratiṣṭhitam. Atisarasi brāhmaṇa. Ākāśam brāhmaṇāpratiṣṭhitamanālambanamiti vistaraḥ."와 매우 비슷하다. 문체·표현·지적 탐구의 방향에서 우파니샤드 구절, 이를테면 Br. Ⅲ. 6, Ⅲ. 8과 거의 구분되지 않는다.

66) 〈참조〉 Winternitz, Ⅱ. pp.69-70.

만 아니라 철학적 정밀함보다는 정신적 경험[67]과 관련된 짤막한 설법이며, 드물게는 전기(傳記)의 일부이기도 하다.[68] 대부분의 경우 비유와 우화의 경향이 잘 드러난다.[빠알리 비유(Upamā)에서 두 가지 모두 다루고 있다.] 사실, 비유의 상당수는 붓다가 직접 설법했다고 여겨지는데,[69] 확실히 그도 예수처럼 직유와 비유를 즐겨 사용했다.[70] 이는 수많은 청중들[71] 중에서 배우지 못한 사람들에게 적합했으며, 직관적이고 독창적인 붓다의 메시지와[72] 그 당시 문학적 발달 상태에 알맞은 것이었다.[73] 비유는 논쟁적이기도 하지만 분명하게 보여주고 교훈적이기도 하므로 긍정적 가르침을 포함하고 있을 때가 많다. 이런 표현 중 일부는 후대에 전문적 표현 방식으로 확실히 자리 잡았다.[74] 그러나 이와 같은 비유 형식은 더 정확하고 추상적인 개념 표현을 발달하게 했고, 더불어 입증되지 않은 속임수가 한층 가미된 교훈적 신화가 발달함에 따라 [추상적 개념 표현과 교훈적 신화로] 일부 대체되었다. 물론, 직유와 비유는 결코 드물지 않다. 예를 들어, 여덟 가지 바다의 특징을 비교한다든지(Cv. Ⅸ, 1; 3f) 여성을 대하는 수행자의 다섯 가지 종류에 대한 설명에서(Puggalapaññatti Ⅴ, 3)는 너무 상세하게 설명한 나머지 장황하고 지루한 경향을 보이기도 한다.[75]

---

67) 〈예〉 MN. 경전 61.
68) 〈예〉 MN. Ariyapariyesana sutta.
69) 〈참조〉 Winternitz, 앞의 인용문; Sakya, pp.313ff.
70) 〈참조〉 "… 예수의 비유법은 자연스러움, 명료함, 적절함에서 타의 추종을 불허한다." (ERE.; Encyclopaedia of Religion and Ethics, Ⅸ, p.630)
71) 그들 중 대부분은 유행(流行)하는 탁발승이거나 귀족 가문, 상인 등이었을 것이다.
72) 「제10장 붓다의 생애」 부분 참조.
73) 우파니샤드는 철학적이고 신비로운 개념들을 자세히 설명하기 위해서 비유, 관련된 상징 등을 활용했다. 〈예〉 Ch. Ⅵ. 6ff; Br. Ⅳ. 3. 19 등.
74) 〈참조〉 Winternitz, 앞의 책, p.74.
75) 이러한 사실을 고려해 볼 때, 아비담마(Kv.)에서 거의 볼 수 없는 비교를 통해 상

학술적 논쟁이 필요해지고 초보자들에게 교리를 설득시킬 필요가 생김으로써 무미건조한 교리문답의 형식도 생겨나게 되었다. 중요한 예로 '웨달라(Vedalla, 교리문답)'의 경우를 볼 수 있다. 같은 비율로 설명 형식이 생겨났음을 『위방가(Vibhaṅgas)』에서도 확인할 수 있다.[76] '상세한 설명(veyyākaraṇa, 답변, 記別, 記說)'이라고 부르는 경전도 [다른 방법으로는 그것이 웨야까라나인지 아닌지 결정하기 어렵다] 역시 비슷하게 동기부여 받았다고 여겨졌을 것이다.[77]

'뿌라나(Purāṇa)' 형식 또는 '마하야나(Mahāyāna)' 형식이라 불리는 것에도 상당한 발전이 있었다. 이런 형식은 이야기체로 묘사하는 내용이 많다는 점, 대부분 신화적 특징을 갖고 있다는 점, 기적들에 대해 과장하지 않고 호의적으로 묵인한다는 점, (연도·추종자·귀의자·거리 등에서) 숫자를 부풀리고, 칭찬과 비난의 표현들 곳곳에서 취향의 변화가 뚜렷하게 보인다는 점을 그 특징으로 들 수 있다.[78] 『자따까(Jātakas)』와 유사한 형태를 보이는 이들 경전은 『맛지마니까야』의 81번째 경(MN. 81: 「가띠까라 숫따(Ghaṭikāra sutta)」)처럼 이런 형식[79]의 예로 제시될 수 있다.

(c) **가필(加筆)** — 니까야의 많은 경전들은 조각조각을 이어붙인 형태로 나타난다. 단일한 표준 용어도 없었고, 후대의 개념·정형구·해석 등

대에게 답변하는 방식은 Pāyāsirājañña Sutta에서 힌트를 얻은 Milindapañha의 편집자가 쓴 것일 가능성이 있다.

76) 이것은 '순수한 문헌적 해석'이지는 않다. Oldenberg에 의하면 『위방가』에 대한 핵심 해설은 '율장'에 있다.

77) 〈예〉 Brahmajāla sutta.

78) 〈참조〉 Rhys Davids의 서문은 Dialogues Ⅲ, Pāṭika Sutta에 대해 언급하고 있다.

79) 빠릿따(Parittās)에 대한 이런 형식은 초기에 어떤 유명 집단에서 자주 사용되었을 것이다. 디가(Dīgha)와 쿳다까빠타(Khuddakapāṭha)를 통해 용인되고 점차 인정받았을 것이다.

에 젖어든 암송자들에 의해 많은 교정을 거쳤다. 오랜 동안 독창적으로 구전되었다는 점을 감안하면 놀라울 일도 아니다.[80] 따라서 니까야에는 여러 고대 문헌의 교리가 발달되는 흔적이 남겨져 있다. 가필이나 추가[補間法]는 물론 오래된 내용은 수차례 '수정'되었는데, 예를 들면 허술한 표현을 좀 더 치밀한 정형구로 대체함으로써 더 정돈된 표현으로 바꾸었고, 형용사들의 목록이 첨삭되거나 관습적인 도입부와 결말부가 추가되었다. 그중 대부분은 오래된 문헌을 무심결에 최신의 내용으로 바꾼 경우도 있다. 더 심각한 문제는 다양한 판본을 때로는 나란히 배열해 놓기만 했던 것을 새로운 구도로 배열한 것이다.

따라서 후대에 첨가된 표현이 초기의 개념과 일치할 수도 있고, 독창적인 후대의 특징이 다른 초기의 내용 부분에서 발견될 수도 있다. 이와는 다른 이유지만 지나치게 일관성을 요구하는 것 역시 적절치 못하다.[81]

블룸필드(Bloomfield)는 이와 관련해서, "적어도 다음과 같은 신중함을 가질 필요가 있다. 즉, 편집자들이 이런 특별한 내용을 왜 지금 우리가 보는 그 자리에 배치했을지 그 이유를 알아야 한다."라고 지적하고 있다.[82]

흥미로운 분류는 특히 『디가니까야』의 2권인 『마하왁가』(DN. Ⅱ)에서 나타난다. 이들은 대부분이 마하(Mahā)라는 접두사가 붙은 제목을 갖고 있는 경전들로 구성되어 있다. 이런 경전들은 짧은 원본을 더 정교

---

80) 제1장 참조.
81) G. Gore의 주장 참고: "세계 도처에 나타나는 개인적 경험을 담은 어수룩한 기록들은, 대체로 믿을 만해 보이지만, 세밀한 반대 문제들을 견뎌낼 만큼 정확하게 작성된 것은 아니다." (Jesus of Nazareth, p.189 H.U.L.)
82) JAOS. Vol.ⅩⅪ, p.44.

하게 서술함으로써 현재의 규모에 이르게 된 것으로 보인다.[83] 신구(新舊) 요소들이 혼잡하게 겨룸으로써 생겨난 모순, 예를 들어 편집자에게 굳어진 믿음에 반하는 이야기에 대해 분석한 결과, 때때로 '정통이 아닌[異端]' 특징[84]이라고 하는 것을 볼 수도 있다.

(d) **단어 및 기타 언어적 특징** — 루토슬라프스키(Lutoslawski)는 그의 저서 『플라톤의 논리(Plato's Logic)』에서 문체 분석 방법론을 아주 정밀하게 적용하였다.[85] 이런 방법은 기계적 적용이 가능하다는 이점이 있지만, 성공 여부는 대규모 언어 통계에 달려 있기 때문에 빠알리어 연구 분야에서의 적용은 쉽지 않다. 그런 측면에서 PTS사전(PTSD: Pāli English Dictionary)은 최상의 노력이긴 하지만 이 사전이 존재하는 모든 단어(용어)를 수록하고 있지는 않으며, 몇 가지 경우에 한해서만 역사적 의미를 다루고 있을 뿐이라는 점이 아쉽다. 니까야가 루토슬라프스키의 경우와는 다른 상황이고, 결국 특정한 개인의 용어 선택과 배열에 따른 문체를 주로 연구하려는 것은 아니기 때문에, 더 깊게 추론하기 위해서는 같은 규모의 글에서 용어가 상대적으로 자주 사용되는 빈도의 평균을 토대로 해야 한다. 본 연구의 진행을 위해 용어는 어휘가 진화하는 경향에 대한 이정표일 뿐, 개인적 특징을 나타내는 지표는 될 수 없다. 유감스럽게도 용어 역사의 많은 부분에 불확실성이 따라다니

83) 〈참조〉「사띠빳타나 숫따(Satipaṭṭhāna sutta)」와「마하사띠빳타나 숫따(Mahāsatipaṭṭhāna sutta)」;「바라타(Bhārata)」와「마하바라타(Mahā Bhārata)」.

84) 〈예〉 SN. Ⅲ. 130.

85) Lutoslawski, Plato's Logic, pp.66-72, 146-151: 최근에는 문체 연구가 눈에 띄게 발전했지만, 현재와 같은 상황에서 믿을 만한 측정을 제공하는지는 이론의 여지가 있다. 〈참조〉 John Lyons, New Horizons in Linguistics, pp.185ff. 앞에서 본 Lutoslawski에 대한 언급은 컴퓨터 문체 측정에 크게 영향을 미친다.

며 이 문제가 전체적으로 해결되지는 않는다. 또한 도처에서 가필되었을 가능성이 있기 때문에 단정적으로 의미를 평가하는 것은 위험하다.

아래의 용어들은 의미나 중요도가 변함으로써 이들이 나타나는 구성 요소의 시대를 알아볼 수 있는 목록이다. '압빠나(appaṇā, 몰입)', '아왓자나(āvajjana, 전향)', '바왕가(bhavaṅga, 존재요소, 잠재의식)' 등과 같은 후기 니까야 용어는 전체적으로 포함하고 있지는 않으며, '둑까따(Dukkaṭa, 악행)', '둣툴라(Duṭṭhulla, 열등한)' 등과 같은 용어들은 제외했는데 이런 용어들은 율장에서만 '층위학적으로' 중요하게 나타난다.

앗자따찐띤(Ajjhattacintin): 보기 드문 용어다. PTSD에서는 Sn. 174와 388의 두 가지 문헌만 언급하고 있다. 앗자따(Ajjhatta, 內的)는 후대에 바힛다(Bahiddhā, 外的)의 상대적인 의미가 되었고, 각각에 대한 기존의 의미는 사용되지 않았다. 그러나 이전에는 앗자따가 추천되었던 것으로 보인다. 비슷한 것이 앗자따라따[Ajjhattarata, 안으로 기쁨]이다(DN. Ⅱ. 107; Sn.263; Dhp. 362; Ud. 64; AN. Ⅳ. 312). 〈참조〉 Ātmaratiḥ, Ch. Up. Ⅶ-25-2(Ajjhattasanti. Sn. 837도 역시 눈여겨볼 만하다).

빳짯따(Paccatta, 개인의), **앗딴**(attan, 自我), **안앗따**(anatta, 無我), **앗따바와**(attabhāva, 自存), **앗따디빠**(attadīpa, 自燈明), **앗따사라나**(attasaraṇa, 自歸依) 등의 자아(Self)에 대한 문제는 다음(제12장)을 보라.

앗따(Attha, 이익): 리스 데이비즈 여사는 최고의 선(善, summum bonum)을 표현함에 특정 용어를 사용하지 않는 경향이 있음을 지적했다(What was the Original Gospel in Buddhism? pp.79-80 참조).

아나가민(Anāgāmin, 不還子): "… [정신적 성장에 대한] 네 가지 단계[聖人]와 관련하여 가장 오래된 구절에서는 세 번째 단계에 대한 서술을 위해 아나가민(Anāgāmin)이라는 용어가 사용되지 않으며(DN.Ⅰ.156;

Ⅱ.92, Ⅲ.107, MN. Ⅱ.146) 아나가민은 결박(結縛)에서 벗어났다는 의미가 아니라 열거된 선한 정신적 습관의 함양을 의미한다. … 『이띠웃따까(Itivuttaka, 如是語)』 96에는 세 단계만 있는데, 이는 범부·불환자(anāgāmin)·아라한(arahant)으로, 결박(saṃyojanas, 足鎖)은 언급되지 않았다. 이미 니까야의 정립 시대부터 더 오래되고 더 포용적인 의미는 쓰지 않게 되었을 가능성도 있다."(PTSD, p.39 참조) 오래된 여러 구절에서 아나가민(anāgāmin)이 '오빠빠띠까(Opapātika, 보이는 조건 없이 발생한, 化生)'의 의미를 대신하여 추가되었을 수도 있다. 이 용어는 자이나교 경전에서 더 보편적인데, 「사만냐팔라 숫따(Sāmaññaphala sutta, 沙門果經)」와 같은 니까야에서는 이교도의 교리를 설명하는 데 사용되었다.

이렇게 정신적 단계 이론이 점진적으로 발달했음을 고려해 볼 때, 안따라 빠리닙바인(Antarā parinibbāyin), 우빠핫짜 빠리닙바인(upahacca parinibbāyin), 사상카라 빠리닙바인(sasaṅkhāra parinibbāyin), 웃담소따(uddhaṃsota), 아까닛타가민(akaniṭṭhagāmin) 등의 용어 역시 후대의 것으로 보이며, 이는 아나가민에 대한 다섯 가지 분류를 가정한다. 이들 다섯 가지 아나가민은 전통적인 설명과 약간의 차이를 보인다.[86)]

---

86) *역자주: 일반적으로 빠알리 불교 안에서 아나가민(anāgāmin)은 '돌아오지 않는 자[阿那含, 不還子]'로 성인(ariya-puggala)의 세 번째 위치에 해당한다. 돌아오지 않는 자는 다섯 가지로 구분되어 설명된다(Puggalapaññatti, 42~46).: ① Antarā-parinibbāyin "그는 그곳에 태어나자마자 또는 삶의 반을 넘기지 않고 높은 족쇄(속박)들을 극복하기 위한 신성한 도를 얻는다. 이와 같은 존재를 '삶의 반 안에(중간에) 열반에 도달하는 자[antarā-parinibbāyī]'라고 부른다." ② upahacca-parinibbāyin "삶의 반을 넘기고 또는 죽음의 순간에 그는 높은 족쇄들을 극복하기 위한 신성한 도를 얻는다. 이와 같은 존재를 '삶의 반 이후에(중간 이후에) 열반에 도달하는 자[upahacca parinibbāyī]'라고 부른다." ③ sasaṅkhāra parinibbāyin "그는 노력으로 높은 족쇄들을 극복하기 위한 신성한 도를 얻는다. 이와 같은 존재를 '노력으로 열반에 도달하는 자[sasaṇkhāra parinibbāyī]'라고 부른다." ④ asaṅkhāra parinibbāyin "그는 노력 없이 높은 족쇄들을 극복하기 위한 신성한 도를 얻는다. 이와 같은 존재를 '노력 없이 열반에 도달하는 자[asaṇkhāra-

아누사야(Anusaya, 잠재성향, 경향, 使): 오래된 문헌에서 이 용어는 대체로 원인이나 방향에 대한 언급 없이 독립적으로 쓰인다. Sn. 369, 545; MN. Ⅲ. 31 등, 또는 SN. Ⅱ. 17; Ⅲ. 10. 등에서는 마음의 세 가지 구속, '독단(adhiṭṭhāna)'·'주착(abhinivesā, 住着)'·'성향(ānusayā)' 중에 하나로 사용한다. 이런 내용은 후대에 다양한 목록으로 도식화되었으며, 마침내 이 용어의 함축적 의미를 사용하게 되었다. 여러 부파 사이에서 '아누사야(Anusaya)'의 본질 문제에 대해서, 그리고 매우 중요한 역할을 맡는 [잠재성향의] '찟따(citta, 마음)'와 [잠재하던 마음이] '빠리윳타나(pariyuṭṭhāna, 촉발, 튀어나옴, 번뇌, 계박, 만연)'하는 등의 관련성에 주목할 수 있다. [니까야에서는 MN. Ⅰ. 18에서처럼 매우 보편적으로 사용된다.]

아누사띠(Anussati, 隨念, 記憶): 마음을 반복적으로 두어야 할 대상[들의 목록].

아빠다나(Apadāna, 譬喩, 傳說): '고귀한 삶의 역사(전설)'라는 의미는 후대에 나타난다(PTSD, p.60을 보라).

아빠마다(Appamāda, 不放逸), **웃타나**(uṭṭhāna, 생기, 노력), **빠라캄마**(parakkhama, 노력), **닉까마**(nikkama, 정진), **위리야**(viriya, 노력), **아람바**(Ārambha, 처음의 노력, 發勤) 그리고 **뿌리사까라**(Purisakāra, 남자다움, 용감함)는 틀림없이 오래전부터 강조돼 왔던 것으로 기원전 6세기의 시대정신과 매우 밀접하게 섞여 있는 용어이다.

---

parinibbāyī]'라고 부른다." ⑤ uddhaṃsota akaniṭṭhagāmin "그는 Aviha-신들[無煩天, 보기 suddhāvāsa]의 천상에서 사라지고 Atappa-신들[無熱天]의 천상에 태어난다. 이 천상에서 사라지고 Sudassa-신들[善現]의 천상에 태어난다. 거기로부터 Sudissī-신들[善見, 五淨居天]의 천상에 태어난다, 거기로부터 Akaniṭṭha-신들[色究竟天, 有頂天]의 천상에 태어난다. 거기에서 그는 높은 족쇄들을 극복하기 위한 신성한 도를 얻는다. 이와 같은 존재를 '높은 신들에로 상류하는 자[uddhaṃsota-akaniṭṭha-gāmī]'라고 부른다."

아바바(Ababa)와 **압부다**(abbuda)[로루와(Roruva), 아위찌(Avīci)와 같이]는 지옥 또는 지옥기의 이름으로, 아마도 후대의 용어일 가능성이 크다.

아빈냐(Abhiññā, 神通)는 초기에는 일반적 의미로 쓰였으며,[87] 후대에는 오로지 여섯 가지 초월적인 신통력을 나타내게 된다(PTSD, p.74 참조).

아비담마(Abhidhamma, 論)는 '법에 대하여', 즉 법에 대한 해설을 의미하는 것으로, '특별한 법'을 뜻하지 않는다.

아비위나야(Abhivinaya, 對律): [후대에] 주석 문헌이 발달함에 따라 익숙하게 사용하게 되었을 것이다.

아비바야타나(Abhibhāyatana, 勝處, 지배의 경지): 후대에 감각을 지배하는 여덟 단계라는 의미로 전문화되었을 것이다.

아마따(Amata, 不死): 최고의 선(善)에 대해 표현할 때 자주 사용되므로 니까야 시대의 끝보다는 우파니샤드의 '생각의 범위[思想圈]'에 더 가까운 것이 분명하다.

아라한(Arahant, 應供): 이 용어는 의미가 격하되는 수모를 겪었다(Dialogues Ⅱ. 서문부터 14번째 숫따까지 참조).

아위하(Aviha, 無煩天): 후대에 나타난다. 16가지 범천계(Brahma-worlds)의 12번째를 상징한다(SN. Ⅰ. 35, 60; AN. Ⅰ. 279 Puggalapaññatti 17). 후대에는 아바싸라(ābhassara, 光音川天), 수바낀하(subhakiṇha, 遍淨天), 마노빠두시까(manopadūsika, 意亂), 킷다빠두시까(khiḍḍāpadūsika, 戲忘天) 등과 같은 다른 용어들이 비슷하게 나타난다. 이들은 베다 전통과는 독립적으로 만들어졌고, 많은 시간이 흘렀을 신화의 내용에 속한다.[88]

---

87) *역자주: 수승한 지혜. 여기서 abhi는 '뛰어난, 수승한'의 의미를 지닌다.
88) *역자주: 불환과를 성취한 성인[聖者]은 개인의 수준에 의해서 무번천(無煩天,

아야따나(Āyatana, 處): 아비담마에서 매우 중요해졌지만 이미 우파니샤드에서부터 사용되었다. 이 용어는 전반적으로 시간이 흐름에 따라 빈도와 세부 내용이 추가되는 경향이 있다. 니까야 안에서는 다양한 아야따나 모음 또는 도식을 많이 발견하게 된다. 즉 Sn.(Suttanipāta) 406에서 라자사아야따나(rajasāyatana)는 상당히 일반적이다. DN. Ⅲ. 241, 279에서 위뭇띠아야따나(Vimuttiāyatana)는 좀 더 특별하게 다뤄진다. 여섯 아야따나는 한층 더 세부적이다. 여덟 가지 아비바아야따나(abhibhāyatanas, 勝處)뿐만 아니라 열 가지 까시나(Kasiṇa)아야따나도 후대에 중요하게 다뤄졌을 것이다. 아야따나꾸살라따(Āyatanakusalatā; DN. Ⅲ. 212)는 세부 내용은 물론 추상적 개념까지도 발달한 것으로 보인다. SN. Ⅳ.126의 아야따니까(āyatanika) 역시 주목이 필요하다.

아람마나(Ārammaṇa, 對象): 각설하고, 앞서 말한 의미와 밀접하게 관련하며, 후대에는 심리학적 논쟁을 통해 매우 중요해졌다.[89)]

아사와(Āsava, 有漏): 최초기 문헌에서는 보편적인 의미를 갖는 것으로 보인다. 오랜 동안 삼독심(三毒心)을 의미했으며, 후대에 네 가지로 늘어났다.[90)]

인다(Inda, 인드라신, 군주): 앞의 내용 참조.

인드리야(Indriya, 根): 용어의 활용성이 높기 때문에 Vbh.(Vibhaṅga) 122에 이르기까지 그 수가 배가되어 22가지 인드리야(indriya)가 되었다.

---

aviha), 무열천(無熱天, atappa), 선현천(善現天, sudassa), 선견천(善見天, sudassī) 또는 색구경천(色究竟天, akaniṭṭha)으로 구성된 범천 중의 한 곳에서 다시 태어난다.

89) *역자주: 토대, 공급, 도움, 조건, 원인의 의미에서 마음의 작용을 위한 대상들의 의미로 확대되었다. (PTSD, p.123 참조)

90) *역자주: ① 견해의 번뇌(diṭṭhāsavā), ② 탐욕의 번뇌(kāmāsavā), ③ 존재의 번뇌(bhavāsavā), ④ 무명의 번뇌(avijjāsavā) (Dhs.-Dhammasaṅgaṇi 195)

이 중에서 마지막 세 가지(PTSD에 수록된 순서)는 후대에 나타난다.[91]

우빠디(Upadhi, 執着): 처음에는 매우 보편적으로 사용되었으며, 소유물 등과 같이 물질적 방해물 등을 의미할 뿐이라고 명시되어 있다. 하지만 니까야 시대 말미에 열 가지 종류로 체계화된 것을 볼 수 있다(PTSD, p.162 참조).

우빠다나(Upādāna, 取著): 일반적 의미로 시작됐지만 후대에는 DN. Ⅱ. 230; MN. Ⅰ. 51, 66; SN. Ⅱ. 3; Ⅴ. 59 등에서 네 가지 종류로 즉, 까마우빠다나(Kāmaupādāna, 감각적 욕망), 딧티우빠다나(diṭṭhiupādāna, 견해), 실라바따우빠다나(sīlabbataupādāna, 계율의식), 앗따와다우빠다나(attavādaupādāna, 자아)에 대한 교리로 나타난다. 자이나교의 '아야나(Āyāṇa)'와 비교할 수 있을 것이다.

오가(Ogha, 폭류, 거센 물결): 처음에는 활발하게 사용되었으며, 어느 정도 자유롭게 해석되었다. AN. Ⅲ. 69에서는 '까마오가(Kāmogha, 감각적 욕망의 폭류)'에 대해 이야기한다. SN. Ⅰ. 126에는 다섯 가지 오가가 있는 데 반해, Sn. 126에서는 오가를 게다(gedha, 탐욕)와 동일시한다. "니까야 시대 말미에 처음으로 복수형으로 쓰인 용례로, DN. Ⅲ. 230, 276; SN. Ⅳ. 175, 257, Ⅴ. 59, 292, 309; Nd. 159; Nd. 178에서 나타나는 네 가지 '아사와(āsava)'와 동일하게 쓰인, 네 가지 오가에 대한 언급을 볼 수 있다."(PTSD, p.186 참조).

깝빠(Kappa, 劫)[마하깝빠(Mahākappa), 大劫]는 네 가지 아상케야깝빠(asaṅkheyyakappa, 阿僧祇劫), 즉 상왓따깝빠(saṃvaṭṭakappa, 壞劫)·상왓땃타이깝빠(saṃvaṭṭaṭṭhāyikappa, 空劫)·위왓따깝빠(vivṭṭakappa, 成劫)·위

---

91) *역자주: 20) anaññāta ñassāmitindriya, 21)aññindriya, 22) aññātā-vindriya (PTSD, p.138 참조).

왓땃타이깝빠(vivaṭṭaṭṭhāyikappa, 住劫)를 이루는 것으로 정의되며, AN. Ⅱ. 142에서 보이듯이 DN. Ⅰ. 14 혹은 It. 15의 상왓따위왓따깝빠(saṃvaṭṭavivaṭṭakappa, 壞成劫)보다 훨씬 더 정교하고 도식적이다.

낄레사(Kilesa, 번뇌, 오염원): "이 용어가 삐따까(Piṭakas, 三藏)에는 드물게 나타난다. 하지만 후대 문헌에는 상당히 자주 …"(PTSD, p.244 참조). 첫 번째 설명[방해·장애]은 적어도 우빠낄레사(upakkilesa, 불순물)에는 적용되지 않는다. 아마도 이 용어가 초기 용례를 표현한 것으로 보인다.

칸다(Khandha, 蘊): [좀 더 후대에는 네 가지로 증가된] 세 가지 담마칸다(dhammakhandha)는 "trayo dharmaskhandhāḥ(三法蘊, 세 가지 법의 모음) …(Ch. Up Ⅱ. 2. 3. 1)"를 연상하게 한다. 반면에 다섯 가지 우빠다나칸다(upādānakkhandhas, 五取蘊)의 도식은 훨씬 후대의 것이다. 이것은 무아(Anatta, 無我)의 본격적인 이론, 그리고 본래 형태에서 멀리 벗어나 버린 의식(Viññāṇa, 識) 개념을 상정한다. 니까야의 심리학적 분석은 몸[혹은 물질]과 마음[혹은 의식] 사이의 단순한 차이에서 출발하여 중간 단계를 거쳐 이러한 미묘한 개념에 이르렀다. 그리고 이런 결과는 아비담마 단계에서 그 자체로 대체되었다.

가웨사나(Gavesana, 탐색, 조사): 리스 데이비즈 여사에 의하면 초기 용어로 볼 수 있다. 그녀의 책 『불교에서 근본 설법은 무엇인가?(What was the original gospel in Buddhism?)』에 대한 평가인, 쿠마라스와미(Coomarswamy)의 회고문에서는 "이 용어에 대해서 도(道)는[Maggo: Dht. p.298은 가웨사띠(gavessati) = 막가나(maggana)를 동의어로 본다] mṛg로부터 파생되어 목표를 사냥하기 위한 탐색으로 특별하게 사용되었다고 보는 것이 도움이 될 것이다."라고 말한다(JAOS, 1938, p.680).

짝까왓띠(Cakkavattī): 찬다(R. Chanda)에 의하면 "그는 바퀴를 굴리는 정의로운 분이요, 법다운 왕이며, 사방을 정복한 승리자이다(Cakkavattī dhammiko dhammarājā cāturanto)."의 사용은 "아마도 아소카 이후의 시대"일 것이라 한다[Mem Arch Sur. of India, No.39, p.16; 〈참조〉 Bhandarkar, Aśoka, p.236]. 그렇다면, 삐따까들(Piṭakas, 三藏)에서 아소카 왕에 대해 전혀 언급하지 않는 것은 어떻게 설명하는가? 더구나 그 당시 유행했던 개념이나 바라문의 사상을 '반대하는 개념'으로 사용하는 경향이 초기 불교도들에게 있었다는 사례들도 많이 있다. '정의의 왕'이라는 개념이 발달하는 것은 리스 데이비즈의 '히버트(Hibbert) 강연'(p.129ff)을 보라.

냐나왓투니(Ñāṇavatthūni, 지혜의 토대): 44는 SN. Ⅱ. 56ff [「지혜의 토대에 대한 경」 S12:33]에서, 그리고 Vbh. 306-44에서 자세하게 다루고 있다.

딴하(Taṇhā, 渴愛): "강력한 형태이다. 딴하(Taṇhā)라는 용어는 주로 시(詩)에서 나타나거나, 종교 감정이 지나치게 실린 산문 구절에서 나타난다. 이 용어가 철학이나 심리학적으로 쓰이는 경우는 드물다. 따라서 『담마상가니(Dhammasangani, 法集論)』에서 딴하(Taṇhā)는 1366개 부분 중 하나이며(Dhs. 1059), 로바(lobha, 탐심)의 수많은 하위 요소 중 하나일 뿐이다."(PTSD, p.330 참조) 이는 찬도교우파니샤드의 "그는 탐심이 없어졌다(apipāsa eva sa babhūva)"와 비교할 수 있다(Ch. Up. Ⅲ. 17. 6). 붓다는 딴하를 중요 상징적 의미로 언급했으나, 불교가 후에 학술적 혹은 교학적으로 발달함에 따라 사용빈도가 줄어들었다.

투빠(Thūpa, 塔): 위(supra)의 내용 참조.

단다(Daṇḍa, 몽둥이): 초기에는 주로 게송에서 [생명 있는 존재에 대한] 폭력이라는 뜻으로 사용되었으며, 자이나교의 용례와 매우 유사하다.

딧티(Diṭṭhi, 견해, 교리): 후대에 이교(異敎)에 대하여 [사견(邪見) 등으로 사용되며] 매우 중요한 의미를 갖게 되었다.

둑카따(Dukkhatā, 苦性): 이 용어는 Ch. up. Ⅶ. 26. 2에 나타나는데, DN. Ⅲ. 216; SN. Ⅳ. 59; Ⅴ. 56을 참조하라. 둑카둑카따(Dukkha dukkhatā, 苦苦性)는 순수한 불교 용어이다.

데와야나(Devayāna, 천신의 길): Sn. 139; DN. Ⅰ. 215. 우파니샤드식 표현으로, 보기 드문, 초기의 표현이다.

담마따 따타따(Dhammatā tathatā, 法性 眞如, 그러한 법의 성질), **담마티따따**(dhammaṭṭhitatā, 확립되어 있는 법의 성질), **담마니야마따**(dhammaniyā matā, 결정되어 있는 법의 성질)는 매우 추상적인 개념으로 아마도 후대의 용어일 것이다. 니로다담마따(Nirodhadhammatā, 滅法性, SN. Ⅳ. 217)와 유사하다. '이다빠짜야따(Idappaccayatā, 그것을 조건으로 하는 성질)'도 마찬가지다. 하지만 Br. Up. Ⅳ. 1을 참고하면, 지혜로움(Prajñatā), 진실성(Satyatā), 영원성(Anantatā), 환희(Ānandatā), 존재성·확고함(Sthitatā)과 같이 추상적 개념들이 비슷하게 사용되고 있다. 따라서 언어적 접근에서의 쟁점은 불확실한 채로 남아 있다. 연기(Paṭiccasamuppāda, 緣起)와 담마(Dhamma, 法)에 관해서는 다음을 보라.

담마(Dhamma, 法, 진리, 가르침, 상태, 현상): 담마(Dhamma)는 '교리'를 뜻하는데, 왜냐하면 현상들에 내재된 기준을 나타내기 때문이다. 그리고 현상에 내재된 추상적 기준을 지각하는 것은 마음(mind)을 통해서이며, 담마는 '마노(Mano, 마음)'의 객관적인 대상이다. 아마도 이러한 의미로 인해 담마의 뜻이 '현상의 기준'에서 '현상' 그 자체로 발전한 것으로 보인다.

다뚜(Dhātu, 界): 아야따나(Āyatana, 處)와 인드리야(Indriya, 根)처럼 많이 쓰는 용어 중 하나이며, 아야따나와 마찬가지로 아비담마에서 중요하게 사용된다. 이 용어가 자주 쓰였다는 사실은 근본요소를 구조화하려는 분석적 탐구가 강력했음을 나타내며, 결과적으로 까마다뚜(kāmadātu, 欲界), 아마따다뚜(amatadātu, 不死界), 니로다다뚜(nirodhadātu, 滅界), 닙바나다뚜(nibbānadātu, 涅槃界)가 사용된다.

니땃타(nītatha, 분명한 의미)와 **네얏타**(neyattha, 함축적 의미)[예를 들어, A. Ⅰ. 60]의 차이는 부파 간 논쟁 시대에 생겼다.[92]

빠로와라(Parovara, 높고 낮음): 이 용어는 Sn. 353, 475, 704, 1048, 1148(PTSD, p.489 참조)에서 사용된다. 우파니샤드의 용례와 비교할 수도 있으며, 아마도 초기의 표현일 것으로 보인다.

빳쩨까 와사왓띤(Pacceka vasavattin), DN. Ⅱ. 261

빳쩨까 브라흐만(Pacceka Brahman), SN. Ⅰ. 146

빠쩨까 삿짜(Pacekka Sacca), AN. Ⅱ. 41과 Ⅴ. 29

빳쩨까붓다(Pacceka Buddha), MN. Ⅲ. 86, SN. Ⅰ. 92, Ud. 50

이들은[빠쩨까–] 후대에 매우 중요해지는 경향을 보인다.

---

92) *역자주: 『마노라따뿌라니(Manorathapūraṇī)』는 이와 관련하여 다음과 같이 설명한다. 붓다가 "한 사람, 두 사람, 세 사람, 네 사람이 있다."라고 설하는 가르침은 그 뜻을 알아내어야 하는 함축적인 의미(neyyattha)의 가르침이다. 왜냐하면 붓다가 "한 사람이 있다."라는 식으로 설하였어도 궁극적인 진리에는 사람이라는 고정된 실체가 없기 때문이다. 따라서 그 숨은 의미를 알아야 한다. 그러나 어리석은 자들은 이 설법에 대해 이미 분명한 의미(nītattha)를 지녔다고 믿는다. 만약에 사람이 존재하지 않는다면 붓다가 "한 사람이 있다."는 식으로 설하지 않았을 것이라는 것이다. 따라서 붓다가 설했기에 (궁극적으로도) "한 사람이 있다."라고 이해한다는 것이다. 또한 붓다가 "무상하고, 괴롭고, 무아이다."라고 설하는 경우, 이 의미는 있는 그대로 '무상하고 괴롭고 실체가 없다'는 의미이다. 그러나 어리석은 자들은 이 의미의 속뜻을 알아내야 한다고 주장한다. 이미 분명한 의미(nītattha)를 밝힌 경을 함축적인 의미(neyyattha)라고 판단하며 결국 '참으로 항상하고, 참으로 즐겁고, 참으로 자아가 있다'라고 그 의미가 밝혀져야 한다고 주장하는 것이다. 결국 어리석은 사람은 붓다가 자아라는 용어를 사용하여 설법한 것은 분명한 의미로 이해하고, 무아라는 용어를 사용하여 설법한 것은 함축적인 의미로 이해한다는 것이다. (Manorathapūraṇī. II. 118)

빠자빠띠(Pajāpati, 아내, 부인): 위의 내용 참조. (PTSD. p.432 참조)

빠다나(Padhāna, 노력): 이른 시기에 보편적으로 사용된 삼마빠다나(sammappadhānas)보다 더 정교해지고 구체화되었다. 「상기띠 숫따(Saṅgīti sutta)」에서 자세하게 다뤄지듯이 상와라(Saṃvara, 수호), 빠하나(Pahāna, 제거), 바와나(Bhāvanā, 계발), 아누락까나(Anurakkanā, 보호)와 같은 네 가지 노력에 대한 정형구는 훨씬 더 정확하고 정교한 단계를 나타내는 것으로 보인다.

빠릭카라(Parikkhāra, 필수 조건, 資具): 사마디(samādhi, 集中)의 일곱 가지 필수 요건이라는 개념은 여덟 겹의 길[八正道]에 대한 정형구보다 확실히 개선된 것이다.

빠릿따(Parittā, 작은, 보호): 위의 내용 참조.

빠리싸야(Parissaya, 방해물, 어려움): 자이나교의 의미와 정확히 반대되는 뜻이다.

뿌리사(Purisa, 사람, 남자), **뿌리사 뿍갈라**(Purisa puggala, 개인, 사람), **뿍갈라**(Puggala, 개인, 인간): 뿌리사는 대개 우파니샤드 용어인 반면, 뿍갈라는 아비담마에서 흔히 사용되는 용어다. 뿌리사 뿍갈라는 과도기에 임시방편으로 쓰인 것으로 보인다. 이와 같이 무아(無我, Anatta)에 대한 교리가 발달하면서 새로운 용어를 찾아 도입을 시도한 배경에는 뿌리사라는 용어가 지니고 있는 오래된 함축적 의미를 싫어했던 것이 원인일지도 모른다. 『앙굿따라니까야』에서는 이미 '뿍갈라'가 우위에 이르렀다. 한편, 이 용어의 확실한 초기 용례는 「사만냐팔라 숫따(Sāmaññaphala sutta, 沙門果經)」에서 자세히 나타나며, 삿따(satta, 衆生)와 나란히 쓰인 것으로 보인다.

보디삿따(Bodhisatta, 보살): 앞에서 논의됐으며, 후대에 나타난다.

막가(Magga, 道): 리스 데이비즈 여사는 본래 팔정도가 아니었다고 주장한다. 적어도 니까야 안에서 십정도(十正道)에 대한 정형구는 정확하고 상세하게 서술되어 있다. 「띠까빳타나(Tikapaṭṭhāna, 발취론 3권)」에는 열두 가지 요소로 구성되어 있다. (PTSD. p.569 참조).

윈냐나(Viññāṇa, 識): 본래 '육체 이상의'는 빠띳티따(patiṭṭhita, 확립된) 상태에서 변하기 쉬운 윤회하는 자였으나, 후대에는 오로지 '감각', '인식'만을 의미하게 되었으며, [후자의 의미는 최후기 우파니샤드 문헌에서 시작된다.] 구조적으로 갖춰진 오온(五蘊)설에서 한 부분을 차지한다. (PTSD, p.686 참조)

웨달라(Vedalla, 교리문답, 知解): 위의 내용 참조.

상요자나(Saṃyojana, 족쇄): 원래는 분명한 은유가 포함된 일반적인 의미였으나, 후대에는 다양한 목록을 통해 자세하게 설명된다.

상카라(Saṅkhāra, 行): '의도적인(능동적인)'이라는 의미에서 그 쓰임이 상당히 확장되었으며, 후대에는 매우 중요한 의미가 되었다. 분명한 후대의 용례는 SN. Ⅲ. 87에 있다. [〈참조〉 세 가지 상카라; abhisaṅkhāra(업형성·의도적 행위·업력)]

산냐(Saññā, 想): 많은 목록을 형성하면서 막연하게 사용되었으며, 그 중 일부는 차이점에 대해 분명하고 상세하게 서술하고 있다(PTSD, p.743 참조).

사띠빳타나(Satipaṭṭhāna, 念處): 흔히 사용되는 네 가지[身·受·心·法] 체계는 좀 더 단순한 사띠(Sati, 念, 주시)나 '마음챙김(mindfulness)'에 대한 자세한 서술로 대체되었다(제13장 참조).

사하씨 로까다뚜(Sahassī Lokadhātu, 천개의 세계): DN. Ⅰ. 46; AN. Ⅰ. 228. 발전된 신화를 암시한다(MN. Ⅲ. 101 참조).

슌냐따(Śuññatā, 空性): MN. Ⅲ. 111; Kv. 232. 추상적 개념과 확고한 부정주의를 나타낸다. 후대에는 매우 중요해졌다. 슌냐따빠띠상윳따(Śuññatāpaṭisaṃyutta) AN. Ⅰ. 72 = Ⅲ. 107 = SN. Ⅱ. 257.

언어형태론 측면에서는 훨씬 적은 자료조차도 유용하게 사용된다. 가이거(Geiger)는 빠알리어의 발달 단계를 네 단계로 분류하는데,[93] 처음의 두 단계가 이 연구와 관련되어 있다.

1. 가타(Gāthās, 게송) 언어, 즉 운율의 조각들

니까야에서 나타나는 게송(gāthās)의 언어는 매우 이질적인 특성을 지니는데, 고어(古語)의 언어 형식을 많이 갖고 있으며, 고대 인도어 형식과는 음운론적으로 차이를 보인다. 파우스벨(Fausböll)[94]은 Sn.에서 사무하따세(Samūhatāse), 빠짜야세(Paccayāse), 빤디따세(Paṇḍitāse), 짜라마세(Carāmase), 식키사마세(Sikkhisāmase)와 같이 복수형 명사와 동사에서 고대 베다 형식이 많이 나타난다고 지적하였다. 위닛차야니(Vinicchayāni), 락카나니(Lakkhaṇāni)에 대하여 좀 더 짧은 베다의 복수형은 위닛차야(Vinicchayā), 락카나(Lakkhaṇā)이고, 만따야(mantāya), 빠린냐야(pariññāya), 라바깜야야(lābhakamyāya)에 대하여 좀 더 짧은 도구격 단수형은 만따(mantā), 빠린냐(pariññā), 라마깜야(lābhakamyā)이다. 베다의 부정사는 위빠하따웨(vippahātave), 운나메따웨(uṇṇametave), 삼빠야따웨(sampayātave)와 같다. 아뚜마낭(ātumānam), 수와미(suvāmi), 수와나(suvānā) 같은 축약형뿐만 아니라 삭가시(sagghasi[=sakkhissasi]), 빠와(pāva) 또는 빠와아(pāvā[Pavadati]), 빠웻체

93) Pali Literature and Language (tr. Baṭakrishna Ghosh, pp.1-2).
94) SBE. Ⅹ(Sn. 번역서)의 서문에서. Bapat이 편집한 Sn.에 인용됨(p.XXⅧ).

(pavecche[=pavesseyya]), 수쌈(sussaṃ[=suṇissāmi]), 닷투(daṭṭhu[=disvā]), 빠립바사노(paribbasāno[=parivaṣamāno]), 아오짜시(avocāsi), 룬네나(ruṇṇena), 욱가하얀띠(uggahāyanti)와 같은 고어 형식이 나타난다.

2. 경전의 산문에 쓰인 언어는 게송의 언어에 비해 유사한 종류로 이루어져 있다. 그리고 고어의 형식은 그 빈도와 수가 줄어들었다. 새로운 형식은 최초기 언어에서처럼 우연히 쓰이거나 임의로 쓰이지는 않았지만, 더 엄격한 규칙이 적용되었다. 운율 단위(音步)의 시대구분이 동시에 규명되어야 하겠지만,[95] 때로는 운율 단위만을 먼저 고려하는 것이 도움 될 수도 있다.

(e) **지리학** — 토마스(Thomas)에 의하면, 인도 남부와 서부에 대한 지리학적 지식이 확장됨에 따라서 비교적 후대 기록의 특성이 확인된다고 한다.[96] 『디가니까야』(DN)와 『맛지마니까야』(MN)의 도입부에서는 대체로 까시(Kāsīs)·꼬살라(Kosalas)·앙가(Aṅga)·마가다(Magadhas)·꾸루(Kurus)·왓지(Vajjis)·말라(Mallas) 국(國)들이 언급된다. 그러나 「자나와사바 숫따(Janavasabha sutta)」에는 꼬살라의 북서쪽 쁘라야가(Prayāga), 꾸루빤짤라(Kurupañcālas)의 서부에 이르는 쩨띠(Cetis)·왐사(Vaṃsas), 그리고 더 먼 서부의 맛차(Macchas)·수라세나(Sūrasenas)까지도 언급된다.[97] 이러한 열두 가지 국가 목록은 『앙굿따라니까야』(AN)[98]에서 남부의 아싸까(Assakas)·윈디야(Vindhyas) 북부의 아완띠(Avantīs), 그리고 북쪽 끝의 간다라(Gandhāras)와 깜보자(Kambojas)가 언급되면서 열여섯 가지로 늘

95) 〈참조〉 A. K. Warder, Indian Buddhism, p.14.
96) Thomas, Life, pp.13-14.
97) DN. Ⅱ. 200.
98) AN. Ⅰ. 213; Ⅳ. 252, 256, 260.

어난다.[99] 고다와리(Godāvarī)는 빠라야나(Pārāyaṇa) 게송의 도입부에서 만 언급된다.

하지만 이러한 내용만으로 지리학적 지식이 '확장'되었음을 입증하기는 어렵다. 기원전 6세기에 꼬삼비(Kosambī)는 정치적으로 아완띠(Avantīs)와 연결되어 있었는데,[100] 아마도 북서쪽에 인접한 국가였을 것이다.[101] 그리고 상인들이 북부와 서부를 잇는 커다란 도로를 따라 마차를 타고 다녔을 것이다. 또한 리스 데이비즈는 16개 열강(列强)에 대한 『앙굿따라니까야』의 목록이 게송과 마찬가지로 아주 오래된 것임을 설득력 있게 주장한다.[102]

> 단따뿌라는 깔링가들에게, 뽀따나는 앗사까들에게
> Dantapuraṃ Kaliṅgānaṃ Assakānañca Potanaṃ.
>
> 마히싸띠는 아완띠들에게 로루까는 소위라들에게
> Mahissatī Avantīnaṃ Sovīrānañca Rorukaṃ
>
> 미틸라는 위데하들에게, 짬빠는 앙가들에게
> Mithilā ca Videhānaṃ Campā Aṅgesu māpitā
>
> 바라나시는 까시들에게, 이처럼 고윈다가 배분했습니다.[103]
> Bārāṇasī ca Kāsīnaṃ ete Govindamāpitāti.

---

99) 〈참조〉 Thomas, Hist. of Budd. Thought. p.5.

100) Budd. Ind. p.4ff. 비미사라 케마(Bimisāra Khemā)의 왕비 중 한 명이 '뿐잡 지방의 맛다(Madda in the Punjab)' 출신이라는 사실이 Thing. A, Apadāna보다 더 좋은 증거에 기초한 것으로 보인다.(C.H.I. Ⅰ. p.183과 각주 4번을 보라.)

101) 〈참조〉 C.H.I.(Cambridge History of India) Ⅰ. pp.213-214.

102) 위의 책, pp.172-173.

103) 위의 책.

그러므로 이것만을 통해 『디가니까야』와 『맛지마니까야』에서부터 『앙굿따라니까야』까지, 지리학적 지식이 지속적으로 성장했음을 인정하기는 어려울 것으로 보인다.

하지만 불교의 상가가 지리적으로 확장된 것은 당연하고, 무역로를 따라 발생할 수밖에 없었을 것이다. 아완띠와 마가다는 전쟁이 잦아서 붓다가 입멸한 뒤[104] 머지않아 불교 수행승들이 서쪽으로 이동하는 것을 촉진하기도 방해하기도 했을 것이다. 유감스럽게도 아소카 시대 이전에 상가가 지리적으로 성장했음을 재구성하기 위한 자료는 불충분하다.(제15장, 마지막 장을 참조)

붓다의 설법 일부는 마두라(Madhurā)와 아완띠에 전달된 것으로 보고되고 있다. 하지만 이는 일부 수행자들 덕분이며, 어떤 경우에는 "붓다 입멸 후 얼마 안 되어" 전달되었다고 분명히 밝히고 있다. 우선 이 시기에 전달된 모든 종류의 설법이 진실이라고 가정할 수 있다. 붓다가 사왓티(Sāvatthī)에서 꼬삼비를 잇는 서쪽 지방을 더 자주 방문한 것 같지는 않지만 그럼에도 불구하고 일부 숫따에 붓다가 꾸루(Kurus) 지방에서 설법했다고 기록하고 있다.[105]

일부 숫따는 '알라위(Ālavī)'[106]에서의 붓다에 대해 이야기하고 있는데, 확실하지 않지만 후대에 아따위(Aṭavī)라고 부른 곳과 같은 지역일 수 있다. 빠딸리뿟따(Pāṭaliputta)에서[107] '꾹꾸따라라마(Kukkuṭarārāma)'에 대해 이야기한 것은 비교적 후대에 주목한 것으로 보인다. [하지만 그들은

---

104) MN. Ⅲ. p.7.

105) 〈예〉「마하니다나 숫따」 또는 「마하사띠빳타나 숫따」 또는 AN. Ⅴ. p.29.

106) 〈예〉 AN. Ⅳ. 216, 218; Ⅰ. 136.

107) 꾹꾸따라마(Kukkuṭārāma)에 사원이 있었다고 가정할 수도 있다. 이런 경우, 아소카 왕이 전통에 따라 만든 기록과 동일한 것이라고 추측할 수도 있을 것이다. (반대 견해: Rhys Davids, C.H.I., Ⅰ. p.189.)

붓다를 소개하지 않았다.]

끝으로, 『맛지마니까야』의 한 경전은[108] '요나(yonas)'에 대해 자유인(Ariyo)과 노예(Dāso)라는 두 부류를 이야기한다. 물론 이것이 인도에서 이오니아 사람의 상업적 식민지를 가리키는 것인지는 확실치 않다.[109] 가능성은 희박하지만 알렉산더 대왕 이전 시대임에도 불구하고 있을 수 있는 일이며, 상대적으로 후대로 간주되는 것이 확실하다.

(f) **정치와 사회**— 정치적 자료는 리스 데이비즈에 의해 충분히 고려되어 왔다. 이들은 거의 대부분이 붓다와 동시대에 해당한다. SN의 「꼬살라상윳따(Kosalasaṃyutta)」는 꼬살라 왕과 붓다의 친밀한 관계를 말하고 있으며, 빠세나디(Pasenadi)와 아자따삿뚜(Ajātasattu) 사이의 전쟁에 대해 언급한다. 「사만냐팔라 숫따(Sāmaññaphala sutta)」 말미에는 붓다와 아자따삿뚜의 관계가 반대로 설정되었던 것으로 기록되어 있다. 따라서 대부분의 「꼬살라상윳따」보다 후대로 간주될 수 있다. (「사만냐팔라 숫따」에서 설정된 관계는 말미까지 분명하게 이어지며, 「마하빠리닙바나 숫따(Mahāparinibbāna sutta, 大般涅槃經)」에 나타나는 것과 같다.) 또한 MN. Ⅲ. 7에서는 아자따삿뚜가 아완띠의 빳조따(Pajjota)가 공격해 올 것을 예상하여 수도 라자그리하(Rājagṛha)를 요새화했다고 말한다. 이 시기는 아마도 붓다 입멸 직후의 일이라고 추정된다. 붓다 입멸 후 바로 몇 년간, 뚜렷하게 있었던 정치적 사건에 관해서는 AN. Ⅲ. 57-63에 나타나는 내용을 참고할 수 있다. 빠딸리뿟따에서 왕비 밧다(Bhaddā)의 죽음으로 인해 슬픔에 잠긴 문다(Muṇḍa) 왕을 나라다(Nārada) 장로가 어떻게 위로

---

108) MN. 경전 93.
109) 〈참조〉 D. R. Bhandarkar, Aśoka, pp.30-32.

할 수 있었는지 알 수 있다. 아마도 붓다가 비슷한 경우에 대해 설법했던 내용을 나라다 장로가 간단히 수정 및 활용하고 기록했을 것이다. 역사서에는 아자따삿뚜의 손자 이름이 문다였으며 붓다 입멸 후 40여 년 뒤에 통치를 시작했다고 기록되어 있다.[110)]

이러한 사실은 정치적 상황으로부터 얻을 수 있는 최선의 정보를 얻은 것이다.

사회적 측면에 대해서는 여러 전공의 논문들을 통하여 의심할 여지없이 연구되었다고 하지만,[111)] 그들은 주로 '합성'된 증거로 개관적 그림을 복원하고자 시도했다. 대체로 『자따까(Jātakas, 本生經, 本生譚)』에서 얻고, 니까야(Nikāya, 經)와 위나야(Vinaya, 律)에서 발견된 내용과 자유롭게 결합했다. 따라서 바라문교와 자이나교의 자료를 통해 복원된 근거를 자세하게 비교하는 작업은 절실하게 필요하다. 하지만 아소카 왕 이전의 인도 사회적 역사의 굴곡은 더 오랜 기간의 시간 축을 참고해야 추적할 수 있다. 따라서 니까야의 시대구분 문제에 크게 도움이 되지 않을 수도 있다. 이런 점에서 가장 중요하게 고려해야 할 사항은 상가의 역사와 관련되어야 한다는 점이다.

산문과 운문 — 빈테르니츠(Winternitz)는 '미래의 위험(Anāgatabhayāni, 오지 않은 것의 두려움들)'[112)]에 대해 자주 언급하는 경전의 토대에 대해, "먼저, 시의 일부분은 대체로 인정받지 못하였고, 성스러운 문헌이라고 여기는 주장에 대해 이의가 제기되었는데, 그들은 후대에 니까야, 다시

110) 〈참조〉 C.H.I., I. p.189, 각주 3번.
111) Rhys Davids, Buddhist India; Mrs. Rhys Davids, JRAS, C.H.I., I Ⅷ장; Fick, Die soziale Gliederung. ; R. L. Mehta, Pre-Buddhist India.
112) 〈예〉 AN. Ⅲ. 107.

말해 『쿳다까니까야(小部)』에 편입되었을 뿐이라는 것이다."[113]라고 결론 내린다. 이처럼 특정의 경전을 아소카 왕이 권장했음에도 불구하고, 몇 가지 이유로 그 진위 여부가 의심스럽게 남게 되었다. 첫째로, 예언적 성격이 목적이라는 것이며, 그와 동시에 이런 예언들은 사건 이후에 꾸며낸 요소로 의심된다는 점이다. 그리고 사실적이고 더욱 뛰어나며, 남아 있는 다른 부분들은 동일하고 대단할수록 의심이 일어나야만 한다. 붓다가 상가 내에서 운문(게송)과 이단이 급증할 것을 예견했어야 했다는 주장은 주목할 만하다. 또한 경전은 수행승에 대해 "어떻게 아비담마인지 어떻게 교리문답인지 말하라(Abidhammakathaṃ Vedallakathaṃ Kathentā)," 그리고 "여래가 설하는 모든 법문은 심오하여 그 뜻이 깊고 출세간적이고 공과 상응한다(Suttantā Tathāgatabhāsitā … lokuttarasuññatapatisaṃyuttā)."라고 이야기한다.

강조한 용어의 사용은 이 경전이 니까야 역사에서 상대적으로 후대에 속한다는 것을 암시하며, 아마도 상가 내에서 더 인기 있는 다른 경향에 대해, 논사들의 적대적인 반응을 대표한다고 볼 수 있다. 빈테르니츠가 취한 방식대로 경전으로부터 결론을 내리는 형태는 보장성보다는 중요성에 의미를 부여하는 것이다. 물론 다섯 번째 모음집[小部]의 늦고 불안정한 특징에 전체적으로 이의를 제기하는 것은 아니다.[114]

113) 앞의 책, Ⅱ. p.77.
114) 위의 책, 각주 3번: 미얀마 불자들은 네 개의 문헌을 더 포함시킨다. 반면에 빠알리 경전의 시암어본에는 그 중에서 누락된 여덟 개, 즉 『위마마왓투(Vimāmavatthe)』, 『뻬따왓투(Petavatthu)』, 『테라가타(Theragāthā)』, 『테리가타(Therīgāthā)』, 『자따까(Jātaka)』, 『아빠다나(Apadāna)』, 『붓다왐사(Buddhavaṃsa)』, 『짜리야삐따까(Cariyāpiṭaka)』가 포함되어 있다.; 『디빠왐사(Dīpavaṃsa)』 v. 37에 의하면, 마하상기띠까(mahāsaṃgītikas)는 『빠띠삼비다(Paṭisambhidā)』와 『닛데사(Niddesa)』, 일부 『자따까(Jātaka)』를 인정하지 않는다. 『쿳다까니까야』 전체는 한역 아함에서는 보이지 않는다. 뿐만 아니라, 디위야바다나(Divyāvadāna)는

이런 맥락에서 볼 때, 율장의 『쭐라왁가(小品)』는 중요하다. 그러나 서로 다른 부파에서[115] 전해진 네 가지 유사한 판본을 연구하는 것은 소위 운문을 사용하는 것에 반대하는 것이 아니라, 오히려 '문자화(Sanskritization, 계급화)'에 대항하는 것과 베다 방식 이후 진언의 금지를 제안하는 것이다.

한편, 운문(게송)은 보존하기 더 좋은 수단이며, 입을 통해 전달[口傳]하는 방식이 산문에 비해 더 전통적이라는 점을 기억할 필요가 있다. 또한 산문과 운문 모두 존재하는 문헌에서, 일반적으로 어느 쪽이 더 오래된 것이라고 말하는 것은 사실상 불가능하다.[116]

요컨대 니까야의 시대구분에서 운문 형식이 산문보다 층위학적 중요성을 가지는 것은 아니다. Sn과 Dhp에도 불교의 독특한 특징과는 거리가 먼 게송이 상당수 포함되어 있다. 이런 게송은 유명한 수수께끼 형식일 뿐만 아니라, 대개 금욕적이거나 격언의 특징을 보인다. 이런 게송의 내용만을 고려하면, 이들 게송은 시대구분이 불가능하며, 여기 채택된 보조 장치들 또한 시대를 구분하는 데 충분치 못하다.

더 나아가 게송에 가필되거나 추가된 내용을 찾아내는 것은 훨씬 더 어렵다. 왜냐하면 하나의 시에서 다른 시로 갑작스럽고 모호하게 변하는 것이 본래의 통일된 형식과 모순되지 않기 때문이다. 짧은 외부 구절들이 없으므로 본래의 독립적인 구성단위를 찾아내는 데 지극히 어려운 작업을 해야 한다.

Āgamacatuṣṭaya에 대해서만 자주 언급한다.(pp.17, 331, 333) 〈참조〉 Oldenberg, ZDMG. 52, 654ff.

115) 그 기록의 토대에 관해서는 Senart, JA 1915 Mai-Juin 441ff를 참조하라. F. 4.

116) 〈예〉 SN., Ud., It.의 Sagāthavagga.

제3장 『숫따니빠따』, 『이띠웃따까』, 『우다나』의 시대구분

『숫따니빠따(Sn.)』와 한역 아함 — 아네사키(Anesaki)[1]에 의하면, 『숫따니빠따』 전체의 한역본은 찾아볼 수 없지만, [숫따니빠따의 4번째 품인] 「앗타까왁가(Aṭṭhakavagga, 여덟 게송의 품)」는 난죠 분유(南条文雄)의 674번, 즉 「붓다가 의미의 풍부함에 대해 설한 경전」과 동일시될 수도 있다. 이것은 기원후 3세기 초[난죠 분유에 의하면 기원후 222년에서 280년 사이]에 번역되었다. 여기에는 열여섯 가지 내용 또는 이야기가 수록되어 있는데, 게송이 일부 포함되어 있으며, 게송 부분은 빠알리본과 완벽하게 일치한다.[2]

스테인(Stein)은 "우연히 「앗타까왁가」만이 부분적으로[3] 보존되었다."는 사실을 동투르케스탄에서 발견하였다. 게다가 빠알리본과 산스크리트본 사이에서 눈에 띄는 차이는, 후대의 일부 품에서 게송 앞에 산문 서술이 있다는 점이다.[4] 이에 대해 회른레(Hoernle)는 "산스크리트 문헌

1) JPTS. 1906-'7, pp.50-51.
2) *역자주: 『숫따니빠따』는 5개의 품(vagga)으로 구성되어 있으며 네 번째 품인 「앗타까왁가」는 16개의 경으로 구성되어 있다.
3) Hoernle, JRAS. 1916, p.709.
4) 위의 책, p.718. 경구에서 중요성의 차이는 다음과 같다.: 빠알리 게송 839-840에 대해 원본에는 산스크리트 번역본에 비해 훨씬 더 짧은 경구가 있었음이 틀림없다. 또 빠알리 841-842에는 오직 하나의 게송만 있었을지도 모른다.(위의 책,

은 일부 지방어로 된 … 원본을 번역한 것이다. 번역자는 도입부에 설명이 없는 것을 보고 스스로 설명을 보충해 넣었고, 원문의 게송을 번역해 넣을 정확한 위치를 지정하였다."고 '어쩔 수 없이' 결론짓고 있다.[5] 이러한 설명이 사실이라면 한역본의 산문은 후대에 와서 게송에 해설을 추가한, 거의 주석서적인 역할과 비슷할 것이다.

산문과 게송 — 이러한 맥락에서, 프랑케(Franke)가 『숫따니빠따』의 산문이 가타(Gāthās, 게송)보다 후대의 것이라고 여기는 것은 주목할 만하다.[6] 파우스벨 역시 모든 산문 구절이 후대에 추가된 것이라고 주장한다.[7] 그러나 이 문제를 이해하기 위해서는 '일원론자'가 아니라 '분별론자'가 될 필요가 있다. 경전 4에서 후속 산문은 어쨌든 후대에 추가된 상투적 결말부를 담고 있는 것이 분명하다.[8] 이는 경전 7, 10, 19, 30, 31, 32(관련 내용이 추가되어)와, 35에서 다시 반복되며, 다른 니까야에서도 비슷한 빈도를 보인다. 경전 10의 게송은 '수수께끼 대화' 형식으로 나타나므로 산문 형태의 도입부가 필요치 않다. 경전 17의 게송은 비록 내용은 다르지만 형식은 어느 정도 비슷해 보이며, 경전 10에서와 똑같은 산문 도입부를 받아들인다. 경전 35의 게송은 대화체 안에 필요한 이야기를 담고 있으며, 도입부의 산문은 후대에 추가되었을 가능성이

---

p.720)

5) 위의 책, p.719.

6) ZDMG. 1909, 1.

7) Winternitz, 앞의 책 Ⅱ, p.98.

8) *역자주: 『숫따니빠따』의 5개의 품은 1) 「뱀의 품」 12경, 2) 「작은 법의 품」 14경, 3) 「큰 법문의 품」 12경, 4) 「여덟 게송의 품」 16경, 5) 「피안으로 가는 품」 18질문으로 총 72개의 경과 질문으로 구성되어 있다. 저자는 게송번호와 함께 72개의 경을 '경전 1'~'경전 72'라고 순서별로 소개하고 있다. 일반적으로 학계에서 페이지와 게송의 번호로 소개하는 『숫따니빠따』의 구분과는 다른 방법으로 보인다.

있다. 경전 6, 7, 16, 19, 24, 26, 31은 짤막한 산문 도입부 없이도 아주 잘 시작하고 있다. 경전 32는 본질적인 게송을 이해하는 데 있어 산문 부분이 전혀 필요치 않다. 이런 경우 산문은 단지 관례적으로 추가되었을 가능성이 많긴 하지만, 이러한 가능성들로 논의를 결론짓기는 어렵다. 한편, 경전 29는 산문도 게송과 마찬가지로 진본으로 보인다는 주장이 훨씬 더 많이 제기되고 있다. 그 다음 경전에서도 당연히 앞서 말한 산문[진본]과 같다고 여기는 경향이 강하고, 경전 33의 경우도 마찬가지다. 경전 36과 38은 산문과 게송이 각각 독립적으로 존재한다. 사실, 이러한 경전에서 게송은 항상 "세존께서는 이렇게 말씀하셨다. 스승이신 선서께서는 이렇게 말씀하시고 후에 다시 이와 같이 [게송으로] 설하셨다.(Idaṃ avoca Bhagavā, idaṃ vatvā Sugato athāparaṃ etad avoca satthā)"라는 형태로 소개된다. 그러나 어느 것이 먼저인지를 말하는 것은 불가능하다.

오래된 「앗타까왁가(Atthakavagga)」와 「빠라야나왁가(Parayanavagga)」 — 『숫따니빠따』의 5번째 품인 「빠라야나왁가(Pārāyaṇavagga, 피안으로 가는 품)」는 한역 삼장(Tripiṭaka)에도 수록되어 있는데,[9] 이들 중 「메가 숫따(Megha sutta)」와 「꼬깔리야 숫따(Kokāliya sutta)」는 『잡아함(Saṃyuktāgama)』에 포함되어 있다.[10] 또한 「칵가위사나 숫따(Khaggavisāṇa sutta)」, 「빱밧자 숫따(Pabbajjā sutta)」, 「빠다나 숫따(Padhāna sutta)」, 「날라까 숫따(Nālaka sutta)」, 「사비야 숫따(Sabhiya sutta)」는 『마하바스투(Mahāvastu, 大事)』와 『랄리타비스타라(Lalitavisatara, 方廣大莊嚴經)』에 거의 정확하게 대응되

9) 위의 책, 92, 각주 3번.
10) Bapat's ed. of Sn., p.xxx.

는 경우가 있다.[11]

「앗타까왁가」와 「빠라야나왁가」를 참고해 볼 때, [다른 경전에서도 나타나는 사례의] 외적 증거만을 따른다면 아주 오래된 것이라고 주장할 수 있다. 『마하왁가(Mahāvagga, 大品)』 V. 13은 「앗타까왁기까(Aṭṭhakavaggikas)」를 암송했다고 말하고 있으며, 같은 이야기가 Ud. V. 6에서도 반복되는데, "열여섯인 여덟 게송의 품에 속한 자들(soḷasa aṭṭhakavaggika)"이라고 말한다.[12] 『디브야바다나(Divyāvadāna, 신의 이야기)』[실제 한역본과 티베트본에서 근본설일체유부율(Mūlasarvāstivādavinaya)의 일부]는 '짧은 소설'로 사건을 발전시켰으며, 『우다나(Ud., 優陀那)』, 「빠라야나(Pārāyaṇa, 波羅延經)」, 「사트야드리스티(Satyadṛṣṭi, 見諦)」, 「샤이라가타(Śailagāthā, 世羅尼頌)」, 「무니가타(Munigāthā, 牟尼頌)」, [둘바(Dulva)는 스타비라가타(Sthaviragāthā, 諸上座頌), 스타비라아가타(Sthaviraāghāthā)를 추가한다], 「아라트와르기야 수트라(Arthavargīya sūtra, 衆義經)」를 암송했다고 말한다.[13] 한역본에만 남아 있는 『사르바스티바다 비나야(Sarvāstivāda Vinaya, 根本說一切有部律)』[한역본 제목은 Daśādhiyāyavinaya(十誦律)]는, 이에 동의하긴 하지만, 「빠라야나(Pārāyaṇa)」와 「사트야다르샤(Satyadarśa, 見諦)」를 암송한 것만 이야기하고 있다.[14] 한역본에서 [Pañcādhyāyavinaya라는 제목이 붙은] 『마히샤사카 비나야(Mahīśāsakavinaya, 彌沙塞部和醯五分律)』는 코티카르나(Koṭikarṇa) 이야기를 빠알리 위나야(Pāli Vinaya) 방식으로 자세히 말하고 있다.

---

11) Sn.에서 숫따의 이름이 엄격하게 정해져 있지는 않은 것 같다. 상당수는 대체된 제목으로 알려져 있으므로, 한역본에 없는 Sn.의 다른 여러 숫따가 이미 발견되었을 수도 있다.
12) Lévi, JA. 1915, Mai-Juin, p.403.
13) 위의 책, p.405.
14) 위의 책, p.407.

「열여섯 가지 감역에 대한 경전」[한역 용어, 「아르타바르가(Arthavarga, 義品)」]이라고 말한다.[15] 한역본에만 수록되어 있는 『다르마굽타비나야(Dharmaguptavinaya, 法藏部의 律, 四分律)』는 앞서 언급했던 「감각에 대한 열여섯 개 문장(Arthapada, 義足經)」을 암송한 것과 매우 유사하다. 하지만 『마하상기카비나야(Mahāsaṅghikavinaya, 大衆部의 律, 摩訶僧祇律)』는 전혀 다르다. 여기서는 카트야야나(Kātyāyana 迦旃延)와 아반티(Avantī 阿槃提)를 위한 푸르나(Pūrṇa)와 슈로나파란타(Śroṇāparānta)가 있긴 하지만, 「아스타바르가(Aṣṭavarga)」를 암송했다고 이야기한다.[16]

따라서 코티카르나(Koṭikarṇa) 역사는 일찌감치 경전의 한 부분이 되었음이 분명하며, 「앗타까왁가(Aṭṭhakavagga)」로 추정된다. 또한 라자그라하상기띠(Rājagṛhasaṅgīti)에서 「크슈드라카가마(Kṣudrakāgama, 小部, 小分阿含)」[17]의 내용에 대한 다르마굽타(Dharmagupta, 達摩笈多) 목록은 『아르타파다(Arthapada, 義足經)』와 『다르마파다(Dharmapada, 法句經)』에 차례로 나타난다.[18] SN. Ⅲ. 12는 앗타까(Aṭṭhaka)를 가리킨다는 것을 이름에서 알 수 있다.

『숫따니빠따』의 5번째 품인 「빠라야나(Pārāyaṇa, 波羅延經)」는 AN. Ⅱ. 45와 Ⅲ. 399, 401에 두 차례 언급된다. 또한 S. Ⅱ. 49에서도 설명한다.[19] 『사르바스티바다비나야(Sarvāstivādavinaya, 根本說一切有部毘奈耶)』는 『마하왁가』[빠알리 Ⅲ. 5. 9]와 동일한 것을 추구하는 것으로 '위대한

15) 위의 책, p.408.
16) 위의 책, p.411.
17) *역자주: 빠알리 『Khuddakanikāya(小部)』에 해당하는 부분으로, 일부의 부파만 가지고 있다. 특히 법장부(法藏部)에서 유지했다.
18) 위의 책(Lévi, JA. 1915), p.415.
19) *역자주: SN. Ⅱ. 50: 사리뿟따여, '피안으로 가는 길'에서 아지따의 질문 중에 다음과 같은 시가 있다.

경전' 중에서 이것을 언급하고 있다. 또한 마히샤사카(Mahīśāsakas)의 바르샤바스투(Varṣāvastu), 다르마굽타(Dharmaguptas, 法藏部), 물라사르바스티바딘(Mūlasarvāstivādins, 根本說一切有部), 마하상기카(Mahāsaṅghikas, 大衆部)에도 나타난다. 그러나 실제 목록은 『사르바스티바다비나야』에서만 보인다.[20] 『마하상기카비나야』는 한 구절에서 「빠라야나」와 「아르타바르가」에 대해 함께 이야기하며,[21] 아비다르마 마하비바샤(Abhidharma mahāvibhāṣā, 迦濕彌羅國)도 마찬가지다.[22]

경전 안에서 어휘 사용 등의 내적 증거 역시 「앗타까왁가」와 「빠라야나왁가」의 오래됨을 가리키고 있으며, 대체로 파우스벨에 의해서 드러나고 있다.[23] 그는 「앗타까왁가」에 쓰인 언어가 상대적으로 잘 알려지지 않은 고어의 특성[24]을 갖고 있음을 강조하면서, "우리는 여기에서 사원 생활이 아니라, 수행 삶의 첫 번째 모습을 볼 수 있다. 후기 불교 사원의 체계화가 아니라 지금까지 유지된 체계의 최초 기원을 알 수 있다."고 말한다.[25]

『숫따니빠따』의 시대구분 — 「앗타까왁가」와 「빠라야나왁가」는 의심할 여지 없이 『숫따니빠따』의 최초기 층을 대표하는 데 비해, 파우스벨의 주장과는 반대로, 『숫따니빠따』의 3번째 품인 「마하왁가」 전체는 가장 후대층에 속하는 것으로 보이며, 맨 처음의 「우라가왁가(Uragavagga,

---

20) 위의 책(Lévi, JA. 1915), pp.421-422.
21) 위의 책, p.422.
22) 위의 책, p.424.
23) SBE X, Sn. 번역본 서문, pp.xi-xii.
24) 앞의 제2장 참조. 『숫따니빠따』의 마지막 두 왁가(vagga, 品)에 있는 시구에서 눈에 띄게 증가되었다고 할 수 있다.
25) 앞의 인용문.

뱀의 품)」와 「쭐라왁가(Cullavagga, 소품)」의 두 가지 품은 전반적으로 시대층이 불분명하다.

또한 '앗타왁가(Aṭṭhavagga)'라는 제목에서 어려운 문제가 발생한다. 레비(Lévi)의 연구에서 『마히샤사카비나야(Mahīśāsakavinaya, 五分律)』와 『다르마굽타비나야(Dharmaguptavinaya, 四分律)』에는 「아르타바르가(Arthavarga, 義品)」와 「아르타파다(Arthapada, 義足經)」가 각각 있는 반면 이교 부파, 특히 마하상기카(大衆部)에는 「아스타바르가」가 있다. 동투르케스탄 판본의 일부처럼 앞서 언급했던 『디브야바다나(Divyāvadāna, 신의 이야기)』나 『아비다르마코샤(Abhidharmakośa, 阿毘達磨俱舍論本頌)』의 산스크리트 자료에는 레비의 주장에 근거가 되는 「아르타바르가」가 포함되어 있다. 이처럼 거의 있을 것 같지 않지만, 「앗타까왁가」가 어떻게 산스크리트어 「아르타바르가」로 잘못 번역되었는지 — 산스크리트어로 잘못 옮겨진 사례가 몇 가지 있다. — 쉽게 알 수 있는 반면 그 반대 경우는 설명하기 어렵다. 산스크리트어 '아르타(Artha)'는 '의미(뜻)'라는 뜻으로 쓰인 합성어 앗타빳띠(Aṭṭhapatti)와 앗타까타(Aṭṭhakathā)를 제외하면 빠알리어에서는 대체로 '앗타(Attha)'가 된다.[26] [PTSD를 보시오] 설득력이 떨어지지만 실제로 『마히샤사카비나야』와 『다르마굽타비나야』가 이것을 이해하는 방식은 다음과 같다. 「아르타파다」 또는 「아르타바르가」에서는 '아르타'가 앗타비사마야(Atthābhisamaya, 이익의 분명한 이해), 앗타빳띠(暗示), 빠라맛타(Paramattha, 최상의 의미) 등과 같은 의미로 쓰였다. 그렇지 않으면 앗타까(Aṭṭhaka)에서 '까(Ka)'가 쓰인 것을 설명하기

26) PTSD. p.21·29 참조; *역자주: (sk. artha) 빠알리어 앗타(attha)는 남성명사로 목표, 길, 이익, 유익, 의미, 결과, 필요 등의 의미를 지닌다. 또한 앗타(aṭṭha)는 여덟을 의미한다.

가 어려워진다. 결국 왁가(vagga)에는 실제로 네 개의 앗타까[경전에서 그렇게 부른다]가 포함되어 있으며, 각각은 여덟 게송으로 구성되어 있다고 결론지을 수 있다.

이는 매우 중요한 의미를 갖는다. 「앗타까왁가」에서는 경전을 배열하는 방침을 분명하게 밝히고 있다. 모두 16개의 경전에서 첫 번째 「까마 숫따(Kāma sutta, 감각적 욕망의 경)」는 여섯 개의 게송으로 시작되며, 두 번째에서 다섯 번째 경까지는 여덟 개의 게송으로 이어진다. 나머지 11개의 경전에서 게송의 총수를 차례로 나열하면 10, 10, 11, 13, 14, 16, 17, 20, 20,[27] 20과 21이다. 이처럼 주목할 만한 진보적 체계를 보면 현재의 「앗타까왁가」가 세심하게 편집하여 만들어졌음을 분명하게 알 수 있다. [빠릿사야(Parissayas, 위험, 근심)에 대해 이야기하는, 이 왁가(vagga)의 처음과 마지막 경전 역시 눈여겨볼 만하다.] 『리그베다』의 「가계서」와 마찬가지로 네 개의 앗타까(Aṭṭhaka)는 편집 과정에서 여타의 경전을 추가한 핵심그룹과 밀접하게 연관되어 있는 것으로 보인다.

주요 「앗타까왁가」 — '앗타까(Aṭṭhaka) 그룹'에는 음보(音步, 운율 단위), 언어, 주제 문제, 표현 방식에서 다른 것과는 구별되는 통일성이 있다. 네 개의 앗타까는 각각 운율(Indravajrā)과 운율(Upendravajrā)이 혼합된 여덟 개의 게송들로 이루어져 있다.[28] 이들 앗타까의 규모를 고려해 볼 때, 「앗타까왁가」 내에서조차 다른 경전보다 고어 형식이 훨씬 더 많이

---

27) 운율 변화에 주목해야 한다.

28) 「앗타까왁가」에 수록된 열여섯 개 경전의 운율 체계는 다음과 같다. 1. Anuṣṭubh; 2-5. Upajāti; 6. Vaitālīya(대략); 7. Anuṣṭubh; 8-9. Upajāti; 10. Anuṣṭubh; 11-13. Upajāti; 14. Anuṣṭubh와 Vaitālīya의 혼합; 15. Anuṣṭubh; 16. 전반부는 Anuṣṭubh, 후반부는 Upajāti.

쓰이는 것을 볼 수 있다. [두 번째 경인] 「구핫타까 숫따(Guhaṭṭhaka, 동굴에 대한 여덟 게송)」에는 쭈따세(cutāse)[게송 3], 아위따딴하세(avītataṇhāse)[게송 5], 위네야(Vineyya)[게송 7], 빠린냐(Pariññā)[게송 8]의 고어가 있고, [그 다음 세 번째 「두타아타까 숫따(Duṭṭhaṭṭhaka sutta)」에는] 빠와(Pāvā)[게송 3]가 두 번 나오고, 아뚜마낭(ātumānaṃ)[게송 3], 닛체야(niccheyya)[게송 6]가 있다. [네 번째] 「숫닷타까 숫따(Suddhaṭṭhaka sutta)」에는 빠와(Pāvā)[게송 2], 와다낭(vadānaṃ)[게송 2], 시따세(sitāse)[게송 4], 가하야(gahāya)[게송 4]가 있다.[29] [다섯 번째] 「빠라맛타까 숫따(Paramaṭṭhaka sutta)」에는 빠립바사노(paribbasāno)[게송 1],[30] 사묵가하야(samuggahāya)[게송 2], 빠띳치따세(Paṭicchitāse)[게송 8]가 있다. 한편, 그 다음에 [여섯 번째] 나오는 10게송의 「자라 숫따(Jarā sutta)」에는 고어의 흔적이 거의 남아 있지 않다. 비슷한 규모의 [일곱 번째] 「띳사멧떼야 숫따(Tissametteyya sutta)」에는 식키사마세(sikkhisāmase)[게송 1], 수트와나(sutvāna)[게송 1], 짜리트와나(caritvāna)[게송 3], 윕빠하따웨(vippahātave)[게송 4]가 있다. [여덟 번째] 11게송으로 구성된 「빠수라 숫따(Pasūra sutta)」에는 와다나(vadānā)[게송 1과 2]가 두 번, 삭가시(sagghasi)와 삼빠야따웨(sampayātave)[둘 다 게송 11]가 있다. [아홉 번째] 13게송으로 구성된 「마간디야 숫따(Māgandiya sutta)」에는 디스와나(disvāna)[게송 1], 닛체야(niccheyya)[게송 3], 위닛차야(vinicchayā)[게송 4], 아눅가하야(anuggahāya)[게송 5]가 있다. 이 뒤에는 경전의 길이가 점차 더 늘어남에도 불구하고 [열한 번째] 「깔라하위와다 숫따(Kalahavivāda sutta)」, [열두 번째] 「쭐라위유하 숫따(Cūlaviyūha sutta)」,

29) 이 「앗타까왁가(Aṭṭhakavagga, 여덟 게송)」에서 게송 4의 니랏사잔띠(Nirassajanti)는 니랏산띠(Nirassanti)와 닛삿잔띠(Nissajjanti)를 혼동한 결과가 아닐까 싶다.

30) 'Paryavasyati'와 관련 있을 수 있다. 〈참조〉 Cullavagga와 Mahāviyūhavagga에서 Ditthi paribbasāno라는 표현 참조.

[열세 번째] 「마하위유하 숫따(Mahāviyūha sutta)」에서만 고어 형식의 흔적을 볼 수 있을 뿐이다.

「앗타까왁가」는 다른 경전보다 표현에 있어서 덜 알려져 있지만 더 많이 표현하고 있다.[31] [사람을 의미하는] 나라(Nara)와 잔뚜(Jantu)가 상당히 자주 나타나는 것 역시 독특하면서도 중요하다. [두 번째 경인] 「구핫타까 숫따(Guhaṭṭhaka sutta)」에 구하(Guhā, 동굴)가 쓰인 것에서 카타우파니샤드(Kaṭhaupanisad)의 변형이 나타난 것으로 보인다.[32]

또한 개념(ideas)에 대한 설명은 초기 경전에서 최초로 발견되는 것이다. 인간(Nara, Jantu)은 욕망(Kāma)과 갈망(Taṇhā, chando) 때문에 세상(Bhavo, loko)에 매여 고통 받는다. 연기(緣起, Paṭiccasamuppāda)에 대한 후대의 정형구 대신에 "욕망을 조건으로 존재의 환희에 묶인 자(Kāmā … icchānidānā bhavasātabaddhā … "[33]나, 778번째 게송의 접촉(Phassa)에서 비롯된 욕망(Chanda, 의욕)의 결과와 같은 간단한 설명을 볼 수 있다.[34] 빤냐(Paññā, 慧)에 대응하는 세속적 개념인 산냐(Saññā, 想)[35]와 이기주의(Mamāyita)는 버려야만 한다. 모든 견해(Diṭṭhi)와 취착(upadhi)도 버려야만 한다. 지혜로운 사람은 양극단에 대한 욕망을 제거하고

31) 〈참조〉 Fausböll, 앞의 인용문.

32) *역자주: 구하(guhā)는 동굴이라는 의미로 몸을 상징한다. 우파니샤드에서는 아뜨만(ātman)이 몸이라는 [동굴]신체(kāya)에 들어가 머무는 것이라고 생각했던 것으로 보인다.

33) 「구하타까 숫따(Guhaṭṭhaka sutta, 동굴의 여덟 게송의 경)」 게송 773.; *역자주: 욕망을 조건으로 존재의 환희에 묶인 자들은 그들은 스스로 해탈하기 어렵고 다른 사람에 의해 해탈하기도 어렵다. 미래와 과거를 생각하면서 이와 같은 현재와 과거의 감각적 욕망에 집착하기 때문이다.

34) *역자주: 「앗타까왁가」의 두 번째인 「구하타까 숫따」의 게송 778; "지혜로운 자는 양극단에 대한 욕망을 억제하고, 접촉을 두루 알아서 탐하지 않으며 자신조차 비난할 나쁜 짓을 하지 않고, 보고 들은 것에 오염되지 않는다."

35) vv. 847, 779, 792 참조.

접촉을 알아 탐욕을 일으키지 않으며(ubhesu antesu vineyya chandaṃ – v.778), 자신은 물론 그 어떤 것에도 집착하지 않음으로써(Attaṃ pahāya anupādiyāno – v.800), 내가 있는 것도 내가 없는 것도 아닌 [아무것도 취하거나 버리는 것이 없는] 상태(Attaṃ nirattaṃ na hi tassa atthi – v.787), 모든 [번뇌의] 한계(sīmātigo – v.795)와 마음을 넘어서서 단지 보여진 것, 들린 것, 또는 인식한 것으로 만든 최소한의 정신적 지각마저 없는 상태(Diṭṭha, suta, muta, ñāṇa, sīlavata; "Pakappitā natthi aṇū pi saññā" – v.802), 욕망에도 집착하지 않고 욕망의 제거에도 집착하지 않는(na rāgarāgo no virāgaratto – v.795), 평화롭고 완전히 고요함(Santi, Abhinibbuti – v.783)을 의미하는 상태에 이를 수 있다.

「앗타까왁가(Atthakavagga)」의 나머지 — 네 번째 앗타까(Aṭṭhaka)와 직접적으로 이어지는 경전 44는 마지막 게송에서 경전 41과 42의 결론을 일부 포함시키려 한다. 경전 49는 게송 773의 주제를 발전시켰고 연기(緣起, Paṭiccasamuppāda)에 대한 정형구에 더 가까워졌다. 「마하위유하 숫따(Mahāviyūha sutta)」[51경]는 「쭐라위유하 숫따(Cūḷaviyūha sutta)」[50경]를 조금 더 자세하게 설명한 형태로 보인다.

「앗타까왁가」에 대한 결론 — 전체적으로 「앗타까왁가(Aṭṭhakavagga)」에 있는 다양한 경전은 그 안에서 명확하게 시대를 구분하기 어려울 정도로 개념적 차이가 미미하다. 그러나 문학적 관점에서 「앗타까왁가」는 같은 종류의 내용이 아님을 기억해야 한다.

「빠라야나왁가」 — 앞에서 이미 니까야 전통은 「앗타까왁가」와 「빠라야나왁가(피안으로 가는 품)」를 밀접하게 연결한다는 것을 설명하였다. 앗타까는 열여섯 개의 '경전들'로 이루어져 있고, 「빠라야나왁가」는 열여섯 개의 '질문들(Pucchā)'로 이루어져 있다는 관련성에 주목할 필요가 있다. 그 언어는 때때로 상카따담마세(Saṅkhātadhammāse)(56.7)[v.1038], 수트와나(Sutvāna)(60. 1·2에 두 번)[v.1061, 1062] 그리고 66.1[v.1096], 왓주(vajju)(61.8)[v.1076], 사마나브라흐마나세(samaṇabrāhmaṇase)(62에 네 번)[v.1079~1082], 닷투(Daṭṭhu)(66.3)[v.1098], 디스와나(Disvāna)(55.42, 71.2)[v.1017, 1121]처럼 오래전 형식으로 보인다. 58.6[v.1048]에는 아마도 오래전 단어일 빠로와라니(Parovarāni)가 쓰인다. 이것은 붓다를 "삭까(Sakka)"라고 부르는 것만큼이나 드문 일이다. '브라흐마(Brahmā)'[36]와 '사만따짝쿠(Samantacakkhu)'도 '삭카(Sakka)'를 나타낸다. 이들은 아직 독립적으로 분리되지 않은 상태다.

네 개의 게송으로 이루어진 경전 63은[v.1088~1091] '가야트리(gāyatrī)' 운율 단위(음보)로 이루어져 있으며, 아주 특별하진 않지만 보기 드물다. 「앗타까왁가」보다 훨씬 더 추상적인 단계인데도 불구하고, 교리에 있어서 경전 63의 지위는 대체로 크게 다르지 않다. 이에 관해 가장 명확한 설명은 경전 61[v.1069~1076]에서 찾아볼 수 있다. 왁가에서 다른 경전과 연결된 경전 61은 다음과 같은 상황을 어느 정도 초래했다. 개인에게 분명하게 드러나는 윈냐나(Viññāṇa) 또는 의식은 최상의 경험(Paramavimutti, 61.4 참조)[v.1072, 최상의 지각의 해탈(아무것도 없는 경지)에 도달한 자]에서 그치게 되며, 있는 것도 아니고 없는 것도 아닌 상태로 머무는 특징을 보일 수 있다. 이런 초월론은 허무주의라고 오해받을 위험이 있다.

---

36) 60, 3 & 5; 61.1.

나마루빠(Nāmārūpa, 名色)(Nāmākāya와 같은 역할, 61.6)[v.1074, 정신의 모음들로부터 해탈하여]라는 표현이 자주 사용되긴 하지만, '칸다(khandhas, 蘊)'에 대한 언급은 찾아볼 수 없으며,[37] '칸다'라는 측면에서 '나마루빠'를 설명하려는 최소한의 기미조차 없다. 정신적 분석은 네 개의 "딧따수따무따윈냐따(Diṭṭhasutamutaviññāta, 보고·듣고·경험하고·의식한)"(63.3)[v.1086]에서 철저히 규명되었고, '윈냐낫티(Viññāṇaṭṭhi, 의식이 머무는 곳)'는 아직은 보편적이면서도 공식화되지 않은 의미로 쓰였다.(69.3)[v.1114], 68.3[v.1107]의 '안냐위목카(Aññāvimokkha, 지혜의 해탈)'에 대한 설명에서 후대에 네 번째 선정(jhāna)에 대한 정형구로 쓰이는 내용을 볼 수 있다.

따라서 열여섯 개의 '질문들'은 「앗타까왁가」와 같은 시대에 속하겠지만, 약간 더 후대의 것으로 보인다.

「빠라야나왁가」에 대한 결론 — 왓투가타(Vatthugāthā)[v.976~1031]는 확실히 후대에 추가된 것이다. 왓투가타에는 니까야에서는 거의 볼 수 없는, 남부 지방에 대한 정보가 들어 있고, 고대 인도의 서사시 『마하바라타(Mahābhārata)』[예를 들어, 게송 5~8을 나타내는]를 연상시키는 부드러운 서술체로 쓰였으며, 아빈냐(Abhiññā)를 초월적인 힘이라는 의미로 사용한 것으로 보인다. 또 서른두 가지 표식에 대해 완전히 발달된 이론을 주장하고 있으며, 단지 해설하기 위한 목적으로 결코 여기에 의존하지 않는 '질문'을 설정하는 서술을 배치하였다.[38] 「빠라야나 숫따

37) *역자주: Nāmākāya에서 kāya가 khandha의 의미로 번역된다. kāya는 의주석(依主釋, tappurisa)의 복합어로 사용되는 경우, 위치에 따라 서로 다른 의미를 지니는데 복합되는 단어의 앞에 놓이면 '몸'이나 '신체'의 의미를 지니고, 뒤에 놓여 피수식어가 되면 '모임(khandha)'의 의미를 지닌다.

38) 〈참조〉 "마하뿌리사락카나(Mahāpurisalakkhaṇas)는 … Sn.1022에서 Bāvari에서 비롯되었으며(예를 들어, 'Babylonian'), 왓투가타뿐만 아니라 바빌로니아의 영향보다

(Pārāyaṇasutta)」[v.1121~1149]라는 제목의 후기도 역시 후대에 추가되었을 가능성이 있다.

『마하왁가(Mahavagga)』[39]—「빠밧자 숫따(Pabajjā sutta)」[v.405~]와 「빠다나 숫따(Padhāna sutta)」[v.425~]는 각각 Mvu(Mahāvastu). Ⅱ. 198ff, 238ff[또한 LV.(Lalitavistara) XVIII]와 매우 유사한 것이 사실이다. 하지만 『디가니까야』와 『맛지마니까야』의 여러 경전에 비해 훨씬 덜 발달된 형식으로 붓다의 전설을 소개하고 있다. 빈테르니츠가 말했듯이 이들을 니까야 최초기 시대층에 포함시킬 수는 없다. 「빠밧자 숫따」에 언급된 사건이 역사적으로 실재했다고 보기는 곤란하며, 붓다에 대한 "더 큰 영광을 위하여" 지어진 것으로 보인다. 「빠다나 숫따」는 이와 연결되지만, 화자의 변화를 설명하기 위해서 중간에 산문 서술이 필요했던 것으로 볼 수 있다. 또한 지나친 금욕주의를 칭송했는데, 이는 붓다의 가르침에 완전히 위배되는 것이다. 반면에 단순하게 보면, 이런 게송은 결과적으로 좋은 시라는 점이다.

사마나(Samaṇa, 사문)와 브라흐마나(Brāhmaṇa, 바라문)에 대한 가상의 어원을 고려해볼 때, 「사비야 숫따(Sabhiya sutta)」[40]는 길고 산재해 있는 63가지 사문 교리를 고려하는 것만큼 훨씬 후대에 속한다.[41]

「셀라 숫따(Sela sutta)」[42]는 '서른두 가지 표식' 이론이 중심 역할을 하고 있고 붓다가 그의 상수제자 사리뿟따(Sāriputta)와 더불어 최고의 법왕

도 후대에 생겨난 것을 의미한다."(PTSD, W. Stede의 후기. p.202. 각주 3번.)
39) *역자주: 『마하왁가』는 3번째 품으로 12개의 경전으로 구성되어 있다.
40) 〈참조〉 Mvu.(Mahāvastu) Ⅲ. 394ff.
41) *역자주: Sn. p.91.
42) 『맛지마니까야』 92경, M. Ⅱ. 146ff. *역자주: Sn. p.102.

(Dhammarāja)이라고 표현되고 있으므로 초기의 것이라고 보기 어렵다.

「꼬깔리야 숫따(Kokāliya sutta)」는(한역 잡아함에 있다 – 위 내용 참조) 같거나 약간 후대층에 속한다.[43] 수행승 꼬깔리야는 사리뿟따와 목갈라나(Moggalāna)를 비난하는, 상대적으로 가벼운 죄지만 비참하게 죽었으며, 상상조차 할 수 없는 오랜 기간 동안 지옥에서 벌을 받았다. 열 가지 지옥에 대해 섬뜩할 정도로 자세하게 묘사되어 있는 것을 볼 수 있다. 사실상 극단적인 고대 인도 이야기 형식의 경전이다.

「날라까 숫따(Nāḷaka sutta)」[44]에서, 왓투가타(Vatthugāthās)의 전반부는 후대층에 속한다. 붓다의 출생은 신들에 대한 위대한 사건이며, 붓다는 스스로를 '보살(Bodhisatta)'이라 불렀다. 뿐만 아니라 아시따(Asita)는 "락카낭 안따빠라구(Lakkhaṇam antapāragu, 궁극의 특징을 지닌)"라고 표현하였다. 이러한 표현은 서른두 가지 표식에 대한 그의 지식과 관련 있다. 기억하듯이, 이것은 종종 "아가따니 만떼수(Āgatāni hi mantesu)"라고 표현되기도 한다.

끝으로, 「드와야따누빳사나 숫따(Dvayatānupassanā sutta)」는 의심할 여지 없는 후대의 것이다.[45] 여기서는 사성제에 대한 정형구를 둘로 나눠 소개하면서, '우빠디세사(Upādisesa, 有餘依)'와 '아나가미따(Anāgāmitā, 不還果)'를 술어로 사용하고 있다. 또한 '쩨또위뭇띠(Cetovimutti, 心解脫)'와 '빤냐위뭇띠(Paññāvimutti, 慧解脫)'를 구분하고 있고, 열한 가지 고통의 원인을 묘사하고 있다. 열한 가지 고통의 원인에는 나마루빠(名色), 살아야따나(Saḷāyatana, 六入處), 바와(Bhava, 存在), 자띠(Jāti, 生), 자라마라

43) *역자주: Sn. p.123.
44) Mvu. 그리고 LV.; *역자주: Sn. p.131.
45) *역자주: Sn. p.139.

나(Jarāmaraṇa, 老死)를 제외한, 연기(Paṭiccasamuppāda, 緣起)에 있는 모든 것이 포함된다. 요컨대, 교리적으로나 분석적으로 상당히 발전했음이 분명히 나타난다.

『마하왁가』에 대한 결론 — 『마하왁가』의 열두 개 경전들 중 일곱 개는 두 가지 시대층을 포함하는 후대의 것이 확실한 것으로 보인다. 첫 번째 시대층은 27번 경전[v.405~]과 28번 경전[v.425~]을 이루고, 두 번째 시대층은 나머지 다섯 개 경전을 이룬다.[46)]

나머지 — 『마하왁가』의 나머지 경전 중 일부와 처음 두 개의 왁가(Vaggas)는 불교가 브라흐마나(Brāhmaṇa, 梵天)의 사회관과 희생관에 반대했음을 보여준다. 이는 바라문과 사문이 충돌을 일으켰을 수도 있음을 나타낸다. 「와살라 숫따(Vasala sutta)」, 「브라흐마나담미까 숫따(Brāhmaṇadhammika sutta)」, 「순다리까바라드와자 숫따(Sundarikabhāradvāja sutta)」, 「마가 숫따(Māgha sutta)」, 「와셋타 숫따(Vāseṭṭha sutta)」가 여기에 해당한다.[47)] 「와셋타 숫따」를 제외한 나머지 경전은 서로 유사해 보이고, 『디가니까야』와 『맛지마니까야』에 있는 비슷한 경전들보다는 논리적이지 못하다. 앞서 말한 예외는 사실상 후자의 모음에서 발견된다. 이들 경전은 바라문교의 이론을 논리적으로 논박하는 것이 아니라 '와살라', '브라흐마나' 등에 대한 개념을 좀 더 정확하게 소개하는 것을 목적으로 한다. 따라서 논쟁보다는 윤리적 설법에 더 가깝다. 「브라흐마나담

---

46) *역자주: Sn. pp.78-111.

47) *역자주: 「와살라 숫따(Vasala sutta)」[Sn. p.21~], 「브라흐마나담미까 숫따(Brāhmaṇa dhammika sutta)」[Sn. p.50~], 순다리까바라드와자 숫따(Sundarikabhāradvāja sutta)」[Sn. p.79~], 「마가 숫따(Māgha sutta)」[Sn. p.86~], 「와셋타 숫따(Vāseṭṭha sutta)」[Sn. p.115~].

미까 숫따」에는 바라문교의 선조들을 용인하고 불교의 이상(理想)을 소개함으로써 바라문교도를 설득하려는 부분이 있다. 결과적으로 과거에 실제로 있었던 일로써(과거로 돌아가는 게 더 쉬워 보이므로) 미래의 이상적인 비전을 그리는 경향이 있다. 후자의 경향은 『디가니까야』의 「악간냐 숫따(Aggañña sutta)」에 나타나는데, 훨씬 더 신화적이고 발전된 표현들을 받아들였다.

이러한 경전들은 불교문학 안에서 초기 단계라는 뚜렷한 특징을 보여준다. 하지만 니까야의 보편적 개념과 진화과정에서 특정 경향에 대한 연관성을 선명히 보여준다는 것은 어려워 보인다.

경전 3은 발전된 상가 공동체 생활과는 확실히 관련이 적어 보인다.[48] 이 경전에는 '앗타(Attha)'와 '빠릿사야(Parissaya)'라는 용어가 사용되었는데, 이 용어들은 사실상 후대에 '아사와(āsava)'와 '아누사야(anusaya)'라는 용어로 대체되었으므로, 경전 3이 초기의 단계일 가능성을 보여주고 있다. 또한 '시네하(Sineha)'보다는 '스네하(Sneha)'를 더 많이 사용한 것도 마찬가지 특성 중 하나이다.[49] 이 경전은 이름을 언급하지 않고 네 번째 선정의 상태를 묘사한다. 다섯 가지 '장애(āvaraṇas, nīvaraṇas)' 역시 후대에 만들어진 전문용어로 추정된다. 또한, '냐나(ñāṇa, 지혜)'라는 용어의 쓰임 역시 「앗타까왁가」와 「빠라야나왁가」에서와는 차이가 나타나고 있다.

경전 1과 2는 개념과 문체에서 그다지 동떨어져 있지 않다. 경전 1에서는 '사무하따세(samūhatāse, 제거들)'와 '빳짜야세(paccayāse, 원인들)'

48) *역자주: Sn. p.6.
49) 〈참조〉 PTSD.

가 사용되었고,[50] 경전 2에서는 '짜라마세(carāmase, 가는)'와 '바와마세(bhavāmase, 행동하는)'가 사용되었다.[51] 뿐만 아니라 이 두 경전은 동일한 운율 단위로 쓰였으며, 같은 수의 게송으로 이루어져 있어 동일한 편집자(저자)가 작성한 것으로 보인다.

경전 4는 이미 언급했듯이 그 성격상 다섯 개의 주요 게송이 핵심일 가능성이 있다. 적어도, 정신적 수행에 대한 비유를 적극적으로 설명하고 있으며, 『상윳따니까야』에서 가르침의 수레(Dhaṃmayāna, 法乘)에 대한 비유와 동일한 발달단계에 속하는 것으로 보인다. 이것은 어떠한 정형구도 없는, 최초기 시대층에 속할 것이다. 여기서는 목적을 위해 요가케마(Yogakkhema), 아마따(Amata), 삽바둑카(Sabbadukkhā), 빠뭇띠(Pamutti) 등의 표현을 사용하고 있다.

경전 5는 '도(maggo, 道)'에 대해 자주 말하고 있지만, 이것이 여덟 가지, 혹은 열 가지라는 도식적 표현은 어디에도 없다. 따라서 초기의 것임을 알 수 있다.

경전 12는 아소카 왕이 추천한 것이다.[52] 여기서는 아눕빠웨체(anuppavecche),[53] 무니낭(muninaṃ),[54] 아띠따리야(atitariya)[55] 형식을 썼으며. 오염(Rajo)이라는 오래된 용어를 사용하였다.[56] 여기서는 목적을 위한 적정의 상태(Santipada),[57] 궁극적 의미(Paramattha)[58]라는 표현을 사용

50) 경전 1. 14 & 15.
51) 경전 2. 15.
52) D. C. Sircar, Select Ins. p.78, 각주 2번 참조.
53) 경전 12.20 & 3.
54) 경전 12. 2.
55) 경전 12. 13.
56) 뒤의 제10장에서 자이나교에 대한 설명 참조.
57) 경전 12. 2.
58) 경전 12. 13.

했다. 무니(Muni)는 모든 시구에 나타나는 반면 빅쿠(Bhikkhu)는 마지막에만 보이는데, 이 또한 중요하지 않을 수 없다. 이 경전은 숲에서 홀로 명상하는 이상적인 수행자에 대해 자세하게 묘사하고 있으며, 이 부분을 정독한 후에 받는 전체적인 인상은 「앗타까왁가」를 읽은 뒤에 받는 인상과 비슷하다. 따라서 동일한 시대층에 속하는 것으로 보인다.

경전 14는 선한 행위에 대한 상징으로 육식을 금하고 있다. 이는 브라흐마나(Brāhmaṇa), 와살라(Vasala), 얀냐(Yañña), 악기(Aggi), 웨다구(Vedagū), 아라한(Arahant), 아하로(Āhāro)와 같은 용어에 대해 초기불교에서 재해석한 것과 비교될 수 있다. 이것은 [초기불교가] 발달하는 과정에서 재평가되는 과정을 보여준다. 그러나 『맛지마니까야』에서[59] 편집자는 그들이 육식을 하는 것에 대해 비난을 퍼붓는 자이나교도에게 논박하고 싶어 했다. 이것은 후기에 소개된 것으로 보이는데, 붓다가 '부드러운 수퇘지 고기(sūkaramaddava)'를 먹었던 것으로 기록되어 있기 때문이다. 이처럼 역방향으로 발달했다는 것은 일반적 개연성과는 반대된다. 따라서 경전 14는 『맛지마니까야』보다 초기의 것으로 보인다.

경전 22, 짧은 「웃타나 숫따(Uṭṭhāna sutta)」는 그 진지함과 힘에 있어서 독보적이다. 이는 카토파니샤드(Kaṭh.)를 연상시킨다.[60] 「웃타나 숫따」는 방일함(Pamāda)을 오염(Raja)이라고 묘사하고 있으며, 끼리야와다(Kiriyavāda) 정신에 있어서 확실히 최초기 불교에 속한다. 작성 또한 초기에 이루어진 것으로 보인다.

경전 24는 붓다를 제석천(Sakka)[61]이라고 칭하며 "널리 보는[普眼] 님

59) 55번째 경전.
60) Kaṭh.(Kaṭhopaniṣad) 3. 14.
61) 경전 24. 3.

이여, 신들 가운데 천 개의 눈을 가진 제석천처럼(Samantacakkhu, Sakko va devānaṃ sahassanetto)"이라고 부르고 있다. 여기서는 성스러운 가르침(Ariyadhaṃma)을 빠로와라(Parovara, 높고 낮은, 멀고 가까운)[62]로 묘사하며, 갈애(Taṇhā)를 물질과 정신(Nāmarūpa)이라고 설명한다.[63] 이러한 설명은 본 경전이 초기의 것임을 나타낸다.

한편, 경전 13, 「쿳다까빠타(Khuddakapāṭha)」 Ⅵ은 『숫따니빠따』에서 유일하게 보호(Parittā)에 대해 다룬 예이다. 이는 '삼보'에 경의를 표하는 것으로, 여덟 부류의 고귀한 사람들(puggala, 四雙八輩), 네 가지 거룩한 가르침(Ariyasacca, 四聖諦), 여섯 가지 큰 죄악(Abhabbaṭṭānāni, 不能處),[64] 해탈(vippamutti)에 대한 네 가지 방법(upāya)[65]을 말하며, "여덟 번째의 윤회를 받지 않는다(Na te bhavaṃ aṭṭhamaṃ ādiyanti)."는 이론을 언급한다.[66] 이는 『디가니까야』에서 비슷하게 의도된 「아따나띠야 숫따(Āṭānāṭiya sutta)」보다 덜 발달된 것으로 보이지만 그럼에도 확실히 후대에 속한다.

나머지 경전들을 살피면 경전 20이 '제석천(Inda)'을 가장 신성한 신이라고 표현함으로써 초기의 것이라는 인상을 주는 점을 제외하면, 다른 주장이 어려워 보인다. 이것은 "강 건너기"에 대한 적극적인 '비유(upamā)'로 발전했으며, "의미를 이해하고, 법을 알고, 길을 나아가면 행복을 얻을 것이다."라고 결론 내린다.[67]

---

62) 경전 24. 11.
63) 경전 24. 13.
64) 경전 13. 10.
65) 위의 책.
66) 경전 13. 9. *역자주: "여덟 번째의 윤회를 받지 않는다"는 설명은 예류과를 의미한다. 그는 일곱 번의 윤회 안에서 완전한 깨달음을 이루게 된다.
67) 경전 30. 8.: āññāya atthaṃ paṭipajjamāno viññātadhammo so sukhaṃ labhethāti.

(a) 초기	후대
「앗타까왁가(Aṭṭhakavagga)」 4 Aṭṭhakas는 나머지 경전보다 더 초기의 것으로 보인다.	경전 27~28, 32~33, 37왓투가타(Vatthugāthās), 38(경전 27~28은 나머지 경전보다 초기의 것으로 보인다).
「빠라야나왁가(Pārāyaṇavagga)」 왓투가타(Vatthugāthās)를 제외한, 「빠라야나 숫따(Pārāyaṇa sutta)」 역시 후대의 것으로 보인다.	
경전 1~3, 5, 12, 14, 22, 24는 초기의 것으로 보이며, 위에서 말한 경전과 거의 같은 시대층에 속하는 것 같다.	경전 13도 역시 후대의 것으로 보이며, 위에서 말한 경전과 같은 시대층에 속하는 것 같다.

불확실한 나머지 경전들: (b) 경전 4, 7, 19, 30, 31, 35는 별개의 등급을 형성한다. 경전 20은 초기의 것으로 보인다.

『이띠웃따까(Itivuttaka)』 — 와타나베에 의하면,[68] 『이띠웃따까』는 기원후 650년경에 현장(Yüan Chwang, 玄奘)이 번역한 한역 삼장에 수록되어 있다. 그 내용을 표로 정리하면 다음과 같다.

Ⅰ. Ekadharmakhaṇḍa	1. 경전(sūtras) 1−12 2. 경전 13−24 3. 경전 25−47 4. 경전 48−60
Ⅱ. Dvidharmakhaṇḍa	1. 경전 1−12 2. 경전 13−24 3. 경전 25−36 4. 경전 37−50

68) JPTS. 1906; pp.44-49.

Ⅲ. Tridharmakhaṇḍa	1. 경전 1-13	
	2. 경전 14-25	
	3. 경전 26-28	

반면, 빠알리본의 내용을 표로 정리하면 다음과 같다.

Ⅰ. Ekakanipāto	1. Pāṭibhogavaggo	경전(suttas) 1-10
	2. Dutiyavaggo	11-20
	3. Tatiyavaggo	21-27
Ⅱ. Dukakanipāto	1. Paṭhamo vaggo	28-37
	2. Dutiyo vaggo	38-49
Ⅲ. Tikakanipāto	1. Paṭhama vaggo	50-59
	2. Dutiya vaggo	60-69
	3. Tatiya vaggo	70-79
	4. Catuttha vaggo	80-89
	5. Pañcama vaggo	90-99
Ⅳ. Catukkakanipāto		100-112

의심의 여지 없이 진본인 4장(Nipāta) — 가장 눈에 띄는 차이점은 한역본에 4장(章, nipāta)이 없다는 것이다. 이와 관련하여 주목할 만한 것은, 4장에서 적어도 네 개의 경전은 『앙굿따라니까야』에도 동일하게 존재한다는 점이다. 즉, 경전 101과 『앙굿따라니까야』 4. 27, 경전 105와 AN 9, 경전 108과 AN 26, 경전 111과 AN 12가 동일하다. 뿐만 아니라 경전 100은 세 번째 문장 이후로 경전 98의 내용을 반복하고 있는데, 여기서는 단지 단어의 일치를 보여주고 있는 것 같다. 경전 102에서 산문 중 일부는 사성제에 대한 정형구를 설명하고 있으며, 운문은 최고의 정신적 해방, 즉 '위뭇띠냐나(Vimuttiñāṇa, 解脫知)'를[69] 수반하는 '번뇌의 소멸(Āsavakhaya, 漏盡)'을 세 단계로 구분하고 있다.

69) 〈참조〉 Mrs. Rhys Davids, Ind. Psy., p.264.

그러나 구체적 표현에 있어서는 모호한 부분이 나타나고 있다. (첫 번째 줄부터 네 번째 줄까지 읽어 보라.)[70] 경전 103은 같은 주제를 다룬다. 그 중 마지막 게송에서 '쩨또위뭇띠(Cetovimutti, 心解脫)'와 '빤냐위뭇띠(Paññāvimutti, 慧解脫)'의 차이에 대해 설명하고 있는 것으로 보인다. 그 다음 경전은 초기의 '계정혜(Sīla, Samādhi, Paññā)' 삼학 대신에 이들 해탈(Vimutti)과 더불어 '위뭇띠냐나닷사나(Vimuttiñāṇadassaṇa, 解脫知見)'까지 다섯 가지를 설명한다. 『앙굿따라니까야』는 대체로 마지막 부분에서 그 개요를 다루고 있다. 경전 105의 게송은 경전 15에서 이어받은 것으로 보인다. 이 둘은 산문의 의미와 어법에서 훨씬 더 조화를 이루고 있다. 경전 109는 교리상 중요한 발전을 전제로 한다. 여기서는 6개의 '앗잣띠까(Ajjahttika)', 즉 '감역(感域, āyatanas)', '오하분결(五下分結, Orambhāgiya saṃyojanas)'과 잘 알려진 불교 술어들을 검토하고 있다. 경전 111은 후대에 '오온(五蘊, pañca khandhas)'을 의미하는 전문용어로 쓰인 '칸다(khandha, 蘊)'를 사용하고 있다. 그 다음 경전에는 '딧타(Diṭṭha, 본 것)', '수따(suta, 들은 것)', '무따(muta, 느낀 것)', '윈냐따(Viññāta, 의식된 것)'와는 다른 세 가지 용어, 즉 '빳따(Patta, 성취한 것)', '빠리예시따(Pariyesita, 탐구된 것)', '아누위짜리따(Anuvicarita, 성찰된 것)'가 추가되었다.

따라서 『이띠웃따까』의 4장은 대체로 나머지 경전보다 교리적으로 더욱 발전되었을 뿐만 아니라, 앞에서 본 경전과 『앙굿따라니까야』의 구성요소와 관련하여 어느 정도 의존하고 있다. 한역 『이띠웃따까』에서는 나타나지 않은 4장은 확실히 후대에 추가되었음을 보여주는 특징을 갖

70) 〈참조〉 경전 62의 게송에 동일하고 더욱 논리 정연한 내용이 있다. 경전 102에서 차용하여 윤색한 것일 수 있다.

고 있다.

3장(**章**, nipāta) — 앞에서 본 표에서 드러난 또 다른 점은, 빠알리 「띠까니빠따(Tika Nipāta)」에는 경전들이 상당히 규칙적이고 도식적으로 배열되어 있다는 점이다. 와타나베는 앞의 두 장(章)에 있는 빠알리 경전들은 한역본에서 거의 다 볼 수 있는 반면, 3장에 있는 경전의 3/5은 보이지 않는다고 소개한다.[71] 이에 비해, 한역본에서 세 번째 부분은 규칙적인 '웃다나(uddāna, 攝頌)'가 수록되지 않았다. 한역 경전들은 일반적으로 빠알리본이나 후대에 나타난 경전들보다 더 정교하게 만들어졌으며, 부족한 부분이 있음도 기억해야 한다.

빠알리본 3장(章, nipāta)의 내부 흔적은 '시대적' 지위에 어떤 빛도 비추지 않는다. 그럼에도 불구하고 처음 두 왁가는 대체로 뒤의 두 왁가에 비해 상당히 짧다. 또한 경전 50~67의 산문은 같은 방식으로 발음되며, 대체로 긴밀한 통일성이 강하게 느껴진다.[72] 나아가 3장에서 적어도 마지막 두 왁가에 있는 일부 경전들에는 '후대의 것'으로 보이는 확실한 무언가가 있다. 경전 70과 71은 64~65의 주제를 한층 더 자세하게 다루고 있다. 경전 73은 경전 51을 그 출발점으로 한다. 경전 74는 '세 가지 귀의처[三寶]'에 대해 이야기하고 있다. 경전 82~83에는 신이 외치는(Devasaddo niccharati) 경우들을 묘사한다. 경전 90은 '삼위일체'에 대한 믿음을 지지하면서 전문적으로 "이것은 네 쌍의 사람들이고 여덟 부류의 사람들이다(Yad idaṃ cattāri Purisayugāni aṭṭha purisapuggalā)."라고

71) 앞의 인용문.
72) 경전 63에서 산문과 운문의 일부는 공통점이 전혀 없다.

이야기하고 있다.[73)]

3장은 초기 요소와 후기 요소를 모두 갖고 있는 것으로 보이며, 후기 요소는 뒤의 두 왁가[4,5]에서 나타나고 있다.

1~2장(章, nipāta) — 처음 두 장(章, nipāta)의 경전들은 대체로 같은 시대층에 속한다. 경전 1~6은 산문과 게송이 확실히 서로 밀접하게 닮아 있으므로 단일 그룹을 다양한 목적으로 고려한 것이라 볼 수 있다. 그들은 '전문적이지 않은' 일반적 의미로 '불환과(Anāgāmitā)'라는 용어를 활용하고 있으며, '룻다세(luddhāse)', '둣타세(duṭṭhāse)', '물라세(mūlhāse)'와 같은 형식을 사용하는데, 이는 『이띠웃따까』에서는 극히 드문 일이다. 이 부분이 상당히 초기의 것임을 나타낸다.

경전 7~13은 게송 부분과 관련되어 있는 범위에서 앞의 그룹과 구분되지 않는다. 산문 형식에는 차이가 있지만 이 그룹 내에서는 흔하게 쓰인다. 그 다음 두 경전은 개념적 시대층의 최초기에 속한다. 경전 14는 장애(Nīvaraṇa), 무지(Avijjā), 어리석음(Moha), 윤회의 원인(Saṃsārahetu)을 모두 동일시하고 있다. 여기에서 장애는 전문용어 이전 의미로 사용되었으며, 연기(緣起)에 대한 최초기 형식을 보여준다. 경전 15는 인간을 이 정거장에서 저 정거장으로, 오직 갈애만을 지닌 채 떠돌아다니는 존재로 묘사한다. 이들 두 경전은 비슷한 형식으로 서로의 내용을 보완하고 있다.

경전 16~17은 확실히 일치되는 부분이 있는데, 정신적 발전에 대

73) *역자주: 사쌍팔배(四雙八輩)의 정형구는 다음과 같다. "세존의 제자들은 네 쌍으로 여덟이 되는 바른 사람들의 모임으로, 공양 받을 만하고, 대우받을 만하고, 보시 받을 만하고, 존경받을 만하고, 세상의 위없는 복밭이다."(S. 12: 41)

하여 하나는 가장 내적인 의미를 다루고 있고, 다른 하나는 가장 외적인 의미를 다루고 있다. 전자는 궁극의 목표를 아눗따라 요가케마(Anuttara yogakkhema, 위없는 평온)와 웃따맛타(Uttamattha, 최고의 이익)라고 말한다.

1장의 두 번째 왁가와 세 번째 왁가를 구분하는 것은 첫 번째 왁가와 두 번째 왁가를 구분하는 것만큼이나 자의적이다. 어떠한 경우이든 첫 번째 경전과 마지막 경전은 서로 밀접하게 의존하고 있다. 열 개의 경전을 서로 묶을 때에 비해 다른 어떤 원칙도 따르지 않고 나누는 방식은 후대에 도입된 것으로 보인다.

붓다가 전생의 신성한 출생에 대해 거룩하게 이야기하고 있는 경전 22의 산문은, 산문에서의 다나(Dāna, 布施), 다마(Dama, 修練), 삼야마(Saṃyama, 制御)에 해당하는 다나, 사마짜리야(Samacariyā, 平等行), 멧따찟따(Mettacitta, 慈心)를 언급하는 게송보다 후대의 것일 가능성이 있다. 이것은 주목할 만한 차이점이다.

경전 23은 앗타비사마야(Atthābhisamaya, 이익을 꿰뚫어보는), 딧타담미까(diṭṭhadhammika, 現世), 삼빠라이까(samparāyika, 來世)에 대한 유일한 의미로서 압빠마다(Appamāda, 不放逸)를 주장한다. 이는 초기의 것임을 암시하는 것이다. 한편, 그 다음 경전은 『숫따니빠따』의 「라따나 숫따(Ratana sutta)」와 개념적으로 정확히 같은 발달단계에 속한다.

경전 25(Sampajānamusāvāda)는 『맛지마니까야』의 「쭐라라훌로와다 숫따(Cūḷarāhulovāda sutta)」 첫 부분의 원형이 되었을 가능성이 크다.

경전 27, 「메타바와 숫따(Mettabhāva sutta)」는 첫 부분에 적절하게 제시된 직유에 주목할 만하다. 경전은 "다시 태어나는 공덕의 토대를 만드는 일은, 그것이 어떠한 것이든 자애에 의한 심해탈에 16분의 1에도 미치지 못한다(opadhikāni puññakiriyāvatthūni–mettāya cetovimuttiyā kalaṃ nāgghanti soḷasim)."라고 설명하고 있다. 첫 번째 직유는 매우 자연스럽고도 알기 쉬운, 달과 별에 대한 비유이다. 두 번째는 "가을 햇살이 비치듯이, 모든 어둠을 흩어 없애는"이다. 그러나 더 적은 선행과 더 높은 선행 사이의 관계는 빛과 어둠의 관계와 다르다. 세 번째 직유는 아침에 빛나는 "오사디따라까(osadhitārakā, 太白星)"에 대해 설명하고 있으나, 같거나 다른 비교 대상에 대해서는 아무런 언급이 없다. 직유에 대해 믿을 만한 언급을 한다고 볼 수 있는 것은 첫 번째 게송뿐이다. 따라서 뒷부분의 산문 내용은 후대에 추가된 것이 분명하다. 니까야에는 이처럼 부자연스럽게 추가된 사례가 자주 나타나고 있다.

두 번째 장(章, nipāta), 경전 30~31의 게송 부분은 대응되는 산문에 비해 매우 교리적이며 관대하지 못하다.

경전 38의 게송은 연관성 없는 두 부분으로 뚜렷하게 나뉜다. 두 번째 부분은 『맛지마니까야』에 더욱 관련 깊게 실려 있다.

경전 43의 게송은 3행 2연으로 배열된 여섯 줄로 이루어져 있다. 각 행이 8음절로 이루어져 있는 운율 단위를 가야트리(Gāyatrī, 노래)라고 하기도 한다. 또한, "그것의 벗어남이 고요함이, 생각의 범위를 벗어나고 견고하고 다시 태어나지 않고 함께 일어나지 않고 슬프지 않고 오염을 벗어난 것, 괴로움의 소멸로 모든 행(行, saṅkhāra)이 멈춘 것이 진정한 행복이다(Santaṃ atakkāvacaraṃ dhuvaṃ ajātaṃ asamuppannaṃ asokaṃ virajaṃ padaṃthen nirodho dukkhadhammānaṃ saṅkhārūpasamo sukhoti)."라고 묘사되는 '니로다(Nirodha, 滅)'에 대해 개념적으로 의심할 여지 없이 긍정적 함축을 남기고 있다.

경전 44는 산문과 게송에서 서로 다른 개념이 보인다. 이 둘은 유여

열반(Saupādisesa Nibbānadhātu)과 무여열반(Anupādisesa Nibbānadhātu) 사이의 차이를 구분하고 있지만, 전자[산문]에 의하면 무여열반 역시 살아서 성취할 수 있는 것이다. "지금 즐길 것이라고는 없는 그의 모든 느낌들은 차갑게 식을 것이다. 이것을 무여열반이라고 부른다(Tassa idheva sabbavedayitāni anabhinanditāni sītibhavissanti ayaṃ vuccati … anupādisesā nibbānadhātu).", 반면에 후자[게송]에 의하면 "그러나 무여[열반]은 내생에 속하는 것이며, 거기서 윤회적 생존이 모두 멈춘다(Anupādisesā pana samparāyikā yaṃhi nirujjhanti bhavāni sabbaso)."이다.(앞줄과는 대조적으로, Ekā hi dhātuidha ditthadhammaika saupādisesā bhavanettisaṅkhaye.) 산문에 의하면, 두 가지 닙부따(Nibbuta, 涅槃)의 차이는, 무여열반 이후에 감각적 쾌락의 경향이 있는 모든 경험으로부터 자유로워진다는 사실에 있다. 이는 초기 판본에 나타나는데, 게송에서 진보한 이런 관점은 후대에 표준이 되었기 때문이다. 여섯 가지가 아니라 다섯 가지 감각에 대해 단호하게 말하고 있다는 사실에서 산문의 초기 형태도 추측할 수 있다.

결론 — 『이띠웃따까』는 적어도 두 가지, 그렇지 않으면 세 가지 시대층을 드러내고 있으며, 최초기 층은 처음 두 장(章)과 절반의 장, 최후기 층은 네 번째 장에서 나타난다.

『우다나(Udāna)』 — 빈테르니츠는 『우다나』에 대해 "… 대체로 끼워 넣은 이야기보다 더 오래된 …"이라는 표현을 지적하고 있다. 경전의 많은 부분에 실려 있는 이야기들은 매우 단순하며, 때로는 "그들 자신의 발언에 대한 동정에" 부적합한 경우도 있다.[74] 나아가 『우다나』의 게송

74) Winternitz, 앞의 책, Ⅱ. pp.85-86.

과 산문 도입부는 두 가지 뚜렷한 형식을 보일 뿐만 아니라, 시대를 구분할 수 있는 두 가지 시대층을 나타낸다. 게송에는 형식과 개념에서 상당히 동질성이 있으며, 초기의 것이라는 표시가 여러 군데 보인다. 물론 운율이 불규칙적인 경우가 드물지는 않지만 고대의 것이라는 인상을 강하게 준다. 또한 여기저기 고대 형식[75]이 나타나긴 하지만 상당히 드문 편이다.

사용된 언어는 대체로 단순하고 분명하며 부드럽지만, 확실한 힘이 있다. 이는 『숫따니빠따』보다 『담마빠다』를 연상시킨다. 정형구와 세부 내용에서 게송은 매우 순수하다. 그럼에도 불구하고 대부분의 경우, 일반적인 특성에 대한 도덕적인 또는 금욕적인 권고 이상의 것들이다. 대체로 이들은 분명하게 불교적이며, 교학적 논의의 자리 이전에 속하는 것 같다.

한편, 산문의 도입부는 일반적으로 『우다나』의 특별한 경우를 보여줄 목적으로 설명하고 있다. 어떤 경우에는 산문이 뒤에 나오는 게송 및 다른 어떤 설명과 엉성하게 연결되기도 한다. 뿐만 아니라 어떤 내용은 후대의 것임이 분명하게 드러나기도 한다. 아마도 진정한 초기 산문은 극히 드물 것이다.

전체적으로 『우다나』의 기계적인 배열은 다양한 왁가(vaggas, 품)들 사이에서 역사적인 발전과는 반대로 나타난다.

왁가 1: 첫 번째 왁가 또는 「깨달음의 품(Bodhivaggo)」에는 거의 모든 게송에 주요 용어로 '브라흐마나(Brāhmaṇa)'가 포함되어 있으므로

75) 에사노(Esāno, 탐구) 13.1; 라뻬따웨(lapetave, 이야기) 21.1; 수트와나(sutvāna, 듣기) 38.1; 라다나(laddhāna, 성취) 50.1

「브라흐마나왁고(Brāhmaṇavaggo)」라는 이름이 더 어울릴 수 있다. 처음 세 경전의 산문 도입부에는 『마하왁가』(Vin)에도 나타나는 연기(Paṭiccasamuppāda, 緣起)에 대한 전체 정형구가 나타난다. 이들은 두 가지 형식[일반적인 것과 자세한 것]과 체계[아눌로마(anuloma, 順)와 윌로마(viloma, 逆)]로 간결하게 설명된다. 반면에 마지막 게송은 일반적 특징이 한층 더 강하다. 이를 간단히 말해 '담마빠뚜바와(Dhammapātubhāva, 현상이 분명하게 된다)'[76]라고 한다. 경전 4~9는 '브라흐마나'의 진의(眞意)에 관한 것으로, 모든 경우에 산문은 지어낸 이야기의 결과물로 보인다.[77] 경전 10의 산문은 게송만큼이나 독립성을 지니지만, 여전히 서로 연관되어 있다. 전반부는 흥미로운 이야기인 데 비해 다소 짧고 이해하기 힘든 설법이 나타난다. 하지만, 좀 더 분명하게 설명하고 있는 『맛지마니까야』의 첫 번째 설법과 유사한지 여부는 쉽게 알 수 있다. 게송의 첫 번째 행은 『디가니까야』에도 나타나고, 그 다음 두 행은 카토파니샤드(Kaṭhopaniśad)와 매우 유사하다.[78] 또한 『우다나』에 수록된 경전 71의 게송에 대한 설법이 있는데 이들은 의심할 여지 없이 상당히 고대의 것이다.

왁가 2: 「무짤린다왁가(Mucalindavagga)」의 모든 게송은 세간과 출세간의 행복과 차이에 관한 내용으로 「수카왁가(Sukhavagga, 행복품)」라고 이름을 바꾸는 것이 더 적절할 수 있다. 처음 두 경전의 산문은 게송과 관련성이 거의 없으며, 그 다음 두 경전의 산문은 임시로 만들어진 것

---

75) Kaṭh. 참조.

76) *역자주: 저자는 『우다나』의 8품에 속하는 80경전을 순서대로 번호를 붙여 표현하고 있다. 즉, 제2품의 3번째 경은 23경으로, 제5품의 8번째 경은 58경이라고 부른다.

77) Kaṭh. 5-15.

이다. 그 다음의 두 경전에는 마지막 게송에 포함된 동일한 교훈을 안내하기 위해 두 가지 다른 사건을 이야기하고 있다.(두 경전에서 첫 행은 다른 형식을 띤다.) 경전 18을 제외한 다른 경전들과 경전 20[79]의 산문은 게송을 토대로 하는 일반적 체제를 갖추고 있다. 그러나 경전 18은 산문이 지배적이며, 게송은 결과로 나타나는 짧고도 신랄한 교훈의 특성에 대한 것이다.

왁가 3: 왁가 3에서 첫 번째 경전의 게송은 상당히 고대의 형태를 지닌다. 즉 운문의 '라뻬따웨(lapetave, 이야기)' 형식을 사용하고 있으며, "예전에 쌓은 오염들을 제거하고(dhunamānassa purekataṃ rajaṃ)"는 『숫따니빠따』에서 둣탓타까(Duṭṭhaṭṭhaka)에 대한 '도나(Dhona, 정화)'와 같은 의미를 나타내고 있다. "삽바깜마자하(Sabbakammajaha, 일체의 업을 떨쳐버린)"라는 표현 역시 흔치 않으며, 불교보다는 자이나교의 주안점에 더 부합한다. 경전 22~24의 게송은 서로 다르지만 그 차이가 크지 않은 반면, 그에 상응하는 산문 이야기는 공통점이 거의 없다. 이는 경전 27~28과 유사하다.[80] 경전 29의 게송에서 "아십빠지위(Asippajīvī, 술수를 버리고)"라는 표현은 산문에서 긴 목록을 만드는 원인이 되었다. 경전 30의 운율 구성 형식은 매우 특이하며, 더 중요한 것은, 흔히 볼 수 있는 세 가지 '갈애(taṇhā)' 대신에 오직 두 가지 '갈애', 즉 존재(bhava)와 비존재(vibhava)의 갈애에 대해서만 언급하고 있다는 점이다.[81]

왁가 4: 네 번째 왁가의 첫 번째 경전에는 앙굿따라(Aṅguttara, 增支) 형식을 사용하는, 상대적으로 긴 산문의 설법이 수록되어 있으며, 마지

---

78) 왁가 7.1. 참조
79) 경전 27에 대해서는 Winternitz Ⅱ. p.86 참조.
80) *역자주: 감각적 욕망의 갈애(kāma taṇhā)가 생략되었다.

막 게송과 거의 관련이 없다. 경전 34의 산문은 매우 비현실적인 이야기로서의 게송의 내용을 분명하게 보여준다. 그 다음 경전은 게송이 산문의 원본이었음이 확실하다. 같은 관계는 경전 38에도 성립될 수 있으며, 유행녀(Paribbājikā, 遊行女) 순다리(Sundarī)에 대해 잘 알려진 이야기와 결부된다. 경전 40은 이전 경전의 변형으로 보인다. 게송 부분은 후자에 대한 것의 일부이며, 산문은 간단하고 별다른 특징이 없다.

왁가 5: 왁가 5의 첫 번째 경전은 전체적으로 완전한 형태를 지니고 있으며, SN. I에서 반복된다. 자아에 대한 가장 중요한 관점은 브르하다란야카(Bṛhadāraṇyaka, Bṛ) 우파니샤드를 연상시킨다. 다음의 두 경전은 양극단에 속하며, 잘 발달된 불교철학을 전제로 한다. 전자는 보디삿따(Boddhisatta)의 어머니가 어떻게 단명할 수밖에 없는지를 설명하고, 후자는 빳쩨까붓다 따가라시킨(Paccekabuddha Tagarasikhin, 辟支佛)이 동시에 존재하는 사건에 대해 자세히 설명하고 있다. 상당히 긴 경전 45는 마지막에 짧은 두 행의 게송이 있고, 비유적 언어로 쓰였으며, 전체적으로 무엇이 선행하는지와는 무관하다. 산문은 바다와 담마위나야(Dhammavinaya, 法律)의 여덟 가지 놀라운 특성에 대해 자세히 설명한다.

경전 46은 이미 다양한 판본이[82] 고려되어 온 상태다. 이 경전은 16개의 앗타까왁기까(Aṭṭhakavaggika) 모음집보다 후대의 것이 확실하지만, 레비(Lévi)가 지적했듯이 후기 경전보다는 앞선 시대에 속한다. 경전 48에는 선(善)과 선행(善行), 그 반대에 대해 간단하게 설명하는 게송, 그리고 앞부분에는 데와닷따(Devadatta)의 분파에 관한 이야기가 있다.

왁가 6: 왁가 6의 첫 번째 경전은 「마하빠리닙바나 숫따(Mahāpari

81) 『숫따니빠따』와 관련하여.

nibbāna sutta)」에서 반복된다. 여기서는 붓다가 더 오래 살게 하고자 그릇된 단서에 의존하는 보잘것없는 마술사로 묘사된다. 그 다음 경전은 『상윳따니까야』 I권 77-79쪽에서 일부 나타난다. 경전 말미의 게송은 앞의 산문과 전혀 무관하다. 다음 경전은 유기적 통일체이며, 잘 알려져 있는 맹인과 코끼리의 비유가 실려 있다. 여기서는 붓다가 에깡사와다(Ekaṃsavāda, 卽說)에 대해 반대한 것이 잘 표현되어 있는데, 이는 붓다의 아비야까따와다(Abyākatavāda, 無記說)와 연관성이 있으며, 붓다 스스로 오랫동안 고려해온 것을 반대하는 것은 어렵다는 식이다. 이것은 독화살의 비유와[83] 같은 수준이며, 여기에 추가된 것은 귀한 가치가 있다.

경전 54에서 설명하고 있는 견해(Diṭṭhi)의 목록은 그 다음 두 경전에서 확장되는데, 이 두 경전에는 갖가지 게송으로 시작되는 동일한 산문이 수록되어 있다.

경전 59에는 즉흥적 산문의 전형적인 사례가 포함되어 있다.[84] 그 다음 왁가의 경전 63에는 색다른 사례들이 더 수록되어 있다.

경전 64 역시 유사한 특징을 지닌다.

경전 67의 내용은 설득력이 떨어진다. 또한 경전 69의 산문을 쓴 편집자는 마지막 게송을 심하게 오해한 것으로 보인다. '물'을 그저 비유적 의미에 불과하다고 여긴 것이다.

경전 70은 산문과 게송이 서로 관련 없는 극단적 사례로 볼 수 있다.

경전 71~74의 도입부는 무시해도 좋을 정도로 짧고 별다른 특징이 없다. 경전 71은 게송이 없는 대신에 경전 10의 마지막 게송에 대해 훈

---

82) MN. Cūḷamāluṅkyaputta sutta.
83) Winternitz, 앞의 인용문 참조.

계한 짤막한 산문이 있다.[85)]

경전 73~74에도 게송이 없으며, 중심 내용 중 일부는 여기에, 나머지는 『맛지마니까야』에 수록되어 있다.[86)]

『디가니까야』 16번째 경전에서 반복되는 「쭌다 숫따(Cunda sutta)」에는 쭌다(Cunda)의 집에서 '부드러운 수퇘지 고기(sūkaramaddava)'를 먹는 붓다에 대해 '정통에서 벗어난' 기록이 실려 있다. "쭌다의 공양을 먹고서(Cundassa bhattaṃ bhuñjitvā)" 등으로 시작하는 두 게송은 아슈바고샤(Aśvaghoṣa, 馬鳴)의 『붓다차리타(Buddhacarita, 佛所行讚)』로 끝나는 장르의 최초기 단계에 속한다. 그 다음 경전 역시 『디가니까야』의 16번째 경전의 일부인데, 빠탈리뿟따(Pāṭaliputta)의 미래에 대한 예언과 더불어 강가(Gaṅgā) 강을 건너는 기적이 수록되어 있다. 이 두 가지, 특히 후자는 진위 여부가 미심쩍다는 점을 고려해야 한다.

경전 79~80의 서두에 동일하게 쓰인 산문은 마지막 게송을 기초로 한 것이 분명하지만, 그렇다 하더라도 이 산문이 『숫따니빠따』의 「빠라야나왁가(Pārāyaṇavagga)」에서 비슷한 표현으로 언급되었다는 점을 기억해야 한다.

결론 — 따라서 『우다나』의 게송들은 같은 특징을 지닌 초기 시대층에 속하는 반면에 산문은 상당 부분이 서로 이질적이며, 후대의 것이다.

---

84) Winternitz, 앞의 인용문 참조.
85) 경전 144.

제4장 『디가니까야(Dīgha Nikāya)』의 초기와 후기

『장아함경(Dīrghāgama)』과 『디가니까야』 — 한역 『장아함경(長阿含經)』(난죠의 일람표 545번)에는 빠알리본의 34개 경전 대신 30개의 경전이 실려 있다.[1] 난죠는 이들을 비교하고 한역 『장아함경』 중에서 여섯 경전은 "빠알리본에서 최소한 제목이 다르거나 아니면 실리지 않은 것으로 보인다."고 결론짓고 있다.[2] 여기서 여섯 가지란 (5) 「소연경(小緣經, 4가지 카스트 계급에 대한 것)」, (11) 「증일경(增一經, 增一阿含, Ekottara, 法에 대한 것)」, (12) 「삼취경(三聚經, Trirāśi 法에 대한 것)」, (15) 「아누이경(阿耨夷

---

1) *역자주: 한역 『장아함경』은 모두 22권 30경으로 구성되어 있다. 1품(분)은 1권~5권으로 [1권] 1) 「대본경(大本經)」, [2~4권] 2) 「유행경(遊行經)」, [5권] 3) 「전존경(典尊經)」 4) 「도니사경(闍尼沙經)」의 4경으로 구성되어 있다. 2품은 [6권]으로 5) 「소연경(小緣經)」, 6) 「전륜성왕수행경(轉輪聖王修行經)」이 들어 있다. 3품은 7권~17권으로 [7권] 7) 「폐숙경(弊宿經)」, [8권] 8) 「산타나경(散陀那經)」, 9) 「중집경(衆集經)」, [9권] 10) 「십상경(十上經)」, 11) 「증일경(增一經)」, [10권] 12) 「삼취경(三聚經)」, 13) 「대연방편경(大緣方便經)」, 14) 「석제환인문경(釋提桓因問經)」, [11권] 15) 「아누이경(阿耨夷經)」, 16) 「선생경(善生經)」, [12권] 17) 「청정경(淸淨經)」, 18) 「자환희경(自歡喜經)」, 19) 「대회경(大會經)」, [13권] 20) 「아마주경(阿摩晝經)」, [14권] 21) 「범동경(梵動經, 梵網經)」, [15권] 22) 「종덕경(種德經)」, 23) 「구라단두경(究羅檀頭經)」, [16권] 24) 「견고경(堅固經)」, 25) 「나형범지경」, 26) 「삼명경(三明經)」, [17권] 27) 「분사문과경(分沙門果經)」, 28) 「포타파루경(布吒婆樓經)」, 29) 「노차경(露遮經)」으로, 가장 많은 경전들이 수록되어 있다. 마지막으로 4품은 [18~22권] 30) 「세기경(世記經)」 12품이 담겨 있다.

2) Catalogue. 세로행 137.

經, 市에 대한 것)」, (17) 「청정경(淸淨經, 수행의 청정함에 대한 것)」, (30) 「세기경(世記經, 세상의 기록에 대한 것)」이다.

한편, 다음의 열 가지 경전은 『장아함경』[545번]에는 없다. 열 가지란 (6) 「마할리 숫따(Mahāli sutta)」, (7) 「잘리야 숫따(Jāliya sutta)」, (10) 「수바 숫따(Subha sutta)」, (17) [중아함경(Madhyamāgama)에서 발견된] 「마하수닷사나 숫따(Mahāsudassana sutta)」,[3] (22) 「마하사띠빳타나 숫따(Mahāsatipaṭṭhāna sutta)」, (24) 「빠티까 숫따(Pāṭika sutta)」, (27) 「악간냐 숫따(Aggañña sutta)」, (29) 「빠사디까 숫따(Pāsādika sutta)」, (30) 「락카나 숫따(Lakkhaṇa sutta)」, (32) 「아따나띠야 숫따(Āṭānāṭiya sutta)」를 말한다.

난죠는 이들 중 일부에서 『장아함경』과 『디가니까야』의 정밀한 차이를 발견할 수 있을지도 모른다고 덧붙인다.

또한 라훌라 상크리트야야나(Rāhula Sāṅkṛtyāyana)[4]에 따르면, 빠알리본의 「악간냐 숫따」는 한역본의 다섯 번째 경전에, 「빠티까 숫따」는 한역 경전의 열다섯 번째, 「빠사디까 숫따」는 한역 경전의 열일곱 번째에 해당한다. 한편, 빠알리본의 스물두 번째 경전은 『중아함경(中阿含經)』의 아흔여덟 번째 경전에 해당하는 것으로 추정되며, 『디가니까야』의 서른 번째 경전은 『중아함경』의 쉰아홉 번째에 해당한다. 난죠는 이 쉰아홉 번째 경전을 '서른두 가지 특징적 표식에 대한 것'이라고 이름 붙였으며, 동일성을 확인한 것으로 보인다.

레비에 의하면[5] 『디가니까야』의 스물아홉 번째 경전은 『장아함경』의

---

3) Anesaki, JRAS 1901, p.896. 「마하수닷사나 숫따(Mahāsudassana sutta)」는 수닷사나(Sudassana) 이야기를 다루며, 관련 내용은 「마하빠리닙바나 숫따(Mahāparinibbāna sutta)」[5.42.]에 온전히 들어 있다."

4) 『디가니까야』 힌디어 번역본의 도입부. (Sarnath, 1936)

5) JA. 1915, Mai-Juin. 421ff.

열일곱 번째 경전과 같다. 뿐만 아니라 레비는 『사르바스티바다비나야(Sarvāstivādavinaya, 十誦律)』 중의 한 부분이 빠알리본의 「마할리 숫따(Mahāli sutta)」, 「잘리야 숫따」와 동일하다고 말한다. 더 나아가 「아따나띠야 숫따」는 『장아함경』에는 없지만, 『장아함경』 산스크리트본의 일부임이 틀림없다고 한다.[6)]

『장아함경』의 세 경전은 빠알리본에서 추적되지 않는 상당히 초기의 것일 수도 있다. 11~12번은 「상기띠 숫따(Saṅgīti sutta)」와 「다숫따라 숫따(Daśottara sutta)」를 따르며, 이들의 제목 역시 앙굿따라(Aṅguttara, 增支) 형식을 나타낸다. 난죠는 서른 번째 경전에 대해 열두 개 장에서 우주지리학과 우주진화론을 다루는 것으로 보인다고 설명한다.

즉 빠알리본 『디가니까야』의 모든 경전은 아함경에서 확인될 수 있으며, 반드시 『장아함경』일 필요는 없다. 이는 『디가니까야』와 『맛지마니까야』 사이에 빈틈이 없지 않다는 결론을 보여준다. 이들 두 니까야는 경전의 길이에 따라 개략적으로 나뉘었을 뿐 크게 다르지 않은 내용으로 이루어져 있는 것으로 보인다. 그러므로 특정 경전을 각 니까야 중 어느 쪽에 실을지 그 정확한 위치에 관해 여러 부파들의 의견이 어떻게 다른지를 알아볼 수 있다.[7)]

『장아함경』과 『디가니까야』 경전의 순서 — 빠알리본과 한역본에서 나타나는 경전 순서상 차이는 심각하다.

프랑케(Franke)에[8)] 의하면, 한역 『장아함경』의 순서는 주변 경전에서

---

6) 위의 책.
7) 〈참조〉 『마하왐사(Mahāvaṃsa)』(p.28f)의 mahāsaṅghikas(大衆部)에 대한 비난.
8) ZDMG. 1913 (409f).

비슷한 용어와 사상을 보이는 것은 제외시키려는 신중함을 보이고 있다고 한다. 그는 한역본의 순서보다는 빠알리본의 순서가 훨씬 더 독창적이라고 보는 경향이 있으며, 한역본 순서는 「상기띠 숫따」와는 달리 「브라흐마잘라 숫따(Brahmajāla sutta, 梵網經)」를 스물한 번째 경전으로 삼고 있다. 빠알리본과 다르마굽타(Dharmagupta, 法藏部) 경전에 의하면[9] 「브라흐마잘라 숫따」는 맨 처음으로 소개된다. 『장아함경』의 번역자 붓다야샤(Buddhayaśas)가 『다르마굽타위나야(Dharmaguptavinaya, 四分律)』,[10]『다르마굽타프라티목샤(Dharmaguptaprātimokṣa, 四分戒)』와[11] 더불어 「아카샤가르바보디삿트바수트라(Ākāśagarbhabodhisattvasūtra, 虛空藏菩薩經)」[12]의 번역자이기도 하므로 어쩌면 특별한 가치를 지닌 다르마굽타 경전의 고증이 추가되었을 수도 있다. 만약 한역 『장아함경』의 기원 역시 다르마굽타(法藏部)[13]에 속한다면 한역 『장아함경』의 현재 순서는 신빙성을 잃게 되는 것이다.

빠알리 경전 그룹은 초기의 것에 덧붙여 역사적으로 늘어나는 순서를 대략적으로 보여주고 있다.[14] 빠알리 『디가니까야』의 2권(품, vagga)과 3권(품)은 전체적으로 1권(품)에 비해서 한눈에 알아볼 수 있을 만큼 후대의 것이기 때문이다.[15] 한편, 한역본은 네 번째 품(品) 열두 개의 하위

9) Oldenberg, ZDMG Vol.52, 653.
10) Nanjio, 1117.
11) N. 115g.
12) N. 68.
13) 〈참조〉 Rāhula Sānkṛtyāyana, 앞의 인용문.
14) 앞에서 언급한 바팟(Bapat)의 분석 내용 참조.; Winternitz, Ⅱ, p.35.
15) *역자주: 『디가니까야』는 3품 34경으로 구성되어 있다. 첫 번째 품은 「실라칸다왁가(Sīlakkhandhavagga, 계온품)」로 13개의 경전으로 구성되어 있다. 두 번째 품은 「마하왁가」로 10개의 경전으로 구성되어 있다. 세 번째 품은 「빠띠까왁가(Pātkavagga, 빠띠까품)」로 11개 경전으로 구성되어 있다.

목록(12품) 안에 긴 우주론이 단일 경전[「세기경(世記經)」] 안에 수록되어 있다. 외전(外典)으로 보이는 한역본의 네 번째 품을 제외하면 처음 두 품은 대체로 세 번째 품보다 후기 내용을 다루는 것으로 보인다. 빠알리 『디가니까야』의 첫 번째 품이 한역본의 세 번째 품과 상당 부분 일치하는 이유이기도 하다. 한역본의 세 번째 품[총 11권 23경]에 수록된 열 개의 경전 모두 빠알리 『디가니까야』에 실려 있으며, 세 개의 경전은 한역 『장아함경』 전체에서 누락되어 있다. 무엇보다도 품 안의 경전 순서는 양쪽에서 상당한 차이를 보인다. 한역본의 순서는 빠알리본의 순서에 비해 그다지 명료하지 않다. 예를 들어, 「브라흐마잘라 숫따」에 의해 임의로 추가된 내용 때문에 「암밧타 숫따(Ambaṭṭha sutta)」, 「소나단다 숫따(Soṇadaṇḍa sutta)」, 「꾸따단따 숫따(Kūṭadanta sutta)」의 확실한 사건들이 나눠졌다. 반면에, 별도로 본다면 한역본의 첫 번째, 두 번째 품은 빠알리본의 두 번째, 세 번째 품과 일치하는 부분이 훨씬 적은 것으로 보인다. 한역본 첫 번째 품에는 네 개의 경전만 수록되어 있는 데 비해 빠알리본의 두 번째 품에는 열 개의 경전이 수록되어 있으며, 한역본의 네 경전 모두 빠알리본의 열 개 경전에 포함되지 않았다. 여기서 흥미로운 것은, 이들 두 품에서 앞뒤 경전의 네 그룹이 빠알리본에서도 똑같이 앞뒤에 이어진다는 점이다. 한역본의 세 번째, 네 번째 경전은 빠알리본의 열아홉 번째, 열여덟 번째에, 한역본의 다섯 번째, 여섯 번째 경전은 빠알리본의 스물일곱 번째, 스물여섯 번째에, 한역본의 열일곱 번째, 열여덟 번째 경전은 빠알리본의 스물아홉 번째, 스물여덟 번째에, 한역본의 아홉 번째, 열 번째 경전은 빠알리본의 서른세 번째, 서른네 번째에 해당한다. 처음 세 그룹의 경우는 순서가 뒤바뀐 것에 주의해야 한다.

빠알리본 1권(「Silakkhandhavagga, 戒蘊品」)을 이루는 경전 그룹이 상대적으로 일치성을 보이는 것은 한역본에서도 뚜렷하게 보이며, 경전을 추가할 때 뒤보다는 앞에 다른 경전을 배치하는 쪽을 더 선호했던 것 같다.

『디가니까야』의 분할에서 두 문학 층의 차이는 그다지 크지 않은데, 예외사항이 있었을 뿐만 아니라 편집활동이 만연했음이 드러나기 때문이다. 따라서 특정 경전이나 교리에 대해 자세하게 분석함으로써 현재 남아 있는 시대층 사이에서 더 많은 정보를 얻어내는 작업이 필요하다. 그렇지 않은 이상 시대층을 온전하게 구분할 수 있는 정확하고 타당한 공식 표기는 불가능할 것이다.

첫 번째 왁가(Vagga, 品)

경전 1 — 후대의 특징: 시대층을 구분하는 방법을 적용하기 어렵게 만든 것이 바로 첫 번째 경전[「브라흐마잘라 숫따」]이다. 이 경전에는 길고도 반복적인 단일 구조가 가득하다. 체계적인 방식으로 62가지 이론적 명제(Vatthus, 이유)를 정교하게 열거하고 있다. 아마도 긴 정형구 표현이 고착된 것으로 보인다. 그 중 상당수가 다른 경전에도 동일하게 반복된다. 불교도들은 우주에 대해 그들만의 고유한 견해를 발전시켰으며, 「빠티까 숫딴따(Pāṭika suttanta)」[DN.24경]에서도 같은 설명이 보인다. 나아가, 맛지마실라(majjhimasīla)[DN. I. 6]와 마하실라(mahāsīla)[DN. I. 9]는 쭐라실라(cūlasīla)[DN. I. 4]의 형식을 과장한 것이 분명하다. 또한 "뱀장어의 꿈틀거림"은 그들이 알고 있는 것보다 더 많은 문제를 만들었을 것이다. 이런 문제들에 대한 목록이 다른 맥락과 연결되고, 추가 항목을 자동적으로 덧붙여 오늘날 전해지는 길이가 된 것으로 보인다.

부작용(금기사항): 이러한 후대의 특징은 차치하더라도, 여전히 부작용은 존재한다. 「브라흐마잘라 숫따」는 「사만냐팔라 숫따」와 더불어 1차 결집의 전통에 대해 언급하고 있는 두 경전 중 하나다.[16] 「브라흐마잘라 숫따」는 『장아함경』 전체가 번역되기 전에 이미 따로 한역되어 있었다.[17] 와타나베에 의하면 "이것은(d.554) 빠알리본 「브라흐마잘라 숫따」와 근소한 차이를 보인다."[18] 이는 「브라흐마잘라 숫따」에 대한 명성이 자자했음을 보여준다. 여기서는 오온이나 무아설, 또는 보디빡키야담마(Bodhipakkhiyadhamma, 菩提分法)에 대해 최소한의 언급조차 하지 않았다. 무엇보다도 연기(緣起)에 대해 표준화된 형식이 아닌 초기 형식으로 소개하고 있다.[19] 특정 견해에 대해 격렬하게 반대하는 것은 『숫따니빠따』에 실린 네 개의 앗타까(Aṭṭhaka)를 연상시키며, "갈애에 의해 번민하고 동요된 결과"라는 표현 역시 마찬가지다.[20] 결국 여러 가지를 세밀하게 살펴볼 때 상당히 초기의 것이며, 아주 이른 시기로 거슬러 올라가는 것으로 보인다.

결론, 초기 내용에서 벗어난 후기 구조: 첫 번째 설법과 다르지 않은 내용을 여기서도 볼 수 있다. 현재의 형식은 후기 구조이긴 하지만, 초기 내용을 편집한 것으로 보인다. 붓다가 재세 시에 비난했던 이교(異

16) Vin. Ⅱ. p.287.
17) Nanjio 554.
18) Poussin, JRAS. 1903, p.583에서 인용.
19) 〈참조〉 『마하밤사(Mahāvaṃsa)』(p.28f)의 mahāsaṅghikas(大衆部)에 대한 비난.
20) 〈예〉 DN.Ⅰ. 48(Nāg. ed.):Taṇhāgatānaṃ paritassitavipphanditameva; 〈참조〉 Sn. 경전 40. v.5 "Passāmi loke pariphandamānaṃ pajaṃ imaṃ taṇhāgataṃ bhavesu…"; *역자주: 「앗타까왁가」의 2~5경인 4개의 경전이 여덟 게송의 경들이다. 먼저 동굴의 여덟 게송의 경에서 다음과 같은 표현이 나타난다. Sn. v.776: 나는 이 세상에서 다양한 존재들에 대해서 갈애에 사로잡힌 채로 떨고 있는 존재들을 봅니다. 다양한 존재와 비존재에 대한 갈애를 떠나지 못한, 못난 사람들은 죽음에 직면하여 탄식합니다.

敎)에 대한 다양한 기록들은 체계적이고 정형화된 단일 형태로 축소되었다. 앞에서 본 여러 판본이 이러한 표준화 작업 이후에 나타났다. 이런 맥락에서, 경전 말미에 "상세한 설명(veyyākaraṇa, 답변, 記別, 記說)"이라고 자칭한다는 것은 의미 있는 기록이다. 이런 표현은 의심의 여지 없이 교학적 해설이지만, 상당히 오래된 전통을 토대로 한다.

경전 2. 다양한 판본: 이미 언급했듯이 결집 전통에 대해 명확하게 이야기하는 두 번째 경전은 『장아함경』과는 별개로 한역되었다.[21] 록힐(Rockhill)은 『붓다의 삶(Life of the Buddha)』의 부록에서[22] 이교도의 이름을 혼용하고 있는데 이는 『앙굿따라니까야』에서 나타나는 오류와 견줄 만하다.[23] 록힐은 둘바(Dulva, 티베트 율장)에서 티베트본에 관해 빠알리본과 매우 유사하다고 말한다. 하지만 핵심교리에 있어서 상당한 혼란이 보이기도 한다.[24] 이처럼 붓다 당시의 이교도 지도자 이름에 대해 혼란이 계속되는 것은 한역본과 티베트본의 번역에서뿐 아니라 빠알리 니까야 내에도 존재한다.(예를 들어 『앙굿따라니까야』) 이는 후대 수행승들이 '견해(Diṭṭhi, 邪見)'에 대한 기록이 포함된 역사적 정보에 무관심해서 생긴 결과로 보인다. 「브라흐마잘라 숫따」에서 거추장스러운 내용들을 모두 삭제한 것은, 아마도 이러한 추세에서 비롯되었을 수 있으며, 대신에 62가지 '견해'에 대해 논리적으로 조직된 '그물'을 남겼다.

경전의 초기 특징 — 「사만냐팔라 숫따」의 내용들은 본경에 의해 처

21) Nanjio. 593 참조.

22) Life of the Buddha, pp.255-259.

23) 뒤의 AN에 관한 장[제7장]을 보라. Thomas-Life, p.130; 〈참조〉 P. V. Bapat, 불교 문헌에서 Śrāmaṇyaphala Sūtra와 서로 다른 판본, IC.(Indian Culture) 1947, pp.107ff.

24) Rockhill, 앞의 책, pp.95-106 참조.

음으로 정리된 초기의 것이라는 인상을 강하게 준다. 이 점에 있어서 브르하다란야카 우파니샤드(Br. Ⅳ. Ⅰ)를 연상시키는 맥락에서도 가장 명확할 뿐 아니라, 이교도의 목록이 조직적으로 따라온다. 따라서 우파니샤드의 배경을[25] 모방했다는 올덴베르그(Oldenberg)의 의견은 적절치 않아 보인다. 빠알리 경전에 묘사된 상황은 아자따삿뚜(Ajātasattu) 왕의 철학적 호기심과 동시대 지도자들의 다양성으로 인해 자연스레 초래되었을 가능성이 높다. 또한 우파니샤드도 다르지 않은 사상이 동요하는 분위기에서 자나까(Janaka)에 대해 비슷한 호기심으로 출발했다. 이처럼 두 문헌의 형식에서 부분적인 유사점을 설명하는 데 의심할 이유는 없어 보인다. 문학적으로 차용했다는 가설에 의존하는 것은 정당하다고 할 수 없다.

경전의 두 부분 — 이교도의 교리에 관련된 부분과 '사만냐팔라(沙門果)'에 대한 부분은 초기경전 여기저기에서 동일한 정형구로 반복되고 있으며, 특히 후자는 『디가니까야』 첫 번째 품(Sīlakkhanda vagga)의 마지막 경전을 제외하면 이후 모든 경전에서 나타나고 있다. 물론, 전체 왁가(vagga)가 동일한 시대층을[26] 이룬다고 결론지을 수는 없지만, 그럼에도 불구하고 『디가니까야』의 세 번째부터 열두 번째 경전이 「사만냐팔라 숫따」보다 앞선다고 추정할 수 없음이 드러난다. 오늘날 '사만냐팔라'라는 제목이 붙은 경전의 내용과 앞에서 언급한 다른 경전들이 동등하게 의지하고 있는 '사만냐팔라'의 [목록이 포함된] 내용이 서로 독립적

25) Winternitz, Ⅱ, p.37, 각주 2번 인용. 바팟(Bapat) 교수는 결론적으로 「사만냐팔라 숫따(Sāmaññaphala sutta)」의 역사적 배경이 사실임을 밝히고 있다. (IC, 앞의 인용문 참조)

26) 〈참조〉 Bapat, ABORI.(Annals of the Bhandarkar Oriental Research Institute) 1926, p.4.

으로 존재했다는 가정이 불가능하지는 않다. 그러나 이런 추측을 지지할 만한 직접적인 근거도 없다.

경전에서 주로 강조하는 점은 정신적 수행생활에 대한 것인데, 이론적 신념에 해당하는 내용도 부수적으로 포함되어 있다. 경전은 인간을 '몸(Kāya, 身)'과 '의식(Viññāṇa, 識)'의 복합체라고 표현한다.[27] 이러한 설명은 이곳에 언급되지 않은 오온(五蘊)에 대한 교리보다 한층 더 초기 단계의 분석을 보여주고 있다. 오온이라는 교리가 초기에 설해진 적 없다는 가정이 틀릴 수도 있지만, 단지 경전에 언급된 맥락만을 따른다면, 비구 수행자는 정신적으로 청정하고 고요해진 뒤에, '지견(知見, Ñāṇadassana)'을 성취하기에 이르러 몸과 의식이라는 자신의 실제 모습을 실현하게 된다. 지금까지 인간의 본래 성질에 대해 오온에 대한 교리가 지배적인 정설이었다면, 이런 표현은 인간을 확실히 설명하는 데 도움이 되었을 것이다. 오온설에 대한 열의가 한동안 매우 높아서 오온설을 도입할 당위성이 희박할 때도 그 사용을 주장했던 사람들이 있었음을 기억할 때 이런 생략은 더욱 두드러지는 사건이다. 또한, 몸과 의식(Kāya Viññāṇa)의 복합체라는 인간관과 오온의 복합체라는 인간관에서의 의식(意識)은, 그 의미에 대한 격차가 분명히 존재한다. 전자의 경우에는 '개별적으로 구현된 의식'을 의미하고, 후자의 경우에는 '경험적 의식의 네 가지 양상 가운데 하나로 간주되는 인식'을 의미한다. 이는 오온을 통해 심리학적 분석이 증진되었을 뿐만 아니라 인식론적 관점 역시 변화되었음을 보여준다.

이 경전 역시 형식면에서 초기의 특징을 보이고 있다. 여기서 초기의 특징이란, 빠알리 '비유(upamā)'와 '과장 없는 표현'으로 생동감 있게 설

---

27) DN. Ⅰ. pp.87-88(Nāgari ed.) 참조.

법한 대화체를 의미한다. 물론 본 경전이 도식적으로 정형화된 형식으로 네 가지 선정[四禪定, jhānas]을 설명하고 있는 것은 사실이다. 하지만 '선정(jhāna)'에 대한 교리는 초기 가르침에 해당될 가능성이 있으며, 일찍이 교리 체계를 수립한 사람들의 주의를 끌었을 것이라는 점을 기억해야 한다. 적어도 산문으로 된 4부(四部) 니까야에서 이와 같은 초기 단계의 교리는 쉽게 발견되지 않는다. 비록 현존의 경전에는 정확하게 언급되지 않지만, 삼명(三明)에 대한 정형구도 같은 의견이 적용된다.

몇 가지 후기 특징 — 현재로서는 경전의 일부 내용이 후대에 '추가되었다'는 사실로부터 자유롭지 못한 실정이다. 앞서 기술한 경전과 마찬가지로 이 경전에도 세 가지 '계율'이 설명되며, 리스 데이비즈(Rhys Davids)는 이것이 한때는 독립된 내용을 이루었다고 주장한다. 오늘날 전해지는 경전은 본래 '쭐라실라(Cūḷasīla, 小戒)'를 언급했으나 후대에 더 자세한 내용으로 대체되었을 수도 있다.

경전의 83번 단락에는[28] 관습적 표현이 있는데, 변환된 표현은 설법에 대한 반응과 세 가지 귀의처로 가고자 하는 바람을 표현하고 있다. 이처럼 정형화된 표현이 언제 생겨났는지 확실하게 단언하기는 어렵다. 하지만 이러한 표현을 한 이유는 편리하게 마무리하기 위해 [이미 존재하는 경전에] 덧붙인 것으로 보인다.

마지막으로 '아사와카야(Āsavakhaya, 漏盡)'에 대한 설명도 의심할 만하다. 뒤따르는 직유적 표현은 '순수[明]'와 외부에 실재하는 '불순[無明]'을 구별할 수 있음을 분명히 보여준다. 이는 상키야(Sāṅkhya)와 '프라상키야나(Prasaṅkhyāna)'의 그림을 닮았다. 반면에, 실제 설명은 ('둑카,

28) Nāgari ed.; PTS ed. 경구 99번.

dukkha, 苦'를 '아사와, Āsava, 煩惱'로 대체하여 반복되는) 사성제(四聖諦)에 대한 지식과 그 결과로 얻게 되는 아사와로부터의 해방을 설명할 뿐이다. 앞서 언급한 차이를 식별하는 통찰력에 대해서는 어떠한 설명도 없다. 아마도 사성제에 대해 반복하는 부분은 본래 '빤냐(paññā, 智慧)'와 '윗자(vijjā, 明智)'의 성취에 대해 언급한 자리를 대체한 것으로 보인다. 이러한 언급이 있었다는 사실은 『디가니까야』의 여덟 번째 경전이 빤냐삼빠다(Paññāsampadā, 慧具足)에 후기 사만냐팔라를 포함하고 있다는 점으로 확인할 수 있다. 또한 세 번째와 네 번째 경전은 각각 '빤냐'와 '윗자'를 포함하고 있다.

『이띠웃따까』의 99경[「떼윗자 숫다(Tevijja sutta)」]도 "또한 비구들이여, 비구들이 번뇌를 제거하고 번뇌 없이 심해탈과 혜해탈을 지금 여기에서 스스로 증득하고 깨달아 성취한다. 이것이 세 번째 명지(明智)의 성취이다. 게으르지 않고 열심히 스스로 정진하는 자에게 무명이 사라져 명지가 일어나고 어둠이 제거되고 빛이 일어난다."라고 말한다.[29] 후기 사만냐팔라에는 세 번째 '명지'와 더불어 삼명에 대한 언급이 도처에 보인다. 더불어 세 가지 '아사와(Āsava, 煩惱)'에 대한 개념은 최초기 개념이라고 보기 어렵다. 처음에는 무명(avijjā)이 전체 불선(不善)의 1/3 정도로 간주되지 않았다. 또한 이것은 81번[97번. PTS. ed.] 경구[30]가 초기의 것임에 반박하는 주장이다.

경전 3~5: 세 번째에서 다섯 번째 경전은 주제와 문체에서 정확하게 연결되며, 모두 「사만냐팔라 숫따」를 전제로 한다. 이 경전들은 단일

---

29) Puna ca param-Bhikkhu āsavānaṃ Khayā anāsavaṃ cetonimuttiṃ paññāvimuttiṃ diṭṭhéva dhamme sayaṃ abhiññāya sacchikatvā upasampajja viharati ayamassa tatiyā vijjā adhigatā hoti avijjā vihatā vijjā uppannā tamo vihato āloko uppanno …

30) Nāgari ed. PTS본에서는 97번 경구.

하고 긴 구조이며, 바라문교를 격렬하게 비판하는 내용으로 가득하다. 『상윳따니까야』 I권과 『숫따니빠따』에서 비슷한 의도를 보이는 경전들과 비교해 보면, 상대적으로 더 발달되어 있고 더 길며 더 공격적이고 더 논증적이다. 첫째로(예를 들어 DN. 2), 서른두 가지 표식 이론이 정착되어 있다. 여기서는 정상적으로는 겉으로 드러나 보이지 않는 두 가지 표식을 바라문에게 확인시켜 주기 위해 불가사의한 힘을 스스로 내보이는 붓다를 위해 초자연적인 조정이 나타난다. '사만냐팔라'는 '짜라나(caraṇa, 行爲)'와 '윗자(vijjā, 明智)'로 나뉜다. 이것은 그 다음 경전에서 '실라(sīla, 戒)'와 '빤냐(paññā, 慧)'로 양분한 것에 해당한다.

『디가니까야』의 네 번째 경전은 '로까야따 마하뿌리사 락카나(Lokāyata mahāpurisa lakkhaṇa, 大人相)'에 대해서 말하고 있으며, 32라는 숫자에 대해서는 전혀 언급하지 않고 있다. 이런 점에서는 그 다음 경전도 비슷하다. 하지만 앞서 설명한 경전과는 달리 카스트제도뿐만 아니라 희생제물을 직접적으로 반대하는 논쟁을 하지 않고, 희생제물의 개념에 대해 상징적이고 윤리적으로 재해석하며, 그 과정에서 「자따까(Jātaka, 本生譚)」 설화의 도움을 받아 목적을 이루고 있다.

이 셋 중 두 번째 경전(『디가니까야』의 네 번째 경전)에만 기적과 신화가 나오지 않는다. 뿐만 아니라 가장 논리적이다. '기적의 성장', '자따까 형식의 성장', '초기불교도 사이에 논증의 성장' 들 안에서 보이는 상관관계가 아직은 불확실한 주제이다. 따라서 이들 세 경전의 시대층을 더 정밀하게 구분하는 것은 불가능하다.

경전 6: 『디가니까야』의 여섯 번째 경전[「마할리 숫따(Mahāli sutta)」]은 초월적인 힘의 성취가 아니라 '브라흐마짜리야(Brahmacariya, 梵行者)'와 '쩨또위뭇띠–빤냐위뭇띠(Cetovimutti–Paññāvimutti, 心解脫–慧解脫)'의 진정한 목적을 설명하고 있다. 이는 초기 기록인 것으로 보인다. 전문적인 용어로 자리잡은 '세 가지 족쇄(saṃyojana)'라는 표현을 사용했다는 것으로는 최초기 시대층에 속하는 내용이라고 볼 수 없지만, 그럼에도 불구하고 '아나가민(anāgāmin, 不還者)'의 자리에 '오빠빠띠까(opapātika, 化生)'를 사용했다는 것은 초기 기록과 조화를 이룬다. 이[梵行]는 팔정도의 기본 목록에서도 확인된다. 일련의 '사만냐팔라(沙門果)' 계열이 설법 요청이 있었을 법한 곳에서 나타난다. 비록 후자[心慧解脫]는 주로 혁신적인 결말로 간주하긴 하지만, 둘 다 정신적으로 도움되는 수행법으로 분류하는 동일한 목적에는 부합한다. 후자와는 달리 전자가 더 오래된 것임은 불가능하지 않으며, 불확실하지만 '팔정도'의 정형구가 '사만냐팔라'의 원문에서 제외되었다는 뜻은 아니다. 이는 붓다가 길[正道]에 대해 다소 일반적인 방향으로 체계화하려고 시도했던 여러 가지 중 하나인 것으로 보인다.

경전 7: 「잘리야 숫따(Jāliya sutta)」는 여섯 번째 경전과 아무런 관련성이 없다. 이처럼 다른 경전은 그 구조의 혼란함을 경험한다. '사만냐팔라'의 주제에서 벗어나 붓다는 잘리야(Jāliya)가 제기한 질문에 대답하는 대신, 아자따삿뚜의 "망고나무에 대해 묻자 빵나무라고 대답하고(Ambaṃva puṭṭho labujaṃ vyākareyya!)"라는[31] 적절한 조롱을 예로 들어 설명한다.

아마도 이 경전의 원본은 유실되어 전해지지 못한 것 같다. 다른 경전의 어느 곳에서 비슷한 부분을 찾아낼 수 있을지도 의문이다. 이 경전은 한역 『장아함경』에도 그 흔적조차 추적할 수 없는 경전 가운데 하나라는 점을 기억할 필요가 있다.

---

31) DN. 경전 2.

경전 8: 여덟 번째 경전[「마하시하나다 숫따(Mahāsīhanāda sutta)」]에서 붓다는 금욕주의를 비난한 책임을 부인하면서 나름의 개념, 즉 '자애로운 마음(mettacittaṃ)의 함양'과 '해탈(심해탈Cetovimutti, 혜해탈 Paññāvimutti)의 성취'를 설명한다. 『디가니까야』 I 권의 도처에서 '소멸(Nirodha, 滅)'이 아닌 '해탈(Vimutti)'에 대해 이야기하고 있는 점은 주목할 만하다. 이런 점에서 (붓다가 답변해 준) 아쩰라깟사빠(Acelakassapa)는 세 가지 '삼빠다(Sampadā, 具足)'에 대해 설명해 달라고 요구하고, 그 결과 '사만냐팔라'의 반복적인 내용을 갖게 되었다. 그 다음의 두 단락은(Nāgari본과 PTS본 둘 다) 6번째~12번째 단락에서 나타나는 것으로 보인다. 나아가 붓다를 자부심이 매우 강한 사람으로 묘사하고 있어 이들 단락이 후대의 것임을 알 수 있다. 결국 이 경전은 팔정도는 물론, 일련의 '사만냐팔라' 역시 설명하고 있으며, 실라삼빠다(sīlasampadā, 戒具足), 찟따삼빠다(cittasampadā, 心具足), 빤냐삼빠다(Paññāsampadā, 慧具足)는 구분되지 않고 있다.

경전 9: 합성된 내용 『디가니까야』의 아홉 번째 경전[「뽓타빠다 숫따(Poṭṭhapāda sutta)」]은 적어도 두 개의 시대층이 뚜렷하게 보이는 길게 짜깁기한 이야기다. 첫 번째 시대층은 「사만냐팔라 숫따」와 같은 단계에 속한다. 두 번째 시대층은 여기에 세 가지 '아루빠위목카(arūpa vimokkha, 無色界解脫)'를 덧붙였다['아누뿝바니로다(Anupubbanirodha)'라는 주제는 『앙굿따라니까야』에서 훨씬 더 상세하게 다루고 있다]. 이 부분은 이미 추가된 상태로 현존하는 것으로 보이는데, 22번째 단락에 대해서도 추가 설명을 덧붙이고 있기 때문이다. 이들은 「사만냐팔라 숫따」에서 나타났던 사상의 단계 이후에 속한다. 같은 방식으로 경전의 첫 번째 판본은 올라리까 산냐(Olārika saññā, 거친 인식)와 마노마야 앗따(Manomaya

Attā, 마음으로 이루어진 자아)에 대해서만 언급하고 있으며, 이는 「사만냐팔라 숫따」의 경우와 같다. 불교 수행 중에서 (붓다가 탐구하는 동안 무익하여 지양했다고 기록되어 있는 두 가지 최상의 상태인) '아루빠위목카(arūpavimokkha, 無色界解脫)'가 포함되고 그 명성이 높아지면서 '아루삐산냐마야 앗따(arūpīsaññāmaya Attā, 비물질 인식으로 만들어진 자아)'의 개념 또한 중요해졌다. '아루삐산냐마야 앗따'의 개념에 익숙했던 후대 편집자는 오래된 경전에서 누락된 내용을 찾아 삽입했고, 앞의 두 단락에 있는 답변을 기계적으로 각색하여 해당 질문에 대한 답변을 달았다. 이러한 모든 가능성에 의하면 경전은 끝마친 설법이 아닐뿐더러 청취자도 만족해했던(Nāgari본의) 31번째 단락에서 끝난다. 이는 앞에 언급한 단락에서 빠리바자까(Paribbājaka, 遊行者)가 붓다에게 보여준 경멸은 광신자의 반응으로 그들의 반대의견을 더 잘 논박하려는 시도로도 일부 지속된다. 붓다는 어떤 문제에 대해서는 대답하지 않았다는 말을 했는데, 그들이 아직 정신적으로 대답을 이해하기에 부적절했기 때문이다. 이러한 무기(無記)는 그 문제에 대해 알기를 원하는 수준의 사람에게 만족스러운 답은 아니다. 지금 추가되어 있는 답변은 막연하고, 그럼에도 불구하고 앞에 언급된 답변에 대한 간청보다 더 나을 것 없는 의미로 인해 불확정성이 생겨났으며, 이는 편집할 때 원본이 없는 부분이 적지 않았다는 증거가 될 수도 있다. 하지만 붓다가 다른 장소, 즉 각색된 곳에서 직접 이 답을 설하는 것이 불가능한 것은 아니다.

따라서 자아(Attā, 自我)에 관한 문제는 전체적으로 재고할 필요가 있다. 이 부분은 오래된 두 비유(upamā)를 사용하는 것이 일반적이다. 두 비유란, 타당한 증거 이상으로 말하는 사람들을 비웃는 자나빠다깔리

아니(Janapadakalyānī)의[32] 비유, 변하는 겉모습 뒤에 변하지 않는 주체가 있다는 우유의 변형에 대한 비유다. 두 번째 '비유'의 취지는 확실히 '불교답지 않으며' 그래서 "찟따여, 그런데 이러한 것들은 여래가 집착하지 않고 설하는 세간의 명칭이며, 세간의 언어이며, 세간의 표현이고, 세간의 시설입니다."라고[33] 수정되었다.

경전 10: 『디가니까야』의 열 번째 경전[「수바 숫따(Subha sutta)」]은 확실히 붓다의 죽음보다 더 후대의 것이다. 아난다는 「사만냐팔라 숫따」를 계(Sīla, 戒)·정(Samādhi, 定)·혜(Paññā, 慧)의 삼온(三蘊, 세 가지 모음)으로 정리하였다. 이처럼 「사만냐팔라 숫따」를 추가 분석한 것은 이 경전이 상대적으로 후대의 것임을 나타낸다.

경전 11: '혼동' 『디가니까야』의 열한 번째 경전[「께왓다 숫따(Kevaḍḍha sutta)」]은 사실상 독립적인 두 경전으로 이루어져 있다. 열세 번째 단락에 그 연결 지점이 있다.[34] 첫 번째 경전은(예를 들어, 1~12 단락) 기적에 대한 붓다의 관점을 설명하고 있다. '빠티하리야(Pāṭihāriya, 비범한, 神通)'라는 용어가 함축하고 있는 의미가 확장된 것은 '브라흐마나(Brāhmaṇa, 바라문)', '얀냐(Yañña, 희생제)', '망갈라(Maṅgala, 幸運)', '다나(布施)' 등의 용어를 비슷하게 확장하려고 했던 시도에 견줄 만하다.

그 다음 경전에서 비약적인 변화는 "께왓따여, 이 세 가지 신변(神變)은 내가 스스로 경험하여 알고 체득하여 선언한 것이다. 께왓따여, 예전에 어느 비구의 마음에 '도대체 어디에서 이 네 가지 근본물질[四大]

---

32) 「떼윗자 숫따(Tevijja Sutta)」에서도 가끔씩.

33) *역자주: DN. Ⅰ, p.202(PTS. ed.). Iti imā kho citta lokasamaññā lokaniruttiyo lokavohārā paññattiyo yāhi Tathāgato voharati aparāmasaṃti.

34) PTS본에서는 67번째 단락.

은 남김없이 사라지는가'라는 생각이 떠올랐다."[35]는 구절을 통해 이해할 수 있다.

이처럼 내용의 방향을 바꾸는 것은 앞서 언급된 「마할리 숫따(Mahāli sutta)」와 유사하다.

『디가니까야』의 열한 번째 경전의 하위 내용들 중 첫 번째가 초기 시대층에 해당하는 데 반하여, 두 번째 하위 내용은 후기의 신화적 서문(불교 신들이 열네 개 등급으로 올라가는 체계를 묘사하고 있는)으로 인해 중요해진 오래된 게송으로 이루어져 있다.[36] 내용으로는 신들이 붓다에게 자신들의 열등함을 고백하고, 붓다가 아닌 다른 누군가를 의지처로 찾았던 어리석음을 스스로 시인하게 하는 것에 그 목적이 있다.

더구나 마지막 게송을 검토해 보면 이 역시도 후대에 첨가되었음을 알 수 있다. 우선, 질문들이 있다.[37] "어디에서 물과 땅과 불과 바람은 토대를 갖지 못하는가? 어디에서 길고 짧고 미세하고 거칠며 깨끗하고 깨끗하지 않은 정신[名]과 물질[色]은 남김없이 멈추는가?" 그리고 답변이 뒤따른다. "의식[識]은 보이지 않고, 끝이 없으며, 모든 곳에서 빛을 발한다. 여기에서 물과 [땅과 불과 바람은 토대를 갖지 못한다. 여기에서 길고 짧고 미세하고 거칠며 깨끗하고 깨끗하지 않은 정신과 물질은]"[38] 등등. "남김

---

35) DN. Ⅰ, p.247(Nāg. ed.). *역자주 DN. Ⅰ, p.223 (PTS. ed.): Imāni kho kevaṭṭha tīṇi Pāṭihāriyāni mayā sayaṃ abhiññā sacchikatvā paveditāni Bhūtapubbaṃ Kevaṭṭa imasmiṇ yeva Bhikkhusaṅghe aññatarassa Bhikkhuno evaṃ cetaso parivitakko udapādi kattha nu kho ime cattāro mahābhūtā aparisesā nirujjhanti.

36) *역자주: 저자는 후기의 신화적 서문을 'Tendenz Schriften(글의 성향)' 등급에 속한다고 표현하고 있다.

37) 기록하기 좋도록 산문을 게송으로 바꾸었다. 붓다는 앞에서 인용한 산문에서 취했던 방식이 아니라 뒤에 나오는 시행(詩行)으로 질문 받았다. 누군가는 "왜? 정형화된 산문이 뭐가 잘못된 건데?"라고 질문을 할 수도 있다. 유일한 대답은 "잘못된 거 없어. 하지만 게송을 도입해야 돼!"일 것이다.

38) *역자주: DN. I. 223(PTS. ed.): Viññāṇaṃ anidassanaṃ anantaṃ sabbatopabhaṃ ettha

없이 멈춘다. 의식이 멈춤으로써 여기에서 이러한 것이 멈춘다."[39]

두 번째 문단의 첫 번째 줄[… 모든 곳에서 빛을 발한다]에서 의식(Viññāṇa, 識) 개념은 주목할 만하다.[40] 이것은 우파니샤드를 매우 강하게 연상시킨다. 그러한 의식에서 찾아야 할 '희론(망상)의 고요(Prapañcopaśama)'는 쉽게 이해할 수 있다. 하지만 마지막 줄[남김없이 멈춘다]은 앞의 내용을 단호히 부정한다. 마지막 줄 자체가 후대의 것이 아니라고 해서 상황이 결코 완화되지는 않으며, 이와 유사한 내용은 『숫따니빠타』, 제5품 「빠라야나왁가(Pārāyaṇavaggo, 피안으로 가는 품)」의 「아지따마나와뿟차(Ajitamāṇavapucchā, 학인 아지따의 질문경)」, 6번 게송(Sn. v.1037)에서도 나타난다.[41] 여기서 의식의 의미는 다르다.[42] 이처럼 초월적이고 경이로운 의식의 의미는 둘 다 초기의 것으로 보인다. 어쩌면 붓다가 용어를 애매모호하게 사용했을지도 모른다. 하지만 반박을 노골적으로 유도하는 형태로 두 가지 용례가 나란히 배치되었다는 점이 훨씬 더 의심스럽다. 의식은 순수하게 현상적인 의미를 갖는다고 생각하는 사람이 마지막 줄을 교정상 부록으로 덧붙였다는 설명이 가장 그럴 듯해 보인다.

경전 12: 『디가니까야』의 열두 번째 경전[「로히짜 숫따(Lohicca sutta)」]은 소크라테스식의 전환으로 활기를 띤 짧은 대화이다. 여기서 붓다는 타인에 대한 연민심으로 가득하면서 동시에 '영적 이기심'에 대해 비

āpo ca.

39) asesaṃ uparujjhati Viññāṇassa nirodhena etth'etaṃ uparujjhati.

40) *역자주: DN. I. 223(PTS. ed.): 의식은 불가견(anidassana)이고, 무한(ananta)이고, 모든 곳에서 빛난다.(sabbato pabhaṃ)

41) 윈냐나(Viññāṇa)에 대해서는 두 가지 의미가 구분되며, 붓다고사가 전하는 설명 역시 고려해야 한다는 뒤의 내용을 참조하라.

42) 〈참조〉 "Yattha nāmañca rūpañca asesamuparujjhati Taṃ te dhammaṃ idhaññāya acchiduṃ bhavabandhanaṃ."(SN. I. 35.)

판하고 있음이 드러난다. 이 경전은 잘 알려진 용어인 소따빳띠팔라(Sotāpattiphala, 豫流果), 사까다가미팔라(Sakadāgāmiphala, 一來果), 아나가미팔라(Anāgāmiphala, 不還果), 아라핫따팔라(Arahattaphala, 阿羅漢果)에 대해 설명한다. '아나가민'이라는 용어를 사용한 것은 '오빠빠띠까(opapātika, 化生)'를 사용한 『디가니까야』 여섯 번째 경전보다 후대의 것임을 나타낸다.

경전 13: 초기 『디가니까야』의 열세 번째 경전[「떼윗짜 숫따(Tevijja sutta)」]은 반복되는 부분을 제외하면 중간 길이 수준의 활발한 대화로 이루어져 있고, 유쾌한 풍자가 가득하며 비유를 통해 적절하게 예를 들고 있다. 이 중에서 나라에서 가장 아름다운 소녀(Janapadakalyāṇī)에 대한 것은 앞에서 이미 다루었다. 새로운 비유로는 아찌라와띠(Aciravati) 강의 비유와 장님들의 줄서기(Andhaveṇī)의 비유로 두 가지가 있다. 리스 데이비즈 여사에 의하면 장님들의 줄서기는 비유의 '원전'에 속한다.[43]

경전은 바라문 사회와 믿음에 대해 생생하게 그려주고 있어 기원전 6세기 무렵의 인도 모습을 예측할 수 있다. 나아가 독립적이고도 진지한 붓다의 성격이 두드러진다. 붓다는 진리는 직접 깨달아야 한다고 주장하며, 그저 전통을 따르는 맹목적인 믿음은 매우 부적절하다고 선언한다.

또한 이 경전은 후대의 특징에서 상당히 벗어나 있다. 형식과 의미에 있어서 초기의 것이라는 인상을 강하게 풍긴다.

본경의 6~7번째 단락에서[44] 일부 혼란을 겪을 수 있는 점에 주목

43) Sakya, p.326.
44) PTS본에서는 9~10번째 단락.

할 필요가 있다. 여섯 번째 단락에서 붓다는 자신을 방문한 바라문에게 그들의 논쟁점에 대해 질문한다. 사실 앞 단락에서 이미 논쟁이 오갔다는 점에서 이 질문은 불필요하다. 뿐만 아니라 일곱 번째 단락에서는 바라문이 제기한 길의 다양성에 대해 언급하면서 이런 길도 마찬가지로 구원으로 이끌어 주는지를 묻는다.[45] 세 가지 베다에 능통한다고 모든 길이 같은 결말[해탈, 범천과 함께 사는 것]로 이끌어 주는 것이 아니라는 사실을 제시하면서 아주 분명하게 단언한다. 그 바라문은 자신의 문제에 대해 스스로 답을 하는데, 어쩌면 붓다에게 귀의했을 수도 있다. 어쩌면 올바른 길이라고 할 수 있는 바라문의 길은 하나가 아닌데도 불구하고, 목표로 향하는 올바른 길이 하나 이상일 수도 있다고 지적한 사람이 붓다 자신이 아닐까? 이런 공통의 취지 앞에서 바라문은 서로의 차이를 잊고서 이어지는 토론을 끌어갔을 것이다.

(PTS본의) 75번째 단락 이후로 생략(Peyyāla, 중략) 문제에 대해서는 판본이 틀렸음에 의심의 여지가 없다. 미얀마본이 비교적 정확하기에 나가리(Nāgari)본은 설득력 있는 논거를 제시한다.[46]

두 번째 왁가(Vagga, 品)

경전 14, 환경 변화: 두 번째 왁가, 『대품(Mahāvagga, 大品)』의 맨 처음 경전[「마하빠다나 숫따(Mahāpadāna sutta)」]에서 환경이 바뀐다는 점은 오해의 여지가 없다. 『디가니까야』의 열네 번째 경전에서 붓다의 생활은

45) *역자주: 붓다는 세 가지 베다(Ṛgveda, Yajurvada, Sāmavada)에 능통한 바라문 가운데 어떠한 바라문이라도 하늘의 신을 자신의 눈으로 본 자가 있는지 묻는다. 없다고 답하는 바셋따에게 세존은 세 가지 베다에 능통한 바라문들의 잘못된 설명을 지적한다.

46) 나가리(Nāgari)본, 『디가니까야』 I권 283쪽의 각주 내용 참조.

변함없는 전형(典型)을 따른다. 이 모든 과정이 불변의 기준(Dhammatā, 法性)을 표명하고 있다. 붓다의 목록이 이미 여섯 가지로 확대되었으며, 고귀함의 서른두 가지 표식에 대해 자세하게 설명된다. 「마하빠다나 숫따(Mahāpadāna sutta)」라는 경전의 제목 자체가 후대의 것임을 나타낸다. '아빠다나(apadāna, 전설, 삶의 역사)'는 나중에 대중적인 장르가 되었으며, 그런 의미에서 이 용어는 초기의 것이 아니다.[47]

그렇다고 해서 이 경이 니까야 최후기의 시대층에 속하는 것은 아니다. 왜냐하면 여기서 나타나는 연기(緣起)에 대한 설명이 후대에 표준화된 것보다 덜 발달되었기 때문이다.[48]

본경이 담마따(Dhammatā, 法性)라는 용어를 사용했지만, 연기와 관련되지는 않았다. 또한 열두 가지 니다나(Nidāna, 인연) 대신(표준 형식이 수록되어 있는 『상윳따니까야』 II권의 경전에서처럼) 열 가지만 실려 있다.

경전 28쪽의[49] 21번째 단락 끝부분에 주목할 만한 다른 정황이 나타나고 있다. "비구들이여, '소멸, 소멸'이라고 위빳시 보살에게 이전에 들어보지 못했던 법들에 대해 눈[眼]이 생겼다. 앎[智]이 생겼다. 지혜가 생겼다. 명지(明智)가 생겼다. 빛[光明]이 생겼다."[50] 이 뒤로, 바나와라(Bhāṇavāra, 誦分, 암송을 위한 경전의 節) 끝부분 전까지 다른 단락이 있으며, 다음과 같은 내용이 이어진다. "그런데 비구들이여, 위빳시 보살은

---

47) PTSD 참조.

48) 〈참조〉 "(연기에 대해) 가장 오래된 설명은 「마하빠다나 숫따(Mahāpadāna sutta)」(DN 경전 14)에서 볼 수 있는데, 여기서는 고리를 구성하는 요소가 열 가지다."(PTSD) 뒤의 11장 내용을 참조하라.

49) 나가리(Nāgari)본 『디가니까야』 II권.

50) Nirodho nirodho ti kho bhikkhave Vipassissa Bodhisattassa pubbe ananussutesu dhammesu cakkhum udapādi ñāṇaṃ udapādi, paññā udapādi, vijjā udapādi, āloko udapādi.

그 후에 다섯 가지 집착의 모임[五取蘊]에 대해 일어남과 사라짐을 관찰하였다. '이것은 물질이다' 등등. 그는 다섯 가지 … 머물자 머지않아 집착 없이 번뇌로부터 마음이 해탈하였다."[51] 여기서 경전은 '해탈'이 '지혜'로부터 직접적으로 얻어지는 것이 아님을 함축하고 있다. 이는 더 진본에 가까운 다른 교리에 대해 직접적으로 반박하는 것이며, 그 자체만으로는 전혀 지지될 수 없다. 오온설에 지나치게 열광한 어떤 사람이 앞서 누락된 교리에 관해 모든 참고자료를 찾았고, 그 내용을 이 자리에 덧붙이는 해결책을 생각해 냄으로써 추가해 넣었다고 설명될 수 있을 것 같다.

이 단락에서 덧붙여 쓴 특징은 또 다른 구절에 의해 증명된다. 바로 뒤에 "그런데 비구들이여, 위빳시 세존·아라한·정등각자께 이러한 생각이 들었다. '내가 법을 설한다면 어떨까?"라고[52] 이어진다. 그러나 그는 "내가 깨달은 이 법은 심오하고 보기 어렵다. … 이것을 조건으로 하는 성질인 연기(緣起)를 보는 것은 어렵다."라고[53] 말한다. 이 말은 연기를 이해함, 그 내용을 전하기를 소망함, 망설임의 순서라는 것을 의미한다. 이 순서는 보디삿따(菩薩)가 연기를 이해함으로써('닙바나, Nibbāna, 涅槃'에 이르는 '윌로마, viloma, 逆체계'에서의 정점 –앞의 인용문에서 "Nirodho nirodho ti kho" 참조) 삼마삼붓다(Sammāsabuddha, 正等覺者)가 되는 것이 아니라, 오온의 무상함을 수행함으로써 될 수 있다는 기준에 따라 문

---

51) Atha kho bhikkhave vipassī Bodhisatto aparena samayena pañcasu upādānakkhandhesu udayabyayānupassī vihāsi: iti rūpaṃ etc … Tassa pañcasu … viharato na cirasseva anupādāya āsavehi cittaṃ vimucci.

52) Atha kho bhikkhave vipassissa bhagavato arahato sammāsambuddhassa etadahosi yannūnāhaṃ dhammaṃ deseyyanti.

53) adhigato kho me ayaṃ dhammo gambhīro duddaso … duddasam idaṃ thānam yadidaṃ idappaccayatā paṭiccasamuppādo ….

제의 구절을[54] 끼워 넣음으로써 본래의 의미가 조잡하게 부서졌다. 요컨대 이 단락은 불필요하고 모순될 뿐 아니라 맥락상 자연스러운 흐름을 끊고 있다.

경전 15: 합성 제목에 마하(Mahā)라는 접두사가 붙은 경전은 짤막한 원문을 상세히 설명했거나 연이어 추가함으로써 오늘날의 규모를 이루었을 가능성이 있다.[55] 『디가니까야』의 열다섯 번째 경전인 「마하니다나 숫따(Mahānidāna sutta)」는 두 번째 등급의 사례를 소개하고 있다.

1~22번째 단락은(나가리Nāgari본) 모자이크의 첫 번째 조각이라고 할 수 있다. 연기(緣起)를 "간단하다"고 말하는 아난다(Ānanda)에게 동의할 수 없었던 붓다는 연기에 대해 설명하기 시작한다. 다시 말해서 이 경전은 연기가 '간단하다'고 생각하는 사람들에게 반박하기 위해서 철학적으로 설명하려는 신중한 시도에 해당한다. 이는 편집자가 형이상학적인 미묘함을 즐기는 학자였음을 시사할 수 있다. 아디와짜나삼팟사(Adhivacanasamphassa, 命名觸)와 빠티가삼팟사(Paṭighasamphassa, 否定觸)라는 용어를 사용하는 것은 같은 방향을 가리킨다. 그러나 나마루빠(Nāmarūpa, 名色)를 설명하면서 오온에 대해 언급하지 않는다는 점에 주목할 필요가 있다.

9~18번째 단락의 연기에 대한 설명이 주제에서 벗어난다는 점은 극히 드문 특징이다. 이런 특징은 일반적으로 잘 알려진 연기의 법칙이 다른 방향으로 발전된 또 다른 형태와 조화를 이루게 하려고 시도했음을 상징한다. 『숫따니빠따』(49번째 경전)에서 이처럼 다른 형태와 일부 유사한 내용을 볼 수 있다.

---

54) 나가리(Nāgari)본 『디가니까야』 Ⅱ권 28쪽의 스물두 번째 단락.
55) 〈참조〉 Winternitz, Ⅱ, p.39.

21~22번째 단락에서는 의식(Viññāṇa, 識)이 새로운 몸과 새로운 이름을 받아 윤회하는 주체라고 설명한다. 위험해 보일 만큼 영혼과 유사한 의식의 특징 때문에 23~32번째 단락에 해당하는 다음 부분에 [설명을] 추가해 넣은 것으로 보인다. 눈에 띄는 관련성이 없는데도 뜬금없이 앞의 내용에 끼워 넣은 셈이다. 전자의 생각에 근본적으로 반대한다는 뜻은 아니지만, 확실히 강조하는 내용이 바뀌었다. 바로 앞 '부분'에서는 의식과 명색(Viññāṇa–Nāmarūpa)이 감각으로 인지할 수 있는 현상에 가깝다고[56] 자세히 설명하고 있는 반면에, 이 부분에서는 '자아(Attā)'를 완전히 초월하는 데 초점을 맞추고 있다. 이런 차이는 32번째 단락의 마지막 몇 줄에서 (두 번째 부분을 마무리하면서) 분명히 드러난다. 첫 번째 부분의 마지막 몇 줄(22번째 단락)에서 이런 패턴이 뚜렷해진다. 첫 번째 부분은 문제를 현상의 차원에서 다루는 데 반해, 두 번째 부분은 미세한 변화를 통해 현상 이면에 무엇이 있는지에 온통 주의를 기울인다. 요컨대 두 번째 부분은 첫 번째 부분에 대한 부록이다.

앞의 맥락과 직접적인 관련성이 없는 윈냐낫티띠(Viññāṇaṭṭhiti, 識住)에 대한 내용이 이어진다. 정교하고 도식적으로 발달한 첫 번째 부분의 말미(예를 들어 22번째 단락)에 대해 언급된 사실(viññāṇapatiṭṭhiti, 의식의 확립)로써 제시된 것으로 보인다. 하지만 이는 해탈을 성취하려는 경전의 목적을 넘어서는 것으로, 여덟 가지 '위목카(vimokkhas, 解脫)'의 세부 사항을 위한 기회를 제공한다.

따라서 이 경전은 짧고도 다부진 초기 원전이 성공적으로 성장했음

56) "Ettāvatā kho Ānanda jāyetha vā jīyetha vā mīyetha vā cavetha vā, ettāvatā adhivacanapatho, ettāvatā niruttipatho, ettāvatā paññattipatho ettāvatā paññāvacaraṃ ettāvatā vaṭṭaṃ vaṭṭati itthattaṃ paññāpanāya yadidaṃ nāmarūpaṃ saha viññāṇena."(나가리(Nāgari)본 『디가니까야』 Ⅱ, pp.50-1.)

을 보여준다. 그러나 이 조각들 중 어느 것도 니까야의 최초기 층에 해당한다고 볼 수 없으며, 최후기 층에 해당하지도 않는다.

경전 16: 진정한 모자이크 『마하빠리닙바나숫따』에서 짜깁기한 특징이 보인다는 점은 의심의 여지가 없다. 빈테르니츠에 의하면,[57] 최초기에는 「완전한 열반(Nirvāṇa)의 경」이 있었음에 틀림없으나 머지않아 내용이 추가되었고, 오늘날 전해지는 「빠리닙바나(parinibbāna)의 큰 경」이 되었다. 빈테르니츠는 인간으로서의 붓다를 나타내는 부분, 말하자면 벨루와가마(Beluvagāma)에서[58] 붓다에게 생긴 질병 이야기라든가 다섯 번째 부분에서 아난다의 깊은 슬픔 등은 초기 원전 부분에 해당한다고 말한다. 또한 빈테르니츠에 의하면 경전에서 뿔뿔이 흩어진 게송들은 '가장 오래된 흔적'이다. 한편, 붓다가 마법사나 신격화된 사람인 양 기적을 행하는 부분과 붓다의 유물이나 탑(stūpa)을 건립한 이야기 등이 언급된 결론 부분은 후대의 것으로 간주된다.

리스 데이비즈는 이 경전 중에서 다른 경전에도 나타나는 구절의 목록을 철저히 작성하였고, 1/3이 반복된다는 결론 내렸다.

프르질루스키의 결론 — 프르질루스키(J. Przyluski)는 다양한 경전 판본들을 아주 상세히 연구하였다.[59] 그는 빠리니르바나(Parinirvāṇa)에 관한 내용, 여정에 관한 내용, 장례 의식에 관한 내용의 세 부문에 대해 결론을 내린다.

---

57) 앞의 인용문.

58) *역자주: 웨살리(Vesāli) 주변의 마을로 붓다가 마지막 안거(vassa)를 보낸 곳이다. 붓다의 대반열반 10개월 전의 방문지라고 볼 수 있다.(Sāratthappakāsinī, III, 198).

59) 〈참조〉 Dr. W. Pachow, Comparative Studies in the Mahāparinibbānasutta and its Chinese Versions. (Shantiniketan, 1946).

첫 번째 내용에서 프르질루스키는 상좌부(Sthavira, 上座部)와 근본설일체유부(Mūlasarvāstivāda, 根本說一切有部)의 경전에서 두 가지 「빠리니르바나 수트라(Parinirvāna sūtra)」를 볼 수 있음을 파악했다. "하나는 전체가 거의 대부분 게송으로 이루어진 아주 짧은 것[60]이고, 다른 하나는 첫 번째 절이 반복되면서 긴 산문 설명이 부연된 것[61]이다."[62]

이와 관련하여 '『잡아함경』은 「아바다나샤타카(Avadānaśataka)」[63] 및 둘바(Dulva, 티베트 율장)의 내용과 몹시 유사하다'는 사실을 발견했다.[64] 이들을 빠알리본과 비교함으로써 익명의 비구가 스승의 죽음에 대해 알리는 첫 번째 게송과 아난다가 [말하는] 마지막 두 게송이 후자에서 누락되었음을 밝혔다.[65] 프르질루스키는 첫 번째 게송이 교리상 중요한 내용은 아니나 후자에서 이 게송이 누락된 것은 전륜성왕으로서 붓다의 다비식에 대한 생각이 변했기 때문이라고 설명한다. 문제의 게송은 전륜성왕으로서의 붓다를 부정하면서, 단지 '찌와라(cīvara, 僧服)'로 덮여 있다고 묘사하였고, 따라서 이 부분을 숨겼다고 한다.[66]

그러나 "아난다가 다른 사람들과 함께하지 않고, 나중 기회에 서정적 토로를 통해 그의 감정을 표현했다는 것이 「아바다나샤타카」에 명시적으로 언급되어 있다."는 것을 기억해야 한다.[67] 그러므로 이들 게송은

---

60) 『잡아함경』 XIII. 4, p.59a, Col.1과 빠알리 『상윳따니까야』 I, p.158.

61) 『근본설일체유부율(Mūlasarvāstivāda vinaya, 根本說一切有部律)』과 「마하빠리닙바나 숫따(Mahāparinibbānasutta)」.

62) JA. 1918t. XI, pp.511-12.

63) *역자주: 설일체유부에서 작성된 붓다 등의 전설을 담은 산스크리트 선집(選集).

64) 위의 책(JA. 1918), p.501.

65) 위의 책, p.508.

66) 위의 책, p.526.

67) Speyer, ZDMG. 53. 1899, p.123.: Dass Ānanda nicht zugleich mit dem Andern, vielmehr erst bei einer späteren Gelegenheit seinem Gefühle durch einem lyrischen Erguss Luft machte, wird im Avadānaśataka ausdrücklich gesagt.

엄밀히 맥락에 맞지 않으므로 빠알리본 『상윳따니까야』에서 생략했을 가능성이 있다. 『마하빠리닙바나숫따(Mahāparinibbāna sutta)』에서도 이 부분이 생략된 것을 보면 프르질루스키의 가정을 뒷받침해 준다.

프르질루스키에 의하면, 『상윳따니까야』에서 아누룻다(Anuruddha)의 게송이 『디가니까야』에서 아난다의 발언보다 앞서게 만들었다는 사실은 편집자의 승리라고 설명될 수 있다.[68] 비록 리스 데이비즈는 이것이 '거의 불가능하다'고 생각했지만,[69] 매우 그럴듯해 보인다.

프르질루스키는 붓다의 여정[70]에 대해 세 단계로 추적하였다.

1. 첫 번째 단계는 '라자그리하(Rājagṛha) 시대'에 속한다. 마가다(Magadha)를 가로지르는 붓다의 여행에 대해 이야기하고 있는데, 주로 번호 순서대로 줄어들면서 정리된 담화로 이루어져 있다. 라자그리하에서는 예닐곱 가지 사항, 파탈리푸트라(Pāṭaliputra)에서는 다섯 가지 사항, 꼬티(Koṭi)에서는 네 가지 진리, 보가나가라(Bhoganagara)에서는 지진의 세 가지 원인에 대해 이야기한다. 빠와(Pāvā)와 카쿳타(Kakutsthā) 강 근처에서 '두 가지 변모와 두 가지 음식 보시'에 대해 이야기한다. "그 당시 바이샬리(Vaiśālī)의 질문은 스승이 그녀에게 던진 마지막 시선을 언급하기 위한 논쟁이 아니며, 어쩌면 유녀(遊女) 암바빨리(Ambapālī)가 붓다를 수용했음을 말하려는 것일지 모른다."

2. 왓지(Vṛji, Vajji) 국가에서 믿음이 확산됐던 바이샬리 시대.

3. 믿음이 북쪽으로 확산되고, 이야기에서 슈라바스티(Śrāvastī)가 등장.

---

68) 앞의 책(JA. 1918), p.526.
69) Dialogues(Dialogues of The Buddha), Ⅱ, p.73.
70) JA. 1918. t.Ⅻ, pp.455-56.

장례의식[71]과 관련하여 "인도 전통의식은 불교 이야기의 골자를 제공하고 있다." 이는 더 오래된 기록의 진실이고, 후대의 기록은 "곡하는 여자들이 통곡하는 관습, 시체를 닦는 관습, 장례행렬이 서서히 탈락되는 관습" 등과 같은 초기의 특징 일부를 없앴다. 이런 특징은 일부 판본에 남겨진 흔적을 통해서만 복구될 수 있다. 한편, "고대의 토대 위에 … 더 눈부시고 더 현대적인 장식물을 드러낸다." 이들은 왕의 의식 절차와 붓다를 신격화하려는 편집자의 노력에서 비롯된다.

붓다의 마지막 여정과 죽음에 대해서는 본래 솔직하고 개인적 이야기를 자세히 설명하려는 주요 경향이 드러났을지도 모른다. 여기서 주요 경향이란 진본의 위대함을 보여주기 위하여(이야기에 대한 바로 그 중요성이 덧붙여 씀으로 인한 특별한 희생제물을 만들었다.) 후대 교리를 덧붙이고자 하는 욕망과 붓다를 더 새롭게 신격화하기 위해 더 오래된 내용을 수정하는 것이다.

경전 16에 대한 분석 — 빠알리 『디가니까야』(나가리본)의 열여섯 번째 경전[72]을 구체적으로 살펴보면 다음과 같다.

I.

1~15는 왓사까라(Vassakāra)와의 만남, 그리고 왓지에서의 역사적인 설법을 다룬다. 어긋나는 내용은 없다.

6~11 아빠리하니야 담마(Aparihāniya dhaṃma)의 여섯 가지 목록 중에서 첫 번째가 가장 적합한 원인이다. 이 내용은 단지 명성을 높이기

71) JA. 1920. t.XV, pp.53-54.
72) 한역본과의 상세한 비교는 앞의 W. PaChow 박사의 저서에서 볼 수 있다.

위하여 연이어 추가한 것으로 보이며, 그 결과 오늘날 실로 풍성한 확장을 볼 수 있게 되었다.

12~15 내적인 경험만으로는 확인할 수 없는 여정에 주목한다.

16~17 사리뿟따(Sāriputta)는 붓다를 찬미하며,[73] 다섯 가지 니와라나(Nīvaraṇa, 障礙)를 버리고 네 가지 사띠빳타나(Satipaṭṭhāna, 念處)와 일곱 가지 삼보장가(Sambojjhaṅga, 覺支)를 계발하는 것이 깨달음으로 가는 유일한 길이라고 생각한다. 이는 '길(道)'에 대해 특별하게 해석한 것으로, 고유의 진실함을 확고히 하려는 그 열정이 의심스러울 수 있다.

18~25 빠딸리가마(Pāṭaligāma)로의 여행과 그곳에서 가장(家長)을 향한 설법.

26~32 여기에는 빠딸리뿟따(Pāṭaliputta)가 훗날 위대한 사람이 될 것이라는 예언과 함께 그 위험성이 수록되어 있다. 이 부분은 후에 빠딸리가마 마을이 마가다 국의 수도가 되어 실제로 그와 같은 명성을 얻기 전에는 결코 추가되지 않았을 것이다. 전통에 의하면 빠딸리가마 마을이 마가다 국의 수도가 된 것은 칼라쇼카(Kālāśoka) 왕이 통치하던 시대(기원전 392~365년)의 일이다.[74]

33~34 기적적인 강가(Gaṅgā) 강 횡단. 이 부분은 "강이나 호수를 건너는 사람들은 다리를 만들어 물 위에 세우고 뗏목을 묶지만, 지혜로운 이들은 이미 건넜다."라는[75] 마지막 우다나(udāna)를 오해함으로써 생겨난 것으로 보인다. 이 부분에는 실제로 어떤 강을 건넜는지에 대해

73) 이 내용은 한역본의 어디에서도 보이지 않는다. (Pachow 박사, 앞의 책, p.23.)

74) Fleet, JRAS. 1906 p.670.

75) Ye taranti aṇṇavaṃ saraṃ setuṃ katvāna visajja pallalāni Kullaṃ hi jano pabandhati, tiṇṇā medhāvino Janā ti *역자주: 사람이 뗏목을 엮는 사이 다리를 만들어 늪지를 떠나서 바다와 하천을 건너는 사람들, 그들은 지혜로운 자, 건너는 자들이네. (DN. II. 89, PTS. ed.)

어떠한 언급이 없다.

Ⅱ.

1~3 네 가지 진리에 대한 설법

4~5 여정

6~7 붓다가 여러 사람들의 내세(來世)에 대해 설명.

8~9 세 가지 믿음에 대한 담마다사빠리야야(Dhammādāsa pariyāya).

10~11 웨살리(Vesālī)에서

12~13 사띠(Sati)(와 삼빠잔냐sampajañña)에 대한 짧은 설법

14~25 널리 알려진 암바빨리(Ambapālī) 이야기. 릿차위(Licchavi) 귀족이 패망하는 이야기는 허구이므로 사원이 성장하는 부분에 대해 매우 어리석은 모습으로 묘사한다.

21~26 벨루와가마에서의 붓다, 붓다의 질병, 아난다에게 전한 설법. 빈테르니츠는 이 부분이 전체적으로 진본이라며 납득할 만한 주장을 하였다.

Ⅲ.

1~51 이 부분은 전체적으로 상당히 후대의 단일 층을 나타내는 것으로 보인다. 붓다가 더 오래 살고자 하는 욕망을 품은 사람으로 묘사되는데, 아난다가 요청하면 세속에 머무는 시간을 연장시키기 위해 신통력을 발휘할 수도 있었다며 완곡하게 암시하고 있다. 그러나 아난다는 붓다에게 실망을 안겨주고, 곧 이 문제로 질책 받아 괴로워하게 된다. 전통에 따르면, 후에 1차 결집에서 장로들이 바로 이 이야기에 대해 아난다를 책망하였다. 이는 십중팔구 아난다에 반대하는 장로들의 주

장을 강화하기 위한 것으로, 말하자면 붓다를 세속적 갈망을 품고 마법사처럼 뽐내며 솔직하게 표현하지 못하는 수준으로 품위를 실추시켰다. 이 부분은 『마하빠리닙바나숫따』에 덧붙여졌다.

나머지 부분은 이와 일치한다. 붓다가 죽음에 대한 유혹에 굴복할 때 대지진이 일어난다. 이는 "무시무시하고 털을 곤두서게 하는"[76]이라고 묘사되었다. 이것이 스승의 죽음에 아난다가 "모든 뛰어남을 갖추신 바르게 깨달은 이가 완전한 열반에 드셨을 때, 그것은 무서웠고 그것은 소름끼쳤네."라고[77] 한 '가타(偈頌)'에서 표현된 것이 아닐 수도 있다.(완전한 열반, Parinibbāna 당시의 가타에 프르질루스키가 입증한 초기의 특징이 있다.) 이는 뒤에 나오는 게송들이 후대의 것일 가능성을 뒷받침해 준다. 뮐러(E. Muller)는 "갑옷과 같은 자신의 생존을 부수었다"[78]라는 구절(Ⅲ § 10)의 마지막 한 행이 앞 행보다[79] 후대의 것인데, 의미도 개선되고 운율단위[音步]도 어울리기 때문이라는[80] 윈디시(Windisch)의 주장에 동의하면서 인용하고 있다.

경전에서 붓다는 지진이 발생하는 여덟 가지 원인을 열거하는 기회로 활용하면서 계속해서 상당히 엉뚱하면서도 관련 없는 '여덟 가지'에 대해 또 다른 목록 세 종류를 제시한다.

결국 이 부분(Ⅲ)은 붓다가 37보디빡키야(Bodhipakkhiya, 菩提分)를 구성하는 일곱 가지 목록을 권하면서 작별인사를 남긴 것을 의미한다. 그

---

76) Bhiṃsanako lomahaṃsano.
77) Tadāsi Yaṃ Bhiṃsanakaṃ tadāsi lomahaṃsanaṃ Sabbākāravarūpete Sambuddhe parinibbuteti.
78) Abhida Kavacamivattasambhavaṃti.
79) Divyāv.(Divyāvadāna) p.208.: Abhinat Kośamivāṇḍasambhavaṃ.
80) JRAS. 1913, p.1089.

런 뒤에 작별과 마지막 게송이 이어진다. 붓다가 자신의 마지막[81]에 대해 알리는 말을 3개월 전에 했다는 사실에도 주목할 만하다. 이 설법을 작성한 후대의 누군가가 맥락이 다르다는 사실을 잊은 채 스승이 직접 말하였다고 인정될 만한 내용을 첨부함으로써 원본의 형상을 부연하려는 생각을 했다고 추측하는 것이 더 낫지 않을까 싶다.

반면에 게송 자체는 더 초기의 것으로 보인다. 게송에는 아직 체계적인 교리가 존재하는 어떠한 흔적도 보이지 않는다. 사실 체계적인 교리가 발달했던 것으로 보이는 단초의 일부 내용이 들어 있기는 하다.

Ⅳ.

2~3: 『디가니까야』 I에는 실라(Sīla, 戒)와 빤냐(Paññā, 慧) 또는 실라(Sīla, 戒), 사마디(Samādhi, 定), 빤냐(Paññā, 慧)의 목록이 수록되어 있는데 비해, § 2에는 네 번째 요소인 위뭇띠(Vimutti, 解脫)가 추가되어 있고, § 3에는 붓다가 제3자의 입장에서 자신에 대해 말하면서 스스로 빠리닙부따(Parinibbuta, 입멸한)라고 말하는 게송이 나타난다. 확실히 이들은 출처가 분명하지 않다. §§ 2~3은 동일한 주제를 다루고 있음을 알 수 있다. § 3이 § 2를 시로 표현한 것일 수도 있다. §§ 7~12에서 붓다는 경(sutta, 經)과 율(vinaya, 律)의 진위 여부 및 해석, '담마다라 위나야다라(Dhammadharā Vinayadharā, 持法者, 持律者)' 등급의 존재 여부를 두고 논란이 벌어질 것을 가정하여 네 가지 '마하빠데사(mahāpadesa, 四大敎法)'에 대해 설하고 있다.

13~20은 앞의 내용과는 달리 붓다가 쭌다(Cunda)의 집에서 저녁 공양을 하는 아주 오래된 이야기가 수록되어 있다.

---

81) 〈예〉 Vayadhammā saṅkhārā appamādena sampādetha.

22~38은 '알라라 문답의 장(章, Āḷāra vedalla Bhāṇavāra)'이라는 제목을 붙이기에 적합한 이유를 볼 수 있다.

39~43은 앞 장면으로 인해 끊어진 것이 분명해 보이는 이야기의 실마리가 이어지고 있다. 22~38에서 기적을 묘사하면서 예민한 허영심을 가진 붓다의 모습을 보여주고 있다. 이 부분은 후대에 추가로 첨부된 특징을 드러내고 있다.

V.

1~7은 붓다를 신격화하려는 뜻을 내포하고 있다.

10~11에서 붓다는 사후(死後)에 자신의 몸을 전륜성왕으로서 처리하도록 지시한다.

12. 탑(Thūpa, 塔)을 세울 만한 가치가 있는 네 가지 등급. 삼마삼붓다(Sammāsambuddha, 正等覺者)와 빳쩨까붓다(Paccekabuddha, 辟支佛)의 차이를 구분하고 있다.

13~14에서 아난다가 울자 붓다가 위로한다.

15는 과거불에 대한 교리를 암시하는 것으로 보인다.

16에서 붓다는 아난다의 자질이 우수하다고 칭찬한다.

17~22은 꾸시나라(Kusinārā)의 과거. 말라국의 사람들(mallas)이 붓다를 뵈러 왔다.

23~30에서는 수밧다(Subhadda)의 개종.

27에서 붓다는 팔정도가 교리 중 최고 목표라고 평가하고 있는데, 이는 1과 대비된다.(§ 17, Ⅲ 50)

Ⅵ.

1~7은 마지막 순간. 여기서는 후대의 요소를 발견할 수 없다.

8~9에서 붓다는 먼저 상수멸정(想受滅定, Saññāvedayitanirodha)까지 올라갔다가 다시 첫 번째 선정(禪定, jhāna)까지 내려온다. 다시 네 번째 선정까지 올라간 뒤, 거기서 '완전한 열반(Nibbāna)'에 이른다. 절차가 왜 이리 길고 복잡한지 의문이 들 수밖에 없다. 일부 한역본에서는 매우 달라진다.[82)]

10에는 프르질루스키가 상당히 고대의 것이라고 보는 게송이 포함되어 있는데, 다른 한역본에서는 서로 모순된 설명을 하고 있다.[83)]

11~28은 신화와 기적이 촘촘하게 얽혀 있다. 여기서 붓다는 참으로 위대한 신(神)으로 보인다.

이후 경전에 대한 분석 — 경전 17: 『디가니까야』의 열일곱 번째 경전 [「마하수다싸나 숫따(Mahāsudassana sutta)」]에는 열여섯 번째 경전의 Ⅴ §§ 17~18을 자세하게 설명하고 있다.[84)] 왕도(王都), 일곱 가지 보물들, '담마(Dhamma)' 궁전에 대해 자세하고 화려하게 묘사하는 내용에서 후대의 것임이 한층 더 분명하게 드러난다. 또한 매우 과장되면서도 신비한 기적으로부터 자유롭지 않은 모습을 보인다.

이 경전의 '자따까(Jātaka, 本生譚)' 형식 역시 후대의 것으로 보이지만, 같은 이름의 『자따까』[85)]와는 몇 가지 중요한 측면에서 차이를 보인

82) 〈참조〉 Pachow, 앞의 책, 69.
83) 〈참조〉 Pachow, 앞의 인용문.
84) 〈참조〉 Bapat, ABORI. 1926, p.10.
85) Rhys Davids가 번역한 DN. 17(Dialogues Ⅱ)의 도입부 내용을 참조하라.; Fausböll 의 편집본, No.95.

다. 여기에는 '과거의 업에 얽힌 현재의 인연 이야기(Paccuppannavatthu, 現在事)'에 대한 언급이 없으며, 강조하는 부분에서 근본적인 차이가 있다. 리스 데이비즈에 따르면, No. 95는 '아닛짜 삽바상카라(Aniccā sabbasaṅkhārā, 諸行無常)' 등에 대해 분명하게 보여주고 있다. 이 경전은 재가신도들에게 전하는 설법처럼 보인다. 숫닷사나(Suddassana) 왕이 다나(Dāna, 布施), 다마(Dama, 自制), 상야마(Saṃyama, 禁慾)라는 선업(善業)을 닦음으로써 모든 영화를 누리게 되는 부분이 이를 시사한다. 이들의 영향력은 충분하다.

경전 18: 『디가니까야』의 열여덟 번째 경전[「자나와사바 숫따(Janavasabha sutta)」]은 앞의 경전과 비슷하게 열여섯 번째 경전의 Ⅱ. 5~7 부분을 상세하게 설명하고 있다.[86] 여기에는 신화와 기적이 스며들어 있다. 이 경전에는 네 가지 이띠빠다(Iddhipāda, 神足), (보기 드문 조합인) 세 가지 '오까사디가마(Okāsādhigama, 자유로운 통로, 출세간법을 증득할 기회)', 네 가지 '사띠빳타나(satipaṭṭhāna, 念處)', 세 가지 '아웻짜빠사다(aveccappasāda, 不壞淨)'가 언급되고 있다. 또한, '사마디(Samādhi, 集中)'와 그 일곱 가지 '빠릭카라(Parikkhāra, 諸法)'의 형식으로 팔정도의 요소가 설명된다.

이러한 형식은 물론 교리에 있어서도 후대의 것으로 보인다.

경전 19: 바팟(Bapat) 교수는 『디가니까야』의 열아홉 번째 경전[「마하고윈다 숫따(Mahāgovinda sutta)」]이 열여덟 번째 경전을 토대로 한다는 설득력 없는 제안을 한다.[87] 본경에는 브라흐마(Brahmā, 梵天)에 대해 직접적으로 깨달을 수 있는 길로서, 불교적 목적으로 개조된 '까루나자나(Karunajhāna, 憐愍禪定)'가 설법되는 등 불교적이지 않은 옛 이야기가 포

86) Bapat, 앞의 인용문.
87) 앞의 인용문.

함되어 있다. 이렇게 말할 수 있는 정황이 몇 가지 나타나는데, (영웅) '고빈다(Govinda)'라는 이름이 포함되어 있는, 오래되어 보이는 기념시가 있다. 전설을 근거로 이 경전이 구성되었음을 보여준다. 뿐만 아니라 오로지 브라흐마에만 관심을 보이는데, 본래의 불교적인 구성에서는 전혀 기대할 수 없는 내용이다. 또한 사범주(四梵住, Brahmavihāra)에 대한 적절한 설명이 끝에서 두 번째 부분에 처음 등장한다는 점에 주목할 수도 있다. 그 도입부에는 수정작업의 흔적이 보이며, 이 사람이 다른 내용 역시도 수정하는 데 일조했을 가능성이 있다.

이 경전의 도입부와 결론부에는 독특한 불교 교리가 언급된다. 도입부에는 동일한 '로까다뚜(Lokadhātu, 世界)' 즉, 동시대에 두 명의 붓다가 존재할 수 없다고 단언한다. 또한 결론부에서는 '팔정도'에 대해 이야기하면서 '아나가민(anāgāmin, 不還者)'을 위해 '오빠빠띠까(Opapātika, 化生)'를 사용하고 있다. 이런 측면에서 앞서 『디가니까야』의 여섯 번째 경전처럼 용어 선정 문제를 정확히 언급하고 있었다는 점을 상기시켜 준다.

경전 20: 이 경전[「마하사마야 숫따(Mahāsamaya sutta)」]에 관하여 리스 데이비즈는 다음과 같이 말한다. "머리말은 『상윳따니까야』 Ⅰ, 27에서 분리된 사건을 보존해 왔다. 4·5·6 부분의 체계에 적합한 목록에 있는 길은 몹시 혼란스럽고 어색하다. 체계의 원리는 목록의 원리와 일치되지 않는다. 따라서 이 목록과 맺음말은 경전이 구성되기 전에 공동체 내에서 독립적으로 만들어 배포했을 가능성이 높다. … §§ 10~20은 아따나띠야(Āṭānāṭiya, 보호주)에서 기본 목록을 개선, 확대한 판본과 몹시 닮았다."[88]

88) Dialogues, Ⅱ. DN.20의 서문: *역자주 Āṭānāṭiya는 웻사와나가 통치하는 뿍꾸루에 있는 천상의 도시 가운데 하나이다. 『디가니까야』 32경에 자세히 설명되고

경전 21: 합성본 리스 데이비즈는 『디가니까야』의 스물한 번째 경전 [「삭까빤하 숫따(Sakkapañha sutta)」]이 "자신의 신들이 개혁파였기 때문에 조금도 두려워할 필요가 없었던 꼬살라(Kosala) 족을 설득하기 위해서 쓰인 사례"라고 말한다.[89] 빈테르니츠는 뿌라나(Purāṇa) 종파의 비유를 들면서 이 경전이 후대의 것이라고 본다.[90] 바팟은 경전의 신화적 특성과 이를 포함하고 있는 시의 세간적 특성, 쇠퇴의 표시라고 해석한 사실을 토대로 동일한 결론에 도달한다.[91] 결국 '상세한 설명(veyyākaraṇa)'이라고 부르는 경전을 추가했을 수도 있다.

한편 이 경전이 초기의 것이라는 점에는 의심의 여지가 없다. 이 경전의 이름이 『앙굿따라니까야』에서도 인용되곤 한다. 그 제목과 목적, 두 번째 바나와라(Bhāṇavāra, 誦分, 암송을 위한 경전의 節)의 형식 등은 『숫따니빠따』의 「빠라야나왁가(Pārāyaṇavagga)」에 있는 '뿟차(pucchā, 質問)'를 연상시킨다. 질문과 대답의 첫 번째 시리즈는 『숫따니빠따』, 「아타까왁가(Aṭṭhakavagga)」의 마흔아홉 번째 경전과 상당히 유사하며, 특이하게 발전된 '니다나(Nidāna, 因緣)' 이론을 포함하고 있다. 그밖에도 질문에 대한 답변은 진부한 표현이나 정형구로 독자를 괴롭히지 않는다.

경전에서 후대 편집의 특징은 주로 신화적인 부분에 국한되는 반면, 초기의 특징은 주로 논증적인 부분에 국한된다. 신화적인 부분은 대부분 첫 번째 바나와라(章)의 도입부와 두 번째 바나와라의 결론부에 있는 것이 특징적이다. 또한 이 부분은 주로 게송이 사용되고 있다. 대부분 초기의 짤막한 산문 대화가 교리적인 사항과 관련되어 있는 경우로,

있다.
89) 앞의 책, DN.21의 서문
90) Winternitz, Ⅱ, p.43.
91) Bapat, ABORI. 1926.

후대에 신화적인 머리말과 맺음말로 풍성하게 둘러싼 『숫따니빠따』의 「아타까왁가」나 「빠라야나왁가(Pārāyāṇavagga)」와 비슷하다고 할 수 있을 것이다.

경전 22: 「마하사띠빳타나 숫따(Mahāsatipaṭṭhāna sutta, 大念處經)」는 꾸루(Kuru) 국의 깜마사담마(Kammāsadamma) 마을에서 진행한 설법이다. 「마하니다나 숫따(Mahānidāna sutta)」의 설법과 같은 곳이다. 이 경전은 『맛지마니까야』의 「사띠빳타나 숫따(Satipaṭṭhāna sutta, 念處經)」와 동일하게 구성되어 있는데, 사성제(四聖諦)에 대해 설명하는 긴 내용이 추가되었다. 이처럼 부연설명을 덧붙인 방식은 후대에 법들에 대해 아비담마의 사전 형식으로 정의를 내리면서, 대단히 상세하게 설명하는 특징으로부터 비롯된 것이다.

경전의 나머지 부분[法隨念]에서, '담마(dhammam, 法)'라는 용어가 서로 다른 두 가지 의미로 쓰이고 있음에 주목할 만하다. 비구는 '마음(citta)'으로 자기성찰을 하면서 마찬가지로 주의를 기울여 법(Dhamma, 法)을 관찰해야 했기에 (ㄱ) 오장애(Nīvaraṇa, 五蓋), (ㄴ) 오취온(Upādānakkhandha, 五取蘊), (ㄷ) 육내외처(ajjhattika bāhira āyatana, 六內外處), (ㄹ) 칠각지(Bojjhaṅga, 七覺支), (ㅁ) 사성제(Ariyasacca, 四聖諦)가 연이어 열거되어 있다.

(ㄱ)~(ㄷ)에서 '담마(Dhamma)'는 '마음(citta)'과 밀접하게 관련된 동일한 의미로, 말하자면 주로 심리학적 의미로 사용되었다. (ㄹ)~(ㅁ)에서는 '담마(Dhamma)'가 좀 더 윤리적이고 교리적인 의미로 쓰였다. (ㄱ)~(ㄷ)에서는 비구에게 자기 존재를 구성하는 실제 요소를 깨닫도록 촉구하고 있으며, (ㄹ)~(ㅁ)에서는 올바른 가르침을 따르고 있는지 아닌지 확인하도록 하고 있는 것이다.

경전은 「마하니다나 숫따(Mahānidāna sutta)」와 마찬가지로 실재하는 교리를 자세하게 설명하는 기능을 하고 있지만, 니까야 안에서 '사띠(sati)'에 대한 교리가 발달하는 마지막 단계보다도 후대의 것이다. 오온에 대한 교리가 앞의 경전에는 있는데 뒤의 경전에는 나타나지 않는다는 점 역시 주목할 만하다.

경전 23: 「빠야시 숫따(Payāsi sutta)」는 초기의 불교신앙에서 영혼(정신)이 차지하는 지위에 중요한 영향을 끼쳤다. 하지만 자이나교 문헌에 나타나는 비슷한 경전, 혹은 더 오래된 자료에서[92] 빌려왔다는 것도 입증되지는 않는다. 어쨌든 편집자가 수정했음이 분명하며, 지나치게 간섭했다고 생각해야 할 것이다.

세 번째 왁가(品)

경전 24: 본 경전부터는 세 번째 품(「빠띠가왁가(Pāṭikavagga, 當學品)」)에 해당하며 11개의 경전이 수록되어 있다. 『디가니까야』의 스물네 번째 경전[「빠띠까 숫따(Pāṭika sutta)」]에서 I. §§ 1~6은 별개의 부분으로 이루어져 있다. 여기서 붓다는 기적에 반대하고 있으며, 더 나아가 수낙깟따 릿차위뿟따(Sunakkhatta Licchaviputta)가 "인간의 법을 넘어선(웃따리마눗사담마(Uttarimanussadhammā, 초자연적인 것)", 그리고 "태초의 시작(Aggañña)"에 대해 부적절한 관심을 갖고 있다고 꾸짖기 위해 설법한다는 말로 끝맺는다. 계속해서 다음 부분에는 정신이 완벽하게 변하는 내용이 나온다. 붓다는 II. § 13까지 진정한 마법사로서 기적을 보였음을 입증하는 데 열중했던 것으로 묘사되고 있다. 리스 데이비즈는 이 '마술적이고 신화적인' 두 번째 부분에 대해 "음악홀의 청중이나 휴일에 놀

92) 〈참조〉 Winternitz, p.44, 각주 1번.

러 나온 학생들의 관심을 더 강하게 끌기 위해서…"[93] 던지는 점잖지 못한 유머라고 비평하고 있다. 또한 전체가 단일한 형식을 이루고 있지도 않은데, II. § 21에서 '기원(Aggañña)'에 대한 논의가 갑자기 '수바위목카(Subhavimokkha, 淨解脫)'에 대한 논의로 바뀌고 있다. 이러한 장면은 본질과는 관계없이 추가된 내용을 드러내는 것으로 보인다.

경전 25: 『디가니까야』의 스물다섯 번째 경전[「우둠바리까시하나다 숫따(Udumbarikasīhanāda sutta)」]은 여덟 번째 경전[「까싸빠시하나다 숫따(Kassapasīhanāda sutta)」]과 제목에서 유사할 뿐 아니라 금욕주의의 허와 실이라는 동일한 주제를 한층 더 자세하게 다루고 있다. 스물다섯 번째 경전은 여덟 번째 경전을 토대로 한 것으로, 후대의 것이라는 바팟의 의견이 적절한 것으로 보인다.[94]

경전 26: 이 경전[「짝까왓띠시하나다 숫따(Cakkavattisīhanāda sutta)」]에서, §§ 2~26은 정의로운 통치자에 대한 이상(理想), 인류의 멸망과 회복, '메떼야(Metteyya, 彌勒)'의 출현을 묘사하는 일관된 구조를 이루고 있다. 이들은 불교적 사색의 과정에서 후기를 대표한다.[95] 반면에, § 1에는 "비구들이여, 자신을 등불(의지처)로 삼아 머물러라(Attadīpā bhikkhave viharatha)." 등의 반복적인 법문이 수록되어 있다. 또한 § 1과 § 2 사이에는 어떠한 변화도 보이지 않는다. 마지막 단락인 §§ 27~28은 갑자기 상세한 § 1로 되돌아간다. 본경을 통해 초기 구조로 둘러싸인 후기 구조를 볼 수 있다.

경전 27: 『디가니까야』의 스물일곱 번째 경전[「악간냐 숫따(Aggañña

---

93) Dialogues Ⅲ int. to D. XXIV.
94) 앞의 책, p.11.
95) 〈참조〉 Winternitz, Ⅱ, p.43.

sutta)」]에서 붓다는 카스트 제도와 관련하여 바라문의 허세를 무너뜨리기 위해 세상의 기원으로 서두를 연다. 이는 기원(Aggañña)에 대해 말하기를 삼가던 평상시와는 상반된 것으로, 수낙캇따 릿차위뿟따가 자신의 종교를 버리는 계기가 된 사건이다. 뿐만 아니라 공통기반을 딛고 있는 그 신화는 앞의 경전의 것과 유사하다. 따라서 빈테르니츠가 이 경전을 후대층으로 배치한 것은 올바른 것으로 보인다.

이 경전은 '담마부따(Dhammabhūta, 法體)', '브라흐마부따(Brahmabhūta, 최상의 존재)'라는 이름을 대신하여, '담마까야(Dhammakāya, 法身)', '브라흐마까야(Brahmakāya, 梵身)'라는 새로운 두 이름으로 서문이 쓰였다. 이러한 특징은 니까야 안에서 독특하게 나타난다는 점에 주목할 수 있다.[96]

경전 28: 『디가니까야』의 스물여덟 번째 경전[「삼빠사다니야 숫따(Sampasādanīya sutta)」]은 열여섯 번째 경전의 일부를 자세하게 설명한 것이다.[97] 처음 두 단락은 열여섯 번째 경전의 Ⅰ에서(추가된 첫 번째 줄, 위의 책 § 15의 마지막 줄을 제외한) §§ 16~17과 동일하다. 그러나 아난다는 붓다의 가르침이 탁월함(anuttariya)을 다양하게 열거함으로써 붓다에 대한 존경심을 드러내고 있다. 그 결과 대단히 방대한 목록, 즉 일곱 가지 선법(善法, Kusaladhamma), 여섯 가지 감각영역에 대한 시설(āyatanapaññatti), 네 가지 기능(Gabbhāvakkanti), 마음을 읽는 네 가지 능력(Ādesanāvidhā), 네 가지 견정(見定, Dassanasamāpatti), 일곱 가지 인시설(人施說, Puggalapaññatti), 일곱 가지 노력(Padhāna)(Bojjhaṅga), 네 가지 길(Paṭipadā), 바싸사마짜라(Bhassasamācāra), 인간의 계(Purisasīla), 아누사사

96) DN. Ⅲ, p.84.
97) 〈참조〉 Bapat, 앞의 책, p.14.

나위디(Anusāsanavidhi), 타인의 해탈에 대한 앎(Parapuggalavimuttiñāṇa), 세 가지 유형의 영원주의(Sassatavāda, 常見),[98] 숙명지(宿命知, Pubbenivā sānussatiñāṇa), 신족통(神足通, iddhividhā)이 전해진다. 이는 대체로 정신적 수행과 관련된 교리만 언급한 것이다. 이와 관련된 고요함이 매우 중요하다고만은 할 수 없을 것 같으며, 완벽함을 목표로 하는지에 대한 여부는 판단하기 어렵다. § 7에서[99] 보기 드물지만 중요한 용어인 '의식의 흐름(Viññāṇasota)'이 사용된 것에 주목할 필요가 있다.[100]

경전 29: 『디가니까야』의 스물아홉 번째 경전[「빠사디까 숫따(Pāsādika sutta)」]은 이미 존재하고 있던 교리의 요점을 다방면에 걸쳐 방대하게 수집해 놓은 경전이다. 특히, 과거의 견해(Pubbantadiṭṭhi)와 미래의 견해(Aparantadiṭṭhi)에 대해 자세히 체계적으로 설명하고 있으며, 서른일곱 가지 보리분법(菩提分法, Bodhipakkhiya Dhamma)을 상세히 열거하고 있다. 따라서 이 경전이 아주 초기의 것이라고 볼 수는 없을 것 같다.

경전 30: 서른 번째 경전[「락카나 숫따(Lakkhaṇa sutta)」]은 위대한 사람의 서른두 가지 표식과 다양한 측정 방식에 대해 묘사하고 있으며, 니까야에서는 상당히 후대층에 속하는 것이 확실하다.[101]

경전 31: 여섯 가지 방향을 해석하면서[102] 재가자에게 설한 서른한 번째 경전[「싱가라꼬와다 숫따(Siṅgalakovāda sutta)」]에는 후대의 특징이 전혀

98) DN. 1에서는 네 가지 유형이다.
99) DN. Ⅲ, p.105.
100) 「제12장 니르바나(Nirvāṇa, 涅槃)」의 내용 참조.
101) Winternitz, Ⅱ, p.42.
102) *역자주: "장자의 아들이여, 성스러운 제자는 어떻게 여섯 방향을 보호하고 지켜야 할까요? 우선 다음과 같이 여섯 방향의 의미를 알아야 합니다. 동쪽은 부모를 의미합니다, 남쪽은 스승을 의미합니다, 서쪽은 아내와 자식을 의미합니다, 북쪽은 친구와 동료를 의미합니다, 아래쪽은 하인과 고용인을 의미합니다, 위쪽은 수행자와 성직자를 의미합니다."

나타나지 않는다. 이 경전은 초기의 것일 수 있다.

경전 32: 대부분이 게송으로 이루어진 「아따나띠야 숫따(Āṭānāṭiya sutta)」는 일종의 '빠릿따(Parittā, 保護)' 또는 '보호주문'이다. 이 경전은 같은 목적을 갖는 『숫따니빠따』의 「라따나 숫따(Ratana sutta)」보다 훨씬 더 길고, 훨씬 더 신화적이다. 경전은 일곱 붓다에게 절하고, 네 명의 대왕(mahārāja)과 수행원을 묘사하며, 베다의 신과 현자들 중 더욱 난폭한 약카(yakkha, 야차)를 언급하고 있다. 이 경전은 확실히 후대 층에 속한다.

마지막 두 경전: 경전 33 「상기띠 숫따(Saṅgīti sutta)」와 **경전** 34 「다숫따라 숫따(Dasuttara sutta)」에서 「다숫따라 숫따」는 한역 『장아함경(Dīrghāgama)』에서도 「상기띠 숫따」 바로 뒤에 따라온다.[103] 또한 「다숫따라 숫따」는 「상기띠 숫따」보다 더 체계적이다. 여기서는 열 가지 관점에서 각각의 숫자로 나타낸 그룹을 다루고 있으며, 정확하게 백 가지 항목이 수록되어 있다. '포함시킬 것과 제외할 것'을 구분하는 원칙을 발견할 수 없는 「상기띠 숫따」보다 체계적 방법을 선택한 것으로 보이며 훨씬 짧다.[104] 「다숫따라 숫따」에서 사용한 열 가지 분류 그물망 중 네 가지는 『맛지마니까야』의 「마하살라야따나 숫따(Mahāsaḷāyatana sutta)」에서도 언급되고 있다. 네 가지란, 빠린녜야(Pariññeyya), 빠하땁바(Pahātabba), 바웨땁바(Bhāvetabba), 삿치까땁바(Sacchikātabba)이다.[105]

「상기띠 숫따」의 머리말은 관련성이 거의 없는 두 부분, 즉 §§ 1~5와 §§ 6~7로 나누어 볼 수 있다. 경전 자체는 알려진 교리의 요점을 모두

103) Nanjio 545, 경전 9~10.

104) 〈참조〉 Mrs. Rhys Davids, Original Gospel, Appendix. F.8.

105) *역자주: 곧바른 앎으로 '완전히 알아야 할 것'은 오취온, '버려야 할 것'은 무명과 존재의 갈애, '닦아야 할 것'은 사마타와 위빠사나, '실현해야 할 것'은 명지와 해탈이다.

수록하고자 하였으나 앙굿따라(aṅguttara) 형식에서 확인된 것 이상의 체계는 특별하게 나타나지 않는다. 마찬가지로 내용상 이질적인 부분도 뚜렷하다. 계획성 없이 작성된 것 같은 목록의 특성은 오취온(五取蘊, five upādāna khandhas) 뒤에 오온(五蘊, five khandhas)이 반복되는 것에서 확연히 드러난다.

이처럼 구성의 형식은 상당히 후대의 것이라는 데 의심의 여지가 없다. 이는 네 가지 흐름(Ogha), 다섯 가지 불환자(Anāgāmin), 여덟 가지 숙련의 상태(Abhibhāyatana, 八勝處), 아홉 가지 차제멸(次第滅, Anupubbanirodha), 열 가지 편처(遍處, Kasiṇāyatana)와 같은 후대의 개념이 포함된 목록에서도 나타난다.

리스 데이비즈 여사가 제기한 '팔정도' 문제와 관련하여 살펴보면, 팔정도에 대한 정형구는 물론 '십정도'에 대한 정형구도 '길(Magga)'에 해당하지는 않음에도 불구하고, 「상기띠 숫따」에 나타난다. 팔정도는 여덟 가지 삼맛따(Sammatta, 존경받는)라고, 십정도는 열 가지 아세카담마(Asekhadhamma, 無學法)라고 표현된다. 이는 본경이 팔정도나 십정도에 대한 정형구보다 늦게, 교학적 관심이 시들해졌을 무렵에 만들어졌다고 유추할 수 있다. 결국 아비담마 시대의 일이다. 실제로 설일체유부(說一切有部, Sarvāstivāda)에는 『상기티파르야야(Saṅgītiparyāya)』라고 부르는 문헌이 있고, 아비담마 문헌 중 「상기띠 숫따(Saṅgīti sutta)」와 유사한 점이 많다는 것을 기억할 필요가 있다.[106]

결론 – N.B.: 앞의 두 품(vagga)는 나가리(Nāgari)본을 참고했으며 [1~23경], 세 번째 품은 PTS본을 참고했다[24~34경].

106) Takakusu, JPTS. 1904-5 참조.

초기	후기	복합	불분명
경전 2(§§ 81과 §§ 83은 좀 더 후대의 것일 수 있다.)	경전 1(초기 내용을 바탕으로 한다.)	경전 8 경전 9 경전 11	경전 4–5(아마도 '후기') 경전 6–7(6은 불완전한?)
경전 13	경전 3 경전 12(?)		경전 10
	경전 14(S.2.1.1.보다는 초기; s.22에 삽입된?)	경전 15 경전 16	
	경전 17 경전 18 경전 22 경전 24 경전 25 경전 26 경전 27 경전 28 경전 29 경전 30 경전 32 경전 33 경전 34	(초기는 §1.5, §2.21~26, §4.13~20) (후기는 §5.13~14, §6.1~7, 10, §1.6~11, §26~32, §32~34, §3, §4.7~12, §5.1~12) (나머지는 불분명) 경전 21	경전 19 경전 20 경전 23 경전 31

제5장 『맛지마니까야(Majjhima Nikāya)』의 초기와 후기

『맛지마니까야』의 경전 분류와 순서 — 『맛지마니까야』의 경전을 분류하고 배열하는 과정에서, 빠알리본과 한역본[1] 사이에 큰 차이가 나타난다는 점은 이들의 진위 여부를 의심하게 한다. 빠알리 문헌에서 각각의 '왁가(vagga, 品)'는 열 개의 경전으로 이루어져 있으며[열두 개의 경전으로 이루어진 「위방가왁가(vibhaṅgavagga)」를 제외한], 각각의 '빤나사(Paṇṇāsa, 五十편)'는 다섯 개의 '왁가'로 이루어져 있다. 이러한 사실은 니까야의 구성이나 세분화 과정에 있어 개연성이 떨어지며, 역사적 사실이나 과정에 근거하지 않는 특징을 드러내고 있다.[2] 무엇보다도 '중간 빤나사(중간 오십편)' 전체에서 개연성 없이 경전을 배열한 것은 확실하다. 여기서 경전은 대체로 관련된 사람들의 부류에 따라 '왁가'로 나뉘었으며, 등장하는 사람들은 주로 청취자 역할을 하고 있다.

---

1) 난죠의 Catalogue를 통해 『중아함(中阿含)』에는 『맛지마니까야』보다 더 많은 경전이 수록되어 있으며, 빠알리 문헌 중 다른 니까야에 수록되어 있는 일부 경전이 『중아함』에 실려 있음을 알 수 있다. 즉, 『중아함경』의 쉰아홉 번째, 예순여섯 번째, 예순여덟 번째, 아흔일곱 번째 경전은 『디가니까야』에서 각각 「락카나 숫따(Lakkhaṇa sutta)」, 「악간냐 숫따(Aggañña sutta)」, 「마하수닷사나 숫따(Mahāsudassana sutta)」, 「마하니다나 숫따(Mahānidāna sutta)」라는 것을 알 수 있다.

2) 〈참조〉 Franke, ZDMG. 1914, p.474.: 프랑케(Franke)는 앞뒤 경전의 유사성을 토대로 다음과 같이 결론짓는다. "M. mindestens im groszen und ganzen das einheitlich, im Zusammenhang verfasste Werk eines Schriftstellers ist"(앞의 인용문).

이들을 살펴보면, 『중간 오십편(Majjhimapaṇṇāsapāḷi)』의 첫 번째 품인 「가하빠띠왁가(Gahapativagga, 장자의 품)」에서 [쉰일곱 번째 경전을 제외한 나머지] 경전들에는 붓다가 가장(家長)에게 전하는 설법과 대화들이 수록되어 있다. 바로 앞의 『근본 오십편(Mūlapaṇṇāsapāḷi)』에서도 세 번째·네 번째 왁가는 비슷한 체계로 분류되고 있다. 세 번째 품인 「우빠마담마왁가(Upamadhammavagga, 비유법의 품)」에는 '비유(upamā, 比喩)'에 집중된 경전들이 포함되어 있고, 네 번째 품인 「마하야마까왁가(Mahāyamakavagga, 큰 한 쌍의 품)」에는 「쭐라고싱가 숫따(Cūḷagosinga sutta)」와 「마하고싱가 숫따(Mahāgosinga sutta)」처럼 짝을 이루는 경전들이 포함되어 있다. 세 번째 『후반 오십편(Uparipaṇṇāsapāḷi)』에서 네 번째인 「위방가왁가(분석의 품)」는 특유의 공통 형식을 지닌 경전들이 수록되어 있다는 점에서 통일성이 뚜렷하다.

이러한 구분을 통해 『맛지마니까야』[3]에 배열된 경전들의 순서와 위치가 어떤 역사적 발달 과정에 의해 생겨난 것이 아니라는 사실을 알 수 있다. 물론 전부는 아니겠지만 대부분이 편집가의 작업 결과로 보인다.

후대의 것으로 보이는 세 번째 빤나사(Paṇṇāsa) — 세 번째 『후반 오십편』은 전반적으로 앞의 두 '빤나사'에 비해 후대의 내용이 더 많이 수록되어 있는 것으로 보인다. 명확하게 '후대의 것'[4]이라고 할 수 있는 경전이 가장 많이 실려 있는 게 분명하다. 예외의 사항이 중요한 의미를 지니는 경우가 있다. 리스 데이비즈 여사는 다음과 같이 말한다. "세 번

3) 앞으로는 빠알리본만을 참고하기로 한다. 「맛지마 빤나사(Majjhima Paṇṇāsa)」를 위해서는 N. K. Bhagwat의 MN(Nag. ed)을 참고하고, 그밖에는 PTS본을 참고한다.

4) 다음 내용 참조.

째 빤나사에서 후대의 편집이 드러나든 아니든, 특히 마지막 부분에서 심리적 분석 계발이 불교윤리에 중요해짐으로써 아무것도 눈에 띄지 않게 되었으며 … 열다섯 번째 경전과 마찬가지로 마지막 서른네 번째 경전도 이 문제와 관련되어 있다."[5] 불교의 가르침을 심리적으로 분석하기 시작한 것은 최초기 불교로 거슬러 올라가야 할 수도 있지만, 가장 발전되고 유행한 것은 훨씬 더 후대인 아비담마(Abhidhamma) 시대라는 점에는 의심의 여지가 없다. 이는 초기 편집보다는 후대 편집이 심리학적 분석에 더욱 집중하였다는 의미다. 「위방가와가(Vibhaṅgavagga)」 제4품에 수록된 경전에도 대체로 같은 주장이 적용된다. 특히 붓다의 노년에는 짧게 설법하는 방법만을 취했을 가능성이 농후한데도 불구하고 제자들을 이끄는 누군가에 의해 길고 자세히 설명된 설법들로 남게 되었다. 이러한 방식이 '웃데사(uddesa, 說明)'와 '위방가(vibhaṅga, 分別論)'라는[6] 경전의 고유한 형식으로 자리 잡게 되었을 수 있다. 이러한 형식은 '해설하는' 유행, 말하자면 오래된 문헌과 개념을 자세히 체계적으로 설명하는 주석서적인 유행이 발달된 결과라고 추측하는 것이 훨씬 더 수월하다. 또한 질문에 대한 웃데사는 위방가를 설명하기 위한 짧은 설법보다는 위방가를 간결하게 축약시킨 개요를 제공한다는 점을 기억하는 것이 중요하다. 웃데사는 위방가를 이해하고 기억하는 데 편리하도록 더 긴 내용으로 시작하는 간단한 '주장'으로 보인다.[7]

초기/후기/복합/불분명으로 경전 분류 – 전체적으로 개성 있는 경전

---

5) JRAS. 1902, p.481.
6) 이 왁가에서 특별한 두 경전에 대해서는 뒤의 내용 참조.
7) 이들 경전에 대해 더 깊이 이해하려면 뒤의 내용 참조.

들이긴 하지만, 경전의 그룹을 확실하게 찾아내기는 어렵다. 따라서『맛지마니까야』의 시대층 내에서 시작되는 단위를 구성해야 한다. 그런데 일부 경전은 초기의 특징을 보이고, 또 다른 일부는 후기의 특징을 보이며, 어떤 경전은 복합적인 특징을 보인다. 다시 말해 하나 이상의 문학적 시대층을 보이고 있다. 이러한 차이는 각각 경전의 개념에 있어서 다양한 시대층을 보이고 있지만, 니까야라는 합성으로 통합된 경전들이라는 사실을 간과하는 셈이다. 또한, '초기'와 '후기'라는 분류가 매우 포괄적이어서 아직 발견되지 않은 이질성 –혹은 상당히 증명하기 어려운 '기층(基層)'– 이 감춰져 있을 수도 있다.『맛지마니까야』의 경전 곳곳에 이런 특징들이 드러나고 있으며,『디가니까야』에 비해 초기인지 후기인지 명확하게 말하기 곤란한, '불분명'한 경전이 상당히 많다. 왜냐하면 몇 가지 확실한 평가 기준에서 일치점을 찾기 어려울 정도로 짧은 경우도 있고, 차이를 파악하기 어려울 정도로 보편적이며 유사한 경우도 있기 때문이다.[8]

(a) 초기

경전 7:「왓투빠마 숫따(Vatthūpama sutta, 옷감에 대한 비유)」라는 의미심장한 제목의 경전이다. 이 경전은 때를 씻어내기 위해 화사하게 염색한 옷처럼 마음(찟따, citta)도 우빠낄레사(upakkilesa, 汚染, 煩惱)를 씻어내는 발전(잘 간, Sugati)의 길을 따라가야 한다는 설명으로 시작한다. 여기에 불선한 감정과 욕망 몇 가지가 언급된다. 니까야의 여러 곳에서 목록이 발견되는데 정화 과정은 아웨짜빠사다(Aveccappasāda, 不壞淨)–빠모짜(Pāmojja, 喜樂)–삐띠(Pīti, 喜悅)–빠사디(Passadhi, 輕安)–수카(Sukha, 幸

8)「맛지마 빤나사(Majjhima Paṇṇāsa)」는 나가리(Nāgarī)본을 참고하였다.

福)–사마디(Samādhi, 集中)의 순서로 이루어진다. 이 정형구는 다른 여러 곳에서도 볼 수 있다. 수행승의 마음(citta)은 세탁하여 깨끗해진 옷이나 정제된 금과 같아진다. 결국 집착을 불러일으키는 즐거움을 더 이상 경험하지 않게 된다. 그리고는 브라흐마위하라(Brahmavihāra, 梵住)와 그 적합성에 대한, 이해하기 힘든 상투적인 정형구가 갑작스레 이어진다. "그는 '이것이 있다. 저열한 것이 있다. 수승한 것이 있다. 이러한 인식[想]과 같은 것보다 더 높은 벗어남이 있다'라고 안다."[9]라고 한 뒤에, 세 가지 아사와(āsava, 煩惱)에서 해방되어 브라흐마짜리야(Brahmacariya, 梵行)의 궁극에 이르렀음을 알게 된다. 또한, "비구가 내면의 목욕으로 깨끗해졌다."라고 한다.[10] 이는 순다리까 바라드와자(Sundarika Bhāradvāja)가 붓다에게 신성한 바후까(Bāhukā) 강에서 목욕하기를 권하려는 생각을 했음을 시사한다. 붓다가 그러한 미신이 무의미하다는 것을 알리자 순다리까는 [붓다에게] 귀의하게 된다.

이 경전에서 우빠낄레사(upakkilesa) 목록을 제외한 모든 내용은 초기의 것이며, 브라흐마위하라 외에는 후대의 내용이라고 볼 만한 것이 전혀 없다.

경전 17: 수행승이 머무를 수 있는 숲의 종류에 대해 짧고도 매우 단순하게 설한 내용이 가마(Gāma, 마을), 니가마(Nigama, 작은 마을), 나가라(Nagara, 都市), 자나빠다(Janapada, 地方), 뿍갈라(Puggala, 人間)와 관련하여 상당히 기계적으로 반복되고 있다. 이들은 마치 회전하는 것처럼 보인다.

---

9) MN. Ⅰ, p.38.: So atthi idam, atthi hīnam atthi paṇītam, athhi imassa saññāgatassa uttariṃ nissaraṇanti pajānāti.

10) 위의 책, p.39.: vuccati … bhikkhu sanāto antarena sinānenāti.

경전에 대한 교리적 가설도 수행승이 분발하게끔 '사띠(sati, 念)'와 '사마디(samādhi, 集中)'가 '아사와카야(āsavakkhaya, 漏盡)'와 '안웃따라 요가케마(anuttara yogakkhema, 위없는 瑜伽安穩)'를 성취하게 한다는 설명 정도이다. 이보다 더 자세하게 진행되지 않으며, 후대 교리의 모습도 보이지 않는다. 여기서는 목표에 대하여 부정적 측면과 긍정적 측면을 대등하게 강조하고 있으며, 이는 후대의 어떠한 정형구에도 없는 내용이다.

이 경전은 숲에서 홀로 떨어져 머무는 수행승이 마을의 사원에서 활동하는 수행자보다 더 많던 시대에 속하는 것으로 보인다. 경전에 나타나는 '상가(Saṅgha, 僧伽)'라는 말에 내재된 모습은 위나야(Vinaya, 律藏)보다는 『숫따니빠따』에 더 가깝다.[11] 내용을 보면 후대의 조건과 부조화를 이루는 가운데 가마(Gāma, 마을) 등에 대한 생략과 함께 다음 부분으로 이어진다. 다음과 같은 상황이 이러한 시사점을 뒷받침하고 있다. 붓다는 설법하기 전에 '와나빳타빠리야야(vanapatthapariyāya)'에 대해 설하겠노라고 말을 한 것으로 묘사되며, 실제로 '와나빳타(Vanapattha, 森林)'에 대한 '빠리야야(Pariyāya, 法問)'가 1/5이 채 안 되는 설법으로 이어졌는지에 대한 여부는 대단히 주목할 만하다. 다시 말해서 가마(마을) 등과 관련된 부분이 후대의 것임을 시사한다고 볼 수 있는 것이다. 앞에서 언급한 내용은 이 경전의 제목 「와나빳타 숫따(Vanapattha sutta, 우거진 숲의 경)」를 아주 잘 설명하고 있으며, 내용 자체에 포함되어 있으므로 의심의 여지 없이 오래전 것이다.[12] 이 경전이 초기의 것임을 확인하는 방법으로는, 독자들이 확연하게 느끼는 외부 환경의 특성은 물론

11) 〈참조〉 Fausböll, SBE.의 Sn. 서문 번역.
12) 도입부의 진위 여부에 대해 어떤 가정을 하는 것은 아니다.

사상과 형식에 있어서 간소하다는 점을 통해서도 알 수 있다.

또한 이 경전은 '아나뿟차(Anāpucchā, 질문 없음)'라는 보기 드문 형식을 사용하고 있음에 유의할 필요가 있다.[13)]

경전 24: 본경은 우빠띳사 사리뿟따(Upatissa Sāriputta)와 뿐나 만따니뿟따(Puṇṇa Mantāniputta)의 대화를 담고 있다. 뿐나 만따니뿟따는 교리의 참된 목적에 대해 자세히 설명하면서 다양한 견해가 어떻게 최초의 진행 단계가 되는지 짚어주고 있다. 그는 라타위니따(Rathavinīta, 마차를 몰고 감)에 대한 놀라운 비유를 통해 수행의 진행 과정을 보여주고 있다. 빠알리본과 한역본에서 그 제목이 거의 같다는 점에서도 이 부분이 경전의 중심이라는 점을 알 수 있다.[14)] 라타위니따에 대한 비유를 통해 빠세나디 왕이 사왓티에서 사께따(Sāketa)까지 일곱 대의 마차를 갈아타고 여행한 이야기를 언급하고 있다[七淸淨]. 친숙하면서도 독창적인 이 비유는 실생활에서 벌어질 수 있는 상황을 예시로 담고 있다. 그 당시에는 간단한 역사적 사건이었으나 현대 수행승들에게는 그렇지 않으므로 이러한 비유가 필요했다.

이 경전의 교리적 입장은 초기의 상황과 완벽히 일치한다. 틀에 박힌 정형구의 질문[15)]은 아직 보이지 않으며, 후대에 수행승들 사이에서 진행된 토론[16)]과는 달리, 관심 주제는 구체적인 세부사항이나 아직 해결하지 못한 모순점, 또는 답변이 필요한 새로운 문제가 아니다. 종교적 탐구의 과정과 궁극의 목표를 무엇으로 볼 것인지가 주요 문제로 다루어진다.

13) MN. I. pp.106, 107.
14) Anesaki, JRAS. 1901, p.897.
15) 수행승들 사이에서 오고 간 교리문답 형식의 대화.
16) 예를 들어, 「웨달라 숫따(Vedalla sutta)」.

끝으로, 이 경전은 아소카(Aśoka) 왕이 석주에 언급한 문헌 중 하나로 추정된다고 알려져 있다.[17]

경전 29: 이 경전은 앞에서 언급된 경전에 대한 정신과 밀접하게 연관되어 있는, 짤막하고 중대한 설법이다. 이는 브라흐마짜리야(梵行)의 외형과 본질을 구분하려는 시도이기도 하며, 동시에 커다란 나무의 심을 구하려 하지만 나무껍질을 구하고 마는 사람 등에 대한 비유가 포함되어 다른 일반 경전과 유사점도 지니고 있다. 경전의 내용은 이 문맥과 아주 잘 어울리며, 주요 내용과 밀접하게 관련되어 있다.

끝으로, 이 경전은 다음과 같이 범행에 대해 깔끔하게 요약하고 있다. "비구들이여, 이처럼 이 범행(梵行)은 이득과 존경과 명성을 공덕으로 갖는 것이 아니다. 계의 구족(具足)을 공덕으로 갖는 것이 아니다. 삼매의 구족을 공덕으로 갖는 것이 아니다. 지견을 공덕으로 갖는 것이 아니다. 비구들이여, 이 부동의 심해탈이 바로 범행의 목적이고 범행의 나무심이며 범행의 완성이다."[18]

이와 같은 특정 가르침을 통해 더 이른 단계를 상상하기는 쉽지 않다. 물론 더 오래된 교리가 후대 구성요소에서 보일 수도 있지만 이 경전에서 후대의 특징은 어느 것도 보이지 않는다.

경전 29와 30의 비교: 29번째 경인 「마하사로빠마 숫따(Mahāsāropama sutta)」와 30번째 경전인 「쭐라사로빠마 숫따(Cūḷasāropama sutta)」의 관계에 주의를 기울일 만하다. 제목과는 달리, 서른 번째 경전이 더 길

---

17) 〈예〉 D. C. Sircar, Select Inscriptions (Select Ins). Ⅰ, p.78, 각주 2번.

18) MN. Ⅰ, p.197.: Iti kho bhikkhave nayidam brahmacariyaṃ lābhasakkārasilokānisaṃsaṃ, na sīlasampadānisaṃsam, na samādhisampadānisaṃsam, na ñāṇadassanānisaṃsaṃ, Yā ca kho ayaṃ bhikkhave akuppā cetovimutti etadatthamidam bhikkhave brahmacariyaṃ etaṃ sāraṃ etampariyosānanti.

고 더 자세하다. 두 경전 모두 같은 주제를 다루고 있으며, 결국 요점은 동일하다. 이는 한쪽이 다른 쪽을 더 상세히 설명한 것이 아니라 같은 경전에 대한 서로 다른 두 버전일 가능성이 크다. 서른 번째 경전에서는 '냐나다싸나(Ñāṇadassana, 知見)'보다 더 높은 단계를 열거하려는 시도가 중요하게 추가되었으며, 이 단계는 '선정(Jhāna, 禪定)'과 '위목카(Vimokkha, 解脫)'라고 설정되어 있다.[19] '냐나다싸나'라는 용어가 흔치 않은 의미임이 분명하며, 「사만냐팔라 숫따」에서 "윈냐나싸(viññāṇassa, 識) (Kāyapaṭibaddhassa, 몸에 의지한) 다싸낭(dassanaṃ, 見)"과 동등한 것으로 나타난다.[20] 후대 문헌에서는 더 일반적인 의미가 되긴 했으나 가치가 평가절하되지는 않았다.[21] 따라서 이러한 용례는 아직 불교적 목적으로 다듬어지지 않았으며, 불안정하게 사용되었을 가능성이 높은 단계의 용어임을 보여준다. 냐나(Ñāṇa, 知)에 대해 변명하는 듯한 쓰임은 『숫따니빠따』의 여러 곳(예를 들어 네 개의 앗타까Aṭṭhaka)에서 나타난다.

경전 26: 스물여섯 번째 경전에는 붓다에 관한 일대기와 밀접하게 관련된 『맛지마니까야』의 세 조각 중 첫 번째 조각이 포함되어 있다. 경전은 (마하비니스크라마나Mahābhiniṣkramaṇa와) 빤짜왁기야(Pañcavaggiya) 비구가 귀의하기까지, 그 사이의 기간을 묘사하고 있다. 자서전 형식의 이야기는 붓다의 생애에 대해 서로 다르게 설명하는 두 가지 주요 경전, 즉 『디가니까야』의 열여섯 번째 경전과 율장(Mvg의 도입부)과는 구분된다. 이와 같은 형식은 아마도 출처가 불분명한 내용이라고 여겼을 것이다. (MN. Ⅰ, pp.168-169, 171의) 이야기에 쓰인 게송은 『디가니까야』의

19) 냐나다싸나(Ñāṇadassana, 知見)는 이들과 관련이 없으며, 암묵적으로 더 낮은 단계의 성취라고 표현된다.
20) 이 용어는 뒤에서 자세히 논의될 것임.
21) 〈참조〉 Vin. Ⅳ, p.26.

『마하빠리닙바나숫따』와 『숫따니빠따』의 「빱밧자 숫따(Pabbajjā sutta)」, 「빠다나 숫따(Padhāna sutta)」에서 나타나는 시적인 일대기와 유사한 장르에 속하는 것으로 보인다. 이 경전은 『디가니까야』의 열여섯 번째 경전과 또 다른 특징이 있는데, 그 인용이 개별적으로 나타난다는 점이다. 예를 들어, 브라흐마야짜나(Brahmāyācana, 梵天의 要請) 사건은 『상윳따니까야』 I에 실려 있으며, 훨씬 후대로 보이는, 『디가니까야』의 열네 번째 경전인 「마하빠다나 숫따(Mahāpadāna sutta)」의 두 번째 바나와라(Bhāṇavāra)에서도 인용되고 있다.

이 이야기에는 『마하빠리닙바나숫따』와는 달리 후대의 특징이 전혀 보이지 않는다. 뿐만 아니라 이러한 일대기 전통의 초기 형식은 경전에서 쉽게 발견되지 않는다.

전반적인 경전의 목적이 '고귀한 탐구(아리야빠리예사나Ariyapariyesana)'에 대해 설명하며, 붓다의 '회상'을 통해 실제 사례를 보여줄 기회를 확보하고 있다. 반면에 『맛지마니까야』 I의 173쪽[PTS본]에서 시작되는 단락은 갑자기 다른 주제, 즉 비구가 어떻게 다섯 가지 감각적 욕망(까마구나Kāmaguṇa)을 피해야 하는지에 대해 다루고 있다.

마지막 단락은 빤짜왁기야(Pañcavaggiya)가 "우리의 해탈은 흔들림이 없다. 이것이 마지막 태어남[生]이며 이제 더 이상의 존재[有]는 없다."라고[22] 깨달음을 이루었음으로 끝난다.

하지만 다음 단락은 갑자기 "비구들이여, 이것이 다섯 가지 감각적 욕망이다. 무엇이 다섯인가?" 등으로[23] 시작된다. 뿐만 아니라 이처럼 새로운 부분은 아홉 가지 수행단계에 대해 도식적으로 설명되어 있어

22) Akuppā no vimutti, ayamantimā Jāti natthi dāni punabbhavo ti.
23) Pañcime Bhikkhave kāmaguṇā, katame pañca.

후대의 것임을 드러낸다.[24] 이 부분은 소재와 비유에 있어서 이 경전보다는 앞에서 다룬 『맛지마니까야』의 스물다섯 번째 경전과 훨씬 더 밀접하게 관련되어 있음을 알 수 있다. 『맛지마니까야』의 스물여섯 번째 경전은 서로 다른 두 경전, 즉 「아리야빠리예사나 숫따(Ariyapariyesana sutta)」와 「빠사라시 숫따(Pāsarāsi sutta)」를[25] '혼동'하여 나타나는 것이 아닐까 싶다. 우연히 제목을 혼동했다고 한다면 오히려 잘 설명될 수 있을 것 같다.

다른 전기(傳記) 경전 두 가지 — 『맛지마니까야』에서 다른 전기(傳記) 경전 두 가지 중 서른여섯 번째 경전[「마하삿짜까 숫따(Mahāsaccaka sutta)」]이 나머지 하나보다 확실히 더 후대의 것이다. 이는 '보디삿따(Bodhisatta, 菩薩)'의 개념이 생겨났던 시기에 속한다.[26] 경전의 내용을 보면, 붓다의 고행을 묘사하면서 극도로 과장된 표현에 열중하는 것에 주목할 수 있다. 물론, 붓다가 '탐색'하는 동안 엄격한 금욕주의를 시도했을 가능성은 있으나 붓다를 따르는 사람들이 니간타(Nigaṇṭha)들의 비난을 물리치려는 열망으로 그 혹독함을 과장하려 한 경향과 부합되었을 가능성이 더 높다. 이 경전은 그 결과를 암시하고 있다. 삿짜까(Saccaka)—니간타뿟따(Nigaṇṭhaputta)—는 "실로 존자 고따마의 제자들은 마음을 닦는 수행에만 전념하고 몸을 닦는 수행에는 전념하지 않는다."라고 평가한다.[27] 붓다는 이러한 두 가지 방식의 '수행(Bhāvanā, 계발)'

24) *역자주: 9가지 수행의 도식적 단계는 색계 4선정, 무색계 4선정, 그리고 상수멸정을 말한다.
25) 이 제목에 대해서는 Papañcasūdanī. Ⅱ. p.163 참조.
26) 〈참조〉 Hardayal, The Bodhisattva Doctrine in Sans. Buddh. Lit., p.43.
27) MN. Ⅰ. p.238.: Addhābhoto Gotamassa sāvakā cittabhāvanānuyogamanuyuttā viharanti no kāyabhāvananti.

이 갖는 참된 성질에 대해 설명해 줌으로써 답변을 대신하였고, 삿짜까는 확실하게 설득되었다. 그러나 붓다는 거기서 그치지 않고, 계속해서 일상적인 감각에 비할 수 없는 '까야바와나(Kāyabhāvanā, 身修行)' 체험을 어떻게 하는지에 대해 자전적인 이야기를 통해 상세하게 설명한다. 이처럼 어떤 영역에서든 '뒤에' 처져 있다고 여기지 않는, 자만에 찬 염려는 붓다 자신보다 제자들의 의견과 더 일치하는 것으로 보인다. 또한 앞서 언급했듯이, '보디삿따(菩薩)'라는 용어를 사용한다는 사실만으로 이 경전의 교학적 구성을 의심할 여지는 거의 없다고 본다.[28)]

『맛지마니까야』에서 전기적인 내용을 다루는 세 경전들 중 마지막인 여든다섯 번째 경전[「보디라자꾸마라 숫따(Bodhirājakumāra sutta)」]이 가장 완전하다. 왜냐하면 금욕주의와 '윗자(vijjā, 明智)'에 대한 설명이 부족한 「아리야빠리예사나 숫따」[26경], 브라흐마야짜나(Brahmāyācana, 梵天의 要請) 이후에 대한 설명이 부족한 「마하삿짜까 숫따」[36경]의 설명과 결합되기 때문이다.

물론, 직접적으로 차용했는지는 입증할 수 없지만, '보디삿따'라는 용어를 사용한 여든다섯 번째 경전이 어쨌든 서른여섯 번째 경전인 「마하삿짜까 숫따」보다 더 초기의 것이 될 수 없음을 드러내고 있다.

이들 세 경전 모두가 「랄리타비스타라(Lalitavistara, 方廣大莊嚴經)」에 있는 설명과 상당히 비슷한데, 곳곳이 정확히 닮아 있다.[29)] 하지만 「랄리타비스타라」에 사용된 자료의 불확실성 때문에 이처럼 유사하다는

28) 백 번째 경전의 대부분은 이 경전에 나타난 고행주의에 대해 반복하는 내용으로 이루어져 있다. 두 경전은 확실히 독립적이지 않다. 둘 다 동일한 문헌을 표준으로 사용했을 수도 있다. 백 번째 경전 말미의 질문—Atthi devāti—은 아흔 번째 경전에도 나타나지만, 붓다가 답변하는 방식은 전혀 다르다.

29) 「제10장 붓다의 생애」 부분 참조.

사실(또는 상이점이 수반된다는 사실)은 이러한 경전이 초기의 것이라는 점도 후기의 것이라는 점도 드러내줄 수 없다.

경전 61: 초기의 경전으로 되돌아가서 「암발랏티까라훌로와다 숫따(Ambalaṭṭhikārāhulovāda sutta)」는 간단하고 실용적이며 짧기까지 하다. '자기성찰(빳짜웩카나Paccavekkhaṇa)'에 대한 서술이 정형구의 도입에 적합한 기회를 제공하고 있음에도 불구하고 이 경전에는 어떠한 정형구도 보이지 않으며, 교리에 관해서는 「사띠빳타나 숫따(Satipaṭṭhāna sutta)」에서 사용된 맥락과 유사성을 지닌다.

라훌라(Rāhula)에게 설한 몇 가지 다른 경전과 『맛지마니까야』의 예순한 번째 경전[「암바랏티까라훌로와다 숫따」]을 구분하기 위해서 아소카 왕은 "부처님께서 라훌라에게 거짓말과 관련한 교훈"이라는[30] 설명을 택한 것임을 암시하고 있다. 이러한 구분은 가능한 일이다. 한편, 아소카 왕이 다른 문헌들, 이를테면 「알리야와사니(Aliyavasāni, 고귀한 삶)」 같은 문헌에 관심을 보이지 않았다는 사실을 상기해야 한다.[31] 이 경전이 두 부분으로 나뉜다는 점에 주목할 만한데, 첫 번째 부분은 '삼빠자나무사와다(Sampajānamusāvāda, 고의로 하는 거짓말)'를, 두 번째 부분은 신구

30) 아소카(Aśoka)왕의 Bairāt Edict., Ecā Lāghulovāde musāvādaṃ adhigicya Bhagavatā Budhena bhāsite.

31) *역자주: 아소카 왕(대략 B.C. 268~232년)은 그의 캘커타 바이라트(Calcutta-Bairāṭ) 비문에 빠알리 니까야의 여러 경들을 인용하고 있는데, 그 비문의 내용은 다음과 같다. "그는 존자들이여, 부처님께서 설하신 어떠한 가르침이든지 그것은 훌륭하게 설해진 것입니다. 존자들이여, 진정한 가르침이 오랜 기간 존재할 수 있도록 하기 위해 나의 생각을 말하는 것이 옳다고 봅니다. 존자들이여, 짐은 수많은 비구와 비구니들이 다음과 같은 가르침의 경들을 항상 배우고 사유하기를 원합니다.: ① 제어에 대한 선양(Vinayasamukkasse), ② 고귀한 삶(Aliyavasāni), ③ 미래에 대한 두려움(Anāgatabhayāni), ④ 성자의 노래(Munigāthā), ⑤ 성자의 삶에 대한 법문(Moneyasūtte), ⑥ 우빠띠싸의 질문(Upatissapasine), ⑦ 라훌라에 대한 교훈(Lāghulovāde). 마찬가지로 부처님의 재가의 남녀 신도들도 이 성스러운 경들을 듣고 사유하여야 합니다."

의(身口意) 삼행(三行)을 정화한다는 의미로 '빳짜웩카나(Paccavekkhaṇa, 省察)'를 다루고 있다. 이 둘은 밀접한 관련성이 별로 없고, 설법에서 '무사와다(Musāvāda, 거짓말)'에 대한 부분은 짧은 편이며 교리상 덜 중요한 부분이다.

아소카 왕이 「라훌라 숫따」의 두 부분 중 첫 번째 부분에 대해 보다 주목하기를 원해 상세한 설명을 택했을 가능성이 있지 않을까 싶다.[32]

경전 63: 예순세 번째 경전은 말룽끼야뿟따(Māluṅkyaputta)에게 '아비야까따(Abyākata, 無記)'로 설한 유명한 설법이다. 말룽끼야뿟따는 근본적인 문제를 날카롭게 표현하면서 단호하고 완강한 태도를 취하고 있다. 붓다는 말룽끼야뿟따가 제기한 질문에 답을 하거나 모른다는 사실을 솔직히 인정해야 하는 상황이다. 붓다는 화살에 대한 비유로써 대답하였으며, 이는 사실상 편의에 호소한 것으로 보인다.

붓다가 자주 직면해야 했던 문제의 본질, 단순하고 실질적인 답변의 특성, 비유의 중심 역할, 이러한 모든 특성을 살펴볼 때 이 경전이 전체적으로 초기의 것이라는 인상을 준다.

경전 71: 일흔한 번째 경전은 대단히 짧다. 붓다는(자이나교 방식으로) 전지(全知)함을 과시하는 태도를 완전히 거부하고, '삼명(三明, tevijjā)'의 지혜로 대체하라고 요구한다. 이는 의심의 여지 없이 초기 층에 해당한다. 다만, 신격화가 진행됨에 따라 『맛지마니까야』의 아흔 번째 경전[「깐나깟탈라 숫따(Kaṇṇakatthala sutta)」]에 실린 최소한의 [자부하는] 견해까지도 논쟁에 휘말리게 된다. 왜냐하면 경전의 내용을 넘어서는 주제이기

32) 〈참조〉 MN, 경전 61; Lévi, JA 1912, Nov.-Dec., 495. "중국어로 번역된 산스크리트 문헌에서 거의 동일하게 발견된다(『중아함(Madhyamāgama)』 열네 번째 경전 Tchoung A-Lan)."

때문이다.

경전 108: 백여덟 번째 경전은 역사적 서사를 배경으로 하고 있는 것으로 보인다. 붓다의 입멸 직후 아자따삿뚜(Ajātasattu)가 빠조따(Pajjota)로부터 위협을 받아 라자가하(Rājagaha)를 요새화하던 시기에 해당한다고 볼 수 있다. 이러한 배경은 니까야에서 매우 보기 드문 것으로, 이 경전의 진실성을 의심할 필요는 없을 것 같다. 또한 내용은 경전에서 묘사하고 있는 사건과 그다지 멀지 않은 때이다. 이 경전이 동일 시대에 편집되었을 것이라는 가정과 긴밀하게 연결되어 있다. 아난다는 바라문 고빠까 목갈라나(Gopaka Mokkalāna)와 마가다(Magadha)의 마하맛따(mahāmatta, 首相)인 왓사까라(Vassakāra)에게 붓다는 자신의 뒤를 이을 사람으로 어떠한 개인도 지정하지 않았으며, 따라서 '담마(Dhamma, 法)'만이 유일한 의지처(Paṭisarana)라고 설명한다. 또한 담마는 경(sutta, 經)이나 율(vinaya, 律)이 아니라, "학처(學處)를 정하고 바라제목차(波羅提木叉)를 제정했다."로 정의하고 있다.[33] 아난다는 더 중요한 '사만냐팔라(Sāmaññaphala, 沙門果)'[34]가 포함된 열 가지 '빠사다니야담마(Pasādanīyadhamma, 믿음을 주는 법)'에 대해 자세히 말한다. '담마'에 대해서 이처럼 요약된 것은 정전(正典)으로 인정된 문헌과 함께 불교 공동체의 중심 교리가 아직 정교하게 다듬어지지 않은 시대에 해당하는 것으로 보인다. 또한 붓다가 뒤를 이을 사람을 아무도 남기지 않았다는 사실은 이 가르침이 새로운 사실일 때에만 진기한 일일 수 있다. 붓다의 입멸 후 오랜 뒤, 적어도 라자가하 인근 지역에서는 이러한 가르침이 남

33) MN. Ⅲ, p.10.: Yaṃ Sikkhāpadaṃ paññattaṃ Pātimokkhaṃ uddiṭṭham.
34) 사만냐팔라(Sāmaññaphala, 沙門果) 목록이 초기의 것이라는 점은 『디가니까야』의 두 번째 경전에 대한 언급 참조.

아 있지 않았을 것이다.

경전 144: 백마흔네 번째 경전은 자살을 하는 찬나(Channa)의 마지막 순간에 관한 내용이다. 이는 자이나교와 유사점이 발견되는 오래된 관습이다.[35] 경전은 감각, 감각인식, '감각을 인식할 수 있는' 대상이 '무아의 속성(아라한과)'을 지니는 데 대해 교리문답 형식으로 다루고 있다. 하지만 이러한 내용이 후대의 것이라고 볼 수 있는 확실한 징후는 아니다. 반면에, 마하쭌다(Mahācunda)가 찬나에게 전하는 다음 이야기에는 확실히 오래된 흔적을 지닌 인용문이 포함되어 있다. "그러므로 존자 찬나여, 그분 세존의 이러한 교설에 항상 주의를 기울여야 합니다. [즉] 의지하는 자는 동요하고 의지하지 않는 자는 동요하지 않습니다. 동요하지 않을 때 편안합니다. 편안할 때 치우침이 없습니다. 치우침이 없을 때 오고 감이 없습니다. 오고 감이 없을 때 죽음과 태어남이 없습니다. 죽음과 태어남이 없을 때 이 세상도 없고 저 세상도 없으며, 이 둘의 중간도 없습니다. 이것이야말로 괴로움의 끝입니다."[36] 이 구절의 형식은 자이나교의 교리를 요약해 둔 「데와다하 숫따(Devadaha sutta)」의 구절과[37] 비교될 수도 있다. 또한 붓다는 찬나의 행동을 비난하지 않았으며,[38] 붓다가 설한 "사리뿟따여, 나는 이 몸을 내려놓고 다른 몸을 움켜잡는 자를 비난받는 자라고 말한다."[39]라는 문장은 후대 사람들이 무

35) 뒤의 내용 참조.

36) MN. Ⅲ, p.266.: Tasmātiha, āvuso channa, idaṃ pi tassa Bhagavato sāsanaṃ niccakappaṃ manasikātabbaṃ; nissitassa calitaṃ anissitassa calitaṃ natthi; calite asati passaddhi, passaddhiyā sati nati na hoti; natiyā asati āgatigati na hoti; āgatigatiyā asati cutūpapāto na hoti; cutūpapāte asati n'ev'idha na huraṃ na ubhayamantarena es'evanto dukkhassāti.

37) 〈참조〉 Ud. p.8 (Nāgarī본).

38) 윤리적 문제가 발생된 것은 붓다가 깨달은 직후에 직면했던 문제와 유사하다.

39) 앞의 인용문: Yo kho Sāriputta, imañca kāyam nikkhipati aññañca kāyaṃ upādiyati,

아(無我)에 대해 이해한 교리와는 거의 일치되지 않는다.

끝으로 관련된 사람의 사후, 시간이 흐른 후에 그의 죽음에 대해 기록하는 경전에서 새롭고 독특한 개연성이 없다는 점은 이 경전을 초기의 것으로 추정할 수 있는 배경이 된다. 물론, 오래된 소재를 다시 손질했을 가능성을 배제하는 것은 아니다.

(b) 후기

경전 8: 이 경전은 버리고 없애는 삶(Sallekha)을 따르면 실행될 수 있는 마흔네 가지 특성을 소개하고 있다. 불교수행을 현대의 금욕적이고 신비로운 수행과 구분하고자 시도했던, 덜 장황하면서도 더 예리한 '살레카빠리야야(Sallekhapariyāya, 버리고 없애는 삶의 가르침)'가 이미 존재하는 과장된 형식이었을 가능성이 매우 높다.

경전 12: 『맛지마니까야』의 열두 번째 경전인 「마하시하나다 숫따(Mahāsīhanāda sutta)」는 지나칠 정도로 장황하다.[40] 수낙캇따 릿차위뿟따는 붓다의 초월적인 힘, 붓다가 설한 담마(Dhamma, 法)를 비방한다. 이 때문에 붓다는 자신의 가르침을 자화자찬하게 된다. 붓다는 따타가따(Tathāgata, 如來)의 열 가지 힘(Bala)과 네 가지 탁월함(Vesārajja)에 대해 자세하게 열거하면서 자신이 지니고 있는 여덟 가지 빠리사(Parisā, 무리), 네 가지 요니(Yoni), 다섯 가지 가띠(Gati)에 대한 지식을 설명한다. 그런 다음 붓다는 자신이 극단적으로 고통스러운(Paramatapassī), 극단적으로 구차한(Paramalūkho), 극단적으로 삼가는(Paramajegucchī), 극단적으로 외로운(Paramavivitto) 삶을 살았음을 보여준다. 붓다는 여든이라는

---

tamahaṃ sa-upavajjoti vadāmi.

40) 붓다의 금욕주의에 대해서는 서른여섯 번째 경전의 서술과 비교.

나이에도 민감하여 자신이 몇몇 젊은이들을 합친 에너지보다 우월하다고 거리낌없이 주장하고 있다.[41] 또, 붓다는 자신을 비난하는 사람은 지옥에 떨어질 것이라고 주의를 주며 여러 차례 언급한다.

이 경전은 시기(時期)와 태도 면에서 『디가니까야』의 「빠티까 숫따(Pāṭikasutta)」와[42] 유사하며, 「쭐라시하나다 숫따(Cūlasīhanāda sutta)」와는 단지 제목만 유사할 뿐이다.

경전 28: 『맛지마니까야』의 스물여덟 번째 경전에는 사리뿟따가 한층 발전된 오온설(五蘊說)을 설명하는 설법이 수록되어 있다. 인간을 일시적인 물질과 '의존적인' 현상의 집합체라고 본다. 네 가지 요소는 한층 더 자세히 설명되는데, 윈냐나(Viññāṇa, 識)는 오직 '부수적으로 일어나는 현상'의 개념이다. 빈 공간이라는 의미에서 '아까소(ākāso, 虛空)'를 사용하는 것도 보인다.[43]

본 경전에는 『맛지마니까야』의 스물한 번째 경전[44]에서 인용한 부분이 나온다. "세존께서는 톱의 비유에서 이렇게 말씀하셨다. '만약 도둑들이나 첩자들이 두 개의 날이 달린 톱으로 사지를 마디마디 자른다고 할지라도, 그럴 때라도 마음이 더럽혀지는 자는 나의 가르침을 따르는 자가 아니다.'"[45] 이런 부분을 살펴보면, 본 경전이 스물한 번째 경전

---

41) 이와는 대조적으로, 여든 살이라고 표현되어 있는 『디가니까야』의 열여섯 번째 경전에서는 겸손함이 드러난다.

42) 동일한 인물이 기적에 대해서 붓다를 비난한다.

43) MN. Ⅰ. p.190.

44) 멧따(Mettā, 慈愛)에 대해 가장 열정적으로 설명하는 내용이 실려 있다. 비유와 우화도 풍부하다. 아마도 상당히 초기의 경전인 것 같다. *역자주: 21경은 「까까쭈빠마 숫따(Kakacūpama sutta)」로 톱에 대한 비유를 다루고 있다.

45) 위의 책, p.189.: vuttaṃ kho panetam bhagavatā kakacūpamovāde: ubhatodaṇḍakenāpi ce bhikkhave corā acarakā aṅgamaṅgāni okanteyyuṃ, tatra pi yo mano padoseyya na me so tena sāsanakaroti.

보다 후대의 것이라는 사실이 드러난다. 이 경전의 190-191쪽에는 "세존께서는 이렇게 말씀하셨다. '연기를 보는 자 법(dhamma, 진리)을 보고, 법을 보는 자는 연기를 본다.'"라는 또 다른 유명한 인용문이 있다.[46] 하지만 이 경우에 출처가 분명하게 명시되어 있지 않다.

또한 서른두 번째 경전[「마하고싱가 숫따(Mahāgosiṅga sutta)」]에는 발전되고 표준화된 아홉 가지 수행단계[47]뿐만 아니라 여덟 가지 신(神)의 등급에 대한 목록도 수록되어 있어 후대의 것임을 시사하고 있다.

경전 33: 이 경전에는 접촉지점을 열한 가지 확립한 비구와 소를 치는 목동을 상세하게 비교한 내용이 들어 있다. 붓다는 "비구들이여, 열한 가지 특징을 갖춘[소치는 사람은]…"[48]이라고 설법을 시작한다. 이런 형식에서는 『앙굿따라니까야』가 연상된다. 뿐만 아니라, "법을 지니고 율을 지니고 논모(論母)를 지닌 비구들은…"[49]이라는 설명에서 이미 이들 세 종류를 다르게 구분하기 시작했음을 알 수 있으며, 경전이 후대에 발달된 단계임을 시사한다. 끝으로 이 경전은 "경험이 있고 출가한 지 오래되며 상가의 아버지이자 상가의 지도자인 장로비구들을 깊은 존경으로 공경하는 자가 된다."[50]라고 '장로(Thera)'에게 존경을 드러내 보이는 데 상당한 비중을 두고 있음도 주목할 만하다. 아네사키

---

46) MN. Ⅰ, p.190f. vuttaṃ kho panetaṃ Bhagavatā: yo Paṭiccasamuppādaṃ passati so dhammam passati, yo dhammaṃ passati …. 〈참조〉 "Yo bhikṣavaḥ pratītyasamutpādaṃ paśyati sa dharmam pasyati, yo dharmaṃ paśyati sa Buddhaṃ paśyati." AK. V. Ⅲ. p.48에서 인용.

47) 이 목록의 발달에 대해서는 「제13장 니르바나(Nirvāṇa, 涅槃)에 이르는 길」 부분 참조.

48) 위의 책, p.220: Ekādasehi bhikkhave aṅgehi samannāgato.

49) 위의 책, p.220: bhikkhū … dhammadharā vinayadharā mātikādharā ….

50) 위의 책, pp.222, 224: Ye te bhikkhū therā rattaññū cirappabbajitā saṅghapitaro saṅghapariṇāyakā te atirekapūjāya pūjetā hoti.

(Anesaki)는 "내가 아는 한, 한역 아함에서 이 호칭, '장로'는 딱 세 번 나온다. 그 외에는 아유스만(Āyuṣman, 具壽)이라는 호칭이 사용되었다. 한역본이 불교사에서 아직 장로(Thera)의 권위가 확고해지지 않은 시기로 추정되는 전통에서 비롯되었는지, 정통 장로의 권위에 적대적인 부파로부터 전해졌는지 결론 내릴 수 있을까?"라고 말한다.[51)]

『맛지마니까야』의 백여덟 번째 경전에서 아난다는 바라문에게 "이러한 법들을 지니고 있는 자를 우리는 지금 존경하고 존중하고 공경하고 숭상하여, 존경하고 존중하고 의지하며 지낸다."[52)]라고 말한다. 이는 붓다가 밝힌 열 가지 빠사다니야 담마(Pasādanīya dhaṃma, 믿음을 주는 법)를 통해 얻게 된 존경의 기준을 말하는 것이다. 여기서 특별히 공경 받는 사람으로서 "출가한 지 오래되며 상가의 아버지인 장로들(Therā… cirappabbajitā saṅghapitaro…)"의 나이에 대한 구체적인 언급은 없다. 따라서 '장로'의 권위는 시간의 흐름에 따라 서서히 확대되었으며,[53)] 모두가 인정하지는 않았음을 알 수 있다. 『맛지마니까야』의 서른세 번째 경전은 '권위주의적' 측면을 공공연하게 지지하고 있으며, 그로 인해 후기 경전이 갖고 있는 일반적인 모습을 확인할 수 있다.

경전 35: 서른다섯 번째 경전에는 릿차위(Licchavi) 회합 중에 삿짜까(Saccaka, 니간타뿟따Nigaṇṭhaputta)와 붓다 사이에 벌어졌던 논쟁이 다뤄진다. 붓다는 "비구들이여, 물질은 무상하다 … 의식은 무상하다. 물질은 … 무아이다 … 의식은 무아이다. 모든 형성력[行]은 무상하고 모든

51) JRAS. 1901, p.897.

52) MN. Ⅲ. p.11.: Yasmiṃ no ime dhammā saṃvijjanti taṃ mayaṃ etarahi sakkaroma garukaroma mānema pūjema, sakkatvā garukatvā upanissāya viharāma ….

53) 상가(saṅgha, 僧伽)의 발달에 있어서 '홀로 은둔 수행'하는 단계의 흔적 역시 이를 뒷받침해 준다.

법은 무아이다."라는 정형구로 자신의 입장을 밝힌다.[54] 오온이 안앗따(Anattā, 無我)라는 교리는 불교의 가르침에서 핵심을 차지해 왔으며, 실제로 다른 무엇보다도 중요하다. 이러한 내용은 교학이 완성된 시기임을 시사한다.

삿짜까 니간타뿟따(Saccaka Nigaṇṭhaputta)는 오온의 '유아성(有我性)'을 주장하면서도 이처럼 뿌리사 뿍갈라(Purisapuggala, 人間)에 대해 다섯 가지 요소로 분석한 내용을 은연중에 받아들이는 것으로 묘사되고 있다. 이는 니간타(Nigaṇṭha)가 정신과 마음에 대해 갖고 있는 견해라고 알려진 것과는 다소 차이가 있다. 그저 전체적인 상황이 오온(五蘊)에 적용되는 삼법인(三法印)에 대한 따분한 교리문답을 다시 주장하기 위한 문학적 장치에 불과하거나[55] 아니면 유아론(有我論)에 심취한 편집자가 니간타뿟따의 견해에 대한 왜곡된 내용을 가장 뛰어나다고 소개한 것일 수 있다. 실제로, 삿짜까의 서술에 대해 면밀하게 검토해 보면 두 번째 안(案)의 신빙성이 제기된다. 편집자는 "존자 고따마여, 예를 들면 성장하고 자라고 번성하는 어떠한 씨앗과 초목이라도 그 모든 것들은 땅에 의지하고 땅에 굳게 서서"[56]라는 비유로 전도유망하게 시작한다. 이는 마음에 대해 루빠(Rūpa, 物質)를 윈냐나(Viññāṇa, 意識)의 토대나 의지처로 보는 견해를 동시에 보여준다. 실제로 따라오는 내용은 훨씬

54) MN. Ⅰ. p.230. 229쪽에서 앗사지(Assaji)가 같은 개요를 말한다. 이는 『마하왁가(Mahāvagga)』에서 그가 "ye dhammā hetuppabhavā" 등으로 달리 말한 것과 비교될 수도 있다. 둘 다 비슷하게 추상적이고 보편적인 성격을 지니고 있다.: Rūpaṃ bhikkhave aniccaṃ … viññāṇaṃ aniccaṃ ; rūpaṃ … anattā … viññāṇaṃ anattā; sabbe saṅkhārā aniccā, sabbe dhammā anattā, ti.

55) 위의 책, pp.232-233.

56) 위의 책, p.230.: … Seyyathāpi bho Gotama ye kecime bījagāmabhūtagāmā vuḍḍhiṃ virūdhiṃ vepullam āpajjanti sabbe te paṭhaviṃ nissāya paṭhaviyaṃ patiṭṭhāya ….

더 일관성 없고 "이와 같이 물질을 자아로 가지고 있는 이 사람은 물질에 굳게 서서 … 의식을 자아로 가지고 있는 [이 사람은] …"으로 표현된다.[57] 이 문장은 더 적합한 결과의 위치를 차지한 것으로 보인다. 오온에 대한 정형구를 통해 지위가 강화된 또 다른 사례도 있다.

이 경전이 후대의 것이라는 마지막 징후는 논쟁에서 붓다의 편에 끼어드는 약카(Yakkha, 夜叉) 이야기에서 찾을 수 있다. 이처럼 기적적인 사건은 『디가니까야』의 세 번째 경전에서도 찾아볼 수 있다.

경전 41, 42: 이들은 같은 경전의 변형으로, 서두 부분의 '사람 이름'과 '지역 이름'에 한해서만 차이가 있다. 주요 설법은 둘 다 정확히 일치한다. 주요 설법이란 순수한 삼업(三業)과 불순한 삼업이라는 두 가지 개념과 단일 구성에서 열 가지 '실라(sīla, 戒)'를 종합한 것으로, 세 가지 의업(意業), 네 가지 구업(口業), 세 가지 선하거나 악한 신업(身業)의 목록이 제시되고 있다. 그러나 스물다섯 등급의 신의 체계, '브라흐마까이까(Brahmakāyika, 梵神天)' 이상은 열여덟 등급을 설명한다는 사실에서 이 경전이 후대의 것임이 더욱 더 분명해진다. 그럼에도 불구하고 불교 신화가 분명하게 발달하기 훨씬 이전을 나타낸다.

경전 43, 44: 마흔세 번째와 마흔네 번째 경전은 유명한 「웨달라숫따(Vedalla sutta)」이다. 두 경전은 교리문답 형식으로 일련의 전문용어들을 설명하고 있다. 딱딱하고 철학적이며 교리적인 분위기에서 토론이 진행되었다. 예를 들어, 빤냐(Paññā, 智慧)와 윈냐나(Viññāṇa, 識)에 대해 정확한 정의와 미세한 차이의 내용을 포함한다.[58] 교리적으로 상당히 발

57) 앞의 인용문.: Evameva … rūpattāyam purisapugalo rūpe patiṭṭhāya … viññāṇattā ….

58) MN. Ⅰ, pp.292-293.

전했음을 전제로 하며, 교학이 체계화되는 경향을 매우 분명하게 보여준다. 비록 두 번째에서(경전 44에서) 결국 담마딘나(Dhammadinnā)를 칭찬하기는 하지만, 붓다가 토론에서 어느 쪽에도 참여하지 않았다는 점은 중요한 부분이다.

경전 50: 쉰 번째 경전은 마하목갈라나(Mahāmoggalāna)의 배에 들어가고 어떻게 목갈라나의 조카가 되는지 잘 알고 있는 마라(Māra)에 관한 흥미로운 에피소드를 들려준다. 마하목갈라나는 까꾸산다 붓다(Kakusandha Buddha, 阿彌陀佛) 시절에 어떻게 지금의 마라가 누이(Kāḷi)의 아들인 마라 두시(Māra Dūsī)가 되었는지를 기억해 낸다. 서른일곱 번째 경전에 분명하게 언급하고 있는 마하목갈라나의 경이로운 공적을 회상하는 게송이 여러 가지 들어 있다.[59)]

이 경전은 창시자의 기억을 신화적 안개가 전반적으로 뒤덮어버린 시기에 해당된다. 과거세(過去世)의 붓다의 이름이 언급된 것 역시 이 경전이 후대의 것임을 나타내고 있다.

경전 64: "그렇다면 왜 어떤 비구들은 심해탈을 얻고 어떤 비구들은 혜해탈을 얻는가? … "[60)]라고 쩨또위뭇띠(Cetovimutti, 心解脫)와 빤냐위뭇띠(Paññāvimutti, 慧解脫)를 구별한다는 점에서 이 경전이 후대의 것임을 짐작할 수 있다. 경전의 나머지 부분은 다섯 가지 '오람바기야 상요자나(Orambhāgiya saṃyojana, 낮은 단계의 속박)'에 대한 정형구를 설명하면서, 그 방법으로 일곱 가지 선정의 단계(viññāṇānañcāyatana, 識無邊處까지)를 자세하게 설명하고 있다. 이러한 내용은 이 경전이 후대의 것이라

---

59) Ⅱ, 17-23, M.Ⅰ.의 pp.237-238 참조.
60) MN. pt.Ⅰ, p.107(Nāgarī본).: … Atha kiñcarahi ekacce bhikkhū cetovimuttino ekacce Paññāvimuttinoti.

는 느낌과 자연스럽게 어울린다. 경전(Nāgarī본)의 두 번째 단락에서는 정형화되었을 수도 있는 매우 흥미로운 문제, 즉 어린 아이의 정신발달이 아직 미숙한데[61] 어떻게 '아누사야(Anusaya, 잠재성향)'가 그 아이에게 적용된다고 말할 수 있을까 하는 문제가 제기되어 있다. 그럼에도 불구하고 이 경우에 교리적으로 적용 가능하다고 주장하고 있다. 하지만 구체적인 설명은 없으며, 대신에 다섯 가지 상요자나(saṃyojana, 束縛)를 일반적인 방법으로 설명할 뿐이다. 그러한 견해는 '아누사야'가 '찟따윕빠윳따(cittavippayutta)'라는, 이를테면 인간에게 존재하는 비도덕적 경향은 그러한 무의식과 일치한다는 것을 암시하는 것으로 보인다. 주지하다시피, 일부 종파는 실제로 이러한 견해를 가지고 있었다. 그렇다면 이 부분에서 적합하지 않은 내용이 덜 삭제되고 남아 있는 것으로 봐야 하는가.

경전 75: 일흔다섯 번째 경전은 적어도 지금의 형태로는 길고 무질서하다. 또한 신화를 창작해 냄으로써 이미 기억의 빈틈을 메우기 시작했다고 짐작되는 방법으로 고따마(Gotama)의 젊은 시절을 묘사하고 있기에 후대의 것으로 볼 수 있다. 문제가 되는 부분은 "마간디야여, 이런 나에게 세 개의 궁전이 있었다. 하나는 우기에 머무는 곳이고 하나는 겨울에 머무는 곳이며 하나는 여름에 머무는 곳이었다. 마간디야여, 나는 우기에 머무는 궁전에서 우기 넉 달 동안 여자들의 악기 연주를 즐기면서 아래로 내려가지 않았다."이다.[62]

---

61) 문헌은 이러한 미숙함을 자세하게 설명하고 있다. 〈참조〉 경전 78.

62) MN. Pt.2, p.175(Nāgarī본.): Tassa mayhaṃ Māgandiya tayo pāsādā ahesuṃ, eko vassiko, eko hemantiko, eko gimhiko, So kho ahaṃ Māgandiya vassike pāsāde vassike cattāro māse nippurisehi turiyehi paricāriyamāno na heṭṭhā pāsādaṃ ārohāmi.

이 경전에는 확실히 초기의 것으로 보이는 내용이 들어 있다. 예를 들어 고따마에 대하여 '부나후(Bhūnahu, 살생하는 자)'라는 책임이라든가, '자짠다(Jaccandha, 눈이 먼 자)'에 대한 비유 같은 것이다.

경전 77: 일흔일곱 번째 경전에는 서른일곱 가지 보디빡키야담마(Bodhipakkhiya dhamma, 菩提分法)는 물론, 여덟 가지 위목카(vimokkha, 解脫), 여덟 가지 아비바야따나(Abhibhāyatana, 超克 段階), 열 가지 까시나야따나(kasiṇāyatana, 遍處)가 포함된 다양한 요소가 매우 길게 수집되어 있다. 즉 교리적으로 상당히 발전되었음을 예측할 수 있다.

경전 81: 여든한 번째 경전은 중요한 역할을 하는 깟사빠 붓다(Kassapa Buddha)에 대한 설화와 관련되어 있다. 따라서 후대의 것임이 나타난다.

경전 90: 아흔 번째 경전은 붓다와 빠세나디(Pasenadi) 왕의 대화 형식으로 다양한 질문에 답변하는 내용이 중간 길이로 통합된 작품이다. '전지자(全知者)'에 대한 해석은 일흔한 번째 경전보다 더 교학적이다. 이는 마하상기카(Mahāsaṅghika, 大衆部)와 왓시뿌뜨리야(Vātsīputrīya, 犢子部)의 견해와 견주어 사실상 사르바스티바다(Sarvāstivāda, 說一切有部)의 견해를 소개한 것이다.[63]

또한 여든네 번째 경전에 비해서 카스트 제도에 상당히 덜 진보적인 관점을 보인다는 점은 흥미롭다.[64]

경전 91: 위대한 사람의 서른두 가지 표식을 열거하고 있는 아흔한 번째 경전은 명백히 관습적이면서 동시에 이상적인 붓다의 특징을 기술하고 있다.

---

63) MN. Pt. Ⅱ, p.331(Nāgarī본.) 〈참조〉 Ab.K. Ⅵ, pp.254-255.
64) 위의 책, p.271과 p.332 비교.

경전 93: 아흔세 번째 경전은 카스트 제도에 대해 다루고 있으며, 재기 넘치는 논쟁으로 가득한 기존의 맥락에 비해 첨예한 논의처럼 보이지는 않는다. '요나 깜보자(Yona Kamboja, 깜보자 국의, 그리스·희랍)'를 언급하는 것에서 후대의 것임을 짐작할 수 있다.

경전 94: 아흔네 번째 경전에는 바라문 고따무카(Ghoṭamukha)가 상가(僧伽)를 위해 빠탈리뿟따(Pāṭaliputta)에 우빳타나살라(Upaṭṭhānasālā, 法堂)를 세우는 사건이 묘사되고 있다. "그것은 지금 고따무카라고 불린다."[65]라는 문장과 관련 있다. 경전 속의 화자(話者)는 당대의 사건을 다루고 있지 않으며, 기원에서 동일한 이름을 가진 옛 전설에 대해 이야기하고 있다.

이 경전은 붓다가 입멸했다고 분명하게 언급하는 데 주목할 수 있다. 또한 우데나(Udena)가 "우리는 금과 은을 받을 수 없습니다."[66]라고 단정적으로 설명한 것은 '2차 결집'에서 격렬하게 진행됐던 논쟁이 강하게 연상되게 한다.

경전 103: "즉, 사념처(四念處), 사정근(四正勤), 사신족(四神足), 오근(五根), 오력(五力), 칠각지(七覺支), 팔정도(八正道)이다."[67]라고, 전문용어로 간략하게 교리를 설명하고 있다. 37보디빡키야담마(菩提分法)에 대한 정형구는 확실하게 잘 구축되어서 그 내용에 대해 부연할 필요성을 느끼지 못한다. 이 경전은 "두 명의 비구가 아비담마에 대해 다른 의견을 가질 것이다."[68]라는 표현으로 경고하고 있다. 일반적으로 언급되는

---

65) MN. Pt. Ⅱ, p.373.: Sā etarahi Ghoṭamukhīti vuccati.

66) 위의 책, p.372.: Na kho no … kappati jātarūparajataṃ paṭigaṇhetuṃ ti.

67) M. Ⅱ. pp.238-9: Seyyathīdaṃ cattāro satipaṭṭhānā, cattāro sammappadhānā, cattāro iddhipādā, pañcindriyāṇi, pañca balāni, satta bojjhaṅgā, ariyo aṭṭhaṅgiko maggo.

68) M. Ⅱ. p.239.: Siyaṃsū dve bhikkhū abhidhamme nānāvādā.

아비담마 논쟁은 해석과 관련된 특징이 있다. 이 경전이 후대의 것임을 나타낸다.

경전 102: 백두 번째 경전에서 몇 가지 상황을 통해 이 경전이 후대의 것임을 짐작할 수 있다. 이 경전은 논의되는(uddesa, 說明라 부르는) 내용에 대해 간단히 설명하는 형식으로 시작한다. 「브라흐마잘라 숫따(Brahmajāla sutta)」처럼 통상 다섯 가지 '아빠란따누딧티(Aparantānudiṭṭhi, 미래와 관련된 독단적 견해)'를 세 가지로 재분류한 이교도의 형이상학적 추론과 연결이 논의된다. 기본 목록에 비해서 '정확히 규정할 수 없는' 문제들이 훨씬 더 많으며, 모두 네 겹의 논의 과정에 따라 다뤄지고 있다. 따라서 이 경전은 「브라흐마잘라 숫따」의 일부 내용에 대하여 교학적 활동이 한층 발전한 결과로 보인다.

경전 109: 백아홉 번째 경전은 오온에 대해 교학적으로 철저히 분석한 내용을 교리문답 형식으로 소개하고 있다. 상당히 흥미로운 점은 왜 무아론(無我論)이 누군가에게 영향을 미쳐야 하는가라고 하는[69] 적절한 이의가 제기되었으나 아무런 답변이 없다는 사실이다. 답변 대신 오온에 적용될 수 있는 삼법인에 대한 진부한 문답이 제시된다. 마치 이어지는 이야기의 원본을 삭제하고 일종의 '만병통치약'으로 답변을 대체하였다는 의심을 강하게 불러일으킨다.

경전 111: 백열한 번째 경전은 '산냐웨다이따니로다(Saññāvedayitanirodha, 想受滅)'까지 아홉 가지 수행단계에 대해 심리학적으로 대단히 자세하게 분석하여 설명하고 있다. 리스 데이비즈 여사는 『담마상가니(Dhammasaṅgaṇi, 法集論)』의 형식과 유사하다고 지적한다.[70] 이러한 형

---

69) 위의 책, Ⅲ. p.19.
70) JRAS. 1902.

식은 '초기' 사례로 보아야 할 것이라는 리스 데이비즈 여사의 설명은 사실이지만, 형식 자체는 후기의 것이라고 말하는 것 역시 가능하다. '아비담마' 문헌과 비교했을 때는 이 경전이 초기의 것일 수도 있지만, 문체가 상당히 유사한 것으로 보아 후대로 간주해야 할 것이다.

경전 112: 백열두 번째 경전은 일관성은 전혀 고려치 않고 서둘러 끌어 모은 듯한, 다른 단계에 대한 여러 요소들의 모습을 복합적으로 소개하고 있다. 예를 들어 오온의 하나인 윈냐나(viññāṇa, 識), 육계(dhātu, 界)의 하나인 윈냐나, 육식(六識)으로서의 윈냐나, 몸과 짝을 이루는 윈냐나로, 서로 다른 네 가지 윈냐나의 개념이 소개된다. 이 경전은 "그분 세존, 아시는 분, 보시는 분, 아라한, 정등각자에 의해 바르게 설해졌다."[71]라는 교리에 집중하는 특징을 보이고 있어서 [교리상으로] 상당한 발전이 있었음을 짐작할 수 있다.

경전 115: 백열다섯 번째 경전은 "요소[界]에 능숙[善]하고 감각장소[處]에 능숙하고 연기(緣起)에 능숙하고 옳음과 그름에 능숙한"[72] 사람이 잘 배운 수행승(지혜로운 비구, Paṇḍitobhikkhu)이라고 강조하고 있다. 그러고 나서 교리적으로 간결하게 설명을(좀 더 정확히 말하면 열거를) 이어간다. 처음에는 여섯 종류의 '다뚜(dhātu, 界)', 즉 십팔계, 육계 세 종류, 삼계, 이계 순으로 나열된다. 숫자가 점차 줄어드는 체계에 주목할 필요가 있다. 그리고 일반적이면서도 관념적인 정형구로 시작되는 연기(Paticcasamuppāda, 緣起)가 이어진다.

앞서 살펴본 경전과 마찬가지로 이 경전이 후대의 것임을 짐작케 하

71) M. Ⅲ. p.29 등.: tena bhagavatā jānatā passatā arahatā sammāsambuddhena sammadakkhātā.

72) 위의 책, p.62.: dhātukusalo ca-āyatanakusalo … Paticcasamuppādakusalo … ṭhānaṭṭhānakusalo ca ….

는 교리적 발전에 대한 설명이 나타난다. 무미건조하게 분류하고 열거하는 설명 방식이 이런 짐작에 들어맞는다.[73]

경전 116: 백열여섯 번째 경전은 라자가하의 이시길리(Isigili) 언덕에 살았던 500명의 빳쩨까붓다(Paccekа Buddha, 辟支佛)에 대해 이야기하고 있다. 게송과 산문 형태의 몹시 긴 500 빳쩨까붓다의 명단으로 설명을 뒤덮고 있다.

경전 120: 백스무 번째 경전은 신들을 25등급으로 분류하여 열거하고 있다. 브라흐마(Brahmā, 梵天)를 다시 사핫소브라흐마(sahassobrahmā, 1,000범천), 디위사핫소브라흐마(divisahassobrahmā, 2,000범천), 띠브라흐마(tibrahmā, 3범천), 짜뚜브라흐마(catubrahmā, 4범천), 빤짜브라흐마(pañcabrahmā, 5범천), 다사브라흐마(dasabrahmā, 10범천), 사따브라흐마(satabrahmā, 100범천)로 세분하면서, 사핫실로까다뚜(sahassīlokadhātu, 천 개의 세계), 빤짯실로까다뚜(pañcassīlokadhātu, 다섯 개의 세계), 다삿실로까다뚜(dasassīlokadhātu, 열 개의 세계), 사땃실로까다뚜(satassīlokadhātu, 백 개의 세계)에 대해 이야기한다. 신화 체계 구조가 엄청나게 발전되었다.

경전 123: 백스물세 번째 경전은 '보디삿따(菩薩)'의 마지막 출현과 그 이전에 대비되어야 하는 수많은 '압부따담마(abbhutadhamma, 신비로운 현상, 希法)'에 대해 기술하고 있다. 이 경전은 붓다를 완전한, 또는 약간 더 자격을 갖춘 신으로, 붓다의 탄생은 기적적으로 신이 내려온 것으로 여기는 시기에 해당하는 것이 확실하다.

---

73) 〈참조〉 "후대의 것이라고 짐작할 수 있는 또 다른 특징은 백열다섯 번째 경전에 고따마(Gotama)가 설한 다뚜요(Dhātuyo)의 범주가 총망라되어 있다는 점이다.": Mrs. Rhys Davids, JRAS. 1902, p.476. 리스 데이비즈 여사는 백두 번째 경전에 대해 고따마가 추론을 배척하는 대신에 습관대로 분석하고 비평했으며 이는 "창립자라기보다는 사원의 의사에 더 가깝다."고 지적하고 있다.(위의 책.) 뒤의 내용 참조.

경전 129: 백스물아홉 번째 경전은 지옥을 구체적으로 묘사한다. 리스 데이비즈 여사는 고따마가 내세(來世)에 받을 응보에 대하여 "중세 수도원장이나 교구 신부가 말하듯 생생하게" 이야기하는 것에 주목한다.[74] 빈테르니츠는 이로써 이 경전이 후대의 것이라고 주장할 수는 없는데, "까르마(karma, 業)에 대한 교리적 설명이 초기에는 더욱 대중적인 개념으로 철학적인 개념과 순수하게 공존했을" 가능성이 크기 때문이라고 한다.[75] 원초적이고 대중적인 조건에서 생겨난 베다의 종교는 발달선상에서 시나브로 철학적이고 난해해졌다. 예를 들어, ṚS(Ṛgvedasaṃhitā)의 열 번째 만달라(maṇḍala)의 '아타르바 베다(Atharvaṇic)' 찬가가 반드시 후대의 것을 나타내는 것은 아니라는 주장이 옳을 수도 있다. 하지만 불교는 주로 닙바나(Nibbāna, 涅槃)라는 목적에 대해 설하는 지고(至高)의 정신적 특성을 전하는 고결한 가르침으로서 시작되었다. 반면에 시작부터 신비하게 강조하는 부분도 분명하게 보인다. 재가(在家) 신도 규모는 상당히 제한적이었을 것이며, 주로 부유층과 귀족층에 한정되었던 것으로 보인다. 물론, 근본 가르침에 포함되어 있는 대승적 관점의 씨앗이 된 인도주의적 자극[76]으로 인하여 더 보편적이면서 덜 신비로운 면이 도입, 발전되는 결과를 초래했음은 분명하다. 여기에는 이론의 여지가 없다. 그러나 경전을 만들어 낼 만큼 이런 측면이 중요해졌을 때, 그런 점을 고려하여 경전에 드러내었을지는 의문이다. 사실 경전이 집필되던 불교사(佛敎史)의 최초기 무렵에는 일어날 수 없는 일이었다. 앞서 언급했던 일반적 주장은 초기의 경전 어디

---

74) JRAS. 1902, p.476.

75) 앞의 책, Ⅱ, p.53.

76) 하지만 이 용어는 부차적 의미로 이해해야 한다. 멧따(Mettā, 慈愛)에 대한 교리는 본래 '인도주의적' 의미보다는 '신화적' 의미가 훨씬 더 강하다.

에도 붓다가 [사후] 두려움에 기반한 윤리를 가르쳤다는 내용은 없다는 것이다. 이처럼 죄에 반대되는 주장이 지옥 불의 대항이었다고 보기는 어렵다.

지옥의 고통에 대한 개념이 베다 문헌에서는 전혀 중요하지 않다는 점에 주목할 필요가 있다. 자세하게 설명하기 위해서 불교도들은 매우 생생한 심상(心想)을 제외하고는 자이나 전통에서 그 내용을 끌어온 것으로 보인다.

경전 131~134: 이 경전들은 '밧데까랏따(Bhaddekaratta, 행복한 집착)'와[77] 관련된 네 개의 '가타(gāthā, 偈頌)'로 이루어져 있는 동일 '웃데사(uddesa, 說明)'로 구성되었다. 「밧다까랏따 숫따(Bhaddakaratta sutta)」라는 제목의 백서른한 번째 경전에서 붓다는 '웃데사'라고 명확히 말한 뒤에, 오온 중 어떤 것을 자신과 동일시하며 좋아하지 말아야 한다고 설한다. 특히 마음이 과거나 미래로 가지 않고 현재에 머물며 평정심으로 바라보는 것에 대해 강조한다. 이러한 설법은 간단하면서도 교리적이지 않은 충고를 해석하는 위방가(vibhaṅga, 分別論)로 나아간다. 이는 후대 교리용어에서 독점적으로 해석되는 일련의 신성하고 오래된 게송이 분명하다.

경전 132: 「아난다밧데까랏따 숫따(Ānandabhaddekaratta sutta)」라는 제목의 백서른두 번째 경전에서 아난다는 설법을 되풀이하고, 붓다는 아난다가 되풀이한 내용을 칭찬하는 장면이 나온다.

「마하깟짜나밧데까랏따 숫따(Mahākaccānabhaddekaratta sutta)」라고도 부르는 백서른세 번째 경전에서, 수행승들은 밧데까랏따에 대한 웃데

77) *역자주: Bhaddekaratta에 대해 '행복한 고독', '행복한 집착', '한 밤의 슬기로운 님', '한 탁월한 밤', '지복을 느끼는 자'라는 다양한 번역들이 제기된다.

사와 위방가를 잊어버렸고, 오직 웃데사만 말했던 붓다를 찾아가 위방가를 제공하는 마하깟짜나(Mahākaccāna)에게 질문한다. 그는 요청에 응하게 되고, 새로운 위방가가 나오게 된다. 왜냐하면 비구가 윈냐나(viññāṇa, 識)는 감각과 감각 대상에서 걸려들지 않는지 알고 싶어 했기 때문이다. 말미에 붓다는 그 설명을 칭찬한다. 여기서 윈냐나에 대한 개념이 차이가 있으며, 앞의 두 경전에서 설명한 개념보다 초기의 것이라는 데 주목할 만하다.

경전 134: '로마사깡기야밧데까랏따(Lomasakaṅgiyabhaddekaratta)'인 백서른네 번째 경전에서는 "밧데까랏띠요 가타(Bhaddekarattiyo gāthā)"라는 표현을 사용하고 있다. 이는 131~132 경전과 같은 설법이다.

경전 135: 백서른다섯 번째 경전에서 붓다는 사람들 사이에 불평등이 존재하는 이유에 대한 질문을 받고서 "바라문 청년이여, 중생들은 업(業)을 자신의 것으로 가지고, 업을 받으며, 업에서 태어나, 업을 친족으로 삼고, 업을 의지처로 한다. 업이 중생들을 비천하고 고귀한 사람으로 구분한다."라고 대답한다.[78] 그러나 바라문 청년(Māṇava)은 이해하기 어려워한다. 붓다는 상세한 부연을 통해 특정 죄에 대해 어떻게 특정 응보를 받게 되는지를 보여주고 있다. 주요 내용은 니까야의 다른 곳에서도[79] 나타나지만, 다른 방식으로 설명된다. 따라서 이 경전에서 설명하는 내용은 오래전 내용으로 보인다. 하지만 앞에서 인용한 부분의 형식만 독특하게 증가하는 것은 불가능하다.

---

78) MN. Ⅲ. p.203.: Kammassakā, māṇava, sattā kammadāyādā kammayonī kammabandhū kammapaṭisaraṇā, kammaṃ satte vibhajati yadidaṃ hīnappaṇītatāyāti. *역자주: 1) Kammassakā는 '업을 소유하는 자', 2) kammadāyādā는 '업을 상속하는 자', 3) kammayonī는 '업을 모태로 하는 자', 4) kammabandhū는 '업을 친지로 하는 자', 5) kammapaṭisaraṇā는 '업을 의지처로 하는 자'의 해석이 일반적이다.

79) AN. Ⅲ. p.186; V. p.288.

경전 137: 백서른일곱 번째 경전은 "여섯 가지 내적 감각장소[六內處]를 알아야 한다. 여섯 가지 외적 … 여섯 가지 의식의 무리[六識身]를 알아야 한다. 여섯 가지 접촉의 무리[六觸身]를 … 열여덟 가지 마음(意)의 구별을 … 서른여섯 가지 중생의 경지를 … 여기에서 이것에 의지하여 이것을 버려라. 세 가지 염처(念處)는 성자가 닦는 것으로, 성자는 이것을 닦아 스승으로서 무리를 가르칠 수 있다. 그는 수행을 지도하는 스승들 가운데 위없는 사람을 잘 길들이는 분[調御丈夫]이다. 이것이 여섯 가지 감각장소의 분석에 대한 제시이다."[80] 본 경전에서 이어지는 상세한 설명보다 그 이상을 나타내는 내용을 찾기는 어려울 것이다. 경전을 총망라하여 교리를 열거하고 분류하는 것은 이 경전이 후대의 것임을 시사한다.

사띠빳타나(satipaṭṭhāna, 念處)라는 용어가 여기서는 상당히 보기 드문 뜻으로 쓰였음에도 주목할 수 있다.

경전 141, 142: 열 개의 경전을 담고 있는 『맛지마니까야』의 다른 왁가와 달리, 「위방가왁가(vibhaṅghavagga)」는 이례적으로 열두 개의 경전이 수록되어 있는데, 바로 이 두 경전 때문이다. 형식면에서도 왁가 내의 다른 경전들과 다르다. 백마흔한 번째 경전에서 붓다는 비구들에게 "여래·아라한·정등각자는 바라나시에서 법의 바퀴를 굴렸다. 즉, 네 가지 거룩한 진리[四聖諦]를 설하고 가르치고 알리고 확정하고 드러내고 구분하고 나타내 보였다."라고 말한다.[81] 그런 뒤에 붓다는 비구들에게

80) MN. Ⅲ. p.216.: Cha ajjhattikāni āyatanāni veditabbāni: cha bāhirāni …: chaviññāṇakāyā veditabbā; cha phassakāyā …; aṭṭhādasa manopavicārā –; chattiṃsa sattapadā tatridaṃ nissāya idaṃ pajagatha. Tayo satipaṭṭhānā yadariyo sevati yadariyo sevamāno satthā gaṇamanusāsitumarahati. So vuccati yoggācariyānaṃ anuttaro purisadaṃmasārathīti. Ayamuddeso saḷāyatanavibhaṅgassa.

81) 이처럼 자신에 대해서 3인칭으로 거창하게 표현하는 것이 어색하다는 점은 말

사리뿟따와 목갈라나에게 가서 더 자세한 설명을 들으라고 말한다. 그리고 사리뿟따가 사성제에 대한 정형구를 설명하는 내용이 이어진다. 교리에 대한 사전적 정의 형식은 매우 중요한 특성을 나타낸다. 하지만 이 경전이 '초전법륜'에 대한 초기 해설일 뿐이라는 데 의심의 여지가 없다.[82)]

리스 데이비즈 여사는 다음 경전과 관련하여 아난다가 고따미(Gotamī)의 대의를 두 번 옹호했던 것에 주목하고 있으며, 이는 사실 위나야(Vinaya, 律藏)에 속한다. 리스 데이비즈 여사는 이 두 경전이 십중팔구 왁가에 가필되었다고 보는 게 마땅하다고 보고 있다.[83)]

경전 143: 백마흔세 번째 경전에는 이상하게 이것저것이 뒤섞여 있다. 그 중에서도 여섯 가지 감각, 윈냐나(識), 삼파싸(samphassa, 接觸), 삼파싸자웨다나(samphassajavedanā), 다뚜(dhātu, 界) (빠타위Paṭhavī, 地 … 윈냐나viññāṇa, 識), 오온, 이 모든 요소에서 닛시따(nissita, 의존하는) 또는 아닛시따(anissita, 의존하지 않는)로서의 윈냐나에 대해 이야기하고 있다. 즉, 윈냐나에 대해서는 적어도 네 가지 개념이 존재한다. (1) 짝쿠윈냐나(cakkhuviññāṇa, 眼識) 등의 그룹에서 인식으로서의 윈냐나, (2) 여섯 가지 근본 요소(Dhātu, 界) 중 하나로서의 윈냐나, (3) 오온으로서의 윈냐나, (4) 열거된 모든 심리적 요소와는 다르지만 그 안에 얽혀 있을 수밖에 없는 실재로서의 윈냐나가 그것이다. 이처럼 다양한 윈냐나 개념

할 필요도 없다.: Tathāgatena … arahatā sammāsambuddhena Bārāṇasiyaṃ … dhammacakkaṃ pavattitaṃ … yadidaṃ catunnaṃ ariyasaccānaṃ ācikkhanā desanā paññapanā paṭṭhapanā vivaraṇā vibhajanā uttānīkaṃmaṃ.

82) 이처럼 초전법륜에 대해 요약 설명한 내용에서 양극단을 피하라는 권고가 전혀 언급되지 않는다는 점에 주목할 필요가 있다. 이 부분은 백서른아홉 번째 경전에서 이미 설명되었기 때문일 수도 있다.

83) JRAS. 1902, p.475.

은 서로 다른 맥락에서 발전된 것으로, 모든 개념이 동시에 발전되지는 않았다. 이 경전은 교리상 다양한 시대층에 속하는 각각의 독립적인 연구 결과를 기술적으로 수집해 놓은 것이다. 그 결과, '식에 의존한 식(Viññāṇanissitaṃ viññāṇaṃ)'[84]이라고 여러 번 반복되는 표현에서 분명하게 모순이 드러난다. 뒤에 쓰인 윈냐나는 영혼과도 비슷한 특성을 지닌다. 동시에 이 경전에 오래된 핵심 내용이 없지 않음도 보여준다. 아나타삔디까(Anāṭhapaṇḍika)의 임종 순간을 묘사하고자 했다는 사실이 이를 뒷받침하고 있다. 이 경전은 상가(saṅgha, 僧伽)의 큰 후원자의 죽음과 관련된 것으로, 일찍부터 존재했을 것이며 일반적 개연성과 일치한다.

(c) 복합

경전 3: 세 번째 경전에는 붓다의 설법과 사리뿟따의 설법이 들어 있다. 그 중에서 붓다의 설법은 서로 다른 두 부분으로 구성되어 있다. 첫 부분은 담마다야다(Dhammadāyāda, 가르침의 상속자)가 되어야 하지 그렇지 않으면 아미사다야다(Āmisadāyāda, 물질의 상속자)가 된다는, 짧으면서도 지극히 고결하고 진심어린 설법이다. 그 가식 없는 솔직함, 반복적이고 호소력 있는 어법, 내용의 본질 등에서 이상하게 아소카 왕의 칙서가 연상된다. 첫 문장 "비구들이여, 그대들은 나의 가르침의 상속자가 되지 물질의 상속자가 되지 마라. 나는 그대들에 대해 '어떻게 나의 제자들이 가르침의 상속자가 되고 물질의 상속자가 되지 않을까' 라는 연민이 있다."에서 그런 예를 볼 수 있다.[85] 이 문장이 "비구들이

84) MN. Ⅲ, pp.259-260.

85) MN. Ⅰ. p.12.: Dhammadāyāda me bhikkhave bhavathamā no āmisadāyādā; atthi me

여, 그러므로 나의 가르침의 상속자가 되어라(Tasmātiha me bhikkhave dhammadāyāda bhavatha …).”라는 형태로 단락 말미에 반복된다는 사실은 설법의 끝을 나타내거나, 후대에는 최소한 이 정도 외에 전체를 정확하게 기억하지 못한 것으로 보인다. 계속되는 다음 단락은 좀 더 길며, 이 단락의 특징도 같은 방향을 향하고 있다. 붓다에게 초대받은 굶주린 비구가 음식을 낭비하지 않으려고 붓다의 발우에 남아 있는 것을 먹었으며 계속해서 그렇게 했다는 이야기를 통해, 적나라하게 드러나는 아미사다야다(Āmisadāyāda, 물질의 상속자)를 이해할 수 있을 것이다. 하지만 이 비구에 대해 비난하는 것은 진부하고도 불합리해 보인다. 붓다가 그토록 암울한 사례로 의미심장한 말머리를 열고, 이를 뒷받침하기 위하여, 상식의 선을 넘어서, 소소한 것들을 거부하는 데 큰 의미를 두는 고행을 하라고 호소했다는 주장은 전혀 고무적이지 않고 신빙성도 없어 보인다. 이렇게 터무니없는 고행은 이에 관한 붓다의 전반적 태도와 매우 반대되는 것이며, 더욱이 현재 경전의 직전 경전에서 이를 명확하게 비난하고 있음을 잊지 말아야 할 것이다. 그 경전에 의하면 허기는 인내에 의해 끊어져야 하는 ‘아디와사나빠하땁바(Adhivāsanāpahātabbā)’[86]인 ‘아사와(āsava, 煩惱)’의 유형에 속한다.

사리뿟따의 설법은 결정적 정보도 아닐뿐더러 팔정도에 대한 정형구로 마무리한다. 그리고 『앙굿따라니까야』 일부 절의 말미에서도[87] 뜬금없이 나타나는 상당수의 불선한 감정과 욕망의 목록을 소개하고 있다는 점을 살펴볼 때, 비교적 후대의 내용임을 시사하는 것으로 보인다.

---

tumhesu anukampā; kinti me sāvakā dhammadāyāda bhaveyyuṃ no āmisadāyādāti.

86) 위의 책, p.10.

87) 〈예〉 AN. Ⅲ. pp.278; 452.

이 경전에서 붓다의 설법에 해당하는 첫 단락은 초기 내용의 일부를 보다 긴 내용에 끼워 넣은 사례일 것으로 보인다.

경전 22: 스물두 번째 경전은 독립적인 몇 가지 '하위 경전'으로 이루어져 있다.

(a) MN. Ⅰ. pp.130-135: 붓다는 아릿타(Ariṭṭha)가 감각적 탐욕을 수용하는 자에게는 장애가 되지 않는다는 잘못된 견해를 지닌 것에 대해 심각하게 오해하고 있다며 꾸짖는다. 붓다는 이른바 경전의 아홉 가지 앙가(Aṅga, 要素)에 대한 기만적인 이해를 보여주기 위하여, 전체적으로 경전에 제목이 붙여진 이후에 알라갓두빠마(Alagaddūpamā, 독사의 비유)를 인용하고 있다. 붓다는 다음과 같은 경고로 끝맺는다. "비구들이여, 그러므로 나의 가르침의 의미를 이해하는 자는 그렇게 그것을 받아 지녀야 한다. 그러나 이해하지 못하는 자는 나에게 그때 묻거나 잘 배운 비구들에게 물어야 한다."[88]

그런 뒤에 갑자기 꿀루빠마(kullūpamā, 뗏목의 비유)에 대한 단락이 이어지는데, "비구들이여, 이와 같이 내가 그대들에게 설한 뗏목의 비유는 건너기 위함이지 가지기 위함이 아니다. 뗏목의 비유를 이해하는 이들은 법도 버려야 하거늘 하물며 법이 아닌 것들이야."라는[89] 끝부분에서 그 관련성을 드러내고 있다. 이러한 '비교'는 고상한 개념을 강력하고도 독창적인 방식으로 표현한다. (a) 부분은 경전의 아홉 가지 앙가

88) MN. Ⅰ. p.134.: Tasmātiha bhikhave yassa me bhāsitassa atthaṃ ājāneyyātha thatā naṃ dhāreyyātha. Yassa ca pana … na ājāneyyātha ahaṃ no tattha paṭipucchitabbo ye vā panassu viyattā bhikkhū.

89) 위의 책, p.135. 38경에도 같은 내용이 언급된다.; 위의 책, pp.260-261.: evameva kho bhikkhave kullūpamo mayā dhammo desito nittharaṇatthāya vo no gahaṇtthāya. Kullūpamaṃ, vo … ājānantehi dhammā pi pahātabbā, pageva adhaṃmā.

(Aṅga, 要素)에 대해 이야기하고 있으므로[90] 전체적으로 후대의 것이 확실하다. 즉 꿀루빠마는 "감각적 욕망은 즐거움은 없고 많은 괴로움과 많은 고뇌를 가진 것이며, 거기에는 위험이 더 많다고 세존께서 설하셨다. 감각적 욕망은 해골의 비유로 … 고깃덩어리의 비유로 … 바른 사람의 비유로 … 설하셨다."라는[91] 비구의 설명처럼 '초기 내용의 일부'에 해당하는 것으로, 오래된 교리를 인용하거나 표준화한 요약문인 것으로 보인다. "Appassādā … ettha bhiyyo"라는 문장과 '우빠마(upamā, 比喩)'는 경전의 다른 곳에서도 똑같이 나타난다.

(b) MN. Ⅰ. pp.135-142: 또한 교리문답 형식으로 '견해의 확립(Diṭṭhiṭṭhāna)'에 대해 관련 있으면서 상당히 긴 설법이 시작된다. 앗따(Attā, 自我)에 대한 여섯 가지 관점을 설명하고, '삼법인'을 오온에 적용하며, 욱킷따빨리고(ukkhittapaligho, 장애를 제거한 자), 산낀나빠리코(sankiṇṇaparikho, 윤회에서 벗어난 자) 등과 같이, 이제는 전문용어가 된 옛 용어 몇 가지를 정의하고 있다.[92] 또한, 『상윳따니까야』 Ⅱ와 Ⅲ에 나뉘어져 있는 경전과 같이 "그대들의 것이 아니다.(Na tumhākaṃ)"[93]에 대한 단락이 있는데, 리스 데이비즈 여사에 의하면, 이 부분에도 추가로 삽입된 내용이 많다.[94]

따라서 이 경전은 초기와 후기 내용이 혼합된 것이 분명한데, 말하자면 조직적으로 연결되지도 않을뿐더러 문학적으로나 개념적으로 동일

90) MN. Ⅰ. p.133.
91) 위의 책, p.130.: Appassādā kāmā vuttābhagavatā bahudukkhā bahūpāyāsā, ādīnavo ettha bhiyyo aṭṭhikaṅkalūpamā kāmā vuttā … maṃsapesūpamā … sappasirūpamā ….
92) 위의 책, p.139.
93) Sakya, p.325 참조.
94) 위의 책, pp.140-141.

한 시대층에 속한다고 볼 수도 없는 부분들을 끌어 모아둔 것이다.

경전 19: 열아홉 번째 경전도 독립적인 부분들로 구성되어 있다. 첫 번째 부분은 자기 성찰을 잘하도록 위딱까(Vitakka, 尋, 생각, 사유)를 두 가지로 나눠서 본다. 하나는 까마위딱까(Kāmavitakka, 감각적 욕망의 사유)·위야빠다위딱까(vyāpādavitakka, 분노의 사유)·위힘사(vihiṃsāvitakka, 폭력의 사유)를 포함하는 세 가지이고, 다른 하나는 그 반대로 이들을 여읜 사유 세 가지이다. 전자를 제거하고 부지런한 비구는 초가을에 책임을 다하는 소치는 목동과도 같아서, 우기가 시작될 때 이익에 대해 걱정하지 않음으로써 후자 쪽으로 계발된 태도를 보여준다. 이로써 「드웨다위딱까 숫따(Dvedhāvitakka sutta, 두 가지 사유의 경)」라는 제목이 적절해진다. 붓다가 자신이 '보디삿따'였던 시절을 회상하며 남긴 조언이라는 점이 주목할 만하다.[95] 이러한 특징은 이 경전이 후대의 것임을 나타낸다.

그러고 나서 첫 번째 선정(Jhāna, 禪定)에서부터 삼명(三明, tevijjā)의 성취에 이르기까지의 표준 내용이 이어진다. 서술의 태도로 볼 때, 경전을 쓴 사람(편집자)이 보디삿트바(Bodhisattva, 菩薩)의 정신적 발달 전체를 기술하는 것이 본경의 목적이 아니라는 점을 잊은 것 같다.

그리고 사슴의 비유가 포함되어 있는, 완전히 독립적인 부분이 갑자기 이어진다.[96] 마라(Māra, 惡魔)가 난디라가(Nandirāga, 환락과 탐착)와 아윗자(Avijjā, 無明)로 여덟 가지 잘못된 길을 열어 보임으로써 어떻게 사람들을 유혹하는지, 따타가따(Tathāgata, 如來)가 바른 길을 보여줌으로써 마라의 소행을 어떻게 무산시키는지를 분명히 드러내고 있다. 이는

---

95) MN. Ⅰ. 114.
96) 〈참조〉「니와빠 숫따(Nivāpa sutta)」.

비구들에게 수행을 하라고 진심으로 권고한 것이다.[97] 붓다의 가르침이 단순하고 실용적이라는 점과 마찬가지로 이 부분의 비유 형식도 대체로 초기의 것임을 시사한다. 정형구가 포함되어 있긴 하지만, 이는 불교 공동체에서 최초기에 발달된 것 중 하나다.[98] 어쨌든 이 부분은 대체로 '보디삿따'라는 용어가 사용된 첫 번째 부분보다 초기의 것이다. 이 부분이 어째서 이 자리에 놓이게 되었는지는 설명하기 어렵다. 아마도 연이은 두 경전을 합쳐서 하나로 만들었던 것 같다.[99]

경전 38: 서른여덟 번째 경전인 「마하딴하상카야 숫따(Mahātaṇhā-saṅkhaya sutta)」는 세 부분으로 뚜렷하게 나뉜다.

(a) MN.Ⅰ. pp.256-260.: 첫 부분에는 붓다가 사띠(Sāti)를 비난하는 매우 중요한 내용이 들어 있다. 사띠는 "나는 세존께서 다름 아닌 바로 이 식(識)이 유전(流轉)하고 윤회한다고 법을 설하신 것으로 알고 있다."라며[100] 변함없이 동일하게 윤회하는 것이 윈냐나(viññāṇa, 識)라 할 수 있다고 생각했다. 뒤에 더 자세히 나오겠지만, 붓다는 초월적인 윈냐나란 윈냐나의 범주에 적용시킬 수 없다고 믿었기에 "사띠야, 어떤 것이 그 식이냐?(katamantaṃ Sāti Viññāṇanati)"[101]라고 매우 적절하게 묻는다. 사띠는 "세존이시여, 그것은 말하고 느끼고 이곳저곳에서 선하고 악한 업의 과보를 경험하는 것입니다."라고[102] 대답하는데, 이는 단지

---

97) "yaṃ bhikkhave satthārā karaṇīyam … anusāsanīti"(위의 책, p.118). 이 문장은 『앙굿따라니까야』와 『상윳따니까야』 등과 같이 다른 곳에서도 볼 수 있다.

98) 「제13장 니르바나(Nirvāṇa, 涅槃)에 이르는 길」 부분 참조.

99) 한역본 참조.

100) Tathāhaṃ Bhagavatā dhammaṃ desitaṃ ājanāmi yathā tadevidaṃ viññāṇaṃ sandhāvati saṃsarati anaññanti.

101) MN. Ⅰ. p.258. 〈참조〉 PTSD의 하위 윈냐나(viññāṇa, 識)에 대한 언급.

102) Yvāyam bhante vado vedeyy tatra tatra kalyāṇapāpakānaṃ kaṃmānaṃ vipākaṃ paṭisaṃvedetīti.

사띠가 경험한 자아를 의미할 뿐이고, 붓다는 이들을 대상에 따라 감각과 마음(여섯 번째 감각)을 조건으로 일어나는 반응으로 완전히 분석할 수 있으며, 따라서 끊임없이 변화하는 요소라고 하였다. 붓다는 그와 같이 지적하면서 사실 사띠가 잘못 이해하고 있다고 꾸짖는다. 사띠는 변하지 않는 의식은 개인적인 것이 아니며 개인적인 의식은 변하지 않는 것이 아니라는 점을 깨닫지 못했다. 사띠는 본질적으로 윈냐나는 [고정된] 특별한 표시와 같다고 생각하는 실수를 저질렀다. 따라서 붓다는 "비구들이여, 식은 이러저러한 조건에 의해 생겨나고 그러한 조건에 의해 이름을 얻는다."라고 강조했다.[103] 이는 '불의 비유', 즉 "비구들이여, 예를 들면 불은 이러저러한 조건에 의해 타고 그러한 조건에 의해서 이름을 얻는다. 장작에 의해 불이 타면 장작불이라는 이름을 얻고 나뭇조각에 의해 … 모닥불이다."[104]에서 분명히 드러난다. 짝쿠윈냐나(Cakkhuviññāṇa, 眼識) 등이 이런 경우이다. 여기서 사띠의 혼동을 바로잡기 위해 표시 이면에 있는 동일한 실체가 아니라 우연히 일시적으로 생겨나는 후자의 여러 가지 윈냐나가 강조되었다. 경전 96[「에수까리 숫따(Esukārī sutta)」]에서 바로 이와 같은 비유가 나타나지만 문맥상 변화로 인해 반대쪽을 강조하는 것으로 보인다는 점에 주목할 필요가 있다. 붓다는 카스트 계급 간에 넘을 수 없는 장벽을 만들려는 바라문의 시도를 비판하면서 다음과 같이 말한다. "바라문이여, 나는 성스러운 출세간의 법을 사람의 재산이라고 말한다. 그러나 어디에서 태어나건 어

103) 위의 책, p.259.: Yaññadeva bhikkhave paccayam paṭicca uppajjati viññāṇaṃ tena teneva saṅkhaṃ gacchati ….

104) 위의 책, p.259.: Seyyathāpi Bhikkhave yaññadeva paccayampaṭicca aggi jalati tena teneva saṅkham gacchati. kaṭṭham ca paṭicca aggi jalati kaṭṭhaggi tena saṅkhaṃ gacchati; sakalikañ ca paṭicca … sakalikaggi tv'eva.

머니와 아버지가 가진 이전의 이러저러한 혈통을 기억하는 자는 그러한 혈통에 의해서 이름을 얻는다. 만약 크샤뜨리야 가문에서,"[105] 그 뒤에 비유가 이어진다. 여기서는 자아존재(Attabhāva)의 우연성 이면에 있는 출세간적인(lokuttara) 실제가 강조되었다.[106] 사실 양 측면은 상호보완적이며, 후대에 '안앗따와다(Anattavāda, 無我說)'로 이어지는 것은 두 번째 측면을 지나치게 강조한 것이다.

(b) MN. Ⅰ. pp.261-265.: 붓다는 빠띳짜삼우빤나(Paṭiccasamuppanna, 조건에 의해 발생한)와 아하라삼바와(Āhārasambhava, 자양에서 생겨난)에 대한 개념을 (a)에서 대부분 언급하였다. 따라서 (b)는 지루한 교리문답 형식으로 네 가지 아하라(Āhāra, 자양분)의 후대 개념과 완전히 발달된 연기의 정형구를 설명하는 기회가 되었는데, 우연히 이 두 가지가 서로 연관성이 있었다. 추가내용을 끼워 넣은 편집자는 비구가 과거나 미래를 따라가지 않을 것임을 알기 때문에 담마의 산딧티까(Sandiṭṭhika, 지금 여기에 있는) 특성을 부각시킨다고 엉뚱한 결론을 내리고 있다.

(c) MN. Ⅰ. pp.265-270.: 이 부분이 진짜 「딴하상카야 숫따(Taṇhā saṅkhaya sutta)」이다. 여기서는 (b)에서와는 다른 형태의 연기가 나오는

105) MN. Pt. Ⅱ, p.391(Nāgarī본).: Ariyaṃ khvāhaṃ, brāhmaṇa lokuttaraṃ dhaṃmaṃ purisassa sandhanaṃ paññāpemi. Porāṇaṃ kho panassa mātāpettikaṃ kulavaṃsamanussarato yattha yatthéva attabhāvassābhinibbatti hoti tena teneva saṅkhaṃ gacchati, khattiyakule ce.

106) 아흔 번째 경전에서도 동일한데, 이때는 '불의 비유'가 다른 빠다니양가(Padhāniyaṅga, 精進支)를 통해 획득된 해방에는 차이가 없음을 보여주는 데 사용되고 있다. "seyyathāpi, mahārājā, puriso sukkhaṃ sālakaṭṭhamādāya aggiṃ abhinibbatteya, tejo pātukareyya; atha aparo puriso … ambakaṭṭhamādāya … udumbarakaṭṭhamādāya … siyā nu kho tesamaggīnaṃ nānādāruto abhinibbattānaṃ kinci nānākaraṇaṃ-acciyā accim, vaṇṇena vā vaṇṇaṃ, ābhāya vā ābhaṃ ti? No hetaṃ bhante …"(MN. pt. Ⅱ, pp.333-334. Nāgarī본).; 까타(Kaṭha)에서 '불의 비유'는 현상에 내재하는 불변성을 줄여주는 데 사용된다는 점에 주목할 필요가 있다.

데, 욕망으로 인한 불행과 속박 문제가 다뤄지면서 이 문제에서 벗어나는 방법으로 실라(Sīla, 戒)와 네 가지 선정(jhāna, 禪定) 수행이 추천된다. 연기에 대한 설명,[107] 짧은 계율(cūḷasīla)만 언급되는 점, '아루빠위목카(arūpavimokkha, 無色界解脫)'가 생략된 점 등에서 이 부분이 초기의 것임을 알 수 있다.

따라서 이 경전은 초기 층과 후기 층이 혼합되어 있는 것이 확실하다.

경전 60: 예순 번째 경전의 처음 스무 개 단락(Nāgarī본)은 아빤나까(Apaṇṇaka, 논파할 수 없는, 확실한, 절대적) 가르침이 제대로 다뤄지고 있으며, 다음 세 단락에서는 네 가지 뿍갈라(Puggala, 人間) 유형이라는 전혀 관련 없는 주제를 앙굿따라(Aṅguttara, 하나씩 더해 가는) 형식으로 다루고 있다. 뒷부분은 경전 61에서도 이름이 달라진 것 외에는 똑같이 나타난다. 이런 부록에 대해서는 전달 과정에서 총체적으로 혼동이 생겼다고밖에 달리 설명할 길이 없다.

경전 62: 예순두 번째 경전인 「마하라훌로와다 숫따(Mahārāhulovāda sutta)」는 끝부분에 추가로 써 넣은 내용과 그로 인한 혼란을 볼 수 있다. 경전의 역사는 재구성될 수도 있다.[108]

1. 원형(原型): 1단락 뒤에(마지막 두 줄 반을 제외한) 그 구성요소가 되는 3~12단락이 이어진다. 이는 앗따(Attā, 自我)를 루빠(Rūpa, 물질)와 구별하는 설법으로, 빠타위(Paṭhavī, 地)부터 아까사(Ākāsa, 虛空)까지 다섯 가지 다뚜(Dhātu, 요소)로 설명하고 있다. 앗따를 은연중에 여섯 번째 다뚜 혹은 윈냐나(識)라고 여겼음을 암시한다. 다음에 이어지는 상황이 이를 뒷받침한다. 물질요소에서 "이것은 나의 것이 아니고 이것은 내가

107) 뒤의 내용 참조.
108) MN. Pt. Ⅰ.(Nāgarī본) 참조.

아니며 이것은 나의 자아가 아니다."[109]라는 무아성(無我性) 개념이 발달된 결과 물질 요소에서 '찟따(citta, 心)'를 분리시키는 것으로 마무리되었다.[110] 무아명상(無我瞑想, Anatta-meditation) 형식은 물질 요소에서 앗따를 구별하여 분리시키는 과정임을 분명하게 보여준다. 따라서 앗따는 은연중에 찟따와 동일시되었고, 동시에 초기불교사에서 찟따와 윈냐나는 동의어로 간주되었음을 알 수 있다.[111] 즉 앗따는 루빠(色)와 대비하여 윈냐나라고 표현되었으며, 이는 앞서 보았던 까야(Kāya, 身)와 윈냐나의 대비와 유사하다.[112]

2. 1단락의 마지막 두 줄 반은 오온설(五蘊說)에 따라 경전을 전달하기 위해 추가되었다. 붓다는 라훌라에게 "라훌라여, 어떠한 물질이든 … 모든 물질에 대해 이것은 나의 것이 아니고 … 있는 그대로 바른 지혜에 의해 보아야 한다."라고 묻는다.[113] 라훌라가 "세존이시여, 오직 물질만입니까? 선서시여, 오직 물질만입니까?"[114]라고 묻는 내용이 후대에 추가되었으며, "라훌라여, 물질도 느낌도 … 의식도 그러하다."라는[115] 붓다의 답변 형태가 추가되었다. 이 설법은 근본적으로 오온설이 확산된 시기에 해당되므로, 라훌라에게 지적받을 정도로 붓다가 내용을 빠뜨리는 심각한 상황이 벌어졌을 가능성은 거의 없다. 그 시기에 경전

---

109) MN. Pt. Ⅰ.(Nāgarī본) p.88 등: Taṃ netaṃ mama, nesohamasmi, na meso attāti.

110) "Paṭhavīdhātuyā cittaṃ virājeti, āpo … " 등이 3-7 단락 끝부분에 나타난다. 8-12 단락에서는 한층 더 분명해진다.: "Paṭhavīsamaṃ hi Rāhula te bhāvanaṃ bhāvayato uppannā manāpāmanāpā phassā cittaṃ na pariyādāya ṭhassanti."

111) 이 점에 대해서는「제12장 니르바나(Nirvāṇa, 涅槃)」부분 참조.

112) 전체 교리는「제12장 니르바나(Nirvāṇa, 涅槃)」부분 참조.

113) Yaṃ kiñci Rāhula rūpaṃ … sabbaṃ rūpaṃ netaṃ mama … yathā bhūtaṃ sammappaññāya daṭṭhabbanti.

114) 앞의 책, p.88.: Rūpameva nu kho Bhagavā, rūpameva nu kho Sugatāti?

115) Rūpaṃpi Rāhula, vedanāpi Rāhula … viññāṇaṃpi Rāhulati.

은 전혀 거리낌없이, 가끔은 뜬금없이 오온 전체의 목록을 소개하였음을 기억할 필요가 있다. 뿐만 아니라 원래 이어지는 이야기에서는 루빠칸다(Rūpakkhandha, 色蘊)의 다섯 가지 요소에 대해서만 다루고 있으며, 나머지 칸다(khandha, 蘊)에 대한 언급은 없다. 결국, 앞서 언급됐던 윈냐나에 대한 의견이 옳다면 이는 모순된 내용을 소개한 셈이다.

3. "라훌라여, 자애[慈] 수행을 닦아라." "라훌라여, 연민[悲]을 … 라훌라여, 부정(不淨)을 … 라훌라여, 무상(無常)을"[116]이라는 내용과 함께 8~12 단락에서 13단락으로 연결되는 것으로 보이는 "라훌라여, 땅에 대한 수행을 닦아라. 물에 대한 …" 등의[117] 권고 형식은 마지막 권고를 제외하면 문맥상 거의 관련이 없으며, "라훌라여, 이와 같이 들숨과 날숨에 대한 마음챙김을 수행하면 … 마지막 들숨과 날숨도 알고서 사라진다."라고[118] 아나빠나사띠(Ānāpānasati, 入出息念)에 대한 14단락으로 비슷하게 연결되는데, 결론적으로는 완전히 무관하다는 사실이 드러난다. 이는 앗따(自我)와 루빠(色)를 구분하라고 권고하기 위한 설법이었다.[119]

4. 마지막에 추가된 이 부분을 정당화하기 위해서 단락 2개가 삽입되었다. 단락 1에서 붓다의 권고를 들은 뒤 밖으로 나간 라훌라는 사리뿟따로부터 아나빠나사띠를 계발하라는 당부를 듣는다. 라훌라는 붓다에게 다시 돌아와서 "세존이시여, 들숨과 날숨에 대한 마음챙김을 어떻게 수행하고 어떻게 닦아 나가면 큰 결실이 있고 큰 공덕이 있습니

116) Mettāṃ Rāhula bhāvanaṃ bhāvehi … Mettāsamaṃ Rāhula bhāvehi-karuṇaṃ Rāhula … asubhaṃ Rāhula … aniccaṃ Rāhula … (MN. I. p.424).
117) Paṭhavīsamaṃ Rāhula bhāvanaṃ bhāvehi Āposamaṃ …. (MN. I. p.423).
118) Evaṃ bhāvitāya kho Rāhula ānāpānasatiyā … te carimakā asāsapassāsa tepi vīditā va nirujjhanti. (MN. I. p.425).
119) 위의 책, p.94.

까?"라고 청한다.[120] 그리고 두 번째 단락이 이어진다. 답변에서 붓다는 중단되었던 설법을 다시 시작하며 독자들이 거의 다 잊고 있던, 청자(聽者) 역시 그러했을 원래의 질문으로 되돌아간다. 단락 2는 사실 단락 1과 단락 3ff 사이에 어설프게 끼워 넣은 것으로, 설법의 맥락을 끊은 것이 확실하며, 단락 14의 부속물을 정당화하려는 것일 뿐이다.

경전 66: (a) §§ 1~6(Nāgarī본): 우다인(Udāyin)은 붓다가 밤에 탁발하려고 배회하거나 식사하지 못하게 한 것을 칭송한다. 붓다는 "왜 이런 사소하고 하찮은 것에 대해서까지, 이 사문은 지나치게 엄격하다."[121]라는 표현으로 사소한 부분을 강조하는 것에 못마땅해 하는 사람이 얼마나 많은지 언급한다. 그러나 충분히 구속으로 느낄 만한 의무 중에서 무시해도 좋을 정도로 사소한 것은 없다고 설명한다. 붓다는 라투끼까(Laṭukikā, 메추라기)의 비유로써 이 점을 분명히 보여준다. 보기 드문 개인적 고리가 있는 동안 철저함과 자세함을 고집하는 붓다 성격의 흥미로운 특성이 드러나는 것을 볼 수 있다.

(b) § 7: 네 가지 뿍갈라(Puggala, 人間) 유형에 대한 앙굿따라 형식에서 설법의 맥락이 연결되지 않고 비약된다. §§ 8~10에서도 마찬가지로 갑작스럽게 다섯 가닥의 감각적 욕망과 아홉 가지 수행단계에 대한 다른 설법이 시작된다. 따라서 (b)는 앞선 내용과 연결되지 않고, 비약된 것 외에는 숫자와 정형구로 진행되고 있으며, (a)와 현저하게 대비되는 진부한 내용으로 치장되어 있다.

경전 139: 붓다는 「다르마수트라(Dharmasūtra)」[初轉法輪]를 연상시키

120) 위의 책, p.89.: Kathaṃ bhāvitā nu … bhante ānāpānasati kathaṃ bahulīkatā mahapphalā hoti mahānisaṃsāti.

121) MN. Pt.Ⅰ. p.119(Nāgarī본).: kimpana imassa appamattakassa oramattakassa adhisallikhitévāyaṃ samaṇoti.

는 간결하고 명쾌한 형식의 짤막한 설법으로 시작한다. "저열하고 세속적인 … 감각적 쾌락을 따라서는 안 된다. 자신을 괴롭히는 고행을 따라서는 안 된다. 이들 양 극단을 떠나 중도는 … 열반으로 이끈다 … 칭찬해서도 안 되고 비난해서도 안 되며 오직 법만을 말해야 한다. … 안으로 즐거움을 따라야 한다. 비밀로 이야기를 해서는 안 되며 면전에서 상처가 되는 말을 해서도 안 된다. 차분하게 말해야 하고 다급하게 말해서는 안 된다. 지방의 언어를 고수해서도 안 되며 공통의 언어를 넘어서서도 안 된다."[122] 붓다는 "이것이 무쟁(無諍)의 분석에 대한 설명이다(Ayaṃ uddeso Araṇavibhaṅgassa)."라고 선언하고 있으며, 앞서 언급한 각각의 권고사항에 대해 상세한 설명이 이어진다. 이처럼 붓다가 짤막한 논지를 펼치면서 자세히 설명하는 것은 상당히 보기 드문 방식으로, 니까야(Nikāya)에서 이러한 사례를 거의 찾아볼 수 없다. 또한, 붓다가 하나의 주장을 짧게 말하면서 빠짐없이 자세히 설명한 경우가 여기가 처음인지도 정확하지 않을 정도로 드물다. 붓다는 본경에서 전체 법문을 짧고 단호하게 설하고 있으며, 이것이 자세히 설명된 주요 목적의 서두에 불과하다고 선언하면서 마침내 주요목적에 대해 해설한다. '웃데사(Uddesa, 說明)'는 '위방가(Vibhaṅga, 分別論)'가 비교적 후대의 해설을 제공하는 일련의 옛 문헌을 대표한다고 추정하는 것이 타당할 것으로 보인다.

122) MN. Ⅲ. p.230.: Na kāmasukhaṃ anuyuñjeyya hīnaṃ gammaṃ … na ca attakilamathānuyagaṃ … etc., te ubhe ante anupagamma majjhimā paṭipadā … nibbānāya saṃvattati … névussādeyya na apasādeyya dhaṃmameva deseyya … ajjhattaṃ sukhaṃ anuyuñjeyya. Rahovādaṃ na bhāseyya. Sammukhā na khīṇaṃ bhaṇe. Ataramāno va bhāseyya, na taramāno. Janapadaniruttiṃ nābhiniveseyya, sāmaññaṃ nātidhāveyya.

리스 데이비즈 여사의 안내에 따르면,[123] 초기 문헌의 '일부'가 몇몇 경전 중에서 주목받을 수 있으며, 오늘날 일반적인 시대층 분석은 매우 위험하다고 설명한다. 일흔두 번째 경전에서 왓차곳따(Vacchagotta)는 해탈된 마음(vimuutacitta)은 단정할 수 없다는 교리에 혼란스러워져 다음과 같이 고백한다. "존자 고따마여, 여기서 나는 무지함에 빠졌습니다. 여기서 혼란에 빠졌습니다."[124] 야즈나발키아(Yājñavalkya)는[125] 거의 불가지론적(不可知論的) 인식론에 의지하여 타개해 나갔다. 붓다는 "왓차여, 실로 그대는 무지함에 빠지기에 충분하고 혼란에 빠지기에 충분하다. 왓차여, 왜냐하면 이 심오한 법은 보기 어렵고, 깨닫기 어렵고, 고요하고, 수승하며, 사유의 영역이 아니고, 미세하며, 현자만이 알 수 있기 때문이다."라고 말한다.[126] 이는 신비한 체험을 하라는 호소가 분명하며, 붓다는 매우 의미심장한 불의 비유로써 계속해서 설명한다. 불이 꺼질 때 이쪽 또는 저쪽의 특정 방향으로 사라졌다고 말할 수 있는가? 왓차곳따는 "존자 고마따여, 풀과 장작이라는 연료에 의해 타오른 불은 연료가 다하고 나서 다른 연료를 더하지 않으면 연료가 없는 꺼진 상태라는 이름을 얻습니다."라고 대답한다.[127] 이에 붓다는 "왓차여, 바로 이

123) 〈참조〉 "Buddhism"(H.U.L.) pp.67ff.

124) Etthāhaṃ bho Gotama aññāṇamāpādim, ettha sammohamāpādim.

125) *역자주: 야즈나발키아(Yājñavalkya)는 우파니샤드의 대표적인 사상가로 아트만을 인식주관으로서 불가설·불가괴(不可壞)한 것으로 주장했다. 아트만은 부정적으로밖에 표현되지 않는다는 뜻의 '그것이 아니다, 그것이 아니다(neti, neti)'라는 유명한 표현이 있다. 또 다른 대표적인 사상가는 우달라카 아루니(Uddālaka Āruni)가 있다. 그는 아트만을 만물에 편재하는 내재성으로서의 유(有:sat)로 주장했다. 그는 '네가 그것(아트만)이다(tat tvam asi)'라는 표현을 한다.

126) MN. Pt.Ⅱ. p.159(Nāgarī본).: Alaṃ hi te vaccha aññāṇāya alaṃ sammo hāya Gambhīro hi ayaṃ vaccha dhammṃo duddaso dura nubodho santo paṇīto atakkāvacaro nipuṇo paṇḍitavedanīyo ….

127) MN. Pt.Ⅱ. p.160.: Na upeti bho Gotama Yaṃ hi so-aggi tiṇakaṭṭhupādānaṃ paṭica ajali tassa ca pariyādānā aññassa ca anupahārā anāhāro nibbuto tveva

와 같이 어떤 물질에 의해 여래를 규정하려는 자가 규정한 그 물질을, 여래는 제거했고 … 왓차여, 물질이라는 이름에서 해탈한 여래는 심오하고 헤아릴 수 없으며 그 깊이를 알 수 없다. 마치 큰 바다처럼 …"이라고 부연한다.[128] 이는 『숫따니빠따』의 우빠시와마나와(Upasīvamāṇava) 뿟차(pucchā, 質問)에 대한 답변과 매우 유사하다. "마치 바람의 힘에 의해 꺼진 불은 사라져 이름을 갖지 않듯이, 정신적 요소의 무리[名身]에서 해탈한 성자는 사라져 이름을 갖지 않는다."[129](게송 6) … "사라진 이를 헤아리는 기준은 없다. 그를 불렀던 이름은 이제 그에게 없다. 모든 법이 깨끗이 없어지면 모든 언어의 길도 깨끗이 없어진다."[130](게송 8) 표현 방식과 개념도 서로 비슷하며, 산문의 루빠(Rūpa, 色)는 게송의 나마까야(Nāmakāya, 名身)와 같은 기능을 하는 것으로 보인다.

경전의 편집자는 '루빠'에서 다른 네 가지 칸다(khandhas, 蘊)를 연상하였고, 따라서 네 가지 칸다에 관해 앞에서 인용한 문장을 되풀이하였다.

경전 72: 일흔두 번째 경전에서 §§ 5~7(Nāgarī본)과 § 8의 처음 다섯 줄 반에는 초기 내용 '일부'가 포함되어 있는 것으로 보인다. 앞부분은 다소 전통적인 형식으로, 앞서 논의했던 「쭐라말룽끼야뿟따 숫따(Cūḷamāluṅkyaputta sutta)」[63경]에서 실질적으로 나타난다. § 4에서 오온

---

saṅkhaṃ gacchatīti.

128) MN. Pt.Ⅱ. p.160.: Evameva kho Vaccha yena rūpena Tathāgataṃ paññāpayamāno paññāpeyya taṃ rūpaṃ Tathāgatassa pahīnaṃ … rūpasaṅkhāvimutto kho Vaccha Tathāgato gambhīro appameyyo dyppariyogāho seyyathāpi mahāsamuddo ….

129) Accī yathā vātavegena khitto … atthaṃ paleti na upeti saṅkhaṃ. Evaṃ munī nāmakāyā vimutto atthaṃ paleti na upeti saṅkhaṃ.

130) … Atthaṃgatassa na pamāṇamatthi yena naṃ vajju taṃtassa natthi Sabbesu dhammesu samūhatesu samūhatā vādapathāpi sabbā.

을 소개하고 있는 마지막 아홉 줄은 적절치 않으며, 이 내용이 소개된 명분은 매우 부자연스럽다는 데 주목할 필요가 있다. 왓차곳따가 붓다에게 딧티가따(Diṭṭhigata, 邪見)를 갖고 있는지 아닌지 묻자 붓다는(딧티가따를 강하게 비난한 뒤에) "아니다"라고 답하는 대신, 딧티가따라는 용어의 의미를 아주 독특한 방법으로 (보여주거나 이해시키는 것과 마찬가지로) 차분히 설명하면서 오온에 대해 이야기한다.

경전 75: 일흔다섯 번째 경전에는 태어날 때부터 눈이 먼 사람(Jaccandha)에 대한 비유가 나온다. 이들은 필요한 시력을 갖고 태어나지 못해서 흰 옷을 구할 때 속임수에 쉽게 넘어간다. 경전은 고귀한 눈(Ariyacakkhu)을 계발하지 않아 닙바나(Nibbāna, 涅槃)에 대해 속아 넘어가기 쉬운 사람을 직접 깨닫게 해줘야 할 대상으로 여겼으며, 이렇게 이끌어 줄 수 있는 능력은 쉽게 얻을 수 없다고 여겼다. 이는 즉시 알려져야 하며, 감각보다 더 수승하다. 닙바나(涅槃)를 향한 방법으로서의 아리야짝쿠(ariyacakkhu, 고귀한 눈) 또는 담마짝쿠(Dhammacakkhu, 法眼)에 대한 개념은 본질적으로 신화적 개념이며, 니까야의 다른 곳에서도 발견된다. 그러나 이런 개념은(니까야 내에서) 후대에 들어서면서 더 이상 닙바나로 즉시 이끌어 준다고 여기지 않게 됨으로써 어느 정도 비하되었다.

경전 107: 백일곱 번째 경전에는 '라자가하'로 가는 길에 대한 비유가 나온다.[131] 붓다는 단지 길을 알려주기만 할 뿐,[132] 그 길을 따라 나아갈지 말지는 전적으로 각자에게 달려 있다고 설명한다. 아직까지는 따타가따(Tathāgata, 如來)에 대한 믿음 또는 담마(Dhamma, 法)나 상가

131) MN. Ⅲ. pp.5-6.
132) "Maggakkhāyi … Tathāgatoti", 앞의 인용문.

(Saṅgha, 僧伽)에 대한 믿음의 문제가 개인의 약점을 조금도 대체해 주지 않는다. 그 길이 팔정도(八正道)라고 명시되어 있지도 않다. 사실, 이 경전은 전체적으로 초기의 것으로 보인다. 이 경전에 따르면 정신적 발전과정은 바른 행위에서 시작되며, 네 번째 선정(jhāna, 禪定)에서, 또는 네 번째 선정 직후에 절정에 이른다. 경전은 비유를 적용하기 위한 방법을 사용한다. 일시적으로 중단된 팔정도 이론일 뿐 아니라 후대에 중요한 단계로 여기게 된 '아루빠자나(arūpajhāna, 無色界禪定)' 이론이기도 하다. 이 경전에서 교리 발단 단계는 「사만냐팔라 숫따(Sāmaññaphala sutta)」와 거의 일치한다.

경전 125: 백스물다섯 번째 경전에는 비유 이야기가 나온다. 불교에 새로 귀의한 아찌라와따(Aciravata)는 왕자 자야세나(Jayasena)에게, 비구는 마음의 날카로움을 얻을 수 있음을 납득시키는 데 실패한다. 그는 붓다에게 이 사실을 보고하는데, 붓다는 왕자가 감각적 욕망으로부터 벗어나야만 알 수 있는 것들을 이해하기에는 지나치게 감각적 욕망을 추구한다고 말한다. 붓다는 두 가지 비유를 통해 핵심을 분명하게 드러낸다. 말하자면, 왕자의 무능함은 길들여진 코끼리 사이에 있는 야생 코끼리와 비슷하거나, 또는 산꼭대기에 있는 사람이 영예로운 시선으로 주변을 바라볼 때 산 아래에서 여기저기 가려 보지 못하고 있는 사람과 비슷하다는 것이다. 두 번째 비유(upamā, 比喩)는 근본적으로 경전 75에서 '잣짠다(Jaccandha, 선천적으로 눈이 먼 사람)'의 비유에서와 동일한 개념이라는 데 주의할 필요가 있다. 뿐만 아니라 경전 26에서 붓다가 깨달음을 얻는 상황에 대해서도 짤막하게 비유가 나타난다. "마치 바위산의 꼭대기에 서면 주위의 사람들을 두루 볼 수 있듯이, 그와 같이 현명한 분이시여, 모든 것을 보는 눈을 가지신 분이시여, 법으로 만들어진 궁전에 올라 …"[133] 이처럼 아주 유사한 게송이 요가바샤(Yogabhāśya)에[134] 인용되어 있는 점에 주목하는 것도 흥미롭다.

붓다는 아찌라와따에게 이 두 가지 비유(比喩)를 이용했다면 왕자에게 효과적으로 입증할 수 있었을 것이라고 말한다. 하지만 아찌라와따는 그 내용을 전에는 전혀 알지 못했음을 지적한다. 여기서 경전이 끝났어야 할지도 모른다. 그러나 야생 코끼리가 길들여지는 과정에 대한, 길고 자세한 비유가 이어지며, 이는 따타가따(如來)가 비구를 '길들이는' 과정과 일치한다. 이 장면은 아마도 붓다가 언급한 두 비유 중 첫 번째를 더 자세하게 설명하는 것에 해당한다.

(d) 불분명

『맛지마니까야』의 나머지 경전은 시대층의 관점에서 볼 때 지금으로서는 불분명하다고 보아야 한다. 아래 분석 내용은 나머지 경전의 시대층을 나눌 때 생겨나는 일련의 어려움과 문제점에 초점을 맞추기로 한다.

경전 1: 첫 번째 경전은 눈에 띄게 국면 전환을 시킴으로써 징후와 부작용의 대립을 보여주고 있다. 심리학적 분석이 비교적 기초적으로 이루어진다. 딧타(Diṭṭha, 봄), 수따(suta, 들음), 무따(muta, 감각됨), 윈냐따(Viññāta, 의식됨) 등급의 정신 현상을 포괄한다.[135] 이런 도식은 『숫따니빠따』의 여러 곳에서도 발견된다.[136] 이들은 후대에(스물두 번째 경전에서

133) MN. Ⅰ. p.168: Sele yathā pabbatamuddhaniṭṭhito Yathāpi passe janataṃ samantato Tathūpamaṇ Dhaṃmamayaṃ sumedha Pāsādamāruyha samanta cckkhu.
134) Ⅻ장 참조.
135) MN. Ⅰ. p.3.
136) PTSD의 '딧타(Diṭṭha)' 항목 참조.

처럼) 딧타, 수따, 무따, 냐따(ñāta, 알려짐), 빳따(patta, 얻어진), 빠리예시따(pariyesita, 탐구됨), 아누위짜리따(anuvicarita, 성찰됨)로 정교해졌다. 또 다른 초기의 특징은 아직 빠자빠띠(Pajāpati, 造物主, 生主神)가 모습을 감추지 않은 것이다. 브라흐마(Brahmā, 梵天)를 별도로 설명하며, 빠자빠띠를 언급하고 있다는 점이다. 한편으로는 빠자빠띠와 브라흐마를 제외하고 아밧사라(Ābhassara, 光音天), 수바낀하(Subhakiṇha, 徧淨天), 웨합팔라(Vehapphala, 廣果天)의 신의 등급이 언급된다. 아비부(Abhibhū, 勝者天)에 대해서도 이야기하는데, 아비부는 니까야의 여러 다른 곳에서 마하브라흐마(Mahābrahmā, 大梵天)에 대한 수식어로서만 나타나고 있다. 끝으로, 네 가지 아루빠위목카(Arūpavimokkha, 無色界解脫)에 대해 자연스럽게 언급한다. 따라서 여기에는 초기와 후기의 특징이 혼재되어 있으며, 결정적이라고 할 정도로 강력한 특징은 없다.

경전 2: 두 번째 경전은 교리 내용의 평가만을 적용한다는 사실에서 어려움이 발생한다. 그 배타적인 활용으로 인해 증명되어야 할 명제를 논거로 활용하는 경향의 논증이 이어진다. 그 밖의 교리 내용 평가에 적용함으로써 다른 단서 없이 발생하는 또 다른 어려움은 '침묵'을 평가하는 것이다. 예를 들어, 바와나(Bhāvanā, 修行)에 대해 이야기하는 이 경전은 바와나의 대상으로 오직 일곱 가지 삼보장가(sambojjhaṅga, 七覺支)만을 언급한다. 이 경우, '시대구분상' 중요할 수도, 아닐 수도 있는 보디빡키야 담마(菩提分法)의 나머지 항목에 대해서는 침묵하고 있다.

경전 4: 네 번째 경전에서는 홀로 숲에서 수행할 때, 다양한 방해들로 온전히 혼자 하지 못함으로써 '바야베라와(Bhayabherava, 두려움과 공포)'가 나타난다고 설명한다. 하지만 이 내용을 가지고 특정의 시대층으로 분류하기에는 너무 일반적이라는 사실 때문에 어려움이 발생한다.

이 경전에는 사선정(四禪定)과 삼명(三明)에 대한 초기의 정형구가 포함되어 있지만, 전체적으로 연대 순서상 상대적 위치는 매우 불분명하다. 초기의 정형구를 활용한 후대 문헌일 수도 있고, 초기 정형구와 거의 동시대의 것일 수도 있다.

경전 5: 다섯 번째 경전은 형식면에서 후대의 것으로 보인다. 이 경전에는 사리뿟따와 목갈라나 사이에 오고 간 장황한 설명이 수록되어 있으며, 앙굿따라 형식을 취하고 있다. 내용면에서는 후대의 특징으로 볼 수 있는 것이 전혀 없다. 앙가나(Aṅgana, 열린 공간)의 개념을 다루고 있는데, 끝부분에 마하목갈라나가 언급한 꽤 길고도 특이한 '우빠마(upamā, 比喩)'가 강조된 것으로 볼 수도 있다.

경전 6: 여섯 번째 경전에 나타나는 교리 내용은 다음과 같다. 이들은 평온한 아루빠위목카(無色界解脫), 세 가지 상요자나(saṃyojana, 束縛), 오랑바기야상요자나(oraṃbhāgiyasaṃyojana, 낮은 단계의 속박, 오하분결)이다. 이들이 포함하는 내용은 현재로서 최초기의 시대층에 해당할 수 없음을 보여준다. 이 경전은 특히 내용을 추가함으로써 확장하기 쉬운 형식으로 구성되었다.

이 경전은 사마타(Samatha, 止)와 위빠사나(Vipassanā, 觀)를 강조하고 있으며 이것이 비유자(譬喩者, Dārṣṭāntika)[137]의 토대일 수 있음을 보여준다.[138]

경전 14: 이 「쭐라둑카칸다 숫따(Cūḷadukkha-kkhandha sutta)」의 첫 부분은 [감각적] 쾌락에 대해 비판하고 있다. 두 번째 부분은 [감각적] 쾌락

137) *역자주: 기원후 1세기경 유부(有部) 내에 발생한 그룹, 비유자(譬喩者)의 교의가 논사(論師) 쿠마랄라타(Kumāralāta)를 거쳐서 그의 제자 슈릴라타(Śrīlāta)에 이르러 정비되어서, 4세기경 경량부(經量部, Sautrā-ntika)가 성립했다고 본다.

138) 〈참조〉 Ab.K. Ⅳ. p.122, 각주 3번.

(kāma)과 관련하여 생겨나는 의문들과의 관련성을 분명하게 드러내지 못하고 있으며, 의문에 대한 대답을 바르게 고쳐 보려 시도하는 것처럼 보이기도 한다. 그리고 반대이론, 즉 니간타(Nigaṇṭha)의 고행주의를 비판하고 있다.

경전 13: 열세 번째 경전인 「마하둑카칸다 숫따(Mahādukkha-kkhandha sutta)」는 감각적 쾌락에 대해 상세하게 설명하는 내용이다.

경전 14: 내용상 다소 상투적인 특성을 지니고 있기 때문에 불분명하다. 상당히 초기 층에 해당할 수도 있고 후대 층에 해당할 수도 있다.

경전 15: 열다섯 번째 경전은 내적 성찰(Paccavekkhaṇa)을 간곡히 권고하면서 끝나는 마하목갈라나의 설법이다. 시대를 특정하기에는 내용이나 형식에서 이렇다 할 특징이 없다.

경전 16: 붓다가 다섯 가지 쩨또킬라(cetokhila, 마음의 황무지)와 다섯 가지 쩨따소위니반다(cetasovinibandha, 마음의 속박)에 대해 이야기하는 열여섯 번째 경전도 비슷하다. 말미에 전체적으로 맥락과 무관한 네 가지 이디빠다(Iddhipāda, 如意足)에 대한 부분이 있으며, 리스 데이비즈 여사가 '씨암탉'의 비유라고 말한 부분이 있다는 데 주목할 만하다.

경전 18: 열여덟 번째 경전에는 붓다가 빠빤짜산냐니다나(Papañca-saññānidāna, 희론 지각 인연)에 대해 불분명하게 설법한 내용과 제자인 마하깟짜나(Mahākaccāna)를 통해 전문적이고 정확하게 설명한 내용이 나온다. 붓다가 '아누사야(anusaya, 潛在性向)'라고 이름 붙였다는 사실은 교리로서의 경전을 구성할 즈음에 이미 전력이 있었음을 보여주는 듯하다.

경전 20: 스무 번째 경전은 정신의 통제[사유 중지]와 연관된 심리학과 관련되어 있으며, 간단하고 실용적이다. 이 경전에서는 '위딱까(vitakka,

尋, 생각)'를 억제하는 다섯 가지 방법이 설명된다. 이러한 초기 양상은 '위딱까'에 대응하는 다섯 번째이자 마지막 방책이 힘을 절제하는 것이라고 설명함으로써 무의미해진다.[139] 왜냐하면 붓다가 좀 더 진본에 가까운 다른 경전에서 비난했던 방법이 생각나기 때문이다.[140]

경전 23: 스물세 번째 경전에는 대중적인 수수께끼를 불교적으로 설명하고 있다. 여기서 등장하는 오온에 대한 설명은 본경이 아주 이른 시기의 것이라고 보기 어렵게 만든다.

경전 25: 스물다섯 번째 경전에는 니와빠(Nivāpa, 먹이)의 비유를 자세히 설명하고 있다. 일정 부분 유사하면서도 더 짧은 비유가 다른 경전에도 나온다. 어쩌면 이 경전은 거기에 착안하여 만들어진 후대의 것이다.

경전 27: 스물일곱 번째 경전의 중심 설법은 실락칸다(Sīlakkhandha, 戒蘊), 선정(Jhāna, 禪定), 세 가지 윗자(Vijjā, 明智)를 통한 정신적 과정과 관련된다. 자세하게 이야기되는 설정은 이 경전의 구성이 활용하는 소재와 동시에 발생할 필요성은 없음을 보여준다.

경전 32: 서른두 번째 경전에는 수행자의 다섯 가지 등급, 즉 아라하(Arahā, 아라한), 오빠빠띠꼬(opapātiko), 사까다가미(sakadāgāmī, 一來者), 소따빤노(sotāpanno, 預流者), 삿다누사리(saddhānusārī, 믿음을 따르는 자)를 분명히 보여주는 비유가 나온다. 이 경전은 정형구보다 먼저 만들어질 수 없으며, 그 고대의 내용은 면밀히 조사되지 않았다.

경전 37: 서른일곱 번째 경전인 「쭐라딴하상카야 숫따(Cūḷataṇhā-

139) *역자주: MN. I. p.121: 치아를 치아에 붙이고 혀를 입천장에 대고 마음으로 마음을 항복시키고 제압해서 없애 버려야 한다.
140) *역자주: MN. I. 242 (36경).

saṅkhaya sutta)」는 삭까(Sakka, 帝釋天)에게 전하는, 아주 짧지만 완벽하고도 명쾌한 설법이 나온다. 설법에서 삭까는 언제나 오로지 '데와나-인다(Devānaṃ-inda, 신들의 제왕)'라고만 불린다는 사실에 주목해야 한다. 또한 불교에서 '인다(Inda, 帝釋天)'라는 용어를 이내 사용하지 않게 되었음을 기억할 필요가 있다. 삭까가 설법을 정말로 완전히 이해했는지 아닌지 확인하고 싶었던 마하목갈라나가 기막히게 신기한 경험을 한 이야기가 이어진다. 전체적으로 이 경전은 창시자의 개인적 추억이 신화 창조의 안개 속에서 길을 잃은 시대에 속하는 것으로 보인다. 핵심 설법은 더 이전의 것이라고 볼 수 있다. 물론, 성인(聖人)이 역사적 인물에서 신화적 인물로 변화하는 데 오랜 시간이 필요치 않다는 점을 기억해야 한다. 끝으로 이 경전의 내용은 「마라따자니야 숫따(Māratajjaniya sutta)」에서 분명하게 언급되고 있음에 주목할 필요가 있다.[141)]

경전 39: 서른아홉 번째 경전에는 '사마나까라나 담마(Samaṇakaraṇa dhamma, 사문이 되는 법)'에 대해 기술하고 있다. 이는 「사만냐팔라 숫따(Sāmaññaphala sutta, 沙門果經)」 내용에서 구성된 핵심이 담긴 여러 경전 중 또 하나의 사례다. 이러한 경전들이 사만냐팔라의 내용보다 훨씬 후대에 해당되는 것 같지는 않다. 뿐만 아니라 이런 경전의 문학적 시대층을 정확하게 결정하기 어려운 이유는 내용과 다르게 교리적으로 초기에 해당하기 때문이다.

경전 40: 마흔 번째 경전은 사마나(沙門)가 되는 것에 관한 내용이다. 앞선 경전과 방법은 다르다. 고행주의로는 사마나가 될 수 없고, 네 가지 브라흐마위하라(梵住) 수행을 해야 한다. 이 경전은 초기불교 교리

---

141) *역자주: MN. I. 332.

발전에 있어서 특정 단계에 해당하는 특유의 교리 내용이 없다. 아쉽지만 이것만이 문제의 실마리를 풀 수 있기에 초기의 것인지 후기의 것인지 가늠하기가 매우 어렵다.

경전 45: 마흔다섯 번째 경전인 「쭐라담마사마다나 숫따(Cūḷadhamma-samādāna sutta)」는 네 가지 담마사마다나(Dhammasamādāna, 가르침의 수용)에 대해 설명한다. 경전은 감각적 욕망이나 금욕적 궁핍에 반대하면서, 사실상 네 가지 선정(Jhāna, 禪定)의 방법을 지지하고 있다.[142] 이는 초기의 견해지만 후대에도 계속해서 동일한 힘을 발휘하였다. 이러한 표현에 관해 경전이 말루와(Māluvā) 덩굴식물의 비유를 자세하게 설명하고 있다는 데 주목할 만하다. 이 비유는 『담마빠다(Dhammapāda)』의 짤막한 시에서도 활용되고 있다. 그러나 이들 두 문헌 사이의 문학적 관련성을 밝히기는 어렵다.

경전 46: 마흔여섯 번째 경전인 「마하담마사마다나 숫따(Mahādhamma-samādāna sutta)」는 앞선 경전과 동일한 주제를 좀 더 길게 다루고 있다. 여기서는 열 가지 실라(sīla, 戒律)를 수행하는 최상의 방법이 묘사된다. 따라서 재가자에게 좀 더 분명하게 말하는 것으로 볼 수 있다.

열 가지 실라 목록은 다섯 가지 실라 목록을 자세히 설명한 것으로, 이전에 어느 정도의 교리적 발전이 있었음을 확실하게 예상할 수 있다.

경전 47: 마흔일곱 번째 경전에는 스승(Tathāgata, 如來는 여기서 분명히 불교 이전의 일반적 의미로 사용된다)을 향한 비판적 태도, 그리고 맹목적이 아닌 눈으로 확인한 합리적 믿음(“… ākāravatī saddhā dassanamūlikā …”)을 지지하고 있다.[143] 이 과정에서 경전의 주요 견해와 실제 표현 사

142) 네 번째 선정(Jhāna, 禪定)의 결과가 천상이라고 말하는 점에 주목할 만하다.
143) MN. Ⅰ. p.320.

이에 묘한 부조화가 생긴다. 오래된 경전의 표현을 편집과정에서 누그러뜨린 것이 아닐까 싶다.

경전 48: 마흔여덟 번째 경전은 교리보다는 수행과 더 깊은 관련성을 지닌다. 담마따(Dhaṃmatā, 法性)[144]라든가 발라따(Balatā, 힘)[145] 같은 관념적 표현이 사용된 것으로 보아 후대의 것임을 추측할 수 있다.

경전 51: 쉰한 번째 경전에서 붓다는 뻿사(Pessa)에게 인간(Puggala)의 네 가지 유형에 대해 설한다. 뻿사가 가고 난 뒤, 붓다는 수행승들에게 도움이 되도록("vitthārena vibhajāmi…") 더 자세히 설법하기로 한다.[146] 이처럼 주요 설법에 설명을 덧붙이는 방식은 후대에 추가되었음을 짐작케 한다. 그러나 내용면에서는 흔히 쓰인 두 가지 초기 문헌, 즉 금욕주의 수행에 대한 문헌과 사만냐팔라(Sāmaññaphala)에 대한 문헌을 주요 토대로 하고 있다.

경전 52: 쉰두 번째 경전은 앗타까나가라(Aṭṭhakanāgara, 장자의 성)에 사는 다싸마(Dasama) 장자가 빠탈리뿟따의 꾹꾸타라마(Kukkuṭārāma, 鷄林園)에 머무는 아난다를 찾아가 질문하는 내용이다. 경전은 네 가지 선정(jhāna, 禪定), 네 가지 브라흐마위하라(梵住), 세 가지 아루빠(Āruppa, arūpa, 無色界)가 '불멸에 이르는 열한 가지 문(Amatadvāra)'이라고 설명한다.[147] 이 경전은 두 가지 특이한 양상을 보이는데, 하나는 세 가지 아루빠에 대해서만 이야기하고 있다는 점, 다른 하나는 각각의 '문'이 그 자체로 충분하다고 말하는 점이다. 또한 아눗따라요가케마

144) 위의 책, Ⅰ. p.324.
145) 위의 책, Ⅰ. p.325.
146) MN. Pt.Ⅰ. p.5 (Nāgarī본).
147) MN. Pt. p.16 (Nāgarī본).

(anuttarayogakkhema),[148] 아마따(amata, 不死),[149] 솟티(sotthi)[150] 등의 표현이 사용된 점에서 최고선(最高善)에 대해 매우 '긍정적'으로 접근하였음을 알 수 있다. 이 경전은 전체적으로 아홉 가지 중지(Anupubbanirodha, 次第滅)의 결과에 따라 정신적으로 발달하는 과정을 설명하는 경전들과 대조된다.[151] 이는 '아루빠(無色界)'의 전체 목록이 아직 확고하게 확립되지 않은 시대에 해당하는 것이 틀림없다.

경전 53: 쉰세 번째 경전에는 붓다가 함께 있음에도 불구하고, 아난다가 설법하는 또 다른 내용이 나온다. 세코 빠티빠도(Sekho pāṭipado 有學道)와 최상의 목표를 향한 발전에 대해 설명하는데, 전체 과정은 '짜라나(caraṇa, 德行)'와 '윗자(vijjā, 明智)'의 둘로 나뉜다. 이러한 절차는 「암밧타 숫따(Ambaṭṭha sutta)」[152]에 나오는 내용과 유사하다. 세 가지 윗자와 관련하여, 씨암탉의 비유가 사용되고 있다.

경전 54: 쉰네 번째 경전에는 두 가지 흥미로운 특징이 보인다.

(a) 감각을 추구하는 데 대한 일곱 가지 비유(upamā)가 모아져 있다. 한꺼번에 추렸다고 볼 수도 있지 않을까?

(b) 선정(Jhāna, 禪定)에 대해 설명하지 않고, 다만 "[있는 그대로 바른 지혜로 보아] 다양함을 지니고 다양함에 의지한 평온[捨]을 피하고, 세속적인 물질에 대한 집착이 남김없이 사라진 단일함을 지니고 단일함을 의지한 평온을 닦는다."라고 말한다.[153] 그런 다음 '아눗따라 우뻭카빠리

---

148) 위의 책, p.13 등.

149) 위의 책, p.16.

150) MN. Pt. "… ekamekenāpi amatadvārena sakkuṇissāmi attānaṃ sotthiṃ kātuṃ"

151) 이런 단계에 대한 다른 사례는「제7장, 『앙굿따라니까야(Aṅguttara Nikāya)』의 초기와 후기」부분 참조.

152) DN. 경전 3.

153) 〈참조〉 MN. Ⅰ. p.367, MN. Pt.Ⅰ. p.32(Nāgarī본).: yāyaṃ upekkhā nānattā

숫디(Anuttarā upekkhāparisuddhi, 위없는 평온의 청정)'라고 설명함으로써 윗자를 향해 곧바로 나아가게 한다. 하지만 이처럼 선정에 대해 침묵하는 것은 위험하게도 선정의 지위가 여전히 불확실하다는 증거로 쓰일 수밖에 없다.

경전 55: 쉰다섯 번째 경전에서 붓다는 육식을 했다는 비난에 대해 반박하고 있다. 자신을 위해 살생된 고기라는 의심이 전혀 없을 때는 탁발한 고기를 먹어도 무방하다는 설명에도 불구하고, 고기를 먹었다는 비난을 받는다. 이어지는 설법에서는 누군가에게 해를 끼치지 않는 것이 핵심이라는 것을 보여주고 있다. 이러한 태도는『숫따니빠따』의「아마간다 숫따(Āmagandha sutta)」와 비교될 만하다. 경전은 청정한 육식의 경우 허용하고 있으며, 이는 쭌다(Cunda)의 마지막 공양으로 수까라맛다와(Sūkaramaddava, 부드러운 돼지고기)를 먹은 것과 어울리는 자유로운 태도다.

경전 56: 쉰여섯 번째 경전은 우빨리(Upāli)가 전향하는 내용이 담긴 길고 문학적인 구성이다. 붓다를 찬양하는 정교한 시로써 마무리되고 있다. 이 경전의 편집자는 우빨리가 자이나교 교리에 매우 정통한 사람으로, 초기 형식의 자이나교 교리를 설명하고 있다고 보았다.[154] 이런 지식은 아마도 더 오래된 자료에서 유래되었을 것이다. 하지만 이 경전이 오래된 진본임을 정확하게 확인할 방법은 없다.

경전 57: 쉰일곱 번째 경전에는 깜마(kamma, 業)의 네 가지 유형에 대해 설명하고 있으며, 이는 자이나교의 레쉬야(Leśyā)나 고살라(Gosāla)의

nānattasitā taṃ abhinibajjetvā yāyaṃ upekkhā ekatte ekattasitā yattha sabbaso lokāmisupādānā aparisesaṃ nirujjhanti taméva upekkhaṃ bhāveti.

154) Jacobi, SBE. p.45. XVI-XVII 참조.

'아비자띠(abhijāti, 階級)'와 비교될 수 있다.

경전 58: 쉰여덟 번째 경전에서 붓다는 나따뿟따(Nātaputta)가 제기한 사소한 딜레마를 논박한다. 이 경전은 오래된 진본임이 불확실하다는 점에서 쉰여섯 번째 경전과 어느 정도 비슷하다.

경전 59: 쉰아홉 번째 경전에는 현자 우다인(Udāyin)과 건축가 빤짜깡가(Pañcakaṅga)가 느낌(vedanā, 受)의 개수에 관해 벌인 논쟁을 서로 다른 맥락에서 다룬다. 둘 다 옳다고 말함으로써 해결하고 있다. 그런 다음 거의 관련 없는 즐거움(sukha, 樂)의 체계에 대한 내용이 이어진다.[155] 이는 감각적 즐거움(Kāmasukha)에서 시작하여 생각과 느낌을 넘어서는 즐거움[saññāvedayitanirodha, 想受滅]으로 끝난다. 첫 번째 부분의 조화와 두 번째 부분의 체계화 양쪽 모두 어쩌면 교학이 기여한 것일 수도 있고, 그렇지 않을 수도 있다.

경전 65: 예순다섯 번째 경전은 여러 가지 내용이 잡다하고 길게 뒤섞여 있다. 여기서는 우바또바가위뭇따(Ubhatobhāgavimutta, 兩分解脫者)부터 삿다누사리(Saddhānusārī, 믿음을 따르는 자)에 이르기까지 다양한 해탈의 등급에 관한 정형구, 식카빠다(Sikkhāpada, 학습 계율)의 증가와 비구의 감소, 여러 가지 다른 규율 문제, 십정도(十正道)에 대해 이야기하고 있다. 빈테르니츠가 말했듯이, 이 경전은 상가 이전의 어떤 역사를 전제로 하고 있다.[156]

경전 67: 예순일곱 번째 경전에는 서로 관련 없는 두 부분이 나온다. 첫 번째 부분에는 시끄러운 비구들이 얼마나 많이 벌을 받았는지, 그리고 나중에 용서를 구했는지에 대해 이야기한다. 반면에 두 번째 부분

---

155) Br. 그리고 Tait.에서 '행복을 가져다주는 계산법'과 대조해 보라.
156) Winternitz. Ⅱ, p.53.

에서는 네 가지 두려움에 대해 앙굿따라의 형식을 빌어 짧고 비유적으로 설명하고 있다.

경전 68: 예순여덟 번째 경전에는 정당한 경쟁을 권장하고 있으며, 오빠빠띠까(Opapātika, 化生), 사까다가민(Sakadāgāmin, 一來者), 소따빤나(Sotāpanna, 預流者)를 표현하는 정형구가 나온다.

경전 69: 예순아홉 번째 경전에서 사리뿟따는 숲속에 거주하는 수행승에게 조언하고 있다. 사리뿟따가 상가에서, 특히 장로들에게 제대로 공경을 표하라고 권고하는 것이 흥미롭다. 다른 조언에서 사리뿟따가 "색계를 넘어서 무색계의 고요한 해탈이…"[157]에 집중하듯이 아비담마(Abhidhamma, 수승한 법, 법에 대해서)와 아비위나야(Abhivinaya, 수승한 계율, 율에 대해서)에 공부하라고 권고하는 것에 주목할 필요가 있다. 이 경전에는 마을에 거주하는 상가의 세력이 커졌음이 반영된 것으로 보인다.

경전 70: 일흔 번째 경전의 요점은 처음에 필요한 믿음을 다룬다. 즉시 확인되지 않으면 아무것도 받아들이지 않고 지나치게 자신을 믿는 수행승들에게 전하는 믿음에 관한 내용이다. 경전은 담마에 대해 깔리까(Kālika, 일시적인)가 아니라 산디뜃까(Sandiṭṭhika, 지금 여기에 있는)라는 틀에 박힌 생각을 고수하는 것으로 보인다.

이 경전은 우바또바가위뭇따부터 삿다누사리(Saddhānusārī, 믿음을 따르는 자)까지의 일곱 가지 인간에 대해 묘사하고 있으며, 처음 두 종류의 인간은 더 이상 떨어질 필요 없다고 보았다. 아라한에 대해 이처럼 주장하는 것은 근본분열에서 가장 중요하게 벌어진 논쟁 중 하나임에 주목할 필요가 있다.

---

157) MN. Pt.Ⅰ, p.143.: ye te santā vimokkhā atikkamma rūpe āruppā….

경전 73: 일흔세 번째 경전에는 불선(akusala, 不善)을 방지하는 담마 수행이 요약되어 있는데, 이들은 세 가지 불선함의 근원(akusalamūla, 不善根), 열 가지 잘못된 계(Micchāsīla), 평온과 통찰의 계발(Samatha, 止와 Vipassanā, 觀)이다. 이처럼 강조된 내용에서 비유자(Dārṣṭāntika)가 연상된다.

경전 74: 일흔네 번째 경전에는 붓다가 회의적인 주장을 전혀 하지 않았음에도 불구하고, 철저한 회의론자로 표현되고 있다.[158] 붓다는 몸과 세 가지 느낌을 무아(無我)라고 보는 이상적인 수행승은 자유로워진다고 설법한다. "악기웨사나여, 이와 같이 마음이 해탈한 비구는 누구에게도 찬동하지 않고 누구와도 논쟁하지 않으며, 세간에서 쓰이는 말을 집착 없이 사용한다."[159] 여기에 초기 사상의 한 가닥이 나타나는 것으로 보인다. 이를테면 『숫따니빠따』의 「앗타까왁가(Aṭṭhakavagga)」 같은 최초기 문헌에 현저하게 나타나는 어떠한 '견해(Diṭṭhi)'를 갖는 것에도 매우 강경하고 더 논리적으로 반대의 뜻을 표명하고 있다.

경전 76: 일흔여섯 번째 경전은 「사만냐팔라 숫따(Sāmaññaphala sutta)」의 내용을 더 많이 끌어온 것으로 보인다. 그러나 유행자 산다까(Sandaka)의 이름에 대한 역사적 확인 없이 이교(異教)의 교리를 보여주면서, 이들을 불교적 관점에서 아브라흐마짜리야와사(Abrahmacariyavāsa)와 아낫사시까브라흐마짜리야와사(Anassāsikabrahmacariyavāsa)의 두 종류로 분류한다.[160] 뿐만 아니라 각 교리를 강하게 비판하면서 빠꾸다(Pakudha)와 고살라(Gosāla)의 교리를 혼동하고 있다. 따라서 이 경전은

---

158) 위의 책, pp.168-170.

159) MN. Pt.Ⅱ, p.171(Nāgarī본).: Evem vimuttacitto kho Aggivesana bhikkhu na kenaci saṃvadati, na kenaci vivadati, yañca loke vuttaṃ tena voharati aparāmasaṃ ti.

160) *역자주: 궁극적 경지를 성취할 수 없는 가르침.

여러 측면에서 『디가니까야』 두 번째 경전을 넘어서고 있으며, 아마도 후대의 것으로 보인다.

아라한에 대해 "그는 다섯 가지 경우들을 어길 수 없다."[161]라고 강조한 부분에서는 이 주제를 놓고 종파 간에 벌어진 논쟁에 대해 암암리에 언급하고 있는 듯하다. 자주 나타나는 '소멸에 대한 소멸의 지혜(Khaye khayañāṇaṃ)'라는 표현에 대한 답변으로 보이는 그 다음 부분에서는 몇 가지 이유에서 그 존재의 빚을 지고 있는 게 틀림없다. 이는 교리적으로 흥미로운 영향을 갖는다. 터무니없는 부정론자 성향의 비교에 주목할 만하다.

이 경전에는 후대의 것임을 암시하는 표시가 많다.

경전 78: 일흔여덟 번째 경전 § 4의 첫 문장에서, 그리고 § 9에 나오는 논리적이면서도 직접적인 순서를 찾아볼 수 있다. 그 사이에는 표현 형식에 있어서 확실하게 관련되지 않았는데도 사문 만디까의 아들 욱가하마나(Uggāhamāna)의 견해를 대체하는 답변이 온전히 전체를 이루며 끼어들어 있다. 앞서 언급된 문장이 추가 삽입되었음이 해명되거나 아니면 § 9 부분이 추가로 써넣어진 내용이다.

경전 79: 일흔아홉 번째 경전에서 붓다는 과거와 미래의 주제를 보류하고 빠띳짜삼(Paticcasam)에 대한 일반 정형구를 알리는 교리를 설법한다. 하지만 우다인(Udāyin)이 끼어들면서 화제를 다른 방향으로 돌린다. 뒤이어 나오는 §§ 7~11에는 그 다음 경전의 처음 다섯 부분과 거의 유사하다. 그 뒤에는 행복(sukha)이라는 주제로 서로 토론하는데, 그 방법에 있어 현저하게 차이가 난다. 또한 붓다는 네 가지 선정에 담겨 있는 절대적 행복에 이르는 길을 이야기하는데, 붓다가 스스로 지지했던 브

161) MN. Pt.Ⅱ, 195(Nāgarī본). : Abhabbo so pañca ṭhānāni ajjhācarituṃ.

라흐마짜리야(梵行)의 결과는 세 가지 윗자의 결과와는 다르다. 하지만 주요 수단은 네 가지 선정으로 동일하다.

그 다음 경전(경전 80)에서 해당 내용은 훨씬 더 짧으며, 까마수카(Kāmasukha, 감각적 쾌락의 즐거움)와 까막가수카(Kāmaggasukha, 욕망을 뛰어넘는 최상의 즐거움)의 대비가 나타난다. 이 두 경전이 '변형'을 소개하는 건지 아닌지는 미심쩍다.

경전 82: 여든두 번째 경전에는 어떤 시대층에도 속할 수 있는 강력하고 교훈적인 이야기가 있다.

그 다음 경전(경전 83)에도 주로『자따까(Jātaka)』형식을 드러내는 이야기가 있다. 여기서는 네 가지 브라흐마위하라(Brahmavihāra, 梵住)와 팔정도(八正道)에 대해 언급한다.

경전 84: 여든네 번째 경전은 분명히 붓다의 입멸 이후 시대에 속한다. 마두라(Madhurā)에서 마하깟짜나(Mahākaccāna)가 '마두라의 아완띠뿟따(Madhuro Avantiputta) 왕'[162]에게 네 가지 카스트 계급의 완벽한 평등에 대해 전하는 설법이 들어 있는데, 이는 아흔 번째 경전에서 붓다가 생각한 관점보다 더 진보적이다.

경전 86: 여든여섯 번째 경전에는 앙굴리말라(Aṅgulimāla)의 전설이 나타난다. 하지만 진위 여부는 미해결 과제로 남아 있다.

경전 87: 여기에서 빠센디(Pasendi)는 말리까(Mallikā) 여왕이 사문 고따마(Gotama)가 "슬픔, 비탄, 고통, 괴로움, 고뇌는 사랑하는 것에서 생긴 것이고 사랑하는 것에서 발생하는 것이다."[163]라고 말하는 아리송한

162) MN. Pt.Ⅱ. p.268(Nāgarī본).

163) 위의 책, p.310.: Piyajātikā sokaparidevadukkhadomnassupāyāyāsā piyappabhavikā ti.

역설을 믿는다며, 맹목적 믿음을 갖고 있다고 비웃는다. 그러나 말리까 여왕은 결국 왕을 자기편으로 전향시키는 데 성공한다. 꼬살라(Kosala) 궁중과 고따마의 친밀한 관계에 대한 일반적 사실은 역사적으로 드러나지만,[164] 이처럼 특수한 경우에는 도움될 여지가 거의 없다.

경전 88: 여든여덟 번째 경전에는 아난다가 빠세나디(Pasenadi) 왕에게 세 가지 사마짜라(samācāra, 行爲, Kayasamācāra 등)에 대해 설법한 내용이 기록되어 있다. 이 경전을 특정한 시대층으로 특징짓기에는 너무 일반적이다.

그 다음 경전에는 빠세나디가 붓다를 찬양하는 내용이 나온다. 여기서 다시 경전 86~87의 경우와 마찬가지로 초기의 진본임을 증명하거나 아님을 증명하기는 불가능할 정도로 일반적 인상을 준다.

경전 92: 『숫따니빠따』에도 나오는 아흔두 번째 경전은 위대한 사람[165]의 서른두 가지 표식에 대해 이야기하면서 붓다는 담마라자(Dhammarājā, 法王)이고, 사리뿟따는 그의 세나빠띠(Senāpati, 軍士)라고 설명한다.[166] 이처럼 붓다와 일반 제왕(帝王)을 비교하는 결과를 초래하는 경향은 붓다를 신격화하는 단계에서 나타나며, 『디가니까야』 열여섯 번째 경전에서는 다른 형식으로 나타난다. 따라서 이 경전은 후대의 것으로 보인다.

경전 95: 아흔다섯 번째 경전에서 §§ 1~6은 『디가니까야』 다섯 번째 경전의 서두 일부와 상당히 유사하다. 서른두 가지 표식이 언급된다. 그런 다음 믿음과 전통 등을 믿는 브라흐마나(Brāhmaṇa, 婆羅門)를 비

---

164) 본고 「제10장 붓다의 생애」 부분 참조.
165) 위의 책(MN. Pt.Ⅱ), 3p.54.
166) 위의 책, pp.355-356.

판하는 내용이 나오고, 끝으로 삿짜누빳띠(Saccānupatti, 眞理獲得)로 이끌어 주는 단계에 대한 독특한 장면이 이어진다. 삿짜누빳띠와 삿짜누보다(Saccānubodha, 眞理自覺) 사이에 암암리에 영향을 끼치는 차이는 분명치 않다.

역설적으로 이처럼 정신적 수행에 대해 불교식으로 설명된 내용에서는 믿음이 다른 모든 것의 기초라고 말하는 데 주의할 필요가 있다.

경전 96, 98: 아흔여섯 번째와 아흔여덟 번째 경전[167]은 카스트 제도에 대해 [진심을 담아] 깊게 비판하고 있다. 붓다 생전에 이런 만남이 종종 있었음에 틀림없으며, 이러한 대화가 후대의 것이라고 볼 만한 특징은 전혀 없다. 이는 적어도 본질적으로는 상당히 오래된 것으로 보인다. 하지만 어느 쪽으로도 정의하기는 곤란하다.[168]

경전 97: 아흔일곱 번째 경전은 브라흐마나 다난자니(Dhānañjani)의 성격과 임종에 관해 전하고 있으며, 사리뿟따가 다난자니에게 죽음 이후에 따라오는 응보(應報)는 불가피하다는 점, 죽음이 가까워졌을 때 브라흐마(Brahmā, 梵天)의 세계에 이르는 길로서 네 가지 브라흐마위하라(梵住)가 또 다른 기회라는 점을 전하고 있다. 이 경전은 시대를 구분하기 어려울 만큼 내용면에서 중요성이 크지 않다.

경전 99: 아흔아홉 번째 경전에서 붓다는 바라문 청년 수바(Māṇava Subha)와 대화하면서 브라흐마나의 이론 상당수를 논박한다. 첫째로, 수바는 가장(家長)이 빱바지따(Pabbajita, 出家者)보다 정신적으로 우수하다고 말하는 것에 대해 붓다의 의견을 묻는다.[169] 붓다는 먼

167) 각 경전은 『숫따니빠따』에서도 볼 수 있다.
168) 〈참조〉 Winternitz, 앞의 책, 경전 93에 대한 비평.
169) 뒤의 내용 참조.

저 스스로를 일방적으로 말하지 않는 [분멸한 후에 말하는] 위밧자와다(Vibhajjavāda, 分別說部)라고 말한다. 붓다는 브라흐마나가 가치를[170] 얻는 데 도움이 되는 오계(五戒) 또는 오계의 결과에 대해 직접적으로 알고 있었다고 주장한 바 있음을 지적하면서, 결국 이를 지지하는 브라흐마나는 눈 먼 사람의 정보보다 나을 게 없다고 말한다.[171] 이로 인해 수바가 격분하는데, 그는 초월적인 지식과 비전을 얻은 사람에 대해 회의적 태도를 보이는 대부호 뽁카라사띠(Pokkharasāti)에 대해 말한다. 붓다는 자신이 볼 수 없다는 사실을 부정하는 눈 먼 사람에 대한 비유로써 정곡을 찌르는 답변을 한다. 그런 다음 붓다는 브라흐마나의 오계(五戒)가 어떻게 여섯 번째 계율, 즉 연민(Anukampā)을 암시하며 실제로 그러한지, 모든 폭력의 오염으로부터 벗어난 마음을 계발하는 데 도움이 되는지를 보여준다.[172] 끝으로 날라까라(Naḷakara) 마을의 비유를 설한 다음, 이어서 네 가지 브라흐마위하라로 구성된 브라흐마사하위야따(Brahmasahavyatā, 범천과 함께하는 삶)에 이르는 길을 설명한다.

이 경전은 『디가니까야』의 「떼윗자 숫따(Tevijjā sutta)」를 강하게 연상하게 한다. 비판을 통해 설명되는 안다웨누빠마(Andhaveṇūpamā, 눈 먼 자의 줄서기에 대한 비유)와 브라흐마위하라, 두 가지 모두 나타난다. 붓다는 이 두 가지에 대해 브라흐마사하위야따의 방법으로 특별히 숙달할 것을 요구하고, 반어적이면서 논증적인 방식으로 브라흐마나를 비판하

170) 삿짜(Sacca, 眞理), 따빠(Tapa, 苦行), 브라흐마짜리야(Brahmacariya, 梵行者), 앗제나(Ajjhena, 學習), 짜가(Cāga, 베풂). Bra. works에서 비슷한 목록을 볼 수 있다.

171) 이 우빠마(upamā, 比喩)는 다른 여러 곳에서 볼 수 있다.

172) "Cittassāham ete parikkhāre vadāmi, yadidṃ cittam averaṃ avyāpajjhaṃ tassa bhāvanāya"(MN. Pt.Ⅱ. p.421). (Nāgarī본). 〈참조〉 Vyāsa의 YS. Ⅱ. p.30, 다양한 수행규칙은 모두 아힘사(Ahiṃsā, 不殺生)를 더욱 더 계발하기 위해 따라오는 것이라고 설명한다.

며, 짧고도 분명한 여러 가지 비유를 사용한다. 본 경전은 전체적으로 강력하고 진지하다는 인상을 준다. 하지만 이 경전이 독립적으로 구성되었을 것으로 보이지는 않는다.

경전 101: 백한 번째 경전은 상당히 길고, 단일하게 구성되어 있다.[173] 여기서는 우빠까마(Upakkama, 努力) 또는 빠다나(Padhāna, 努力)에 대한 자이나교의 이론을 몹시 꾸짖으며 비판하고 있다. 이 경전의 첫 두 쪽은 같은 내용의 변종으로 보일 만큼 「쭐라둑칵칸다 숫따(Cūḷadukkhakkhanddha sutta)」[14경][174]의 두 번째 부분과 비슷하다. 백한 번째 경전의 도입부가 이어지는 내용의 토대를 이루기 때문에 『맛지마니까야』의 열네 번째 경전이나 다른 비슷한 내용을 상세히 설명한 경전일 가능성이 있다.

"어떤 것이든 사람은 … 괴로움이 끝날 것이다."[175]라는 자이나교의 관점을 요약한 도입부는 인용구로 보인다. 논리적 정확성을 과장되게 과시하려는 교리적이고 반복적인 형식은 자이나 문헌에서 그 사례를 충분히 찾을 수 있다. 이런 상투적인 요약문은 아마도 의도적으로 자이나교 형식을 모방하여 만들었을 것이다. "업이 소멸하므로 괴로움이 소멸하고, 괴로움이 소멸하므로 느낌이 소멸한다. 느낌이 소멸하므로 모든 괴로움이 끝날 것이다."에서[176] 특별한 혼란은 자이나교 교리에 반(反)계몽주의라는 불명예를 안겨주기 위해 고의적으로 소개된 것으로

173) MN. Ⅱ. pp.214-288. "Idha Tathāgato 등"이라고 시작되는, 마지막에 흔히 쓰이는 상투적인 내용이 이질적으로 추가되었을 수도 있다는 점은 제외.

174) 〈예〉 MN. Ⅰ. pp.92-93.: Yaṃ kiñcayaṃ Purisapuggalo … dukkhaṃ nijjiṇṇaṃ bhavissatiti.

175) MN. Ⅱ. p.44, MN. 경전 14, MN. Ⅰ. p.93에도 동일하게 들어 있다.

176) 위의 책, p.214.: kammakkhayā dukkhakkhayo, dukkhakkhayā vedanākkhayo, vedanākkhayā sabbaṃ dukkhaṃ nijjiṇṇaṃ bhavissatīti.

볼 수 있다. 이러한 몇몇 특징은 「사만냐팔라 숫따」에서도 다른 자이나교 교리가 상투적으로 요약된 것으로 볼 수 있다.

경전 104: 백네 번째 경전에서 나따뿟따(Nātaputta)의 죽음은 조화와 수행에 대해 설법하는 계기가 되었다. 같은 사건이 『디가니까야』의 「빠사디까 숫따(Pāsādika sutta)」와 「상기띠 숫따(Saṅgīti sutta)」의 계기가 되었음을 간과해서는 안 된다.

경전 105: 백다섯 번째 경전에는 가짜 아라한이 늘어났고, 자신이 아라하(Arahā, 阿羅漢)라고 믿는 수행자가 실제로는 그렇지 않은 경우도 있음을 인정하고 있다. 이는 이 경전으로 인해 멀지 않아 1차 교리분열(근본분열)이 발생하게 되었음을 보여준다.

경전 106: 백여섯 번째 경전에서 아루빠위목카(arūpavimokkha, 無色界解脫)를 통해 얻게 되는 탁월함은 정신적 발달에서 정점으로서의 '아난자(Ānañja, 不動)'에 대한 오랜 교리에 그늘을 드리웠다.[177]

경전 110: 백열 번째 경전은 주로 열 가지 실라(Sīla, 戒)를 설하고자 한다.

경전 117: 백열일곱 번째 경전은 "성스러운 바른 삼매[正定]는 원인과 함께하고 필요조건과 함께한다."가[178] 앞의 일곱 가지 앙가(aṅga, 要素), 즉 삼마딧티(Sammādiṭṭhi, 正見) 등의 정수(精髓)를 이루는 마음의 한 정점이라고 정의하면서 시작된다. 다시 말해서, 팔정도의 요소 중에서 사마디(Samādhi, 三昧)에 핵심 지위를 부여하면서 나머지 요소를 단지 사마디에 이르는 데 도움을 주는 요소로 보고 있다. 이런 요소들을(그 반대 요소도 물론) 정의하면서 각 요소를 두 갈래, 즉 사사와(sāsava, 번뇌

---

177) 「제13장 니르바나(Nirvāṇa, 涅槃)에 이르는 길」 부분 참조.
178) Ariyo sammā samādhi saupaniso saparikkhāro.

가 남아 있는), 뿐냐바기야(puññabhāgiya, 공덕을 함께하는), 우빠디웨빡까(upadhivepakka, 집착의 성숙)와 아리야(ariya, 고귀한), 아나사와(anāsava, 번뇌가 없는), 로꿋따라(lokuttara, 출세간의), 막가앙가(maggaṅga, 올바른 길의 항목)로 나눠서 살펴보고 있다. 삼마딧티(Sammādiṭṭhi, 正見)는 두 번째 관점에서, 관례대로 네 가지 진리로 정의되는 게 아니라 "지혜, 지혜의 능력[慧根], 지혜의 힘[慧力], 법을 탐구하는 깨달음의 요소[擇法覺支]"라고[179] 정의하고 있는 데 주목할 만하다.

경전은 각 요소들로부터 삼마딧티(sammādiṭṭhi, 正見), 삼마와야마(sammāvāyāma, 正精進), 삼마사띠(sammāsati, 正念)라는 결과가 따라온다고 설명한다. 이러한 설명은 삼마아지와(sammāājīva, 正命)에 이른다.(sammādiṭṭhi를 통해 얻어지는 사례의 종류가 증가될 것이라고) 비슷하게 설명되는 삼마와야마 대신에, 갑자기 십정도(十正道)에 대한 정형구가 "바른 견해를 가진 자에게 바른 사유가 생긴다."라는[180] 형태로 나오며, "여덟 가지 요소를 갖추는 것은 유학(有學)의 실천이고, 열 가지 요소를 갖추는 것은 아라한이다."라고 말한다.[181] 이 개념은 상세히 설명한 것이다. 이 경전은 팔정도에 대한 공식 표현이 처음 나타난 경전보다 더 후대 층의 교리를 보여주는 것이 분명하며, 두 가지 요소를 더 추가하여 체계화된 여러 세부사항이 소개되고 있다.

경전 121: 백스물한 번째 경전인 「쭐라순냐따 숫따(cūḷasuññata sutta)」는 정신적 노력의 결과가 "여실(如實)하고 전도되지 않고 청정하고 위없는 최상의 공에 들어감"이라고 설명한다.[182] 이 결과에 이

179) Paññā paññindriyaṃ° balaṃ dhammavicayasambojjhaṅgo ….
180) Sammādiṭṭhissa Sammāsaṅkappo pahoti.
181) Aṭṭhaṅgasamannāgoto sekho pāṭipado dasaṅgasamannāgato arahā hoti.
182) MN. Ⅲ. pp.108-109.: Yathābhuccā avipallatthā parisuddhā paramānuttarā

르는 길은 연속되는 수행단계로 통한다. '네와산냐나산냐야따나(Nevasaññānāsaññāyatana, 非想非非想處)' 이후에 '산냐웨다이따니로다(Saññāvedayitanirodha, 想受滅)'가 흔히 나타나지 않으며 '아니밋또 쩨또사마디(Animitto cetosamādhi, 無相心三昧)'가 그 자리를 차지할 수 있다는데 주목할 필요가 있다. 이 경전은 궁극의 지복(至福)은 (예를 들어 궁극의 '무無') 살아서는 얻을 수 없음을 시사하고 있다. 니까야에서 이처럼 후대 슌냐와다(Śūnyavāda, 空論)의 난해한 면에 대해 분명하고도 노골적으로 드러내는 경우는 극히 드물다.

이어지는 「마하순냐따 숫따(Mahāsuññata sutta)」는 처음에 아니밋또 쩨또사마디에 대해 (그런 표현을 쓰지 않은 채) 이야기하지만 이내 엉성하게 짜깁기된 내용을 소개한다.

경전 124: 백스물네 번째 경전은 박꿀라(Bakkula)를 칭송하고 있으며, 특정 시대층으로 분류하기에는 너무 평범하다.

경전 126: 백스물여섯 번째 경전은 팔정도의 요소를 궁극의 지복(至福)을 얻는 유일한 수단으로 보고 있다. 궁극의 지복을 깨뜨리면서 동시에 바라고 있는 모순은 여러 가지 '비유'를 통해 분명히 드러난다.

경전 127: 백스물일곱 번째 경전에서 건축가 빤짜깡가(Pañcakaṅga), 아누룻다(Anuruddha), 그리고 깟짜나(Kaccāna)는 다양한 신학적 문제에 대해 교학적 토론을 하고 있다. 이 경전은 형식면에서 「웨달라 숫따(Vedalla sutta)」와 비슷하며, 초기의 것으로 보이지는 않는다.

경전 128: 백스물여덟 번째 경전은 서로 관련성이 없는 두 부분으로 이루어져 있다. 첫 번째 부분에서 서로 다투는 수행승들로 인해 언짢아진 붓다는 여러 가지 가타(gāthā, 偈頌)를 설하는데, 그 중에는 『담마

suññatāvakkanti.

빠다』와 『숫따니빠따』에서 전혀 다른 맥락으로 쓰이는 경우도 있다. 『숫따니빠따』에서 붓다는 열한 가지 우빠낄레사(Upakkilesa, 汚染)가 환시(abhāsa, 幻視)라는 무상한 특성의 원인이 된다고 설명한다. 붓다는 보디삿따(Bodhisatta, 菩薩)로서 자신의 경험을 떠올리고 있다. 이런 내용은 이 부분이 후대의 것임을 명확하게 보여준다.

경전 140: 백마흔 번째 경전은 여섯 가지 다뚜(dhātu)에 대해 매우 자세하게 설명하고 있으며, '황금의 비유'를 통해 분명하게 드러난 순수한 평정심(upekkhā parisuddhā pariyodātā)을 닙바나(Nibbāna, 涅槃)에 이르는 최고의 방법으로 여긴다. 웃데사(uddesa)－위방가(vibhaṅga) 형식이라는 점과 상세히 설명되고 있다는 점에서 이 경전이 후대의 것이라고 추정할 수 있지만, 그 개념과 우빠마(比喩)의 쓰임은 초기에 해당된다.[183) 뿐만 아니라 다른 일부 「위방가 숫따(vhibhaṅga sutta)」와 달리 이 경전은 감동적인 이야기로 구성되어 있으며, 빈테르니츠에 의하면 이 이야기는 실제 사건이라는 인상을 준다.[184)]

경전 145: 백마흔다섯 번째 경전의 중심부에서, 뿐나(Puṇṇa)는 자신의 고향인 수나빠란따(Sunāparanta)로 떠나려 한다. 그곳에서 뿐나를 적대적으로 맞이할 것을 염려한 붓다는 인내에 대해 설법을 한다. 이 설법에서 까까쭈빠모와다(Kakacūpamovāda, 톱의 비유에 대한 교훈)가 연상된다.

경전 146: 백마흔여섯 번째 경전은 난다까(Nandaka)의 교화 이야기가 나온다. 난다까는 처음에는 꺼렸으나 마침내 비구니에게 감각, 감각대상, 감각인식, 그 결과 생겨난 세 종류의 느낌에 삼법인을 적용시키는 교리를 가르친다. 윈냐나(識)와 웨다나(受)가 조건에 따라 달라지는 무

183) 뒤의 내용 참조.
184) Winternitz, 앞의 책.

상한 특성이 있음을 보여주기 위해 '등불'의 비유와 '나무'의 비유가 사용되고 있다. 이 경전은 시대층이 불분명하다.

경전 147: 백마흔일곱 번째 경전에서 붓다는 라훌라에게 직접 여섯 가지 감각, '감각대상', '감각인식', '감각접촉'에 대해 문답 형식으로 가르치고 있다. 이런 지도방식은 선택받은 제자에게 더 높은 신비적 경험에 대해 소개하려는 선각자보다는 입문자에게 표준화된 교리를 자세히 설명하는 성자에게 더 어울린다는 점에 주목할 필요가 있다. 이 경전의 형식과 내용은 "그때 수천의 천신들이 '더 나아가 오늘 세존께서 라훌라 존자를 번뇌의 소멸로 이끄실 것이다'라며 세존의 뒤를 따랐다."[185] 라는 부분과 전혀 어울리지 않는다.

경전 148: 이어지는 「차차까까 숫따(Chachakkaka sutta)」는 "아잣띠까니 아야따나니(Ajjhattikāni āyatanāni, 內部 感覺 領域)−바히라니(bāhirāni, 外部)−윈냐나까야(viññānakāyā, 의식의 무리) … 팟사까야(phassakāyā, 접촉의 무리) … 웨다나까야(vedanākāyā, 느낌의 무리) … 딴하까야(taṇhākāyā, 갈애의 무리) …"[186]의 여섯 가지를 지치지 않고 단순 반복하면서 여섯 쌍으로 설명하고 있다. 그리고 이들의 무상함 때문에 각각의 요소를 안앗따(Anattā, 無我)라고 설명한다. 삭까야(Sakkāya, 有身)의 발생과 파멸로 이끄는 길을 묘사하는 형태로 [동일한 개념이] 계속해서 반복된다. 그런 다음, 세 가지 '아누사야(Anusaya, 潛在性向)', 즉 라가(rāga, 貪) 아누사야, 빠티가(Paṭigha, 嗔) 아누사야, 아윗자(avijjā, 痴) 아누사야를 설명하는 부분이 이어진다.

---

185) MN. Ⅲ. p.278.: Tena kho paṇa samayena anekāni devatāsahassāni Bhagavantaṃ anubandhāni honti: ajja Bhagavā āyasmantaṃ Rāhulaṃ uttariṃ āsavānaṃ khaye vinessatīti.

186) 위의 책, p.280.

전체적으로 숫자를 이용하여 전문적으로 표현된 정형구 형식은 경전이 후대에 구성된 것임을 짐작하게 한다.

경전 149: 백마흔아홉 번째 경전인 「마하살아야타나 숫따(Mahāsaḷāyatana sutta)」는 오온과 37보디빡키야담마(Bodhipakkhiya Dhamma, 菩提分法)라고 부르는 모음이 후대에 한데 묶여서 확립된 사항이라고 보고 있다. 이는 교리적으로 최초기 층에 해당할 수 없음을 나타낸다. 빠린네야(Pariññeyya, 알 수 있는), 빠하땁바(Pahātabba, 제거해야 하는), 바웨땁바(Bhāvetabba, 향상시켜야 하는) 담마(dhamma, 法)와 삿치까땁바(Sacchikātabba, 깨달아야 하는) 담마 사이에서[187] 생겨나는 차이는 「다숫따라 숫따(Dasuttara sutta)」를 더 자세하게 분석했음을 암시하는 요인이 될 수 있다.

경전 150: 백쉰 번째 경전은 감각과 감각 대상에 거리를 두는 것에 대해 설한 짧은 경전이다. 여기에는 시대를 구분할 수 있는 정보가 거의 없다.

경전 141: 이 경전은 경전 149와 같은 시대층으로 봐야 한다. 오온(과 37菩提分法)에 대해 전문적으로 설명하고 있으며 빠히나(Pahīna, 제거된), 빠린냐따(Pariññāta, 완전히 이해된), 바위따(Bhāvita, 닦여진), 삿치까따(Sacchikata, 깨달은)라는 도식을 사용하고 있다. 또한 '순냐따위하라(Suññatavihāra, 空의 이치에 머무는)'를 아낌없이 지지하고 있어 「순냐따 숫따」와 관련 있음을 보여준다. 이는 "사리뿟따여, 이것이 대인(大人)의 머묾이니 그것은 바로 공성(空性)이다."[188]라고 단호하게 주장하는 것과 유

187) *역자주: 이들 네 가지 법은 '완전히 알아야 할 것', '버려야 할 것', '닦아야 할 것', '실현해야 할 것'을 의미한다.

188) MN. Ⅲ. p.294.: Mahāpurisavihāro hesa, sāriputta, yadidaṃ suññatā.

사하다.

경전 152: 이 경전은 바라문 빠라사리야(Pārāsariya)가 자신의 제자 웃따라(Uttara)에게 설법한 내용이 들어 있는데, 그는 인드리야 바와나(Indriya Bhāvanā, 感官의 啓發) 방법에 대해 통렬하게 비판하고 있다. 리스 데이비즈 여사는 다음과 같이 말한다.

"도덕적으로 강해지기 위해서 학생은 감각적 경험을 무시하라는 (예를 들면 이 경전의) 가르침대로 따르지 않고 경험을 구성하는 과정과 결과를 분석하려 했으며, 타오르는 망상과 열망에 미치는 외부 세계의 복잡한 영향을 다른 곳으로 돌리기 위해서 냉정한 이성적 판단으로 전환하려 하였다."[189)]

종결부에서 공통되지만 성실함, '아리얀(Aryan, 貴族)'의 수행과 평민의 수행을 구분하는 형식, 비유를 자주 사용하는 것 등은 이 경전이 초기의 것임을 시사한다. 빠라사리야가 설한 교리에서 독특하고 모호한 길은 한때는 실제로 있었으나 점차 기억에서 지워진 교리가 있었음을 보여준다. 비판의 대상이 된 그 길은 그 뒤에 있는 뚜렷한 개성을 비꼬듯이 짧게, 그러나 단호하게 보여주는 것 같다. 물론 좋은 문학 작품이기에 이런 양상이 나타날지도 모른다. 그러나 이 경전이 확실히 후대의 것이라거나 외경(外經)의 특성이라고 볼 만한 것이 전혀 없음은 분명하다.

189) JRAS. 1902, p.481.

초기	후기	복합	불분명
경전 7 경전 17 경전 24 경전 29 〈참조〉30 경전 26 〈참조〉36, 85, 100 경전 61 경전 63 경전 71 경전 108 경전 140 아마도 경전 144 경전 152 아마도	경전 8 경전 12 경전 28 경전 33 경전 35 경전 41/42 변형 경전 43 경전 44 경전 50 경전 64 경전 69 아마도 경전 75 경전 76 아마도 경전 77 경전 81 경전 90 경전 91 경전 93 경전 102 경전 103 경전 109 경전 111 경전 116 경전 120 경전 123 경전 129 경전 130 경전 131–4 경전 135 경전 137 경전 141 경전 142 경전 143 경전 146 아마도 경전 149 아마도	경전 3 경전 22 경전 19 경전 38 경전 60 경전 62 경전 66 경전 139 경전 72 경전 75 경전 107 초기로 분류될 수도 있음 경전 125	나머지 경전들

제6장 『상윳따니까야(Saṃyutta Nikāya)』의 초기와 후기

『잡아함(Saṃyuktāgama, 雜阿含)』과 『상윳따니까야』 — 아네사키(Anesaki)에 의하면[1] 한역 『잡아함(雜阿含)』에는 세 가지 판본이 존재한다. 첫 번째 판본은 2세기, 두 번째 판본은 5세기 초 무렵으로 추정된다. 이들 두 판본은 중앙아시아 혹은 북인도 원본을 토대로 한다. 세 번째 판본은 스리랑카의 제따와나 사원(Jetavana Vihāra)에서 나온 것을 435년에서 493년 사이에 번역한 것이다.

아네사키는 "「게송의 품(Sagāthāvagga)」 3개의 버전은 318개의 경전들을 포함하며, 244개는 빠알리 「게송과 함께 엮은 품(Sagāthāvaggasaṃyuttapāli)」과 일치한다. 일부 지역에서는 한역본이 『테라가타(Theragāthā)』, 『테리가타(Therīgāthā)』 및 『숫따니빠따』의 내용과 일치하는데, 해당하는 부분은 이 부분에서 벗어난 곳이다."라고 지적한다.[2] 이들의 일치점과 차이점에서 출처가 같음을 알 수 있다. 그러나 세 번째 판본은 북인도 전통과 빠알리 전통이 혼합된 것으로 보인다.

---

1) 제13차 동양학 국제학술대회(The 13th, International Congress of the Orientallists), Hamburg, Sept. 1902. Section Ⅱ. A. p.61.

2) 위의 책, p.61.: Der Sagāthavagga sieser drei Versionen enthält 318 sūtras, von denen 244 mit den Pali-Sagātha sutta übereinstimmen. An manchen Stellen stimmen die chinesischen Versionen mit den Texten des Theragāthā, Therīgāthā and Suttanipāta überein, da nämlich, wo die entsprechenden saṃyutta Stellen von diesen abweichen.

아네사키는 한층 더 흥미로운 이야기를 하는데,[3] 상윳따(saṃyukta)라는 단어는 빠알리 위나야(Pāli Vinaya, 律藏)가 후대에 한역된 문헌에서만 발견된다는 것이다. 모든 초기 한역본에 붙은 제목은 글자 그대로 '잡다하게 뒤섞여' 있다는 의미로서, 실제 내용도 오늘날 남아 있는 형태에서는 '(주제에 따라) 한데 묶은' 상윳따(saṃyukta)라기보다는 '잡다하게 끌어 모은' 특징을 보이고 있다.

이는 빠알리 문헌과 비교하여 심각한 차이가 있다. 난죠(Nanjio)가 544번-「잡아함경(雜阿含經, Saṃyuktāgama-Sūtra)」에 대해 비평한 내용에서 또 다른 문제를 볼 수 있다. 그는 『상윳따니까야(Saṃyutta Nikāya)』와 비교하여 "이 경전의 약 절반 정도는 542번, 543번과 같거나 비슷하다."고 말한다.[4] 빠알리본에서 일부 경전도 한편으로는 『상윳따니까야』와, 다른 한편으로는 『맛지마니까야』 및 『앙굿따라니까야』와 공통되는 경우가 있다. 하지만, 이런 공통부분은 전체적으로 볼 때 극히 일부분에 지나지 않는다.

『잡아함』의 한역본은 내용뿐 아니라 배열에 있어서도 빠알리본 『상윳따니까야』보다 훨씬 더 잡다하게 뒤섞여 있는 것으로 보인다.

「사가타왁가(Sagāthavagga)」의 특징 — 빠알리본의 첫 번째 왁가[Sagāthāvaggasaṃyuttapāli] 또는 「사가타왁가」는[5] 나머지 네 왁가와 눈에 띄게 다르다.[6] 다른 네 가지 왁가는 형이상학 및 심리학의 관점에서 정

3) 위의 책, p.62.
4) Catalogue, p.135.
5) *역자주: 첫 번째 왁가 「시와 함께 모아 엮음(Sagāthāvagga saṃyuttapāli)」은 11상윳따, 28품, 271경전으로 구성되어 있다.
6) 리스 데이비즈(Rhys Davids) 여사는 「사가타왁가」에 대해 다음과 같이 말한다. "그럼에도 불구하고, 그들의 문제는 우리에게 알려진 가장 오래된 교리의 흔적이며,

형화된 상용구 형식으로 많은 부분을 다루고 있는 데 반해 「사가타왁가」는 주로 행동윤리 규정, 붓다의 생애 외의 사건, 그밖에 더 간단하지만 훨씬 더 생생한 소재를 다루고 있다. 첫 번째 왁가(vagga, 品)의 눈에 띄는 역할은 게송과 이야기가 나머지 부분을 차지하는 몹시 단조로운 산문 정형구와 극명하게 대조되는 것이다. 첫 번째 왁가에서 후대의 내용이 상당수 발견되는데도 불구하고 나머지 왁가에 비해서 전체적으로 초기 시대의 경전이 더 많은 비율을 차지하고 있다. 따라서 여기서는 첫 번째 왁가와 나머지 왁가 두 부분으로 각각 나눠서 다루기로 한다.

「데와따상윳따(Devatasaṃyutta)」 — 피르(Feer)는 "「사가타왁가」는 본래 이야기 형식으로 해설되어 있는 게송 모음집이다."라고 주장한다.[7] 하지만 이러한 주장은 과장인 것 같다. 「사가타왁가」에 최초의 게송이자 핵심 경전이 들어 있다는 점은 의심의 여지가 없다. 따라서 이들은 별도로 다룰 필요가 있다. 「사가타왁가」는 첫 번째 「데와따상윳따(Devatāsaṃyutta)」로 시작되는데, 산문이 거의 없거나 가타(Gāthā, 偈頌)에 대해 소개하는 기능을 하며, 그나마도 몹시 짧거나 단조로운 경우가 잦다.[8] 이러한 가타는 그 기원과 특성에서 놀라울 만큼 다양하다. 어떤 경우는 불교의 게송이라고 볼 만한 특징이 전혀 없기도 하다. 또 다른 경우에는 원래 불교 게송이 아니었던 것을 불교에 맞게 적용시킨 것으로도 보인다. 물론, 불교에 맞게 조정한 쪽이 훨씬 풍부하다. 일부의 게

이로부터 상당히 완벽한 옛 담마(dhamma, 法)의 줄거리가 편집되었을 수도 있다." KS.(The Book of Kindred Sayings) Ⅰ. p.vii.

7) SN. Ⅰ. Int. p.xvi.

8) 「데와따상윳따」는 산문으로 된 니까야보다는 게송 모음집인 『쿳다까니까야』와 훨씬 더 비슷하다.

송은 수수께끼 형식으로 되어 있다. 나머지 게송들은 도덕적 권고라고 하는 편이 더 확실한 구분일 수도 있다. 아직 초기의 유동적인 단계에서 나타나는 게송은 정형구 때문에 방해받지 않는다. 전문적인 정형구로서 구체적으로 표현하는 개념이 담긴 게송보다 초기의 것이라고 추정할 수 있다. 또한 시대적 요인 외에도 형식상의 차이를 설명할 수 있는 요인이 있음을 명심해야 한다.

앞서 언급했듯이 「데와따상윳따」는 전체적으로 다양한 시대층에 속하는 게송을 다양하게 모은 모음집이다. 따라서 일부 게송 간에 차이가 있을 수 있다.

(a) 초기

『상윳따니까야』 1. 1. 1. 1: '오가(Ogha, 폭류)'는 이미 명확한 비유 대상이지만, 아직은 그 의미가 상당히 일반적이다.[9] 이 게송은 붓다를 "완전한 열반의 거룩한 분(Brāhmaṇaṃ parinibbutaṃ)"이라고 묘사하고 있으며, 이는 "브라흐마부땃따(Brahmabhūtatta)"라는 표현과 비교될 수 있다.[10]

『상윳따니까야』 1. 1. 1. 2: 여기서는 산냐(Saññā, 想), 윈냐나(識), 웨다나(Vedanā, 受)로부터 벗어나는 것에 대해 이야기하고 있다. 나머지 두 칸다(khandhas, 蘊; '칸다khandha'라는 용어 자체를 쓰지 않음)가 생략된 것은 중요한 의미가 있다. 닙바나 대신 "중생들의 해탈과 자유와 버림에 대하여"라는 표현이 쓰인다.[11] 여기서는 '위웨까(Viveka, 멀리 떠남)'라는 단

9) 〈참조〉 PTSD, 'Ogha(폭류)'.

10) Geiger, Dhamma und Brahman p.5. 〈참조〉 Brahmabhūta MN. Ⅰ. Ⅲ; Ⅲ, p.195, p.224; SN. Ⅳ, 94. AN. Ⅴ. p.226; It. p.27.

11) SN. Ⅰ. 2.: Sattānaṃ nimokkhaṃ pamokkhaṃ vivekanti.

어만큼이나 '삿따(衆生)'라는 단어도 주목할 만한 가치가 있다. 구원이란 개인이 본질적인 특징을 깨달음으로써 해방되는 것이라는 생각이 암암리에 담겨 있다. 이는 『디가니까야』의 두 번째 경전에서 '아사와카야(Āsavakhaya, 漏盡)'를 분명히 드러낸 우빠마(upamā, 比喩)와 비교될 수 있다.

『상윳따니까야』 1. 1. 2. 2: 여기서는 '우빠디(upadhi, 執着)'를 가족이나 재산같이 세속적으로 구속하는 장애에 해당한다고 보았다.[12] 경전은 우빠디로부터 벗어나는 것이 기쁨의 근원이라고 말한다. 이는 『숫따니빠따』의 「다니야 숫따(Dhaniya sutta)」에 표현된 감정과 비교될 수 있다.

『상윳따니까야』 1. 1. 2. 3: 앞의 경전과 마찬가지로 대중적인 시 한 수와 이에 해당하는 불교 게송으로 이루어져 있다. 이 불교 게송에는 "자기 자신에 대한 사랑보다 더 큰 사랑은 없다(Natthi attasamaṃ pemaṃ)."라는 주장이 들어 있다. 이는 「꼬살라상윳따(Kosalasaṃyutta)」의 「말리까 숫따(Mallikā sutta)」에서 볼 수 있는 단호하면서도 명시적인 표현과 동일한 개념이다.[13] 리스 데이비즈 여사가 지적했듯이 이 맥락에서 앗따(Attā, 自我)는 평범한 개인의 자아를 의미한다고 보기 어렵다. 이렇게 되면 그 말 자체가 허위가 될 수 있는 것으로, 비록 냉소적이고 철학적인 독창성을 저지할 순 없다 해도, 아내이자 어머니인 말리까(Mallikā) 자신이 이 경우에 그런 말을 의욕적으로 하는 것은 상상하기 어렵다.[14] 뿐만 아니라 표현에 있어서도 야즈냐발키야(Yājñavalkya)를 연상시키는

12) 〈참조〉 산스크리트어 '파리그라하(Parigraha)'; 우빠디는 형이상학과 더 많은 관계가 있다.
13) 위의 책, p.75.
14) KS. Ⅰ. p.196.

개념이다.[15] '앗따까마(Attakāma, 自己愛)'라는 표현 역시 우파니샤드를 연상하게 한다. "이처럼 [다른 이들에게도 자기 자신은] 사랑스럽다.(Evaṃ piyo)"[16]라고 시작되는 두 문장은 앗따(Attā, 自我)와 '빠라(Para)'가 대조된다는 사실을 나타낸다. 따라서 개인을 의미하는 것은 사실이다. 경전에서 (Evaṃ piyo 등으로 시작되는) 이 문장은 개념을 설명하려는 것이 아니라 바로 앞의 두 문장을 한마디로 요약하는 것임을 기억해야 한다. 이 문장은 나중에 일어난 생각으로, 즉석으로 덧붙여진 교훈에 가까우며, 그런 순간에는 특정의 의미에서 좀 더 일반적이고 보편적인 의미로 변화하는 것이 불가능하지 않다.

『상윳따니까야』 1. 1. 3. 3: 헝클어져 꼬인 머리카락을 푸는 것에 대한 상징적이고 유명한 질문과 답변이 들어 있다. 사실상 교리를 짧고 단순하게 요약한 것이다. "정신[名]과 [물질(色)이 남김없이 그친] 곳(Yattha nāmañca)" 등의 닙바나에 대한 표현은 경전의 다른 곳에서도 그 흔적을 찾을 수 있다.[17]

『상윳따니까야』 1. 1. 3. 7: 앞서 설명과 마찬가지로 닙바나에 대하여 같은 개념이 나타나며, 언어적으로 상당히 유사하게 표현되어 있다.

『상윳따니까야』 1. 1. 4. 7: 카토파니샤드(Kaṭhopaniṣad)의 마차에 대한 비유가 연상되는 짤막한 우빠마(比喩)가 있다.[18] 여기서는 붓다를 '의지처'라고 말하는 반면, 나머지 두 의지처[法·僧]에 대해서는 아무런 언급이 없는데, 이는 중요한 의미일 수 있다. 적어도 하나는 확실히 초기

---

15) Br. Ⅱ.pp. 4-5.
16) SN. Ⅰ. p.75.
17) 〈참조〉 Sn. 1037; DN. Ⅰ. p.223.; JPTS. 1909, pp.312-13.
18) *역자주: 마부가 채찍으로 말을 다스리듯 지혜로운 자들은 모든 감관을 다스린다.

‘가따세(gatāse, 도달함, 감)’[19] 형식을 사용하고 있으며, 나머지는 아마도 흔치 않은 초기 ‘닥키따야(dakkhitāya, 보고자)’일 것이다.[20] 이 경전의 산문이 게송만큼 오래된 것인지 아닌지는 명확하지 않다.

『상윳따니까야』 1. 1. 5. 6: 차(Yāna, 수레)의 비유로써 구원의 의미를 설명하고 있다. 편집자는 ‘막가(magga, 道)’, ‘사띠(sati, 念)’, ‘삼마딧티(sammādiṭṭhi, 正見)’에 대해 이야기하고 있지만, 팔정도에 대한 정형구는 모르는 것 같다. 이와 관련하여 비슷하지만 더 자세한, 브라흐마야나(Brahmayāna, 梵乘)의 비유가 「막가상윳따(Maggasaṃyutta)」[21]에 나오는 것에 주목하는 것은 의미가 있다. 산문으로 된 「막가상윳따」 서문에는 팔정도에 대한 정형구를 소개하려 한다. 정신적 향상으로 이끌어 주는 데 도움되는 여러 실천과 특성을 함께 모아둔 비유이다. 정형구는 확고히 하는 길과 관련되어 있어[22] 다소 유동적인 내용에서 벗어난 것 같다.

『상윳따니까야』 1. 1. 6. 5~7: 여기서는 중생이 갈애(Taṇhā)로 인해 세상을 떠돌아다닌다(Saṃsāra, 輪廻)라고 말한다. 이는 It. 1. 2. 5와 매우 비슷한 면이 있다. 후대에 알려진[23] 안앗따(Anatta, 無我) 교리와 이 내용이 일치되지 않는 것이 분명히 드러나고 있다.

(b) 후기

『상윳따니까야』 1. 1. 1. 5~6: 이 두 경전에는 여러 가지 모호하게 열

---

19) SN. Ⅰ. p.27.
20) SN. Ⅰ. p.26. *역자주: “무패의 승리자를 보고자(dakkhitāya)[베다어적 부정사] 우리도 고귀한 승가에 왔다(gatāse).”
21) SN. Ⅴ. 6.
22) 더 충분한 논의는 뒤의 내용 참조.
23) 「사가타왁가」에서. 〈참조〉 “Suddhasaṅkhārapuñjoyaṃ … ” SN. Ⅰ. p.135.

거된 질문을 다섯 가지씩 모아둔 것에 답변하고 있다.[24] 지금까지 교리는 숫자로 나타낸 그룹으로 분류되어 왔으며, 이와 같은 방식은 숫자로 전달하기에 좋다고 여겨지는 특정 교리와 관련 있다.

『상윳따니까야』 1. 1. 7. 10: 동일한 평가를 이곳에도 적용할 수 있다.[25] 이는 『상윳따니까야』 1. 1. 5. 4도 마찬가지다.

『상윳따니까야』 1. 1. 3. 1: 여기서는 추가설명 없이 삭까야딧티(Sakkāyadiṭṭhi, 有身見)에 대해 이야기하는데, 의도적으로 전문적인 언급을 한 것으로 보인다.

『상윳따니까야』 1. 1. 4. 8: 이 경전에 나타나는 긴 산문 부분은 이어지는 게송과 관련성이 거의 없다. 또한, 여기 들어 있는 찬사는 '붓다의 숭배'를 그만큼 오래 유지할 수 없음을 의미하고 있다.

『상윳따니까야』 1. 1. 5. 10 = 1. 2. 3. 4: (두 번째 경전의 산문에서 서문 역할을 하는 문장을 제외하고) 까사빠(Kasapa) 붓다 시대에 해당되는 이야기를 간략하게 언급하고 있으므로 과거의 붓다를 숭배하는 것이 틀림없다. 이 이야기는 『맛지마니까야』의 여든한 번째 경전에서 자세하게 다뤄진다.

(c) 불분명

「데와따상윳따(Devatāsaṃyutta)」의 나머지 경전들은 이 부류에 속한다. 대부분 특정 시대층으로 분류하기에는 너무 일반적이다. 유사한 비(非)불교 게송과 비교함으로써 문학적으로나 언어적으로, 또는 운율에

24) *역자주: "다섯을 끊어버린 뒤[五下分結], 다섯을 닦고[五根], 다섯 가지 집착(貪, 瞋, 痴, 慢, 邪見)을 벗어나면…."
25) *역자주: SN. I. p.41. "여섯으로 세상이 생겨났고, 여섯으로 사귐이 이루어지고, 여섯으로 세상에 집착하고, 여섯으로 괴로워한다."

대해 자세하게 분석하는 것은 아마도 시대층을 구분하는 길이 될 것이다.

『상윳따니까야』 1. 1. 2. 6: 이 경전은 잘 알려져 있을 것이다. 고귀한 길(ariya maggo)이 어떻게 (통찰이 흐려지게 하는 장애를) '정화시킬' 수 있는지 설명하고 있다. 무엇이 이러한 고귀한 길[팔정도]의 특성을 만드는지에 대해서는 언급하지 않는다. 하지만 이 경전이 매우 짧다는 면에서 보면 그런 언급이 없다는 점이 중요하지 않을 수도 있다.

「사가타왁가」의 나머지 부분

(a) 초기

『상윳따니까야』 1. 2. 2. 3: 관습적인 산문으로 서문을 써넣은 게송이 있다.[26] 게송에는 "마음의 성취를 바라는 비구는 선정에 들어 마음의 해탈을 얻어야 하고, 세상의 일어남과 사라짐을 알아 고귀한 마음으로 머물러야 하리니, 그것이 공덕이다."라고 쓰여 있다.[27] '마음의 성취(hadayassānupattim)'라는 표현은 니까야에서 보기 드물기 때문에 주목할 만하다. 이런 표현은 후대에 '정신적 목표'라고 습관적으로 표현하는 내용과 다르다. 또한 이런 표현을 사용함으로써 삭까야(Sakkāya, 有身)라는 이단을 두둔하는 것 같아 위험해 보인다.

『상윳따니까야』 1. 2. 3. 6: 붓다는 로히따싸(Rohitassa)의 질문에 태어나지 않고 늙지 않고 죽지 않고 멸하지도 생성하지도 않는 세상의 끝은 알 수도 볼 수도 성취할 수도 없다고 설명한다. 또한 "나는 [육체적 단신

26) 「사가타왁가」 안에서 본 상윳따는 나머지 다른 상윳따의 여러 경전과 더불어 이 경전도 같은 경우에 해당된다.

27) SN. Ⅰ. p.52.: Bhikhūsiyā Jhāyi vimutta-citto Ākaṅkhe ca hadayassānupattiṃ Lokassa ñatvā udayavyayaṃ ca Sucetaso asito tadānisaṃsoti.

의 몸 안에(vyāmatte kalevare)] 세상의 끝에 이르지 않고서 괴로움의 끝을 이룬다고 말하지 않는다. 벗이여, 나는 인식과 마음을 가진 이 한 길 몸에서 세상의 일어남과 사라짐, 그리고 사라짐으로 이끄는 길을 알려 준다."[28] 이 경전은 『앙굿따라니까야』에도 나온다.[29] 초자연적 평온이라는 개념을 독특한 방식으로 다루면서 '주관론자' 경향을 분명하게 드러내고 있다. '사마나까 깔레바라(Samanaka kaḷebara, 사문의 몸)'는 '사윈냐나까까야(Saviññāṇakakāya, 有識身)'의 또 다른 표현과 같다. '사윈냐나까까야'라는 표현은 다섯 가지 칸다(khandhas, 蘊)에 대한 교리보다 앞선 단계에 해당된다.

『상윳따니까야』 1. 3.(Kosalasaṃyutta): 니까야의 여러 곳에서[30] 붓다와 꼬살라(Kosala)국 빠세나디(Pasenadi) 왕과의 관계가 매우 친밀했음을 알 수 있다. 또한 한 군데 이상에서 말리까(Mallikā) 왕비가(더군다나 한 자리에서)[31] 붓다에 대한 존경심이 가득했음을 볼 수 있다. 붓다는 왕실 후원자를 교화시키는 법문을 여러 차례 설했을 것이며, 그들이 갖고 있는 여러 가지 문제와 어려움에 대해 답해 주었을 것이다. 붓다와 왕의 만남은 왕의 권력과 위세로 인해 초기불교 전통에 특별히 깊은 인상을 남겼다. 물론 같은 이유로, 실제 있었던 일에 대한 기억에 특별히 의식하지 않아도 되는 허구로, 상세한 설명을 덧붙이기가 쉬웠을 것이다. 따라서 「꼬살라상윳따(Kosalasaṃyutta)」 안에 담고 있는 붓다와 꼬살라 왕의 대화 기록은 진짜와 가짜 내용이 뒤섞여 있다고 예상할 수 있다.

---

28) SN. Ⅰ. p.62.: [na] …appattvā lokassa antaṃ dukkhassa antakiriyaṃ vadāmi. Api khvāhaṃ āvuso, imasmiññeva vyāmamatte Kaḷevare saññimhi samanake lokāñca paññāpemi samudayañca nirodhañca nirodhagāminiñca paṭipadanti.

29) AN. Ⅱ. p.48ff; Ⅳ. p.430(이 부분은 후대 내용일 수도 있다).

30) 참고문헌에 관한 논의는 뒤의 내용 참조.

31) MN. Ⅱ. p.106ff.

붓다가 설한 교리는 간단명료하면서도 윤리적인 특성을 지니는데, 그 이유는 초기의 설법이기 때문일 수도 있고, 빠세나디 왕이 형이상학적 성향의 사람이 아니기 때문일 수도 있다. 이와 관련된 정형구가 자주 나오지 않는 것으로 봐서는 전자(前者)의 이유가 더 타당해 보인다. 이 경전의 '역사적 자료'에 대한 빈도 역시 간단하게 설명된다.[32)]

하지만 일부 경전은 분명히 후대 층에 해당된다. 『상윳따니까야』 1. 3. 2. 9~10이 그런 경우다. 이 두 경전은 자세하고 생생하게 설명하고 있는 「마히야까 자따까(Mahyaka Jātaka)」(iii. 299) 형식을 취하고 있다.[33)] 이 중에서 두 번째 경전은 첫 번째 경전과 제목이 같고, 글자 그대로 똑같이 시작된다. 어쩌면 첫 번째 경전에 의해 제안되었을 수도 있다. 벽지불 따가라시킨(Tagarasikhin), 그리고 백만장자가 대규환지옥(Mahāroruvaniraya)에서 보낸 수십만 년에 대한 이야기를 하고 있다는 점에서 이 경전이 후대의 것임을 분명히 알 수 있다. 또한 『상윳따니까야』 1. 3. 2. 8의 §§ 5~10에 대해서 리스 데이비즈 여사는 "이처럼 아난다의 진술이 추가된 경전은 『상윳따니까야』 V. 2에서 떨어져 나온 것이다. 간신히 이곳에서 남은 셈이다."라고 말한다. 팔정도[선우(Kalyāṇamitta, 善友)를 얻는 최고의 효과라고 일컫는 깨달음에 숙달]에 대한 정형구를 소개하는 과정에서 '압빠마다(appāmada, 不放逸)'와 '깔리야나밋따(Kalyāṇamitta, 善友)'의 유익한 효과에 대한 설명은 일반적으로 설법한 나머지 경전들보다 개념적으로 더 발달된 것으로 보인다는 데 주목할 만하다.

『상윳따니까야』 1. 4. 3. 3: 이 경전은 수행승 고디까(Godhika)의 최후

---

32) 아래 내용 참조.
33) KS. Ⅰ. p.116, 각주 4번.

의 날과 죽음에 대해 묘사하고 있다. 반복적으로 사마디까쩨또위뭇띠(Sāmādhikacetovimutti, 집중의 심해탈)에서 떨어지자 고디까는 자살하게 된다. 붓다는 『맛지마니까야』에 비슷하게 기록되어 있는 찬나(Channa)의 경우와 마찬가지로 암묵적으로 묵인하는 태도를 보인다. 열아홉 번째 단락에서 윈냐나가 윤회하는 주체이며, 닙바나는 ‘압빠띳타(appatiṭṭha, 기반이 없는)’가 된다고 분명하게 명시하고 있다.[34] 윈냐나에 대한 이러한 개념은 표준 해석에 있어서 다섯 가지 칸다 이론보다 앞선다. 이 경전에는 아마도 역사적 사건이 반영된 것 같다.

『상윳따니까야』 1. 6. 1. 1: 본 경전에는 『디가니까야』의 열네 번째 경전과는 약간 다르고, 『맛지마니까야』의 「아리야빠리예사나 숫따(Ariyapariyesana sutta)」와 「보디라자꾸마라 숫따(Bodhirājakumāra sutta)」에도 나오는 ‘브라흐마야짜나(Brahmāyācana, 梵天의 요청)’가 들어 있다. 신화적으로 소개하는 내용이 담겨 있어 후대의 것으로 보임에도 불구하고 오래된 원본일 것 같아 보이는 데 갈등의 핵심이 있다.

『상윳따니까야』 1. 6. 2. 5: 『디가니까야』의 열여섯 번째 경전에도 동일하게 나타나며, 서로 관련 있다고 여겨져 왔다. 『마하빠리닙바나숫따(Mahāparinibbāna sutta)』의 내용과 세 가지 중요한 차이점이 있다. 첫째, 아난다와 아누룻다가 말하는 게송의 순서에 차이가 있다. 이에 관해서 프르질루스키가 구체적으로 설명하고 있다. 둘째, 『상윳따니까야』에는 산냐웨다이따니로다사마빳띠(Saññāvedayitanirodhasamāpatti, 想受滅成就)에 대한 언급이 없다. 만약 붓다의 마지막 수행과정에 대한 묘사에 나오는 아루빠위목카(無色界解脫)에 대한 부분이 후대에 추가되었기 때문이라고 한다면, 앞서 제시했던 주장을 뒷받침할 수 있다. 세 번째 차이

34) *역자주: SN. I. p.122: “고디까는 의식이 머무는 곳 없이 완전한 열반에 들었다.”

점이 이와 밀접하게 연결된다. 『디가니까야』의 열여섯 번째 경전에서 아난다는 빠리닙바나와 산냐웨다이따니로다(Saññāvedayitanirodha, 想受滅)를 잘못 이해하였고, 아누룻다가 이를 바로잡아 주어야 했다. 이는 『디가니까야』의 열여섯 번째 경전이 최종 편집될 당시에 아난다의 수행력이 그다지 높게 평가되지 않았음을 보여주는 것으로, 프르질루스키의 가설을 지지해 준다. 한 군데 이상의 니까야에 아난다가 잘못 이해했다는 내용이 등장한다는 점이 신빙성을 높여 준다.[35)]

『상윳따니까야』 7 (Brāhmaṇasaṃyutta): 「사가타왁가」의 규칙대로 산문과 게송이 혼합된 짧은 경전들로 이루어져 있다. 형식 및 내용에 있어서 동시대로 배치해야 할 정도로 비슷하다. 사문 문다까(Muṇḍaka)를 향해 적대감과 경멸을 노골적으로 드러내던 바라문이 개종하는 이야기를 주요 주제로 다루고 있다. 이런 경전에서 불교 교리는 주로 바라문의 사회적 허세에 반대하거나 의례에 대한 그들의 편견을 도덕적 입장에서 더 순수한 관점으로 대체하도록 하는 형태로 나타난다. 마찬가지로 이런 경전들은 시적이고 『숫따니빠따』 경전과 조화를 이루며[36)] 초기 단계를 대표한다. 후기 단계의 예(例)는 『디가니까야』와 『맛지마니까야』의 유사한 경전에서 찾아볼 수 있다. 후기 단계의 경우 더 길고, 더 자세하고, 더 논증적이며, 훨씬 더 공격적인 어조를 지닌다. 더 이상은 바라문과 사문 사이의 갈등이 아니며 바라문과 불교 사이의 갈등으로 정리된다. 말하자면 불교는 고유한 특성에서 바라문을 앞질렀으며, 여러 사문들의 부파 중 하나로 취급되지 않게 되었다. 나아가 불교는 도덕적 제

---

35) 「제4장 『디가니까야(Dīgha Nikāya)』의 초기와 후기」 부분 참조.
36) 까시바라드바자(Kasibharadvāja)는 공통이다. SN. Ⅰ. pp.213-5 = Sn. 경전 10; 〈참조〉 순다리카바라드바자(Sundarikabhāradvāja).

안이나 설득의 내용 대신에 논증이라는 무기를 만들어 냈다. 이러한 대립은 후대에도 줄어들지 않았다.

(b) 후기

『상윳따니까야』 1. 2. 3. 9: 이 경전의 끝부분에는 사리뿟따에 대한 찬사(讚辭)가 있다. "천상의 수행원인 수시마(Susīma)가 사리뿟따 장로를 칭송하는 동안 어떻게 다양한 어조로 차오르는 경이로움을 표현했는지"를[37] 분명하게 보여주는 네 가지 우빠마(Upamā, 比喩)가 들어 있다. 네 번째 우빠마는 가을 햇살에 대한 것으로, 햇살은 구름을 벗어나 하늘에서 빛난다. 처음 세 가지 비유는 다채로운 반짝임에 대해 비교적 분명하게 언급하고 있는 반면,[38] 네 번째 비유는 어둡게 하는 요소를 제거하면 확실히 더 밝게 빛난다는 점이 핵심이다. 이는 다른 경전에서도 사용된 적 있는[39] 의미로, 마음을 정화시킨 뒤에 '현상에 대한 통찰(dhammacakkhu, 法眼)'을 성취한다는 것이 분명하게 나타나고 있다. 이는 아마도 붓다가 사용했던 비유의 본래 의미였던 것으로 보이며, 붓다는 정신적 깨달음을 일종의 통찰력이나 이해로 간주하고 있다.[40]

이런 맥락에서 네 번째 '비유'는 초기 시대층에 해당하는 내용을 적절치 않게 응용한 경우로 볼 수 있다. 이처럼 잘못 응용한 사례가 다른 니까야에도 없지 않다. 특히 특정의 주장을 두드러지게 하기 위해 다른 자료에서 비유를 끌어 모아 배치할 때 덧붙여졌다.[41]

---

37) KS.
38) 〈참조〉 KS. Ⅰ. p.89 각주 1번.
39) AN. Ⅰ. p.242.
40) 「제12장 니르바나(Nirvāṇa, 涅槃)」 부분 참조.
41) 〈참조〉 It.(Itivuttaka) 경전 27.

마지막 두 게송에서 나타나는, 사리뿟따에 대한 내용과 그 결과로 보이는 『테라가타』의 1002–1003 사이에는 밀접한 관계가 있지만, 이것이 진본인지 아닌지를 결정하기는 어려울 것 같다.[42]

『상윳따니까야』 1. 4~5 (Mārasaṃyutta와 Bhikkhuṇīsaṃyutta): 최악의 정신적 고비에서 붓다는 상당히 그럴싸한 유혹에 직면했다. 이러한 내용의 문학적 가능성으로 인해, 불교의 법문 안에 마라(Māra, 惡魔)라는 상징을 중심으로 추상적 개념이 대거 활용되었으며, 진정한 신화가 확립되었다.[43] 또한 붓다와 마라의 갈등은 영웅적 특성을 지닌 시의 주제를 제공하기에 충분했다. 다른 한편으로는 어떤 방법이나 개념이 비난받을 때, 마라가 주장한다고 대응하는 방책이 되었다. 이러한 방책들은 초기불교의 진지한 전통을 후대의 구름 덩어리로 가려 희미해지게 만든 것이 틀림없다. 즉 마라를 묘사한 일련의 법문 안에는 후대 내용이 첨가되어 우위를 차지했을 가능성이 있다는 것이다.

이들 경전에서 드러나는 마라의 활동은 대개 겁먹게 하기, 확신과 신념을 잃게 하기, 세속적 매력으로 유혹하기, 잘못된 교리 주장하기의 네 부류로 나뉜다. 일부 경전에서 후대의 것임을 가장 노골적으로 드러내는 것이 마지막 부류이다. 『상윳따니까야』 1. 4. 2. 6에서 붓다가 다섯 가지 우빠다나칸다(upādānakhandhas, 取蘊)에 대해 설법하는 동안, 마라는 황소의 모습을 취하여 모임을 방해하려 하지만 발각되어 실패하고 만다. 그 다음 경전에서 마라는 여섯 가지 팟사야따나(phassāyatana, 觸處, 接觸領域)에 대해 설법하는 것을 방해하려 한다. 『상윳따니까야』 1. 4. 2. 9에서는 [18계(dhātu, 界)에 대한] 자신의 힘을 자랑한다. 『상윳따

42) 〈참조〉 KS. I. p.89 각주 3번.
43) 「제10장 붓다의 생애」 부분 참조.

니까야』 1. 5.[Bhikkhinīsaṃyutta]에서는 마라가 주로 세속적 유혹을 대표하는데, 마지막 두 경전(9와 10)[1. 5. 1. 9–10]에서는 형이상학적인 문제를 제기하여 완전히 발달된 '스칸다나트마바다(Skandhānātmavāda)'에 관해 답변을 듣게 된다. 관련된 상윳따의 많은 게송들이 『테리가타』에서도 발견된다.

『상윳따니까야』 1. 6. (Brahmāsaṃyutta) **1. 2:** 붓다가 마침내 "법에 의지해서 지내야 한다."라고[44] 결정했을 때 브라흐마(Brahmā, 梵天)가 과거의 붓다가 어떻게 동일한 방침을 택했는지, 그리고 미래의 붓다가 어떻게 동일한 방침을 택할 것인지 알려준다. 또, 실락칸다(Sīlakkhandhas, 戒蘊)부터 위뭇띠냐나닷사나칸다(Vimuttiñāṇadassanakandhas, 解脫知見蘊)에 이르는 순서를 언급한다. 『상윳따니까야』 1. 6. 1. 3에서는 브라흐마가 아라한과를 성취한 브라흐마데와(Brahmadeva)의 어머니에 대해 말하고 있는데, 그녀의 아들은 신 이상(Atidevappatta, 신보다 뛰어난 길을 얻은 자)에 이르렀으며, 그(Brahmā, 梵天)에게 주어진 것(Āhuti)은 완전한 무지였다. 『상윳따니까야』 1. 6. 1. 4에서 브라흐마 바까(Baka)는 영원주의라는 이단에 빠지게 되어 붓다가 구제해 주어야 했다. 그 다음 경전에서는 다른 브라흐마가 자신의 지위를 터무니없이 높게 생각하는 모습이 나오는데, 결국 붓다의 수많은 위대한 제자들은 더 높이까지(암묵적으로 신체적 높이까지도) 자유로이 갈 수 있음이 밝혀진다.

『상윳따니까야』 1. 6. 1. 6: 두 빳쩨까브라흐마(Paccekabrahmā, 辟支梵天)가 브라흐마에게 자신들의 우월함을 입증한다. 그 다음 세 경전에도 빳쩨까브라흐마가 나온다. 그 중 마지막 경전은 이어지는 경전(『상윳따니까야』 1. 6. 1. 10)을 염두에 두지 않으면 이해할 수 없다. 여기서는 수

---

44) SN. Ⅰ. p.139.: Dhammaṃ … upanissāya vihareyyanti.

행승 고깔리까(Kokālika)가 사리뿟따와 목갈라나를 비방했다가 무시무시한 결과를 받게 된 이야기를 자세히 설명한다. 이 경전의 산문부는 『맛지마니까야』의 「꼬깔리까 숫따(Kokālika sutta)」와 꼭 들어맞긴 하지만, 『맛지마니까야』의 경우 게송이 훨씬 더 많다. 이 경전은 『앙굿따라니까야』에도 나온다.

『상윳따니까야』 1. 6. 2. 4: 과거의 붓다 시킨(Sikhin) 시대에 대해 이야기한다.

(c) 불분명

「사가타왁가(Sagāthavagga)」의 나머지 경전과 상윳따는 시대를 구분하기가 쉽지 않다. 대체로 문맥이 일반적이기 때문에 그 특성이 드러나지 않아 어려움을 겪게 된다. 아마도 여덟 번째부터 열한 번째 상윳따를 면밀히 조사하면 더 나은 결과를 얻을 수도 있을 것이다. 예를 들어, 『상윳따니까야』 1. 8. 7은 『상윳따니까야』 1. 9. 1과 같은 시대층으로 보기 어렵다. 『상윳따니까야』 1. 8. 7에서는 사리뿟따에 대해 아낌없이 칭송하는 내용이 자세하게 설명되면서 세 가지 윗자(Vijjā, 明智)와 여섯 가지 아빈냐(Abhiññā, 超越知)에 대해 언급하고 있으며,[45] 우바또바가위뭇띠(Ubhatobhāgavimutti, 兩分解脫)와 빤냐위뭇띠(Paññāvimutti, 慧解脫)의 차이를 구분하고 있다. 『상윳따니까야』 1. 9. 1은 간단하면서도 진지한 게송으로 숲이나 나무 아래로 가서 불굴의 노력과 마음챙김[Sati, 念]을 기울여, 욕망의 티끌을 제거하라고 설명한다. 이러한 게송에는 숲의 공기만큼이나 오래된 언어가 쓰였다.

바와시(Bhavāsi, 확립하라), 사라야마세(Sārayāmase, 기억하리라), 위두낭

45) 〈참조〉 PTSD. 열 가지 아빈냐(Abhiññā, 超越知)의 역사 부분 참조.

(Vidhūnaṃ, 버린다)과 같은 형태가 쓰인다. 이러한 여러 게송의 형태는 초기 자이나교의 시에서도 볼 수 있다.[46)]

『상윳따니까야』의 나머지 왁가(Vagga)

후대 층 — 개념: 앞서 이미 언급했듯이, 이 부분은 산문의 정형구와 형이상학적 입장이 지배적이라는 데서 첫 번째 왁가와 차이를 지닌다. 여기서는 적어도 두 가지 층을 볼 수 있다. 경전들의 대다수를 아우르는 첫 번째 층은 놀라울 정도로 비슷한 특징을 보이고 있으며, 후대의 것이라 볼 수 있다. 이들은 대부분 교리에 관한 정형구와 연관성 있는 것으로 비슷한 특징들을 설명, 해설하며 니까야에서 형이상학적 발전이 최고조에 이르렀음을 보여주고 있다. 아비담마와 주석 문헌을 제외하면 정형구와 관련된 몇 구절은 쿳다까(Khuddaka, 小部)에 포함된다. 열두 가지 '니다나(nidāna, 因緣)'와 '연기(Paṭiccasamuppāda, 緣起)', '다섯 가지 칸다(khandhas, 蘊)', '아야따나(Āyatana, 處, 感覺領域)'에 대한 교리가 대표적이다. 마지막 『마하왁가(Mahāvagga)』에 들어 있는 정형구는 표현하고 있는 개념보다 훨씬 더 정신적 수행과 관계가 깊으며, 앞의 왁가에 나오는 한층 더 난해하고 형이상학적인 정형구보다는 초기의 것으로 보인다.

형식: 이 그룹의 경전들은 전형적으로 교학의 형식을 취하고 있다. 여기서는 대체로 어떤 이야기로써 틀 안에 가두지 않는다. 곧바로 시작하여 정형구의 모든 요소에 대해 자세하게 열거 (또는) 묘사하기 시작하며, 일반적으로 또는 특별한 관점으로 끝나기도 한다. 종종 교리문답의 형식을 택하기도 하는데, 수많은 경전들에서(『상윳따니까야』 2889개 경전

---

46) 〈참조〉 Sk. 1-2-1-15. *역자주: SN. I. p.197: "… 마음챙김을 확립하라.… 그대를 마음챙김을 확립한 자로 기억하리라.… 몸에 붙은 먼지를 털어 버린다."

전체에 걸쳐) 반복된다.[47] 따라서 이들 경전을 독립적으로 보는 것은 잘못된 판단일 것이다. 이들 중 상당수가 밀집해 있으며, 아마도 대부분이 한꺼번에 만들어졌을 가능성이 크다. 빈테르니츠는 경전이 지루하게 늘어난 것은 어쩌면 종교의식에 사용되었기 때문일 수도 있다고 말한다. 리스 데이비즈 여사는 "각기 다른 경전이 다른 자료, 다른 위하라(vihāra, 僧院), 심지어는 재가신도로부터 수집되었다는 사실이 경전이 지루하게 늘어나게 된 요인이 될 수도 있다."고 주장하고 있다. 이 역시 그럴듯해 보인다.[48]

빈테르니츠는 경전이 지루하게 반복된다는 점에 예리한 관심을 보인다.[49] 예를 들어, 「살라야따나상윳따(Saḷāyatanasaṃyutta)」(XXXV)는 자그마치 207개 경전으로 이루어져 있으며,[50] 여섯 가지 감각에 대한 설법과 대화가 들어 있다. 여기서는 보고, 듣고, 냄새 맡고, 맛보고, 만지고, 생각하는 것이 '아닛짜(Anicca, 無常)'이고, '둑카(Dukkha, 苦)'며, '안앗따(Anatta, 無我)'임을 설명한다. 또한 여섯 가지 감각기관에 상응하는 감각 인식 및 감각 대상도 마찬가지로 '아닛짜'이고, '둑카'며, '안앗따'임을 단조로운 순서를 통해 한없이 보여주고 있다. 더 나아가 각각의 감각기관과 그에 상응하는 감각 인식 및 감각 대상의 종류에 있어서도 일련의 주장이 글자 그대로 반복되고 있으며, 모든 주장이 그 자체로 하나의

47) Winternitz Ⅱ. pp.56-57.
48) 위의 책, p.57 각주 1번에서 재인용.
49) 물론, 빈테르니츠(Winternitz)는 대체로 『상윳따니까야』의 모든 경전을 설명하고자 한다. 두 번째부터 네 번째 왁가의 숫따 등급이 지배적이긴 하지만 실제로 후반부에도 설명이 적용되고 있다.
50) *역자주: 35장은 근본오십경(5품) 52경, 제이오십경(5품) 51경, 제삼오십경(5품) 52경, 제사오십경(5품) 93경, 모두 248경으로 구성되어 있다.

경전을 이루고 있다.[51] 요컨대, 이 경전은 붓다 시대보다는 개념과 형식에서 무미건조하게 정형화된 아비담마 시대에 훨씬 더 가깝다. 실제로 뷔르누프(E. Burnouf)는 「니다나왁가(Nidānavagga)」에 대해 "의심할 것도 없이" 아비담마에 해당한다고 주장한 점이 흥미롭다.[52]

초기 층 — 이들 경전과 함께 초기의 교리 및 형식이 보이기도 한다. 이들은 현대 연구에서 단일한 '초기' 층으로 함께 분류할 수도 있으나, 같은 시대에 속할 것이라는 전제를 확신해서는 안 된다.

주요 개념: 주요 개념은 정형구로부터 자유로우며 이를 통해 발전과정을 살펴볼 수 있다. 양극단 사이에 있는 '중도(中道)'라는 개념이 있다. 표준 형태에서 '연기(緣起)'는 괴로움의 발생에 대해 가볍게 설명하려한 여러 가지 불완전한 시도를 통합시킨 최상의 개념이라고 볼 수 있다. 때로는 '앗따(Attā, 自我)'가 미혹시키는 현상으로서 부정되어야 할 대상이라기보다 훨씬 더 초월적인 실체로 나오기도 한다. '윈냐나'와 '찟따'는 서로 대체할 수 있으며, '무상(無常)'하고 윤회하는 '몸' 이상으로 여겨진다. '위목카(vimokkha, 解脫)' 또는 '위뭇띠(Vimutti, 解脫)'는 이런 '윈냐나'–'찟따'가 현상적 부속성(Patiṭṭhā, 依支處, upadhi, 執着)으로부터 벗어나는 것을 말한다. 심층 심리분석을 통해 윈냐나의 의미가 네 가지 마음의 양상('몸 이상의 무엇') 중 하나로 좁아졌지만, 다섯 가지 칸다라는 도식의 5점형 배열을[53] 거쳐 다섯 단계가 되었다.

일부 내용은 "초기에는 루빠(Rūpa, 色)와 담마(Dhamma, 法)를 심리학

51) Winternitz, 앞의 책, p.56.
52) Feer 편, SN. Ⅱ. 서문, p.XII. 각주 1번에서 재인용.
53) 5점형의 배열 형식으로서 넷은 사각형의 변두리에, 그리고 하나는 중심부에 위치하는 배열.

적으로 구분하지는 않았다."는 샤이에르(Schayer)의 견해를 뒷받침해 주었다. 이러한 설명은 겉으로 보이는 형태와 실제 양식 간의 차이를 말하는 것으로 보인다. 팟사(phassa, 觸)를 '세 가지 접촉(Tiṇṇaṃ Saṅgati)'이라고 설명하는 것은 초기 개념을 후대에 해석한 것으로 보인다.

형식: 형식면에서 이런 부분들은 참신한 변화다. 이야기는 더 풍부하고, 우화와 비유로 꾸며져 있는 경우가 종종 있다. 뿐만 아니라 지금의 형태에 덧붙이거나 추가로 써넣은 경전에서 때로는 근본 핵심 내용이 보인다. 「니다나상윳따(Nikānasaṃyutta)」와 비슷하지만 더 큰 상윳따에서, 본래 독립적인 여러 경전들은 상윳따를 이끄는 정형구를 강제적으로 소개하게 됨으로써 나머지 경전과 전문적인 일관성을 갖게 되었다. 어떤 경우에는 원본이 전승되지 못한 것으로 보인다. 오늘날 전해지는 대부분은 인위적으로 추가된 것이다. 이처럼 추가된 내용은 대체로 단조로운 경향을 보인다. 어쩌면 경우에 따라서 수집 당시의 편집과정에서 수정되었을 수도 있다. 책임의 일부는 '암송자'에게 있을 텐데, 어쩌면 '암송자'는 모든 경전과 함께 상윳따를 이끌면서 자주 나오는 정형구를 반복하는 것이 편하다는 사실을 찾아냈을 것이며, 더 이상 이해할 수 없거나 심지어 완벽한 정형구로 표현된 표준 교리와 반대되는 작은 변화들을 유지하는 것은 매우 귀찮은 작업이라는 사실도 경험했을 것이다. 때때로 경전의 특징은 자세하게 설명된 반대의 내용을 참고한 것이 핵심이 되기도 한다.

가장 많은 수의 초기 '단편'이 두 번째 왁가에 있으며, 왁가 Ⅱ~Ⅴ를 벗어나서는 점점 더 보기 드물게 되었다는 사실이 눈에 띈다. 대체로 『상윳따니까야』의 오래된 부분은 처음 두 왁가에 집중적으로 나타난다고 말할 수 있다.

「니다나상윳따(Nidānasaṃyutta)」[54]

(a) 후기

이어지는 경전의 부류들은 후기의 시대층에 속한다고 볼 수 있다.

(i) 첫 번째 부류는 연기(paṭiccasamuppāda, 緣起)와 관련하여 완전히 진화된 정형구를 제외한 순수한 부분은 전혀, 또는 거의 설명하지 않는다. 여기에 해당되는 것은 경전 1, 3, 4~10, 13~14, 16, 29~30, 49~50, 69, 71~81(이들은 정말 하나의 작품이라고 볼 수도 있다), 82~93(상호의존적)이다. 이들 안에서의 변형은 미미하고 대수롭지 않다. 예를 들어, 경전 3은 경전 1과 같은 내용을 다루며, '삼우다야(Samudaya, 發生)'와 '니로다(Nirodha, 滅)'로 이끄는 니다나(Nidāna, 因緣)의 순서는 여기서 각각 '밋차 빠띠빠다(micchā paṭipadā, 邪道)'와 '삼마 빠띠빠다(sammā paṭipadā, 正道)'라고 부른다. 경전 4~10에서 연기는 일곱 명의 붓다가 발견했다고 설명된다.[55]

(ii) 다음 경전 부류에는 연기에 대한 정형구뿐만 아니라 그 요소를 자세하게 설명하는 내용이 들어 있다. 경전 2(경전 1에 대한 vibhaṅga 分別論),[56] 27~28, 33,[57] 34,[58] 51[59]이 그런 경우다.

---

54) *역자주: 두 번째 왁가 「인연 모아 엮음(Nidānavaggasaṃyuttapāli)」은 10상윳따, 27품, 286경전으로 구성되어 있다.

55) 〈참조〉 DN. 14. 여기서도 같은 주제가 다뤄지는데, 정형구는 열 가지 니다나를 말하고 있다.

56) 『맛지마니까야』의 「삼마딧티 숫따(Sammādiṭṭhi sutta)」도 같은 방식으로 나마루빠(Nāmarūpa, 名色)에 대해 설명한다. 이는 『디가니까야』의 「마하니다나 숫따(Mahānidāna sutta)」에서 설명하는 내용보다 나마루빠와 다섯 가지 칸다를 동일시하는 후대의 설명에 가깝다.

57) 여기서는 사성제에서와 마찬가지로 열한 가지 니다나에 네 단계 도식을 적용시킴으로써 니다나가 마흔네 가지 냐나왓투(Ñāṇavatthu, 앎의 대상)로 확대된다.

58) 여기서는 일흔일곱 가지 냐나왓투(Ñāṇavatthu, 앎의 대상).

59) '우빠마(Upāma, 比喩)'도 함께 들어 있다.

(iii) 일부 경전에는 연기에 대한 정형구가 다른 교리와 섞여 있다. 경전 11~12에는 연기에 대한 교리가 네 가지 자양분에 대한 교리와 섞여 있다. 까발링까라 아하라(Kabaliṅkāra āhāra, 물질적 자양분)를 말하기 위해서 윈냐나의 현상적 지속(ṭhiti, patiṭṭhā, 확고함)을 위한 자양분으로서 팟사(Phassa, 觸), 마노산쩨따나(Manosañcetanā)(음식, 감각-감정, 의욕) 기능은 쉽게 이해할 수 있다.[60] 윈냐나가 아하라(āhāra, 滋養分)로 변하는 것은 '안앗따(Anatta, 無我)'에 대한 인기가 높아지면서 생겨난 부산물이라고 이해할 수 있다. 나아가 아하라 이론은 연기 이론과 같은 기능, 즉 현상적 존재의 토대를 설명하는 기능을 갖고 있으므로 이 둘은 사실상 동일한 문제에 대해 아주 유사하게 답하는 두 가지 방식에 해당한다. 그러므로 연기의 정형구를 아하라의 정형구에 적용시키는 것은 연기의 정형구를 향한 맹목적 집착의 산물이라고 볼 수 있다. 결과적으로 니다나(因緣)에 관해 설명하려고 찾았던 네 가지 아하라에 대해 혼란이 생긴 것이 분명하므로, 이 둘은 그야말로 원인의 이유를 밝히는 고리로 되돌아가게 된다. 이는 팟사와 윈냐나의 관계이며, 마노산쩨따나의 중요성은 상카라(saṅkhāra, 行)와 크게 다르지 않다. 이왕 둘 사이의 구분이 만들어졌다면, 원인이라고 불릴 자격이 더 있는 쪽은—실행(abhisaṅkhāra, 實行)도 마찬가지로 적극 강조하여— 전자다. 더 정확히 말해서 둘 사이의 인과관계는 씨앗과 새싹의 관계와 유사하다고 해석될 수 있다. 대략 의욕적 노력, 즉 산쩨따나(sañcetanā, 意圖)는 형성, 즉 상카라로 이끌어 주며, 결과적으로 더욱 노력하게 만든다. 앞에서 이미 설명했듯이, 연기는 사실 아하라의 발생을 설명하려던 것이 아니라 오히려 동일한 근본사실을 설명하려던 것이었기에 공통점이 많이 있다.

60) 〈참조〉 경전 38, 64; MN. 9.

윈냐나(識)가 '아하라'로 비하됨으로써 경전 12에서 팍구나(Phagguna)에 의해 높아진 어려움으로 불가피하게 이어지며, 아하라의 정형구를 연기 정형구로 바꾸는 표현 방식에 의존하지 않으려 회피하게 된다.[61] 질문이 윈냐나에서 비롯되었으므로 앞의 두 용어, 즉 아윗자(無明)와 상카라(行)는 이런 형태의 연기에 나오지 않는다. 나마루빠(Nāmarūpa, 名色)는 미래 새로운 존재의 생성[조건]이라는 일반적인 표현에 내포되어 있는 것으로 보인다.[62] 경전 35는 경전 12와 같은 문제를 더 체계적으로 다루고 있으며, 니다나(因緣)를 모든 측면에서 검토하고 있다. 경전 36도 비슷하다. 경전 63에서는 섬뜩한 비유로써 네 가지 아하라를 분명하게 드러내고 있다.

경전 20은 연기가 따타가따(Tathāgata, 如來)의 존재 여부와 관계없이 "법(dhamma, 원리, 진리)이며, 법으로 확립된 것이며, 법으로 결정된 것이다."라고 말하면서[63] 모든 요소가 무상함을 계속 강조하며, 누군가 과거와 현재가 어떤지, 미래에 어떻게 될 것인지에 집착하는 것을 바로 잡아주기 위한 가르침을 설명한다.

경전 21은 연기와 다섯 가지 칸다의 변화무쌍함에 대한 이론이 섞여 있는 반면, 경전 23에는 보기 드문 '기쁨과 행복의 인과 순서'가 섞여 있다.[64]

경전 41~42[65]에는 다섯 가지 실라(sīla, 戒)에 상응하는 다섯 가지 두

---

61) *역자주: "누가 의식의 자양분을 섭취합니까?"라는 질문이 "무엇 때문에 자양이 생겨납니까?"로 바뀌어야 된다고 설명한다.

62) SN. Ⅱ. p.13. 〈참조〉 Mrs. Rhys Davids, Original Gospel, pp.112-113.

63) SN. Ⅱ. p.25.: Dhammatā dhammaṭṭhitatā dhammaniyāmatā

64) KS. Ⅱ. p.Ⅷ.

65) 리스 데이비즈 여사는 경전 41 초반부에서 "올바른 삶으로 이끄는 사람의 승리의 노래"를 보면서 "궁극적 구원에 대해 반복적으로 확언"하고 있다고 보았

려움과 네 가지 소따빳띠앙가(Sotāpattiyaṅga, 豫流支)를 소개한다. 연기는 고귀한 법(Ariyo ñāyo)이라고 부른다.

끝으로 경전 68과 70은 빤냐위뭇따(Paññāvimutta, 慧解脫)와 우바또바가위뭇따(Ubhatobhāgavimutta, 兩分解脫)의 차이를 소개하는데, 후자에도 다섯 가지 칸다에 대한 삼법인(三法印)이 적용된다.

(iv) 경전 31은 빠라야나(Pārāyaṇa, 피안으로 가는 길)에서 아지따빤하(Ajitapañha, 아지따의 질문)로부터 게송을 인용하고 설명하며, 초기 것으로 보이지는 않는다.[66]

(b) 초기

초기 시대층에 속하는 경전 중 가장 눈에 띄는 그룹은 양극단의 완강한 대립에 대한 해법으로서 중도라는 교리를 담고 있는 부분이다. 많은 어려움을 함축적으로 나타내는 정확한 설명을 통해 문제와 해답이 아주 간단하게 제시되어 있다. 이런 어려움은 원전(原典)보다 더 철학적 방식으로 나중에 구체적으로 다뤄진다.[67]

이 부류에 속하는 경전에는 15, 17~18, 24~26, 46~48이 있다. 경전 25~26을 제외한 나머지 경전의 경우, 연기에 대한 표준 정형구가 설법의 맨 끝에 첨부되어 있으며, 겉보기에는 중도(中道, Majjhena Dhammo) 교리에 대해 긍정적인 내용이 담겨 있는 것 같다. 리스 데이비즈 여사는 숫따삐따까(Suttapiṭaka, 經藏)를 편집한 사람들이 후대에 이 교리에 연기라는 이름을 붙였다고 주장한다.[68] 그럴 가능성도 있지만,

다.(KS. Ⅱ. p.Ⅺ.)

66) *역자주: SN. II. p.47

67) 뒤의 내용 참조.

68) KS. Ⅱ. p.v.

대체로 연기라는 용어를 나타내는 자세하고 상투적인 정형구는 중도 교리의 최종 형태에 해당하는 것이 확실하며, 이들 경전에서 중도 교리의 초기 형태를 살짝 엿보게 된다고 추정할 수도 있다. 따라서 후대에 이들 경전에서 더 유동적인 근본 연결 대신에 그와 같은 정형구로 대체했다고 보는 것이 적절하다. 리스 데이비즈 여사는 경전 18[69]에 대해 이런 결론을 지지하고 있으며, 이는 유사한 부류의 다른 경전에도 적용될 수 있다.

경전 15에서 § 6의 "nādhiṭṭhāti attānam eti"는 이해하는 데 확실히 어려움을 내포하고 있다.[70] 리스 데이비즈 여사는 "피르(Feer)는 (잘못 나눠 써서) '나의 자아가 아니다(attā na me ti, 앗따 나 메 띠)'라고 기록했고, 주석서(comy.)는 '나의 자아이다(attā meti, 앗따 메띠)'라고 기록했다. 둘 다 문맥에 맞게 쓰일 수 있다."라고 말한다. 하지만 위의 두 가지 경우는 180도 내용이 다르기 때문에 어떻게 가능하다는 건지 이해하기 어렵다. 리스 데이비즈 여사는 '나딧타띠(nādhiṭṭhāti)'와 '앗따 나 메띠(attā na meti)'를 분리한 뒤 '생각하는 사람'[71]을 덧붙여 넣음으로써 가능하게 했다. 이는 정당화할 수 있는 것보다 더 많이 바뀐 것으로 보인다. 왜 피르가 해석한 것을 또 다시 나눴을까? 왜 "그것에 의지하지 않는 (사람), 자신에게 의지하는 (사람)"[72]이라고 번역하지 않았을까? 이는 "attadīpā viharatha(자신을 등불로 삼아라)" 등과 같은 내용과 비교될 수 있다. 물론, 정통 교리에는 위배되지만 정통 교리를 따르기 위해서 주석서는 아

69) KS. Ⅱ. p.Ⅹ.

70) *역자주: SN. II. p.17. "세상 사람들은 대부분 접근, 집착, 주착에 구속되지만 올바른 지혜로 세상을 관찰하는 자는 … 나의 자아라는 독단을 취하지 않으며…"

71) 위의 책(KS. Ⅱ.), p.13. 각주 1번.

72) 〈참조〉 위의 책, p.13.

주 명백한 'Na'라는, 미심쩍은 방법의 항목을 지워야만 했다. 뿐만 아니라 "attānameti"가 '세상의 대상들로부터 멀어지다'보다 더 놀라운 무엇을 의미할 필요는 없으며, 이는 정확히 앞의 구절이 뜻하는 바다.

이 경전은 『상윳따니까야』에서도 아주 오래된 것임이 확인되었다고 한다. 나가르주나(Nāgārjuna, 龍樹)가 이를 인용하고 있으며, 찬드라키르티(Candrakīrti, 月稱)는 모든 부파에서 이 경전이 진본임을 인정했다고 확실하게 말하고 있다.[73)]

경전 17에는 중도 교리를 다르게 응용한 내용이 들어 있다. 경전 18도 같은 문제를 다루고 있긴 하지만 그 해답은 알 수 없는 차이를 보인다. 씨를 뿌리는 사람과 함께 거둬들이는 사람의 다르면서도 같은 점을 기대하는 주장이 아니라, 자신의 느낌에 공감하는 사람의 다르면서도 같은 점을 주장하고 있다. 느낌(Vedanā, 受)이 느낌을 만드는 자(Kāraka-vedanā)를 뜻한다고 처리하려던 주석가가 곤란함을 경험했을 것이다.[74)] 아마도 이 경전은 서로 다른 내용으로 인해 '혼란'에 시달렸을 것이다.

경전 24도 역시 같은 문제와 관련되어 있으며, 해답은 다시 여러 가지 형태로 나타난다. 다행히 이번에는 쉽게 이해할 수 있다. '수카-둑카(sukha-dukkha, 樂苦)'는 '빠띳짜삼우빤나(paṭiccasamuppanna, 조건에 의

73) 나가르주나(Nāgārjuna)는 다음과 같이 기록하고 있다. "Kātyāyanāvavāde Cāstīti nāstīti cobhayam Pratiṣiddham bhagavatā, Bhāvābhāvavibhāvinā"(MK. XV. p.7.); 찬드라키르티(Candrakīrti)는 다음과 같이 설명한다. "Uktaṃ hi Bhagavatā Āryakātyāyāyanāvavādasūtre yadbhūyasā Kātyāyanāyaṃ lokostitāṃ vābhiniviṣṭo nāstitāṃ ca tena na parimucyate … Idañca sūtram sarvanikāyeṣy paṭhyate." (Candrakīrti가 인용한 첫 번째 구절의 첫 문장은 "Dvayanissito'yam Kaccāyana loko yebhuyyena atthitañceva natthitañca"와 상당히 유사하다. SN. Ⅱ. p.17).

74) KS. Ⅱ. p.18. 각주 1번; *역자주: SN. II. p.20. "행위하는 자와 경험하는 자가 동일하다고 한다면…" Sāratthappakāsinī. II. 35는 vadanā를 'karaka vadanā(느낌을 만드는 자)'로 설명한다.

해 발생된)'이며, "팟사(phassa, 觸)에 의존하여 발생하는 것(Phassapaccayā)" 이라고 분명히 말한다. 아난다는 이 단일 표현의 깊이에 놀랐으며, 그의 이익을 위해 연기에 대해 완전한 정형구를 포함하여 새로운 부분을 추가하였다. 결과적으로 여기에는 신구 시대층이 나란히 배치되어 있는 것이 분명하다.

경전 25에서 문제와 해답은 바로 앞의 경전과 유사하며, 더 넓은 빳짜야(paccaya, 조건)로 아윗자(avijjā, 無明)와 세 가지 상카라(saṅkhāra, 行)가 추가되었을 뿐이다. 경전 46에서는 경전 17, 47, 15의 문제를 다시 다룬다. 경전 48에는 에깟따(ekatta, 하나)와 뿌툿따(puthutta, 다양)(하나와 다수)와는 완전히 새로운, 존재와 비존재의 대립이 추가되었다.[75]

경전 22는 경전 21이 반복되면서 "비구들이여, 그러므로 이르지 못한 것에 이르기 위해, 얻지 못한 것을 얻기 위해, 체득하지 못한 것을 체득하기 위해 정진을 시작하라."라는 문장에서 표현된 중심개념을 설하는 새로운 내용이 추가된다.[76] 첫 번째 설법과 자연스럽게 연결되지 않는 두 번째 설법은 진지한 어조에, 정형구로부터 자유로우며, 목표에 대해 눈에 띄게 긍정적으로 전망하는 것에서 초기의 것으로 보인다.

경전 37에서는 "비구들이여, 이 몸은 그대들의 것도 아니고 다른 사람의 것도 아니다. 예전의 이 업은 형성된 것이고 의도된 것이고 느껴진 것이라고 보아야 한다."라는 말로써 설법이 시작된다.[77] 그러면서 일반적 형태와 응용된 형태의 두 가지 연기 정형구가 이어진다. 리스 데이

---

75) 즉, 중도 교리는 주로 다음의 세 가지 문제를 다룬다. (a) 존재와 비존재 되기. (b) 개인의 삶에서 유사점과 차이점. (c) 하나와 다수.

76) SN. Ⅱ. p.29.: Tasmātiha bhikkhave viriyamārabhatha appattassa pattiyā anadhigatassa adhigamāya asacchikatassa sacchikiriyāya

77) 위의 책, p.65.: Nāyaṃ bhikkhave Kāyo tumhākaṃ nāpi aññesaṃ purāṇamidaṃ kammam abhisaṅkhatamabhisañcetayitaṃ vedaniyaṃ daṭṭhabbaṃ.

비즈 여사는 여기서 “진짜 고리에 대해 말하는 중요한 부분인데 부수적으로 다뤄진다.”고 말한다.[78] 이것은 적절한 지적으로 보인다. 함축적으로 말하는 바는 개인의 유사점과 차이점이라는 양극단을 거부하고 있다. 또한 바라고 얻으려 애씀으로써(abhisaṅkhāra, abhisañcetanā) 비롯되는 이전의 깜마(Kamma, 業)에 따라 괴로움[Vedanā, 受]이 진행되는 경험의 특성을 강조한다. 이는 맛제나 담모(Majjhena Dhammo, 中道法)의 교리, 즉 연기의 가장 오래된 형태를 분명하게 표현한 것이다.

원숭이 비유가 들어 있는 경전 61에는 몸·마음·자아의 본질에 대해 교리적으로 중요한 의미를 함축하고 있다.[79] 연기와 다섯 가지 칸다에 대한 정형구가 여기에 첨부되었다.[80]

경전 62의 전반부에는 앞의 경전이 반복되는데, 연기의 일반적인 정형구 뒤에서 갑자기 세 가지 느낌의 발생에 대한, 전혀 다른 경전으로 나누어진다. 하지만 결말부는 서로 같다. 이는 경전 22에서 보였던 ‘혼동’의 유형과는 다른 형태로 보인다. 그러나 나무 두 단의 비유[81]와 더불어 웨다나(受)에 대한 두 번째 설법은 초기의 것으로 보인다.

다음 경전들은 초기의 형태를 지니고 있는데, 아직은 발달과정에 있는 연기 정형구가 보이기 때문이다.[82]

경전 19 (중심 교리): “무명에 덮이고 갈애에 묶인 어리석은 자에게 이와 같이 이 몸이 생겨난다. 이처럼 이 몸과 외부의 명색이 있고, 이렇게 이것은 한 쌍이 되며, 이 한 쌍에 의해 접촉[觸]은 여섯 가지 장소에

78) KS. Ⅱ. p.Ⅺ.
79) 뒤의 내용 참조.
80) 〈참조〉 Mrs. Rhys Davids, KS. Ⅱ. p.Ⅺ.; Ind. Psy. 등.
81) 이 비유에 대해서는 「제10장 붓다의 생애」 부분 참조.
82) 발달 순서의 재구성에 관해서는 뒤의 내용 참조.

서 일어난다. 이 여섯 가지 장소에 닿거나 이들 중 어느 하나에 닿음으로써 어리석은 자는 즐거움과 괴로움을 느낀다."[83]

경전 32: 붓다가 구경지(aññā, 究竟智)를 성취했다고 말하는 사리뿟따를 교리문답으로써 점검(하는 것이 통례인지?) 니다나(Nidāna, 因緣)는 오직 웨다나(Vedanā, 受)로만 되돌아간다.

경전 43: 첫 부분에서는 (Saḷāyatana, 六入處에서) 딴하(Taṇhā, 渴愛)로 확장되는 것이 둑카(dukkha, 苦)의 인과 고리라고 말한다. 중지(Atthaṅgama)와 관련된 두 번째 부분에서는 자라마라나(Jarāmaraṇa, 老死)까지의 연속을 제시하고 있다.

경전 45: 전체적으로 비슷하지만 경전 43의 두 번째 부분을 더 완전한 형태로 보여준다.

경전 44: 비슷하지만 로까(Loka, 世界)에 대해 보여주고 있다.

경전 52: 취착(upādāniyadhamma)의 법을 분명히 드러내기 위해서 나뭇단과 불의 비유로 딴하(渴愛)부터 자라마라나(老死)까지의 연속을 보여준다.

경전 55~56: 같은 개념에 대해 다른 비유로 보여준다.

경전 60: 앞서 언급한 것과 비슷하지만 『디가니까야』 열다섯 번째 경전과 같이 시작된다.

경전 53: 우빠다니야(upādāniya)를 상요자니야(saṃyojaniya)로 대체한 것, 등잔의 비유를 사용한 것을 제외하면 경전 52와 비슷하다.

경전 57~58: 비슷하며, 경전 55~56의 관련 비유가 달라진다.

---

83) SN. Ⅱ. p.24.: avijjānīvaraṇassa-bālassa taṇhāya sampayuttassa evamayam kāyo samudāgato Iti ayaṃ ceva kāyo bahiddhā ca nāmarūpaṃ itthetaṃ dvayaṃ dvayaṃ paṭicca phasso Saḷevāyatanāni yehi phuṭṭho bālo sukkhadukkham paṭisaṃvediyati etassa vā aññatarena.

경전 59: 경전 39의 개념에 경전 57~58의 주제 및 비유를 연결하고 있다.

경전 65: 보디삿따(Bodhisatta, 菩薩)가 열 가지 '니다나(nidāna, 因緣)'의 연기를 깨닫는 내용이 설명된다. 따라서 『디가니까야』의 열네 번째 경전에서 다루고 있는 교리와 동일한 교리 단계에 해당된다. 여기에는 도시의 비유라는 중요한 내용이 들어 있다. 리스 데이비즈 여사는 "'도시' 경전에서 제시하는 길과 선한 삶에 대한 오래된 길이 지금 우리에게 말하는 것처럼 자연스럽게 울려 퍼진다."고 말한다.[84] 간다라(Gandhāra)로 귀환이라는 우파니샤드 비유와 비교될 수 있다.

경전 66: 둑카(dukkha, 苦) < 우빠디(upadhi, 執着) < 딴하(Taṇhā, 渴愛) < 삐야루빠 사따루빠(piyarūpa sātarūpa=감각 대상)의 특이한 연속이 제시된다.

경전 67: 열 가지 니다나의 연기; 마지막 두 가지 나마루빠(Nāmarūpa, 名色)와 윈냐나는 "서로 기대어 서 있는 갈대 두 다발"처럼 상호의존적이라고 설명한다.[85]

윈냐나(識)에 대해 초기 개념을 드러내는 경전도 몇 가지 있다. 경전 38~40과 경전 64의 경우가 그것이다.

경전 38~40: 경전 39는 경전 38보다 더 자세하게 설명되어 있으며, 후대의 연기에 한발 더 가깝다. 경전 40의 "의향이 없으면 … 사라진다."[86] 부분은 『맛지마니까야』「찬노와다 숫따(Channovāda sutta)」에도 있다.[87]

---

84) KS. Ⅱ. p.XI.
85) KS. Ⅱ. 8.80.
86) SN. Ⅱ. p.67.: Natiyā asati … nirujjhanti.
87) 〈참조〉 SN. Ⅲ. p.132ff; Ud. p.84.

경전 64: 윈냐나(Viññāṇa, 識)에 대한 개념이 네 가지 자양분에 대한 개념과 함께 '대(臺), 단(壇)', 곧 빠띳타(Paṭitthā, 제방)를 가정하여 모순되게 결합되어 있다. 결과적으로 "만약 의식의 자양분에 탐욕이 있다면, 식은 거기서 확립되어 자라난다."라고 이해할 수 없게 설명된다.[88] 원래 경전은 아마 처음 세 가지 '아하라(āhāra, 滋養分)'에 대해 윈냐나(Viññāṇa, 識) 빠띳타의 원인이 되는 집착이라고 말할 것이다.[89] 경전은 이처럼 윈냐나에 의한 기초의 가정을 분명히 드러내기 위해서 중요한 일련의 비유를 제시한다.[90]

「니다나왁가」의 다른 상윳따

「아비사마야상윳따(Abhisamayasaṃyutta)」: 열한 개 경전에서 같은 개념이 서로 다른 비유로 반복된다. "완전한 통찰[現觀]을 가진 사람에게 많은 괴로움이 버려졌고 … 남아 있는 괴로움은 매우 적다."[91]라는 개념은 시대를 구분하기에는 너무 일반적이다. 다뚜(Dhātu, 界)를 강조하고 있는 「다뚜상윳따(Dhātusaṃyutta)」에서 요소를 분리하는 것은 확실히 아비담마와 '다르마 이론'을 연상케 한다. 이에 관해서는 뒤에서 살펴보기로 한다.[92]

경전 1~10은 막연하게 연결되어 있으며, 아마도 전체적으로 만들어졌을 것이다. 경전 7~8과 9~10은 '변형'으로 보인다. 경전 9~10에는 라바나낫따(lābhanānatta, 이득의 다양성)에 대해 세부사항이 추가되어 있

88) SN. Ⅱ. p.101.: Viññāṇe ce-āhāre atthi rāgo patiṭṭhitaṃ tattha viññāṇaṃ virūḍhaṃ
89) 〈참조〉 Sakya, p.159.
90) 「제12장 니르바나(Nirvāṇa, 涅槃)」 부분 참조.
91) SN. Ⅱ. p.133.: puggalassa abhisametāvino etadeva bahutaraṃ dukkhaṃ yadidaṃ parikkhīṇaṃ … appamattaka-mavasiṭṭhaṃ.
92) 〈참조〉 KS. Ⅱ. p.Ⅻ.

다는 점이 다르다.

「**다뚜상윳따**」: 경전 11~12는 더 많은 다뚜를 소개하고 있다. 경전 13은 고귀함, 보통, 저열함이 개념에 상응한다고 말한다. 경전 14~29에서는 "중생들은 요소[界]에 따라 사귀고 어울린다."[93]라는 후렴구가 동일하게 나타난다. 경전 30~39는 네 가지 물질적 다뚜에 대한 내용이다.

「**아나맛딱가상윳따**(Anamataggasaṃyutta)」: "비구들이여, 이 윤회는 시작을 알 수 없다. 무명에 덮이고 갈애에 묶여 유전하고 윤회하는 중생들에게 그 시작점은 알려지지 않는다."[94]라는 후렴구에서 단호한 경고와 더불어 '아나마딱고(anamataggo, 그 시작을 알 수 없는)'[95]라는 흔치 않은 용어가 등장한다. 이를 통해 "실제 말하고 있는 것이 무엇인지" 알 수 있다. 이 후렴구의 표현은 후대에 비교되는 안앗따(Anatta, 無我) 교리와 거의 일치하지 않는다는 점에 주목할 필요가 있다. 나가르주나(Nāgārjuna)는 MK. Ⅺ. 1에서 이 부분을 붓다가 말한 것으로 인용하고 있다.[96]

「**까싸빠상윳따**(Kassapasaṃyutta)」: 경전 5와 11에는 까싸빠가 실제로 회상하는 내용 일부가 들어 있는 것으로 보인다.[97]

「**라바삭까라상윳따**(Lābhasakkārasaṃyutta)」: 전체가 "이득과 존경과 명성은 가혹하고 혹독하고 거친 것이다. 위없는 유가안은(瑜伽安隱)을 얻

93) SN. Ⅱ. p.154: Dhātuso sattā saṃsandanti samenti.
94) SN. Ⅱ. p.178: anamataggāyam bhikkhave saṃsāro pubbakoṭi na paññāyati avijjānīvaraṇānaṃ sattānaṃ taṇhāsaṃyojanānaṃ sandhāvataṃ saṃsarataṃ.
95) KS. Ⅱ. p.xi.
96) "Pūrvā prajñāyate koṭirnetyuvāca mahāmuniḥ. Saṃsāronavarāgro hi nāsyādirnāsti paścimam." (MK.-Mādhyamika Kārikās of Nāgārjuna, Ⅺ. 1).
97) 뒤의 내용 참조.

는 데 장애가 된다."라는 후렴구를 기반으로 한다.[98] 이 후렴구는 초기의 것으로 보인다.

「라훌라상윳따(Rahulasaṃyutta)」: 「라훌라상윳따」는 감각과 감각 대상 등(상당수의 교리 범주)에 대해 매우 전문적이고 단조로운 문답 형식으로 '삼법인(三法印)'을 적용시킨다. 아마도 가장 후대의 교학 구성일 것이다.

「락카나상윳따(Lakkhaṇasaṃyutta)」: 동일한 주제에 대해 조금씩 다른 변형을 보여주고 있으며, 시대층이 불분명하다.

「오빰마상윳따(Opammasaṃyutta)」: '비유'로써 경전의 교리를 분명히 보여주고 있다. 경전 1은 초기의 것으로 보이는데, (후대의 것이 아닌 것으로 보이지는 않지만) 왜냐하면 적절하게 설명되는 초기 교리가 들어 있기 때문이다. 경전 7은 후대의 것으로 보인다. 여기서는 "여래가 설한 출세간적이고 공(空)과 관련된 경들"과 "시인들이 만든 경들"[99]을 구분하고 있는데, 이는 이전에 상당한 문학 활동이 있었음을 보여준다. 이 경전의 대부분이 미래의 위험에 대한 경전의 하나로 나타나고 있다.[100] 나머지 경전은 분명치 않으며, 경전 1, 3, 8~9, 11(게송은 무관하다)을 제외하면 다음 「빅쿠상윳따(Bhikkhusaṃyutta)」에 이어진다. 여기에는 실제 기억이 반영된 것으로 보인다.[101]

---

98) SN. Ⅱ. p.226 등: Dāruṇo lābhasakkārasiloko kaṭuko pharuso anatarāyiko anuttarassa yogakkhemassa adhigamāya.

99) SN. Ⅱ. p.267.: Ye te suttantā Tathāgatabhāsitā lokuttarā suññatapaṭisaṃyuttā ; ye pana te suttantā kavikatā.

100) 〈예〉 AN. Ⅲ. p.107.

101) 「제10장 붓다의 생애」 부분 참조.

「칸다왁가(Khandhavagga)」[102]

첫 번째 상윳따(만연하는 층): 「칸다상윳따(Khandhasaṃyutta)」의 대부분이 일정한 형식으로 일정한 교리를 설법하는 내용이다. 약간의 변형만 있을 뿐이다.

경전 23, 25, 29, 35, 34, 70은 다섯 가지 칸다(蘊)에서 벗어날 것을 강조하고 있다. 경전 26~28, 60, 73~75는 달콤한 첫맛(Assāda, 樂味)과 쓰라린 뒷맛(Ādīnava, 苦難)에 주의를 기울임으로써 동일한 효과를 얻는다. 경전 5~6 등에는 이들의 발생과 쇠퇴에 대해 언급된다. 경전 30, 32, 37~38, 41~52, 71~72, 96~98, 102에서는 그 무상함에 대해 이야기한다. 경전 9~11, 2~21, 40~42, (53~35의 개념이 덧붙여진) 49~55, 59, 66~68, (끝머리의 게송은 초기의 것으로 보이는) 76, 80에서는 교리문답 형식으로 (다섯 가지 칸다에) 삼법인을 적용시키고 있다. 경전 5~6은 단지 이들이 "내것이 아니"라고 이야기하고 있다. 몇 가지 상제한 설명을 제외하면, 경전 43, [삭까야(Sakkāya, 有身)를 칸다 측면에서 정의하면서, 네 가지 또는 짜뚜삿찌까(catusaccika, 도식)로 다루고 있는] 44, 45~48, 50, [4겹의 도식, 칸다를 짜뚜빠리왓타(catuparivaṭṭa)라고 설명하며 다루는] 56, (비슷한) 57, [삼마삼붓다 따타가따(Sammāsambuddha Tathāgata, 正等覺 如來)와 빤냐위뭇따 빅쿠(Paññāvimutta bhikkhu, 慧解脫 比丘)를 구분하고 있는] 58, (불타는 듯한 칸다) 61, 62, 63~65, [칸다와 루빠따(rūpatta, 變壞性), 웨다낫따(vedanatta) 등의 추상적 용어에 대한 설명이 들어 있는] 78~79,[103] (37보디빡키야뿐 아니라 다른 교리도 소개하고 있는) 81, 93, (아나마딱

102) *역자주: 세 번째 왁가 「존재의 모음 모아 엮음(Nidānavaggasaṃyuttapāli)」은 13상윳따, 33품, 716경전으로 구성되어 있다.

103) SN. Ⅲ. p.87.

가anamatagga 후렴구에 대한) 99~100 사이에는 중요한 차이점이 거의 없다. 경전 31에서는 칸다에 대해 고통으로 묘사하고 있다.

「칸다상윳따」 후대 것인데도 흔치 않은 일부 경전: 경전 3은 마간디야빤하(Māgandiyapañha)에서, 경전 4는 삭까빤하(Sakkapañha)에서 인용한다. 이 둘은 비교적 후대 층에 해당되는 것이 분명해 보인다.

경전 90에서 아난다는 『상윳따니까야』 Ⅱ. 16-17쪽에 독립적으로 나타나는 설법을 인용한다. 경전 91~92에서는 『라훌라상윳따(Rāhula saṃyutta)』의 경전 21~22가 반복된다.

경전 94에서 따타가따(Tathāgata, 如來)는 물속의 연꽃처럼 "세상에서 자랐지만 세상을 정복하여 세상에 물들지 않았다."라고 말한다.[104)]

경전 95는 칸다(蘊)가 실체 없이 공허하다는 것을 분명히 드러내기 위해 여러 비유가 나열되어 있다. 끝부분에는 비슷하면서도 중요한 시(詩)가 나타나는데, 이는 '작시' 경향이 분명하며, 산따나(Santāna, 계승, 혈통)라는 용어가 사용된다.[105)] 이 경전은 아마도 가장 후대의 것일 수 있다.[106)]

경전 122에는 '아나가민(Anāgāmin, 不還者)'이라는 용어가 전문적으로 사용되고 있으며, 이 경전이 후대의 것임이 드러난다.[107)]

경전 136에는 칸다가 타고 있는 불씨(Kukkula) 무더기를 말한다. 이는 꾹꿀라와다(Kukkulavādin) 부파에게 가장 중요한 문헌이 되었으며,

---

104) SN. Ⅲ. p.146.: loke saṃvaḍḍho lokamabhibhuyya viharati anupalitto lokenāti 〈참조〉 Kv. ⅩⅧ, 1.

105) 〈참조〉 DN. Ⅲ. 105 "Viññāṇasota".

106) 이 경전의 끝부분에 나타나는 일부 게송은 Candrakīrti가 MK.에 대한 comy.에서 거의 동일하게 인용한다. (MK. V. Ⅰ. pp.41-42).

107) PTSD. 참조.

가야(Gayā)에서 설한 세 번째 법문이 연상된다.[108)]

경전 22는 뿍갈라와딘(Puggalavādin, 個人論者)으로 이미 잘 알려져 있으며,[109)] 경전 106도 유사하게 관련되어 있다.

경전 89에는 뿍갈라와딘에 대해 비슷한 입장을 취하고 있는 테라(Thera, 長老)들과 케마까(Khemaka) 사이에 벌어진 흥미로운 논쟁이 들어 있다. 논쟁에서 이긴 테라들은 기록된 내용에 손을 댐으로써 지위를 회복시키고자 애썼다. 그들은 케마까를 정통 집단에서 갑자기 밀어내었고, 안앗따(Anatta, 無我) 이론에 대해 매우 어렵게 관련성 없이 설명하였다.[110)]

「칸다상윳따」 일부 초기 내용: 리스 데이비즈 여사는 경전 1에서 나꿀라삐따(Nakulapitā)가 마음 깊이 새긴, 짧고 간단한 붓다의 설법과 경전 84에서 깊이 새겨진 길에 대한 비유가 정확한 진본이라고 지지하는 것 같다. 경전 1에서 붓다는 인간을 까야(Kāya, 身)와 찟따(citta, 心)로 단순하게 분석하여 설법한다.

경전 33에서는 칸다가 제따(Jeta) 숲에 있는 나무처럼 인간의 자아에 이질적이라고 한다. 여기서 강조하는 것은 분명히 자아를 거부하는 것도 아니고 비자아를 거부하는 것도 아니다.[111)]

경전 53~54에는 편집과정에서 수정하거나 왜곡한 사례가 분명히 있다. 경전 53의 원래 법문은 "윈냐나는 얻으려 애쓰고[Saṅkhāra, 行] 즐기므로[Nandī, 歡樂] 물질[Rūpa, 色]에 매여 있고, 소멸됨으로써 벗어난다."는 의미였던 것으로 보인다. 『상윳따니까야』 Ⅱ의 일부 경전에서 이와

---

108) Vin. Ⅰ. pp.34-5.
109) 「제12장 니르바나(Nirvāṇa, 涅槃)」 부분 참조.
110) 「제12장 니르바나(Nirvāṇa, 涅槃)」 부분 참조.
111) KS. Ⅲ. pp.Ⅵ-Ⅶ.

비슷한 교리를 볼 수 있다. 이 경전의 §§ 5~10에 다섯 가지 칸다 전체가 추가되었으며 그 결과 윈냐나를 자체적으로 분리시켰고, 이는 자아가 기반과 속박이 되는 쪽으로 달라지게 하였다![112] 윈냐나가 어떻게 '윈냐나다뚜(Viññāṇadhātu, 意識要素)'에서 [물질(rūpa)의] 빠띳타(patiṭṭhā, 대상)와 아람마나(ārammaṇa, 感覺對象)를 찾을 수 있는가? '다뚜(Dhātu, 界)'가 추가됨으로써 윈냐나다뚜와 윈냐나의 의미에 차이가 있음을 의도적으로 드러내려 했다고 볼 수는 없다. 이는 경전에서 덧붙여 써넣어진 부분에만 국한된 것으로, 단지 (추가로 써넣은 시기인) 후대에는 다뚜라는 용어가 자주 사용되었기 때문에 생겨난 일일 뿐이다. 그 당시 교학적으로 유행하게 된 이후로 루빠와 상카라에도 이러한 표현이 덧붙여졌다.[113]

경전 54에는 중요한 비유가 들어 있는 서문이 추가된 것, 다섯 가지 칸다에 대해 덧붙여 써넣은 내용이, 경전 53에서 표현된 설법 부분까지 침범해 들어간 것(지금은 독립적인 네 부분으로 확대됨) 외에는 비슷하다.

경전 82는 전반적으로 매우 교학적이다. 끝머리 부분의 "무아(無我)에 의해 만들어진 업들이 어떤 자아에 가 닿는가."[114]라는 내용에 중요한 질문이 제기되고 있으나, 별 상관없이 따분한 교리문답 형식으로 주제에서 벗어난 질문이다.

경전 83에서 아난다는 다섯 가지 칸다[五蘊]가 자아 감정을 위해 반영하는 표면적 역할을 한다고 한다. 그는 자의식이 대상의 영향을 받는다는 의미를 지닌다는 뿐나 만따니뿟따(Puṇṇa Mantāniputta)의 법문이 떠

112) 리스 데이비즈 여사의 해석은 전체적으로 설득력이 없다. Sakya, p.325 참조.
113) *역자주: SN. III. p.53. "의식이 물질에 접근하면 거기에 머물며 물질의 대상으로 물질의 바탕으로 향락에 의존해서 자라고 성장할 것이다."
114) SN. Ⅲ. p.103.: Anattakatāni Kammāni katamattānaṃ phusissanti.

오른다고 한다. 이런 관점은 자아 감각이 지성을 조절함으로써 반영, 수단으로서만 관계되는 의식의 기만적 고유성을 조건으로 하는 상키야(Sāṅkhya)의 입장을 연상하게 한다. 이 경전에는 정말로 오래된 흔적이 일부 남아 있는 것 같다. 왁깔리(Vakkali)와 앗사지(Assaji)의 마지막 순간이 담겨 있는 경전 87~88에도 실제로 기억하는 내용이 일부 들어 있을 수 있다. 붓다는 다음과 같이 말한다. "왁깔리여, 이 부패한 몸을 보아서 무엇 하겠느냐. 왁깔리여, 법을 보는 자 나를 본다."[115] 현대의 편집자는 이 두 문장의 첫 부분을 추가할 용기가 없었을 것이다. 마찬가지로 경전 88의 § 13에서 앗사지(Assaji)가 후회한다고 고백하는 내용도 현실성 있다. 이 두 가지에서 앗따(Attā, 自我)는 '양심'이라는 흔치 않은 의미로 쓰인다.[116]

경전 101에서 주요 법문은 37보디빡키야(菩提分)에 관한 바와나아누요가(Bhāvanānuyoga, 수행에 적용)와 관련된 내용이다. 알을 품고 있는 암탉의 비유, 배의 비유를 통해 '상요자나(saṃyojana, 束縛)'에서 벗어나는 결과를 분명히 보여주고 있다. 이는 상대적으로 초기 법문으로 보인다.

「칸다왁가」의 나머지 상윳따

「라다상윳따(Rādha saṃyutta)」: 개념과 형식에서 앞의 상윳따와 비슷하다. 경전 1에는 『맛지마니까야』와 「인드리야상윳따(Indriyasaṃyutta)」의 경전 42에 있는 것과 비교될 만한 흥미로운 시리즈가 들어 있다. 이 세 가지는 위뭇띠(Vimutti, 解脫)와 닙바나(Nibbāna, 涅槃)를 구분한다는 점

115) SN. Ⅲ. p.120.: alaṃ Vakkali kiṃ te iminā pūtikāyena diṭṭhena yo kho Vakkali dhammaṃ passati so maṃ passati.

116) *역자주: SN. III. p.120. "왁깔리여, 그대가 계행을 실천하는 데 자신을(attā)[스스로] 욕되게 한 적이 있는가?"

에서 일치한다. 경전 11~46은 독립적으로 쓰이지 않은 것이 분명하다.

「딧티상윳따(Diṭṭhisaṃyutta)」는 다섯 가지 칸다의 진정한 본질에 대해 알지 못해서 생겨나는 다양한 딧티(Diṭṭhi, 見解)를 지루하게 반복하면서 설명하고 있다.

「옥깐띠상윳따(Okkantisaṃyutta)」는 그 무상함이 확신(Niyāma)으로 이어지는 앎과 앎의 대상에 대해 수많은 목록을 제시하고 있다. 열 개의 경전은 결코 독립적으로 만들어졌다고 볼 수 없다.

「웁빠다상윳따(Uppadasaṃyutta)」는 앞의 상윳따에서 언급했던 바로 그 대상들이 변화한다는 내용을 다루고 있다.

「낄레사상윳따(Kilesasaṃyutta)」는 '우빠낄레사(Upakkilesa, 汚染)'와 마찬가지로 설명한다.

「사리뿟따상윳따(Sāriputtasaṃyutta)」의 처음 아홉 개 경전은 일률적으로 만들어졌음이 분명하다. 아홉 가지 수행단계를 차례로 다루고 있기 때문이다. 경전 10은 사리뿟따와 수찌무키 빠리바자까(Sucimukhī Paribbājakā)의 만남을 묘사하고 있다. 형식면에서 완전히 다르며 매우 현실적이다. 아마도 실제로 만났던 일을 기록한 내용이 포함되어 있는 것 같다.

그 다음, 「나가상윳따(Nāgasaṃyutta, 龍相應)」, 「수빤나상윳따(Supaṇṇa saṃyutta, 金翅鳥相應)」, 「간답바까야상윳따(Gandhabbakāyasaṃyutta, 音樂神身相應)」와 「발라하상윳따(Valahasaṃyutta)」 또는 「발라하까이까상윳따(Valahakāyikasaṃyutta)」, 「신(神)에 대한 상윳따」가 이어진다. 이들은 확실히 대중적인 특성과 기원을 다룬다. 「왓차곳따상윳따(Vacchagotta saṃyutta)」는 거의 다르지 않으며, 다섯 가지 칸다의 무지함에 대해 잘못된 교리를 찾아내고자 한다.

「자나상윳따(Jhānasaṃyutta)」에서 선정(Jhāna, 禪定)은 간략하게 다뤄지며, 사마디(samādhi, 三昧)의 사마빳띠(samāpatti, 入定), 티띠(ṭhiti, 堅固), 웃타나(vuṭṭhāna, 出定), 깔리따(kallita, 善性), 아람마나(ārammaṇa, 感覺 對象), 고짜라(gocara, 活動領域), 아비니하라(abhinīhāra, 引發), 삭깟짜(sākkacca), 사땃짜(sātacca, 維持), 삽빠야(sappāya, 順應)뿐만 아니라 이들의 결합에 대해 다루는 경전이 전문적으로 구성되어 있다. 이는 후대 교학의 산물임이 분명하다.

「살라야따나왁가(Saḷāyatanavagga)」[117)]

첫 번째 상윳따: 본 상윳따는 상당부분이 획일적인 형식을 지니지만,[118)] 개념을 다루는 관점에서 보면 몇 가지 문제가 해결될 수도 있다.

(a) (별도로 명시되어 있지 않는 한 마음까지 포함하여 두루 사용되는) 감각과 감각 대상에 대해서만 이야기하는 경전 종류.

(b) 여기에 감각 인식, 감각 접촉(samphassa, 接觸), 그 뒤에 결과로 얻어지는 세 가지 느낌이 추가된 경전 종류. [이 종류의 경전에서 흔히 사용되는 용어가 웨다나(Vedanā, 受)가 아니라 웨다이따(Vedayita)라는 데 주목할 만하다.]

(c) "눈과 형색[色]에 의해 안식(眼識)이 생겨난다. 이 세 가지의 결합이 접촉이다. 접촉에 의해 느낌이…"라는[119)] (나머지 감각에 대해서도 마찬

117) *역자주: 네 번째 왁가 「여섯 감역 모아 엮음(Nidānavaggasaṃyuttapāli)」은 10상윳따, 33품, 483경전으로 구성되어 있다.

118) 리스 데이비즈 여사에 의하면, 여기는 "뚜렷하게" 수행승에 의한, 수행승을 위한 부분이다.

119) cakkhuñca paṭicca rūpañca uppajjati cakkhuviññāṇaṃ Tiṇṇam saṅgati phasso phassapaccayā vedanā … 〈참조〉 "cakṣuḥ pratītya rūpāṇi cotpadyate cakṣurvijñānaṃ trayāṇāṃ sannipātaḥ sparsaḥ sparśasahajā Vedaneti vistaraḥ."

가지로) 정형구를 소개하는 경전의 종류들이 나타난다.

이 과정을 통해 연기(緣起)라는 전문용어가 더 넓게 적용되었으며, '접촉'이라는 용어의 의미에 변화가 생겼음을 알 수 있다. (b)그룹의 경전에서 '접촉'은 감각과 감각 대상, 양자 간의 문제다. 이런 특징은 나무 두 단의 비유에서 분명히 나오며 때로는 실제 사례로 보여주기도 한다. 이러한 접촉의 결과로 느낌뿐 아니라 인식이 생겨나지만, 한쪽이 다른 쪽에 필연적인 원인이 되지는 않는다. 오히려 둘 다 동일한 감각 접촉이 직접적 원인이 되는 경우가 있다. 다시 말해, 외부 세계와 감각이 접촉함으로써 생겨나는 의식은 맨처음부터 정서적 차원은 물론 인지적 차원도 갖고 있다. 이러한 상황은 (c)그룹에서 변화하는데, 여기서는 '접촉'이 삼자간의 문제로 바뀐다. 사실, 더 이상 감각 대상과 감각의 '접촉'이 아니며, 단지 인식할 수 있는데도 느낌에 의존하는, 완전한 경험이 시작된다. 이런 문헌에서 삼팟사(Samphassa, 接觸) 대신 팟사(Phassa, 觸)를 사용하는 것은 아마도 이러한 의미가 있기 때문일 것이다.

(d) 이 종류의 경전에서는 감각, 감각 대상, 감각 인식에 더 넓은 종류의 윈냐나윈냐땁바 담마(Viññāṇaviññātabbā dhammā)(짝쿠윈냐나, cakkhuviññā 등)가 추가되었다.

(a)**에 해당하는 경전:** 1~23, 70, (감각 대상은 언급되지 않는) 71~73, 92, (끝머리에 게송이 있으며 내용에서도 서로 비슷한) 94~95, [아비바야따나(Abhibhāyatana, 勝處)라는 용어를 독특하게 해석하고, 붓다가 말하고 있는 것이 분명한데도 계속해서 "세존께서는 이것을 쇠퇴(退失)라고 말씀하셨다(Parihānaṃ etaṃ vuttam Bhagavatāti)."라고 인용하는] 96, [아비바야따나(Abhibhāyatana, 勝處)라는 용어가 나오지 않는 것 외에는 비슷한] 98, [유가안은을 얻은 자의

(MK. V. Ⅲ. p.250.)

법문(Yogakkhemī pariyāya)인] 104, [감각과 감각 대상의 무상함이 수카-둑카(Sukha-dukkha, 幸福-苦)의 원인이라는] 105, 108, 187~188(경전 187에서는 많은 사람들이 바다라고 부르는 것은 단지 대량의 물일 뿐이라고 분명히 말하며, "비구들이여, 눈은 사람의 바다이다. 그것의 빠른 이동은 형색에서 만들어진 것이다."[120]라고 한다. 나머지 감각도 마찬가지다. 이런 양상은 눈에 띄게 독특하다. 경전 188에는 동일한 기본 개념과 상징이 나온다.) [여섯 가지 감각 대상을 낚시꾼, 즉 마라(Māra, 惡魔)의 여섯 가지 낚싯바늘에 생생하게 비유한] 경전 189, (차팟사야따나Chaphassāyatana에 대해 이야기하는) 143, (비슷한) 135, [감각과 감각 대상에 삼법인(三法印)을 적용시키는] 139~144.

(b)**에 해당하는 경전:** 24~59, 62, 76~82, 84~86[85에서는 자아가 없고 자아에 속한 것이 없다(suññāmattena attaniyena va)이기 때문에 세계(loka)가 공(空, suññā)이라고 설명한다], 89, 121[감각 등에 삼법인이 적용되며, "접촉을 조건으로 하여 일어난 느낌에 속하는 것, 인식에 속하는 것, 형성력에 속하는 것, 의식에 속하는 것 등은…"[121] 윈냐나(Viññāṇa 識)는 삼팟사(samphassa, 接觸)의 직접적 결과로 삼팟사를 구성하는 동시발생(saṅgati)의 세 가지 요인 중 하나는 아니다. 이 경전은 웨이야까라나(veyyākaraṇa 對答)라고 자처한다], 90~91, 99, 100, 101, [137~138에서와 마찬가지로 제따와나(Jetavana)의 비유가 사용되는] 101~102, (경전 191~192에서 같은 주제를 다루고 있지만 비유를 통해 분명히 나타내고 있으며, 더 장황하고 더 논리적이며, 수행승들 간의 대화 형식인) 109~110, 111~112, (109~110과 비슷한) 122~123, 124~126, 146~149, 151, 159~166, 167~186, [196과 같고, 웨다이따

---

120) SN. Ⅳ. 175.: cakkhu bhikkave purisassa samuddo tassa rūpamayo vego.

121) SN. Ⅳ. 106-7.: Yampidaṃ samphassapaccayā uppajjati vedanātaṃ saññāgataṃ saṅkhāragataṃ viññāṇagataṃ.

(vedayita)라는 용어도 사용되지 않으며 아둑카마수카(adukkhamasukha, 不苦不樂)에 대해서도 말하지 않는] 195.

(c)**에 해당하는 경전:** 60~61, [(a)에 해당되는 92의 후대 형태이며, "이 세 가지 법의 모임, 결합, 집합이 눈의 접촉(眼觸)이라고 불린다."라는 설명으로써 이야기하는][122] 93, 106~107[연기(paṭiccasamuppāda 緣起)에 대한 인식 분석과 관련시키려는 분명한 시도로, 106에서는 "세 가지의 결합이 접촉이다. 접촉을 조건으로 느낌이 있다. 느낌을 조건으로 갈애가 있다. 이것이 괴로움의 발생이다."라고 말한다.[123] 107에서는 더 자세히 설명하면서 딴하(Taṇhā, 渴愛)부터 "슬픔, 비탄 … 고뇌(Sokaparideva … upāyāsa)"까지, 남아 있는 연속 과정을 소개하며, 둑카(dukkha, 苦) 대신 로까(loka)에 대해 이야기한다], 113.

(d)**에 해당하는 경전:** 65~68, 87.[124]

(e)**에 해당하는 다른 경전:** 이 상윳따에서 형성되는데, 아야따나(Āyatana, 處)에 대한 심리인식론을 주로 강조하지는 않고 있다. 그와 동시에 다른 주요 주제는 시대층을 잘 구분하기에는 그 특성이 지나치게 일반적이다. 이런 경전으로는 63, 64, 74, 75, 88,[125] 114~115, 120, [다뚜나낫따(Dhātunānatta, 요소의 다양성)에 대한] 129, (유사한) 130, 150, 152, 190, [아딧따빠리야야(ādittapariyāya, 불에 관한 법문)[126]이라고 자칭하며 엄연한 과장법을 쓰고 있는] 194, 198, (산문 이야기가 끝머리에서 게송으로

---

122) SN. Ⅳ. 68.: Yā imesaṃ tiṇṇam dhammānaṃ saṅgati sannipāto samvāyoayaṃ vuccati … cakkhusamphasso etc.

123) 위의 책, 86.: Tiṇṇam saṅgati phasso Phassa-paccayā vedanā ° Paccayâ taṇhâ ayaṃ dukkhassa samudayo.

124) 『맛지마니까야』에서도 나타난다. (경전 144).

125) 〈참조〉 MN. 경전 145.

126) 세 번째 설법과는 다르다.

써 독립적으로 제시되는 듯한) 199,[127] 202, 203, 207,[128] 153, 154, 155~158, 83[팍군나(Phagunna)가 붓다(Buddha)에게 "과거의 부처님들이 완전히 열반에 들었고 망상(戱論)을 끊었다(atīte buddhe parinibbute-chinnapapañce)."를 보게 되는 감각이 존재하는지 아닌지 묻는다. 이 질문에는 교리상 분명하면서도 위험한 의미가 내포되어 있으며, 물론 아니라는 답변을 듣는다. 이런 표현은 매우 독특한 형태로 남아 있다], 133(이처럼 매우 현실적인 이야기에 어떤 역사성이 있겠는가)이 있다.

이러한 종류의 경계선은 약한 편이다. 많은 경전들이 앞의 종류에 의해 재배치될 수 있으며, 앞의 종류에 해당하는 경전 중 일부를 여기에 배치할 수도 있다. 이러한 시도는 단지 이들 그룹의 존재에 주의를 기울이는 것이다. 일반적 결론이 도출되는 상황이 미미한 경우 군이 구분에 의지하지는 않는다.

경전 116은 지배적인 상윳따(Saṃyutta) 문맥에 비추어 『상윳따니까야』 Ⅰ과 『앙굿따라니까야』 Ⅱ. 46을 해설하고 있으며, 따라서 후대의 것임이 드러난다. 4가지 마하부따(mahābhūta, 위대한 요소), 5가지 우빠다낙칸다(upādānakkhandhas, 取蘊), 난디라가(nandirāga, 환락과 탐착), 6가지 앗자띠까야따나(ajjhatikāyatana), 삭까야(sakkāya, 有身), 닙바나(Nibbāna, 涅槃), 아라하(arahā, 阿羅漢), 4가지 오가(ogha, 폭류; 이런 전문 용어가 쓰인 것은 후대의 것임을 나타낸다),[129] 앗탕기까막가(aṭṭhaṅgikamagga, 八正道), 위리야람바(viriyārambha, 열의)를 분명히 드러내는 수많은 '비유'를 함께

127) SN. Ⅰ. 7.
128) 〈참조〉 SN. Ⅰ. 221.
129) PTSD. 참조.

모아둔 경전 197도 그렇다.

경전 193에서 우다이(Udāyi)는 아난다에게 "세존께서 몸에 대해 '이처럼 이 몸은 무아이다'라고 여러 가지 방법으로 말씀하시고 밝히시고 설명하셨듯이, 의식에 대해서도 '이처럼 이 의식은 무아이다'라고 말하고 가르치고 알리고 확립하고 밝히고 분석하고 드러낼 수 있습니까?"라고 묻는다.[130)]

이는 붓다가 직접 윈냐나(識)의 무아성을 분명히 강조하지 않았고, 여기서 윈냐나의 의미를 '인식'에 한정시키면서 그 우연성과 그로 인한 무아성을 입증한다. 아난다처럼 붓다를 신봉하는 사람들이 그 과업을 성취하였음을 암시하는 것이 아닌지 모르겠다.

「살라야따나상윳따(Saḷāyatanasaṃyutta)」(계속): 다음의 경전은 상윳따에서 주요 교리의 발전과 관련된 다른 경전에 비해 초기의 것으로 보인다.

[뱀에 물려 죽은 사리뿟따의 동생 우빠세나(Upasena)에 대해 이야기하는] 경전 69, [사건을 만들어낼 이유가 거의 없어 보인다, "태만(放逸)하지 않는 자(appamāda vihārin)"가 감각과 감각 대상으로부터 분리된 사람의 하나라고 분명히 밝히는 경전. 그런 사람은 '빠뭇자(Pāmujja 喜樂)', '삐띠(Pīti 喜悅)', '빠사디(Passaddhi 輕安)', '수카(Sukha, 幸福)', '사마디(Samādhi, 三昧)'를 거쳐서 '담마빠뚜바와 Dhammapātubhāva'라는 목표에 이르게 된다. 상윳따 문맥에 따라 전문적으로 구성된 것은 아닌] 경전 97, [웃다까 라마뿟따(Uddaka Rāmaputta)가 수수께끼 같은 게송을 지어 했던 말을 붓다가 인용하면서 자신의 관점으로 해석

130) SN. Ⅳ. 166.: Yatheva nu kho … Ayaṃ kāyo bhagavatā anekapariyāyena akkhāto vivaṭo pakāsito iti pi ayaṃ kāyo anattāti sakkā evameva viññāṇam pidamācikkhituṃ desetum paṭṭhapetuṃ vivaritum vibhajituṃ uttānīkātumiti pidam viññāṇamanattā ti.

하는, 인용구가 진본임을 의심할 이유가 없어 보이는] 경전 103, 경전 117[붓다가 자신이 '보디삿따(Bodhisatta 菩薩)'였던 시절을 회상하면서 매우 독특한 방식으로 짧은 법문을 하고 아난다가 그에 대해 자신의 의견을 밝힌다. 『상윳따니까야』 Ⅲ의 경전 1 또는 『상윳따니까야』 Ⅳ의 경전 116에서와 같이,[131] 여기에도 오래된 내용이 해설로 덧붙여진 것 같다. 설법 자체는 확실히 아주 오래된 것으로, "정신과 물질이 … 곳"[132] 등의 게송이 연상되는 형식으로 표현되고 있다. 그러나 적어도 지금 형태에서는 '보디삿따(Bodhisatta 菩薩)'에 대해 언급됨으로써 오히려 핵심 법문은 아주 오래된 것으로 볼 수 없음이 분명해진다. 아니면 더 오래되고 엉성한 표현이 더 정확하고 전문적인 '보디삿따(Bodhisatta 菩薩)'라는 표현으로 대체된 것일까?[133]], [붓다가 '데와나민다(Devānaminda)'에게 설한 법문으로, '윈냐나(Viññāṇa 識)'가 우연히 생겨나는 무상한 인식 결과도 아니고 감각 대상에 붙어서 집착하는 '영혼'도 아니라고 하는] 경전 118, (앞에 나온 경전의 변형인) 경전 119, 경전 124~126, 128, (서로 비슷한) 131, 경전 127[삔돌라 바라드와자(Piṇḍola Bharadvāja)가 대단히 실질적이고 심오한 스승의 가르침을 따르는 것만으로 젊은 수행승까지도 완전히 청정한 삶으로 이끌어 줄 수 있으며, 그 가르침이 무엇인지 설명하여 우데나(Udena) 왕에게 이해시킴으로써 왕을 개종시킨 이야기가 나온다. 이 경전에는 현실감이 살아 있어 있을 법한 역사성에 반하는 것이 전혀 없다.], 경전 132[마하깟짜나(Mahākaccāna)가 아완띠(Avanti)에서 브라흐마나(Brāhmaṇa, 婆羅門) 로힛짜(Lohicca)와 그의 제자를 만났던 일을 회상한다. 마하깟짜나가 그들에게 오래되어 보이는 가타(gāthā, 偈頌)로 이야기하여 마침내 그들을 설득한다. 브라흐마나-슈라마나(Brāhmaṇa-Śramaṇa, 婆

131) 〈참조〉 『맛지마니까야』, 「위방가왁가(Vibhaṅgavagga)」.
132) 앞의 내용 참조.: yattha nāmañca rūpañca.
133) 이러한 변화에 관해서는 『상윳따니까야』 Ⅳ에서 '첫 번째 법문'에 대해 설명한 부분 참조.

羅門-沙門)의 경쟁 분위기, 게송 활용, 단순한 개념은 이 경전을 『상윳따니까야』 I의 「브라흐마나상윳따(Brāhmaṇasaṃyutta)」의 경전에 동화시킨다.], 경전 136(중심부는 『숫따니빠따』에도 나오는 게송으로 이루어져 있으며,[134] 보기 드물게 심오함과 기품이 담겨 있다.), (기품 있는) 경전 145[앞에서 살펴본 『니다나상윳따(Nidāna saṃyutta)』의 경전 37에서와 본질적으로 같은 개념. 이번에는 사성제의 도식이 적용되며 팔정도가 소개된다. 뿐만 아니라 "비구들이여, 스승이 마땅히 해야 할 일을 … (yaṃ kho bhikkhave satthārā karaṇīyaṃ etc.)"라고 끝나는데, 이는 다른 곳에서도 가끔 나타나며 개인적으로 진심을 담아 권고하고 있다는 인상을 매우 강하게 준다.], [닙바나(Nibbāna, 涅槃)에 대한 독특하지만 인상적이면서 중요한 비유와 그 의미로 이루어져 있으며 정형구는 없는 것으로 보이는] 경전 200, (사실상 앞의 경전과 동일한 변형인) 경전 201, 경전 204[두 가지 중요한 비유가 들어 있다. Juda 나무, 즉 Kiṃsuka에 대한 첫 번째 비유는 『우다나(Udāna)』에서 눈 먼 자와 코끼리의 비유에서와 같은 중요성을 띤다. 두 번째인 도시의 비유는 초기 단계 교리, 특히 윈냐나(Viññāṇa, 識)에 대해 재현하므로 훨씬 더 중요하다. 그러나 이 두 번째 비유는 쟁점 사항과 거의 관련 없이, 맥락에서 벗어난 내용으로 보인다].[135]

경전 205[여기서 다시 첫 번째 비유가 마음을 통제하는 결과를 가져오는 과정에 대해 분명히 나타내는 반면, 두 번째 비유는 유창하긴 하지만 관련성 없이 다섯 가지 정신 물리적 집합체(五蘊)에 의존하는 단어에 불과한 '나' 또는 '내것'을 더 이상 실체는 없으며 마찬가지로 일시적인 류트 소리와 비교하고 있다. 두 번째 비유는 분명히 「빅쿠니상윳따(Bhikkhuṇīsaṃyutta)」의 유명한 마차 비유와 동일한 사상 단계에 해당된다.], ("다양한 목장, 다양한 종류"의 여섯 가지 동물

134) Sn. v. 759-765.
135) Mrs. Rhys Davids, Sakya, p.325 참조; 「제12장 니르바나(Nirvāṇa, 涅槃)」 부분 참조.

에 대한 비유가 들어 있는) 경전 206.

「살라야따나왁가」의 나머지 상윳따

「웨다나상윳따(Vedanāsaṃyutta)」: (a) 경전 1~3, 5, 7~14는 세 가지 느낌에 대해 작지만 중요한 차이를 이야기한다. 경전 23~28은 이 세 가지 느낌에 (사성제에서와 마찬가지로) 네 가지 도식을 적용하고 있다. 경전 24는 보디삿따(Bodhisatta, 菩薩) 시절을 회상하고 있다는 데 주목할 만하다.

(b) 경전 11, 15~20, 22, 29는 정서적인 경험, 특히 수행단계가 진행됨에 따라 점진적으로 중지되는 느낌을 훨씬 더 예리하고 자세하게 분석하여 분류하고 있다. 경전 20에는 『맛지마니까야』에서도 볼 수 있는[136] 경전 19 부분이 나온다.

(c) 육체적 괴로움을 제외하면 빠딸라(pātāla, 심연)는 없다고 대담하게 주장하는 경전 4는 사후 지옥세계에 대한 우주적 구조론에 젖어들어 있는 교학주의의 산물로 보이지는 않는다.[137] 경전 6의 끝부분에 나오는 세 가지 게송은 특별히 초기의 것으로 보인다. 이 게송이 현자(賢者)의 정서적 중립에 대해 오래된 교리를 아주 간단하면서도 직접적으로 설하고 있다. 이러한 사실을 바탕으로 '둑카마수카(dukkhamasukha, 苦不樂)'의 느낌을 누락시켰다고 볼 수도 있다.[138] 경전 19에서 건축가 빤짜깡가(Pañcakaṅga)에 대한 설명과 연결되는 이 부분은 최초기 설법에서는 아마도 느낌의 세계를 단 두 가지 방법, 즉 즐거운 느낌과 괴로운

---

136) 관련성에 대한 해설 참조.
137) *역자주: SN. IV. 206.
138) *역자주: SN. IV. 213.

느낌으로 특징짓고, 해탈한 사람의 태도라고 여겨지는 느낌의 관점에서 중립적 태도를 말하는 것이 지배적인 분위기였음을 시사한다.[139] 그러나 느낌의 수는 곧 세 가지, 그 이상으로 증가되었다. 경전 21은 깜마(Kamma, 業) 교리에 대해 매우 독특한 관점을 보인다.[140]

「마뚜가마상윳따(Matugamasaṃyutta)」: 「마뚜가마상윳따(Matugama saṃyutta)」는 금욕주의 경향의 산물로, 초기불교사에서 특정 시대의 독특한 특성이라고 볼 수 없다.

「잠부카다까상윳따(Jambukhadakasaṃyutta)」 = 「사만다까상윳따(Samandaka saṃyutta)」: 사리뿟따가 '오가(ogha, 폭류)'를 포함한 여러 가지 전문 용어의 정의를 내리고 있다.[141] 이는 후대 것임을 나타낸다.

「목갈라나상윳따(Moggalānasaṃyutta)」: 경전 1~9는 단일 구성단위로 이루어져 있으며, 「빅쿠상윳따(Bhikkhusaṃyutta)」에서 추천되는 부분으로 보인다.

경전 1은 더 자주 쓰이는 산냐웨다이따니로다(saññāvedayitanirodha, 想受滅) 대신에 아니밋또 쩨또사마디(Animitto cetosamādhi, 無相心三昧)를 넣은 것에 주목할 필요가 있다. 이는 순냐따(Śuññatā, 空性)가 널리 유행했음을 반영한다. 경전 10~11은 목갈라나가 신화적 방법에서 경이로운 다른 세계를 접했던 경험과 관련된다. 이는 결코 초기 내용이 될 수 없다.

「찟따상윳따(Cittasaṃyutta)」: 가장(家長) 찟따(Citta)라는 중심인물을 둘러싸고 있는 열 개의 경전으로 구성되었다. 이들이 서로 다른 시대층에

---

139) *역자주: SN. IV. 224.
140) 「제11장 괴로움과 그 기원」 부분 참조. *역자주: SN. IV. 231.
141) PTSD, 'Ogha' 참조.

속한다고 보기에는 형식면에서 너무 유사하다. 뿐만 아니라 찟따라는 인물 자체가 몹시 독특하며 경전 간의 거리를 밀접하게 통합시킨다. 다음의 몇 가지 사실에서 「찟따상윳따」가 후대 것임이 분명히 나타난다.

경전 1은 『상윳따니까야』 Ⅳ. 89, 107~8에 의존한다. 경전 5는 Ud. 75 § 5에서 게송을 인용한 것으로 보인다. 경전 6 등과 같은 여러 경전에 지극히 교학적이고 난해한 논의가 교리문답(vedalla) 형식으로 들어 있다. 반면에 이 상윳따 어디에도 붓다는 나오지 않으며, '테라 빅쿠(therā Bhikkhū)'가 도처에서 눈에 띈다.

「가마니상윳따(Gāmaṇīsaṃyutta)」: 경전 10에서는 왕족 모임(rājaparisā)에서 "붓다의 제자(석가의 아들)인 사문들에게 금과 은이 적당한"지[142] 아닌지에 관해 오고 간 논쟁을 이야기한다. 붓다는 단호하게 부정적으로 대답한다. (논쟁에 내포되어 있는) 의심은 주제에 대한 불교적 실천이 더 이상 동일하지 않은, 2차 결집의 시대에 재가신도의 마음에서 생겨나기 쉬운 것이었다. 이 경전은 의도적으로 왓지뿟따까(Vajjiputtaka, 왓지승려의 十事문제)에 반대하여 만들어졌을 수 있다.

경전 12는 길고 흩어져 있으며, 통일된 구성 체계를 보이지 않는다. 이처럼 다른 부분은 관련성이 깊지 않다.

「아상카따상윳따(Asaṅkhatasaṃyutta, 無爲相應)」: '아상카따(Asaṅkhata)'와 '아상카따에 이르는 방법'에 대해 다루고 있는 경전 1~11은 지지하는 방법에서 차이가 있을 뿐 동일한 경전을 복제한 것이다. 경전 5~11는 『상윳따니까야』 V를 따르는 체계가 아니라, 『디가니까야』의 열여섯 번째 경전과 같이 숫자로 나타낸 체계에 따라 보디빡키야담마(Bodhipakkhiyadhamma, 菩提分法)를 일곱 가지로 나누어 소개하고 있다

142) kappati samaṇānaṃ sakyaputtiyānaṃ jātarūparajatanti.

는 점에 주목할 만하다.[143] 이처럼 숫자로 나타낸 체계는 경전 1~4에서도 눈에 띈다. 경전 1에서는 (한 가지 요소인) 까야가따 사띠(kāyagatā sati), 경전 2에서는 (두 가지 요소인) 사마타(samatha, 止)와 위빠사나(vipassanā, 觀), 경전 3에서는 (세 가지 요소인) 사윗딱꼬 사위짜로 사마디(savittakko savicāro samādhi, 有尋有伺三昧), 아위딱까아위짜라맛또 사마디(avitakkavicāramatto samādhi, 無尋有伺三昧), 아위딱꼬 아위짜로 사마디(avitakko avicāro samādhi, 無尋無伺三昧), 경전 4에서는 (세 가지 요소인) 순냐따 사마디(suññata samādhi, 空三昧), 아니밋또 사마디(animitto samādhi, 無相三昧),[144] 압빠니히또 사마디(appaṇihito samādhi, 無願三昧)를 방법으로 제시한다. 이처럼 형식과 주요 개념이 유사하고, 뚜렷한 도식에 따라 변형을 배치하는 두 가지 점은 이들 경전(1~11)이 일률적으로, 후대에 만들어졌음을 드러낸다. 여기서 사마디(samādhi, 三昧)에 세 가지 등급이 포함되어 있다는, 니까야에서 흔히 볼 수 없는 내용을 확인할 수 있다.

경전 12는 앞의 경전과 유사하게 반복되는 부분과 약간 자세히 설명한 부분으로 나뉘어 있다.

경전 13~14에는 최종 목표에 대한 표현이 모여 있다.

「아위야까따상윳따(Avyakatasaṃyutta)」: 경전 7, 9~10은 다섯 가지 칸다에 대한 교리를 전혀 언급하지 않는 나머지 경전과 구분된다. 뿐만 아니라 경전 9~10에는 확실히 '초기'의 교리가 들어 있으며[145] 비유도 활용되고 있다.

---

143) 〈참조〉 Mrs. Rhys Davids, AN. V. Ⅵ, Ⅹ. 서문에서 두 가지 체계에 대한 논평.
144) SN. Ⅳ. 360에는 '아위마따(Avimatta)'라고 인쇄되어 있다.
145) 아래 내용 참조; 경전 10과 『상윳따니까야』 Ⅱ에서 깟짜야나(Kaccāyana)에 대한 설법 비교.

다른 한편으로, 경전 2는 특히 후대의 것으로 보인다. 여기서는 '칸다안아따와다(khandhānattavāda, 蘊無我)' 교리를 논리적 양극단에 적용하고 있다. 즉, 따타가따(Tathāgata, 如來)는 칸다를 따로 취하지도 않고 총체적으로 취하지도 않으며, 칸다 외에는 아무것도 아니므로 살아 있는 동안 얻어야 할 것이 아무것도 없다는 것이다. 이는 따타가따의 사후(死後) 운명에 대해 붓다가 침묵했던 일을 설명한 것으로 볼 수 있다. 이것이 사실이라면, 붓다는 (이를테면 경전 10에서 했던 것처럼) 웃체다와다(ucchedavāda, 斷滅論)를 당연하게 거부할 수 없었을 것이며 '중도법(Majjhena dhammo)'에 대해 말하는 모든 것이 그저 반계몽주의 형태가 될 것이므로 어떠한 해설도 아무런 도움이 될 수 없었다. 사실, 경전의 §§ 13~21에서 따타가따가 이생에서도 사후에서도 바람이 조금도 남아 있지 않는 비존재임을 설명하고 있다. Kv.(Kathāvatthu)에서보다 핵심을 더 잘 주장하고 있다.

이 상윳따(saṃyutta)의 나머지 경전에는 이 문제에 대해 일반적이면서 동일한 답변이 제시되어 있다. 즉 모든 서술에는 그 주제를 위한 칸다가 있으며, 따타가따는 사후에 모든 칸다로부터 자유로워진다.

『맛지마니까야』의 「악기왓차곳따 숫따(Aggivacchagotta sutta)」에서 같은 바다의 비유가 경전 1에 사용되는 것이 주목할 만하다.

「마하왁가(Mahāvagga)」 — 「마하왁가(Mahāvagga)」에는[146] 지루하게 반복되는 내용이 가득하다. '강가(Gaṅgā, 갠지즈) 강의 반복(Peyyāla)'과 그 다음의 왁가들[Appamāda(不放逸) · Balakaraṇīya(힘이 들어가는 일) · Esanā(추

146) *역자주: 다섯 번째 왁가 「광대한 모아 엮음(Mahāvaggasaṃyuttapāli)」은 12상윳따, 111품, 1201경전으로 구성되어 있다.

구)·Ogha(폭류)]은 첫 번째 상윳따의 아홉 가지와 공통이다. 그리고 세 가지 상윳따(saṃyuttas), 즉 다섯 번째(Sammappadhāna), 여섯 번째(Bala), 아홉 번째(Jhāna)도 바로 이 부분에서 크게 벗어나지 않아 매번 전체적으로 반복할 필요가 없다.[147]

결과적으로 교리에 관한 각각의 상윳따 내에 국한된 동질성 효과가 왁가 전체에까지 미치게 되었다. 각 상윳따가 주요 개념을 이어받아 조금씩 변형된 내용이 반복된다. 앞의 상윳따에서도 보이는 이와 같은 특징이 두드러지기 때문에 이 왁가에 속하는 경전은 그 시대층을 구분하기가 몹시 어려워진다.

왁가의 처음 일곱 가지 상윳따는 나머지 상윳따와 구분되므로 하나의 그룹으로 연결된다. 여기서는 보디빡키야담마(菩提分法)를 일곱 가지 등급으로 나타내고 있으나 그렇게 불리지는 않는다.[148] 니까야의 다른 부분에서도 이 목록이 나타나지만 다양한 그룹 체계는 제외되어 있으며, 변형도 거의 없다. 항상 동일한 형태의 정형구가 나타나고 있으며, 현재 형태에 이르기까지 어떠한 중대 발전을 거쳤을지 확신할 수 없다. 적어도 이전 단계 뒤에 남겨진 흔적은 거의 없다. 이러한 정형구를 지도자가 직접 설했거나 생전에 편집되었음을 짐작케 할 뿐이다.[149]

첫 번째 상윳따의 경전 4에 나오는 게송에서 길에 대한 정형구 이전 단계를 예상해볼 수 있다. 『상윳따니까야』 I에서도 이를 볼 수 있다. 경전 34의 끝머리에 나오는 게송은 정형구로부터 자유로우며, 정신적 수단이라는 주제를 다루고 있지만 길[道]과는 뚜렷한 관련이 없다. 여기서

147) Feer, SN. V. V-VI.
148) Mrs. Rhys Davids, KS. V. p.V-VI 참조.
149) 이 주제에 관한 논의는 뒤의 내용 참조.

삼보디앙가(Sambodhiyaṅga, 覺支)라는 용어는 일반적 의미를 나타내는 것으로 보인다는 데 주목할 만하다.

경전 8에는 팔정도 정형구에 대한 위방가(Vibhaṅga, 分別論)가 들어 있으며 아마도 이 상윳따의 다른 경전들보다 후대의 것으로 보인다.

경전 28에서 정형구의 구성요소는 "바른 삼매는 원인과 함께하고 필수요소와 함께한다(Sammāsamādhi sa-upaniso saparikkhāro)."라는 형태로 나타난다. 이 상윳따의 나머지 경전은 상당히 동일하다.[150)]

그 다음 상윳따에서 경전 2, 3, 4, 52, 53에는 정형구 외에 설명과 해설도 들어 있다. 경전 6, 23, 24, 30, 54, 55, 왁가 7~8에는 이 상윳따의 경전 가운데서 가장 인상적인 사례가 들어 있는데, 여기서는 다른 교리에 관해 이끌어 주는 교리가 다뤄진다. 특히 보장가(Bojjhaṅga, 覺支)와 니와라나(Nīvaraṇa, 障礙)의 밀접한 관계에 대해 다루고 있다. (이 왁가의) 세 번째 상윳따에서 경전 6~8은 비유로 둘러싸여 있는 반면, 경전 9와 12는 『디가니까야』 16의 일부를 다루고 있다. 경전 10은 정형구에 대해 설명하기 위해 자세한 설명이 추가된 사례다.[151)] 이런 경향은 (이 왁가의) 상윳따 4[Indriyasaṃyutta] 경전 9~10, 36~40에서 분명히 드러나고 있다(여기에는 상윳따에서 지배적인 정형구와는 다른 정형구가 들어 있

150) *역자주: SN. V. 21.

151) 상윳따 3의 경전 13에서는 사리뿟따의 죽음에 슬퍼하는 아난다를 꾸짖고 있다. 사띠빳타나(satipaṭṭhāna, 念處) 정형구를 소개하는 것은 맥락상 전혀 어울리지 않는다. 사실, §§ 10-11에서 둘 다 서로 다르게, 그러면서도 문맥에 더 잘 어울리게 나타난다. 이 경전의 경우뿐만 아니라 § 8에서 질책하는 내용도 마찬가지로 『디가니까야』 16을 강하게 연상시킨다. … 실라(sīla, 戒)부터 위뭇띠냐나닷사나(vimuttiñāṇadassana, 解脫知見)에 이르기까지 다섯 가지 칸다(khandhas, 蘊) 목록을 언급하는 것 역시 후대의 것임을 보여주고 있다. 다시 말해서 이 경전에서 앞서 제기된 진본이 별로 없다. 경전 14는 사리뿟따-목갈라나가 사망할 즈음에 붓다가 직접 설했다고 주장한다. 이 경전의 §§ 6-9가 앞의 경전 §§ 9-12와 같다는 사실은 이 둘이 결코 독립적일 수 없음을 보여준다.

다). 이 상윳따 4의 경전 42는 매우 독특한 형식을 지닌다. 위로 닙바나(Nibbāna, 涅槃)의 의미까지 상승하는 일련의 '빠티사라나(Paṭisaraṇa, 의지, 懺悔)'로 이루어져 있다.[152)]

앞에서 이미 언급했듯이 상윳따 5~6에서는[Sammappadhānasaṃyutta, Balasaṃyutta] '강가-뻬이얄라(Gaṅgā-peyyāla, 강가 강의 반복)'가 반복되고 있으며, 삼마빠다나(sammappadhāna, 正勤)와 발라(Bala, 힘)의 정형구의 관점에서 세 가지 왁가가 이어진다.

『이띠빠다상윳따(Iddhipādasaṃyutta)』의 경전 10은 『디가니까야』 16에서도 나타난다. 경전 11은 이띠빠다(Iddhipāda, 神足)에 대해, 경전 13과는 다르게 해설하고 있으며 경전 14와 (vibhaṅga, 分別論라 불리는) 201이 이를 뒷받침한다. 경전 15에서 브라흐마나(Brāhmaṇa, 婆羅門)가 "의욕에 의해서 의욕을 제거할 것이라는 말은 타당하지 않다(chandena ca chandaṃ pajahissatīti netaṃ ṭhānaṃ vijjatīti)."며 적절한 이의를 제기하는데, 아난다가 만족스럽게 답해준 것으로 보이지는 않는다.[153)]

「아누룻다상윳따(Anuruddhasaṃyutta)」는 일반적인 방법으로 네 가지 사띠빳타나(satipaṭṭhāna, 念處)를 다루고 있다.

그 다음 「자나상윳따(Jhānasaṃyutta)」에서는 네 가지 선정(Jhāna, 禪定)에 대해 언급되면서 '강가 강의 반복(Gaṅgā-peyyāla)'이 반복된다.

「아나빠나상윳따(Ānāpānasaṃyutta)」의 경전 10에는 맨 먼저 까야누빳사나(Kāyānupassanā, 身隨觀), 웨다나누빳사나(vedanānupassanā, 受隨觀), 찟따누빳사나(cittānupassanā, 心隨觀)와 연결된 아나빠나사띠(ānāpānasati,

152) 상윳따 4의 경전 49에서는 다섯 가지 인드리야-사띠(indriya-Sati), 사마디(Samādhi, 三昧), 빤냐(Paññā, 慧)의 일반적인 그룹 중 세 가지만 언급된다는 점에서 독특하다. *역자주: SN. V. 218.

153) *역자주: SN. V. 272.

入出息念)에 대해 이야기한다. 그러나 마지막 단락에서는 담마누빳사나(dhammānupassanā, 法隨觀)가 포함된 문장을 소개하고 있으며 후대 개념으로 경전에 추가해서 써 넣은 부분으로 보인다.

「소따빳띠상윳따(Sotapattisaṃyutta)」는 경전 21에 수록되어 있는 개념으로 인해 초기의 양상을 보인다. 경전은 인간을 몸과 마음(citta, 心)의 복합체로 보고 있으며, 마음이 이승 너머로 여행을 떠난 뒤, 몸이 남는다고 보았다.[154]

「삿짜상윳따(Saccasaṃyutta)」에서 중요한 첫 번째 법문에 대해 올덴베르그(Oldenberg)는 "흔들리는 형태에서 '관련 없는' 것은 전혀 없어 보인다는 데 동의하고 있으며, 이는 도이센(Deussen)[155]과는 대조적이다."[156] 리스 데이비즈 여사는 "편집된 부분이 있지만, 다른 설법에서 내용을 재편성하지는 않았다"며 도이센의 의견에 동의한다.[157]

리스 데이비즈 여사에 의하면, "한쪽에서는 이렇게 듣고 다른 쪽에서는 저렇게 들어서 확실한 내용만 기억되었으므로 설법이 축소"된 것이 확실하며, "질병과 질병에서 벗어남 등과 같이 수행승에게 가장 강력히 끌리는 설법"이 특히 그렇다고 한다.

이는 아주 초기의 것으로 볼 수 없는 경전에서 확실히 더 나타나는 것 같다:

(a) 사성제에 대한 부분이 갑자기 앞으로 오고, 더 종합적인 교리 개요가 사실상 두 번째로 오게 되면서 결과적으로 팔정도 교리는 불필요하게 반복된다. 이런 반복은 §§ 4~5가 만들어질 때 아직 '사성제'에 대

154) 「제12장 니르바나(Nirvāṇa, 涅槃)」 부분 참조.; Mrs. Rhys Davids, KS. V. p.Ⅷ.
155) Buddha, (6th ed. 148n); Allgem. Gesch. der Phil. 1. 3., 138 156.
156) JPTS. 1924-27, p.244-'5.
157) JPTS. 1924-27, p.244-'5.

해 말하려는 의도가 없었음을 나타내며, 만약 그런 경우가 있었다면 설법은 아마도 대부분 그런 내용으로 시작되어 적당한 위치에 팔정도가 나오게 되었을 것이다.

(b) '사성제' 형태는 다섯 가지 칸다를 언급하고 있지만, 연기 정형구 전체 대신 딴하(Taṇhā, 渴愛)에 대해서만 이야기하고 있다.

(c) 처음에 언급되지 않았던 꼰단냐(Koṇḍañña)가 마지막에는 깨달음을 얻은 사람으로 나온다. 이는 놀라운 일로, 이 내용에 어떤 결함이 있음을 시사한다.

(d) 이 경전은 자칭 '웨이야까라나(Veyyākaraṇa, 說明)'로,[158] 다양한 부류의 신들에 대한 승리감을 신화적으로 이야기하고 있다.

경전 31은 싱사빠(Siṃsapā) 나뭇잎과 숲을 비교하며, 붓다가 알고 나서 설한 것은 적고, 설하지 않은 것이 많다고 설한다.[159] 『디가니까야』 Ⅱ. 100쪽의 "나는 안과 밖이 없이 법을 설했다."를[160] 수정한 것으로서 가치가 있다.

주의: (1) 내용면에서 가장 가까운 경전이 목록에 함께 배치되어 있다. (2) 경전 그룹은 세미콜론으로 나타내었다.

Ⅰ. 「사가타왁가(Sagāthavagga)」

(a) 「데와따상윳따(Devatāsaṃyutta)」

초기: SN. 1.1.1.1~2. 위의 책 1.1.2.2~3, 위의 책 1.1.3.3, 위의 책

158) SN. V. 423.
159) *역자주: SN. V. 428.
160) desito mayā dhammo anantaraṃ abāhiraṃ karitvā ….

1.1.3.7, 위의 책 1.1.4.7, 위의 책 1.1.5.6, 위의 책 1.1.6.5~7.

후기: SN. 1.1.1.5~6, 위의 책 1.1.7.10, 위의 책 1.1.3.1, 위의 책 1.1.4.8, 위의 책 1.1.5.5.10(=1.2.3.4.)

불분명: 나머지. 예를 들어 위의 책 1.1.2.6.

(b) 「사가타왁가(Sagāthavagga)」 중 나머지

초기: SN. 1.2.2.3, 위의 책 1.2.3.6, 위의 책 1.3(위의 책 1.3.2.9~10과 위의 책 1.3.2.8. §§ 5~10은 제외), 위의 책 1.4.3.3, 위의 책 1.6.1.1, 위의 책 1.6.2.5, 「브라흐마상윳따(Brāhmaṇasaṃyutta)」

후기: 위의 책 1.2.3.9, 위의 책 1.4~5, 위의 책 1.6.1.2~4, 위의 책 1.6.1.6, 위의 책 1.6.2.4.

불분명: 나머지 상윳따와 경전

Ⅱ. 「니다나왁가(Nidānavagga)」

(a) 「니다나상윳따(Nidānasaṃyutta)」

초기: 경전 15, 17~18, 24~26, 46~48; 22(§ 5ff); 37; 62; 19, 32, 43, 45, 44, 52, 55~56, 60, 53, 57~58, 59, 65, 66, 67; 38~40, 64.

후기: 경전 1, 3, 4~10, 13~14, 16, 29~30, 49~50, 69, 71~81, 82~93; 2, 27~28, 33, 34, 51; 11~12, 35, 36, 63, 20, 21, 41~42, 68, 70; 31.

(b) 「니다나왁가(Nidānavagga)」 중 나머지

초기: 「아나맛딱가상윳따(Anamattaggasaṃyutta)」(반복 구절); 「까싸

빠 상윳따(Kassapasaṃyutta)」(경전 5, 11), 「라바삭까라상윳따(Lābhasakkārasaṃyutta)」(반복 구절), 「오빰마상윳따(Opamma saṃyutta)」(경전 1).

후기: 「라훌라상윳따(Rāhulasaṃyutta)」, (아마도) 「다뚜상윳따(Dhātu saṃyutta)」.

불분명: 나머지 상윳따와 경전.

Ⅲ. 「칸다왁가(Khandhavagga)」

초기: 「칸다상윳따(Khandhasaṃyutta)」 – 경전 1(§ 4), 84(§§ 26–30), 33, 53(§§ 6–10 제외), 54(§ 17 제외), 82, 83, 87~88, 101.

후기: 나머지 상윳따와 경전.

Ⅳ. 「살라야따나왁가(Saḷāyatanavagga)」

(a) 「살라야따나상윳따(Saḷāyatanasaṃyutta)」

초기: 경전 69, 97, 103, 117(§§ 1–4), 118, 119, 124~126, 128, 131, 127(?), 132(?), 136(게송), 145, 200, 201, 204(§ 7. §§ 8–9, 적절치 못한 두 번째 비유), 205(§§ 4–5), 206(가능.)

후기: 교리상 뚜렷하고 흥미로운 몇몇 등급으로 나눌 수도 있지만, 나머지 부분.

(b) 「살라야따나왁가(Saḷāyatanavagga)」 중 나머지 상윳따

초기: 「웨다나상윳따(Vedanāsaṃyutta)」(경전 4, 21); 「아위야까따상윳따(Avyākatasaṃyutta)」(경전 7, 9~10)

후기: 「잠부카다까상윳따(Jambukhādakasaṃyutta)」=「사만다까상윳

따(Sāmaṇḍakasaṃyutta)」; (아마도) 「목갈라나상윳따(Moggalāna saṃyutta)」; (아마도) 「찟따상윳따(Cittasaṃyutta)」; 「아위야까따상윳따(Avyākatasaṃyutta)」(경전 2)

불분명: 「마뚜가마상윳따(Mātugāmasaṃyutta)」; 「가마니상윳따(Gāmaṇī saṃyutta); 「아상카따상윳따(Asaṅkhatasaṃyutta)」

V. 「마하왁가(Mahāvagga)」

초기: 「막가상윳따(Maggasaṃyutta)」(경전 4 게송); 「삿짜상윳따(Sacca saṃyutta)」(편집된) '첫 번째 설법' 나머지는 불분명.

제7장 『앙굿따라니까야(Aṅguttara Nikāya)』의 초기와 후기

『증일아함』과 『앙굿따라니까야』 — 난죠(Nanjio)에 의하면,[1] 한역 『증일아함(Ekottarāgama, 增一阿含)』(543번)은 52장(章)으로 이루어져 있다. 반면에 빠알리 『앙굿따라니까야(Aṅguttara Nikāya)』는[2] 160개 왁가(vagga)로 구성되어 있다.[3] 난죠에 의하면 "… 여러 짧은 경전(sūtra)을 모아둔 것처럼 '이와 같이 나는 들었다. 한때(Evam mayā śrutam ekasmin samaye)'가 555번 나온다." 한편, 하디(Hardy)는 "상대적으로 앙굿따라(Aṅguttara)에 9557개 경전(sutta)이 있는데 사실은 기원후 5세기에 붓다고사(Buddhaghosa)에게 알려졌듯이 넉넉잡아 2344개 경전이 있음을 알 수 있다."고 말한다.[4]

이는 빠알리본 『앙굿따라니까야』가 한역본 『증일아함』보다 훨씬 더 많이 세분화되었음을 의미한다.

---

1) Catalogue. p.133.; tathā hi ekottarikāgama āśatād dharmanirdeśa āsididānīm tu ā daśakād dṛśyata iti.

2) 『마노라타뿌라니(Manorathapūraṇī)』에는 '니까야(Nikāya)' 대신 '앙굿따라가마(Aṅguttarāgama)'와 '네 가지 아가마(Āgama)'라는 표현이 있다. (Vol. Ⅰ. pp.1-2).

3)

니빠따(Nipāta)	Ⅰ	Ⅱ	Ⅲ	Ⅳ	Ⅴ	Ⅵ	Ⅶ	Ⅷ	Ⅸ	Ⅹ	Ⅺ	계
왁가(Vagga)	20	17	16	27	26	12	9	9	9	12	3	160

4) AN. V. prefare, vi-vii.

진본인지 의심스러운 열한 번째 니빠따 — 『앙굿따라니까야』는 크게 열한 개의 니빠따(Nipāta, 章)로 이루어져 있다. 미나예프(Minayeff)가 『아비달마구사석론(Abhidharmakośavyākhyā, 阿毘達磨俱舍釋論)』에서 인용한 구절에는 "예를 들어 증일아함에는 법에 관한 설명이 100에 이르렀다. 하지만 현재 10개로 구성된 것까지 발견된다."라고 말한다.[5] 난죠가 "52개 장의 한역본 제목을 글자 그대로 번역한, 내용의 개요"에서 말한 사실과 부합되는 후자의 전통에 따르면 교리 그룹과 관련하여 가장 높은 숫자는 10이다. 때문에 『앙굿따라니까야』에서 열한 번째 니빠따(Nipāta)의 진위 여부에 의문이 들게 된다. 열한 번째 니빠따에는 가장 적은 수의 왁가가 들어 있으며, 그것이 사실이라고 볼 때 하디(Hardy)가 "마지막 니빠따에서는 거의 진본을 찾아볼 수 없다."고 말했듯이,[6] 의심은 깊어지고 『앙굿따라니까야』의 열한 번째 니빠따가 비교적 후대에 덧붙여진 유형일 가능성을 부정할 수 없게 된다.

여섯 번째 니빠따 이후를 구성하는 새로운 동향 — 리스 데이비즈 여사는 "여섯 번째부터 각 세 개씩 두 그룹을 필수요소로 만들기 시작했다."고 분명하게 말하는,[7] 『앙굿따라니까야』의 두드러진 특징을 고려해야 한다. 어째서인지 세 가지 딴하(taṇhā, 渴愛)와 세 가지 마나(māna, 我慢)와 같이 서로 반대되는 것끼리 연결된 경우도 간혹 있다. 이는 일곱 번째와 여덟 번째 니빠따에서도 계속된다. 아홉 번째 니빠따에서는 더 흔하지만, 대개 5와 4같은 보완적인 목록에는 뚜렷한 연결점이 없는 경

5) Minayeff, Recherches.
6) AN. V. vii. 각주 1번.
7) Mrs. Rhys Davids, Original Gospel. p.137.

우가 간혹 있다. 그는 “대개 하나는 나머지 것들, 이를테면 다섯 가지 쩨또킬라(cetokhila, 마음의 황무지)와 네 가지 사띠빳타나(Satipaṭṭhāna, 念處)보다 교리적으로 훨씬 더 중요하다. 또한, 후자는 변함없이 전자의 뒤에 온다.”고 설명한다.[8]

이러한 경전 구성 형식이 더 많이 쓰였다고 해서, 여섯 번째 니빠따부터, 특히 아홉 번째부터 열한 번째 니빠따가 앞에 나온 니빠따보다 더 후대의 것이라고 볼 수는 없다. 하디(Hardy)가 만든 이러한 ‘복합’ 경전 목록에는[9] 앞의 니빠따에서와 같이 나타나지 않는 구성 그룹을 몇 가지 예외사항으로 보여주고 있으며, 따라서 이러한 ‘복합’ 경전의 편집자들 간에 아무런 관련성이 없음이 드러나고 있다. 물론, 관련성이 있을 수도 있고 개념이 차용됐을 수도 있다. 그러나 이처럼 지적된 짧은 경구의 경우에는 ‘차용됐음’을 증명하기가 어렵다.

‘유명무실한’ 일부 그룹 생략 — 리스 데이비즈 여사는 『앙굿따라니까야』 특유의 니빠따 제목에 나타나는 교리 중 숫자로 표시된 ‘중요’ 그룹 일부에 눈에 보이는 실수가 있음을 지적하였다.[10] 닙바나(Nibbāna, 涅槃)와 위뭇띠(Vimutti, 解脫)가 중요한 교리임에도 불구하고, 적어도 니까야(Nikāya)에서는 ‘하나’의 그룹으로서 중요하지는 않았다고 말할 수 있게 된 것이다. ‘세 가지씩’에서 흔히 말하는 삼법인과 삼보(三寶)가 나오지 않는 것에 대해서는 ‘세 가지씩’이 완성될 때까지 이러한 교리는 아직 그만큼 중요하지 않았으며 따라서 독립된 그룹으로 언급되지 않았던 것

8) Mrs. Rhys Davids, Original Gospel. p.137.
9) AN. V. 부록 Ⅳ. 〈참조〉 위의 책, 서문 p.vii.
10) 『앙굿따라니까야』 색인에서 서문 부분; JRAS. 1935; What was the Original Gospel of Buddhism? 부록.

이라고 설명하는 것이 최선인 것 같다. 삼법인은 니까야 대부분에서 별도로 언급되지 않고 다섯 가지 칸다와 같이 다른 교리 그룹에 적용되어 나타난다고 할 수 있다. 후대에 독립적인 시대층으로 분류할 수 있는 과정이 있었던 것으로 보인다.

리스 데이비즈 여사는 『앙굿따라니까야』 색인의 서문에서 사성제, 다섯 가지 칸다, [팔정도를 포함하며 일곱 가지 삼보장가(sambojjhaṅga, 覺支)는 제외한] 보디빡키야담마(Bodhipakkhiya dhamma, 菩提分法) 목록을 구성하는 그룹이 고유의 니빠따와 일반적인 제목에서 생략되었다고 말하고 있다.[11] 『상윳따니까야』와 『앙굿따라니까야』가 독립적으로 편찬되지는 않았으나, 검토 중인 주제를 비롯하여 주제와 관련된 경전을 『상윳따니까야』에 독립된 상윳따로 끌어모아 두었기 때문에, 『앙굿따라니까야』의 주요 제목에서 생략되었을 것이라는 설명이 가장 그럴듯해 보인다.[12] 이들이 편찬된 정확한 경로를 모르기 때문에 이런 가설에 대해 더 자세히 설명해 봤자 탁상공론에 지나지 않을 것이다. 결과적으로, 구획이 잘 나누어졌기를 기대하는 것은 무리다. 또한 아홉 번째와 열 번째 니빠따의 '복합' 경전에서[13] 보디빡키야(菩提分) 그룹 일부가 매우 빈번하게 나타난다는 사실을 통해 가설이 틀렸다고 보기도 어렵다. 이런 경전들은 상대적으로 후대의 것으로 보인다.[14]

---

11) "사성제는 네 가지의 그룹으로 나타나지만, 니까야 어딘가에서 아리야(Ariya)가 아니라 둑카(Dukkha, 苦)와 로까(Loka, 世界)라는 제목으로도 나타난다."(AN. Index, Ⅷ fr. 2).
12) 위의 책, vii-viii.
13) 도성제의 여덟 가지 요소는 열 번째 니빠따(Nipāta)에서 열 가지 그룹의 일부로 나타난다.
14) 〈참조〉 Mrs. Rhys Davids, Original Gospel. p.143.

『증일아함』에서 '생략'과 숫자로 나타낸 체계 — 난죠에 의하면 『증일아함』 21장의 첫 번째 경전에는 "삼보(Triratna)에 대해"가 생략된 반면, 25장의 첫 번째 경전에는 "차투사뜨야(Catussatya, 四諦)에 대해"가 [27장의 첫 번째 경전(sutta)에서는] "마찬가지로 사성제에 대해 그렇게 포함하지(또는 다루지) 않고"가 생략되었다. 그러나 이들이 경전의 제목인지 아니면 단지 내용의 개요인지는 분명치 않다. 뿐만 아니라 난죠가 말한 개요 혹은 제목에서 한역본의 52개 장은 에꿋따라(Ekottara, 增一) 체계를 엄격히 따르지는 않는 것으로 보인다. 즉 2장은 '열 가지 강렬한 사고(思考)'에 대해 논의하면서 시작되고, 14장은 다섯 가지 실라(sīla, 戒)에 대해, 21장은 삼보(三寶)에 대해 논의하면서 시작된다. 그 이후로 숫자는 다시 10까지 올라간다.

『앙굿따라니까야』의 시대층을 구분하는 어려움 — 『앙굿따라니까야』에서 경전의 시대층을 구분하는 데는 특별히 어려움이 있다. 형식이 단조롭고 내용이 보편적이기 때문이다. 또한 경전의 도처에서 거의 변형되지 않은 상당수의 정형구를 만나게 된다.

특별한 종류의 일부 경전 — 간단한 선행(善行)에 대해 상당히 많은 경전에서 설하고 있으며, 대부분이 재가신도들이 얻는 이익에 대한 내용이다. 이들은 대체로 뚜렷하게 구별되지 않기에 특정 시대층으로 배치하기 어렵다. (이를테면 왕실의 말이나 코끼리의 비유와 같은) 다양한 비유로써 수행승을 분류하는 경전이나 그들의 여성을 나무라는 경전도 마찬가지다. 인간 유형(Puggala, 人間의 종류)과 관련된 많은 경전도 유사하다.

산냐(Saññā, 想), 실라(Sīla, 戒), 아누사야(Anusaya, 潛在性向), 상요자나(Saṃyojana, 束縛)에 관해 갖가지 목록을 다루고 있는 일부 경전은 시대구분이 가능하긴 하지만 엄밀히 말하면 교리 분야에 한해 임시로 분류할 수도 있다.

여덟 가지 아비바야따나(Abhibhāyatana, 勝處)에 대해 다루고 있는 경전의 경우, 그 안에 들어 있는 정형구의 변천사가 좀 더 분명해지면 시대층을 구분할 수 있게 될 것이다.

따타가따(Tathāgata, 如來)에 대해 다루고 있는 대규모 경전 등급은 후대의 것으로 보이는데, 이미 붓다를 신격화하는 데 성공했거나, 그 과정 중임을 알 수 있기 때문이다.[15] 가장 노골적인 예는 4·127이다. 여기서는 따타가따의 탄생에 동반하는 기적에 대해 묘사하고 있다. 4·118에서 붓다는 숭배의 대상이며, 붓다의 생애는 상징이다. 4·36에서 붓다는 스스로를 한 등급으로 간주하고 있다. 따타가따의 힘에 대해 다루고 있는 많은 경전이 이런 등급을 이룬다.

결과적으로 시대구분을 시도해 볼 수 있는 것은 극소수의 독립된 경전에 한한다. 결국 『앙굿따라니까야』에서 초기에 해당된다고 볼 수 있는 경전이 극히 드물다는 결론이 불가피하다.

『앙굿따라니까야』 일부 경전의 시대층에 대한 고찰 — 경전이 아니라 왁가가 실질적으로 구분된다는 점에서 **니빠따** 1은 뚜렷한 차이를 보인다. 이로써 니빠따는 독립적인 많은 '하나 들'과 그 안의 경전을 모아둔 것이 아니라는 결과를 얻게 한다. 모든 왁가가 통일되지도 독립되지도 않았다. 왁가 4는 왁가 3의 연속이다. 왁가 6의 처음 두 경전은 왁가 5

15) Winternitz. Ⅱ, p.66.

로 이어지며, 단지 체계를 위해서 여기에 두었을 것이다. 마찬가지로 왁가 6 (경전 8~10), 왁가 7, 왁가 8 (경전 1~3), 왁가 9가 하나의 시리즈다. 한편, 왁가 24~26은 내부에서조차 통일되지 않아 잡다한 양상을 보인다.

(왁가 6의 처음 두 경전이 포함된) 왁가 5와 23은 완전히 통일되어, 각각 하나의 경전으로 이루어져 뚜렷이 구분된다. 적절한 비유로 분명하게 드러내지만 정형구는 나오지 않는다. 왁가 5에 나오는 비유는 『디가니까야』 두 번째 경전에도 나오는데, 여기서는 '찟따(citta, 心)'의 성질에 대해 솔직하게 다루기 때문에 그 의미가 더 분명히 나타난다. 이들 두 왁가, 특히 왁가 5는 초기의 것으로 보인다. 이 두 왁가는 근본적으로 앙굿따라(Aṅguttara) 체계와 관련 없으며, 『맛지마니까야』에도 나왔을 것이다.

니빠따(Nipāta) 2: (후대의) 왁가 3의 경전 5~6에는 '네얏타(Neyattha, 함축적인 의미)' 숫딴따(suttanta, 經)와 '니땃타(Nītattha, 분명한 의미)' 숫딴따의 차이를 설명하고 있다. 이는 여러 부파들 간의 논쟁거리가 되었으며, 따라서 경전 문헌이 상당히 확대된 후에 생겨났을 것이다.

왁가 6의 1~4에는 따타가따(Tathāgata, 如來)와 짝까왓띤(Cakkavattin, 轉輪王)을 비교하고 있다.

5는 삼마삼붓다(Sammāsambuddha, 正等覺者)와 빳쩨까붓다(Paccekabuddha, 辟支佛)의 차이를 설명한다.

6~8은 『디가니까야』 열여섯 번째 경전이 연상된다.[16] 이 니빠따에서 눈에 띄는 두 가지 특징은 다음과 같다. 왁가 5는 전체적으로 다양한 종류의 빠리사(Parisā, 大衆)라는 동일 주제를 다루고 있으며, 왁가 7

16) 〈참조〉 Āḷāvedalla.

~17은 다른 경전보다 『디가니까야』 서른세 번째 경전에 훨씬 더 가까우며, 아주 기본적인 내용만 갖춘 목록이다.

니빠따(Nipāta) 3: 삿다위뭇따(Saddhāvimutta, 信解脫者), 까야사키(Kāyasakkhi, 身證者), 딧티빳따(Diṭṭhipatta, 得見者)에 대해 논의하고 있는 경전 21은 아라핫따(Arahatta, 阿羅漢 地位)로 향하는 세 번째 단계를 설명하는데 '아나가민(anāgāmin, 不還者)'이라는 전문용어가 사용되었으므로[17] 후대의 것으로 보인다. 이 경전은 형식면에서 수행승(사윗타Saviṭṭha, 마하꼿티따Mahākoṭṭhita, 사리뿟따) 사이에 벌어진 논쟁으로 이루어져 있으며, 논쟁에 참여한 각 수행승이 부분적으로 ("에깡세나, ekaṃsena, 일방적으로") 판단했다고 스승이 분명히 말하면서 질문하는 내용이 이어진다.

경전 32는 『피안으로 가는 길』에서 뿐나까의 질문(Pārāyaṇa-Puṇṇakapañha)에 대한 답변으로 한 가지 게송을, 경전 33에는 『피안으로 가는 길』에서 우다야의 질문(Pārāyaṇa-udayapañha)에 대한 답변으로 두 가지 게송을 인용하고 있다.[18] 이는 니까야에서 최초기 층의 문헌보다는 후대의 것임을 시사한다. 그러나 이러한 인상은 그 안에서 가르치는 교리가 주는 인상과 다르다. '쩨또위뭇띠-빤냐위뭇띠(cetovimutti-Paññāvimutti, 심해탈-혜해탈)'[19]를 성취하는 수행단계(samādhipaṭilābha, 三昧 取得)가 나오고, 몸과 마음(saviññāṇka-kāya, 有識身)뿐만 아니라 외부 대상에도 모든 자아의식(나라는 생각, 나의 것이라는 생각, 만심이라는 잠재번뇌.

---

17) AN. Ⅰ. 120. PTS본 빠알리 사전의 'anāgāmin' 참조.
18) *역자주: Pārāyaṇa는 『숫따니빠따』의 마지막 품을 말한다. 즉, 경전들은 『숫따니빠따』에 나타나는 뿐나까와 우다야 질문의 답변을 게송으로 인용하고 있다. AN. I. 133.
19) 뚜렷하게 구분되지는 않는다.

ahaṅkāramamaṅkāramānānusaya)이 발산된다. 이처럼 수행단계에 대해 묘사하는 것은 '우다야빤하(Udayapañha)'에서 인용한 내용에 분명히 드러나며, 후대에 네 번째 선정(Jhāna, 禪定)에 대해 정형화한 내용에서도 동일하게 나타난다. 동시에 (오히려 Khandha, 蘊를 분석하는 쪽에 더 가깝게) 까야 윈냐나(Kāya viññāṇa, 身識)를 구분하여 사용하고 선정에 대한 정형구가 전혀 나오지 않는다는 점에서, 이 경전이 적어도 교리적으로는 니까야 최후기 시대층에 속하지 않는다는 것을 알 수 있다. 물론, 후대 문헌에 초기 교리가 반영되었을 가능성도 없지는 않다.[20]

경전 39 끝부분에 나오는 게송은 경전 38의 끝부분에 더 잘 어울린다. 아마도 경전 38은 이 게송을 토대로 했을 것이다. 이러한 게송의 형식에서 『숫따니빠따』의 「빠다나 숫따(Padhāna sutta)」가 연상되며,[21] 붓다의 생애에 관한 초기 시구(詩句) 중 일부가 표현된 것으로 보인다. 경전 38의 산문부에는 붓다가 젊은 시절에 계절마다 다른 궁전에서 지낸 호화로운 생활을 묘사하는 내용이 들어 있다.[22] 이는 붓다의 일대기와 관련하여 아직 구체적 전설이 발달되기 이전의 것임을 알 수 있다.

경전 39의 산문부에서는 이야기를 설정하지 않고,[23] 더 교리적인 형식으로 경전 38의 주요 개념에 대해 설명하고 있다. 아마도 경전 38을 토대로 했을 것이다.

경전 40의 끝머리에 나오는 게송은 처음의 두 게송과 나머지, 이렇게 둘로 나눌 수 있다. 처음 두 게송에서는 간단한 운율로 차이를 보이는

20) 『앙굿따라니까야』 네 번째 경전과 마흔한 번째 경전에도 뿐나까빤하(Puṇṇakapañha)에서 인용된 동일한 게송이 나오는데, 『앙굿따라니까야』의 경우, 정형구로 가득 차 있으며 훨씬 더 교리적으로 설명되어 있다.

21) *역자주: Sn. 74.

22) 〈참조〉 MN. 경전 75.

23) 〈참조〉 경전 35; MN. 경전 130.

데, 분명하고 짧으며 진심어린 훈계를 단호하고 직접적으로 설하는 (말하자면 듣는 사람이 2인칭으로 표현된) 내용이 들어 있다. 반면에, 나머지 게송은 더 자세한 운율로 간접적으로 경고하고 있으며, 이 경전의 산문부를 요약한 것으로 보인다.

경전 52는 자기 절제(Saṃyama)에 대해 설하고 있으나 관대함에 대해 설하는 게송이 인용되어 있다. 이들 게송은『상윳따니까야』I에서도 나타나는데, 여기서는 잘못 적용된 것으로 보인다.

문헌에서 산문으로 표시되어 있는 이 경전의 끝부분 두 문장은[24] 실제로는 게송이다. 처음 두 빠다(pāda, 詩行)의 운율은 뒤의 두 빠다와 다르다.

경전 76은 비유로써 '바와(Bhava, 還生)'에 대해 분명하게 설명하는 짧은 설법으로, 윈냐나(Viññāṇa, 識)와 환생의 특성에 대해 상당히 초기의 관점을 담고 있는 것으로 보인다.

경전 80은 불교철학과 신화적 우주론이 대단히 발달된 것으로 보아 후대의 것이 틀림없다.

경전 100은 '마음(citta)'의 정화에 해당하는 정신적 과정에 관심을 보이면서 황금의 비유로써 설명하고 있다. 이 경전의 대략적인 교리 위치는「사만냐팔라 숫따(Sāmaññaphala sutta)」와 동일하다. 찟따(citta, 心)의 특성에 대한 관점을 비롯하여 적절한 비유가 사용되고, 수행을 강조하며,『디가니까야』두 번째 경전보다 후대 층에 해당되는 특징이 보이지 않는 점에서 이 경전이 초기의 것임을 알 수 있다.

경전 101에는 '보디삿따(Bodhisatta, 菩薩)'라는 용어가 사용되고 있지만 후대의 것이라고 볼 만한 다른 특징은 나타나지 않는다.

---

24) AN. I. 155.

경전 124에는 색다른 이야기가 나온다. 붓다가 까삘라왓투(Kapilavatthu)에 도착했으나 밤을 보낼 숙소를 찾지 못하자, 삭까(Sakka, 帝釋天) 마하나마(Mahānāma)가 추천한 대로 붓다의 옛 도반이라는 바란두(까)[25] 깔라마(Bharaṇḍu(ka) Kālāma)의 암자에서 머물기로 결정한다. 다음날 아침, 붓다는 마하나마에게 세 가지 유형의 스승에 대해 이야기한다. 세 가지 유형이란, 까마(kāma, 欲望)에 대해서만 이해(Pariññā, 완전한 이해)하면 된다는 유형, 까마와 루빠(Rūpa, 色)에 대해서만 이해하면 된다는 유형, 마지막으로 이 두 가지는 물론 웨다나(Vedanā, 受)에 대해서도 이해해야 한다는 유형이다. 붓다는 마하나마에게 이들이 동일한 목적을 갖는지 다른 목적을 갖는지 묻는다. 바란두까 깔라마는 마음에서 동일한 목적을 갖는다고 세 번 말한다. 그러나 붓다는 매번 그렇지 않다고 대답했고, 이를 지켜보고 있던 마하나마 앞에서 반복적으로 낭패를 당한 깔라마는 분개한 나머지 까삘라왓투를 떠나 다시는 돌아오지 않는다.

바란두(까) 깔라마라는 낯선 인물, 대체로 붓다와 대립했던 상대방은 자신의 잘못을 겸허히 인정하는 편이었기에 더 낯선 그의 반응, 논의된 교리 내용, 붓다와 동행한 수행승이 없는 점과 같은 모든 것들이 흔치 않은 특징이다.

경전 134에 쓰인 추상적인 표현들에서 교리적으로 상당히 발달했음을 알 수 있으므로 후대의 것으로 보인다. "여래가 출현하거나 출현하지 않거나 이 요소는 존재하는 것이고, 법으로 확립된 것이고 법으로 결정된 것이다. 모든 형성력[行]은 무상하다…… (dukkhā, 苦와 안앗따 anattā, 無我도 마찬가지로 …)."[26]

---

25) 경전에서는 두 가지 형태 모두 쓰인다.

26) AN. Ⅰ. 286.: Uppādā vā Tathāgatānaṃ anuppādā va Tathāgatānaṃ Ṭhitā vā sā

니빠따(Nipāta) **4:** 경전 6은 문헌을 아홉 가지로 분류하여 설명하고 있다. 따라서 이 경전은 정형구로 확고해지게 된 복잡한 내용들을 분석할 수 있을 만큼 충분히 길게 발달되기 이전의 것이라고 추정할 수 있다.

경전 14와 69의 마지막에는 동일한 게송이 나오는데, 이 게송에서는 네 가지 '노력(Padhāna)', 즉 절제(saṃvara), 제거(Pahāṇa), 계발(Bhāvanā), 보호(Anurakkhaṇā)에 대해 이야기한다. 이 두 경전의 산문부는 이들 네 가지 용어에 대해 설명하고자 하는데, 경전 69에서는 흔히 볼 수 있는 삼마빠다나(sammapadhāna, 正勤)에 대해 이야기하는 반면, 경전 14에서는 삼보장가(Sambojjhaṅga, 覺支)와 여섯 가지 산냐(saññā, 想; aṭṭhika, 骸骨 등)에 대해 훨씬 더 자세하게 설명하고 있다. 이 두 경전의 산문부는 게송보다 후대의 것으로 보이며, 둘 중에서 경전 69의 산문부가 더 후대의 것이다. (산문과 게송으로 이루어진) 짤막한 경전 16에는 루빠(Rūpa, 色), 웨다나(Vedanā, 受), 산냐(Saññā, 想), 상카라(Saṅkhāra, 行)에 대해서만 이야기하고 있다. 윈냐나(Viññāṇa, 識)가 생략된 것에서 결정적으로 이 경전이 초기의 것임을 알 수 있다. 왜냐하면 후대에는 다섯 가지 칸다에 대한 교리가 잘 정립되었기에 완벽한 다섯 가지 요소보다 적은 어떤 것도 받아들이기가 어렵기 때문이다. 네 가지 앙가(aṅga, 要素)[루빠(Rūpa, 色), 웨다나(Vedanā, 受), 산냐(Saññā, 想), 바와(Bhava, 存在)]에 대해 이야기하고 있는 경전 75는 대략 같은 발달 단계에 해당하는 것으로 보인다.

'세계의 끝(Lokassanto)'에 관한 경전 455/56은 『상윳따니까야』 I에도

---

dhātu dhammaṭṭhitatā dhammaniyāmatā sabbe Saṅkhārā aniccā. *역자주: 결과적으로 삼법인을 설하는 경전이다.

나오는 내용으로, 앞에서 살펴보았다.[27)]

경전 180에는 한 수행승이 붓다에게서, 또는 특별한 수행 공동체에게서, 또는 "많이 배우고 아가마(阿含)를 전승하고 법을 지니고 율을 지니고 논모(論母)를 지닌"[28)] 어떤 테라(Thera, 長老), 또는 여러 테라에게서 담마(Dhamma, 法)나 위나야(Vinaya, 律)의 내용을 직접 들었다고 주장한 이야기가 나온다. 그러나 이 경전에는 그의 말이 사실이라고 받아들이기 전에 질문 내용을 담마와 위나야에서 찾을 수 있어야 한다고 조언하고 있다. 형식상 어느 정도 확립된 모음집이 이미 존재했음이 분명하다. 따라서 이 경전은 매우 후대의 것이 틀림없다. 이 경전에서 붓다가 보가나가라(Bhoganagara)에 있는 아난다쩨띠야(Ānandacetiya)에 머무는 동안 법문을 설하였다고 자칭하는 것에 주목할 필요가 있다. 쩨띠야(cetiya)라는 이름은 유명한 제자의 이름에서 유래되지 않았던가.

경전 189는 더 중요한 사만냐팔라(Sāmaññaphala, 沙門果)를, 그 의미와 관련하여 분류하고 있다. 그런데 네 가지 선정(Jhāna, 禪定) 대신에 여덟 가지 위목카(Vimokkha, 解脫)를 언급하고 있다는 점이 중요하다. 이는 교학적으로 분리된 해석을 표현한 것으로 보인다.

'홍수'를 가로지르는 것에 대해 이야기하는 경전 196의 일부는 초기 것으로 보인다. (이를테면 정형구, 전문 용어와 형이상학이 없이) 간단한 개념을 다루며, 비유 형식으로 금욕행위가 아니라 청정행위를 강조하고 있다. 붓다가 두 릿차위(Licchavi)의 질문에 대답하면서 '오가(ogha, 폭류)'라는 용어를 전혀 사용하지 않고 단지 '강(nadī, 江)'이라고만 말했다는 사실에서, 특히 적절한 비유가 초기의 것임을 알 수 있다. '오가'라는 전문

---

27) 〈참조〉 AN. 9. 4-7.

28) AN. Ⅱ. 169.: Bahussutā āgatāgamā dhammadharā vinayadharā Mātikādharā….

용어를 분명히 드러내기 위해 비유를 사용하던 후대 편집자가 감히 벗어날 엄두를 내지 못했을 것이다. 다만 §§ 7~10은 전체적으로 관련성이 없으므로 「요다지와왁가(Yodhājīvavagga)」에 두어야 한다.[29)]

경전 197는 말리까(Mallikā)의 추한 모습이 역사적으로 전해지고 있는지 흥미로운 의문을 갖게 한다.

경전 199는 서른여섯 가지 딴하위짜리따(Taṅhāvicarita, 渴愛의 思念)에 대해 설명한다. 초기 문헌에서는 딴하(Taṅhā, 渴愛)에 대한 간단한 설명이 윤회로 이끄는 등에 비유되는 것에 비해, 여기서는 훨씬 더 자세하고 숫자로 표현되며, 훨씬 더 체계적이다. 따라서 이 경전은 비교적 후대의 것으로 보인다. 그 다음 경전(200)도 사상면에서 동일한 수준에 해당된다.

경전 251은 형식에 있어서 『디가니까야』 서른네 번째 경전과 유사하지만, 좀 더 단순한 도식을 사용하고 있으며, 길이도 『디가니까야』 서른네 번째 경전의 십분의 일 정도다.[30)]

니빠따(Nipāta) 5: 경전 49는 빠세나디(Pasenadi) 왕에게 왕비 말리까(Mallikā)의 죽음에 대해 설한 내용이라고 한다. 그러나 그것이 역사적 사실인지에 대해서는 주장하기도 부인하기도 어렵다. 내용상 경전 48의 반복이다. 경전 50 역시 같은 설법인데, 이번에는 나라다(Nārada)가 빠탈리뿟따(Pāṭaliputta)에서 문다(Muṇḍa) 왕에게 왕비 밧다(Bhaddā)의 죽음에 대해 설하고 있다. 역사와 관련된 언급이 나온다는 점에서 이 경전이 후대의 것임을 분명히 알 수 있다.

---

29) *역자주: 본 내용은 20번째 품인 『마하왁가(Mahāvagga)』보다 19번째 품인 「요다지와왁가(Yodhājīvavagga, 전사의 품)」에 더 잘 어울린다는 설명이다.
30) 〈참조〉 AN. 경전 149. *역자주: AN. II. 246.

경전 131~133에는 따타가따(Tathāgata, 如來)와 절대군주의 여러 가지 유사점을 확고히 하고 있다. 현재로서는 의심할 여지 없이 후대에 해당되는 『디가니까야』 열여섯 번째 경전에 반영된 사상과 동일한 시대층에 속하는 것으로 보인다.

니빠따(Nipāta) 6: 경전 34에는 마하목갈라나가 어떻게 브라흐마(Brahmā, 梵天)에 이르기까지 모든 신들의 세계에 갔는지, 어떻게 세 가지 '아윅짜빠사다(aveccappasāda, 不壞淨)' 없이, 불가능한 '소따빳띠(sotāpatti, 豫流)'를 성취할 수 있게 되었는지 설명하고 있다. 초자연적이고 신화적이며 극단적인 특징은 물론, 특별히 사원(Saṅgha, 僧伽)에서 믿음[31]을 강조하는 점에서 이 경전이 후대의 것임을 짐작할 수 있다.

경전 55는 뚜렷하게 구분되는 두 부분으로 이루어져 있다. 첫 번째 부분에는 고행주의를 겁내고 세속에 유혹받는 소나(Soṇa)에 대해 그린다. 붓다는 소나에게 가서 유명하면서도 적절한 맞춤인 류트의 비유로써 중도(中道)의 지혜를 보여준다.[32] 소나는 붓다의 조언을 따르게 되고, 마침내 아라한(Arahant, 阿羅漢)이 된다. 중도[Majjhimā paṭipadā. 이 경전에서는 맛지마 빠티빠다 대신 '사마따(Samatā, 균형)'가 사용되었다.][33]를 강조하는 부분과 희망적인 사례는 오래된 내용을 상징하는 것으로 보인다.

소나는 붓다에게 와서 번뇌를 없앤 아라한은 넥카마(nekkhama, 出世間), 빠위웨까(paviveka, 脫俗), 아위야빠자(Avyāpajjha, 증오 없음), 딴하카야(Taṇhakkhaya, 갈애의 파괴), 우빠다나카야(upādānakkhaya, 집착의 소멸),

---

31) 정형구에서 그와 같이 표현되고 있다.

32) 〈참조〉 짤막한 '42부분에 대한 경전'에서도 류트(비파)의 비유가 비슷하게 사용되고 있다. 이 경전은 가장 오래된 한역 불교 문헌으로 추정되며, Kāśyapa Mātaṅga에서 그 기원을 찾을 수 있다. (AO. 1927, pp.197-237에서 독일어로 번역된 경전 전체를 볼 수 있다.)

33) AN. Ⅲ. 375.

아삼모하(Asammoha, 어리석음의 여읨)에 전념한다고 말한다. 이는 엄밀히 말해 첫 번째 부분의 본질이 아니며 따라서 후대의 것으로 보인다.

경전 60은 아비담마 논쟁에 참여한 장로들에 대해, 마하꼿티따(Mahākoṭṭhita)가 선정(Jhāna, 禪定)에 대한 견해 및 분리된 교학의 결과물로 보이는 '아니밋또 쩨또사마디(animitto cetosamādhi, 인상이 없는 마음의 집중, 無相心三昧)'를 제의한 일에 대해 이야기하고 있어 후대의 것으로 보인다. 그 다음 경전은 빠라야나(Pārāyaṇa, 波羅延, 성전의 독송, 숫타니파다 5품)(빠라야나 품의 〈메떼야의 질문〉에서 세존께서 말씀하셨다. Vuttaṃ bhagavaā Pārāyaṇe Metteyapañhe)에서 인용된 것으로, 붓다가 스스로 깨닫게 되는 수수께끼의 의미를 장로들이 추측하는 내용이다. 이 역시 후대의 것으로 보인다.

니빠따(Nipāta) 7: 난다마따(Nandamātā)가 놀라운 자질에 대해 이야기하고 있는 경전 50은 아침에 빠라야나(Pārāyaṇa)를 암송한다고 말하고 있으며, 앞에서 언급한 경전과 시기적으로 많이 동떨어지지는 않은 것 같다.

경전 54는 서로 관련성 없는 네 부분으로 이루어져 있다. (a) §§ 1~9: 졸음을 피하는 방법, (b) § 10: 주로 '웃닷짜(Uddhacca, 들뜸)'에 대비하는 다양한 지침, (c) § 11: (묶지 않은 부분): 『맛지마니까야』의 「쭐라딴하상카야 숫따(Cūḷataṇhāsaṅkhaya sutta)」에서 인다(Inda)에게 설한 것과 동일하게 딴하상카야위뭇띠(Taṇhāsaṅkhayavimutti)에 대해 설한 짧은 법문, (d) § 11 (묶은 부분): 가치 계발. 여러 신화 및 절대군주와의 비교가 포함되어 있다.

경전 68은 지옥에서 받을 고통에 대해 과장해 가면서 아주 생생하게 묘사하여 위협감을 줌으로써 윤리를 가르치려 하고 있다. 이는 붓다가 직접 설한 내용이라고 보기 어렵다. 이 경전은 자칭 웨이야까라나(veyyākaraṇa, 說明)다.[34)]

경전 70에서 붓다는 옛 스승 아라까(Araka)가 생생한 비유로써 분명하게 드러낸, 불확실하고 변화무쌍한 삶에 대해 격렬하게 설한 법문을 인용한다. 마지막에는 나중에 후회하지 않도록 끊임없이 수행(그대들은 선정을 닦으라. 태만하지 마라. Jhāyatha mā pamādattha)에[35)] 몰두하라고 수행승들에게 촉구한다. 아라까가 실존했는지는 알 수 없다. 상당히 흔한 개념이 경전에 들어 있는데도 불구하고 형식은 매우 독특하다. 7이라는 숫자 그룹과 더불어 어떤 것도 관련 없다. 간결하고 단순하며 진지하다는 점, 짧고도 적절한 비유가 사용된 점에서 이 경전이 초기 원본임을 알 수 있다.

니빠따(Nipāta) 8: 시하 세나빠띠(Sīha Senāpati)[36)]가 개종한 내용을 다룬 경전 12는 형식과 주제에 있어서 『맛지마니까야』의 「우빨리 숫따(Upāli sutta)」와 상당히 유사하다. 「우빨리 숫따」의 경우와 마찬가지로 경전 내의 증거를 통해 전체적으로 일관되게 진본임을 알 수 있지만, 독자적인 증거가 없기에 언급된 사건이 역사적 사실이라고 주장하기는 어렵다.

경전 82에서 뿐니야(Puṇṇiya)는 붓다에게 "어떤 때는 여래가 법을 설하시고 어떤 때는 설하시지 않는다."는 이유가 무엇인지 묻는다.[37)] 이런 질문은 흔치 않은 것으로, 올바른 대답은 더 높은 이상과 영감에 대한

---

34) AN. Ⅳ. 135.
35) 이 끝부분은 다른 곳에서도 나온다.
36) 『앙굿따라니까야』의 다른 곳에는 시하(Sīha)가 우빠사까(Upāsaka, 在家者) 불자(佛者)라고 나온다.
37) AN. Ⅳ. 337.: Appekadā Tathāgataṃ dhammadesanā paṭibhāti appekadā na paṭibhātīti.

고집스러움 또는 정신적 순례 안에서 시간의 신비와 연결될 것이며, 정신적 가르침을 전하는 데 유익한 시간은 정신적 순례에서 고르지 않게 달라진다 등의 답변이 나올 수 있다. 그러나 경전에서는 "뿐니야여, 비구에게 믿음이 있다."[38] 등으로, 지극히 평범하고 진부하게 답변한다.

니빠따(Nipāta) **9**: 8·83과 상당히 많은 공통점을 갖고 있으며, 경전 14는 '나마루빠(Nāmarūpa, 名色)'가 우파니샤드와 『숫따니빠따』에서 쓰인 것과 같이 보편적이고 고전적인 의미로 사용되고 있다.[39] 이 경전의 형식 역시도 우파니샤드에 나오는 가르기(Gārgī)와 야즈나발키아(Yājñavalkya) 사이의 대화를 연상하게 한다. 이로써 이 부분이 금기시되지 않은 초기의 것임을 알 수 있다.

경전 44는 산냐웨다이따니로다(Saññāvedayitanirodha, 想受滅)에서만 진정한 빤냐위뭇따(Paññāvimutta, 慧解脫者)가 될 수 있다고 하며, 경전 45에서는 우바또바가위뭇따(ubhatobhāgavimutta)에 대해 동일하게 주장하고 있다. 니까야의 다른 곳에서 암시된 것처럼 빤냐위뭇따와 우바또바가위뭇따가 서로 다르다고 인정하는 것으로 보이지는 않으며, 빤냐위뭇띠(Paññāvimutti, 慧解脫)라는 용어를 완전한 깨달음과 구분하여 단지 인지적으로 진리를 이해한다는 의미로 전락시키지 않은, 초기 상황을 나타냈을 가능성이 높다.

니빠따(Nipāta) **10**: 경전 2에서는 경전 1의 도덕적 권고를 어떤 의지(cetanā, 意圖)의 독립에 영향을 미치는 자연 법칙(Dhammatā, 法性)으로

38) Saddho ca Puṇṇiya bhikkhu hoti.

39) "Kimārammaṇā Samiddhi Purisassa Saṅkappavitakkā uppajjantīti? Nāmarūpārammaṇā bhante ti" (AN. IV. 385). '뿌리사(Purisa, 人間)'라는 용어가 쓰인 것 역시 초기의 것임을 나타낸다.

설명을 바꾼다.[40] 이런 변형은 선이나 악으로 향하는 필연적 단계를 거쳐 발달하는 정신 현상의 일부 장면에 관한 그림으로써, 언제나 자유의지와 노력을 실행하여 발전하고 퇴보하는 개인에 대한 그림을 대신하고자 한 교학주의가 널리 유행했다는 점에서 이해할 수 있다. 여기서 노력이란 기껏해야 이런저런 공덕(Ānisaṃsa, 功德)으로 이끌어 주는 이런저런 이익(attha)에 도움이 되는 이런저런 활동[戒行]을 말하며, 자연적 현상에 대해서는 주장하기 어려운, 항상 규칙으로 규제된다. 마음을 체계적으로 다루고자 하는 열망으로 인해 심리학적 결론과 윤리적 차이 사이에 객관적으로 설득력 있는 필수 정형구 형태를 부여하게 되었다. 정신적 장면의 뒤에서 행동하는 개인적 '감시자'가 변화함으로써 생긴 흔적으로 나타나는 사건에 대해 대중적인 개념을 부여함으로써 점점 더 미묘한 차이에 몰두하게 되었고, 동시에 오래된 정형구의 표현을 일부 수정하게 되었다.

경전 26은 『상윳따니까야』 I의 '딸들이 한 질문(Kumārīpañha)'의 답변 게송을 인용하고 있으며,[41] 교리를 주장하는 온전한 힘에 의해 열 가지 까시나(kasiṇa, 遍處)에 대한 언급을 발견하게 된다. 열 가지 까시나에 유리하게 인용하고 설명한 것에서 이 경전이 후대의 것임을 알 수 있다.

경전 27은 『앙굿따라니까야』의 축소판으로 묘사되었을 수도 있다. 대

---

40) *역자주: 경전 1, 「끼마티야 숫따(Kimatthiya sutta)」(AN. V. 1)는 착하고 건전한 도덕적 행위[戒行]는 후회하지 않는 이익과 후회하지 않는 공덕이 있다고 설명한다. 이들은 점진적으로 기쁨, 희열, 평온, 행복, 집중, 지견, 싫어하여 떠남, 해탈지견이 이익과 공덕으로 성장한다. 경전 2, 「쩨따나가라니야 숫따(Cetanākaraṇīya sutta)」는 계행을 갖춘 수행자는 '나에게 후회하지 않음이 생겨나리라'라고 의도할 필요가 없다고 설명한다. 앞선 경전과 마찬가지로 성장하는 데 의도하지 않아도 당연히 실현하게 된다는 설명이다.

41) *역자주: 악마의 딸들로 딴하(taṇhā), 아라띠(arati), 라가(ragā)를 말한다. SN. I. 124ff와 AN. V. 46ff에 동일한 게송이 나온다.

부분 숫자로 도식화하여 통합된, 여러 종류의 교리 모음집이라는 사실은 이 경전이 초기의 것임을 주장하는 데 유리하지는 않아 보인다. 뿐만 아니라 언급된 교리 중 일부, 즉 다섯 가지 칸다, 일곱 가지 윈냐나팃띠(Viññāṇaṭṭhiti, 識住), 여덟 가지 삿따와사(Sattāvāsa, 存在住處)는 그 자체가 후대의 것이다. [예를 들어 빤짜우빠다나칸다(Pañcupādānakkhandhā, 五取蘊)같이] 교리를 명명하는 용어가 이 경전 어디에서도 설명되지 않는 점도 주목할 만하다. 널리 알려진 바와 같이 이런 표현은 전문용어로 다뤄진다.

경전 28의 경우, 형식은 비슷하지만 내용은 한층 더 통합적이며, 후대에 기술된 것으로 보이는 교리는 들어 있지 않다.

결론 — 『앙굿따라니까야』에 대해 연구한 결과는 다음 표와 같다. (『앙굿따라니까야』의 더 많은 부분이 불분명한 상태로 남아 있다. '초기'와 '후기' 등급이 각 등급 내에서 공통된 성질을 갖는 것은 아니다.)

초 기	후 기
Ⅰ. 왁가 5와 23	Ⅱ. 3.5–6
Ⅲ. 경전 39 (끝부분 게송)	Ⅱ. 6.1–8
Ⅲ. 경전 76	Ⅲ. 경전 21
Ⅲ. 경전 1000	Ⅲ. 경진 32 (본질적으로는 초기)
	Ⅲ. 경전 38
	Ⅲ. 경전 80, 134
Ⅳ. 경전 16, 45–6, 75, 196, 251 (『디가니까야』의 경전 34보다 초기?)	Ⅳ. 경전 6, 14, 180, 189, 199
	Ⅴ. 경전 50(문다Muṇḍa 왕보다 후기), 131–33
Ⅵ. 경전 55 (복합)	Ⅵ. 경전 34, 60–1
Ⅶ. 경전 70	Ⅶ. 경전 50, 54(아마도 복합), 68
Ⅷ. 경전 12 아마도	
Ⅸ. 경전 14	
	Ⅹ. 경전 2, 26–7
	Ⅺ. 전체 니빠따(Nipāta)

제2부

불교의 역사적·문화적 배경 연구

제8장 베다의 배경 연구

베다 문명 이전 시대의 중요성 — 인도가 선사시대부터 여러 민족과 문화의 발상지였음이 인류학, 언어학, 고고학을 통해 밝혀졌다. 민족과 문화 간의 충돌이 인도 사회사의 주요 도전요소로서 나타났다. 인도 사회의 지속 여부는 그러한 도전에 성공적으로 대응하느냐에 달려 있었다. 따라서 인도 문화는 끝없는 혼란과 다양성 가운데 통일성을 추구하고, 투쟁과 갈등 가운데서 평화와 조화를 추구하는, 혁신적 통합이라는 특성을 지니고 있다.

에게 문명이 발견됨으로써 그리스 역사를 보는 관점에 변혁이 일어났듯이 인더스 문명이 발견됨으로써 인도 문화의 기원을 보는 관점에도 변혁이 일어났다. 승리를 거둔 아리아 문명이 토착민의 미개한 힘에 물드는 과정이 인도 역사의 흐름이라고 여길 수만은 없게 된 것이다. 오히려 아리안족이 인도를 침략한 것은 "오래전에 문자를 사용하고 도시문명이 수립된 한 제국, 이미 고도의 전통이 설립되어 있는 지역에 미개인이 유입된 것"[1]이라고 보아야 한다. 실로 획기적인 변혁이다.

인더스 문명의 나머지 부분은 루파르(Rupar)부터 아라비아 해 근처 카라치(Karachi) 서쪽 300마일 부근의 심라(Simla) 언덕 밑에 있는 숫카

1) Piggott, Pre historic India, pp.257-58.

젠도(Sutkagendor)에 이르기까지 광범위한 지역에서 발견되었다.[2] 또한 랑푸르(Rangpur), 잘라와르(Jhalawar) 지구, 사우라슈트라(Saurashtra)에서 유적이 발굴됨으로써 하랍파(Harappa) 전통과 연계되어 있음이 확실해졌다.[3] 즉 인더스 문명은 "다른 고대 문명이 차지했다고 알려진 것보다 훨씬 더 넓은 지역을 차지했음"[4]을 알 수 있다. 인더스 문명의 연대기는 아직까지 확실치 않지만, 기원전 2300년경에 있었던 아가데(Agade)의 사르곤(Sargon) 왕[5] 시대에 융성한 것으로 보인다. 휠러(Wheeler)는 인더스 문명의 연대를 기원전 2500년에서 1500년 사이라고 추정한다.[6] 하지만 그렇게 되면 베다 문화가 발전하기까지의 시대 간격이 너무 촉박하므로 수긍하기 어렵다. 뿐만 아니라 인도-이란의 신(神)이 아니라 인도의 베다 신에 대해 언급한 것으로 보이는 (기원전 1400년경) 보가즈쾨이(Boghaz-köi)[7] 점토판의 증거와도 맞지 않는다.[8] 아리아인이 인도를 침략한 것이 기원전 2000년보다 더 후대일 수는 없을 것이다.[9] 평균적으로 기원전 2300년에 인더스 문명이 발달하여 '꽃을 피웠다'고 본다면 인더스 문명의 연대는 기원전 2800년에서 기원전 1800년 무렵이라고 추정할 수 있다.[10] 이는 고고학, 베다 철학, 고대 인도사, 고대 근동 지

2) Wheeler, The Indus Civilization, p.2.
3) Indian Archaeology, A Review 1953-54 pp.6-7.
4) Wheeler, 앞의 인용문.
5) *역자주: 기원전 2350년경 메소포타미아 최초의 통일국가를 건설한 아카드(Akkad) 왕국의 왕. 아가데(Agade)는 아카드 왕국의 수도.
6) Wheeler, 앞의 책, p.4; 위의 책, pp.84-93. 〈참조〉 Piggott, 앞의 책, p.211, 214ff, 240-41.
7) *역자주: 20세기 초에 대량의 문서가 발굴된 고대 히타이트 제국 유적지. 터키 앙카라 동쪽 약 150km 지점.
8) Winternitz.Ⅰ, p.305; 〈참조〉 R. C. Majumdar, The Vedic Age, p.204; C.H.I Ⅰ, pp.72-73. 인도 신으로서의 바루나(Varuṇa)에 관해서는 뒤의 내용 참고.
9) ṚS에 대한 최초기 찬가의 연대에 관해서는 빈테르니츠(Winternitz) Ⅰ, p.310 참고.
10) 인더스 문명이 기원전 1750년경에 끝을 맺었는지는 다소 불확실하다. Allchin,

역 역사의 증거와도 일치한다.

베다 문명과 인더스 문명의 관계에 대하여, 베다 문명이 인더스 문명보다 앞선다고 보는 것이나 인더스 문명의 근원이 아리아인이라고 보는 것은 이상하다.[11] 존 마셜(John Marshall) 경(卿)은 인더스 문명이 아리아인의 베다 문명과는 전혀 다르며, 인더스 문명이 베다 문명에 앞선다고 확신하였다.[12] 과거에는 베다 이전의 문명과 아리아인이 아닌 인더스 문명 사이, 또 한편으로는 베다 이전의 문명과 아리아인의 베다 문명 사이에 시대 차이가 컸다. 그러나 현대 고고학이 점차 발달해 가는 추세에 따라 두 문명의 시대 차이를 연결하는 교량이 차츰 늘어나고 있다.[13]

인더스 문명은 반란을 일으킨 아리아인들의 폭동으로 인해 멸망한 것으로 추정된다. 리그베다(Ṛgveda)에서 '푸르(pur)'의 멸망에 대해 언급하고 있는 것은 아리안족 이전의 성곽도시와 요새에 대한 언급이라고 여겨왔다.[14] '다사(dāsa, 마귀, 야만인, 奴隷)' 및 '다슈(dasyu, 不敬者, 신들의 적)'와 인드라(Indra) 신의 싸움은 아리아인이 비(非)아리아인과 싸운 것이라고 해석된다.[15] 피고트(Piggott)는 물을 풀어준 인드라의 업적에서 하랍파(Harappa)의 도시들을 홍수 피해로부터 지키기 위해 건설한 제방을 아리아인이 파괴했다는 언급을 발견했다.[16] 하지만 차토파드야야(Pt.

The Birth of Indian Civilization,(1968) 참고.

11) 〈참조〉 The Vedic Age, pp.194-95; L. Sarup, IC. Ⅳ.

12) Marshall, MIC.; Sarup 박사의 견해에 대한 비판은 Pt. K. Chattopadhyaya, Presidential address in the Vedic Section of the Ninth AIOC, TSS 참고.

13) Indian Archaeology, A Review, 1953-54, 앞의 인용문 참고.

14) Wheeler, 앞의 책, p.90; Piggott, 앞의 책, pp.261-63.

15) C.H.I. Ⅰ, pp.84, 86; Keith, RPV(Religion and Philosophy of the Veda) Ⅰ, p.234; Macdonell, VM(Vedic Mythology). p.157; Piggott, 앞의 인용문.

16) Piggott, 앞의 인용문.

K. Chattopadhyaya)는 '다사(dāsa)'와 '다슈(dasyu)'는 전통적으로 이해되어 온 악마를 말하는 것이지, 사람들을 의미하는 것이 아니라고 단호하게 주장한다.[17] 신으로서 인드라는 당연히 악마에 대항해 싸우는 존재며, 이때 악마는 관습의 적으로, 검고 보기 흉한 모습에 이상하게 말하며 해로운 존재라고 생각해 왔다. 악마의 요새와 도시는 신화를 위해서 시적이고 공상적인 구름으로 묘사될 뿐이다. 물론, 아리아인의 침략으로 인해 한동안 혼란스러운 전투 장면이 만들어질 수밖에 없었을 것이고, 신과 악마의 싸움에 대한 신화와 환상 때문에 좀 더 사실적이고 역사적인 충돌이라는, 간접적이면서도 상상력이 발휘된 흔적을 포함시켰을 것이라는 점은 수긍할 만하다. 그러나 ṚS(Ṛgvedasaṃhitā)에 다사(Dāsa)와 다슈(Dasyu)라고 부르는, '검은 피부', '납작한 코'의 원주민과 아리안족이 싸웠다는 직접적 언급이 없는 것은 분명하다. 아리안족이 인도를 침략하여 원주민과의 갈등이 계속될 수밖에 없던 시기에 고도로 문명화된 아리안족이 아닌 종족이 인도에 존재했다는 점에는 의심의 여지가 없지만, 그런 이유 때문에 신화를 역사로 직접 바꿀 필요는 없다. 사실 인더스 문명이 발견되기 이전에, 인도의 현대 역사가들은 아리안족 침략 이전의 원주민들을 —'악마'와 매우 유사하게— 검고 미개하다고 그리는 경향이 있었으며, 따라서 악마에 대해 묘사한 내용에서 아리안족 침략 이전에 인도에 거주하던 원주민들에 대한 그림을 쉽사리 파악할 수 있다. 현재로서는 인더스 계곡 사람들의 인종 구성에 관해 일반화하기 어렵다. 이들은 프로토-오스트랄로이드(호주 원주민계), 지중해

17) Pt. K. Chattopadhyaya 참조: 리그베다(Ṛgveda)에서 다사(Dāsa)와 다슈(Dasyu). (로마에서 개최된 제 19차 국제 동양학 학술대회 공식 기록)

인종, 몽골 인종을 포함하여 뒤섞여진 집단이었던 것으로 보인다.[18] 간혹 드라비다인들이 인더스 문명을 세웠다고 설명하는 경우도 있으나,[19] 아직까지는 찬성할 만한 긍정적 증거가 발견되지 못한 것으로 보인다. 아리안족 이전에 이들이 고도의 물질문명을 보유하고 있었다는 점에는 의심할 여지가 없다. 그러나 이들이 정신 영역에서 이룬 업적에 대해서는 잘 알려지지 않았는데, 주로 문서로 기록된 내용이 부족하고 그 문자에 대해 알지 못하기 때문이다. "역설적으로 인더스 문명은 오늘날 유물이 된 물질문명을 물려주는 데 실패한 반면에 형이상학은 그 뒤를 이은 문명에 전해져 지속되었던 것으로 보인다."[20] 현대 인도의 종교생활에서 가장 중요한 일부 요소는 인더스 문명으로 거슬러 올라간다는 사실을 부정할 수 없다. 그중에서 파슈파티(Paśupati), 요기(Yogī), 나타라자(Naṭarāja)로 표현되는 쉬바(śiva)의 원형(原形), 모신(母神)의 원형, 피팔(pīpal, 무화과) 나무의 원형, 황소 및 기타 신과 관련된 동물의 원형에 대한 숭배가 언급되었을 수도 있다.[21] 남근 숭배라든가 인도에서 지금까지 물을 신성하게 여겨온 것 역시 인더스 문명으로 거슬러 올라간다.[22] 가부좌를 하고 앉아 무릎 위에 손바닥을 쭉 펴고 있는 자세가 분

---

18) Wheeler, 앞의 책, pp.51-52. 〈참조〉 S. K. Chatterji, The Vedic Age, pp.145ff.

19) S, K, Chatterji, 앞의 책, pp.256-8; S. Radhakrishnan 편집, C. Kunhan Raja, History of Philosophy, Eastern and Western. p.38. ; 인도 문명에서의 말(馬)에 관해서는 D. P. Agrawal, The Copper Bronze Age of India, p.255 참고; '묘지H' 사람들에 대해서는 H. D. Sankalia in Purātattva, 1972-73, pp.12ff 참고.

20) Wheeler, 앞의 책, p.95.

21) MaṚShall, MIC Ⅰ pp.77-8; Mackay, The Indus Civilisation, pp.96-7; Wheeler, 앞의 책, pp.67, 83-4; Piggott, 앞의 책, pp.201-3. 〈참조〉 Pande, Meaning and Process of Culture.

22) Mackay, 앞의 책, pp.77-8, 85; Wheeler, 앞의 책, p.83; Piggott, 앞의 인용문. ṚS의 Śiśnadeva에 대해서는 OC(All India Oriental Conference)의 공식기록 및 회보, Patna, 1930, pp.501-2 참고; K. Chaṭṭhopādhyāya, Pravāsī, 37, 2, p.559, 각주 2번.

명하게 나타나는 점,[23] 샴바비 무드라(Śāmbhavī Mudrā, 眉間凝視)[24]와 매우 유사하다는 점에서 인도 요가수행이 인더스 문명에서 기원했음을 시사하는 것이 가능해 보인다.[25] 인도에서 인간의 형태와 우상의 형태로 일종의 '뿌자(pūjā, 供養)'처럼 신을 숭배한 것은 아리안족 이전의 자료에서 밝혀졌으며,[26] 인더스 문명도 여기에 포함된다. 이처럼 베다 이전의 배경에 비추어 볼 때, 베다 시대의 문화는 아리안족과 비(非)아리안족의 문화 요소들이 점차 융합됨으로써 발달했다고 이해해야 하며, 종교 사상면에서 진정한 변혁의 시대가 막을 내리는 결과를 낳았다. 혼란스러운 전투의 초기 단계가 지난 뒤, 아리안족과 비아리안족의 차이는 점차 모호해졌는데, 이는 아리안족이 정착하는 경향이 있었기 때문으로 인종 간 혼혈이라는 불가피한 과정을 거쳐 카스트 제도가 발달하고[27] 아리안어에 변화가 밀려오는 결과로 나타났다.[28] 즉, 후기 베다 시대에는 인종 구분 및 유색인종에 대한 편견이 그 의미를 상실하는 경

23) 특히 동일한 유적에서 나온 세 가지 인장에 대해서, (Wheeler, 앞의 책, p.79 참고) 마셜(MaṚShall)은 파슈파티(Paśupati)라고 [인정한 모습을] 표현하고 있다.(MaṚShall, 앞의 책, Ⅰ, p.70.) 휠러(Wheeler)는 "음울하고 위협적인 힘"이라고 말한다.(앞의 책, p.83.) K. A. Nilakanta Sastri는 마셜이 인정한 내용에 대해서는 회의적이지만, 요가가 아주 오래전부터 있었음은 인정하면서 "요가 자세는 … 남성의 모습을 한 석상에서도 나타나고, 무릎을 꿇은 나가(nāga, 코끼리)가 동일한 요가 자세를 취하고 있는 신(神)을 숭배하는 자그마한 채색 도자기 인장에도 나타난다."고 덧붙이고 있다.(The Cultural Heritage of India Ⅱ, p.22.) 요가 자세를 취하고 앉아 있는 석상에 대해서는 휠러(Wheeler), 앞의 책, XⅦ A에 기술되어 있다.

24) Wheeler, 앞의 책, XⅥ. 샴바비 무드라(Śāmbhavī Mudrā)는 "Antarlakṣyam bahirdṛṣṭirnimeṣonmeṣavarjitā."라고 묘사된다. (〈참조〉 Gheraṇḍa, Saṃhitā. 3. 64.) 휠러(Wheeler)는 요가에서 '가늘게 뜬 눈'의 중요성에 대해 의심한다. (Wheeler, 앞의 책, p.64.)

25) 〈참조〉 Pt. K. Chattopadhyaya: Pravāsī, Bhāga 37, Khaṇḍa 2, pp.557ff; R. P. Chanda, Indo-Aryan Races, pp.99ff, 148ff.

26) S. K. Chatterji, The Vedic Age, pp.160-1..

27) 뒤의 내용 참고.

28) C.H.I. Ⅰ p.110; S. K. Chatterji, 앞의 책, p.157.

향을 보인다. 베다를 수집하고 분류한 것이 바로 비야사(Vyāsa)라고 보는데, 비야사는 비아리안계 인물이라는 데 아무런 의심이 없다.[29] 정통 베다에 검은 피부에 붉은 눈을 가진 아들을 낳는 주술에 대해 규정하는 기록이 Br. Up.(Bṛhadāraṇyaka Upaniṣad)에 있다는 점은 흥미롭다.[30] 이는 파탄잘리(Patañjali)가 브라흐마나(Brāhmaṇa, 婆羅門) 특유의 외모가 금발 머리에 희고 혈색 좋은 피부라고 말한 내용과 대조된다.[31] 이처럼 아리안족과 아리안족 이전의 토착 민족이 혼합됨으로써 결과적으로 복합 사회가 생겨났고, 베다 시대 후기에는 아리안족이 인도 북동부까지 빠르게 뻗어나갔다. 피고트(Piggott)는 "아리안족이 펀잡(Punjab) 지역을 맹렬하게 정복한 뒤, 일종의 협정이 분명히 이루어졌다. 그렇지 않다면, 동쪽 국경이 희미해지면서 동쪽으로 갠지스 강 유역에서 하랍파의 사고방식은 브라흐마나에 대한 종교 사상에 스며들었다."고 말한다.[32] 샤타파타 브라흐마나(Śatapatha Brāhmaṇa)[33]에는 아리안족이 이처럼 사다니라(Sadānīrā)를 건너 동쪽으로 이동하여 꼬살라(Kośala)와 사다니라 사이에서 경계를 이루고 있는 비데하(Videha)를 식민지로 만들었다는 유명한 내용이 들어 있다.[34] Br. Up.와 불교 및 자이나교 문헌에서 자나까

29) 〈참조〉 S. K. Chatterji, Bhāratīya Āryabhāṣā Aur Hindi, pp.53-4. (Rajkamal, 1954.)
* 역자주: 그는 4베다를 편찬하고 『마하바라타』와 각종 푸라나도 저술했다고 한다. 그의 이름은 '편집한다'라는 의미의 산스크리트어 vy-as에 유래했다고 한다.

30) Br. 6. 4. 16: "Atha ya icchetputro me śyāmo lohitākṣo jāyeta, trīnvedānanubruvīta, sarvamāyuriyāditi, udaudanam pācayitvā sarpriṣmantamaśnīyātām īśvarau janayitavai."

31) Mahābhāṣya, Pāṇini Ⅱ, 2.6: "gauraḥ śucyācāraḥ kapilaḥ piṅgalakeśa ity enān apyabhyantarān brāhmaṇye guṇān kurvanti."

32) Piggott, 앞의 책, p.286.

33) *역자주: '백 가지 경로의 브라흐마나'라는 뜻으로, 베다의 주해서인 브라흐마나 문헌 중 하나. 베다 제식(祭式)의 집행과 절차, 기원과 의미에 관해 상세하게 설명되어 있다.

34) ŚB.(Śatapatha Brāhmaṇa) 1. 4. 1. 10-17.

(Janaka) 왕[35] 시대에 대해 짧게나마 언급된 바와 같이, 비데하는 강력한 지적 동요의 중심이 되었다. 즉 베다 시대 후기에 이르러 베다 시대 이전의 사상과 비아리안족의 사상으로부터 영향을 받은 시점에서부터 아리안족의 사회와 사상이 발전한 것으로 보인다.

이런 사상은 베다 시대 이전부터 시작되었다. 특히, 베다 문헌에는 '무니(Muni, 賢者)'라고, 붓다와 마하비라(Mahāvīra) 시대에는 '슈라마나(Śramaṇa, 沙門)'라고 불렀던 유행자, 금욕주의자 및 요기(yogī, 요가修行者)들로 확대된 것으로 보인다.[36]

베다 시대의 무니와 슈라마나 — ṚS의 케시수크타(Keśi Sūkta, 케시 찬가)는[37] 긴 머리, 황갈색으로 염색한 옷을 입은 꾀죄죄한 차림새에 허공을 걷고 독을 마시며 함께 '마우네야(Mauneya)' 무아지경에서, 영감을 받는 이상한 모습으로 '무니(Muni, 賢者)'를 묘사하고 있다. ṚS에는 자주 언급되지 않는데, 무아지경에 대해 무지한 편집자가 기적을 행하는 '무니'의 모습에 경외감으로 가득 차 서술한 것으로 보인다. 리그베다 문화에서 '무니'란 생경한 모습이라는 데에는 의심의 여지가 없다. 뒤에서 분명해지겠지만, 금욕주의는 ṚS의 전체적인 세계관과 상반된다. AB(Aitareya Brāhmaṇa)에는 또 다른 '미친' 무니 아이타샤(Aitaśa)가 나온다.[38] TĀ(Taittirīya Āraṇyaka)에는 '바타라샤나흐(Vātaraśanāḥ, 裸行)'라고 부르는 슈라마나(Śramaṇa, 沙門)에 대해 이야기하고 있다. 그들은 순결을

35) *역자주: 비데하(Videha) 왕국의 왕.
36) ṚS. Ⅹ. 136.
37) 〈참조〉 S. K. Dutt, Early Buddhist Monachism, pp.51ff.
38) V. I. Ⅱ. p.167. ṚS. Ⅹ. 136과 관련하여 Etaśa는 일곱 가지 'vātaraśanā munayaḥ' 중 하나라고 한다.

지키는 삶을 살고, 자유자재로 사라질 수 있으며, 죄를 초월하는 방법을 브라흐마나에게 가르칠 수 있다.[39] Tāṇḍ. B.(Tāṇḍyamahābrāhmaṇa)는[40] '신성한 성자[神聖] 뚜라(Turo devamuniḥ)'에 대해 이야기하는데, 이는 ṚS에서 아란야니(Araṇyānī)에 대한 수쿠타(Sūkta, 讚歌)를 알맞게 '이해한' '신성한 성자 아이람마다(Airammadodevamuniḥ)'에 비유될 수도 있다.[41] AS(Atharvavedasaṃhitā)[42]도 거룩한 무니에 대해 이야기하고 있으며, ṚS에서는 인드라(Indra)가 무니의 친구라고 말하고,[43] 다른 곳에서는 무니의 '진동'에 대해 언급한다.[44] Tāṇḍ. B.에서는 '무니마라나(Munimaraṇa, 무니 부분)'라는 장소[45]와 인드라의 적이라는 '야띠(Yati)'에 대해서도 이야기한다.[46] '야띠'는 나중에 확실히 금욕주의를 뜻하게 되었는데, 예를 들어 Muṇḍ. up.(Muṇḍakopaniṣad)와 3.2.6. ŚB(Śatapatha Brāhmaṇa)는 투라 카바세야(Tura Kāvaṣeya)를 '무니'라고 부르고 있다.[47] 그의 아버지 '카바샤 아이루샤(Kavaṣa Ailūṣa)'는 사라스바티(Sarasvatī, 辯才天)를 위한 희생제에서 "오, 여종의 아들, 당신은 브라흐마나(Brāhmaṇa)가 아니라 부랑자."라고 말해 쫓겨났다는 사실을 떠올릴 수도 있다.[48] TĀ는 강가(Gaṅgā, 갠지스 강)와 야무나(Yamunā, 야무나 강)의 무니에게 (강가와 야무

39) TĀ. Ⅰ. pp.87;137-8.
40) Tāṇḍ. B. Ⅱ. p.601.
41) ṚS. Ⅹ. 146.
42) AS. Ⅶ. 74. 1.
43) ṚS. Ⅷ. 17. 14.
44) ṚS. Ⅶ. 56. 8.
45) Tāṇḍ. B. Ⅱ. p.96.
46) 위의 책, Ⅰ. p.208.
47) ŚB. Ⅱ. p.1041. 샹카라차르야(Śaṅkarācārya)는 Kāvaṣeya 선각자들이 베다 연구와 희생제를 모른다는 슈루티(Śruti, 天啓書)를 인용한다.
48) AB. 8. 1.

나 강에 있는 성자들에게 경의를 표합니다) 경의를 표하고 있다.[49] 아루나케투카(Āruṇaketuka, 祭火의 일종, 제식)에서 규율은 가난과 구걸을 필요로 했으며, ṚS. Ⅹ. 117에서는 앙기라사(Āṅgirasa) 빅슈(Bhikṣu. 比丘)를 선각자라고 설명한다. 슈라마나라는 용어는 우파니샤드(Upaniṣad)에 한 번 나오지만,[50] 문다코파니샤드(Muṇḍakopaniṣad)에는 삭발한 금욕주의자가 베다를 비방한다는 이야기가 나온다.

베다 색인에 따르면, "베다 문헌에서 무니에 대해 상대적으로 드물게 언급한다고 해서 베다 시대에 무니를 보기 어려웠다고 결론짓는 것"은 현명하지 못하다. "아마도 무니는 의례를 따르는 제사장에게 인정받지 못했을 테고, 그 제사장들의 관점은 어린아이와 다크쉬나(dakṣiṇā, 施頌)를 향한 갈망과 같이 세속적인 생각보다 우월한 무니의 이상과는 근본적으로 달랐을 것"이다.[51] 따라서 베다 시대에 엄격한 베다 영역 밖에서 방랑하는 금욕주의자 무리를 무니라고 불렀으며, 이들이 "후대에 인도 금욕주의자들의 선구자"가 되었다는 사실을 알 수 있다.[52]

이러한 무니-슈라마나(Muni-Śramaṇa, 賢者-沙門)에 대해 더 많은 정보가 초기 자이나교 문헌과 초기 불교 문헌에 나온다. 여기서는 무니-슈라마나를 브라흐마나와 비슷하게 다루면서도 브라흐마나와는 구분한다. 브라흐마나가 슈라마나를 무례하게 대하면서 '문다카(muṇḍaka, 대머리)', '바살라(vasala, 賤民)'라고 부른다고 묘사하고 있다. 기원전 4세기에 그리스인들은 브라흐마나와 슈라마나를 구분하여 기록하였으며, 훨

---

49) TĀ. Ⅰ. p.166.: Namo Gaṅgāyamunayor munibhyaḥ.
50) Br. Up. 4. 3. 22 (리스 데이비즈, Sakya, p.42 참고.)
51) V. I.(Vedic Index) Ⅱ. pp.167-8.
52) 위의 책.

씬 뒤에 파탄잘리(Patañjali)는 영원한 적수(敵手)라고 설명하였다.[53] 자이나교 믿음의 초기 역사에 대해 고찰해 봄으로써 슈라마나가 베다 전통에서 독립했음을 분명히 알 수 있다. 또한 상키야(Sāṅkhya)와 요가의 기원에 대해 분석해 봄으로써 이들이 황갈색 옷을 입은 금욕주의자들, 즉 카피라(Kapila)의 교리였음을 알 수 있다. 사실 이들은 엄격하게 베다 전통의 도움을 받지는 않았다.[54]

'슈라마나'의 신념과 수행에 대해서는 다음 장에서 자세히 살펴보겠지만, 슈라마나 세계관의 일반적인 특성과 브라흐마나 사상의 관계를 분명히 하기 위해 여기서 개요를 살펴보기로 한다. 사실상 모든 슈라마나 종파는 세상에 대해 비관적 금욕주의 태도를 보이며, 개인적 이유나 우주의 창조주를 믿지 않고, 영혼이 다수라는 점 혹은 영혼은 물질과 근원적으로 다르다는 점을 인정한다. 또한 상식의 세계는 실제로서, 적어도 영혼과 어느 정도는 구별되기는 하나 또는 그 이상의 실제 요인에 기인한다고 보았다. 따라서 구원받기 위해서는 대상들의 상황에서 진정한 변화를 목표로 하는, 일종의 격렬한 실천수행의 형태가 반드시 필요하다고 여겼다. 이들 슈라마나는[55] 대개 금욕주의자, 무신론자, 다원론자, '현실주의자'라고 막연하게 이야기할 수도 있다. 카르마(Karma, 業)와 환생이라는 상사라(輪廻) 개념이 이러한 세계관의 근본 토대로 보인다. 이는 가장 오래도록 살아남은 무니 종파 중 하나인 자이나교의 최초기 믿음에 대해 고찰해 봄으로써 분명하게 드러난다.

베다 시대에는 종교적·문화적으로 서로 다른 두 전통, 엄밀히 말해

53) Patañjali ad Pāṇini Ⅱ. 4. 9.
54) 뒤의 내용 참고.
55) 뒤의 내용 참고.

브라흐마나의 아리안족 전통과 사회 비주류에 흩어져 있는 무니와 슈라마나 전통이 있었음을 알 수 있다. 무니와 슈라마나 전통의 기원이 베다 시대 이전과 아리안족 침략 이전으로 거슬러 올라가는 것은 거의 확실하다. 베다 시대가 끝날 무렵, 이 두 가지 흐름은 서로 섞이는 경향이 있었고, 그 결과 불교의 발생이라는 위대한 종교적 동요가 일어났다.

샹카라차르야(Śaṅkarācārya)는 베다의 종교가 두 가지 요소, 즉 프라브르티 다르마(Pravṛtti dharma)[활동성]와 니브르티 다르마(Nivṛtti dharma)[정지성]로 이루어져 있다고 말한다.[56] 정통 아리안족의 베다 전통은 근본적으로 프라브르티 다르마에서 시작되었지만, 후대에는 무니-슈라마나(Muni-Śramaṇa, 賢者-沙門)의 영향을 받아 내적 요소로서 니브르티 다르마가 발달하였다. 이런 관점에서, 베다 종교의 발달을 재검토하고, 베다 시대 후기, 내부에서 발생하여 차후에 인도 종교와 사상의 발전이라는 중요한 결과를 낳은 운명적 변혁을 분석하고자 한다.

베다 사회의 진화 — 먼저, 베다 사회의 진화에 대해 간략히 살펴보기로 하자. 초기 베다 시대에는 아리안족이 주로 인도 북서부에 정착했다. 지리적 범위는 쿠바(Kubhā, 카불 강)부터 강가(Gaṅgā, 갠지스 강) 서쪽과 야무나(Yamunā, 야무나 강) 동쪽까지 이른다. 그러나 주요 활동 무대는 펀잡(Punjab) 지역의 강이었던 것으로 나타난다. 특히 사라스바티(Sarasvatī)와 드리샤드바티(Dṛṣadvatī)의 신성한 두 강 사이에 있는, 후대에 '브라흐마바르타(Brahmāvarta)'라고 부른 지역이 중요하다. 후에는 서부에 있는 꾸루-빤짤라(Kuru-Pañcāla) 지역이 정통 아리안족의 주요 중

---

56) BG.(Bhagavadgītā) 서론에 대한 주석.

심지가 되었다. 이는 아리안족이 사다니라(Sadānirā)를 거쳐 코샬라에서 비데하까지 진격하는 동안에도 지속되었다. 픽(Fick)이 지적하듯이, 붓다 시대에도 브라흐마나(Brāhmaṇa, 婆羅門)는 영감을 얻기 위해 북쪽과 북서쪽을 보았다. 마가다(Magadha) 지역은 부정(不淨)하다고 멸시당했고, 릿차위(Licchavi) 지역은 브라트야(Vrātya, 구걸하는 부랑자)라고 묘사되었다. 즉, 아리안족이 동쪽으로 진격해 가는 과정, 특히 비하르(Bihar) 지역에서 이교(異敎)가 증가한 것과 관련 있어 보인다. 이는 불교와 자이나교 모두 동부 지역에서 발생했다는 사실과도 잘 맞는다.

초기 베다 시대의 아리아인들은 목축업과 농업이 혼합된 경제생활을 하였다. 농업의 중요성이 높아짐에 따라 암소를 '아그니야(aghnyā, 죽여서는 안 되는)'라고 불렀고, 마침내 신성시하게 되었다.[57] 마을 혹은 '그라마(grāma)'에서 사회가 생겨났고, 부족 혹은 '자나(jana)'는 '사바(sabhā)'와 '사미띠(samiti)'라고 부른 모임의 도움을 받아 왕이 통치하였다. 경제 및 정치가 발달되는 데 발맞춰 사회 내 노동력 배분도 증가하였다. 처음에 통치자와 제사장들은[58] '비샤(Viśaḥ)'라[59] 부르는 민중과 구분하여 자신들을 두 계급으로 나누었다. 베다 시대 후기에는 네 번째 계급인 슈드라(Śūdra)가 나타난다. 슈드라 계급을 구성하는 데 아리안족이 아닌 요소가 우세했으리라는 점은 의심의 여지가 없다.[60] 경제에서는 슈드라

---

57) 〈참조〉 C.H.I. Ⅰ. p.102. [이란에서 조로아스터(Zoroaster)가 마찬가지로 암소를 죽이는 데 저항했다.]

58) D. D. Kosambi는 "아리안족 침략 이전 인더스 계곡 문명의 부유층과 관련 있다." 고 말하였다. (JBBRAS. 1946. p.41). 〈참조〉 Piggott, 앞의 책, p.286.

59) *역자주 : 생산과 유통에 의한 삶의 수단

60) C.H.I. Ⅰ.pp.86, 128-9; The Vedic Age, pp.386-7. 〈참조〉 Ghurye, Caste and Race in India, Ⅶ. Risley의 이론은 확실히 과장이 심하다. 카스트 제도에 대해 보편적으로 설명하지 못했지만, 인체 측정 자료의 중요성을 분명히 드러내는 데 기여했다.

계급이 가장 기본이었지만 이들이 별개의 카스트 계급이라는 인식으로 인해 베다 사회 체계 발전에서는 마지막 계급이 되었다. 슈드라 계급이 등장한 것은 더 새롭고 더 전문적인 기능 중심의 계급과 노동력 배분의 증가를 의미하는 것이 아니라, 새로운 민족이나 새로운 공동체가 베다 사회의 울타리 안으로 진입했음을 나타낸다.[61] 그 이전에는 다른 인종 간의 결혼이 더 자유로웠으나 이즈음에는 사회 구조가 견고해지게 되었고,[62] 사회적 경계가 더 단단해짐으로써 문화적 특성에서 비아리아인이 대부분인 슈드라 계급 공동체 일원은 특히 차별받는 경향이 생겼다. 새로운 계급은 대체로 아리안족이 영토를 확장하고 정착해 가는 과정에서 합병된 사회의 새로운 비아리안족을 흡수하는 역할을 했다. 이렇게 되면 슈드라 계급에게 부여된, 달리 설명할 길이 없던 낮은 지위가 해명된다.[63] 이에 대해 전적으로 인종차별의 상징이나 한정으로 볼 필요는 없다. 문화적 차이는 슈드라 계급의 신분을 관리하는 이상한 규칙을 설명하기에 충분하다. 예를 들어, '슈바파카(Śvapāka)'라는 이름에서 암시하듯이 개고기를 먹는 풍습 때문에 '슈바파카'를 혐오했음이 확실해 보인다.[64]

개개인이 뿜어내는, 출신의 특성에 따라 다른 사람을 고양시키기도 하고 타락시키기도 하는, 보이지 않는 영향력이라는 요가의 개념은 보이지 않았다. 하지만 실재하는 정신적 환경과 각 문화 공동체가 분명히 일치한다는 점을 은연중에 보여주고 있다.[65] 이처럼 각 원시부족마

---

61) 〈참조〉 R. P. Chanda, Indo-Aryan Races, p.36.
62) C.H.I. Ⅰ. pp.126f.
63) P. V. Kane, History of Dharma-śāstra Ⅱ pt.Ⅰ pp.33ff 참고.
64) JBBRAS.(Journal of the Bombay Branch of the Royal Asiatic Society) 1951. p.183, 각주 6번.
65) 〈참조〉 J. H. Hutton, Caste in India. pp.181, 183ff.

다 전혀 다른 문화 집단에 속하는 사람들 사이에서 음식, 신체 접촉 등에 대해 터부시하는 금기 사항을 중요하게 여기는 것이 당연했다.[66] 카스트 제도가 발달했다는 사실은 베다 사회가 서서히 더 복잡한 사회가 되었음을 나타낸다. 그러나 베다 시대가 끝날 무렵까지도 거의 대부분 지방이 부족 단계 이상으로 발전하지 못했다. 우선 영토를 확장해 가는 개척 사회가 지닌 특징, 불안감, 낙관주의, '성공'에 대한 보상과 그 결과로 종교에 의지하는 특징을 보이는 데 주목해야 한다.[67] 그러한 환경 아래, 전투적인 왕과 제사장이 자연스레 전면에 나서 사회를 이끌었다. 하지만 베다 시대가 끝날 즈음에는 영토를 개척해 나간다는 것은 곧 더 접근하기 어려운 북동부 지역과 빈디야(Vindhya) 산맥 너머로 진격해야 하는 어려운 과업이 되었다. 개척이 둔화된 이 시기에는 사회적 시각에 변화가 생겼는데, 이를테면 자연과 신의 너그러움을 의심하면서 그 영향에 대해 비관적으로 보기 시작했다. 이처럼 변화하는 환경에서 더 사색적인 사람은 자연히 비관적인 세계관에 담긴 힘을 느끼게 되었다. 앞에서 살펴본 바와 같이 무니–슈라마나가 이러한 세계관을 취하여 전파하였다.

베다 사회가 인종과 문화에서 더욱 섞이게 되고, 활발한 식민지 개척 단계에서 옛 전통을 지닌 채 복합사회의 양상을 띠는 형태로 변해 감에 따라, 사람들은 옛 방식에 대해 의심하기 시작했다. 삶의 의미에 대해 곰곰이 생각해 보면서 새로운 길을 모색하게 되었으며, 동시에 베다의 종교는 정의와 영지(靈知)에 호의적인 의례를 버리고 진정한 '신들의 몰

---

66) 위의 책.

67) 〈참조〉 H. J. Laski, The American Democracy Ⅰ-Ⅱ장에는 경제 성장과 문명 개척의 심리학적 역할이 명쾌하게 나타나고 있다.

락(Götterdämmerung)'에 따라 신의 우위에서 신과 인간의 행복한 협력으로 진화하였다. 베다의 종교는 세계를 추구하는 것에서 초월하는 것으로, 신의 비위를 맞추는 것에서 자아를 추구하는 것으로 발전했다. 그러나 이러한 변화는 단지 시작에 불과하며, 사색적인 소수의 사람에게만 영향을 미쳤을 뿐이다. 물질적 환경이 바뀌고 변화하는 방법을 모색하는 사상의 논리가 달라졌음에도 불구하고, 주로 무니(Muni, 賢者)의 영향을 통해 변화했다.

신과 인간 — 처음 인도에 온 아리안족의 종교에 대해 [ṚS의 오래된 부분에서] 정보를 얻을 수 있다. 이들은 제사장 계급에 대한 믿음에서 가장 많은 지식을 얻게 된다.[68] 주로 AS에서 찾을 수 있는, 더 대중적인 종교에 관한 흔적도 있다. 제사장이 있는 종교의 핵심은 세속적 행복을 얻기 위해 주로 기도를 하고 음식을 바침으로써 여러 신과 일부 여신을 숭배하는 믿음이다. 이들 신의 상당수는 자연 현상을 대표한다.[69] 이런 신들을 의인화한 정도는 서로 다르며, 대체로 뚜렷하게 규정된 인격을 갖고 있지 않았다. 이로 인해 오해가 생기고 일부 학자들은 유일신교(唯一神敎)라 보았고,[70] 다른 학자들은 단일신교(單一神敎) 또는 교체신교(交替神敎)라는 가설을 제기하였다.[71] 사실, 정황을 바르게 설

---

68) 〈참조〉 Keith, RPV. Ⅰ. pp.55ff.

69) 인도에서 Devatā-tattva에 대한 후대의 개념을 위해서는 Yāska, Nirukta (Daivata-Kāṇḍa) 참고.; BS. Ⅰ. 3. 26-33와 [p.266] 이에 관한 Śaṅkara의 주석; BG Ⅶ. 20-23; YS.(Yogasūtras) Ⅰ. 28 ; 위의 책, Ⅱ. 44. 데와따(Devatā, 神)에 대한 Tāntrika 개념의 조짐이 보인다. 〈참조〉 베다의 데와따(Devatā, 神)에 대한 스리 오로빈도(Sri Aurobindo)의 신비로운 해석, Hymns to the Mystic Fire, 서문 (2판, 1952.)

70) Schmidt, The Origin and Growth of Religion, pp.172ff, 특히 p.187 참고. 일반적 비평은 Karsten, The Origins of Religion, pp.179ff 참고.

71) 일반적으로 지금은 이와 같은 막스 뮐러(Max Müller)의 이론이 받아들여지지 않

명하는 것은 다신교(多神敎)다. 베다의 신들은 바알(Baal) 신처럼[72] 배타적인 신이나 올림포스의 신들처럼[73] 인격이 규정된 신이 아니라는 점을 기억해야 한다. 특별한 신(Sondergötter)도 있고,[74] 후대에는 관념적인 신들도 나온다. 동시에 정령 신앙이 변함없이 자리 잡고 있다.[75]

인드라: 앞에서 살펴본 바와 같이, ṚS의 인도인들은 전반적으로 토착민과의 전쟁과 내부 전투에 가담했던 활동적이고 호전적인 사람들이지만, 대체로 부유하고 삶에 만족하는 편이었다. 이러한 특성은 이들이 믿는 위대한 신의 분위기에 반영되었다. 초기에는 승리를 거둔 전사이자 쾌활하고 인간적이며, 술고래에 대식가인 인드라보다 더 나은 신은 없었다.[76] 인드라(Indra)는 리그베다(Ṛgveda)의 신들 가운데 가장 의인화된 인격을 부여받았으므로 인드라에 할당된 신화의 양이 가장 많다.[77] 일반적으로 인드라는 천둥과 번개를 동반한 폭풍우의 신이라고 믿는다.[78] 그러나 차토파드야야(Pt. K. Chaṭṭopādhyāya)는 인드라가 원래 힘과 전쟁의 신이라고 믿고 있다. 인드라라는 이름은 아마도 인도-유럽어족으로,[79] 신은 인도-이란 시대만큼 오래된 것이 분명하다. 아베

는다. Oldenberg, RV p.102 각주 1번 참고; Macdonell, VM p.10f; Keith, RPV Ⅰ, pp.88-9.

72) 〈참조〉 CAH.(Cambridge Ancient History) Ⅰ p.200.

73) 〈참조〉 Gilbert Murray, Five Stages of Greek Religion, p.64.

74) Oldenberg, RV.(Die Religion des Veda) pp.60-63 참조; Keith, RPV. Ⅰ p.64.

75) Keith, RPV. Ⅰ. pp.71ff.

76) Keith, RPV. Ⅰ. p.243.

77) 〈참조〉 위의 책, Ⅰ. p.124ff.

78) Macdonell, VM.() p.54.

79) Jacobi(KZ.;Kuhn's Zeitschrift, XXI. p.317.) 〈참조〉 켈트족의 여신 안드라스테(Andraste): Macculoch, The Religion of the Ancient Celts. pp.41-2; John Rhys, Hibbert Lectures on the Origin & Growth of Religion as illustrated by Celtic Heathendom. p.200.

스타(Avesta)의[80] 베레트라그나(Verethraghna)와[81] 아르메니아의 바하근(Vahagn)은 분명 ṚS의 '브르트라의 학살자(Vṛtrahan)'와 같기 때문이다.[82] 베레트라그나는 승리의 신으로 알려져 있다.[83] 아베스타는 악마 인드라를 언급하는데, 사실상 벤디다드(Vendidad)[84]에서 상당히 후대 내용에 딱 한 번 나오고 있으며, 이것을 ṚS와 동시대의 상황이라는 증거로 볼 수는 없다. ṚS는 전쟁 및 권력과 인드라의 관련성이 분명해지는데[85] '인드리야(Indriya, 根)'는 초기불교 문헌에도 나오며 '발라(Bala, 力)'와 동의어다.[86] ṚS에서 인드라가 비[雨]의 신으로 변질된 것은 두 가지 사실의 결과로 보인다. 번개—바즈라(Vajra, 金剛杵)—는 힘의 상징이 되었으며, 그로 인해 폭풍의 신—루드라(Rudra), 마루트(Marut), 아빵 나빳(Apāṃ Napāt, 물의 손자, 즉 아그니, 불)—은 강력하다고 생각되었다. 인드라는 확실히 강력하고 탁월한 신이었으므로 바즈라(Vajra)를 지녀야만 한다. 나아가 전쟁의 신이 반드시 필요하다는 생각이 현저히 줄어들었으므로 전쟁의 신, 인드라의 다른 측면에 더욱 주목하게 되었다.

수리야, 아그니, 브르하스파티: 수리야(Sūrya), 아그니(Agni),[87] 브르하

80) *역자주: 조로아스터교의 경전.
81) *역자주: 조로아스터교에서 승리의 신.
82) Oldenberg, RV p.132 ; RPV. Ⅰ. p.133.
83) VM. p.66.
84) Pt. K. Chaṭṭopādhyāya, in Proc. & Transac. of the Fourth O. C. (Allahabad) Vol.Ⅱ. p.14 & 각주 1번.; *역자주: '악마에 대한 율법'을 의미하는 종교법서로 설명되기도 하며, 주로 인간이 지켜야 할 도덕률과 윤리 등이 기록되어 있는 조로아스터교 경전 아베스타의 한 부분.
85) VM. p.54 참고; 인드라(Indra)와 '남자다움'의 어원상 관련성에 대해서는 Jacobi, 앞의 책, pp.316-9 참고; Vṛtra=적에 대해서는 K. Chaṭṭopādhyāya, 앞의 책, pp.15-16 참고.
86) 「제13장 니르바나(Nirvāṇa, 涅槃)에 이르는 길」 부분 참고.
87) *역자주: 신과 인간의 중재자, 신들의 안내자로 간주되며, 불의 형태로 모든 가정에 거주하면서 가족을 보호하는 수호신으로 숭배된다.

스파티(Bṛhaspati)[88]는 이 시기에 중요시하던 또 다른 신이다. 수리야, 아그니는 아마도 인도-유럽어족 시대부터 유래된 것으로 보인다.[89] 아그니는 가정, 조상, 희생제와 밀접하게 관련되어 있다.[90] 아그니는 신들의 제사장이며, 의로운 죽음을 맞은 이들이 천국에서 머물도록 사후세계로 데려다준다.[91] 브르하스파티는 기도의 힘을 대표하는 신으로,[92] 제사장의 입장에서는 매우 중요한 신이다.

바루나: 바루나(Varuṇa)에게 바치는 찬가의 어조와 도덕적 숭고함은[93] 당연히 학자들의 주의를 끌었다. 하지만 이런 신의 특성이 만족스럽게 설명되어 있지는 않다. 일부 학자는 바루나를 달의 신으로 보아야 한다고 하지만,[94] 대체로 천신(天神)이라고 보는 의견이 우세하다.[95] 차토파드야야(Pt. K. Chaṭṭopādhyāya)는 바루나가 밤의 태양이라고 설명한다. 그에 따르면 바루나가 우라노스(Ouranos, 그리스 신화의 天空神)라는 등식은 타당치 않은데, 두 용어가 모음의 소리나 억양에서 독립적 특징으로 나뉘기 때문이다.[96] 사실, 바루나는 리그베다의 다루나(Dharuṇa), 아루나(Aruṇa) 등과 동일한 형태로, 순수 인도 용어로 보인다. 문자가 유사하다는 점이 바루나와 아후르 마즈다(Ahur Mazda)[97]가 관련 있다는 근거

---

88) *역자주: '찬가의 주인'으로서 노래하는 이들에게 영감과 재능을 제공한다.
89) 수리야(Sūrya)와 헬리오스(Helios), 솔(Sol)이라는 용어, 이그니스(Ignis), 아그니(Agni)(아이슬란드어), 우그니스(Ugnis)(리투아니아어)와 아그니(Agni)라는 용어 비교.
90) Macdonell, VM pp.95f.
91) 위의 책.
92) 위의 책, p.101f.
93) 〈예〉 AS Ⅳ 16.
94) Oldenberg, RV pp.189-90; Hillebrandt도 동의한다. 위의 책, 189, 각주 2번.
95) VM. p.27f; RPV. Ⅰ. p.102.
96) VM. p.28; RPV. Ⅰ. p.100; Bloomfield는 이 관계가 옳다고 강력하게 지지한다. Bloomfiel, RV.(The Religion of the Veda) p.136f.
97) *역자주: 조로아스터교의 주신(主神).

가 되기에는 충분치 않다.[98] ṚS에서는 바루나가 미트라(Mitra)[99]와 실질적으로 밀접하게 관련된다고 설명한다. 이들은 매우 밀접하게 연관되어 있어서 오직 태양일 수밖에 없는, 동일한 핵심 신의 두 가지 다른 측면이라는 가설이 정당화된다. 앞에서 말한 논문에서는 바루나가 밤과도 연관되어 있다고 말한다.[100] 이는 다른 여러 가지 사실을 설명한다. 태양신은 윤리의 수호자고, 밤과 어둠은 분명히 죄악이나 범죄와 관련 있으므로, 밤 사이에 바루나, 즉 태양이 정의의 신들 중 최고 지위에 있다고 생각하는 것이 더 자연스럽지 않겠는가. 이로써 바루나와 물의 관련성 역시 설명되며, 태양이 서쪽으로 지기 때문에 아리아인들은 처음에 바다가 서쪽에 있다고 확신했다.[101] 이는 "후대 문헌에서 바루나의 영역(Vāruṇī dik)"이 어떻게 해서 서쪽을 의미하게 되었는지도 설명한다.

리그베다 시대가 끝날 무렵에 인드라가 바루나를 쫓아냈다고 보는 견해에는 아무런 영향력을 미치지 않은 것으로 보인다.[102] ṚS 제10권에서 바루나를 상대적으로 적게 언급하는 점에 대해서는 훨씬 후대 내용도 다루고 있는 제7권에서 오히려 바루나를 중요시한다는 사실을 감안해야 한다. 『브라흐마나(Brāhmaṇa, 梵書)』에서 바루나가 축소되었다고 말할 수는 없다. 바루나는 프라야슈치타(Prāyaścitta, 贖罪)와 관련하여 가장 중요한 상징이다. 더 제한적으로 규정된 바루나의 기능은 역사적으로 발전되는 형태로 충분히 보여주고 있다. 아마도 그리스 신화의 포세

---

98) Bloomfield, RV pp.120ff; ORV pp.184ff.
99) *역자주: 리그베다에 나오는 태양신.
100) VM. p.25; RPV. Ⅰ. p.97; ṚS Ⅰ, 115. 4-5 참고.
101) AS Ⅰ. 33. 2. 여기서는 "Yāsāṃ rājā Varuṇo yāti madhye satyānṛte avapaśyan janānām"라고 분명하게 말하고 있다. 이 말은 확실히 석양을 의미한다.
102) VM. pp.65-6. 로스(Roth)와 위트니(Whitney)가 이런 견해를 발전시켰다.

이돈과 비교할 수 있을 것이다.[103)]

도덕의식 성장: 비슈누(Viṣṇu)는 리그베다 시대 끝 무렵에 『브라흐마나(Brāhmaṇa, 梵書)』에서 중요해진 또 다른 태양신이다.[104)] 태양신을 중요시하게 되었다는 것은 사실상 초기 베다 종교가 발달하는 과정에서 도덕의식이 눈에 띄게 성장하는 경향을 보여주고 있다.

추상적 [개념의] 신(神) 증가 — 또 다른 경향으로 추상적 신이 많아졌다. 이들은 다시 두 부류로 나눌 수 있는데, 하나는 추상적 개념을 단순하게 의인화한 것이고, 다른 하나는 주로 대리인을 의미하거나 어떤 속성을 가리키는 이름을 갖는 것이다.[105)] 적어도 첫 번째 종류에 속하는 신들은 전체적으로 상당히 후대에 해당된다. 아디티(Aditi)[106)]의 기원은 아직까지 잘 알려지지 않았으나, 맥도넬(Macdonell)이 '아디티의 자손들(Aditeḥ putrāḥ)'이라는 표현에서 아디티를 의인화했음을 알 수 있다고 한 가설은 타당해 보인다.[107)] 이 여신(女神)은 뚜렷한 신체적 특징을 갖고 있지 않으며, 죄책감이나 죄에서 벗어나게 해달라는 간청을 듣는 신으로, 신화적 동일시에 매우 적합하다.[108)]

비슈바카르만(Viśvakarman)은 예언자이자 제사장이며 창조주다. 비슈바카르만은 최고의 환영(幻影)이며(paramā sandṛk), 다트리(dhātṛ, 設立者)

---

103) Cook, Zeus, Ⅰ, p.717 각주 2번 참고.

104) VM. p.37.

105) VM. p.115.

106) *역자주: 산스크리트어로 '무한'을 뜻하며, 천상계(天上界)·천공(天空)·대지(大地)를 신격화한 어머니 여신.

107) 위의 책, p.122.

108) VM. p.121; RPV Ⅰ. pp.215f.

이자 비다트리(Vidhātṛ 處理者)다.[109] 그는 유일신을 의미하는 것으로 보이며, 이러한 개념은 건축의 측면으로 발달한다.

후대에는 비슈바카르만이 프라자파티(Prajāpati)와 동일시되었으며, 천지의 창조주, 최초로 생겨난 만물의 신이라는, 유일신의 모습이 ṚS에 선명하게 묘사되어 있다.[110] 그는 온 세계와 모든 피조물을 품안에 포용한다.

만유(Manyu, 분노), 카마(Kāma, 애욕),[111] 슈랏다(Śraddhā 믿음), 칼라(Kāla 시간), 스캄바(Skambha 세계의 기둥), 프라나(Prāṇa 생기, 호흡)는 이 시대가 끝날 무렵에 나타난, 다른 추상적 개념을 신격화한 것으로 보인다.[112] 칼라(Kāla)는 『브라흐마나(Brāhmaṇa, 梵書)』에서 중요하며, Mbh.에서 상당히 후대에 해당된다.[113] 프라나도 『브라흐마나』와 우파니샤드 곳곳에서 최고의 원칙을 상징하고 있다.[114]

유일신교와 범신론 경향 — ṚS에서는 다양한 신들 사이의 통일성에 대한 인식이 증가하는 경향이 뚜렷하다. 그 결과로 유일신 개념이 증가하였고, 더 중요한 것은, 범신론 개념도 증가하였다. 일반적으로 신들은 처음부터 강력한 빛과 선량함, 지혜의 속성을 상당히 공유하고 있었던 것이 분명하다. 신들은 짝을 이루는 경우가 흔히 있어서,[115] 양측 위업의 결과에 따라 처음에는 없었던 위업을 자연스럽게 한쪽 신과 연관짓

109) ṚS Ⅹ. 81, 82.
110) ṚS Ⅹ. 121.
111) AS. Ⅸ. 2; ⅩⅨ. 52.
112) VM. p.120; RPV. Ⅰ. p.209.
113) 「제9장 붓다 시대의 종교적 조건」 부분 참고.; AS ⅩⅨ. 53-54.
114) 뒤의 내용 참조.
115) VM. pp.126ff.

게 되었다. 신들을 융합하게 한 또 다른 요인은 그들이 각자의 방식으로 기능을 수행하는데도 불구하고 서로 비슷했다는 점이다.[116] 신들이 대표하는 요소의 본질이 밀접하게 관련되어 있었기에 융합하는 경향은 강화되었다. 또한 중요한 신 가운데 상당수가 동일 요소, 또는 동일 요소의 다른 형태를 대표한다는 것을 쉽게 알 수 있다. 아리안족이 철학적으로 사색하는 특징이 강한 데다가 이러한 과정을 거치면서 동일한 신의 모습과 이름을 가진 다양한 신들이 점점 더 만들어졌다.[117]

철학적 성찰은 다른 방향으로도 확대되었다. 그리스뿐만 아니라 인도 철학도 동일한 방식의 우주론으로부터 시작되었다. 즉, 어떤 근원에서 우주가 생겨났는가, 누가 우주를 만들었는가 하는 비슷한 종류의 두 가지 질문에서 출발한다. 한쪽에는 진화론의 태도가, 다른 한쪽에는 창조론의 태도가 내포되어 있다. 첫 번째 경우 주요 탐구대상은 태초의 물질이고,[118] 두 번째 경우에는 태초의 인물이다.

ṚS에서 첫 번째 질문은 두 번째에 비해 매우 가볍고 부수적이다. 여기서는 주로 건축학적으로 신들을 상상하고 있다.[119] 신들은 목수의 태도로 우주 창조에 참여한다. 그리고 "천지를 만든 목재는 무엇이고, 나무는 무엇인가?"라는 질문이 제기된다.[120] 우주는 브라흐마나스파티(Brahmaṇaspati)의 힘을 통해 태고의 아사트(Asat, 無)에서 단계적으로 나

116) 즉 아그니(Agni)는 불을 이용하여 악마를 물리쳤고, 인드라(Indra)는 번개를 이용하여 위업을 달성했다. RPV. Ⅰ. 88.

117) ṚS Ⅴ. 3. 1-2; Ⅰ. 164. 46; Ⅹ. 114. 5; Ⅰ. 89. 10; Ⅹ. 121 특히, 여덟 번째 찬양(ṛc): "Ye deveṣvadhi deva eka āsīt …" 이 sūkta의 열 번째 찬양(ṛc)은 그에 상응하는 "빠다빠타(padapāṭha)"가 없으므로 나머지 것보다 후대의 것으로 보인다.

118) 초기 그리스 우주론자의 푸시스(Phusis, 自然)와 아리스토텔레스(Aristotle)의 아르케(Arché, 元素) 비교. (〈참조〉 Burnet, Early Greek Philosophy. pp.12-14.)

119) Macdonell, VM. p.11.

120) ṚS Ⅹ. 31. 7; 위의 책, 81. 2. 4.

온다는 답변이 한 군데 나온다.[121]

질문에 대한 다신교의 답변은 ṚS에서 여러 번 선명하게 나온다. 나사디야 찬가(Nāsadīya sūkta, 無有讚歌)는 우주가 본래 하나라고 밝히고 있으며, 원인 찬가(Puruṣasūkta, 原人讚歌)에는 일원론 개념의 근원이 명백하게 드러나는데, 후대 베단타(Vedānta)에서 지각할 수 있는 원리가 우주의 재료인 동시에 유효한 원인이라고 자세히 설명한다.

종말론 — 이 시기에는 종말론 신앙이 드물고 미미했던 것으로 보인다.[122] 환생에 관한 교리도 알려지지 않았다.[123] 사망 시 육체는 소실되는 것이 분명하지만 최후의 방식에 관해서는 확실치 않다. 의로운 죽음을 맞은 사람은 아그니(Agni), 푸샨(Pūṣan), 사비트르(Savitṛ)의 도움으로 야마(Yama)의 낙원으로 간다.[124] 그곳에서 완전해진 몸으로 창조주 및 여러 신들과 더불어 매우 세속적으로 그려진 축복받은 존재로 누리게 된다.[125] 악한 사람도 사망 시 소실되며, 어둠의 지옥으로 떨어질 가능성이 더 많다.[126] 영혼은 숨-프라나(Prāṇa), 아트만(Ātman) 또는 생명-아수(Asu), 또는 마음-마나스(manas)다.[127] 이를 통해 개인의 정체성은 사후세계에서도 분명하게 유지된다.[128]

의롭다는 개념에 대한 정보는 분명하지 않다. 그러나 그 당시 가장

121) ṚS. Ⅹ. 72; 〈참조〉 Ⅹ. 82.
122) VM. p.165ff 참고.
123) RPV. Ⅱ. p.570; VM. p.166.
124) ṚS. Ⅹ. 14-18.
125) ṚS. Ⅸ. 113; Ⅰ. 154에서는 '골로까(Goloka, 天國)'라는 후대 개념의 기원이 발견된다.
126) VM. p.169.
127) 위의 책, p.166.
128) 위의 책.

진보적인 윤리적 성찰에 관한 진리와 질서 개념을 도덕률의 기본으로 여겼던 것으로 보인다.[129)]

의례와 그 발달 — 원래 의례(儀禮)는 단순한 일이었다.[130)] 제사장이 신에게 음식을 올리면서 병행되는 기도를 바치기 위해 부르는 찬가로 이루어져 있었다. 하지만 시간이 흐르면서 복잡해졌다. 다양한 종류의 희생제가 생겨났고 몇몇 제사장이 행하는 의식은 필수요소가 되었다. 세부사항이 늘어나고, 절차가 엄격해지는 경향이 생겼다. 이러한 발전은 제사장들에게 직접적인 이익이 되었다. 중기 베다 시대의 주요 발전 방향은 의식절차상 관례가 증가하고 신화와 관련이 깊어졌다는 점이다. 부수적으로 일부 과학이 시작되는 기초가 되었고, 브라흐마나(Brāhmaṇa, 婆羅門)는 자의식이 매우 강하고 오만한 카스트 계급으로 성장했다.

희생제의 특성 — 인류학자들은 희생제의 본질적 특성을 조상 숭배, 제물 헌납, 풍요를 비는 의례, 신과의 교감 등으로 다양하게 해석하고 있다.[131)] 『브라흐마나(Brāhmaṇa, 梵書)』에서 각각의 경우를 뒷받침하는 증거를 모을 수 있을 것으로 보이는데,[132)] 여기에서는 아주 복잡한 발달 단계로 희생제를 보여주고 있다. 원래 분명했던 부분이 복잡하게 연결되면서, 중기 베다 시대 희생제의 특성에 대한 간단하고 단정적인 답변

129) Bloomfield, RV. pp.125-9.
130) 리그베다의 의례에 대해서는 RPV. Ⅰ. pp.252-6 참고.
131) RPV. Ⅰ. 257ff 참조.
132) Piṇḍapitṛyajña는 조상 숭배와 뚜렷하게 연관되어 있고, 'Idābhakṣaṇa'의 관례는 신과의 교류라는 개념을 분명하게 내포하고 있으며, Aśvamedha는 풍요를 비는 의례 등의 흔적을 보존하고 있다.

은 오해의 소지를 만드는 경향이 생겼다.

희생제의 종류 — 전통적으로 슈라우타(Śrauta) 희생제는 하비르야즈냐(Haviryajña, 희생제 모음)와 소마(Soma, 의례 음료)로 나뉜다. 하비르야즈냐는 아그니호트라(Agnihotra, 아그니를 위한 희생제, 우유 공양), 다르샤-푸르나마사(Darśa-Pūrṇamāsa, 新月祭와 滿月祭), 차투르마샤(Cāturmāsya, 사분기), 아그라야나(Āgrayaṇa, 신의 헌주), 파수(Paśu, 동물 호흡 희생제), 사우트라마니(Sautrāmaṇī, 술과 동물의 희생제), 핀다피트리야즈냐(Piṇḍapitṛyajña, 쌀 조상제)로 이루어져 있다. 소마 희생제도 일곱 가지로 나뉜다.[133] 아슈바메다(Aśvamedha)와[134] 라자수야(Rājasūya)는[135] 소마 희생제에서 가장 중요한 희생제에 해당된다. 중기 베다 시대가 끝날 무렵에는 '나무로 쌓은 제단(citis)'를 자세하게 설명한 해석이 소마 희생제의 일부로서 중요해지게 되었다.[136]

아그니호트라: 아그니호트라(Agnihotra, 아그니를 위한 희생제)의 목

---

133) 1)Agniṣṭoma(아그니 찬양, 1일 3회), 2)Atyagniṣṭoma, 3)Uktha, 4)Ṣodhaśī, 5)Atirātra, 6)Āptoryāma, 7)Vājapeya 그리고 이들은 Ekāhas, Ahīnas, Sattras로 더욱 세분화되었다.; Gaut. Dh. S. Ⅷ. 18. AB에 따르면 "Sa eṣa yajñaḥ pañcavidhognihotraṃ darśapūrṇamāsau cāturmāsyāni paśuḥ samaḥ" (Kāt. Śraut. S. Intro. p.30. Acyutagranthamālā 재인용.) ŚB. Ⅱ. 184.

134) *역자주: 말의 희생제

135) *역자주: 왕의 취임 희생제, 제국의 희생제

136) *역자주: 붓다는 이러한 종류의 희생제에 대해서 부정적으로 설명한다. SN, I. 76: "세존이시여, 지금 꼬살라국의 빠세나디 왕은 큰 제사를 준비하고 있습니다. 오백 마리의 큰 황소와 오백 마리의 수소와 오백 마리의 암소와 오백 마리의 염소와 오백 마리의 숫양이 제사를 위해서 기둥에 묶여 있습니다. 왕의 하인들이나 노예들이나 일꾼들도 도살에 떨고 두려움에 눈물을 흘리며 제사를 준비하고 있습니다." "그때 세존께서는 그 뜻을 아시고 그 사실에 대해서 이 게송을 읊으셨다. "말을 희생하는 제사, 사람을 희생하는 제사, 나무 봉을 던지는 제사, 제단을 쌓는 제사, 소마 즙을 바치는 제사, 모두에게 공양을 올리는 제사, 이런 제사는 많은 살생이 있지만 큰 결실은 없다."

적과 특성은 『브라흐마나』에서 더 많이 논의된다. 적어도 어느 정도는 일출을 도우려는 의도였다고 인정하고 있다.[137] 이는 죄악에서 벗어나[138] 천국으로 이끄는 진정한 배였다.[139] 해질녘의 아그뉴파스타나(Agnyupasthāna, 아그니호트라 제식의 마지막에 행하는 아그니 숭배)는 주로 은총을 요청하는 데 바람직한 것으로 여겨졌다.[140] 저녁에는 태양이 불 속으로 들어간다고 믿었으며,[141] 이는 더 깊이 사색하는 원인이 되었다.[142] 아그니호트라(Agnihotra)의 다양한 요소는 상징적으로 해석되었고,[143] 자나까(Janaka)는 아그니호트라가 대기, 하늘, 땅, 남자, 여자에서 작용했음을 밝혀 내고자 시도했다는 점에서 인정받고 있다.[144] 여기서 아그니호트라는 내재하는 객관적 원칙이 되었으며, 이는 철학적으로 이해된 원칙이다.

다르샤와 푸르나마사: 초승달(Darśa) 희생제와 보름달(Pūrṇamāsa) 희생제는 다른 모든 희생제의 프라크리티(Prakṛti, 自性)라고 인식되어 왔다.[145] 아그니와 인드라는 프라크리티의 주된 신이고, 소마(Soma)는 희생제의 주된 신이다. 아그니와 소마가 결합되는 특징은 잘 알려져 있다.[146] 초승달이 뜨는 것은 달이 새로 나오고 차오르는 데 도움을 준다고 믿는 이들이 있었던 것으로 보인다.[147]

---

137) ŚB. Ⅰ. p.178; 〈참조〉 T.B. Ⅰ. p.40; 〈참조〉 RPV. Ⅱ. p.318.
138) ŚB. 앞의 인용문.
139) 위의 책, p.190.
140) 위의 책, p.191f.
141) 위의 책, p.178.
142) 위의 책, Ⅱ. p.1195f.
143) 위의 책, p.1174ff.
144) 위의 책, p.1196-7.
145) Kāt. Śraut. S. Introduction, p.34.
146) Oldenberg, RV. p.439, 각주 2번.
147) ŚB. Ⅰ. p.96-7.

차투르마샤: 차투르마샤(Cāturmāsya, 넉 달에 한 번 행하는 희생제)는 계절에 따른 특성이 뚜렷하다. 바루나프라가사(Varuṇapraghāsa)는 바루나(Varuṇa)와 속죄 제물이 관련 있음을 분명하게 드러낸다.[148] 슈나시리야(Śunāsīrīya)는 밭갈이를 위한 농사 의례가 분명하다.[149] 바이슈바데바(Vaiśvadeva, 萬神) 희생제는 아그니와의 동화(아그니와의 Sāyujya)와 아그니와 동일한 천상에 머묾 상태로, 바루나프라갸사는 바루나와의 동화(Sāyujya)와 동일한 천상에 머묾 상태로 이끌어 준다고 하는 반면, 사카메다(Sākamedha)는 인드라에게로 이끌어 준다고 한다.[150] 결국 아그라야나 제의(Āgrayaṇa Iṣṭi)의 의미는 충분히 드러난다.

파수: 동물(Paśu, 動物) 희생제는 소마 희생제에서 필수불가결한 부분이긴 했으나 독립적으로 행해질 수도 있다. 공물(Iḍā, 獻酒)의 소비가 중요하다는 점은 의심할 여지가 없지만 죽거나 신성을 파괴할 가능성은 없다.[151] 동물 살생에 잔혹성이 수반된다는 사실을 알아차린 제사장들은 신비로운 활동이나 마법과 유사한 작업으로써 이를 경감시키고자 하였다.[152]

사우트라마니: 사우트라마니(Sautrāmaṇī)는 경전에서 하비르야즈냐(Haviryajña)로 분류되긴 했지만, 소마 희생제와 더 비슷하다.[153] 여기에는 동물과 수라(surā, 酒) 제물도 포함된다. 힐레브란트(Hillebrandt)는 이것이 비(非)브라만 의례를 개조한 것이라고 보았으며, 케이스 키스(Keith)

---

148) RPV. Ⅱ. 322.
149) 위의 책, 323.
150) ŚB. Ⅰ. 250.
151) RPV. Ⅰ. pp.270ff 참조.
152) 〈예〉 ŚB. Ⅰ. 379, 384.
153) RPV. Ⅱ. p.352.

는 근거가 충분치 않다고 비판하였다.[154)]

피트리야즈냐(Pitṛyajñasm, **조상제사**): 죽은 제물로 바치는 경우, 가정의 의식절차와 슈라우타(Śrauta) 의식절차 사이에 유사성이 눈에 띈다.[155)] 분명히 드러나는 또 다른 사실은 죽음을 대하는 태도와 신을 대하는 태도에 차이가 있다는 점이다.

소마 희생제: 소마(Soma) 희생제는 바자페야(Vājapeya),[156)] 라자수야(Rājasūya), 아슈바메다(Aśvamedha)와 같은 희생제가 어마어마한 비중을 차지하고 있는 복잡성에 우선 주목할 만하다. 바자페야는 본래 전쟁에서 승리하기 위해 행했던 크샤트리야의 의례였던 것으로 보인다.[157)] 활쏘기, 달리기 경주, 드럼 연주, 벌꿀술 헌주가 핵심 요소다. 나무기둥 오르기와 같은 특징은 후대에 추가된 것으로 보인다. 말을 제물로 하는 희생제는 태양에 관한 의례와 풍요를 비는 의례의 흔적을 분명하게 보여준다.[158)] 본래는 풍요의 원인이 되는, 솟아오르는 태양의 출현을 기념했던 것이 틀림없다.

희생제의 철학 — 제사장들이 반복적으로 강조했던 가장 중요한 개념은 희생제의 존엄성에 대한 것이다. 희생제는 확실히 비슈누(Viṣṇu)[159)] 및 프라자파티(Prajāpati)와[160)] 밀접하게 관련되어 있다. 희생제는 우주의

154) 위의 책, pp.353f.
155) 위의 책, p.431.
156) *역자주: 전쟁이나 용기(힘)를 위한 음료
157) ŚB. Ⅰ. 549-50. 여기에는 서로 모순된 두 가지 관점이 나란히 나타나는데, Rājasūya가 왕을 위하는 것처럼 Vājapeya는 제사장을 위한 것이라는 관점, Vājapeya가 제사장을 위하는 것 못지않게 왕을 위한 것으로서 왕을 Sāmrājya로 이끌어 준다는 관점이다.
158) ŚB. Ⅱ. 1343, 1355f; Keith, RPV. Ⅱ. 346.
159) TS.(Taittirīya Saṃhitā) Ⅷ, p.4630; T.B. Ⅲ. p.1258.
160) ŚB. Ⅰ. 3. 30; T.B. 1. 7. 1. 4; AB. 7. 4. 1; TS. 1. 6. 10.

중심부[身廓]다.[161] 이는 창조에 필수적이며, 신에게 의지한다.[162] 지극히 신성한 우주 원칙으로 찬양받는다.[163] 그 힘은 막대하며,[164] 그러한 힘의 도움으로써 희생제를 바치는 사람은 천국에서 내세를 맞이할 뿐만 아니라[165] 현세에 안전, 장수(長壽), 자손, 부와 명예까지 보장받았다.[166]

윤리와 삶의 가치 — 본질적으로 세속적인 초기 베다 시대의 가치관은 변하지 않고 남아 있다. 현세가 살기에 괜찮다고 생각했으며, 다음 생에는 더 좋아지기를 바랐다.[167] 까마(Kāma, 欲望), 보가(Bhoga, 享有), 부티(Bhūti, 富)는 이런 가치관을 나타낸다. 생명은 소중한 것들을 제공한다고 생각하였고, 천상의 존재에 대해서도 마찬가지로 상상하였다.[168] 하지만 정신적 성장을 위해 음식을 절제하고 순결을 지키는 것이 필수였다는 사실도 알 수 있다.[169] 죽음은 오염되었다는 특징이 있다.[170] 죄는 어둠, 죽음을 의미한다. 때로는 육체와 비슷하게,[171] 또는 인격으로 묘사되기도 한다.[172] 다른 사람에게 고통을 줄 수도 있다. 그러나 죄는 고의적인 의

161) TS Ⅷ, p.4630; T.B. Ⅲ. p.1358.
162) ŚB. Ⅰ. 32; RPV. Ⅱ. 앞의 인용문.
163) ŚB. Ⅰ. 656; 'Yajñapuruṣa'는 모든 창조의 궁극적 본질(Rasa)이다. Ṣaḍ. B., pp.141-2.
164) 희생제에 참여한 사람은 인간 이상의 존재가 된다. ŚB. Ⅰ. 137; RPV. Ⅱ. 454ff.
165) ŚB. Ⅰ. 127; Ⅱ. 797.
166) ŚB. Ⅰ. 116, 7; Ⅱ. 1054.
167) "Ayaṃ vāva loko bhadrastasmādasāveva lokaḥ Śreyān"(AB. Ⅰ. 53.) 이상향 그림. ŚB. Ⅱ. 1310-1.
168) T.B.(Taittirīya Brāhmaṇa) Ⅲ. 1245; 1385ff; 1418; TA. Ⅰ. 98-9; ŚB. Ⅰ. 134ff; Ⅰ. 567; Ⅱ. 783, 788. 〈참조〉 Oldenberg, WB.(Die Weltanschauung der Brāhmaṇa-texte) p.101; TS. Ⅵ. 2493. Tānd. B. Ⅰ. 16.
169) T.B. Ⅰ. 55.
170) TS. 6. 1. 1.
171) 〈참조〉 TS. Ⅰ. 198; T.B. Ⅲ. 1214; ŚB. Ⅰ. 171, 178, 657-8.
172) 〈참조〉 니르리티(Nirṛti)의 역할 비교, ŚB. Ⅰ. 577; T.B. Ⅰ. 294; ŚB. Ⅱ. 779.

지작용과 연결되어 있음을 알 수 있다.[173] 마음 안에 죄가 있을 수도 있다.[174] 이때는 자백[175]과 속죄가 도움이 된다. 거짓이 가장 큰 죄인 것처럼 진실은 가장 위대한 선(善)이다.[176] 신은 진리로써 구분되었으며, 인간에게 이상적 목표가 얼마나 어려운지 인식할 수 있게 되었다.[177] 눈은 진리를 알 수 있는 위대한 근원으로 여겨졌으며,[178] 그럼에도 불구하고 흔히 신은 숨겨진 것을 사랑한다고 강조되었다. 네 가지 의무적 이론이 수립되었다.[179]

신들 사이의 변화 — 특별한 목적을 위한 신화가 늘어났으나, 두 가지 원인으로 인해 신들의 영향력이 쇠퇴하게 된다. 한편으로는 기도와 의례 행위를 점점 더 '그 자체로' 강력하게 여겼다. 다른 한편으로는 제사장이 근원적인 주체성을 찾는 경향으로 인해 [통상 프라자파티(Prajāpati, 창조·보호의 신)라고 부르고, 때로는 야즈냐(Yajña, 제의, 제식)와 동일시함으로써] 비인격적으로 바뀌기도 하는 최고의 신에 대해 분명히 인식하게 되었다.[180]

---

173) 〈참조〉 ŚB. Ⅰ. 503.
174) ŚB. Ⅰ. 500.
175) ŚB. Ⅰ. 221.
176) ŚB. Ⅰ. 1; TS. 2. 2. 2. 20; ŚB. Ⅰ. 2, 168, 194.
177) AB. Ⅰ. 31.
178) AB. Ⅰ. 31, 40, Taittirīya로부터 Sāyaṇa의 인용문; ŚB. Ⅰ. 37.
179) ŚB. Ⅰ. 102.
180) 모든 신과 같은 아그니(Agni), T.B. Ⅰ. 387; T.B. Ⅲ. 1352-3; 다양한 신들은 프라자파티(Prajāpati) 또는 인드라(Indra)라는 최고의 빛의 흔적일 뿐이다. ŚB. Ⅰ. 178, 401; 파라 데바타(Parā devatā, 최고 신격)로서 수리야(Sūrya)(ŚB. Ⅰ. 423); 아버지와 어머니로서 프라자파티. ŚB. Ⅰ. 566. 프라자파티에 관해서는 RPV. Ⅱ. 442ff, Ranade & Belavalkar, Creative Period 343ff 참고. 샤칼랴(Śākalya)와 야즈냐발캬(Yājñavalkya)의 대화에서 이러한 경향이 어느 정도 정점에 도달했으며, 여기서는 신들을 통합체로 정리하는 체계적 시도가 이루어졌다. ŚB. Ⅱ. 1198-9.; 『브라흐마나(Brāhmaṇa, 梵書)』에는 '사댜(Sādhya)'라고 부르는 신의 등급에 대해 몇 차례 언급된다. 이들은 다른 신들보다 먼저 형성되었다고 하며(Kāṭh. S.

전자의 사상 노선을 따르는 미망사(Mīmāṃsā) 학파나, 최소한 후자에서 발달한 베단타(Vedānta) 학파, 모두 '신'은 매우 부수적인 역할을 한다. 한쪽은 모든 힘의 근원으로 언어를 만들었고,[181] 다른 쪽은 비인격적 절대자를 만들었다.

상징주의: 비드야, 우빠사나 — 아그니차야나(Agnicayana, 祭火壇 만들기) 실천이 증가하는 것과 동시에 상징적 해석이 크게 성행했다.[182] 일반적으로는 제사장들이 의식절차에 대해 합리적으로 설명해 줄 수 있는 유일한 길이었다. 그러나 만약 의례가 상징적인 것에 불과하다면, 겉으로 드러난 행위보다는 내부의 많은 지식 때문에 자멸을 초래하지는 않았다는 것을 의미한다. 결과적으로 제물을 바치는 행위 뒤에 숨겨진 사상에 집중한다면, 실제로 그러한 행위를 할 필요가 있을지 모르겠다. 따라서 비드야(Vidyā, 知識) 또는 희생제의 세부사항이 갖는 상징적 의미에 대한 이해가 매우 중요해졌다. 이는 사람들에게 상징적 다양성으로 만들어진 여러 가지 희생제를[183] 확신시킬 수 있었다.[184] 비드야가 인간을 위해 얻게 할

279; AB. Ⅱ. 585), 이들의 영역은 데바로카(Devaloka, 天界)보다 위에 있다. ŚB. Ⅰ. 365. 이들을 프라나(Prāṇa)라고 해설하는 곳도 있고(ŚB. Ⅱ. 1057), 성공을 가져다준다고 해설하는 곳도 있다(Kāṭh. S. 263). 이들은 잘 알려지지 않은 채 남아 있다. 〈참조〉 Mait. S. 285, TS. Ⅰ. 378, AB. Ⅰ 275, 278, T.B. Ⅰ. 52.

181) ŚB. Ⅰ. 40: "Vāco vā idaṃ sarvaṃ prabhavati"; ŚB. Ⅰ. 158. "vāgvai Brahman"; T.B. Ⅲ. 1258: "Brahma vai vācaḥ paramaṃ vyoma"; AB. Ⅰ. 203 "Vāg hi Brahma."

182) ŚB. Ⅰ. 654ff, 648; Ⅱ. 1157ff; Ⅱ. 1005, 1043-5, 812-3, 865-6, 879, 891, 909, 1106-10; T.B. Ⅲ. 1426.

183) TA. 509; ŚB. Ⅱ. 1045, 1167, 1181; 위의 책, 1076, 1089, 1090; 필수 비드야(vidyā)를 소유한 사람에게는 일생이 타파스(Tapas, 苦行)였다. 위의 책, 1094.(〈참조〉 Ch. up. 3. 16-17).

184) Sāvitracayana(T.B. pp.1315ff)는 ŚB의 Suparṇaciti보다 더 단순하고 체계적이다. Nāciketāgnicayana도 마찬가지다.(T.B. pp.1355ff). '벽돌'에 사용된 물질이 오직 물

수 있는 것은 아무것도 없다.[185] 그러나 '지식'은 아직까지 순수하게 지적인 것이라든지 행위와 완전히 분리하여 생각되지 않았다. 주어진 상징적 개념에 대해 숙고해 볼 필요가 있었다. '우빠사나(upāsanā, 숭배)'가 유행하게 되었고, 대단히 소중하고 열정적으로 지켜진[186] '비드야'는 마침내 비전(秘傳)의 양상을 지니게 되었다.[187] 희생제에 대해 비밀스레 설명하는 방식은 후대에 탄트라 저술(Tantraśāstra)에서 최고조에 이르렀다.

브라흐마나: 종말론과 윤회론의 기원 — 다신교의 관점으로 성찰하고, 의례 행위에 대한 지식을 선호하는 우파니샤드 경향은 중기 베다 시대 막바지에 시작되었다. 일부 교학자들은 윤회 교리가 이 시대의 종말론 성찰에서 기원했다고 보았다.[188] 이에 당연한 의문이 제기되

뿐인 Āruṇaketuka는 훨씬 더 추상적이다.(TA. 2ff). 다양한 짜야나(cayana) 뒤에 숨겨진 상징주의를 간결하게 설명한 내용은 TA. 83-5에서 볼 수 있다. 〈참조〉 ŚB. Ⅱ. 1105.

185) 짜야나(Cayana)보다 뛰어난 비드야(Vidyā), ŚB. Ⅱ. 1096, 1111: "Na haivaṃ taṃ lokaṃ dakṣinābhirna tapasānevaṃvidaśnuta evaṃvidām baiva sa lokaḥ"; 〈참조〉 "(svādhyāyāt) Prajñā vardhamānā caturo dharmān brāhmaṇamabhiniṣpādayati"(위의 책, 1186); "Manuṣyalokaḥ putreṇa-karmaṇā pitṛloko vidyayā devalokaḥ"(Br. up. 1. 5. 16); Sāvitra vidyā는 단순한 희생제가 아니라 죽음 이후의 자아에 대한 지식으로 이어질 수 있다.(T.B. Ⅲ. 1348-9).

186) Atyṃha Āruṇi와 Plakṣa Dayyāmpāti의 이야기에서 그 예를 볼 수 있다. T.B. Ⅲ. 1335ff.

187) 추상적이고 상징적인 짜야나(cayana)는 대부분 소수에게만 전해지는 비전(秘傳)이고, 일부는 신비주의라고 부를 수도 있다. Sāvitra와 Āruṇaketuka가 그런 경우다. 전자에 해당하는 증거는 결정적인데, T.B. Ⅲ. 1339ff는 Sāvitra 과학이 몇몇 실제 인물에게 가져다 준 경험을 묘사한다고 주장하고 있기 때문이다. Devabhāga Śrautarṣa의 경험은 확실히 '청각적 이미지가 선명한' 유형의 신비주의에 해당된다.

188) Oldenberg, RV. 563ff; Oldenberg, LU—27ff, 105ff; Bloomfield, RV. pp.252ff; Creative Period, p.82. 마지막 두 가지는 비(非)아리아인의 영향을 받았을 가능성을 인정하고 있다.

었다.[189] Ṛ̣S에 윤회의 흔적이 없다는 것은 거의 확실하고,[190] 사후의 세계를 기대하는 브라흐마나 문헌의 사고방식에서 결코 그런 교리가 발생했다고 추정하기도 어렵다. 이와 관련하여 아래의 내용이 나온다. 사후 세계에 관계된 모든 구절을 세심하게 고찰한 믿음에 대해 다음과 같이 밝히고 있다: 적어도 축복 받은 사람은 희생제를 바르게 시행함으로써 내세(來世)를 보장받는다. 희생제를 바치는 사람은 사후에 불에서[191] 신들의 세계로 환생하여 현세의 생활 방식대로 그려진 불멸의 삶을 누린다.[192] 아직까지 이전 시대의 믿음보다 진보된 내용은 없다. 그러나 앞서 정의로움과 신의 은혜에 대한 사상으로 이행했던 기능들은 희생제를 바르게 시행하는 마술적인 힘에 대한 사상으로 대체되었다.[193] 내세를 설립하고 성취하는 데 윤리적인 고려는 그다지 반영되지 않았다. 희생제의 불완전성은 단점을 낳게 되는데, 다른 사람의 희생제를 방해함으

189) La Vallée Poussin, Opinions 『기원전 3세기까지의 인도(L'Inde jusqu'au 300 avant JC.)』, pp.282ff ; 〈참조〉 Garbe, ERE. Ⅻ. p.434.

190) Keith, RPV. Ⅱ, pp.570-1.

191) ŚB. Ⅱ. 1090, 1383; 불을 통한 Pitṛloka와 Jīvaloka의 소통; ŚB. Ⅰ. 175, 188; 〈참조〉 T.B. 1344; AB. Ⅰ. 151, 199.

192) ŚB. Ⅱ. 1208: "amūrvai rātrayo bhūyasaya iti"; ŚB. Ⅱ, 1050. 'citi'를 통한 사후 불멸의 육신; AB. Ⅰ. 197, 419, 420.

193) 희생제에 대한 지식의 특정 부분을 통해서만 다른 세계에 '눈을 가지고' 태어난다. ŚB. Ⅰ. 94(그렇지 않으면 어둠 속에 태어난다는 것을 암시한다).; ŚB. Ⅰ. 120; 아버지에서, 어머니에서, 희생제에서, 세 번 태어난다. Tal. B.(Talavakāra Brāhmaṇa) 92ff 9 〈참조〉 ŚB. Ⅱ. 1139; Ait. Ā.(Aitareya-Āraṇyaka) 172-6. 데바로카(Devaloka, 天界)를 위해 희생제를 바치는 사람들이 있으며, 신들에게 바치는 방법, 창조주에게 바치는 방법이 있다. ŚB. Ⅰ. 143; 야말로카(Yamaloka, 閻魔界)를 위해 희생제를 바치는 사람도 있다. ŚB. Ⅰ. 478; 아그니짜야나(agnicayana)를 통해서 "as" "Hiraṇmaya" 저쪽에 태어난다. ŚB. Ⅱ. 1052; 태양빛의 신이 만족할 때 천국으로 데려다준다. ŚB. Ⅰ. 423; Nāciketa 불을 아는 사람은 넓디넓은 세상에서 원하는 것을 얻는다.uruṣu ca varīyassu ca lokeṣu, T.B. Ⅲ. 1292; "sakṛdiva hi suvargo lokaḥ"(T.B. Ⅰ. 299); 천국에 들어가기 위해서는 희생제를 바쳐서 Ādityas를 만족시킬 필요가 있다. Mait. S. 61.

로써 그의 내생(來生)을 위태롭게 할 수도 있었다. 여러 곳에서 죄는 천국으로 가는 데 방해가 된다고 말하고 있지만, 단점은 희생제를 치르는 대리인을 통해서 바로잡을 수 있다는 점이다.[194] 때로는 희생제의 질이 내세의 차이를 말해준다고까지 생각되었다.[195] 즉 특정 신과의 교감의 세상과 그밖에 나머지들을 얻을 수도 있다.[196] 일반적으로 불사(不死)가 보증되어 있음에도 불구하고, 때로는 태양 너머에, 또는 태양 안에 있는—특별한 의례를 통해서, 또는 의식절차에 대한 지식을 통해서 도달할 수 있는—천국만이 실제로 시간과 죽음으로부터 자유롭게 해 줄 것이라는 두려움을 갖고 있었다.[197] 때로는 다른 세계에서 음식이 부족할 것을 두려워하였고, 그 해결책이 다시 의식절차의 특징이 되었다.[198] 불사(不死)는 신에게만 해당된다고 회의적인 어조로 말하는 경우도 드물게 있었다. 결과적으로 인간은 기껏해야 현세에서 장수하기를 바랄 수 있을 뿐이다.[199] 사실 사후 세계가 존재하는지 아닌지 누구도 알 수 없었다. 다만 이 세계에서 서둘러 사라지지 않는 것이 최선이었다.[200]

---

194) 희생제의 불은 모든 죄를 태워버리며, 따라서 현세에는 번영과 명성을, 내세에는 가치 있는 세계를 부여해 준다. ŚB. Ⅰ. 170.

195) ŚB. Ⅰ. 250-1.

196) TA. 156; Ṣaḍ. B.(Ṣaḍviṃśa-Brāhmaṇa) 42; T.B. Ⅰ. 234-6, 282; Ⅲ. 1340, 1347-8; 일곱 가지 천상 세계, T.B. Ⅰ. 89; Kāṭh. S.(Kāṭhaka-Saṃhitā) 300, 238: "Yathālokaṃ".

197) ŚB. Ⅰ. 189; ŚB. Ⅱ. 1053; Ⅱ. 1067, 1097, 1101, 1114-7; 〈참조〉 T.B. Ⅲ. 1377, 1378(〈참조〉 ŚB. Ⅰ. 189); T.B. 1382; 상사라(Saṃsāra, 輪廻) 교리가 Punarmṛtyu 개념에서 생겨났다는 이론에 대한 비판은 뿌쌩(Poussin), 앞의 책, 282-3 참고. Ulukya Jānaśruteya는 태양의 세계는 '불사의' 세계라고 강력히 비난한다.(아므리타, amṛta, 甘露水)면 충분하다; 태양 너머의 세계를 누가 알겠는가?), Tal. B. 6; 〈참조〉 위의 책, 23-4.

198) T.B. Ⅲ. 1339; Kāṭh. S. 230 〈참조〉 죽음과 같은 굶주림, ŚB. Ⅱ. 112, 내세에서 죽음은 단지 굶주림일 뿐이다. T.B. Ⅲ. 1289-90.

199) Tāṇḍ. B. Ⅱ. 519, 569; Kāṭh. S. 59; ŚB. Ⅰ. 155, 167; 〈참조〉 ŚB. Ⅱ. 1054, 1067.

200) TS. Ⅰ. 196: "Nāsmāllokātsvetavyamivetyāhuḥ ko hi tadveda yadyamusmiṃ

이러한 '생각[사유]의 범위(Gedankenkreis)' 안에서 윤회에 대한 기원을 찾는 것이 타당성이 없는 것은 아니다. 윤회에 대한 교리는 다른 여러 가지 개념들과 밀접하고도 근본적인 관계를 지닌다. 육체와는 별개의 어떤 것으로서 본래 '순수하고' 영원한 영혼의 개념, 다소 이질적이고 우연한 요인이면서도 도덕적 인과율에 엄격히 의존하게 되는 '까르마(Karman, 業)' 개념, 끝으로 모든 세속적 즐거움은 쓸모없다는 개념이 그것이다. 우파니샤드에서 의심할 여지가 없는 첫 번째 사례로 상사라(Saṃsāra, 輪廻)라는 발달된 형태의 교리가 나타난다.[201] 이는 최초기 자이나교 문헌과 밀교(密敎)의 일부에서 보았던 교리와 근본적으로 동일한 형태다.[202] 그 이후로 바로 이와 같은 형태로 줄곧 유지되어 왔다. 윤회는 선천적으로 순결하고 영원한 의식에 대한 믿음, 카르마 법칙과 묵티(Mukti, 解脫)에 대한 뿌리 깊은 욕구를 제외하고는 상상할 수도 없다. 브라흐마나(Brāhmaṇa) 문헌은 영혼에 대해 그늘지고 모순된 관점을 지니고 있는데, 영혼이 신체와 밀접하게 연결되어 있다고 생각했으며, 천부적으로 영원하다고는 전혀 생각하지 못했다. 신들은 탄생의 기원이 뚜렷하고, 희생제를 통해 불멸을 얻는다.[203] 나아가 이 세계에서 바친 음식에 항상 의존한다.[204] 인간의 경우, 내재하는 무언가의 선(善)을 통해서가 아니라 오로지 희생제의 불에서 환생하는 선(善)을 통해서만 죽음에서 살아남을 수 있다.[205] 그 자체로 받아들인 존재의 끝이 아닐 이유가

lokesti vā na veti."

201) Br. Up. Ⅲ. 2. 13; Ⅳ. 4, 5; RPV. Ⅱ. 573.

202) 뒤의 내용 참고. 〈참조〉 Keith, JRAS. 1909, 569ff.

203) ŚB. Ⅱ. 1126.

204) ŚB. Ⅱ. 1138.

205) 야즈냐(Yajña)는 다른 세계에서 야자마나(Yajamāna)의 영혼이 된다. ŚB. Ⅱ. 1138-9, 1141; 'Āhutimaya'로 태어난다. ŚB. Ⅱ. 1254.

전혀 없다. 뿐만 아니라, 내세에 제물을 바치는 불의 대리인을 통해서 불가사의한 방식으로 '결합된(sandhatte)' 몸이라는 점을 암시하는 것으로 보인다.[206] 근본적으로 인간의 영혼이 신성하고 영원하다는 개념은 오르페우스교[207] 이전의 그리스 사상처럼 브라흐마나 사상에 이질적이었을 것이다.[208] 어떤 경우도 상사라 교리의 일부로 들어가게 되는 것 같다.

이 시기 브라흐마나 문헌에서 제사장의 시야 밖에 있는 [저승 너머로] 확장되는 도덕률 개념을 규명하기 위해 논쟁에 뛰어들 필요는 없다.[209] 세속적인 그들의 세계관이 지니는 특성보다 더 강력하게 눈에 띄는 것은 없다. 그들은 현세가 미화되어 내세에 연속되기만을 바랐다. 바이라갸(Vairāgya, 離欲), 즉 북티(Bhukti, 享受)와는 대조되는 묵티(Mukti, 解脫, 포기)에 대해 최소한의 자각도 없었다. 사실 불사(Amṛtatva)의 개념은 변하기 쉬운 감각적 쾌락의 세계에서 끝없이 지속되는 기간과 같은 개념으로, 목샤(Mokṣa, 解脫)보다는 상사라 개념에 더 가깝다.

사후 세계에 대한 브라흐만의 관점에서부터 우파니샤드 곳곳에서 발견되는 윤회론까지, 1차원적이고 단순하게 발전했다고만은 볼 수 없다. 외부의 영향을 받았다는 가설이 남게 되며, 실제로 뿌쌩(Poussin)과 가르베(Garbe)는 이미 이런 가설을 제시했고, 밸베카르(Belvelkar)와 라나드

---

206) ŚB. Ⅰ. 528, 391; 〈참조〉 T.B. Ⅲ. 1377: "Saśarīra eva svargaṃ lokameti"; T.B. Ⅰ. 453-4; 위의 책, Ⅲ. 1226; Tāṇḍ. Ⅱ. 446; Mait. S. 32; Kāṭh. S. 296. 실체 없는 내세는 다신교적으로 이해되었다.(이런 문헌은 상당히 후대의 것일 수도 있다.) ŚB. Ⅱ. 1074, 1088; 내세는 실체가 없을 수밖에 없다. ŚB. Ⅱ. 1090.

207) *역자주: 오르페우스가 창시했다고 전해지는 그리스 밀교(密敎). 인간의 영혼이 불사(不死)와 영원한 행복을 얻을 수 있다고 믿으며, 이를 위해 계율에 따라서 엄격히 수행하고 특별한 제의(祭儀)를 행한다.

208) 신과 인간의 차이, ŚB. Ⅰ. 652; Ⅱ. 1048.

209) '카르만(Karman, 業)'은 단지 '의례 행위'를 의미한다. ŚB. Ⅱ. 833; 〈참조〉 ŚB. Ⅰ. 109; 다른 세계가 '만들어진다(kṛta)'는 것은 의심할 여지가 없지만 희생제를 통해 만들어진다. ŚB. Ⅰ. 671.

(Ranade)는 일부를 인정했다. 브라흐마나는 죽음이 곧 환생이라는 개념과 불멸에 대해 열렬히 탐구함으로써, 희생제를 통해서 얻어낸 세계에서 또 다시 죽게 되거나 굶주림으로 고통받게 될까봐 두려워하기 시작했다. 태양 너머에 있는 영원한 세계에 대한 희망으로 인해 베다의 정신 안에 상사라 교리를 아무런 의심 없이 수용하게 되었다.[210] 무니와 슈라마나가 이러한 교리의 근원이 틀림없으며, 앞에서 이미 언급했듯이 베다 시대 이전에 나타난다.[211]

우파니샤드 사상 — 베다 사상과 다른 사상 간의 상호작용은 우파니샤드 시대에 시작된 것이 확실해 보인다. 『브라흐마나(Brāhmaṇa, 梵書)』에는 '희생제의 과학'으로서 브라흐마비드야(Brahmavidyā, 梵智)가 증가했던 반면, 우파니샤드에는 '자아의 과학'이 증가했다. 이 과정에서 성찰은 이상주의 및 일원론의 선상에서 꾸준히 발달하였다. 근본적으로 구원의 길에 대한 우파니샤드의 지배적 관점은 항상 연결되어 있다. 실재에 대한 분명한 지식[앎]만이 영혼을 해방시켜 줄 수 있는 것이다. 물

210) 다음의 문헌이 상사라(Saṃsāra, 輪廻) 교리를 알려줄 수 있다. Tāṇḍ. B. Ⅰ. 105, 122, 123, 126, Ⅱ. 126, 351, 378, 382, Ⅰ. 214, 475-76; AR. Ⅱ. 814; TR. Ⅲ. 1289; TĀ. Ⅰ. 34-37; Tal. B. 114 ; ŚB. Ⅱ. 1332, 1193; TĀ. Ⅰ. 23. 이러한 구절이 상사라 교리가 분명하다고 추정되는 우파니샤드 구절보다 초기의 것이라고 한다면, 인도에서 윤회 개념의 기원에 대한 올덴베르크(Oldenberg)의 이론은 상당히 지지받게 된다.

211) 타일러(Tylor)는 원시시대의 미신이 폭넓게 흩어져 있는 윤회 개념을 연구하였다.(Primitive Culture Ⅱ, p.16) 〈참조〉 ERE. Ⅻ, p.426. 가르베(Garbe)는 원시시대 사람들이 인간의 존재가 동물이나 나무에서 직접적으로 연장되는 것 이상으로 사후 세계를 이해했던 것은 아니라고 분명히 말한다.(위의 책, p.434.) 그리스에서 윤회 개념은 분명 트라이카로부터 왔다.(Rohde, Psyche, p.347). 윤회에 대해 오르페우스교 및 피타고라스학파의 관점과 이미 언급했듯이 일반적 특성을 지닌 대상에 대한(〈참조〉 앞의 책, p.342.) 인도인들의 다양한 관점 사이에는 근본적으로 유사점이 있다는 데 주목할 필요가 있다.

론, 주로 지적인 특징에 대해 반복적으로 사색하거나 숙고함으로써 분명한 지식[앎]을 얻을 수 있지만, 이는 행위가 아니라 최고선을 위한 수단으로 강조되는 지식[앎]이다. 이러한 지위는 초기 자이나교와 대비될 수 있다.[212] 이제까지 우파니샤드의 교리는 중기 베다 사상의 연속이자 발전이었다. 그러나 우파니샤드 곳곳에서 윤회에 대한 믿음과 근본 가치에 대한 금욕주의적 태도 변화가 발견된 이후로 슈라마나(Śramaṇa, 沙門)의 영향과 관련된다는 점이 분명해졌다.

카르만 교리와 제사장의 세계: 도덕적 변혁 — 야즈냐발키야(Yājña valkya)가 아르타바가(Ārtabhāga)를 소개하면서 카르만 개념에 대해 눈에 띄게 경계하는 것은, 이 개념이 제사장 세계에는 새로운 것이었으며, 그들 집단 내에서 호의적인 반응을 보이기에 의심을 살 만한 문제였음을 보여주고 있다.[213] 카르만 법칙이 희생제를 바치는 제사장에게는 확실히 불리했을 테니 쉽게 이해할 수 있다. 만약 행위의 덕성(德性)만이 최종적으로 미래를 결정짓는다면 인간은 자기 운명의 선장(船長)이 되고, 제사장과 희생제는 더 이상 필요치 않게 된다. 더 심각한 것은, 희생제를 통해 신의 호의를 얻기를 바랄 게 아니라 인간의 '행위'가 절대적이라면, 도대체 신(神)의 호의는 어디에 있다는 말인가? 신이 독립적인 은

212) 베단타 학파의 위대한 주석가 샹카라(Śaṅkara)는 즈냐나(Jñāna, 智)와 크리야(Kriyā, 行爲)의 차이를 명확하게 설명하면서 즈냐나만이 목샤(Mokṣa, 해탈)로 이끌어줄 수 있다고 단언하였다. 〈예〉 BS.(Brahmasūtras) Ⅰ. 1. 4.에서 샹카라의 주석.

213) Br. Up. 3. 2. 슈라더(Schrader)의 주장은(ZDMG. 1910. 333-5) 설득력이 없다.; RPV. Ⅱ, p.574 참고. Ārtabhāga는 옛 베다 개념의 입장을 취한다. ṚS. X. 16. 3; VM. p.166. 야즈냐발키야는 Br. up. 4. 4. 1-5의 Janaka에서 윤회의 과정과 법칙에 대해 더 자세하게 설명하고 있다. 그는 제사장 회합에서 주제에 대한 수수께끼를 낸다. 위의 책, 3. 9. 28. 〈참조〉 Kāṭh. up. 1. 6.

총의 힘을 갖고 있지 않다면, 희생제와 기도는 쓸모없는 것 아닌가? 또, 신이 탄생했다고 하는데, 그렇다면 신에게도 전생(前生)이 있는가? 만약 신이라는 신분이 카르만의 결과라면 어떻게 영원할 수 있는가? 어쩔 수 없이 제한된 기간 동안 천국에 머무를 수 있다면, 불멸 추구에 답하기 위해서 딴 데로 눈을 돌릴 수밖에 없지 않은가. —암르타트바(Amṛtatva, 不死性)?[214]

사색적인 제사장들의 마음에는 새로운 카르마 이론이 생겨날 것이라는 불안한 생각이 있었을 것이다. 새로운 이론이 함축하고 있는 내용을 완전히 깨닫는 것은 오래된 베다 종말론을 완전히 수정하는 것에 버금가는 작업이 분명하다. 머지않아 카르만 이론을 받아들이는 것은 조용한 혁명을 예고하는 숙명이었다.[215]

즈냐나(Jñāna, 智)와 카르만(Karman, 業) — 우선, 희생제의 말로에 관해 살펴보자. 진정한 불사(不死)를 담보하는 희생제가 효력이 없다는 사실을 깨닫고 난 뒤, 극단적인 경우에는 희생제를 완전히 버렸다.[216] 좀 더 온건한 다른 사람들은 '지식[앎]'이라는 새로운 유행과 희

214) Muṇḍ. 1. 2. 12; ch. 8. 1. 6; Kaṭh. up. 4. 2. "dhruvamadhruveṣviha na prārthayante"; Br. up. 4. 4. 15: "ya ātmānameva lokamupāste na hāsya karma kṣīyate", 그렇지 않으면, "mahat puṇyaṃ karma karoti taddhāsyāntataḥ kṣīyata eva"; 〈참조〉 ŚB. Ⅰ. 189: "ahorātre … sukṛtaṃ kṣiṇutaḥ … " 〈참조〉 위의 책, Ⅱ. 1089 Saṃvatsara as Mṛtyu.

215) 아래의 구절은 죽음과 사후 세계에 대한 후기 우파니샤드 신앙과 주로 관련되어 있다.: Kaṭh. Ⅰ. 5-6; Br. 4. 3. 37-38, 4. 1-2, 3-5, 9.7; Īśa(Īśopaniṣad) 3. 9ff.; Kaṭh. 3. 7, 4. 10, 5.6, 7, 6.16; Praśna(Praśnopaniṣad) 1. 9ff. 3. 7, 10; Muṇḍ. 1. 2. 9-12; Tait. 3. 5; Ait. 2. 4; Br. 5. 10. 1. 6. 2; Ch.(Chāndogyopaniṣad) 4. 15. 5-8, 5. 10. 1-8, 6. 9. 3; Kauṣ.(Kauṣītakibrāhmaṇopaniṣad) 1. 2. 4. 〈참조〉 TA Ⅰ. pp.35-36.

216) ŚB. Ⅱ. 1111 "na tatra dakṣiṇā yanti nāvidvāmsastapasvinaḥ"; Muṇḍ. 1. 2. 7ff, 3. 1. 8; Ch. up. 8. 1. 6; Śvet. up.(Śvetāśvataropaniṣad) 6. 4; ŚB. Ⅱ. 1473; Kauṣ. up. 2.

생제를 융화하고자 했으며, '즈냐냐카르마 삼뭇차야바다(Jñānakarma samuccayavāda, 智行集論)'의 발단이 되었다.[217] 정통의 제사장들 대부분은 오래된 신앙을 약간만 수정한 채 고수하고자 했다. 즉, 카르마가 미래를 결정한다는 데 의심할 여지가 없지만, 가장 정의로운 행위는 희생제를 바치는 행위가 되어야 하는 것이다.[218] 희생제는 다름 아닌 삶,[219] 죽음, 죽음 너머[220]의 법칙이므로 그 신비, 연결된 우빠사나(upāsanā, 숭배, 경배)에 대해 제대로 이해하면 완전한 평화, 불멸까지도 정당하게 얻게 될 수 있을 것이라는 설명이다.[221]

카르만과 신 — 신의 위치는 완전히 달라졌다. 단지 특정 신분으로 태어난 영혼에 지나지 않으며,[222] 카르만의 지배를 받는다. 일부는 카르만 법칙을 시행하는 집행관으로 이해되었다.[223] 어떤 곳에서는 유일신을 '행위 감독자(Karmādhyakṣa)'라고 부르기도 했다.[224]

---

217) Īśa up. 2; Kena up.(Kenopaniṣad) 4. 8; Ch. up. 2. 23. 1. 야즈냐(yajña)는 타파(Tapa, 苦行)라고 해석된다.; Ch. up. 5. 24; ŚB. Ⅱ. 1090. 비드야(Vidyā) 또는 카르만(Karman)을 통해서 형체는 없지만 불멸하는 내세; Vidhushekhara bhattacharya는 Īśa up.의 설명이 Jñānakarmasamuccayavāda를 지지한다고 해석한다.(Basic Conception of Buddhism. p.6.)

218) ŚB. Ⅱ. 1361: "Pārikṣitā yajamānā aśvamedhaiḥ parovaram Ajahuḥ karma pāpakaṃ puṇyāh puṇyena karmaṇā."

219) Ch. up. 3. 16-17; ŚB. Ⅱ. 1094.

220) Br. up. 6. 2; Ch. up. 5. 3-10.

221) Kaṭh. up. 1. 170-18; 2. 10 두 번째 줄에서는 첫 번째 줄을 극심하게 반대한다.; 〈참조〉 Kaṭh. 3. 2; Śāṅ. B.(Śāṅkhāyana Brāhmaṇa) p.24. ŚB. Ⅱ. 1069-70, 1050-1; Tal. B. p.9.에서는 "Karmakṣitiraṃrtam…"라고 정의한다. ŚB. Ⅰ. 84; 〈참조〉 ŚB. Ⅰ. 246.

222) 〈참조〉 ŚB. Ⅱ. 825에서는 영혼이 인간 또는 신의 형태(rūpa, 色)를 갖고 있을지도 모른다고 한다. 〈참조〉 BS. Ⅰ. 3. 28.에서 Śaṅkara의 주석.

223) Ch. up. 4. 15. 5-6.

224) Śvet. 6. 11.

카르만에 대한 반대 및 은총의 신성한 자유는 최고신의 개념이 중요해지는 상위 계층에서 되살아났다. 우파니샤드가 보여준 해결책은 인간이 갖는 자유의지의 근본을 부인하는 것으로, 모든 카르만의 궁극적 근원은 신이라고 말한다.[225)]

불멸 — 불멸(Amṛtatva, 不死) 개념은 끊임없이 계속되는 내세, 즉 영원한 현세의 연속에서 영원한 존재 혹은 경험적 존재를 완전히 초월적 존재로 바꾸어 갔다. 이러한 과정에서 주요 요인은 현세에서 동일한 기본 요소에 의해 자극받고 유지하는 내세(來世)는 흡족히 여겨져야 하고, 모든 경험적 존재의 근본 특징, 즉 무상하고 유한하다는 특징을 가져야 한다는 깨달음이다.[226)] 이것은 정신적 가치관의 위대한 변화이다. 인간의 근본 욕구는 현세를 이상적으로 재배치하거나,[227)] 멋진 천국에 가는 것이 아니라 그것들을 초월하는 것이다.[228)] 유일하게 만족시킬 수 있는 무한성과 영원성은 현세와 정확히 반대된다.[229)] 불사(Amṛtatva)는 축복(Āśis, 은총)이나 부유(Bhūti, 富)가 아니라 절제이며,[230)] 이는 특정 세

---

225) Kauṣ. up. 3. 9; 〈참조〉 Śvet. up. 3. 12; Antaryāmin 이론이 함축하고 있는 내용도 살펴보고 있다. ŚB. Ⅱ. pp.1468ff; Śvet. 1. 12. 촉진자(Preritṛ)로서 브라만; 위의 책, 6. 16.

226) Kaṭh. up. 2. 10: "na hyadhruvaiḥ prāpyate hi dhruvaṃ tat"; Kaṭh. up. 1.에서는 Amṛtatva에 대해 더 오래된 개념과 그에 관한 새로운 비평을 신랄하게 다루고 있다.

227) 브라흐마나(Brāhmaṇa)의 이상향, ŚB. Ⅱ. 1310-11.

228) 욕망(Kāma)을 추구하는 게 아니라 절제할 때 진정한 만족이 따라온다. Muṇḍ. 3. 2. 2.

229) amṛta라고 부르는 무한성(Bhūman)의 새로운 개념에 대해서는 Ch. up. 7. 24 참고.; Kaṭh. up. 2. 1-2; Śreyas 및 Preyas는 근본적으로 다르다.

230) Muṇḍ. up. 3. 2. 1; 〈참조〉 ŚB. Ⅱ. 1156, 1371; Br. 2. 4. 1; 3. 5; 까마(Kāma, 欲望)와 카르마로 인해 상사라(Saṃsāra, 輪廻)에 묶여 있게 되므로(Br. 4. 4. 5) 이들을 버려야 한다. Br. 4. 4. 6-7; Kaṭh. 2. 20; Muṇḍ. 3. 1. 5; Śvet. 1. 11.

계 삶의 특징이 아니라 아트만(Ātman, 自我)의 근본적인 특징이다.[231] 불사(不死)를 얻기 위해서는 세상에서 돌아와[232] 자아를 알아야 한다.[233]

그러나 우파니샤드에는 이러한 태도가 불완전하게 단속(斷續)적으로 표현되어 있다.[234] 불교와 후대 아드바이타(Advaita, 不二論) 베단타(Vedānta)에서 가장 설득력 있게 잘 표현하고 있다.

자기 지식[앎]의 증가 — 한편, 아트만(Ātman, 自我) 개념에 엄청난 변화가 밀려오고 있었다.[235] 많은 브라흐마나 문헌에서 '아트만'을 육체와 관련하여 해석하고 있었다. 따라서 '데하트마바다(Dehātmavāda, 肉體我論)'가 지배적인 견해였음을 의심할 이유는 없다.[236] 하지만 ṚS에서 이미 아트만을 '숨', '생명'[237]이라는 의미로 사용하고 있다. '프라나트마바다(Prāṇātmavāda, 氣息我論)' 또는 브라흐마나에서 진정한 자아는 육체라기보다 육체에 생기를 불어넣어 주는 힘이라는 개념이 시종일관 되풀이되고 있고, 우파니샤드에서도 볼 수 있었다. 다만 그 내용은 달라진다.

---

231) Br. up. 2. 5. 1. ff.; 3. 7. 3; 4. 3. 12; 4. 4. 25; 5. 14-8; Muṇḍ. 1. 2. 11; 2. 2. 5, 7.

232) Kaṭh. up. 4. 1-2.

233) Br. up. 4. 4. 14, 17; Kaṭh. up. 6. 14-15; Kena up. 1. 2. 위의 책, 2. 4; 〈참조〉 Śvet. 6. 6.

234) 오래된 가치에 대해 눈에 띄게 지속하고 고집하는 것이 Ch. up. 8. 12에서 잘 드러나고 있다.; Kena up. 4. 9; Ch. up. 8. 2; Ait. up. 4. 6.(5. 4); Kauṣ up. 3. 2.

235) Ajātaśatru와 Aśvapati 왕자가 브라만에 대해 전혀 언급하지 않았다는 사실의 의미에 대해 Carlo Formichi 교수는 크샤트리야가 브라만을 반대했기 때문이라고 추론한다.(JDL. XV. p.106.) 한편, 아트만 이론은 AS에서 시작되었으며 합리적이고 일반적인 발전을 받아들였다.(위의 책, 103.)

236) Tāṇḍ. B. Ⅱ. 430; Ṣaḍ. B. 82-4; Tāṇḍ. Ⅰ. 124; 139, 140-1, 188, Ⅱ. 124; AB. Ⅰ. 85, 507; T.B. Ⅰ. 106, 107, 255, 463; Ⅱ. 625; Ⅲ. 1226; ŚB. Ⅱ. 845-6, 864, 867, 878, 905, 045(아트만은 음식을 소화한다), 947.

237) VM. p.166.

일찍부터 프라나(Prāṇa, 들숨)가 자양분에 의존하며[238] 수명과 관련되어 있다는 점이 주목받았다.[239] 이는 몸에 스며들어 있음에도 불구하고[240] 몸과는 대조되는 어떤 것으로,[241] 사지를 움직이는 책임을 맡는다.[242] 다양하게 세분화되기도 하며, 최고의 프라나는 아트만과 동일시되기도 한다.[243] 부수적인 프라나는 몸의 다른 부분과도 연결되어 있으며, 때로는 이들 사이의 기능적 차이를 뚜렷하게 표현하기 위해 기본적인 시도를 한다.[244] 일부 우파니샤드 문헌에서는 우다나(Udāna, 呼氣, 날숨)에서 비롯된 기능이라고 하는 데 특히 주목할 만하다.[245] 이들 문헌에서 프라나는 특별한 '나디(nāḍī)'—후대에 더욱 발달하게 되는 사색 노선과 은연중에 연결되어 있다. 그럼에도 불구하고 다양한 프라나가 통합되었음에 유의해야 한다.[246] 때로는 프라나가 심장에 자리한다.[247] 이는 '빛나는 사람',[248] 빛과 동일시된다.[249] 일부 문헌은 프라나가 마나스(Manas, 精神, 意), 바크(Vāk, 言語), 차크슈(Cakṣus, 眼), 슈로트라(Śrotra, 耳)와 더불어 한 조를 이룬다.[250] 바크는 프라나의 형태라고 분명히 말하고 있

---

238) ŚB. Ⅱ. 948; TS. Ⅰ. 198.
239) ŚB. Ⅱ. 1269; Kāṭh. S. 292.
240) AB. Ⅰ. 156; ŚB. Ⅰ. 79. ŚB. Ⅰ. 58: 프라나(Prāṇa)로서 불; Ⅱ. 946; "Sarva evātmoṣṇaḥ".
241) ŚB. Ⅱ. 1050, 1069, 1082-3.
242) ŚB. Ⅱ. 865, 888-9
243) ŚB. Ⅰ. 374-5.
244) Kāṭh. S. 286; 〈참조〉 TS. Ⅱ. 726; Kāṭh. S. 129; Ch. up. 133.
245) Praśna up. 3. 7, 9; Ch. up. 3. 13. 5; 〈참조〉 위의 책, 5. 23. 2.
246) ŚB. Ⅱ. 593; Ⅰ. 262, 581.
247) ŚB. Ⅰ. 387; Chag. Up.(Chāgaleyopaniṣad)에서는 아트만(Ātman, 自我)이 움직일 수 있는 힘의 개념이다. Four Unpub. Up.(Four Unpublished Upanishads) p.11.
248) ŚB. Ⅱ. 863.
249) ŚB. Ⅱ. 885-6.
250) ŚB. Ⅱ. 982; Ch. up. 2. 7, 2-11, 3. 18, 4. 8; Tait. up. 1. 7.

다.[251] 일부 문헌에서는 마나스가 프라나의 토대라고 말하지만,[252] 다른 문헌에서는 프라나가 마음을 포함한 감각의 기초가 된다고 말한다.[253] 두 가지 경험적 현상을 통해 관점을 좀 더 분명히 말할 수 있다. 즉, 감각과 마음은 오직 몸이 숨 쉬고 있는 동안에만 작용하며,[254] 자고 있는 동안에는 모든 기능이 중지되어 약해지지 않고 계속되는 호흡으로 흡수되는 것이 분명하다.[255] 이것이 바로 프라나가 항상 깨어 있으며[256] 다른 모든 기능(Karman, 業)보다 뛰어나다고 말하는 이유다.

프라나는 흔히 공기와 동일시되며,[257] 때로는 불과 동일시되기도 한다.[258] 프라나바유(Prāṇavāyu)는 모든 것의 아르케(Arché, 元素)를 만드는 우주의 파편 중 일부에 있다.[259] 어떤 문헌은 프라나를 지혜(Prajñā)의 본질과 동일시하기도 한다.[260]

또 다른 문헌은 비즈냐아트만(Vijñānātman)에 부여된 우수성으로 인해 차이가 발생한다고 한다.[261] 우파니샤드에서 아트만을 의식이나 마음(Vijñāna, 識 · Prajñā, 智慧 · Prajñāna)과 동일시하는 것은 공통적이다.[262]

---

251) T.B. Ⅰ. 131; 〈참조〉 ŚB. Ⅰ. 50-1; 〈참조〉 위의 책, 652.
252) Kāṭh. S. 284-5; ŚB. Ⅰ. 275-6; Ⅱ. 1424: "Manovat prāṇānāmadhipatiḥ".
253) Br. up. 1. 3. 1. 5. 21.
254) Kauṣ. up. 2. 14.
255) ŚB. Ⅱ. 1074; Tal. B. 84.
256) Tāṇḍ. B. Ⅰ. 368.
257) ŚB. Ⅱ. 975, 897; Tāṇḍ. B. Ⅰ. 120; AB. 1. 4. 2. 4; ŚB. Ⅰ. 6, 581.
258) ŚB. Ⅱ. 1074; 〈참조〉 ŚB. Ⅱ. 1118.
259) 〈참조〉 Ch. up. 1. 11. 5, 4. 10. 10.
260) Kāuṣ. up. 3. 1. 4.
261) Br. up. 2. 1.
262) Br. 2. 1. 17; Kaṭh. 4. 3; Br. 4. 3. 7; ŚB. Ⅱ. 1007 "Manomayo yaṃpuruṣaḥ"; Ait. up. 3.; Br. 4. 4. 2ff은 위즈냐나(Vijñāna, 識)가 분명히 Saṃsārin(윤회하는 주체)이다. 이는 불교에서 위즈냐나가 Saṃsārin으로 작용한다는 점에서 중요하다. 후대 베단타에서도 역시 Vijñānamaya-koṣa(식으로 구성된 몸)를 윤회하는 경험적 자아로 보고 있다.(〈예〉 BS. ŚB. p.335; Ved. Sāra. p.5.) Muṇḍ. 3. 2. 7는

일부 문헌은 아트만이 꿈 의식 상태에서 진정한 본성에 이른다고 믿고 있다.[263] 또 다른 문헌은 자아의식을 깊은 잠의 상태와 동일시한다.[264] 더 드물게는 자아의식이란 독특하고 부정할 수 없으며 단정지을 수 없는 '사물 그 자체'여야 한다고 인식되기도 한다.[265] 이처럼 엄청난 역설들을 인지하고 명시하였다.

의식이 주체와 객체의 이원성을 내포하고 있다면 자아의식이 어떻게 가능한지는 모르겠다.[266] 모든 인식에 앞서는 것을 어떻게 알 수 있겠는가. 이는 자아의 본성에 대한 우파니샤드 개념에 위대한 발전을 가져다

Vijñānamaya를 Parāvyaya와 구분하고 있다. Praśna 4. 9.는 Parākṣara와 구분한다. Tait. Up. 2. 1. 5.는 Vijñānamaya가 'kośas' 중 하나라고 한다. Br. 2. 4. 12는 Mahatbhūta와 vijñānaghana가 현저한 차이를 보인다. Praśna 5. 5는 Jīvaghana와 Ārṣ. Up.(Ārṣeyopaniṣad)에서 마하비즈냐나(Mahāvijñāna)라고 말하는 Parātpara puruṣa를 구분하고 있다.(Four Unpub. Up. p.17.)

263) Ch. Up. 8. 10.

264) 이는 Kāśī의 Ajātaśatru의 관점이다. Br. Up. 2. 1; Kauṣ. 4; Br. Up. 4. 3. 21(위의 책, 19) "Yatra supto na kañcana kāmayate na kañcana svapnaṃ paśyati"에서는 꿈꾸지 않고 잠자는 상태에 대해 언급했음을 보여주고 있다. Ch. Up. 8. 3; Praśna, 4. 4.는 위의 책, 6. 8. 1-2(〈참조〉 Praśna, 4. 6), 위의 책 8. 11[인드라(Indra)는 이런 관점이 불충분하다고 인식한다]에서 꿈꾸는 상태라고 언급했음을 제시한다.

265) Kaṭh. Up. 6. 12. 13; Kenā Up. 2. 4에서는 Pratibodhavidita라고 부르는데, 이는 지식과는 다르고 무지(無知)보다는 우수하다.(위의 책, 1. 3.) 〈참조〉 Br. Up. 4. 4. 13; Māṇḍ.에서는 "투리야(Turīya)"라는 적절한 용어를 만들어서 부정적이면서도 역설적으로 설명한다.(Māṇḍ. Up. 7, 12.) Māṇḍ. Up.는 상당히 후대의 것이 분명하다.; Walleser와 Vidhushekhara Bhattacharya는 이를 Gauḍpāda의 Āgama Śāstra 이후로 보았다.(Der ältere Vedānta, pp.5ff; ĀŚ. XXXVIII-XLVII; RPV. II, 503.) Kaṭh. Up. 5. 15; Muṇḍ. 2. 10. Śvet. 6. 14: 모든 경험적 지식에 앞서는 것은 초월적이다.; ŚB. II. 1466; Uṣasta cākrāyaṇa와 야즈냐발키야(Yājñavalkya) 사이의 대화. 아트만(Ātman, 自我)은 즉각적이며, 객체로서 이해될 수 없는 주체일 뿐이다.

266) Br. Up. 2, 4, 14; 위의 책, 4. 3. 23ff; 위의 책, 3, 7, 23; 위의 책, 3. 8. 11; Kaṭh. Up. 5. 14; Kena Up. 1. 4. ff: 문제의 깊이로 인해 Maitreyī가 당황했으며, Mbh. Śp.(Mahābhārata, Śānti Parvan) 219에서는 야즈냐발키야보다 더 분명한 해법을 제시하고자 하였다.

주었다. 아트만은 부정적으로[267] 유추하여,[268] 역설적으로[269] 설명할 수 밖에 없다. 여기서 모든 반대와 마주하게 되고,[270] 모든 반대에서 벗어난다.[271] 이는 사고와 언어를 넘어선다.[272] 때로는 침묵이 가장 감동적인 표현이다.[273]

자아에 대한 베다의 개념은 데하트마바다(Dehātmavāda, 肉體我論)부터 니르구나트마바다(Nirguṇātmavāda, 無屬性我論) 혹은 아니르바차니야바다(Anirvacanīyāvāda, 無形容論)까지 계속해서 발달했음을 분명하게 볼 수 있다.[274] 깨어 있는 의식의 심리작용에 대해 우파니샤드는 별로 주의를 기울이지 않았다는 점에 주목해야 한다. 의식에 대해 역동적이고 기능적인 개념이 우파니샤드에서는 그다지 발달하지 않았다. 의식이 느낌이나 의지처럼[275] 다양한 체계에서 작용하며 드러나고, 시각, 청각 등과

---

267) Br. Up. 2. 3. 6, 4. 4. 22; Tait. 2. 7; Kaṭh. Up. 3. 15; Ārṣ. Up. 11. 57-70(Four Unpub. Up. p.17).

268) Ārṣ. Up. 11. 57-58(Four Unpub. Up. p.17).; Br. 4. 3. 7.

269) Kena Up. 2. 1-3; Īśa Up. 4. Kaṭh. Up. 1. 2. 21; Śvet Up. 3. 19.

270) Br. Up. 4. 3. 22ff, 4. 4. 5; Tait Up. 2. 6; Īśa Up. 5; Kaṭh. Up. 2. 20; ŚB. Ⅱ, p.1458.

271) Br. Up. 3. 8. 8; Kena Up. 1. 3; Īśa Up. 10. 13; Kaṭh. Up. 2. 14; Śvet Up. 4. 18.

272) Kena Up. 1. 3; Tait Up. 2. 9; Kaṭh. 2, 8; Muṇḍ Up. 3. 1. 7.

273) Śaṅkara는 BS. 3. 2. 17에 대한 주석에서 "Upaśānto' Yamātmā"라고 인용한다.; 〈참조〉 ŚB. Ⅰ. 162-3: "Sarvaṃ vai pūrṇaṃ … sarvaṃ vā aniruktam … "; ŚB. Ⅰ. 3: "Anirukto vai Prajāpatiḥ"; Ⅰ. 53: "Sarvaṃ vā aniruktaṃ"; Ⅰ. 28: 세 가지 확실한 세계 너머 "네 번째" 세계가 있는데, 이 네 번째 세계에 대해서는 침묵하는 것이 바람직하다. "Tūṣṇiṃ caturtham"; Ⅰ. 624: "Aparimitaṃ vā aniruktam".

274) Tait. 3은 자아와 동일시되는 몇 가지의 단계를 나눠보고자 하였고, 유명한 코샤(Kośa)이론이 만들어졌다.

275) ŚB. Ⅱ. 1444-5는 아트만(Ātman, 自我)을 바크(Vāk, 言語), 차크슈(Cakṣus, 眼), 아트만(Ātman)[여기서는 마나스(Manas, 精神)와 같은 의미]과 그에 상응하는 나마(Nāman), 루빠(Rūpa), 카르마(Karman)로 분석하고 있다. 나아가 "Tadetattrayaṃ sadekamayamātmātmo ekaḥ sannetattritayam … "라고 설명한다.(1-2); 인간을 마나스(Manas, 精神), 바크(Vāk, 言語), 프라나(Prāṇa), 차크슈(Cakṣus, 眼), 슈로트라(Śrotra, 耳)로 분석한 지 오래되었으며, 마나스(Manas, 精神)와 바크(Vāk, 言語)의

같이 다양한 '영역'[276]에서 생겨나는, 변덕스러운 에너지라는 개념은 거의 없다. 의식을 따라 명백하게 일어나는 부수적 특성도 조사된 것이 거의 없다.[277] 요컨대 우파니샤드에서 경험적 의식에 대해 심리학적으로 주의 깊게 분석된 경우는 매우 부족하며,[278] 경험적 의식의 요소들을 분류하고 그 연관성을 보여주는 데 더 많은 관심을 기울였던 아비달마 불교 형태에서 반응이 일어났다.

관계에 대해서는 『브라흐마나(Brāhmaṇa, 梵書)』로(앞의 내용 참고) 거슬러 올라간다. 바크는 마나스 안에 있는 것을 알려준다.(ŚB. Ⅰ. 536, 63). 바크와 마나스는 본질적으로 하나다.(ŚB. Ⅰ. 181.) 마나스가 독립적인 바크보다 우세하다.(ŚB. Ⅰ. 67). 마나스는 바크를 총괄한다.(AB. Ⅰ. 161, 248.) 마나스는 마음과 연결되어 있으며(Mait. S. 292; ŚB. Ⅰ. 300 ; Ⅱ. 1099-1100, 919-840), 상당히 빠르고(Kāṭh S. 205; ŚB. Ⅱ. 1155; Ⅰ. 560), 욕망[까마(Kāma): Tal. B. 59; Br. up. 3. 2. 7. ŚB. Ⅱ. 857], 생각(Tal. B. 62; Manasā dhyāyati, TS. Ⅰ. 244), 기타 여러 가지 불분명한 기능들의 근원이다(Br. up. 1. 5. 3; T.B. Ⅲ. 1408; ŚB. Ⅰ. 310). 이는 프라나의 최고 형태다(ŚB. Ⅱ. 1077; Ⅱ. 840. 앞의 내용 참고). 개별적 감각이 아니라 마나스가 앎의 주요 수단이다(Br. 1. 5. 3). 주의력은 행위에 필연적이다(ŚB. Ⅰ. 679).

276) 고짜라(Gocara, 領域), Kaṭh. up. 3. 41; 아야따나(āyatana, 感覺 領域)는 흔히 쓰는 불교 용어다[우파니샤드에서 아야따나(āyatana, 感覺 領域)의 쓰임에 관해서는 Ch. 5. 15, 7. 24. 2; 〈참조〉 Ch. 4, 1. 3; Br. 3. 9. 26; Br. 4. 1. 2. 7, 6. 3. 2; Praśna 1. 10]. Ārtabhāga와 Yājñavalkya는 여덟 가지 그라하(Grahas)와 그에 상응하는 아티그라하(Atigrahas), 즉 프라나(Prāṇa)-아빠나(Apāna)(Gandha, 香), 바크(Vāk, 言語)-나마(Nāman, 名), 지흐바(Jihvā, 舌)-라사(Rasa, 味), 차크슈(Cakṣus, 眼)-루빠(Rūpa, 色), 슈로트라(Śrotra, 耳)-샵다(Śabda, 聲), 마나스(Manas, 精神)-까마(Kāma, 欲望), 하스타(Hasta)-카르마(Karman, 業), 트와스(Tvac)-스파르샤(sparśa, 觸)에 대한 교리를 자세히 설명하고 있다. Br. 3. 2. 1-9, Maitreyī Yājñavalkya는 감각 및 그 대상과 기능에 대해 더욱 체계적으로 분석하여 설명한다. Br. 2. 4. 11; Kaṭh. up. 6. 10은 다섯 가지 즈냐나(jñāna, 知), 마나스, 붓디(Buddhi, 覺)를 구분하고 있다; Kaṭh. 3. 3에서 붓디는 마나스를 통해서 인드리야(Indriya, 根)를 조절한다.

277) 일부 문헌은 마음이 자양분에 의존한다고 기록하고 있다. Ch. up. 6. 5. 1. 4; Ch. up. 6. 6. 1-2; Ch. up. 7. 26. 2.

278) 때로는 정신 상태를 가장 기초적으로 분석해 보려 하였다. Ait up. 3. 2; 〈참조〉 T.B. Ⅲ. 1315, 1316. Ch. up. 7에서는 마나스, 상깔빠(saṅkalpa), 찟따(citta, 心), 디야나(dhyāna, 禪定), 위즈냐나 … 스마라(smara), 아샤(āśā) 사이에 순서를 정하려고 시도한다. 〈참조〉 Oldenberg, LU.(Die Lehre der Upanishaden und die Anfänge des Buddhismus) pp.101-2 각주.

브라흐만(Brahman) — 아트만(Ātman, 自我) 개념이 발전해 나가는 데 발맞추어, 우주의 기원과 발달에 관한 성찰도 발전해 갔다. 어떤 이는 물에서 만물의 아르케(arché, 元素)를 찾았고,[279] 어떤 이는 불에서, 어떤 이는 공기에서,[280] 또 어떤 이는 아까사(Ākāsa, 하늘)에서[281] 만물의 아르케를 찾았다. 어떤 이는 구분되지 않는 상태나 혼돈에서,[282] 다른 이는 무(無)에서,[283] 또 다른 이는 사트(sat, 有)도 아니고 아사트(Asat, 無)도 아닌 것에서[284] 만물의 근원을 찾았다. 때로는 이런 생각 중 상당수가 결합되었고,[285] 일련의 소산물이 만들어졌다.[286] 이들은 대개 감각의 원리를 창조주로 인식하였다.[287] 초기에는 여러 신 또는 한 신이 효율적인 원인으로 작용하였으나,[288] 중기에는 유일신 개념이 확실히 주목받

279) Tal. B. 57; ŚB. Ⅱ. 1506, 1131, 658, 1101-1.

280) 위의 내용 참고.

281) Ch. up. 1. 9, Praśna, 2. 2; Ch. up. 3. 18. 1.

282) ŚB. Ⅱ. 1435; 〈참조〉 TA Ⅰ. 51: "Asataḥ sadye tatakṣuḥ …"; ŚB. Ⅰ. 647은 아사트(Asat, 無)를 Ṛsis나 Prāṇa와 동등하게 여긴다. ; 위의 책, Ⅱ. 1120.

283) Ch. 6. 2. 1-2[여기서 아사트(Asat)는 무(無)를 뜻하는 것으로 보인다.]; 〈참조〉 ŚB. Ⅱ. 780 "yadvai nāsti tadalakṣaṇam …" Br. up. 1. 3. 28: 'Mṛtyurvā asat'; Ch. up. 3. 19. 1; Tait up. 2. 6. 1, 2. 7. 1; T.B. Ⅰ. 429-35: 먼저 "idaṃ vā agre naiva kiñcanāsī"라면서 매우 신기한 듯이 "tadasadeva sanmanokuruta syāmiti"라고 설명한다. 〈참조〉 Tait. up. 2. 7에서 비슷한 설명.

284) 〈참조〉 ṚS Ⅹ. Nāsadīyasūkta; ŚB. Ⅱ. 1191-5는 '마나스(Manas, 精神)'가 사트(sat)도 아니고 아사트(asat)도 아닌 것으로 이루어져 있다.

285) Tal. B. 53: 사트(Sat)와 아사트(Asat); ŚB. Ⅰ. 647-50, 몹시 뒤섞여 있다.; ŚB. Ⅰ. 666-9, Tait. up. 2. 1.에서도 유사.

286) 우파니샤드 우주론에 모순이 있다는 점은 일찍이 주목받았으며, 따라서 이를 설명하려는 시도들이 있었다. Mbh. ŚP. 182-36 참고; BS. 1. 4. 14ff; Creative Period pp.339-41. 우파니샤드에서 모든 우주론 구절은 Creative Period p.334에 나온다.

287) 프라자파티(Prājāpati)는 브라흐마나 문헌의 우주론 내용에서 창조주를 부르는 일반적 명칭이다. Tāṇḍ. B. Ⅱ. 209, 419, ŚB. Ⅰ. 92-3; 위의 책, 174, 656-9; Ⅱ. 839; Tal. B. p.46; 히라니야가르바(Hiraṇyagarbha)는 유일신을 부르는 명칭이다. AS. Ⅳ. 2 참고. ; AS. ⅩⅢ. 3.

288) 다신교가 지배적인 시기에 관해서는 앞의 내용 참고. ŚB. Ⅰ. 53; T.B. Ⅰ. 18;

게 되었다.[289] 동시에 창조주는 그저 효율적인 원인으로 남는 것을 끝냈다.[290] 만약 유일신이 자신에게서 만물을 창조했다면 암암리에 다신교 교리를 주장하는 셈이 된다. 그리고 머지않아 그와 같은 교리를 주장하였다.[291] 동시에 아디다비카(ādhidaivika, 依天, 외적) 요소와 아드야트미카(ādhyātmika, 依內, 내적) 요소를 동일시하는, 아주 오래된 경향이 상당히 발전했으며, 신성한 우주적 자아가 개인적 자아와 동일하다는 주장이 절정에 이르면서 아트마드바이타(Ātmādvaita, 我不二) 교리가 나오게 되었다.[292] 실재 세계는 환영(幻影)에 불과하다는 경이로운 환상설(幻想說)의 결과는 아직까지 분명하게 이해되지 못했다.[293] 동시에, 일부 문

TA Ⅰ. 86-'9[자신에게서 창조된 프라자파티(Prājāpati)와 태초의 물에서 나온 피조물이라는 모순된 조합.]

289) T.B. Ⅲ. 1352-3; TA Ⅰ. 180-2; ŚB. Ⅱ. 1095, 1100-1; 〈참조〉 Śāṅ, B. p.18.

290) Br. up. 2. 1-20; Kauṣ, 4. 19; 〈참조〉 TS Ⅶ p.3599: 프라자파티(Prājāpati)는 사랑하는 마음[사야나(Sāyaṇa)-프레나(Preṇā)-프렘나(Premṇā)]에서 창조를 시작한다.; 〈참조〉 Ch. up. 6. 3. 2; ŚB. Ⅱ. 1434; Ait. Ā. 2. 4. 1; Praśna, 1. 4. ff. Ch. 7. 26. 1.

291) Īśa up. 1; ṚS. Ⅹ. 2-3; T.B. Ⅲ. 1322; ŚB. Ⅱ. 1114-7. Vaiśvānara 또는 우주적 인간. 〈참조〉 (Ch. up. 5. 11ff); ŚB. Ⅱ. 1436. "Brahma vā idamgra āsīt"; Bāṣkala. up. 게송 8ff; AS. Ⅱ. 1. 상당히 모호했음에도 불구하고, 의미상 다신교가 분명하다.

292) Ch. up. 4. 10-15에서는 아트만을 다양한 신과 동일시한다.; 위의 책, 3. 13: 내부의 빛은 낙원 너머의 빛이다.; Kauṣ 4. 1. 19는(Br. 2. 1. 1-20에서도) 브라만을 다양한 신과 인간, 끝으로 깊은 잠에 빠져 있는 인간과 동일시한다.; Ch. Up. 6. 9ff(Br. up. 1. 4. 10; 위의 책, 1. 5. 5ff; 위의 책, 2. 3. ŚB. Ⅱ. 1455); Ch. up. 6. 9.ff ; Br. up. 1. 4. 10; 위의 책, 2. 5. 19; 위의 책, 4. 4. 12-25; Kaṭh. 5. 11; ŚB. Ⅱ. 1453: "Brahma tamparādāt yonyatrātmano Brahma veda". 『브라흐마나(Brāhmaṇa, 梵書)』에서 공통된 경향이다. 〈예〉 ŚB. Ⅱ. 1074, 1077. 많은 문헌에서 신이 철두철미하게 내재한다는 점을 강조하고 있지만 다신론이 필수는 아니다.; Īśa, 6-7; Kauṣ 4. 20; Śvet. 1. 15; 위의 책, 4. 16; 한편, 일부 문헌에서는 분명히 다신교의 의미로 내재성을 강조하고 있다. Kaṭh. up. 5. 9ff.

293) Īśa up. 6은 일원론임이 확연하지만, 그 다음 게송에서는 분명히 창조를 실재로 여긴다.; 실재 세계는 환영(幻影)에 불과하다고 보는 "환상설(幻想說)"을 내포하고 있는 보기 드문 문헌 중에 Ch. up. 6. 1. 3ff, 6. 4. 1. ff가 있다. 〈참조〉 Kaṭh. 4. 11. Kath up. 2. 19는 아트만에서 모든 변화와 행위는 무지 때문에 나타난다

헌에서는 아트마드바이타와 언어 표현만 다를 뿐인 브라흐마드바이타(Brahmādvaita, 梵不二) 교리를 명시하고 있다. 브라흐만(Brahman)이라는 단어는 기도나 만트라(mantra, 眞言)를 뜻하는 의식 절차상 표현인 브라흐만에서 왔는데,[294] 중기 베다 시대에 제사장들이 다양한 방식, 과장된 용어로[295] 이를 극찬했으며, 결국에는 제1원칙이라는 의미를 갖게 된다.[296] 즉 우주철학자들은 어떤 존재든 창조주라고 정하였고, 제사장들이 브라흐만이라고 칭하는 삼라만상의 유일 원칙이 되었다. 이로 인해 그들은 아트만 이론 전체를 독차지하게 되었으며, 이를 정통이라고 각인시켰다. 따라서 브라흐마드바이타 교리 내용이 자리 잡기까지의 역사는 아트마드바이타와 동일하다.[297]

최고선(最高善) — 아트만에 대한 지식은 우파니샤드 사상가들[298] 사이에서 최고의 탐구 대상이 되었는데 그 원인은 두 가지로 수렴된다. 한편으로는 지식·지복(至福)·힘은 자아(Self)에서 정점에 이르러야 한다고 생각했다. 아트만이 전부이므로 아트만에 대해 아는 것은 모두를 아

고 말한다.

294) 이 용어에 대한 다양한 해석은 Creative Period pp.346-51을 참고.

295) AS. Ⅹ. 2; 위의 책, Ⅹ. 8. ŚB. Ⅱ. 1142; Ⅰ. 5, 648; Ⅱ. 892; TĀ. Ⅰ. 141, 142, 152, 103, 89, Ⅱ: 508-9; ŚB. Ⅱ. 892, 1081, 1142, 1167; LU pp.47-52; Creative Period 351-4; AS. Ⅳ. 1은 브라만을 사트(Sat)와 아사트(Asat)의 근원이라 칭하며, 지구·대기·천국을 떠받치고 있다고 한다.

296) Tait 3. 1; Ch. 3. 14. 1; 〈참조〉 BS. 1. 1. 2. "Janmādyasya yataḥ".

297) 올덴베르그는 브라만과 아트만의 관계에 대해 도이센(Deussen)과 자신의 견해가 다르다는 점을 간결하면서도 명확하게 밝히고 있다. "도이센은 아트만과 브라만의 관계에 대해 이 견해와는 다른 견해를 제시하는데, 그에 따르면 여기서 문제가 되는 것은 사고의 두 평행적 흐름이 아니라, 오히려 아트만의 개념이 브라만의 개념으로부터, 그 브라만 안에 놓여 있는 주관적 요소를 단순히 첨예화함으로써 전개되었다는 것이다."(Buddha p.33 각주 2번).

298) Ch. up. 8. 7. 1.

는 것을 의미한다. 즉, 아트만의 본질을 지식[앎]이라고 이해했다. 나아가, 모든 욕망의 최종 목표는 아트만이라고 보았다.[299]

모든 기쁨은 아트만의 지복이라는 바다에서 나온 파동입자에 불과하다.[300] 아트만이 유일하게 교감하기 좋아하는 것은[301] 최고의 황홀감이다.[302] 아트만은 지복을 얻음으로써 모든 욕망, 모든 두려움에서[303] 벗어난다. 결국 아트만에 다가간다는 것은 모든 힘의 유일한 근원에 다가가는 것이다.[304]

다른 한편으로는, 앞에서도 언급했듯이 종말론 관점에서 거대한 변화가 생겨났다. 세상에 대한 불만이 커진 것이다. 이승에서 또는 천국에서의 삶은 언제나 무상함으로 지배받으며 카르마에 구속받는 대상이 되었다. 따라서 영원성과 자유를 간절히 추구하였으며, 오로지 아트만에서만 찾을 수 있다고 여겼다.[305] 아트만이 모든 슬픔을 지운다는 사실을[306] 아는 사람은 선과 악 모두를 넘어서게 된다.[307] 행위는 더 이상 간여하지 못하게 된다.[308] 그래서 '지반묵티(Jīvanmukti, 生解脫)'라는 이상(理想)이 만들어졌다. 사후에 '비드반(Vidvān, 賢者)'은 최후의 해방

---

299) ŚB. Ⅱ. 1452; 1498-9.

300) ŚB. Ⅱ. 1491; Tait. up. 2. 8.은 호기심으로 Brahmānanda의 조합을 시도한다.(〈참조〉 Br. up. 4. 3. 33.)

301) ŚB. Ⅱ. 1436: "Preyonyasmātsarvasmādantarataraṃ yadayamātmā … ātmāna meva priyamupāsīta …"

302) Br. up. 4. 4. 12; Kaṭh. up. 2. 20; Tait. up. 3. 10.5-6; Ch. up. 7. 25. 2; Br. 2. 1. 19.

303) Tait. up. 2. 9. 〈참조〉 Muṇḍ. 2. 2. 7. "ānandarūpamamṛtaṃ yadvibhāti".

304) Kena up. 1. 1-2; Kena up. 3-4; ŚB. Ⅱ. 1468ff.

305) 아트만의 영원과 자유는 우파니샤드에서 가장 중요한 원칙이 되었다. Br. 4. 4. 20, 22; Kaṭh. 2. 18, 5. 1; Śvet. 2. 15; Muṇḍ. 2. 1. 2; Br. 4. 5. 13. 아트만의 자유는 유일신교 견지에서 비판 받는다. Śvet. 1. 2, 8. 10.

306) Ch. up. 7. 1. 3 "Tarati Śokamātmavit"; Śvet. 2. 14; Muṇḍ. 3. 2. 9.

307) Tait. up. 2. 9; Br. up. 4. 4. 22 ; Ch. up. 4. 14. 3; Muṇḍ. 3. 1. 3.

308) Īśa up. 2. "na karma lipyate nare"; Br. 4. 4. 23.

(Mokṣa, 解脫)을 얻게 되며 이는 영원하다.[309] 브라흐마로까(Brahmaloka, 梵天界)의 성취가 같은 것을 의미하는 것처럼 보이지만 후대 전통에서는 이들을 구분하고 있다. 그런데 자아를 깨닫는 방법과 상사라로부터 자유로워지는 방법은 무엇인가?[310]

위짜라(Vicāra, 伺) — 일반적으로 지적(知的)인 노력을 충분히 기울여야 한다. 지혜로운 사람의 말에 귀 기울여 듣고 이를 사색하여 진정한 교리를 이해한다. 야즈나발키야는 자나까(Janaka)에게 다음과 같이 설명한다. "그대는 안전(Abhaya)을 성취했다."[311] 슈베타케투(Śvetaketu)는 그의 아버지에게 이해할 때까지 거듭 설명해 달라고 요청한다.[312] 위대한 샹카라짜르야(Śaṅkarācārya)는 이것이 브라흐마즈냐나(Brahmajñāna, 梵智)를 얻는 올바른 방법이라 생각했으며,[313] 샹카라짜르야 학파는 '마하바캬(Mahāvākyas, 위대한 말씀)'를 들음으로써 지식, 성찰, 명상으로 직접 이어지지 못한다면 이를 다시 분류해야 한다고 보았다.[314]

물론, 지도자는 '알아야' 하고, 학생은 제대로 '자격을 갖춰야' 한다. 우파니샤드에 이미 이러한 조건이 있다. Kaṭh.(Kaṭhopaniṣad),[315]

---

309) Kena up. 1. 2, 2. 5; Ch. up. 4. 15. 6.
310) Kaṭh. up. 2. 17, 3, 16; Ch. up. 8. 13. 1, 8. 4. 2, 8. 3. 2; Praśna 6. 15. 〈참조〉 RPV. Ⅱ. 577 ; Br. 4. 4. 23.
311) Br. 4. 2. 4.
312) Ch. 6. 5.ff.
313) 〈예〉 Upadeśasāhasrī, p.2. *역자주: Shankara acharya는 Vedanta 전통에서 수도원의 수장을 지칭하는 말이기도 하다. 이 이름은 힌두교의 8세기 개혁자인 아디 샹카라(Adi Shankara)에서 유래되었다.
314) Vidyāraṇya는 위짜라가 필수요소라고 본다. Pañcadaśī. Ⅸ. 30; 〈참조〉 "Taccāparokṣajñānaṃ tattvamasyādivākyāditi kecit. Manana-nididhyāsanasaṃskṛtāntaḥkaraṇādevetyapare."(Vedāntaparibhāṣā. p.199.)
315) 2. 7-9; 3. 14.

Ch.(Chāndogyopaniṣad),[316] Śvet.(Śvetāśvataropaniṣad)[317]는 지도자의 중요성에 대해 이야기한다. 학생은 믿음을 갖고서 따빠스(Tapas, 苦行)와 브라흐마짜리야(Brahmacarya, 梵行)를 실천해야 하며, 감각을 제어해야 한다.[318] "관심을 내면으로 돌릴" 수밖에 없고,[319] 따라서 정신이 '정화'된다.[320] 도덕적·정신적 필수 자질을 갖추지 못한 사람이 지성(知性, 智慧)(Prajñāna)을 통해 자아에 이르기를 바라지는 않는다고 명시되어 있다.[321] 오직 지성만을 강조하는 부류가 존재함으로써 이처럼 순수한 행위의 필연성을 옹호하게 되었다. 하지만, 특별한 행위 규제는 인드라(Indra)와 비로차나(Virocana)의 브라흐마짜리야 이야기가 보여주듯, 적어도 일부 정신적 구도자들 사이에 알려졌음이 분명하다. 여기서 브라흐마짜리야는 브라흐만의 의미에서 방편에 해당하는 새로운 의미를 나타낸다.[322] 초기불교 문헌에는 이처럼 더 새로운 브라흐마짜리야의 의미가 일반적이다.

요가(Yoga) — 많은 문헌에서 지적인 노력을 강조하는 반면, 일부 문헌은 정의로운 행위를 조절할 필요성을 명시하고 있으며, 다른 문헌은 요가와 '요가적' 실천의 필요성을 강조한다.[323] 요가에는 호흡 조절에 대

---

316) 4. 9. 3; 6. 14. 2.
317) 6. 23.
318) Muṇḍ. up. 3. 1. 5; ŚB. Ⅱ. 1496 ; Praśna. 1. 15.
319) Kaṭh. up. 4. 1; 〈참조〉 Śvet. up. 3. 18.
320) Kaṭh. up. 2. 20; Muṇḍ. 3. 1. 8.
321) Kaṭh. up. 2. 23; 위의 책, 3. 7.
322) 「제9장 붓다 시대의 종교적 조건」 부분 참고. 〈참조〉 Ch. up. 8. 5.
323) Kaṭh. up.는 Adhyātmayoga(2. 12), 요가(Yoga)에 대해 이야기한다. 요가는 "sthirā indriyadhāraṇā"(6. 11)와 Yogavidhi(6, 18)라고 정의된다.; Śvet. up. 1. 2.는 'Dhyānayoga'에 대해 말한다.

해 함축적 언급이 있으며,[324] 나디(Nāḍī)에 대해 이야기한다.[325] 특별히 옴(Om)과 같은 표상(表象)에 집중하라고 권고한다.[326] 게다가 '심장'이 명백히 신비로운 의미로 언급된다.[327] 도처에서 형태, 색깔, 빛, 소리 등의 신비체험에 대해 넌지시 보여준다.[328] 사상(寫像)과 환시(幻視)의 사례가 언급되어 있고, 무아지경의 황홀감이 일부 구절에 영감을 준다.[329] 일부 문헌은 신비주의자에 '언어공포'를 보이고,[330] 다른 문헌은 역설과[331] 모호함[332]에 대한 애정을 드러낸다. 불순물을 씻어낸 마음을 관조적인

---

324) Kaṭh. up. 5. 3; Muṇḍ. up. 3. 1. 9; Śvet. 2. 9. ŚĀ. pp.14-15에서 자세히 설명하듯이 '내면의 Agnihotra' 이론은 'Ajapājapa' 이론과 놀라울 정도로 밀접한 관계가 있다. 두 이론 모두 각 호흡마다 정신적 행위가 저절로 이루어진다는 생각을 토대로 한다.

325) 나디(Nāḍī)는 상당히 많고, 몹시 촘촘하며, 심장이나 태양에서 생겨나고, 여러 가지 색깔이다. 영혼이 나디에 들어간다는 것은 잠잔다는 의미다. 나디 중 하나는 정수리로 향하며, 죽을 때 영혼이 이 나디를 따라 몸에서 빠져나가면 불사(不死)를 얻는 것이 확실하다. Kaṭh. up. 6. 16; Praśna up. 11. 3. 6f; Ch. up. 8. 6; Br. up. 4. 3. 20; Kauṣ. up. 4. 19.

326) Kaṭh. up. 2. 15-17; Ch. up. 2. 233(〈참조〉 Tal B 10) Muṇḍ. up. 2. 2. 3-4; Tait. up. 1. 8; Praśna up. 5. 1-5; Śvet. up. 1. 14 ; 〈참조〉 Kaṭh. 4. 8; Ch. 1. 4. ff; Śaun. up.(Four Unpub. Up. pp.20-22.)

327) Puruṣa 또는 Antarātman의 자리로서 심장, Kaṭh. up. 6. 17(〈참조〉 Śvet. 5. 8-9에서는 이런 사람의 형이상학적 상태를 결정하려고 시도한다).; 속박의 자리로서 심장, Kaṭh. up. 6. 14-16; 나디의 근원으로서 심장(36. 4에서 언급 참고); 마음이 집중되어야 할 장소로서 심장, Śvet. up. 2. 8. 〈참조〉 Kaṭh. 6. 9; 내면의 Ākāśa가 들어 있는 심장, Ch. up. 2. 12. 9; 위의 책, 8. 1. Tait. 1. 6. Hṛdaya에 대해서는 ŚB. Ⅱ. 975 참고.

328) Kaṭh. up. 6. 17; Br. up. 2. 3. 6; Śvet. up. 2. 11; Muṇḍ. up. 2. 2. 9; Ch. up. 8. 4. 2; 3. 2. 2-3; 3. 13. 8; Br. up. 5. 9. 1; Ch. up. 1. 6. 6; Śvet. up. 5. 8. 9; Kaṭh. up. 6. 17; TĀ. Ⅰ. 183-5; 〈참조〉 CSUP. pp.348ff; Kaṭh. up. 4. 13; AS. Ⅹ. 2. 31-32.

329) Br. up. 4. 3. 21; 2. 1. 19.

330) Br. up. 4. 4. 21; Īśa up. 9; Ch. up. 7. 1. 3.

331) 위의 내용 참고.

332) TĀ. Ⅰ. 102-5; ŚB. Ⅹ. 1097ff; TĀ. Ⅰ. 24ff; 55(여기에는 Vyāsa가 YD. 4. 31에 대한 주석에서 인용한 게송이 포함되어 있으나, 그럼에도 불구하고 모호함이 남아 있다.)

시선으로 몰입해서 응시할 때 따라오는 것은 자아에 대한 통찰력이라고 말하는 곳이 있는가 하면,[333] 맹렬하게 헌신할 것을 말하는 곳도 있고,[334] 정신적 과정에서 주도권은 아트만 자체에서 나와야 한다고 주장하는 곳도 있다.[335] 이는 확실히 은총의 개념으로, 후대에 매우 중요해졌다.

요가의 기원 — 요가의 기원은 어려운 문제를 야기한다. 첫째, 무엇이 요가이고 무엇이 요가가 아닌지 결정하기가 쉽지 않다. 둘째, 이 용어는 거의 모든 정신적 수련 방법에 적용되며, 따라서 형태가 거의 갖춰져 있지 않다. 현대 작가들은 암묵적으로 요가와 신비주의를 동등하게 다루었으며, 신비주의에서 막연한 모든 것을 요가에 추가하였다. 하우어(Hauer)는 황홀경에 빠지는 모든 수련을 요가라고 해석했으며, 거의 모든 비정상적 마음 상태를 황홀경이라고 해석했다.[336] 벨발카르(Belvalkar)와 라나드(Ranade)는 요가의 주요 목적이 '초자연적인' 힘을 얻는 것이라고 본다.[337] 따라서 이런 작가들에게 베다 문헌에 자주 나오는, 초기의 신비하고 종교적인 수련에서 요가의 기원을 추적하는 것은 쉬운 일이다.[338] 또한 '정화'나 자기희생을 목표로 하는 모든 의식(儀式)

---

333) Muṇḍ. up. 3. 1. 8; Kaṭh. up. 2. 6. 9.
334) Muṇḍ. up. 2. 3. "bhāvagatena cetasā"
335) Kaṭh. up. 2. 22.
336) Hauer, Die Anfänge(요가실천의 시작), pp.1-2.
337) The Creative Period. p.405.
338) 〈참조〉 Garbe, ERE. Ⅻ. pp.832-3; Oldenberg, LU. 259; 하우어(Hauer)는 특히 요가 수련의 기원을 브라티야(Vrātya)에서 찾으려는 경향이 있는데, 그는 주요 신으로서 루드라(Rudra)와 더불어 브라티야가 브라흐마나(Brāhmaṇa)가 아닌 성인(聖人)이며 방랑하는 습관이 있다고 본다.(Bhāratīya Anuśīlana, pp.13ff; Die Anfänge 등. pp.172ff.) 이런 관점의 주요 근원은 AS. ⅩⅤ인데, 여기에는 애매모호한 내용이 많다. 〈참조〉 RPV. Ⅱ. p.402.

을 '요가'라고 본다. 마찬가지로 열광적인 감정 동요 상태나 이례적인 무기력 상태를 야기하는 경향이 있는 모든 수련을 요가에 포함시킨다.

이러한 해석들은 불운한 일로, 더 오래된 전통을 따르면서 요가의 의식 상태를 매우 분명하게 기술하는 파탄잘리(Patañjali)와 붓다고사(Buddhaghosa)를 놀라게 한 것이 확실하다. 고요하고 선명한 의식의 차분함이 요가의 정수(精髓)로 보인다.[339] 여기에 열광이란 혼수상태만큼이나 적절치 못한 것이다. 금욕적인 고행도 요가와 본질적인 관련이 없다.[340] 또한 깨끗이 정화하는 모든 수련 또는 모든 금욕적 수련을 요가라고 부를 수도 없다. 요가 수련과 비슷해 보이는 것이 베다 문헌에 처음 등장하는 것은 명상적 숭배를 지지하는 『브라흐마나(梵書)』와 우파니샤드 일부다. 일반적으로 안가바바도파사나(Aṅgāvabaddhōpāsanā, 신체 고정 명상),[341] 프라티코파사나(Pratīkōpāsanā, 이미지 명상),[342] 아함그라호파사나(Ahaṃgrahōpāsanā)[343]의 세 가지 유형이 있다. 어쨌든, 지적인 특성이 주로 발전되었으며, 사마디(samādhi, 三昧)라는 인식 유형의 성취에 대해 몇 가지를 암시하고 있다. 주로 Kaṭh.,[344] Muṇḍ.(Muṇḍakopaniṣad),[345]

339) G. C.Pande, "Patañjali's Interpretation of yoga"(요가에 대한 파탄잘리의 해석), Mountain Path, 1967, pp.213-16 참고; Von. Mangoldt 편, Yoga-Heute, 1971, "Bedeutung des Yoga"(요가의 중요성) 참고.

340) 기독교 신비주의가 금욕 수련과 밀접하게 관련되어 있다는 사실로 인해 이런 개념이 보급되는 데 많은 도움이 되었다. 감정을 정화시키는 수련이 필연적이라고 YS(2. 1. 32)에서 분명히 밝히고 있지만 지나치게 가혹하지 않아야 하며(YS. 2. 1.에서 비야사Vyāsa) 선정(Jhāna, 禪定)을 지지하는 붓다는 고행(苦行)을 비판했다.(아래 내용 참고.)

341) 〈예〉 Ch. up. 1. 1. 1. ff; 위의 책, 2. 2. 1ff.

342) 〈예〉 Ch. up. 3. 18. 1. ff.

343) 〈예〉 Īśa up. 16; Ch. up. 4. 11-15.

344) Kaṭh. 2. 20; 8. 13; 6. 10ff.

345) Muṇḍ, 2. 2. 7ff; 3. 1. 7.

Śvet에[346] 한정된다. 이들 문헌, 특히 마지막 문헌이 후대의 것임은 알려져 있다.[347] 이 문헌들은 '슈라마나' 요소가 제사장의 사상에 흡수되기 시작한 시대에 해당되며, 붓다 시대에서 크게 동떨어지지는 않은 것으로 보인다.[348] 요가 수련이 기원전 6세기 금욕주의자들 사이에 공통되는 아주 오래된 것임은 부인할 수 없다. 붓다의 스승들은 가장 높은 두 가지 아루빠사마빳띠(Arūpasamāpatti, 無色界段階)를 성취했고 가르쳤다. 스스로 신비 체험이나 요가 체험을 하는 것은 다른 사람이 그와 같은 체험을 하도록 안내해줄 수 있는 것과는 다르다는 점을 인정해야할 것이다. 전자는 어느 정도 자연스럽게 생겨나며 불시에 '신비' 체험을 하기도 하는데, 그 체험의 참된 의미를 이해하지 못할 뿐 아니라 이해하는 방법조차 알지 못한다. 우파니샤드의 '신비주의' 부분이 갖는 산발적이고 모호하며 반쯤은 시적인 특징은 그런 정황을 연상케 한다. 한편, Kaṭh.와 Śvet.의 일부 구절은 더 체계적이다.[349] 그렇다면, 체계적인 요가 수련은 베다 이전의 전통으로부터 영향을 받아서 베다의 순환과정(Vedic circle)에서 생겨났음을 시사하는 것은 아닐지 모르겠다.

상키야의 기원 — 상당히 논란이 되었던 상키야(Sāṅkhya)의 기원에 관한 문제를 살펴보고자 한다. 가르베(Richard von Garbe)에 의하면,[350]

346) Śvet. 2. 14.

347) Oldenberg, LU. pp.203f ; Deusssen, PU. p.24; Keith, RPV. Ⅱ. p.502. ff.

348) 〈참조〉 Hertel이 주장한 Muṇḍakopaniṣad와 자이나교 관점 간 유사성, RPV. Ⅱ. pp.503-4. 자이나교나 그와 유사한 배경에 반대한다면 Īśa up.에서 직업을 포기하는 것과 자살하는 것을 비난한다는 사실이 매우 중요해진다는 데 주목할 필요가 있다.

349) Kaṭh. 3. 13; 6. 7ff; 6. 18에서는 '완벽한 요가 기술'에 대해 이야기하고 있다. Śvet. 2. 8. ff.

350) Garbe, R, Die Sankhya Philosophie(상키야철학), pp.3ff.

상키야 철학은 긴 역사 속에서 본질적으로 변형된 바가 없다. 따라서 근본 상키야를 대표하는 카리카(Kārikā)의 전통 상키야를 이용할 것이다. 서사시와 우파니샤드의 상키야는 이러한 상키야를 베단타의 개념과 결합시킨 산물이다. 그러므로 상키야는 본래 베다가 아닌 이설(異說)이다. 자코비(Jacobi)는 전통 상키야의 형태와는 대체로 다른, '전통 이전'의 상키야 형태가 존재한다고 단정하는 가르베의 의견에 동의하지 않는다. 전통 상키야는 훈련된 논리학자보다는 대중들에게 설해진 것으로, 사트카르야바다(Satkāryavāda, 因中有果論)를 다르게 해석하며, 잘 발달된 세 가지 요소의 프라마나(Pramāṇa, 바른 인식 수단) 이론을 갖추지 않았다.[351] 또한, 자코비는 물질의 본성, 개인 영혼의 크기, 카르마와 윤회에 대한 믿음, 아힝사(Ahiṃsā, 不殺生) 교리 등에 관한 상키야와 자이나(Jaina)의 관점이 유사하므로, 이들 두 체계가 문화적·철학적으로 공통된 전통에서 서서히 시작되었다고 주장한다.[352] 올덴베르그(Oldenberg)는 Kaṭh.a., 특히 Śvet.에서 상키야의 기원을 보았고, 서사시 상키야는 전통 상키야와 베단타(Vedānta)가 혼합된 것이 결코 아니며, 오히려 그 반대로 근본 상키야에 의해 독립적으로 발달했음을 보여준다고 생각했다.[353]

올덴베르그의 주장에도 불구하고, 상키야의 베다 기원에 대해 논쟁하는 것은 타당해 보이지 않는다. 우파니샤드와 서사시 상키야에 대한 정확한 해석이 논쟁의 본질이므로, '전통' 상키야에서 출발하는 것만이

351) Creative Period, p.417.
352) Jacobi, Die Entwicklung(발전), pp.24-5; 영혼의 크기에 관한 주장은 Creative Period, p.418 각주 참고.; 〈참조〉 ERE. Ⅶ, p.465.
353) Oldenberg, LU. pp.206ff. 〈참조〉 Belvalkar, Sri Gopal Basu Mallik Lectures on Vedanta, p.81.

올바른 절차일 것이다. 가르베가 전통 상키야의 보존성이 뛰어나다는 점은 지적했지만, 카리카(Kārikā)가 후대의 것이라는 점은 상당히 과장되었다.[354] 이제 이 상키야에 '슈라마나' 사상의 네 가지 일반적 특징, 즉 금욕적이고, '현실적'이며, 다원론에 무신론의 특징을 모두 적용할 수 있다.[355] 이는 상키야와 자이나교가 문화적·철학적으로 공통된 전통에서 발달했다는 자코비의 의견을 뒷받침한다. 이런 환경은 베다의 환경과는 전혀 다르다.

바다라야나(Bādarāyaṇa)가 이미 상키야에 이설(異說)의 특징이 있음을 말했다는 사실이 이와 같은 관점을 강력하게 지지해 준다.[356] 이것이 전통적 견해다. 상키야는 교리의 기원을 베다가 아니라 최초로 깨달음을 얻은 카피라(Kapila)에게서 찾을 만큼 이런 견해를 지지한다.[357] 카피라는, 카피라(Kapila, 갈색) 또는 '황갈색 옷을 입은 사람'에서 파생되어 실

---

354) 바수반두(Vasubandhu, 世親)의 파라마르타(Paramārtha) 생활에 의하면, 바수반두는 나가(Nāga) 왕 브르샤가나(Vṛṣagaṇa) 또는 바르사가나(Vārṣagaṇa)에게서 배운 교리를 대폭 수정한 상키야 지도자 빈디야바사(Vindhyavāsa)의 작품에 반대하여 Paramārthasaptati를 Vidyāmātrasiddhi[에서 한 전통에 의하면, 이교도의] Suvarṇasaptati[에 대한 산문 주석도] 만들었다. 타카쿠수(Takakusu)는 이 빈디야바사와 이슈바라크르슈나(Īśvarakṛṣṇa)가 동일하다고 본다.(B. L'Ec. Fr. 1904, p.58.) 이는 카리카(Kārikā)를 후대로 보는 주요 원인이다. 하지만 타카쿠수가 이들을 동일하게 보는 것이 설득력 있는 논리에 바탕을 두고 있지는 않다.

355) 앞의 내용 참고.

356) BS. 1. 1. 5; Garbe. 앞의 책, p.4.

357) Sāṅkhya Kārikā, 70; 빤짜시카(Pañcaśikha)에 대한 이야기. 'Ādividvānnirmāṇa cittamadhiṣṭhāya 등'은 Vyāsa가 YS. Ⅰ. 25의 주석에서 재인용. 카피라(Kapila)에서 이슈바라크르슈나(Īśvarakṛṣṇa)까지 지도자의 계승은 Sāṅkhya Kārikā의 한역본 주석에 나온다.: [p.307] Kapila Āsuri Pañcaśikha Ho kia(Garga 또는 Gārgya)— Yeou leou kia(아마도 uluka)— Po pó li Īśvarakṛṣṇa.(B. L'Ec. Fr. 1904, p.59.); 베다의 가르침에 대한 상키야의 적대감에도 주목해야 한다. Sāṅkhya Kārikā, 2; Buddh. car. Ⅻ. 30에서 Arāḍa Kālāma는 베다의 의식절차가 효력 없다고(Anupāya) 비난하는데, 그의 교리는 상키야와 상당히 비슷하다.

제로 시조가 된 이름이라는 것을 알 수 있다.[358)]

우파니샤드의 상키야를 간단하게 살펴보자. 첫째, 프라다나(Pradhāna) 개념은 아래의 우파니샤드 구절에서 볼 수 있다는 주장이 있다.: Muṇḍ. 1. 1. 6–8; Ch. 6. 2. 1ff; Kaṭh. 3. 11.(Kaṭh. 6. 7–8은 Kaṭh. 3에 의존할 수도 있다.); Śvet. 1. 8. 10, 4.5, 10. 여기서 바다라야나와 샹카라(Śaṅkara)는 Muṇḍ.의 아크샤라(Akṣara)뿐만 아니라 Ch. Up.의 사트(Sat)도 의식 원리로 보이므로[BS. 1. 1. 5–10, 1. 2. 21–23과 그에 대한 샹카라의 주석(comy.) 참고.] 결코 프라다나(Pradhāna)라고 해석될 수 없음을 알았고, 이는 정당하다고 생각된다. Kaṭh. 3에 서술된 내용과 타트바(Tattva, 原理)에 대한 전통 상키야의 도식은 그 언어적 표현과 체계에서 워낙 유사하게 일치하여 완전히 독립적이라고 보기 어렵다. 우파니샤드의 설명이 전통 도식의 첫 번째 형태이거나 아니면 베단타에서 일부 상키야 용어와 개념을 그대로 받아들이려 했음을 나타낸다. 후자의 가설은 편집자가 어째서 개인의 영혼을 '마하 아트만(mahān Ātman, 위대한 자아)'이라고 불렀는지 설명해 주며, Kaṭh. 3. 13에서 분명해지므로 전혀 그럴 필요가 없는데, '마하 아트만'과 최고의 영혼 사이의 '아비야카타(Avyakta, 無表)'를 소개해 준다. 한편, 전자의 가설은 개별 영혼의 통합을 믿는 유신론적 상키야의 태도를 분명히 드러낸다.(〈참조〉 Kaṭh. 3. 12.)

슈베타슈바타라(Śvetāśvatara) 구절은 상키야의 프라다나 개념에 대한 지식을 분명하게 나타내고 있지만, 그 지식으로 뚜렷한 유신론 망을 만든 것으로 보인다.

Muṇḍ. 3. 1. 8~10는 사트바(Sattva, 有情, 또는 순질)와 찟따(Citta, 心)를 동의어로 사용하는 반면, Kaṭh. 6. 7는 붓디(Buddhi, 覺) 대신 사트바

358) 〈참조〉 Garbe, 앞의 책, p.3.

를 사용하고 있다.(〈참조〉 Kaṭh. 3. 11. Ch. 7. 26. 2도 사트바를 찟따의 의미로 사용한다.) Śvet. 5. 8과 Praśna 4. 8에는 '아항까라(Ahaṅkāra)'가 사용되었으나 그 의미는 정확하게 확인할 수 없다.

'푸루샤(Puruṣa, 神我)'는 베다 문헌에서 친숙한 모습이다. 우파니샤드에는 푸루샤의 본성에 대해 다양한 개념이 설명되어 있다. 낮게는 이미지나 그림자와 동일시되거나(Br. 2. 1. 9, 12), 높게는 비즈냐나마야(Vijñānamaya, Br. 2. 1. 16ff; Praśna 4. 9) 또는 마노마야(Manomaya, Tait. 1. 6. 1)로 불린다. 때로는 카르트르(Kartṛ, 행위 주체, 행위자)라고(Praśna 1. c; Muṇḍ. 3. 1. 3) 불리고, 때로는 아카르트르(Akartṛ)라고(Śvet. 1. 9) 불린다. 대개 오른쪽 눈에(Kauṣ. 4. 17, 18; Ch. 1. 7. 5, 4. 15. 1, 8. 7. 4; Br. 2. 3. 5, 4.2-3) 자리하거나, 아니면 심장에(Br. 4. 3. 7, 5. 6. 1; TĀ Ⅱ, p.510) 자리한다. 엄지손가락 길이와 같다는 푸루샤의 크기는 여러 차례(Kaṭh. 4. 12, 13, 6. 17, Śvet 5. 8, 3. 13. 〈참조〉 Ch. 5. 18. 1) 언급된다. 푸루샤를 마음과 구별하려는 시도는 찾아볼 수 없으며, 대다수 푸루샤는 눈에 띄지도 않는다. 푸루샤에 대한 상키야의 독특한 개념은 우파니샤드에서 거의 찾아보기 어렵다.

스나르(Senart)에 의하면, 세 가지 구나(Guṇa, 性質, 屬性)[359]의 차이는 궁극적으로 우주의 세 부분, 즉 대지, 공기, 하늘의 차이에서 유래한다(JA. 1915 Juillet, Août 151ff.) 라 발레 뿌쌩(La Vallée Poussin)은 스나르의 의견에 동의하며(『기원전 3세기까지의 인도(L'Inde jusqu'au 300 a.J.C.)』, p.270) 올덴베르그도 마찬가지다(LU. 214-15). 이런 생각은 Śvet. Up.를

359) *역자주: 프라크리티(prakṛti, 根本原質, 自性)를 이루는 구성요소. 사트바(sattva, 순질, 善性)·라자스(rajas, 격질, 動性)·타마스(tamas, 암질, 暗性)의 세 가지(Triguṇa, 三質)로 구분.

제외하면 우파니샤드에서조차 그다지 추천하지 않으며, 트리구나(Triguṇa) 이론에 대한 지식을 볼 수 있는 유일한 문헌은 Ch. 6. 2.ff.다. 여기서는 만물이 떼자스(Tejas, 火, 열), 압(Ap, 水), 안나(Anna, 地, 음식)의 변형일 뿐이라고 말하며, 각각 빨간색, 흰색, 검은색이다. 트리구나 개념이 일반적으로 비슷한 것은 분명하나, 좀 더 확실하게 결론지을 만한 정보가 없다(《참조》 BS. 1. 4. 8-10과 그에 대한 샹카라의 논평).

최종 견해 — 우파니샤드 시대에 『브라흐마나(Brāhmaṇa, 梵書)』에서 발견되며 푸르바미망사(Pūrvamīmāṃsā)에서 체계화된 후대의 사상에 크게 불만을 갖는 집단이 생겨났다는 점을 알게 되었다. 이들 사상가 집단은 궁극적 실제의 본성 문제에 대해 고심하였으며, 마침내 궁극적 실제를 직접 경험하는 것이 인간의 삶에서 최고선(最高善)이지만 말로는 표현할 수 없다는 결론에 이르렀다. 인간이 얻고자 분투하는 이상적 목표는 상사라(Saṃsāra, 輪廻)에서 벗어나 자유로워지는 것(Mokṣa, 解脫)으로, 만물의 고유한 정수(精髓) 또는 아트만(Ātman)에 대한 지식과는 다르며 무지를 초월하는 '통찰'의 결과로 자유를 얻는다.

나아가, 우파니샤드는 베다 사상과 그렇지 않은 사상의 흐름 사이에서 통합이 시작되었음을 보여주고 있다.

제9장 붓다 시대의 종교적 조건

사회적 존재와 사회적 의식 — 기원전 6세기는 "종교가 고대 사회 전체를 개혁하는 데 지대한 영향을 미친 시대"였다.[1] 중국의 철학 시대나[2] 그리스의 소피스트[3] 시대와 같이, 인도에서도 이 시대에 주목할 만한 지적(知的)·종교적 동요가 있었다. 말하자면 인류를 위한 깨달음의 시대였다. 유물론적 역사관[4]은 사회적 존재가 변화함으로써 인류 의식이 변화했다고 본다.[5] 한편, 관념론적 역사관은 독자적 논리를 거쳐 사상의 발전 또는 확산이 있었다고 본다.[6]

---

1) CAH. Ⅲ. p.499.
2) 〈참조〉 Fung Yu-Lan, History of Chinese Philosophy(중국철학사), p. xvii.
3) *역자주: 기원전 5세기부터 기원전 4세기까지 그리스를 중심으로 활동했던 철학 사상가이자 교사들. 설득을 목적으로 하는 논변술을 강조했으며, 진리와 정의를 상대적 기준으로 바라보았다.
4) 유물론적 역사관으로 자주 인용되는 구절은 칼 마르크스(Karl Marx)의 The Critique of Political Economy(정치경제학 비판) 서문에서 찾아볼 수 있다.
5) 공자 시대의 철학과 사회경제적 변화 간 상관관계에 관해서는 풍우란(Fung Yu-Lan), 앞의 책, pp.8-14 참고. 사회적 변화라는 관점에서 보는 고대 그리스 사상의 해석에 관해서는 G. Thomson, Aeschylus and Athens(아이스킬로스와 아테네); F. M. Cornford, From Religion to Philosophy(종교에서 철학까지); B. Farrington, Greek Science 참고.; 붓다 시대에 대한 유물론적 관점과 관련해서는 D. D. Kosambi, Ancient Kosala & Magadha(JBBRAS 1951); Atindranath Bose, Social and Rural Economy of Northern India, Ⅱ, pp.481-2 참고.
6) 이런 관점은 흔히 더 오래된 철학사에서 찾아볼 수 있다. 〈참고〉 Bury, History of Greece(그리스 역사), p.321.(London, 1906.)

기원전 5-6세기 중국,[7] 인도,[8] 지중해 사회에서[9] 지적·정신적 발전의 시기에 경제적·정치적 중대 변화도 있었다는 사실을 부인할 수 없다. 그로 인해 사회적 고통감을 느끼며 탐구 정신에 눈뜨게 됐을 것이다. 사회적 변화와 고통은 종교와 철학의 새로운 진로 모색과 반드시 연결된다.[10] 사회적 위기는 현상을 한정짓지 않고 새롭게 생각할 필요가 있음을 보여준다. 사회적 변화는 정신적 변화의 '원인'이라기보다는 하나의 '기회'로서, 논리적 준거보다는 일종의 선례(先例)를 제공한다.

붓다 시대의 사회적 변화 — 인도 안에서 '이주와 정착'의 시기가 끝나자, 국가를 조직하는 데 지역요소가 종족요소보다 우세해졌다. 국가는 군주국은 물론 공화국을 포함하여 여러 자나빠다(Janapada, 地方)로 나뉘었다.[11] 중국의 '전국(戰國)시대'처럼,[12] 군주국 간에[13] 특히나 군주

7) Fung Yu-Lan, 앞의 인용문 참고.; Wu-ta-ku'n, Past and Present Ⅰ; Latourette, The Chinese: Their History and Culture ; Fitzgerald, China.
8) 뒤의 내용 참고.
9) 〈예〉 Bury, 앞의 책, pp.180ff 참고; CAH. V. pp.16ff; 〈참조〉 Thomson, 앞의 책, pp.85ff ; G. C. Field, Plato and His Contemporaries, Pt. Ⅱ.
10) 〈참조〉 Toynbee, Civilisation on Trial.
11) 〈참조〉 "여기서 같은 시기 그리스의 정치상황이 연상된다. 원인이 비슷하므로, 다른 문제에 관해서도 비슷하게 유추할 수 있다."(Rhys Davids, C.H.I. Ⅰ. p.175). 〈참조〉 I.H.Q. March 1954, pp.38-49는 그리스 도시국가와 인도 자나빠다(Janapada, 地方) 발전 사이의 유사점을 찾아볼 수 있다. Rhys Davids(Buddhist India), K. P. Jayaswal(Hindu Polity), Ray Chaudhury(PHAI)는 이들 고대 국가에 대해 알려진 거의 모든 것을 요약하여 설명한다. V. S. Agrawal, India As known to Pāṇini 참고. 〈참조〉 Wagle, Society at the Time of the Buddha, pp.29ff; Dr. M. R. Singh, A Critical Study of the Geographical Data in the Early Purāṇas, pp.44ff.
12) 기원전 403-221년. 진(秦)나라가 마가다(Magadha)의 역할을 하였다.
13) 코샬라(Kośala)는 이미 카쉬(Kāśī)를 흡수하였고, 앙가(Aṅga)를 집어삼킨 마가다(Magadha)는 코샬라(Kośala)에 등을 돌렸고, 결국 마가다와 아반티(Avanti) 사이에서 전쟁이 일어났음을 알 수 있다.

제와 비군주제 간에 힘겨루기가 있었다.[14] 전쟁으로 인해 공화제는 줄어들고,[15] 전제주의가 생겨났으며,[16] 마가다 제국이 성공적으로 성장하였다. 이처럼 다방면에서 정치적으로 변화함에 따라 자연스레 토론이 잦아지게 되었다.[17] 이 시기에 정치학이 출현하여[18] 두 세기 뒤 카우틸리야(Kauṭilya)의 「아르타샤스트라(Arthaśāstra, 實利論)」에서[19] 정점에 이른 것으로 보인다.[20] 브라흐마나는 '우주의 통치자'라는 이상(理想)을 지지하며, 희생제 의식절차 일부를 반영하고 있었다.[21] 자이나교는 정치적 폭력에 반대하였던 반면에,[22] 불교는 점차 '우주의 도덕적 통치자'라는 이상(理想)을 공식화하였고, 고대 인도에서 가장 유명한 군주들이 실행하고자 노력하였다.[23] 사회와 국가의 기원에 대한 공화제의 강점과 약점

---

14) 위두다바(Vidūḍabha)는 샬리야(Śālyas)를, 아자타샤트루(Ajātaśatru)는 릿차위(Licchavis)를 공격하였다. 공화제에 관한 새로운 연구는 Sharma, Republics in Ancient India 참고.

15) 가나라지야(gaṇa-rājya, 共和政, 寡頭政)가 감소하게 된 중요한 이유가 "부족의 재산에 비해 개인의 재산이 발전하고, 원주민들을 정복한 뒤에 부족에서 과두제(寡頭制)로 발전"했기 때문임을 보여준다.(JBBRAS, 1951, p.186.)

16) "새로운 군주 체제에 수반되는 상황이 두 가지 있다. 내적으로는 오로지 왕에게만 충성함으로써 부족의 굴레 없이 영원한 관리와 상비군으로 특징지을 수 있다. … 외적으로는 … 정복 … 부족의 힘과는 관련 없고 따라서 부족의 힘에 반대하는 폭력 장치로서의 국가가 나타났다. … "(JBBRAS, 1951, p.187.) 〈참조〉 Ghoshal, History of Indian Public Life, Vol.Ⅱ.

17) 〈참조〉 K. V. R. Aiyangar, Some Aspects of Ancient Indian Polity, p.62.

18) 〈참조〉 A. S. Altekar, Prācīna Bhāratīya Śāsana Paddhati, pp.2ff; Beni Prasad, Theory of Government in Ancient India. Dr. A. D. Pant's Introduction (1968).

19) *역자주: 공공행정과 경제정책, 군사전략에 관한 보고서. '물질적 이익의 과학'이라고 소개된다.

20) 이런 변화에 있어서 그리스와 중국은 확실히 유사점이 있으며, 거의 동시에, 비슷한 원인이 어떻게 비슷한 결과를 만들어내는지 보여준다.

21) 〈참조〉 K. P. Jayaswal: 앞의 책, pp.195ff; Beni Prasad, 앞의 책, pp.49ff.

22) 〈예〉 U. Ⅸ.

23) Bhandarkar, Aśoka, pp.232ff. 〈참조〉 Rhys Davids, Hibbert Lectures, pp.129ff.

에 대해 많은 토론이 진행됐다.[24] 추론이지만, 시대의 정치문제로 인해 세상으로부터 시선을 돌리도록 자극받아 더 깊고 섬세한 생각과 영혼들이 생겨났다.[25]

지배계급은 크샤트리야(Kṣatriya)와 그 친족으로 구성되어 있는데, 그중 일부는 그들이 세습적으로 귀족 신분임을 사회에 선언하는 외에는 아무 역할도 없었다. 왕들은 사냥을 하고, 사랑을 나누고,[26] 세력 확장을 위해 전쟁을 벌였다. 그와 동시에 일부 왕들은 계몽사상(Aufklärung)을 지지한 유럽의 절대군주들처럼 새롭게 유행하는 철학을 후원하였다. 이 시대의 크샤트리아는 브라흐마나 못지않게 지적인 생활의 선두자로 보인다.[27] 우파니샤드에는 이미 판찰라 국(Pañcāla)의 프라바하나(Pravāhaṇa), 케카야 국(Kekaya)의 아슈바파티(Aśvapati), 카쉬 국(Kāśī)의 아자타샤트르(Ajātaśatru), 비데하 국(Videha)의 자나카(Janaka) 같은 왕실 철학자들이 언급되고 있다. 크리슈나(Kṛṣṇa)는 BG(Ⅳ. 1-2)에서 왕실 철학자의 철학적 전통에 대해 이야기하고 있으며, 이는 Br. Up.(6. 2. 8)에서 프라바하나 자이발리(Pravāhaṇa Jaivali)가 배타적인 크샤트리아 비드야(Kṣatriya Vidyā)에 대해 언급한 내용과 비교할 만하다.[28]

---

24) Mbh. Śāntiparva (Rājadhrma 부분), the Artha śāstra of Kauṭalya 참고.

25) 토인비(Toynbee)는 붓다 시대가 인도 지역의 '문제의 시대'에 해당된다고 본다. (A Study of History, Ⅲ, pp.270ff.) 〈참조〉 JBBRAS 1951, p.186.

26) 우다야나(Udayana) 왕은 왕실 생활의 밝은 면을 보여주는 가장 유명한 사례로, 후대에 시인이자 극작가로서 인기를 얻었다.

27) 때로는 크샤트리아와 브라흐마나의 갈등설이 제기되기도 하였으며, 크샤트리아는 브라흐마나의 종교와 사회적 지배권에 저항하는 지도세력으로 인정받기도 하였다. 하지만 그런 갈등을 위한 실제 계급의 토대는 보기 어렵다. 암시할 만한 뚜렷한 근거도 없다. 앞에서 드러났듯이 철학적·문화적 관점에서 갈등을 일으킨 새로운 종교 운동에서 크샤트리아 계급이 중요한 역할을 한 것은 확실하다. 사회적·계급적 갈등이 있었다는 점에는 의심할 바가 없다.

28) 〈참조〉 Tagore, A Vision of India's History(Visva-Bharati의 재판본, 1951.); Rhys Davids, Buddh. Ind. p.257.

이 시대에는 도시와 상업이 발달하고 무역과 조합이 조직되면서 사회적 풍경이 이전 시대와 달라졌다. 특히, 화폐의 출현이 눈에 띄며, 이는 결국 사회생활에 중대한 변화를 가져왔다.29) 앙가(Aṅga)의 멘다카(Meṇḍaka), 코샬라(Kośala)의 아나타핀디카(Anāthapiṇḍika), 카우샴비(Kauśāmbī)의 고샤카(Ghoṣaka)와 같이30) 대단히 부유한 상인들이 새로운 종교 운동을 후원하였다.

일부 사학자들은 16세기 종교개혁이 자본주의 및 중산층 계급 발생과 어떻게 관련되었는지 밝히고 있다.31) 자이나교와 불교에도 비슷한 상관관계가 제기되었으나,32) 단지 추론으로 남아 있을 뿐이다. 오래된 베다의 신들과 희생제는 시골 풍경이자 농촌 풍경처럼 이해했던 것이 분명하다.33) 오래된 종교의 여러 가지 상징은 자연 현상 및 목축·농

---

29) 〈참조〉 N. C. Bandopadhyaya, Economic Life and Progress in Ancient India Ⅰ, pp.240ff, 254ff, 285ff; C.H.I. Ⅰ, pp.205ff: 210ff: D. R. Bhandarkar는 Aśoka: Ancient Indian Numismatics (Lecture Ⅱ)에서 주화를 사용한 기원을 최초기 베다 시대까지 거슬러 올라가며 추적한다. 화폐경제 도입에 따르는 사회 변화와 고충을 보여주는 실례(實例)를 17세기 일본 역사에서 찾아볼 수 있다. G. B. Sansom, Japan, pp.470ff 참고. 사회적 불안정과 고충 외에도, 화폐가 발달하면서 사회사상이 비인간적이고 추상적으로 변해 갔으며(Spengler, Der Untergang des Abendlandes, 서구의 쇠퇴) Ⅱ, p.603ff 참고), 사회적 관계가 '구체화'되었다.(Paul M. Sweezy, The Theory of Capitalist Development, pp.35ff 참고). 최근에는 무엇을 2차 도시혁명이라고 부를 것인가에 대해 많은 논의가 진행되었다. Purātattva: journal of the Indian Archaeological Society 1972-73 참고.

30) 붓다에게 기부한 사람이 Ghoṣitārāma라는 사실이 최근 고고학을 통해 밝혀졌다. G. R. Sharma, Excavations at Kauśāmbī.

31) 〈예〉 Tawney, R. H, Religion and the Rise of Capitalism. 〈참조〉 Marx, K. Capital Ⅰ, p.51.

32) JBBRAS. 1951, pp 192-3; Atindranath Bose, Social and Rural Economy of Northern India.

33) 도시생활 및 새로운 경제 조건은 브라흐마나의 마음에 들지 않았다는 데 주목할 필요가 있다. Bandyopadhyaya N. C. Economic Life and Progress in Ancient India, p.288, p.305; C.H.I. Ⅰ. pp.237-8; Āpastamba, Dh. Sū.(Dharmasūtra) 1. 32. 21; Baudhāyana, Dh. Sū. Ⅱ. 3. 2. 53; Vāsiṣṭha Dh. Sū. Ⅱ. 40 (고리대금 관련).

업 기능에서 유래되었으므로 도시생활 환경에서는 그 상징성이 희미해졌다. 신들은 설득력이 떨어지게 되었으며, 의식절차는 이해하기 모호하고 무의미해졌다. 그럼에도 불구하고 [개신교와는 달리] 자이나교와 불교는 '세속화'되는 경향이 없었고, 금욕적인 수도생활의 특징을 보였다는 사실을 기억할 필요가 있다. 뿐만 아니라 자이나교와 불교는 개혁운동으로 보였을 가능성도 거의 없다.[34] 결국, 화폐경제와 자본주의가 앞서 언급한 일반적·추론적 원인을 정당화할 정도로 붓다 시대에 발달되었는지 확신하기는 어렵다.[35] 이 시기에 여러 부유한 상인들이 자이나교와 불교를 후원했다는 사실은 의심할 바가 없지만 특정 계급과 제휴했는지는 알 수 없다.

브라흐마나와 그 종교 — 브라흐마나(Brāhmaṇa, 婆羅門)는 이 시대에 자부심 강한 카스트 계급이었으며,[36] 베다를 연구하고 희생제를 거행하는 제사장 및 지도자로서의 삶을 이상(理想)으로 여겼다.[37] 그러나 사실상 제사장이 아닌 브라흐마나도 많았는데, 일부는 행정관리직에 종사했으며, 일부는 영주(領主)였고, 아니면 하급 경작자나 초라한 농노였다.[38]

---

34) 뒤의 내용 참고.

35) 〈참조〉 Rhys Davids, Buddh. Ind. p.50.

36) 〈참조〉 Uttarajjhayaṇa, XII. 5.

37) 니까야(Nikāyas)에 언급된 유명한 브라흐마나 지도자에 관해서는 N. Dutt, EMB Ⅰ, pp.27-8 참고. 브라흐마나 희생제에 관해서는 MN. Ⅰ. 343-44; SN. Ⅰ. 75; AN. Ⅳ. 41; DN. Ⅰ. 127, 141 등 참고.

38) Fick, Die soziale Gliederung. pp.156ff. DN. 열여섯 번째 경전은 브라흐마나 대신(大臣)에 대해 이야기하고 있다. 「암밧타 숫따(Ambaṭṭha Sutta)」와 「소나단다 숫따(Soṇadaṇḍa Sutta)」(DN.)에서는 토지를 상당히 소유하고 있는 브라흐마나에 대해 이야기한다.

규모가 큰 슈라우타(Śrauta, 天啓) 희생제는 서민들의 삶에서는 작은 비중을 차지했다. 서민들 신앙의 본질은 케케묵은 의식절차를 이행하는 데 있었으며, 브라흐마나의 「그르햐수트라(Gṛhyasūtra, 家庭經)」와 「다르마수트라(Dharmasūtra, 律法經)」에 의하면 이러한 오래된 의식절차가 일상생활의 근간을 이루고 있었던 것으로 보인다. 슈라우타(Śrauta) 희생제와는 달리, 가정의례 체계는 자이나교도나 불교도에 부딪히지 않았다. 한참 뒤에 우다야나짜리야(Udayanācārya)가 개념부터 장례 의식까지, 관습일 뿐이라고 설명할 수 있겠지만 어떠한 철학도 베다의 신성한 의식을 거부하지 않았다고도 말할 수 있다.[39)]

신과 인간 사이에 단순한 조화가 이루어졌을 때는 이미 브라흐마나 종교의 '봄날'이 한참 지난 뒤였다.[40)] 겉으로는 형식을 중시하고 의식에 치중하면서 속으로는 세속적인 시대의 경향과 선택된 소수만을 대상으로 금욕적인 방향으로 향하는 새로운 우파니샤드의 출범 사이에 뚜렷한 대비가 발달하였다. 우파니샤드에서 의례 행위에 대한 교리가 지식으로 대체되거나 일신교의 헌신으로 대체되었으며, 동시에 의례적인 행위 요소보다는 도덕적인 행위 요소가 더 강조되는 경향이 나타났음을 볼 수 있다. 『바가바드기타(Bhagavadgītā)』와 『마하바라타(Mahābhārata)』의 「샨티 파르반(Śānti Parvan)」에서는[41)] 이러한 충돌과 변화가 더 분명하고 풍부한 표현으로 받아들여진다. 여기서 의식주의(儀式主義)는 고행적 금욕, 덕행과 헌신이라는 생활신조와 싸워 확실하게 패배한다.[42)]

---

39) Ātmatattvaviveka, p.417.(Chaukhamba Ed.), 〈참조〉 AN. V. 263.

40) 〈참조〉 BG. Ⅲ. 10-16에서는 오랜 베다 종교의 핵심을 설명하고 있다.

41) * 역자주: 『마하바라타』는 '바라타 족의 (전쟁에 관한) 대서사시'라는 이름으로 18권으로 구성되어 있다. 「샨티 파르반(Śānti Parvan)」은 12번째 책을 말한다.

42) R. G. Bhandarkar, Collected Works, Ⅳ, pp.3, 10; Belvalkar and Ranade, Creative Period, pp.443ff.

브라흐마나 종교 내에서 삶의 근본적 가치에 대한 생각이 점차 분열된 것이 확실하며, 그 결과 트리바르가(Trivarga, 三品)뿐만 아니라 목샤(Mokṣa, 해탈)도 최고선(最高善)으로 채택하게 되었다. 차투바르가(Caturvarga, 四品)의 도식은 완벽해졌고, 베다의 종교는 프라브릇티 다르마(Pravṛtti dharma, 행위진작)와 니브릇티 다르마(Nivṛtti dharma, 행위억제)의 통합이 되었다. 「다르마수트라(Dharmasūtra)」에서 이러한 변화를 네 가지 삶의 단계 이론으로 공식화함으로써 사회적 반향을 불러일으켰다.[43] 많은 연구자들은 브라흐마나 종교 내부에서 의식주의에 반대하는 경향으로부터 자이나교와 불교가 생겨났다고 평가하고 있다.[44] 하지만 베다의 울타리 안에서 의식주의에 반대하는 경향이 생겨난 것은 베다보다 앞선 금욕주의의 영향을 받았기 때문임을 확인할 수 있다. 자이나교가 베다 사상의 영향을 깊이 받긴 하였으나 베다 시대 이전부터 이어져 온 흐름을 대표하며, 불교 역시 이러한 흐름에서 생겨났다. 흔히 불교가 베다의 종교에 저항하는 개혁운동으로서 발생했다고 보는 견해는 이전의 문명에 대해 무지하거나 등한시하여 후기 베다 역사를 잘못 해석함으로써 생겨난 것으로 보인다.

대중적인 종교 — 인간의 종교적 믿음은 문화 환경과 조화를 이루어 표현된다. 따라서 다양한 사회 조건이 각양각색의 종교생활에 반영된다. 다른 여러 종류의 문화가 항상 혼합되어 있는 인도에서는 이런 현상이 더욱 뚜렷하다. 인도는 "만물에 영혼이 깃들여 있다고 믿는, 가

43) 뒤의 내용 참고.
44) R. G. Bhandarkar, 앞의 인용문; E. Hardy, Indische Religionsgeschichte(인도 종교 역사), 58ff; Dutt, EMB. Ⅰ, pp.13ff.

장 원시적인 정령신앙[物活論]과 귀신숭배[邪神教]가, 교육받은 소수의 사람들에게는 다소 철학적이며 윤리적인 개념이 종교적 바탕이 되었다. … 더 높은 사상의 상징은 소작농 계급의 어마어마한 물리적 실체다."[45] 기타(Gītā)[46]는 신앙이 마음의 소양을 따라 나타난다는 말로써 설명하고 있다. 이를테면, '사트비카(Sāttvika)'는 데바(Deva, 天)를 숭배하고, '라자사(Rājasa)'는 약샤(Yakṣa, 夜叉)를 숭배하며, 락샤사(Rakṣas'a)와 '타마사(Tāmasa)'는 부타(Buūta, 유령)와 프레타(Preta, 死者靈)를 숭배한다.

약샤 숭배는 보편적이었다. 약샤는 일반적으로 데바타(Devatā, 神格)와 동의어로 널리 쓰였으며,[47] 대중적 차원에서 약샤 숭배는 아리안족 이전 시대의 종교가 이어진 것으로 보는 관점에 힘이 실린다.[48] 약샤는 영(靈)이고, 주로 나무와 관련 있으며,[49] 세속적 욕망, 특히 자손과 재물을 허락한다.[50] 주로 토속신이나 수호 성인의 성격을 띠지만,[51] 일부는 우주의 기능과도 관련 있던 것으로 보인다. 이들은 특히 야마(Yama, 夜摩), 샤크라(Śakra, 帝釋天)와 연결되어 있다.[52] 때로는 사악해지기도 하며, 심지어 사람을 차지하여 발작 증상을 일으키기도 한다.[53] 약시(Yakṣī)는 이따금 사람들을 유혹하기도 하며, 아프사라스(Apsarases)[54]와

45) Wheeler, The Indus Civilisation(인더스 문명), p.83.
46) XⅧ. 3-4.
47) A. K., Coomarswamy, Yakṣas, Pt.Ⅰ, p.36.
48) 위의 책.
49) 위의 책, p.32.
50) 위의 책, p.36.
51) 위의 책, pp.14ff.
52) 〈참조〉 JBBRAS. 1951, p.177.
53) 위의 책. Coomarswamy, 앞의 책, pp.21-2.
54) *역자주: 천계(天界)의 무녀(舞女). 무용·음악을 즐기며 그리스 신화의 님프에 해당된다. 사람들에게 정신이상을 일으키게 하고 요염한 자태로 성자(聖者)를 유혹하거나 고행(苦行)을 방해하는 등 무서운 면도 있다.

비슷해 보인다.[55] 약샤의 일부는 서서히 브라흐마나의 신이나 불교의 신에 흡수된 것으로 보인다.[56] 이들은 풍요[多産]를 허락하면서도 비위 맞추기 쉬운 신이라는 대중의 요구를 만족시켰다. 뿐만 아니라 나무, 목재, 낡은 건물, 골목길 등 보이지 않는 세계에도 살고 있으며, 땅거미가 진 뒤에 인간의 삶을 가끔씩 엿볼 수도 있고 더 그림같이 만들 수도 있다는 낭만적 상상에 부응하였다. 또한, 신들의 계급 만들기를 좋아하는 등의 사색적인 마음에 엄청난 소재를 제공하였다. 끝으로, 이들은 후대 인도의 도상학(圖像學)과 탄트라(Tāntrika)의 의식과 절차 발전에 영향을 미쳤다.[57]

사람들은 하늘의 신들, 숲의 신들뿐만 아니라 망자(亡者)의 혼령(魂靈), 악령(惡靈)과 같이 다양한 낮은 존재들, 코끼리·말·소·개·까마귀 등과 같이 다양한 동물들도 숭배하였다.[58] 모호하고 변하기 쉬운 다신교(多神敎)은 어느새 여러 귀신을 숭배하는 다령(多靈) 신앙으로 융화되었으며, 이는 대중적인 신학이 되었다.

"인드라(Indra), 스칸다(Skanda), 루드라(Rudra), 무쿤다(Mukunda), 악마, 약샤, 뱀을 기리고, … 무덤, 성지, 나무, 언덕, 동굴, 우물, 저수지, 연못, 강, 호수, 바다, 광산"에 경의를 표하기 위해 대중적인 제례가 개최되었다.[59] 그런 경우에는 '브라흐마나와 슈라마나, 초대 받은 손님, 빈

---

55) 위의 책, pp.13, 27.

56) Coomarswamy, 앞의 책, pp.28ff 참고. 〈예〉 Kuvera and Vajrapāṇi

57) 위의 책, pp.24ff.

58) B. C. Law, India as Described in Early Texts of Buddhism and Jainism(불교 및 자이나교 초기 문헌에서 묘사하는 인도), pp.195, 197-8. 〈참조〉 BG. Ⅸ. 25.

59) Jaina Sūtras Ⅰ, p.92. 〈참조〉 MN. Ⅰ. 39. Jain, J.C, Life in Ancient India as Depicted in the Jain Canons(자이나교 경전에서 그리고 있는 고대 인도의 생활), pp.215ff. 〈참조〉 Dr. V. S. Agrawal, Prācīna Bhāratīya Lokadharma.

민, 거지들'도 음식과 선물을 대접받았다. 서로 뒤섞여 앉아 독한 술을 마시거나,[60] 난폭해진 군중[61] 등은 알려지지 않았다. 이는 불교 문헌에 언급된 '사맛자(Samajjā, 祝祭)'와 비교할 만한데, 본래는 숭배 의식의 의미였다.[62]

대중들은 영혼이 사람 안에 있는 소인(小人)으로, 생체 기능 및 정신 기능을 지니고, 그림자나 꿈-심상(心象)이나 투영된 영상처럼 미묘하고 공상적이며 모호한, 보이지 않는 존재라고 믿었다.[63] 이는 자아를 실체화·의인화한 개념을 나타낸다는 사실을 기억하는 것이 중요하다. 연령과 국가를 불문하고 널리 통용되어 왔으며 우파니샤드에도 나온다. 하지만, 우파니샤드는 아트만(Ātman) 개념을 철저히 다루지는 않고 있으며, 몸에 생명을 불어넣는 실질적·개인적 영혼이라는 개념을 넘어서 상상도 하기 어려운 초월적인 자아의 개념, 모든 존재에 앞서는 바탕으로 발전해 왔다.[64] 현대에는 아트만이라는 단어가 '영혼'이라는 보편적 개념은 물론, '자아'라는 철학적·신비주의적 개념의 두 가지 모두 쓰인다. 이처럼 아트만이 두 가지 의미를 갖는 것은 유감스러운 일이다. 왜냐하면, 불교도와 현대 해석들은 대부분 일반적으로 상상하여 믿고 있는 '영혼'의 의미로만 '아트만'을 이해하고 있기 때문이다. 그들은 쉽게 비판거리를 찾아낼 수 있었다. 한편, 이러한 거부에 의해 철학적 아트마바딘

---

60) Jaina Sūtras Ⅰ, p.94.
61) 위의 책, pp.95-6.
62) Pali Dictionary(PTSD) 참고.
63) Rhys Davids, Budd. Ind., pp.251ff 참고. 〈참조〉 W. Ruben, Materialismus in Leben des alten Indiens(고대 인도 삶의 유물론). AO(Acta Orientalia), 1935, p.143에서는 DN의 「빠야시 숫딴따(Pāyāsi suttanta)」에 대해 논의하고 있다. 영혼의 Pāyāsi 개념은 보통 사람 개념이다.
64) 「제8장 베다의 배경연구」 부분 참고.; A. C. Mukerji, The Cultural Heritage of India(인도의 문화 유산), Vol.Ⅲ, pp.475ff.(2판).

(ātmavādin, 자아론자, 실체론자)은 항상 이해받지 못하였다. 물론 특정한 자아 개념을 부정하는 사람도 있을 수 있다. 하지만 자아의 존재 자체를 어떻게 부정할 수 있겠는가? '앗따(attā, 自我)'에 대한 불교의 관점은 '아트만(ātman)'에 대한 최상의 우파니샤드 개념을 참고하여 이해할 수 없다. 이러한 내용은 보편적 믿음에 비추어 볼 때 충분히 의미가 있다.

천국과 지옥에 대한 개념은 일반적인 종말론에서 중요한 역할을 한 것으로 보인다. 자이나교 문헌에서 지옥에 대해 생생한 개념을 볼 수 있으나 베다 문헌에서는 이런 그림이 부족하다. 아마도 카르마 개념의 발생과 보급에서 이와 같은 차이가 생겼을 것이다.

금욕주의의 발생 — 의식절차, 부(富), 권력을 주요 가치로 여기며 덧없는 기쁨을 좇으면서 즐거워하거나 두려워하는 마음에 시간을 빼앗기는 삶을 살아가는 세속적 사회와 종교 가까운 곳에 유행하며 탁발하는 수도자들이 있었다. 금욕(고행)주의의 성장과 확산은 새로운 종교생활에서 가장 특징적인 양상으로, 인도 북동부에서 시작되었다.

자코비는 브라흐마나 고행이 불교뿐만 아니라 자이나교에서도 모방한 보편적 전형(典型)에 해당된다고 보았다.[65] 『바우다야나 다르마 수트라(Baudhayana Dharma sūtra)』와[66] 『가우타마 다르마 수트라(Gautama

---

65) 〈참조〉 Max Müller, Hibbert Lectures(p.351); Bühler, tr. of Baudhāyana Dh. Sūtras(S. B. E.); Kern, Manual of Indian Buddhism ; S. K. Dutt, Early Buddhist Monachism.

66) *역자주: 『바우다야나 수트라(Baudhayana sūtras)』는 여섯 개의 문서로 구성되어 있다. 이들은 1) 「슈라우타 수트라(Śrauta sûtra)」는 19가지 질문들(Praśnas)로 구성, 2) 「카르만타 수트라(Karmānta sûtra)」는 20장(Adhyāyas)으로 구성, 3) 「드바이다 수트라(Dvaidha sûtra)」는 4프라슈나(Praśnas), 4) 「그리흐야 수트라(Grihya sutra)」는 4프라슈나(Praśnas), 5) 「다르마 수트라(Dharma sûtra)」는 4프라슈나, 6) 「슐바 수트라(Śulba sûtra)」는 3장(Adhyāyas).

Dharma sūtra)』에서 금욕을 실천하는 자이나교와 불교의 탁발 수행자의 실천교리가 서로 비슷하다는 점이 제시된다.[67] 먼저 주요 규칙의 일반성에서 유사하다는 데 주목해야 한다. 예컨대, '산냐신(Sannyāsin)의 네 가지 위대한 서원'[68]이 보편적인 금욕주의 목록에 해당된다고 말할 수 있다.[69] 다시 말해서 특정한 규칙이 아니라 금욕이라는 이상적 목표를 모방한 것이다. 물론 자코비는 인도의 금욕주의가 브라흐마나 주기에서 비롯되었으며, "불교와 자이나교처럼 반대하는 부파의 싹이 네 번째 아슈라마(Āśrama, 週期)에 포함되어 있었다."고 보았다.[70]

[불교 이전이 아닌] 네 가지 아슈라마 이론 — 이러한 추측에는 의문의 여지가 있다. 불교 이전 시대에 네 가지 아슈라마(Āśrama, 週期) 이론이 확립되었다고 하는 것은 근거 없는 억측일 뿐이다. "아슈라마라는 단어는 『상히따(Saṃhitā, 本集)』[71]나 『브라흐마나(梵書)』에 나오지 않는다."[72] 슈베타슈바타라 우파니샤드(Śvetāśvatara Up.) Ⅵ. 21에 "4주기에 초연한(atyāśramibhyaḥ)"이라는 표현이 나오기는 하지만, 광범위한 복합체의 특

67) SBE 22, pp.XXIII-XXX.

68) *역자주: 네 번째 주기는 유행기(遊行期, 상니야신Saṃnyāsin)로 유행하며 돌아다니는 시기를 말한다.

69) 세세한 차이점이 없는 것은 아니다. 〈예〉 SBE 22, p.XXIV 2단락 참고.; p.XXV에서 뚜렷한 14, 15 단락; p.xxvi에서 뚜렷한 18, 19, 20 단락; p.xxvii에서 뚜렷한 22단락.

70) 위의 책, p.xxxii. *역자주: 4주기(아슈라마 āśrama)는 1) 범행기(梵行期, Brahmacārin, Brahmacariya)-베다(Veda)를 공부하며 순결한 삶을 사는 시기, 학습기(學習期). 2) 가주기(家住期, 그리하스타, Gṛhastha, Gārhasthya)-가정에서 결혼하여 생활하는 시기. 3) 임서기(林棲期, 와나쁘라스타, Vānaprastha)-숲속에서 은둔 수행하는 시기. 4) 유행기(遊行期, 상니야신, Saṃnyāsin)-유행하며 돌아다니는 시기를 말한다.

71) *역자주: 리그베다(ṛgveda), 사마베다(sāmaveda), 야주르베다(yajurveda), 아타르바베다(atharvaveda)의 4베다를 상히따라고 한다.

72) Kane, History of the Dharma-Śāstra. Ⅱ. pt.Ⅰ, p.418.

성을 지닌 우파니샤드는[73] 동시대의 사상적 동요, 비교적 발달된 요가 및 유신론 교리에 대해 언급하고 있으며, 그다지 초기의 것으로 보이지는 않으므로 불교보다 앞선 것인지 아닌지는 확실치 않다. 또한 "4주기에 초연한(atyāśramibhyaḥ)"이라는 표현으로 그때까지는 탁발이 '아슈라마' 범위에 포함되지 않았음을 은연중에 드러내는 것으로 보인다.[74] 케인(Kane)에 의하면, "다소 모호하나마 Ait와 Br. 33. 1.에 네 가지 아슈라마에 대한 최초의 언급이 있다."["지저분한 것(즉, 성교; 家住期), 검은 영양 가죽(즉, 梵行期), 수염(즉 林棲期), 금욕(즉 세 번째와 네 번째 주기; 遊行期)이 무슨 소용 있는가? 브라흐만들이여! 자손을 원해라. 실로 그는 더할 나위 없는 세상이다."][75]

이를 네 가지 아슈라마에 대한 언급이라고 보는 것은 지나친 추론이다.[76] 케인(Kane)는 Ch. up. Ⅱ. 23. 1에 훨씬 더 분명하게 언급되어 있음을 인정하는데, 여기서는 세 번째와 네 번째 아슈라마의 차이가 분

---

73) 〈참조〉 Creative Period, p.119.

74) 〈참조〉 Bādarāyaṇa가 BS. Ⅲ. 4. 18에서 인용한 Jaimini의 견해와 그에 대한 Śaṅkara의 주석

75) 앞의 인용문.: Kinnu malaṃ kim ajinaṃ kimu śmaśrūṇi kiṃ tapaḥ / Putram brahmāṇa icchadhvaṃ sa vai loko'vadāvadaḥ 베다 전통에서 아들은 상당히 중요시되었음을 기억해야 한다. 아들이 없으면 태어날 때 물려받은 세 가지 부채 중 한 가지에서 벗어날 수 없다(Baud. Ⅱ. 6. 35. 6 참고). 세 가지 부채에 대한 이론은 브라흐마나 문헌에서 찾아볼 수 있다(앞의 제8장 참고).

76) 물론, Sāyaṇa는 "āśramacatuṣṭayaṃ vivakṣitam"라고 밝히고 있다(AB., Ⅳ p.63 Ed. Sāmaśramī). 그는 두 번째 아슈라마(Āśrama, 週期)에 대해 말하기 위해 말라(mala, 더러움)를 택하였다. 이는 다음과 같은 이유로 불가능하다. (a) 자손을 가져야 한다고 주장하는 사람은 왜 두 번째 아슈라마를 비난해야 하는가? (b) 왜 두 번째 아슈라마가 먼저 언급되어야 하는가? (c) 금욕적 마음가짐을 가진 사람만이 두 번째 아슈라마를 말라(Mala, 더러움)라고 말할 수 있을 것이다. (d) 무니(Muni, 賢者)와 관련하여 '더러움'이나 '더러운 옷'이라는 의미로 말라를 사용하는 것이 훨씬 더 그럴듯해 보인다. 〈참고〉 "Munayo vātaraśanāḥ piśaṅgā vasate malā"(ṚS. X. 136.)

명치 않다.[77] Muṇḍ. Ⅰ. 2. 11.의 내용도 이를 뒷받침하는데, 여기서 '숲에 거주하는 사람들(ye hyupavasantyaraṇye)'과 '이리저리 돌아다니며 탁발 유행하는 현자(智者)들(Vidv āṃso bhaikṣacaryaṃ carantaḥ)'은 분명히 같은 집단의 사람들이다.[78] Br. Ⅲ. 5. 1에도 탁발에 대해 언급되어 있다. 위의 책, Ⅳ. 4. 22와 5. 2.의 '출가(出家)'에 대해 언급되어 있으며, 두 번째 아슈라마를 즉시 뒤따르는 것으로 보인다. 위의 네 가지 참고 내용은 모두 야즈냐발키야(Yājñavalkya)와 관련되어 있다. Muṇḍ.(Ⅲ. 2. 6.)에서도 "고행자들은 산야사 요가를 통해 순수해진다(Sannyāsayogādyatayaḥ śuddhasattvāḥ)"에 대해 이야기한다. 모두 다 탁발에 대한 지식을 보여주고 있지만, 네 가지 아슈라마에 대한 도식을 내포하고 있는지는 확실치 않다. 「다르마 수트라(Dharma sūtra)」는 그 시기가 불확실하고 그중 가장 오래된 것으로 추정된다. 현재의 형태에서는 『가우타마 다르마 수트라』와 『바우다야나 다르마 수트라』가 자연스럽게 '혼합된' 종류의 작업으로 보이는데, 전자는 야바나(Yavana, 그리스)를 언급하기 위해 카스트 이론에 관해 가상(假想)의 기원을 만들었으며,[79] 후자의 경우에는 홉킨스(Hopkins)의 주장이 설득력 있다(C.H.I. Ⅰ. p.249 참고). 이 문헌들이 초기의 것임을 보여주는 가장 강력한 주장은 문화적 상황이 단순하다는 점이지만, 이는 어설픈 지적이다. 홉킨스에 의하면, 수트라(Sūtra, 경전)는 "기원전 7세기 이전이나 기원전 2세기 이후에 만들어졌을 리가 없다."[80] 따라서 이들 경전에서 발견된 이론이 기원전 6세기 이전에 브라흐마나

---

77) Kane, 앞의 책, p.419; 위의 책, Ⅱ. pt.2. p.930. Śaṅkara는 "Sandigdhaṃ cāśramāntarābhidhānam"이라고 분명히 말하는 이 문헌에 대한 의견을 인용하고 있다.(Brahmasūtras Ⅲ. 4. 18에 대한 주석)

78) 〈참조〉 Śaṅkara, 앞의 인용문. Ⅱ. 4. 1. udyāsyan for pravrajiṣyan.

79) Gaut. Dh. S. V. 21.

80) C.H.I. Ⅰ. p.249.

주기에서 확립된 교리라고 주장하는 것은 확실하지 않을 것으로 보이며, 자코비는 그 시기에 이미 자이나교는 오래되고 평판 좋은 부파였음을 보여준다.[81] 자코비의 주장대로 수트라카라(Sūtrakāra, 경전 편찬자, 편집자)가 이교도에서 차용하는 것을 모욕이라고 여겼다면 자이나교에서도 같은 생각을 했을 것이다. 사실상, 브라흐마나 주기에서 소위 네 번째 아슈라마에 반대되는 증거가 발견된다.[82]

'네 번째 아슈라마'를 강력히 반대하던 브라흐마나 — 이런 관점에서 『아이타레야 브라흐마나(Aitareya Brāhmaṇa)』에서 인용된 구절을 생각해 볼 수 있다. 희생제 전통 전체는 그 물질적 가치와 더불어 동일한 방향을 향하고 있다. 가장 최근의 우파니샤드 문헌에서 볼 수 있듯이, (우파니샤드가 진본이라고 생각할 때) 후기 베다 시대 말엽, 일부 브라흐마나 부파에서 이러한 전통에 대한 반발이 있었던 것이 사실이다. 그러나 그런 기록이 희귀한 것으로 보아 최신 유행하는 분리된 움직임이었다고 짐작할 수도 있다. 어느 니까야에는[83] 유명한 브라흐마나가 '빱밧자디까라나(Pabbajjādhikaraṇa, 출가관계)'를 '얀냐디까라나(Yaññādhikaraṇa, 제사관계)'에 반대하는 이질적인 것이라고 비난하는 내용이 나온다. 니까야에서 사마나 문다까(Samaṇa Muṇḍaka, 삭발한 沙門)는 흔히 브라흐마나에 극렬하게 반대하는 것으로 그려지며, 희생제에 대해 맹렬히 비난하는 데 가장 목소리를 높이면서, '네 번째 아슈라마'를 지지하는 우파니샤드가 '문다카 우파니샤드(Muṇḍaka Upaniṣad)'라는 점은 의미 있다.

---

81) 앞의 책.
82) S. K. Dutt, Early Buddhist Monachism, pp.51ff 참고.
83) MN. 99번째 경전; 〈참조〉 AN. Ⅰ. 168.

『바우다야나(Baudhāyana)』는 의심의 여지 없이 「바이카나(Vaikhānasa) 요약」을 언급한다. 하지만 이것은 세 번째 아슈라마(임서기)를 다룬 것이다.[84] 더 중요한 것은, "그러나 아차리야는 '하나의 의지처만이 있다. 다른 것은 자손을 낳지 않기 때문이다.'라고 말한다. 이에 관해 예를 든다. 이어서 카필라라는 아수라가 말했다. 그는 신들과 싸워서 이러한 구분을 만들었다. 지혜로운 자는 이런 것에 주의를 기울여서는 안 된다."[85] [Gaut. Ⅰ. 3. 3의 "재가자는 그들의 의지처이다. 다른 자들은 자손을 낳지 않기 때문이다(Teṣāṃ gṛahastho yoniraprājananatvāditareṣām)."와 비교할 만하다.] 카필라(Kapila)는 카필라들 또는 갈색 옷을 입은 금욕주의자들을 뜻하는 이름일 것이다.

『다르마 수트라』의 네 가지 아슈라마 최초 형태 — 『다르마 수트라(Dharma sūtra)』 시대의 네 가지 아슈라마는 오래된 안정적 이론이 아니며, 후에 채택된 목록의 변형으로 볼 수 있다.[86] 「아파스탐바 다르마 수

84) "Vānaprastho Vaikhānasaśāstrasamudācāraḥ." Baud. Ⅱ. 6. 16. Vaikhānasaśāstra는 슈라마나(Śramaṇa, 沙門)와 관련 있는 것으로 보인다. Vās.(Vāsiṣṭha-Dharma-Śāstra) Ⅸ. 10에서는 Gaut. Dh. S. Ⅰ. 3. 26에서 "Śrāvaṇakāgni"라고 한 부분을 "Śrāmaṇakāgni"라고 말한다. Haradatta는 Śrāvaṇaka가 Vaikhānasa Śāstra라고 설명한다. Vās.(앞의 인용문)에 나타나듯이 Śrāvaṇaka는 아마도 Śrāmaṇaka를 잘못 쓴 것으로 보인다. 즉 Vaikhānasa Śāstra는 Śrāmaṇaka Śāstra다.

85) Aikāśramyaṃ tvācāryā aprajananatvāditareṣāṃ / Tatrodāharanti / Prahlādirvai Kapilo nāmāsura āsa sa etān bhedāṃścakāra devaiḥ spardha-mānastānmanīṣī nādriyeta. 위의 책, Ⅱ. 6. 29-30. 〈참조〉 MN. Ⅰ. p.902에서 사마나(Samaṇa, 沙門) 고따마(Gotama)는 '부나후(Bhūnahū, Bhrūṇahā, 존재를 파괴하는 자)'라고 비난받는다. Gautama가 '집 없는 상태'로 멀리 유행(遊行)하라고 사람들에게 권장했기 때문일 수 있다.

86) *역자주: 『다르마 수트라』는 약 20여 가지가 알려져 있다. 현재까지 4가지 『다르마 수트라』가 자료로 남아 있으며 영문으로 번역되어 있다. 이들은 모두 저자의 이름을 경전의 이름 앞에 붙인다. 하지만 누가 진짜 저자인지에 대해서는 분명하지 않다. 1) Apastamba(450-350 BCE)는 1,364경을 포함한다. 2)

트라(Āpastamba Dharma sūtra)」는 "4개의 주기는 가주기에 적합한 것, 스승의 집[에 머무는 것], 한창 때가 지난 상태, 은둔기(隱遁期)를 이른다."고 설명하고,[87] 『가우타마 다르마 수트라』는 브라흐마짜리(Brahmacārī, 범행 수행자), 그리하스타 빅슈(Gṛhastha Bhikṣu, 결혼한 가정인의 삶), 바이카나사(Vaikhānasa, 숲속에서 수행하는 시기)를 갖는다고 정리한다.[88] 『바시스타 다르마 수트라(Vasiṣṭha Dharma sūtra)』는 브라흐마짜리(學生期), 그리하스타(Gṛhastha, 家住期), 바나프라스타(Vānaprastha, 隱遁期), 빠리바자카(Parivrājaka, 遊行期)로 분류한다.[89] 『바우다야나 다르마 수트라』는 이에 동의한다.[90]

베다 울타리에 금욕주의 등장 — 원래 베다 전통에서 인정하는 아슈라마는 처음 두 가지였던 것으로 보인다. 후대, 아마도 우파니샤드 시대의 초기에 숲으로 가는 수행이 유행하게 된 것 같다. 초기 사상을 통해 숲, 나무, 높은 곳에 의미를 두던 신성한 의무는 이러한 수행의 발달과 관련 있으며,[91] 머지않아 진정한 관례로 성장하였다. 그 사이 베다의 울타리 밖에서는 금욕주의 무리가 유행(遊行)하고 있었으며, 앞에서 이미 논의된 바와 같이, 이들을 무니(Muni)라고 불렀다. 후기 베다 시대가 끝나갈 무렵, 브라흐마나의 가치관은 상당한 변화를 겪었으며, 베다 내

Gautama(600-200 BCE)는 973경을 포함한다. 3) Baudhāyana(500-200 BCE)는 1,236경을 포함한다. 4) Vāsiṣṭha(300-100 BCE)는 1,038경을 포함하고 있다.

87) Ap. Ⅱ. 9. 21. 1.: Catvāra āśramā gārhasthyamācāryakulaṃ maunam vānaprasthyamiti.

88) Gaut.(Gautama Dharma Sūtra) Ⅰ. 3. 2.

89) Vās. Ⅶ. 1-2.

90) Baud.(Baudhāyana-Dharmasūtra) Ⅱ. 6. 14.

91) '나무 아래서 명상하는 것(Rukkhamūlāni)'은 이런 이유로 주목할 만하다.(「제13장 니르바나(Nirvāṇa, 涅槃)에 이르는 길」 부분 참고). 전통적으로 붓다는 나무 아래서 명상하다가 깨달음을 얻었다고 알려져 있다.(「제10장 붓다의 생애」 부분 참고.)

일부는 상사라(Saṃsāra, 輪廻) 교리를 따르는 비관적 세계관을 진지하게 검토해 보면서 무니나 슈라마나와 더 우호적이고 더 생산적으로 교감했던 것으로 보인다.[92]

다시 말해 금욕[苦行]이라는 이상적 목표는 자이나교와 불교에서 발생한 것으로, 브라흐마나에서 나온 것도, 이미 존재하던 '이교(異教)의' 금욕주의 부파에서 나온 것도 아니다.[93] 사실, 금욕주의 이상(理想)은 그때까지도 브라흐마나에 흡수되는 중이었다. 자이나교의 최초 교리가 상사라 교리와 그에 따른 필연적 결과인 금욕주의, 그 이상은 아니라는 사실이 이런 관점을 뒷받침해 준다. 자이나교가 기원전 6세기보다 훨씬 이전에 시작됐다고 믿을 만한 근거가 있는 것도 사실이다.[94]

기원전 6세기 금욕적이고 지적(知的)인 운동의 기원 — 리스 데이비즈에 의하면, 유행(遊行)하는 수행자, 즉 빠리바자까(Paribbājaka, 遊行者)가 늘어남으로써 불교가 발생하기 전에 지적(知的) 운동이 생겨났는데, 제사장이 아니라 재가자들 사이에서 더 크게 일어났다.[95] 사실 완전히 세속을 떠난 금욕주의자들이 급격히 증가한 것을 어떻게 재가자 운동이라고 말할 수 있는지는 이해하기 어렵다. 제사장 운동도 아니고 재가자 운동도 아니다. 브라흐마나 개혁에서 비롯된 것도, 크샤트리야의 반란에서 비롯된 것도, 중간 계급의 이익에서 비롯된 것도 아니다. 슈라마나 운동은 특정 계급, 특정 카스트에 해당되지 않는, 전체적인 금욕주의 출가운동이다. 본질적 사상과 정신에 있어서 특정 계급의 사고방식

92) 앞의 내용 참고.
93) 〈참조〉 S. K. Dutt. 앞의 인용문.
94) 뒤의 내용 참고.
95) Buddh. Ind. p.159.

이나 관심과는 특별히 관련되지 않는다.[96)]

금욕주의 사상을 선택하려면 물질적 삶을 단호하게 단념하면서 정신적 행복을 확고하게 믿어야 한다. 사회적으로 널리 퍼졌다는 것은 종교 의식이 날카로워졌을 뿐만 아니라 사회적 고충이 상당했다는 것을 보여준다. 실제로 탁발 수행자 무리는 종교적으로 열정적인 사람들뿐만 아니라 유행(遊行)하며 탁발생활을 함으로써 대부분 물질적 삶을 단념한 사람들로 가득했다.

붓다 시대에 금욕주의가 발생하는 조건이 어떻게 마련되었는지는 쉽게 알 수 있다. 경쟁학파와 부파가 충돌하고, 기본관점이 충돌함으로써 정신적 탐구라는 불꽃이 타오르는, 정신적 활력이 상당히 고무된 시기였다. 동시에, 피비린내 나는 전쟁이 잦고 경제적 변화가 심한 시기였기도 하다. 이런 환경은 많은 사람들의 마음에 고통과 절망을 안겨줄 수밖에 없었다. 환경이 무르익었을 때 먼 원시 시대부터 지속되어온 금욕주의 전통의 오랜 씨앗이 적합한 땅을 찾아 꽃을 피웠다.

브라흐마나와 비(非)브라흐마나의 금욕주의 — 금욕주의는 여러 종류로 나뉘었다.[97)] 가장 주의를 끄는 분열은 정통과 이단(異端)의 분열, 또는 「칼파 수트라(Kalpa sūtra)」에서 표현하듯 '밤반나예수(Bambhanṇayesu)'와 '파리바야예수나예수(Paribbāyayesuṇayesu)'의 분열이다.[98)] 브라흐마나의 태도는 세속적 삶에 대해 그다지 단호하지 않았다. 사회적 의무를

---

96) 뒤의 내용 참고.

97) Rhys Davids, Buddh. Ind. pp.144-6; Jaina Sūtras Ⅰ. p.128, 각주 1번; Law, B. C., India as Described in Early Texts of Buddhism and Jainism, pp.229-30; Dr. G. S. P. Misra, The Age of Vinaya.

98) Kalpasūtra Ⅰ. 9.

제대로 완수한 후에만 금욕을 계획했다.[99] 카스트에 대한 태도 차이는 정통과 이단을 나누는 또 다른 경계선이 되었다. 정통 견해는 브라흐마나(Brāhmaṇa, 婆羅門) 또는 드위자(Dvija, 再生族)[100] 외에는 파리브라자카(Parivrājaka, 遊行者)가 되는 것을 금지하는 반면,[101] 불교 상가(saṅgha, 僧伽)에서는 바다에서 강물이 합쳐지듯이 모든 카스트 계급이 어우러졌으며, 자신의 본래 이름과 가문을 버린 채 그저 출가자로만 여겨졌다.[102] 마찬가지로, 그들에 대한 태도와 경전의 차이 역시 '브라흐마나' 금욕주의와 '슈라마나' 금욕주의를 나누는 경계선이 되었다.[103] 또한, 정통 견해에서는 여성들의 '금욕'에 대해 눈살을 찌푸린 반면, 일부의 금욕주의 체계에서는 여성들도 함께할 수 있었고 함께하였다.[104]

은둔 수행자와 탁발 수행자 — 초기에는 브라흐마나 울타리 안에서 숲속에 거주하는 은둔 수행자에 대한 탁발 수행자의 승리가 이루어지지 못했다. Mbh.에 따르면 숲속에 거주하는 집단이 유행(遊行)하는 집단보다 우세했음을 볼 수 있다. 샹카라짜르야(Śaṅkarācārya)는 탁발 수행자와 은둔 수행자를 동일한 용어로 표기하려는 의견을 인용하고 있다. 그러나 그는 숲속에 거주하는 은둔 수행자는 육체적 금욕생활이라

99) 〈참조〉 Uttarajjhayaṇa(XⅣ. 9.): "Ahijja veye parivissa vippe putte pariṭhappa gihaṃsi jāyā Bhoccāṇa bhöe saha itthiyāhiṃ āraṇṇagā hoha muṇo pasattha."
100) *역자주: 종교적으로 재생할 수 있는 계급으로, 브라만, 크샤트리야, 바이샤 계급에 해당된다.
101) Kane, 앞의 책, Ⅱ. pt.2, pp.942-6.
102) F. L. Woodward, Some Sayings of the Buddha, p.251. 불교 상가(saṅgha, 僧伽)에 들어가는 조건에 대해서는 EMB. Ⅰ. 281-2 참고.
103) Vas. Ⅹ. 4: "Sannyasetsarvakarmāṇi vedamekaṃ na sannyaset Vedasannyasanā cchūdrastasmādvedaṃ na sannyaset", Uttarajjhayaṇa(XⅣ. 12)는 이와 대비된다. "Veyā ahīyā na bhavanti tānaṃ".
104) Kane, 앞의 책, Ⅱ. pt.2. pp.945-6.

는 의미에서 타파(Tapa, 苦行)를 실천함으로써 구분되며, 반면에 유행(遊行)하는 탁발 수행자는 자기절제 등을 실천하는 특징이 있다고 설명한다.[105] 사실, 초기에 은둔 수행자들은 베다 의례를 계속 시행했던 반면 탁발 수행자들은 이를 그만둔 것이 이 둘 사이의 실질적 차이였다. 하지만 이러한 차이는 정통 브라흐마나 금욕주의에게만 중요하였다. 그들도 차츰 바나프라스타(Vānaprastha, 隱遁期)를 산냐사(Sannyāsa, 遊行期)를 위한 준비로만 여기게 되면서 서서히 사라져 갔다.[106]

자틸라: 숲속에 거주하면서 금욕주의를 실천하는 브라흐마나 은둔 수행자들을 자틸라(Jaṭila)라고 부른 것으로 보인다. 그들은 거대 집단을 이루어 지냈고, 집단의 지도자가 있었으며, 금욕생활에 참여하였고, 불을 지키면서 희생제를 시행하였다.[107] 이들을 '악기까 자틸라까(Aggikā Jaṭilakā)'라고 부르기도 했다.[108] 이들은 행위와 의도를 믿었다(Kammavādino ete Kiriyavādino)고 한다.[109] 이들은 바나프라스타 공동체였던 것으로 보인다.[110]

마법사와 사기꾼: 지금도 여전히 그러하듯이 탁발 수행자 중 일부는 예언, 꿈, 관상 따위의 가짜 '과학'을 다양하게 시행했던 것으로 보인다.[111]

---

105) BS. Ⅲ. 4. 20에 대한 주석
106) Kane, 앞의 책, Ⅱ. pt.2. p.929.
107) Vinaya Piṭaka Ⅰ. 24-31.
108) 위의 책, p.71.
109) 위의 책.
110) 〈참조〉 Vas. Ⅸ. 1: "Vānaprastho jatilascīrājinavāsī". 〈참조〉 Uttarajjhayaṇa(V. 21): "Cīrājiṇaṃ nagiṇiṇaṃ jaḍi saṅghāḍimuṇḍiṇaṃ Eyāṇi vi na tāyanti dussīlaṃ pariyāgayaṃ"
111) Uttarajjhayaṇa Ⅷ. 13; ⅩⅤ. 7-10; Sūyagaḍaṃga 1. 12. 9-10. 〈참조〉 Vasiṣṭha. Ⅹ. 21.

유행자(遊行者): 파리브라자카(Parivrājaka, 遊行者)는 홀로 유행하거나 삿타(Satthā, 스승), 가나짜리요(Gaṇācariyo, 무리의 스승) 등의 정신적 지도자 아래에 있는 공동체에 소속되었다.[112] 이들의 세부 상황은 서로 달랐다. 즉 아지바카(Ājīvaka, 邪命外道)는 니간타(Nigaṇṭha)[자이나교]보다 훨씬 더 느슨하게 조직되어 있었던 것으로 보인다.[113] 이런 측면에서 최고 책임자가 따로 없는 붓다의 조직 체계는 그 참신함이 가히 혁명적이었다.[114] 중세 유럽에서 유랑하던 학생들처럼,[115] 파리브라자카는 지도자 주변에서 무리 지어 다녔고, 구원에 대해 가장 다양한 교리를 보유하고 있었으며, 논쟁에 열정적으로 참여하였다. 어찌 보면 소피스트 중 하나를 연상시키며,[116] 중국 유교에서 유행하는 스승이자 철학자 중 하나를 연상시키기도 한다.[117] 그럼에도 불구하고, 이들과 달리 파리브라자카는 본질적으로 탁발 수행자로, 속세를 떠난 사람들이다. 정신적으로 탐구하면서 지적(知的) 활동을 하며, '최고 신(神)에 대한 깨달음을 얻는 수행'[118]이라는 의미에서 '브라흐마짜리야(梵行)'[119] 수행을 목표로 한다. 소피스트[120]나 대다수 중국 철학자의 세속적이고 지적인 인간주의는 전혀 없다.

---

112) 〈예〉 Thāṇaṅga, 439.
113) 〈참조〉 "Mahāvīra와 Gāṇī … 그리고 9 … gaṇadharas를 가진 자이나교의 종교 질서는 … 9명의 Licchavi 또는 Mallaki족의 규칙을 모델로 했다." (Law, B. C. 앞의 책, p.211.)
114) MN, Gopakamoggalāna sutta 〈참조〉 Jayaswal, K. P., Hindu Polity Ⅰ. pp.45ff.
115) MṚS. Rhys Davids, Sakya. p.121.
116) Rhys Davids, Buddh. Ind. pp.141-2.
117) 〈참조〉 Fung Yu-Lan, 앞의 책, pp.48ff.
118) 〈참조〉 AN Ⅳ. 384는 '브라흐마짜리야'의 몇 가지 가능한 목표를 구분하고 있다.
119) 뒤의 내용 참고.
120) 〈참조〉 CAH Ⅴ. pp.377ff.

'브라흐마짜리야'는 원래 베다 연구를 위한 '수련(修鍊)'을 의미했다. 우파니샤드에서 '브라흐만(Brahman)'의 의미가 바뀐 것처럼 브라흐마짜리야는 본래 의미 이외에 새로운 의미를 갖게 되었다. 브라흐만 또는 최고의 실재를 탐구하는 데 수반되는 수련을 나타내게 되었다.[121] 문다까(Muṇḍaka) 사이에 '아파라위드야(aparā vidyā, 낮은 지혜)'와 '파라위드야(parā vidyā, 높은 지혜)' 차이처럼 '브라흐마짜리야'의 사이에 '아파라브라흐마짜리야(apara Brahmacarya, 낮은 범행)'와 '파라브라흐마짜리야(para Brahmacarya, 높은 범행)'의 두 가지 용례를 구분할 수 있다. 빠리바자카는 오직 '파라브라흐마짜리야'와 관계 있었다.

브라흐마나(婆羅門), 불교, 자이나교 수행승들의 주요 서원은 근본적으로 서로 닮아 있으며,[122] 실천적 이상 공동체의 결과다. 『요가수트라(Yoga sūtras)』에는[123] 폭력 쓰지 않기, 진실하기, 도둑질하지 않기, 성욕 억제하기, 모든 소유물 포기하기가 '대서약'이라고 설명하고 있으며, 이는 어디에서나 구속력이 있다. 각 부파에 따라 달리 해석하고 강조하므로 이러한 서약은 인도에서 대대로 내려오는, 금욕적 노력의 일반 패턴을 보여준다. 절대적 순결과[124] 가난을 택함으로써 육체적 충동이라는

---

121) Ch. Up. Ⅷ. 7. 2ff; Praśna Ⅰ. 1; Kaṭha. Ⅰ. 2. 15; Muṇḍaka. Ⅰ. 2. 11-12. 〈참조〉 BS. Ⅰ. 3. 36과 그에 대한 Śaṅkara의 주석.

122) 앞의 내용 참고.

123) Ⅱ. 30-31.

124) 순결은 머지않아 브라흐마짜리야의 주요 의미가 될 만큼 중요했다. 그러나 물질적 행복을 통해 정신적 행복을 얻고자 하는 사상을 가진 학파가 존재하는 결과를 초래하게 될 조짐이 있다. 이를 적당히 '샤타바다(Śātavāda)' 또는 '쾌락주의'라고 불렀다.(물론, 엄밀히 말하면 쾌락주의는 아니다.) Sūyagadaṃga Ⅰ. 3. 4. 6 참고; Aupapātika sūtra sect. 75(B. C. Law. 앞의 책, p.229에 인용); Schrader, Über den Stand. p.54; MN 경전 45. 의례의 중요성을 즐거움이라는 의미에서 보았던 고대 탄트라교의 관점이었을 수도 있다. 〈참조〉 ṚS Ⅰ. 179; Ch. Up. Ⅲ. 17. 3; BG. Ⅳ. 26(후반부); Kv. XXIII. 1.

속박과 가족 및 재산의 이기적 한계를 초월하고자 노력한다. 동시에 다른 사람의 생명과 재산을 존중함으로써 반사회적인 사람이 아님을 보여준다. 세속의 평범한 사회적·경제적 관계를 포기한다면 이는 오로지 진리 탐구에 더 충실하기 위함으로, 신체적 욕구 영역과 자기중심주의를 초월하게 된다. 그들은 사회생활을 붕괴시키려는 것이 아니라 초월하고자 한다. 실제로 세속적 사회를 포기함으로써 그들은 정신적 관계를 토대로 하는 새로운 사회로 들어간다. 그들은 스승의 정신적 자녀가 되어 스승을 따르면서 정신적 조합에 참여하였으며, 인간은 근본적으로 물질적 존재가 아니라 '생산' 및 '번식' 본능에 내몰리는 존재라 믿었다.[125] 인간은 인간 세상에서 이루기 어려운 목표를 실현시키고자 분발하는, 본질적으로 정신적인 존재다.

금욕주의는 아하라(Āhāra, 滋養分),[126] 상사라(Saṃsāra, 輪廻), 우빠빳띠(Upapatti, 再生), 아와사(Āvāsa, 煩惱), 얀냐(Yañña, 祭祀), 악기-빠리짜리야(Aggi-paricariyā, 火神崇拜) 등의 다양한 이론에서 지지하는[127] '청정(Viśuddhi)'을 얻는 것이 목표다. 일반적으로 채택된 의미는 신체적 금욕,[128] 독거(獨居), 학습, 수행이다. 또한 복장, 음식, 거주지는 엄격히 규제되었다.

복장과 외모: 탁발 수행자들은 복장과 외모 면에서 보기 좋은 모습을 보이지는 않았다. 브라흐마나는 고행자 하리에사발라(Hariesabala)를 묘사하고 있다.[129] 금욕주의 복장은 가장 단순하고 가장 초라했지

125) 〈참조〉 Vernon Venable, Human Nature: The Marxian View.
126) 뒤의 내용 참고.
127) MN. Ⅰ. 80-2.
128) 〈참조〉 DN. Ⅰ. Kassapasīhanāda sutta; N. Dutt. EMB Ⅰ. 17ff.
129) Kayare āgacchāi dittarūve kāle vigarāle phokkanāse Omacelaye paṃsupisāyabhūye saṅkaradūsaṃ parivariya kaṇṭhe U. Ⅻ. 6. 머리카락을 기르는 것에 대한 규칙

만 각 부파에 따라 다양했다. 브라흐마나 금욕주의자들 사이에는 천으로 벌거벗은 몸을 가리는 것이 흔한 일이었다. 이런 천은 빨거나 황적색으로 염색됐을 것이다.[130] 허용되는 물품은 지팡이, 밧줄, 물을 걸러주는 천, 물병, 발우였다.[131] 불교 수행승의 경우, 허용되는 물품 목록이 꾸준히 늘어났던 것으로 보인다. 『마하왁가(Mahāvagga)』와 『쭐라왁가(Cullavagga)』에서 깜마와짜(Kammavācā)를 정독해 보면 알 수 있다. 불교 수행승들의 '사치스러운' 생활을 비웃던 자이나교도 역시 그들의 위치에서 완전히 무의미하지는 않았다.[132] 예를 들어, 개방된 아라마(Ārāma, 庭園)에서는 '발싸개(양말)'를 사용하는 것이 허락되었으며, 횃불, 등불, 지팡이를 사용하는 것도 허락되었다.[133] 이렇게 허락되는 것은 초기 자이나교 수행승들에게는 상상할 수도 없는 일이었다. 불교 규율과 자이나교 규율이 차이 나는 이유는 붓다는 혹독한 금욕[고행]주의를 거부했기 때문이며, 불교는 처음부터 단체를 조직했기 때문에 시간이 흐르면서 점점 더 부유해졌을 것으로 보인다.

마하비라(Mahāvīra) 자신은 완전히 벌거벗고 다니는, 더 철저한 아지바카(Ājīvaka, 邪命外道) 수행을 따랐지만 니간타에게 옷을 한 벌 지니는 것은 허용하였으며, 고살라(Gosāla)가 '에카사타카(Ekasāṭaka, 一衣外道)'라

은 각 부파마다 다양하였다. 자틸라(Jaṭila)는 그 이름에서 의미하듯이 텁수룩한 머리카락을 그냥 두었다. 니간타는 머리카락을 뽑아내었다. 한편, 문다까(Muṇḍaka)라는 용어에서 알 수 있듯이 일반적인 수행자들은 정기적으로 삭발을 하였다. [〈참조〉 Vas. X. 6: "(출가자는) 머리카락을 밀고, 소유물도 없고, 집도 없는 (자여야 한다.) Muṇḍomamaparigrahaḥ". 이 규칙은 빠리바자카에게 적용된다. 바나프라스타(Vānaprastha, 隱遁期)는 자틸라(Jaṭila)로 남아 있어야 한다. 위의 책, IX. 1.]

130) SBE. 22 p.XXVI.
131) 위의 책, p.XXVIII.
132) Minayeff, 앞의 책, p.48, 각주 4번 참고.
133) S. Dutt. Early Buddhist Monachism. p.31.

고 언급한 내용을 정당화시켰다.[134] 불교 구절에서 니간타는 아첼라카(Acelaka, 裸形外道)뿐만 아니라 에카사타카와도 확연히 구분된다.[135] 이는 초기 니간타 사이에서 복장에 관한 관행이 실제로 차이가 있었음을 설명해 준다. 좀 더 철저하게 마하비라를 따르는 사람들, '지나칼피카(Jinakalpika)', 니간타 울타리 안에 계속 남아 있던[136] 아지바카는 완전히 벌거벗은 상태라는 원칙을 따랐던 것으로 보이며, 나머지는 더 오래되었지만 덜 엄격한 관행을 고수했던 것으로 보인다. 또한, 복장에 관한 규칙은 같은 수행승 집단 내에서도 계절에 따라 다양하였다. 즉, 아야랑가(Āyāraṅga)는 겨울에는 수행승이 한 벌에서 세 벌까지 의복을 소지하는 것을 허용하였으나, 고치거나 빨지 않은 채로 입어야 한다. 여름이 다가오면 새로운 옷을 얻어 입거나, 여의치 않은 경우에는 벌거벗고 다니는 것도 허용되었다.[137]

발우는 금욕주의 실천법이 다양했음을 알 수 있는 또 다른 물품이다. 아지바카는 발우를 허용할 수 없다고 생각했으며, 따라서 "핫타빨레카나(hatthāpalekhana, 손을 핥는 사람)"라고 불렀으나 니간타는 달랐다.

---

134) ERE. Ⅰ. p.265.

135) SN. Ⅰ. p.78.

136) 〈참조〉 Hoernle "Ājīvakas(아지바카, 邪命外道)", ERE; SBE. 22, p.XXVI.

137) AN. Ⅰ. 8. 4, 5, 6. 의복의 종류에 관해서, "양모, 비단, 삼베, 야자나무 잎, 면이나 아르까뚤라(Arkatūla)나 그런 천으로 만든 옷"은 허용되었다.(Jaina Sūtras Ⅰ. p.157). 젊고 건강하며 강인한 수행승은 통상 한 벌만 입을 수 있었으나(위의 책), 그렇지 않은 수행승은 네 벌을 소지할 수 있었다. (첫 번째는 사원에서, 두 번째와 세 번째는 외출할 때, 네 번째는 회합에서 착용. 위의 책). 염색이나 표백한 천은 금지되었다.(위의 책, p.164.) 모피, 염소 털, 파란 솜, 일반 면, 빳타(Paṭṭa)의 뱅골면, 말라야 섬유, 나무껍질 섬유, 모슬린, 비단으로 만든 옷은 허용되지 않았다.; (지방에 따라 부르는 옷의 이름) 데사라가(Desaraga), 아밀라(Amila), 각갈라(Gaggala), 팔리야(Phaliya), 까야하(Kāyaha); 담요와 소매 없는 외투(위의 책 p.158.) 마지막 목록에서 어떤 복장을 사치스럽게 여기는지 부차적으로 알 수 있다. 비가 심하게 내린다면 속옷과 상의가 권장되었다.(위의 책, p.302).

한편, 아지바카는 집주인의 그릇에서 병든 동료에게 줄 음식을 취해도 된다고 보았으나, 니간타는 그러다가 재가자의 그릇에 들어 있을지도 모를 생명을 무심코 해치게 될까봐 두려워했다.[138)]

금욕주의자들이 이용할 수 있는 음식에 관해서도 다양한 실천법이 있었다. 브라흐마나의 금욕은 달콤한 음식에 대한 욕구를 완전히 버리고 자연스럽게 떨어져 나온 나무 또는 식물의 일부를 섭취하되, 씨앗을 파괴하지 말라고 요구하였다.[139)]

아지바카는 차가운 물, 익히지 않은 씨앗, 특별히 준비된 음식을 허용하였다. 니간타는 이 세 가지 모두를 금지하였다.[140)] 불교는 이 문제에 대해서도 상당히 자유로웠다. 수행승이 초대받는 것은 허용되었으므로 특별히 준비된 음식도 암묵적으로 허용된 것이 명백하다. 육식이 무조건 금지되지는 않았다고 보는 근거가 여기 있다.[141)] 붓다는 수행승들에게 1일 1식을 권장하였으며,[142)] "식사량을 조정하라(Bhojane mattaññutā)."라는 말은 자주 강조된 계율이었다. 지금까지 알려진 바에 의하면 다른 금욕주의 부파의 실천법과 대비되는 불교의 합리적 중용의 태도는 극단주의가 일반적 신조를 형성할 정도였음을 보여준다. 또

---

138) ERE. Ⅰ. p.265. 조롱박이나 나무, 찰흙으로 만든 발우는 허용되었다.(Jaina Sūtras Ⅰ. p.168). 젊고 강하며 건강한 수행승은 발우 하나만 소지할 수 있었다.(위의 책. 주석에 의하면 이 규칙은 지나칼피카(Jinakalpika)에게만 적용되었다. 보통의 수행승들은 발우뿐 아니라 물병도 소지할 수 있었다. 위의 책, 각주 2번.)

139) SBE. 22, pp. xxvi-xxvii

140) ERE. Ⅰ. 앞의 인용문. 수행승은 "살아 있는 존재, 곰팡이, 씨앗, 새싹, 꽃, 알, 알 낳는 닭, 수증기는 피하였다.(Jaina Sūtras Ⅰ. p.304.) 마찬가지로, "쓰러진 곡물, 왕겨가 많이 남아 있는 곡물이나 "가공된 적이 있다고 인정되는" 덜 익힌 밀 등의 이삭 또는 밀 등의 가루 또는 쌀이나 쌀가루를 보시 받지 않았다.(위의 책, 89).

141) 사실상, 자이나교 수행자는 특정 상황에서는 고기를 보시 받을 수 있었다. Jaina Sūtras Ⅰ. pp.114-115 참고.

142) MN. 경전 66.

다른 특색으로 외형적 세부사항에만 지나치게 주의를 기울이는 것이 눈에 띈다. 그런 이유로 붓다는 마지막 선언 중 하나로 "소소한 계율은 폐지해도 좋다."는 언급을 했던 것으로 추정된다는 점이 주목할 만하다.[143]

1차 결집에 대한 설명뿐 아니라 2차 결집에 대한 설명에서는 훨씬 더 사소한 문제에 관해 언쟁이 벌어졌다. '청정'의 성취는 빠리바자까 사이에 널리 퍼진 개념 중 하나였던 것으로 보인다.[144]

거주지 — 수행승은 대부분 은둔자였던 것으로 보인다. 나무의 천연 덮개, 버려진 건물, 묘지, 탑, 산의 동굴이 임시숙소로 제공되었다.[145] 때로는 재가신도가 특별한 거처를 마련하기도 하였다.[146] 탁발 수행자들이 공원 또는 아라마(Ārāma, 庭園)를 거처로 활용하는 일도 드물지 않았다. 거주지 문제에서 브라흐마나 금욕수행자들 사이의 규칙은 자이나교나 불교 수행자들의 규칙보다 더 엄격했던 것으로 보인다.[147]

우안거(雨安居)와 우포사타(布薩) — 은둔하는 경향은 머지않아 불교

143) 『마하빠리닙바나숫따(Mahāparinibbāna sutta)』(DN. 경전 XVI).

144) 〈참조〉 Ch. Up. Ⅶ. 26, 2. "Āhāraśuddhau sattvaśuddhiḥ 등" 인도인들은 청정한 음식이 청정한 정신으로 이끌어 준다는 생각에 상당히 매료되었던 것으로 보인다. 이런 생각은 상키야(Sāṅkhya) 같은 철학에서 유래된 것으로 보이는데, 몸과 마음은 "하나다"라는 말로 정신물리학적 상호작용을 설명하였다. 〈참조〉 Ch. Up. Ⅵ. 5. 1: "Annamaśitaṃ tredhā vidhīyate … yoṇiṣṭastanmanaḥ."(Śaṅkara의 주석): "Tataścānnopacitatvānmanaso bhautikattvameva, na Vaiśeṣikatantroktalakṣaṇaṃ nityaṃ niravayavaṃ cetigṛhyate."

145) 〈참조〉 Vās. Ⅹ. 12-13 "Anityāṃ vasatiṃ vaset. Grāmānte devagṛhe śūnyāgāre vā vṛkṣamūle vā."

146) 말리까(Mallikā) 왕비는 빠리바자까(Paribbājaka, 遊行者)를 위한 장소를 따로 마련하였다. Malalasekar DPPN Ⅱ, p.457.

147) 〈참조〉 SBE. 22, pp. xxv-xxvii.

뿐만 아니라 자이나교의 수도자들 사이에서도 무너졌다. 우안거 제도는 이와 같은 변화의 원인을 제공한 요소였던 것으로 보인다.[148] 우안거는 브라흐마나, 불교, 자이나교에 공통되는 제도였다.[149] 물리적 필요에 의해 생긴 제도였으나 의례상 중요성을 갖게 되었을 것이다.[150] 주기적인 공동체 회합 또는 우포사타(uposatha, 布薩)도 공통된 보편적 제도였다.

지적(知的) 동요 — 붓다 시대의 종교적·철학적 믿음은 사상의 동요 시대라고 할 수 있을 정도로 매우 다양했다.[151]

슈라더(Schrader)는 이미 다양한 자이나 문헌에서 관련 정보를 한데 모으는 과업을 완수했지만, 이를 연대 순서에 따라 구분하여 배치하지는 않았다.[152] 초기 견해에 관한 후대 기록이 때로는 정확하지 않을 수도 있음을 기억해야 한다.

시간의 철학 — 「난디(Nandī, 歡喜)」와 「아야랑가(Āyāraṃga)」의 설명에서 칼라바다(Kālavāda, 時語, 時論)에 대한 언급은 체계적으로 발달된 특징으로 볼 때 후대의 것이 틀림없다. Mbh.에 나오는 언급은 초기 교리 형태를 보인다. Mbh.에서 칼라(Kāla, 適時)는 철학적 표현이라기보다는

---

148) 〈참조〉 S. K. Dutt, 앞의 책, p.123.

149) Gaut. Ⅰ. 3. 12. "Dhruvaśīlo varṣāsu". 불교와 자이나교에 관한 근거는 풍부하며 잘 알려져 있다.

150) 〈참조〉 Dutt, 위의 책, 124.

151) Belvalkar and Ranade, Creative Period, pp.443ff; Rhys Davids, Budd. Ind., p.159; Schrader, Über den Stand … 반대로, S. K. Dutt, 앞의 책, p.47.

152) G. N. Kavirāj 참고. 그는 Theism in Ancient India(고대 인도의 유신론), Sarasvati Bhavana Studies Ⅱ. p.93ff에서 Schrader의 견해 중 일부가 갖는 철학적 함의에 관해 논의하고 있다.

시적(詩的) 표현이라고 이해하는 '최고 원리(höchste Prinzip)'[153]다. 저항할 수 없는 시간의 비극을 느끼고 숙명론에 깊은 인상을 받은 사람이 시간에 대한 두려운 마음으로 과장하여 이야기했다. 철학의 어머니라 불렸던 그 경이로움이 처음에는 다소 시적으로 표현되었으며, 이는 전체적으로 Mbh.의 '칼라바다'에 해당하는 단계다.[154]

스바바와바다 — '스바바와바다(Svabhāvavāda, 自性論)'는 상키야뿐 아니라 고살라(Gosāla)의 견해와도 접점이 있는 것으로 보인다. 상키야와 마찬가지로 내재하는 힘을 통해 발전한다는 이론을 인정하지만, 자유의지를 부인한다는 점에서는 고살라가 더 직접적으로 연상된다.[155] 그런데, 그들이 크리야바딘(Kriyāvādin, 作業論者)이라고 불릴 수 있었을까?[156] 이 용어는 통상 개인의 자주성이 가능하다는 믿음을 의미하는 것으로 보이는 반면,[157] 스바바와바다는 "모든 존재들은 본연의 성질에 따라 자성으로부터 나오고 마찬가지로 자성 때문에 사라진다. 인간의

153) Schrader, 앞의 책, p.24.
154) 브라흐마나 문헌에서 시간에 대해 창의적이고 사색적인 표현을 다수 볼 수 있다. ŚB. Ⅰ, p.462 참고.(Acyutagranthamālā 版); 위의 책, Ⅱ. 894-5, 1095 등. TĀ 1. 2.는 상당히 모호하지만, 시간의 강이 계속 이어지게 하는 영원한 원천이 태양이라고 생각했다. 세월의 주요 흐름은 끊임없이 밀려오며, 되돌아오지 않는다. Nadīva prabhavāt kācid akṣayyāt syandate yathā Tāṃ nadyó bhisamāyanti soruḥ satī na nivartate Evaṃ nānāsamutthānāḥ Kālāḥ saṃvatsaraṃ śritāḥ aṇuśaśca mahaśaśca sarve samavayantritam Sa taiḥ sarvaiḥ samāviṣṭa ūruḥ sanna nivartate. 위의 책.; Śvet.(or Śvetāśvat) 6. 5는 시간과 영원을 구분하고 있다. "Parastrikālādakalopi dṛṣṭaḥ". Māṇd.(or Mait. up.) 6. 14는 "Dve vāva brahmaṇo rūpe kālaścākālaśca … yaḥ prāgādiyātsó kālaḥ …"라고 말한다.
155) Schrader, pp.31-32.
156) 〈참조〉 위의 책, p.31.
157) 뒤의 내용 참고.

노력은 존재하지 않는다."라고 분명히 말한다.[158]

여기서 혼동 또는 오류가 있었던 것으로 보인다.

니야티바다 — 니야티(Niyati, 決定, 宿命)의 필요성은 자연적인(인과율에 의한) 필요성이거나 초자연적인 (숙명적인 또는 신에 의한) 필요성, 혹은 논리적인 필요성이거나 도덕적 (업에 의한) 필요성을 의미하는 것으로 보인다. 마지막 의미는 니야티바딘(Niyativādin, 決定論者)의 마음에 거의 없었을 것이며, 그들은 책임을 부정하였으므로[159] 도덕적 필요성이라는 뜻으로 말하지도 않았을 것이다. 쉴랑카(Śīlāṅka)는 인과율에 의한 필요성이 의도된 것이라고 말하지만,[160] 그는 초기 문헌에서 후대의 견해를 가볍게 읽었을 것이다. 자연적 니야티에 대한 믿음과 초자연적 니야티에 대한 믿음은 두 가지 상반된 근원에서 생긴다는 것에 주목해야 한다. 자연적 니야티는 현상의 규칙성이 반영된 결과이며, 초자연적 니야티는 현상의 우연성, 특히 인간사(人間事) 영역의 우연성이 반영된 결과다. 우연성은 알 수 없는 원인이므로 호기심이 지식을 훨씬 능가하던 초기에는, 초차연적 필요성이라는 개념이 사람들의 마음에 강력한 인상을 남겼을 것이다. 그러므로 니야티바다(Niyativāda, 決定論, 宿命論)는 대개 개연성에 따라 이 유형의 필요성에 대해 언급해야만 했을 것이다.

야드르차바다 — 만약 마라야기리(Malayagiri)를 믿는다면, '야드르차바다(Yadṛcchāvāda, 비결정론, 우연)'는 흄이 인과법칙을 부정한 것과 현저

158) Mbh. XII 222. 14.: Svabhāvāt sampravartante nivartante tathaiva ca. Sarve bhāvāstathābhāvāḥ puruṣārtho na vidyate. 〈참조〉 Bhagavadgītā, XIII, 27.

159) Schrader, p.33.

160) 앞의 책, pp.32-33.

히 닮았다. 그러나 '아딧짜삼우빠다(Adhiccasamuppāda, 無因論)'와 같을 가능성이 더 높다. 슈라더(Schrader)가 "아마도 이 주장은 단지 첫 번째 시작과만 연관될 것이다. 이것은 마치 에드 하트만(Ed. v. Hartmann)이 자연필연성을 부정하지 않은 채 세계를 절대적 우연이라고 설명한 것과 같다."[161]라고 말하는 것이 적절한 것 같다.

사상적 동요의 원인: 추정 — 자이나 문헌에 기록된 바와 같이, 칼라바다(Kālavāda, 時語), 스바바바바다, 니야티바다, 야드르차바다, 이슈바라바다(Īśvaravāda)[162]는 철학적으로 완전한 체계가 아닌 것이 분명하지만, '세상의 기원', 특히 최초의 기원과 같은 특정 문제에 대한 답변은 다르다. 구원의 길에 대한 문제, 즉 스스로 노력함으로써 '상사라(윤회)'를 극복할 수 있는 인간의 힘을 부정하는 문제에 관해 이러한 관점 모두가 공통되고 주목할 만한 암시를 갖고 있다는 점이 더 중요하다. 또한, 이런 관점이 도덕적 책임의 원칙에 대해 파괴적인 반향을 일으키는 경향이 선명히 감지된다. 앞에서 서술한 형이상학적 정형구라는 결과를 낳은, 구원과 책임의 현실적·윤리적 문제를 연구했을 가능성이 크다. 영원한 환생에 대한 교리는 보편적으로 수용된 반면, 그 원인, 이를테면 카르마에 대해서는 그때까지 전체적으로 합의되지는 않았던 것으

---

161) 앞의 책, p.38, 각주: Vielleicht bezieht sich diese Behauptung nur aus den eṚSten Anfang, ebenso wie Ed. c. Hartmann die Welt für das, absolute Zufällige erklärt, ohne doch die Naturnotwendigkeit zu bestreiten

162) Sk. Ⅰ. 1. 3, 5-10, 1-ⅰ. 9, Ⅱ. 1. 등 곳곳에 견해가 언급되어 있다. "Jahā ya Paṭhavīthūbhe ege nānāhi dīsai. Evam bho kasiṇe loe vinnū nāṇāhī dīsai"라는 두 번째 언급은 확실히 우파니샤드의 범(汎)아트만주의를 암시한다. 쉴랑카(Śīlāṅka)는 "Puruṣa evedaṃ sarvam 등"을 인용한다. 〈참조〉 Śvet. up. 1-2에 있는, 잘 알려져 있지만 수수께끼 같은 게송에서는 칼라(Kāla, 適時), Svabhāva, 니야티(Niyati, 決定/宿命), Yadṛcchā, Bhūtāni, Puruṣa에 대해 이야기하고 있다.

로 보인다.[163] 당대의 사상계는 최종적으로 받아들여질 때까지 대체 가능한 모든 시도를 해보는 것이 불가피하다고 느꼈던 중대한 의미의 교리임을 자각하게 되었던 것으로 보인다. 부분적인 설명으로 거의 귀류법(歸謬法)의 극단까지 밀어붙이는 드르티스(Dṛṣṭis, 견해, 지각)의 에칸타그라히타(Ekāntagrāhitā, 부분적인 이해)는 논리적으로 무모하다.

아크리야바다 — 자이나교는 아크리야바다(Akriyāvāda, 非作業論)가 이교(異教)의 특징 중 가장 중요한 점이라고 보았다.[164] 타난가(Ṭhāṇaṅga)는 아크리야(Akriyā, 非作用)의 여덟 가지 유형을 열거하고 있다. 슈라더는 전적으로 아바야데바(Abhayadeva)의 주석에 근거하여 용어를 설명했는데,[165] 이 주석이 후대의 것이라는 점을 고려해야 한다. 사마냐바다(Sāmānyavāda)를 실제로 기원전 6세기보다 앞서는 교리라고 볼 수 있을지는 의심스럽다. 삼우체다바다(Samucchedavāda)라는 용어는 어려운 문

---

163) MN. Ⅱ. 222에 의하면, 일부는 현재의 경험이 '뿝바까따(Pubbakata, 宿作)' 때문이라고 생각했고, 일부는 '잇사라님마나(Issaranimmāna, 汎神)' 때문이라고, 일부는 '상가띠바와(Saṅgatibhāva, 結合 狀態)' 때문이라고, 일부는 '아비자띠(Abhijāti, 家系)' 때문이라고, 또 일부는 '딧타담무빠까마(Diṭṭhadhammupakkama, 현재의 행동)' 때문이라고 생각했다.

164) 자이나교의 주석 문헌은 크리야바다(Kriyāvāda, 作業論), 아크리야바다(Akriyāvāda, 非作業論), 아즈냐나바다(Ajñānavāda, 無知論), 위나야와다(Vinayavāda, 律論)의 네 가지를 필두로 하여 분화된 363가지 철학을 도식으로 제공한다.(〈참조〉 Schrader, p.3.) 내용은 주로 추론적이고 형식적으로 분류한 것으로 추정된다. 일반적으로 네 가지로 분류된 것은 Sk. Ⅰ. 12에서 언급된다. Akiriyasamosaraṇa는 "Nāïcco udeï na atthameï-salilā na sandanti … Vañjho niyao kasiṇo hi loe"라고 믿었던 것 같다.; 이해할 수 없을 정도로 모순된 서술이다. 빠꾸다깟짜야나(Pakudhakaccāyana)의 것으로 보이는 교리와 비교될 수도 있다. 〈참조〉 "Na vātā vāyanti na najjo sandanti na gabbhiniyo vijāyanti na candimasūriyā udenti vā apenti vā esikaṭṭhāyiṭṭhitāti." (SN. Ⅲ. 202.)

165) 앞의 책, pp.54-57.

제를 불러일으킨다: 이러한 문헌에서 불자(佛子)[166] 혹은 불교에 귀의한 사람들을 웃체다바딘(Ucchedavādin, 斷滅論者)이라고 불렀는가?

막칼리 고살라 — 막칼리 고살라(Makkhali Gosāla)는 상사라(輪廻)의 속박을 받아들이는 사례와 상사라로부터 해방되는 과정에서 개인의 자주성을 거부하는 사례를 보여준다. 불교는 고살라의 교리에 대해 여기저기에서 언급하고 있는데, 예를 들어 AN. Ⅲ. 383의 분류는 뿌라나(Pūraṇa)의 결과로 보며, MN. Ⅰ. 513의 교리 중 일부가 빠꾸다(Pakudha)와 결합된다.[167] 자이나교 문헌에서 발견된 내용과 불교의 내용을 비교하는 것은 고살라주의자의 독단적 기본 원칙에 대해 분명한 그림을 그릴 수 있게 한다.[168]

상사라위숫디 — 아자따삿뚜(Ajātasattu)는 막칼리 고살라 철학의 특

---

166) 주석에서 암시된 관점으로, "die Buddhisten werden nicht erwähnt.(불교도는 언급되지 않았다.)" 위의 책, p.56 각주.

167) Thomas, Life p.130 참고. 〈참조〉 IC. 1947, pp.107ff ; A. L. Basham는 History and Doctrines of the Ājīvakas: A Vanished Religion.(아지바카의 역사와 교리: 사라진 종교, London, 1951)에서 뿌라나(Pūraṇa), 빠꾸다(Pakudha)뿐 아니라 고살라(Gosāla)도 아지바카(Ājīvakas, 邪命外道) 교리를 이루는 중요한 부분이라고 결론 내린다.(N. Dutt. 박사가 I.H.Q.에서 이 책에 대해 논평한 부분에서 이러한 특이점을 비판한 내용 참고.)

168) 바루아(Barua) 박사가 JDL. Ⅱ. p.23에서 출처 목록을 상세히 작성하였다.
(i) 자이나: (a) Sk. Ⅰ. 1. 2. 1-14; Ⅰ. 1. 4. 7-9; Ⅱ. 12, 9; Ⅱ. 6. (b) Bhagavatī Saya ⅩⅤ. udd. Ⅰ. (c) Leumann, Das Aupapātika Sūtra secs. 118, 120.
(ii) 불교: (a) 「사만냐팔라 숫따(Sāmaññaphala sutta)」 (b) SN. Ⅲ. p.69. (c) AN. Ⅰ. p.208. (d) AN. Ⅳ. pp.383-384. (e) MN. Ⅰ. p.231ff. 〈참조〉위의 책, Ⅰ. p.36. (f) Rockhill이 「사만냐팔라 숫따」의 한역본과 티베트본을 번역했으나 매우 혼란스럽다. (g) Milindapañho(Trenckner 편) p.5. (h) Mahābodhi-jātaka, no.528. 새로운 접근법은 Muni Nagraj, Āgama Aur Tripiṭaka Eka Anuśīlana, Vol. Ⅰ, p.20ff 참고.

징을 '상사라위숫디(Saṃsāravisuddhi)'[169] 교리라고 하였으며, 이런 특징적 묘사는 실로 탁월하다고 할 수 있다. 왜냐하면 상사라(Saṃsāra, 輪廻)의 과정은 바꿀 수 없는 것으로, 필연성으로 똘똘 뭉쳐져 작용한다는 것이 막칼리의 핵심 교리라고 할 수 있기 때문이다.[170] 상사라의 과정은 위숫디(Visuddhi, 淸淨) 또는 고통의 종식으로 향하는 만큼[171] 발전하는 과정이라고 볼 수도 있다. 그 배후에 있는 힘의 본성에 관해 "모든 [중생은] … 운명과 우연이라는 본성에 의해 성장하며 … 즐거움과 괴로움을 느낀다." 라고 설명된다.[172] 붓다고사(Buddhaghosa)의 설명에 따르면, 경험을 결정하는 동등한 요인이 세 가지 있는데, 첫 번째는 운명(運命)이다.[173] 그러나 두 번째 요인에 대한 설명에서[174] 첫 번째 요인에 종속된 것으로 보았음이 은연중에 드러난다.[175] 십중팔구, 세 번째 요인은 적어도 니야띠(Niyati, 決定/宿命)가 차별적으로 드러나는 원인으로 간주되었다. 하지만 니야티의 유일한 결정요인이 아니라면, 작용하는 니야띠의 일부는 바와(Bhāva, 存在) 밖에 있는 원인이나 사물의 본질에서 비롯되어야 하는 것이 분명하다. 상사라의 지배적 필요성에는 적어도 일정 부분 초월적 발

169) "Saṃsāravisuddhiṃ vyākāsi" (P. L. Vaidya, Uvāsaga, p.201 참고)
170) 〈참조〉 "Seyyathāpi nāma suttaguḷo khitte nibbeṭhiyamānameva phaleti …."(위의 책)
171) "Saṃsaritvā dukkhassantaṃ Karissanti"(위의 책, p.200) "sijjhaṃti bujjhaṃti muccaṃti savvadukkhānamantaṃ …"(위의 책, p.160)
172) 위의 책, p.197.: sabbe … niyatisaṅgatibhāvapariṇatā … Sukhadukkhaṃ patisaṃvedenti.
173) "Evam niyatiyā ca saṅgatiyā ca bhāvena ca."(위의 책)
174) "Saṅgatīti channam abhijatīnaṃ tattha tattha gamanam."(위의 책)
175) 그 후로 아마도 니야띠(Niyati, 宿命)가 이러한 아비자띠(Abhijāti, 家系)를 결정하는 원인이 되었을 것이다. 사실, Sk. Ⅰ. ⅱ. 3에는 개인의 경험(Vedanā, 受)이 바로 앞에서 했던 자신의 행동이나 타인의 행동에서 비롯된다는 것을 부정하는 교리가 언급되어 있다. "상가띠(Saṅgati, 結合)"의 결과라고 생각되었다. 쉴랑카(Śīlāṅka)는 다음과 같이 설명한다. "Saṅgaiyam sāṅgatikaṃ samyak svaparināmeṇa gatiḥ, yasya yadā yatsukhaduhkḥānubhavanaṃ sā saṅgatirniyatiḥ".

판이 있는 것으로 보인다. 자유의지를[176] 맹렬히 부인하고 어떠한 신의 섭리에 대해서도 함구하는 것은 '니야띠' 자체를 궁극적 원리라고 보았음을 시사한다. 인간의 '상낄레사(Saṃkilesa, 汚染)' 또는 '위숫디(Visuddhi, 淸淨)' 이면에 있는 어떤 이유나 원인을 부정하는 것은[177] 운명을 '알 수 없는' 것, 다시 말해 우발적인 필연에 상응하는 것으로 여겼음을 보여준다.

'깜마(Kaṃma, 業)'에 대한 막칼리의 견해는 독특했던 것으로 보인다. 사만냐팔라(Sāmaññaphala) 구절에 나타나는 분류는 애매모호하고, 붓다고사는 거의 영향을 미치지 못했다. 그러나 대단히 흥미로운 설명이 있다. "거기에 '나는 익지 않은 업을 익게 할 것이다'라거나 '나는 익은 업을 점차 제거할 것이다'라는 표현은 없다. 이와 같이 정해진 양의 즐거움과 괴로움을 … 없다."[178]

이처럼 한번 얻은 깜마(業)는 개인의 의지와 관계없이 상속된다고 생각되었으며, 그 나름의 논리에 따라 드러난다고 추정되었던 것으로 보인다. 알다시피 의지 자체는 사실상 부정되었다.

인용된 설명에서,[179] 깜마가 어떤 면에서는 수카-둑카(Sukha-dukkha, 樂苦)와 인과적으로 연결되어 있다고 생각했던 것으로 보인다. 어떻게

---

176) Uvāsaga에서 자주 주장한다. p.197.; 위의 책, p.51. "Natthi uṭṭhāṇe vā jāva parakkame vā, niyayā savvabhāvā."

177) Uvāsaga, pp.196-197.

178) 위의 책, 200-201.: Tattha natthi … aparipakkam vā kammaṃ paripācessāmi, paripakkaṃ vā kammaṃ phussa phussa vyantikarissāmīti. Hevaṃ natthi Doṇamite sukhadukkhe …. 다른 곳에는 '수카(Sukha, 幸福)'와 '둑카(dukkha, 苦)'에 '라바(lābha, 利得)', '알라바(alābha, 損失)', '지위야(Jīviya)', '마라나(Maraṇa, 죽음)'가 추가되었다.(B. XV).

179) 즉, 깜마(Kaṃma, 業)와 수카-둑카(Sukha-dukkha, 樂苦)가 고정되어 있다고 주장되는 설명에서.

니야띠상가띠바와(Niyatisaṅgatibhāva, 숙명 결합 존재)와 관계 있다고 추정되었을까? 개인의 자주성이 부정되었으므로 아마도 니야띠(Niyati, 宿命)는 깜마의 원인이라고 생각되었을 것이다.

해탈의 성취에 대해 다루기에 앞서 수많은 깜마의 유형[180]에 대해 자세히 다룰 필요가 있다고 여겨진다.

요컨대, 고살라(Gosāla)는 인간이 자의적으로 조절할 수 없는 힘, 즉 깜마나 니야티로 인해 환생 주기에 얽매여 있다고 보았다.[181]

아지바카의 도덕성 — 회른레(Hoernle)와 바루아(Barua)는 아지바카(Ājīvaka, 邪命外道)의 역사 및 니간타와의 관계에 대해 많은 연구를 해왔다.[182] 회른레는 근거를 연구한 뒤, 아지바카를 비난하는 자이나교에

---

180) 사만냐팔라(Sāmaññaphala)에 있는 목록은 바가와띠(Bhagavatī)에 있는 목록과는 다르다. 바가와띠의 목록은 Uvāsaga, p.160 참고.

181) 고살라 체계의 세부사항 중 일부에 대해서는 [회른레Hoernle와 바루아Barua가] 이미 설명했지만 깜마(Kaṃma, 業)의 목록처럼 모호한 부분이 많이 남아있다. 고살라를 추종하는 사람들 중 한 부류는 호기심을 몹시 자아내는 "Trairāśikas"에 대한 교리에 주목한다. 이들에 의하면, 영혼(ātman)은 "krīḍā"와 "Pradveṣa"에 의해 해탈(Mokṣa) 상태부터 상사라의 긴 구간까지 끌려가고 있다. 여기서 벗어나 해탈로 나아가며 이러한 주기를 끊임없이 반복한다. 해탈된 영혼은 냉정하고(Suddha, 純粹) 움직이지 않으며 아카르마카(Akarmaka), 티 없이 깨끗한 천이 쓸수록 더럽혀지듯이 자신의 처지에서 즐거움을 통해 점차 타락하게 된다.(Śīlāṅka on Sk. 1. 1. 3. 11-12 참고.) 〈참조〉 Syādvādamañjarī, p.4.; Ājīvaka Akiriyavāda에 대해서는 MN. Ⅰ. p.483 참고. 〈참조〉 "Mā kṛta karmāṇi mā kṛta karmāṇi śāntirvaḥ śreyasītyāhāto maskarī parivrājakaḥ." (Patañjali, Mahābhāṣya Ⅲ. 96. ed. Kielhorn) Kaṃmavāda Kiriyāvāda를 지지하는 탁발 수행자들은 '닐라비자띠(Nīlābhijāti, 靑生類)'에 있다. (AN. Ⅲ. 383.) 아난다(Ānanda)에 의한 분류는 뿌라나 깟사빠(Pūraṇa kassapa)에 기인하지만 혼란스러워 보인다.

182) ERE. Ⅰ; Barua, Pre-Buddhistic.; JDL. Ⅱ. 회른레(Hoernle)는 'Paüṭṭaparihāravāda'의 본질에 대해 조롱하는 자이나교에 동의하는 반면(ERE. Ⅰ, p.263), 바루아(Barua)는 그 안에서 광범위한 진화이론을 찾아낸다.(Pre-Buddhistic). Abhayadeva가 교리에 대해 설명한 내용에서 심오한 견해를 보기도 어려울뿐더러 「사만냐팔라 숫따(Sāmaññaphala sutta)」에 언급된 "빠리나마와다

동의하는 쪽으로 마음이 기울어 고살라의 위선과 부정(不貞)을 고발한다.[183] 반면에, 바루아는 이들을 단지 종파 간 비난에 불과하다고 보았다. 적어도 일부분 옳은 것으로 보이는데, 자이나교의 설명 중에서 모순되는 부분을 밝혀 냈기 때문이다.[184]

결정론과 부도덕주의: 불교와 자이나교는 아지바카를 부도덕주의자라고 보았으며, 그들이 부도덕하다고 지속적으로 비난하였다. 그러나 도덕적 책임을 부정하는 것과 도덕성을 부정하는 것은 다르다. 예를 들어, 옳은 행동과 잘못된 행동에 차이가 있다고 생각하면서도 실제 행동 방향에는 도움이 되지 않을 수도 있다. 이 점에 있어서 상당히 다양한 믿음이 있을 수 있다. 칼빈주의자와 19세기의 여러 유물론자들이 인간의 자유의지를 부인하면서도 옳고 그름의 차이를 부정하지는 않았다는 사실은 잘 알려져 있다. 물론 마땅히 해야 할 일이라는 칸트의 격언을 의식적으로나 무의식적으로 받아들이는 것은 책임을 부인하는 것에서 도덕적 차이를 부인하는 것으로, 논리적 전환이 필연적으로 이루어질 수 있는 영역 내에 있어야만 한다. 하지만 그렇게 받아들이는 것이 아지바카(外道) 전제의 요소가 되었다고 추정할 이유는 없다.

결정론과 무도덕: 누군가의 잘못된 행동을 정당화하기 위해 옳고 그름의 차이에 대한 객관적 타당성마저 부인할 필요는 없다. 단순히 자유의지와 책임성을 부인할 수도 있으며, 자이나교는 사실 이런 '합리화'가 아지바카 결정론의 근원이라고 보았을 것이다. 이런 의견이 적절하다고 증명하거나 틀렸다고 증명하는 것은 거의 불가능하다.

(Pariṇāmavāda)"와 동일시하여 고살라의 기본교리 중 일부로 바꾸기도 어려워 보인다.

183) ERE. Ⅰ. p.263, 265.

184) 〈참조〉 JDL. Ⅱ, pp.12-13.

니간타와 비교하는 아지바카 교리: 실천에 관한 문제를[185] 제외하면, 아지바카와 니간타의 주요 차이점은 의지 및 영혼의 본질과 관련 있다. 붓다고사는 영혼과 관련하여 고살라(Gosāla)는 영혼이 루삐(Rūpī)라고 생각하는 반면 마하비라(Mahāvīra)는 영혼이 아루삐(Arūpi, 무형상)라고 생각한다고[186] 밝히고 있다. 정확한 의미의 차이는 분명치 않다.

두 교리의 뚜렷한 유사성으로 "모든 중생, 모든 생물 … 존재 … 생명(Sabbe sattā sabbe pāṇā … bhūtā … Jīvā)"이라는 공통된 표현, 단일 감각기관(Ekendriya), 두 감각기관(Dvīndriya) 등으로 동물 분배, '빛(leśyās)'과 '탄생(Abhijātis)'의 유사성을 꼽을 수 있다.[187] 해탈한 사람은 전지(全知)하다는 믿음 역시 공통이다.[188]

아크리야바다의 또 다른 다양성

뿌라나 까싸빠, 행동의 자유도 영혼의 활동도 부정: 불교는 뿌라나 까싸빠(Pūraṇa Kassapa)의 교리가 부도덕하다고 설명한다.[189] 원하는 것은 무엇이든, 죄가 되거나 덕이 되지 않고 행했던 것으로 보인다. 한편, 뿌라나의 교리는 '아크리야(Akiriyā, 非作業)', 결코 실제로 행한 적 없는 행위 중 하나라고 할 수 있다.

뿌라나 까싸빠, 상키야와 인과율: 행위 자체가 비현실적이므로 행위들 간의 윤리적 차이도 비현실적이라는 것이 이 사상가들의 견해라고 할 수 있다. Sk.는[190] 쉴랑카(Śīlāṅka)가 아까라까와다(Akārakavāda, 아무것

185) 회른레가 ERE. Ⅰ, pp.265-266에 요약해 두었다.
186) 위의 책, p.261.
187) SBE. 45, pp.xxx-xxxi.
188) 〈참조〉 MN. Ⅰ. 171; B. XV.
189) 「사만냐팔라 숫따(Sāmaññaphala sutta)」
190) Sk. Ⅰ. 1. 13.

도 행하지 않는 주의)라고 부른 것과 다소 유사한 견해를 말하면서 암암리에 상키야(Sāṅkhya)의 견해와 동일시한다. 확실하지는 않지만 뿌라나 까싸빠(Pūraṇa Kassapa)의 견해와 '아까라까와다'를 동일하게 여기는 것은 가능하다.[191] 뿌라나 까싸빠가 '아딧짜삼우빠다(Adhicca samuppāda, 無因論)' 교리를 수용했다고 추정할 만한 근거는 별로 없다. 사실, 자이나교의 설명이 실제로 까싸빠의 견해를 언급하고 있다면, 그래서 쉴랑카의 설명이 올바르다면, 결과적으로 아딧짜삼우빠다에 대한 바루아(Barua)의 가설이 틀렸다는 뜻이 된다. 왜냐하면 상키야 사상가들은 인과율을 믿지 않는 사람들이 아니었기 때문이다. 바루아의 가설에 동의하는 듀트(Dutt)는,[192] 그럴 만한 근거가 없다고 본다. 사건은 '영혼과는 관계없으며', 그렇다고 해서 우연히 생겨나는 것도 아니다.

빠꾸다 깟짜야나(Pakudha Kaccāyana) — **'상호작용' 불가능**: 불교 문헌에 따르면,[193] 빠꾸다 깟짜야나는 위와라(Vivara, 빈틈)에서 변함없이 존재하는 일곱 가지 근원적 본질(Kāyā)을 믿었다. 즉, 네 가지 유형의 물질, 수카(sukha, 樂), 둑카(dukkha, 苦), 지와(Jīva, 生命)의 상호작용은 불가능하며, 따라서 복잡한 상호작용과 같은 행동, 예를 들어 살인(殺人) 같은 행동 역시 불가능하다. 위와라 개념은 표면적 움직임을 설명하기 위해 쓰인 것으로 보인다. '위와라'를 본질로서 인정하게 되면 교리의 처음 설명과 상충하게 될 것이므로 '위와라'는 단지 '무저항'을 실체화한 것으로 이해되었을 것이다. 자이나교 문헌에서,[194] 쉴랑카가 '아트마샤스타바다(Ātmaṣaṣṭhavāda, 六我論)'라고 부른 교리가 빠꾸다의 교리와 비슷

191) 〈참조〉 Barua, Pre Buddhistic, pp.278-279.
192) EMB. Ⅰ, pp.35-6.
193) 「사만냐팔라 숫따(Sāmaññaphala sutta)」
194) Sk. Ⅰ. 1. 15. 16 ; Ⅱ. 1.

하지만 아카샤(Ākāśa, 虛空)의 존재를 확실히 인정하고 있음을 알 수 있다. 게다가 이 문헌에서는 '수카'와 '둑카'를 변치 않는 여섯 가지 본질에 있는 독립 원칙으로 제외시켰다.

상키야 또는 바이셰시카 — 실랑카는 상키야 체계 중 일부와 견해가 비슷하다는 데에 어느 정도 주의를 환기시키면서 비슷한 의미를 갖고 있는 『바가바드기타(Bhagavadgītā)』의 일부 구절을 이야기한다. 이 '삿따까야와다(Sattakāyavāda)[7 신체론]'는 불교에서 '삿사따와다(Sassatavāda, 永遠論)'라고 부르는 사례를 제공한다는 데 주목할 필요가 있다. 본질이 많다는 점에서 바이셰시카(Vaiśeṣika)가 떠오르고,[195] 영혼이 수카와 둑카에 초연할 뿐만 아니라 영혼과 물질의 상호작용을 부정한다는 점에서 상키야가 떠오른다.

까싸빠, 깟짜야나와 사상적 동요 — 까싸빠(Kassapa)와 깟짜야나(Kaccāyana)는 행위의 외양도 부정하고 행위의 실체도 부정한 것으로 추정된다. 특히, 그들은 '영혼'이 변화에 의해 동요되지 않으므로 선(善)과 악(惡)보다 뛰어나다고 주장하였다.[196] 영혼이 고통받으며 그 고통의 책임이 자신에게 있다고 보는 상사라 교리에 반대하여 이 교리가 만들어졌다고 해도 지나치지 않다. 폐해와 추정된 원인은 둘 다 비현실적인 환상에 불과하지 않은가? 후대의 '빠라마타(Paramārtha, 眞諦)'와 두 관점이 융화된 '위야와하라(Vyavahāra, 언설)' 교리에는 의문이 거의 없으며

---

195) 〈참조〉 "이는 바이셰시카(Vaiśeṣika)라는 이름으로 알려진 철학의 초기 형태 또는 대중적 형태였던 것으로 보인다."(Jacobi, Jaina sūtras, Part Ⅱ, p.XXIV.)

196) 이 교리는 우파니샤드에서 확실히 볼 수 있고, 상키야(Sāṅkhya) 못지않게 베다에서도 나타난다.

적어도 두 철학자가 이를 알고 있다고 볼 근거도 거의 없다.

아지바카 학파라고 불러야 할 고살라는 상사라 과정을 인정하면서 새롭게 설명한 반면, 명백히 브라흐마나이며 따라서 우파니샤드의 견해를 알고 있었던 까싸빠와 깟짜야나는 훨씬 더 급진적이며 문제가 실제로 존재한다는 사실 자체를 계속해서 부정하였다.

'회피론자' 아닌 불가지론[197] — 주제에 관한 사상 동향의 또 다른 줄기는 불가지론(不可知論)이다. 산자야 벨랏티뿟따(Sañjaya Belaṭṭhiputta)[198]는 다른 세계, '오빠빠띠까(Opapātika, 化生)' 존재, 깜마(業)의 법칙, '해탈한' 사람의 내생(來生) 문제에 대해서는 분명한 지식을 얻을 수 없다고 생각했다.[199] 불교 문헌은 산자야의 불가지론이 무지(無知)를 배경으로 하는 것이 확실하다고 보았다. 왜냐하면 실제 답변을 찾을 수 없으며, 찾아낼 수 없다고 추정했다. 고대 자이나 문헌 역시 '안냐나와다(Annāṇavāda)'와 유사하다고 하면서 이런 견해를 갖고 있는 사상가를 "안냐나바야상윅고(Annāṇabhayasaṃviggo)"라고 부른다.[200] 그러나 쉴랑카는 Sk. Ⅰ. ii. 16에 대한 주석에서 "그 경우, '누가 알고 있는가'라는 이러한 [질문]의 의미는 그 누구의 뛰어난 지식도 아니다. 생명 등과 감각기관들을 알아차릴, 그 이해를 통해 그 어떤 결과도 없다."라고 말한다.[201] 만약 믿을 만하다면, 이런 정보는 상황에 대해 다른 그림을 제시

---

197) 〈참조〉 "애매모호함을 설명했다. Vikkhepaṃ byākāsi" DN. 2.

198) Jacobi는 Mahāvagga Ⅰ. 23과 24에서 '불가지론자' 산자야(Sañjaya)에 대해 언급하고 있다고 추정할 수 있다.(SBE 45, p.xxix.) 불가능하지는 않지만 거기까지가 말할 수 있는 전부다.

199) 「사만냐팔라 숫따」

200) Sk. Ⅰ. ii. 7.

201) Tatra ko vettītyasyārtho na kasyacidviśisṭaṃ jñānamasti yo tīndriyān jīvādīna

한다. 회의론자 아즈냐나와딘(Ajñānavādin)은 무지한 위선자도 아니고, 비판적 고찰에 입각한 결론을 토대로 하는 투철한 불가지론자도 아니었을 것이다.[202)]

유물론(唯物論) — 일부 사상가들 사이에서는 유물론적 허무주의(ucchedavāda, 斷滅論)가 지배적이었다.[203)] 아지따께사깜발리(Ajitakesa kambalī)가 그 중 하나다. 「사만냐팔라 숫따」와 Sk. Ⅱ-1에 기록된 내용이 비슷하다는 점은 이미 살펴보았다.[204)] 파야시 파에시(Pāyāsi Paësi)는 또 다른 유물론자다.[205)] 「라야 파세니야(Rāyā Paseṇiya)」에서 그는 "그래서 어떻게 내가 많은 사람들이 전해준 전통적 견해를 버릴 수 있겠는가."[206)] 하며 단념하기 어렵다는 것을 알았고, 이설(異說)의 중심지가 그의 가족임을 우연히 드러내었다. 이 자이나교의 기록 그리고 이와 유사한 불교 기록(『디가니까야』, DN)의 모두에서 '영혼'에 대한 파에시(Paësi)의 불신(不信)은 평범한 수단에 따라 탐지가 불가능한 관찰이라는 초감각(超感覺) 때문인 것이 분명하다. 아지따와 마찬가지로 파에시는 실재하는 어떤 것이 '현재의 초월적 사상'에 부합될 수 있음을 부정하였다.[207)]

---

vabhotsyate na ca tairjñātaiḥ kiñcitphalamasti

202) 〈참조〉 "Sabbaṃ me na khamatīti"라고 말한 디가나카(Dīghanakha)의 회의론.(MN. Ⅰ. 497.)

203) 불교 경전 중 몇 군데에서 '로까야띠까(Lokāyatika, 世俗哲學)' 관점에 대해 언급하고 있지만, [p.351] 후대 표현과 연결된 개념과 관련시키는 것이 쉽지는 않다. 〈참조〉 SN. Ⅱ. 77; Rockhill, p.44.; '로까야따(Lokāyata, 世俗主義)'는 Kauṭalya가 언급한 Ānvīkṣikī의 세 분야 중 하나다.(Ⅰ. p.27.)

204) Jacobi, 앞의 책.

205) 이 사상가의 연대 위치는 불확실하다.

206) Bahupurisaparamparāgayaṃ kulanissayaṃ diṭṭhiṃ. p.140 (경전 75). Agamodaya Samiti본.

207) 〈참조〉 Jacobi, 앞의 인용문; MN. Ⅲ. 129에서 회의론자 자야세나(Jayasena) 왕자.

불가지론 및 유물론 관점의 활력 자체는 그 시대에 돌연히 나타난 듯한 '초월적 사상'을 풍부히 드러내는 것으로 보인다.[208] 붓다의 '침묵'도 그런 상황을 가정한다.

「브라흐마잘라 숫따」 — 이러한 관점 중 상당수가 「브라흐마잘라 숫따(Brahmajāla sutta)」에 기록되어 있긴 하지만 형태에서 차이가 나타난다. 예를 들어 산자야의 관점은 '아마라위케삐까(Amarāvikkhepika, 懷疑論者)'의 관점에 포함되는 것으로 보인다. 이 경전에서 언급하고 있는 교리는 대개 그 당시 비불교적 믿음에서 이어진 것으로 추정된다. 듀트(N. Dutt)는 이런 의견에 대해 "이른바 예순두 가지 견해는 불교 수행승의 경험에 대해 체계적으로 설명하고 있으며, 그 당시에 존재하던 비불교적 견해에 관한 것은 거의 포함하지 않는다."고 말함으로써 맞서고 있다.[209] 물론 상기 경전이 불교의 체계화에 많은 신세를 지고 있다는 점에는 의심할 여지가 없으나 듀트의 견해는 다음 사실에 따라 제한적으로 받아들여야 한다. (a) 「브라흐마잘라 숫따」에서 언급하고 있는 견해 중 일부는 실제로 비불교 사상가들의 생각이라고 볼 수 있다.[210] (b) 이 경전에 따르면, 특별한 신비 체험 때문이 아니라 이성(Takka, 思惟) 때문

208) 아야랑가(Āyȧraṅga)가 많은 문제와 해답이 헛된 것이라고 말한 데 주목할 필요가 있다. "Atthi loe natthi loe, dhuve loe, adhuve …, sāsaye … sapajjavāsiye …, sukaḍetti vā, kallāṇetti vā, Pivaettivā, sāhutti vā … siddhitti vā … nirayetti vā …"(As. Ⅰ. 8. 1).; 언급된 견해보다는 편집자의 심리학적 태도 때문에 중요한 부분이다. 끝없이 계속되는 추론적 논쟁에 지친 마음을 만날 수 있다. 이는 붓다의 '침묵'을 감안하여 기억되어야 한다. 이와 유사한 상황이 그리스 철학사에서 소피스트 운동의 원인이 되었다. Zeller 참고[Outlines of the History of Greek Philosophy(그리스 철학사 개요), p.75].

209) 앞의 책, p.42, 각주 4번.

210) 〈참조〉 MN. Ⅱ. 32-33에 언급된 Sakuludȧyin의 견해; 또는 Sk. ⅰ. 1. 4. 6에 언급된 견해.

에 일부 견해를 믿었다. (c) 많은 부분의 '불교 수행승들의 경험'은 비불교 사상사들의 일부 또는 나머지와 동일하다.

경전의 내용은 이미 잘 알려져 있지만, 언급된 교리 중 대부분이 영혼과 세계의 과거와 미래에 관한 내용이라는 점에 주목할 만하다. 상사라 교리가 아직은 일반적으로 정립되지 않았던 시대가 아니면 이런 내용은 거의 생겨날 수 없었다. 아마라위케삐까(懷疑論者)와 웃다마가따니까(Uddhamāghātanika, 死後有想論)의 견해 중 상당수도 그러하다.[211]

니간타(자이나교) — 니간타(Nigaṇṭha) 또는 자이나는 붓다 시대에 확실히 자리를 잡은 부파였다. 그들은 스스로 오래된 풍습이라며 매우 그럴싸하게 주장한다.[212] 불교와는 완전히 독립적인 것이 확실하며,[213] 적어도 그들의 티르탄카라(Tīrthaṅkara, 구원자, 法師)인 파르슈바(Pārśva)는 일반적으로 역사상 인물이었다고 인정된다.[214] 그들은 본질적으로 베다 이전 문명과 연결되어 있는 비(非)베다 무니(賢者)와 슈라마나(沙門)에 속했던 것으로 보인다.[215]

스야드바다(Syādvāda, 不定主義): 후대에 발달: 자이나교가 몹시 보수적이긴 하지만, 시간이 흐르면서 그들의 믿음은 복잡 미묘해지는 경

---

211) 「브라흐마잘라 숫따(Brahmajāla sutta)」와 같이 이교(異敎)의 견해를 상세히 서술한 경전으로는 「마하니다나 숫따(Mahānidāna sutta)」, 「빤짯따야 숫따(Pañcattaya sutta)」, 「뽓타빠다 숫따(Poṭṭhapāda sutta)」가 있다.

212) 자이나교 교리의 '원시적' 특징에 대해서는 SBE. 45, Jacobi의 서론 참조.

213) SBE. 22. INT; SBE. 45. Int; IA. 1880, p.161; 〈참조〉 C.H.I. Ⅰ, p.152.

214) C.H.I. Ⅰ, p.153; Uttarādhyayana(Charpentier's Int., p.21.) *역자주: Pārśva는 Parshvanatha(Pārśvanātha, Parshva)라고도 불리며, 24의 Tīrthaṅkara들 중에 23번째이다. 그의 생에는 정확하지 않지만 기원전 9-8세기에 살았고, Mahavira, Rishabhanatha 그리고 Neminatha와 동시대에 지냈을 것으로 추정한다.

215) 앞의 내용 참고.

향으로 변했다. 최초기 믿음을 보기 위해서는 최초기 문헌에 의지해야 한다.[216] 그런 초기 문헌은 삽따방기(Saptabhaṅgī) 논법에[217] 대해 언급하지 않는다는 사실을 통해 몹시 복잡 미묘한 이론이 후대에 발달했다는 추론이 불합리적이지 않게 된다. 『바가바티 수트라(Bhagavatī Sūtra)』[218]와 『판나바나 수트라(Pannavaṇā Sūtra)』가 일곱 단계의 나야(Naya, 推論)[219]에 대해 언급한 것이 사실이지만, 이런 문헌에는 후대 내용이 상당량 포함되어 있다.

Sk. 『니르육티 스칸다(Niryukti Skandha)』 1,[220] 『아드야야(Adhyāya)』 12, 『스야드바다(Syādvāda)』 1에 대한 언급에서 비드야부사나(Vidyabhusana)가 추정한 바와 같은 근거가 충분히 보일 것 같지 않다.[221] 어쨌든, 바드라바후(Bhadrabāhu)는 논의 중인 시대보다 훨씬 더 후대 사람이다. 자코비(Jacobi)는 의심 없이 마하비라(Mahāvīra)가 스야드바다(Syādvāda)를 확립했다는 가정 하에 산자야(Sañjaya)의 불가지론에 반대하였다고 설명하고 있지만,[222] 기본 가정 자체가 입증되지 않았다. 사실, 자코비는 다른 곳에서 마하비라가 혁신한 교리와 자이나교는 관련 없다고 말한 적이 있다. 산자야는 단지 초월적 존재에 대한 불가지론자고, 스야드바다는 이성에 대한 변증법적 개념은 물론 실재에 대한 변증법적 개념까지도 토

216) 부록 참고.

217) *역자주: 자이나교 철학자들에 의한 논쟁법으로 '일곱 가지 술어이론'을 말한다. 예를 들면, 논증할 수 있는 일이지만 아마 틀림없이 '이것은 존재한다.…' '이것은 존재하지 않는다.… '의 형태로 구성되어 있다.

218) *역자주 : 자이나교의 경전인 『바가바티 수트라(Bhagavatī sutra)』는 Vyākhyāprajñapti 라고도 불린다.

219) S. C. Vidyabhusana, A History of Indian Logic. p.161, 각주 4번.

220) *역자주: Niryukti는 Prakrit 시구 경전을 의미한다.

221) 위의 책, p.167. P. L. Vaidya 박사의 Sk.본에는 'abhāṇiya'를 위한 'annāṇiya'가 있다.(Sk. p.145.) ms pema

222) SBE. 45, pp. xxvii-xxviii.

대로 삼고 있다.[223] 이 둘은 상당한 시간차가 인정될 정도로 그 철학적 격차가 크다. 사실, 『타트바르타디가마(Tattvārthādhigama, 자이나교의 근본 원리 경전)』 같은 후대 문헌에서조차 변증법은 거의 눈에 띄지 않는다. 하지만 최초기 자이나교 문헌에서는 역설이 눈에 띄게 애용되고 있다는 점에 주목해야 한다.[224]

마찬가지로 최초기 문헌에서 우주론과 원자론에 대해 간단히 설명하는 것으로 보아 화려하고 복잡한, 예컨대 『바가바티(Bhagavatī)』 곳곳에서 볼 수 있는 설명은 비교적 후대에 발달되었다고 간주해야 할 것이다. 다음 개관에서 나오겠지만, 후대의 『카르마그란타(Karmagrantha)』는 카르마(Karman, 業) 교리에 대한 최초기 설명보다 훨씬 더 체계적이고 더 분명하다.[225]

주로 직선 모양으로 발달한 자이나교: 자이나교의 보수성(保守性)은 그 발달이 훨씬 더 직선적이라는 의미로 받아들여야 한다. 기본 원칙과 관련하여 인도의 두 가지 주요 경쟁상대보다 짧았다. 어떤 발전도 세부 사항의 증가 및 체계화를 따라 일어났다. 기본 원칙에 대해서 내적 충돌이 약간 있었던 것으로 보인다.

파르슈바(Pārśva) 추종자들과 마하비라 추종자들,[226] 슈베탐브라(Śvetāmbras, 白衣派)와 디감바라(Digambaras, 裸行派)[227]는 주로 실천적 문제에서 차이가 있었다. 회른레(Hoernle)가 주장하듯이 실제로 아지바카

---

223) 뒤의 내용 참고.

224) 〈예〉 As. Ⅰ. 4. 2. 1.: "je assavā te parissayā". 마하비라의 딜레마에 대한 애정은 Majjhima Nikāya, Ⅰ. 「아바야라자꾸마라꾸마라 숫따(Abhayarājakumāra sutta)」 참고; Saṃyutta Nikāya, Ⅳ, pp.323-325; Bhagavatī, 9. 6.(경전) 387.

225) 뒤의 내용 참고.

226) U. XXI 참고.

227) ERE. Ⅳ. 704 참고.

가 니간타의 일부를 이루었을지는[228] 의심스러우며, 로하구타(Rohagutta)의 형이상학적 독창성에 대한 자이나교 전통은 당연히 자코비로부터 비판받았다.[229] 자이나교는 불교의 철학적 가치를 높인 부파의 풍부함을 결코 경험하지 못한 것으로 보인다. 전반적으로 자이나교의 최초기 사상은 실천적이고 윤리적인 것이 지배적이었던 반면, 후대에는 훨씬 체계적이고 논리적이며 변증법을 매우 선호하는 쪽으로 발전하였다.

초기 자이나교 신앙의 개요 — 마하비라의 설법은 영혼이 어떻게 묶이고 해탈하며 고통받는가에 대한 것이었다고 기술된 부분이 있다.[230] 다른 곳에서는 자이나교의 관점을 '끼리야와다(Kiriyavāda, 作業論)', '앗따(Attā, 自我)'와 '로가(loga, 육체)', '가띠(gati, 方道)'와 '아가띠(agati, 非道)', '영원'과 '무상(無常)', '아사와(āsava, 煩惱)'와 '상와라(Saṃvara, 制御)'에 대한 지식(앎)이라고 정의 내리고 있다.[231] 니간타가 '끼리야와다(Kiriyavāda, 作業論)'에 대해 강조했다는 사실은 여러 불교 문헌에도 자주 나오는데, 그들의 주요 믿음을 다음과 같이 요약할 수 있다. "고행을 실천함으로써 깜마(Kaṃma, 業)를 몰아내면(Nijjarā, 消滅) 둑카로부터 자유로워지고 전지(全知)를 얻게 된다." 하지만 지나친 고행과 상존하는 전지, 둘 다 불교의 비웃음을 샀다.[232]

본질적으로 초월적인, 지적 활동 원리로서의 영혼에 대한 자이나교 개념: 후대의 체계적 문헌 및 최초기의 유효한 문헌에서 영혼이라는 주

228) ERE에서 아지바카(Ājīvaka, 邪命外道)에 대한 논문.
229) 앞의 책, pp. xxxvii-xxxviii.
230) "Jahā jīvā bajjhaṃti muccaṃti jahā ya kilissaṃti." Nyāyā, 경전22.(Āgamodayasamiti ed.)
231) Sk. I. 12. 20-21.
232) 뒤의 내용 참고.

제에 대한 차이가 핵심은 아니다. 단지 개선되고 자세해진 내용 중 하나일 뿐이다. 본질적 특성에서 영혼은 가능한 모든 감각적 경험을 초월한다.[233] 두서없는 지식도 이해하기 쉽지 않다.[234] 이에 대해 어떠한 유추적 서술도 불가능하다.[235] 영혼 '그 자체(an sich)'는 인식, 개념 또는 상상의 대상이 될 수 없다. 하지만 이것이 자이나교가 불가지론의 입장을 취한다는 의미는 결코 아니다. 그들은 처음부터 영혼의 근본 특성이 지식[앎]이라고 주장했으며,[236] 철학적 논쟁이 증가하면서 스스로 빛을 발한다고 밝혔기 때문이다.[237] 자이나교는 카이발랴(Kaivalya, 獨存)의 순수 지성에 의한 특성에 대해 분명하게 의문을 제기한 적이 없다. 이러한 후대의 견해가 초기의 가르침에 내재되어 있었다고 아무런 의심 없이 가정했을 것이다.

순수한 상태에서 영혼은 무한한 앎을 지닌다는 것이[238] 주요교리 중 하나가 되었다. 영혼의 '순수한' 지식[앎](Kavalajñāna)은 자체 내에 온 우

233) "Se na dīhe na hasse-na kiṇhe na nīle … arūvī sattā … se na sadde na rūve na gandhe na rase na phāse …"(As. Ⅰ. 5. 6). 붓다고사(Buddhagohsa)에 의하면, 니간타는 영혼이 아루삐(Arūpī)라고 보았다.(『수망갈라윌라시니(Sumaṅgalavilāsinī)』 Ⅰ. p.119.)

234) "Takkā jattha na vijjaī maī tattha na gāhiā"(As. 앞의 인용문.) Tattvārthādhigama에 대한 Umāsvāti의 주석. s. 1. 31. "Atha kevalajñānasya pūrvairmatijñānādibhiḥ kiṃ sahabhāvo bhavati netyucyate …"(p.27 ed. JRASB) 뒤의 내용 참고.

235) "Parinne sanne uvamā na vijjaī"(As. 앞의 인용문).; 〈참조〉「제12장 니르바나(Nirvāṇa, 涅槃)」. 산냐(Sañña, 想) 부분.

236) "Je āyā se vinnāyā je vinnāyā se āyā. Jeṇa vijāṇāi se āyā Tam paḍucca paḍisaṅkhāë esa āyāvāī"(As. Ⅰ. 5. 5.)

237) Syādvādamañjarī, p.147.

238) 여기서 앎이란 '즈냐나(Jñāna, 知)'와 '다르샤나(Darśana, 見, 哲學)' 두 가지 모두를 의미한다. 후대의 설명에 따르면, 다르샤나는 대상의 일반적인 면을, 즈냐나는 대상의 특별한 면을 강조한다.(Śīlāṅka의 Bhagavatī Sūtra 17. ed Āgamodaya Samiti; Syādvādamañjarī, 앞의 인용문 등). 초기불교 문헌 일부에도 냐나(Ñāṇa, 知)와 닷사나(Dassana, 見)가 함께 나온다. 가장 오래된 차이가 정확히 무엇인지를 밝히기는 어렵다.

주를 비춘다고 생각되었으며[239] 후대의 설명에 따르면, 이러한 전지(全知)가 동시에 존재하며 직접적이라고 생각해야 한다고 말한다.[240] 모든 시대에 해당되는, 알 수 있는 모든 형태는 단 한 번의 섬광으로 드러나게 되지만, 그렇다고 해서 단지 순간적인 지식[앎]일 뿐이라고 말할 수는 없다.[241]

전지(全知)는 무한한 행복을 수반한다거나[242] 더 없이 행복한 절대적 지식[앎]이라고 말하는 것이 더 정확할 것이다.[243] 그러나 이런 개선이 초기 편집자들에게 선물이 될 순 없다.

적어도 후대에는 카르마(業) 문제로부터 자유로워진 영혼은 아무런 제약을 받지 않는 행위의 힘을 누릴 수 있다고 생각했다.[244] 진정한 지식[앎]이 없는 활동은 상사라(輪廻)로 이어질 뿐이지만, 이런 힘은 속박 상태에서조차 완전히 사라지지 않는다.[245] 인간의 행위가 자기 괴로움의 원인이라고 생각했지만[246] 도움 없이 스스로를 구원할 수 있다는 것

---

239) As. Ⅰ. 8. 4; Ⅰ. 3. 4.(Pravacanasāra 1. 48-49와 비교); 위의 책, Ⅰ. 1. 7. 6.

240) Pravacanasāra pp.30ff. 특히 p.50. 〈비교〉 Bhagavatī sūtra 185, 198.

241) 자이나교의 전지(全知) 개념에 대해 불교에서 비난한 내용은 AN. Ⅰ. pp.220-21; MN. Ⅱ. 31, Ⅰ. 482 참고.

242) 〈예〉 "Arūviṇo jīvaghaṇā nāṇadaṃsaṇasanniyā. Aülam suhaṃ samvaṇṇā uvamā jassa natthi" 참고. Pravacanasāra pp.15. 26, 76, 86, 87 등.(Uttarajjhayaṇa xxxvi 67.)

243) Prav. sā(Pravacanasār) p.77 참고.

244) Prav. sā 참고.

245) 〈참조〉 Prav. Sā. "Sākriyā … mohasaṃvalitasya saphalaiva. Saiva mohasaṃvalanavilaye paramadravyasvabhāvabhūtatayā paramadharmākhyā bhavatyaphalaiva."(pp.164-5.) [p.358] 반면에, B. sūtra 21에서는 "Vītarāgasaṃjayā akiriyā"라고 말한다. 〈참조〉 Sk. Ⅰ. 8-9.

246) "Attakaḍe dukkhe no parakaḍe no ubhayȧ"(B. 경전 602.) 둑카(dukkha, 苦)가 자신에게서 비롯되는지, 타인에게서 비롯되는지, 아니면 둘 다인지, 아무도 아닌지는 기원전 6세기에 흔한 논쟁이었던 것으로 보인다. 불교 문헌, 예를 들어 「니다나상윳따(Nidana Samyutta)」에서 띰바루까(Timbaruka)와의 대화 등에서 종종 이를 언급한다.

이 자이나교 초기의 주요 원칙이었다.[247] 그들이 스스로를 카르마바딘(Karmavādin, 業論者), 크리야바딘(Kriyāvādin, 作業論者)이라 부름으로써 나타내고자 한 것이 바로 이것이다.[248]

영혼은 본래 가벼워서 아래로 향하는 카르마의 이끌림으로부터 자유로워지면 세계의 정상에서 머무른다.[249] 후대의 설명에 의하면 이처럼 상승하는 움직임은 즉각적이며 직선적이다.[250]

영혼은 궁극적으로 여러 단계에 걸쳐 다양하게 발달한다.[251] 그 분류와 단계적 변화는 처음부터 중요했던 것으로 보인다. 어떤 영혼은 완전해지는(Siddha) 반면, 다른 영혼은 여전히 상사라(輪廻) 과정에 있다.[252] 후자의 경우는 초기 문헌에 다양하게 분류되어 있지만,[253] 몇 가지 보편적 특징은 공통적으로 나타난다. 식물이나 동물과 마찬가지로 영혼도 네 가지 물질 요소를 타고난다고 생각했다. 이러한 영혼은 움직임, 감각, 지성의 힘에 따라 다르다. 즉, 어떤 영혼은 '타바라(Thāvara, 不動)', 다른 영혼은 '트라사(Trasa, 可動)'다. 감각의 수에 따라 파나(Pāṇā), 부야(bhūyā), 지바(jīvā), 삿타(sattā)로 나누는 것은 원래 아지바카(Ājīvaka) 교

---

247) 〈예〉 "Purisā tumameva tumaṃ mittaṃ kiṃ bahiā mittamicchasi"(As. Ⅰ. 3. 3.); 〈참조〉 Prav. sā. p.21 "Svayameva ṣaṭkārakīrūpeṇa upajāyamānaḥ"(Ātmā.)

248) "Se āyāvāī logāvāī kammāvāī kiriyāvāī ya"(As. Ⅰ. 1. 1.)

249) "Aloë paḍihayā siddhā loyagge ya païṭṭhiā. Ihaṃ bondiṃ caïttāṇaṃ tattha gantūṇa sijjhai." ; U. xxxvi-57 또한 U. xxxiii 83.

250) Tattvārtharājavārtika. pp.96-7(ed. Sanātana Jaina Granthamālā).

251) 〈참조〉 Śīlāṅka, Sk. Ⅱ. 2에서 Ajīvas, Asañjñins, Sañjñins, Siddhas의 단계적 변화. 첫 번째 등급에서 존재는 알지도(Vidanti) 못하고 느끼지도(Anubhavanti) 못하며, 두 번째에서는 느끼기만 하고 세 번째에서는 알기도 하고 느끼기도 하지만, 네 번째에서는 알기만 한다. 즉, 지각력 없는 단계부터 순수한 앎의 단계까지 발달한다.

252) U. xxxvi. 49; B. sūtra 16; 〈참조〉 Tattvārthādhigama sūtra Ⅱ, 10.

253) As. Ⅰ. 1. 4; Ⅰ. 9. 1; Ⅰ. 4. 1; U. Ⅹ. 5-15; B. Ⅻ. Ud. 10; Sk. Ⅱ. 3; 위의 책, 1. 7. 1-2.

리였던 것으로 추정된다.[254] 아마도 현존하는 최초기 자이나교 문헌인 As. Ⅰ.에서 '근본적인' 영혼에 가장 역점을 두고 있다는 점은 사소한 일이 아니다.[255] 영혼에 대한 최초기 분류는 「차지바니카야(Chajjīvanikāya)」에 수록되어 있다.[256]

깜마 이론 — 영혼의 조건에 따라 구분짓는 기준이 깜마(Kaṃma, 業)다.[257] 이는 최초기 문헌의 주요 후렴구를 이루며 자이나 사상의 가장 오래되고 근본적인 특징을 나타낸다.

체계적인 카르마(業) 문헌에서 발견되는 교리에 대한 후대의 설명이 어디까지를 '초기'라고 간주할 수 있을지는 결정하기 어려운 문제다. 자코비에 따르면 "이러한 카르마 이론은, 아주 자세하지는 않지만 주요 요점에서 경전의 가장 오래된 부분으로 인정되며, 거기에 나타나는 표현과 전문용어를 통해 그렇게 추정된다."[258] 글라제나프(Glasenapp)에 의하면, 문제에 대한 최종 판단은 카르마 문헌에서 발달된 개념과 전체 경전의 개념을 비교해 본 후에나 가능할 것이다. 그럼에도 불구하고 글라제나프는 가장 중요한 카르마 교리는 사실 『싯단타(Siddhānta)』에 있다고 보며, "그 중에서도 「스타낭가 수트라(Sthānāṅga Sūtra)」, 「바가바티 수트라(Bhagavatī Sūtra)」, 「아누파파티카 수트라(Anupapātika Sūtra)」, 「웃타라드야야나 수트라(Uttarādhyayana Sūtra)」를 참고하되 표면적으로만 보지 않는

254) Barua, Pre-Buddhistic 참고.
255) 이는 자이나교의 영혼론과 원시 정령신앙을 이어준다.
256) Sk. Ⅰ. 4. 4. 5.
257) "Adu thāvarā ya tasattāë tasajīvā ya thāvarattāë. Adu savvajoṇiyā sattā kaṃmuṇā kappiyā puḍho bālè"(As. Ⅰ 9. 1. 14) 이 게송이 나오는 Uvahāṇasuya는 확실히 매우 오래되었다.; "… Kammā nānāvihā kaṭṭu puḍho vissambhiyā payā." (U. Ⅲ 2ff.)
258) ERE. Ⅶ p.472.

다면 누구라도 쉽게 납득할 수 있다."고 한다.[259] 나아가 『카르마그란타(Karmagrantha)』는 다른 곳에서도 언급되고 있는 딧티바야(Diṭṭhivāya) 전통을 토대로 한다고 주장한다.[260]

『카르마그란타』보다 더 이른 단계: 전문용어 및 발전된 카르마 이론을 드러내는 설명은 경전의 후대 부분에 국한되어 있다는 데 주목해야 한다. 즉 U. XXXIII는 깜마(Kaṃma)의 여덟 가지 종류를 기술하면서 '파에삭가(Paësagga, 원자들의 수)'라고 부르고 있다. 『바가바티(Bhagavatī)』에는 도처에 더 전문적인 정보가 제시되어 있는데, 예를 들어 VIII. 40. 8은 여덟 가지 종류의 깜마와 스물두 가지 빠리사하(Parīsaha, 인내, 관용)의 관계를 설명하고, VIII. ud. 10은 깜마 등급별 상호관계를 고찰하며, 1. 1. 12는 깜마 과정과 관련된 전문적 표현이 상당수 포함된 가타(gāthā, 게송)[261]를 인용하고 있다.[262] 한편, As. Ⅰ, Sk. Ⅰ, U.의 초기 부분에서는 매우 일반적이면서도 훨씬 더 단순한 그림을 제시한다. 이를테면 Sk. Ⅰ. 15. 1에서 '담사나바라나(Daṃsaṇāvaraṇa, 奇行遮斷)'처럼 가끔씩 언급되는 경우는 많이 보이지 않는다.[263] 그러나 「나야 수트라(Nāyā sūtra)」 62에 있는 대화에 따르면 여덟 가지 깜마로 무거운 지바(Jīva, 生命)는 세상으로 내려가는데, 이 대화는 오래된 내용으로 보인다. 더 집중적인 탐색은 비슷한 특성의 다른 몇 가지 오래된 내용에서 나타날 것이다. 가능한 증거의 일반적 개연성은 물론 그 무게도 카르마 이론이

---

259) The Doctrine of Karman in Jaina Philosophy(자이나 철학에서 카르마 교리). 영역본. p.XV.

260) 앞의 책, pp.XIV-XV.

261) 〈참조〉 B. 경전 14; 위의 책, 경전 7 ; 경전 21도 유사함.

262) B. 경전 34에서는 '조가(Joga)'가 '파마야(Pamāya)'와 '칸카모하닛자(Kaṇkhā mohaṇijja)'로 이끌어 준다고 설명한다.

263) U. IV. i. … "Uvasantamohaṇijjo sarai porāṇiyaṃ jāiṃ"; 위의 책, xxxii 108.

후대의 『카르마그란타』보다 더 단순하고 덜 체계적인, 초기 시대층에 속한다고 추정하는 방향으로 향하고 있다. 그럼에도 불구하고 문제는 해결되지 않는다.

단순성: 이처럼 이론의 초기 단계는 사실적인 방식으로 자주 반복되는, 소수의 단순한 개념으로 이루어져 있었던 것으로 보인다. 무지하고[264] 열망이 가득한[265] 영혼은 살아 있는 다른 존재들에게 피해를 끼치고,[266] 밀려드는 물질과 접촉하면서[267] 이기적인 활동에 관여한다. 문제는 '깜마'라고 부르는, 무지하고 충동적인 활동의 결과로서 영혼과 결합되기 시작한다. 영혼을 끌어내리고, 그 기능을 흐리게 하며, 세상에서

---

264) "Kiriyā Kajjai Pamāyapaccayā joganimittaṃ ca"(B. Ⅲ. 152.)

265) 대개 Kaṣāya라 칭한다. U. XXⅢ 36, 38, 53는 다섯 가지 Kaṣāya에 대해 이야기하고, 위의 책 48는 '바와딴하(Bhavataṇhā, 존재에 대한 갈애)'에 대해 이야기하는데, 이는 불교와 관련하여 더 잘 알려져 있다.; Tattvārthādhigama Sūtra Ⅷ-2에 따르면, "Sakaṣāyattvājjīvaḥ karmaṇo yogyān pudgalānādatte." 실질적 개념은 가장 오래된 문헌에서 발견된다. 즉, As. Ⅰ. 4에서는 "Āyāṇasoyagaṭhiye bāle"에 대해 이야기한다.; 위의 책, 2. 6. 1에서는 'Āyāṇiya'를 언급한다. ['아야나(Āyāṇa)'는 불교의 '우빠다나(upādāna, 取着)'와 비교할 만하다.] '집착' 또는 애착의 원인은 '라사(Rasa, 本質)'(U. XⅧ 3. 위의 책, xx 39.) 또는 '루와(Rūva)', '차나(Chaṇa)'(As. Ⅰ. 5-3) 또는 '구나[Guṇa, 性品(As. Ⅰ. 1. 5., 위의 책, Ⅰ. 2. 1.; U. Ⅸ 36.), 이 '구나(Guṇa)'와 상키야(Sāṅkhya)의 '구나스(Guṇas)'의 관계는 연구가 필요하다.]', 까마(Kāma, 欲望)와 찬다(Chanda, 意欲)라고 한다.(As. Ⅰ. 6. 1. 위의 책, Ⅰ. 6. 4 등) As. Ⅰ. 3. 2. 3.에서는 "Nivvinda Nandiṃ …"라고 말하는데 이는 표현에 있어서 매우 '불교적'이다.

266) 폭력이 행위의 본질로 간주되므로 깜마와 단다(Daṇḍa, 處罰)는 거의 호환 가능한 용어였다. MN. 경전 56 참고.(SBE 45, p.XⅦ.) 〈참조〉 As. Ⅰ. 1. 4.; Ⅰ. 4, 3, 1, Ⅰ. 5. 3. 3.; Sk. Ⅰ. ⅰ, 2. 3.

267) 「사마와양가 숫따(Samavāyaṅga sutta)」는 다섯 가지 아사와다라(Āsavadāra), 즉 밋찻따(Micchatta, 邪性), 아비라이(Aviraï), 빠마야(Pamāyā), 까사야(Kasāyā), 조가(Jogā)를 열거하고 있다. Thāṇaṃga sūtra 419는 이에 동의한다. Tattvārthādhigama sūtra Ⅷ, 1는 이를 다섯 가지 '반다헤뚜(Bhandhahetu)'라고 부른다. 여기서는 Āsrava를 "Kāyavāṅmanaḥkarmayogaḥ"라고 정의한다.(Ⅵ, 1-2.); Paṇhavāgaraṇa는 Āsrava와 Āsravadvāra를 구분하면서 Āsravadvāra 홀로 다섯 단계라고 보고 있다. Aṇhaya라는 용어도 사용된다.

다양한 고통을 경험하게 한다.[268]

'상사라'에서 경험하는 것은 무엇이든 결국에는 고통스럽다. "만들어진 것은 고이고, 촉각은 고이며, 만들어지거나 만들어져 버린 것은 고이다. 만들어진 것, 살아 있는 것, 원소, 생명, 존재들은 이러한 경험을 체험한다."고 한다.[269] 이런 까닭에 '우바히(Uvahī)'라는 용어가 나타난 것에 주목할 만하다. 초기불교 문헌에도 '우빠디(Upadhi, 依着)'라는 형태로 나타난다.[270] As. Ⅰ 9-1-15에 따르면 "어리석은 자는 도구로[세간에 애착을 갖고서] 멸망한다."[271] As. Ⅰ. 3. 1.는 "도구[생활수단]는 업에서 생긴다."고 말하고,[272] B. ⅩⅧ. 7. 633는 좀 더 정확하게 [도구는 3종류로서] 업이라는 도구, 신체라는 도구, 그릇 같은 외적 도구가 있다고 말한다.[273] 이런 용어는 영혼이 세상에서 살아가고 행하면서 부딪히는 다양한 한계에 대해 일반적 방식으로 언급한 것으로 보인다.

깜마라는 용어가 때로는 영혼의 인과 활동을 이해하기 위해 막연하게 사용되기도 하지만,[274] 영혼의 외부로부터 들어오는 문제의 결과

---

268) 초기의 깜마 이론은 U. ⅩⅩⅫ 7에 간단하게 요약되어 있다. "애욕과 과실은 업을 종자로 한다. 또한 업은 미망에서 생겨난다고 그들은 말한다. 업은 삶과 죽음의 뿌리이며, 삶과 죽음은 고통이라고 그들은 말한다. Rāgo ya doso vi ya kaṃmabījam, Kaṃma ca mohappabhavaṃ-vayanti. Kammaṃ ca jāīmaraṇassa mūlam, Dukkhaṃ ca jāīmaraṇaṃ vayanti."

269) Thāṇaṃga sūtra 166-7.: Kiccaṃ Dukkhaṃ phussṃ dukkhaṃ kajjamāṇa kaḍam dukkhaṃ kaṭṭu pāṇā bhūyā jīvā sattā veyaṇam veyaṃti

270) 「제12장 니르바나(Nirvāṇa, 涅槃)」 부분 참고.

271) Sovahie hu luppäī bāle

272) Kaṃmuṇā uvahī jāyäī

273) Kaṃma Uvahī, sarīra Uvahī, Bahirabhaṇḍabhattovagaraṇa Uvahī

274) 일부 경전에서 '위리야(Viriya, 精進)'에 대한 분류와 목록을 볼 수 있다. B. Ⅲ 150; Sk. Ⅱ. 2. 무지한 상태에서 행하는 모든 '행위(Kiriyā)'는 의도적이든 그렇지 않든 간에 결과적으로 깜마를 축적하게 되므로, 자이나교에서는 그에 상응하는 동기가 없을지라도 '행위'는 죄가 된다고 보았다. 불교에서는 이처럼 독특한 교리를 비웃었다. 〈참조〉 Sk. Ⅱ. 4.

로 생기는 수많은 결과에 더 자주 적용된다. 따라서 깜마를 흔히 '라자(Raja, 티끌)'에 비유하거나 '라자'라고 부른다.[275] 때로는 이처럼 현실적인 개념을 특별히 원초 단계라고 부르기도 한다. 오르페우스교(Orphic)[276]는 죄와 죄책감을 "그리스인들이 일반적으로 육체적이고 물질적이라고 생각하는 것"이라고 보는 데 주목할 필요가 있다.[277] 오르페우스교의 고행주의에는 육체적 정화와 억제가 포함되어 있다.

후대의 복잡한 깜마 이론은 [해탈의 네 가지의 장애] 프라크리티(Prakṛti, 自性)[업의 실체], 스티티(Sthiti, 기간, ayu-karma)[업의 구속기간], 아누바가(Anubhāga)[업의 강도], 프라데샤(Pradeśa)[업의 확대]를 자세하게 설명하고 있다. 앞에서 말한 글라제나프(Glasenapp)의 저서에 분명하고 간결하게 요약되어 있으므로 여기서는 다루지 않기로 한다.

깜마에 속박되어 있는 영혼은 상사라를 떠돈다.[278] 인간이나 인간 이하의 삶으로 이어질 수도 있다. 매우 선한 행위는 천상에 태어나는 원인이 되는 반면, 악한 행위는 지옥으로 이끈다. 특히 초기 자이나교 문

---

275) U. Ⅶ. 8; Sk. Ⅰ. 2. 1. 15. 〈참조〉 As. Ⅰ. 5. 3; U. Ⅲ. 11, 20; Sk. Ⅰ. 2. 2. 1; 라가(Rāga, 貪慾) 및 카르마(Karma, 業)와 라자(Raja, 티끌)의 관련성은 상키야에서도 찾아볼 수 있다. 이러한 라자의 의미와 베다 문헌에서 공통된 의미 사이에는 연결고리가 더 필요하다.

276) *역자주: 오르페우스가 신의 계시에 따라 창시하였다고 전해지는 고대 그리스의 밀교(密敎). 인간의 영혼이 육체의 속박으로부터 벗어나 불사(不死)와 영원한 행복을 얻는다고 믿으며, 계율에 따라 엄격한 수행과 특별한 제의(祭儀)를 행하였다.

277) Mclure, The Early PhilosopheṚS of Greece, p.35.

278) 속박되어 있는 영혼의 본성은 Pravacanasāra(p.175)에 기술되어 있다. "Tamhā Nāṇam Kaṃmaṃ phalaṃ ca ādā muṇẹyavvo." 그리고 이는 "Ṇāṇaṃ attaviyappo kaṃmaṃ jīveṇa jaṃ samāraddham. Tamanegavidhaṃ bhaṇidam phalatti sokkham va dokkham va."(위의 책, p.173.) 즉 속박되어 있는 영혼은 단지 깜마(Kaṃma, 業)에 의해 그 능력이 흐려진 영혼이다.

헌은 지옥에 대해 자세히 설명하기를 좋아한다.[279)]

가티(Gati, 運命) — 「타낭가 수트라(Thāṇaṃga sūtra)」 462에는 시대를 결정하기 어려운 특이한 이론이 나온다. 이 경전에 의하면 "지바(영혼)에게는 (죽을 때) 5개의 탈출로가 있다. 다리, 넓적다리, 가슴, 머리, 전신이다."[280)] 이는 영혼을 각각 니라야가민(Nirayagāmin, 지옥으로 통하는), 티리야가민(Tiriyagāmin, 천상으로 이끄는), 마누야가민(Maṇuyagāmin, 인간계로 이끄는), 데바가민(Devagāmin, 신에게 인도하는), 싯디가티파자바사노(Siddhigatipajjavasāṇo, 성취자로 이르는 길인 [윤회를 끊는] 결말을 갖는다.)로 만든다. 우파니샤드의 예언자들도 관심을 보였던 문제라는 점을 기억해야 한다.[281)]

출구: 상와라 또는 훈련: 상사라의 고통을 건너기 위해 영혼은 깜마가 계속해서 밀려드는 것을 멈추고 과거에 축적된 깜마를 배출해야 한다. 앞의 과정을 '상와라(Saṃvara, 制御)'라고 부르는데, 주로 다섯 가지 중요 서약이 실제로 적용된다.[282)] 그러나 마하비라 이전에는 적어도 표현상 네 가지였다.[283)]

상와라는 간단히 말해 자기억제이며,[284)] 최초기 문헌에서 좀 더 일반

---

279) U. Ⅶ. 10.(〈참조〉 Īśopaniṣad, 3에서 표현된 형태); Sk. Ⅰ. 5(위의 책, Ⅰ. 5. 2. 5는 아마도 위의 책, Ⅰ. 5. 1.의 변형.)

280) Pañcavihe Jīvassa ṇijjāṇamagge-pāëhiṃ urūhiṃ uṛeṇaṃ sireṇaṃ savvaṅgehiṃ.

281) Kaṭha 6. 16; Praśna 3. 7.

282) Sk. Ⅰ. 1. 4. 13 ; U. Ⅻ, 42.

283) 「사만냐팔라 숫따」(DN)의 구절에서 'Cātuyyāmasamvara'에 대해 이야기하고 있다.; Pārśva 추종자들이 "cāujjāma"라고 생각했다고 설명되는데, 그들의 교리에 관해서는 U. XXⅢ 참고; B. 경전 76; Sk. Ⅱ 7. 〈참조〉 Hoernle, ERE. "Ājīvakas"; As. Ⅰ. 8. 1은 세 가지 야마(Yāma, 夜摩天)에 관해서만 이야기한다.

284) U. Ⅰ. 16에 따르면, 출구는 '상야마(Saṃyama, 禁慾)'와 '타파(Tapa, 苦行)'로 이루어져 있다.

적인 형태로 자주 주장된다. 즉 아트마비니그라하(Ātmābhinigraha, 자아억제)는 높이 평가되는 반면(As. Ⅰ. 3. 4), 아샤(Āśā, 욕구)와 찬다(Chanda, 즐거움, 의욕, 욕망)는 비난받았다.(위의 책, 4.) 마하비라는 끊임없이 경계하라고 가르쳤던 것으로 추정된다.[285] 행동수칙은 붓다의 '마지막 조언'과 비교할 만하다. 독신생활,[286] 비폭력,[287] 세속에서 벗어나기는[288] 자기훈련의 또 다른 구성요소다.[289]

출구: 닛자라 또는 자발적 고행: 이것은 실제로 자발적 고행을 의미하는 '닛자라(Nijjarā, 消滅)'를 위한 준비일 뿐이다.[290] 자이나교 고행이 극단적 성격을 띤다는 사실은 잘 알려져 있다. 빈테르니츠는 "자이나교 성인 중 일부는 죽음에 대해 지나친 애정을 보이면서, 다른 한편으로는 살아 있는 어떤 존재를 죽이는 데에도 마찬가지로 지나친 두려움을 보이는" 놀라운 모순을 지닌다고 말한다.[291] "고행이란 이름으로 통하는 여러 가지 자학(自虐)과 자기희생에는 정신병리학적 요소가 뚜렷이 있다는 점을 인정해야 한다."[292]는 것도 사실이다. 빈테르니츠의 언급에도

---

285) As. Ⅰ. 2. 4. 3. "Uyāhu vīre 'Appamāo mahāmohe;."

286) U. XV는 열 가지 밤바체라사마힛타나(Bambhacerasamāhiṭṭhāna)를 설명하고 있다. 〈참조〉 Samavāyāṅga 15; As. Ⅰ. 5-4는 여성을 요부(妖婦)라고 보고 있다.; Sk. Ⅰ. 4. ff.도 그렇다.

287) As. Ⅰ. 4. 1. 위의 책, Ⅰ. 8. 1; Sk. Ⅰ. 11. 9. 11ff 등; 〈참조〉 Jaina, Outlines of Jainism(자이나교 개론), p.XL.

288) As. Ⅰ. 3. 1; 5; U. XIV 18 등.

289) Samiti, Gupti, Parīṣaha 등에 관한 규제는 일반적으로 삼와라(Saṃvara, 制御)의 일부로 본다(Tattvārthādhigama) (경전, IX 1.2 참고); Samiti와 Gupti에 대해서는 U. XXIV 참고; sāmāyārī에 대해서는 B. XXV. 7. 800 참고; Parīṣaha에 대해서는 U. XXXI, XXII 참고. 스물두 가지 Parīṣaha에 대해서는 위의 책, Ⅱ 참고. 〈참조〉 열 가지 사마나담마(samaṇadhamma, 수행자의 원리)에 대해서는 Samavāyāṅga 16.

290) 닛자라(Nijjarā, 消滅)에 대해서는 AN. Ⅰ. pp.220-1 참조; MN.「데와다하 숫따(Devadaha sutta)」. 〈참조〉 U. xxviii, 35.

291) Winternitz. Ⅱ. p.452.

292) ERE. Ⅱ. p.63.

불구하고, 이 점에 있어서 자이나교의 수행은 적어도 자이나교 이론과는 일치한다는 점을 인정할 수밖에 없다. 표면적으로는 성인의 죽음이 실제로 해탈을 성취하는 마지막 단계다. 육체적 한계의 법칙을 고려한다면 '자살(自殺)'의 형태가 궁극적으로 바람직하다고 볼 수밖에 없다.[293)]

브라흐마나 사상에서도 특수한 경우에 바나프라스타(Vānaprastha, 隱遁期)에게 자살이 허용되었다는 사실을 언급할 필요가 있다.[294)] 하지만 자이나교에서 '타파(Tapa, 苦行)'는 베다 문헌에 나오는 '타파'와 뚜렷하게 구별된다. 베다 문헌의 타파는 고행과는 거의 관련이 없다. '창조적인 힘'을 주는, 일종의 정신적 '활기, 고취'를 나타냈던 것으로 보인다.[295)]

마하비라의 금욕주의 — 자이나 수행승은 먹거리,[296)] 마실 거리, 옷, 수면(睡眠), 모임에 혹독한 제재가 가해지는 금욕생활에 참여한다. 마하

---

293) 자살에 대해서는 As. Ⅰ. 8. 4, 5, 6; Ⅰ. 8. 8 참고. 스스로 훈련을 실행할 수 없다고 생각하는 수행자에게는 허용된다. 감각을 정복할 수 없다면 독약을 마실 수도 있다.; 질병이 극심하면 곡기를 끊거나 '잇띠리야(Ittiriya)'로써 자살할 수도 있다. 〈참조〉 Upendra Thakur 박사, The History of Suicide in India(인도에서 자살의 역사).

294) Manu Ⅵ 31 참고; Yāj. Ⅲ 55. 이에 관해 특별히 신성한 특정 지점에서 자살을 실행한다는 언급도 있는데, 이는 상당히 오래전 것으로 보인다. Mbh. Śalyaparvan, 39. 33. 4 참고.

295) K. Chaṭṭopādhyāya, 제1부 Presidential Address, 제9차 All India Oriental conference, OC. pp.40-1(별쇄본); 후대에는 의미가 달라졌다.Yogadarśana에서 '타파'는 분명하게 카타르시스의 의미다(Vyāsa ad YS. Ⅱ. 1, 32, 43 참고). 샹카라(Śaṅkara)는 「베단타 수트라(Vedanta sūtra)」(Ⅲ. 4. 20)에 대한 주석에서 주로 자발적 고행(Kāyakleśa)의 의미로 이 용어를 사용하고 있다. "Tapaścāsādhāraṇadharmo vānaprasthānāṃ Kāyakleśapradhānatvāt tapaḥśabdasya tatra rūḍheḥ. Bhiksorhi dharma indriyarsaṃyamādilakṣas naiva tapaḥśabdenābhilakṣyate"(앞의 인용문).

296) 〈참조〉 "초기 오르페우스교 고행주의의 두드러진 특징은 동물성 식품을 금한 것이다."(ERE. Ⅱ 8. 80).

비라(Mahāvīra) 스스로 2년 이상 차가운 물을 마시지 않았다.[297] 그리고 고행 2년차에는 옷을 입지 않았다고 한다. 13년 넘게 라다(Lāḍha), 밧자(Vajja), 숩바(Subbha) 지역을 유행하였으므로 정해진 거주지가 없었다.

또한 그는 목욕이나 양치질 등도 하지 않았으며, 침묵하기, 한정된 범위의 공간에 눈을 고정한 채 걷거나 명상하기, 완전한 고독을 계발하기, 잠자지 않기, 끊임없이 명상하기, 인내하기 등의 특별한 고행을 행했다.[298]

금욕수행: U. XXX(「苦行道經」)는 '타바(Tava)[Tapa, 苦行]'를 외적 '타바'와 내적 '타바'로 나누고, 각각을 여섯 가지로 설명하고 있다. 전자는 아나사나(Aṇasaṇa, 絕食), 아바모야리야(Avamoyariya), 빅카야리야(Bhikkhāyariyā, 乞食), 라사파리차(Rasapariccāo, 禁索美食), 카야킬레소(Kāyakileso, 肉身的苦行), 상리나야(Saṃlīṇayā, 最後一個爲獨處)로 이루어져 있다. 후자는 파야칫타(Pāyacchitta, 內在的懺悔), 비냐오(Viṇao, 持戒), 베야밧차(Veyāvacca, 服伺), 사자호(Sajjhāo, 硏修), 자나(Jhāṇa, 禪修), 비오삭가(Viosagga, 捨離)로 이루어져 있다. 이러한 분류는 사실상 후대의 체계적 논서(論書)인 『타트바르타디가마 수트라(Tattvārthādhigamasūtra)』,[299] 9. 19. 20과 동일하다. 아주 초기에 해당된다고 볼 수는 없지만, 이들 수행법 대부분은 실질적으로 오래된 문헌에서 언급되고 있다.[300]

결론 — 초기 자이나교 세계관에서 세 가지 주요 항목은 '티 없이 청

297) As. Ⅰ. 9. 1. 〈참조〉 U Ⅱ. 4. 빛을 내는 불도 사용하지 않았다(Sk. Ⅰ. 7-6). 〈참조〉 MN. Ⅰ. 376.
298) As. Ⅰ. 9.
299) *역자주: Umāsvāti의 자이나교의 기본 교리 논서
300) As. Ⅰ. 5. 4; Sk. Ⅰ. 15. 6 ; U. Ⅰ. 10; 위의 책, XXIX ; 위의 책, Ⅰ. 6. 16; Sk. Ⅰ. 8. 26.

정한 정신적 실체', '오염(汚染)의 물질적 원리', '정화하는 금욕 과정의 개념'이다. 이 세 가지 모두 상사라(輪廻) 이론에 섞여 긴밀하게 통합되어 있다.

후대에 발달된 일부에 대한 기록 — 후대에 중요시하게 된 형이상학적 교리 중 일부가 초기 단계의 자이나교 가르침에 존재했다고 추정할 만한 증거는 별로 없다. 신체의 몇 가지 종류에 대한 교리,[301] 존재론적 범주의 체계적 분류,[302] 복잡한 '원자' 이론[303]이 그것이다. 지식[앎]을 다섯 단계로 나눈 것이 아주 오래된 내용인지는 확신하기 어렵다. U. XXIII. 3에서 캐시(Kesi)는 "[그는] 초월지와 성전지를 [지니고 있다.](Ohināṇasuë)"고 한다. "마나하파르야야즈냐나(Manaḥparyāyajñāna, 타심지, 他心知)"라는 용어는 초기불교 문헌에서도 발견되는 표현이다. "케발라즈냐나(Kevalajñāna, 完全知, 獨存知)"[304]라는 용어는 아마도 자이나교만큼이나 오래되었을 것이다. 전통의 중요성 때문에 「슈르타(Śruta)」 성전은 분명한 앎의 원천이라고 인식되었다. 따라서 지식[앎]을 다섯 단계[305]로 나눈 것이 아주 오래된 내용이라고 추정하는 데 무리가 없다. U. XXVIII에서 이를 충분히 알 수 있다. 「타낭가 수트라(Thāṇaṃga sūtra)」 463도 마찬가지다.

301) 〈참조〉 B. I. 45; VII. Ud. 9.
302) 〈참조〉 B. II. 118-25(앗티까야 Atthikāya에 대해); 위의 책, VIII. 4. 481; U. XXXVI, 위의 책, XXXVIII; B. X. Ud. 1.
303) 〈참조〉 B. VIII Ud. 1; XII. Ud. 3-4; XX. 4. 667; XI Ud. 10.
304) *역자주: 자이나교 문헌에서는 완전한 깨달음인 일체지(一切知)와 동의어이고, 상키야철학에서는 푸루샤가 각성되어 깨달음이 완성된 독존지를 뜻한다.
305) *역자주: 자이나교에서 앎의 5단계는 분별지-성전지-초월지(투시)-타심지(텔레파시)-일체지를 말한다.

일반적으로 추정하듯이 레쉬야(Leśyā) 이론(자이나교의 영적 색채론)은 아지비카에 상응하는 이론에서 유래되었다.[306] 네 가지 깜마[307]에 대한 초기불교 개념은 요가바샤(Yogabhāṣya)[308]에 나오는 깜마와 비교할 만하다.

306) U. XXXIV 참고.
307) AN. Ⅱ. 232-3.
308) YS. Ⅳ. 7.

제10장 붓다의 생애

출처 — 붓다에 대한 완전한 전기(傳記)는 빠알리(Pāli) 경전에서 얻을 수 없다. 『맛지마니까야(Majjhima Nikāya)』, 네 개의 경전(經典)에서 진리를 찾아 유행(遊行)하던 시절을 기술하고 있다.[1] 붓다의 깨달음에 대해서는 4부 니까야(Nikāya)와 『마하왁가(Mahāvagga)』에 걸쳐 여러 경전에서 언급된다.[2] 붓다의 마지막 날들에 관한 부분들을 조합하여 연결된 이야기를 만들고자 노력한 『마하빠리닙바나숫따(Mahāparinibbāna sutta, 大般涅槃經)』처럼, 『마하왁가』는 삼보디(sambodhi, 正覺) 이후 시기의 역사를 좀 더 깊이 설명하고자 하였다.[3] 「마하빠다나 숫따(Mahāpadāna sutta)」를 통해 붓다의 생애를 신학적으로 도식화하려는 시도가 이미 진행되었다는 사실을 알 수 있다.[4] 니까야에는 붓다의 특성을 설명하는 부수적인 언급도 있다.

---

1) 경전 26, 36, 85, 100.
2) 뒤의 내용 참고.
3) 이 경전의 구성에 대해서는 앞의 「제4장 『디가니까야(Dīgha Nikāya)』의 초기와 후기」 부분 참고.
4) 앞의 「제4장 『디가니까야(Dīgha Nikāya)』의 초기와 후기」 부분 참고.; 〈참조〉 위나야(Vinaya, 律藏)의 핵심은 "붓다의 전기(傳記)로 둘러싸여 있다."는 푸라우발르너(Frauwallner)의 견해.(The Earliest Vinaya and the Beginnings of Buddhist Literature; 최초기 위나야와 불교 문헌의 기원, p.52.) 이 견해에 대해서는 Pande, Bauddha Dharma Ke Vikas Ka Itihas의 논평 참고.

훨씬 후대의 『니다나 까타(Nidāna Kathā)』에서 개략적으로 소개된다. 더 후대의 빠알리 시(詩) 『지나짜리따(Jinacarita, 勝者行饌)』는 성인전(聖人傳)으로서 중요한 반면, 『말라랑까라 왓투(Mālālaṅkāra vatthu)』는 연대가 불확실한 근대 문헌이다.[5]

산스크리트 전통의 초기 형태는 티베트본 경전, 특히 위나야에 전설을 모아둔 곳을 볼 수 있다. 록힐(Rockhill)은 가장 중요한 부분을 붓다의 생애라고 영어로 번역하였다. 로꾸따라와딘(Lokuttaravādin)의 위나야에 속하는 『마하바스투(Mahāvastu, 大事)』에는 붓다의 전기로 유명한 내용이 수록되어 있다.[6] 오래된 구절이 일부 포함되어 있는 마하야나 수트라(Mahāyāna sūtra, 大乘經典)의 현재 형태에서, 『랄리타비스타라(Lalitavistara, 方廣大莊嚴經)』에는 붓다의 생애에 대해 연결된 이야기가 들어 있다.[7] 빌(Beal)은 한역본에만 있는 『아비니수크라마나 수트라(Abhiniṣkramaṇa sūtra, 佛本行集經)』를 사끼야 붓다(Sakya Buddha)에 대한 낭만적인 전설이라는 영어 초역본(抄譯本)으로 출판하였다. 이는 주로 『마하와스뚜』와 일치한다.[8] 끝으로, 아슈바고샤(Aśvaghoṣa, 馬鳴)의 산스크리트 서사시, 『붓다차리타(Buddhacarita, 佛所行讚)』도 꼽을 수 있다.

관점 — 붓다의 초기 제자들은 붓다의 삶에 대한 관심이 가르침에 대한 관심보다 훨씬 적었으며, 근본적으로 붓다를 한 인간, 샤키야(Śākya), 고타마, 스스로의 노력으로 깨달음을 얻었고 마침내 사후에는

---

5) Bigandet가 Life or Legend of Gautama(고타마의 생애 또는 전설)라는 제목으로 번역. Rhys Davids, American Lectures, p.87 참고.

6) 〈참조〉 Winternitz, History of Indian Literature Ⅱ. p.240. 저서의 토대는 기원전 2세기에 있다.(위의 책, p.247.)

7) 〈참조〉 위의 책, 248.

8) Thomas, Life. p.XX.

상식을 넘어서는 신비로운 상태에 들어선 사람으로 보려는 경향이 있었던 것으로 보인다. 붓다는 위대한 수행자, 위대한 현자(賢者)로 기억된다. 붓다의 담마(Dhamma, 法)는 사후에도 붓다를 따르는 사람들에게 영감(靈感)을 주는 원천으로 세상에 남아 있다. 붓다의 삶을 회고하는 것은 담마를 실천하는 데 적은 역할을 하므로 붓다의 역사적 전기를 편찬하는 데 별로 주의를 기울이지 않았다. 그러나 한 세기 내에 붓다를 신격화하면서 상황이 변하기 시작했는데(뒤의 내용 참고), 붓다의 생애에 대한 설명은 윤색되었으며, 불교 철학 이론의 요구에 따라 체계화되었다. 현대의 역사적 연구는 초기의 인간적 관점을 되살리고자 했다.

붓다의 생애에 대한 확실한 증거는 적다. 주요 사건과 특징만 역사적으로 설명할 수 있다. 일부 학자들이 이미 그런 시도를 했었다.[9] 하지만 최근 연구는 특별한 관점을 취하고 있는데, 말하자면 성인(聖人)과 선지자(先知者)의 심리학적 입장에 비추어 붓다의 삶 중 주요 사건을 중심으로 고찰하고 붓다의 삶이 교리에 미친 영향을 밝히려 노력하는 것이다.

출생 — 붓다의 출생 시기는 보통 기원전 563년이라고 한다.[10] 출생 장소는 사끼야의 수도 까삘라왓투(Kapilavatthu)였을 것이며,[11] 이곳은 아소카(Aśoka) 왕의 룸비니(Lumbini) 석주(P.E.)가 발견된 장소와 가까운 고대 지역이다.

사끼야 — 사끼야(Sakya)는 자랑스러운 순수 캇띠야(Khattiya, 크샤트리

---

9) Thomas, 앞의 책; Rhys Davids, 앞의 책, Lecture Ⅲ; Oldenberg, Buddha.
10) Thomas, 앞의 책, p.27, 각주 1번; Winternitz, 앞의 책, p.597.
11) Rhys Davids, 앞의 책, p.90.

야) 혈통[12]이라고 기술되어 있으나, 동시에 고따마의 브라흐마나 고트라(Brāhmaṇa gotra)는 그들에 속하는 것으로 생각되었다.[13] 반면에, 그들과 관련하여 진행된 근친혼에 가까운 전통이 일부 비(非)아리안족의 관계를 시사한다.[14]

사끼야의 영토는 히말라야의 낮은 언덕 지대에 걸쳐 있으며, 까삘라왓투 옆에 짜뚜마(Cātumā), 사마가마(Sāmagāma), 코마둣사(Khomadussa), 실라와띠(Silāvatī), 메달룸빠(Meḍalumpa), 나가라까(Nagaraka), 울룸빠(Ulumpa), 데와다하(Devadaha), 삭까라(Sakkara) 등의 도시가 포함되었다.[15] 데와다하는 까삘라왓투 다음으로 중요한 도시였다.[16] 사끼야는 위두다바(Viḍūḍabha)의 침략을 받을 때까지는 사실상 정치적으로 독립적이었다.[17] 일족의 행정업무 및 더 중요한 사법업무는 젊은이와 노인이 똑같이 참석하는 대중집회에서 처리되었다.[18] 국가의 우두머리는 라자(Rājan, 王)라 불리는, 선출된 수장에게 주기적으로 귀속되었다.[19]

경제생활은 단순했으며, 논, 초원, 숲으로 둘러싸인 마을을 토대로 하였다.[20] 바라나시(Bārāṇasī), 사왓티(Sāvatthī), 웨살리(Vesālī) 같은 대도시는 사끼야의 영토에 포함되지 않았음이 분명하다.[21] 이런 배경에서 세 계절에 서로 다른 세 군데에서 어린 시절을 보냈다는 붓다의 이야기

---

12) DN. Ⅰ.「암밧타 숫따(Ambaṭṭha sutta)」; Jāt.(Jātakaṭṭhavaṇṇā) Ⅰ. 88 "Sākiyā nāma mānajātikā mānatthaddhā."
13) Thomas, 앞의 책, pp.22-23에서는 가능한 설명에 대해 논의하고 있다.
14) 위의 책. 〈참조〉 Rhys Davids, 앞의 책, p.91.
15) C.H.I. p.175.
16) N. Dutt, EMB. Ⅰ, p.174.
17) C.H.I. Ⅰ, pp.181-182.
18) 위의 책, p.176.
19) 위의 책, p.177.
20) 위의 책, 200ff; Rhys Davids, Buddhist. Ind., 44f.
21) Buddh. Ind., p.34f.

는 설득력이 떨어진다.[22] 이는 붓다를 왕의 아들로 만들려는 후대 전통의 시도를 나타낼 수도 있다.[23] 정의의 왕이라는 이상(理想)이 증대된 것도 이런 전통이 발달하는 데 기여했을 것이다.[24]

가족 — 후대 문헌에 소개된[25] 상세하고도 모순된 붓다의 가계도는 니까야에 거의 알려지지 않았다.[26] 진위를 확인하는 것은 의미 없다. 『마하왁가』의 묘사에서 붓다의 아버지 이름은 숫도다나(Suddhodana)였다고 나온다. 위나야와 니까야 몇 군데에 마하빠자빠띠 고따미(Mahāpajāpati Gotamī)가 나오긴 하는데,[27] 니까야에는 붓다와 그녀의 관계가 명확하게 명시되어 있지 않다. 단다빠니(Daṇḍapāṇi)의 경우도 마찬가지다.

어린 시절 — 붓다의 출생에 수반되고 「아짜리야붓다담마 숫따(Acchariyabbhutadhamma sutta, 希有未曾有法經)」에 열거된 기적은 불교철학사에서만 중요성을 띤다.[28] 아시따(Asita)의 예언에 대한 이야기를 진짜라고 보아야 한다는 주장은 거의 없다.[29] 붓다의 교육에 대한 최초기의 기록은 붓다의 아내 혹은 아내들의 이름에 대한 기록만큼이나 언급

---

22) AN. Ⅰ. 145ff; MN. 경전 75.
23) 〈참조〉 Rhys Davids, 앞의 책, pp.91-92.
24) Rhys Davids, Hibbert Lectures, pp.129-140 참고.
25) Thomas, 앞의 책, 24-26.
26) 니까야(Nikāya)에 대해서는 Brewster, The Life of Gotama, The Buddha pp.103-104 참고.; Sn. 「날라까 숫따(Nāḷaka sutta)」, 게송 7; DN. pt.Ⅱ, p.7(Nāgarī본)에서는 어머니의 이름이 마야(Māyā)라고 한다.
27) Vin. Ⅱ 253ff; AN. Ⅳ 274ff; 위의 책, Ⅰ. 25; MN. Ⅲ. 253ff; Malalasekara, DPPN. Ⅱ 522ff.
28) Thomas, 앞의 책, 29ff.
29) 위의 책, 38ff에서 다른 버전과 비교된다.

되지 않고 있으며, 후대 전통의 관점과 서로 상당히 모순된다.[30] 라훌라(Rāhula)는 니까야(Nikāya) 곳곳에서 수행승으로 묘사되지만,[31] 붓다의 아들이라고 부르지는 않는다. 『마하왁가』에만 그런 이름으로 묘사된 사람이 나오며, 그의 어머니는 이름 없이 언급된다.[32]

『아비니슈크라마나(Abhiniṣkramaṇa, 佛本行集經)』 — 붓다는 29세에 집 없는 상태로 '출가(出家)'했다.[33] 후대 전통에서는 운명의 갈림길이 갑자기 다가왔으며 노인, 병자(病者), 죽음, 고행자를 처음 본 것[四門遊觀]이 그 원인이라고 주장한다.[34] 갑작스런 전향은 종교사에서 확실히 잘 알려져 있지만,[35] 붓다의 '출가'가 이런 종류의 사례라고 믿을 만한 증거는 확실치 않다. 후대의 설명이 안고 있는 모순과 기적적인 요소는 본

---

30) Thomas, 앞의 책, pp.48-50. 티베트본 위나야는 세 명의 아내, 야쇼다라(Yaśodharā), 고빠(Gopā), 미르가자(Mṛgajā)에 대해 이야기한다.(Rockhill, 앞의 책, 20-24.) 고빠는 『랄리타비스타라(Lalitavistara)』(Ⅰ. 157)에서 보디삿트바(Bodhisattva, 菩薩)의 아내로 언급된다.

31) Malalasekara, DPPN. Ⅱ, pp.737ff.

32) Brewster, 앞의 인용문; 〈참조〉 Jāt. Ⅰ, p.58.

33) Thomas, 앞의 책, p.60, 각주 1번; Rhys Davids, 앞의 책, p.96; 〈참조〉 Brewster, 앞의 책, p.45.

34) Nidāna Kathā, Jāt. Ⅰ, p.59; LV Ⅰ, p.187ff(Lefmann 편) Buddh. Car. Ⅲ. 27, 40, 54, V. 16; Rockhill, 앞의 책, 22, Catena, p.132; Brewster, 앞의 책, pp.15-18. Wassiljew는 붓다가 가정생활을 포기하게 된 배경에 정치적 음모가 있다고 보았다(Der Buddhismus(불교), vol. Ⅰ, p.12.)

35) W. James, The Varieties of Religious Experience(종교적 경험의 다양성). pp.217ff에서 전향에는 아비니슈크라마나(Abhiniṣkramaṇa)뿐 아니라 삼보디(Sambodhi, 正覺)도 포함되어 있다. 아비니슈크라마나는 완전한 '전향'으로 가는 한 단계일 뿐이다.(〈참조〉 위의 책, p.171, 각주 1번) Pratt, The Religious Consciousness(종교 의식), p.128, 각주 6번 참고. 귀의하는 것은 신학적으로 "은총을 받는 것, … 확신을 얻는 것"이며,(James, p.189.) 이는 '예류과(豫流果, Sotāpanna, 須陀洹)'를 성취했을 때 나타나는 '니야마빳띠(Niyāmappatti)'에 해당된다. 〈참조〉 Points of ControveṚSy(Kv 번역본), Niyāma.

질이 아닐 수도 있지만,[36] '보디삿트바(Bodhisattva, 菩薩)'가 병자, 노인, 죽음과 고행자를 접하지 못한 채, 성안에서 28년을 살 수 있었다고 믿기는 어려울 것 같다. 이 이야기가 니까야에 언급되지 않는 점에서 의구심은 더 깊어진다. 뿐만 아니라, '출가'에 대한 최초기의 설명은 그 편집자가 후대 문헌에 설명된 네 가지 표시에 대한 일화를 모른다는 것을 분명히 보여준다.

Sn.는 간단하게 "가정생활은 갑갑하며, 먼지의 고향이다. 출가는 공기처럼 자유롭다. 그는 이를 알고서 출가하였다."라고 말한다.[37] 하지만 이는 매우 관습적인 설명으로, 전기(傳記)에서는 거의 중요하지 않다. MN의 「아리야빠리예사나 숫따(Ariyapariyesanā sutta)」는 완전한 깨달음을 얻기 전에 "생로병사(生老病死) 및 슬픔과 오염에 지배받는" 스스로 "무엇이 생로병사 및 슬픔과 오염에 지배받는지"에 대해 탐구했던 붓다의 회상으로 기록한 것이라고 주장한다.[38] 이처럼 가엾은 상태를 인지하게 되자 붓다에게 '생로병사 및 슬픔과 오염에서 벗어나 닙바나(Nibbāna, 涅槃)라는 안전을 찾을까?'라는 생각이 떠올랐다. "아직은 어린 나이에 젊음이 무르익은 검은 머리 청년이긴 하지만, 성인이 되자 슬퍼하는 부모의 바람과는 달리", 붓다는 삭발을 하고, 황색 가사를 입고 집을 떠나 집 없는 상태로 출가하였다. 붓다는 "선(善)이 무엇인지 탐색하면서 바람직한 평화의 비길 데 없는 길을 찾는 … 은둔자"가 되었다.[39] AN의 어느 경전은 붓다가 처음에 어떻게 호화롭게 지냈는지, 어떻게 노병사(老病死)의 주제를 성찰함으로써 젊음, 건강, 삶들에 대한

36) Thomas, 앞의 책, pp.57-58.
37) Brewster, 앞의 책, p.43.
38) Brewster, 앞의 책, pp.23-24.
39) MN. I. 163ff

오만을 완전히 잃었는지 말하고 있다.[40]

붓다가 노병사(老病死)의 사실에 대해 명상함으로써 세속적 삶을 버리게 되었다는 것은 아주 쉽게 이해할 수 있다. 이 간단한 전통은 후대에 생생한 이야기로 변형되었던 것으로 보인다.[41] 전환에 도움을 준 요소는 노인 등을 '신의 전령(傳令)'(Devadūta)이라고 불렀던 대중들의 표현법에서 찾아볼 수 있다.[42] 신들이 붓다가 노인 등을 볼 수 있게 하여 삶의 고난에 대해 성찰하게 주선했다고 추정하는 것이다. 이는 후대 이야기에 필요한 극적 장치였다. 불안했던 붓다의 부모는 오로지 신이 개입할 때에만 나갈 수 있는 호화로운 곳에 붓다를 떼어 놓았다. 보디삿따가 격리되어 호화로운 가정생활을 했다고 과장하여 설명하는 것은 출가 이후의 삶에 인상적인 배경을 제공하려는 목적에 부합된다. 역사적 정확성보다는 문학적 효과가 전반적인 표현을 지배하는 것이다.

소년 시절의 붓다도 천성이 진지하고 명상적이었던 것으로 보인다.[43] 붓다는 일찍이 고향인 '황갈색 옷을 입은 사람의 지역(Kapilavatthu)'에서 유행(遊行)하는 탁발 수행자를 봤을 것이며,[44] 아마도 그들이 세상을 비난한다는 것에 대해 들었을 것이다. 분명한 문제는, 그런 것들이 점차 붓다 앞에 실현되었다는 점이다. "아…, 이 세상이 곤경에 처했다. 태어남, 늙어감, 죽음, 사라짐과 일어남이 있지만 괴로움에서, 쇠락과 죽음에서 벗어날 줄 모른다."[45] 붓다의 탐구는 두 가지 측면에서 밀접하게

---

40) 위의 책, pp.5-6, 〈참조〉 Buddhacarita V. 14.
41) Thomas, 앞의 책, pp.50-51, 58.
42) AN. Ⅰ. 138, 142, MN. Ⅱ. 75, Ⅲ. 179.
43) MN. Ⅰ. 247; Lalitavistara Ⅰ, p.263; LV. Ⅰ 128ff는 지금 말한 전통을 토대로 후대에 지어낸 이야기로 보인다. 〈참조〉「제13장 니르바나(Nirvāṇa, 涅槃)에 이르는 길」.
44) 「제8장 베다의 배경 연구」 부분 참고.
45) Brewster, 앞의 책, p.40.

관련되어 있다. 한편으론 일시적이고 불만족스러운 세상에 대한 격정과 갈망의 소멸을 추구하면서 다른 한편으로는 영원한 평화를 얻고 싶어 했다. 붓다는 "초탈하는, 격정을 없애는, 멈추는, 제거하는, 더 높은 앎을 얻는, 완전한 깨달음을 얻는, 닙바나(涅槃)를 얻는" 길을 추구하였다.[46] 붓다의 탐구는 "선(善)이란 무엇인가, 바람직한 평화의 비할 데 없는 길"이었다.[47]

분명한 목표에 대한 압박으로 인하여 붓다는 집 없는 상태로 '출가'하였다.[48] 『아비니스크라마나 수트라(Abhiniṣkramaṇa sutra, 佛本行集經)』로 정확한 실제 상황은 더 이상 확인하기 어렵다. 결정적 변화는 청소년기보다 훨씬 뒤에 촉진되었으나 이를 갑작스런 전환이라고 믿을 이유는 없다. 붓다가 전환하는 데 감정보다 지성과 의지가 더 많은 역할을 했던 것으로 보인다.[49] 나약한 인간이 정서적 위기로 인해 갑작스레 속세에서 도피한 게 아니라, 삶이 줄 수 있는 모든 즐거움을 맛보고 원하는 것을 얻었던 사람이 더 높은 무언가를 탐구(추구)하는 것이었다. 불교학은 이를 현대 심리학적 태도로, 오랜 준비 끝의 최종 결과였다고 해석한다.[50]

---

46) 위의 책, p.25.

47) MN. Ⅰ. 163: Kiṃnkusalagavesī anuttaraṃ santivarapadaṃ pariyesamāno.; 〈참조〉 Rockhill, 앞의 책, p.24.

48) Rhys Davids 여사에 의하면, 붓다는 결코 수행승이 되려 하지 않았다. 빠리바자까(Paribbājaka, 遊行者)는 중세 유럽에서처럼 단지 유행(遊行)하는 학생일 뿐이었다.(Sakya p.121.)

49) 〈참조〉 Pratt, 앞의 책, p.151ff. Herzberg는 붓다의 전설에서 붓다의 이론 중 일례를 살펴보았는데, 위대한 철학사상가들의 삶에서 주요요소는 기본적 충동을 일반적인 방법으로 만족시키는 데 대한 좌절감이라는 것이다.[Herzberg, The Psychology of PhilosopheṚS(철학자의 심리학), pp.203-4.] 〈참조〉 MṚS. Rhys Davids, Original Gospel, p.14, 의지의 인간으로서 고따마(Gotama); Oldengerg, Buddha, p.132, 각주.

50) Ab. K. Ⅳ, 서문 iv.ff. 「니다나까타(Nidānakathā)」는 결국 고따마 붓다(Gotama

고귀한 탐구 (Ariyapariyesanā) — 그 뒤로 수년간 쉬지 않고 유행(遊行)하며 탐구하였다. 니까야에는 붓다가 정신적 가르침을 얻으려 따르던 스승의 이름이 두 명만 거론된다. 바로 알라라 깔라마(Āḷāra Kālāma)와 웃다까 라마뿟따(Uddaka Rāmaputta)다.[51] 그들 아래서 붓다는 세 번째와 네 번째 '무색계 선정(無色界 禪定, Arūpa Samāpatti)'을 성취하는 법을 각각 배웠다. 그러나 붓다는 선정에 만족하지 못했는데, 선정이 격정을 정지시키거나 '수승한 지혜(Abhiññā)'를 주지 않았기 때문이며, 따라서 탐구에 대한 답을 얻지 못했다. 색계에서 마음을 철수시킴으로써

Buddha)가 된 위대한 존재는 디빵까라 붓다(Dīpaṅkara Buddha, 燃燈佛) 시절에 붓다가 되기로 결심했다고 한다.(Jāt. Ⅰ. 13.) 그는 붓다까라까담마(Buddhakāraka dhammā) 또는 열 가지 빠라미(Pāramī, 波羅蜜)를 계발하라는 권고를 듣고(위의 책, 20-4), 이를 실천하는 데 10만 주기(Kappa, 劫) 이상을 보냈다. 위의 책, 44; MSA. Ⅸ 1.2.

51) MN. Ariyapariyesanā sutta와 Bodhirājakumāra sutta는 알라라 깔라마(Āḷāra Kālāma)는 고따마의 오랜 도반(道伴)이라는 언급이 나오는 바란두 깔라마(Bharaṇḍu Kālāma)와 분명히 다르다. (「제7장 『앙굿따라니까야』의 초기와 후기」 부분 참고.) 아쉬바고샤(Aśvaghoṣa)는 알라라(Āḷāra) 교리가 상키야 교리와 부분적으로 유사하기 때문이라고 본다.(Buddh. Car., canto Ⅻ).; 그러나 아쉬바고샤가 의존한 자료에 대해 알려진 바가 전혀 없다.; AN. Ⅱ. 180에서는 라마뿟따(Rāmaputta)가 띳타까라(Titthakara, 教祖)라고 한다. DN. Ⅲ. 126-7에 의하면, 라마뿟따는 "Passaṃ na passatīti"가 "Khurassa … talam passati-na dhāram"이라는 의미라고 해석하였다. 이런 해석은 비난받았다. 논의된 사항은 분명치 않다. SN. Ⅳ. 83-84는 웃다까 라마뿟따의 말을 다음과 같이 인용하고 있다. "Idaṃjātu Vedagū Idaṃ jātu sabbaji Idaṃ jātu palikhitaṃ Gaṇḍamūlaṃ palikhaṇīti." 하지만 이 설명으로 그가 정당화되지는 않는다고 서술되어 있다.; 『랄리타비스타라(Lalitavistara)』에는 아라다 깔라빠(Arāda Kālāpa)에 대해 이야기하면서 그가 바이샬리(Vaiśālī)에 자리 잡았다고 한다.(Ⅰ. 238-9.) 보디삿트바의 또 다른 스승은 루드라까 라마뿟따(Rudraka Rāmaputta)로, 그는 라자가하(Rājagṛha)에 자리잡았다.(위의 책, 243.) 이는 보디삿따가 아라다(Ārāḍa)를 만나기 전에 브라흐마니 빠드마(Brāhmaṇī Padmā)와 브라흐마쉬 레와따(Brahmarṣi Revata)의 은둔처에 머물렀음을 말해준다.(위의 책, 238.) 라자가하에서 붓다는 빔비사라(Bimbisāra)를 만났던 것으로 추정된다. Rockhill, 앞의 책, p.27; Sn. pabbajjā(출가), vv.4ff; Lalitavistara Ⅰ. 240ff는 이 만남을 아라다와의 만남 이후에 배치한다.(Rockhill에서는 이전에 배치되어 있다.)

'무색계 선정'에 이르게 되며 마침내 공(空)에서 머문다. 이는 '무(無)' 또는 무소유처정(無所有處定, Ākiñcaññāyatana) 상태다. 의식이 있는데도 불구하고 너무 미세하여 알아차릴 수 없을 때, 더 깊은 의식 상태인 '비상비비상처정(非想非非想處定, Nevasaññānasaññāyatana)'에 이르게 된다. 알라라 깔라마는 앞의 단계를, 웃다까 라마뿟따는 뒤의 단계를 가르쳤다. 본질적으로 이런 선정 상태는 정신작용을 일시적으로 멈추게 할 뿐이었다. 따라서 머지않아 선정 상태에서 나와야만 했다. 최고 프라즈냐(Prajñā, 智慧)의 빛이 밝아오지 않는 한, 정신적 정지를 실행하는 것만으로는 괴로움으로부터 영원히 자유로워질 수 없었다.[52]

빠다나(Padhāna, 努力) — 마가다(Magadha) 국을 지나가던 붓다는 우루웰라(Uruvelā) 마을에 이르렀다. 여기서 붓다는 "고요하고 울창한 숲에 맑은 물이 흘러서 씻거나 기운을 회복하기 적합하고, 모든 것을 손에 넣을 수 있는 마을이 있는, 좋은 터를 보았다."[53] 여기서 아무리 고군분투하더라도 갈망과 격정에 젖은 마음에 지혜를 밝힐 수 없다는 생각이 갑자기 떠올랐다.[54] 붓다는 그 후 노력(Padhāna)을 기울였다. 먼저, 정면 도전함으로써 마음을 조절하고자 하였다. 이를 붙이고 혀를 입천

---

52) Yogasūtra Ⅰ. 19-20과 그에 대한 Vyāsa, Vācaspati, Vijñānabhikṣu의 논평 참고. Bengali Comy.에서 이들 경전(sūtra)에 대한 Hariharānanda의 논평에서 잘 밝히고 있다. Pātañjala Yogadarśana, pp.47ff.(Calcutta UniveṚSity, 1949.) Ab.K. Ⅷ. 5ff 참고. 여기서는 명상의 '아나스라바(anāsrava, 無漏)' 상태를 다른 종류와 구분하고 있다.

53) Brewster, 앞의 책, p.26; 〈참조〉 LV. Ⅰ. p.261.

54) 이는 니까야에 나타나는 세 가지 '비유(Upamā)'에 잠재되어 있는 의미다.(MN. Bodhirājakumāra°; SN. Ⅱ. Nid. Sam.(「제6장 『상윳따니까야(Saṃyutta Nikāya)』의 초기와 후기」 부분 참고) MN. 경전 36뿐 아니라 Lalitavistara(Ⅰ. 246ff.) 후자의 문헌은 Prākṛta 원본 일부가 '산스크리트화'한 것이 분명하다. 요가에서 따빠(Tapa, 고행)의 역할에 대해서는 YS. Ⅱ. 1에 대한 Vyāsa의 주석 참고.

장에 대고 눌렀다고 한다. 그러나 이런 방법은 몸에 열이 많이 나고 괴롭고 더 불안하게 만든다는 것을 알았다. 그러고 나서, 숨을 참고서 정신을 집중해 보았으나 거친 바람, 심한 통증, 흥분으로 오히려 혼란스러워지는 것을 알게 되었다.[55] 끝으로, 붓다는 단식을 시도하였고, 이로 인해 죽음을 앞에 두고 허약해진다는 것을 알게 되었다.[56]

깨달음 — 붓다는 누구 못지않게 금욕[고행] 생활을 했는데도 불구하고 목표를 성취하지 못했음을 확인하자 스스로 금욕의 길을 포기했다.[57] 그는 어린 시절 집중으로 선정(禪定)을[58] 경험했던 기억을 떠올리

---

55) 적어도 한 군데에는 붓다가 만년에 '와따(Vāta, 風)'로 고통 받았다고 기록되어 있다.(SN. Ⅰ. 174.) 붓다고사(Buddhaghoṣa)에 의하면, 이는 붓다의 금욕생활 때문이다.(DN. Ⅲ. 「상기띠 숫따(Saṅgīti sutta)」에 대한 주석).

56) Brewster, 앞의 책, p.32; Jāt. Ⅰ, pp.66. 7; LV. Ⅰ, pp.250ff. 마지막에 사용된 'Āsphānaka'라는 용어는 사실상 산스크리트의 'Aprāṇka'에 해당하는 Prākṛta 원본 일부가 '잘못 산스크리트화'한 결과로 보인다. 후자에서 마야(Māyā, 허깨비)에 대한 사건이 독특하긴 하지만, LV의 이 부분에서 빠알리(Pāli)와의 유사성은 다시 아주 밀접해진다.

57) 〈참조〉 "그러고 나서 그는 중도(中道)의 진리를 깨달았는데, 이는 감미로운 음악을 연주하는 사람이 악기의 줄을 중간 정도로 팽팽하게 조율해야 하는 것과 같다. …"(Beal, A Catena of Buddhist Scriptures, p.133). 금욕과 고행, '류트의 비유'에 대해서는 「제13장 니르바나(Nirvāṇa, 涅槃)에 이르는 길」 부분 참고.

58) "Tassa mayham-etadahosi Abhijānāmi kho panāhaṃ pitu Sakkassa Kammante sītāya jambucchāyāya nisinno viviceva kāmehi-pe-paṭhamajjhānaṃ upasampajja viharatā, siyā nu kho eso maggo bodhāyāti, Tassa mayham-satānusāri viññāṇaṃ ahosi Eso'va maggo bodhāyāti."(MN. Ⅰ. 247).; 〈참조〉 Lalitavistara Ⅰ, p.263. "Tasya me-etadabhavat. Yadāhaṃ Piturudyāne jambucchāyaāyāṃ niṣaṇṇo Kāmairviviktaṃ … prathamaṃ dhyānamupasampadya vyāhārṣam Yāvaccaturthadhyānamupasampadya vyāhārṣam. Syātsa mārgo bodhes … tadnusāri ca me vijñānamabhūt. So mārgo bodheriti." 이는 두 자료의 여러 곳에서 거의 글자 그대로 일치하는, 특별히 눈에 띄는 사례다. 그러나 MN에서는 첫 번째 선정에 대해서만 이야기하는 반면, Lalitavistara에서는 네 가지 디야나(Dhyāna, 禪定) 모두에 대해 이야기한다는 데 주목할 필요가 있다. 〈참조〉 Buddh. Car. V. 7ff에서도 첫 번째 디야나만 언급하고 있다. 〈참조〉 Diwakar, R. R.

고서 [순수하고 비감각적인 즐거움을 포함하는] 모든 즐거움은 나쁜 것이라는 두려움을 떨쳐 버렸다.[59] 붓다는 강해지기 위해서 다시 음식을 섭취했다. 하지만 동료들은 이를 혐오하여 떠나 버렸다.[60]

붓다는 선정(Jhāna, 禪定) 수행을 통하여 실제에 대한 통찰이 내재하는 깨달음을 얻었고, 해방의 지복(至福)을 즐기면서 몇 주를 보냈다.[61] 설득력이 없긴 하지만, 붓다가 보리수나무 아래서 깨달음을 얻었다는 전통은 유명한 전설이나 신화의 한 부분인 것으로 추정된다.[62]

마라와의 논쟁 — 토마스(Thomas)에 의하면, "마라(Māra, 惡魔)와의 논쟁에 대한 전말은 신화적 발달이다. … 마라의 군대(Mārasenā), 마라의 회합(Māraparisā), 마라의 승자(勝者, Mārabhibhū)와 같이 일부 후대 문

Mahāyogi, pp.126-7에는 다른 신비가(神秘家)의 삶과 유사점이 제시되어 있다.

59) "Kiṃ nu ahaṃ tassa sukhassa bhāyaāmi, yaṃ taṃ sukhaṃ aññatreva kāmehi aññatra akusalehi dhammehi."(MN. 앞의 인용문). 이는 분명히 Jhāna-sukha에 대한 것으로, 붓다의 기억에 선정과 수카(sukha, 樂)는 밀접한 관련이 있었음을 나타낸다. 뿐만 아니라 어린 시절의 선정 체험이 Lalitavistara에서 말하는 것처럼 네 번째 선정까지 확장되지 않았음을 나타내는데, 마지막 두 가지 선정(Jhāna, 禪定) '수카(Sukha, 樂)'는 쾌락의 중립-우뻭카(upekkhā, 捨)에 초월되어 자리를 내어주기 때문이다. Lalitavistara의 실수는 아마도 그 부분에서 정형구 전체를 기계적으로 반복하던 데서 비롯되었을 것이다.

60) 이들은 빤짜왁기야 빅쿠(Pañcavaggīya Bhikkhu, 다섯 무리의 비구)다. MN. Pt.Ⅱ, p.289(Nāgarī본).; LV. Ⅰ. p.264에서는 "Pañcānāṃ bhadravargīyāṇaṃ."에 대해 이야기하고 있다. 〈참조〉 Thomas, 앞의 책, p.80.

61) 삼보디(Sambodhi, 正覺) 경험의 단계와 특성에 대해서는 「제12장 니르바나(Nirvāṇa, 涅槃)」 부분 참고; 깨달음 이전에 보디삿따(Bodhisatta, 菩薩)의 다섯 가지 꿈에 대해서는 AN. Ⅲ. 240-2 참고.

62) Thomas, 앞의 책, p.68 각주 1번 참고. Thomas는 이런 이유로 「마하빠다나 숫따(Mahāpadāna sutta)」에(DN. Ⅱ) 앗삿타(Assattha, 菩提樹)라고 언급되어 있는 나무에 대한 이야기가 Majjh.에 없다고 지적한다. 그러나 전통적으로 '나무 아래서 깨달음'이 이미 '담마따(dhammatā, 法性)'가 되었다는 이 경전보다 훨씬 더 초기의 것이어야 한다.

헌의 구절 외에 빠알리 경전에 나오지 않는다는 것은, 이야기가 이미 잘 알려진 전설임을 암시한다."[63] 올덴베르그는 스나르(Senart)가 표명한 이와 비슷한 의견을 비판하였다.[64] 리스 데이비즈는 마라 이야기에서 "객관적 실제의 형태 하에 주관적 경험"을 보고자 하였다. 마라와의 싸움은 실제로 세속적인 유혹에 대한 심리적 싸움이었다.[65]

여러 곳에서 마라(Māra)가 죽음(Maccu)[66]과 동일시되고 있으며, 이는 단어의 어원과도 일치한다. 이런 의미는 마라가 죽어가는 아라한(Arahant, 阿羅漢)을 맞이하려고 기다리는 내용에도 내포되어 있다.[67] 그의 족쇄(Pāsa)에 대해 언급되어 있다.[68] 마라는 야마(Yama, 夜摩)에 비유할 만한 생김새를 갖고 있다.

한편, SN의 「마라상윳따(Mārasaṃyutta)」에는 주로 유혹하는 자로서 나타난다. 여기서 마라는 현대의 '까마(Kāma, 欲望)' 개념과 유사하다.[69]

이 두 가지 의미는 불교사상과 밀접하게 관련되어 있는데, 세속적 욕망의 힘이 인간을 죽을 수밖에 없는 영역에 가둬 두기 때문이다. 깨달음을 얻으려면 이런 힘 또는 마라를 이겨내야 한다. 따라서 리스 데이

---

63) 앞의 책, p.74. Sn.의 「빠다나 숫따(Padhāna sutta)」의 다양한 판본에 대한 비교분석은 위의 책, pp.71-73 참고.

64) Buddha, pp.101, 107.

65) 〈참조〉 Thomas, 앞의 책, p.230.; 티베트 전통에 의하면 유혹적인 환상이 이어진다. 카필라바스투를 정복하고 궁전을 장악하여 샤키야(Śākya)를 짓밟는 데와닷따(Devadatta), 야쇼다라(Yaśodharā)·미르가자(Mṛgajā)·고빠(Gopā)·데와닷따(Devadatta)·샤키야(Śākya)의 환영(幻影), 불가능하다는 깨달음, 마라의 세 딸, 욕망·기쁨·환희(Rockhill, 앞의 책, p.31.) 리스 데이비즈의 가설은 이러한 환상이 과거의 두려움과 집착을 마지막으로 되살리는 것임을 아주 잘 설명하고 있다.

66) SN. Ⅰ. 156, Sn. 게송 357, 581, 587 등.

67) SN. Ⅰ. 4. 3. 3의 이야기 참고.

68) 맛쭈빠사(Maccupāsa, 죽음의 덫), Sn. 166; 마라반다나(Mārabandhana, 악마의 속박), Dhp. 37, 276, 350.

69) 〈참조〉 History of Philosophy, Eastern & Western Ⅰ, p.189, 주(註) 52번.

비즈의 심리학적 설명은 대단히 그럴듯하다. 아마도 다양한 전설과 신화를 발달한 마라 이야기로 모아둔 것에 가깝다.[70] 하지만 이것이 맞다면 마라에 대한 MN 이야기에 만족스러운 설명이 제공될 필요가 있다. 아마도 이런 이야기로 가득 채우려 했을 것이라고 추정하는 것은 실수다.[71]

붓다의 첫 번째 설법 — 깨달음을 얻은 뒤에 설한 첫 번째 설법에 대한 최초기의 형태는 "참으로 법이 나타날 때(Yadā have pātubhavanti dhammā)" 등으로 시작되는 『우다나(Udāna, 感興語)』에서 볼 수 있다. 또한 『마하왁가』에도 기록되어 있다. 그러나 디가바나까(Dīghabhāṇaka, 장부를 외우는 자)와 붓다고사(Buddhaghosa)는 "무수한 생의 윤회를(Anekajātisaṃsāraṃ)" 등으로 시작되는 『담마빠다(Dhammapada)』 게송이 '최초의 설법'이라고 말한다.[72] 『랄리타비스타라』는 '첫 번째 우다나'에 대해 서로 다른 두 가지 형태를 보여준다.[73] 티베트본 위나야에는 또 다른 형태가 소개되고 있다.[74] 이처럼 증거들 사이에서 충돌이 있으므로 '붓다'의 '최초의 설법'에 대한 분명한 기억이 부파불교 이전에 실제 존재했는지 아닌지 궁금해진다.

---

70) 〈참조〉 Oldenberg, Buddha. p.106 각주 1번. Kaṭhopaniṣad의 야마(Yama)에서 죽음과 유혹하는 자의 결합에 대해서는 위의 책, p.100 참고; Söderblom, The Living God, p.95.

71) 「제5장 『맛지마니까야(Majjhima Nikāya)』의 초기와 후기」 부분 참고. 여기서 이들 경전에 대해 논의하였다. 〈참조〉 Jāt. Ⅰ. 11ff. 마라와의 충돌에 대한 상세하지만 후대의 형태.

72) Thomas, 앞의 책, p.75.

73) LV, p.351, 355, 356. 이들 중 전자는 Mahāvastu에 나오기는 하지만 여기에는 전혀 다른 우다나도 나온다.(Thomas, 앞의 책, pp.76-78.)

74) Rockhill, 앞의 책, p.33.

삼보디 이후의 사건들 — 위나야삐따가(律藏)에 의하면, 붓다는 깨달음을 얻은 뒤 4주 동안 보리수나무에 머물렀다. 후대 권위자들은 7주 중 한 주의 기간을 둔 반면, 『랄리타비스타라』와 티베트본 위나야에는 그 기간을 단지 일주일이라는 인상을 주는 암시가 있다.[75] 그 뒤에 『마하왁가』에서 따뿟사(Tapussa)와 발리까(Bhallika)를 재가 수행자로 받아들이는 이야기가 나오고, 이어서 붓다가 설법을 망설이는 모습과 브라흐마(Brahmā, 梵天)의 간청에 설법을 하기로 최종 결정하는 모습이 묘사된다.

한편, 『맛지마니까야』 이야기에는 깨달음을 얻은 이후에 해방의 지복(至福, Vimuttisukha)을 즐기면서 몇 주를 보냈는지도 언급되지 않고, 따뿟사와 발리까가 전향하는 이야기도 언급되지 않는다. 망설임과 브라흐마야짜나(Brahmāyācana, 梵天의 要請)[76]는 삼보디(Sambodhi, 正覺) 후에 즉시 이어진다.

브라흐마의 간청 — 붓다가 자신의 교리를 이해할 수 있는 인간의 능력을 의심하고, 브라흐마(Brahmā, 梵天)가 붓다를 안심시키는 것으로 보이는 일화는 붓다가 전지(全知)를 성취했다는 추정과 현저히 대조된다.[77] 리스 데이비즈 여사는 이 이야기에 대해 붓다가 연못의 연꽃처럼 완전히 꽃피우기 위한 성장의 단계에 있지만, 너무 '되어서', '알게 되기'까지 하는 담마(Dhamma, 法)를 설법하라는 지시를 신에게 받았다는 초

75) Thomas, 앞의 책, p.85.

76) 이 두 사건(망설임과 브라흐마의 간청)은 「마하빠다나 숫따(Mahāpadāna sutta」(DN)와 「브라흐마상윳따(Brahmasaṃyutta)」(SN)에서도 기술하고 있다.

77) 불교 전통이라는 점에는 이견이 없다.

기 전통에 대한 후대의 혼란스러운 형태라고 말한다.[78] 그러나 이런 해석은 [약간의 혼란이 눈에 띄는] 내용에서 너무 벗어나서 매우 자의적으로 보이기까지 한다.

듀트(N. Dutt)는 "사르바즈냐(sarvajña, 全知者)가 된 붓다가 알아듣기에 알맞은 사람이 있는지를 확인하기 위해 브라흐마의 중재를 필요로 하는 일은 있을 수 없다."고 논평한다. 붓다의 통찰력은 개념을 넘어서므로 말로 전달할 수 없었다. "그는 니르바나(Nirvāṇa, 涅槃)가 무엇인지, 또는 최고의 진리가 무엇인지에 대해서는 말하지 않고 오로지 길에 대해서만 말하기로 결정하였다."[79] 그럴듯한 설명이긴 하지만, 이 일화의 진정한 의미는 마하야나(Mahāyāna, 大乘)의 역사적 출현과는 전혀 다른 정신적 영역에 관한 것으로 보인다. '앎(지혜)의 태양'이 밝아오자 이기적인 구원의 유혹, 정의의 바퀴를 작동시키지 않은 채 속세를 떠나려는 유혹을 떨쳐버리면서 '연민의 연꽃'이 피었다.[80] 플라톤이 지적했듯이, 정신적 향상 과정에 이어서 '빛을 본 사람들'이 공통된 인간성이라는 어두운 세상으로 의도적으로 하락(Katabasi)하지 않는 한, 인류의 교육은 불완전한 채로 남을 것이다.[81] 붓다의 망설임과 브라흐마(梵天)의 간청은 자신의 구원에 만족하려는 유혹에 대해 상징적으로 각색된 형태를 나타낸다. 붓다의 '망설임'은 보디삿트바의 이상형이 탄생하는 진통을 반영하고 있다. 빠리니르바나(Parinirvāṇa, 완전한 涅槃)에 들어가려는 욕구는 니까야 도처에서 마라 때문에 생겨난 유혹이라고 분명하게 말하

78) Original Gospel, pp.16ff.
79) 앞의 책, p.100.
80) 〈참조〉 Söderblom, The Living God.
81) Republic 520 C. 1. 〈참조〉 Sri Aurobindo's Life Divine Ⅱ (2) pp.1151-2.

고 있다.[82)]

바나라스에서 — 『맛지마니까야』 이야기에 따르면 설법을 결정한 뒤, 붓다는 자신의 메시지를 들어줄 적절한 사람을 생각했다. 옛 스승인 알라라(Āḷāra)와 웃다까(Uddaka)는 근래에 사망하였으나, 다섯 명의 비구는 여전히 바나라스(Banaras)에 살고 있었다. 붓다는 명백하게 신통력으로써 이 모든 정보를 알아냈다. 바나라스에서 만난 빤짜왁기야(Pañcavaggiya, 다섯 무리)는 처음에는 적대적이었으나 전향하였다.

이처럼 '첫 번째 설법'에 대한 이야기의 침묵으로 완전한 전설이라고 보기에는 충분하지 않다.[83)] 현재 형태에서 '첫 번째'와 '두 번째' 설법의 진위에 대한 리스 데이비즈 여사의 회의론이 더 합리적인 것으로 보인다.[84)] 기억할지 모르겠지만, 빠알리본에서 '두 번째 설법'은 『랄리타비스타라(Lalitavistara, 方廣大莊嚴經)』에서는 찾아볼 수 없다.[85)]

그 후로 붓다의 활동에 대해 DN. 열여섯 번째 경전의 주제가 되는 임종 무렵까지 이어지는 이야기는 니까야에 나타나지 않는다.

위나야의 이야기 — 위나야에서는 이야기가 더 나아가는데, 야사

---

82) 〈예〉 『마하빠리닙바나숫따』(DN. Ⅱ). 어느 전통에 의하면, 붓다는 많은 사람들이 가르침의 진리를 받아들이지 못하게 방해할 악의 힘이 두려워 망설였다.(Beal, A Catena of Buddhist Scriptures. p.134). 이는 "Rāgarattā na dakkhanti tamokhandhena āvaṭā"에서와 동일한 개념으로 보인다. 〈참조〉 Lalitavistara 1. 397.

83) 〈참조〉 Thomas, 앞의 책, p.86; Kern, 'Buddha' Ⅰ. p.247ff.(佛譯). 「제6장 『상윳따니까야(Saṃyutta Nikāya)』의 초기와 후기」 부분 참고.

84) Ind. Psy. pp.196-7; 「제6장 『상윳따니까야(Saṃyutta Nikāya)』의 초기와 후기」 부분 참고. 티베트본 경전에는 첫 번째 설법에 적어도 여섯 가지 형태가 있다.(Rockhill, 앞의 책, p.37.)

85) Lalitavistara에 「안앗따숫따(Anatta sutta)」가 없는 것에 대해서는 Dutt, 앞의 책, p.103 참조.

(Yasa)와 그 동료들의 전향, 최초의 전도자 파견, 자띨라(Jaṭila, 結髮行者)의 지도자인 까싸빠(Kassapa)의 전향, 불의 설법 발표, 빔비사라(Bimbisāra) 왕의 전향, 산자야(Sañjaya)의 제자였던 사리뿟따(Sāriputta)와 목갈라나(Moggalāna)의 전향에 대해 묘사하고 있다.[86] 자띨라의 전향에서 신통력은 유명하다. 이는 니까야에 나타나는 붓다의 일반적 방식이 아니다.[87]

붓다의 교리 전파 — 컨(Kern), 토마스(Thomas), 듀트(N. Dutt)는 붓다의 역할에 대한 전통적 해석들을 체계적으로 기술해 두었다.[88] 하지만 전통은 경전 이후의 시대 부분이 더 많다. 경우에 따라 주석가가 지어낸 이야기가 발견될 수도 있지만,[89] 초기 근거가 없으므로 그들이 제공한 대부분의 정보는 진위 여부가 불확실한 채 남게 된다. 이 기간 동안 붓다의 교리가 전파된 정보는 니까야 및 위나야에서 수집될 수도 있다.

까시(Kasi): 붓다가 활동한 첫 번째 장소는 바라나시(Bārāṇasī) 근처의 이시빠따나(Isipatana)였다. 위나야의 설명대로라면, 이곳에서 붓다의 교리를 지지하는 데 앞장선 자들은 그 지역의 부유한 셋티(Seṭṭhi, 장자) 계급이었다. 전통에 따르면, 붓다는 이시빠따나에서 먼저 왓사(Vassā, 安居)를 지냈으며, 웨란자(Verañjā)에서 웨살리(Vesālī)로 가는 길에 12일이

86) Brewster, 앞의 책, p.67ff 참고. 이때의 산자야(Sañjaya)가 같은 이름의 불가지론자(不可知論者)와 동일 인물인지는 확인할 수 없다.

87) 〈참조〉 Thomas, 앞의 책, p.91.

88) Manual of Buddhism. pp.23ff; Life, Chaps. Ⅷ & Ⅸ; N. Dutt, EMB. Ⅰ. Ch. Ⅺ.

89) 우빨리(Upāli), 밧디야(Bhaddiya), 아누룻다(Anuruddha), 아난다(Ānanda), 데와닷따(Devadatta)가 전향한 이야기는 Thomas(앞의 책, pp.102-104) 참고. Brewster, 앞의 책, 142ff.; Wagle 박사는 니까야에서 호명된 사람들과 그들의 사회적 관계 목록을 상세히 작성하였다. Society at the Time of the Buddha, pp.192ff.

지나서 이곳을 거쳐 갔다.[90)]

마가다: 마가다(Magadha)는 그 당시 주요 왕국 중 하나였다. 우루웰라(Uruvelā)에서 붓다는 불을 숭배하는 데 전념하면서 숲에서 머무는, 텁수룩한 머리의 금욕주의자(Jaṭila) 한 무리를 개종시켰다고 추정된다.[91)] 가야(Gayā)에서 그들에게 아딧따빠리야야(Ādittapariyāya, 불에 관한 법문)를 설하였다.[92)] 감각, 감각 대상, 감각 접촉, 감각 인식은 모두 라가(Rāga, 貪), 도사(Dosa, 瞋), 모하(Moha, 癡)의 세 가지 불에서 활활 타오르고 있다. 이 첫 번째 법문에는 불을 숭배하는 자들에게 설하는 기발한 풍자가 들어 있다.

라자가하: 마가다 국왕 빔비사라가 라자가하(Rājagaha, 王舍城)에서 전향했던 것으로 추정되는데, 그가 붓다에게 죽림원(竹林園)(veḷuvana)를 선물했다고 기록되어 있다.[93)] 아자따삿뚜(Ajātasattu)가 처음부터 붓다에게 호의적이었던 것으로 보이지는 않는다.[94)] 그러나 아자따삿뚜는 순결한 정의의 눈을 얻는 데 방해가 되는 존속살인죄의 영향력에도 불구하고, 붓다의 만년에 사만냐팔라(Sāmaññaphala, 沙門果) 법문을 듣고 나서 심경의 변화를 경험했던 것으로 추정된다.[95)]

마가다에서 다른 장소: 날란다(Nālandā)는 라자가하 근처에 있는 작지만 부유한 마을이었던 것으로 보인다. 이곳은 분명히 니간타의 활

---

90) Dutt, 앞의 책, p.138.
91) Brewster, 앞의 책, p.79ff.
92) 위의 책, 87ff.
93) 위의 책, 89. Dutt, 앞의 책, p.150 각주 1번.; Ṭhāṇaṅga(경전 693)에 따르면, 세니야 빔비사라(Seṇiya Bhimbhisāra) 왕은 지옥에 태어날 운명이었으나 나중에 Mahāpaüma 왕으로 태어나게 되었고 자이나교 신앙을 따랐다.
94) 이는 SN. Ⅰ. Kosalasaṃyutta에 잠재적으로 내포되어 있다.; Brewster, 앞의 책, pp.147ff; Dutt, 앞의 책, p.142 각주 2번.
95) DN. 경전 2.

동무대였다.[96] 빠탈리가마(Pāṭaligāma)는 붓다의 임종 무렵에 요새화되고 있던 한 마을이었다.[97] 에까날라(Ekanālā) 마을에서 까시바라드와자(Kasibhāradvāja)가 전향하였다.[98] 유명한 여성 재가신도 난다마따(Nanda mātā)도 이곳에 살았다.[99]

마가다의 브라흐마나들 사이에서 붓다가 아주 성공했다고 보이지는 않는다.[100] 그는 마가다의 많은 이교도 빠리바자까(Paribbājaka, 遊行者)들과 접촉했다고 한다.[101] 마가다의 재가신도 중에는 가마니(Gāmaṇī, 村長), 셋티(Seṭṭhi, 장자, 財務官), 가하빠띠(Gahapati, 長者), 왕자와 공주들도 포함되어 있었다.[102]

꼬살라: 니까야에서 꼬살라(Kosala)의 빠세나디(Pasenadi) 왕은 붓다를 찬미하는 사람으로 나오며,[103] 말리까(Mallikā) 왕비도 마찬가지다.[104] 소마(Somā), 사꿀라(Sakulā), 수마나(Sumanā) 공주도 불교 교리에 관심을 가졌던 것으로 묘사된다.[105]

꼬살라의 셋티 계급에서 가장 중요한 두 명의 이름은 아나타삔디까(Anāthapiṇḍika)와 [미가라마따(Migāramātā)라고 불렀던] 미가라(Migāra)의 며느리 위사카(Visākhā)다. 아나타삔디까는 제따와나 위하라(Jetavana vihāra, 祇園精舍)를, 위사카는 뿌바라마 미가라마뚜빠사다(Pubārāma

---

96) Malalasekara, DPPN. Ⅱ. p.57.
97) DN. 16.
98) SN. Ⅰ. pp.172-3에도 나온다.
99) Dutt, 앞의 책, p.154.
100) 위의 책, pp.140-141.
101) 위의 책, p.144 참고; 니그로다(Nigrodha), 디가나카(Dīghanakha), 아누가라(Anugāra) 등에 대해서는 Malalasekara, DPPN.
102) Dutt, 앞의 책, p.147에 모아둔 목록 참고.
103) SN. Ⅰ.「꼬살라상윳따(Kosala Saṃyutta)」; MN. Ⅱ. 123; 〈참조〉 AN. V. 65ff.
104) SN.(앞의 인용문); MN. Ⅱ. 106ff; 〈참조〉 A. Ⅱ. p.202.
105) MN.「깐나깟탈라 숫따(Kaṇṇkatthala sutta)」

Migāramātupāsāda 東園林 鹿母講堂)를 선물했다고 기록되어 있다.[106)]

꼬살라의 부유하고 영향력 있는 브라흐마나들 중에서 새로운 믿음을 지지하는 사람으로는 자눗소니(Jānussoṇi), 악기까(Aggika), 바라드와자(Bhāradvāja), 단나자니(Dhānañjani), 뽁카라사디(Pokkharasādi), 로힛짜(Lohicca), 짱끼(Caṅki)의 이름을 꼽을 수 있다.[107)]

사왓티(Sāvatthi)는 빠리바자까(Paribbājaka, 유행자), 특히 아지바카(Ājīvaka, 邪命外道)가 좋아하는 장소였다. 말리까 왕비는 그들에게 아라마(Ārāma, 寺院)를 제공했다. 그중에서 가장 유명한 전향자는 웨카낫사(Vekhanassa)와 뽓타빠다(Poṭṭhapāda)였다.

처음에는 샤캬(Śākya)족이 붓다를 호의적으로 대하지 않았음을 보여주는 증거가 제시되어 있다.[108)] 그러나 위나야(律藏)에는 라훌라(Rāhula)의 출가 수계에 대해 언급되어 있다.[109)] 숫도다나와 라훌라 어머니의 전향에 관한 전통은 후대의 것이다.[110)]

릿차위: 아지바카의 본거지였던 사왓티(Sāvatthi)처럼 웨살리(Vesāli)는 니간타의 본거지였다. 따라서 니간타는 붓다가 릿차위(Licchavi) 일대에서 활동하는 것을 강하게 반대하였다.[111)]

다른 집단 — 여기서 붓다가 가장 성공한 것은 니간타의 우빠사까

106) Malalasekara, DPPN Ⅱ. 628; Ⅰ. 963f.
107) Dutt, 앞의 책, pp.161-2; Malalasekara, DPPN 여러 곳에.
108) Dutt, 앞의 책, pp.170-1; 〈참조〉 Jāt. Ⅰ. p.88에는 자존심 강한 사끼야(Sākiya)가 "Siddhatthakumāro amhehi daharataro amhākaṃ kaniṭṭho bhāgineyyo putto nattāti."라고 생각하면서 붓다에게 머리를 숙이지 않았다고 기록되어 있다. 그래서 붓다는 신통력으로써 그들이 굽히게끔 하였다.
109) Brewster, 앞의 책, pp.103-4; Jāt. Ⅰ. pp.91-2.
110) Thomas, 앞의 책, pp.97ff.
111) 〈참조〉 Rockhill, 앞의 책, pp.65-67.

(upāsaka, 優婆塞) 릿차위 시하(Sīha) 장군의 전향이다.[112] 박가(Bhagga, 婆祇國)의 수도 숭수마라기리(Suṃsumāragiri, 設首婆羅山)에서 유명한 세 명의 재가신자, 나꿀라(Nakula)의 부모[113]와 보디라자꾸마라(Bodhirāja kumāra)가 나왔다.[114] 숫빠와사 꼬리야디따(Suppāvāsā Koliyadhitā)는 '훌륭한 음식을 보시한 자들(Paṇītadāyikā)' 중에 최고라고 칭송받았다.[115] 말라(Malla)에서 전향한 사람으로 가장 잘 알려진 두 사람은 답바 말라뿟따(Dabba Mallaputta)와 쭌다 깜마라뿟따(Cunda Kammāraputta)다.[116] 앙가(Aṅga)에서는 붓다가 짬빠(Campā)의 브라흐마나 스승 소나단다(Soṇadaṇḍa)와 논쟁을 벌였다고 기록되어 있다.[117] 붓다는 꼬삼비(Kosambī),[118] 웨란자(Verañjā),[119] 꾸루(Kuru) 국의 깜마사담마(Kammāsadhamma)와[120] 툴라꼿티따(Thullakoṭṭhita)에서[121] 법문을 설법하였다.

---

112) Vin. Ⅰ. 1. 223f; AN. Ⅳ. 179f; 〈참조〉 A. Ⅳ. 79ff; 위의 책, Ⅲ. 38f. 왓지(Vajji)에 대한 붓다의 존경은 『마하빠리닙바나숫따(大般涅槃經)』에서 언급하고 있다. 붓다가 그들에게 정치적으로 바람직한 조언을 했다고 기록되어 있다. 위의 책, A. Ⅳ. 16. 웨살리 법령에서 상가(Saṅgha, 僧伽) 법령의 원형(原型) 일부를 볼 수 있다. Jayaswal, Hindu Polity Ⅰ. 45-8; 〈참조〉 R. C. Majumdar, Corporate Life in Ancient India. pp.226-7; Gokuldas De, Democracy in the Buddhist Sangha; Pande, Bauddha Dharma Ke Vikas Ka Itihas, pp.136ff.

113) AN. Ⅱ. 61; Ⅲ. 295; Ⅳ. 85, 268; SN. Ⅳ. 116; Dutt, 앞의 책, p.181.

114) MN. Ⅱ. 91; Malalasekara, 앞의 책, Ⅱ. p.316; Vin. Ⅱ. 127f.

115) AN. Ⅰ. 26, Ⅱ. 62; Malalasekara, 앞의 책, Ⅱ.1222.
Kakudha Koliyaputta에 대해서는 AN. Ⅲ. p.122 참고.

116) Malalasekara, DPPN. Ⅰ. 879, 1059f.

117) DN. Ⅰ. 경전 4.

118) DN. Ⅰ. 159; MN. Ⅰ. 320, Ⅲ. 152; A.U.가 고시따라마(Ghoṣitārāma)를 발견하였다. Sri G. R. Sharma가 Kauśāmbī에 대한 고고학 탐사를 감독하였다.

119) AN. Ⅳ. 172, 197ff.

120) DN. Ⅱ. 55; SN. Ⅱ. 92; DN. Ⅱ. 290; MN. Ⅰ. 55; MN. Ⅱ. 26 등.

121) * 역자주 : 그곳의 집들은 곡식창고가 가득 차 있다(paripuṇṇa-koṭṭha-agāra)고 해서 툴라꼿티따(Thullakoṭṭhita)라고 한다.

불교와 다양한 사회 계급 — 붓다가 활동한 지리적 범위는 주로 꼬살라 왕국과 마가다 왕국을 아우르는 것으로 보인다. 부유한 지배계급이 재가신도 사이에서 중요한 역할을 하였다. 여성들도 비구니와 재가신도로서 눈에 띄게 나타났다.[122] 브라흐마나(婆羅門)의 종교적 허세는 맹렬히 비난받았다.[123] 그러나 사상과 종파에 따른 대립일 뿐, 사회적으로 대립하지는 않았다. 사실상, '브라흐마나'라는 용어를 종교적 의미에서 재해석하려는 시도였다.[124] 많은 브라흐마나가 새로운 조직에 참여했으며, 하층 계급 출신의 신도들도 있었다. 주로 금욕적인 수행승 조직을

---

122) 여성의 상가(Saṁgha) 진입에 관한 이야기는 Thomas, 앞의 책, pp.108-10 참고. 그가 붓다 시대에 비(非)불교 여성 고행자의 존재에 대해 "역사적 증거가 전혀 없다."고 말한 것은 옳지 않다. 최초기 자이나교 문헌에서는 Niggaṇṭhī에 대해 이야기하고 있으며(Kalpasūtra), 불교의 『앙굿따라니까야』에서 Ājīvakinī에 대해 언급하고 있다. 뿐만 아니라, Sundarī 빠리바지까(paribbājikā, 遊行女)에 대한 이야기가 상당히 후대의 것이라고 볼 뚜렷한 이유가 없다.(Malalasekara, 앞의 책, Ⅱ. p.1216 참고.)

123) 「암밧타 숫따(Ambaṭṭha Sutta, 阿摩晝經)」, 「소나단다 숫따(Soṇadaṇḍa Sutta, 種德經)」; 「떼윗자 숫따(Tevijja Sutta, 三明經)」; 「마두라 숫따(Madhura Sutta)」; 「앗살라야나 숫따(Assalāyana Sutta)」; 「에수까리 숫따(Esukāri Sutta)」; AN. Ⅲ. 221ff; DN. Ⅲ. 81-3, AN. Ⅱ. 42-43; Vin. Ⅰ. 36; AN. 「띠깐나 숫따(Tikaṇṇa Sutta)」, 「자눗소니 숫따(Jānussoṇi Sutta)」. 이들 법문은 신교(新敎)의 기질이 뚜렷하다. 목욕하기나 태양에 절하기 등과 같은 외적 의식절차와 비슷하게 출생, 희생제를 바탕으로 한 카스트 차별에 반대하였다. 어디에서나 강조는 인물의 것이고 '내부 가치'는 강력한 방식에 의한 것입니다. SN. Ⅰ. 183은 물을 통한 순수함(Udakasuddhi)과 대비하여 담마에 담금을 지지하고 있다. 이는 MN에서 순다리까바라드와자(Sundarikabhāradvāja)에게 질책했던 내용과 비교될 수 있다. 이런 개념은 TS. 1. 1. 1.과 같은 베다 문헌 옆에 있을 때 중요해진다. "Apośnātyantarata eva medhyo bhavati." SN. Ⅳ. 117-8은 주로 과거의 브라흐마나와 당대의 브라흐마나를 대비시킨다.[이 경전은 마하깟짜나(Mahākaccāna)가 아완띠(Avanti)에서 설한 것으로 추정되므로 아마도 후대의 것이다.] 이에 대한 Keith 박사의 견해는 설득력이 별로 없다.(B. P. p.121.) 〈참조〉 Lalitavistara Ⅰ. p.138, 318.

124) 방금 인용된 문헌 외에 SN. Ⅰ. 168; Sn. Vāseṭṭhasaṃyutta; Dhp-Brāhmaṇavaggo; SN. Ⅰ. 168와 "Mājātiṃ puccha caraṇaṃ puccha." 〈참조〉 "Kim Brāhmaṇasya pitaraṃ kimu pṛcchasi mātaraṃ śrutaṃcedasmin vedyaṃ sa pitā sa pitāmahaḥ"(Kāṭh. S. p.307.)

설립한 붓다는 재가신도들에게도 메시지를 남겼다. 상가(Saṁgha, 僧伽) 혹은 수행승 조직은 카스트에 무관심했으며, 관료, 채무자, 노예, 범인으로 선고받은 자, 불치(不治)의 신체 장애로 고통받는 자를 제외하면 [이런 경우에는 불교 수행승이 될 수 없었다.] 모두가 동등하게 참여할 수 있었다.

붓다의 성격 — 붓다의 성격 중 몇 가지 개인적 특성은 분명하게 두드러진다. 붓다는 마음—자인(Jhāyin, 수행자), 자나실린(Jhānasīlin, 수행을 습관으로 하는) 수행에 재능이 있었다.125) 침묵을 좋아했던 것이 가장 눈에 띈다. 빠리바자까(遊行者, 편력 수행자)들은 종종 붓다를 '압빠삿다까모(Appasaddakāmo, 無聲處)'라고 불렀다.126) 붓다의 모임은 특히 소음으로부터 자유로웠다.127) 붓다는 자신의 제자들에게 고귀한 침묵(Ariyo Tuṇhībhāvo)을 권하였다.128) 한 번은 짜뚜마(Cātumā)에서 시끄러운 비구들 때문에 불쾌해져서 그들에게 떠나라고 하였다.129) 사실, 침묵을 선호하는 것은 선정(Jhāna, 禪定)을 선호해서 생기는 당연한 결과로 볼 수 있다.

붓다가 선정과 침묵을 선호하는 것은 고독을 선호하는 것과 연결된다.130) 그에 대해 부정적인 일부 비평가들은 "사문 고따마의 지혜는 빈 집에서 망가진 것이오. 사문 고따마는 회중에 참여하지 않소. 사문 고따마는 함께 대화하기에 모자람이 있소. 그는 [대화를 피하고자] 변두리

125) 「제13장 니르바나(Nirvāṇa, 涅槃)에 이르는 길」 부분 참고.
126) 〈예〉 DN. Pt. I. p.208(Nāgarī본). Malalasekara, 앞의 책, I. p.806.
127) MN. 경전 77 ; DN. Pt. Ⅰ. p.60(Nāgarī본).
128) MN. Ⅰ. 161. 〈참조〉 SN. Ⅱ. 184와 MṚS. Rhys Davids, Sakya, p.185.
129) MN. Ⅰ. 456.
130) 〈참조〉 Sakya, p.163.

만 찾아다닌다오."라고 말하기까지 하였다.[131)]

연민 어린 붓다의 특성은 그 시대에 유명했는데, 역사적 근거가 없었다면 상상할 수 없었을 것이다.[132)]

붓다의 독립적 성격은 또 다른 중요 특징이다. 금욕주의 포기, 의심 없는 믿음에 대한 비판적 태도,[133)] 자립 장려,[134)] 자력으로 진리를 깨달을 것을 강조,[135)] 민주적인 법령에 대한 감탄[136)] 등이 이를 반영한다.

붓다는 독단에 반대하여 비판적인 태도로 이를 바꾸고자 노력하였다. 그는 논리적으로 규정할 수 없는 어떤 문제나 이에 관해 침묵하는 문제를 인식하였다.[137)] 붓다는 매우 실질적이었다. 그는 목표로 이끌어 줄 수 없는 단순성찰이 아니라 행동을 원했다.[138)]

붓다의 성격 중 가장 위대한 점은 인도 문화사에서 붓다만큼 강한 인상을 남긴 개인이 아무도 없다는 사실에서 볼 수 있다. 그는 여전히 깨달음(Bodhi, 覺)과 연민(Karuṇā, 悲)의 화신 자체로 여겨진다.

---

131) Suññāgārahatā Samaṇassa Gotamassa Paññā, aparisāvacaro Samaṇo Gotamo, nālaṃ, sallāpāya, so antamantāneva sevati.; Kimura가 "Suññāgarahatā Paññā"를 "공(空)의 지혜지각"이라고 번역한 것은 적합하지 못하다(A Historical study of the Terms Hīnayāna & Mahāyāna and the Origin of Mahāyāna Buddhism(대승불교의 기원) p.99).

132) 〈참조〉 MN. 경전 4, 12, 58. 마지막에는 "atthi Rājakumāra Tathāgatassa sattesu anukampāti"라고 나온다.「제13장 니르바나(Nirvāṇa, 涅槃)에 이르는 길」부분 참고.

133) Mm. Vidhushekhar Bhattacharya, Basic Conception of Buddhism pp.9-12.「제13장 니르바나(Nirvāṇa, 涅槃)에 이르는 길」〈참조〉 Keith, B. P. pp.13-14.

134) "Attadīpā Viharatha 너희들은 자신을 등불(의지처로)로 머물러라…" SN. Ⅲ. 42, V. 154, 163, DN. Pt. Ⅱ. p.83 나가리(Nāgarī)본; DN. 경전 26, §1.

135) 담마(Dhamma, 法)는 "Paccattaṃ Veditabbo Viññūhi …."(〈예〉 D. Ⅱ. 224)

136) 이는 웨살리(Vesāli)의 법령에 대해 감탄한 것(DN. 경전 16)과 불교 상가(Saṁgha, 僧伽) 조직의 근본적 특성에 내포되어 있는데, 개인 권위의 영향력이 아니라 담마(Dhamma, 法)에 의해 결합되었다(MN. Ⅲ. pp.9-10 참고).

137) 붓다의 설법 방식에 대해서는 Dutt, 앞의 책, 제10장 참고.

138) Mm. Vidhushekhara Bhattacharya, 앞의 책, p.12; Dutt, 앞의 책, p.100.

삶과 가르침 — 붓다의 삶에 대한 개관은 그 가르침에 상당한 빛을 던진다. 그 사상의 출발점은 그가 인도철학에서 최초로 밝힌 분명한 문제였다. 즉, '삶'이란 질병, 늙음, 죽음이라는 특징을 갖는 다양한 한계의 지배를 받는다. 괴로움이 가득한 존재는 고귀한 평화(Anuttaraṃ santivarapadaṃ)에 대한 추구(Pariyesanā)를 충족시킬 수 없다. 그 평화(Nirvāṇa, 涅槃)[139]를 어떻게 얻을 수 있을까?

출발점은 둑카(dukkha, 苦)다. 편협한 세속적 관점에서 볼 때, 불교의 탐구는 부정적 성향이 있다. 요구되는 것은 지복(至福, Ānanda)보다는 주로 '평화(Śānti)'라는 용어로 표현된다. 이는 통상 베다와 우파니샤드에 나오는 목표에 대한 정형구와 대조된다.

붓다는 선정 수행으로 얻은 깨달음(Sambodhi, 正覺)을 통해 탐구를 끝마쳤다. 붓다가 다른 이들에게 가르친 길도 이와 유사할 것이라고 추론하는 것은 적절하다. 붓다에게 초월적이고 실증적인 진리와 이를 깨닫는 데 적합한 [도덕적·종교적 삶을 의미하는] 담마(Dhamma, 法)를 설하는 임무를 부여한 것은 연민(Karuṇā, 悲)의 힘이었다.[140]

붓다는 궁극적 목표 또는 니르바나(Nirvāṇa, 涅槃)의 형이상학적 특성에 대해 침묵했는데, 말로는 표현할 수 없음을 알았기 때문이다. 하지만 정신과 물질의 현재 상태를 강조하면서 이를 초월하는 방법을 가르쳤다. 요컨대, 붓다는 상사라는 둑카(苦)이고, 니르와나는 이루 말할 수 없는 평화며, 마르가(Mārga)는 주로 선정 수행이라고 가르쳤다. 이의를

---

139) Sogen은 Śāntaṃ Nirvāṇaṃ이 둑카의 조정을 의미할 뿐 아니라 언어의 초월을 의미한다는 사실에 주목한다[Systems of Buddhist Thought(불교 사상 체계), pp.28ff]. 사실 Śānti는 'Prapañcopaśama'와 동일시되었으며, 우파니샤드와 일부 초기불교 문헌에서처럼 단순히 '이름과 형태'의 의미로 쓰였든 후대 불교의 설명에서처럼 '마음과 물질'의 의미로 쓰였든, Prapañca는 '나마루빠(Nāmarūpa, 名色)'와 같다.

140) 뒤의 내용 참고.

제기할 수도 있겠지만 이러한 정리는 붓다를 '수행승 같게' 한다. 붓다가 모든 사람들의 더 나은 삶에 대한 방침으로 세계적인 복음을 설하지는 않았잖은가? 컨(Kern)은 붓다에 대해 "혁명적인 그의 행동은 … 학교에서 통용되는 형이상학과 도덕의 대중적인 선언으로 … 이루어져 있다."고 말했다.[141)]

하지만 최초기 불교의 가르침에서 대중적 요소는 간과되었던 것으로 보인다. 붓다가 재가자들에게 다나까타(Dānakathā, 施論), 실라까타(Sīlakathā, 戒論), 삭가까타(Saggakathā, 하늘에 대한 이야기) 등에 대해 설법했다는 데에는 의심의 여지가 없지만, 그 모든 것은 준비 과정일 뿐이다. 이는 불교를 대중화한 붓다를 신격화한 것으로 후대에 이루어졌다.

141) "son action révolutionnaire … consista … dans une proclamation populaire de métaphysique et de morale qui avaient couṚS dans les écoles." Histoire du Bouddhisme dans l'Inde(인도 불교사), Vol. Ⅰ, p.3; 〈참조〉 Burnouf, Introduction à l'histoire du Bouddhisme Indien. pp.137-8.

제3부

초기불교 교리 연구

제11장 괴로움과 그 기원

아리야삿짜니(Ariyasaccāni, 고귀한 진리)[1] — 붓다가 실제로 사성제(四聖諦)를 제시하지 않았을 수도 있다. 하지만 사성제의 도식은 붓다의 가르침에 적절하게 적용된다. 체르바스키(Stcherbatsky)는 사성제의 내용에 따라 변화하는 의미가 특별히 구별되지 않는다고 지적하였다.[2] 이러한 방식은 비불교의 체계에도 정형구로 나타나고 있다.[3] 그럼에도 불구하고, 불교사상의 흐름만큼 이 체계에 중요성을 부여하는 곳은 없음을 기억해야 한다.[4] 따라서 이 도식은 원래 불교에서 생겨났으며, 후대에 와서야 지금과 같은 철학적 공통어(Kôine)로 자리 잡은 것으로 보인다.

일반적으로 현대 학자들은 사성제가 불교 교리 중 가장 오래된 상

1) Duḥkha, 프라티트야삼웃파다(Pratītyasamutpāda, 緣起), 니르바나(Nirvāṇa, 涅槃) 같은 단어처럼 문맥에 따라 빠알리어 또는 산스크리트어를 사용하기로 한다.

2) Stcherbatsky, The Conception of Buddhist Nirvāṇa(불교의 열반 개념), p.55 각주 1번. 그는 Nyāyavārtika에서 다음과 같이 인용하였다.(ed. B. I. p.13.) "Etāni catvāryarthapadāni sarvāsvadhyātmavidyāsu sarvācāryairvarṇyanta iti."

3) YS. ii-15의 Yogabhāṣya; Nyāyasūtra 1. 1. 1.의 Nyāyabhāṣya; Sāṅkhyapravacanabhāṣya, p.6 (Chowkh. ed).

4) 다르마키르티(Dharmakīrti, 法稱) 같은 후대의 독립적 저자도 "Tāyo vā catuḥsatya prakāśanaṃ"이라 말한다.(Pramaṇavātika: 1. 148 ed. Manorathanandin의 주석, JBORS. 1938.) 〈참조〉 슌야타(Śūnyatā, 空) 개념에 대해 "히나야나(Hīnayāna, 小乘)와 마하야나(Mahāyāna, 大乘) 사이에서 일치하지는 않지만, 붓다가 사성제(Āryasatya)와 연기법(Pratītyasamutpāda)을 설했다는 사실에 관해서는 서로 일치한다."(N. Dutt. Aspects of Mahāyāna Buddhism and its Relation to Hīnayāna.(대승불교의 관점), p.49.)

태에 속한다고 본다.[5] 그러나 리스 데이비즈 여사는 의심의 여지가 있다고 보았다.[6] 이름뿐인 항목인 듯, 사성제는 AN의 네 번째 「니빠따(Nipāta)」나 DN의 「상기띠 숫따(Saṅgīti Sutta)」에서 보이지 않는다.[7] 지도자가 임종 때에 남긴 과제였다고 추정되는, 37가지 보디빡키야담마(菩提分法) 목록에도 사성제가 들어 있지 않다는 데 주목할 수 있다.[8] 사성제는 현재 최초의 설법에 틀림없이 나오지만, 이것이 짜깁기한 결과일 가능성도 있다.[9] 이런 가능성뿐 아니라 앞서 언급된 —아직까지 만족스럽게 설명되지 않은[10]— 누락을 고려할 때, 사성제 도식은 불교로 인해 대중화되었으며, 최초기 단계에 속한다고 확신하기 어려워 보인다.

의학과의 관련성 — 문제의 네 단계 정형구는 의학에서 불교로 인계된 것으로 추정된다.[11] 붓다는 의왕(Vaidyarāja, 醫王)이라고 불렸으며,[12] 사성제를 질병, 진단, 치유, 의술의 네 단계 의학에 비유한 「비야디수트라(Vyādhisūtra, 질병경)」[13]가 명백히 존재했다. '다뚜(Dhātu, 要素)'라는 용

5) Thomas, The History of Buddhist Thought, p.42; Franke, ZDMG. 1915, pp.470-71; Winternitz Ⅱ. p.2; 〈참조〉 Beal, A Catena of Buddhist Scriptures p.55.
6) JRAS. 1935 p.723; 〈참조〉 Original Gospel, Winternitz에 답하여, Visva Bharati Quart.(NS) Ⅱ. 1. p.47.
7) Original Gospel p.139.
8) DN. 경전 16, 3. 50.
9) Mrs. Rhys Davids, JPTS. 1924-7. p.244; (앞의 인용문에 인용된) Deussen, PU; 반대로, (앞의 인용문에 인용된) Oldenberg. 「제6장 『상윳따니까야(Saṃyutta Nikāya)』의 초기와 후기」 부분 참고.
10) Mrs. Rhys Davids, Int. to AN. Ⅵ.(Index); Original Gospel; App; Winternitz 앞의 인용문; 「제13장 니르바나(Nirvāṇa, 涅槃)에 이르는 길」 부분 참고.
11) Kern, Manual p.47; La Vallée Poussin, JRAS. 1903 pp.578-580.
12) Lalitavistara, pp.4; 107; 275; 351; 448; 458; 'Bhisakko'는 따타가따(Tathāgata, 如來)의 여덟 가지 'adhivacana'에 속한다. AN. 8. 9. 35(=Ⅳ p.340) It. 경전 100에는 'anuttaro bhisakko'가 있다.
13) Yaśomitra, La Vallée Poussin, 앞의 인용문; 〈참조〉 Ab.K. Vol.Ⅳ. p.121 각주 4번.

어도 의학에서 차용한 것으로 추정된다.[14] 십정도(十正道)는 [부정한 것의 정화라는 의미에서] '아리야위레짜나(ariyavirecana, 고귀한 이질)'와 '아리야와마나(ariyavamana, 고귀한 구토)'라고 불렸음을 언급할 수도 있다.[15] 따라서 '아리야삿짜니(Ariyasaccāni)'의 원형(原型)은 원래 의학에 있었을 가능성이 높다.[16]

아비다르마에 따른 내용 — 사성제의 내용은 각 부파에 따라 다르게 기록되었다. 『비바사(Vibhāṣā, 毘婆沙)』에 따르면,[17] '아비다르마의 대가'에 대해 첫 번째 진리는 다섯 가지 '우빠다나칸다(Upādanaskandhas, 五取蘊)'로, 두 번째 진리는 모든 '사스라바헤투(sāsravahetu, 有漏因)'로, 세 번째 진리는 '프라티산캬니로다(Pratisaṅkhyānirodha, 擇滅)'로, 네 번째 진리는 '샤익샤(Śaikṣa, 有學)'·'아샤익샤(Aśaikṣa, 無學)', 다르마로 이루어져 있으며, 이는 청정으로 이끌어 준다고 분명히 밝히고 있다.

다르스탄티카(Dārṣṭāntika, 譬喩師)는 사성제를 1. 나마루파(Nāmarūpa, 名色), 2. 카르만(Karman, 業)과 클레샤(Kleśa, 煩惱), 3. 이들의 절멸(絶滅)(Kṣaya), 4. 샤마타(Śamatha, 止)와 비파샤나(Vipaśyanā, 觀)로 설명했다.

비바자바딘(Vibhajyavādin, 分別說部)은 1. 번뇌가 있는 법(Sāsrava dharma, 有漏法)은 여덟 가지 특징을 제외한[18] 괴로움이고, 고성제(苦

---

14) Stcherbatsky, Central Conception p.9. 다뚜(Dhātu, 要素)는 이미 Kaṭh. 1. 2. 20(Śvet. 3. 20)에 쓰였다. 아니면 (Dhātṛ 계열의 Dhātuḥ)인가? "니다나(Nidāna, 因緣)"도 의학과 관련된 용어다.

15) AN. 10. 11. 8 & 9.

16) 〈참조〉 Vijñānabhikṣu, 앞의 인용문.

17) La Vallée Poussin, Ab.k. Vol.Ⅳ, p.122 각주 3번 재인용.

18) 〈참조〉 Beal, Catena, pp.160-172에서는 『마하빠리닙바나숫따(Mahāparinibbāna

諦)는 그렇지 않으며, 2. '뒤에 이어지는 존재(윤회)'를 만드는 트리슈나(Tṛṣṇā, 渴愛)는 집성제(集諦)이고, 다른 모든 갈애는 사무다야(Samudaya, 集諦)가 아니라 그저 '번뇌의 원인'일 뿐이며, 3. 이러한 번뇌의 절멸이 멸성제(滅諦)이고 나머지는 단지 니로다(Nirodha, 消滅)이며, 4. 팔정도가 도성제(道諦)이고 다른 모든 샤익샤 다르마와 아샤익샤 다르마는 단지 마르가(Mārga, 道)라고 설명하였다.

이러한 설명과 차이는 후대 교리의 분위기를 풍기지만, '다르스탄티카(Dārṣṭāntika, 譬喩師)' 관점의 단순함이 주목할 만하다.

원본이든 아니든, 사성제 도식은 확실히 초기불교라고 생각하기에 편리한 구분을 제공한다. 예를 들어, 후대 아비다르마 문헌이나 현대 주석의 서문에 쓰인, 다른 가능성 있는 도식을 활용하여 왜곡하거나 중복될 가능성이 줄어든다.

둑카(苦), 붓다의 가르침에서의 위치 — 붓다의 삶[19] 그리고 후대 브라흐마나(Brāhmaṇa, 婆羅門)[20] 및 슈라마나(Śramaṇa, 沙門) 사상의 지적(知的) 환경을 이루는 동향[21] 안에서, 둑카(Duḥkha, 괴로움) 개념은 붓다의 가르침에서 주도적 역할을 하는 것이 자연스럽다. 둑카가 불교 전통이란 새로운 가르침의 출발점이 되었다는 일치된 의견을 의심할 이유는 없다.

---

sutta)』를 토대로 아래의 여덟 가지 특징을 말한다. (i) 출생, (ii) 노년, (iii) 질병, (iv) 죽음, (v) 좋아하는 것이 없어짐, (vi) 싫어하는 것이 나타남, (vii) 원하는 것을 얻지 못함, (viii) 다섯 가지 칸다(kandhas, 蘊).

19) 「제10장 붓다의 생애」 부분 참고.

20) 「제8장 베다의 배경 연구」 부분 참고.

21) 「제9장 붓다 시대의 종교적 조건」 부분 참고.

리스 데이비즈 여사의 회의론 — 리스 데이비즈 여사의 반대 견해는 연역적 고찰을 토대로 한 것으로 보인다. 하지만 증거의 영향력과 조화시키기 어렵다. 그녀는 "위대한 종교들에 의하면 인간은 세속적 생의 단계에서 항상 불완전하고, 미성년이나 유아와 같지만, 지극히 건강해지려는 본성을 가지고 있다."라는 가정에서 출발한다.[22] 따라서 붓다는 정신적 여정의 종착점이 단지 괴로움의 소멸이라고 가르쳤을 리가 없고, 가르침의 출발점이 단지 괴로움의 회피라는 부정적 입장이 될 수 없다. 따라서 붓다의 가르침 중 부정주의자적 버전은 수행승의 부연에 기인한다고 할 수 있다.[23]

근거가 충분치 않음 — [불교를 제외한] 상당수 위대한 종교들이 위와 같은 논리에 근본이 되는 주요 전제를 설득력 있게 도출하기에는 그릇이 작다. 나아가, 괴로움을 제거하는 것이 선(善)을 성취하는 것과 같은지 아닌지는, 몇 가지 철학적 입장을 가정하지 않고 독자적으로 결정할 수 없는 주제다. 나이야이카(Naiyāyika)의 관점은 리스 데이비즈 여사의 주장에 내포된 관점에 직접적으로 위배된다. 결국, 소극적인 수행승의 '부연'이라는 사실을 부인할 수 없을 것 같지만, 이런 과정의 기원이 본래 임무와는 거리가 멀다고 추정하는 것은 부당하지 않다. 발전은 급진적 전도(顚倒)보다 더 일방적인 역설(力說)이었던 것으로 보인다.[24] 붓다가 수행승이 아니라 모든 이들에게 설법했다고 추정할 만한 근거는 거의 없다. 사실상, 불교도는 처음부터 주로 수행승 공동체였던 것으로

22) Sakya, pp.16-7.

23) 〈참조〉 What Was the Original Gospel? pp.52-58.

24) 〈참조〉 Rosenberg, Die Probleme p.viii.에 의하면, 동일한 불교 세계관(Weltanschauung)이 그 철학의 모든 변화에 통하고 있다.

보인다.[25] 그러한 공동체의 설립자가 세상의 괴로움으로 설법을 시작했을 것이라고 기대하는 것은 지극히 자연스럽다.

니까야에서의 둑카 — 문헌이 이런 관점을 뒷받침해 준다. 유명한 가야(Gayā) 법문은 둑카(Dukkha, 苦)에서 반복된다.[26] 욕계(欲界)를 불타는 세계에 비유한 주요 개념은 붓다 자신이 어떤 형태로 나타나더라도 놀라지 않을 만큼 자주 나온다.[27] 뿐만 아니라 둑카는 매우 흔하게 나오는 정형구들 사이에서, 즉 연기(Paṭiccasamuppāda, 緣起) 정형구, 세 가지 락카나(Lakkhaṇa, 特徵) 정형구, 세 가지 둑카따(Dukkhatā, 苦性) 정형구에 온전히 들어 있다.[28] 끝으로, 괴로움에 관한 금욕적 설법은 후대에 첨부했다고 치부해 버리기에는 너무 많으며, 때로는 SN의 「사가타왁가(Sagāthavagga, 有偈品)」나 Sn.의 「앗타까왁가(Aṭṭhakavagga, 八集品)」같이 초기 니까야임을 알 수 있는 곳에 나오기도 한다.[29]

---

25) 마하야나(Mahāyāna, 大乘)에 대해서는 라 발레 뿌쌩(La Vallée Poussin)의 "처음부터 재가 후원자들을 수행승들의 앞이 아니라 옆에 두는 경향이 있었음을 부정할 수 없다."(N. Dutt, Aspects, p.vii, 서문). 참조.

26) Vin. Ⅰ. pp.34-5.

27) 「악기칸도빠마 숫따(Aggikhandhopama sutta)」 = AN. 7.7.58; AN. 3, 6.52; 반복되는 "Aṅgārakāsūpamā kāmā"라는 표현. 예를 들어 AN. 8.3.8; AN. 8.8.4; 라가(Rāga, 貪) 등의 세 가지 불. 〈예〉 It. 3.5.4; "소화비유"의 함의와 "시띠부또(Sītibhūto)"와 같은 표현. 〈예〉 SN. Ⅰ. 141; 니르바나(Nirvāṇa, 涅槃) 자체의 근본적 의미.; 붓다가 세계를 불이라고 말했을 때, 붓다는 헤라클레이토스(Herakleitos)처럼 변하기 쉬운 특성에 대해 이야기한 게 아니라 고통스러운 특성에 대해 말했다는 데 주목해야 한다.[대조-Radhakrishnan IP, Ⅰ. p.368; 헤라클레이토스와 불에 대해서는 Burnet, Early Greek Philosophy(초기 그리스 철학), p.161 2판 참고.]

28) '둑카따(Dukkhatā, 苦性)'에 관해서는 SN. Ⅳ. 216; Ⅴ. 56; Ⅳ. 207, 396; DN. Ⅲ. 216 참고. '둑카따'는 아마도 고대 용어 같다. 「제2장 니까야의 시대구분: 문제와 방법」 부분 참고.

29) 제3장과 제6장 참고.

둑카의 본질 — 리스 데이비즈 여사에 따르면, "둑카(dukkha, 苦)라는 단어는 절대로 몸과 마음을 넘어서는, 특히 몸을 넘어서는 괴로움으로 쓰이지 않았다."[30] 즉 최초의 설법은 생로병사(生老病死)를 둑카라고 말하며, "주로 원하지 않는 것과 만나고, 원하는 것을 얻지 못하는 정신적 괴로움"에 대해 이야기하였다. "끝없이 '되풀이되는' 것이 늙음과 죽음이고 거기에 태어남이나 질병이 세 번째 요소로 추가된다." 리스 데이비즈 여사는 육체적·정신적 괴로움의 제거라는 개념에서 그 원동력으로 생겨난 종교가 "사회 개혁가나 의사가 일하기에는 좋은 교리였지만, 대부분이 알고 있는 종교로서, 즉 속세를 넘어서는 궁극적 목표를 탐구하는 데에는 적합한 토대가 결여되었다."라고 결론짓는다.[31] 리스 데이비즈 여사에 따르면, 이처럼 "정신적 괴로움이라고 특징지어 부를 수 있는 것"을 거의 포함하고 있지 않은 둑카 개념은 "출가자보다는 재가자를 배려한" 때문이다.

생로병사의 측면에서 둑카를 정의하는 표현은 글자 그대로가 아니라 상징적으로 이해되어야 한다. 삶에 대해 성찰한 불교도가 그 한계와 불확실성을 알고 몹시 괴로워할 때 그 사람은 분명히 정신적 불만이라고 부를 수 있을 만한 것을 느낀다. 그 사람의 견해를 공식 용어로 요약하여 "다섯 가지 집착의 모임[五取蘊]이 괴로움이다."라고[32] 분명히 말한다면, 단순히 몸과 마음의 불만에 대해 말하려는 게 아니라 몸과 마음에 '대한' 불만에 대해 말하려는 것이며, 후자는 모두 정신적 불만의 형태

---

30) The Original Gospel, p.56. 세 가지 '데와두따(Devadūta, 신의 使者)'에 대해서는 AN. 3.45 참고; 다섯 가지 데와두따에 대해서는 MN. 경전 130 참고. 붓다의 삶과 문제에 있어서 데와두따의 의의에 대해서는 「제10장 붓다의 생애」 부분 참고.
31) 위의 책, p.57.
32) Saṅkhittena pañcupādānakkhandhā dukkhā.

다. 몸과 마음을 불만스럽게 여길 때 이를 넘어서는 것을 추구한다. 물론 이러한 불만족은 몸이나 마음 또는 양쪽의 충동을 만족시키는 데 실제로 혹은 잠재적으로 실패했다는 인식에서 비롯될 수도 있다. 하지만 정신적 의의는, 말하자면 그 원인이 '본질적 형태'에 있음을 인지할 때 얻게 된다.[33)]

오랜 관례를 따르는[34)] 일부 학자들은 둑카가 동요(動搖)나 불만과 동일하다고 설명해 왔다.[35)] 즉 둑카는 정신-윤리 범주에서 물리-형이상학 범주가 되었다. 확실한 경험의 경향 대신에 경험한 사람의 특성이 되었다. 이는 불교의 입장을 상키야(Sāṅkhya)의 입장에 동화시켰다.[36)] 심리학적 측면에서 이런 견해는 둑카가 불안정성에 대한 자각의 결과가 아니라 자각 자체의 근본적 불안정성이라고 암시한다.[37)]

하지만 이는 둑카와 둑카의 필수조건 중 하나를 혼동한 것이다. 환경이 끊임없이 변화하는 것이 둑카의 원인에 직접 포함되지도 않는다. 무지(無知)한 만큼 기대가 생기게 되고 이 기대가 좌절되는 것이 둑카의 원인이 된다. 경험적 의식(意識)에 필연적으로 따라오는 불만이 고통스럽게 느껴지는 것도 '이기심'이 만들어낸 무지(無知) 때문이다. 무지에서 벗어난 성인(聖人)은 적어도 살아 있는 동안은 끊임없는 변화를 지켜보면서, 그러나 둑카에 전혀 흔들리지 않으면서 산다.

---

33) 〈참조〉 Aurobindo, Savitri Ⅱ. 6. 2. '운명의 길과 고통의 문제'에서는 괴로움이 한계의 표시인 동시에 그 한계를 초월하려는 동기임을 보여준다.

34) 뒤의 내용 참고.

35) Stcherbatsky, Central Conception, p.48; 〈참조〉 JGRI. Ⅱ, pt.4, Aug. 1945, pp.357-368. 여기서의 견해는 다소 다르긴 하지만 더욱 그럴듯하다.

36) 〈참조〉 Dasgupta, History of Indian Philosophy Ⅰ, pp.242-3.

37) 일부 문헌은 이런 견해를 선호한다. 〈예〉 SN. ⅰ. ⅰ. 2. 1에서는 둑카가 상카라(saṅkhāra, 行)의 동요(avūpasama)라고 은연중에 밝히고 있다. 그러나 여기서는 '상카라'에 대한 해석에 지나치게 의존한다.

둑카에 대한 체르바스키(Stcherbatsky)의 견해는 니르바나(Nirvāṇa, 涅槃)에 대한 그의 견해와 밀접하게 관련되어 있다는 데 주의할 필요가 있다. 만약 둑카가 '요소'의 '동요'라면, 이는 '객관적인' 어떤 것, 실제로 스며 있는 우주의 특징이며, '웃체다(uccheda, 斷滅論)'를 끊임없이 부정하면서 무경험을 통해서만 여기서 빠져나올 수 있게 된다. 그러면 니르바나는 끝없는 잠과 같아진다.

니까야에서 둑카는 첫째로 실제 또는 잠재적인 고통이나 불쾌한 느낌을 의미하며,[38] 둘째로는 그런 느낌의 직·간접적 원인이 될 수도 있는 것으로 그 의미가 확장된다.[39]

이처럼 용례가 모호해서 혼란이 야기되었다. 일부 문헌에서는 둑카가 느낌의 세 가지 종류, 즉 경험의 '앗사다(assāda, 滿足)' 측면은[40] '아디나와(ādinava, 苦難)' 측면만큼이나 실제적인 종류 중 하나일 뿐이라고 주장하였고,[41] 다른 일부 문헌에서는 부적절한 태도로 일체(一切)가 둑카라고 단언하였다.[42] 꾹꿀라와딘(Kukkulavādin) 같은 일부 부파는 후자에

---

38) AN. Ⅱ. 415 "Yo kho panāvuso ābādho dukkhaṃ etaṃ vuttaṃ bhagavatā"와 더불어 "Na ca mukhyameva duḥkhaṃ bādhanāsvabhāvamavamṛśyate kintu tatsādhanaṃ tadanuṣaktaṃ ca sarvameva"(Nyāyamañjarī, Vizianagaram ed. p.507) 참조. Stcherbatsky, Nirvāṇa, pp.55-56. "Vibhāṣā 77. 12 Pārśva는 둑카의 특징이 Pīḍana라고 말한다. Vasumitra는 pravṛtti(流轉)[또는 상사라(saṃsāra, 輪廻), 삼짜라(saṃcāra, 行爲)]가 둑카의 특징이라고 말한다. … "(Ab.K. Vol.iv. p.130 각주 2번). Vasumitra는 특히 '삼짜라'라는 용어가 사용된 점에서 Stcherbatsky(체르바스키)에 가까운 것으로 보인다.

39) 〈참조〉 Vm.(Nāgarī본) p.349. "Ṭhapetvā dukkhasaccaṃ sesaṃ dukkha saccavibhaṅge āgatam jāti ādi sabbam pi tassa tassa dukkhassa vatthubhāvato pariyāyadukkhaṃ Dukkhadukkhaṃ pana nippariyāyadukkhanti vuccati." 〈참조〉 Nyāyavārtika p.2(Chowkhamba본)에서는 duḥkha를 "Ekaviṃśatiprabhedabhinna"라고 부른다.

40) 〈예〉 Nid. Saṃ. 경전 62.

41) SN. Ⅲ. 69-70. 〈참조〉 MN. Ⅲ. 207.

42) Kv. Ⅰ. 208ff의 논쟁 참고. 여기서는 양측이 니까야 내용을 근거로 인용하고 있다.

속하는 문헌을 글자 그대로 취했으며, 세상에 어떤 즐거움이 있다는 것을 부정했다.[43] 하지만 테라와딘(Theravādin, 上座部)[44]과 사르바스티바딘(Sarvāstivādin, 說一切有部)[45]은 상식적으로 더 합당하다고 생각되는 견해를 고수하였다. 즐거움이 없다면 어떻게 집착이 생겨날 수 있겠는가? 니까야 자체에 이러한 어려움이 언급되어 있으며,[46] 세 가지 '둑카따(Dukkhatā, 苦性)' 이론은 아마도 둑카에 대해 상충되는 설명을 조화시키는 결과로 발전되었을 것이다.[47]

둑카의 기원 — 동시대의 다른 사상가들처럼 붓다도 둑카에 대한 설명을 발전시켜야 했다. 이러한 상황을 이해할 수 있을 뿐 아니라, 불가피해 보인다. 붓다는 자신의 삶에서 경험되는 괴로움으로부터 자유로워지고자 했다. 그리고 괴로움의 근원이자 두 번째 고귀한 진리의 내용이 되는 원리를 깨달음으로써 괴로움으로부터의 자유를 얻었다. 연기(Paṭiccasamuppāda, 緣起)에 대한 정형구는 흔히 괴로움에 대한 붓다의 설명을 대변하는 것으로 보인다. 그러나 이 정형구의 모호함은 잘 알려져 있으며, 학자들에게는 오랫동안 수수께끼처럼 남아 있다. 슈라더(Schrader)는 "… 불교도에게나 비불교도에게나 똑같이 수수께끼 같은 정형구이다. 가장 오래된 복음에는 이단적 철학의 진화-계

43) Kv. 앞의 인용문; Ab.K. Vol.iv. p.127 각주 3번; 위의 책, 129 각주 1번.
44) Kv. 앞의 인용문; Vm. 앞의 인용문.
45) Ab.K. Vol.iv. p.131 "만약 이런 감각이 원치 않는 것이라면 그 자체가 결코 집착할 수 없는 것 아닌가?" 〈참조〉 YS. Ⅱ. 16에서 Vyāsabhāṣya는 일체의 괴로움은 오직 요가수행자의 섬세한 영혼에 의해서만 뚜렷하게 보인다고 지적한다.
46) SN. Ⅳ. 216.
47) Ab.K. Vol. iv. p.125와 거기에 인용된 경전은 이미 언급되었다. SN. Ⅳ. 207에서는 이 이론의 정형구에서 과도기 상태를 시사하는 것으로 보인다.

열로서 아주 확실한 모방이 낯설지 않다."라고 말한다.[48] 프랑케(Franke)는 "두 번째 진리를 위한 대용물,"[49] "얽힌 코일"[50]이라 불렀으며, 이러한 '혼잡(Sammelsurium)'은 확실히 원형이 아니라 "갈애에 의해 또는 의도[Saṅkhāra, 行]에 의해 제한된" 것과[51] 같이 초기의 용어인 '연기(Paṭiccasamuppanna, 緣起)된'이라는 용어를 사용함으로써 형성되었다고 생각하였다.[52] 리스 데이비즈 여사는 정형구를 '신비한 옛 주문'이라고 말한다.[53] 올덴베르그(Oldenberg)는 "… 대담한 질문에 대한 어둠에 가득 찬 답변"이라고 한다.[54] 한편, 후대의 아비다르마 관점에서 보면 정형구는 충분히 분명해진다. 로젠베르그(Rosenberg)는 "오래된 학파의 학설을 아는 사람은 12지의 정형구가 이해할 수 없는 것 또는 불분명한 것을 포함하고 있다는 것을 경험하면서 매우 놀랐을 것이다."라며 감탄한다.[55]

연기(Paṭiccasamuppāda)의 해석 — 초기 해석 중 일부를 제외하면,[56] 연

48) Schrader, 앞의 책, p.6.: Buddhisten und Nichtbuddhisten gleich rätselhaften Formel … Dem ältesten Evangelium fremde nicht sehr glückliche Nachbildung gewisser Evolutions-reihen der heterodoxen Philosophie.
49) ein Surrogat für die zweite Wahrheit.
50) ein wirrer Knäuel.
51) durch Durst … oder durch Vorstellung(Saṅkhāra, 行) bedingt.
52) ZDMG. 1915, pp.470-71.
53) BPE. XXIV.
54) Buddha(9판), p.255.: an Dunkelheiten reichen Antwort auf die kühne Frage
55) Die Probleme, p.210.: Die Kenner der Dogmatic der alten Schule würden sich sehr wundern, wenn sie erführen, daß die 12. gliedrig Formel etwas Unverständliches oder Unklares enthält.
56) 오래된 해석에 대해서는 Kern, Histoire du Bouddhisme dans l'Inde, 1.246f; 355-62; Burnouf, Introduction à l'histoire du Bouddhisme Indien. p.432; Keith, B. P. 106f; Rhys Davids, Dialogues, Ⅱ. p.42f 참고.

기(Paṭiccasamuppāda, 緣起) 정형구가 상키야의 발달 도식에서 파생되어야 한다는 자코비의 의견에 주목할 만하다.[57] 슈라더는 그 생각을 지지하고, 스나르(Senart)는 요가(Yoga)의 영향을 가정하였다.[58] 키스(Keith),[59] 벨발카(Belvalkar)와 라나드(Ranade)의 설명에도[60] 불구하고 상키야 도식과 타트바(Tattva, 眞理) 및 연기(Pratītyasamutpāda, 緣起)의 비교는 억지스러워 보인다. 키스는 붓디(Buddhi, 覺)를 비즈냐나(Vijñāna, 識)와, 아항카라(Ahaṅkāra, 自意識)를 나마루빠(Nāmarupa, 名色)와, 우빠다나(Upādāna, 取着)를 다르마아다르마(Dharmādharmau, 법과 비법)와 동등하게 본다. 자코비는 실제로 둑카의 기원에 대해 다음과 같은 상키야의 순서, 즉 연기(Paṭiccasamuppāda, 緣起)−아비드야(Avidyā, 無明)−삼스카라(Saṃskāra, 行)−붓디−아항카라−인드리야니(Indriyāṇi, 諸感官)와 탄마트라(Tanmātra, 미세 요소)−인드리야르타산니카르사(Indriyārthasannikarṣa, 감각 기관과 대상의 접촉)−아비니베샤(Abhiniveśa, 執着)−다르마아다르마−삼사라(Saṃsāra, 輪廻)와 거의 유사하게 인용하고 있다.[61] 나아가, 그는 상키야의 발달 도식이 주로 우주창조론이 아니라 심리학의 관점을 갖고 있다고 말한다.[62]

첫째로, 불교의 순서는 연기 법칙의 한 예인 반면, 상키야는 파리나마바다(Pariṇāmavāda, 轉變說)를 보여주고 있다는 점에 주목해야 한다. 이 둘은 전혀 다르다. 즉 니다나(Nidāna, 因緣) 간의 논리적 관계와 타트바(Tattva, 眞理) 간의 논리적 관계는 전혀 다르다.

57) ZDMG. 52.1f.
58) Oldenberg, 앞의 인용문, 각주 1번.
59) B. P. p.106.
60) 앞의 책, p.416.
61) ZDMG. 52. 12-15.
62) 위의 책, p.6.

아비드야(Avidyā, 無明)가 양쪽에 공통일 수는 있으나 그러한 아비드야는 어찌 보면 거의 모든 인도 사상 체계에 공통적이기도 하다. 이들 두 체계에서 삼스카라의 의미는 전혀 다르다. 경험적인 비즈냐나는 나마루빠와 별도로 존재할 수 없는 반면, 붓디는 아항카라에 그처럼 의존하지 않는다. 초월적인 비즈냐나는 붓디보다는 푸루사(Puruṣa, 神我)에 더 가깝다. 나마루빠는 실체가 있는 개인이거나 때로는 구체적인 개성의 토대다. 반면에 아항카라는 개성의 순수 감각일 뿐이다.

물론 상키야도 불교와 같이, 욕망으로 촉발된 행위가 둑카의 기원이며, 욕망은 일종의 '무지'에서 비롯된다고 본 것이 사실이다. 일반적 개념은 전체적으로 슈라마나(Śramaṇa, 沙門) 문화에 속한다. 하지만 붓다는 상키야에서 이런 개념을 차용해 올 필요가 없었다.[63] 정형구의 기원에 대해 프랑케(Franke)가[64] 지금 형태의 둑카 사무다야(Dukkha samudaya, 苦集)와 관련하여 더 간단한 초기 설명을 기반으로 한다고 제안하는 것은 옳은 것 같지만, 그는 연기(緣起) 법칙에 대한 일반적 정형구와 응용된 정형구 사이의 차이에 대한 중요성을 간과한 것으로 보인다. 리스 데이비즈 여사는 연기라는 표제는 고따마(Gotama)가 '중도에 의한 교리'라고 불렀던 것을 "후대에 숫따 삐타까(Sutta Piṭaka, 經藏)를 편찬한 사람이 붙인 이름이 거의 확실하다."고 본다.[65] 그녀는 인과법의 실제 저자가 붓다보다는 까삐나(Kappina)라고 본다.[66]

오늘날 연기 정형구의 기원과 의의에 대해서는 다양한 견해가 있다. 키스는 악의 근원에 대해 설명하려 한 고리로, 인과관계에 대한 관심은

---

63) 「제14장 선행 종교와 경쟁관계에서 초기불교」 부분 참고.
64) 앞의 인용문.
65) KS. Ⅱ. p.v.
66) Sakya, pp.138-48.

순전히 부수적인 것이라고 생각했다.[67] 한편, 리스 데이비즈는 정형구가 모든 현상에 대해 자연스러운 인과관계 법칙을 다루며, 역사상 최초의 법문이 분명하다고 보았다.[68] 12연기(緣起)의 고리는 인과법을 특별히 심리적 범위에 응용한 것일 뿐이고, 거기서 괴로움이 발생되며, 이는 평범한 인간이 살아가는 과정이라고 표현했다.[69]

리스 데이비즈의 생각은 널리 수용되었다.[70] 그러나 붓다를 콩뜨(Comte)[71] 또는 현대 심리학의 선조(先祖)로 만들어버린 것 같다. 인간의 정신적·도덕적 삶에 인과법을 적용하는 것이 만약 더 근원적인 다른 개념과 결합되지 않았다면, 여러 가지 사실적 실증주의를 낳을 뿐이었을 것이다. 만약 붓다가 인류 종교사에 위대한 인물이라면, 그저 현대 과학적 방법을 지지한 사람일 뿐일 수는 없지 않은가.[72] 칸트(Kant)가 분명하게 알았듯이, 과학은 원인과 결과라는 타율적 세계(Paratantralakṣaṇa, 依他起相)를 제외한 어떤 것도 인정하지 않는 반면에 종교는 이를 초월하려 하고 인간을 위해 자유를 얻어 내고자 한다. 과학과 종교는 뚜렷한 차이가 있다.

---

67) Keith, B. P. pp.106ff.

68) Rhys Davids, Dialogues, Ⅱ. pp.42ff.

69) 〈참조〉 Mrs. Rhys Davids, KS. Ⅱ. p.vi. 각주 i번; Buddhism (H.U.L.) p.96; Sakya, p.152. Rhys Davids, American Lectures (published Susil Gupta, Calcutta), pp.85ff는 (관점의 한계 내에서) 탁월한 설명이다.

70) 〈예〉 History of Philosophy, Eastern and Western Ⅰ(S. Rhadhakrishnan 편), pp.159-60.

71) *역자주: 오귀스뜨 꽁트(Auguste Comte). 프랑스의 철학자·사회학의 창시자. 사회·역사 문제에 관해 추상적 사변(思辨)은 배제하고, 과학적·수학적 방법으로 설명하고자 하였다. 인간의 지식 발전을 신학적-형이상학적-실증적인 세 단계로 구분하고, 실증적 단계가 참다운 과학적 지식의 단계라고 주장하였다. 『실증철학 강의』, 『실증정치학 체계』 등을 저술.

72) 〈참조〉 Keith, B. P. Ⅲ. 신의 중재가 없었다면, 그리고 개인이 일시적인 집합체라면, 시작하지도 않은 아비드야(Avidyā, 無明)의 과정이 어떻게 끝날 수 있겠는가?

붓다가 인간의 심리-윤리 생활에 이러한 인과법을 적용한 것에는 정신적 중요성을 부여하려는 몇 가지 시도와 함께했다. 리스 데이비즈 여사는 붓다가 의지 훈련을 통해 더 좋아지는 방법에 대한 법문을 지지하기 위해 인과 개념을 활용했다고 생각했는데, 인과의 일관성을 인식하면 자신을 변화시키고 이상을 실현시키는 데 도움이 될 수 있기 때문이다.[73] 하지만 이는 오늘날 합리적인 어느 심리학자도 제안할 수 있는 도덕 개혁 프로그램과 크게 다르지 않다. 붓다가 예나 지금이나 사실주의 철학자들이 추론적으로 찾아내는 법칙을 발견하기 위해 깨달음이라는 우주의식을 필요로 했다는 것은 확실히 특이한 일이다. 뿐만 아니라, 법칙(Dhammacchando)에 따른 의지 훈련이나 의지 활동은 더 나은 사람으로 만들어줄 수도 있다. 현대 사상에서는 아주 흔한 일이다. 그러나 절대로 궁극의 정신적 자유[Cetovimutti, 心解脫 · Paññāvimutti, 慧解脫]를 가져다줄 수는 없을 것이다. 심지어 가장 도덕적인 삶에도 무상함과 괴로움이 개입한다.[74]

니르바나(涅槃)는 선악의 대립 너머에 있으며,[75] 반대편 기슭에 다다른 사람이 그러하듯이, 다르마마저도 뗏목처럼 뒤에 남겨져야만 한다.[76] 카르마는 궁극의 평화를 얻기에 충분치 않으며, 오로지 완전한 깨달음(Sambodhi, 正覺)만을 통해서 이를 수 있다. 목표는 어쩔 수 없이 연루된 심신의 변모가 아니라, 무지를 없애고 영원(Amatapadaṃ, 不死의 경지)을 밝히는 통찰을 통해 얻을 수 있다.[77]

---

73) Sakya, pp.148-62.
74) 앞의 내용 참고.
75) 뒤의 「제12장 니르바나(Nirvāṇa, 涅槃)」 부분 참고.
76) 뗏목의 비유, MN. Ⅰ. 134-5.
77) 뒤의 내용 참고.

올덴베르그는 현상계에서 견해를 구성하는 연기의 일반적 의의는 존재, 비존재라는 최종 범주라고 보았다.[78] 하지만 이러한 해석은 명백한 과대포섭(Ativyāpti)으로 붓다의 독특한 특성을 정의하지 못한다.

쿠마르스와미(Coomarswamy)는 문제를 해결하는 데 더 깊은 통찰을 제공해 준다. "우리가 인과적으로 결정된 구조라는 사실 자체에 대한 집착으로, … 벗어나는 방법을 알려준다."[79] 속박은 무지하게도 자아가 아닌 것(anattani attānaṃ)에서 자아를 본 결과로, 하나의 과정일 뿐이다. 여기서 쿠마르스와미는 인간의 정신적·도덕적 삶에 해당되는 타율적인 자연계에서 영성(靈, spirit)을 식별함으로써 자유를 성취한다는 상키야와 베단타(Vedānta)의 유명한 원칙을 사용한다. 이런 생각은 확실히 호소력 있긴 하지만, 매우 특이하다. 만약 자연의 우연한 삶에 영성이 개입하는 것으로 괴로움의 기원을 설명했다면 붓다는 우연성에 모든 주안점을 두고서, 제자들이 존재 자체를 부정했던 영성과 영성의 자유는 그다지 강조하지 말았어야 한다.

여러 학자들은 테라와다(上座部)[80]와 사르바스티바다(說一切有部)[81]의 아비다르마와 관련하여 연기 원리를 설명하고자 하였다. 뒤에서 살펴보겠지만, 전통적 관점은 본래 가르침이 후대에 불완전하게 발달했음을 보여주고 있다. 그 가치는 높이 살 만하지만 더 이해하기 쉽고 후대에 다양하게 해석하는 원인이 된, 비전문적으로 표현된 내용을 붓다의 생각과 동등하게 볼 수는 없다. 붓다는 전체 진리를 직관적으로 알았으며, 정의(定義)와 정형구를 좋아하지 않았다. 철학자 및 신학자들은 붓

---

78) Buddha, pp.286, 289.
79) Hinduism and Buddhism(힌두교와 불교). p.80, 주(註) 225번.
80) 〈예〉 N. Dutta, EMB. Ⅰ. 266ff.
81) 〈예〉 Rosenberg, 앞의 인용문, Stcherbatsky, Central Conception. pp.28-9.

다의 통찰력에 대한 개요를 정의하고자 하였으며, 단편적인 내용을 자세히 설명하는 '견해'를 창출하는 데 성공했을 뿐이다.

연기의 진위 — 모든 불교 부파는 옛 설법뿐만 아니라, 히나야나(Hīnayāna, 小乘)와[82] 마하야나(Mahāyāna, 大乘)의 후대 문헌에서까지도,[83] 담마 및 붓다와 동일시되어 온 연기(緣起)의 핵심 의의에 동의한다. 일반적으로 인식된 개념의 의의, 동일하게 모호한 개념, 니까야에서 가장 오래된 구절 일부에 그 개념이 나타나는 것은 이 개념이 불교 안에서 진짜임을 증명한다. 그러나 연기에 대한 일반적 개념의 진위가 그 용어 자체의 진위나 후대에 부여한 의미가 진짜임을 나타내지는 않으며, 수수께끼 같은 12연기 정형구가 진짜임을 나타내는 것은 아니다.[84] 이 원리를 이다빳짜야따(Idappaccayatā, 此緣性) 및 맛제나 담모(Majjhena Dhammo, 中法)라고 부르기도 하지만, 일반적으로는 연기라고 부른다고 말할 수 있을 뿐이다.[85]

연기의 두 가지 측면 — 둑카의 의미에 이중성이 있음을 보았다.[86] 어떤 때는 심리학적 의미를 띤 괴로움을 나타내기도 하고, 다른 때는 현상에 관한 불만을 나타내기도 한다. 더 확장된 의미는 결과를 바탕으

---

82) *역자주: 히나야나 혹은 소승불교라는 용어는 1950년 WBF(World Fellowship of Buddhism)에서는 현존하는 불교를 지칭하는 용어로는 사용하는 것을 금지하기로 했다. 저자는 마하야나와의 구분을 위해 히나야나라는 용어를 사용하고 있다.

83) N. Dutt. Aspects of Mahāyāna Buddhism and its Relation to Hīnayāna. p.51. 여기에 중요 문헌 대부분을 모아두었다.

84) 뒤의 내용 참고. 〈참조〉 앞에서 언급된 리스 데이비즈 여사의 견해.

85) 뒤의 내용 참고.

86) 뒤의 내용 참고.

로 한, 더 제한된 의미와 연결된다. 이처럼 둑카의 두 가지 의미와 부합하여, 연기 역시 둑카의 근본적 바탕을 의미하는 기본적이고 일반적인 면, 그리고 둑카의 직접적 원인을 나타내는 심리적으로, 이차적으로 응용된 두 측면을 지니고 있다. 예를 들어, 실업률 증가를 설명하고자 할 때 가격 하락이나 그와 유사한 직접적 원인에 관해 밝힐 수도 있고, 또는 더 깊이 들어가서 자본주의 체계에서 궁극적 배경을 설명할 수도 있는 것처럼, 붓다는 둑카를 심리적 원인으로 설명할 때도 있고 형이상학적 배경에서 설명할 때도 있었다.

둑카의 궁극적 배경을 밝히는 연기의 기본 원리에 대한 지식은 아비드야(Avidyā, 無明) 또는 정신적 무지(無知)를 무효로 만든다. 법칙의 2차 응용은 갈애로 인한 괴로움의 발달과 무지한 삶 속에서 갈등의 발달을 밝혀 낸다.[87] 베단타는 기본적인 아비드야(Avidyā, 無明)와 이차적인 아비드야를 구분했음이 떠오른다.

연기의 일반적 원리: 그 발견과 의의 — 붓다는 깨달음을 통해 연기의 원리를 발견했으며,[88] 보통 사람들이 이해하기에는 너무 어렵다고

---

87) 불교철학에서 'Gegenstand der Untersuchung'(연구주제)에 대해서는 Rosenberg, 앞의 책, pp.69-70, p.95 참조.; 연기의 두 측면에 대해서는 Ab.K. Vol.Ⅱ. p.67 참조.

88) DN. Ⅱ.「마하빠다나 숫따(Mahāpadāna sutta)」; SN. Ⅰ. 6. 1. 1.; 위의 책, Ⅱ. 1. 경전 65; 마지막과 Peliot Mission에 의해 Touen Houeng에서 발견된 산스크리트본「니다나수트라(Nidānasūtra, 因緣經)」 비교(Lévi 편, JA 1910 Nov.-Dec). 이 경전은 아가마(Āgama, 阿含)에서 「니다나상윳따(Nidānasaṃyukta, 因緣相應)」(Guṇabhadra 역)와 『에꿋따라가마(Ekottarāgama, 增一阿含)』(Dharmanandis 역)에 두 번 나오는데,「Ṣaṭkanipāta(七集)」에 있다. 최근의 독립적인 한역본 경전에서는「옛 도시에 대한 비유의 경(Sūtra de la parabole de la vielle ville)」이라 부른다.(앞의 책, pp.435-436.) 원래 제목은「푸라나나가로파마수트라(Purāṇanagaropamasūtra)」였을까? 〈참조〉 SN. ⅱ. 1과 매우 유사하고 기원후 500년 경에 해당되는 Gospalpur Brick Ins.(JRAS. 1938 547ff. Johnston. MahāvaggaBrewster, 앞의 책, pp.49-50); Udāna sutta 1-3.

알았기 때문에 설법할지 망설였다고 한다. 이에 관해 니까야에서 적은 지면을 할애했다는 것은 근거 없는 두려움이 아님을 나타내는 것으로 보인다.[89] 연기의 발견은 고대 도시의 발견에 비유되곤 한다.[90] 이러한 비유는 그것이 현상의 객관적이고 비인격적 특징으로 간주되었다는 것을 가리킨다.

브라흐마야짜나(Brahmāyācana, 梵天의 要請) 맥락에 반복되는 고전적 구절에서 붓다는 자신의 담마(法)를 연기와 닙바나, 둘로 나눈다.[91] 이처럼 진리를 근본적인 두 가지로 나누는 것을 다른 철학에서 모르지 않았다. 열반은 분명히 최후의 원리 또는 궁극적 체험이다. 반면에 연기는 궁극이 아닌 체험 혹은 그에 상응하는 원리, 요컨대 경의적인 원리, 열반을 초월하는 어떤 것의 본질에 대한 원리로 지정되었을 수도 있다. 이 둘 사이의 관계는 샹카라차르야(Śaṅkarācārya) 철학에서 바라문과 마야(Māyā)의 관계와 유사한 것으로 보인다.[92]

불교사상에서 현상적인 것과 초월적인 것의 구분에 대해 변증법적으로 폐기하는 초기 경향에 주목할 수 있다. 빠팃짜삼(Paṭiccasam)은 담마(法), 붓다(佛), 담마따(法性)와 동일시되었다.[93] SN(Ⅱ. 25)는 물론 SĀ[94]에서는 이를 독립적이고, 무엇에도 의지하지 않는, 영원한 실체(Dhammadhātu, 法界 · Dharmāṇāṃ · dharmatā, 法相)라고 말한다. 마힝사사카(Mahiṃsāsaka, 化地部, 彌沙塞部)와 뿝바셀리야(Pubbaseliya, 東山部)는

---

89) 〈참조〉 Mrs. Rhys Davids, KS. Ⅱ. p.ix; Sakya, p.152.
90) 〈참조〉 Barua, Mahabodhi, 1944 March-April, p.60.
91) SN. Ⅱ. 105-6.
92) 연기와 닙바나의 관계에 대해 더 깊은 논의는 뒤의 「제12장 니르바나(Nirvāṇa, 涅槃)」 부분 참고.
93) MN. Ⅰ. 191; MKV. pp.2, 50; Vigrahavyāvartanī, JBORS 게송 55.
94) Ab.K. Ⅱ. 77 각주 1번 참고.

이를 '아상카따(Asaṅkata, 無爲)'[95]라 말했고, 마디야미카(Mādhyamika, 中觀派)는 차별 없이 현상적 비실재일 뿐 아니라 초월적 실체라 하였다.[96] 한편, 테라와딘과 사르바스티바딘은 그들과는 대조적으로 프라티트야삼웃파다(Pratītyasamutpāda)를 삼스크르타다르마(Saṃskṛtadharma, 有爲法)와 동일시하였으며, 그와 동시에 현상보다는 실제로 보았다.[97] 이는 여러 모로 본래 관점에서 벗어난다.

연기의 신비로운 면 — 연기의 수수께끼는 앞에서 언급하였다. 옛 문헌에서는 이를 "깊고, 알기 어렵고, 깨닫기 어려운", "사고 영역(atakkāvacaro)을 넘어서는 것"이라고 말한다.[98] 이 원리는 신비한 통찰에서 파악된 것으로, 붓다가 수많은 사상의 모순을 해결했음에도 불구하고 그 해법을 명확하게 개념화할 수 없다는 사실에서 어려움이 생겨난다. 오로지 부정을 통해서만 이를 전할 수 있다.

---

95) Kv.; Ⅵ. 2; Ab.K. Vol.Ⅱ. p.77 각주 1번 참고.
96) 뒤의 내용 참고.
97) 뒤의 내용 참고.
98) "Adhigato kho me ayaṃ dhammo gambhīro duddaso duranubodho santo paṇīto atakkāvacaro-ālayarāmāya kho pana pajāya … duddasaṃ idaṃ ṭhānaṃ yadidaṃ idappacayatā paṭiccasamuppādo …"(DN. Ⅱ. p.36; SN. Ⅰ. p.136; MN. 경전 26과 85. 〈참조〉 Lalitavistara Ⅰ. 390, 395-7.); 붓다고사(Buddhaghosa)는 그 심오함을 네 단계로 설명한다.[Vm. pp.412-13. 나가리(Nāgarī)본. 〈참조〉 SN. Ⅱ. 92; DN. Ⅱ. 55여기에도 "이다빳짜야(idappaccaya, 此緣)"라는 표현이 나온다.] 방금 인용한 내용에 해당되는 Lalitavistara는 두 가지 형태가 있다. 짧은 형태는 빠알리 문헌의 내용과 거의 같다.(LV. Ⅰ. pp.395-6.) 후자와는 다른 가장 중요한 사항은 다음과 같다. (ⅰ) 프라티트야삼웃파다(Pratītyasamutpāda, 緣起)와 니르바나의 차이를 소개하지 않는다. 사실상, 프라티트야삼웃파다에 대해서는 다루지 않고 니르바나에 대해서만 이야기한다. (ⅱ) 니르바나에 대한 형용사로 "śūnyatānupalambhaḥ(空性의 비지각)"라는 표현을 사용한다.; LV(Ⅰ. p.392)에서 더 긴 두 번째 형태는 짧은 형태를 자세히 설명한 것으로 보인다. 여기서는 니르바나의 탁월함을 강력히 강조한다.

유한한 독립 존재를 부정하는 연기 — 히나야나와 마하야나를 비롯한 모든 불교 부파는 연기의 추상적 원리에 대해 잘 알려진 정형구가 진본이라는 데 동의한다.[99] 리스 데이비즈 여사도 창시자의 것이라고 인정할 준비가 되어 있다.[100] 정형구는 다음과 같다. "이것이 있을 때 저것이 있고, 이것이 생겨나므로 저것이 생겨난다. 이것이 없을 때 저것이 없고 이것이 사라지므로 저것이 사라진다."[101] 동일한 개념의 다른 정형구가 "원인에 의해 일어나는 법들(Ye dhammā hetuppabhavā)" 등의 유명한 가타(Gāthā, 偈頌)에 나오는데, 이는 모든 부파에 공통이다.[102]

이들 정형구를 마치 신중한 학문적 결과물인 양 글자 그대로 받아들여서는 안 된다.[103] 그 반대로, 붓다가 유한한 대상, 특히 인과적으로 조건지어진 심리적·신체적 상태와 동등한 경험적 '자아'의 독립성 또는 자립성을 부정했음을 기억하는 표시일[104] 뿐인 것 같다.[105] 상식은 세계가 본질의 혼란이라고 여기는 경향이 있으며, 거기서 각 개인과 사물은 본성의 독립을 즐긴다. 유한한 세계에 사는 사람들은 존재의 절대적이고 자주적인 어떠한 권리도 누리지 않으며, 짧은 수명 안에서 타인에 의존하여 얻게 된다는 것을 깨닫자마자 이런 개념에서 한 걸음 물러나게 된다. 질서 잡힌 관계의 세계 중 일부로서 조건적 실체만을 소유

99) 연기라는 용어의 다양한 해석에 대해서는 Vm. 362-65; Ab.K. Vol.Ⅱ. pp.78-80; MK. V.(Madhyamikā Vṛtti of Chandrakīrti) Ⅰ. pp.5-10 참고.

100) Buddhism(H.U.L.), p.92.

101) MN. Ⅰ. 262, Ⅱ. 32; Ⅲ. 63: Imasmiṃ sati idaṃ hoti; imassa uppādā idaṃ uppajjati; imasamiṃ asati idaṃ na hoti; imassa nirodhā idaṃ nirujjhati.; SN. Ⅱ. 65, 95, 96; Ud. 경전 1-2; Ab. K. Vol.Ⅱ. pp.81-83.(여기서는 "Asmiṃ sati …"와 "Imassa uppādā …"를 별도로 말하는 의미에 대해 논의하고 있다).; MK. V. Ⅰ. p.55.

102) Vinaya Ⅰ. 40; Beal, Catena, p.155 참고.

103) 이는 아비다르마가 쉽게 취한 태도다. 〈예〉 Ab. K. Ⅱ. pp.81ff 참고.

104) 〈참조〉 KS. Ⅱ. p.vi 각주 1번.

105) 〈예〉 S. 2. 1. 2. 경전 15, 6절; 위의 책, 2. 1. 4. 경전 37.

할 뿐이다.

붓다고사(Buddhaghosa)는 이 정형구에서 강조하는 것이 발생(Uppādo)이 아니라 조건과 관계라고 말한다.[106] 그는 "연기란 조건의 법이라고 알아야 한다(Paṭiccasamuppādo ti paccayadhammā veditabbā)."라고 분명히 말한다.[107] 바수반두(Vasubahdhu)는 연기를 모든 '삼스크라타다르마(Saṃskṛtadharma, 有爲法)'와 동일시한다.[108] 마디야미카(Mādhyamika, 中觀派)는 테라와딘과 사르바스티바딘을 넘어서서, 정형구가 인과(因果)로 조건지어진 각 개체의 특성을 언급하는 게 아니며, 더 깊이 들어가서 각 개체의 필연적 불안정을 넌지시 알려준다고 주장한다.[109] 마디야미카의 관점은 초기 관점에서 변증법적으로 발전된 것으로, 인과관계를 강조하며, 관념보다는 실재로 제한할 수 있다. 그들은 개인적인 것에서 독립적 존재를 빼앗긴 했지만, 독립적 가능성까지 빼앗지는 않았으며, 유사 본질은 그대로 두었다. 연기 원리가 암시하는 것에 의존하는 정확한 본성을 정의하려는 시도를 통해 불교 논리학과 불교 변증법이 발달하였다.

체르바스키(Stcherbatsky)는 관습적인 인과관계 개념에서보다 수학적인 '기능적 의존성(functionelle Abhängigkeit)'[110] 면에서 이러한 근본 관련성을 이해하기가 훨씬 더 쉽다고 말한다. 즉, 연기의 일반 원리는 분명한 함수관계를 말한 것에 지나지 않게 된다. 그러나 여기서 흔히 말하는 함

---

106) Vm. pp.363-64.
107) 위의 책, p.364.
108) Ab.K . Ⅱ. p.73.
109) MK. V. Ⅰ. p.10. "Asmin satīdam bhavati hrasve dīrghaṃ yathā satīti … hrasvampratītya hrasvamprāpya hrasvamapekṣya dīrghaṃ bhavatīti …." 마디야미카의 해석은 완전히 혁신적이다. 〈참조〉 SN. Ⅱ. 150; AN. Ⅰ. 258.
110) Stcherbatsky, Nirvāṇa p.41; BL. Ⅰ pp.119-24; Ⅱ. 126 각주 5번.

수관계를 설명한다고 보는 것은 실수일 것이다. 왜냐하면 "확실하게 추상적 형태에 해당하는 관념에 지나지 않기" 때문이다.[111] x와 y의 함수관계를 밝히기 위해서는 "어쨌든 y의 값에 대응하는 x의 값"을 말해야 한다.[112] 한편, 연기 정형구는 실제로는 x의 값을 "ε, ∼ε"(ε와 ε가 아닌 것. 기호 ε는 미지수의 값을 나타내는 것으로, 다른 기호로 대체 가능함.)의 두 가지로 가정하면 y의 값도 동일하게 가정되며, "ε, ∼ε"는 '존재하는 것, 존재하지 않는 것'으로 해석되어야 한다. 다시 말해서 무엇인지를 말하는 게 아니라 특별한 종류의 함수를 말하는 것으로, 기능 영역의 존재론적 해석을 규정하고 있다. 즉, 연기 개념은 함수 개념보다 덜 일반적이긴 하지만, 흔히 '행위', '영향력, 어떤 것의 결과'와 같은, 개념과 관련 있는 원인보다는 더 일반적이다.[113]

연기는 '모든 것(dhammā, 法)'에 적용되는 우연성에 대한 추상적 법칙이다.[114] 어떤 것이 주어지면 그에 대한 필요충분조건도 주어진다고 역설한다.[115] 연기의 본질적 목적은 독립적인 존재 또는 유한한 어떤 것의 실재를 부인하는 것으로, 순수하게 부정하는 것이다.[116]

---

111) Hobson, The Theory of Functions of a Real Variable Vol.Ⅰ. p.257(2판).
112) Hardy, Pure Mathematics, p.41(7판).
113) 뒤의 내용 참고.
114) 〈참조〉 "Traiyadhvikāḥ Pratītyasamutpādaḥ; ta eva ca Pratītyasamutpannāḥ."(Ab.K. Vol.Ⅱ. p.73 각주 1번.)
115) 〈참조〉 "Tattha tabbhāvabhāvākārmattopalakkhito Paṭiccasamuppādanayo" (Abhidhammatthasaṅgaho, p.140.) Compendium of Buddhist Philosophy, p.187, 188 각주 1번 참고.
116) 〈참조〉 "Yaḥ Pratītyasamutpādābhūtārthamavalokate Sa jānāti jagacchūnyam ādi madhyāntavarjitaṃ"(Mahāyānaviṃśaka 大乘二十頌論, Nāgārjuna verse, 15 ed.; Mm. V. Bhattacharya.); 모든 개별 존재는 독립성이 없고, 궁극적 실제가 없다는 것이 마디야미까(Mādhyamika, 中觀派)의 핵심 입장이다.

중도(中道)로서의 연기 — 허무주의는 아니며, 일체의 비실체를 단호히 부인한다. SN의 일부 경전[117]에 분명하게 나오는데, 중의 교리(Majjhena Dhammo, 中法)라고 부른다.

SN 2.1.15[118]에서 붓다는 깟자야나(Kaccāyana)에게 중도는 세상이 중요시하는 존재(Atthitā, 有)와 비존재(Natthitā, 非有)의 양극단을 피하는 것이라고 설명한다. 또한 중도에 대해 정형구로 설명되는데, 이는 답변을 후대에 잘못 정리한 것으로 보아야 한다.[119] 이 경전은 「칸다상윳따(Khandha Saṃyutta)」 경전 90에서 분명하게 인용된다. 나가르주나(Nāgārjuna, 龍樹)는 여기서 이름(Kātyāyanāvavāda)과 내용을 인용했으며, 사실상 슌야타(Śūnyatā, 空) 이론의 오랜 원천이었던 것으로 보인다.[120] 찬드라키르티(Candrakīrti, 月稱)는 이 경전이 모든 부파에 공통이라고 말하지만, 그가 인용한 형태는 빠알리본과 부분적으로 차이를 보이며 마하야나에서 잘못 정리한 내용을 포함하고 있는 것으로 보인다.[121]

SN 2.1.17[122]에서 붓다는 아쩰라 깟사빠(Acela Kassapa)에게 둑카는 '사양까따(Sayaṃkata, 자생하는)'도 아니고 '빠랑까따(Paraṃkata, 타자에 의해 만들어진)'도 아니며 '아딧짜삼우빤나(adhiccasamuppanna, 無因)'도 아니라고 설명하고 있으며, '삿사따(Sassata, 永遠論)'와 '웃체다(Uccheda, 斷滅

---

117) 이들이 고대의 것인가에 대한 문제는 앞에서 논의되었다. 이들은 초기 요소와 후대 요소를 맞춘 내용에 해당한다.

118) SN. Ⅱ. p.17

119) Mrs. Rhys Davids, Sakya pp.91-3; KS. Ⅱ. 서문.

120) MK. XV. 7.

121) MKV.(Mūlamadhyamaka-kārikās de Nāgārjuna avec la Prasnnapadā)(XV. 7에 대해): "Idañca sūtraṃ sarvanikāyeṣu paṭhyate … Tathāstīti Kāśypa … Dvayorantayormadhyaṃ tadarucyamanidarśanamapratiṣṭamanābhāsamariketanam avijñapti-kamidamucyate Kāśyapa madhyamā pratipadā. …"

122) SN. Ⅱ. p.20.

論)'의 반대를 피하기 위해 중도, 즉 연기를 가르친다.

그 다음 경전[123]에 비슷한 개념이 나온다. 빠리바자까(Paribbājaka, 遊行者) 팀바루카(Timbaruka)는 즐거운 느낌과 괴로운 느낌이 동일시될 수도 없고 경험 주체로부터 구분될 수도 없는데, 전자는 '자신에게서 비롯된' (따라서 양도할 수 없이 필연적인) 것을 대표하는 반면에 후자는 '다른 것에서 비롯된' (따라서 변덕스러운 데다가 도덕적 책임감을 위반하기까지 하는) 것을 대표한다고 하였다. 연기는 즐거운 경험과 괴로운 경험을 '자율적'이거나 '타율적인' 것으로 만들지 않는다.

경전 35에는[124] 붓다의 담마가 "생명이 곧 육체이다(Taṃ jīvaṃ taṃ sarīraṃ)."와 그 반대의, 양 극단을 피한다고 말하는 데서 후대 내용 중 일부가 들어 있는 것으로 보인다. 이 개념 자체는 경전 37의 "이 … 몸은 너희들의 것이 아니고 다른 사람들의 것도 아니다(Nāyaṃ … kāyo tumhākaṃ nāpi aññesaṃ)."에 들어 있는 것으로 보인다.

경전 46은[125] 행위의 주체와 그 결과를 경험하는 자를 동일시하거나 분리하지 않으려 한다.

경전 47은 "모든 것이 존재한다."와 "모든 것이 존재하지 않는다." 사이에서 '중도'를 추구한다. 경전 48과 경전 46의 모순에 새로운 것, 즉 "일체는 하나", "일체는 다수"를 더하고 있다. 이처럼 막다른 길은 지양되어야 한다.

리스 데이비즈 여사는 중도(中道)가 존재와 비존재의 대립을 해결할 것으로 추정되는 '생성의 교리'라고 해석한다.[126] 이는 자연스럽게 헤라

123) SN. Ⅱ. p.23.
124) SN. Ⅱ. p.61.
125) 위의 책, p.76.
126) Buddhism(H.U.L.), pp.94ff ; Radhakrishnan, IP Ⅰ. pp.368-9.

클레이토스(Herakleitos)[127]나 헤겔(Hegel)[128]을 연상시킨다. 그러나 붓다의 맛지마빠띠빠다(Majjhimāpatipadā, Madhymā Pratipad, 中道)는 존재와 비존재의 대립을 통합하는 게 아니라 초월함으로써 해결하고자 하였다. 생성의 진실은 순수한 존재와 순수한 비존재라는 개념이 실재의 본성을 밝히는 범주로서 적당치 않음을 보여주고 있다. 결론적으로 생성의 개념은 만족스러운 최종 범주를 제공하지 않는다.

우파니샤드는 '샤드바다(Śadvāda, 有論)'를 지지하여 '아샤드바다(Aśadvāda, 無論)'를 거부하였으며,[129] 때로는 생성의 실재와 특별하고 한정된 존재의 실재, 요컨대 비바르타바다(Vivartavāda, 幻影論)를 논리적으로 부인하게 되어야 한다고 보았다.[130] 상키야는 샤드바다와 샤스바타바다(Śāśvatavāda, 常主論)를 지지하는[131] 동시에 변화하는 실재를 수용하면서, 비논리적인 파리나마바다(Pariṇāmavāda, 轉變說)의 입장을 취하고 있

127) Burnet, Early Greek Philosophy(4판), pp.145f; Cornford, From Religion to Philosophy, 189-91; Hegel, History of Philosophy Ⅰ. pp.282ff(E. S. Haldane 역).

128) Hegel, Logic-History of Philosophy(Wallace 역), pp.158-68 참고.

129) Ch. Up. Ⅵ. 2.1.2. 〈참조〉 위의 책, Ⅲ, 19, 1. Āruṇi(Ch. Up. 6)가 언급한 Asat 이론은 순수하게 우주론적 목적을 지녔던 반면에 그의 Sat 이론은 형이상학을 발판으로 한다. 또한, 그는 독자성에서 벗어나(Nirviśeṣa) 지각할 수 있는 긍정적 원리를 위해 Sat를 사용한다. 따라서 아샤드바다(Asadvāda)에 대한 그의 논박은 후대에 우주론적 허무주의를 거부했을 뿐 아니라 형이상학적 허무주의와 [오해지만, 불교도 때문이라고 여겨진다. STK 참고; Vedāntasāra] 상키야의 프라다나와다(Pradhānavāda, 근본원질론)도 거부했다고 해석된다.

130) 위의 책, Ⅵ. 1.4; Br. Ⅳ. 5.15; Ch. Ⅶ. 24, 1; TĀ. Ⅲ, 12, 7; Kaṭh. 2. 4. 10-11.

131) 상키야를 위해서 샤드바다(Sadvāda)는 변화하는 실재, 샤스바타바다(Śāśvatavāda)는 영혼의 변치 않는 영원성을 은연중에 나타내고 있다. 〈참조〉 "Sataḥ Sajjāyate"(STK. on SK. 8); "Hātuḥ svarūpamupādeyaṃ heyaṃ vā na bhavati. Hāne tasyocchedavādaprasaṅga upādāne ca hetuvāda ubhayapratyākhyāne ca Śāśvatavāda iti."(Vyāsa의 YS. Ⅱ. 15). 여기서 웃체다와다(Ucchedavāda, 斷滅論)는 물질주의를, 샤스바타와다는 상키야를 의미한다. 헤뚜와다(Hetuvāda, 因果論)는 불교인 것 같다.

다. 이런 입장은 인과관계를 징후로 설명해야 하지만,[132] 그럼에도 불구하고 궁극적이면서 뚜렷한 시간의 실재를 위한 자리는 없다. 우파니샤드에서 흔한 것으로 보이며 바다라야나(Bādarāyaṇa)가[133] 그렇게 인정하는[134] 브라흐마프라크릿바다(Brahmaprakṛtivāda, 梵因論)의 입장도 유사한 결함 때문에 고통 받는다. 사실, 파리나마바다(Pariṇāmavāda, 轉變說)의 방침에 따라 이해된 인과의 함수와 변하지 않는 영혼의 순수함을 결합시킴으로써, 앞에서 언급한 바다라야나(Bādarāyaṇa)의 「비락사나트바디카라나(Vilakṣaṇatvādhikaraṇa)」에서 생겨난 변증법적 어려움을 스스로 만들어 낸다.

사트(Sat, 존재, 有)와 아사트(Asat, 비존재, 無), 샤스바타(Śāśvata, 常主)와 웃체다(Uccheda, 斷滅)는 변증법으로 연결되어 있다.[135] 첫 번째를 수용하려는 시도는 두 번째를 막다른 길로 내몰게 된다. 순수하고 영원한 존재가 유일한 실재라고 주장하면, 변화하는 삶과 더불어 순수한 환상 영역에 대한 도덕적·정신적 노력을 비난하게 된다. 한편, 무상함과 관

132) Mm.(Mahāmahopādhyāya) G. Kaviraja, Saraswati Bhavana Texts Series Ⅰ. (pt. Ⅰ), p.39; 인도철학자 Vācaspati Miśra의 SK. 9. "Kāraṇāccāsya satobhivya ktirevāvaśiṣyate."

133) * 역자주: 육파철학(六派哲學)의 하나로 베단타(vedānta, 吠檀多) 학파의 창시자이다. 베다(veda)의 끝부분(anta)이라는 뜻으로 우파니샤드이다. 그는 우파니샤드를 기반으로 하여 바라문교의 잡다한 교리를 정리하고 우주의 최고 원리인 브라흐만(brahman, 梵)이 모든 현상을 창조하고 전개시켰다고 설하며 범아일여(梵我一如)를 통한 해탈을 강조한다.

134) BS. Ⅰ. 4. 23-27 참고.(Prakṛtyadhikaraṇa; 특히 위의 책, Ⅰ. 4. 26 주의) 위의 책, Ⅱ. Ⅰ. 4-12(Vilakṣaṇatvādhikaraṇa.) 샹카라(Śaṅkara)가 경전의 주석에 관련된 우파니샤드의 내용을 인용하고 있다. 물론, Vivarta에 대한 그의 입장은 전혀 다르다. ; 위의 책, Ⅱ. 1. 9의 논평에 주목. 여기서 그는 바다라야나의 관점에서 온 자신의 입장을 "prauḍhivāda(허풍설)"라고 밝히고 있다.

135) 불교에서 존재론과 영원론은 동일한 것으로 보이며, 비존재론과 소멸론도 그러하다.

련 있으며 인과법으로 엄격하게 결정되어 있는 유한한 세계의 완전무결한 실재를 주장하는 것은 정신적 자유와 영원한 삶의 가능성을 부정하는 실증주의 및 물질주의 관점으로 이어진다. 샤스바타와 웃체다로, 사트와 아사트로, 양쪽에서 이어진다.

'중도'로서 연기는 이처럼 막다른 양쪽 길을 피하려 하며,[136] 따라서 현재 행위의 실제는 물론 이에 대한 궁극적 초월의 실제도 지키려 한다. 모든 것이 실재했다면 존재하기를 멈추지 않았을 것이다. 모든 것이 실재하지 않았다면, 존재하게 되지 않았을 것이다.[137] 비슷한 의미로 아드바이타 베단타(Advaita Vedānta, 不二論)는 마야(Māyā, 幻影)를 존재 혹은 비존재라고 말하기를 거부한다.[138] 연기는 본질적으로 초월적 변증법의 원리다. 일련의 부정(否定)을 통해서만 이해될 수 있다. 모

---

136) 이런 경향은 초기로 보일 수 있다. ṚS. X. 129에서는 Sat와 Asat의 차이가 근원적인 것과 관련되지 않는다고 말한다. 이런 경향에서 Śvet. Up. Ⅳ. 18은 "Na sannacāsañchiva eva kevalaḥ"라고 말한다.(〈참조〉 Bhagavadgiītā XⅢ. 12). 이는 프라티트야삼웃파다(Pratītyasamutpāda, 緣起)를 'Prapañcopaśama(희론적멸)'와 'Śiva(길상)'라고 설명한 나가르주나를 연상하게 한다. MK.(Mādhyamika Kārikās of Nāgārjuna) 〈참조〉 Mm. Vidhushekhar [p.423] Bhattacharya, G. Jha Comm. Vol. Vol.; Āgama Śāstra, pp.102-4. 〈참조〉 Mbh. ŚP. p.219. 6. "Ucchedaniṣṭhā nehāsti bhāvaniṣtha na vidyate" [Nīlakaṇṭa: Ucchedaniṣṭhā nāśe paryavasānam … bhāvaniṣṭhā viśeṣe paryavasānam]; 위의 책, 41 "evam sati ka ucchedaḥ śāśvato vā kathaṃ bhavet. Svabhāvād vartamāneṣu sarvabhūteṣu hetutaḥ."

137) SN. Ⅱ. 17. 〈참조〉 BG. Ⅱ. 16. 붓다는 [경험적] 자아가 변하기 쉬우므로 실재한다고 할 수도 없고 실재하지 않는다고 할 수도 없음을 은연중에 드러낸다. 기따(Gītā)에서는 자아가 의심할 것 없는 실재이므로 변하지 않아야 한다고 말한다. 샹카라(Śaṅkara)는 특정한 것들의 세계는 변하기 쉬우므로 실재하지 않아야 한다고 결론지었다.

138) 베단타(Vedānta)에서 사트(Sat)와 아사트(Asat)의 쓰임은 모호해 보인다. 변치 않는 순수한 존재(Nityanirviśeṣasat)로서 궁극적 실제는 사트와 아사트를 넘어선다고 설명된다. 마야(Māyā, 幻影)가 사트와 아사트로 표현할 수 없다고 판단될 때, 이런 표현은 존재와 비존재에 대해 추가 조건 없이 있는 그대로의 생각을 나타낸다. 불교도는 대체로 이런 표현을 오직 경험적 의미로만 사용한다.

든 것은 순수하고 불변한다거나 모든 것이 공(空)이라는 것을 부인한다. 이해하기 쉬운 원칙 없이, 우연히 또는 명령으로 또는 자연의 변칙으로 인해 발생한다는 것을 부인한다. 하나가 적극적으로 다른 것을 초래한다거나 하나가 다른 것에서 나온다는 것을 부인한다. 삿사따와다(Sassatavāda, 常主論), 웃체다와다(Ucchedavāda, 斷滅論), 아딧짜삼우빠다(Adhiccasamuppāda, 無因論)의 의인화된 인과관계나 역동적 인과관계를 모두 부인한다.[139]

연기와 흐름 — 현상적인 것은 의심할 것도 없이 무상하며 생성하고자 한다.[140] 연기는 사건에 관한 원칙으로, 별개로 일어나지 않는다. 즉

139) 추론적 관점이 진리를 표현하는 데 부적절하다는 점에 대해서는 Udāna, 경전 54, 코끼리와 맹인의 비유; SN.(「살라야따나상윳따(Saḷāyatana saṃyutta)」, 경전 204) 낑수카(Kiṃsuka) 비유 참고; 〈참조〉 Vm. p.365: "Purimena sassatādīnamabhāvo, pacchimena tu padena ucchedādivighāto, dvayena paridīpito ñāyo"; Candrakīrti, MKV. "Tadevaṃ hetuprayayāpekṣam bhāvānāmut pādam paridīpayatā bhagavatā ahetvekahetuviṣamahetusambhūtatvam svaparobhaya kṛtatvaṃ ca bhāvānām niṣiddham bhavati." Ⅰ. p.10.; 〈참조〉 STK.(Sāṅkhyatattvakaumudī)(on SK. 8)에서는 인과관계에 대한 불교의 관점이 "asataḥ sajjāyate"라고 한다. 이는 인과관계를 "어떤 것에서 비롯된 결과"로 여기는 것에 기초한 설명으로, 단지 필연적으로 잇따르는 함수의 상관관계라고 생각하지 못한 것이다.

140) MN. Ⅰ. 228, 260, 236, Ⅱ. 261, Ⅲ. 25; SN. Ⅱ. 28, Ⅲ. 22, 37, 142-3. 위의 책, V. 181; AN. 4.9.19; 위의 책, V. 59ff 등. 〈참조〉 "Uktaṃ hi Bhagavatā Trīṇīmāni bhikṣavaḥ Saṃskṛtasya saṃskṛtalakṣaṇāni Saṃskṛtasya bhikṣava utpādo pi prajñāyate, vyayopi sthityanyathātvamapi …"(MKV. p.44. Calcutta ed).; 옛 문헌 일부에서는 마음이 물질보다 더 변하기 쉽다고 본다. AN. Ⅰ. 10, SN. Ⅱ. 95. 후대 테라와다에 의하면, 마음은 물질보다 열일곱 배 빠르게 흐른다.(Abhidhammatthasaṅgaho. p.68.) 안다까(Andhaka)는 마음이 하루 동안 지속된다고 믿었다.(Kv. Ⅰ. 204ff.) 테라와다는 완벽한 인식행위는 한 '찰나(刹那)' 이상을 요구한다고 보면서, 대상의 찰나성을 이중의 '찰나'[루빠카나(rūpakkhaṇa, 물질순간)와 찟따카나(cittakkhaṇa, 마음순간)]로 구성함으로써 직접 인식의 가능성과 일치시켰다. 기억할 수도 있겠지만 사우트란티카(Sautrāntika, 經量部)는 인식의 직접성을 포기했다.; 안다까(Andhaka)의 별난 이론은 일부 경전의 설명을 오해한 것에 기

세상을 행렬로 분석하며,[141] 그 순서에서 필연적 질서를 본다. 사건의 동시성 및 연속성은 지속적인 일관성을 지닌다. 객관적 기준[142]은 발단이 없는 현상 흐름의 기초가 된다. 끊임없고 즉각적인 변화에 대해서는 아직 말하지 않았다.[143] 보편적 무상함에 대한 신조는 적어도 불교 이전의 것이다.[144] 우파니샤드의 개념을 고려한다면 붓다의 독창성이 두드러진다.

연기와 브라흐마노우파니샤드의 배경 — 브라흐마나(Brāhmaṇa) 문헌은 의심할 것도 없이 특정 –희생적인, 마술적인, 신성한– 행동유형의 효과에 해당되는 필연성에 정통하지만, 그 이야기에서 편집자가 아직까지 우주의 인과 개념을 이해하지 못했다고 결론 내리기가 확실할 만큼 갑작스러운 변화가 크게 나타난다.[145] 우주창조론 연구가 발달하고 밀레토스 학파[146]의 사상가가 연상되는 '자연 철학자'가 증가하면서 시초 또는 창조주[147] 개념에 눈뜨게 되었는데, 창조주는 어떤 때는 인격으

초한다. 자는 동안에는 정신 활동이 명백히 중지된다는 사실에 대한 관찰이 고려되었다.

141) Oldenberg, Buddha, p.289, 9판; 〈참조〉 ERE. Ⅸ. p.805.

142) 연기와 기준에 대해서는 앞의 내용 참고; 「제8장 베다의 배경 연구」 부분 참고. 〈참조〉 Bhāmatī ed. BS. Ⅱ. 2.32.

143) 니까야(Nikāya)는 이를 알지 못한다. Kv.(XXII. 8.)에서 뿝바셀리야(Pubbaseliya, 東山部)와 아빠라셀리야(Aparaseliya)가 "ekacittakkhaṇlkā sabbe dhammāti"라고 밝힌 것이 발견된다.

144) AN. Nip.7. 경전 70 참고; 「제8장 베다의 배경 연구」 부분 참고.

145) 〈참조〉 Oldenberg, WB. p.127.

146) *역자주: 기원전 6세기경, 이오니아 지방의 남부 그리스 식민도시 밀레토스에서 발생한 자연철학 학파. 자연현상과 주기의 변화를 설명할 때 초자연적인 존재나 신화적 상상력에 의존하지 않고 나름의 물리적 법칙을 찾으려고 했다. 대표 인물로는 탈레스, 아낙시만드로스, 아낙시메네스가 있다.

147) 「제8장 베다의 배경 연구」 부분 참고.

로, 다른 때는 비인격적으로 여겨졌다.[148] 때로는 우주가 근원적 '무(無, Asat)'를 원인으로 만들어진다.[149] 좀 더 일반적으로는 우주의 생성 과정은 일련의 발산이라고 생각된다.[150] 때로는 인격이 있는 창조주가 내재하는 배경이고,[151] 우주를 조절하는 자라고 생각되었다.[152] 일부에서는 모든 현상이 환상에 불과하다고 말할 정도로 이런 내재성이 강조되었다. 이런 경우로 존재에 대해 진정한 파르메니데스의[153] 존재철학이 있다.[154] 세계 어디에나 첫 시초가 있으며, 세계 어디에도 비인격적 우주 기준의 개념은 없다. 그럼에도 일부 문헌에서는 어렴풋이 묘사된다.[155]

붓다의 독창성 — 붓다에게 생성은 유한한 세계에 대해 부인할 수 없는 중요한 사실이다. 인과관계는 보편화되고 비인격화되었다. 그 결과로 첫 시초와 인격이 있는 창조주는 배제되었다.[156] 뿐만 아니라, 인과관계

---

148) 「제8장 베다의 배경 연구」 부분 참고.

149) 위의 책.

150) 위의 책.

151) Praśna 6; Tait. 3; Ch. Up. 6.3.

152) Br. 3. 7.; Śvet. 1.10, 12.

153) *역자주: 엘레아 학파로 기원전 515년 남부 이탈리아 엘레아에서 태어나, 475년경 전성기를 맞이하고, 449년 제논과 함께 아테네를 방문하여 젊은 소크라테스(당시 20세)와 대화를 나누었다.

154) Ch. Up. Ⅵ; Kaṭh. Ⅱ. 4.

155) 〈예〉 "Ṛtmeva Parameṣṭhi Ṛtaṃ nātyeti kiñcana Ṛte samudra Āditaḥ Ṛte bhūmiriyaṃ śritā …"(T.B. p.256. 〈참조〉 위의 책, u.389 Ānandāśrama.); 르타(Ṛta, 宇宙 秩序, 天則)와 중국의 도(道), 페르시아의 아샤(Asha), 그리스의 디케(Dike)의 유사성에 대해서는 Cornford, From Religion to Philosophy. pp.172ff 참조.; 르타(Ṛta)를 제외한 '다르마'는 기준이라는 의미로 쓰인 우파니샤드에 한 번 나온다. "Yataścodeti sūryo'staṃ yatra ca gacchati. Tandevāścakrire dharmaṃ sa evādya sa u śvaḥ".(Br. Up. 1.5.23.)

156) 「브라흐마잘라 숫따(Brahmajāla sutta)」는 뿝반따(Pubbanta, 過去)와 아빠란따(Aparanta, 未來)에 대한 '견해(diṭṭhi)'를 거부한다. 대신에 연기의 한 형태를 설하고 있다. 『맛지마니까야』의 경전 79도 마찬가지다. "Api ca Udāyi tiṭṭhatu

는 개인적 에너지 또는 물질적 에너지의 표현을 토대로 한 본질 사이의 관계가 아니라 사건과 그 조건의 변치 않는 질서라고 생각되었다.[157] 결국, 질문에 내재되어 있는 모순을 깨닫게 되면, 생성에 관련된 형이상학적 상태를 분류하려 하지 않는다.

연기에 대한 개념의 발달 — 연기에 대한 일반적 개념은 히나야나와 마하야나에서 다른 노선으로 발달되었다. 전자(前者)는 테라와다와 사르바스티바다(說一切有部)의 아비다르마에서 실제적인 인과론을 자세히 설명하였다. 후자(後者)는 초월적이고 이상적인 형이상학을 추구하면서 단지 인과의 측면에서 이해된 연기의 제한적 의미 및 궁극적 비실재를 보여주었다. 찬드라키르티(Candrakīrti, 月稱)는 "하지만 그 누구든지, 전도(顚倒)를 뒤따르는 까닭에 모든 성립된 것들이 허망한 것임을 이해하지 못한 채, 모든 성립된 것들에 있어서 자성을 인정하여 집착

---

pubbanto, tiṭṭhatu aparanto Dhammaṃte desessāmi imasmiṃ sati ⋯." 우주 질서의 순환은 "조물주 없이, 알려진 시초 없이, 원인과 결과가 연속되는 본성에 의해 끊임없이 존재하며" 나아간다.(Vm. XⅦ; Radhakrishnan, 앞의 책, p.374에서 인용). 〈참조〉 MK. XI. 1; Ab.K. Vol.Ⅱ. p.67 각주 2-3번; 연기의 비인격성에 대해서는 Bhāmatī on Brahmasūtra, Ⅱ. 2. 19 참조 "idampratītya prāpyedamutpadyata ityetāvanmātrasya-dṛṣṭatvāccetanādhiṣṭānasyānupalabdheḥ." Vācaspati Miśra에 대한 정보는 Āryaśālistambasūtra에서 유래된 것으로 보인다. [Vācaspati가 B.S. Ⅱ. 2. 19에서 프라티트야삼웃파다(緣起)에 설명한 것과 MK. XXVI. 12에 대한 Candrakīrti의 주석에서 Āryaśālistambasūtra를 인용한 긴 인용구 비교.]

157) 〈참조〉 Ab.K. vol.Ⅱ. p.77; 연기에 대한 일반적 정형구는 "idaṃ uppannaṃ idaṃ uppādeti"나 "amhā idaṃ uppajjati"가 아니라 단지 "imassa uppādā idaṃ uppajjati"라고 말한다. 이런 정형구에 내포된 정신은 "Sa aikṣata bahu syām prajāyeyeti"와 "Ātamano vā ākāśaḥ sambhūtaḥ"라는 설명에 내재되어 있는 정신과 대비될 수 있다. 훨씬 뒤에는 이런 일탈이 명확하게 정형화되었다.(Stcherbatsky, BL. Ⅰ. p.121 참고.) 일체가 다른 어떤 것을 만들지도 않고, 다른 어떤 것에서 생겨나지도 않지만, 다른 것의 발생 조건이자 그 질서로서의 기능은 변함없다.

하는 자는… 윤회를 또한 윤회하게 된다."[158](MKV. Ⅰ. p.45) "그 경우 그 것이 무엇이든지, 연기에 있어 이미 설해져 있는, 이들 생기하는 것 등은 무명이 이미 버려진 자의 무루지(無漏智)의 대상을 자성으로 하는 것을 기대하지 않는다."[159](위의 책, p.41)라고 말한다. 나가르주나는 연기(Pratītyasamutpāda, 緣起) 및 마드야마 프라티파드(Madhyamā Pratipad, 中道)와 슌야타(Śūnyatā, 空)를 동일시하였다. MK. XXⅣ. 18에서 "나는 말한다. 연기는 공이라고. 그것은 가명(假名)이고 또 그것이 곧 중도이다." 라고 분명히 말하고 있다.[160] 그리고 "실로 '자성상 존재하지 않는 것은 존재하지 않는 것이다'라는 것이 상주론이다. '지금 존재하지 않는 것은 이전에도 존재하지 않았다'는 것이 단멸론이다."라고 설명한다.[161] 중도(中道)는 슌야타이고, 슌야타는 "자성무생상(svabhāvānutpattilakṣaṇā, 自性無生相)"이다.[162] 가우다빠다(Gauḍapāda)는[163] 이 개념을 다음과 같이 매우 분명하게 설명한다. "마치 환영으로 구성된 종자로부터 탄생하는 싹은 환영과 똑같은 것으로 구성되어 있기에, 그것은 영원하지도 파괴되는 것도 아니다. 마찬가지로 법에 관해서도 적용된다. 모든 것들이 발생하지 않는 경우에 있어, 영원하다든지 영원하지 않다든지 하는 개념은

158) Yastu viparyāsānugamānmṛāṣātvaṃ dharmāṇāṃ nāvagacchati pratītya bhāvānāṃ svabhāvamabhiniviśate sa … saṃsārepi saṃsarati ….

159) Yatra yatra ete pratītyasamutpādādaya uktā na te vigatāvidyātimirānāsravaviṣayas vabhāvāpekṣayā.

160) Yaḥ pratītyasamutpādaḥ śūnyatāṃ tāṃ pracakṣmahe Sā prajñaptirupādaya pratipatsaiva madhyamā.

161) MK. XV. 11.: Asti yaddhi svabhāvena na tannāstīti śāśvatam Nāstīdanīmabhūtpūr vamityucchedaḥ pravartate.

162) Candrakīrti ad MK XXⅣ 18.

163) *역자주: 그는 브라흐만과 아뜨만의 관계를 불이론(不二論)으로 설명한다. 6-7세기경 인물로 『만두끼야우파니샤드』에 대한 주석서 『만두끼야까리까(Māṇḍukya kārikā)』를 통해 알려졌다. 그의 주석은 불이성(不二性), 불이일원론(不二一元論), 환영론(幻影論)을 확립한 샹카라(Śaṃkara)에 영향을 미쳤다.

없다. [어떤] 용어가 식별되지 않는 경우, 그것은 표현되지 않는다."[164) 여기에 반대하는 사람들은 슌야타가 무(無)라고 오해하였다. 마찬가지로 요가차라(Yogācāra, 瑜伽行派)는 인과율의 실재와 인과율이 지배하는 세계를 비판했다.[165)

연기: 응용 형식 — 둑카(Dukkha, 苦)의 기원과 관련하여 짧지만 중요한 법문들을 니까야에서 볼 수 있다. 비록 다양하게 표현되긴 하지만 이들 법문은 대체로 비슷하게 강조되며, 복잡하고 심오하다.

때로는 여러 법문이 원인과 결과의 순서를 이루도록 함께 묶여 있다. 그런 순서 둘 이상이 차차 결합됨으로써 열두 개의 '고리'를 갖는 연기 법칙이 발생했다. 어떤 면에서 '초연쇄'이며, 이는 상당수의 불일치를 분명하게 나타낸다.

깜마(業)와 둑카 — 붓다의 시대 사람들이 둑카의 기원이라는 주제에 대해 얼마나 다양한 견해를 갖고 있었는지 앞에서 이미 살펴보았다.[166) 그 중 가장 중요한 것이 일부 우파니샤드 사상가, 자이나교, 일부 슈라마나(Śramaṇa, 沙門) 부파에서 지지하는 다른 방식의 카르마 이론이었다. 니까야에는 붓다가 이런 교리에 대해 설하는 내용이 종종 나온다.[167) 단호하게 반복되는 법문에서 "중생들은 업(業)을 자신의 것으로

---

164) ĀŚ. Ⅳ. 59-60.: Yathā māyāmayādbījājjāyate tanmayoṅkuraḥ. Nāsau nityo na cocchedī tadvaddharameṣu yojanā. Nājeṣu sarvadharmeṣu śāśvatāśāśvatābhidhā. Yatra varṇā na vartante vivekastatra nocyate.

165) N. Dutt, Aspects, pp.230-31; Stcherbatsky, BL.(Buddhist Logic 1932) Ⅰ. pp.140-41 참고.

166) 「제9장 붓다 시대의 종교적 조건」 부분 참고.

167) MN. Ⅲ. 203ff.(Kammaṃ, 業) Satte vibhajati; 까야깜마(Kāyakaṃma, 身業), 마노깜

가지고, 업을 받으며, 업에서 태어나, 업을 친족으로 삼고, 업을 의지처로 한다."라고 말한다.[168]

이들은 당연히 오래된 인용문일 것이다. 깜마(Kaṃma, 業)는 인간의 경험을 차별화시키는 원리라고 설명된다.[169] 특이하게도 일부 문헌은 깜마를 인간의 모든 고통에 대한 유일한 원인으로 여기지는 않은 것으로 보이지만,[170] 필연적으로 그 결과를 거쳐 가야 한다.[171] 이는 네 종류로 나뉘는데, 색상을 사용한 용어들로 인해 자이나교의 레쉬야(Leśyā)와

마(manokaṃma, 意業), 와찌깜마(vacīkaṃma, 口業)(위의 책, Ⅱ. 206, 222, 224, 415ff); 까야깜마, 와찌깜마(위의 책, Ⅱ. 26ff ; Ⅲ. 289); 위의 책, Ⅰ. 389(까야깜마 身業: 네 단계) 까살라 까야깜마(Kasala Kāyakaṃma) 위의 책, Ⅱ. 104; Pāpa Kāyakaṃma SN. Ⅰ. 93, 372; Ⅱ. 121; Ⅲ. 164, 181, 16, 210; 위의 책, Ⅰ. 70, 390, 위의 책, Ⅲ. 203ff; 위의 책, Ⅲ. 357; Ⅰ. 8. Ⅱ. 80; Ⅰ. 287ff; AN. Ⅲ. 186, Ⅳ. 382, Ⅱ. 230ff, Ⅰ. 32, Ⅴ. 292; SN. Ⅱ. 92, 255, 65, 122, 123, Ⅴ. 266, 304; Ⅳ. 320, 132, 348; Sn. Vāseṭṭasutta, 게송 60.

168) MN. Ⅲ. 203: Kammassakā sattā kaṃmadāyādā kaṃmayonī kaṃmabandhū kaṃmappaṭisaraṇā. ; AN. Ⅴ. 288; 위의 책, Ⅲ. 186.

169) "Kaṃmaṃ satte vibhajati yadidaṃ hīnappaṇītatāyāti"(MN. Ⅲ. 203.)

170) AN. Ⅲ. 186; SN. Ⅳ. 132-133, 230-231, 여기서 '붓다'는 깜마(kaṃma, 業)가 괴로움과 즐거움의 여덟 가지 원인 가운데 하나일 뿐이라고 설명한다. 여덟 가지란, 삣따(Pitta, 膽), 셈하(Semha, 가래), 와따(Vāta, 風), 산니빠따(Sannipāta), 우뚜(utu), 위사마(visama), 우빡까마(upakkama), 깜마위빠까(kaṃmavipāka)다. 깜마가 유일한 원인이라고 생각했던 사람들은 이성과 공통경험에 반대한다고 비난받았다. 때로는 육체적 문제가 (개인적 관점에서) 순전히 우연한 외적 상황에서 비롯된다. 이는 카르마 이론에 대한 설명에서 자주 언급되는 관점은 아니지만, 『밀린다빤호(Milindapañho)』가 이를 상당히 중요하게 여기는 데 주목할 필요가 있다.(pp.134-8, ed. Trenckner).

171) "Nāhaṃ sañcetanikānaṃ kammānaṃ katānaṃ upacitānaṃ appaṭisaṃviditvā byantibhāvaṃ vadāmi … dukkhassantakiriyaṃ vadāmi"(AN. Ⅴ. 292 〈참조〉 MN. Ⅲ. 209). 즉, 과거와 현재의 모든 의도적 행위의 결과로 정서적인 반응(빠티삼웨다나 Paṭisaṃvedana)이 일어난다. 이는 '깜마'의 법칙이다. 이런 내용을 바탕으로, 마하상기카(Mahāsaṅghika, 大衆部)에서는 "Sabbaṃ kaṃmam savipākaṃ ti", 즉 vipākābyākatā와 kīriyābyakatā cetanā는 없다고 결론 내렸다.(Kv. Ⅻ. 2.) 테라와다는 깜마위빠까(kammavipāka)와 깜마팔라(kammaphala, 業報)를 구분했다는 점에 주목할 만하다.(Kv. Vol.Ⅱ. p.313.) AN. Ⅳ. 382에서 '딧타담마웨다니야(Diṭṭhadhammavedaniya)'와 '삼빠라야(Samparaya)'로 깜마를 구분하는 결과를 낳았다.

아지바카의 아비자띠(Abhijāti)를 연상시킨다.[172] 이런 분류는 『요가수트라(Yogasūtra)』에서도 똑같이 보인다.[173]

기능적이며 비실재적인 깜마 — 깜마(kamma, 業)의 본질은 의도이며,[174] 따라서 가장 중요한 깜마의 유형은 의도적인 정신작용[175]으로, 언어적·신체적 행위와 연관됨으로써 깜마가 된다. 이런 개념은 깜마에 대한 불교의 관점과 깜마를 기능보다는 본질로 여기는 자이나교의 관점을 선명하게 구분 짓는다.[176] 깜마를 정신적·언어적·신체적으로 구분하는 것은 불교 이전의 브라흐마나 문헌에 나온다.[177]

마음의 기능에도 불구하고, 깜마는 그 결과에서 여전히 비인격적으

---

172) MN. Ⅰ. 389; DN. Ⅲ. 230; AN. Ⅱ. 232-233 "Atthi kammaṃ kaṇhaṃ … sukkaṃ … kaṇhasukkaṃ … akaṇhāsukkaṃ …" 기억할 수도 있겠지만, 『아비다르마』는 흔히 꾸살라깜마(Kusala, 善業), 아꾸살라깜마(Akusala, 不善業), 아비야까따(Abyākata, 無記)의 세 종류로만 이야기한다. 〈참조〉 Dhaṃmapada, 게송 87은 깐하깜마(Kaṇha kamma, 黑業)와 수카깜마(Sukka kamma)만을 이야기한다.

173) Ⅳ. 7.

174) "Cetānāhaṃ bhikkhave kaṃmaṃ vadāmi; cetayitvā kaṃmaṃ karoti kāyena, vācāya manasā …"; SN. Ⅱ. 39. 40; AN. Ⅱ. 157-158. '쩨따나(cetanā, 意圖)'의 의미에 대해서는 Compendium of Philosophy, p.236 각주 2번에서 Mrs. Rhys Davids의 주석 참고. 〈참조〉 AN. Ⅱ. 179. 여기서는 '쩨따나'의 능동적 측면이 분명하게 드러난다. 이때 '의도'는 이성과 충동의 결합이라기보다는 의식에 떠오른 충동이다.(〈참조〉 Aung의 주석, 앞의 책, pp.235-236.) 〈참조〉 Ab.K. iv. ⅰ에서는 깜마가 쩨따나며, 'cetayitvā karaṇam'이라고 정의 내린다.(Stcherbatsky, Central conception, p.32.) 〈참조〉 Nāgārjuna "Cetanā cetayitvā ca karmoktaṃ paramarṣinā. Tasyānekavidho bhedaḥ karmaṇaḥ parikīrtitaḥ. Tatra yaccetanetyuktaṃ tattu kāyikavācikaṃ …"(MK. XⅦ. 2-3.); 즉 깜마는 의도에서 비롯되며, 의도를 통해서 소멸된다. "yam idaṃ kaṃmaṃ … tassa pahānāya yā cetanā"(AN. Ⅱ. 232.) 따라서 깜마로부터 자유로워지는 과정에는 과거의 영향력과 현재의 자유의지의 싸움이 수반된다.

175) MN. Ⅲ. 207.

176) 「제9장 붓다 시대의 종교적 조건」 부분 참고.

177) 「제8장 베다의 배경 연구」 부분 참고.

로 보인다. “왜냐하면, 나 혹은 나 이외의 다른 사람이 어찌어찌 했고, 따라서 나는 오늘 이러이러한 경험을 하고 있다.”고 말하는 것은 적절치 않다. 차라리 “왜냐하면 이러저러한 행위가 생겨났고, 따라서 지금 이러저러한 것이 생겨나고 있다.”고 말해야 한다. 행위자(Kārako)와 경험자(Paṭisaṃvedetā)를 나타내는 표현을 제공하는 것은 이들 간의 상호관계에 문제를 불러일으킨다. 이들이 서로 동일한가? 아니면 서로 다른가? 변하지 않는 자아를 가정하는 전자(前者)의 답은 도덕적 발전을 부정하고, 그 반대를 가정하는 후자(後者)의 답은 도덕적 책임을 부정한다. 따라서 교착상태에 빠지게 된다. 붓다는 이들 양극단을 분명하게 이끌어 가고자 하였다.[178] 붓다에게 변화란 근본적으로 동일한 본질에 다양한 변형을 합성하는 것이 아니라는 관점이었던 것으로 보인다. 정확히 말하면, 필연적 질서대로 일련의 사건들을 생각해야 한다. 요컨대, 독자성과 통일성의 개념은 지속성과 일관성의 개념으로 대체될 것이다.[179] 이런 관점이 명시되어 있는 정형구는 의심할 여지 없이 후대의 체계적 철학에 해당하지만,[180] 중도 교리에 대한 옛 내용 일부가 내포되어 있는 것으로 보인다. 여기서 강조되는 것은 주로 부정적인 것으로, 삿사따(sassata, 永遠論)와 웃체다(uccheda, 斷滅論)처럼 독자성과 차이점의 극단주의 관점은 연기에 대해 이해함으로써 예방된다. 이 이론을 원래의 긍정적인 면에 대해 일관된 논리로 확장하면 앞에서 기술했던 전통적 해

178) 앞의 내용 참고.

179) 경험적 자아에 해당되는 통일성은 단지 복잡한 연속체의 통일뿐이다. 이 개념은 뚜렷하게 ‘이교적(異教的)’으로, 일찍이 비난받았다. Mbh. ŚP. p.218. p.34ff. 참고.

180) 〈참조〉 “Tassā tassā paccayasāmaggiyā santatiṃ avicchinditvā tesaṃ tesaṃ dhammānaṃ sambhavato majjhimā paṭipadā.”(Vm. p.365.)

석에 이르게 된다.[181)]

대중적인 깜마 이론 형태 — 카르마 이론에 대한 설명이 개선되어 가는 동시에, 니까야 일부에서는 더 대중적인 깜마 이론 형태도 보여준다.[182)] 후자는 현생을 넘어서 작용하는 도덕적 과보의 원리를 말하고 있다. 이러한 목적을 위해 과장되고 생생한 심상(心象)을 이용한다. 이들 두 형태의 차이는 주로 듣는 사람들의 각 부류에 따른 차이에서 비롯되었다.

상사라(Saṃsāra, 輪廻)의 유래 — 근본적으로 깜마(kamma, 業)는 쩨따나(cetanā, 意圖)와 상카라(saṅkhāra, 行)의 싸움이다.[183)] 그러나 싸움 자체는 원인 없이 만들어진 궁극적 사실이 아니다. 행위가 즐겁거나 괴로운 경험을 초래한다면, 후자는 차례로 욕망과 혐오를 일깨움으로써 행위

---

181) 다음의 니까야 경전들을 고려하면 Anattakatāni Kammāni. SN. Ⅱ. pp.64-5; SN. Ⅲ. 103-4: "Nāyaṃ kāyo tumhākaṃ na pi aññesaṃ. Purāṇamidaṃ … kaṃmam abhisaṅkhataṃ abhisañcetayitaṃ vedaniyaṃ daṭṭhabbaṃ. Tatra … ariyasāvako paṭiccasamuppādaññeva … sādhukaṃ manasikaroti. Iti imasmiṃ sati idaṃ hoti 등."; 위의 책, 64 "Taṃjīvaṃ taṃ sarīramiti vā … diṭṭhiyā sati brahmacariyavāso na hoti. Aññaṃ jīvaṃ …"; 위의 책, 61; 위의 책, 41-2; 붓다는 둑카가 sayamkata, Paraṃkata 또는 아딧짜삼웃빤나(Adhiccasamuppanna)라고 보는 견해를 거부하면서 "Paṭiccasamuppannaṃ … dukkhaṃ vuttaṃ mayā"라고 말한다.; 위의 책, 38-9에는 둑카를 위한 수카둑카(sukhadukkha, 樂苦)가 있다.; 위의 책, 35-6; 위의 책, 19-23; 〈참조〉 위의 책, Ⅰ. p.134. "Nayidaṃ attakataṃ bimbaṃ nayidaṃ parakataṃ aghaṃ Hetuṃ paṭicca sambhūtaṃ hetubhangā nirujjhare."; 또한 Mrs. Rhys Davids, K.S. Ⅱ.에서 서문 참조.; 후대 문헌에서 이 교리의 분명한 정형구는 『밀린다빤호(Milindapañho)』 pp.46-8 참고.(Trenckner); MK. ⅩⅦ. 28. 〈참조〉 La Vallée Poussin, JA. 1902. ⅩⅩ. 237ff.

182) MN. 경전 129-30, 135-6; SN. Ⅰ. pp.37, 72, 93, 95, 97, 227. 〈참조〉 Winternitz, 앞의 책, p.53.

183) 상카라(Saṅkhāra, 行)에 대해서는 뒤의 내용 참고.

로 이어진다. 이는 시작되지도 않은 때부터 이어져 온, 폐쇄된 삶의 주기다.[184] 하지만 깨지지 않는 잔인한 고리를 이루지는 않는데, 왜냐하면 그 '시냅스' 기능은 둘 다 실제로는 무지의 배경으로만 존재하기 때문이다.[185] 정신적이든 육체적이든 모든 갈망의 대상은 필연적으로 무상(無常)하고, 무상한 것은 무엇이든 만족이 지속되기를 바라는 인간의 열망을 충족시킬 수 없다는 사실이 궁극적으로 밝혀져야 한다. 그처럼 무상한 대상을 자신이라고, 또는 자신의 것이라고 붙드는 것이 어리석다는 것을 깨닫게 되면, 이를 깨닫자마자 그 결과로 최소한 그런 것들에 대한 욕망은 줄어든다. 그러나 무지(無知)는 인간의 마음을 단단한 껍질처럼 굳어지게 하며, 이를 제거하기 위해서는 장기적이고 특별한 훈련이 필요하다.

연기, 정형구 증가 — 무지의 범위에서 원초적인 충동과 정서적 경험은 상호간에 영향을 미치면서 서로를 촉진시킨다. 이것이 삶의 과정 또는 상사라(輪廻)다. 붓다가 다양한 방식으로 설법한 것은 아마도 이런 개념일 것이다. 붓다가 고정된 정형구로 설법하지 않은 것은 분명하지만, 붓다가 설법한 내용을 정형구로 만드는 경향이 이내 출현했으며, 변동기 이후에 유명한 열두 개 고리의 빠띳짜삼우빠다나요

184) "Anamataggāyaṃ bhikkhave saṃsāro pubbā koti na paññāyati avijjānīvaraṇāṇam sattānaṃ taṇhāsaṃyojanānaṃ sandhāvataṃ saṃsarataṃ"라는 단호한 후렴과 함께 Anamataggasaṃyutta 참고.(SN. Ⅱ. pp.178-93.); 〈참조〉 Candrakīrti ad Mk. ⅩⅦ. 28 "Yathoktaṃ sūtre avidyānivṛtāḥ sattvāsṭṛṣṇāsaṃyojanāḥ." 나가르주나는 다음 문장에서 아나마따가(Anamatagga, 無時) 후렴을 인용했다. "Pūrvā prajñāyate koṭirnetyuvāca mahāmuniḥ. Saṃsāronavarāgro hi nāsyādirnāpi paścimam."(MK. Ⅺ. 1.)

185) SN. Ⅲ. 96. 〈참조〉 Ab.K. Vol.Ⅱ. p.71 각주 4번. 위의 책, p.72. "Sāvidyaparśapratyayā vedanā | Sāvidyavedanāpratyayā tṛṣṇā."

(Paṭiccasamuppādanayo)가 나왔다.

세 가지 단계 — 마지막 단계에 앞서, 적어도 다른 두 단계는 이러한 정형구의 역사에서 눈에 띌 수도 있다. 첫 번째 단계에 해당하는 것은 둑카의 기원에 대한 다소 간단한 설명으로, 딴하(Taṇhā, 渴愛)나 찬다(Chanda, 慾), 또는 우빠디(Upadhi, 依着)나 우빠다나(Upādāna, 執着)에 그 기원이 있다고 주장한다.[186] 두 번째 단계에 해당하는 것은 연기 정형

---

186) 이런 상태의 교리 중에서 가장 오래된 설명은 아마도 Sn.의 「앗타까왁가(Aṭṭhakavagga, 義品)」에 있는 설명이다. 특히 「구핫타까 숫따(Guhaṭṭhaka sutta, 窟八偈經)」의 게송 1-3, 5, 7; 〈참조〉 잇차(Icchā), 사따(sāta), 까마(kāma, 欲望), 딴하(taṇhā, 渴愛), 마마이따(mamāyita), 찬다(Chanda, 慾), 팟사(phassa, 觸), 산냐(saññā, 想). 이들이 둑카의 원인을 설명하는 데 도움되는 용어다.; 딴하(Taṇhā, 渴愛): 집성제(集聖諦)에 대해 고정된 표현에서 딴하는 "Yāyaṃ taṇhā ponobhavikā nandirāgasahagatā tatratatrābhinandinī seyyathīdaṃ kāmataṇhā, bhavataṇhā, vibhavataṇhā."라고 설명된다. '둑카의 기원(Dukkhasamudaya, 苦集)'을 위한 정형구는 산스크리트 형태로도 동일하게 나타난다. 마노라타난딘(Manorathanandin)이 Pramāṇavārtika p.74에 대한 주석에서 인용되고 있다.(ed. JBORS 1938.)
딴하는 즐거움에 대한 갈증이나 갈망이다. 이는 '삐야루빵(piyarūpaṃ, 즐거운 형상)', '사따루빵(sātarūpaṃ, 기뻐하는 모습)'에서 비롯된다.(DN. Ⅱ. p.308). It. 경전 14-15에 의하면, 인간(puriso)은 반복되는 세상[윤회]의 흐름을 멈출 수 없는데(itthabhāvaññathābhāvaṃ saṃsāraṃ nātivattati), 갈망(taṇhāsaṃyojana)으로 속박되어 있고 무지[(Avijjā, 無明)=모하(moha, 痴)=따목칸다(tamokkhandha)]로 덮여 있기 때문이다. 이는 인간을 '까마야마나(Kāmayamāna)'와 '아까마야마나(Akāmayamāna)'로 나누는 Br. up. Ⅳ. 4. 5-6과 본질적으로 크게 다르지 않다. 전자(前者)는 홀로 세상을 떠돌아다닌다. "Atho khalvāhuḥ kāmamaya evāyam puruṣa iti sa yathā-kāmo bhavati yatkraturbhavati tatkarma kurute yaktarma kurute tadabhisampadyate." 카르마(karma) 대신 딴하를 썼던 것으로 보인다.; 딴하에 대해서는 SN. 1.1.6.5; SN. Ⅰ. 8, 12; MN. Ⅰ. 6, Ⅱ. 256; AN. Ⅳ. 400, Ⅲ. 416 ; Sn. p.36(Nāgarī본); It. 경전 30, 50, 58, 105; Ud. p.34(Nāgarī본) 참고.
딴하와 아윗자(Avijjā, 無明): 둑카의 원인에서 딴하와 아윗자의 관계가 문제를 일으킨다. 일부 아비다르마 학자는 딴하만이 둑카사무다야(Dukkhasamudaya)라고 보았다. Ledi Sayadaw, JPTS, 1914, 135; 〈참조〉 반면에 붓다고사는 "Bhagavā hi vaṭṭakathaṃ kathento dve dhamme sīsaṃ katvā katheti avijjaṃ vā, yathāha … (DN. V. 113) … bhavataṇhaṃ vā, yathāha … (AN. V. 116) …"라고 말한다.(Vm. p.368). 둘 다 우연히 생겨남에도 불구하고 둘 다 첫 시초는 아니다. 뿐만 아니

구를 드러내는 문헌으로, 아직은 불완전한 형태다.187) 상사라(輪廻) 문

라 붓다고사는 어디서는 한 쪽을(〈예〉 SN. Ⅱ. Ⅱ. 31), 어디서는 다른 쪽을(〈예〉 SN. Ⅱ. 84,) 어디서는 양쪽 모두(〈예〉 SN. Ⅱ. 23-4) 강조하고 있다고 지적한다.(위의 책). 이는 니까야의 상태를 온전하게 묘사하고 있다. 딴하와 아윗자가 동시에 둑카의 원인이 된다. (앞의 내용 참고.) SN. Ⅱ. 178f는 이런 태도가 명확하다. 〈참조〉 Ab.K. Ⅳ. p.136 각주 2번. Saṃyukta에서 인용한 가타(gāthā, 偈頌)에서는 둑카의 기원을 카르마(Karma), 트리스나(Tṛṣṇā, 渴愛), 아비드야(Avidyā, 無明)로 본다. AN. Ⅴ. 113에서는 아윗자가 시작은 없지만 다섯 가지 니와라나(Nīvaraṇa, 五蓋)…에 '의지'한다고 말한다.; 둑카의 뿌리로서 찬다(Chanda, 慾). SN. Ⅰ. 22, Ⅲ. 232-4, Ⅳ. 328-30, Ⅴ. 272-3; MN. Ⅲ. 16; 찬다라가(Chandarāga, 欲貪)와 관련된 황소와 멍에의 비유[SN. Ⅳ. 찟따왁가(cittavagga); Sal. sam. sutta 205 §§ 4-5; 산스크리트 형태에서 Candrakīrti가 Catuḥaśatikā의 주석에 인용하였다. Mem. A. S. B. Ⅲ. p.474 참고.]; 둑카의 원인으로서 '우빠디(Upadhi, 依着)'. It. p.55; Sn. pp.3-4, 86, 112; Ud. 경전 14, 근본적인 불선으로서 '우빠다나(Upādāna, 執着)'. AN. Ⅰ. 142, Ⅲ. 311. 사무다야(samudaya, 集)로서 '팟사(Phassa, 觸)'. AN. Ⅳ. 339, Ⅴ. 107; SN. Ⅱ. 33. '삐야자띠까(Piyajātika)'로서 괴로움. MN. Ⅱ. 106.; 이러한 최초의 형태에서 '정형구'는 우파니샤드에서 이미 유사하게 나타난다. Br. up. 앞의 인용문 참고; 〈참조〉 Śaṅkara, Ch. up. Ⅶ. 23. Ⅰ.; Mbh. ŚP. 218. 32-4는 불교적 관점에 대한 서술이 반영된 것이다.: "Avidyākarmaceṣṭānāṃ Kecidāhuḥ punarbhave Kāraṇaṃ lobhamohau tu Doṣāṇaṃ tu niṣevaṇaṃ. Avidyāṃ kṣetramāhurhi Karma bījam tathā kṛtam. Tṛṣṇā sañjananaṃ sneha eṣa teṣāṃ Punarbhavaḥ."

187) 이 단계는 「니다나상윳따(Nidānasaṃyutta, 因緣相應)」의 여러 경전에 반영된다.(「제6장 『상윳따니까야(Saṃyutta Nikāya)』의 초기와 후기」 부분 참고); SN. Ⅳ. 87; DN. 「마하니다나 숫따(Mahānidāna sutta, 大緣經)」; MN. 1. 266(〈참조〉 Vm. p.367); AN. Ⅳ. 400, 위의 책, v. 113-6; DN. 경전 1[〈참조〉 『수망갈라윌라시니(Sumaṅgalavilāsinī)』 Ⅰ. p.125.]; 이는 빠알리 사전(PTSD)에서 연기의 최초기 형태는 열 개의 니다나(Nidāna, 因緣)를 포함하고 있다는 설명과 어긋난다. 왜냐하면 「삭까빤하 숫따(Sakkapañha sutta, 帝釋問經)」(DN. Ⅱ)와 Sn. pp.77-8, 94-5도 이 단계에 해당되는데 연기의 일반적인 정형구를 사용하지 않았기 때문이다.(〈참조〉 Keith, B. P. pp.97-9; Sakya, p.187); 연기의 형태가 불규칙하다는 것은 후대에 불교 편집자 외에 비불교 편집자까지도 기록에 참여했음을 나타낸다. Ab.K. Ⅱ. 60-1(각주 1번)은 경전에서 경우에 따라 12가지 바왕가(Bhavaṅga), 때로는 11가지, 때로는 10가지, 때로는 9가지, 때로는 8가지를 설명하고 있다.; 상가바드라(Saṅghabhadra)는 이 근거를 "따라서 프라티트야삼웃파다에는 열두 개의 앙가(Aṅga, 要素)만 있는 것은 아니다."라고 밝히는 데 활용하였다.(위의 책). 전적으로 옳은 말이다. 한편, 이같은 사실에 직면하게 된 붓다고사는 "Kasmā panevaṃ desetīti? Paṭiccasamuppādassa samantabhaddakattā, sayañca desanāvilasappattattā"라고 말한다.(Vm. pp.366-7.); 샹카라(Śaṅkara)는 비불교 편집자에 의해 주목받은 것으로 보인다. BS. 2.2.19의 주석 참고.

제에 대해 최소 두 가지의 다른 접근법을 결합시켰던 것이 연기 정형구가 증가한 중요 요인으로 보인다. 한편으로는 (a) '접촉'과 '느낌'의 결과로 생기는 '집착' 또는 '갈망'에 관해 설명하고자 했으며,[188] 다른 한편으로는 (b) 윈냐나(Viññāṇa, 識)가 나마루빠(Nāmarūpa, 名色)에 얽혀 있는 상황에 관해 설명하고자 하였다.[189] 전자는 더 심리학적으로, 후자는 더 형이상학적으로 접근한다. 결국 둘은 융합되었다.

빳짜야(緣): 관계의 의미 — 니다나(Nidāna, 因緣) 사이의 관계가 일정하지 않다는 것이 관찰된다.[190] 즉 아윗자와 상카라(Saṅkhāra, 行)의 관계는 자띠(Jāti, 生)와 자라마라나(Jarāmaraṇa, 老死)의 관계와 동일하지 않다. 이들은 윈냐나와 나마루빠의 관계와도 동일하지 않다. 그러나 여전히 연기 순서에서 선행 사건은 다음 사건의 필요충분조건이라고 말할 수 있다. 이는 아눌로마(Anuloma, 順觀)와 윌로마(Viloma, 逆觀) 순서에서 조건 간의 관계를 상세히 서술하는 방법을 암시한다. 아눌로마

"Te cāvidyādayaḥ … Kvacit Saṅkṣiptā nirdiṣṭāḥ kvacit prapañcitāḥ."; 〈참조〉 P. Masson Oursel. Esquisse d'une Histoire de la Philosophie Indienne(인도 철학사 개요), p.87f.; 연기의 일반적 개념은 열두 가지 니다나 중 하나보다 다른 인과 순서를 이루는 데 응용되었다. AN. Ⅳ. 99; Ⅲ. 19-20, 81, 191; Ⅰ. 258; SN. Ⅱ. 30-1, 150 참고.[마지막은 빠팃짜빤냐빠나(Paṭiccapaññāpana)라고 부르는 게 적절할 수도 있다.]

188) SN. Ⅱ.「니다나왁가(Nidānavagga)」 경전 32, 43, 52-3, 55-60; DN. 경전 1.

189)「니다나왁가」 경전 38-40, 64; SN. Ⅲ. pp.9, 53; SN. Ⅴ. 184.「제12장 니르바나(Nirvāṇa, 涅槃)」 부분 참고.

190) Keith, B. P. p.96; Rhys Davids, American Lectures p.160; N. Dutt, EMB. Vol.Ⅰ. pp.266-7 "… 어떤 두 고리는 스물네 가지 길(Paccaya, 緣) 중에서 하나 또는 그 이상과 각각 관계되는데, 일반적 표현이 "imasmiṃ sati idaṃ hoti …"이기 때문이다. 즉 윈냐나는 안냐만냐(Aññamañña)로서 나마루빠와 관계되고, 자띠(Jāti, 生)는 순수한 자따(jāta)와 우빠닛사야(upanissaya)로서 자라마라나(Jarāmaraṇa, 老死)와 관계된다. 그리고 계속 이어진다." 〈참조〉 Kv. ⅩⅤ. 1-2.

순서는 '빳짜야(Paccaya, 緣)'가 '빳짜웁빤나(Paccayuppanna, 緣生)'에 충분조건임을, 월로마 순서는 '빳짜야(Paccaya, 조건짓는)'가 '빳짜웁빤나(Paccayuppanna, 조건지어진)'에 필요조건임을 보여준다. 각각의 경우에 빳짜야의 본질을 명확히 명시하려는 시도는 빳짜야에 대한 아비다르마 이론이 발달하는 결과로 이어졌다.[191]

다양한 니다나(因緣) — 아윗자: 아윗자(Avijjā, 無明)는 대개 사성제(四聖諦)에 대한 무지(無知)로 정의되지만,[192] 이런 정의가 나오는 문헌은 최초기의 것이라고 볼 수 없다.[193] 앞에서 인용된 오래전 문헌에서는 이를 모하(Moha, 痴)와 따모칸다(Tamokhandha, 어둠의 집적)라고 부른다.[194] 본래 단지 실수나 글자 그대로 무지(無知)를 의미하지는 않았다.[195] 잘못

---

191) 〈참조〉"Tattha tabbhāvibhāvākāramattopalakkhito Paṭiccasamuppādanayo Paṭṭhānanayo pana āhacca Paccayaṭṭhitimārabbha pavuccati. Ubhayam pana vomissitvā papañcenti Ācariyā."(Abhidhammatthasaṅgaho, p.140, 141). ; Ab.K.도 헤투(Hetu, 因)와 프라티야야(Pratyaya, 緣)에 대한 이론이 프라티트야삼웃파다와 별도로 다뤄지고 있다. 〈참조〉 Compendium, pp.187-8. 나가르주나도 프라티야야(Pratyaya, 緣) 이론을 12앙가(Aṅga, 要素) 이론과는 독립적으로 다루고 있으며, 첫 번째는 MK.의 첫 장에서, 두 번째는 스물여섯 번째 장에 있다.

192) 「니다나(Nidāna, 因緣)상윳따」 첫 번째 품, 경전 2(Vibhaṅga, 分別論); MN. 「삼마딧티 숫따(Sammādiṭṭhi sutta, 正見經)」; Ab.K. vol.Ⅱ. p.75 각주 2의 참고문헌 참고. 무지의 의미에 대해서는 Ab.K. Vol.Ⅱ. p.92 참조.

193) 「제5장 『맛지마니까야(Majjhima Nikāya)』의 초기와 후기」 부분, 「제6장 『상윳따니까야(Saṃyutta Nikāya)』의 초기와 후기」 부분 참고.

194) 〈참조〉 Ab.K. vol.Ⅱ. p.71 각주 2번의 인용문; Sogen, Systems of Buddhist Thought. p.131. Candrakīrti는 "Tatrāvidyātamaḥ sammoha iti paryāyāḥ"라고 말한다.[ad MK. XVII. 28에서는 그런 경전 내용을 「아나마딱가상윳따(Anamatagga saṃyutta, 無始相應)」의 후렴구라고 암묵적으로 언급하고 있는 것으로 보인다.]

195) 〈참조〉 위의 책, p.88. 무엇보다도 "아비드야의 본질이 프라즈냐(prajñā, 智慧)가 아님"이 확실해진다.(위의 책, p.91.); 라가(rāga, 貪)가 생각과 다른 것처럼 무지(無知)는 프라즈냐(prajñā, 智慧)와는 다르다.(위의 책, 각주 2번.); 〈참조〉 "Bhadantaśrīlābha evam manyate avidyeti sarvakleśānāmiyaṃ sāmānyasañjñā na rāgādikleśavyatiriktāvidyā nāmāstīti."(Ab.K. Vyākhyā, 150.; Minayeff, 앞의 책, p.226

된 믿음과 추측으로 인간에게 영향을 미치는 잠재의식의 인상 및 습관 체계 전체를 아윗자(Avijjā, 無明)라고 표현함으로써 이해하려 했던 것으로 보인다. 즉 아윗자는 니와라나(Nīvaraṇa, 障礙)일 것이며 이를 흩뜨리기 위해서는 몹시 힘든 훈련이 필요하다.

상카라(行): 상카라(Saṅkhāra, 行)는 니까야에서 다양하게 쓰이고 있지만,[196] 연기 순서에서는 환생하여 다른 생을 지속하는 능동적 요인을 의미하는 것으로 보인다.[197] 사실상 깜마(Kamma, 業)와 같다.[198]

윈냐나(識)와 나마루빠(名色): 연기의 주요 형태는 윈냐나(viññāṇa, 識), 윈냐나(viññāṇa, 識)와 나마루빠(Nāmarūpa, 名色)가 상호의존적이라고 밝히는 데 만족하고 있음은 잘 알려져 있다.[199] 일부 문헌에서 윈냐나는 사실상 '정신' 또는 '영혼'의 역할을 하는 것으로 보인다.[200] 마찬가지로, 일부 문헌에서 '나마루빠'는 다섯 가지 칸다(Khandhas, 蘊)보다 더 일반

에서 인용.)

196) AN. Ⅳ. 100, 311, 313; AN. Ⅲ. 441f; AN. Ⅱ. 94; AN. Ⅰ. 26f. AN. Ⅲ. 443, AN. Ⅷ; AN. Ⅰ. 286; SN. Ⅰ. 6, 200; SN. Ⅱ. 191-193, SN. Ⅲ. 132-134. SN. Ⅰ. 188, 135, SN. Ⅱ. 82. 그 중요성은 대체로 희미하다.

197) MN. 「삼마딧티 숫따(Sammādiṭṭhi sutta, 正見經)」; 「상카룹빳띠 숫따(Saṅkhāruppatti sutta, 行生經)」; 「니다나왁가(Nidānavagga, 因緣品)」 2 (2). SN. Ⅱ. 66, 101, SN. Ⅱ. 4, 39-40, Ⅳ. 293; AN. Ⅴ. Ⅲ; Ⅰ. 122, Ⅱ. 158, 231, Ⅱ. 41.

198) Compendium, p.274 참고; Keith, B. P. p.100. 〈참조〉 "Punarbhavāya saṃskārāna vidyānivṛtastathā. Abhisaṃskurute yāṃstairgatiṃ gacchati karmabhiḥ."(MK. XX) Ⅵ. 1.

199) 「마하빠다나 숫따(Mahāpadāna sutta, 大本經)」(DN), 「마하니다나 숫따(Mahānidāna sutta, 大緣經)」(DN); 「니다나상윳따(Nid. saṃ)」, SN. Ⅱ. s.65, s.67.

200) DN. 경전 15는 윈냐나가 모태(母胎)에 내려가 나마루빠의 발판(Patiṭṭhā, 의소)을 받아들인다고 설명한다. 「니다나상윳따(Nidānasaṃyutta)」의 경전 38-40, 64도 비슷한 의미다.[「제6장 『상윳따니까야(Saṃyutta Nikāya)』의 초기와 후기」 부분의 설명 참고].; 이는 '간다르바(Gandharva)'에 대해 언급한 문헌과도 관련된다.(MN. pt.Ⅱ. 367-8, Nāgarī본).; Poussin, Dogme, p.14 참고; Mrs. Rhys Davids, Sakya, pp.158-159.

적 의미인 것으로 보인다.[201] 윈냐나가 정신적 복합체에서 인지 요인으로 한정되기에 이른 것은 아마도 후대였을 것이다.[202] 우파니샤드부터 후대 불교에 이르기까지 윈냐나와 나마루빠 개념이 발달하는 데 연속성이 단절된 적은 없는 것으로 보인다.

아야따나(處): 여섯 가지 아야따나(Āyatana, 六處)는 확실히 여섯 가지 인지적 의식 영역, 즉 오감(五感)과 여섯 번째 감각이라고 보는 마음을 나타낸다.[203] '감각'과 '감각 대상'도 함께 다뤄진다.[204]

팟사(觸): '팟사(Phassa, 觸)'의 일반적 의미가 감각 접촉이라는 데 의심할 여지가 거의 없음에도 불구하고, 니까야에서 그 정확한 상태와 기능이 일관되게 설명되지 않고 있다.[205]

---

201) DN. Pt.Ⅱ. p.49(Nāgarī본); SN. Ⅱ. 66, 90, 101f[여기서는 칸다 이론을 가정하지 않은 것으로 보인다. SN. Ⅰ. 13, 15, 35, 60, 165; SN. Ⅰ.1.7.1.; MN. Ⅲ. 17; 〈참조〉 SN. Ⅱ. 3, 여기서 나마(Nāma, 名)는 웨다나(Vedanā, 受), 산냐(Saññā, 想), 쩨따나(Cetanā, 意圖), 팟소(Phasso, 觸), 마나시까로(Manasikāro, 作意)로 분석된다.]; 〈참조〉 Sn. pp.36, 55, 82, 102, 110, 115, 118; It. p.31; Dhp. 게송 221, 367; AN. Ⅳ. 385(Nāmarūpārammaṇā uppajjanti saṅkappavitakkā). 이들 문헌에서 나마루빠의 의미는 동일하게 유지되지 않는 것으로 보인다. 어떤 경우에는 아비담마보다는 우파니샤드의 용례에 더 가까운 것으로 보인다.

202) 「제12장 니르바나(Nirvāṇa, 涅槃)」 부분 참고.

203) MN. Ⅰ. 52, Ⅱ. 237 등; 〈참조〉 MN. Ⅱ. 233.

204) 〈참조〉 MN. Ⅰ. 61, Ⅲ. 32, 63, 216, 280f. 「마하니다나 숫따(Mahānidāna sutta)」에서 '아윗자'와 '상카라'는 물론 Ṣaḍāyatana도 생략하는 것이 특이하다. 여기서는 '팟사(Phassa, 觸)'를 '아디와짜나삼팟사(Adhivacanasamphassa)'와 '빠티가삼팟사(Paṭighasamphassa)'로 나누고 이 둘이 상호의존적이라고 밝히면서 "Nāmarūpa paccayā phasso ti"라고 말한다.

205) 「제6장 『상윳따니까야(Saṃyutta Nikāya)』의 초기와 후기」 부분 참고. 웨다나의 조건을 이루는 팟사(Phassa, 觸): SN. Ⅱ. 6, Ⅲ. 101, Ⅳ. 32f 등; 산냐(Saññā, 想)와 상카라의 조건을 이루는 팟사: SN. Ⅲ. 101-2; 웨다나, 산냐, 상카라를 '빤냐빠나(Paññāpanā, 施設)'하기 위한 조건으로서 팟사: MN. Ⅲ. 17; 나마루빠의 요인으로서 팟사: SN. Ⅱ. 3[MN. 「삼마딧티 숫따(Sammādiṭṭhi sutta)」도 마찬가지]; 네 가지 아하라(Āhāra)로서 팟사: SN. Ⅱ. 11, 13, 98f 등.

웨다나(受)와 딴하(渴愛): 웨다나(Vedanā, 受)의 경우도 마찬가지다.[206] 딴하(Taṇhā, 渴愛)는 대단히 중요한데도 불구하고, 종종 '욕망'이라고 잘못 번역된다.[207] 만족할 줄 모르고 추구하는 감각적 즐거움이라는 개념과 관련된 것으로 보인다.[208]

---

206) 때로는 즐거움과 괴로움의 두 가지로 나눈다. 때로는 중립적인 느낌을 추가하여 세 가지로 나눈다.: MN. Ⅰ. 386, SN. Ⅳ. Ⅳ. 223; MN. Ⅰ. 302f, 376f, 475f, 500, Ⅱ. 236, Ⅲ. 208, 285 등. SN. Ⅳ. 223에서 Pañcaṅgika Thapati는 우다인(Udāyin)에게 "Na kho tisso vedanā vuttā bhagavatā … yāyaṃ adukkhasukhā vedanā santasmiṃ esā paṇīte sukhe vuttā …"라고 말한다.; MN 중 한 곳에서는 '수카(sukha, 樂)'는 웨다나가 아니라고 말한다. SN. Ⅳ. 231에서는 웨다나를 다음과 같이 분류하여 말한다. 두 가지(kāyikā ca cetasikā ca. 이는 SN. Ⅳ. 223과는 다르다); 통상 세 가지; 다섯 가지(수킨드리야Sukhindriyaṃ, 樂根 · 둑킨드리야dukkhindriyaṃ, 苦根 · 소마낫신드리야somanassindriyaṃ, 喜根 · 도마낫신드리야domanassindriyaṃ, 憂根 · 우뻬킨드리얌upekhindriyaṃ, 捨根); 여섯 가지(짝쿠삼팟사자cakkhusamphassajā, 眼觸所生 … 마노삼팟사자manosamphassajā, 意觸所生); 열여덟 가지(소마낫수빠위짜라somanassupavicārā, 喜近伺 · 도마낫수빠위짜라domasassupavicārā, 憂近伺 · 우뻬쿠빠위짜라upekhupavicārā, 捨近伺의 여섯 가지씩 세 쌍); 서른여섯 가지(게하시따, gehasita, 在家와 넥카마, nekkhama, 在家로 나뉜다고 언급되어 있는 각 여섯 쌍); 백여덟 가지(과거·현재·미래와 관련된 서른여섯 가지 각각을 고려.) 〈참조〉 MN. Ⅰ. 396; 6가지 웨다나까야(Vedanākāya, 受身): SN. Ⅲ. 59-60; Bhagavatī Ⅹ. Ud. 2에서 웨야나(veyaṇā)를 시야(sīyā), 우시나(usiṇā), 시유사나(sīyusaṇā)로 나눈다.

207) 리스 데이비즈 여사는 이 점을 강력하게 지적한다. "이 용어(욕망)를 딴하에 완전히 포함해 버림으로써 윤리적 [그리고 미적美的] 개념을 저하시켜서는 안 된다. 말하자면, 그로 인해서 모든 욕망을 악마로 만들고, … 갈망 [또는 뉘우치지 않는 욕망, 정욕情慾]은 감탄할 만큼 딴하를 충족시킨다. 그럼에도 불구하고 욕망은 느낌에다 흔히 도덕과는 관계 없는 표현으로 쓰는 의지까지 포함한 심리학적 의미에 해당한다. 따라서 찬다(chanda, 慾)는 … 쩨따시까(cetasika, 心所)로서, 도덕과 관계 없이 [유지되어야 한다]. 담마찬다(Dhammachanda, 法慾)는 도덕적이며, 까마찬다(Kāmachanda, 愛貪)일 때나 딴하로 대체될 때에만 비도덕적이다."(Compendium, p.245 각주.) 뿝바셀리야(Pubbaseliya, 東山部)는 'Dhammataṇhā abyākatā'라고 하면서 "Dhammataṇhā na dukkhasamudayo"라고 주장했음(Kv. xiii. 9-10)에 주목할 만하다. 〈참조〉 MN. Ⅰ. 352: 담마라고(Dhammarāgo, 法愛), 담마난디(Dhammanandī, 法喜).; 나가르주나는 다르마찬다(Dharmacchanda)도 비난했다.

208) 때로 딴하는 까마딴하(kāmataṇhā, 欲愛), 바와딴하(bhavataṇhā, 有愛), 위바와딴하(vibhavataṇhā, 無有愛)의 세 단계로 설명된다. SN. Ⅱ. 100, Ⅲ. 26, AN. Ⅲ. 445; 때로는 두 단계로 설명된다. Ud. p.34. 바와딴하와 위바와딴하; 때로는 (감

우빠다나(執着): 우빠다나(Upādāna, 執着)[209]는 갈망하던 대상에 달라붙는 것으로, 딴하에 의해 '조건지어'진다.

바와(生): 바와(Bhava, 生)의 정확하고 온전한 의미는 [쿳다까(Khuddaka)의 후대 부분을 제외한] 니까야에서 분명치 않다. 바와는 까마바와(kāmabhava, 欲有), 루빠바와(rūpabhava, 色有), 아루빠바와(arūpabhava, 無色有)로 분류된다.[210] '바와'가 한 번도 평가절하된 적 없는 용어임을 보여주는 리스 데이비즈 여사의 주장은 설득력이 없다.[211]

12 니다나에 대한 결론 — 연기에 대한 이러한 표현 (즉 12연기 정형구)은 어느 한 개인이 만든 의도적 사고의 결과라는 가정을 거부한다. 따라서 그 용어의 의미와 관계를 독특하게 결정하려는 시도는 헛수고다. 이런 것은 역사적인 방법으로만 처리할 수 있다. 그 일반론과 둑카 사무다야(dukkha samudaya, 苦集)에 적용하는 핵심 개념을 제외하면, 정형구는 첨가, 융합, 분석을 통해 발달되었다. 결과적으로 완전히 발달된 형태에서 애매모호한 분위기가 있으며, 세부사항에서는 모순되는 부분도 있다. 오랜 기간 두서 없이 발달하는 과정으로 인해 기이해지기도 했음을 인정하는 것이 일관된 체계를 위해 이러한 특이함을 줄이려는

각과 관련하여) 여섯 단계로 설명된다. DN. 경전 15, SN. Ⅱ. 3. 딴하위짜리따(Taṇhāvicarita, 갈애의 사념)에 대해서는 AN. Ⅱ. 212f 참고; 딴하는 라가(Rāga, 貪), 찬다(Chanda, 慾), 뻬마(Pema, 愛情), 삐빠사(Pipāsā, 渴望), 빠릴라하(Pariḷāha, 熱惱)와 같은 종류에 속한다고 볼 수 있다.(AN. Ⅱ. 174). 〈참조〉 Dhp. 「딴하왁가(Taṇhāvagga)」; 말루와(Māluvā) 덩굴식물의 비유는 MN. 경전 45에서도 볼 수 있다.

209) DN. 경전 15와 「니다나상윳따(Nidānasaṃyutta)」의 경전 2(2)는 네 단계[까마우빠다나(kāmaupādāna, 欲取), 딧티우빠다나(diṭṭhiupādāna, 見取), 실라바따우빠다나(sīlabbataupādāna, 戒禁取), 앗따와다우빠다나(Attavādaupādāna, 我語取)]로 설명한다.

210) 앞의 인용문.

211) 〈참조〉 Dhp. 게송 282.

것보다 역사를 공부하는 사람들이 해야 할 일이다.[212)]

---

212) (a)후대 테라와다에서 연기에 대한 해석: 연기는 어떤 삶의 깜마바와(Kamma bhava, 業有)가 다른 삶의 우빠빠띠바와(Upapattibhava, 生有)를 결정한다는 원리와 설명을 확장시켰다. 아윗자, 딴하, 우빠다나, 상카라, 깜마는 깜마바와를 이루는 반면, 윈냐나, 나마루빠, 살라야따나(六處), 팟사, 웨다나는 우빠빳띠바와를 이룬다. 정형구는 과거생의 깜마바와 중에서는 두 가지 요소만[나머지는 그 안에 내포], 현생의 깜마바와 중에서는 다섯 가지 요소 모두를 언급하는 반면, 미래는 단지 자띠(Jāti, 生)와 자라마라나(Jarāmaraṇa, 老死)만 언급함으로써 우빠빳띠바와를 보여주고 있다.(Compendium. pp.262-264에서 Aung의 주석.) 개별 항목과 관계에 대한 설명은 Vm. p.369f 참고.; 아윗자는 진리를 보는 데 장애물, 상카라는 본질적으로 의욕[쩨따나(cetanā, 意圖), 윈냐나(viññāṇa, 識)]과 '그 결과로 생겨난' 여섯 가지 의식이며, 나마루빠는 네 가지 칸다로 남아 있다. 바와(Bhava, 存在)는 깜마바와와 우빠빳띠바와의 두 가지다.;
(b) 사르바스티바다(說一切有部)에서 연기에 대한 해석: 비즈냐나(Vijñāna, 識)는 태어나기 전의 영향력[아비드야(Avidyā, 無明)와 삼스카라(Saṃskāra, 行)]에서 발생하는 새로운 삶의 첫 순간이다. 그 다음 일곱 가지 요소는 배아에서 어린이, 청소년, 성인으로의 발달을 나타낸다. 트리스나(tṛṣṇā, 渴愛) 단계는 성적 원숙 단계에 해당된다. 마지막 두 가지 요소는 내생과 관련된다. 모든 요소는 도처에 존재하며, 상대적 중요성의 차이만 있을 뿐이다(Stcherbatsky, Central Conception, pp.28-29). 이런 해석은 MN. Ⅰ. 265-270에서 지지받고 있음에 주목할 수도 있다.; 로젠베르그(Rosenberg)는 정형구에 대해 대중적인 해석과 철학적 해석을 구분한다. "대중적 해석이 여기서 주목하는 것은 의식적 존재의 삶의 묘사인데, 이 묘사는 세 번의 연속하는 삶을 포함한다(eine Lebensbeschreibung des bewuszten Wesens wobei diese Beschreibung drei aufeinanderfolgende Leben umfaszt.)."라고 본다.(Die Probleme, p.211.) "이때 순서상 다음 용어는 어떤 논리적 의미나 역동적 의미에서 이전 것으로부터 발생되지 않지만, 후자에 의해서(dasz er in der Folge des ersten in die Erscheinung tritt)"라는 의미로 결정된다.(위의 책, p.215.); 철학적 해석의 과제는 십이연기(十二緣起) 정형구를 '다르마(Dharma) 이론'의 관점으로 설명하는 것이다.(위의 책.) 이런 관점에서 보면 다르마 복합체의 끝없는 변형이 존재하고 이로부터 기반요소들의 유형화가 행해지지만, 그 요소들은 그럼에도 불구하고 개별적으로 서로 다른 것이며 결코 반복되지 않는 것이다(eine endlose Transformation des Dharmakomplexes, es erfolgt eine Umgruppierung der Substratelemente … die aber doch individual verschieden sind and sich niemals wiederholeṅ). (위의 책, p.216.)"; Ab.K.에서 아비드야는 Pūrvakleśadaśā로, 삼스카라(Saṃskāra, 行)는 오랜 카르만(Karman, 業)으로 정의된다(Vol.Ⅱ. p.62 각주 1번). 바와는 "Bhavatyanena"로 설명된다(위의 책, p.64). 즉, 바와는 깜마바와와 동일시된다.; 프라티티트야삼웃파다는 Kṣaṇika, Prākarṣika, Sāmbandhika, Āvasthika의 네 가지로 생각된다(위의 책, p.65f.). 첫 번째는 어떤 열정적 행위에서 열두 가지 요소가 모하(Moha, 痴)[아비다(Avidā)], 쩨따나(cetanā, 意圖)[삼스카라(Saṃskāra, 行)], 분명한 비즈냐나(vijñāna, 識), 수반되는

[네 가지 또는 세 가지] 스칸다(skhandha), 감각, 이들에 적용된 느낌, 라기(rāga, 貪)[taṇhā, 渴愛], 파리야바스타나(Paryavasthāna) 등과 같은 우빠다나(upādāna, 執着), 바와(Bhava, 存在), 이 모든 다르마의 결과물[Jāti, 生], 그들의 빠리빠까(Paripāka)[Jarā, 老], 방가(Bhaṅga)[maraṇa, 死]임을 깨닫는 것을 나타낸다. 이는 모든 열정적 삶[Kleśa, 煩惱]에 프라티트야삼웃파다가 내재되어 있음을 강조한다. 또한, Prākarṣik는 Prabandhayukta와 Sāmbandhika이고, Hetophalasambandhayukta다(위의 책, 각주 1번). 이는 Āvasthika로, 다섯 가지 스칸다(skhandha)에 대한 설명의 연속으로 이루어져 있기 때문이다. Saṅghabhadra에 의하면, 아비다르마 스승들은 붓다가 마지막 측면에서 프라티트야삼웃파다를 가르쳤다고 생각했다(위의 책, 66 각주 5번).

제12장 니르바나(Nirvāṇa, 涅槃)

니르바나에 관한 논란과 역사적 관점 — 예로부터 붓다가 가르친 니르바나(Nirvāṇa 涅槃)의 특성에 관해 다양한 해석이 있었다. 후대에 발달된 철학적 사상을 감안할 때, 원전의 정확성이 부족해 보인다는 사실에 일부 원인이 있을 것이다. 따라서 해석하는 사람은 함축되어 있는 의미를 밝히는 데 관심을 가졌으며, 이때 자연스럽게 해석자가 가지고 있는 철학의 도움을 받았다. 해석자마다 다른 철학을 가지고 있으므로 해석이 다양해지는 것은 필연적인 결과였다. 뿐만 아니라 해석자의 철학적 기호에 따라 서로 다른 내용을 강조했으며, 새로운 내용을 만들기도 하고 일부 마음에 안 드는 내용은 삭제까지 했다.[1] 그럼에도 불구하고 후대 이론 중 일부는 원본 또는 니까야(Nikāya) 문헌에 근거하고 있다고 말할 수 있다. 이러한 후대 개념이 풍부하기 때문에 니까야 내용의 보편적이고 심오한 암시성이 부분적으로 유실되었을 가능성이 있다. 이 과정을 통해 우파니샤드(Upaniṣad)와 후대 베단타(Vedānta) 학파 사이에 유사점이 있다는 역사적 관계도 볼 수 있다. 나가르주나

1) 원본임을 표방하는 마하야나(Mahāyāna, 大乘) 경전 대부분이 '후대'의 것으로 인정된다. 마하야나(Mahāyāna, 大乘) 이전에도 이따금 특정 경전의 진위에 대해 부파 간 논쟁이 있었다. Ab.K. Vol.V. p.251.

(Nāgārjuna, 龍樹)는 샹카라(Śaṅkara)가 우파니샤드에서 말한 것이 '붓다와짜나(Buddhavacana, 붓다의 말)'라고 설명하는 경향이 있다. 이런 의견에 대한 부연은 아래에서 다룰 것이다.

니르바나에 대한 해석 — (I) 고대

(a) 테라와다(Theravāda, 上座部)

테라와다 주석 전통은 Dhs(Dhammasaṅgaṇi)의 '아상카따다뚜(Asaṅkhatadhātu, 無爲界)'와 니르바나를 동일시하고 있지만, 리스 데이비즈 여사에 따르면 후대에 발달된 내용이다.[2] Dhs에서는 아상카따다뚜는 윤리적 '아비야까따(abyākata, 無記)'로, "개념작용이나 추론적 사고가 없고", 무한하며(appamāṇa), 원인도 없고, 관련도 없으며, 볼 수 없고, 영향도 없으며, 물질적 형태 없이 초자연적인, 지성이 아니고 파생되지도 않으며, 기쁨을 주지도 않고 기쁨이 동반되지도 않으며, 편안하거나 무관심하고, 어떤 것도 넘어서지 않는 것이라고 설명한다.[3] 모든 형태(Sabbaṃ rūpam)와 대비되며,[4] "배우는 신분에 관계하지도 않고 관계하지 않는 것도 아닌…" 아라핫따(Arahatta, 阿羅漢 地位)와도 구분된다.[5]

한편, '닙바나(Nibbāna, 涅槃)'라는 용어는 Dhs에 한 번 나오지만 역시 마찬가지로 마지막 문장에서 닙바나가 두 종류의 위뭇띠(Vimutti, 解脫) 중 하나라고 말한다.[6]

아상카따(Asaṅkhata, 無爲)와 Dhs의 닙바나가 두 가지 방식, 즉 형이

---

2) BPE.(Buddhist Psychological Ethics) p.166, 각주 1; 367.
3) 위의 책, pp.368-369.
4) 위의 책, p.166, 각주 1번.
5) 위의 책, pp.264-265.
6) 위의 책, p.259, 각주 2번. 〈참조〉 "Tattha aṭṭha samāpattiyo sayaṃ vikkhambhitakilesehi accantavimuttattā vimuttīti"(Aṭṭhasālinī, p.322, Bapat · Vadekar 편.)

상학적으로 또는 '그 자체로', 정신적 노력의 최종 목표로서 봤을 때 동일한 것이라고 말할 수는 없지 않을까?

까타왓투(Kathavatthu, 論事): Kv. 시대(또는 Kv로 대표되는 시기 중 한 때)에 테라와딘(上座部)은 "영구(永久)하고 영원하며 변하지 않는 법이다."[7]라고 설명하며, 아나람마나(anārammaṇa, 無所緣),[8] 찟따위빠윳따(cittavippayutta, 心不相應)[9]로 생각되는 닙바나의 단일성을[10] 엄격히 고집했다.

『밀린다빤하(Milindapañho)』는 닙바나를 긍정적인 것,[11] 출세간적으로 영원하고[12] 지극히 행복이 넘치는[13] 것으로 여긴다. 이는 경험될 수는 있지만[14] 설명될 수는 없다.[15]

붓다고사: 붓다고사(Buddhaghosa)는 닙바나를 "고요함을 특징으로 하고, 죽지 않음 혹은 편안함을 작용으로 하며, 표상 없음 혹은 망상 없음으로 나타난다."라고 말한다.[16] 그는 닙바나는 비존재라거나 단지 열망 등의 부재 혹은 소멸이라는 견해와 힘차게 싸운다.[17] 사우빠디세사(saupādisesa, 有餘)와 아누빠디세사(anupādisesa, 無餘)라는 용어는 단지 닙바나(Nibbāna, 涅槃)의 부수적인 개념일 뿐이며, (경험할 수는 있지만) 형

7) Kv. 1. 6.: Dhuvaṃ sassataṃ avipariṇāmadhammaṃ
8) 위의 책, 9. 5.
9) 위의 책, 14. 6.
10) Points of Controversy, p.137, 각주 4번.
11) MP.(Milindapañho)(Nāgarī본) p.265.
12) 위의 책, p.316; 264.
13) 위의 책, p.317, 72, 306 빠라망 수캉(paramaṃ sukham), 에깐따수캉(ekanta sukham)이라 부른다.
14) 위의 책, p.263, 265.
15) 위의 책, p.309-310.
16) Vm. p.355.: Santilakkhaṇaṃ accutirasaṃ assāsakaraṇarasaṃ vā, animittapaccupaṭṭhānaṃ nippapañcapaccupaṭṭhānaṃ vā.
17) 위의 책.

언할 수 없는 본질이다.[18]

아누룻다짜리야: 아누룻다짜리야(Anuruddhācariya)에[19] 대한 견해는 더 분명하고 간단하게 표현되지만, 근본적으로 동일하다. 그에게 닙바나는 영원하고 초월적이며 궁극이고 "실현할 수 있으며"[20] 독특하다. 이는 '막가팔라(maggaphala, 道果)'의 '아람마나(ārammaṇa, 所緣)'다.[21]

따라서 테라와다에서는 그 긴 역사를 통해 일관되게 닙바나가 긍정적이고, 경험될 수 있고, 형언할 수 없으며 가장 가치 있는 궁극이라고 생각해 왔다.

(b) 바이바시카(毘婆沙師)

세 가지 니로다: 『비바사(Vibhāṣā, 毘婆沙)』에 따르면, 세 종류의 니로다(Nirodha, 滅), 곧 프라티상키야니로다(Pratisaṅkhyānirodha, 擇滅), 아프라티상키야니로다(apratisaṅkhyānirodha, 非擇滅), 아니티야타니로다(anityatānirodha, 滅盡)가 있다.[22] 처음 두 가지는 아삼스크르타(asaṃskṛta, 無爲)인 반면, 세 번째는 삼스크르타(saṃskṛta, 有爲)다. 『즈냐나프라스타나(Jñānaprasthāna, 阿毘達磨發智論)』는 첫 번째를 "모두 벗어난 니로다(visaṃyoga, 離繫)"라고 설명한다.[23] 이런 위상요가(Visaṃyoga, 離繫)는 만들어지지 않는다. 오직 프라티상키야(擇)를 통해 성취할 뿐이다.[24] 아프

---

18) 위의 책, 356 〈참조〉 Dutt, Aspects, pp.170-71.
19) *역자주: Acariya Anuruddha는 11, 12세기경 테라와다 전통의 Abhidhammatthasangaha를 정리하는 데 기여한 출가자이다.
20) 삿치까땁바(Sacchikātabba, 실현되어야 하는).
21) Abhidhammatthasaṅgaho, pp.124-125(ed. Kosambi.)
22) La Vallée Poussin, B. L'Ec. Fr. 1930, p.1.
23) 위의 책, p.2.
24) Ab.K. Vol.Ⅰ. pp.8-9. 프라티상키야(Pratisaṅkhyā, 擇)는 독특한 종류다.(위의 책); La Vallée Poussin, 앞의 책, p.6.

라티상키야니로다는 "모두 벗어나지 않은 니로다"로 정의된다.[25] 아니티야타니로다(anityatānirodha, 滅盡)는 "삼스카라(saṃskāra, 行)의 흩어짐, 균열, 중지, 붕괴, 소멸, 여읨"이다. 이로써 삼스카라의 활동이 끝난다는 것을 분명히 나타내고자 한다. 그러나 '스바바와(svabhāva, 自性)'는 부서지지 않는다.

니르바나: 첫 번째 니로다는 니르바나(Nirvāṇa, 涅槃)라 부르는데, 모두 동시에 얻지는 않는다는 의미에서 아사다라나(Asādhāraṇa, 專門的)이고, 공통 조건이 없다는 의미에서 아사바가(asabhāga, 無同分)이다. 쿠샬라(Kuśala, 善)와 니티야(Nitya, 常)다.[26] 스칸다(Skandha, 蘊)도 아니고 스칸다가 없는 것도 아니지만, "고유한 존재를 얻는 것은 단지 상대적으로 오염된(Sāsrava, 有漏) 스칸다일 뿐이다."[27] 아바르나(Avarṇa, 無階級)라 부르는 것에 대한 설명 중 하나는 아리야(Arya, 聖者)에 의해 '직접적 의식(Pratyakṣa, 現量)에서' 실현된 것이다.[28] 이는 빠라마(Parama, 最上), 프라티베다(Prativedha, 通達), 빤디따쁘리마니아(Paṇḍitapremaṇīya, 현자의 애정), 그리고 닛사라나(Nissaraṇa, 出離)다. '니루빠디(Nirupādhi, 無依)'일 때 다르마타(Dharmatā, 法性)만 남는다.[29]

'실체'로서 니르바나: 니르바나는 실재하며 영원하다고 표현된다. 다르마락샤나(Dharmalakṣaṇa, 法相)가 중지된 채 계속되는 법자성(法自性)이다. 체르바스키(Stcherbatsky)는 이를 상키야의 프라크르티(Prakṛti, 自性)

---

25) 앞의 인용문. 〈참조〉 Ab.K. Ⅰ. p.1: Sogen, Systems of Buddhist Thought, pp.164-165.
26) La Vallée Poussin, 앞의 책, pp.8-9.
27) 위의 책, p.10.
28) 위의 책, p.16. 프라티상키야 또는 프라즈냐는 추론적이지 않고(Atīraṇa) 직관적이다. Ab.K. Ⅰ. p.81.
29) 위의 책, p.27. 〈참조〉 Ab.K. Ⅰ. pp.70-71.

와 적절하게 비교한다.[30] 이것은 비인격적이며 설명할 수 없다. "일체의 본질은 심오하다. 확실히, 이성적 사유로 확인될 수 없다."[31] 요컨대, 제때에 활동으로 경험하는 요소의 비세속적 본질이다.[32]

(c) 사우트란티카(Sautrāntika, 經量部)

그들은 대체로 '니르바나'의 완전히 부정적인 특성을 믿었지만,[33] 그와 동시에 '완전히 정지하는 수준으로 바뀐 섬세한 의식의 존속'을 믿었다. 그러나 일부는 이를 부인했다.(Obermiller, 앞의 책, pp.235-37; Stcherbatsky, 앞의 책, pp.29-31; Dutt, 앞의 책, pp.177-82.)

(d) 비즈냐나바딘(Vijñanavādin, 唯識思想) 또는 요가차라

요가차라(Yogācāra, 唯識派, 瑜伽行派)에 의하면, 보디삿트바(菩薩)는 파라브르티(Parāvṛtti, 轉, 변화)의 발현을 통해 마하파리니르바나(大般涅槃)를 얻는다. 니르바나는 그 본성에서 본질적으로 청정하지만 구름에 덮인 달처럼 도(道)의 바람이 그 우연한 덮개를 소멸시킬 때에야 비로소 볼 수 있게 된다. 이런 현시를 니르바나의 성취라고 부른다. 『성유식론

30) Nirvāṇa, pp.27-28. 그러나 일부 바이바시카(Vaibhāṣika, 毘婆沙師)는 순수한 정신적 원리가 "존속"된다고 믿었다. Obermiller, I.H.Q. X. p.235 참고.

31) Ab.K. Ⅳ. p.65.

32) Dutt 교수는 Stcherbatsky의 해석이 "경전뿐 아니라 비경전 문헌을 통해서도 입증되지 않는다."고 말한다(앞의 책, p.163). 즉, 닙바나라 부르는 아삼스크르타 다뚜(Asaṃskṛta dhātu, 無爲 要素)와 삼스크르타(saṃskṛta, 有爲) 요소의 다르마스바바와를 동일하게 볼 만한 근거가 없다는 설명이다. Dutt 교수는 무수히 많은 푸루샤(Puruṣa, 神我)가 하나의 아삼스크르타 다뚜를 이루는 경우 상키야의 푸루사(Puruṣa, 神我)에서 니르바나에 해당하는 것을 찾았다.(위의 책, p.164.)

33) 샹카라(Śāṅkara)가 BS. 2.2.24에 대한 주석에서 비판한 것이 이런 견해임이 명백하다.: "Avastu nityaṃ ceti vipratiṣiddhaṃ Na hyavastuno nityatvamanityatvaṃ vā sambhavati, vāstavāśrayatvāddharmadharmivyavahārasya."

(Vijñaptimātratāsiddhi, 成唯識論)』[34]에서는 네 종류의 니르바나를 구분하고 있다.

(1) 무시청정열반(Anādikālika prakṛti śuddha nirvāṇa, 無始淸淨涅槃): 이 열반은 그 자체로 청정하다. 무수하고 무한한 탁월한 특성을 띠며, 생멸에서 자유롭고, 우주처럼 모든 존재에게 동등하고(sama, 平等) 공통(sādhāraṇa)된다.[35] (다르마타, Dharmatā, 法性 자체인) 다르마(Dharma, 法)와 동일하지도 않고 다르지도 않으며, 모든 '니밋따(nimitta, 表示, 相)'와 '위깔빠(vikalpa, 分別)'에서 자유롭고, '위따르카 위차라(vitarka-vicāra, 尋伺)'와 언어를 넘어서며, 그 안에서 실현된다. 이는 영원히 고요한 따타따(Tathatā, 眞如)다.

(2) 유여열반(Sopadhiśeṣa nirvāṇa, 有餘涅槃): 클레샤(Kleśa, 煩惱)의 덮개에서 벗어난 따타따와 같다. 그러나 우빠디(Upadhi, 依着)는 남아 있는데, 말하자면 "미세한 괴로움을 뒷받침하는 응보의 다르마(Dharma, 法)는 아직 끝나지 않았다."

(3) 무여열반(Nirupadhiśeṣa nirvāṇa 無餘涅槃): 상사라(Saṃsāra, 輪廻)의 고통에서 벗어난 따타따다. 클레샤는 물론, '유루고과류입(Sāsrava duḥkhaphalāśraya, 有漏苦果流入)'인 모든 우빠디도 고갈되었다.

(4) 무주열반(Apratiṣthita nirvāṇa 無住涅槃): 소지장(Jñeyāvaraṇa, 所知障)에서 자유로워진 따타따이며, 언제나 마하까루나(Mahākaruṇā, 大悲)와 마하프라즈냐(Mahāprajñā, 大慧)의 도움을 받는다. 마하프라즈냐 덕분에 상사라에 고정되지 않으며, 까루나(Karuṇā, 悲)는 '니르바나'에서 안주하게 되는 것을 막아준다. 이는 '아파란타코티니스타(aparāntakoṭiniṣṭha, 窮

34) Hiuan Tsang, La Vallée Poussin 역, Vol.Ⅱ. pp.670ff.
35) 〈참조〉 Saddharmapundarīka(妙法蓮華) V. 83.

未來際)'이며, 그럼에도 불구하고 항상 고요하다. 이 중에서 마지막 세 가지는 첫 번째 정신적 경험에 연이어 나타나며, 이것이 영원한 니르바나다.[36)]

따라서 니르바나는 궁극의 본질적 실재(paramārtha, 眞諦 · parinişpanna lakşaņa, 圓成實相)다. 이것이 니라와라나 따타따(Nirāvaraņa Tathatā, 顯現眞如), 수비슛다 다르마다투(Suviśuddha Dharmadhātu, 淸淨法界)다.[37)] 이는 수행승의 정신적 원칙으로, 말하자면 니르바나와 상사라 사이에 궁극적 차이는 없다. "귀속된 측면에서 … 인과적으로 의존하는 요소는 현상적 삶을 이루고 … 절대적 측면에서 … 같은 요소는 니르바나를 나타낸다. 상사라에서 니르바나로의 전환은 주요 관점의 변화다."[38)] 절대적 본질에 집중하는 자는 여기에 완전히 몰두한다. 이런 과정은 현상적 요소를 파괴하지 않고 "오로지 붓다의 특성으로 여겨지는 구성요소로 완전히 변모했음(āśraya parāvṛtti, 轉依)을 … 알릴 뿐이다."[39)] 이것이 희론적멸(Prapañcopaśama, 戲論寂滅)과 동등한 다르마카야(Dharmakāya, 法身)로, 네 가지 가정의 형태[四句否定]를 넘어서고, 요소의 고유 본질을 넘어서서 영원히 고요(ādiśānta)하다.[40)]

---

36) Siddhi, Ⅱ. 679 참고.
37) Siddhi, 앞의 인용문.
38) Obermiller, 앞의 책, p.241.
39) 위의 책, p.242.; Laṅkāvatāra Sūtra(楞伽經), 98; Siddhi, Ⅱ. pp.610-11; 661ff.
40) 위의 책, pp.256-257. 〈참조〉 Stcherbatsky, 앞의 책, pp.31-34; Suzuki, Outlines of Mahāyāna Buddhism, Chap.XⅢ, pp.345-346, pp.349-352.; 아프라티스티타 니르바나(Apratiṣṭhita Nirvāṇa, 無住涅槃)의 중요 개념에 대해서는 Stcherbatsky, 앞의 책, p.185 각주 3번; Obermiller, 앞의 책, pp.254-255; Suzuki, Studies in the Laṅkāvatārasūtra, pp.127f 참조. Laṅkāvatāra Sūtra, 184-5. 〈참조〉 Buddhist Texts, pp.206-7(ed. Conze.)

(e) 마디야미카(Mādhyamika, 中觀派)

이들의 견해에 대한 해석은 붓다의 견해에 대한 해석보다 논란의 대상이 약간 적은 정도다. 브라흐만 철학 전통과 여러 유럽 학자들은 그들을 철저한 회의론자라고 표현해 왔다. 한편, 일본 학자들은 그와 같은 해석에 반대하는 일치된 의견을 보이며, 그 문제에 관해 상세히 연구한 체르바스키는 그들을 지지하고 있다.[41] 그는 슌야타(Śūnyatā, 空)가 단지 각각의 사물과 개념을 의미한다고 생각한다. 마디야미카는 비록 이 세상이 감각과 지성으로써 구성되어 있지만 실질적 용도로 유효하다는 것을 보여줄 목적으로, 실재에 대한 모든 생각이 변증법적이고 모순된 특성이 있음을 보여주었다. 이는 결코 만족스럽지 않다. 따라서 절대적 실재 또는 독립적 실재가 개별적 개체 또는 유한한 개체에 속할 수 없다. 다시 말해 모든 다르마는 스바바와슌냐(svabhāvaśūnya, 自性空)라고 말하게 만든다. 절대적 실재 자체에서 이야기하는 것은 그것을 결정하는 것이 될 것이다. 어떤 것이 절대적 관계를 만든다고 말할 수는 없다.[42]

나가르주나는 니르바나에 대한 논의에서 존재, 비존재 등에 관해 따타가따(Tathāgata, 如來)처럼 죽음과 앗따(Attā, 自我)를 넘어서는 초월적 주체를 분명히 설명해 달라는 요구에 붓다가 침묵한 전통에 대해, 철학적으로 일관성 있게 설명한 것으로 보인다. 확정을 요구하는 질문은 적당하지 않기에 붓다는 침묵을 지켰다. 따라서 니르바나는 비존재일 수 없으며, 조건지어지지 않고 원인 없이 존재하지 않게 될 것이다.[43]

---

41) Stcherbatsky, 앞의 책, p.35f.

42) 뒤의 내용 참고. '침묵'에 대한 설명 역시 논의되어 있다.

43) 〈예〉 MK. XXV. 8. 절대적 비존재(anupādāya abhāvaḥ)의 가정에 대해 찬드라키르티(Candrakīrti, 月稱)는 "Vandhyāputra iti śabdamātramevaiannāsyārtha upalabhyate"

같은 이유로 존재일 수도 없다.[44] 존재와 비존재 둘 다 조건지어지는(Saṃskṛta, 有爲) 반면에 니르바나는 조건이 없으므로(asaṃskṛta, 無爲) 둘 다일 수 없다.[45] 니르바나(Nirvāṇa, 涅槃)를 "존재도 아니고 비존재도 아닌 것"이라고 부르는 것은 말할 수 없는 것을 말하는 것과 마찬가지일 것이다.[46] 이는 단지 모든 현상(Prapañcopaśamaḥ)이 완전히 좋은(śivaḥ) 영원히 정지하는 것이다.[47]

불교의 니르바나 개념: '산따(Santa, 寂靜)'와 '아삼스크르타' — 이러한 개관은 불교가 니르바나를 적멸(寂滅)의 빈 공간이라고 여긴 적이 결코 없음을 보여준다. 사우트란티카(Sautrāntika, 經量部)조차도 미세한 정신적 의식이 잔존한다고 인정했다. 또한, 학파들 간에 니르바나의 아삼스크르타(Asaṃskṛta, 無爲) 특성에 대한 의견이 일치된다. 니르바나는 영원히 원인과 조건의 경계 너머에 있다. 또한, 학파들은 니르바나가 특화된 특징을 나타내는 것이 아니기 때문에 말로써 적절하게 표현할 수 없

라고 말한다.(위의 책, p.196. Cal. ed.)

44) MK. 4-7 Kārikās.

45) 위의 책, 13 Kārikās; 찬드라키르티는 "svahetupratyaya sāmagrī sambhūtatvāt saṃskṛtraḥ …"라고 말한다.

46) Stcherbatsky, 앞의 책, p.210 각주 2번 참고; MK. XXV. 16에 대한 찬드라키르티의 주석 참고.

47) MK. XXV. 24와 그에 대한 찬드라키르티의 주석. 〈참조〉 Śvet. Up. 4. 18.; 체르바스키는 나가르주나가 사실상 세 가지 니르바나를 갖는다고 말한다. "첫 번째는 영원의 측면에서 세계를 나타낸다. … 두 번째는 마하야나 성인(聖人)의 조건이다. … 세 번째는 최종 니르바나에서의 소멸에 해당한다. 첫 번째만이 궁극적으로 실재하며, 나머지 둘은 그 안에 내재하는데, 이들은 별도로 (svabhāvataḥ) 실재하지는 않는다."(앞의 책, p.185 각주 2번.); 〈참조〉 Suzuki, Studies in the Laṅkāvatārasūtra, p.129: "진정한 니르바나는 니르바나와 상사라의 일치에서 실현되는 것으로, 그 본성에서 완전하거나 슌냐(Śūnya, 空)이고, 영원주의와 허무주의의 상관성을 초월한다."

으며 오로지 직관으로만 알 수 있다는 점에 동의한다. 끝으로, 니르바나는 궁극의 선(善)으로, 모든 동요와 노력이 끝난다. 불교의 니르바나 개념은 항상 형언할 수 없는 영원한 평화의 개념을 내포하고 있다고 일반화하여 말할 수 있다.[48)]

니르바나에 대한 해석 — (Ⅱ) 현대

바실리에프(Wassiljew): 바실리에프는 "열반 또는 열반 상태의 근원적 개념은 … 완전한 무의 개념 또는 존재 계열로부터의 벗어남이란 개념 이외의 다른 것이 아니다."라고 말한다.[49)] 그러나 상사라의 정지는 '완전한 소멸'과 같지 않다.

컨(Kern): 컨은 니르바나의 우주론적 의미와 철학적 의미를 구분한다.[50)] 전자(前者)는 세 단계로, 니르바나, 파리니르바나(Parinirvāṇa, 般涅槃), 마하파리니르바나(Mahāparinirvāṇa, 大般涅槃)다. 후자(後者)는 특별히 불교적 개념은 아닌데, 학파들 간의 차이에도 불구하고, 정통 견해에 따르면 "불교철학자뿐 아니라 다른 철학자들 사이에서도 해방을 지칭하는 표현은 무엇이든 절대무의식 상태로 귀결된다."[51)]

라 발레 뿌쌩(La Vallée Poussin): 뿌쌩은 그의 『니르바나에 이르는 길』에서 니르바나를 더 이상 제한 없는, 불사(不死)나 소멸 그리고 고통의

48) Sogen은 모든 불교에서 가장 중요한 원리 세 가지 중 하나를 "Nirvāṇaṃ śāntam(涅槃寂靜)"이라고 말한다.(앞의 책, p.7, 28f); 리스 데이비즈는 니르바나를 인간의 내면에 천국이 도래하는 것에 비유하여 '이해를 초월한 평화'라고 한다.(American Lectures, p.164); Dutt, 앞의 책, pp.46-47.

49) Der Buddhismus(불교) Ⅰ. p.101.: Der ursprüngliche Begriff des Nirvāṇa oder desjenigen Zustandes … ist nichts anders als der Begriff der vollständigen Vernichtung oder des Austirtts aus der Reihe der Existenzen.

50) L' Histoire du Bouddhisme dans l'Inde (불교사, 佛譯본) Ⅰ. pp.384-385.

51) 위의 책, pp.385-387.

중지라고 생각할 수 있다고 말한다.

그는 첫 번째는 불가능하다고 보고, 두 번째는 논리적으로 안앗따(Anatta, 無我) 교리에서 비롯되었으며, 세 번째가 사실상 붓다의 입장이라고 본다. 미국 강연에서 표현된 리스 데이비즈의 견해가 이와 비슷해 보인다.[52] 뿌쌩은 다른 데서 "빠알리 문헌…의 정신과 일치하는 마디야미카(中觀派)의 해석을 믿는다."고 말했다.[53] 결국 뿌쌩은 "실질적으로 니르바나는 종말론적 절대 '그 자체', 영원한 피난처임이 매우 확실하다."고 믿기에 이른다.[54] 니르바나 개념은 요가의 황홀경에서 파생되었다. 산냐웨다이따니로다(Saññāvedayitanirodha, 想受滅)에서 '불사(不死)의 요소가 나타나며', 이는 최후의 지복을 맛보는 것이다.[55] 그렇지만 뿌쌩은 유럽인들을 위해 그처럼 생각했다. "지복(至福)에 대한 자각, 수카상웨다나(sukhasaṃvedana, 樂受)가 없는 지복, 수카(sukha, 樂)를 생각할 수 없기 때문에 서양에서는 물질적인 것부터 정신적인 것까지 독립적인 존재를 생각할 수 없으므로" 니르바나는 여전히 완전한 소멸이어야 한다.[56] 이 논평은 특별한 의미가 있다. 많은 유럽 저자들이 니르바나를 완전히 '부정적'으로 생각해 온 이유에 대해 개연성 있게 설명하였으므로 주목할 만하다.

체르바스키(Stcherbatsky): 체르바스키는 『니르바나』에서 뿌쌩을 혹평했지만, 자신도 바이바시카(Vaibhāṣika, 毘婆沙師)의 견해를 지체 없이 붓다의 견해라고 보는, 전혀 역사적이지 않은 방법을 택하고 있다. 그는

52) p.164.
53) JA. 1902. t. XX. p.247 각주.
54) L'Inde jusqu'au 300 avant J.C(기원전 300년까지의 인도), 312 각주; 〈참조〉 Opinions. p.75.
55) Dogme, p.46-47.
56) 위의 책, p.51.

다시 듀트(N. Dutt)로부터 비판받았다.[57]

듀트(N. Dutt.): 듀트는 니까야(Nikāya)에서 니르바나 개념은 윤리적 개념, 심리적 개념, 형이상학적 개념의 세 가지라고 결론짓는다. 첫 번째 측면에서는 불선한 경향 등이 파괴되고 최고의 지복을 얻는 것을 의미한다. 두 번째 측면에서는 "숙련자에게 아라한 상태의 다른 필요조건을 제공해 주는" 산냐웨다이따니로다(Saññāvedayitanirodha, 想受滅)와 동일하다. 세 번째 측면에서는, 아카샤(Ākāśa, 虛空)처럼 무한하고 형언할 수 없지만 긍정적인 어떤 것으로 보인다.[58] 이는 닙바나(Nibbāna, 涅槃), 위뭇띠(Vimutti, 解脫), 니로다(Nirodha, 滅), 아상카따(Asaṅkhata, 無爲)의 분명한 속성을 언급하는 설명일 뿐이다. 또한, '산냐웨다이따니로다'와 닙바나를 동일시하는 것은 옳지 않다.

키스(Keith): 키스는 절대적 실재가 존재한다고 믿은 것이 초기 제자 집단이 세상을 경시한 이유라고 인정하긴 했지만, 붓다가 "오늘날 현대 체계에 대한 연구에서 할 수 있는 것보다 더 큰 만족을 끌어내지 않고" 일반 개념 체계를 연구한 사람이 말하는 불가지론자(不可知論者)가 아니라고 여길 만한 어떤 이유도 없다고 생각한다.[59] 이런 견해는 '따타가따(Tathāgata, 如來)의 심오한 가르침'[60]의 진가를 확실히 알아보지 못한 것과 연결된 편견의 산물인 것 같다.

올덴베르그(Oldenberg): 올덴베르그는 논리적으로 죽음 너머의 니르바나는 단지 무(無)를[61] 의미해야 하며, 공식 입장임에도 불구하고 질문

57) Aspects, p.154ff 참고.
58) 앞의 책, pp.167-169.
59) Keith, 위의 책, p.63.
60) 이 가르침은 뒤에서 논의된다. Keith 박사의 호소력 있는 반박은 Radhakrishnan IP. Ⅰ. p.679f 참고; Schrader, JPTS. 1904-5. pp.157-158.
61) Buddha(German 9판), p.312.

에 답하기를 거절하는 것은,[62] 실제로 말로 표현할 수 없는 니르바나의 특성 때문에 붓다가 침묵했다고 생각한 것 같다. 따라서 "영원을 갈망하는 마음의 욕망은 아무것도 안 가진 것이 아니지만, 그럼에도 불구하고 사유는 그것이 붙잡고자 하는 어떤 것도 갖고 있지 않다."[63]

리스 데이비즈(Rhys Davids): 리스 데이비즈 여사는 최종 목표를 표현한 최초의 불교용어는 '니르바나'가 아니라 '앗타(Attha, 행복, 안녕, 유익)'라고 주장한다. 니르바나는 실로 "사람이 없는 최후, 부정적인 것이며, 아직 상상할 수도 없는 것을 미리 판단한다." 이는 정확히 "수행승을 위한 것도, 학구적인 철학자를 위한 것도 아닌," "중생(Bahu-jana)"을 위해[64] 설해진 메시지로서는 피해야 할 특징이다. 그러나 그녀는 앗타(Attha)가 목표를 향한 여러 초기 용어 가운데 하나라는 것, 초기불교에서 생각했던 목표를 오로지 '부정론'으로 해석하면 모든 증거를 공정하게 평가하지 못한다는 것, 붓다의 메시지를 온전히 중세 스리랑카 수행승이 이해하던 입장에서 해석해서는 안 된다는 것을 주장할 수 있었다. 물론, 이는 귀중한 공헌이다.

라다크리슈난(Radhakrishnan): 라다크리슈난은 만약 붓다가 이 세상의 변화에 영향을 받지 않는 절대적 실재를 믿었다면 니르바나는 그러한 실재를 성취하는 것이며 '깨달은 자'는 영원한 자아일 것이라고 지적한다. 하지만 붓다가 절대적 실재를 믿지 않았다면 니르바나는 무(無)이며, 변화하는 집합체(蘊)를 제외한 영원한 자아는 환상이라고 하였다.[65]

---

62) 위의 책, p.315.

63) 위의 책, p.328.: Das Verlangen des nach Ewigem trachenden Herzens hat nicht Nichts, und doch hat das Denken kein Etwas, das es festzuhalten vermochte.

64) Rhys Davids, Mrs. Original Gospel, I. pp.79-81; Sakya, 112-114.

65) Radhakrishnan, 앞의 책, pp.676-677.

리스 데이비즈 여사와 마찬가지로 라다크리슈난과 슈라더는 붓다를 불가지론자나 '허무주의자'로 보는 데 대해 강력한 연역적 고찰을 호소한다.[66] 붓다라는 사상가는 어떻게 "감각으로 이해하고 욕망으로 충족시키는 이 덧없는 세계 뒤에, 또는 위에, 또는 너머에," 아무것도 없음을 알 수 있을 만큼 심오할 수 있었을까?

슈라더(Schrader): 슈라더는 안앗따(Anatta, 無我) 이론이 다섯 가지 칸다와 세 가지 아와짜라(Avacara, 界)에만 적용되므로 완전성에는 접근조차 못했다고 주장한다. 따라서 니르바나 문제의 긍정적 대안에 대한 반론이라고 주장할 수 없다.[67] 통상 안앗따에 대한 정형구 – "이것을 '나'는 가질 수 없고, 이것은 '나'일 수 없으며, 이것은 '나'를 가질 수 없다(Netaṃ mama…)." –는 "자연에서 모든 것의 원인을 줄이고, 그럼으로써 실질적 독립체를 세상 안에서도 세상 너머에서도 구하지 말아야 함을 드러내는" 의미일 뿐이다.[68] 절대는 우주론 측면과 무우주론 측면을 갖고 있다. 우주론 측면은 우파니샤드의 "탓트왕아시(Tat tvaṃ asi, 네가 그것이다)"에서 고전적 표현을 찾고, 무우주론 측면은 "네티 네티(Neti Neti, 이것도 아니고 저것도 아니다)"에서 찾으며, "오직 무지(無知)만이 자연적인 것과 초자연적인 것 사이에서 어떤 관계를 조금이라도 생각해낼 수 있음"[69]을 처음으로 분명하게 본 붓다[70]에게서 그 절정에 이르렀다.

바루아(Barua): 바루아의 견해는 뒤에서 살펴보겠지만, 그는 니르바

66) 위의 책, p.679; 690-691; JPTS. 1904-'5, p.159. 초기 철학을 해석하면서 믿음 부분에 대해 라다크리슈난 교수가 Burnet의 Early Greek Philosophy(초기 그리스 철학), pp.1-2를 참고한 것은 매우 적절하다.
67) Schrader, 앞의 책, pp.160-161.
68) 위의 책, p.164.
69) 위의 책, p.163.
70) 위의 책, pp.161-162.

나의 '부정론' 형태를 분명하게 부인한다.[71]

결론 — 다음과 같은 니르바나 문제에 대하여 그 본성이 이해되는 것인지 아닌지 답변해야 한다. (a) 니르바나는 어떻게 실현되는가? 이 문제에는 삼보디(Sambodhi, 正覺)와 그 내용에 대한 분석이 포함된다. (b) 니르바나는 존재 및 경험과 어떻게 관련되는가? 비존재 혹은 비경험은 충분히 설명될 수 있는가? 만약 니르바나가 무한한 원리라면 유한한 삶과 경험에 관련되는 것은 무엇인가? 이 문제에는 니르바나와 다르마(法) 및 프라티트야삼웃파다(緣起)의 관계에 대한 분석이 포함된다. (c) 누가 니르바나를 실현하는가? 혹시 이런 질문이 용납될 수 없는가? 이 문제에는 앗따(Attā, 自我)와 붓다의 '침묵'이라는 골치 아픈 문제에 대한 분석이 포함된다.

소빠디와 니루빠디 — 니까야 관점에서 소빠디세사(Sopadhisesa, 有餘) 닙바나와 니루빠디세사(Nirupadhisesa, 無餘) 닙바나의 구분은 아주 초기의 것으로는 보이지 않는다. 그 역사의 단계에서 우빠디(依着)는 칸다(蘊)와 관련 없다.[72] 니루빠디세사 닙바나(無餘涅槃)로 살고 있을 때조차[73] 우빠

71) The Mahābodhi, 1944, March-April, p.61f.

72) MN. Ⅰ. 262는 닙바나와 대조하여 우빠디를 아내, 자녀, 노비, … 재산과 동등한 것으로 나타낸다.(〈참조〉 위의 책, p.106); SN. Ⅰ. 6, 107-8; Sn. 「다니야 숫따(Dhaniya sutta)」, 게송 16-17.

73) 「다니야 숫따(Dhaniya sutta, 陀尼耶經)」는 가정생활을 집 없는 생활과 대비시키며 사후에 얻을 수 있는 상태가 아니라고 은연중에 내비치는 것으로 보인다. 〈참조〉 It. 경전 44는 산문이 실제로 게송과는 다른 견해를 포함하고 있을지도 모른다.; AN. Ⅳ. 75에서 빅쿠니(比丘尼)는 이것(Etā)을 일부는 위뭇따(Vimuttā, 解脫者)로, 일부는 아누빠디세사 수위뭇따(anupādisesā suvimuttā)로 부른다고 분명히 밝힌다. 여기서 후자는 분명히 살아 있다.

디를 '포기'하지 않는 한 닙바나는 있을 수 없다.[74] 닙바나의 실현 이후에 존경받을 만한 사람은 외적 변환을 경험할 수 있다. 그 사람에게 죽음은 매우 대수롭지 않은 일이다.[75]

붓다와 아라한 — 붓다와 아라한(Arahant, 阿羅漢) 사이에 본래적으로 어떤 차이가 있다는 것은 사실 같지 않다.[76] 깨달음을 얻은 뒤에 고따마(Gotama)는 다른 사람들에게 스스로 수행해서 붓다, 아라한의 상태를 성취하는 방법에 대해 설하였다. 시간이 흘러 아라핫따(Aragatta, 阿羅漢의 境地)와 붓다의 경지라는 구분을 가져오는 과정에서, 후자는 니르바나를 성취하는 데 꼭 필요한 요소가 아니라고 여기게 되었다. 마하야나에서는 이런 견해를 반대했던 것으로 보인다.[77] 오직 붓다만이 니르바나를 실현했다고 말할 수 있으며, 붓다의 경지는 잠재적으로 모두에게 열려 있다. 어쨌든 붓다의 니르바나 개념에 관심 있을 뿐이므로 스스로 붓다가 되지 않았다고 인정했던 히나야나 아라한의 경험에 관

---

74) SN. Ⅰ. 117, 118, 136, 124, 134, Ⅱ. 107, 108-9, Ⅲ. 132, Ⅴ. 226; MN. Ⅰ. 136f, 167, 436, 453, Ⅲ. 245.

75) 〈참조〉 MK. V. (Cal. ed). XXV. 1f.; 칸다라는 의미에서 우빠디의 제거가 필수적이라면 니르바나는 원인 없이 남아 있지 않게 될 것이라고 주장할 수 있다. 앞서 말한 제거가 니르바나에 대한 앎에 필수적이라면 결과적으로 붓다는 완전한 깨달음의 순간에도 니르바나를 제대로 알지 못했다는 말이 된다. 사실상, 아라한은 반복되는 정형구에서 "안우빠따사닷토(anuppattasadattho, 最高善을 획득한)"라고 묘사된다.; 깨달음 이후의 죽음은 실제로 정신적 과정의 관점에서 무관하다고 여겨져야 한다. 후기 스콜라 철학에서 이해했듯이, 소빠디세사(有餘)와 니루빠디세사(無餘)의 차이는 니르바나의 본성과도 관련 없고 니르바나의 '실현'과도 관련 없다. 오직 특별한 아라한의 전기(傳記)와 관련될 뿐이다.

76) Dialogues Ⅱ, Pāṭika sutta의 소개글.

77) 리스 데이비즈 여사에게는 "출가자보다는 재가자를 위한 편협한 배려"가 붓다의 사상을 적절히 안내할지 불신하는 듯한 생각이 바탕하는 것으로 보인다.

해 전적으로 판단하지 않기로 한다.[78]

요컨대, 삼마삼보디(Sammāsambodhi, 正等覺)와 닙바나는 본질적으로 연결되어 있다고 본다.[79]

보디(Bodhi, 覺) — MN의 「바야베라와 숫따(Bhayabherava sutta, 怖駭經)」, 「상가라와 숫따(Saṅgārava sutta, 傷歌邏經)」, 「마하삿짜까 숫따(Mahāsaccaka sutta, 薩遮迦大經)」에서는 붓다가 깨달음을 얻는 동안 네 번째 선정에 이르렀고, 밤의 연이은 세 경계에 세 가지 윗자(Vijjā, 明智)를 얻었다고 한다. MN의 「떼윗자왓차곳따 숫따(Tevijjavacchagotta sutta, 婆蹉衢多三明經)」에서 붓다는 세 가지 윗자 외에는 어떤 의미에서든 전지(全知)의 소유를 부인한다.[80] DN의 「사만냐팔라 숫따(Sāmaññaphala sutta, 沙門果經)」에서는 세 가지 윗자의 성취가 사문의 마지막 결실임을 은연중에 드러내고 있으며, DN뿐만 아니라 MN의 여러 경전에서도 그런 견해를 되풀이하고 있다. SN에서[81] 새로이 전향한 수시마(Susīma)는

78) 〈참조〉 Dutt, 앞의 책, p.135, 198-210. 마하야나의 해석은, 비록 후대의 것임에도 불구하고 어떤 경우에는 그에 상응하는 히나야나의 해석보다 붓다에 더 가까운 것으로 보인다. 〈참조〉 "종교적 믿음은 때로 시간과 공간의 장벽을 뚫고 나아갈 수 있으며, 대상을 직접 파악할 수도 있는 것 같다."(Burnet, Early Greek Philosophy. 1943. p.1).

79) 〈참조〉 "종교는 경험과 그에 대한 생각 및 행위의 표현을 의미한다. … 경험과 이를 증언하는 표현이 서로 연관되는 것은 필연적이다." J. Wach, Twentieth Century Sociology(20세기 사회학), p.425.(G. Gurvitch · W.E. Moore 편.)

80) MN. Ⅱ. 121.f.

81) 다른 곳에서는 동시에 존재하는 전지(全知, sakideva sabbaṃ ñassati, MN. Ⅱ. 127.)만 부인한다. 여기서 부인된 견해는 후대에 마하상기까(Mahāsāṅghika, 大衆部)와 밧찌푸트리야(Vātsīputrīya, 犢子部)가 갖고 있던 견해 중 하나다. (Ab.K. V. pp.254-5 참조); 자이나교 역시 비슷한 견해를 갖고 있었으나, 동시에 존재하는 전지(全知)는커녕 전지(全知) 자체에 대한 그들의 주장은 비웃음을 샀다.[MN.Ⅰ. 「산다까 숫따(Sandaka sutta)」 참고.]; 사르와스띠와딘(說一切有部)은 원하는 것은 무엇이든 즉각 알 수 있다는 뜻에서 붓다가 전지(全知)하다고 생각했다.(Ab.K. 1. c.)

몇몇 수행자가 안냐(Aññā, 究竟智)를 성취했다고 말하는 것을 듣고서[82] 그들에게 여러 가지 가운데 세 가지 윗자에 대해 질문한다.

윗자 — 삼보디(Sambodhi, 正覺)뿐만 아니라 아라한의 지위까지 행진하는 마지막 단계와 세 가지 윗자(Vijjā, 明智)를 동일시하는 전통이 있었다고 결론지을 수 있다.[83] 나아가 수시마 이야기는 더 최근에 발달된 것[84]에 익숙하지 않은, 불교도가 아닌 여러 빠리바자까(Paribbājaka, 遊行者)가 어떻게 윗자에 관한 견해를 지니고 있었는지를 보여준다.

위뭇띠(Vimutti, 解脫) — 세 가지 윗자의 정점[85]은 궁극에 이르렀음에 만족하면서 쉬고 있는 찟따(Citta, 心)의 자유를 스스로 인식하는 데서 이루어진다. 따라서 반복되는 정형구는 "마음이 해탈한다. 해탈했을 때 해

---

82) 안냐(Aññā, 究竟智)는 전체적으로 최상에 이르게 하는 앎으로 보인다. 삼붓다(Sambuddha, 等覺者)는 삼마단냐(Sammadañña, 完全智)다.(SN.Ⅰ. 4.) 삼마단냐를 통해 아리야(Ariya, 聖人)는 빠리닙바나에 들어간다.(SN. Ⅳ. 128.) 안냐는 카야냐나(Khayañāṇa, 盡智)에 뒤따르지만, 안냐위뭇땃사(Aññāvimuttassa, 解脫) 냐나(Ñāṇa, 知)보다 앞선다.(It. 경전 62. 〈참조〉 SN. V. 204, DN. Ⅲ. 219.) 안냐를 통한 해탈(Aññāvimokkha, 智解脫)은 무지(Avijjā, 無明)를 소멸시킨다. AN.Ⅰ. 134; SN. Ⅱ. 267; SN. V. 129; AN. Ⅲ. 82, 143, V. 108(여기서 "diṭṭheva dhamme aññā"는 "upādisesa anāgāmitā"와 대조된다.); SN. Ⅱ. 267, AN. Ⅲ. 437 참고; 〈참조〉 Mrs. Rhys Davids. Ind. Psy. p.264.

83) Lalitavistara도 삼보디가 세 가지 비디야(Vidyā, 明智)가 뒤따르는 네 가지 디야나(禪定)를 통해 얻어진다고 설명한다.(Ⅰ. pp.343-50). 세 가지 비디야는 "Sattvānāpaśyati sma cyavamānānupapadyamānān …", Pūrvanivāsānusmṛtijñānadarśana, Āśraya(sic). kṣayajñānadarśana라고 설명된다. 마지막은 프라티트야 삼웃파다에 대한 앎을 통해 얻게 된다. Āśravakṣaya에 대한 설명은 훨씬 '확장'되었다.(〈참조〉 N. Dutt. EMB. Ⅰ. p.97.)

84) 빤냐위뭇따(Paññāvimutta, 慧解脫者)와 우바또바가위뭇따(Ubhatobhāgavimutta, 兩分解脫者)의 차이에 대해서는 Dutt, 앞의 책, pp.250-251, 279 참조.

85) 윗자에 대해 간결하고 일반적이면서도 훌륭한 설명은 Barua, 앞의 책, pp.64-65 참고.

탈했다는 앎[智]이 있다. '태어남은 끝났다. 범행(梵行)은 완성되었다. 해야 할 일은 다 했다. 다시 이 상태로 돌아오지 않는다'라고 안다."라고 말한다.[86] 이러한 자유를 쩨또위뭇띠(Cetovimutti, 心解脫)와 빤냐위뭇띠(Paññāvimutti, 慧解脫)라고 부른다.[87] 이것이 찌따가 빤냐(Paññā, 慧)를 통하여 아사와(Āsava, 煩惱)로부터 해방되는 것이다.[88]

삼보디와 직관적 앎 — 삼보디(Sambodhi, 正覺)의 맥락에서 때로는 냐나(Ñāṇa 知),[89] 윗자, 빤냐가 같은 의미를 갖는다. 따라서 "이전에 들어 보지 못했던 법들에 대해 눈[眼]이 생겼다. 앎[智]이 생겼다. 지혜가 생겼다. 명지(明智)가 생겼다. 빛[光明]이 생겼다."라고 한다.[90] 여기서는 직관적 수

---

86) Cittaṃ vimuccati, vimuttasmiṃ vimuttaṃ ti ñāṇaṃ hoti, khīṇā jāti vusitaṃ Brahmacariyaṃ Kataṃ karaṇīyaṃ nāparaṃ itthattāyāti pajānāti.; 〈참조〉 MN. 경전 76에서는 "Tassa carato ceva tiṭṭhato ca suttassa ca jāgarassa ca satataṃ samitaṃ ñāṇadassanaṃ paccupaṭṭhitaṃ hoti-khīṇā me āsavāti"라고 말한다. 자유에 대한 앎은 변함없이 지니고 있다.

87) 〈참조〉 윗자위뭇띠(Vijjāvimutti, 명지과 해탈)라는 표현, SN. V. 28, 73, 329, 333-5, 340.

88) MN. 경전 71, 경전 6; 〈참조〉 Ab.K. 6, 76 ; AN. Ⅱ. 214; Pali Dictionary(PTSD); 〈참조〉 Vyāsabhāṣya ad. Y.S. Ⅱ. 27. 네 종류의 위묵티(Vimukti, 解脫)는 아사와카야(Āsavakhaya, 漏盡)를 위한 불교 정형구에 언급된 둑카 및 아사와(Āsava, 煩惱)에 대한 네 종류의 통찰에 상응하는 내용이다. MN. 경전 80에 의하면 "Evaṃ kira sammābandhanā vippamokkho hoti yadidaṃ avijjābandhanā."

89) MN. 경전 102는 "Paccattaṃ yeva ñāṇaṃ parisuddhaṃ pariyodātaṃ"에 대해 이야기한다.(Ⅱ. 234.) 냐나부또(ñāṇabhūto, 앎이 있는)라는 표현(MN. Ⅰ. Ⅲ, Ⅲ.195, 224)은 사유와 존재가 만나는 경험을 나타낸다. 초기불교 문헌에서와 같이 초기 자이나교 문헌에서도 냐나(Ñāṇa, 知)는 닷사나(Dassana, 見)와 함께 나오는 경우가 종종 있다. Sn.에, 특히 「앗타까왁가(Aṭṭhakavagga)」에서 냐나가 분명히 광범위한 앎이라는 의미에서 쓰이면서 경시되었다고 기록하는 것은 중요하다. 한편, 마디야미카(中觀派)는 비즈냐나(Vijñāna, 識)를 이런 의미로 썼으며, 초월적 앎이라는 의미로 즈냐나(Jñāna, 智)를 따로 사용했다.(〈참조〉 Stcherbatsky, Nirvāṇa, p.202 각주 3번.)

90) SN. Ⅱ. 105; DN. Ⅱ. 33 등.

준에서의 앎을 말한다.[91] 어떻게 직접적으로 깨닫게 되는지(sacchikātabbo)가 아래와 같이 반복적으로 설명된다. 사문의 목적, 바라문의 목적,[92] 범행의 완성,[93] 궁극적 안식,[94] 세 가지 명지(vijjā, 三明),[95] 성자에게 알맞은 특별한 앎과 봄(alamariya ñāṇadassanaviseso, 智見),[96] 진실(saccāni),[97] 아라한과(arahattaphalaṃ, 阿羅漢果),[98] 명지와 해탈이라는 결과(vijjāvimuttiphalaṃ),[99] 심해탈(cetovimutti, 心解脫), 혜해탈(paññāvimutti, 慧解脫),[100] 위없는 해탈(anuttarā vimutti),[101] 불사(amataṃ, 不死),[102] 열반(Nibbāna).[103] 이들은 옛 문헌에서 이따금씩 표현되었던 논변적·합리적 지식에 대한 불신에 따른 것이다.[104]

빤냐 — 빤냐(Paññā, 慧)는 고귀한 것, 아리야(Ariyā)라고 묘사된다.[105]

---

91) Pubbe ananussutesu dhammesu cakkhumudapādi ñāṇamudapādi paññā udapādi vijjā udapādi āloko udapādi.; 〈참조〉 Barua, 앞의 책, p.65-66에서는 W. James를 참고.
92) SN. Ⅱ. 15, 44, 129, Ⅲ. 50, 192, V. 195, 433.
93) 위의 책, Ⅱ. 278, 85.
94) 위의 책, Ⅳ. 254-5.
95) 위의 책, Ⅳ. 63.
96) 위의 책, Ⅳ. 337-9; 〈참조〉 MN. Ⅱ. 203.
97) 위의 책, V. 10-11, 49, 141, 167, 185, 206, 422ff.
98) 위의 책, Ⅳ. 252, V. 202.
99) 위의 책, V. 93, 95, 126; 〈참조〉 MN. Ⅲ. 290.
100) 위의 책, Ⅱ. 214, V. 203, 257, 266, 356.
101) 위의 책, Ⅰ. 105.
102) 위의 책, V. 181-2.
103) 위의 책, 251-2.
104) Sn. 「아마간다 숫따(Amagandha sutta, 臭穢經)」, 게송 12, 위의 책, 「사비야 숫따(Sabhiya sutta, 薩毘耶經)」, 게송 29, 네 개의 '앗타까(aṭṭhaka)' 숫따(sutta), 「마간디야 숫따(Māgandiya sutta, 摩健地耶經)」, 「쭐라위유하 숫따(Cūḷaviyūha sutta, 小集積經)」. 〈참조〉 It. p.25.(Nāgarī본, Sarnath 편)에서는 "Phuṭṭhuṃ sambodhimuttamaṃ"라는 표현이 연상된다.
105) MN. Ⅲ. 245; Ⅰ. 144, Ⅱ. 260(여기서는 "Satthaṃti Adhivacanaṃ"라고 말한다.) MN.

빤냐는 인간의 눈이나 신의 눈보다 더 뛰어난 '눈'이다.[106] 통상 혼탁한 상태에서 계발해야 할 직관적 능력이다.[107] 정신적 여정을 이끌어[108] 마침내 실재를 똑바로(Yathābhūtaṃ, 如實) 볼 수 있게 하며,[109] 아사와(Āsava, 煩惱)[110]를 버리고 안냐(Aññā, 究竟智)[111]와 보디[112]를 성취할 수

Ⅲ. 29, 245; Ⅰ. 81.

106) It. 경전 61, 62. 〈참조〉 MN. Ⅰ. 293.

107) MN. Ⅱ. 12; Ⅲ. 72; Ⅰ. 293; Ⅱ. 180; AN. Ⅱ. 187, 189.

108) "Saddhā dutiyā purisassa hoti paññā cenam pasāsati" SN. Ⅰ. 38; 이는 Kaṭhopaniṣad에서 '붓디(Buddhi, 覺)'의 기능 가운데 하나를 연상시킨다.[1940년 12월에 마드라스에서 개최된 인도철학회(Ind. Phil. Cong.)에서 Jaidev Singh가 발표한 "The status ans role of Buddhi in Kaṭhopaniṣad and Bhagavadgīta(Kaṭhopaniṣad와 Bhagavadgīta에서 붓디(Buddhi, 覺)의 위상과 역할)"에 대한 발표문 참고; Chāgaleyopaniṣad에서 마부의 기능을 하는 프라즈냐 아트만(Prājña Ātman)이 여기서는 달리 이해된다. S.K. Belvalkar, Four Unpublished Upaniṣads(네 가지 미발행 우파니샤드), pp.11-12 참고.; SN. V. 6에서 빤냐는 담마야나(Dhammayāna, 法乘)에 매인 삿다(Saddhā, 信)와 함께 한다.]

109) Paññāya abhisamayo, SN. Ⅱ. 5-9, 104; Paññāya suphussitaṃ. SN. Ⅰ. 128; Paññāya suppatividdho SN. Ⅱ. 68, Ⅲ. 6; Paññāya ativijjhati. SN. V. 226-7, 278, 378-9; 닙베디까(Nibbedhikā, 꿰뚫는) 빤냐. SN. V. 392, 395, 402.; 〈참조〉 AN. Ⅱ. 178.; 비록 '야타부땅(Yathābhūtaṃ, 如實)'에 대한 리스 데이비즈 여사의 해석은 설득력이 없지만, 빤냐에 대한 논의는 훌륭하다. 빤냐와 '야타부땅'에 대한 예는 SN. Ⅲ. 45 참고: "Evam etaṃ yathābhūtaṃ sammappaññāya daṭṭhabbaṃ" 〈참조〉 "Taho'sya Prajñā Yathābhūtaṃ prajānāti"(Vyāsa의 YS. Ⅱ. 45); 아비사마야(Abhisamaya, 止滅)에 대해서는 Ledi Sayadaw가 Points of Controversy, p.382에서 인용한 내용 참고; 〈참조〉 Vyāsa(ad) Y.S.Ⅰ. 49에서는 프라즈냐(Prajñā, 慧)를 'Viśeṣārthā'라고 부른다.

110) MN. Ⅰ. 479, Ⅲ. 28; SN. Ⅲ. 45 "Evaṃ etṃ sammapaññāya passato cittaṃ virajjati vimuccati anupādāya āsavehi."

111) SN. V. 223.

112) 보디(Bodhi, 覺). SN. V. 231, 237. Vibhāṣā에 의하면, 보디는 "니르바나에 필요한 지식이면서 니르바나[하지만 붓다에게 전지(全知)는 없고 연민 등이 있는]에 대한 확실성"인 것으로 보인다.(La Vallée Poussin, Dogme, p.169.) Ab.K.에 따르면, 보디는 Āsravakṣaya와 Anutpāda에 대한 앎(Jñāna, 知)이다.(Ab.K. 6.67.) 기억할지 모르겠지만, 마하야나는 아누트파다즈냐나(Anutpādajñāna, 無生智)가 다른 의미를 갖는다.(Suzuki, Studies in the Laṅkāvatāra, pp.122-7 참고.) 『마하야나수트라랑카라(Mahāyānasūtrālaṅkāra, 大乘莊嚴經論)』에 의하면(Ⅸ장), 보디는 전지(全知, Sarvākārajñatā)이자 '본질(Tathatā, 眞如)'이다. 붓다고사에 따르면 "Bodhi vuccati catusu maggesu ñāṇaṃ 보디는 4가지 도(道)의 지혜를 말한다.", 위뭇띠(Vimutti,

있게 한다.

연기와 삼보디 — 깨달음(Abhisambodhi, 現等覺, 正覺)을 얻은 다음 주에 붓다는 해탈의 지복(Vimuttisukhapaṭisaṃvedī)을 경험하며 보냈다고 한다.[113] 그런 다음, 붓다는 밤의 세 경계 동안 연기에 대해 세 가지 방법으로 반추해 본다. 이것은 독특하다. 세 가지 윗자를 얻으면서 깨달음의 밤을 보냈다고 하는 전통, 반면에 연기를 깨달으며 보냈다는 전통, 이처럼 서로 다른 두 전통이 있는 것인가? 혹은 사건의 순서가 세 가지 윗자를 얻는 깨달음(Abhisambodhi, 現等覺)의 밤, 깨달음의 결과로 얻은 해탈(vimutti)의 지복을 경험한 한 주, 연기를 지새운 밤인가? 하지만 이렇게 되면 아비삼보디에 연기에 대한 앎이 필요치 않다는 의미가 된다. 이는 SN. Ⅱ. 105와 모순되며 일반적인 가정에 위배된다.[114] 아윗자(avijjā, 無明)–기본적인 세 가지 아사와 중 하나–의 소멸, 또는 빤냐위뭇띠(Paññāvimutti, 慧解脫)는 연기에 대한 앎을 제외하고는 생각할 수 없다. 따라서 Mvg.와 Ud.의 내용은 연기 원리에 대해 반추적으로 검토하는 것만을 염두에 둔 채 언급되었다고 추측하는 것이 바람직할 것으로 보인다. "철저하게 주의를 기울였다(Sādhukaṃ manasākāsi)"라는 말도 여기서는 고귀한 직관도 없고 이전의 직관적 경험을 회고하는 개념화 작용도 없음을 말하고 있다.[115] 최초로 직접 경험한 연기에 대한 표현은

解脫)는 그 결과가 명백하다.(Samantapāsādikā V. pp.952-4). 〈참조〉 MN. 경전 44는 위뭇띠를 윗자의 빠티바가(Paṭibhāga, 類似)라고 부른다.

113) Mvg.(Vin. Ⅰ. pp.1-2); Ud. 처음 세 경전; 〈참조〉 Rockhill, 앞의 책, p.33; Lalita Vistara, Ⅰ. 369.

114) Lalita Vistara에서 프라티트야삼웃파다(緣起)에 대한 앎은 분명하고 확실하게 Āsravakṣayajñānadarśana보다 앞선다.(앞의 인용문.)

115) 선정(jhāna, 禪定) 경험에 대한 회상(Paccavekkhaṇa, 省察)은 선정 수행의 기본적인

"알맞게 주의를 기울여 지혜에 의해 통찰[現觀]이 생겼다."라는, 사뭇 다른 어조를 띤다.[116] 결과로 얻어진 앎은 빛의 서광(曙光)과도 마찬가지다.[117]

삼보디 — 삼보디(Sambodhi, 正覺)의 밤에 연이은 경계에서 붓다는 뿝베니와사냐나(Pubbenivāsañāṇa, 宿住智), 딥바짝쿠(Dibbacakkhu, 天眼), 연기를 깨달았으며, 새벽에 마침내 전지(全知)를 얻었다.[118] 그러고 나서 붓다는 괴로워하는 인간을 깊은 연민[119]으로(Kāruññataṃ Paṭicca Buddhacakkhunā[120]··· volokesi) 살펴보았다.[121] 앎, 자유, 지복, 연민, 이런 것들이 붓다가 했던 궁극의 경험(Sammā Sambodhi, 正等覺) 양상이다. 앎[Paññā, 慧]은 직관적·개괄적이며, 현상의 우연성[Paṭiccasamuppāda, 緣起]

부분이다. Vm. p.93.

116) yoniso manasikārā ahu paññāya abhisamayo : SN. 앞의 인용문; DN. Ⅱ. p.35.

117) 위의 책.

118) LV, 앞의 인용문; Nidāna Kathā.

119) 보디사트바(Bodhisattva, 菩薩)는 때가 되면 아직 완벽하지 않았던 앎과 연민심이 발달됨으로써 궁극의 앎과 붓다의 연민을 얻는다. 따라서 프라즈냐(Prajñā, 慧)와 까루나(Karuṇā, 悲) 모두 두 가지 양상을 지닌다. 히나야나는 주로 수단이나 기능으로서 이들을 강조한다. 그러나 마하야나 교리는 가장 오래된 문헌에서조차 초기 형태를 나타내는 것이 분명하다.

120) "Buddhacakkhunāti indriyaparopariyattiñāṇena ca āsayānusayañāṇena ca. Imesaṃ hi dvinnaṃ ñāṇāanaṃ Buddhacakkhūti nāmaṃ ···"(Samantapāsādikā, 앞의 인용문 뒤.)

121) "Sele yathā pabbatamuddhaniṭṭhito yathā pi passe janataṃ samantato Tathūpamaṃ dhaṃmamayaṃ sumedha pāsādamāruyha samantacakkhu Sokāvatiṇṇam janataṃ apetasoko avekkhassu jātijarābhibhūtaṃ"[MN. 「아리야빠리예사나 숫따(Ariyapariyesana sutta)」, 「보디라자꾸마라 숫따(Bodhirājakumāra sutta)」; DN. 「마하빠다나 숫따(Mahāpadāna sutta)」; SN. Ⅰ. p.136ff; Mvg.(Vin.); It. 경전 38.] 이 문장들이 나오는 게송을 모아둔 발라드 형식에 주목할 만하다. 〈참조〉 "Paññāpāsādamāruyha asoko sokinim pajaṃ Pabbataṭṭho va bhūmmaṭṭho dhīro bāle avekkhati." (Dhp. 게송 28.)

에 대한 통찰을 포함한다.[122] 결과적으로 괴로움과 그 근원[āsava, 煩惱]으로부터의 해방(Vimutti, 解脫)이 있다. 이런 자유는 더없이 행복하지만 이런 지복이 여전한 괴로움에 대한 연민과 조화되지 않는 건 아니다.

니르바나와 경험 — 니르바나와 경험의 관계에 대해 다음과 같이 결론지을 수도 있다. 니르바나를 성취할 수 있게 해주는 극히 지적(知的)이면서 더없이 행복한 어떤 경험이 있다. 고대 문헌을 토대로 더 이상

---

122) 빤냐와 담마빠뚜바와(Dhammapātubhāva) 게송에 대해 붓다고사의 해설, 즉 "sumedha sundarapañña sabbaññutañāṇena samantacakkhu bhagavā dhamma mayaṃ paññāmayaṃ pāsādaṃ …"(Samantapāsādikā, v. pp.961-63)이 인용되며, Vyāsa-bhāṣya의 Y.S. Ⅱ. 47에서 인용된 게송 "Prajnāprāsādamāruhya aśocyaḥ śocato janān Bhūmiṣṭhāniva śailasthaḥ sarvān prājñonupaśyati"가 이와 비교될 만하다. 게송은 실제로 Dhp.(앞의 인용문)와 일치하며, Tattvavaiśāradī와 Vārtika에서 '파라마르시(Paramarṣi)'의 것으로 여겨진다. 가타(gāthā, 偈頌)는, 아주 오래된 것이 틀림없다. 이러한 프라즈냐(Prajñā, 慧)에 관해 Vyāsa는 "Bhūtārthaviṣayaḥ kramānanurodhī sphuṭaprajñālokaḥ"라고 말한다. 이는 "삿짜비사마야(Saccābhisamaya, 諦現觀)", 야타부땅 빠자나띠(Yathābhūtaṃ pajānāti, 있는 그대로 분명히 안다) 맥락과 "Paññā udapādi … āloko udapādi …" 맥락에서 상당히 흔한 구절 가운데 하나가 연상되게 한다. 빛에 비유하는 것은 '크라마나누로디(Kramānanurodhī)'라는 용어처럼 직관적이거나 즉각적인 프라즈냐의 특성을 나타내며, 산꼭대기에서 보는 시야에 빗대는 것은 개괄적이면서 동시에 일어나는 특성을 말한다. 〈참조〉 "Sarvaṃ tadekacittekṣaṇasamāyuktayā prajñayānuttaraṃ samyaksambodhimabhisambudhya traividyādhigatā" (Lalita Vistara Ⅰ. p.350. N. Dutt는 "Ekacittakṣaṇa"가 있다. EMB. Ⅰ. p.98.) 여기서 의식은 비세속적이며 모두를 아우른다. 〈참조〉 Vm. pp.490-491(Nāgarī본); Oldenberg, Buddha. p.132 각주에서 붓다의 "Weltganzen überschauenden Intuition(세계 제일의 직감)"과 W. James가 '우주의식'이라고 불렀던 것을 비교한다.; 이런 경험에서 모든 현상은 우연히 나타난다.: "Yadā have pātubhavanti dhammā ātāpino jhāyato brāhmaṇassa yato pajānāti sahetudhammaṃ"(Ud. s. 1; Vin. Ⅰ. 2.) 붓다고사는 "Athavā pātubhavantīti pakāsenti abhisamayavasena byattā pākaṭā honti dhammāti carutāriyasaccadhaṃmā …"라고 말한다.(Samantapāsādikā V. pp.952-954.) '담마빠뚜바와'는 적어도 최종 빤냐의 주요 양상이다. 〈참조〉 S. Ⅳ. p.79. "Samāhite citte dhaṃmā pātubhavanti", 즉 진리가 드러난다. 〈참조〉 W. James, "이는 추론적 지성으로는 헤아릴 수 없는 진리의 깊이를 통찰한 상태다."(Varieties of Religious Experience. p.380.; 〈참조〉 Barua, 앞의 책, pp.65-66.)

정밀하게 할 수는 없다. 후대 학파들은 다양하게 해석하고 있다. 한쪽에서 테라와딘(Theravādin, 上座部)은 니르바나를 단지 경험 대상이라고 보는 반면에, 다른 한쪽에서 요가차라(Yogācāra, 瑜伽行派)는 이 둘의 구분을 무효화한다. 인식론적 입장을 분명히 나타내었다면 옛 문헌으로 문제 해결이 가능했을 것이다.

담마와 그 중요성 문제 — 삼보디에서 붓다는 지성을 넘어서는 고요하고 심오한 담마(法)를 '얻었다'고 한다.[123] 연기와 닙바나는 이러한 담마의 양면 또는 두 가지 양상이다. 담마에 부여된 의미가 경험과 닙바나(涅槃)의 관계 문제 – 닙바나가 지각이 있는지 없는지, 개인적인지 비개인적인지, 구체적으로 현존하는지 단지 추상적으로 '존재하는' 원리인지 – 에 대한 태도를, 반드시 결정하는 게 아니라, 영향을 미친 것이다.

담마에 대한 해석

로젠베르그(Rosenberg): 로젠베르그에 의하면, '이데아' 개념이 플라톤 철학에 대한 것이듯 다르마 개념은 불교 철학에 대한 것이다.[124] 불교 문헌에서 다음과 같은 의미로 쓰였음을 알 수 있다.

"1. 특징, 속성, 술어, 2. 의식 있는 생명체의 개별적 요소들의 실질

123) "Adhigato kho me ayaṃ dhaṃmo gambhīro duddaso duranubodha santo paṇīto atakkāvacaro nipuṇo paṇḍitavedanīyo …"; "Kicchena me adhigataṃ halaṃ dāni pakāsituṃ, rāgadosaparatehi nāyaṃ dhaṃmo susambuddho" (DN. 「마하빠다나 숫따(Mahāpadāna sutta, 大本經)」; MN. 경전 26과 85; S. Ⅰ. 「브라흐마상윳따(Brahmasaṃyutta, 梵天相應)」 경전 1, Mvg. 앞의 인용문; 〈참조〉 M. Ⅰ. 487.)의 두 번째 인용문과 LV. Ⅰ. p.397 비교; 첫 번째 인용문과 위의 책, p.392, 395-6 비교.

124) Rosenberg, Die Probleme, p.XⅢ.

적 전달자, 초월적 기체. 3. 의식 있는 생명체의 요소, 즉 구성 부분. 4. 열반, 즉 붓다 가르침의 대상인 승의의 법. 5. 절대, 참된 실재 등. 6. 붓다의 가르침, 붓다의 종교. 7. 사물, 대상, 객관, 현상"[125)]

이 중에서 두 번째 의미-"초월적 전달자(transzendenter Träger)"-가 가장 중요하면서도 흔하다.[126)] 안정된 경험의 기저에는 순간적 요소가 연속으로 깔려 있다. 이들은 서로 영향을 미치긴 하지만 더 이상 줄일 수 없을 만큼 단순하다.[127)] 그러나 이조차도 본체의 근본이 현상으로 드러났을 뿐이다. 이는 다르마와는 구별되므로 다르마락샤나(dharmalakṣaṇa, 法相)다. 여기서 예상되는 관계는 본질과 특성 사이의 관계와는 다른데, 상당수의 특성이 본질에 포함되어 있는 반면 각 다르마는 특정 표식만 지닌다. 지금까지 불교 학파들이 일치한다고 들었지만, 초월적 다르마 또는 다르마들의 본성을 정의 내릴 때는 달라진다. 바이바시카(毘婆沙師)는 다르마가 많으며 항상 존재한다고 생각했다. 사우트란티카(Sautrāntika, 經量部)는 현상에 내재한다고 했다. 슌야바딘(Śūnyavādin, 空論者)은 단정할 수 없다고 주장한 반면, 비즈냐나바딘(Vijñānavādin, 唯識派)은 개인적 경험의 모든 세계 뒤에 단 하나의 아뢰야식(Ālayavijñāna)을 사실로 단정한다.[128)]

---

125) Rosenberg, 위의 책, p.83.; 붓다고사의 의미에 대해서는 Pali Dictionary 참고.: Eigenschaft, Attribut, Prädikat. 2. Substantieller Träger, transzendentes Substrat des einzelnen Elements bewuszten Lebens. 3. Element, d.h. Bestandteil des bewuszten Lebens. 4. Nirvāṇa, d.h. ≪dharma≫ par excellence, dasz Ojbect der Lehre Buddhas. 5. Das Absolute; das wahrhaft Reale u.s.w. 6. Die Lehre, die Religion Buddhas. 7. Sache, Gegenstand, Object, Erscheinung.

126) Rosenberg, 위의 책.

127) 'Sapratyaya'에도 불구하고 'Pṛthak'다. Glasenapp, ZDMG. 1938, pp.392-393 참고.

128) 위의 책, V, VI, XVIII, 특히 pp.72, 101. "다르마는 의식의 흐름이 그 내용과 함께 분해되는 요소들의 진실로, 실제적이고 초월적이며 인식되지 않는 기반 또는 전달자를 의미한다."(dharma heiszen die wahrhaft-realen, transzendenten, unerkennbaren

현상의 불안정성은 절대적인 시초가 없다. 카르마와 '인과' 관계의 힘을 조건으로 하지만 무지(無知)로 인해 단지 나타나는 것이다. 영원한 본성이나 완전성에 잠재되어 있는 것이 다르마다. [만약 다르마(Dharma, 法)가 많다면 완전성은 일종의 체계가 된다.][129] 영원히 남는 것이 니르바나다. "그러면 경험적으로 존재하는 주어진 인격성은 끝나고, 어떤 다르마도 더 이상 태어나지 않는다. 생의 바다 한 부분이 포효하기를 멈추며, 영원한 평안, 참된 존재에 잠긴다. 우리는 그것에 대해 경험적 존재의 표현을 적용할 수는 없지만, 그럼에도 불구하고 그것은 명상의 신비가들에게 최고의 행복을 의미한다."[130]

전체 이론이 요약될 수도 있다. 니르바나는 발생과 구별되는, 영원히 평화로운 실재의 상태다. 다르마에 "순간적으로 나타나는 비경험적 토대"라는 기본 의미가 있다고 보는 것에 따른다. 정보는 사르바스티바다와 비즈냐나바다의 아비다르마 문헌으로 구성된다.

본질적으로는 체르바스키(Stcherbatsky)가 이 견해에 동의한다.[131]

그 타당성이 무엇이든 초기 니까야 시대에 관한 한, 불교의 아비다르마 단계에 해석상의 가설이 분명히 남아 있다. 이런 의미에서 '다르마

Träger oder Substrate derjenigen Elemente, in welche der Bewusztseinsstrom mit seinem Inhalt zerlegt wird.) 이런 정의는 비즈냡티마트라타(Vijñaptimātratā, 唯識)의 원리와 세 가지 락샤나(Lakṣana, 特性)를 분명히 내비친다.; pp.231-235.

129) 〈참조〉 위의 책, p.239.

130) 위의 책, pp.241-242.: Dann hört die gegebene Persönlichkeit auf, empirisch zu sein, dann wird schon kein dharma mehr geboren. Ein Teil des Lebensmeeres hört auf zu tosen und versenkt sich in ewige Ruhe, ins wahre Sein, auf welches man die Ausdrücke des empirischen Seins nicht anwenden kann, aber welches dessenungeachtet für den kontemplativen Mystiker die höchste Glückseligkeit bedeutet.

131) Stcherbatsky, Central Conception 참고.

이론'은 사실상 니까야 이후 시대[132]에 형이상학적 분석이 유행하면서 생겨난 결과물로 보인다.

키스(Keith)와 쉐이어(Schayer): 키스는 경전으로 기록되기 전의 불교는 루빠(Rūpa, 色)의 요소만 무상하다고 여겼다는 쉐이어의 견해를 지지한다.[133] 루빠다뚜(Rūpadhātu, 色界)에 반해 다르마다투(Dharmadhātu, 法界)는 전지(全知)한 붓다만이 갖고 있는 다르마차크슈(Dharmacakṣu, 法眼)의 대상인, 영원한 초감각적 실재를 나타낸다.[134] 구원이란 깨지기 쉬운 루빠다뚜에서 (영원한 다르마, Dharma, 法의) 깨지지 않는 아루빠다뚜(Arūpadhātu, 無色界)로 이동하는 것으로 이해된다.[135]

앞의 견해에서와 같이 다르마는 마하야나의 다르마다뚜 의미에 가까워지는 경향이 있다. 사실, 쉐이어는 마하야나가 초기불교와 직접적으로 연결된다고 본다. 그러한 추정은 더욱 폭넓게 증명할 필요가 있다. 그러나 '담마짝쿠(dhammacakkhu, 法眼)'라는 표현은 니까야에서 종교적으로 구원자의 비범한 통찰력이라는 뜻으로 보이는 것이 사실이다.[136]

가이거(Geiger): 가이거는 담마가 우파니샤드의 브라흐마(Brahma)와 같다고 본다.[137] 그의 주장은 다음과 같이 요약될 수 있다. 게송[138]은 브라흐마빠타(Brahmapatha, 梵天 世界로 이르는 길)에 대해 이야

132) 뒤의 내용 참고.
133) I.H.Q. Vol.XII—1936.
134) 〈참조〉 Prājñika Svābhāvika에 대한 견해는 Schrader, Über den Stand. pp.31-32에 언급되어 있다.
135) Marcelle Lalou, I.H.Q. 1949 참고.
136) DN. Ⅰ. 86, 110; SN. Ⅳ. 47; AN. Ⅳ. 186 등. Pali Dictionary(PTSD) 참고.; AN. Ⅰ. 242에서 담마짝쿠(Dhammacakkhu, 法眼)의 성취는 가을 태양이 폭발하는 것에 비유된다.
137) Dhamma und Brahman.
138) Thag. 689; AN. Ⅲ. 346.

기하고 있는데, 이는 아마따빠타(Amatapatha, 不死)에 상응한다. "스스로 가장 뛰어난 존재가 되어(Brahmabhūtena Attanā)"라는 반복적 표현으로 쓰이는 이것은 니르바나가 브라흐마에 녹아드는 것과 유사해야 함을 의미한다.[139] 담마와 브라흐마는 확실히 다음과 같이 여러 가지 표현으로 서로 바꾸어 쓸 수 있다. 담마짝까(Dhammacakka, 法輪)–브라흐마짝까(Brahmacakka, 梵輪), 담마야나(Dhammayāna, 法乘)–브라흐마야나(Brahmayāna, 梵乘), 담마잘라(Dhammajāla, 法網)–브라흐마잘라(Brahmajāla, 梵網), 담마까야(Dhammakāya, 法身)–브라흐마까야(Brahmakāya, 梵身), 담마부따(Dhammabhūta, 法體)–브라흐마부따(Brahmabhūta), 담마자(Dhammaja, 法生)–브라흐마자(Brahmaja, 梵生), 담마님미따(Dhammanimmita)–브라흐마님미따(Brahmanimmita, 梵天에 의해 창조된), 담마다야다(Dhammadāyāda, 법의 상속자)–브라흐마다야다(Brahmadāyāda, 梵天의 상속자).[140] 담마(Dhamma, 法)는 브라흐마의 위치에 발을 들여놓았고, 불가피하게 최고의 "초감성적 개념", "순수하게 정신적이고 우주적이며 도덕적인 역량",[141] 최고의 비인격적 존재로 바뀌었다고 결론 내릴 수 있다.[142] 어떤 맥락에서 니까야의 담마 용례와 우

139) AN. Ⅲ. 5.
140) AN. Ⅲ. 6-8.
141) "übersinnlichen Begriff", "rein geistigen kosmischen und sittlichen Potenz"
142) 브라흐마(Brahma), 위의 책. 니까야가 브라흐마의 일원론 개념에 대해 알고 있었다고 추정할 만한 뚜렷한 근거는 없다. 그러나 가끔씩 붓다를 위해 쓰였던 '브라흐마부또(Brahmabhūto, 가장 뛰어난 존재)'라는 표현이(DN. Ⅲ. 84; AN. Ⅴ. 226; SN. Ⅳ. 94, AN. Ⅱ. 206, Ⅴ. 256; MN. Ⅲ. 224) 암시하는 정도이다. '브라흐마빳띠(Brahmapatti, 最上善 獲得)'와(SN. Ⅰ. 169, 181; Ⅳ. 118) '브라흐마야나(Brahmayāna, 梵乘)'에서(SN. Ⅳ. 4-6) 브라흐마의 의미도 분명하지는 않다.; 우파니샤드 용어인 '브라흐마로까(Brahmaloka, 梵天界)'는 여러 차례 나오지만(〈예〉 DN. Ⅱ. 241, SN. 141, 155, Ⅴ. 265, 282) 니르바나보다 낮은 어떤 것을 의미하는 것으로 추정된다.(SN. Ⅴ. 410에서 매우 분명하다. 〈참조〉 DN. pt.Ⅱ. pp.186-7.(Nāgarī본) 브라흐마나(Brāhmaṇa)는 '브라흐마로까디뭇따(Brahamalokādhimutta)'라고 분명히 밝혀

파니샤드의 브라흐마 용례는 확실히 유사하며, 두 용어 모두 최고의 실재를 나타낸다. 그러나 이처럼 기본 용례가 포괄적으로 유사하다고 해서 우파니샤드에서 '최고의 실재' 개념이 니까야에서와 동일한 개념이라고 결론 내릴 수는 없다. 동일한 사전적 의미로 동일한 용어를 쓴다고 해서 전문적 의미도 동일하다는 뜻은 아니다.

리스 데이비즈(Rhys Davids): 리스 데이비즈 여사는 비슷한 의견을 지지한다. 그녀는 사캬(Sakya)의 가르침에서 "내재할 뿐 아니라 감동시키고 재촉하며 이상적인, '양심'이고 '의무'이며 '해야 할 일과 하지 말아야 할 일'이라고" 이해되는 신(神)을 뜻하는 담마를 강조하긴 했지만, 브라흐마를 비유로 나타냈다고 생각한다.[143]

담마의 두 가지 의미 — 니까야에서 담마의 쓰임은 실증적 의미와 초월적 의미라고 부를 수 있는, 적어도 두 가지 주요 의미 사이에

져 있다.(MN. II. 402, Nāgarī본); 브라흐마(Brahmā, 梵天)는 신(神)들 중에서 최고지만 최고는 아니라고 설명된다.(AN. Ⅲ. 202, Ⅳ. 105). '브라흐마사하위야따(Brahmasahavyatā, 범천과 함께하는 삶)'로 가는 길은 예로부터 수네따(Sunetta), 무가빡카(Mūgapakkha), 아라네미(Aranemi), 꿋달라(Kuddāla), 핫티빨라(Hatthipāla), 조띠빨라(Jotipāla), 아라까(Araka) 같은 지도자들이 설해왔다고 설명된다. 붓다 자신도 '네 가지 브라흐마위하라(Brahmavihāra, 梵住)'의 형태로 지도했다.(DN. I. 「떼윗자 숫따(Tevijja sutta)」); 브라흐마 개념과 관련하여 우파니샤드와 니까야의 차이는 시간 간격 및 장면 변화를 암시하는 특성에 있다. 니까야에서 중성(中性)인 브라흐마는 일부 복합체에서만 나타나는 그림자 같은 모습이다. 브라흐마로까(Brahmaloka, 梵天界)는 많은 천상 세계 중 하나로, 현상의 끊임없는 변화 중 일부다. 거만하고 때로는 거짓말까지 하는(DN. I. 「케왓다 숫따(Kevaḍḍha Sutta, 堅固經)」 참고), 브라흐마의 형이상학적 특징이 눈에 띈다.

143) Ind. Psy. p.229f; Original Gospel 4장; Mahāyānaviṃśaka(MM. V. Bhattacharya)에 의하면, 불교의 "다르마 이론은 상키야의 타트바(tattva, 眞理) 이론과 정확하게 동일한 것으로 보인다."(Āś. pp.90-1.) '동일함'은 두 사상 학파가 본질과 속성 사이의 차이를 모두 부정하고 우주를 타트바(Tattva, 眞理) 또는 다르마로 나눈다는 사실에 있다.

서 변동을 거듭하는 것으로 보인다. 따라서 "모든 법들은 집착할 것이 아니다."라고 할 때,[144] 또는 "법들의 발생과 소멸"이라고 할 때,[145] 전자(前者)의 의미는 분명히 의도된 것이다. 한편, 담마를 아딱까와짜로(atakkāvacaro, 심오한)[146]라고 부르거나 그런 표현을 "담마아비사마야(dhammābhisamaya, 法現觀)"나[147] "담마니야마따(dhammaniyāmatā, 確實性)",[148] 혹은 "담마부따(dhammabhūta, 法體)"[149]라고 부른다면 이때의 담마는 매우 다른 의미로 쓰였다는 점은 의심할 수 없다.[150] 삼보디 맥락에서는 이러한 후자의 의미만이 적절할 것이다. 붓다가 '깨달은' 것은 일체의 눈에 보이는 본성과는 구별되는 실재였다. 이는 실제로 우

---

144) SN. Ⅳ. 50.: Sabbe dhammā nālaṃ abhinivesāya.

145) SN. Ⅲ. 37-38.: dhammānaṃ uppādo vayo.

146) SN. Ⅰ. 136. 다르마를 아딱까와짜로(atakkāvacaro, 심오한)와 아누(aṇu, 極微)(SN. Ⅰ. 136)로 표현한 것은 Kaṭh. up. 1.2.13과 비교. 'Dharmyamaṇumetamāpya'; 1.2.8 'Atarkyamaṇupramāṇāt'; '아누'라는 별칭은 우파니샤드에서 자주 쓰인다. Kaṭh. up. 2.4.14 "Evaṃ dharmān pṛthak paśyan"은 매우 흥미롭다. 게송은 분명히 이해하기가 쉽지 않다. 가능한 해석에 대해서는 Stcherbatsky(Central Conception, p.68) 참고. 하지만 우파니샤드에서 다르마는 대체로 '정의'를 뜻한다. Ch. up. 2.1.4, 2.23, 1, 7.2.1; Br. up. 1.4.14, 4.4.5; Tait. up. 1.11.1 참고. 〈참조〉 Br. up. 1.5.23.

147) SN. Ⅱ. 134. 여기서 '담마비사마야(dhammābhisamaya, 法現觀)'는 '담마짝쿠빠틸라보(Dhaṃmacakkhupaṭilābho, 法眼 成就)'와 동일하다.

148) SN. 25. '담맛티따따(Dhammaṭṭhitatā, 法住性)'도 마찬가지다. 〈참조〉 Barua, 앞의 책, p.61. 담마따(Dhaṃmatā, 法性), 담마니야마따(Dhammaniyāmatā, 確實性), 담맛티따따라는 용어의 추상성은 이 용어들이 반드시 후대의 것이라는 증거가 되지는 못한다.; Br. up.에서 이미 프라즈냐타(prajñatā), 사티야타(satyatā), 아난타타(anantatā), 아난다타(ānandatā), 스티티타(sthititā)…가 쓰이고 있다.(Ⅱ. pp.1482-1484. ed. Accyuutagranthamālā); Barua, 앞의 책, p.61 각주 11번.

149) Geiger, 앞의 인용문 참고. 이는 인식론적 입장을 분명하고 확실하게 나타낸다. 그러나 그 표현은 구분되며 엄격하게 의미가 정해지지 않았을 수도 있다.

150) 중요한 다른 표현으로 "Yo Paṭiccasamuppādaṃ passati so dhammaṃ passati yo dhammaṃ passati so paṭiccasamuppādaṃ passati"(MN. Ⅰ. 191); "Yo dhaṃmaṃ passati so maṃ passati yo maṃ passati so dhaṃmam passati"(SN. Ⅲ. 120; Sakya, p.305 참고); Dhaṃmasākacchā, AN. Ⅱ. 140, Ⅳ. 361. 〈참조〉 Dhp. 게송 114-5. 여기서 'amataṃ padaṃ'과 'dhaṃmamuttamaṃ'은 서로 바꿔 쓸 수 있다.

리에게 발생되는 다양한 인식론 문제와 존재론 문제를 모두 해결하지는 않지만, 불교는 현상계 이상일 수 있는 어떠한 실제도 인정하지 않는다는 가설에 확실히 어긋난다. 그러나 이는 당연히 '현상'과 '실재' 사이의 궁극적 이원론을 의미하지 않는데, 이들 간의 차이는 오로지 통찰의 차이를 반영한 것으로 여겨질 수도 있다. 예를 들면, 마디야미까(Mādhyamika, 中觀派)의 견해가 그러하다.[151]

삼보디와 담마 — 삼보디의 내용이 곧 궁극적 실재를 의미하는 담마이며, 니르바나와 동일하다. 하지만 담마라는 용어는 감각 앞에 매순간 유혹적이지만 빠져들지 말아야 할 무수히 많은 현상에도 쓰였다. 또한 담마는 현상에서 실재로 나아가는 길, 즉 교리를 의미하기도 했다.[152]

닙바나와 연기 — 붓다에게 실재는 연기(緣起)와 닙바나(涅槃)라는 두 가지 측면으로 드러났다. 붓다는 이 둘 사이의 관계를 무엇이라고 이해했을까?

연기를 이해하는 것은 한계와 질서로 된 세계를 이해하는 것이다.[153] 곧 시간과 같이 실재의 가장 깊은 형식적 측면에[154] 대해 통찰력을[155]

---

151) MK. XXV. 9 참고.

152) 〈참조〉 "Dharmaśabdóyaṃ pravacane tridhā vyavasthitaḥ svalakṣaṇadhāraṇārthena kugatigamanavidhāraṇārthena pañcagatikasaṃsāragamanavidhāraṇārthena. Tatra ……Pāñcagatikasaṃsārāgamanavidhāraṇārthena Nirvāṇamucyate …"(MK. V. p.109 Cal. ed.)

153) 니야마따(Niyāmatā) 〈참조〉 "Dhaṃmā anupadavavatthitā" MN. Ⅲ. 25.

154) 락카나(Lakkhaṇa, 特徵).

155) 아비사마야(Abhisamaya, 現觀), 빠티웨다(Paṭivedha, 通達).

갖는 것이다.[156] 무상한 것은 조건에 따른다.[157] 덧없음은 반드시 상대적이다. 요컨대 '아닛짯따(Aniccatta, 無常性)'와 '상카땃따(Saṅkhatatta, 有爲性)'는 동일 선상에 있다. 연기를 붙잡는 것은 현상의 특성[158]–무상함과 우연성, 곧 한계의 원칙을 붙잡는 것이다.

닙바나가 이런 개념의 논리적 상대로 해석되어야 한다고 말하는 것은 자연스럽다. 말하자면, 절대–영원하고 무한한 원리라고 해석되어야 한다. 연기는 조건지어진 것과 관련 있고,[159] 닙바나는 조건 없는 것과 관련 있다.[160]

닙바나의 본성: 초월적 실재로서의 닙바나 — "생겨난 것이 아니고 생성된 것이 아니고 형성된 것이 아닌 것[無爲]이 있다. 그러므로 생겨난 것, 생성된 것, 형성된 것[有爲]에서의 벗어남이 알려진다."라고 한다.[161] 한편으로는 "생겨난 것, 생성된 것, 발생한 것, 만들어진 것, 형성된 것, 견고하지 않은 것"이 있고, 다른 한편으로는 "그것에서의 벗어남은 고요

156) 덧없는 실재와 영원한 실재는 우파니샤드에서 확실하게 구분되어 있다. Br. up. 7.2.20; Śvet. 6.5; Māṇḍ.와 Mait. S.는 그 시기가 분명치 않음에도 불구하고 더 확실하다. 불교 언어에 '덧없음'은 '자라마라나락카나(Jarāmaraṇalakkhaṇa, 老死의 특징)'다. 〈참조〉 ŚB. Ⅰ. 189. 영원과 무상의 차이에 대해서는 Kaṭh., 1.2.10, 2.4.2; Ch. up. 7.4.3; Br. up. 1.5.14-15 ; Śvet. 2.15.

157) 빠알리어로는 "Yaṃ samuppajjati nirujjhati ca taṃ sabbaṃ paṭicc'eva ; sapaccayā aniccalakkhaṇassa pavatti."라고 할 수도 있다.

158) 담마따(Dhammatā, 法性) 〈참조〉 SN. Ⅱ. 25.

159) 상카따락카나(Saṅkhatalakkhaṇa, 有爲相).

160) 아상카따락카나(Asaṅkhatalakkhaṇa, 無爲相). 일부 후대 학파에서는 몇 가지 아삼스크르타(Asaṃskṛta, 無爲)를 인정하였다.

161) Ud. 경전 73: atthi ajātaṃ abhūtaṃ asaṅkhataṃ tasmā jātassa bhūtassa saṅkhatassa nissaraṇaṃ paññāyati; It. 경전 43. 〈참조〉 SN. Ⅳ. 359 "Asaṅkhatañca desissāmi asaṅkhatagamiñca maggaṃ …" 〈참조〉 DN. Ⅲ. 247; M. Ⅲ. 63, SN.「아상카따상윳따(Asankhata saṃyutta, 無爲相應)」.

하고, 사유의 영역이 아니며, 견고하다. 생겨난 것이 아니고, 발생한 것이 아니며, 슬픔이 없고 탐욕을 떠난 경지이다."가 있다.[162] 닙바나는 영원할 뿐 아니라 궁극적 실제며,[163] 진정한 실제는 영원하다.[164]

닙바나는 변치 않는 것,[165] 영원한 것이다.[166] 이는 현상을 초월하고,[167]

---

162) It. 경전 43.: Jātaṃ bhūtaṃ samuppannam kataṃ saṅkhatamaddhuvaṃ … tassa nissaraṇaṃ santaṃ atakkāvacaraṃ dhuvam ajātam asamuppannaṃ asokaṃ virajaṃ padaṃ 〈참조〉 "virajaḥ para ākāśāt aja ātmā mahān dhruvaḥ" (Br. Up. 7.2.23.)

163) Paramaṃ saccaṃ, MN. Ⅱ. 173; 〈참조〉 MN. Ⅲ. 70; 위의 책, Ⅰ. 480. 〈참조〉 "Sabbaṃ vitathamidaṃti ñatvā loke …"(Sn. p.9); "Yo nājhagamā bhavesu sāraṃ …"(위의 책, p.5.) 한편, 키나사와(khīṇāsava, 漏盡者)는 "Sāre patiṭṭhita"다.(Ud. p.4.)

164) "Taṃ hi musā yaṃ mosadhammaṃ taṃ saccaṃ yaṃ amosadhammaṃ nībbānaṃ …"(MN. Ⅲ. 245); Sn. p.82; 〈참조〉 MK. XⅢ. 1. "Tanmṛṣā moṣadharmā yadbhagavānityabhāṣata Sarve ca moṣadharmāṇaḥ saṃskārāstena te mṛṣā." 찬드라키르티는 "Etaddhi khalu bhikṣavaḥ paramaṃ satyaṃ yadidamamoṣadharma nirvāṇaṃ sarvasaṃskārāśca mṛṣā. moṣadharmāṇa iti."라고 인용한다. 이는 실재는 변함없어야 한다는 샹카라짜리야(Śaṅkarācārya)의 관점과 동일하다. BS. Ⅱ. 1.11과 BG. Ⅱ. 16에 대한 샹카라짜리야의 주석 참고.

165) 아난냐타바위(Anaññathābhāvi)(Vin. Ⅰ. 36); 아자땅(Ajātaṃ, 無生), 아자랑(ajaraṃ, 不老), 아마땅(amataṃ, 不死)(MN. Ⅰ. 163); 앗쭈땅(Accutaṃ, 不滅)(SN. Ⅲ. 143; 〈참조〉 Sn. 1086; Dhp. 225.)

166) 아마따(Amata, 不死), 브라흐마나(Brāhmaṇa) 문헌에서 잘 알려져 있듯이 Amataṃ padaṃ SN. Ⅰ. 212; Ⅱ. 280; 아마따드와랑(Amatadvāraṃ, 不死의 門) SN. Ⅰ. 137, Ⅱ. 43, 45, 58, 80 MN. Ⅰ. 227; AN. Ⅴ. 346; 아마따둔두비(Amatadundubhī, 不死의 소리), MN. Ⅲ. 67; 아마따다뚜(Amatadhātu, 不死의 세계), AN. Ⅲ. 356, 아마따가미 막고(Amatagāmī maggo), SN. Ⅰ. 123; AN. Ⅲ. 329; SN. Ⅳ. 370, Ⅴ. 8.; 〈참조〉 SN. 3.1.32는 니로다(Nirodha, 消滅)를 아빠방구(apabhaṅgu, 부서지지 않는)라고 설명한다.; 아마따팔로(Amataphalo, 不死의 열매) SN. Ⅰ. 173; 자주 나오는 정형구에서 붓다는 아마땃사 다따(Amatassa dātā)라고 불린다. SN. Ⅳ. 94, AN. Ⅴ. 226, 256.; 아마따는 오가다(Ogādha, 확고한 위치), 빠라야나(Parāyaṇa, 彼岸), 빠리요사나(Pariyosāna, 完決)다. SN. Ⅴ. 41, 54, 181, 184, 220, 232; AN. Ⅲ. 79, 304, Ⅳ. 46ff, 317, 387, Ⅴ. 105.

167) 초월. 압빠빤짜(Appapañca, 無戲論), AN. Ⅱ. 161f; AN. Ⅳ. 174.; 빠빤짜니로다(Papañcanirodha), AN. Ⅱ. 162ff; Ⅳ. 235; Papañcavūpasama, AN. Ⅱ. 162.; 닙빠빤짜(Nippapañca, 희론이 없는), AN. Ⅲ. 431f, 294f; Ⅳ. 229, 233, 235.; 〈참조〉 MN. Ⅰ. 109, 112, 271, 283; Ⅲ. 118; MN. Ⅰ. 65. SN. Ⅳ. 71.3, 〈참조〉 Udāna p.80; SN. Ⅳ. p.71. Śvet. up. 6.6, Māṇḍ. 7, 12에 프라판차(prapañca, 戲論)라는 용어가 나온다.; 후대 불교 사상에서 프라판차의 의미에 대해서는 찬

생각[168]을 넘어서며, 어떠한 다른 것에도 의지하지 않는다.[169] 제한이나

드라키르티 참고: "Te ca vikalpā anādimat saṃsārā bhyāsājjñānajñeya vācyavā cakakartṛkarma – kriyā ghaṭapaṭa mukuṭa ratharūpa vedanā strīpuruṣa – lābhālābha sukhaduḥkhaya śóyaśonindā praśaṃsā dilakṣaṇā dvicitrāt prapañcā dupajāyante"; "Prapañco hi vāk prapañcayatyarthāniti kṛtvā"(ĀŚ. p.8에서 인용.); Prapañcopaśama는 마디야미카(Mādhyamika, 中觀派)의 니르바나뿐 아니라 가우다파다(Gauḍapāda)와 샹카라 학파에 속하는 베단타(Vedānta)의 목샤(Mokṣa, 解脫)의 특징이 된다.(ĀŚ. pp.43-4 참고); 〈참조〉 MN. Ⅱ. 181의 "lokuttara dhaṃma". 마하야나는 '로꿋따라따마(lokottaratama)'를 구분하였다. (Suzuki, Studies in the Laṅkāvatārasūtra, p.139.) 뚜리야띠따(Turīyātīta)라는 표현이 연상된다.; 〈참조〉 로까(Loka, 世界)의 끝으로서 닙바나 AN. Ⅳ. 430-432; MN. Ⅲ. 115. 키나사와(Khīṇāsava, 漏盡者) 상태는 어떤 세속적 상태보다 더 높지도 더 낮지도 않으며, 동등하지도 않다. AN. Ⅲ. 359.; 닙바나는 아깐하(Akaṇha, 어둡지 않은), 아숙까(Asukka, 밝지 않은)다. AN. Ⅲ. 384.; 〈참조〉 "Sabbaṃ accagamā imam papañcaṃ" Sn. p.1.; 〈참조〉 위의 책, 95, 99. "Saṃsāramaticca Kevalī" 위의 책, 54.; 〈참조〉 "Anuvicca papañcanāmarūpam ajjhattaṃ bahiddhā ca rogamūlaṃ" 위의 책, 55.; 빠빤짜(Papañca, 戲論)는 최고의 성취(patti)에 이르는 것이라는 목표에서 나마루빠와 동등하다. 위의 책, p.56.; 〈참조〉 "Nippapañca Tathāgatā" Dhp. 225.; 완전히 초월적인 닙바나 특성은 다음과 같이 강력하게 표현된다. "Yattha āpo ca paṭhavī tejo vāyo na gādhati, Na tattha sukkā jotanti ādicco na ppakāsati, Na tattha candimā bhāti tamo tattha na vijjati, Yadāca attanā vedi muni so tena brāhmaṇo. Atha rūpā arūpā ca sukhadukkhā pamuccati."(Ud. 경전 10.) 이와 더불어 Kaṭh. Up. 2.5.15 참조.; "Na tatra sūryo bhāti na candratarakaṃ nemā vidyuto bhānti kuto'yamagniḥ." Muṇḍ. 2.2.10도 유사하다.; Ud. 경전 71도 동일하게 표현한다.: "Atthi bhikkhve tadāyatanaṃ, yattha neva paṭhavī na āpo na tejo na vāyo na akāsānañcāyatanaṃ na viññāṇā° na ākiñcaññāyatanaṃ na nevasaññā-nāsaññāyatanaṃ nāyaṃ loko paraloko ubho candimasūriyā, tadāhaṃ bhikkhave neva āgatiṃ vadāmi na gatiṃ na thitiṃ na cutiṃ na upapattiṃ appatiṭṭham apāvattam anārammaṇaṃ taṃ eswvanto dukkhassāti."; 〈참조〉 Lalita Vistara Ⅰ. 392는 붓다의 삼보니 내용이 완전히 초월적인, 말로 표현할 수 없는 니르바나라고 설명한다.("Ṣaḍviṣayasamatikrāntaḥ akalposvikalpo nābhilāpyaḥ")

168) 아찐떼이야(Acinteyya, 不可思議) AN. Ⅱ. p.80.(Buddhānaṃ buddhavisayo); 아찐떼이야에 대해서는 Ledi Saydaw, Expositions, p.25f, ed. Rhys Davids 참고.; 〈참조〉 SN. Ⅲ. 71-73에 의하면 과거·현재·미래는 오로지 "niruttipathā, adhivacanapathā, paññattipathā"일 뿐이다.; 〈참조〉 DN. 「마하니다나 숫따(Mahānidāna sutta)」(DN. Ⅱ. 63, 68). MN. Ⅰ. 487: 아딱까와짜로(Atakkāvacaro, 심오한). 〈참조〉 Sn. Upasīva māṇavacaro "Takkaṃ pahāya na upeti saṅkhaṃ."

169) SN. 1.1.1.1.은 빠리닙부따(Parinibbuta, 반열반에 든)가 "압빠띳타(Appatiṭṭha, 토대 없는)"라고 설명한다. 우파니샤드에서 프라티쉬타(Pratiṣhita)의 의미는 "토대를 둔"

한계 없이 무한하다.[170)]

따라서 연기는 적시(適時)에 세상에 드러난 가장 깊은 형태인 반면, 닙바나는 영원한 절대라고 결론 내리는 것이 당연할 것 같다. 붓다는 현상의 본질과 그 '너머'에 무엇이 있는지를 '깨닫게' 된 것이다. "따타가따(Tathāgata, 如來), 위대한 슈라마나(Śramaṇa, 沙門)는 원인에서 유래된 일체의 원인과 이를 초월하는 것에 대해 이야기했다."[171)] 인간의 사고가 어떻게 최고의 경지에서 그처럼 우주적이면서 동시에 비우주적인 이중 인식의 가능성을 파악하는지 잘 알려져 있다.

연기와 닙바나의 관계에 대한 바루아의 견해 — 바루아(Barua)는 실재가 되기 위해서는 모두를 포함해야 한다고 주장하면서 연기를 닙바나에도 적용한다.[172)] 따라서 닙바나도 원인에 따른 결과가 된다. 독특한 특징은 그 안에 "두 가지 대응 혹은 보완 사이, 또는 앞선 요인의 효과를 증대시키면서 잇따라 일어나는 같은 종류의 요인, 두 가지 사이의 점진적 질서에서" 변화가 일어난다는 사실에 있다. 여기에 "선(善)에

이다. Ait. Up. 5.3 참고.; Ch. Up. 7.5.2.; Br. 4.1.7. Praśna, 2.6.; Ch. Up. 7.24. "Yo vai bhūmā tadamṛtam yadalpaṃ tanmartyaṃ sa bhagavaḥ kasman pratiṣṭhita iti sve mahamnīti yadi vā na manimnīti." 독립과 자기 의존은 동일하다.

170) 앗짠따(Accanta, 窮極) AN. Ⅰ. 291, Ⅴ. 326ff; 압빠마나(Appamāṇa, 無限·無量) SN. Ⅳ. 158.; Bhūman의 Chāndogya 개념은 '비논리적 무한성'과 구별하여 헤겔(Hegel)의 진리 개념에 가깝다. 니까야에서의 개념이 그다지 철학적이지 않다는 점은 분명하다. 라가(Rāga, 貪)·도사(dosa, 嗔)·모하(Moha, 痴)는 한계(Pamāṇakaraṇa, 量因)를 야기한다. MN. Ⅰ. 208. 〈참조〉 MN. Ⅲ. 4: "Accantaniṭṭham nibbānaṃ ārādhenti".

171) 니로다(Nirodha, 滅)를 '초월'이라고 번역하는 것이 정당하다는 증거는 Ud. 경전 10과 71에서 인용한 문장 및 DN. Ⅰ. 223의 해당 문장과 비교가 필요하다. 이 과정에서 니로다의 개념이 소멸이 아니라 초월이라는 것을 알 수 있다. 니로다의 의미에 대해 더 깊은 논의는 뒤의 내용 참고.

172) Barua, 앞의 책, p.62ff.

서 보다 위대한 선(善)으로의 행렬, 유익에서 더 많은 유익으로의 행렬" 이 있다. 상대와의 순환 작용 또는 충돌은 까마(Kāma, 欲望) 혹은 선정이 아닌 의식 영역에 한정된다. 선정과 종교적 경험 영역에 무한하면서도 점진적으로 끊임없는 변화가 있다. 니르바나는 생각에서 무한히 후퇴하는 것을 피하기 위해서만 궁극이라 부른다.

이 견해는 철학적 일관성에 대한 고려, MN.에서 담마딘나(Dhammadinnā)가 했던 설명, 마하야나의 일부 암묵적 영향력 등을 토대로 한다.

이 이론에서 상사라(輪廻)는 순환하는 반면, 끊임없이 닙바나를 향하면서 상사라 밖으로 이끌어 주는 길(Maggo, 道)이 절대적으로 필요하다. 이 정도의 진리가 있었음은 의심의 여지가 없다. 담마딘나—그녀의 역사성뿐 아니라 그녀가 설했다는 내용의 시기도 분명치 않다—도 아마 그 이상을 의미하지는 않았을 것이다. 닙바나를 단지 '제한하는' 개념으로 여기지 않고, 실제로 실현 가능하다고 보았다.[173] 닙바나로의 과정에 관한 모든 고대 증거는 이런 견해를 취하는 데 반대한다. 닙바나는 더 이상이 아니라 최상이다.[174]

닙바나와 상사라 — 초기 문헌에서 닙바나와 상사라(Saṃsāra, 輪廻)의 형이상학적 관계에 대한 정확한 근거는 거의 없다. 확실한 것은 한쪽이 다른 쪽의 원인 또는 토대로 여겨지지는 않았다는 것이다. 이는 절대적 실재와 상대적 실재의 관계에 대해 지배적인 우파니샤드의 견해와 교리

173) 빳땁바(Pattabba, 도달돼야 할), AN. Ⅳ. 455; AN. Ⅰ. 162(adhigacchati, 證得하다); SN. Ⅰ. 214. 삿치까땁바(Sacchikātabba, 구현되어야 하는), MN. Ⅰ. 56, 63, 340; Ⅱ. 242; Ⅲ. 236; AN. Ⅰ. 8; Ⅲ. 423; Ⅴ. 194.

174) 아눗따라(Anuttara, 無上) MN. 경전 52; 웃따마(uttama, 最上); 빠라마(parama, 最勝)(뒤의 내용 참고). 〈참조〉 Rhys Davids, Mrs. Original Gospel. p.83. 〈참조〉 SN. Ⅲ. 189; SN. Ⅴ. 218.

를 구별짓는다. 세계는 시작이 없는 시간부터 존재했으며,[175] 붓다는 우주의 첫 시작이나 마지막 종말을 가정한 견해에 눈살을 찌푸렸다. 이런 관점은 인간의 괴로움에 대해 인간에서 신이나 운으로 책임을 전가하지 않고 첫 시작을 가정할 수 없는 카르마(karma, 業) 교리에 논리적으로 함축되어 있다. 창조론은 논리적이기 위해서 괴로움을 전화위복이라고 생각해야 하고, 한정된 신의 개념을 묵인해야 한다.

목표로서의 닙바나 — 닙바나와 상사라의 관계에 대한 질문에서 실질적 답변이 파악된다. 닙바나는 궁극적으로 끝을 찾는, 가장 가치 있는 것이다.[176]

모든 슬픔을 넘어 마침내 가고자 하는,[177] 정신적 순례의 목표다.[178]

---

175) SN. Ⅱ.「아나마딱가상윳따(Anamatagga Saṃyutta, 無始相應)」.

176) 앗토(Attho), SN. p.4, 18, 33; It. p.15. AN. Ⅴ. 46. 니뿌낫타(Nipuṇattha, 미묘한 의미) Sn. p.17; 빠라맛토(Paramattho, 勝義), Sn. p.6, 21, It. p.83; 웃따맛타(Uttamattha, 최상의 가치), Dhp. 게송 386.; 우파니샤드는 '아르타(Artha)'를 적어도 세 가지 의미로 사용한다. (a) 일반적으로. Īśa, 8 "Arthān vyadadhācchāśvatībhyaḥ samābhyaḥ". (b) 대상의 의미로, Kaṭh. 3.10 "Indriyebhyaḥ parāhyarthā arthebhyaśca paraṃ manaḥ". Praśna: "Śrutamevārthamanuśṛṇoti …" Mait. S. 4.2. "Śabdasparśādayo hyarthāḥ …", 6.28, "bhūtendriyārthānatikramya." (c) 최고선(最高善) 또는 슈레야(śreya)(Niḥśreyasa)로. Kaṭh. 2.1. "Hīyaterthādyaü preyovṛṇīte" Śvet. 2.14. "Kṛtārtho bhavate vītaśokaḥ". 니까야는 가끔 앗타짜리야(Atthacariyā, 利行)라는 표현을 사용한다는 데 주목할 만하다. AN. Ⅱ. 32, 248; Ⅳ. 219, 364(〈참조〉 브라흐마짜리야Brahmacariya, 梵行者) 〈참조〉 MN. Ⅰ. 163 "Yogakkhemaṃ Nibbānaṃ pariyesati". "Anuttaraṃ yogakkhemaṃ" MN. Ⅰ. 167; Sn. p.8; It. pp.8-9; Dhp. 게송 23; 솟티(Sotthi, 安全), Sn. 235; 케마(Khemaṃ, 安穩), AN. Ⅰ. 142; AN. Ⅲ. 311 "khemappattā sukhino". 〈참조〉 Kv. ⅩⅨ. 6에서 안다까(Andhaka)는 닙바나를 꾸살라(Kusala, 善)로 본다. 〈참조〉 "Patto ca sambodhi manuttaraṃ sivaṃ"(Sn. p.48.)

177) "Gacchati anivattantaṃ yattha gantvā na socati"(Sn. p.8.)

178) "Amatogādhā sabbe dhammā" AN. Ⅴ. 107; "Nibbānogādhaṃ brahmacariyaṃ" MN. Ⅰ. 304; "Yaṃ kho pana kiñci bhūtaṃ saṅkhataṃ paṭiccasamuppannaṃ nirodho tassa nissaraṇaṃ" It. 경전 72. 이는 연기와 닙바나 사이에 직접적으

안전한 '피안(彼岸)'이다.[179] 여기에는 더 이상 불만족이 없는 대신, 영원한 평화가 있다.[180]

정적(靜寂)의 본성 — 평화가 아니라 '죽음'의 평화인가? 닙바나는 중지,[181] 사라짐,[182] 소멸로[183] 설명되지 않기 때문이다.

로 관련된다. 길은 "Samaṃ bhūmibhāgaṃ ramaṇīyaṃ"으로 이어진다. (N) SN. Ⅲ. 108-9. 길의 비유는 그 자체로 중요하다.; 〈참조〉 Kaṭh. 3.9. "(A)dhvanaḥ paraṃ".

179) AN. Ⅳ. 160; "Tiṇṇo pāraṅgato thale tiṭṭhati Brāhmaṇo" It. 경전 69, AN. Ⅳ. 13; AN. Ⅱ. 24(Akutobhayaṃ, 안전한); Pārimaṃ Tīram. SN. Ⅳ. 175, SN. Ⅰ. 192. '피안(彼岸)'의 특징은 우파니샤드에 자주 나온다. Ch. 7.13 "Śokasya Pāraṃ…". 26.2: "Tamasaḥ pāraṃ" Kaṭh. 2.11. "Abhayasya Pāraṃ"; 위의 책, 32. "Abhayaṃ titīrṣatāṃ pāraṃ"; Muṇḍ. 2.2.6; Praśna, 6.8; Mait. 6.21, 28, 30.

180) 사마토(Samatho, 止), 모든 노력(분투)의 평정(Stcherbatsky의 해석은 적어도 옛 문헌에 대해 납득시키지 못하고 있다), Itv. 경전 72. SN. Ⅰ. 136(지적한 바와 같이, 이 내용은 DN, MN, Mvg에도 나온다.) 산띠빠당(Santipadaṃ, 寂靜 狀態), Sn. 933, Dhp. 286; Anuttarraṃ samtivarapadaṃ, MN. Ⅰ. 165f; 산땀(Santaṃ, 寂靜) AN. Ⅰ. 133; Atthuttarim padaṃ santaṃ, AN. Ⅳ. 70, 74; SN. Ⅰ. 2.1. "(Saṅkhārā) tesaṃ vūpasamo sukho…" 샨티(śānti)에 대해서는 Kaṭh. Ⅰ. 1.17, 2.5, 13; Māṇḍ. 7.12; Śvet. 4.11 참조. Dhp. 369, 38 "padaṃ santaṃ saṅkhārupasamaṃ sukhaṃ". 상응하는 산스크리트 형태는 Lévi, JA. 1912 Sept.-Oct. 참고. 여기서는 한역을 번역해두었다. "움직임은 멈춰 섰고, 끝없이 고요하다."(위의 책, 275.)

181) 닙바나=Āsavānaṃ Parikkhayo AN. Ⅳ. 545; Esanānaaṃ khayo It. 경전 55; 라가카야(Rāgakkhaya, 탐욕의 소멸) 등. SN. Ⅳ. 251 Bhavanirodho nibbānaṃ AN. Ⅴ. 9; SN. Ⅱ. 117, Ⅲ. 14, Ⅳ. 86. 닙바나=위라고(Virāgo, 離欲) AN. Ⅱ. 34, 118; Ⅲ. 164, Ⅳ. 423f 등. 위삼요가(Visaṃyoga, 離縛) AN. Ⅲ. 156 [〈참조〉 Pratisaṅkhyānirodha에 대한 바이바시카(毘婆沙師)의 정의]; 닙바나=딴하야윕빠하낭(Taṇhāyavippahānaṃ) SN. Ⅰ. 39. 니로도(滅), It. 경전 51, 72, 73; Asesam (nāmañca rūpañca) uparujjhati, SN. Ⅰ. 13, 15, 35, 60, 165; DN. Ⅰ.「케왓다 숫따(Kevaḍḍha sutta)」; upadhikkhayo, upa saṅkhayo AN. Ⅳ. 150, Ⅱ. 24, Ⅲ. 382.; Dutt 박사에 의하면, "'비존재(Asat)'는 불교에서 니르바나 또는 붓다트바(Buddhatva, 佛性)를 말하며"(EMB. Ⅰ. p.16), 이는 실제로 오해다. 〈참조〉 "Asadevedamāsīditya bhāvabrahma vādinaḥ śūnyabhuvama vagāhya sthitāḥ. Mādhyamikā api evameva"(ed. J.C. Chatterji. Pratyabhijñāhṛdaya. pp.17-18).; 〈참조〉 Vedāntasāra p.8.

182) Sn. Upasīvamāṇavapucchā.

183) "Pajjotasseva nibbānaṃ" SN. Ⅰ. 159; MN. Ⅰ.「악기왓차곳따 숫따(Aggivacchagotta

이는 타당한 것 같지 않은데, 이러한 부정적 표현 모두가 단지 윤회(Saṃsāra, 輪廻) 현상을 부정하기 위한 것이기 때문이다.[184] 이는 닙바나의 더없는 지복(至福)에 대한 수많은 표현들을 쉽게 이해할 수 있게 할 것이다.[185] 지복에 대한 이러한 설명은 현생에서의 닙바나만 언급하는

Sutta, 婆蹉衢多火經)」; MN. Ⅲ. 245.

184) 니르바나에서 파괴되는 항목이 아사와(煩惱), 에사나(Eṣaṇā), 라가(貪), 산뇨자나(Saññojana, 束縛), 딴하(渴愛), 왓타(Vaṭṭa, 輪廻), 바와(存在), 나마루빠(Nāmarūpa, 名色), 상카라(行), 우빠디(依着) 등임을 보았다. 즉, 무지와 열망, 현상적 존재(Bhavavaṭṭa), 갈망과 충동, 괴로움, 요컨대 전체 빠빤짜(Papañca, 戱論)이고 나마루빠다. 따라서 닙바나는 순수이고, 초월(Appapañca, 無戱論)이다. 이는 요소 너머에 있으며, 말은 여기서 퇴보한다.; "Yattha āpo ca paṭhavī tejo vāyo na gādhati. Ato sarā niattanti ettha vaṭṭam na vaṭṭati. Ettha nāmañca rūpañca asesamuparujjhati" (SN. Ⅰ. 15); 〈참조〉 Tait. Up. "Yato vāco nivartante etc."(2.9.) "엣타(Ettha, 여기에)"라는 바로 그 표현이 닙바나가 '명색(名色)'의 중지가 아님을 의미한다. 닙바나는 "명색이 그치는" 그곳이다.
니로다와 '소멸' 〈참조〉 하일러(Heiler)가 Pali Dictionary(PTSD)에서 인용했다. Praśna Ⅰ. 10에서 니로다(Nirodha, 滅)는 Apunarāvṛtti와 동등하다. Ch. 8.6에 의하면 어리석은 사람에게 니로다가 무엇인지는 지혜로운 사람에게 "프라파다나(Prapadana)"다. 〈참조〉 Vijñānabhikṣu-Yogasārasaṅgraha(Chowkhambha ed). pp.3-4: "Nirodho na nāśo' bhāvasāmānyaṃ vā" 등. "[불이] 꺼지다" 비유의 참된 의미에 대해서는 Śvet. 1.13; Kaṭh. 25.9, Schrader, JPTS. 1904-'5. Keith B.P. pp.65-66 참고. '소멸'은 단순한 파멸이 아니라 드러나지 않는 근원에 흡수되는 것이다.; 〈참조〉 Mbh. ŚP. p.187-2-6에서 소멸의 의미에 관한 Bharadvāja와 Bhṛgu의 논쟁. 물질주의 관점을 지닌 Bharadvāja는 "Naśyatītyeva jānāmi śāntamagnimanindhnam Gatirasya pramāṇaṃ vā saṃsthānaṃ vā na vidyate."라고 말한다. Bhṛgu는 계속해서 존재하긴 하지만 알아차릴 수 없이 미세한 형태라고 확언한다. 〈참조〉 Maitrāyaṇīyāraṇyaka 6.34. v.1. "Yathā nirindhano vahniḥ svayonā upaśāmyati Tathā vṛttikṣayāccittaṃ svayonā upaśāmyati" 〈참조〉 YS. Ⅰ. 2. "Yogaścittavṛttinifodhaḥ". 〈참조〉 "4 Koṭis" 너머의 니로다. AN. Ⅱ. 161.

185) 지복과 평화. Paramaṃ sukham MN. Ⅰ. 508; DN. Ⅱ. 94; "Etaṃ kho paramaṃ ñāṇaṃ etaṃ sukhamanuttaraṃ Asokaṃ virajaṃ khemaṃ …" AN. Ⅲ. 354; AN. Ⅲ. 442; Sn. p.33; Acalaṃ sukhaṃ Ud. p.96; 〈참조〉 Ud. p.16 ; Sn. p.82; Dhp. 게송 202-206; SN. Ⅰ. 212. Ab.K. Ⅳ. 127 각주 3번 "경전은 '길의 즐거움(sukha, 樂)을 통해서 니르바나의 즐거움을 얻는다'고 말하고 있다."(Vibhāṣā, 毘婆沙) 〈참조〉 Sakya, pp.304-5; Mvu 도처에서 닙바나는 수카라고 표현한다(Dutt, Aspects, p.30 각주); 사실, 샨티(Śānti, 寂靜)는 단순한 '정적'이 아니라 '평화'다. 이때의 고요는 지복, 우빠사마수캄(upasamasukhaṃ, 寂靜의 행복)=삼보

것으로, 그 너머의 닙바나에 대한 언급은 아니라고 주장하는 것은 옳지 않다.[186] 둘 사이에 닙바나로서의 차이가 없고 닙바나의 지복이 단지 우연이라고 가정할 만한 이유가 없기 때문이다. 사실, 이런 지복(至福)을 즐거움의 일종이라고 이해하는 것은 실수이며, 이는 칸다(蘊)의 삶 또는 상사라의 삶에 대해 말하는 것이다.[187]

해방(해탈) — 상사라(윤회)가 중지할 뿐 아니라, 상사라에서 해방된다.[188] 이런 자유는 닙바나에 있으며, 다시 말해서 상사라에서 벗어나

디수캉(Sambodhisukhaṃ, 正覺의 행복)이 넘쳐흐른다. AN. Ⅳ. 341(고요와 깨달음의 혼합이다.); 〈참조〉 Lalita Vistara Ⅰ. p.380; 찬드라키르티는 "Yadā caivaṃ sarvatyāgena sarvapāṣaṇdinām nirvāṇamabhimataṃ … ayaṃ viśeṣo yattīrthi-kānāṃ sarvatyāgābhiprāyamātraṃ na tu punaḥ sarvatyāgopakhyānaṃ"라고 말했지만(Catuḥśatikā에 대해, Mem. A. S. B. Ⅲ. p.494), 그와 동시에 니르바나가 "Anapāyasukhaika-rasaṃ śivam"라고 말한다.(위의 책, p.476). 불교가 부정주의적 입장을 강조하는 것은 실질적으로 니르바나의 지복을 세속적인 어떤 것과 혼동하지 않으려는 목적 때문임을 시사한다. 찬드라키르티의 설명은 담마가 '삽바빠하나야(Sabbappahānāya, 모두 제거)'라고 말하는 S. Ⅳ. 15와 비교할 수 있다. 그러나 '모두'는 감각, 마음, 그 대상과 동등하다고 정의된다: "cakkhuñca rūpañca … mano ceva dhaṃmā ca idaṃ vuccati sabbaṃ."

186) 예를 들면, 라 발레 뿌쌩(La Vallée Poussin)의 가정과 같은 것. '니르바나(Nirvāṇa, 涅槃)' ERE.(Ⅸ. p.378.)

187) MN. Ⅰ. p.400. "Aññatitthiyā paribbājakā … 'saññāvedayitanirodhaṃ-gotamo āha tañca sukhasmiṃ paññāpeti, tayidaṃ kiṃsu-kathaṃ su' Na kho bhagavā sukhaṃ yeva vedanaṃ sandhāya sukhasmiṃ paññāpeti, api ca yattha yattha sukhaṃ upalabbhati yahiṃ yahiṃ … taṃ sukhasmiṃ paññāpeti." 〈참조〉 Kaṭh. 2.5.14 "Tadetaditi manyante' nirdeśyaṃ paramaṃ sukhaṃ …" 이런 지복(至福)은 한정되거나 일시적인 어떤 것이 아니다. Arhant과 비교하여 수카웨다나(sukhavedanā, 樂受)에 대해, MN. Ⅲ. 244-5 참고; SN. Ⅳ. 210; MN. Ⅱ. 227 "Tathāgato … anāsavā sukhā vedanā vedeti."

188) 위뭇띠(解脫), "Sabbaso anupādāya saṃmā cittaṃ vimuccati …" AN. Ⅲ. 354; Sabbagaṇṭhapamocanaṃ SN. Ⅰ. 210, 〈참조〉 "Sarvaguhāgranthibhyo vimukto-bhavati" Muṇḍ. Up. 3.2.9; Vin. 1.1.13, 1; "Na yidaṃ brahmacariyaṃ lābhasakkārasilokānisamsaṃ samādhisampadānisaṃsaṃ, na ñāṇadassanāni saṃsaṃ. yā ca kho ayaṃ … akuppā cetovimutti etadatthaṃ …"(MN. Ⅰ. 197) 아꾸

는 것은 닙바나에 있는 것이다.[189]

앗따(Atta, 自我) 문제 — 동시에 질문이 올라온다. 누구의 자유지? 흔히 찟따(citta, 心)에 관해 답한다. 그러나 찟따의 본질 문제는 '안앗따(Anatta, 無我)'의 본질 문제와 매우 밀접하게 관련되어 있다.

빠 위뭇띠(Akuppā vimutti), MN. Ⅰ. 167, AN. Ⅲ. 354, SN. Ⅱ. 239. 〈참조〉 아사와카야(Āsavakkhaya, 漏盡)를 위해 흔히 쓰는 정형구; "(Kaṃṃa) nirodhā vimuttiṃ phusati" SN. Ⅳ. 132-133; 브라흐마(Brahma), 세상이 찟따를 전혀 묶어두지 않을 때 해방된다. 이는 아사와(Āsava, 煩惱)로부터의 해방과 같다. SN. Ⅴ. 410; 아눗따라 위뭇띠(Anuttarā Vimutti), SN. Ⅰ. 105; 이는 직접 실현되는(Sacchikātabbā) 것이다. SN. Ⅴ. 52; MN. Ⅲ. 290, 〈참조〉 MN. Ⅲ. 297; 이는 윗자의 "빠티바가(Paṭibhāga)"로, 닙바나에 그 "빠티바가(Paṭibhāga)"가 있다. MN. Ⅰ. 304; 사띠(Sati, 念)의 피난처(감각의 마음으로서, 빠티사라나Paṭisaraṇa, 避難處)로, 닙바나의 피난처가 있다. SN. Ⅴ. 218; 모든 아사와(Āsava, 煩惱)(Akuppā cetovimutti, 不動心解脫)로부터 최고의 해탈(해방)을 제외하면 다양한 경험 단계에도 역시 '해탈'이 있다. 이들은 라가(Rāga, 貪) 등에서 벗어나도록 이끌어 주므로 위뭇띠라고 부른다. 따라서 압빠마나 쩨또위뭇띠(appamāṇā cetovimutti, 無量心解脫), 아낀짠냐 쩨또위뭇띠(ākiñcaññā cetovimutti, 無所有心解脫), 순냐따 쩨또위뭇띠(suññata cetovimutti, 空心解脫), 아니밋따 쩨또위뭇띠(animittā cetovimutti, 無相心解脫)가 있다. MN. Ⅰ. 297f ; SN. Ⅳ. 296-7. 마지막 두 가지를 최고위 위뭇띠라고 말할 수도 있다.; 이것이 아마따(Amata, 不死)의 정의를 '탐진치의 소멸'이라고 이해시키는 위뭇띠의 개념이다. SN. Ⅴ. 8.; 이 개념은 우파니샤드(Upaniṣad)…로 거슬러 올라간다. "yadā sarve pramucyante kāmā ye sya hṛdisthitāḥ Atha martyo'mṛto bhavatyatra brahma samaśnute" Kaṭh. 6. 14.; 이는 Jīvanmukti 개념으로, 적어도 윤리적 측면과 실질적 측면에서 살아 있는 아라하(Arahā, 阿羅漢) 개념과 깊이 관련되어 있다. Muṇḍ. 3.2.9. "Guhāgranthibhyo vimukto 'mṛto bhavati" Ⅱ. p.11119(Acyuttagranthamālā) "vidyayā tadārohanti yatra kāmāḥ parāgatāḥ"[〈참조〉 윗자의 빠티바가(Paṭibhāga)로서 위뭇띠, 위의 내용]; 〈참조〉 Kv. 1. p.238f, 안다까(Andhaka)와 테라와딘의 논쟁; 안다까는 위뭇띠를 라가 등의 제거와 동일시하였다. 테라와딘은 이것이 닙바나 개념의 지위를 떨어뜨린 것이라고 생각했다. "Vimokkho cetaso ahu …"의 해석에 관한 바이바시카(Vaibhāṣika, 毘婆沙師)와 사우트란티카(Sautrāntika, 經量部)의 논쟁 비교. Dn. Ⅱ. s.16은 SN. Ⅰ에도 나온다. 「제4장 『디가니까야(Dīgha Nikāya)』의 초기와 후기」 부분 참고. 앞에서 인용한 문헌에 반영되었듯이 우파니샤드 배경에 비춰보면 바이바시카를 선호하는 쪽으로 기운다.

189) MN. Ⅲ. 245; MN. Ⅰ. 167.

현대적 해석

리스 데이비즈(Rhys Davids): 리스 데이비즈에 의하면, 붓다 시대에 인도 북부에 물활론 관점, 다신론 관점, 범신론 관점, 이원론 관점 등이 널리 퍼져 있었다. 영혼에 대한 믿음이 이 모두의 중심이었다. 고따마(Gotama)는 단번에 이를 부정했을 뿐 아니라, 정신적 과정에 해롭다고 생각했다.[190)]

비두쉐카라 샤스트리(Vidhushekhar Shāstri): 영원한 자아를 부정하는 것이 지적(知的)으로 독립적인 불교의 주요 주장이라고 불려왔다.[191)] 비두쉐카르 샤스트리에 의하면, 부정은 붓다가 이른바 아트만(Ātman)의 특징, 즉 독립, 영원, 지복에 부합되는 것이 없다는 경험을 통해 발견한 데서 유래하였다.[192)] 따라서 '나(Ātman, 自我)'와 '내것(Ātmīya)'이라는 관념을 뿌리뽑아 버림으로써 붓다는 '까마(Kāma, 욕망)'를 근절시켰다.[193)]

체르바스키(Stcherbatsky): 체르바스키에 의하면, 불교는 인간을 실재하는 단일체가 없는, 수많은 독립 요소로 분석하였다. 이는 아마도 일부 브라흐마나 문헌 및 우파니샤드 문헌에서 보여준 분석적 경향의 발달이었을 것이다.[194)]

라 발레 뿌쌩(La Vallée Poussin): 라 발레 뿌쌩은 '무실체성(Naitātmya)'와 '업과관계(Karmaphalasambandha)'가 초기불교에서 가장 중요한 두 가지 명제라고 본다.[195)] 하지만 다른 곳에서는 '불가지론적' 해석으로 기울

---

190) American Lectures, pp.36-41; Hibbert Lectures, p.29.
191) Thomas, Life, p.209.
192) Basic Conception of Buddhism, p.64f.
193) 위의 책, p.95.
194) Central Conception, p.73.
195) JA. 1903.

어져 있다.[196]

슈라더(Schrader): 한편, 슈라더에 의하면 아닛짜(anicca, 無常)-둑카(dukkha, 苦)-안앗따(Anatta, 無我)에는 필연적으로 그 반대인 닛짜(Nicca, 恒常)-아둑카(Adukkha, 不苦)-아따(Attā, 自我)가 따라온다. 사실, 붓다는 앗따(Attā, 自我)를 부정했는데, 붓다에게는 이 단어가 "실체적이고 개별적인 영혼"[197]을 의미했으며 절대적 실체가 아니기 때문이다. 그 당시 사람들에게 붓다는 '영혼을 부정하는 사람'으로 보였다. 왜냐하면 그들은 영혼의 형태, 무게, 색깔 등에 대해 이야기하면서 극도로 인격화된 방식으로 영혼을 이해했기 때문이다.[198]

리스 데이비즈(Rhys Davids): 리스 데이비즈 여사는 붓다가 '영혼이 없다'는 이론을 전혀 설하지 않았으며, 이는 상키야(Sāṅkhya) '분석'의 영향, 편협한 세계관의 증가, 브라흐마나(Brāhmaṇa, 婆羅門)에 대한 적대감 때문에 후대 수행승들이 쇄신한 것이라는 견해를 강하게 지지해 왔다.[199]

일부 다른 학자들: 이에 대한 견해는 쿠마라스와미(Coomarswamy)[200]와 라다크리슈난(Radhakrishnan)[201]의 수정을 거쳐 되풀이되어 왔다. 소겐(Sogen)과[202] 스즈키(Suzuki)에[203] 의하면, 불교는 실재하는 유한한 개인이라는 의미의 아트만은 부정하지만 우주의 절대적 독립체라는 의미

196) ERE. "Nirvāṇa"; Opinions, p.87.
197) die substantielle individuelle Seele
198) Schrader, Über den Stand, pp.4-6.
199) Rhys Davids, Mrs. Original Gospel; Sakya; Buddhism(H.U.L.); Ind. Psy.
200) Living Thoughts of Gotama, the Buddha, 서론.; Hinduism and Buddhism, pp.57-69; 71-73.
201) Radhakrishnan, IP, I.
202) Systems of Buddhist Thought.
203) Outlines of Mahāyāna Buddhism.

에서는 부정하지 않는다.

마디야미카(Mādhyamika, 中觀派) 관점 — 나가르주나(龍樹)는 MK. XVIII. 6에서 "모든 부처들에 의해 아뜨만(ātman, 自我)이라는 것이 설해졌고, 마찬가지로 안아뜨만(anātman, 無我)도 교시되었다. 하지만 아뜨만과 안아뜨만에 관해서는 그 어떤 것도 설했지지 않았다."라고 말함으로써 정확한 관점을 명시해둔 것으로 보인다.[204] 일부 니까야 문헌에서도 아트만 이론을 가정하고, 다른 문헌에서는 안아트만 이론을 설하는 것으로 보이는 부분을 찾을 수 있긴 하지만, 붓다의 관점은 궁극적 실제가 아트만 개념에도, 안아트만 개념에도 해당되지 않는다는 것이다. '진리의 정도 또는 등급'에 대한 후대 이론을 믿었던 나가르주나는 세 가지 표현 모두 실제로 타협할 수 없지 않으며, 붓다 스스로 모순 없이 설한 것이라고 할 수 있다고 생각했다. '삼무띠(世俗)'는 Sn.의 「마하위유하 숫따(Mahāviyūha sutta)」에(〈참조〉 DN. Ⅲ. 226, 227에서는 삼무띠냐나, Sammutiñāṇa, 世俗智) 몇 차례 나오지만 그렇게 이해되는 형이상학적 의미의 정확한 정도는 확실하지 않다. 일부 문헌에서 해방된 사람의 내적 깨달음과 '로카보하라(Lokavohāra, 一般的 區別)'의 차이가 분명해진다. "이와 같이 마음이 해탈한 비구는 누구에게도 찬동하지 않고 누구와도 논쟁하지 않으며, 세간에서 쓰이는 말을 집착 없이 사용한다."[205](MN. 경전 74) "이것들은 여래가 집착 없이 사용하는 세간의 명칭이고, 세간

---

204) Ātmetyapi deśitam prajñapitamanātmetyapi Buddhairātmā na cānātmā Kaścidityapi deśitam.

205) Evaṃ vimuttacitto bhikkhu na kenaci saṃvadati, na kenaci vivadati, yañca loke vuttaṃ tena voharati aparāmasaṃti

의 언어이며, 세간의 표현이고, 세간의 개념이다."[206](DN. 경전 9) 이와 같은 문헌은 아마도 궁극적 진리(Paramārtha Satya, 勝義諦)와 세간적 진리(Saṃvṛti, 世俗諦) 또는 다양한 의심의 제거 진리(Vyavahāra satya, 言說諦) 사이의 차이가 증가하는 데 관여했을 것이다.

니까야 자료의 역사적 분석

아트만 이론에 대한 근거: 리스 데이비즈 여사는 우파니샤드에서는 아트만(Ātman, 自我) 이론을 인정했지만 붓다는 이에 대해 반기를 들었다고 지적했다. 또한 붓다는 거만하고 유식한 브라흐마나와 논쟁하는 중에 이를 제시하지 말아야 했다는 데 주목할 만하며 실제로도 그러하다.[207] 하지만 리스 데이비즈 여사가 결론 내린 것처럼, 붓다가 '아트만 이론'을 믿었지만 완벽한 방식으로 안아트만(Ānātman, 無我) 이론을 믿지 않았다고는 할 수 없다.[208] 적어도 붓다는 이것이 모두에게 도움된다고 생각하지는 않았다.[209]

앗따에서의 복합어: 붓다가 아트만(Ātman, 自我)을 믿었다는 결론은, 초기로 추정할 만한 이유가 있는 복합어가 있다고 주장함으로써 시도

---

206) imālokasamaññā lokaniruttiyo lokavohārā lokapaññattiyo yāhi tathāgato voharati aparāmasaṃti.

207) Sakya, p.187에서는 암묵적으로 언급된 경전을 밝히고 있다.

208) 〈참조〉 MK. XVIII. 8 "Sarvaṃ tathyaṃ na vā tathyaṃ tathyaṃ cātathyameva ca Naivātathyaṃ naiva tathyametadbuddhānuśāsanam." 찬드라키르티는 다음과 같이 인용했다. "Loko mayā sārdhaṃ vivadati nāhaṃ lokena sārdhaṃ vivadāmi Yalloke sammataṃ tanmamāpyasti sammatam yalloke nāsti sammataṃ mamāpitannāsti sammatamityāgamācca." 이는 붓다가 완벽한 방법으로 어떤 '이론'을 설하지는 않았음을 보여준다. (찬드라키르티가 인용한 내용은 SN. III. 138과 거의 동일하다. "Nāhaṃ bhikkhave lokena saha vivadāmi 등")

209) 〈참조〉 "… hīnamadhyokṛṣavineyajanāśayanānātvena ātmānātmā tadubhayapratiṣedhena Buddhānāṃ bhagavatāṃ dharmadeśanā pravṛttā …"(Candrakīrti ad MK. XVIII. 80.)

된 것으로, 그럼에도 불구하고 앗딴(Attan, 自身)이라는 낱말이 몸과 마음의 집합체로서의 인간과는 다른 의미로 쓰인 것으로 보인다.[210] 앗잣따(Ajjhatta, 內的), 빳짯따(Paccatta, 各自), 앗따바와(Attabhāva, 自己存在), 빠히땃따(Pahitatta, 스스로 노력하는), 바위땃따(Bhāvitatta, 자신이 잘 닦여진)가 그런 경우다.[211] 첫 번째 복합어의 경우만, 약간 무게 있는 주장이다. 후대에 앗잣따(Ajjhatta, 內的)는 단지 외부와 반대로서의 내부가 되었고,[212] 동시에 '외부'와 함께 비난받긴 했지만,[213] 어떤 용도에서는 초기에 가치 있는 지위가 부여되었다.[214] 자기 안으로 침잠함으로써 소중한 것에 확실히 가까워졌다. 이는 무상한 집합체에 지나지 않는 인간이 이해하기에는 어려웠을 것이다.

---

210) *역자주: '자아(自我)'라고 하는 빠알리(Pāli) 용어는 '앗따(attā, atta)'이다. 경전 안에서 '앗따'는 여러 가지 의미를 지니는데 대개 [자신이 원해서 행위하는] '자기 자신(one's own)', '그 자신(one self)' 혹은 몸과 마음을 지닌 '인물(one's own person)', '인격(personality)' 그리고 미묘한 형이상학적 실체인 '영혼(soul)' 혹은 '자아(self)' 등을 의미한다. 초기경전 안에서 앗따는 이와 같이 복합적인 의미를 가지고 있다. 하지만 무아(無我, anattā)를 설명할 때의 자아는 일반적으로 형이상학적 실체인 '영혼'을 의미한다. '자아'라고 하는 산스크리트 용어는 '아뜨만(ātman)'이다. 아뜨만은 빠알리어 앗따와 같은 의미를 지닌다. 아뜨만의 어원은 명확하게 밝혀지고 있지 않으나 생명을 의미하는 '호흡하다', '불다', '움직이다' 등의 뜻에서 파생되었다고 보고 있으며, '영혼'이나 '자아' 등의 의미로 나타난다. 또한 우빠니샤드(Upaniṣads) 안에서 아뜨만은 몸으로부터 떠나고 돌아올 수 있는 실체로 이해될 뿐만 아니라, 마음과 함께 동의어로 사용되기도 한다. 따라서 무아의 반대인 자아를 의미하는 앗따와 아뜨만은 고정불변의 실체인 영혼을 나타내는 의미로 사용된다.

211) Sakya, p.189f.

212) Ajjhattikabāhirāni āyatanāni, MN. Ⅲ. 63, 272f. Āraṇyaka 문헌에서 Adhyātma와 Adhideva의 차이는 흔하다. 〈참조〉 Adhidevañāṇadassana, AN. Ⅳ. 304.

213) 〈예〉 Ajjhattabahiddhā suññataṃ manasi karoti MN. Ⅲ. 111f.

214) 앗잣따찐띠(Ajjhattacintī), 앗잣따라또(-Rato), 앗잣따찟따(-citta) 같은 표현에서; "Ajjhattaṃ sukhaṃ anuyuñjeyya" 같은 말, MN. Ⅲ. 230; (Ajjhattaṃ) jalayāmi jotiṃ SN. Ⅰ. 169. 두 번째는 특히 우파니샤드에서 쓰인다. 브라흐마나(Brāhmaṇa, 婆羅門)와의 대화에서 형식적인 희생제에 반대할 때 쓰인다.

빳짯따(Paccatta, 各自)에서 앗따는 '개인'의 의미를 갖는 것으로 보이며,[215] 빠히땃따(Pahitatta, 스스로 노력하는)와 바위땃따(Bhāvitatta, 자신이 잘 닦여진)에서는 붓다고사가 말했듯이 찟따의 의미를 갖는 것으로 보인다.[216]

앗따바와(Attabhāva, 自己存在)는 특이한 표현이다. 앗따바와는 개별존재, 특히 개인의 생명을 의미하는 것으로 보인다.[217] 과거의 깜마의 결과로, 개인의 물리적 측면이 포함되어 있다. 영원할 수 없으며, 그밖에, 당연히, 괴로움에서 해방될 가능성은 전혀 없다. 복합어를 사용하는 사람들에게 단독으로 쓰인 앗따의 의미는 중요하지 않았을지도 모른다.

---

215) 다음의 구절이 리스 데이비즈 여사의 해석을 뒷받침해 주는 것으로 보인다. "aññātreva … saddhāya … ruciyā … ākāraparivitakkā … diṭṭhinijjhānakkhanityā atthāyasmato Musīlassa Paccattameva ñāṇaṃ bhavanirodho nibbānanti" (SN. Ⅱ. 117.) 〈참조〉 "Pratyātmagati"라는 후대 표현(Suzuki-Studies in the Laṅkāvatara, p.102f.)

216) 〈참조〉 Sakya, p.191.; "Pahitatto samāno kāyena ceva paramasaccaṃ sacchikaroti paññāya ca tam ativijjha passati" MN. Ⅱ. 173.

217) AN. Ⅰ. 134. "Lobha (dosa, moha) samudayaṃ yatthassa attabhāvo nibbattati tattha taṃ kammaṃ vipaccati-tattha vipākaṃ paṭisaṃvedeti …"; AN. 279. "Oḷārikam attabhāvaṃ abhinimminitvā …"; AN. Ⅲ. 432. "Yaṃ kho-vediyamāno tajjaṃ tajjaṃ attabhāvamabhinibbatteti puññabhāgiyaṃ vā apuññabhāgiyaṃ vā-ayaṃ vedanānaṃ vipāko …"; AN. Ⅳ. 200. "santi mahāsamudde yojanasatikā pi attabhāvā" Attabhāvapaṭilābha: AN. Ⅱ. 159. "cattāro attabhāvapaṭilābhā … tasmiṃ attasañcetanā kamati no parasañcetanā"; AN. 188. "Tathā. bhūto kho ayaṃ lokasannivāso tathābhūto attabhāvapaṭilābho." ; AN. Ⅲ. 122. "aññataraṃ manomayaṃ kāyaṃ uppanno tassa evarūpo attabhāvapaṭilābho hoti seyyathāpi dve vā tīṇi vā māgadhikāni gāmakkhettāni …"; SN. Ⅴ. 442. "sukhumattā attabhāvassa"(순수하게 신체적으로 고려하여); SN. Ⅱ. 255. "evarūpopi nāma satto bhavissati-evarūpo pi nāma attabhāvapaṭilābho paṭisamvediyatha …"; SN. Ⅲ. 144. "Ettako Cepi … attabhāvapaṭilābho abhavissā nicco dhuvo sassato avipariṇāmadhaṃmo nayidaṃ brahmacariyavāso paññāyetha sammā dukkhakhayāya …."; MN. Ⅱ. 32. "yāvatakaṃ pi iminā attabhāvena paccanubhūtaṃ …."

가장 소중한 존재로서의 앗따[218]: 「꼬살라상윳따(Kosala saṃyutta, 拘薩羅相應)」의 말리까(Mallikā) 부분에서 전 세계에서 앗따가 가장 소중하며 '앗따까마(Attakāma, 自己愛)'가 다른 이에게 상처를 입히지 말아야 한다는 취지로 설명한 데서도 앗딴(Attan, 自身)에 대한 붓다의 믿음이 예측된다. 이 내용을 정확히 해석하기는 어렵겠지만 일반적으로 그런

---

218) *역자주: 초기경전을 통하여 자아(attā)가 사용된 경우를 살펴보면 다음과 같다. 붓다는 제자들에게 양극단을 벗어나 중도(中道)의 가르침을 따를 것을 설하신다. 붓다는 한쪽 극단의 하나인 고행주의자들을 'Atta-kilamathānu yoga(자신을 피곤하게 만듦을 좇는 요가)'라고 불렀다. 이들은 자기 안에 영원불멸의 실체가 존재한다고 믿었으며, 더럽고 부도덕한 행위를 하는 몸이 맑고 순수한 영혼을 오염시킨다고 생각했다. 따라서 무결한 영혼을 위해서 자기의 몸을 피곤하게 만드는 고행의 방법을 사용한 것이다.(DN. III. 113, SN. IV. 330, Vin. 421, MN. III. 230) 이처럼 고행주의를 의미할 때 사용된 '앗따(atta)'는 영혼을 담고 있는 자아를 의미한다. 붓다는 고행주의자들을 설명하기 위해 이처럼 자아라는 용어를 사용하였다. 이외에도 경전을 통하여 나타나는 'attā'의 사용 용례는 매우 다양하다. 초기경전을 구성하고 있는 빠알리어는 세 가지 성[남성·여성·중성], 두 가지 수[단수·복수], 그리고 여덟 가지의 격을 가지고 있다. 이때의 격은 주격, 목적격, 구격, 여격, 소유격, 탈격, 처격, 그리고 호격을 말한다. 초기경전 안에서 자아를 의미하는 'attā'는 거의 모든 격을 통해 나타나고 있다. [주격] "잘 길들어진 자아(attā)는 인간의 광명이네."(SN. I. 169), [목적격] "자신을(attānaṃ) 있는 그대로가 아니라 다르게 나타내는 사람은 도박사가 사기를 치는 것처럼 그가 향유하는 것은 도둑질이네."(SN. I. 24), "자기를 괴롭히지 않고(yāy' attānaṃ na tāpaye), 다른 사람을 다치게 하지 않는 그런 말을 해야 합니다."(Sn. 451), [구격] "아난다여, 나와 나의 것이(attena vā attaniyena) 텅 빈 것이므로 텅 빈 세상이라고 한다. 아난다여, 나와 나의 것이 텅 빈 것이라는 것은 무엇인가?"(SN. IV. 54), [여격, 소유격] "자신을 위해 행복을 구하는 사람이라면(attano sukham esāno), 자신에게 있는 비탄(domanassañ ca attano)과 탐욕과 근심과 자기 번뇌의 화살을 뽑아버려야 한다."(abbahe sallam attano).'(Sn. 592), [탈격] "스스로 깨끗이 씻고 두 손으로 보시하면 자신으로부터 타인으로부터(attato parato) 보시의 큰 결과를 얻으리."(AN. III. 337), [처격] "죄악을 짓는 어리석은 자는 내세에 자신 안에서 그 괴로움을 발견한다."(attani passati kibbisakāri)'(Sn. 666), "청정하지 못한 교리를 도모하고 구성하고 선호하면서, 자기 안에서 그 공덕을 본다면(attanī passati ānisaṃsaṃ), 그야말로 불안정한 평안에 의존하는 것이다."(Sn. 784) 이처럼 붓다는 경전의 도처에서 제자들에게 앗따(자아)라는 용어를 사용하여 설법하고 있다. 자아를 사용하는 설법들 중에 가장 널리 알려진 것은 '자등명(自燈明) 법등명(法燈明)'이다.

의미였을 수 있다.[219] SN. Ⅴ. 353과 Dhp. 129와 동일한 교훈을 심어주었을 것이다.

앗따라는 의지처와 의지처를 향하여: "그대들은 자아를 찾아야 한다."[220]의 경우는 더 나은데, 만약 Dhp. 146 "어둠에 뒤덮여 그대들은 등불을 찾지 않는가?"와[221] "그대들은 자신을 섬(혹은 등불)으로 삼아라." 옆에 둔다면[222] Mvg. 내용에서 앗따가 단순히 회상적 의미 이상으로 쓰였다고 생각하는 게 억지라고 보이지 않기 때문이다.[223] "스스로 가장 뛰어난 존재가 되어"라는 표현은[224] 확실히 중요한 의미가 있다. "나는 그대들을 버리고 갈 것이다. 나는 스스로를 의지처로 삼았다."도 마찬가지다.[225]

양심으로서의 앗따: 일부 구절에서는 앗따(Attā, 自我)가 '내부 감시자' 또는 양심이라는 의미로 쓰인다.[226] 이와 같은 용례는 『브라흐마나(Brāhmaṇa, 梵書)』나 우파니샤드(Upaniṣad)에서는 거의 보기 드물다.[227]

Dhp.에서의 앗따: Dhp.에서 앗따(Attā, 自我)는 중요한 역할을 한다. 이

---

219) 〈참조〉「제6장 『상윳따니까야(Saṃyutta Nikāya)』의 초기와 후기」 부분에서 이 경전에 대한 논의.

220) Mvg. Ⅰ. 23.: Attānaṃ gaveseyyātha

221) Andhakāreṇa onaddhā padīpaṃ na gavessatha

222) Attadīpā viharatha: SN. Ⅲ. 42, Ⅴ. 154, 163; DN. pt.Ⅱ. p.83 (Nāgarī본); DN 경전 26.

223) Coomarswamy, JAOS 1938, pp.680-681. 그는 "자신을 등불(의지처)로 삼아라(Attadīpā viharatha)"에 관해 Br. up. Ⅳ. 3.6.을 강조한다.

224) Brahmabhūtena attanā: Geiger, 앞의 인용문. 〈참조〉 "Amṛtāccāmṛtam prāptaḥ śāntībhūto nirātmavān Brahmabhūtaḥ sa nirdvandvaḥ sukhī śānto nirāmayaḥ." 게송은 겉보기에 상당히 불교적이다(Mbh. ŚP. 199. 23.)

225) DN. pt.Ⅱ. p.96 (Nāgarī본): Pahāya vo gamissāmi kataṃ me saraṇamattano.

226) AN. 3.3.10; AN. 3.4.10; AN. 2.2.7; AN. 4.13.121; MN. Ⅰ. 440f.

227) 〈참조〉 Manu "Śrutiḥ smṛtiḥ sadācāraḥ svasya ca priyam ātmanaḥ."

때는 매우 친밀한 독립체다.[228] 근본적으로 독립적이거나 또는 상당히 '자기의존적'이며, 선과 악의 잠재력이 대단하다. 길들이고 감시하며 매우 조심스럽게 교육해야 한다. 여기에는 주목할 만한 이중성이 있는데, 한편으로는 흔히 이해하는 '찟따'와 동일한 측면을 갖고 있는 힘, 도구다. 다른 한편으로는 마음의 배후에 있는 사람인데, 어떤 면에서는 마음과 동일하지만 다른 면에서는 마음 이상의 무엇—사실상 자신의 진정한 본성으로, 선(善)을 향해 내면에서 애쓰는 타고난 잠재력이다.

앗따에 대해 이처럼 소수의 불확실한 언급 또는 다소 유명한 언급과 비교하여[229] 푸드갈라바다(Pudgalavāda, 個人論)와 비즈냐나바다(Vijñānavāda, 唯識派)의 시초를 니까야에서 찾을 수 있다는 취지로 더 분명하게 언급된 내용이 있다.

뿌리사 — '뿌리사(Purisa, 사람)'라는 낱말은 우파니샤드와는 달리 니까야에서는 보기 드물다. 그나마도 별로 중요하지 않게 나오고, 좀 더

228) Dhp. Attavaggo; 게송 103-104, 238, (리스 데이비즈 여사의 가르침을 정말로 설법한) 282, 315, 323, 379-380. 이들 게송은 옛날에 눈에 띄지 않을 수 없었다. Candrakīrti ad MK. XⅧ. 5 참고; "실로 자신이 자신의 의지처(Attā hi attano nātho)등에 관해 Bodhicaryāvatāra(佛所行讚)에서 "cittamevāsyāṃ gāthāyāmahaṅkāraniśrayatayā ātmaśabdena uktaṃ"라고 말한다.; Ab.k. V. "cittaṃ cāhaṅkārasanniśraya ityātmaśabdenopacaryate"(〈참조〉 La Vallée Poussin, JA. 1903, p.274.)

229) 약간의 언급이 있긴 하지만 전통적으로 이해되는 안앗따(無我) 이론과 어울릴 수는 없다. Ud. "Yadā ca attanā vedi muni monena brāhmaṇo Atha rūpā arūpā ca sukhadukkhā pamuccati"; Sn. Dvayatānupassanasutta(二種隨觀經), 게송 33-35; 여기서 자아가 아닌 것 혹은 '명색'에서 자아를 보는 것은 비난받았다. (Anattani attamānaṃ passa lokaṃ sadevakaṃ Niviṭṭham nāmarūpasmiṃ idaṃ saccaṃti maññati.) 그리고 진정한 자아를 영원한 니르바나와 명백하게 동일시하였다.(Amosadhaṃmaṃ nibbāṇam) ; Sn. Sundarikabhāradvāja(孫陀利迦婆羅陀寐經), v.23는 모순된다. "Yo attanāttānaṃ nānupassati samāhito ujjugato ṭhitatto." ṭhitatto는 바로 Ṭhitacitto일까?

잣은 '삿따(Satta, 衆生)'의 경우가 명백하다. 어떤 쓰임의 경우는 거의 후기 안앗따 교리 정신이 아니다. "갈애를 동반자로 삼는 사람은 오랜 기간 윤회하며, 이 생존에서 다른 생존으로의 윤회를 뛰어넘지 못한다."[230] 우파니샤드에서 푸루사(puruṣa, 神我)는 때로 '마음(심장)'과 관련된다. 니까야에서는 '마음'에 대한 언급이 아주 적지만 중요하며, 후대 교리의 '하다야왓투(Hadayavatthu, 心土臺)' 개념과 일치하지 않는다. "만약 마음의 획득을 원한다면, 비구는 선정에 들어 마음이 해탈해야 한다."[231] "공덕을 얻고 마음을 고요히 하여",[232] "나는 안으로 불을 피우니 … 혀는 국자이고 심장은 불 지피는 재단이며 … 잘 길들여진 자아는 사람의 불이다.",[233] "열반을 마음에 넣고서…".[234]

뿌리사뿍갈라와 뿍갈라 — 우파니샤드의 푸루사와 니까야의 뿍갈라(Puggala, 個人)의 중간이 '뿌리사뿍갈라(Purisapuggala, 사람)'라는 표현이다. 이는 개인의 행위, 믿음, 행위의 결과 경험을 의미한다.[235] 뿍갈라는

230) Taṇhādutiyo puriso dīghmaddhāna saṃsāraṃ Itthabhāvaññathābhāvaṃ saṃsāraṃ nātivattati.: It. 경전 15; 〈참조〉 위의 책, 경전 58. 뿌리사타모(Purisatthāmo, 사람의 힘), 뿌리사빠락까모(Purisaparakkamo, 사람의 활기)라는 표현이 MN. Ⅰ497, 481, 516ff에 가끔 나온다. 의지와 '자기 경험'이라고 부르는 것 또는 개인의 느낌의 관계는 매우 밀접하다. 의지가 강하고 '인간'의 실재를 느끼지 않으며 자기 성찰로 이해하는 사람은 거의 이해할 수 없기 때문이다. G. Coster, Yoga and Western Psychology. pp.223-224 1934; F. Aveling, Personality & Will. p.180. Cambridge U.P. 1931.

231) SN. Ⅰ. 46-52.: Bhikkhu siyā jhāyī vimuttacitto Ākaṅkhe ca ca hadayassānuppattiṃ

232) 위의 책, Ⅰ. 125.: Atthassa pattiṃ hadayassa santiṃ.

233) 위의 책, Ⅰ. 169.: Ajjhattameve jalayāmi jotiṃ … jihvā sujā hadayaṃ jotiṭṭhānaṃ … Attā sudanto purisassa joti.

234) 위의 책, Ⅰ. 199.: Nibbānaṃ hadayasmiṃ opiya ….

235) "Micchādiṭṭhikassa—purisapuggalassa—" SN. Ⅳ. 307. ; "evameva rūpattāyaṃ purisapuggalo rūpe patiṭṭhāya puññaṃ vā apuññaṃ vā pasavati …"(MN. Ⅰ. 230.) "Yaṃ kiñcāyaṃ purisapaggalo paṭisaṃveditī sukhaṃ vā dukkhaṃ vā

니까야에 자주 나온다.[236] 붓다가 뿍갈라를 다양한 종류로 나누는 법문을 설했다고 기록되어 있다.[237] 대체로 그 쓰임은 아트만에 대해 어떠한 믿음도 드러내지 않지만, 잘 알려진 「바라하라 숫따(Bhāragāra sutta)」는[238] 현저하게 이례적이다. 경전 자체는 뿍갈라와 칸다(蘊)를 분명히 구별하는 것으로 보인다. 칸다는 뿍갈라에게 단지 짐일 뿐이다.

뿍갈라와다 — 뿍갈라와딘(Puggalavādin, 個人論者)은[239] 뿍갈라가 칸다와 동일하지도 않고 다르지도 않다고 분명히 말함으로써 좀 더 '불

---

adukkhamasukhaṃ vā" MN. Ⅰ. 475.; Ⅱ. 214, 217.; SN. Ⅳ. 230. "catūhi dhammehi samannāgataṃ purisapuggalaṃ paññāpemi sampannakusalaṃ"(MN. Ⅱ. 24.); "sa ce kho natthi paro loko evamayaṃ bhavaṃ purisapuggalo kāyassa bhedā sotthimattānaṃ karissati" MN. Ⅰ. 403; "Avijjāgato yaṃ bhikkhave purisapuggalo puññañce saṅkhāram abhisankharoti puññūpagaṃ hoti viññānaṃ"(SN. Ⅱ. 82.) 〈참조〉 "uktaṃ hi Bhagavatā avidyānugato yaṃ bhikṣavaḥ Purusapudgalaḥ puṇyānapi saṃskārānabhisaṃskaroti apuṇyānapi anindyānapi saṃskārānabhisaṃs karotītyādinā."(MK. p.57에서 Candrakīrti의 주석. Calcutta ed.)

236) 불교적 어원에 대해서는 Ab.K. vol.V. pp.228-229 참고.

237) MN. Ⅰ. 314, 411, Ⅱ. 159 등; AN.에서는 그런 분류에 가장 크게 주의를 쏟는다. 〈참조〉 Catuḥśatikā, 찬드라키르티(Candrakīrti, 月稱)의 주석, Mem. A. S. B. Vol.Ⅳ. p.471.

238) SN. Ⅲ. 25-26. 후대 불교 문헌에 자주 인용된다.(〈참조〉 Minayeff. p.225; Poussin, J.A. 1902) 우드요타카라(Uddyotakara)도 자주 언급했다. 「바라하라 숫따(Bhāragāra sutta)」를 고려하여 "빤나바라(Pannabhāra, 구제된)"라는 별칭 참조. MN. Ⅰ. 139; AN. Ⅲ. 84; SN. Ⅰ. 233.

239) Kośa는 이들을 Vātsīputrīya라고 부르고, Vyākhyā에서는 Āryasammatīya라고 설명한다. Ab.K. Ⅴ. p.227.; 붓다고사는 뿍갈라와딘이 왓지뿟따까(Vajjiputtaka)와 삼미띠야(Sammitīya, 經量部)라고 설명한다(Debates Commentary p.9.); 체르바스키에 의하면, 그들은 초자연적으로 살아남은 붓다를 지지하려는 유일한 목표를 갖고 교리를 확립하였다(Stcherbatsky, Nirvāṇa, p.31 각주). 바이디아(Vaidya) 박사에 의하면, 그들은 마디야미까(中觀派) 견해의 성질을 지닌다. (Etudes sur Aryadeva et son catuḥśataka, p.15). 찬드라키르티는 삼미띠야(Sammitīya, 經量部)에 대해 다음과 같은 견해를 이야기한다. "Yasyopādāturdarśanaśravaṇaghrāṇaras anādīni vedanāsparśasaṃskārādīni ca bhavanti sa upādātā pūrvame bhyaḥ astīti sammitīyā vadanti"(MK. Ⅸ. 1의 주석.)

교적'[240] 입장을 취했다. 뿍갈라와 칸다의 관계는 형언할 수 없다고(Avaktavya) 여겨졌다.[241] 아누빨라디(Anupalabdhi, 非認識)[242]와 함께 뿍갈라에 대해 상투적으로 진행하는 논박은 모든 자각에서 간접적으로 알려진다고 지적함으로써 답변된다.[243]

뿍갈라와딘은 그들에게 반대하여 인용된 다수의 경전과 문헌이 진짜라고 인정하기를 거부했다. 또한, 그런 문헌에서 "만물은 무아이다(Sarve dharmā anātmāhaḥ)."라고 설하는 목적은 자아가 아닌 것, 자아가 전혀 없는 것에서 자아를 찾지 말아야 한다는 것일 뿐이라고 주장한다.[244]

뿍갈라와딘은 자신들의 주장을 지지하여 「바라하라 수트라(Bhārahāra sūtra)」와 같은 문헌을 강조했는데, 이 경전은 푸드갈라(Pudgala, 個人)를 분류한 것으로, 여기서 붓다는 과거 생에 대해 언급한다.[245] 철학적 특성에 대한 긍정적 주장도 제기되었다. 하지만 푸드갈라를 위해 붓다의 전지(全知)뿐 아니라 모든 기억은 불가능할 것이다.[246] 만약 붓다가 푸

---

240) 야쇼미트라(Yaśomitra)는 이들을 불교도라 불렀고, 샨티데바(Śāntideva)는 가짜 불교도Saugatammanya라고 불렀다. Ab.K. V. p.228.

241) Ab.K. V. p.232, 237 "요인과의 관계와 관련해서는 말로 표현할 수 없다(avaktavya)" 이런 견해는 니까야에서도 어느 정도 나타난다. SN. Ⅲ. p.130 참고. "Na rūpamasmīti vadāmi na pi aññatra rūpā asmīti vadāmi api ca me-pañcasu upadānakkhandhesu asmīti adhigatamayamahamasmīti ca na samanupassāmi". 마치 꽃의 향기가 꽃의 대부분인 것처럼, 따로 분리된 어떤 부분도 아닌 것처럼, 자아감정이 전체 인격에 퍼져 있다. 비유는 '자아'를 그리워하는 것은 나무에 대해 목재를 그리워하는 것임을 시사한다.

242) Ak.V. Ⅰ. 1.1.

243) Ak.V. p.238f. 〈참조〉 Aveling, 앞의 책, p.183. Aveling의 심리학과 W. James의 심리학의 관계는 본 연구의 논쟁을 연상시킨다.

244) Ak.V. pp.254-252.

245) 위의 책, p.253, 258, 259, 271.

246) 위의 책, p.254f, 273f.

드갈라를 믿지 않았다면 붓다는 왜 영혼(Jīva)과 육체(Śarīra)를 동일시하지 않았을까?[247] 왜 완전한 영혼의 존재를 부정하지 않았을까?[248] 왜 아트만을 부정하는 것이 드리슈티스타나(Dṛṣṭisthāna, 見處)라고 생각했을까?[249] 만약 푸드갈라가 없다면, 정말 누가 '시초 없는 상사라'를 통해 살아갈 것인가?[250] 결국 안아트만(Anātman, 無我) 이론의 핵심—'자아'에 대한 믿음이 집착과 속박[251]의 원인이 될 것이라는—이 실제로 푸드갈라 교리에 적용되지 않는다는 것을 기억해야 한다. 자아가 아닌 것에서 '자아'를 보려는 속박은 있다.[252]

뿍갈라와다의 기원 — 뿍갈라와다(Puggalavāda, 個人論)는 다음과 같은 환경에서 기원된 것으로 보인다. 모든 '자아'를 완전히 부정함으로써 심각한 철학적 어려움, 특히 붓다의 본성과 과거 기억에 대한 어려움이 생겨났다. 분리를 계발하기 위해 실제로 '자아'를 부정할 필요는 없다. '자아' 이론이 대체로 변증법 개념을 옹호함으로써, 단정할 수 없는 '뿍갈라(Puggala, 個人)'를 필요로 하는 어려움을 극복하거나, 최소한 피해갈 수는 있다. 붓다는 의심의 여지없이 분명한 용어로 '자아'를 부정하지 않았다. 어떤 면에서는 마디야미카 사고방식의 전조가 여기 있다.[253]

---

247) 위의 책, 262ff.
248) 위의 책, 264ff.
249) 위의 책, 270.
250) 위의 책, 271.
251) 〈참조〉 "Yaḥ paśyatyātmānaṃ tatrāsyāhamiti śāśvataḥ snehaḥ snehāt sukheṣu tṛṣyati tṛāṇā doṣāṃstiraskurute Guṇadarśī paritṛṣyan mameti tatsādhanānyupādatte Tenātmābhiniveśo yāvattāvat sa saṃsāre"(Dharmakīrti—Pramāṇavārtika[量評釋] pp.86-7. ed with Manorathanandin's comy in JBORS. 1938.) AN. Ⅱ. 164-5, 212.
252) 위의 책, 272-273.
253) 〈참조〉Mk. XⅧ. 1. "Ātmā skandhā yadi bhaved udayavyayabhāgbhavet Skandhebhyo'nyo yadi bhavedbhavedaskandhalakṣanaḥ." 이런 주장은 변증법적으로

윤회의 주체로서 윈냐나 — 일부 문헌에 의하면, 인간의 죽음에서 살아남는 것은 그 사람의 찟따(citta, 心) 또는 윈냐나(viññāṇa, 識)다.254) 이 교리는 불교 이전의 것이 거의 확실하다.255) 붓다는 이를 거부하지 않고 수정했던 것으로 보인다.256) 윈냐나는 의심의 여지 없이 살아가지만 영원한 독립체와 동일하게 여겨서는 안 된다. 사실상 이는 몹시 변하기 쉽

사고하는 Pudgalavādin의 입장을 다루는 데 실패한다.

254) SN. Ⅱ. 82; V. pp.369-70 ; AN. V. 300; MN. Ⅰ. 296 ; SN. Ⅲ. 143; Dhp. 41; MN. Ⅲ. 256; 찟따(Citta, 心)와 윈냐나의 동일성에 대해서는 리스 데이비즈 여사, Ind. Psy., p.237 참고. 그녀가 SN. 구절이 독특하다고 한 것은 옳지 않다. 왜냐하면 DN. Ⅰ. 경전 1에도 비슷한 의미의 구절이 있기 때문이다.(DN. pt.Ⅰ, p.24, Nāgarī본); 비슷한 의미의 다른 구절이 또 있다. AN. Ⅰ. 170. "Itthaṃ pi te mano iti pi te cittaṃ"; Ab.K. Ⅱ. 95 각주 1번은 대체로 SN. V. 369와 일치하는 산스크리트 경전을 인용하고 있으나, [후자의 간단한 citta(心) 대신에] "Yatpunaridamucyate cittamiti vā mana iti vā vijñānamiti vā-", SN. Ⅰ. 53이 있다. "Niccamutrastamidaṃ cittaṃ Niccamubbiggamidaṃ mano." 전통적으로 모든 불교학파는 찟따와 비즈냐나(Vijñāna, 識)라는 용어를 동등하게 사용한 것으로 보인다(ĀŚ. cxxxvii, 68, 153-4). 그러나 '마노(Mano, 意)'는 학파마다 찟따, 윈냐나와는 다른 의미를 갖는다. 이는 세 용어가 실제 경전 용례에서 각각의 다른 의미를 갖는다고 말하는 게 아니며, 각각 독특한 의미의 차이가 있다(Mrs. Rhys Davids, 앞의 책, p.237f 참고).; '마노(mano, 意)'와 감각의 관계에 대해, MN. Ⅰ. 295; SN. V. 218; Ⅳ. 198; 마노는 여섯 번째 감각이자 다섯 가지 감각의 조정자라고 여겨졌다. Ab. K에서 상세하게 설명되고 있지만 아마도 미숙한 물활론 신앙에서 비롯된 간답바(Gandhabba, 잉태될 준비가 되어 있는 존재)의 개념과 윤회 주체로서의 윈냐나 비교가 필요하다. [MN. pt.Ⅱ. pp.367-8, 나가리(Nāgarī)본]. 수태되는 순간에 간답바(Gandhabba, 잉태될 준비가 되어 있는 존재)가 있어야 한다는 개념은 시사하는 바가 많다.

255) 〈참조〉 Br. Up. "sa eṣajñaḥ savijñāno bhavati"(7.2.3.); 위의 책, 7.1.8 "sa vā ayaṃ puruṣah (Vijñānamayaḥ) jāyamāhaḥ-mriyamāṇaḥ"; DN.(앞의 인용문); MN. Ⅰ. 256f(Sāti의 이설은 아마도 불교 이상의 영향에서 비롯되었다.); Mrs. Rhys Davids, Original Gospel, p.114.

256) 윈냐나(Viññāṇa, 識)에 대해서는 Pali Dictionary(PTSD) 참고. '비즈냐나산타나(Vijñānasantāna)'에 대한 전통적 이론에서조차 죽음을 넘어서는 지속 또는 잔존이 있지만 독자성의 범주는 연속성의 범주로 대체되었다. 잔존하는 비즈냐나(Vijñāna, 識) 개념보다는 변화의 개념으로 변형된다. (앞 장 참고.) 〈참조〉 Br. Up. 6.9.33-34와 위의 책, 6.2.12-14에 대한 R. G. Bhandarkar의 해석을 감안한 함축적 답변.

다.[257] 죽음 너머의 운명은 살아 있는 동안의 행위에 따라 결정된다.[258]

초월적 개념으로서 윈냐나와 실증적 개념으로서 윈냐나의 양 측면 — 윈냐나(Viññāṇa, 識)를 '자아(Attā)'라고 보아서는 안 된다는 것은 분명히 밝혀져 있는데, 왜냐하면 매우 변동이 심하기 때문이다.[259] 윈냐나는 두 가지 측면을 갖고 있다. 니르바나에서 동요는 그치고, 우연한 불순에서 벗어나 본연의 무한성과 광명 안에 머문다.[260]

---

257) 신체보다 훨씬 더하다. SN. Ⅱ. pp.94-96; MN. Ⅰ. 258-259; 유인원과의 비교에 대해서는 Mrs. Rhys Davids, Ind. Psy., p.240 참고.

258) 확실히 우파니샤드에서 그 전조가 나타난다.(「제8장 베다의 배경 연구」 부분 참고.)

259) SN. Ⅱ. pp.94-96; AN. Ⅰ. 10; 중요성 비교 SN. Ⅳ. 166. SN. Ⅱ. 94와 어떻게 조화될 수 있을 것인가.

260) 이는 다음 내용에서 드러나는 측면이다. AN. Ⅰ. 10 "Pabhassaram idaṃ-cittaṃ— tañca āgantukehi upakkilesehi upakkiliṭṭhaṃ …" 〈참조〉 "Prabhāsvaramidaṃ cittaṃ prakṛtyāgantavo malāḥ Teṣāmapāye sarvārthaṃ tajjyotiravinaśvaraṃ". rītantrāloka Ⅰ, p.64의 주석은 요가짜라(Yogācāra, 瑜伽行派, 唯識派)에 관해 인용했다. 게송은 ĀŚ. pp.(XLI, 70)에도 인용되었다.; MN. Ⅲ. 242-3. "Athāparaṃ viññāṇaṃ eva avasissati parisuddhaṃ pariyodātaṃ … "; MN. Ⅰ. 329 ; "viññāṇamanidassanaṃ anantaṃ sabbatopabhaṃ …" 이 문장은 DN. Ⅰ. p.223에서 다음과 함께 반복된다.; "Ettha āpo ca paṭhavī tejo vāyo na gādhati Ettha dīghañca rassañca aṇum thūlaṃ subhāsubhaṃ Ettha nāmañca rūpañca asesamuparujjhati Viññāṇassa nirodhena etthetamuparujjhati." 마지막 줄에서 명백하게 드러난 모순은 붓다고사가 앞의 윈냐나는 닙바나를 나타내고 뒤의 윈냐나는 "abhisaṅkhāra viññāṇa"라고 말함으로써 설명되었다(Dutt, Aspects, p.149 각주 20; 더 타당한 설명은 Mrs. Rhys Davids, Ind. Psy., p.246 참고.) 〈참조〉 "Yattha nāmañca rūpañca asesamuparujjhati viññāṇassa nirodhena etthétam uparujjhati"(Sn. Ajitamāṇapucchā v.6); "Paṇujja viññāṇaṃ bhave na tiṭṭhe"(Sn. Mettagūmāṇavapucchā v.7.) 실증적 측면에서 윈냐나의 중지는 "Saññāvimokkhe parame … Viññāṇaṃ tathāvidhassa Accī yathā vātavegena khitto atthaṃ paleti na upeti saṅkhaṃ Evaṃ munī nāmakāyā vimutto atthaṃ paleti na upeti saṅkhaṃ."를 의미한다(Sn. Upasīvamāṇavapucchā 게송 4.6.) 이는 파괴되지 않으며 무한(appamāṇa)하다. Sn. 게송 8.; '압빠띳타(Appatiṭṭha)'가 된다. SN. Ⅰ. 122; SN. Ⅱ. 65-66; SN. Ⅲ. 53. 61; SN. Ⅲ. 124. 〈참조〉 SN. Ⅲ. 45-46 그리고 나란히 놓인 윈냐나와 찟따의 의미 간 부조화를 나타낸다. 여기서 윈냐나는 실증적 측면을 나타낸다. 이런 내용은 등식을 제시한다. 압빠띳타 윈냐나(Appatiṭṭha viññāṇa)=위뭇따(vimutta)

[이런 맥락에서는 대체로 찟따(citta, 心)]=빠리닙부따(Parinibbuta, 般涅槃에 든). 윈냐나는 이런 '아닛시따(Anisstia, 依存하지 않는)', '아누빠다나(Anupādāna, 無着)' 상태에 있다. "Tassa taṃ upekhaṃ anabhinandato anabhivadato anajjhosāya tiṭṭhato na tannissitaṃ hoti viññāṇam na tadupādānam anupādāno Bhikkhu parinibbāyati"(MN. Ⅱ. 265) "Bahiddhā-viññāṇe avikkhitte avisaṭe sāti ajjhattaṃ asaṇṭhite, anupādāya aparitassato āyatiṃ jātijarāmaraṇadukkhasamudayasaṃbh avo na hoti"(MN. Ⅲ. 223. 〈참조〉 Ud. S. 74, "Nissitassa ca calitaṃ anissitassa calitaṃ natthi etc."라고 말할 때 대부분 윈냐나와 관련된다.); SN. Ⅳ. 102; It. 경전 94; SN. Ⅳ. 158("atthaṅgato so na pamāṇameti, Amohayi maccurājanti brūmi". [고디까(Godhika)가 죽음을 이겨낸 한 예일 것이다.]; 한계를 넘어서서(vimariyādikata) 자유로워진 찟따에 대해서는 SN. Ⅲ. 31 참고.; 〈참조〉 '네 가지 권한에 대한' 경전(Ak.V. 246, 각주 2번)은 "Jñānaṃ pratisaraṇaṃ na vijñānaṃ"라고 말한다. Leumann은 마디야미까의 견해와 동일하게 즈냐나(Jñāna, 知)는 실재에 대한 통찰, 위즈냐나(Vijñāna, 識)는 "das weltliche Erkennen(세간적 인지)"라고 본다.(Kirfel, ZDMG. 3, 1938. pp.491-498.) 하지만 문제의 경전(sūtra)은 '니타르타(Nītātrha)'와 '네야르타(Neyārtha)' 경전을 구분하고 있으므로 아주 초기의 것이라고 볼 수는 없다.[〈참조〉 뿌쌩(Poussin)의 주석, 앞의 인용문.]; DN. Ⅲ. 105 "Purisassa viññāṇasotaṃ pajānāti ubhayato abbocchinnaṃ idha loke patiṭṭhitañca paraloke patiṭṭhitañca … puna ca param … idha loke appatiṭṭhitañca …." Ab.K. Ⅳ. p.137, 각주 1번은 SN. Ⅲ. 54에 해당하는 SA.에서 경전을 인용하고 있다.; MN. Ⅰ. 24-25 '안가나(Angaṇa)'는 찟따(citta, 心)를 Kaṃsapāti로 덮는다.; 위의 책, 36—'saṅkiliṭṭha' citta는 더럽혀진 옷이나 불순물 섞인 금과 같다.; 위의 책, 91. 로바(Lobha, 貪), 도사(Dosa, 嗔), 모하(Moha, 痴)는 찟따(citta, 心)의 '우빠낄레사(upakkilesa, 汚染)'다.; MN. Ⅲ. 83. '찟따상카라(cittasaṅkhāra)'는 가라앉고 찟따는 해방된다.; Dhp.의 아주 유명한 게송인 153-154에서 "Visaṅkhāragataṃ cittaṃ taṇhānaṃ khayamajjhagā"에 비슷한 의미가 있다. 찟따상카라(cittasaṅkhāra, 心行)는 산냐(Saññā, 想) 및 웨다나(Vedanā, 受)와 같으며(MN. Ⅰ. 301), 오직 니로다 사마빳띠(Nirodha samāpatti, 滅盡定)에서 그친다.; SN. Ⅲ. 151-152 포함된 비유가 모호함에도 불구하고 눈에 띄는 것; SN. Ⅳ. 177, 218-19[우연한 웨다나(Vedanā, 受)=찟따에 대한 아간뚜까(Āgantuka)]; SN. Ⅴ. 92 [(Nivāraṇa, 蓋)는 불순물 섞인 금에 비유된다]. 평범한 실증적 상황을 초월하여 무한해지는 마음 또는 의식 개념(citta, 心), 위즈냐나는 Br. up. 5.4.12-16에 이미 나온다: 'vijñānaghana'는 물에 녹은 소금처럼 무한히 위대한 존재로 사라진다.; 지각(sañjñā)이 중지하지만 이원론 체계에 속하는 것만이 중지한다. 실증적 의식은 '자기의식'으로 대체된다. 의식불명이지만 의식은 있다(위의 책, 7.1.23f.)와 같은 개념이 Mbh. Śānti Parvan 219. 42-3에서 논의되고 있다. "Yathārṇavagatā nadyo byaktīrjahati nāma ca Nadāśca tāni yacchantu tādṛśaḥ sattvasaṅkṣayaḥ Evaṃ sati kutaḥ sañjñā pretyabhāve punarbhavet Jīve ca pratisaṃyukte gṛhyamāṇe ca sarvataḥ."; 일부 후대 저자들은 최상의 실재란 오직 '마음 없는 마음'일 뿐이라고 분명하게 말한다. (〈참조〉 MM. V. Bhattacharya,

이런 윈냐나는 일부 우파니샤드 문헌의 아트만과 유사하다. 한편, 순수하게 현상적 측면이 있다.[261] 이는 '명색(名色)'과 관련되어 생겨난다.[262]

니까야에서 윈냐나 개념의 세 단계 — 두 번째 측면은 니까야에서 훨씬 더 많은 관심을 받고 있다. 먼저, 인간을 몸과 마음으로 단순하게 분석하였다. 찟따 또는 윈냐나는 전적으로 마음에 포함된다. 이는 "의식을 가진 몸에 대해(Saviññāṇake kāye)"라는 표현,[263] 여섯 가지 다뚜(Dhātu, 要素) 개념에서 드러나는 단계다.[264] 몇몇 문헌에서 까야찟따(Kāyacitta, 몸과 마음)의 구분은 편집자들에게 유일한 선물이다.[265]

ĀŚ. cxxxv ff; 82.)

261) 즉, 빠띳짜삼우빤나(paṭiccasamuppanna, 조건에 의해 발생한), 빠띳티따(patiṭṭhita, 확립된), 닛시따(nissita, 의존하는), 사우빠다나(sa-upādāna, 有取着)로서의 윈냐나. 이는 윈냐나가 다섯 번째 칸다(蘊)일 때, 또는 연기의 고리 중 일부를 이룰 때가 있다는 의미다. 〈참조〉 Mrs. Rhys Davids, Ind. Psy. p.245f. 이러한 윈냐나의 개념은 MN. Ⅰ. 190, 258f에 두드러지게 표현되어 있다. 이는 「칸다상윳따(Khandha saṃyutta)」에 나타나는 대다수 경전의 입장이다.

262) SN. Ⅱ. 65-67; Ⅲ. 53-61; DN. pt.Ⅱ. p.50(Nāgarī본). 〈참조〉 Br. up. 1.4.7 "nāmarūpābhyāmeva vyākriyate …".

263) AN. Ⅰ. 132; Ⅳ. 53; SN. Ⅰ. 62(vyāmamatte kaḷebare saññimhi samanake); SN. Ⅱ. 252-3; Ⅲ. 80, 103, 136, 169-70; Ⅳ. 311. 몸은 단지 '오래된 깜마(kaṃma, 業)'일 뿐이며 자신의 것도, 다른 누구의 것도 아니라고 SN. Ⅱ. 64-5는 밝히고 있다 (〈참조〉 위의 책, Ⅳ. p.132.)

264) 여섯 가지 다뚜(dhātu, 要素)는 MN. Ⅲ. 31, 63, 239에서 언급되고 있다(여기서는 'chadhāturo ayaṃ puriso'라는 표현이 나온다).; AN. Ⅰ. 176; SN. Ⅱ. 248, Ⅲ. 231, 234; Mem. A. S. B. Ⅲ. 481 (sūtrānte ṣaḍdhātupāṭhāt …); DN. Ⅲ. 247; 〈참조〉 Tait. up. 1.7 "Āpaoṣadhayo vanaspataya ākāśa ātmetyadhibhūtaṃ"; Caraka, 11-13-14, 24, 31[여기서 여섯 번째 다뚜는 아트만과 동일시된다.] 〈참조〉 Keith I.H.Q. 1936, p.5.

265) MN. Ⅱ. 17: "Ayaṃ kho me kāyo … idañca pana viññāṇaṃ ettha sitaṃ ettha paṭibaddhaṃ." 이는 자주 반복되는 사만냐팔라(Sāmaññaphala) 내용의 일부를 이룬다[오늘날 이러한 윈냐나 개념에 대해서는 MN. Ⅰ. 258, 8; DN. Pt. Ⅰ. p.24. 나가리(Nāgarī)본 참고].; SN. Ⅱ. 94-96 ; SN. Ⅲ. 143; "Āyu usmā ca viññāṇaṃ yadā kāyaṃ jahantimaṃ Apaviddho tadā seti parabhattamacetanaṃ" MN. Ⅰ. 296이 이

분석이 증가하면서 사람은 오점형(五點形)[266]이라고 생각하게 되었으며, 윈냐나가 그 중심이 된다.[267]

칸다 이론의 늦음 — 한참 뒤에, 윈냐나는 그 중심성을 잃는 경향이 생겼다. 충분히 발달된 칸다(Khandhas, 蘊) 이론이 대신하는 단계다. 리스 데이비즈 여사는 적어도 본질적으로 설득력 있게, 이 이론이 비교적 후대에 발달된 것으로 보아야 한다고 주장한다.[268] 이 견해에 대한 주장은 다음과 같이 요약될 수 있다. (*i*) 앗따와 윈냐나에 대해 '정통이 아닌 부분'이 약간 있으며, 보잘것없는 양이라거나 우파니샤드에 특히 가깝기 때문에 중요한 것은 결코 아니다. (*ii*) 칸다 이론이 몇몇 중요한 경전에서 억지로 갖다 붙인 것처럼 보인다는 사실이 신빙성을 더해준다. 이처럼 '편집된' 경전들, 이를테면 S. Ⅱ. 95~96은 첫 번째 발언이고, S. Ⅲ. 1f는 두 번째 발언이다. 예시는 시대층 구분에 대한 연구에서 언급되었다. (*iii*) 몇몇 문헌에서 칸다 이론에 대해 다루지 않는 것이 매우 중요하다. 리스 데이비즈 여사는 다음과 같이 말한다. "이런 논평은 경전에서 대화로 다섯 가지를 보여주는 끈기 있는 방법에 관심을

와 유사하다. 〈참조〉 Kauś. up.에서는 프라즈냐나(prajñāna)를 Āyu나 Prāṇa와 동일시한다.; Mbh. Ś.P. 219.9: "Jñānamūṣmā ca vāyuśca trividho vāyusaṅgrahaḥ"); SN. Ⅰ. 206; SN. Ⅳ. 400.; Ⅲ. 1; Dhp. 게송 37, 40, 41; 〈참조〉 MN. Ⅰ. 215(〈참조〉 Mrs. Rhys Davids, Ind. Psy. p.199.)

266) *역자주: 다섯 개의 점이 배열된 형식으로, 넷은 직사각형을 이루고, 나머지 하나가 그 중심부에 위치하는 배열.

267) 이런 중간 단계를 위한 증거는 다소 적은 편이다. AN. Ⅱ. 217; SN. Ⅳ. 193f; Mrs. Rhys Davids, Original Gospel, pp.112-113; Sakya, p.20; SN. Ⅲ. 9f는 네 가지 칸다가 윈냐나의 '오까(Oka, comfort)'라고 설명한다.; 사람이 다섯 가지 종류로 이루어져 있다고 생각하는 경향은 브라흐마나(Brāhmaṇa, 梵書)—『샤타파타 브라흐마나(Śatapatha Brāhmaṇa)』, Ⅰ. 652-3, Ⅰ. 1084, 1074에 이미 나타난다.

268) Ind. Psy. pp.192-203.

기울이는 독자들, 나아가 대화가 몸과 마음의 사실과 기능에 대해 언급할 때 이를 보여주는 편집 습관을 아는 독자들만이 그 가치를 알아볼 것이다."[269] 칸다 이론은 『디가니까야』 전체에서 끝까지, 『맛지마니까야』의 처음 아홉 개 경전에서, 『상윳따니까야』의 처음 세 개 상윳따(Saṃyutta)에서, 『앙굿따라니까야』의 「빤짜까 니빠따(Pañcaka Nipāta)」에서, 『숫따니빠따(Sutta Nipāta)』에서 거의 나타나지 않는다.[270] (*iv*) 「칸다상윳따(khandhasaṃyutta)」의 처음 네 경전이 붓다가 아니라 제자 사리뿟따와 마하깟짜나(Mahākaccāna)가 설법한 내용이라는 데 주목할 만하다.[271]

니까야에는 비즈냐나바다(Vijñānavāda, 唯識派)의 초기 형태를 볼 수 있을 만큼 많지 않은데,[272] 비즈냐나바다는 후대에 가우다파다

---

269) 앞의 책, p.195.

270) 위의 책, pp.200-201.

271) Skandhavāda의 우파니샤드 기원에 대해서는 Stcherbatsky, Central Conception, pp.72-3 참조.

272) 〈참조〉 N. Dutt. Aspects, p.169는 이런 구절을 "동일한 작품의 다른 부분에서 뒷받침되지 않는" 유일한 주장에 대해 "덧붙여진" 구절이라고 간략하게 말한다. 하지만 이런 구절의 희소성으로 인해 중요성이 부각된다. 〈참조〉 Ind. Psy. p.246에서 다소 불친절한 Mrs. Rhys Davids의 논평; Keith 박사는 비즈냐나바다(Vijñānavāda, 唯識派)의 기원이 니까야에서 비롯되었음을 인정한다. "Pre-canonical Buddhism", pp.6-7(I.H.Q. 12, 1936.) 니까야에 나타난 비즈냐나의 초월적 측면에 대한 개념은 본질적으로 비즈냡티마트라타(vijñaptimātratā, 唯識) 개념과 동일한 것으로 보인다. 비즈냡티마트라타 개념은 다음과 같이 설명된다.; "Acitto 'nupalambho' sau jñānaṃ lokattarañca tat. Āśrayasya parāvṛttirdvedhā dauṣṭhulyahānitaḥ. Sa evānāsravo dhāturacintyaḥ kuśalo dhruvaḥ. Sukho vimuktikāyo' sau dharmākhyo'yaṃ mahāmuneḥ." (Triṃśikā 唯識三十頌 29-30; Hiuan Tsang, Siddhi, Poussin 역, Vol.Ⅱ. pp.606, 693. 〈참조〉 MM. Vidhushekara Bhattacharya, I.H.Q. 1934, p.9 각주 24번.) 스티라마티(Sthiramati, 安慧)는 "Tatra grāhakacittābhāvād grāhyārthānupalambhācca acitto' nupalambho' sau-dhruvo nityatvādakṣayatayā sukho nityatvādeva"라고 설명한다(앞의 인용문). 단순히 실증적 주체와 객체의 차이를 초월하여, 기쁨이 넘치는 영원한 앎과 관련 있다는 것은 확실하다. 사실상 브라흐마즈냐나(Brahmajñāna) 또는 브라흐마바와(Brahmabhāva)와 동일하다. 그러나 비즈냐나바다(Vijñānavāda, 唯識派)는 니까야에서 유래되지 않았다. 오히려, 동떨어진 뿌리는 우파니샤드로 거슬러 올라

(Gauḍapāda)와 샹카라(Śaṅkara)가 해석한 '우파니샤드' 입장에서의 기본 개념과 상당한 유사점이 있는 일원론적 이상주의 체계로 진화하였다.[273)]

안앗따 이론 — 안앗따(Anatta, 無我) 교리를 설한 문헌은 많다.[274)] 교

가게 된다. [「제8장 베다의 배경 연구」 부분 참고. 〈참조〉 MM. V. Bhattacharya의 논문 "Evolution of Vijñānavāda(비즈냐나바다의 진화)", I.H.Q. 1934, p.1ff ; ĀŚ. cxxxii에서 같은 저자.]

273) 두 체계 모두 절대적 앎과 상대적 앎을 구분하고 있으며, 절대적 앎(前者)을 유일한 실재라고 부른다. 〈참조〉 I.H.Q. 1934, pp.1-2.

274) *역자주: 『앙굿따라니까야』는 붓다의 가르침을 잘못 이해하는 두 가지 경우를 설명하고 있다. "비구들이여, 이와 같이 여래를 잘못 대변하는 두 종류의 사람이 있다. 두 종류란 어떠한 자인가? 의미가 밝혀져야 할(neyyattha) 경을 의미가 밝혀진 경이라고 설하는 자와 의미가 밝혀진(nītattha) 경을 의미가 밝혀져야 할 경이라고 설하는 자이다. 비구들이여, 이와 같이 여래를 잘못 대변하는 두 종류의 사람이 있다."(AN. I. 60) 『마노라따뿌라니(Manorathapūraṇī)』는 이와 관련하여 다음과 같이 설명한다. "붓다가 '한 사람, 두 사람, 세 사람, 네 사람이 있다'라고 설하는 가르침은 그 뜻을 알아내어야 하는 함축적인 의미(neyyattha)의 가르침이다. 왜냐하면 붓다가 '한 사람이 있다'라는 식으로 설하였어도 궁극적인 진리에는 사람이라는 고정된 실체가 없기 때문이다. 따라서 그 숨은 의미를 알아야 한다. 그러나 어리석은 자들은 이 설법에 대해 이미 분명한 의미(nītattha)를 지녔다고 믿는다. 만약에 사람이 존재하지 않는다면 붓다가 '한 사람이 있다'는 식으로 설하지 않았을 것이라는 것이다. 따라서 붓다가 설했기에 [궁극적으로도] '한 사람이 있다'라고 이해한다는 것이다. 또한 붓다가 '무상하고, 괴롭고, 무아이다'라고 설하는 경우, 이 의미는 있는 그대로 '무상하고 괴롭고 실체가 없다'는 의미이다. 그러나 어리석은 자들은 이 의미의 속뜻을 알아내야 한다고 주장한다. 이미 분명한 의미(nītattha)를 밝힌 경을 함축적인 의미(neyyattha)라고 판단하며 결국 '참으로 항상하고, 참으로 즐겁고, 참으로 자아가 있다'라고 그 의미가 밝혀져야 한다고 주장하는 것이다."(Manorathapūraṇī. II. 118) 결국 어리석은 사람은 붓다가 자아라는 용어를 사용하여 설법한 것은 분명한 의미로 이해하고 무아라는 용어를 사용하여 설법한 것을 함축적인 의미로 이해한다는 것이다. 따라서 붓다의 가르침에 대한 해석 역시 무아를 이해하는 데 중요하다. 붓다의 가르침 중에 개념들에 대한 설명은 관습적 언어(sammuti-kathā)에 해당하고, 무상·고·무아 등의 실제를 가리키는 것은 궁극적 언어(paramattha-kathā)에 해당한다. 불제자들이 일상적인 관습을 통해 가르침을 이해할 때, 붓다는 관습적 언어에 기초하여 설하신 것이고, 궁극적 사실을 통해 가르침을 이해할 때,

리는 흔히 '자아'라고 부르는 것이 사람의 내면 어디에서든 무상하고 의존적인 채로 있으므로 신체 영역이나 정신 영역 안에 고정된 어떤 것으로 있다는 사실을 부정한다.[275] 이 자체는 모든 '자아'는 어떠한 것도 부정한다는 의미가 아니라 고정된 '자아'의 현상성만을 부정하는 것이다. 대체로 칸다 중 무엇인가가 앗따일 수도 있다는 것이 부정되며, 그런 의미에서 앗따는 존재하지 않는다. 더 긍정적인 후대 문헌에서도 부정되는 앗따는 현상적으로 순수하게 여겨진다.[276] 브라흐마나(Brāhmaṇa)의 편집자들이 슌야타(śūnyatā, 空)의 진정한 의미를 알아보지 못한 것이 사실이라면, 불교의 편집자들이 일부 우파니샤드 문헌, 가우다파다(Gauḍapāda), 샹카라에서 여기에 해당하는 아트만을 대개 절대론적 또

붓다는 궁극적 언어에 기초하여 설하신 것이다. 관습적 언어를 통해서 진리를 깨우칠 수 있는 자에게 궁극적 언어에 기초해서 설하신 것이 아니며, 궁극적 언어를 통해서 진리를 깨우칠 수 있는 자에게 관습적 언어를 통해 설하신 것이 아니다.

275) 따라서 몸은 앗따(Attā, 自我)가 아니고(SN. Ⅳ. 166), 감각도 앗따가 아니다. SN. Ⅳ. 28, 49, 146, 148, 56; 감각 대상도 앗따가 아니다. SN. Ⅲ. 20-23, 66-67, 77, 82, 187, 178-9, 196-97; Ⅳ. 166-67.; 칸다(khandha, 蘊)도 앗따가 아니다. (SN. Ⅱ. 109f.) 제법무아(Sabbe dhammā anattā, MN. Ⅰ. 228, SN. Ⅲ. 133; AN. Ⅰ. 27, Ⅲ. 439)의 의미도 유사하다. [이미 언급되었던 푸드갈라바딘(Pudgalavādin, 個人論者)의 해석 참고. "Suñño loko attanā attaniyena vā."]; SN. Ⅳ. 54[하지만 '로까(Loka, 世界)'는 감각, 감각 대상, 웨다나(vedanā, 受)라고 설명된다.]; 감각은 앗따일 수 없는데, 생겨나고 사라지기 때문이다. MN. Ⅲ. 282.; 칸다는 자아일 수 없는데, 자신, 즉 자아에 의존하지 않기 때문으로, 자아는 자기 의존적이거나 독립적이지 않을 것이다. Vin. Ⅰ. 13; MN. 경전 35. 체르바스키(Stcherbatsky)는 SN. Ⅲ. 46과 흄(Hume)의 전통적인 설명을 비교한다(Central Conception, 27.)

276) 아트만에 대한 찬드라키르티의 이해는 Mem. A. S. B. Ⅲ. p.485 참고.; 다르마키르티(Dharmakīrti, 法稱)는 "Ātmani sati parasañjñā svaparavibhāgātparigrahadveṣau Anayoḥ sampratibaddhāḥ sarve doṣāḥ prajāyante"라고 말한다(Pramāṇavārtika 量評釋 p.87 ed. with Manorathanandin's comy. in JBORS, 1938.); 그는 다른 개인을 제외하는 뜻으로 개인을 아트만이라고 분명히 말한다. 〈참조〉 Sogen, 앞의 책, p.17, 24; N. Dutt는 앗따에 대한 불교의 관념이 상키야와 베단타에서 생각했던 아항까라(Ahaṅkāra, 自意識)에 대한 관념에 해당한다고 한다. (앞의 책, 142-3.)

는 이상주의적 의미로 받아들이지 못한 것 역시 사실이다. 이런 경우, 궁극적 실제의 개념보다는 현상에 대한 서술과 관련하여 차이가 생긴다.[277] 이는 실제로 '자아'의 존재보다는 본성에 대한 논쟁이다.[278] 따라서 「뽓타빠다 숫따(Poṭṭhapāda sutta)」[279]에서 붓다는 앗따를 부정하지 않는다. 그 대신, 뽓타빠다(Poṭṭhapāda)에게 "앗따에 대한 그대의 생각은 무엇인가?(Kim pana tvaṃ Poṭṭhapāda attānaṃ paccesīti?)" 하고 질문한다.[280] 뽓타빠다는 오늘날의 개념이라고 할 수도 있는 세 가지 생각을 말한다. 앗따는 "형색[色]을 가진 것이며 네 가지 근본물질[四大]로 이루어진 것(Rūpī cātummahābhūtiko)"이기도 하고, "마음에서 만들어진 것이며 모든 수족을 갖추었고 결함 없는 감각기능을 갖추고 있기도(Manomayo sabbaṅgapaccaṅgī ahīnindriyo)" 하며, "형색을 갖지 않는 것[無色]이며 인

---

277) 〈참조〉 Schrader, JPTS, 1904-5, pp.160-1. 가장 위대한 Advaita Vedāntin은 개인적 영혼의 실재 또는 궁극적 존재를 생각하는 것이 다른 모든 미혹(迷惑)의 뿌리라는 것이 불교의 기본 원리임을 확실하게 인정한다. 따라서 가우다파다(Gauḍapāda)는 "Jīvaṃ kaplayate pūrvaṃ"이라고 말하고(ĀŚ. Ⅱ. 16), 샹카라(Śaṅkara)는 "Bāhyādhyātmikānam bhāvānāmitaretaranimittanaimittikatayā kaplanāyāḥ kiṃ mūlamityucyate-jīvaṃ hetuphalātmakam Ahaṃ karomi mama sukhaduḥkha ityevaṃ lakṣaṇam."라고 설명한다. "Tatra jīvakaplanā sarvakalpanāmūlamityuktam"(Ⅱ. 17). MM. V. Bhattacharya는 불교에서 삭까야딧티(Sakkāyadiṭṭhi, 有身見) 또는 앗따와다(Attavāda, 我論)라고 부르는 것이 이러한 '지와깔빠나(Jīvakalpanā)'임을 보여주기 위한 올바른 시도라고 보았다. (ĀŚ. 26-8)

278) 〈참조〉 Sāṅkhyasūtra 1. 138: "Sāmānyena vivādābhāvāddharmavanna sādhanaṃ." Vijñānabhikṣu는 "Ayambhāvaḥ: Yathā prakṛteḥ sāmānyenāpi sādhanamapekṣitaṃ dharmiṇyapi vivādāt, naivaṃ puruṣasya sādhanamapeiṣitaṃ; cetanāpalāpe jagadāndhyaprasaṅgato bhoktaryahampadārthe sāmānyato bauddhānāmapyavivādāt …"라고 말한다. 아니룻다(Aniruddha)는 "Sāmānyena tāvadātmani vivādo nāsti, viśeṣe hi vivādo'neka eko vyāpako'vyāpaka ityādiḥ"라고 말한다.; 라 발레 뿌쌩(La Vallée Poussin)은 나이라트미야(Nairātmya, 無我) 문제에 대한 세 구절의 의미를 부각시킨다(JA. 1902. xx. pp.273-4).

279) DN. Ⅰ.

280) 〈참조〉 Br. up. Ⅳ. 3.7. "Katama ātmeti."

식에서 만들어진 것(Arūpī saññāmayo)"이기도 하다. 붓다는 이것이 단지 앗따에 대해 특별히 개별화(Attapaṭilābha, 個性獲得)한 것이라고 말한다. 이들은 잠시 동안만 진실이 되는 대상으로, 따타가따(如來)의 궁극적 관점에서는 단지 실증적이고 관습적일 뿐이다(Lokaniruttiyo lokavohārā lokapaññattiyo).

앞서 언급된 앗따에 대한 세 가지 개념은 베단타 관점에서 볼 때 아트만에 대한 개념보다는 '몸'의 형태에 대한 개념에 더 가까울 것이다.[281] 그는 불교도와 같이 '실증적'이라고 부를 준비가 된 것처럼 침묵할 것이다. '사만냐팔라(Sāmaññaphala, 沙門果)' 문헌이 앞서 몸에 대해 언급된 두 개념에 명확하게 적용되며, 비구에게 윈냐나 혹은 찟따를 몸에서 구별할 수 있는지 묻는 데 주목하는 것이 중요하다.[282] [붓다고사(Buddhaghosa)는 DN. 2에 대한 주석에서 아루삐(Arūpī)로서 영혼의 개념은 자이나교에 해당된다고 말한다. 불교에서 아루빠(Arūpa, 無色)는 잘 알려진 네 가지 삼매 상태로 이루어져 있다. 이들은 세계 또는 로까(Loka) 내에도 있다.]

마찬가지로, 「마하니다나 숫따(Mahānidāna sutta)」에서[283] '붓다'는 앗따를 설명하는 사람은 이것이 루삐(Rūpī) 또는 아루삐(Arūpī)라고 설명한다고 말한다. 나아가 그들은 "느낌[受]이 나의 자아이다(vedanā me attāti)." 라고 말하기도 하고, "나의 자아는 느껴지지 않는다(Appaṭisaṃvedano me

281) 〈참조〉 붓다는 "'조건에 따르는 자아'에 대해 브라흐마나와 같은 의견을 말하지만, 내재한다고 전제된 실재를 일부러 모른 체 한다."(La Vallée Poussin, Opinions—p.74.)

282) 〈참조〉 "Mama saṅkappamaññāya satthā loke anuttaro. Manomayena kāyena iddhiyā upasaṅkami"(Theragāthā[長老偈], V. 901.); 루삐 앗따(Rūpī Attā)가 '마노마요(Manomayo, 意所成)'라고 설명된 점은 기억할 만하다. 방금 인용된 게송에서의 설명은 후대에 'Gurudeha'라고 부르게 된 것을 연상시킨다.(〈참조〉MM. G. N. Kavirāj, Kalyāṇa Yogāṅka.) 〈참조〉 Sakya, p.244.

283) DN. Ⅱ.

attāti).”라고 말하기도 하며 “나의 자아는 느껴진다. 왜냐하면 나의 자아는 느끼는 성질을 가지고 있기 때문이다(Attā me vediyati vedanādhaṃmo hi me attāti).”라고 말하기도 한다. 첫 번째 입장은 지지할 수 없는데, 웨다나(vedanā, 受)는 다양하고 변하기 쉽기 때문이다. 두 번째 입장은 “나는 있다(Asmīti).”고 말할 수도 없는 경우이므로 불가능하며, 만약 세 번째가 사실이라면 앗따는 모든 웨다나가 그칠 때 사라질 것이다(Sabbaso vedanāya asati). ‘붓다’의 요지는 분명하다. 앗따는 무상한 어떤 것이 될 수도 없다. 영원하지 않은 세계 안에 있는 무엇인가가 앗따일 수도 있다는 것을 부정한 것이다. 또한 슈라더와 리스 데이비즈 여사가 지적했듯이, 이는 후대 교학자들이 설명하는 맥락을 제외하면 정확하게 잘 알려진 세 가지 락카나(Lakkhaṇa, 特徵)에 대한 문답식 교리의 함축이다. 비구는 칸다(Khandha, 蘊), 다뚜(Dhātu, 要素), 아야따나(Āyatana, 入處)가 영원하지 않으므로 이들을 앗따라고 집착하지 말아야 한다. 비구는 “이것은 나의 것이 아니고 이것은 내가 아니며 이것은 나의 자아가 아니다(Netaṃ mama Nesóhamasmi na méso attāti).”라고 생각해야 한다. [예를 들면 「알라갓두빠마 숫따(Alagaddūpama sutta, 蛇喩經)」에서. 유명한 “Neti Neti” 중 하나, 또는 상키야(Sāṅkhya)의 “Nāsmi na me nāhaṃ” 중 하나가 기억나지 않을까?[284] SN. Ⅲ. 33-34는 한층 더 명쾌하다.]

안아뜨마와다(Anatmavāda)의 발달: 심리학적 분석이 발달함에 따라, 사람은 인과적으로 연결된 요소들의 집합체일 뿐이라고 이해되기 시작했다. 사람을 칸다, 아야따나(Āyatana, 入處), 다뚜(Dhātu, 要素)로 분석하는 것은 널리 알려져 있다. 그러나 니까야는 대체로 그에 관해 “사람은 단지 명목일 뿐”이라고 명확하게 추정하지 않는다. 잘 알려져 있다시

284) SK 64; STK. pp.185-6.

피 「빅쿠니 상윳따(Bhikkhunī saṃyutta)」에서 와지라(Vajirā)가 이런 과감한 조치를 취했다. 셀라(Selā)가 와지라에게 매우 가까이 왔다고 말하지 않을 수 없다. SN. Ⅱ. 13에서도 동일하게 함축되어 있다. '자아'를 쫓아내려는 시도가 어디까지 갈 수 있는지는 S. Ⅲ. 235f에서 볼 수 있으며, SN. Ⅱ. 7에서 무실라(Musīla)가 "나는 '생존의 소멸이 열반'이라는 것을 알고 본다."라고 말한 것과 대조해볼 수도 있다.[285]

어려움: 이처럼 새로운 이론에서 어려운 점은 도덕적 책임을 설명하는 것이다. 니까야에 날카롭게 기록되어 있지만,[286] 황급히 얼버무리기도 한다.[287] 기억의 문제는 니까야에서 거의 알려져 있지 않다. 사후에 따타가따(Tathāgata, 如來)에게 어떤 일이 일어났는지 묻는 질문이 잦긴 하지만, 정확히 알려지지 않은 '무아' 이론을 회피하는 불교철학적 이유도 마찬가지일까?

기원: 다음과 같은 문제가 제기될 수도 있다. 행동하고 느끼는 등의, 그저 정신적 상태와 연결된 일련의 사건으로 야기된 미혹일 뿐인 영원한 개체가 왜 그처럼 강력하게 주장되었을까? 오로지 더 과학적인 심리학적 분석이 발달되었기 때문일까? 이것이 사실일지도 모르지만, 아마도 실질적 동기도 있었을 것임을 부정할 수는 없다. 고정된 자아의 실재를 부정함으로써 즉시 가장 깊은 세속적 집착에 치명타를 입히게 된다.[288] 다르마키르티(Dharmakīrti, 法稱)는 그가 '나이라트마야 다르샤나

---

285) Ahametaṃ jānāmi ahametaṃ passāmi bhavanirodho nibbāṇamiti
286) MN. Ⅲ. 191, SN. Ⅲ. 103-4.
287) 〈참조〉 MP. pp.85ff. Trenckner.
288) 우파니샤드에서 안아트만(Anātman, 無我)의 교리에 대해 언급한 경우는 적으며, 시기도 불확실하다 Tait. 2.7 "Etasminnadṛśyé nātmyé nirukte …"[샹카라(Śaṅkhara)는 안아뜨미예(Anātmye)를 아샤리레(Aśarīre)라고 해석한다]; Mait. S. 2.4, 6.20-21(이들은 상당히 늦게, 아마도 불교 이후에 나타난다); Kaṭh. "pṛthagdharmān

(Nairātmya darśana, 無我見)'에도 불구하고 와사나(Vāsanā, 習氣)의 파괴가 일어난다고 분명하게 말할 때 교리의 실질적 측면을 보여준다고 한다.[289] 마찬가지로 찬드라키르티는 슌야타(Śūnyatā, 空)의 목적이 카르마와 클레샤(Kleśa, 煩惱)로부터의 해방이라고 분명히 밝히고 있다.[290]

연속체 개념은 지금까지는 니까야에 거의 없는 것이나 다름없다.[291]

앗따와 안앗따 사이의 중도 교리: 아트만의 존재에 대해 직접적으로 질문 받은 붓다는 긍정적으로도 부정적으로도 답변하기를 거부했다고 기록되어 있다.[292] 동일한 태도가 사후에 따타가따(Tathāgata, 如來)의 존재에 대한 같은 의미의 질문에서도 드러난다.[293] 붓다는 문제에 대한 진정한 설명은 언어와 생각 너머에 해당된다고 보았다는 것이 이러한 '침

---

vipaśyati", 이는 중요성과 관련성에서 의심스럽다. ['다르마(dharma, 法)'의 암묵적 개별성과 다수임, 동사는 불교 사상과의 친밀감을 보여준다.]

289) PV. 1. 138-9(ed. JBORS. 1938) MM. Vidhushekhar. Bhattacharya는 붓다가 욕망을 없애려 애썼다고 말한다(Basic Conception of Buddhism, p.64). 욕망은 주체와 객체를 필요로 한다. 따라서 Pudgalanairātmya(人無我)는 주체를 부정하고 Dharmanairātmya(法無我)는 객체를 부정한다(위의 책, p.74).; Stcherbatsky는 불교에서 욕망과 욕망의 대상은 사실상 존재하지 않는 주체와 아무 관계없이 존재한다는 견해를 비판한다(I.H.Q. 1934, 737-9). 하지만 Stcherbatsky는 불교의 입장을 오인했다. 욕망과 욕망의 대상은 '주체'라는 실제 존재와는 독립적으로 존재하지만, '주체'라는 가상의 존재와는 독립적이지 않다. 이는 '욕망'의 원인이 자아(ego)의 궁극적 실제라는 잘못된 생각에서 비롯되었다. 따라서 나이라트미야(Nairātmya, 無我說)나 자아가 실재하지 않는다는 깨달음은 Vāsanākṣya로 이어진다.

290) "Atha kim punaḥ śūnyatāyāṃ prayojanaṃ taduktameva … Karmakleḥakṣaye mokṣaḥ …"(MK. V. 179. Cal. ed.)

291) 니까야 전체에서 [다섯 번째 니까야에 수록된 주석적인 작업을 무시한다면] 단 한 번 나올 만큼이나 드물다. DN. Ⅲ. 105에서 '윈냐나소따(Viññāṇasota, 의식의 흐름)'에 대해 이야기할 때 유일하게 언급된다.

292) SN. Ⅳ. 400. 지와(Jīva, 靈魂)와 샤리라(Śarīra, 肉體)의 관계뿐만 아니라, 앗따와 로까(Loka, 世界)의 관계에 관한 질문에 답변하기를 거부한 것은 비슷한 의미가 있다.

293) SN. Ⅳ. 「아비야까따상윳따(Abyākata Saṃyutta, 無記說相應)」; MN. Ⅰ. 「쭐라말룽키야뿟따 숫따(Cūḷamāluṅkhyaputta sutta, 摩羅迦小經)」 등.

묵'에 대한 올바른 해석이다. 궁극적 실제에서 차이는 사라지며, 따라서 이에 대해 단언하는 것은 불가능하다.

붓다의 침묵 — 붓다의 침묵에 대해 다양한 해석이 제시되어 왔다.

(a) 키스(Keith)(BP)와 뿌쌩(Poussin)(ERE)은 '불가지론(不可知論)' 또는 무지(無知)의 결과였다고 생각한다. 독특하게 제기된 주장으로는, 일부 문헌에서[294] 붓다가 니르바나의 성취에 대한 질문과 무관하다는 실질적 이유로 답변을 거절하였다는 것이 있다. 만약 이론적인 이유가 있다면, 제시되었을 것이다. 그러나 이런 추정은 전혀 쓸모없다. 니르바나에 대한 형이상학적 논의는 실제로 (주장된 바와 같이) 직접적 실현과 전혀 무관할 뿐 아니라 방해가 될 수도 있다. 또한, 심사빠(Simsapā, 아소카 나무) 잎의 비유도[295] 이런 맥락에서 고려해야 한다. 인색한 스승[296]이 될 책임을 거부하는 것과 침묵 사이에는 실질적 모순이 전혀 없는데, 붓다는 전해줄 수 있는 모든 것과 알려진 것보다 훨씬 더 많이 전달해 주었을 것이기 때문이다.

(b) 붓다가 아트만의 존재에 대한 질문에 답변하지 않았으므로 '부정주의' 해석이 있는데, 후자는 그에게 의미 없는 말이기 때문이다. 이는 로젠베르그(Rosenberg)가 Ab. K. 및 한역 주석서를 토대로 제시한 해석이다.[297] 질문의 네 가지 유형에 관한 이론(Pañhavyākaraṇa)이 실제로 오

294) MN. 경전 63, 72.「뽓타빠다 숫따(Poṭṭhapāda sutta, 布晤婆樓經)」(DN. pt.Ⅰ. 219 ,Nāgarī본).
295) SN. V.「삿짜상윳따(Sacca saṃyutta, 諦相應)」, 경전 31.
296) Ācariyamuṭṭhi, 다른 데(DN. Ⅱ. p.100)에도 나오는『마하빠리닙바나숫따(大般涅槃經)』의 구절에서.
297) DN. Ⅱ. pp.155-59.

래되었을 수도 있지만[298] 아비야까라니야(Abyākaraṇīya) 질문이 붓다가 비실체와 관련하여 가정한 내용이라고 생각할 이유가 없다.[299] 체르바스키와 함께[300] 붓다 당시에 부정적으로 답변해 주기를 원하는 사람에게는 함구하는 습관이 있었다고 가정할 만한 이유도 없다.

(c) 마디야미카(Mādhyamika, 中觀派)의 접근이 유일하게 올바른 것으로 보인다.[301] 붓다가 아트만이나 따타가따에 대해 긍정적으로나 부정적으로 말하지 않았을 때, 바스카리(Bāṣkali)가 바드흐바(Bādhva)에게 정확하게 했던 것만큼[302] 자신의 입장을 가장 정확하게 드러내 보였다.[303] 아트만(Ātman, 自我)과 안아트만(Anātman, 無我), 존재와 비존재는 궁극

298) AN. Ⅰ. 197f; Ⅱ. 46; DN. Ⅲ. 「상기띠 숫따(Saṅgīti sutta, 等誦經)」 참고.

299) Jayatilleke의 긍정주의 접근은 초기불교의 정신적 목적으로 인해 부인되었다. 〈참조〉 Jayatilleka, Early Buddhist Theory of Knowledge, pp.288ff.

300) 사리뿟따(Sāriputta)와 야마까(Yamaka)의 대화(SN. Ⅲ. p.149)에 대한 라 발레 뿌쌩(La Vallée Poussin)의 해석(JA. ⅩⅩ. 1902. p.247 각주)은 지지할 수 있을 것 같다. 사리뿟따(Sāriputta)는 따타가따(Tathāgata, 如來)가 살아 있을 때조차 알려지지 않으므로 사후의 존재나 비존재에 대해 이야기하는 것은 무의미하다는 것을 보여준다. 이런 견해는 확실히 존재가 사실일 때만 비존재가 사실이 될 수 있다는 마디야미카(Mādhyamika, 中觀派)의 주장을 연상시킨다 (MK. ⅩⅢ. 17 "Yadaśūnyaṃ bhavetkiñcit syācchūnyamiti kiñcana. Na kiñcidastyaśūnyañca kutaḥ śūnyaṃ bhaviṣyati" 참고). MK. XXV. 17-18는 사리뿟따(Sāriputta)의 주요 주장을 거의 정확하게 재현하고 있다.

301) MK. XXV. 참고.

302) Śaṅkara의 주석, ad. BS. 3.2.17.

303) Suzuki, Outlines of Mahāyāna Buddhism. p.105 각주 1번은 장기간의 명상 후에 "이것이 무엇이다(또는 아무것도 아니다)라고 말하는 바로 그 순간 놓친 것이다."라는 사실을 불현듯 깨닫게 된 중국 불교도에 대해 이야기한다. 〈참조〉 Vimalakīrti sūtra에서 인용한 인용문, 위의 책(p.106).; 〈참조〉 "Na tattha sukkā jotanti … Yadā ca attanā vedi muni monena brāhmaṇo. Atha rūpā arūpā ca sukha-dukkhā pamuccati"(Ud. 경전 10).; '말없는 자아(모네나 앗따나, monena attanā)'는 샹카라(Śaṅkara)의 인용문에서 'upaśāntó'yamātmā'와 비교할 만하다. 〈참조〉 Gauḍapāda, "Nājeṣu sarvadharmeṣu śāśvatāśvatśbhidhā. Yatra varṇā na vartante vivekastatra nocyate"(Āś. Ⅳ. 60).

적 타당성을 갖지 않는다.[304] 그와 같은 '극단' 혹은 단정적인 정의를 피해야 하며, 윤리학에서처럼 형이상학에서 중도를 따르려 노력해야 한다.[305]

이런 해석 취하기를 선호하는 몇 가지 주장이 있다. 이런 주장은 붓다의 침묵을 무지라고 해석하지도 않고 방편이라고 해석하지도 않는다. 침묵을 지킴으로써 붓다가 일반적으로 실재에 대해 취했던 태도를 감안하여 그 철학적 함축을 이해하려 애쓴다.

형이상학적 중도를 직접적으로 지지하는 문헌에 비해, 경전에서 가장 오래된 부분은 실재에서 앗따[306]와 안앗따 사이 또는 사실과 비사실[307]

---

304) 오직 프라크르티(Prakṛti, 自性)에 속하며, 그 너머는 언급되지 않았다.(Kathāmṛta Ⅲ. p.287). 〈참조〉 Śrī Aurobindo, Savitri, p.182에서 니르바나에 대해 "이는 일어나는 생각 없이 … 자기관찰이었다."

305) 두 가지 마디야마 프라티파다(Madhyamā Pratipadā, 中道) MM. Vidhushekhara Shāstrin in Jha Comm. Vol. p.85f; 「제11장 괴로움과 그 기원」 부분 참고.

306) Sn. v. 8 「둣탓타까 숫따(Duṭṭhaṭṭhaka sutta, 瞋怒八偈經)」: "Attaṃ nirattaṃ nahi tassa atthi, adhosi so diṭṭhimidheva sabbā"; 위의 책, v. ii 「뿌라베다 숫따(Purābheda sutta, 死前經)」: "Attaṃ vā pi nirattaṃ vā na tasmiṃ upalabhati"(일반적인 의미만 있는가?); 위의 책 v.5, 「뚜왓타까 숫따(Tuvaṭṭaka sutta, 迅速經)」: "Ajjhattameva upasame, nāññato bhikkhu santimeseyya Ajjhattaṃ upasantassa natthi attaṃ kuto nirattaṃ vā"; 위의 책 v.3, 「자뚜깐니마나와뿟차(Jatukaṇṇimāṇavapucchā)」: "uggahītaṃ vā mā te vijjittha kiñcanaṃ"; 〈참조〉 Nairātmyaparipṛcchā에 의하면 아트만(Ātman, 自我)은 있지도 않고 없지도 않다.; "seyamaparā madhyamā pratipattirdharmāṇāṃ"(JA. 1928 Oct.-Déc. p.210.) 〈참조〉 Kāśyapaparivarta: "Ātmeti Kāśyāpa ayameko'ntaḥ Nairātmymiti dvitīyo'ntaḥ Yad ātmanairatmyayormadhyamarūpymanidarśanam" (ĀŚ. 103 각주 5번에서 인용; 〈참조〉 MK. p.127, Calcutt Ed.)

307) Sn. v.9 「마간디야 숫따(Māgandiya sutta, 摩健提經)」 "Saccanti so brāhmaṇo kim vadeyya, musāti vā so vivadetha kena"; 위의 책, v.9. 「쭐라위유하 숫따(Cūlaviyūha sutta, 小集積經)」 "Na heva saccāni bahūni nānā aññarta saññaya niccāni loke Takkaṃca diṭṭhīsu pakappayitvā saccaṃ musāti dvayadhaṃmamāhu."; 이런 표현은 정확히 나가르주나 학파의 주장과 같다. 〈참조〉MK. XⅧ. 8. "Sassato loko" 등의 견해는 부분적으로만 진리다. (빳쩨까삿짜, Paccekasacca) AN. Ⅱ. 41; "vivadanti janā ekaṅgadassino ti"라고 끝나는, 유명한 『우다나(Udāna)』 54번의 의미와 동일하다. 이런 표현들은 확실히 붓다의 '침묵'에 환영의 빛을 드리운다.

사이에 그와 같은 차이는 사라진다고 주장하는 다른 문헌이 있다. 많은 고대 문헌에서는 최고의 깨달음을 위해 모든 추론적 사고와 신념을 버려야 한다고 설명한다.[308] 니르바나에 대한 표현이 니르바나를 어떻게 초현상적이고 형언할 수 없게 만드는지 이미 살펴보았다.[309] 붓다 혹은 따타가따도 여러 문헌에 초자연적으로 표현되어 있다.[310]

---

308) 이는 오래된 Sn.의 「앗타까왁가(Aṭṭhakavagga)」의 후렴구라고 어느 정도 설명될 수도 있다. 산냐(Saññā, 想)와 딧티(Diṭṭhi, 見解)는 버려져야 한다. 실증적 의식에 특별히 산냐를 적용할 수 있다는 것은 'Na pretya sañjñāstīti'라는 야즈냐발키야(Yājñavalkya)의 의견에서 나온다.; Sn. v.7 「빠라맛타까숫따(Paramaṭṭhaka sutta, 第一八偈經)」에서는 이것이 "Pakappitā natthi aṇūpi saññā"라는 창의적 해석과 연결된다. 후대 문헌에서 산즈냐(Sañjñā, 想)는 다시 개념적 의식을 의미한다(Stcherbatsky, Central Coneception, p.18). 최고의 선정을 성취(니로다 사마빳띠(Nirodha samāpatti, 滅盡定)하는 데 온전히 매달려야 하는 것은 산냐(Saññā, 想)의 실증적 특성 때문이다. 다시 나가르주나(Nāgārjuna, 龍樹)는 산냐에 대해 이처럼 의심하기를 제안한다. "Nirvikalpamananārthametattattavasya lakṣaṇaṃ"(MK. XⅧ. Kārikā 9). 빠빤짜(Papañca, 戲論)와 산냐는 SN. Ⅳ. 71에서 연결되는 것으로 보인다. MN. Ⅰ. 109, 112, 271, 383에서도 그러하다.

309) 위의 내용 참고. 〈참조〉 R. Kimura, A Historical study of the Terms Hīnayāna & Mahāyāna and the Origin of Mahāyāna Buddhism, p.95f.

310) Dhp. 225 'Nippapañcā Tathāgatā'; It. p.50 'Brahmabhūtaṃ Tathāgatam'; 자주 나오는 정형구 'Ñāṇabhūto dhammabhūto'에서도 그렇게 부른다.; 따타가따(Tathāgata, 如來)는 언어를 넘어선다. [아디와짜나빠토(adhivacanapatho), 니룻띠빠토(niruttipatho); 빤냣띠빠토(Paññattipatho)] DN. pt.Ⅱ. p.55(Nāgarī본; 「아비야까따상윳따(Abyākata Saṃyutta, 無記說相應)」에서 빠세나디(Pasenadi)에게 해준 케마(Khemā)의 답변; MN. 경전 73에서 왓차곳따(Vacchagotta)에게 해준 고따마(Gotama)의 답변; 붓다는 '아나누웻조(ananuvejjo, 찾아낼 수 없는)'다. MN. Ⅰ. 140-141(〈참조〉 Coomarswamy, 앞의 책, p.71.) "Taṃ Buddhamanantagocaraṃ apadaṃ kena padena nessatha?" [Dhp. 179. 〈참조〉 Mbh. ŚP. 269. 22. "Devāpi mārge muhyanti apadasya padaiṣiṇaḥ"] Sn. v.1 「순다리까바라드와자숫따(Sundarikabhāradvāja sutta, 孫陀利迦婆羅陀寐經)」; 산냐와 나마까야(Nāmakāya, 名身)에서 자유로워진 무니(Muni, 賢者)는 있지도 않고 없지도 않으며, 방편과 언어를 넘어선다. = Sn. vv. 4.8 「우빠시와마나와뿟차(Upasīvamāṇavapucchā)」; 웃체다(Uccheda, 斷滅)와 사삿따(Sassata, 永遠) 둘 다 따타가따(Tathāgata, 如來)에게는 불가능한데, 칸다와 동일하지도 않고 다르지도 않기 때문이다. SN. Ⅲ. 109f; 붓다의 앎의 대상은 생각 너머에 있다. = AN. Ⅱ. 80 ; 과거의 붓다는 '친나빠빤짜(Chinnappapañca)'다.(Saḷāyat. Saṃ. 경전 83. 〈참조〉 MN. Ⅲ. 118).

이는 점증적으로 절대주의 입장을 권하면서 마디야미카(Mādhyamika, 中觀派)의 해석을 뒷받침한다. 붓다 이전에 이미 우파니샤드에서 오해할 여지가 없는 용어로 절대주의를 표현했기 때문에 그다지 놀랍지 않다. 궁극적 실제는 반대 너머에 있으며,[311] 여기서 모순을 보게 된다고 한다.[312] 엄밀히 말해 사고와 언어 너머에 있다.[313]

다른 연구도 있다. 붓다가 위대한 수행자(Yogi)였다는 데는 의심할 여지가 없다. 알려줄 수 없는 실제가 있다는 일종의 신비주의가 크게 선언되었는데, 어디에서 모순을 보는가?[314]

고대 불교 문헌에서 니르바나(Nirvāṇa, 涅槃) 사상에 대한 동향과 붓다의 삶에 대해 알려진 내용을 통해 마디야미까의 해석이 정확하다는 것을 확인하였다. 결국, 우파니샤드의 분위기와 가장 일치한다.

결론 — 니르바나(Nirvāṇa, 涅槃)는 궁극의 앎을 통해 깨닫게 된다는 것을 볼 수 있었다. 깨달음은 과거 행위, 자연스러운 열망과 괴로움이라는 속박으로부터 해방시켜 준다. 자아라는 초월적 미혹을 소멸시킴으로써 죽음의 끈을 제거하고, '더 높은 실제에서 개인의 우파샤마(Upaśama, 寂滅)'[315]라는 의미로, 그 근원에서 타오르는 불꽃처럼 불멸에

---

311) (알려진 것도 아니고 알려지지 않은 것도 아닌) Kena. 3; Kaṭh. 1.2.14; Praśna 2.5; Māṇḍ. 7; ŚB. Ⅱ. pp.1101-1102, 1473.

312) Īśa. 4-5; Tait. 2.6.

313) ŚB. Ⅱ. 1451, 1479; Tait. 2.9.

314) 플로티누스(Plotinus)에 의하면 자아라고 말할 수도 없고 구분할 수도 없다는 데 주목하는 것도 흥미롭다. 최고의 경험에서 모든 차이는 사라지며, 그럼에도 불구하고 그처럼 명백히 다른 세계가 있다. Select Works of Plotinus(플로티누스 작품선)(T. Taylor ed. G.R.S. Mead. 1921, p.320).

315) 이런 맥락에서 이와 같은 표현을 했기 때문에 라킴푸르(Lakhimpur)의 자이 데브 싱(Jai Dev Singh) 회장의 의견에 감사한다. 〈참조〉 La Vallée Poussin, Siddhi Ⅱ. p.676 주석.

이른다. 니르바나 경험은 더없이 행복하며, 궁극적 목표와 함께 시초가 없이 상사라(Saṃsāra, 輪廻) 위에서 살아가게 해준다. 니르바나는 여전히 한정된 의식으로는 표현할 수 없는데, 절대적으로 무한하기 때문이다. '침묵'을 지키는 것이 최상의 표현으로, 니르바나에 대해 어떤 말을 하는 것은 관계를 만들고 나타내면서 제한될 것이다.[316)]

이론적 측면에서 붓다는 예나 지금이나 수수께끼 같은 '침묵'을 엄격히 고수하는 입장을 취했던 것으로 보인다. 그러나 붓다는 실질적 안내를 위해서 절대고독이 영원하고 더없이 행복하다고 분명히 밝혔을 뿐 아니라 이를 직접 실현하기 위한 방법을 제시하였다. 이런 태도는 분명히 '합리적'이라기보다는 '신비적'이다.

316) 〈참조〉 Sri Aurobindo, "고독한 절대자는 모든 것을 부정했다. 무지한 세계를 그 고독에서 없앴고, 영혼이 영원한 평화에 빠져들게 했다."(Savitri, Ⅱ. 7.6: Nirvāṇa.)

제13장 니르바나(Nirvāṇa, 涅槃)에 이르는 길

길(道)과 진리 — 붓다는 괴로움이란 문제를 해결했다. 그는 마음이 스스로 만들어 낸, '독립 개체와 물질', '유한한 자신과 객체'라는 영향력 아래 숨겨진 초월적 환상(Avidyā, 無明)에서 그 답을 찾았다. 대부분의 사람은 헛된 환영(幻影)을 쫓으며 시간을 보내고 생을 거듭한다. 시초가 없는 무지(無知)에 의존하여 명색(名色), 각 개인과 물질의 세계가 생겨나고, 다시 여기에 의존하면서 접촉을 거쳐 즐거움과 괴로움, 좋아함과 싫어함이라는 경험이 생겨난다. 우리는 갈망하고 얻으려 애쓰면서 또 다른 삶으로 가기 위해서만 피곤한 이 생의 짐을 내려놓는다. 따라서 윤회라는 괴로움의 과정은 스스로 생겨나지만 조건에 따른다. 이 과정은 완전한 깨달음(Sambodhi, 正覺)을 통해 근본 조건인 아비드야(Avidyā, 無明)를 제거할 때 그치게 되며, 니르바나를 얻게 된다. 최후의 해방으로 이끌어야 하는 앎[깨달음]은 우파니샤드 사상과 완전히 일치한다.[1)] 니르바나에 이르는 길은 실로 깨달음에 이르는 길이다.[2)]

본고는 고따마(Gotama)가 깨달은 다르마는 초월적이면서도 내면적 특

1) 앞의 「제8장 베다의 배경 연구」 부분 참고.
2) 〈참조〉 Siddhi. Ⅱ. pp.676-7.

성이 있음을 살펴보았다.[3] 내면적 특성에서 다르마는 마음에서 발생하고 소멸함으로써 현상의 질서를 가져다주는 법칙을 의미한다. 이 법칙은 지혜를 얻을 수 있고 괴로움을 초월할 수 있는 길을 제공한다. 괴로움(Duḥkha, 苦)을 그치게 하는 방법은 당연히 괴로움이 생기는 방법의 반대(viloma)다. 행위, 애착, 접촉(Sparśa, 觸)을 통제함으로써 시작해야 하고, 신체적·정신적 경험 세계는 실체가 없음을 명상함으로써 프라즈냐(Prajñā, 慧)를 얻어야 한다. 이로써 아비드야의 장막을 걷어내게 될 것이다.

불교의 길(道)과 우파니샤드 — 이런 관점에서 다시 우파니샤드 사상계에 들어 있는 예견을 주목할 수 있다. 한 부분에서는 다르마가 해가 뜨고 지는 것과 같은, 내일과 동일한 오늘과 같은 법칙이라고 밝히고 있다.[4] 이런 의미에서, 더 오래된 르타(Ṛta, 天則)의 개념이 계속된다. 그러나 일반적으로 우파니샤드에서 다르마는 도덕적·종교적 관례를 의미하며,[5] Br. Up. Ⅰ. 4. 14에서는 다르마가 사회를 지탱하는 행복의 원리, 왕 중의 왕, 진리라고 해석한다.[6] 정통 사상에서 다르마는 주로 사회에서 인간의 행동을 다스리는 신성한 법에 사용되어 왔다.[7] 불교에서 좀 더 형이상학적으로[8] 쓰인 것과는 대조적으로, 브라흐마나의 다르마는 사회적·제도적 측면을 더욱 강조하여 쓰인다. 또한, 불교는 다르

3) 앞의 「제11장 괴로움과 그 기원」 부분 참고.
4) Br. Up. Ⅰ. 5. 23.
5) Ch. Up. 7.2.1, 7.7.1; Kath. 1.2.14; Br. 4.4.5; 〈참조〉 Kath. 1.2.13; 위의 책, 1.1.21.
6) 〈참조〉 Coomarswamy, Living Thoughts of Gotama, the Buddha, p.23. 여기서 불교의 유사점을 보여준다.
7) Kane, History of the Dharma-Śāstra Ⅰ. pp.2-3.
8) 앞의 내용 참고; 〈참조〉 Bu-ston, History of Buddhism Ⅰ. pp.18-19.

마의 일반적이고 자율적인 특성을 강조하여 쓰인 반면에 베다는 신의 의지 및 방법과 긴밀하게 연결되어 쓰인다.[9] 끝으로, 붓다는 개인적 체험(Paccattavedaniya, 諸人自覺)을 토대로 한 다르마인 반면, 정통 베다는 신앙과 계시를 토대로 한다[codanālakṣaṇa로서 다르마(Dharma, 法)에 대한 Śabara의 설명 참고].

Ch.는[10] 정신적 진리 탐구자를 눈을 가린 채 끌려가면서 점차 집으로 돌아가는 길을 찾아 목적지에 도달하고자 노력하는 사람에 비유한다. 이는 니르바나로 이어지는 고대 고속도로를 비유하며 유일한 안내자를 표방했던 붓다의 생각과 유사하다.[11] 우파니샤드에서는 앎을 구원의 수단으로 강조하긴 하지만, 정신적 앎과 자유를 얻기 위해서는 애착을 통제하고 도덕적으로 행동할 필요가 있다고 지적한다.[12] 의식절차의 의미에서 카르마를 강조하던 것이 정신적 삶의 첫 단계로서 필수적인 윤리적 규율로 바뀐다. 이런 경향이 불교로 이어졌고, 일부 유명한 설명은 불교를 단순한 도덕률과 혼동할 정도로 두드러졌다.[13]

우파니샤드는 명상과 사색이 앎의 수단이라고 말한다.[14] 이러한 요가 실천은 붓다가 따르고 가르친 방법에서 중심을 차지하게 된다. 무지(無知)를 제거한 깨달음은 드야나(Dhyāna, 禪定) 수행에서 온다.[15]

---

9) 〈예〉 RS. Ⅹ. 21.3; Ⅳ. 53.3; Ⅵ. 7.1; Br. Up. Ⅰ. 5.23에는 "Tan devāścakrire dharmaṃ …"라고 표기되어 있다.
10) Ⅵ. 14.
11) MN. Ⅲ. 4-6; SN. Ⅳ. 359; SN. Ⅲ. 108.
12) Kath. Ⅰ. 2.23; Ⅰ. 3.7-8; Muṇḍ. Ⅲ. 1.5; Ⅲ. 2.4; Śvet. Ⅵ. 21. 앞의 내용 참고.
13) 뒤의 내용 참고.
14) 앞의 「제8장 베다의 배경 연구」 부분 참고.
15) 앞의 「제9장 붓다 시대의 종교적 조건」, 「제11장 괴로움과 그 기원」, 「제12장 니르바나(Nirvāṇa, 涅槃)」 부분 및 뒤의 내용 참고.

실라, 사마디, 프라즈냐 — 니르바나(Nirvāṇa, 涅槃)에 이르는 길은 자연스럽게 세 단계로 나뉜다. 첫 번째 단계는 죄를 피하고 선행(善行)을 실천하는 것으로 이루어진다. 그러고 나서 디야나 또는 집중을 실천하게 된다. 끝으로 진리에 대한 앎이나 통찰을 얻게 된다.

고대의 '사만냐팔라(Sāmaññāphala)' 문헌은 실라(Sīla, 戒), 사마디(Samādhi, 定), 빤냐(Paññā, 慧)로 나눠진 세 단계[三學]를 보여주는 수행승의 정신적 발전 과정에 대해 설명한다. 니까야의 여러 곳에서도 이처럼 분명하게 나뉘어 있다.[16] 때로는 이 세 가지에 위뭇띠(Vimutti, 解脫)가 추가되어 네 단계를 이루거나,[17] 위뭇띠 냐나닷사나(Vimutti ñāṇadassana, 解脫知見)까지 추가되어 다섯 단계를 이룬다.[18] 세 단계 구분은 『위숫디막가(Visuddhimagga, 淸淨道論)』의 토대로, 사르바스티바다(Sarvāstivāda, 說一切有部) 문헌에서도 발견된다.[19] 이들이 변형되면서 보편적 신비주의 목록에 속하게 된 것이 사실이다.[20]

하지만 붓다가 간단하고 정확한 정형구로 다르마를 전했다고 추정하는 것은 잘못된 판단일 것이다. 예수와 마찬가지로 고따마는 자신을 따르는 이들에게 수많은 비유와 권고를 제공했다. 붓다가 남긴 담마는 상세한 안내서가 아니라 일종의 영감이었다. 붓다는 정신적 여정을 나아가는 데 전문적이거나 형식적으로 정리해야할 것은 아무것도 없음을 알고 있었다. 붓다를 따르는 사람들은 자연스럽게 담마를 지적(知的)으로 아우르고자 했으며, 거기서 추가적으로 아비담마를 만들어 냈다. 바

16) DN. 경전 8, 경전 10; 〈참조〉 AN. Ⅱ. 183; AN. Ⅲ. 14. 15; SN. Ⅰ. 13.
17) AN. Ⅱ. 경전 1, 2, 75, 239.
18) AN. Ⅲ. 271.
19) Thomas, Life. pp.44 각주. 〈참조〉 Ab.K. Ⅳ. p.142f.
20) 〈참조〉 Pratt, The Religious Consciousness, p.374.

로 창시자의 포용력으로 인해 여러 가지 다른 개념, 심지어 모순된 개념까지도 생겼다. 왜냐하면 붓다는 설법을 듣는 개인의 필요와 역량에 따라 실용적으로 가르쳤기 때문이다.[21] 이러한 가르침은 객관적 가치로 정리되기 어렵다. 붓다는 진리의 달을 가리켰고, 그 추종자들은 종종 손가락을 포착하는 데 만족한 것이다.[22]

길(道)이 아닌 것 — 길(magga)의 부정적 측면도 분명하다. 붓다는 외형적 희생 및 자연신에 대한 미신적 숭배를 반대하였다.[23] 붓다는 진정한 희생과 숭배란 내면적인 것으로, 선행의 실천으로 이루어진다고 생각했다.[24] 마찬가지로, 붓다는 니간타(Nigaṇṭha)와 아지바카(Ājīvaka, 邪命外道) 같은, 그 당시 사마나(Samaṇa, 沙門) 부파가 실천했던 극단적 금욕주의도 반대했다.[25] 하지만 모든 금욕주의를 반대했다는 의미로 받아들여서는 안 된다.[26] 붓다는 유용성을 지닌 금욕생활의 경우는 제한적으로 인정했던 것으로 보인다.[27] 뿐만 아니라 붓다는 스스로 '선정' 또

---

21) 〈참조〉 "Deśanā lokanāthānaṃ sattvāśayavaśānugrāḥ." BS Ⅱ. 2. 18의 Bhāmatī에서 Vācaspati Miśra가 Bodhicittavivaraṇa로부터 인용. 샹카라(Śaṅkara)도 Pratipattibheda 또는 Vineyabheda에 대한 불교 교리가 다양하다고 언급한다. 〈참조〉 MM. G. N. Kaviraj in Sarasvati Bhavana Studies Ⅰ. pt.Ⅰ. p.33.

22) 〈참조〉 Siddhi Ⅱ. p.669.

23) DN. 「떼윗자 숫따(Tevijja sutta, 三明經)」, 「시갈로와다 숫따(Sigālovāda sutta, 教授尸迦羅越經)」「제10장 붓다의 생애」 부분 참조.

24) SN. Ⅰ. 169, 183 ; DN. 「꾸타단따 숫따(Kūṭadanta sutta, 究羅檀頭經)」, 「시갈로와다 숫따(Sigālovāda sutta)」.

25) MN. Ⅰ. 156; SN. Ⅰ. 103; DN. Ⅲ. p.6ff; Vin. Ⅰ. 159; AN. Ⅲ. pp.219-20.

26) DN. Ⅰ. 162, 167; 특정 상황에서는 자살조차 반대하지 않았다. SN. Ⅲ. 123. 이러한 실천은 본래 니간타와 밀접하게 연계되어 있었을 수도 있다. 따빠(Tapa, 苦行)에 관해 고따마(Gotama)는 에깡사와다(ekaṃsavāda)가 아니라 위밧자와다(Vibhajjavāda, 分別論)였다. AN. V. 190.

27) MN. Ⅰ. s.45; MN. Ⅱ. p.225.

는 집중의 길을 가르쳤던 것으로 보임에도 불구하고,[28] 당시의 '신화적' 실천으로 이런저런 데와(Deva, 神) 세계에 이르는 것이 보증되는 한 만족스럽지 못하다고 생각했다.[29] 붓다가 정신적 수련법으로서 가르친 것을 정확하게 이것이라고 결정하기는 어렵다. DN. 경전 16에 의하면, 스승의 유훈(遺訓)은 후대에 37보디빡키야 담마(Bodhipakkhiya dhamma, 菩提分法)라고 부르게 된 것이다.[30] 목록에서 다양한 순서는 "다른 경우와 마찬가지로, 단지 산술적인 진행상 문제일 뿐이며, 처음에는 네 가지, 그러고 나서 다섯 가지, 일곱 가지, 여덟 가지" 형태로 나타난다.[31] 한편, SN. Ⅴ에서 바로 이러한 그룹의 순서는 더 불규칙하며, 더욱이 여덟 가지 막고(Maggo, 道)는 마지막이 아니라 맨 처음에 나온다.[32] 이는 DN. 경전 16의 기록이 더 체계적으로 배치되고 팔정도의 중요성이 다소 약해진 후대 단계를 반영한다고 볼 수 있다.[33]

---

28) 앞의「제10장 붓다의 생애」부분 참고; 뒤의 내용 참고.

29) MN. Ⅱ. 87; 〈참조〉 MN. 경전 8의 설명은 붓다가 데와(Deva, 神) 세계와 '접촉'하는 방법을 선정에서 찾았다는 리스 데이비즈 여사의 견해와 반대된다. (Sakya, 180.) 이런 견해에 동의하기는 어렵다. 니까야에는 천이통(天耳通)과 천안통(天眼通)을 포함한 신통력(神通力)의 발달이 선정 수행의 결과 중 하나라고 표현하고 있다. 그러나 붓다가 선정을 성취한 이유가 신통 때문이라고 추정할 이유는 없다. 요가 전통은 선정을 이런 식으로 이용하는 데 반대한다. 뿐만 아니라, 깨달은 자가 데와와 이야기함으로써 깨달음을 추구한다는 설명은 이상하게 들린다. 여기서 목갈라나(Moggalāna)의 사례는 진위가 의심스러우며 유리되어 있다. 또한, '지도자의 허가'를 얻어야 할 필요를 느껴야 했다는 것 자체가 중요하다. AN. Ⅱ. 184은 데와를 접하기 위해 선정 수행을 해야 한다고 말하지 않는다.

30) "삐타까(Piṭaka, 藏)에서 이같이 부르는 경우는 매우 드물고, 총 37가지로 번호를 매긴 적이 없으며, 37가지를 전체적으로 언급한 적도 없다. 그 중에서 이런저런 부분들만 언급하거나 37가지에 들어 있지 않은 실천법을 언급하기도 한다."(Mrs. Rhys Davids, KS. Ⅴ. ⅴ-ⅵ.); 〈참조〉 MN. Ⅱ.「마하사꿀루다이 숫따(Mahāsakuludāyi sutta, 善生優陀夷大經)」; SN. Ⅳ 360; DN. Ⅲ. 102, MN. Ⅱ. 238.

31) KS(The Book of Kindred Sayings). V. p.6.

32) *역자주: SN. Ⅴ는「마하왁가상윳따빠알리(Mahāvagga saṃyuttapāḷi)」를 의미.

33) 〈참조〉 KS(The Book of Kindred Sayings). V. p.41.

앗탕기꼬 막고(八正道)[34]— 때로는 앗탕기꼬 막고(Aṭṭhaṅgiko Maggo, 八正道, 여덟 겹의 길)가 붓다의 근본 가르침을 대표한다고 믿기도 한다.[35] 니까야의 여러 구절을 통해, 특히 가장 중요한 첫 번째 법문에 나온다는 점은 이런 관점을 지지할 수 있다.[36] 한편, 리스 데이비즈 여사는 이런 특징을 지닌 문헌에 대해서 후대의 체계화되는 경향을 보이는 쪽으로 해석하려 한다.[37]

길의 형태가 원형이라는 데는 의심의 여지를 갖기 어렵다.[38] 하지만

---

34) *역자주: 붓다의 가르침은 중도(中道)가 핵심이며, 중도는 고귀한 여덟 겹의 길(ariya aṭṭhaṅgika magga, 八正道)로 구체화된다.(SN. V, 421) 팔정도는 다시 계정혜(戒定慧)의 삼학(三學)으로 재구성할 수 있다. 다만, 팔정도가 삼학에 포함되는 것이지 삼학이 팔정도에 포함되는 것은 아니다.(MN. I, 301) 삼학은 빠알리어로 '띠쏘 식카(tisso sikkhā)'이며 '띠소'는 '셋(三)'을 '식카'는 '훈련, 공부, 교육, 규율, 학문' 등을 의미한다. 계학(戒學, adhisīla-sikkhā)은 올바른 언어(sammā-vācā, 正語)와 올바른 행위(sammā-kammanta, 正業) 그리고 올바른 생계(sammā-ājīva, 正命)로 구성되어 있고, 정학(定學, adhicitta-sikkhā)은 올바른 노력(sammā-vāyāma, 正精進), 올바른 사띠(sammā-sati, 正念), 올바른 집중(sammā-samādhi, 正定)으로 구성. 그리고 혜학(慧學, adhipaññā-sikkhā)은 올바른 견해(sammā-diṭṭhi, 正見)와 올바른 사유(sammā-saṇkappa, 正思惟)로 구성된다. 초기불교 안에서 삼학은 번뇌에서 벗어나고,(DN. Ⅱ, 81) 현상을 있는 그대로 보아 궁극의 지혜를 얻을 수 있는 방법으로 설명된다.(MN. I, 71) 정학은 노력을 통해 산란하지 않고 안정된 사띠와 집중을 계발하는 것이다. 이러한 정학은 지혜를 계발하는 데 있어 필수다.(SN. Ⅵ, 80) 정학의 첫 번째 요소인 노력은 올바른 노력으로도 소개되며 '막으려는 노력', '끊으려는 노력', '계발하려는 노력', '유지하는 노력'의 네 가지로[四正勤] 나타난다. 마음이 불선한 현상(akusalā dhammā)을 막고 끊고, 선한 현상(kusalā dhammā)을 계발하고 유지하는 것이 목적이다.(AN. II, 6; MN. III, 251; MN. II, 11) 올바른 사띠는 신수심법의 사념처 수행을 의미하며, 올바른 집중은 사선정의 성취를 다룬다.

35) Winternitz, History of Indian Literature Ⅱ, Vishva Bharati Quarterly. May 1936, 44; Thomas, Life; Keith B. P. 119는 여덟 단계 도식 내에 증거로서의 체계가 부족하다고 지적한다.

36) DN. Pt.Ⅰ. p.182(Nāgarī본), p.103; Pt.Ⅱ. pp.186-187, p.228, 일반적으로 SN. V.「막가상윳따(Magga saṃyutta)」; MN. Ⅰ. 16; MN. Ⅰ. 48, 118; Ⅲ. 109; Dhp. 273.

37) Original Gospel, p.60; Sakya, 89.; 〈참조〉 JRAS, 1935, p.723.

38) Mrs. Rhys Davids, Sakya, 103, 321; 〈참조〉 리스 데이비즈 여사는「떼윗자 숫따(Tevijja sutta)」를 언급함으로써 길(道)의 개념이 붓다 시대에 널리 퍼진 브라흐마나(Brāḥmaṇa) 주기와도 같다고 밝히고 있다. 초기 자이나교도 여기에 익숙하다

AN.의 「앗타까니빠따(Aṭṭhakanipāta, 여덟 모아 엮음)」뿐만 아니라 DN.의 「상기띠 숫따(Saṅgīti sutta)」에서도 명목상 항목으로서 여덟 단계의 형태가 생략된 것은 중요하며, 아직까지 만족할 만큼 설명되지 못하고 있다.[39] 어쩌면 「막가상윳따(Maggasaṃyutta)」의 「길의 경전(Paṭhamapaṭpadā sutta)」 등에서 여덟 가지를 설명하는 것이 AN.의 침묵을 어느 정도는 설명할 수도 있다.[40] 하지만 초기임이 분명한 일부 구절에서 이 여덟 단계의 특성을 전혀 언급하지 않으며 길에 대해 강조했다는 사실은 너무 함축적이다.[41]

팔정도에 대한 후대의 명성을 고려해 볼 때, 붓다가 직접 앗탕기꼬 막고를 가르쳤다면, 더 긍정적인 증거가 보존되어 왔을 것이고, 중복되고 대체 가능한 다른 목록을 통해 혼란이 줄었을 것이라고 기대할 수 있다.[42] 사실, 팔정도의 정형구에 대해 붓다 스스로에게 더 확실한 증거

고 지적할 수도 있다. Sk. Ⅰ. 11 참고.

39) 〈참조〉 Original Gospel, App.; Winternitz, Vishva Bharati Quarterly. 앞의 인용문; 「제7장, 『앙굿따라니까야(Aṅguttara Nikāya)』의 초기와 후기」 부분 참고.

40) AN. Ⅵ에서 서론; *역자주: SN. V. 18의 Paṭhamapaṭpadā sutta와 Dutiyapaṭpadā sutta는 잘못된 길을 언급하며 8가지 팔정도의 형태에 대해 온전하게 설명하고 있다.

41) MN. 경전 107; *역자주: 「가나까목갈라나 숫따(Gaṇakamoggallāna sutta)」는 단계적인 배움, 단계적인 실천, 단계적인 발전에 대해서 설명한다.; Thag.에서 미가잘라(Migajāla)의 시.(Sakya, p.106에서 리스 데이비즈 여사의 주석 참고.); SN. V. 6게송은 산문에서 암묵적으로 주장하듯이 '여덟 가지' 길을 전제로 하는 것 같지는 않은데, 그들이 언급한 요소가 앗탕기꼬 막고의 요소와 일치하지 않기 때문이다. Sn. v. 176-177(p.30-31)「헤마와따 숫따(Hemavata sutta, 雪山經)」에서는 여덟 가지라는 힌트를 전혀 보여주지 않은 채, '딥바-빠타(Dibba-Patha, 신의 길), 아리야-빠타(Ariya-Patha, 고귀한 길)'에 대해 이야기한다.; 「쭌다숫따(Cunda sutta, 淳陀經)」는 전체적으로 막고(Maggo, 道)와 관련 있지만, 여덟 개의 '가지'에 대해서는 언급하지 않는다. It. 경전 35(게송); MN. Ⅰ. 63은 'Ekāyano Maggo(하나의 길)'라고 말하지만, 그것은 네 가지 사띠빳타나(Satipaṭṭhāna, 念處)라고 규정하고 있다(Dhp. 게송 281-282).

42) MN. 경전 24에서는 실라(Sīla, 戒)에서 닙바나까지 일곱 단계의 브라흐마짜리

가 없었던 결과라고 보는 것은 적절하지 않다. 아마도 붓다는 감각적 즐거움(Kāmasukha)과 금욕생활(Attakilamatho, 苦行)이라는 양 극단 사이에서 중도(中道)만을 이야기한 반면에 후대에 이를 여덟 가지로 구체화 시켰을 법하다.[43)]

대체로 니까야는 앗탕기꼬 막고에 대해 기본적인 목록 이상을 설명하지 않는다.[44)] 삼마딧티(Sammādiṭṭhi, 正見)는 니까야에서 흔히 쓰는, 즉 잘못된 견해, 이설(異說)이라는 쓰임보다 더 오래된 딧티(Diṭṭhi, 見解)의 쓰임을 명백히 보존하고 있다.[45)] 그 다음 세 가지 앙가(Aṅga, 要素)는 잘 알려진 세 가지 선한 정신적·언어적·신체적 행위와 동일하다.[46)] 삼마 아지와(Sammā Ājīva, 正命)를 설명하기 위해서는 DN. 경전 1로 돌아

야(Brahmacariya, 梵行者)를 설명하면서 길의 비유도 암시적으로 사용한다.; DN. 경전2는 실라에서 Āsvakkhaya(漏盡)까지의 사만냐(Sāmañña, 沙門의 지위) 과정 전체를 설명하고 있다.; MN. 경전 107도 빠띠목카삼와라(Pātimokkhasaṃvara, 義務戒律 守護)로 시작하여 선정으로 끝나는 일곱 단계가 있다.; 보디빡키야(Bodhipakkhiya, 菩提分)에 포함된 다양한 하위 목록에 나름의 방식에 따라 길의 요소를 열거하고 있다. 이들 모두는 본질적으로 팔정도 정형구에 의존하지 않는다(〈참조〉 MN. 경전 39). 아마도 '다상기꼬 막고(Dasaṅgiko Maggo, 十正道)'의 정형구(AN. 10. vagga 13-16 참고)는 훨씬 더 후대의 것이다.

43) MN. Ⅲ. pp.230-231 참고. 본문[웃데사(Uddesa)]과 주석[위방가(Vibhaṅga)]의 차이에 주목. 류트(비파)의 비유로써 중도를 설명한 부분이 있다. 감미로운 선율을 얻고자 하듯이, 너무 조이게 조율하지도 말아야 하고 너무 느슨하게 조율하지도 말아야 한다. 마찬가지로 수행을 위한 극단적 행동은 피해야 한다. (Mvg., Brewster, 앞의 책, p.105f 참고; AN. Nip. 6 경전 55; 비유는 초기에 한역(漢譯)된 42부분의 경전에 나온다. AO. 1927, pp.197-237.)

44) SN. V. 8-10 참고.

45) 딧티삼요자나(Diṭṭhisaṃyojana, 見結), 딧타누사야(Diṭṭhānusaya, 見解 傾向), 딧투빠다나(Diṭṭhupādāna, 見取), 딧티사무다야(Diṭṭhisamudaya, 見集), 딧티오가(Diṭṭhiogha, 見流), 딧티깐따라(Diṭṭhikantāra, 見難路), 딧티잘라(Diṭṭhijāla, 見網) 등과 같은 표현에서.

46) 〈참조〉 Ṣaḍ. B. p.4("Trisatyā hi devāḥ")에서 사야나(Sāyaṇa)는 "Manovākkāyakarmāṇi Satyāni"를 설명한다. 〈참조〉 MN. Ⅱ. 26는 까야깜마(Kāyakamma, 身業), 와찌깜마(Vacīkamma, 口業), 아지와(Ājīva, 生活)에 관하여 세 가지 아꾸살라실라(Akusalasīla)를 이야기한다.

가야 한다. 그 다음 두 가지[正念, 正定]와 더불어 삼마 와야마(Sammā Vāyāma, 正精進)는 삼보장가(Sambojjhaṅga, 覺支), 인드리야(Indriya, 根), 발라(Bala, 力)에서 위리야(Viriya, 精進)의 형태로 되풀이된다.[47] 삼마빠다나(Sammappadhāna, 正勤) 면에서 설명되고 있다.[48]

의지[노력]의 중요성: 와야마(Vāyāma, 精進), 위리야(Viriya, 精進), 빠다나(Padhāna, 努力), 빠락까마(Parakkama, 努力), 웃타나(Uṭṭhāna, 勤勉) 등 최초기 불교의 기초 어휘에 해당되는 이 용어들은 정신적 수행과정에서 '의지'의 중요성을 강조하고 있다.[49] 붓다가 막칼리 고살라(Makkhali Gosāla)[50] 같은 지도자의 운명론을 거부했으며, 최고신(最高神)의 독자적 개입 또한 거부했다는 사실을 기억한다면 이처럼 의지를 강조하는 것은 중요해진

---

47) AN. Ⅳ. 285, 289, 322에서 막고(Maggo, 道)는 '닛쪼(Nicco, 永遠)'라고 설명한다. 진리와의 관계는 SN. V. 23-204 참고; 보장가(Bojjhaṅga, 覺支)와의 관계는 위의 책 82 참고; 사띠빳타나(Satipaṭṭhāna, 念處)와 관련하여, 위의 책, 179, 293; 이띠빠다(Iddhipāda, 神足)와 관련하여, 위의 책, 254, 276. '실라(Sīla, 戒)-사마디(Samādhi, 定)-빤냐(Paññā, 慧)'와의 관계는 MN. Ⅰ. 경전 44 참고.

48) SN. V. 9.

49) *역자주: 초기경전의 노력은 '위리야(viriya)', '빠다나(padhāna)', '아따삐(ātāpi)', '아빠마다(appamāda)', '와야마(vāyama)' 등으로 나타난다. 노력으로 가장 많이 쓰이는 용어는 '위리야'이며 힘이 있고, 남성적이고, 정열적인 상태로 표현된다. '빠다나' 역시 활기 있고 힘이 들어간 상태로 주로 수행을 위한 정진의 노력으로 사용된다(MN. II, 218). '아따삐'는 열성적이고, 열렬한 상태를 의미하며 알아차림과 함께 수행의 태도로 나타난다. '아빠마다'는 게으르지 않음의 의미로 주의 깊고, 진지하고, 열심히 하는 상태이다. 이처럼 노력은 그 의미와 쓰임도 다양하지만 대부분은 게으르지 않고 열심히 정진하는 것을 의미한다. 특히, '올바른 노력'으로 사용되는 '삼마 와야마(sammā-vāyāma)'는 올바른 사띠를 위한 노력과(MN. III, 296) 악하고 불건전한 것들을 제거하기 위한 노력으로 자주 나타난다(MN. I, 100; MN. III, 75, 246, 294). '와야마'는 전력을 다해 싸우는 노력으로 사용하며(SN. Ⅵ, 308) '빠다나'와 함께 사정근(四正勤)으로도 표현한다(MN. II, 11). 특히, 「마하살아야따니까 숫따(Mahāsaḷāyatanika sutta)」를 통해 여섯 감역에 대한 단속의 역할로 나타나는 노력은 SV의 노력과 유사하다(MN. III, p.289).

50) *역자주: 고대 인도의 육사외도(六師外道) 중 한 사람. 아지바카 신봉자로, 철저한 운명론과 숙명론을 주장했다.

다. 정신적 발전은 아지바카(Ājīvaka, 邪命外道)가 생각했던 것처럼 이미 결정된 과정을 밝히는 것(Nibbeṭhana, 說明)도 아니고, Kath.에 드러난 것처럼 '은총'의 결과도 아니다. 정신적 발전은 바른 길을 따라 스스로 노력을 기울인 결과다.[51]

키스(Keith)는 이런 견해가 보편적 우연성과 나이라트미야(Nairātmya, 無我)에 반대된다고 생각한다.[52] 아마도 리스 데이비즈 여사는 붓다가 노력에 따라 좋아지기도 하고 나빠지기도 하는 자아를 믿었다고 답할 것이다. 우연성의 원리는 바로 앎을 통해 자유로워지는 인간이라는 목적을 위해 선언되었다. 사실, 이것이 붓다의 가르침에 대한 리스 데이비즈 여사의 핵심 주장이다. 정통적 입장에 따라 연관된 철학적 어려움을 해결하기 위해 로젠베르그(Rosenberg)의 설명을 언급할 수도 있다.[53] 이처럼 미묘하고 추론적인 결과들이 고대 불교에 존재하지 않았던 것이 거의 확실하다는 점을 기억해야 한다.

삼마빠다나(正勤): 삼마빠다나(Sammappadhāna, 正勤)에 대한 구조는 네 단계로 아꾸살라담마(Akusaladhamma, 不善法)의 삼와라(Saṃvara, 制御)와 빠하나(Pahāna, 拋棄), 꾸살라담마(Kusaladhamma, 善法)의 바와나

51) 〈참조〉 Sn.에서 「웃타나 숫따(Uṭṭhāṇa sutta, 起立經)」, Kath. 3. 14와 AB. 34. 3; Sk. 1. 8. 마지막은 '위리야(viriya, 精進)'가 어떻게 '깜마(kamma, 業)'와 다르게 여겨지는지 보여준다. 후대 불교도들은 깜마와 끼리야(Kiriyā, 作用)의 차이를 비교했을 수도 있는데, 이런 차이는, 눈에 띄겠지만, 커다란 철학적 암축을 갖고 있다. 자이나교 문헌에서는 '깜마'와 '빠마야(Pamāya)', 위리야와 '압빠마야(Appamaya)'를 동일시한다는 점이 주목된다. 「웃타나 숫따(Uṭṭhāṇa sutta)」에서도 빠마다(Pamāda, 放逸)와 '라자(Raja, 먼지)'를 동일시하면서 압빠마다(Appamāda, 不放逸)를 주장하며 따타가따에 대한 'Pacchimā vācā'인 것으로 추정되는 찬사를 보낸다. (〈참조〉 Dhp.의 「압빠마다왁고Appamādavaggo」).

52) B. P. p.116.

53) 앞의 책, pp.242-244.

(Bhāvanā, 修行)와 아누락카나(Anurakkhana, 守護)를 말한다.[54] 네 단계의 체계적 표현으로 정리된 노력의 개념을 담고 있다.[55] 빠다나(Padhāna, 努力)는 닙바나로 이끌어 주고,[56] 실라(Sīla, 戒)에 의존하며,[57] 상요자나(Saṃyojana, 束縛)를 파괴한다.[58]

'힘과 능력': 다섯 가지 인드리야(Indriya, 根)와 다섯 가지 발라(Bala, 力)는 정확하게 같다. 두 용어의 오랜 의미는 의심할 것도 없이 동일한데,[59] 동일한 상태에서 설명을 필요로 하는 두 가지 제목 아래 동일한 목록이 반복된다.

다른 다섯 가지 발라 목록, 즉 사띠(Sati, 念), 히리(Hīri, 羞恥心), 옷땁빠(Ottappa, 창피함), 위리야(Viriya, 精進), 빤냐(Paññā, 慧)가 있다.[60] 일곱 가지 발라 목록은 앞서 언급한 목록과 이를 결합한 것으로, 삿다(Saddhā, 信), 위리야, 히리(HIri, 羞恥心), 옷땁빠, 사띠, 사마디(定), 빤냐(慧)로 배열된다.[61] 이런 맥락에서 네 가지 발라의 또 다른 목록–빤냐(Paññā, 慧), 위리야(Viriya, 精進), 아나왓자(Anavajja, 無罪), 상가(Saṅgha, 僧伽)가 언급될 수도 있다.[62]

니까야에서 '인드리야(Indriya, 根)'의 다섯 가지 다른 의미는 (a) 대체

54) *역자주: 불선한 것을 1) 막고, 2) 끊고, 선한 것을 3) 개발하고 4) 유지하는 노력을 말한다.
55) 〈참조〉 AN. Ⅱ. 16은 마지막 두 가지 빠다나(Padhāna, 努力)가 알고 싶어 하는 태도라고 설명한다. 〈참조〉 위의 책, 74.
56) SN. V. 244-8, Ⅳ. 360-364.
57) 위의 책, V. 246.
58) 위의 책, V. 247-'8.
59) 〈참조〉「제8장 베다의 배경 연구」.
60) AN. Ⅲ. 10.
61) AN. Ⅳ. 3.
62) 위의 책, 363.

로 신체적 능력[63] (b) 특별히 감각기관[64] (c) 정신적 또는 도덕적 능력[65] (d) 아라핫따(Arahatta, 阿羅漢의 地位)를 향하는 단계[66] (e) 느낌의 방식[67]으로 구분될 수 있다.

세 번째 의미에서, 흔히 쓰는 다섯 가지 목록은 다섯 가지 발라의 목록, 즉 삿다(Saddhā, 信), 위리야, 사띠, 사마디, 빤냐와 같다. 마지막을 생략하여 네 가지만 있는 구절도 있다.[68] 다른 구절에는 세 가지 — 사띠(念), 사마디(定), 빤냐(慧)만 있다. 이러한 능력은 우빠사마(Upasama, 寂靜)와 삼보디(正覺)로 이끌어 주며,[69] 아누사야(Anusaya, 潛在的傾向)와 상요자나(Saṃyojana, 束縛)의 소멸로 이끌어 준다.[70] 이와 같은 다섯 가지 능력은 요가 다르샤나(Yoga Darśana)에도 언급되어 있는데, 여기서는 삼프라즈냐타 사마디(Samprajñāta Samādhi, 有想三昧)에 도움되는 것으로 설명된다.[71]

이러한 논의는 초기불교에서 믿음 문제를 제기한다.

믿음(信) — 키스(Keith)와[72] 라 발레 뿌쌩(La Vallée Poussin)에 의하

63) SN. V. 20f, Ⅱ. 2, 42.
64) 다섯 가지. SN. Ⅲ. 225-'7, 218-'30, Ⅳ. 168-'9; MN. Ⅰ. 295. 여섯 가지, Ⅳ. 176, V 74, 205, 230.
65) SN. V. 219-20, Ⅲ. 96, 153, V. 49, 193ff; 277-'9; MN. Ⅰ. 479.
66) SN. V. 204.
67) SN. V. 207, 209-'11.
68) AN. Ⅱ. 141.
69) SN. V. 224. SN. V. 202-'3, 〈참조〉 SN. V. 223-'24.
70) 위의 책, V. 236.
71) 때로는 슈라다(Śraddhā, 信), 위리야(Viriya, 精進), 스므르티(Smṛti, 念), 사마디(Samādhi, 定), 프라즈냐(Prajñā, 慧)가 앎을 성취하는 데 자연스러운 순서에 해당하는 것으로 추정된다(MM. G. N. Kavirāj, Kalyāṇa Yogāṅka, p.55).
72) Keith. 앞의 책, p.122.

면,[73] 붓다에 대한 믿음, 최초의 불교적 신념이 필요했고 다른 종교와 중요한 차이가 효과적이어야만 했다. 붓다가 설한 믿음에 대한 교리는 후대의 추종자들이 충분히 이해한 것과 같지 않다. 붓다의 깨달음에서 종교적 믿음의 역할은 거의 없었다. 붓다는 맹목적 믿음에 반대하는 설법을 했다. 붓다는 믿음만으로 믿는 것을 비판했으며,[74] 누구든지 스스로 직접 깨달을 수 있는 교리를 가르친다고 주장했다.[75] 확실히 붓다의 체계에서 권위주의 또는 전통주의 입장을 내포한 믿음은 설 자리가 없었을 것이다.[76]

한편, 초기에는 '삿다(Saddhā, 信)'를 없어서는 안 될 것으로 여겼던 것이 매우 확실하다.[77] 하지만 삿다는 단순히 권위를 믿는 게 아닌 것으

73) Dogme, p.10, 54.

74) DN. Ⅰ.「떼윗자숫따(Tevijja sutta, 三明經)」 참고; MN. Ⅱ.「짠끼 숫따(Canki sutta, 商伽經)」에는 붓다가 삿다(Saddhā, 信), 루찌(Ruci, 嗜好), 아눗사와(Anussava, 所聞), 아까라빠리위딱까(Ākāraparivitakka, 原因 調査), 딧티니자나깐띠(Diṭṭhinijjhānakkhanti, 思辨的 敎理理解)를 토대로 한 신념은 옳은 만큼 잘못되기도 쉽다고 설한 내용이 기록되어 있다.(MN. Ⅱ. 218, 234); (AN. Ⅰ. 189 등). 붓다는 믿음과 전통만을 받아들이는 브라흐마나(Brāhmaṇa, 婆羅門)도 비판했던 것처럼 니간타(NIgaṇṭha)를 비판했다. MN. 경전 101.; 네 가지 프라티사라나(Pratisaraṇa, 依)에 대한 후대 경전, 「가나 수트라(Ghana sūtra)」에서 잘 알려진 인용문에 바로 이러한 태도가 반영되어 있다(Stcherbatsky, BL, Ⅰ. pp.76-77 참고).

75) 담마(Dhamma, 法)를 위한 유명한 정형구 "Sand'ṭṭhiko akāliko ehipassiko opanayiko paccattaṃ veditabbo viññūhi"(〈예〉 DN. Ⅱ. 222).

76) MN. Ⅰ. 320은 '맹목적인' 믿음과 '본 것에 기초한' 믿음(dassanamūlikā Saddhā)을 구분한다.; 〈참조〉 SN. Ⅳ. 298에서 찟따와 나따뿟따(Nātaputta) 사이의 논쟁.

77) [팔정도의 요소는 아니라는 데 주목할 만한] 삿다(Saddhā, 信)는 다섯 가지 인드리야(Indriya, 根) 중 하나로, 씨앗과도 같고(SN. Ⅰ. 172), 구원 마차의 요소이며(위의 책, V. 6), 인간의 위대한 조력자이다(SN. Ⅰ. 25, 38, Ⅳ. 70). 최고의 보물이며(SN. Ⅰ. 214), 이를 통해 '홍수'를 건넌다(위의 책). 믿음이 있는 사람에게 불사(不死)에 이르는 길이 열려 있다(위의 책, 138).; 이는 "Saddhāya vatamhi agārasmā anagāriyaṃ pabbajito"(Ud. p.36)의 용례에서도 나온다. 〈참조〉 Vyāsa ad Yoga sūtra Ⅰ. 20 "Śraddhā cetasaḥ samprasādaḥ". Tattvavaiśāradī(眞理通曉)는 "sa hi cetasaḥ samprasādobhiruciratīcchā śraddhā."라고 말한다. Vāritka는 더 분명하게 "Samprasādaḥ prītiḥ yogo me bhūyādityabhilāṣaḥ."라고 설명한다. 즉 '믿음'은 인

로 보이며, 대의를 위한 진심어린 열정과도 관계가 있다.[78)]

지적인 게 아니라 능동적이다.

78) *역자주: 붓다는 기존의 전통에서 벗어나 스승에 대한 맹목적 믿음이 아니라 수행자 스스로 확인하고 실천할 것을 강조한다. 『앙굿따라니까야』의 「까라마 숫따(Kālāma sutta)」는 수행자가 실천을 도모하기 위해서 스승에 대한 현명한 판단이 필요하다는 사실을 전한다. "까라마인들이여, 그대들은 소문으로 들었다고 해서, 대대로 전승되어 온다고 해서, '그렇다 하더라'고 해서, 성전에 써 있다고 해서, 추측이 그렇다고 해서, 논리적이라고 해서, 추론에 의해서, 이유가 적절하다고 해서, 우리가 사색하여 얻은 견해와 일치한다고 해서, 유력한 사람이 한 말이라고 해서, 혹은 '이 사문은 우리의 스승이시다'라는 생각 때문에 진실이라고 받아들이지 말라. 까라마인들이여, 그대는 참으로 스스로가 '이러한 법들은 유익한 것이고, 이러한 법들은 비난받지 않을 것이며, 이러한 법들은 지자들의 비난을 받지 않을 것이고, 이러한 법들을 전적으로 받들어 행하면 이익과 행복이 있게 된다'고 알게 되면, 까라마인들이여, 그때에 그것들을 받아들이라"(AN, I. 188). 붓다는 아무리 뛰어난 자의 가르침이라고 할지라도 소문이나 주변의 평판 등으로 믿지 말고 스스로 합리적으로 판단하여 받아들일 것을 권유한다. 초기불교 안에서 제자가 스승의 언행이나 가르침에 의혹을 제기하고 확인하는 과정은 적합한 절차인 것이다. 붓다는 주변의 평판에 의존하여 무작정 믿고 따라서는 안 되며, 주변의 흔적을 보고 성급하게 판단해서도 안 된다고 강조한다. 붓다의 지혜로운 제자는 붓다에 대해 알고 신뢰하며, 가르침을 배우며, 실제로 수행을 경험한 후에 비로소 붓다의 가르침을 따르는 것이라고 설명한다(MN, I. 178). 붓다는 자신의 가르침이 진리 안에서 진행된다는 확신을 가지고 있었다. 그는 불교를 개방적인 종교로 만들고자 시도했다. 이러한 진리는 시대를 초월하기에 시간적 선후문제를 다루는 것에서 벗어난다. 초기불교는 가르침에 대해 맹목적 추종이 아닌 합리적 믿음과 실천을 강조한다. 만약 경전의 진위 여부가 증명된다고 할지라도, 그 가르침을 신뢰하고 실천할 수 없다면 경전의 의미는 사라진다. 초기불교가 시대를 초월하여 현재까지 유지될 수 있는 이유는 붓다의 가르침에 있다. 『맛지마니까야』의 「위망사까 숫따(Vīmaṃsaka sutta)」는 수행자[제자]가 어떻게 붓다[스승]의 가르침을 따라야 할 것인지에 대해 구체적으로 설명하고 있다. 붓다는 제자들이 여래 자신을 두 가지 측면에서 조사해야 한다고 설한다. "비구들이여…, 여래가 올바로 완전히 깨달았는지 아닌지를 식별하기 위해 여래를 관찰해야 한다. … 여래에 대하여 두 가지 관점에서, 즉 눈과 귀를 통해 인식 가능하다는 관점에서 '눈이나 귀를 통해 인식할 수 있는 오염된 상태들이 여래에게 존재하는지 아닌지'를 관찰해야 한다"(MN, I. 318; MN, II. 140). 붓다는 제자들에게 자신을 관찰하고 조사하라고 지도한다. 제자는 눈을 통해 스승[여래]의 육체적인 행위가 올바른지 확인하고, 귀를 통해 스승의 언어적인 행위와 생각이 올바른지 확인해야 한다. 물론 오늘날 입멸한 여래를 조사하는 것은 불가능하지만, 초기불교의 특징을 확인할 수 있는 장면이다. 현대인도 자신의 스승을 조사하고 그 가르침이 지금 현재 실천 가능한지를 살피면 된다. 초기 경전의 붓다는

'마음챙김(念)'[79]— 보디빡키야(Bodhipakkhiya, 菩提分)에 포함된 일곱

그의 제자들이 가르침을 판단하고 확인할 수 있도록 권유했고, 그의 가르침이 언제나 확인 가능하다는 사실을 보여주었다. 이러한 과정을 통해 합리적인 믿음은 견고해진다. "비구들이여, 어떠한 자에게라도 이러한 이유, 이러한 용어, 이러한 어구를 통해서 믿음이 여래에 대하여 심어지고, 뿌리내리고, 정립된다. 비구들이여, 이것은 이유를 갖추고 뿌리를 보여주는 견고한 합리적인 믿음(ākāravati saddhā)이라고 불리는데, 수행자(samana)나 바라문(brāhmana)이나 신(deva)이나 악마(mara)나 범천(Brahma)이나 세상의 어떠한 자도 이겨낼 수 없는 것이다. 비구들이여, 이것이 여래가 가르침에 일치하도록 관찰한 것이고 여래가 가르침에 일치하도록 관찰된 것이다"(MN, I. 320). 「위망사까 숫따」는 초기불교가 지니는 특성이 무엇인지 강조하고 있다. 합리적인 믿음을 통해 강화된 신뢰는 개인의 체험을 통해 실천되어야 한다. 만약 수행자가 이러한 절차 없이 주변의 평가와 사회적 기준만을 잣대 삼아 가르침을 평가하려 한다면 마치 장님들이 줄을 서서 서로 보지 못하는 것과 마찬가지라는 것이다. 『맛지마니까야』의 「짱끼 숫따(Caṅkī sutta)」는 합리적이지 못한 어리석은 믿음[amūlikā saddhā]에 대하여 설명한다. "바라드와자여, 마치 장님들이 줄을 섰는데, 앞에 선 자도 보지 못하고 가운데 선 자도 보지 못하고 뒤에 선 자도 보지 못하는 것과 같이, 이와 같이 바라드와자여, 그 바라문들이 설한 것은 장님들이 줄을 선 것과 같이 앞에 선 자도 보지 못하고 가운데 선 자도 보지 못하고 뒤에 선 자도 보지 못하는 것과 같다고 나는 생각합니다. 바라드와자여, 어떻게 생각합니까? 그렇다면 그 바라문들은 맹목적인 믿음(amūlikā saddhā)이 아닙니까?"(MN, II. 170). 붓다는 이유나 근거 없는 추종은 마치 장님의 믿음처럼 보지 못하고 알지 못하는 맹목적 신앙과 같다고 설명한다. 초기불교 안에서 스승을 확인하지 않고, 스스로 경험을 통해 확인되지 않는 가르침을 신뢰하는 것은 근거 없는(amūlakā) 혹은 쓸모없는(amūlikā) 믿음에 해당한다. 붓다는 이러한 형태를 장님에 비유하며 맹목적인 믿음을 지닌 자들이라 표현했다.

79) *역자주: 초기불교에서 등장하는 빠알리(pāli)어 사띠(sati)는 크게 두 가지 의미로 사용된다. 하나는 '기억'한다는 의미이고, 다른 하나는 지금 현재에 나타나는 현상에 '마음을 두어 자세히 살피는' 것을 말한다. 사띠란 산스끄리뜨어의 '√smṛ(기억하다)'를 어원으로 하는 용어로, '기억하다'는 의미를 지닌 빠알리어 동사 'sarati'의 명사형이다. '기억'이라는 의미를 나타낼 때는, 'sati' 자체뿐만 아니라, 접두어 'anu(~를 따라서)'를 붙여서 'anussati' 혹은 'anu-sarana' 그리고 'anusarati'의 동사 형태로 사용하는 경우가 많다. 그리고 대상을 자세히 살핀다는 주시의 의미로 사용되는 경우는 'sati' 자체로 활용하는 경우가 많다. 초기경전에서는 이 두 가지 의미를 모두 사용하고 있다. '기억'의 의미와 '현재에 마음을 두어 살피는 것'을 같은 의미로 보는 경우도 있다. 왜냐하면 현재에 나타나는 현상에 사띠를 두고 무엇인지 인지하는 순간에 사띠했던 현상은 지나간 과거가 되었기 때문이다. 따라서 사띠를 통해 찰나에 생멸하는 현상을 안다는 것은 과거의 현상을 기억하는 것이 될 수 있다. 초기경전 안에서의 사띠는 현재

가지 목록 중 다섯 가지에서 사띠(Sati, 念, 주시)를 강조한다는 사실에서 사띠의 중요성이 분명해진다. 따라서 사띠에 전념하게 된다. 몇몇 경전은 자세한 설명을 진행하는데, 사띠를 '에까야노 막고(Ekāyano Maggo, 하나의 목적을 향한 길)'라고 부른다. 「까야가따사띠 숫따(Kāyagatā Sati sutta, 身念經)」,[80] 「아나빠나사띠 숫따(Ānāpānasati sutta, 入出息念經)」,[81] 네 가지 「사띠빳타나 숫따(satipaṭṭhāna sutta, 念處經)」의[82] 세부사항은 후대에 발달한 것에 해당할 수도 있지만, 근본 개념–끊임없는 마음챙김(sati)의 필요성–은 분명히 가장 오래된 것으로 보인다. 불교는 애초부터 "자기수행에 대해 진지하고 희망적인 체계하에, 멍한 상태의 마음 습관을 격렬히 반대해 왔다. 이를 '따뜨라–따뜨라비난디니(tatra–tatrābhinandinī)' 이를테

까지도 불교수행의 핵심적인 기능 중의 하나로, 명상을 통한 심신의 치유기제로 활용되는 추세이다. 사띠는 계·정·혜 삼학의 정학(正學) 안에 포함되는 심리적 기능으로 집중의 특성을 가지고 있으며 수행자의 마음이 방황하지 않고 현재 나타나는 대상을 자세히 살피는 역할을 한다. 또한 팔정도로 세분화했을 때는 '올바른 사띠(sammā sati)' 혹은 '정념(正念)'이라는 용어로 '올바른 노력(正精進)'과 '올바른 집중(正定)' 사이에서 균형을 맞추고 있다. 더 나아가 초기경전 안에서 '올바른 사띠'는 '사념처(cattaro satipaṭṭhāna, 四念處)'를 통해 그 역할을 구체화한다. Nikāya 안에서 사띠(sati)는 크게 3가지로 사용된다. 이들은 '오근과 오력'의 사띠, '팔정도'의 바른 사띠(正念), 그리고 '칠각지'의 사띠이다. 그리고 이와 같이 사띠를 활용한 염처수행법은 오늘날 남방 상좌부 불교 전통에서 위빠사나(Vipassanā) 수행의 핵심방법으로 그 의미가 확대되었다.

80) MN. Ⅰ. 266은 '까야가따사띠(Kāyagatāsati, 身至念)'가 감각에 대해 깨어 있기라고 설명한다.; MN. 경전 119는 '까야가따사띠'를 실천할 수 있는 여러 가지 방법을 설명한다. 여기서 '까야가따사띠'는 몸에만 적용되어 정교하게 바라보는 '아나빠나사띠(Ānāpānasati, 入出息念)'와 동일한 것으로 보인다.

81) MN. Ⅲ. 82-84; AN. Ⅴ. Ⅲ. f.

82) MN. 「사띠빳타나 숫따(Satipaṭṭhāna sutta, 念處經)」; DN. 「마하사띠빳타나 숫따(Mahāsatipaṭṭhāna sutta, 大念處經)」; SN. Ⅴ. 「사띠빳타나상윳따(Satipaṭṭhāna Saṃyutta, 念處相應)」. 〈참조〉 MN. Ⅲ. 221는 '따요 사띠빳타나(Tayo Satipaṭṭhāna, 三念處)'의 특이한 목록. 네 가지 사띠빳타나(念處)는 본질적으로 자기성찰-빠짜웩카나(paccavekkhaṇa, 省察)에 쓰인다. MN. 「암발랏티까라훌로와다 숫따(Ambalaṭṭhikārāhulovāda sutta, 敎誡羅睺羅菴婆藥林經)」 참고.

면 나비의 '여기에 저기에 시간낭비'라고 불렀던 것으로 보인다.[83] 따라서 사띠와 삼빠잔냐(sampajañña, 正知)를 준비하고 조정된 감각이나 자발적 주의집중의 심리적 상태를 함양하라고 권고했다.[84]

사띠는 육문을 보호하는 검열관(문지기) 기능을 한다고 여겨졌다.[85] 이는 마음보다 높은 능력으로, 해방으로 이끌어 준다.[86] 사마디(Samādhi, 定)와 밀접하게 관련되어 언급되며, 네 번째 선정에서 완성된다.[87]

보장가(Bojjhaṅga, 覺支)는 보디(Bodhi, 覺)의 경향이 있는 요소들의 목록을 의미했던 것으로 보인다. 이는 특별히 니와라나(Nīvaraṇa, 蓋)에 대해 효과적이라고 여겨졌던 것 같지만,[88] 모두가 찟따의 상태에서 계발되지는 않았다. 따라서 '빠사디(Passaddhi, 輕安)'가 아니라 '위리야(Viriya, 精進)'만이 '리낫따(Līnatta, 隱沒)'에 대한 해결책이다.[89] 삼보장가(覺支)는 그 완성을 위해 사띠빳타나(Satipaṭṭhāna, 念處)에 의존하며, '윗자위뭇띠(Vijjāvimutti, 명지와 해탈)'에서 완전해진다.[90]

---

83) BPE. LXIX.

84) 위의 책, LXVIII.

85) 'Satārakkhena cetasā' AN. V. 30; Sati Parivāraṇaṃ SN. Ⅰ. 33; 아락카사라티(Ārakkhasārathi, 조심스레 전차를 모는 전사)처럼, V. 6, 쩨따소 아락코(cetaso ārakkho)처럼 iv. 27; 도와리코(Dovāriko, 문지기)처럼 194; 사따디빠떼이야(Satādhipateyya, 念增上) AN. Ⅱ. 243-4 ; Lokasmiṃ jāgaro SN. Ⅰ. 44.

86) SN. V. 218.

87) MN. Ⅰ. 90, 357. 이러한 '사띠-빠리숫디(Sati-parisuddhi, 念淸淨)'는 YS.에서 같은 이름으로 언급된 것과는 상당히 달라 보인다. 스므르티(Smṛti, 念)는 Ch. Up.(7, 26, 2)와 BG.(18, 73, 〈참조〉2, 63)에서 단지 기억이라는 의미와는 다른 의미로 쓰이는 데에 주목할 만하다. '기억'과 '관조' 사이에 존재하는 밀접한 관계는 기독교 문헌에도 명시되어 있다. ERE. Ⅳ. p.694 참고; Brother Lawrencec, The Practice of the Presence of God, p.36(Pub. Samuel Bagster & Sons Ltd.).

88) SN. V.「보장가상윳따(Bojjhaṅga saṃyutta, 覺支相應)」.

89) SN. V. 13-14. 〈참조〉 인드리야나사따(Indriyasamatā)에 대한 붓다고사(Buddhaghosa)의 조언. Vm.(Visuddhimaggo) p.87.

90) SN. V. 329, 331-5, 337-40; MN. Ⅲ. 82.

이띠빠다(神足) — 이띠빠다(Iddhipāda, 神足)를 자연스럽게 해석하는 것은 '신통(Iddhi, 神通)' 혹은 초능력을 일으키는 능력으로 여겨졌다는 것이다.[91] 여러 곳에서 그와 같이 분명하게 주장하고 있다.[92] 이띠빠다(Iddhipāda, 神足)는 닙바나로 이끌어 주며[93] 위뭇띠(Vimutti, 解脫)에 필요하다고 설명된다.[94] 네 가지 이띠빠다에 대한 구체적 설명은 나타나지 않는다. 다소 모호한 일반적 용어로 표현되어 있다.[95]

리스 데이비즈 여사는 이띠(Iddhi, 神通)의 주제 전체에 대해 조심스럽고 호의적인 태도로 옹호한다.[96] 심리연구라는 주제가 이띠의 일부와

---

91) 붓다고사는 「빠티삼비다막가(Paṭisambhidāmagga)」에 따라 이띠(Iddhi, 神通)의 유형을 다음과 같이 설명한다.: 아딧타나(Adhiṭṭhānā, 攝持), 위꿉바나(vikubbanā, 變化), 마노마야(manomayā, 意所成), 냐나윕파라(ñāṇavipphārā, 智遍滿), 사마디윕파라(samādhivipphārā, 定遍滿), 아리야(ariyā, 고귀한), 깜마위빠까자(kaṃmavipākajā), 뿐냐와또(puññāvato), 윗자마야(vijjāmāyā). (Vm. p.262f Nāgarī본) 이를 YS. Ⅳ. 1과 비교할 수도 있다.

92) SN. V. 276; 259-60; 264-6, 271-4.

93) 위의 책, 253, 290.

94) 위의 책, 257, 276.

95) 네 가지 이띠빠다(Iddhipāda, 神足)는 찬다사마디빠다나상카라-사만나가따 이띠빠다(Chandasamādhipadhānasaṅkhāra-Samannāgata Iddhipāda, 欲如意足), 위리야사마디빠다나상카라(Viriyasamādhipadhānasaṅkhāra) 사만나가따 이띠빠다(精進如意足), 찟따사마디빠다나상카라(Cittasamādhipadhānasaṅkhāra) 사만나가따 이띠빠다(心如意足), 위맘사사마디빠다나상카라(Vīmaṃsāsamādhi padhānasaṅkhāra) 사만나가따 이띠빠다(思惟如意足)다. 이들은 DN.의 「자나와사바 숫따(Janavasabha sutta, 闍尼沙經)」에 설명되어 있다. 다음은 SN. V. 268f에 나오는, 그다지 계몽적이지 않은 설명이다. "Chandaṃ … nissāya labhati samādhiṃ … cittassa ekaggatam ayaṃ vuccati chandasamādhi [여기서는 네 가지 삼마빠다나(sammapadhāna, 正勤)가 설명된다.] ime vuccanti padhānasaṅkhārā. iti ayam ca chando ayaṃ ca chandasamādhi ime ca Padhānasaṅkhārā ayaṃ-vuccati chandasamādhipadhānasaṅkhārasamannāgato iddhipādo." 다른 이띠빠다(Iddhipāda, 神足)에 대해서도 그와 같다. 〈참조〉 SN. V. 263f, 277-8.; 리스 데이비즈 여사는 "이띠(Iddhi, 神通)의 본성에 대한 깊은 통찰은 네 가지 정형구에서 찾을 수도 없고 기대해서도 안 된다."고 결론짓는다(Sakya, 250). 찬다(Chanda, 意欲)를 만트라(Mantra, 眞言)로 해석한 것이 흥미롭긴 하지만 설득력은 없다.

96) Sakya, p.235.

관련 있음은 누가 봐도 의심의 여지가 없지만, '이띠위다(iddhividhā, 신통의 종류)'를 위한 정형구의 구성 요소는 더욱 '멋지다.' 이띠는 오직 기적(Pāṭihāriya)의 한 부분일 뿐이다. DN. 경전 11에서 붓다는 '신족통(神足通, Iddhipāṭihāriya)', '[남의 마음을 알아] 드러내는 신통(觀察他心神變, ādesanapāṭihāriya)'[97] 그리고 '가르침의 신통(教誡神變, anusāsanīpāṭihāriya)'을 구분하고 있다. 이들은 모두 초능력에 속한다. 붓다는 처음 두 가지를 간다리 윗자(Gandhārī vijjā, 간다라 지방의 呪文)(마술) 또는 수정구슬로 점치기(maṇikā nāma vijjā)의 결과일 수도 있다고 지적한다. 정신적 과정으로 지지되는 것은 오로지 세 번째뿐이다. 흔히 알 수 있듯이, '이띠'에 대한 붓다의 적대적인 태도는 DN. Ⅲ.(첫 번째 경전, Pātka sutta)에도 나온다.[98]

붓다 시대에 기적적인 힘을 주장하는 일이 사마나(samaṇa, 沙門) 사이에 흔했던 것으로 보인다. 붓다는 수행승들에게 그런 힘을 부수적 측면을 가르쳤지만,[99] 수행의 과정에서 이런 측면을 장려하지는 않았다.[100]

보디빡키야 담마(菩提分法): 결론 — 보디빡키야 담마(Boddhipakkhiya Dhamma, 菩提分法)는 초기불교도들이 수행과정을 위한 유용한 특성 및 실천을 포함하는 목록 중 하나인 것으로 보인다. 그 중 일부, 즉 올바른 사유(Sammāsaṅkappo, 正思惟 등), 노력(Padhāna, 努力, 위리야, Viriya, 精進 등)을 통한 계발, 마음챙김(Sati, 念), 집중(Samādhi, 定)[101] 등은 이미

97) 〈참조〉 DN. Ⅲ. 104.
98) DN. Ⅲ. 112는 '아리야(Ariya, 고귀한)' 이띠(Iddhi, 神通)와 '아리야(Ariya)가 아닌' 이띠(Iddhi, 神通)를 구분하고 있다.
99) 이는 「사만냐팔라 숫따(Sāmaññaphala sutta, 沙門果經)」에서 분명해진다.
100) 바로 앞에서 언급된 경전, 즉 DN. 경전 11; DN. Ⅲ. 경전 1.
101) 뒤의 내용 참고. 빤냐(Paññā, 慧)도 그러하다.

최초의 가르침에서부터 강조되었다. 하지만, 이런 용어들의 의미는, 사띠의 경우처럼 아마도 후대의 의미보다 더 단순했다는 점을 기억해야 한다. 가장 오래된 가르침에서 믿음(Saddhā, 信)이나 신족통과 같은 실천의 의의는 그리 분명치 않았다.[102]

윤리적 문화 — 고대 불교를 단순한 윤리 체계[Sīla, 戒]로 여기는 것은 중대한 오류임에도 불구하고, 윤리적 행위규정은 여러 가지 방법으로 구체화되었다. 계율적 형식주의(Sīlabbataparāmāsa, 계율이나 의식에 대한 집착)는 비난받았다. 실라(Sīla, 戒) 목록의 부정적 표현에도 불구하고,[103] 윤리적 훈련을 다루는 경전의 정신은 매우 긍정적이다.[104] 비난받은 것은 무절제와 감각적 이미지와 충동에 태만하게 사로잡히는 것이다.[105]

실라는 근본적으로 중도(中道, Majjhimā paṭipadā; 맛딴뉴따Mattaññutā)이며, "학인(學人)은 감각적 경험을 무시할 게 아니라 타오르는 열망과 망상으로부터 외부세계의 복잡한 영향을 전환하기 위해 진행과정과 그에 따른 결과로 분석해야 하며, 지성의 냉철한 판단으로 이들을 변환시켜야 한다."[106] 이러한 진행을 계발이라고 하는데 '바와나(Bhāvanā, 修行)'의

102) SN. V. 108에 의하면, '다른' 지도자들도 일곱 가지 보장가(Bojjhaṅga, 覺支)를 통해 다섯 가지 니와라나(Nīvaraṇa, 蓋)의 파괴를 가르쳤다고 주장한다. 따라서 이러한 목록은 독특하게 불교적이라고 추정되지 않는다.

103) 열 가지 실라(Sīla, 戒)뿐 아니라 식카빠다(Sikkhāpada, 學習戒律)는 다섯 가지 실라 밖에서 발달한 것으로 보인다(Pali Dictionary, PTSD 참고). DN. 경전 I에서 세 가지 실라 내용 중 가장 짧은 첫 번째는 아마도 최초기로 간주하는 것에 대한 내용이다.

104) Buddh. Asceticism에 대해 ERE에서 Mrs. Rhys Davids 참고; 〈참조〉 Vm. p.5.

105) 〈참조〉 MN. 경전 152에서 붓다는 브라흐마나(Brāhmaṇa, 婆羅門)의 인드리야바와나(Indriyabhāvanā, 感官 啓發) 방식을 빠라사리야(Pārāsariya)라고 비판한다.

106) Mrs. Rhys Davids, JRAS. 1902, p.481.

형태로 의지(意志)가, '요니소 마나시까라(Yoniso manasikāra, 如理作意)'의 형태로 지성(知性)이, 또는 '위리야'와 '빤냐'의 요인이 필연적으로 들어가는 것이다.

연민(慈悲) — 초기불교에서 높이 평가받은 선행과 당대의 비불교 문헌에서 높이 평가받은 선행 사이에 큰 차이는 없다.[107] 이 점에 있어서, 가장 뚜렷이 구별되는 불교의 특징은 연민을 강조한다는 점이다.[108] 붓다의 시대에 브라흐마나(Brāhmaṇa)는 붓다가 다음과 같은 선행, 즉 진리(sacca), 고행(tapa), 금욕(Brahmacariya), 학습(ajjhena), 베풂(cāga)이 선(善)을 성취하기에 충분하다고 말했다고 알려져 있다.[109] 특히 이들 중 마지막의 베풂이 가장 중요하다고 주장했다.

붓다는 베풂은 여섯 번째 기본 덕목인 연민(anukampā, 悲心) 없이는 불가능하다고 지적했다.[110] 붓다는 연민의 마음(Kāruññatā)으로 가르침을 설하는 데 동의했다.[111] 붓다는 "만물을 향해 연민어린"[112] 마음을 지니라 했으며, 수세기가 흘러 붓다를 따르는 사람들은 붓다의 가르침에서 이런 측면을 더욱 강조하였다.

브라흐마위하라(梵住) — 이런 '연민'에는 단순한 불살생(Ahiṃsā) 이상

---

107) 〈참조〉 DN. Ⅲ. 48-49; Keith, B. P. p.116에서는 브라흐마나(婆羅門) 전통에서 이어받은 주요 교리가 확장되고 심화된다. 예시는 앞의 인용문 참고.

108) Winternitz, Vishva Bharati Quarterly, May. 1936, p.50f 참고.

109) 〈참조〉 Tait. up. 1.9에는 사티야(Satya, 眞理), 타파(tapa, 苦行), 스바디야야프라바차나(svādhyāyapravacana)의 상대적 가치에 대한 논의가 들어 있다.

110) MN. Ⅱ. 204-'5.

111) SN. Ⅰ. 138. '까룬냐(Kāruñña, 憐愍心)'의 형태는 SN. Ⅱ. 199에 나온다.

112) 삽바부따누깜삐(Sabbabhūtānukampī) SN. Ⅰ. 25; 로까누깜빠꼬(Lokānukampako) SN. Ⅰ. 50-1.

의 어떤 것이 포함되어 있다.[113] 불교도는 직접적인 자극과 위해(危害)에 대해서도 보복하지 말아야 한다.[114] 또한, 성실한 불교도는 보편적인 연민,[115] 친절,[116] '함께 기뻐하기'의 적극적 계발에 참여해야 한다. 물론, 이 수행이 붓다의 본래 가르침이라고 말하는 것은 아니다.[117]

「보장가상윳따(Bojjhaṅga Saṃyutta)」에서는[118] 이교도와 공동으로 보유한 교리라고 설명한다. 미틸라(Mithilā)의 왕 마카데와(Makhādeva)도 이 수행을 했다.[119] 옛날 브라흐마나 장관인 마하고윈다(Mahāgovinda)도 까루나위하라(Karuṇāvihāra, 연민의 주처) 수행을 통해 브라만 세계에 이르렀다고 추정된다.[120] 그러다 보니 위하라(Vihāra, 居處)를 브라흐마위하라(Brahmavihāra, 梵住)라고 부르며, 브라흐마 사하비야따(Brahma Sahavyatā, 梵天과 함께 하는 삶)와 브라흐마 빳띠(Brahma Patti, 最上善의 획

113) 〈참조〉 '빠라비야바다(Parabyābādhā)'를 고려한 중요성에 대해, MN. 61.; 연민 개념의 성장에 대해서는 브라흐마나(Brāhmaṇa, 梵書)에서 살펴보고 있다. ŚB. Ⅰ. p.186: "Sarvasya vā ayam brāhmaṇo mitraṃ na vā ayaṃ kañcana hinastīti" 위의 책, 279: "akrodho hyeva dīkṣitaḥ" 위의 책, 380: "Tadyatkrūrīkurvanti yadāsthāpayanti śāntirāpastadadbhiḥśāntyā śamayatastadadbhiḥ sandhattaḥ …." 위의 책, 384: "Krūrī vā etatkurvanti yat sañjñapayanti" 위의 책, 433-4: Mitra는 "Sarvasya vā aham mitramasmi"라고 말하는 Vṛtra soma를 공격하기를 거부하지만, 나중에는 희생제에서 축출될 것에 대한 두려움 때문에 동의한다.; 위의 책, 393: "Sarvasya hi … mitro mitram"; 위의 책, Ⅱ. 1195, 분노에 반대하여.

114) MN.에서 유명한 까까쭈빠모와다(Kakacūpamovāda, 톱의 비유에 대한 교훈) 참고.

115) 〈참조〉 AN. Ⅲ. 189는 까루나(Karuṇā, 悲)를 아누깜빠(Anukampā, 悲心) 및 아누다야(Anudayā, 憐愍)와 동등하게 본다. AN. Ⅰ. 92는 아미사누깜빠(Āmisānukampā, 세속적인 일에 자비로운)와 담마누깜빠(Dhammānukampā, 法哀愍)가 구분되어 있다.

116) 〈참조〉 Sn.와 It.에서 「멧따숫따(Mettā sutta, 慈悲經)」.

117) 리스 데이비즈 여사에 의하면, 브라흐마나(Brāhmaṇa, 婆羅門) 이전의 빠립바자까(Paribbājaka, 遊行者)에 의해 설립되었다. JRAS. 1928, 271f 참고.

118) No.46 S. V. 346.

119) MN. Ⅱ. 76.

120) DN. Ⅱ.

득)에 이르는 길이라고 설명한다.[121] 이와 관련하여 위뭇띠(Vimutti, 解脫)라는 용어를 사용하는 것 역시 관계가 없지 않다. 끝으로, 『요가수트라(Yogasūtra)』에서도 이를 언급하고 있으며, 이 수행을 개인적인 계발로 축소시키고 충만함(Pharitvā viharati)의 개념은 사라졌다. 그러나 이들을 통해 네 가지 위하라(Vihāra, 居處) 교리가 브라흐마나 개념이 가득한 분위기에서 유래했으며, 그 역사 중 어느 시기엔가 여러 다른 부파의 공유물이 되었음을 시사한다.

불교의 특징이었던 것으로도 보이지만, 불교의 근본 특징이 아니라면 실제 기원은 모호하다. 『요가수트라』에서 나중에 일부 언급한 것을 제외하면 일반적으로 브라흐마나와 자이나교 문헌은 이 교리에 대해 거의 언급하지 않으며, 후대 베다 문헌에서도 전혀 언급되지 않고 있음을 기억해야 한다.[122]

집중과 명상 — 불교 수행 안에서 선정(Jhāna, 禪定)은 가장 오래되고 중요한 특징 중 하나이다. 까루나(Karuṇā, 悲)와 마찬가지로, 현재까지도 불교에서 주요 위치를 차지하고 있다.

고대 불교에서 선정의 중요성 — 고따마는 고행주의를 포기하면서 어

121) DN. Ⅰ.「떼윗자 숫따(Tevijja sutta, 三明經)」.

122) 뻬마(Pema, 愛情)에는 까루나(Karuṇā, 悲)와 몹시 대조적인 지위가 부여된다. AN. Ⅱ. 213. 여기서는 혐오하거나 싫어하는(Dosa, 嗔) 상관성이 관련된 것으로 추정된다. SN. Ⅰ. 6과 대조 [〈참조〉「꼬살라상윳따(Kosala saṃyutta)」의 말리까(Mallikā)에서 유명한 게송]. 대개 '환희'로 번역되는 '삐띠(Pīti, 喜悅)'…는 감각적 즐거움(Kāmaguṇa)에서 생겨나는 것과 선정 단계 중 일부에서 생겨나는 것의 두 종류로 여겨졌다. MN. Ⅱ. 204.

린 시절 선정(禪定) 경험으로 돌아갔으며,[123] 이것이 성공으로 이어졌다고 한다. 붓다의 가르침에서 선정이 중요한 역할을 하는 것은 당연하다. 붓다는 자인(Jhāyin, 禪定修行者)이고,[124] 빠티살라나(Paṭisallāna, 宴坐)에 참여했으며,[125] 진심으로 선정을 지지했다고[126] 두 번 이상 묘사되어 있다. 도(道)에 관한 몇 가지 설명에서 선정에 주요 위치가 부여된다.[127]

---

123) M.「보디라자꾸마라 숫따(Bodhirājakumāra sutta, 菩提王子經)」;『니다나카타(Nidānakathā)』, Jātaka Ⅰ. 58; Lalita-vistara Ⅰ. 263, Sakya, p.162.

124) Sakya, p.178의 참고문헌 참고.; 브라흐마나가 아난다에게 고따마를 한 번 본 적 있으며 선정에 대해 설법하고 있음을 알았다고 이야기한다. 고따마에 대한 그의 기억은 "Jhāyī ceva so bhavaṃ Gotamo ahosi jhānasīlī ca"였다(MN. Ⅲ. p.13). 마가다(Magadha)와 함께 마하맛따 왓사까라(Mahāmatta Vassakāra)가 아난다에게 했던 "Jhāyino ceva bhavanto jhānasīlino ca"(앞의 인용문)라는 설명은 마라(Māra, 惡魔)의 악의적 관찰과 비교될 수도 있다. "seyyathāpi nāma kotthu nadītīre macche magayamāno jhāyati pajjhāyatk, nijjhāyati apajjhāyati, evamevime muṇḍakā samaṇakā ibbhā kiṇhā bandhupādāpaccā jhāyino' smā jhāyino' smā ti pattakkhandhā adhomukhā madhurakajātā jhāyanti pajjhāyanti nijjhāyanti apajjhāyanti."(MN. Ⅰ. p.334). 〈참조〉 Sk. Ⅰ. 11, 27. "Jahā ḍhaṅkā ya kaṅkā ya kulalā maggukā sihī. Macchesaṇaṃ jhiyāyanti jhāṇam te kalusādhamaṃ." 아마도 불교도에 대한 언급이다. 위의 책, Vv. 25-6 참고.; 삭까(Sakka, Sakko Devānam Indo)는 빤짜시카(Pañcasikha, 五戒)에 대해 말한다: "Durupasaṅkamā kho tāta Pañcasikha Tathāgatā mādisena jhāyī jhānaratā tadanantaraṃ paṭisallīnā?"[DN. Ⅱ. 197 나가리(Nāgarī)본. 여기서 선정과 빠티살라나(Paṭisallāna, 宴坐)의 구분은 의도된 것인가?]

125) 선정과 빠티살라나의 동일성에 대해, MN. 앞의 인용문; It. 45; Sn. p.7; 붓다와 빠티살라나(Paṭisallāna, 宴坐)에 대해, SN. V. 12ff.

126) 몇몇 경전의 결말에서 "etāni bhikkhave rukkhamūlāni etāni suññāgārāni jhāyatha. Ma pamādattha. Mā pacchā vippaṭisārino ahuvattha. Ayaṃ kho vo amhākam anusāsanīti"(〈예〉 SN. Ⅳ. 359f).

127) 「사만냐팔라 숫따(沙門果經)」(DN)의 내용이 두 번 이상 반복된다.; 「가나까목갈라나 숫따(Gaṇakamoggalāna sutta, 算數家目健連經)」(MN); 「고빠까목갈라나 숫따(Gopakamoggalāna sutta, 瞿默目健連經)」(MN)에서 붓다 사후에, 곧 한 브라흐마나 질문자에게 담마에 대해 설명하는 아난다가 스승은 모든 선정이 아니라 일부 선정을 칭찬했다고 말한다. 그는 생각에 빠져 니와라나(Nīvaraṇa, 蓋)로 가득찬 사람을 비난했다. "jhāyati pajjhāyāti nijjhāyati apajjhāyati"[〈참조〉 앗타(Aṭṭa)와 룻다 자나(Rudda Jhāna)는 타트바르타디가마(Tattvārthādhigama)에서 언급되었다]. 그러나 붓다는 네 가지 선정은 칭찬했다. 앗탕기꼬 막고(Aṭṭhaṅgiko Maggo, 八正道)는 네

'사마디(Samādhi, 定)'는 둘 이상의 목록에서 중요하게 나타난다.[128] 중요 제자들은 선정에서 그들의 능력을 칭찬받았다.[129] 초기 자이나교 문헌은 불교도를 뜻하는 선정 지지자들을 비웃기도 한다.[130]

선정의 목적[131]— 선정 수행은 붓다 당시에 이미 유행하고 있었다.[132]

가지 선정과 동일시되는 사마디(Samādhi, 定)에서 최고조에 이른다.(SN. V. p.10; MN. Ⅲ. 252); Sn. pp.20, 22, 43; Dhp. vv. 23-27; 숫따삐따까(Sutta piṭaka, 經藏)에서 선정이 언급되는 빈도에 대해서는 통계적 자료가 제시되어 있는 Sakya, p.171 참고.; Vin.(앞의 인용문)의 상대적 침묵에 대해서는 뒤의 내용 참고. 때로는 팔정도가 일곱 가지 '빠리카라(Parikkhāra, 祭法)'를 포함하여 사마디(Samādhi, 定)로 나타난다.(AN. Ⅳ. 40.); 〈참조〉 La Vallée Poussin, Opinions, 서문 Ⅷ.

128) 발라(Bala, 力), 인드리야(Indriya, 根), 삼보장가(Sambojjhaṅga, 覺支) 목록의 일부를 이룬다. 처음 두 가지에서 4선정과 동일시된다. AN. Ⅲ. Ⅱ. 12; SN. V. 196. 삼보장가로서 사마디(Samādhi, 定)는 "Samathanimittaṃ avyagganimittaṃ"라고 정의된다. SN. V. 66; "Samādhipamukhā sabbe Dhammā" AN. Ⅳ. 339; AN. V. 107.; 붓다고사는 사마디를 꾸살라찟떼까가따(Kusalacittekaggatā, 善心一境性)라고 정의한다(Vm. p.47; 정의는 니까야에서 단서 없이 나온다.; MN. Ⅰ. 30). 집중에서 흥미의 역할은 충분히 인식되었다. DN. Ⅰ. 73. "Sukhino cittaṃ samādhiyati"; "sukhaṃ samādhattham samādhānisaṃsaṃ" AN. V. 2ff, 311f.

129) Sakya, 앞의 인용문.

130) SK. Maggajjahayaṇa, 게송 25f.

131) *역자주: 선정은 산스크리트어 'dhyāna'와 같은 용어로 '생각하다', '숙고하다' 등의 의미를 지닌 어근 'dhi'로부터 파생되었다. 그리고 빠알리 용어 'jhāna'는 '숙고하다', '명상하다', '생각하다'의 의미를 지닌 'jhāyati'라는 동사형에서 나온 중성명사이다. 붓다고사는 『위숫디막가』를 통하여 이 용어의 두 가지 가능한 해석을 설명한다. "첫 번째로 일어나기 때문에 처음이라 했다. 대상을 정려(靜慮, upanijjhāna, 고요히 생각)하기 때문에, 반대되는 것을 태우기(jhāpana) 때문에 선(禪, jhāna)이라고 한다."(Vm. 150) 이 문장은 '대상을 빛내기 때문에, 반대를 태우기 때문에 선정(jhāna)이라고 부른다.'라고 설명할 수도 있다. 'upanijjhāna'를 '빛(lighting, 조명)'으로 번역한 것에 대해서는 앎의 상징으로 빛을 사용할 수도 있고 빛이나 조명을 만드는 불과 연관을 짓기 위해 빛을 사용한 것일 수도 있다.

132) Kath., Muṇḍ., Śvet. 우파니샤드는 '선정(Jhāna, 禪定)' 수행에 대해 분명히 언급하고 있다. Br. Up.는 아트만을 '니디디야시타비야(Nididhyāsitavya)'라고 부른다. 선정은 「브라흐마잘라 숫따(Brahmajāla sutta)」(DN)와 「살레카 숫따(Sallekha sutta)」(MN)에서 이단의 믿음과 관련하여 언급된다.

본질적으로 다양한 목적을 위해 즉, 신의 세계에 이르기 위해,[133] 초월적 능력이라는 목적을 위해,[134] 즐거운 경험이라는 목적을 위해,[135] 진정한 자아 또는 내적 실제와의 교감을 위해[136] 이용할 수 있는 정신수행 방법이었다. 붓다의 경우, 최상의 보디(Bodhi, 覺)에 이르는, 더 높은 앎(Vijjā, 明智)을 실현하는 데 발판 역할을 했다.[137] 이것이 니까야에서 지지하는 선정의 의미다.[138]

특히, 선정은 안냐(Aññā, 究竟智)로 이끌어 주기 때문에 가치 있게 여겨졌다. 통상 찟따(citta, 心)는 불순물로 덮여 있고, 산만하며 불안정하

133) MN. Ⅱ. 37; AN. Ⅱ. 184. 이런 맥락에서 MN. 경전 16에 쓰인 낱말이 '빠니다나(Paṇidhāna, 誓願)'라는 데 주목하는 것도 흥미롭다.(MN. Ⅰ. 103. "Aññātaraṃ devanikāyaṃ paṇidhāya brahmacariyaṃ carati") 〈참조〉 "Dvividhaṃ dhyānaṃ Bhāvanā praṇidhānañca tatrādyaṃ siddhaṃ kalpitaṃ vā viṣayamadhikṛtya pravartate na vastutattvamavaśyamapekṣate Praṇidhānaṃ Vastutattvaviṣayaṃ … "(Nīlakaṇṭha의 Mbh. ŚP. 195-15). 이처럼 바와나(Bhāvanā, 修行)와 프라니다나(Praṇidhāna, 誓願)를 구분하는 것은 니까야에서는 보이지 않는다.

134) DN. Ⅰ. 「마할리 숫따(Mahāli sutta, 摩訶梨經)」. 아딧타나 이띠(Adhiṭṭhānā Iddhis, 攝持神變)(Vm. 앞의 인용문)에 대한 붓다고사의 논의에서 아딧타나(Adhiṭṭhānā, 攝持)는 이런 식으로 선정과 연결될 경우에 한해 효과가 있다. YS.에서도 일종의 이띠(Iddhi, 神通)는 '상야마(Saṃyama, 制御)'에서 발생한다. 이러한 성취는 분명히 선정을 통해 정화된 마음의 힘이다. 마음의 힘에 대해서는 「우빨리 숫따(Upāli sutta, 優波離經)」(MN)에서 붓다의 의견 참고. 단다까라니야(Daṇḍakāraṇya) 같은 숲은 마음의 힘에 의해 타서 잿더미가 될 수도 있다.

135) 딧타담마닙바나(Diṭṭhadhammanibbāna, 現法涅槃)(DN. Pt.Ⅰ. Nāgarī본. p.44f); 딧타담마 수카위하라(Diṭṭhadhaṃma Sukhavihāra, 現法樂住) (MN. Ⅰ. 40-41).; AN. Ⅱ. 44-45에 의하면, 사마디바와나(Samādhibhāvanā, 集中修行)는 '딧타담마 수카위하라', '냐나닷사나빠틸라바(ñāṇadassanapaṭilābha, 知見獲得)', '사띠-삼빠잔냐(sati-sampajañña, 念-正知)', '아사와카야(Āsavakkhaya, 漏盡)'를 위해 수행할 수 있다.; 첫 번째 경우에만 4선정에 대해 이야기한다.

136) 이는 우파니샤드 문헌의 목적이다. 앞의 내용 참고.

137) 「제12장 니르바나(Nirvāṇa, 涅槃)」 부분에서 삼보디(Sambodhi, 正覺)와 관련된 참고문헌 및 인용문 참고.

138) 「제12장 니르바나(Nirvāṇa, 涅槃)」 부분에서 삼보디와 관련된 참고문헌 및 인용문 참고.

다. 선정은 카타르시스 기능을 한다. 깨달음에 다가서는 데 기초를 닦는 순수하고 수용적인 찟따로 만들어 준다.[139]

네 가지 선정[140]— 만약 선정의 정확한 내용을 알아보고 싶다면, 한

139) 선정(Jhāna, 禪定)은 DN. pt.Ⅰ. p.200ff(Nāgarī본)에서 '찟따삼빠다(Cittasampadā, 心具足)'라고, AN. Ⅱ. 195에서는 '찟따빠리숫디양가(Cittaparisuddhiyaṅga)'라고 설명된다. 〈참조〉 AN. Ⅲ. 93.; 선정의 기능은 다양하게 설명되고 열거된 '불순물(Upakkilisa, 煩惱)'로부터 마음을 자유롭게 하는 것이다. 이 불순물이 때로는 '니와라나(Nīvaraṇa, 蓋)'다. "cittaṃ imehi pañca upakkilesehi vimuttaṃ … mudu ca kamanīyaṃ ca pabhassaraṃ ca na ca pabbhaṅgu sammā samādhiyati āsavānaṃ khayāya …"(AN. Ⅲ. pp.16-17); 금의 정제에 대한 비유는 이런 이유로 쓰였다(AN. Ⅰ. 253, 257). 〈참조〉 AN. Ⅲ. 186, "cetaso vivaraṃ cetaso pasādaṃ" AN. Ⅲ.323 "iti vivaṭena cetasā apariyonaddhena sappabhāsaṃ cittaṃ bhāveti."; SN. V. 92는 AN. Ⅰ. Ⅲ. 15-6과 유사하다. 니와라나(Nīvaraṇa, 蓋)의 기원에 대한 심리학적 조건에 대해서는 AN. Ⅰ. 3-4 참고. 때로는 MN. Ⅰ. 36에서와 같이 우빠낄레사(Upakkilisa, 煩惱) 목록이 길게 제시된다.; 파괴되어야 할 기본 불순물을 아사와(Āsava, 漏)라고 부를 때가 잦다. 이 용어는 초기 자이나교 문헌에 (불교적 의미인 '흘러들어오는 것'이라는 의미보다는 '흘러들어옴'이라는 의미로) 나온다. 이는 쩨또위뭇띠(Cetovimutti, 心解脫)와 관련하여 초기 문헌에 사용되었다는 사실에서 볼 수 있듯이, 용어의 활용 시기를 암시한다. 아사와는 처음 세 가지에서, 후대에 네 가지로 늘어났다(Pali Dictionary, PTSD 참고). 때로는 아윗자(Avijjā, 無明)의 기원을 여기서 찾기도 한다(Vm. p.368 참고; 〈참조〉 MN. Ⅰ. 55). 마음의 불순물을 '씻어낼' 필요가 있다[빠리요다빠나(pariyodapana, 淨化) MN. pt.Ⅰ. p.9. Nāgarī본; 위의 책, 10. 찟땅 빠리소데띠(cittaṃ parisodheti, 마음을 정화하다)]. MN의 두 번째 경전은 이들과 싸우는 데 채택될 수 있는 다양한 방법을 설명하고 있다. '바와나(Bhāvanā, 修行)'가 그 중 한 방법이다[여기서 바와나는 삼보장가(Sambojjhaṅga, 覺支)와 동일하다].; 아사와에 대해서는 It. 경전. 56-57 참조.

140) *역자주: 수행자는 다섯 가지 장애를 제거하고 첫 번째 선정을 성취한다. 「보장가사까짜왁가(Bojjnaṅgasākaccavagga)」의 설명에 따르면(SN, V. 63, 140), 다섯 가지 장애는 마치 맑은 물에 자신의 모습을 비춰보려는 자에게 '염료가 섞인[kāmarāga]', '불에 끓는[byāpāda]', '수초로 덮인[thīna-middha]', '바람에 물결치는[uddhacca-kukkucca]', '진흙으로 탁한[vicikicchā]' 물과 같아서 자신의 모습을 있는 그대로(yathābhūta) 분명히 보거나 알지 못한다고(na pajānati) 설명하고 있다. 따라서 수행자의 마음에 이러한 다섯 가지 장애가 나타나지 않을 때, 맑은 물에 비치는 자신의 모습을 보듯이 자신의 몸과 마음에서 일어나는 현상을 있는 그대로 보고 알 수 있다. 수행자가 첫 번째 선정을 성취하면 다섯 가지 장애들은 중지하고 다음과 같은 네 가지의 선정 요소들이 나타난다. 이들은 '일

대상에 집중되어 명료한 자각 상태에서 정점에 이르는 자인(Jhāyin, 禪定修行者)의 내용과 정신적 과정이 점진적으로 사라지며 온전한 명상(수행)상태에서 중립적 상태를 갖추는 수행자의 모습을 찾게 될 것이다.[141]

으킨 생각(尋, vitakka)', '머무는 생각(伺, vicāra)', '희열(喜, pīti)', 그리고 '즐거움(樂, sukha)'이다. 장애들이 중지함으로써[止] 수행자는 선정의 요소와 함께 더 깊은 고요함으로 발전하는 것이다. 「까야가따사띠 숫따(Kāyagatāsatisutta)」, 「깐다라까 숫따(Kandaraka sutta)」, 「까싸빠상윳따(Kassapasaṃyutta)」, 등의 여러 초기 경전은 다섯 가지 장애의 제거와 선정의 성취를 설명한다. "그는 마음의 번뇌이며 또 지혜를 약화시키는 이 다섯 가지 장애들을 버리고, 1) 감각적 욕망에서 벗어나고 불선한 법으로부터 떠나서, 일으킨 생각이며 머무는 생각이며, 벗어남에서 일어난 희열과 즐거움인 첫 번째 선정을 성취하며 머무른다. 2) 일으킨 생각과 머무는 생각이 가라앉음[止]으로써 내적인 고요(sampasāda)와 마음이 한 곳으로 집중된(ekodibhāva), 일으킨 생각과 머무는 생각이 없는 집중(samādhi)에서 생겨나는 희열과 즐거움을 갖춘, 두 번째 선정을 성취하며 머무른다. 3) 희열이 사라짐으로써[止], 평정(upekhā)과 마음챙김(sati, 주시, 마음지킴, 새김, 수동적 주의집중, 기억)과 바른 알아차림(sampajāno)으로 머문다. 그리고 몸으로 즐거움을 느낀다. 성인들은 이것을 일컬어 '평정과 마음챙김이 있는 즐거움으로써 머무는 자'라고 말하는 세 번째 선정을 성취하며 머무른다. 4) 즐거움과 괴로움이 끊어짐[止]으로써, 그리고 예전의 정신적인 즐거움(somanassa)과 정신적인 괴로움(domanassā)이 제거됨[止]으로써 괴롭지도 않고 즐겁지도 않은(adukkhaṃ asukhaṃ), 맑고 청정한 평정과 마음챙김인 네 번째 선정을 성취하며 머무른다"(SN, II. 211, MN, I. 347, DN, I. 71, MN, III. 94).

141) "Athāparā upekhā yeva avasissati parisuddhā pariyodātā mudu ca kammaññā ca pabhassarā ca.(청정하고 밝고 유순하고 다루기 쉽고 빛나는 평정만이 남는다.)" (MN. Ⅲ. 243). 〈참조〉 "이는 히브리 성서에서 소년 사무엘(Samuel)이 '주여, 말씀하소서. 당신의 종이 듣고 있나이다.'라고 할 때와 가까운 주의집중 상태다. 알고자 하는 태도다.(Sakya, p.37.)" "남아 있다고 설명되는 것은 감정적 중립(Upekkhā, 捨)과 연결된 사띠(sati, 念)다. 여기서 사띠는 명료하고 자기성찰적인 자각이며, 선입견을 제거한 제자에게 필요한 상태로 그의 마음을 순수상태로 만들고 배우기를 기다린다."(위의 책, 166.); 첫 번째 선정에서 대상은 생각과 즐거운 느낌을 소유함으로써 까마(Kāma, 欲望)와 아꾸살라 담마(Akusala dhaṃma, 不善法)에서 벗어난다.("vivicceva kāmehi vivicca akusalehi dhaṃmehi savitakkaṃ savicāraṃ vivekajaṃ pītisukhaṃ paṭhamajhānaṃ upasampajja viharati."); 위딱까(Vitakka, 尋)와 위짜라(Vicāra, 伺)는 후대 문헌에서 적어도 최초의 일으킨 생각과 지속된 생각에 대한 적용으로 구분된다. 〈참조〉 Vm. p.95. 붓다고사(Buddhaghosa, 佛音)는 삐띠(Pīti, 喜悅)의 다섯 가지 유형을 구분하고 삐띠와 수카(Sukha, 樂) 사이의 정확한 관계를 밝히고자 하였다. 위의 책, 96-97.; 두 번째 선정에서, "Bhikkhu vitakkavicārānaṃ Vūpasamā ajjhattaṃ sampasādanaṃ

이런 분석은 아주 초기의 것은 아니지만, 이를 제외하고 초기의 선정(Jhāna, 禪定)과 관련된 개념이 무엇인지에 대해서 파악하는 것은 어렵다.[142)]

네 가지 선정은 분명히 Mbh. Śānti Parvan에도 언급되어 있으며,[143)] 다소 비슷한 분류가 『요가수트라』와[144)] 후대 자이나 문헌에서도[145)] 발견

---

cetaso ekodibhāvam avitakkam avicāraṃ samādhijjaṃ pītisukhaṃ dutiyajjhānam upasampajja viharati." 이제 수카는 위웨까자(vivekaja)가 아니라 사마디자(samādhija)다. (DN. Pt.Ⅰ. p.85. Nāgarī본.); 세 번째에서, "Bhikkhu pītiyā ca Virāgā ca upekkhako viharati sato ca sampajāno sukhañca kāyena paṭisaṃvedeti yaṃ taṃ ariyā ācikkhanti upekkhako satimā sukhavihārīti tatiyajjhānaṃ upasampajja viharati." 두 번째 선정에서 '생각'이 사라지듯이 여기서 삐띠가 사라진다.; 네 번째에서, "sukhassa ca pahānā dukkhassa ca pahānā pubbéva somanassadomanassānaṃ atthaṅgamā adukkhaṃ asukkhaṃ upekkhāsatiparisuddhiṃ catutthajjhānaṃ upasampajja viharati." 수카도 사라진다.; SN. Ⅳ. 225-8에 의하면, 수카는 모든 선정을 통해 증가하며 아루빠 수카(Āruppa Sukha, 無色界樂)조차 여기서는 명백히 특수한 의미로 쓰인다. 오직 명료한 마음챙김(빠리숫다 사띠, Parisuddhā sati)만 남아 있다. 이제 비구는 그저 청정한 마음을 지닐 뿐이다.(so imameva kāyaṃ parisuddhe cetasā pariyodātena pharitvā nisinno hoti, nāssa kiñci sabbāvato kāyassa parisuddhena cetasā pariyodātena apphuṭaṃ hoti. 앞의 책, p.86.) 이제 찟따(citta, 心)는 집중되고, 맑고, 청정하고, 유연하고, 흔들리지 않는다.("Evaṃ samāhite citte parisuddhe pariyodāte anangaṇe vigatūpakkilese mudubhūte kammaniye ṭhite āneñjappatte …" 위의 책, 87, MN. Ⅰ. 22.); 네 번째 선정에서 찟따의 고요함(Āneñja, 不動)이 두 번 이상 언급된다. AN. Ⅲ. 98, 100; MN. Ⅲ. 111-112; 비즈냐나바딘(Vijñānavādin, 唯識派)에 의하면, '아짤라(Acala, 不動)'라고 부르는 아삼스크르타 다르마(Asaṃskṛta dharma, 無爲法)는 네 번째 선정에서 얻게 된다. 우빠디야야(Upādhyāya), (앞의 책, p.292.) 대조. AN. Ⅱ. 184는 아넨자(Āneñja, 不動)의 성취를 네와산냐나산냐야따나(Nevasaññānāsaññāyatanā, 非想非非想處)라고 부른다.; AN. Ⅲ. 377-8에서는 킨아사와(Khīṇāsava, 漏盡者)를 '아넨자빳따(Āneñjapatta, 不動에 도달한)'라고 부른다.; MN. 106에서는 일련의 아난자(Āṇañja, 不動) 전체를 설명한다.

142) Sn.「우다야마나와뿟차(Udayamāṇavapucchā)」v v. 2-3는 네 번째 선정의 상태를 설명하는 것으로 보이지만 일반적 정형구와 같지 않다.

143) Adhy. 195. '니르바나(Nirvāṇa, 涅槃)'에 이른 요가 수행자를 통해서 "네 종류의 디야나요가(dhyānayoga)"(Dhyānayogaṃ caturvidham)를 설명.

144) YS. Ⅰ. 17: "Vitarkavicārānandāsmitārūpānugmāt Samprajñātaḥ."

145) Tattvārthādhigama, Ⅸ. 27ff.

된다. 아비담마(Abhidhamma) 단계에서 네 가지 선정은 더 세부적인 체계를 목적으로 다섯 가지로 바뀌었다.[146] 또한 붓다고사가 『위숫디막가(Visuddhimagga)』에서 선정에 대해 매우 자세하고 분명하게 설명하고 있다.[147]

선정의 특징 — 선정(Jhāna, 禪定) 수행은 자기 암시의 최면 상태나 혼수상태가 되는 것을 목표로 하지 않는다.[148] 정신적 에너지와 명료함이라는 의미에서 활력은 낮아지는 게 아니라 오히려 높아진다. 한편, 선정은 지적된 바와 같이 '명상'이 아니다.[149] '느낌'과 마찬가지로 '생각'이 정지하는 것이 그 본질이다.[150] 결과로 얻어지는 것은 잠이나 혼수상태와 비슷한 상태가 아니라 오히려 광범위한 통찰로 뛰어오르기 전의 고요해지거나 침묵하는 마음 상태다. 파문이 일지 않는 잔잔한 물에서처럼 고요함과 의식의 깊은 곳에서 스스로를 비춰준다는 것이다.[151] 수승

146) Dhs. pp.48-51.

147) N. Dutt는 EMB Ⅰ. p.212f에서 자세하게 연구하였다.

148) Rhys Davids, Pali Dictionary(P.T.S.); Thomas, The History of Buddhist Thought p.74 각주; 〈참조〉 JPTS. 1906-'7(Suzuki), p.36; Stcherbatsky, Nirvāṇa, p.8f.

149) Sakya, p.166.

150) 위딱까(Vitakka, 尋)-위짜라(Vicāra, 伺), 수카(Sukha, 樂)-둑카(Dukkha, 苦), 소마낫사(Somanassa, 滿足)-도마낫사(Domanassa, 憂鬱), 삐띠(Pīti, 喜悅)-선정(Jhāna, 禪定) 정형구 참고.; 『바가바드기타(Bhagavadgītā)』 Ⅵ. 24-25는 '생각하지 않기(Na Kiñcidapi cintayet)'에서 절정에 이르는 요가 기법을 요약한다. 이에 대해 샹카라(Śaṅkara)는 "Esa Yogasya paramo vidhiḥ."라고 말한다.

151) SN. Ⅳ. 143, 144 "Samādhiṃ bhāvetha. Samāhitassa bhikkhuno yathābhūtamokkhāyatīti"; 위의 책, 144-5. 위와 같이 사마디(Samādhi, 定)를 위한 빠티살라나(Paṭisallāna, 宴坐); SN. Ⅳ. 79 "Samāhite citte dhammā pātubhavanti"; SN. Ⅴ. 414 "Samādhiṃ bhāvetha … Samāhito yathābhūtam pajānāti" AN. Ⅲ. 230-'33: 니와라나(Nīvaraṇa, 蓋)의 영향 아래 있을 때 찟따(citta, 心)는 어느 것도 있는 그대로(yathābhūtam, 如實) 보여줄 수 없는 흐트러진 물과 같다.; 아사왁카야(Āsavakkhaya, 漏盡) 이후에 찟따는 맑은 물웅덩이와 같다(사만냐팔라 Sāmaññaphala. 82 Nāgarī본). 〈참조〉 AN. Nip. Ⅰ. vg.5; 거울처럼 최소한의 '티끌'도

한 지혜(Paññā, 慧)는[152] 마음이 산만하게 노력한 결과물이 아니다. 스스로를 자발적으로 드러내는 것이다.

자나(禪定), 아루빠(無色界), 니르바나 — 하지만, 선정(Jhāna, 禪定)은 흔히 아루빠(Āruppa, 無色界)와 대등한 것으로 다뤄진다.[153] 네 가지 선정의 단계는 전적으로 루빠(Rūpa, 色) 세계에 속한다. 따라서 '선정'은 니르바나로 향하는 길이 아니다. 왜냐하면 니르바나는 루빠와 아루빠 모두를 넘어서기 때문이다.[154] 일부 문헌에서는 니르바나 경험을 니로다사

찟따에서 제거되어야 한다.(AN. V. 12). 〈참조〉「제12장 니르바나(Nirvāṇa, 涅槃)」 부분에서 비즈냐나바다(Vijñānavāda, 唯識派)의 기원. 청정할 때 모든 앎을 비추는 찟따(Citta, 心)를 거울에 비유한 것은 다른 사상 체계에서도 볼 수 있다. 〈참조〉 JPTS. 1906-'7, pp.40-41.

152) 「제12장 니르바나(Nirvāṇa, 涅槃)」 부분 참고; Thomas, Life, p.186; 〈참조〉 JPTS. 1906-'7, p.28f.

153) 『아비담마(Abhidhamma)』(Sakya, pp.168-'9 참고); AN.의 마지막 니빠따(Nipāta); MN.의 여러 경전에서 일반적으로 다음과 같이 다룬다. 네 가지 선정은 루빠(Rūpa, 色) 세계에 해당되며, 네 가지 아루빠(Āruppa, 無色界)에 오는 것은 아루빠 세계에 해당된다. 아루빠 세계는 오로지 루빠 세계에 뒤이어 올 수 있으며, 그 안에서 연이은 각 단계가 앞 단계와의 상관관계에 따라 실현될 수 있다. 이는 최후의 인식(Saññā, 想)이 눈에 띄지 않을 만큼 미세해질 때까지 증대된 결과다.; 선정은 딧타담마수카위하라(Diṭṭhadhammasukhavihāra, 現法樂住)라고 설명된 반면, 아루빠는 산따위하라(Santavihāra, 寂靜住)라고 불린다.(MN. 경전 8) 한 경전에서는 선정이 아비쩨따시카(Abhicetasika, 增上心)라고 설명하는 반면, "Ye te santā vimokkhā atikkanma rūpe āruppā te kāyena phassitvā vihareyyanti"(MN. 경전 6) 이런 설명은 독특하다. 무색계(無色界)는 신체적 접근 가능성이 적었어야만 했다.

154) 〈참조〉 AN. Ⅲ. 393-8. 하일러(Heiler)는 네 번째 선정이 완전한 해방을 위한 직접적 입구라고 생각하는 데 반해, Keith와 리스 데이비즈 여사는 동의하지 않는 편이다.(B. P. 126-127; Sakya, 167f.) 하일러의 주장은 초기 시대층 문헌에 적합한 것으로 보이는데, 왜냐하면 그런 문헌에서는 붓다의 깨달음이 네 번째 선정 다음에 일어났다고 보기 때문이다. 「사만냐팔라 숫따」에 유사하게 암시되어 있다. D. 경전 16에서 붓다가 산냐웨다이따니로다(Saññāvedayitanirodha, 想受滅)가 아니라 네 번째 선정에서 빠리닙바나(Parinibbāna, 般涅槃)에 들게 되었다는 데 주목할 만하다. 철학적으로도 네 번째 선정은 깨달음이 기대될 수 있는

마빳띠(Nirodhasamāpatti, 滅盡定)와[155] 동일시하고 있는데, 니로다사마빳띠를 위해서는 최소한 선정이 필요하다.[156] 한편, '니로다사마빳디'에 대

마음 상태에 가장 가까운 것으로 보인다. 리스 데이비즈 여사는 이러한 설명에 대해 간접적으로 상당 부분 인정한다. 선불교에 의하면 '티끌 없고', '균형 잡힌' 마음에서 마하프라즈냐파라미타(Mahāprajñāpāramitā, 摩訶般若波羅蜜多)가 드러난다는 점을 기억할 수도 있다.(Suzuki, JPTS. 1906-'7 참고.); 한편, 리스 데이비즈 여사는 하일러의 의견이 경전의 상당 부분, (앞의 인용문) 특히 세 번째 삐타까(Piṭaka, 藏)에 대해 부적합한 태도이며 사실이 아니라고 보았다. 이런 언급이 보여주는 것은 사실상 선정이 '세속적인' 주제는 물론 현세를 초월하는 주제[로끼야(Lokiya, 世間)와 로꿋따라(Lokuttara, 出世間)]에 대한 것일 수도 있다는 점이다. [따라서 "Tīsu bhīmisu kusalacittekaggatā lokiyo samādhi ariyamaggasampayuttā ekaggatā lokuttaro samādhi"; Vm. p.58. 후자는 빤냐(Paññā, 慧)의 계발과 동일시된다: Paññāya hi bhāvitāya so bhāvito hoti, 위의 책, p.60.] 이런 점에서 선정 수행은 요가 체계의 '상야마(Saṃyama, 制御)' 수행에 해당한다. 선정은 그러한 목적을 꾀하면서 '올바른 견해(Sammādiṭṭhi, 正見)'가 수반될 때, 완전한 해방으로 이끌어 준다. 종교적 교리[예를 들어, 일체의 무상함]의 깨달음으로 이끌어 주는 것이라면 선정의 주제는 종교적이어야 한다. 선정 수행의 종류 없이는 깨달음과 해방을 성취할 수 없다. [Abhidhammatthasaṅgaho p.22에서 Kosambi 참고 "Samādhinā asampayuttāni maggaphalāni na santi. So ca samādhi paṭhamajjhāniko vā hoti, dutiyādīnaṃ vā aññatarajjhāniko." 이는 Vm.에서 붓다고사의 논의에 암시되어 있다.] Lalitavistara Ⅰ. 348에 따르면, 고따마(Gotama)는 네 번째 선정[四禪]에 이른 뒤 네 가지 진리를 '철저히 주시(Yoniso manasikāra, 如理作意)'함으로써 깨달음을 성취했다. 선정과 적절한 주제는 해방을 성취하는 데 관련되어야 한다.; 일부 문헌에서 니르바나의 사마디(samādhi, 定)는 세 종류[순냐또(Suññāto, 空性), 아니밋또(animitto, 無相性), 압빠니히또(appaṇihito, 無願性)]라고 설명한다.(AN. Ⅰ. 229. 〈참조〉 MN. s.121.) 설명을 위해서는 Vm. p.466f 참고.

155) "Saññāvedayitanirodham upasampajja viharati paññāya ca'ssa disvā āsavā parikkhīṇā honti"(MN. Ⅰ. 160, 175, 204, 209; MN. Ⅲ. 28.) 아사와카야(Āsavakkhaya, 漏盡)는 그 뒤를 잇는 아니밋또 쩨또사마디(Animitto cetosamadhi)의 무상함과 조건 지워짐을 깨달을 때 네와산냐나산냐야따나(Nevasaññānāsaññāyatana, 非想非非想處)를 따라온다.(MN. Ⅲ. 107-'8.) 니르바나는 '네와산냐나산냐야따나'를 따른다.(MN. Ⅲ. 244.) 아삽뿌리사(asappurisa, 惡人)는 네와산냐나산냐야따나에는 들어갈 수 있으나 [니로다사마빳띠(Nirodhasamāpatti, 滅盡定)를 나타내는 것으로 보이는] 더 높이 성취할 수 없다. MN. Ⅲ. 44; 〈참조〉 DN. 경전 9.; 한편, SN. Ⅳ. 217에서는 산냐웨다이따니로다(Saññāvedayitanirodha, 想受滅)를 킨아사와(Khīṇāsava, 漏盡者) 상태와 구분한다.

156) 이를 위해 사마타(Samatha, 止)와 위빠사나(Vipassanā, 觀) 둘 다 필요하다.(SN. Ⅳ. 294; Vm.) 이는 오직 최고의 아루빠(Āruppa, 無色界) 성취 후에 실현될 수 있다.

한 상태는 삼보디(Sambodhi, 正覺)보다는 몸이 굳어져 감각이 없어지는 강직증(强直症)에 대한 설명에 더 가깝다.[157]

사마타(止)와 위빠사나(觀) — 일부 문헌은 네 가지 진리에 대한 지적(知的) 고찰이 깨달음으로 충분하다고 여기면서, 암묵적으로 선정은 없어도 무방하다고 생각한다.[158] 후대에 사마타바와나(Samathabhāvanā, 止修行)와 위빠사나바와나(Vipassanābhāvanā, 觀修行) 사이에 일종의 이원론이 갑자기 생겨난 것으로 보인다.[159] 불교 교리가 발달하고 불교도들

157) MN. Ⅰ. 296; SN. Ⅳ. 294 ; Vm. pp.503-4. 〈참조〉 MN. Ⅰ. 333에 따르면 한 비구가 산냐웨다이따니로다(Saññāvedayitanirodha, 想受滅)에서 죽었다고 오해받는다. MN.(앞)의 언급은 산냐웨다이따니로다가 빤냐(Paññā 慧)와 공존할 수 없다고 여겨지지 않았음을 보여준다. SN. Ⅳ. 295에 의하면, 앎은 마음이 니로다사마빳띠(Nirodhasamāpatti, 滅盡定)에서 깨어날 때(Vuṭṭhāna, 出定) 나타난다. 이는 MN.와 정반대다. DN. 경전 9의 언급(DN. tp.Ⅰ. p.214. Nāgarī본)은 "Anupubbābhisaññānirodhasampajānasamāpatti"에 대해 이야기한다.

158) SN. Ⅱ. 121ff. 〈참조〉 '숙카위빠사카(Sukkhavipassaka, 乾觀者)'의 종류에 대한 붓다고사의 언급(Vm. 499.); V. Bhattacharya는 ĀŚ. p.95ff에서 니로다사마빳띠(Nirodhasamāpatti, 滅盡定)를 상세히 살펴보았으며, 그 안에서 붓다의 의견을 볼 수 있다고 생각했다. 그는 니로다사마빳띠를 가우다빠다(Gauḍapāda)의 Asparśayoga와 동일시한다.; 스승을 넘어선 붓다에게 아홉 번째 사마빳띠(samāpatti) 단계를 발견하는 것은 필요치 않다고 하고 싶어 한다(〈참조〉 Keith, B. P. pp.124-5). 그의 독창성은 선정(禪定)에서 세 가지 윗자와 삼보디(Sambodhi, 正覺)로 나아갈 수 있도록 사마디와 빤냐를 연계한 데 있는 것으로 보인다.

159) *역자주: 사마타의 선정 없이 위빠사나만으로 깨달음을 성취하는 자를 '숙카위빠사카(乾觀行者)'라고 부른다. 숙카위빠사카는 'dry-visioned(건조한 봄)'의 의미를 가지고 있으며, '숫다위빠사나(suddha-vipassanā, 純觀)'와 동의어로 쓰인다. 여기서 '숫다(suddha)'는 '맑은,' '청정,' '순수' 등의 의미를 지니는데, 위빠사나와 함께 쓰일 때에는 '순수한 위빠사나'라는 제한의 의미를 가진다. 다시 말해, 다른 것 없이 오직 위빠사나만을 수행하는 것을 의미한다. 좀 더 구체적인 내용으로 들어가면 이 의미가 더욱 분명해지는데, 여기서 '순수'라는 의미는 사마타를 포함하지 않는다는 것이다. 그러나 동의어로 쓰이는 '숙카위빠사카'의 의미는 조금 다르다. 이는 위빠사나 수행자의 위빠사나가 마르고 건조하다는 의미이다. 『디가니까야-앗타까타-띠까(Dīghanikāya-aṭṭhakathā-ṭikā)』는 건관행자에 대하여 "건관행자는 사마타 수행의 윤활유가 없어 건조하고, 거칠고, 부드럽지 않은

이 스승의 비난과 병행된 이론 및 추론을 열성적으로 믿게 되면서 지적 이해는 진리에 대해 알기 위한 주요 방법으로 여겨지게 되었다.[160] 이런 저런 부정적인 요소(Saṅkhāra, 行)를 제거(Nirodha, 滅)하는 기능은 전적으로 사마타(Samatha, 止)의 결과로 보았다.[161] 하지만 이런 경향을 좌시하지 않았다. 마디야미카(Mādhyamika, 中觀派)는 실재의 본성은 전혀 말로 표현될 수 없는 것으로, 지적인 것이 아니라고 강조하면서 모든 이론을 세속(Samvṛti, 世俗)의 영역으로 귀속시켰다. 이런 교리는 선(禪) 학파에서 가장 극단적인 방식의 수행으로 전해지고 있다.

위빠사나 수행을 말한다."(II. 152: Sukkhavipassako ti samathabhāvanāsinehābhāvena sukkhā lūkhā asiniddhā vā vipassanā etassāti sukkhavipassako)라고 설명한다. 이 설명에 따르면 사마타 수행은 윤활유 역할로 위빠사나를 촉진하는 기능을 가지고 있으며, 사마타가 없는 경우에는 위빠사나가 부드럽게 진행되기 어렵다는 설명이다. 즉, 선정을 성취하고 위빠사나를 진행하는 것이 위빠사나만 진행하는 것보다 더욱 부드럽고 쉽다는 의미이다. 초기경전을 통하여 '숙카위빠사카'라는 용어는 등장하지 않는다. 하지만 몇몇 경전의 경우 유심히 살피지 않으면, 사마타 없이 위빠사나만을 수행하는 것이 가능하다고 오해할 수 있다. 오늘날 미얀마를 중심으로 진행되는 대부분의 위빠사나 수행법을 숙카위빠사카의 방식을 따르고 있다.

160) 첫 번째와 세 번째 삐타까(Piṭaka, 藏)를 통해 선정(禪定)의 중요성을 부여한 데 대한 설명이 될 수 있다(〈참조〉 Sakya, pp.168-171).

161) 〈참조〉 Stcherbatsky, Nirvāṇa. p.8f. 중지(Anupubbasaṅkhāranirodha)의 순서가 S. Ⅳ. 217에 설명되어 있다. 1) 첫 번째 선정[初禪]: 언어 중지, 두 번째 선정[二禪]: 일으킨 생각(위딱까 Vitakka, 尋)·머무는 생각(위짜라, vicāra, 伺) 중지, 세 번째 선정[三禪]: 희열(삐띠, Pīti, 喜悅) 중지, 네 번째 선정[四禪]: 호흡(앗사사(Assāsa, 出息)-빠사사사(Pasasāsa, 入息) 중지, 아까사난짜야따나(Ākāsānañcāyatana, 空無邊處): 물질에 대한 개념(루빠산냐, Rūpasaññā, 色想) 중지, 윈냐난짜야따나(viññāṇañcāyatana, 識無邊處): 아까사난짜(Ākāsānañca, 空無邊)에 대한 개념 중지, 아낀짠냐야따나(Ākiñcaññayatana, 無所有處): 윈냐난짜 산냐(viññāṇañca saññā, 識無邊想) 중지, 네와산냐나산냐야따나(Nevasaññānāsaññāyatana, 非想非非想處): 아낀짠냐(Ākiñcañña, 無所有) 중지, 산냐웨다이따니로다(Saññāvedayitanirodha, 想受滅); 산냐(Saññā, 想)와 웨다나(Vedanā, 受) 중지, 라가(Rāga, 貪)·도사(Dosa, 嗔)·모하(Moha, 痴)가 없는 킨아사와(Khīṇāsava, 漏盡者) 상태; 〈참조〉 A. Ⅳ. 411는 약간 다르게 설명한다.; 「뽓타빠다 숫따(Poṭṭhapāda sutta)」(DN) 비교.

정신적 성장[聖人]의 단계 — 네 가지 정신적 성장[聖人, Ariya] 단계 이론이 최초기 가르침의 일부가 아니었음을 알 수 있다. 초기에는 니까야에서 '아나가민(Anāgāmin, 不還者)'이 전문용어로 쓰이지 않았음을 볼 수 있다는 사실에서 분명해진다.[162] 또한, 「사만냐팔라 숫따」에서 일부 언급되기를 기대했을 수도 있는 막가(Magga, 道) 및 그에 상응하는 팔라(Phala, 果)의 이론은 초기의 것이다. 결국, 네 가지 성인 이론이 초기의 것이라고 보는 데 긍정적 증거가 거의 없다.

키스(Keith)는 네 단계에 의한 분류가 니르바나(Nirvāṇa, 涅槃)에 완전히 매료되지 않고 더 만족스러운 환생의 기회에 감명받았을 전향자들에 대한 욕구 때문에 가능했다고 말한다.[163]

가설은 필요치 않지만, 상황의 본질에 구원에 대한 이론을 더 발달시키려는 충동이 내재되어 있기 때문이다. 정신적 발전을 위한 과정과 어려움은 관심을 사로잡지 못했을 것이며, 붓다가 가르쳐주고 도와주는 동안은 희망이 있었을 것이다. 뿐만 아니라 새로운 믿음을 위해 싸운 초기의 제자들은 정신적으로 배짱 좋고 대담한 사람들이었을 것이다. 그들로서는 정신적 단계의 사람들을 확인할 필요성과 정신적 성취에서의 차이를 설명할 필요성이 생겨났을 것이다. 따라서 뿌투자나(Puthujjana, 凡夫)와 아라한(Arahant, 阿羅漢) 사이에 다양한 단계를 끼워 넣게 되었을 것이다. 네 단계 성장 이론의 역사를 재건하는 것이 정형구를 삽입한 것보다 앞섰기 때문에 증거가 미약하다. 하지만 뿍갈라(Puggala, 人間)를 일곱이나 아홉으로 나눈 내용이 수차례 나오는 AN.에

162) Pali Dictionary(PTSD) 참고.
163) 앞의 책, p.131.

서 이론이 어떻게 더 복잡해지는 경향이 있는지 알 수 있다.[164] 이와 관련하여 상세한 설명을 체계적으로 소개하는 것은 [형식상으로만 숫따 삐타까(Sutta Piṭaka, 經藏)의 일부인] 『빠띠삼비다막가(Paṭisambhidāmagga, 無礙解道)』와 『뿍갈라빤냣띠(Puggala Paññatti, 人施設論)』와 같은 '아비담마' 문헌에서 보인다.[165]

164) AN. Ⅳ. 145-6, 380-8.
165) 〈참조〉 N. Dutt, Aspects. p.247ff.

제14장 선행 종교와 경쟁관계에서 초기불교

붓다에 앞서 그 시대에 통용되었던 믿음과 수행에 대해 이미 설명하였다. 초기불교 교리와 그 경쟁자 및 선행 종교와의 관계도 여러 측면에서 논의하였다. 이런 관계에 대해 기존 논의 밖의 측면 몇 가지를 밝히고 요약하고자 한다.

불교와 자이나교

역사적 관계: 붓다가 마가다(Magadha)나 꼬살라(Kosala)보다 더 자주 방문하고 칭찬했던 웨살리(Vesāli)에서 어떻게 자이나교가 근거지로 하여 고대 종파를[1] 형성하게 되었는지 살펴보았다.[2] 니까야에는 니간타(Nigaṇṭha)와 그들의 교리에 대해서도 몇 가지 언급되어 있다.[3] 자이나의 경전에 불교에 대한 직접적 언급은 없지만,[4] 간접적 언급이 전혀 없지는 않다.[5] 붓다와 마하비라(Mahāvīra)는 수년간 동시대를 살았으며,[6] 둘 사이에 개인적 만남이 있었다는 기록은 전혀 없다. 하지만, 니까야

1) 「제9장 붓다 시대의 종교적 조건」 부분 참고.
2) 「제10장 붓다의 생애」 부분 참고.
3) Ap. Ⅰ. Ⅸ. 참고; Malalasekara, DPPN. Ⅱ. 60ff.
4) 〈참조〉 C.H.I. ⅰ. pp.160-1.
5) Sk. Ⅰ. ⅰ. ⅰ. 17에서는 불교도에 대해 분명하게 언급하고 있다.; 위의 책, Ⅰ. iii. 25ff.
6) C.H.I. Ⅰ, p.160.

는 자이나교 지도자가 그의 위대한 동시대인을 곤란하게 만드는 난제를 던짐으로써 두 번 이상 반박하려 했음을 믿게 한다.[7] 초기불교도와 니간타들이 서로의 교리를 알고 있었음은 의심할 바가 없다. 처음에는 좀 더 오래된 자이나교가 더 큰 영향력을 발휘했을 것으로 추정할 수 있다. 니까야에서 니간타는 눈에 잘 띄는 종파인 반면, 불교는 자이나 경전에 나타나지 않는다는 사실이 이를 뒷받침해 준다. 나중에, 불교가 국가에서 더 영향력 있는 종교가 되었지만, 아직까지는 자이나의 후대 사상과 역사에 대한 문헌이 없으므로, 불교가 자이나교에 미친 영향의 정도는 추정하기 어렵다.

유사성: 초기불교와 자이나교 문헌에는 서로 공통된 용어와 표현을 상당수 사용하고 있다. 하지만, 항상 동일한 의미로 쓰이지는 않는다. 「사마바양가 수트라(Samavāyaṅga sūtra)」 10에는 니까야에도 자주 언급되는 다섯 가지 까마구나(Kāmaguṇa, 욕망의 종류)에 대해 이야기한다. Sk. 1.14.22는 '위밧자바야(Vibhajjavāya)'에 대해 이야기한다. As. 1.1.2는 '보히(Bohī)'와 '마라(Māra, 惡魔)'를 사용한다. '오하(Oha)'는 As. 1.2.3.5와 Sk. 1.11.1에 나오지만 전문적인 의미는 아니며, 불교 문헌에서 용어의 역사상 초기 단계의 의미에 해당한다.[8] 한편, AN. Ⅴ. 215에는 열 가지 '닛자라왓투니(Nijjaravatthūni)'에 대해 이야기한다.[9] '아스라바(Āsrava, 漏)'

---

7) MN. Ⅰ. 392ff; SN. Ⅳ. 322ff.

8) Pali Dictionary(PTSD), '오가(Ogha, 폭류)' 참고.

9) *역자주: 열 가지 다함의 토대를 말한다. 십정도(十正道)라고 부르기도 한다.: "어떤 열 가지 법이 최상의 지혜로 알아야 하는 것입니까? 열 가지 다함의 토대[nijjaravatthūni]입니다. 1) 올바른 견해를 가진 자에게 삿된 견해가 다하게 됩니다. 그러면 삿된 견해를 조건으로 하여 일어난 여러 가지 삿되고 해로운 법들도 그에게서 다하게 됩니다. 2) 올바른 사유, 3) 올바른 언어, 4) 올바른 행위, 5) 올바른 삶, 6) 올바른 노력, 7) 올바른 사띠, 8) 올바른 집중, 9) 올바른 지혜, 10) 올바른 해탈을 가진 자에게 삿된 해탈이 다하게 됩니다. 그러면 삿된 해탈을 조건으로 하여 일어난 여러

라는 용어는 양쪽 문헌에 공통이지만 서로 다르게 쓰였다. 더불어 As. 1.4.1.3.는 MN. 경전 1에서 나타나는 "[말해진 것은] 보여지고, 들리고, 인식되고, 분명히 알려졌다."[10] 딧타(diṭṭha, 본)-수따(suta, 들은)-무따(muta, 감각된)-윈냐따(viññāta, 인식된)의 분류가 연상되게 한다. 또한 '열반(Nivvāṇa)'은 Sk. 1.11.21-2, 34에 나온다.

과거와 미래의 깨달은 자에 대한 개념은 불교뿐 아니라 자이나교에도 있다.[11] 이 경우는 세속적 기쁨이 무상하고 그런 것들을 추구하는 것이 무가치하다는 개념과 유사하다.[12] 상사라(Saṃsāra, 輪廻)는 양쪽 체계에서 모두 바람직하지 않은 것으로, 첫 시작도 없고 개인적 창조주나 운명의 관리자도 없다. 이들은 상사라의 뿌리가 실재의 참된 본성에 대한 무지, 까마(Kāma, 欲望), 카르만(Karman, 業)이라고 본다. 또한, 이를 모두 에칸타드리슈티(Ekāntadṛṣṭi, 절대주의)에 반대하며,[13] 아힘사(Ahiṃsā, 不殺生)와 드야나(Dhyāna, 禪定)의 중요성을 강조한다.[14] 정신적 발전에 있어 자기 노력을 주요 동력이라고 보면서 '아프라마다(Apramāda, 不放逸)'를 지지한다.[15]

이러한 유사성의 대부분이 초기불교와 자이나교 모두 동일한 시대적 생각[사유]의 범위(Gedankenkreis)에 해당된다는 사실을 통해 해명된다.[16]

가지 삿되고 해로운 법들도 그에게서 다하게 됩니다. 이 열 가지 법이 최상의 지혜로 알아야 하는 것입니다."

10) diṭṭhaṃ suyaṃ mayaṃ vinnāyaṃ.

11) 〈참조〉 As. Ⅰ. 4.1.

12) 〈참조〉 U. Ⅹ. 53; As. 1.2.5; Winternitz, Ⅱ. 425, 〈참조〉 U. ⅩⅣ. 13과 세 번째 법문; U. ⅩⅧ. 11.

13) Nāyādhaṃmakahāo 49 참고; Sk. Ⅱ. 5; As. Ⅰ.

14) U. Ⅰ. 10; ERE. Ⅷ. p.471; Tattvārthādhigama, p.207; 〈참조〉 SN. Ⅳ. 298.

15) 〈참조〉 Nāyādhaṃmakahāo 60.

16) 「제8장 베다의 배경 연구」·「제9장 붓다 시대의 종교적 조건」 부분 참고.

즉 상사라 개념과 금욕적 세계관(Weltanschauung)은 기원전 6세기 인도의 시대정신(Zeitgeist)에 속했다. 세상의 변화에 대한 창조주나 관리자를 믿지 않는 것은 슈라마나(Śramaṇa, 沙門) 사상 특유의 특징이라고 말할 수 있다.17) 에칸타드리슈티에 대한 반대는 인도 철학사에서 산자야(Sañjaya)가 알렸던 것으로 보이는, 지식을 향한 (칸트 철학적 의미에서) '비판적' 태도의 연장으로 보인다.18) 또한, '푸루사카라(Puruṣakāra)'를 강조한 것은 아마도 고샬라(Gośāla) 같은 사상가의 가르침에 대한 반응이라고 설명될 수 있다.19)

차이점: 헤겔(Hegel) 철학의 전문용어로, 이해(Verstand, 知性, 悟性)의 추상적 논리가 세상의 상식적 묘사와 충돌하게 될 때, 두 가지 가능한 방법 중 하나에 반응할 것이다. 단순히 동일하거나 다르다는 제한을 복잡한 실생활에 적용하려 고집하는 일반 논리에 내재된 결함 때문에 난관에 빠졌다고 말할 수 있을 것이다. 필연적으로 실패하게 되어 있긴 하지만 A와 B의 탓은 아니므로, 완벽히 일치하거나 완벽히 다르다는 점에 대해 어떤 A와 B의 실제 관계를 아우르는 시도를 고려해볼 수 있을 것이다. 한편, 철학의 높은 요구를 일관성 있게 만들 수 있을 것이며, 철저한 논리를 전적으로 신뢰하면서 상식적 착각의 전체 세상을 단언할 수도 있을 것이다. 헤겔은 앞의 태도를, 제노(Zeno)는 뒤의 태도를

---

17) 전체적으로 그렇지 않다; 자이나교와는 대조적으로, 불교는 베다 사상도 공유했던 것으로 보인다.; 뒤의 내용 참고.

18) 산자야(Sañjaya)에 대해서는 「제9장 붓다 시대의 종교적 조건」 부분 참고.; 산자야(Sañjaya)가 붓다에게 미친 영향에 대해서는 B. P. p.137 참고; Barua, Pre-Buddhistic. pp.401-3.

19) 〈참조〉 Keith, 앞의 인용문; Barua, 앞의 책, p.395f.; *역자주: Puruṣakāra는 인간의 노력, 활동적 노력, 사용(士用)으로 인간의 행위를 말한다.

분명히 보여준다.[20] 정통 자이나교 논법은 반대되는 '안따(Anta, 極端)'를 조화시키려는 시도와 더불어 분명하게 '헤겔철학' 진영에 해당된다. 실제 자체를 변증법적으로 만듦으로써 변증법적 논리의 어려움을 피하고자 한다.[21] 따라서 시야드바다(Syādvāda, 不定主義)는 아네칸타바다(Anekāntavāda, 相對主義)의 기초가 된다. 한편, 불교 논리는 안따(Anta, 極端)의 반대에 주의를 기울이면서 이성에 반대되는 일체를 분명히 말한다. "여러 존재들에 관한 진리는 음미할 수 없다…."[22] 따라서 슌야바다(Śūnyavāda, 空論)가 불교 논리의 토대로 부상한다.

두 체계의 초기 형태에서 미발달의 형태로 돌아가는 근본적 태도에 차이가 있다. 자아는 모든 변화를 거쳐 동일하게 남아 있으며 독립된 존재를 지닌다는 주장이 지속될 수 없음에 주의를 기울이면서, 초기불교도들은 자아가 궁극적 실제를 갖출 수 없음을 분명히 말해야 한다는 의무감을 가졌다. 또한, 세계(Loka)에 관해 영원하다고 말할 수도 없고 소멸한다고 말할 수도 없다고 생각했다.[23] 반면에, 자이나교들은 완전히 모순된 영혼과 세계관에 대해 상식적 관점을 찾으려 하지 않았다. 지와(Jīva, 靈魂)와 로가(Loga)는 항상 실재해 왔고 계속해서 그러할 테지만, 줄곧 변화의 대상이다. 따라서 영원하기도 하고 영원하지 않기도 하다.[24] 불교도들은 속성 뒤에 숨겨진 실체의 부정과 끊임없는 변화 이

20) 〈참조〉 Stcherbatsky, BL. Ⅰ. p.424.
21) 〈참조〉 Stcherbatsky, BL. Ⅰ. p.415.
22) Bhāmatī ad. BS. 2.2.31.: Vicārāsahatvaṃ vastūnāṃ tattvam.
23) 「니다나상윳따(Nidāna Saṃyutta)」(SN. Ⅱ).에서 깟짜야나(Kaccāyana)에게 했던 유명한 법문 참고.
24) 마하비라(Mahāvīra)와 자말리(Jamāli) 사이에 오갔던 것으로 추정되는 대화에서, B. Ⅸ. 6.387.

론을 통해 논리적으로 이끌었던 반면에,[25] 자이나교도들은 변화를 통한 영속(Pariṇāminityatā) 이론을 끈질기게 고수했다.[26]

케발린(Kevalin, 完全知者)의 전지(全知)는 자이나교도들에게 항상 중요한 신조였다.[27] 모든 카르만(karman, 業)에서 자유로워진 영혼은 가능한 모든 대상에 대해 변함없는 지식을 갖춘다고 믿었다.[28] 그런 전지(全知)는 영혼에게 선천적이라고 여겼으나, 영혼이 속박되어 있을 때 카르만으로 덮여 가려진다.

니까야의 한 곳에서는 니간타들이 전지하다고 주장했지만 그들의 처신은 그렇지 않음을 보여주었다고 설명한다. 니간타들은 '바비타비야타(Bhavitavyatā, 필연성)'를 도입함으로써 답했다. 어느 곳에서 붓다는 세 가지 비디야(Vidyā, 明智)라는 의미를 제외한 전지를 부정한 것으로 보인다.[29] 또 다른 곳에서는 일체를 동시에 알 수도 있다는 점(Sakideva sabbaṃ ñassati)만을 부정한다.[30] 마하상기카(Mahāsaṅghika, 大衆部)와 바트시푸트리야(Vātsīputrīya, 犢子部)가 이러한 부정적 관점을 옹호했다.[31]

---

25) 샨타락시타(Śāntarakṣita, 寂護)는 자이나교도에 반대하는 결론을 내린다. "Tato miranvyayo dhvaṃsaḥ sthiraṃ vā sarvamiṣyatām. Ekātmani tu naiva sto vyāvṛttyanugamāvimau. Na copalabhyarūpasya paryāyānugatātmanaḥ. Dravyasya pratibhāso'sti tannāsti gaganābjavat. Vividhārthakriyāyogyāstulyādijñānahetavaḥ. Tathāvidhārthasaṅketaśabdapratyayagocarāḥ. Udayavyayadharmāṇaḥ paryāyā eva kevalāḥ. Saṃvedyante tataḥ spaṣṭaṃ nairātmyaṃ cātinirmalaṃ Ⅱ(Tattvasaṅgraha, 眞理綱要 321-4).

26) Hemacandra, Syādvādamañjarī 게송 5 참고.; V. Bhattacharya에 의하면 자이나교가 유행한 뒤에 불교도들도 '영원'의 존재를 인정했다. ĀŚ. CXL.

27) *역자주: 케발린(kevalin, Tirthankara)은 해탈한 영혼으로 업(業)을 떠나 초월한 전지(全知)의 상태를 말한다. 완전지자(完全知者)라고 부르며 모든 업과 물질을 제거하고 순수한 영혼 상태이기 때문에 일체의 음식 섭취도 필요하지 않다.

28) 「제10장 붓다의 생애」 부분 참고.

29) MN. Pt.Ⅱ. p.154(Nāgarī본).

30) MN. Pt.Ⅱ. p.331(Nāgarī본).

31) Ab.K. V. pp.254-5.

MSA[32]에서 보디(Bodhi, 覺)의 개념이 이와 유사하다.[33] 그 점에 대해 사르바스티바딘(Sarvāstivādin, 說一切有部)의 관점은 더 오래된 견해를 나타낸다고 추정할 수도 있다.[34] 니까야에서 보디에 대한 초기 설명 가운데 하나에는, YS의 유사한 문장 옆에 둘 때, 모두를 아우를 수 있는 종류의 지식을 암시한다고 해석될 수 있는 문장이 들어 있다는 점을 기억해야 한다.[35]

초기불교와 자이나교 사이에 또 다른 중요한 차이점은 카르마의 본질과 관련된다. 초기불교는 이를 심리학적 기능으로 간주했고, 자이나교는 물질적 실체와 유사한 것으로 간주했다. 초기불교에서 카르마는 주로 정신적이고, 자이나교에서는 주로 물질적이다. MN의 「우빨리 숫따(Upāli sutta)」에서 분명하게 드러나는 차이를 볼 수 있다.[36] 이런 차이는 결과적으로 두 체계의 아힘사(Ahiṃsā, 不殺生) 개념에 반영된다. 불교도는 이를 멧따(Mettā, 慈)와 까루나(Karuṇā, 悲) 같은 정신적 태도로 보면서 긍정적으로 계발하기를 권장했다. 반면에 자이나교도는 완전히 부정적인 태도로 해석하면서 폭력을 피할 수 있도록 모든 행위를 피하려고 노력했다.

끝으로, 불교의 금욕주의는 자기훈련이고,[37] 자이나교의 금욕주의는 고

32) Ⅸ. 1-2.
33) Tattvasaṅgraha(眞理綱要)도 "Ekajñānaksaṇavyāptaniḥśeṣajñeyamaṇḍalaḥ Prasādhito hi sarvajñaḥ Kramo nāśrīyate tataḥ"라고 말한다. (3627) 그러나 다른 해석도 언급되어 있다. 위의 책, 3628ff.
34) 위의 책.
35) 「제12장 니르바나(Nirvāṇa, 涅槃)」 부분 참고.
36) 〈참조〉 Sk. Ⅱ. 6; 마하비라(Mahāvīra)는 붓다를 아끼리야와다(Akiriyavāda, 非作業論)라고 단언했다고 기록되어 있다: AN. Ⅳ. 179ff.
37) ERE. Ⅱ. p.70.

행이다.[38] 이 경우에 붓다의 개인적 체험과 혁신 때문에 차이가 생겼음을 알 수 있다. 또한, 카르마 개념에 대한 차이로 인해 차이점이 생긴다. 불교도들은 카르마를 행위로서의 능동적 측면을 강조하고, 자이나교도들은 카르마팔라(Karmaphala, 業報)에서 나타나는 자동적 측면을 강조한다.

결론: 초기불교와 자이나교 사이의 유사성은 공통된 문화환경의 산물로 이해될 수 있는 반면, 이들의 차이점 중 일부는 붓다의 개성에서 비롯되었다. 뒤에서 살펴보겠지만, 불교가 발달하는 데 베다가 미친 영향력도 무시할 수 없다. 따라서 초기불교와 자이나교 사이에 직접적 상관성을 주장할 만한 근거는 거의 없다.

불교와 상키야(Sāṅkhya, 數論)

역사적 관계: 앞서 상키야(Sāṅkhya, 數論)의 기원에 대해 논의하면서 요가와 더불어 슈라마나(Śramaṇa, 沙門) 사상의 흐름에 속한다는 점을 제시하였다. 우파니샤드에 상키야의 개념을 일신론 개념과 결합시키려는 시도가 있다. 니까야에서 상키야 체계의 이름은 전혀 언급되지 않지만, 상카(Saṅkhā, 數量)와 빠티상카나(Paṭisaṅkhāna, 思擇)라는 용어가 사용된다.[39] 「브라흐마잘라 숫따(Brahmajāla sutta)」는 영혼[Attā, 自我]과 세계(Loka)가 영원한 두 가지라고 확신하는 삿사따와딘(Sassatavādin, 永遠論者) 부류에 대해 언급한다. 이들은 어느 정도 '상키야' 교리와 유사하지만, 삿사따와딘의 다른 신념에 대해서는 알지 못한다. 그 중 일부는 명백히 끼리야와딘(Kiriyavādin, 作業論者)으로,[40] 상키야 신봉자라고 할 수

38) MN.의 「데와다하 숫따(Devadaha sutta, 天臂經)」 참고.
39) 〈참조〉 Mrs. Rhys Davids, Ind. Psy.. p.154(1936).
40) SN. Ⅱ. p.20; EMB. Ⅰ. pp.50-1.

없다. 하지만, 일부는 빠꾸다 깟짜야나(Pakudha Kaccāyana)의 사례가 보여주듯이 아끼리야와딘(Akiriyavādin, 非作業論者)이다.[41] 빠꾸다(Pakudha)가 수카두카(Sukhadukkha, 즐거움과 괴로움)와 영혼을 구분한 것도 상키야 철학이라 볼 수 있다. 뿌라나 깟사빠(Pūraṇa Kassapa)의 아끼리야와다(Akiriyavāda, 非作業論)도 상키야를 연상시킨다.[42] 아슈바고샤(Aśvaghoṣa, 馬鳴)에 의하면, 붓다의 스승 가운데 한 명인 아라다(Arāḍa)는 본질적으로 상키야 철학을 믿었지만, 이상하게도 세 가지 구나(Guṇa, 德)에 대해서는 침묵했다.[43] 그러나 아슈바고샤의 근거에 대해서는 오리무중이다. 니까야는 아낀짠냐야따나사마빳띠(Ākiñcaññāyatanasamāpatti, 無所有處定)에 이르는 길을 가르쳤던 알라라(Ālāra)에 대해서만 이야기하고 있다.[44]

이들은 실제로 니까야에 나오는 상키야에 대한 증거의 전부로 인상적이지 못하다. 기원전 6세기에 일부 사상가들이 영혼의 불변성, 영원성, 초월성,[45] 수동성과 같은 상키야 개념의 상당 부분을 믿었음에도 불구하고, 상키야의 완벽한 철학 체계는 갖춰지지 않았던 것으로 추정된다. 하지만 이런 결론은 두 가지 상황으로 인해 가치가 손상되었다. 첫째, 니까야에서 상키야에 대해 '침묵'한 것은 확정적이지 않은데, 니까야는 우파니샤드의 '범유아론(汎有我論)'에 대해서도 마찬가지로 침묵하고 있기 때문이다. 둘째, 우파니샤드의 증거는 불교보다 앞서 상키야 체계가 존재했음을 시사하는 것으로 보인다.[46]

초기 자이나교 역시 상키야에 대한 언급이 별로 없으며 명확하지 않

---

41) 위의 책, p.39.
42) 위의 책, p.35.
43) Buddh. Car. XII. X 16ff.
44) 「제10장 붓다의 생애」 부분 참고.
45) 〈참조〉 EMB. Ⅰ. p.50.
46) 「제8장 베다의 배경 연구」 부분 참고.

다.[47] 왜냐하면 특히 BG와 Mbh. ŚP에서 상키야의 위대한 발전을 추정하고 있는데, 여기서 상키야와 베단타를 통합하는 결과를 가져오게 하려는 시도가 반복되는 것을 볼 수 있기 때문이다.[48] 그러나 이런 대량의 서사시 문헌이 불교 이전의 것이라고 추정할 만한 근거는 거의 없다.[49] 불교에 대한 언급이 약간 있다는 점은[50] 서사시적인 우파니샤드, 베단타, 유신론에 대해 초기불교 문헌이 비슷하게 침묵하는 만큼, 또는 그보다 적게 드러난다.

상키야가 불교보다 앞서 발달된 철학임이 틀림없는데도 불구하고, 초기불교도들은 이를 가볍게 여겼던 것으로 보인다. 이는 상키야가 불교에 미친 심오한 영향을 파악하려는 시도에 위배된다.

교리: 자코비(Jacobi)는 "불교를 상키야 요가로부터 생겨난, 상키야의 개별적 변형"이라고 주장한다.[51] 마치 중세 시대 저자들이 아리스토텔레스로부터 자유롭지 못하듯 붓다는 상키야의 영향으로부터 그다지 자유롭지 못하다고 주장한다. 요가로부터 너무 많이 물려받았으므로 상키야의 영향을 받지 않을 수 없었다. 아슈바고사는 아라다의 철학이 샹키야의 다양성이라고 설명한다. 상키야와 불교 둘 다 같은 질문에서 출발했으며, 괴로움의 기원에 대한 설명이 양쪽에서 대체로 동일했다. 상키야에서 타트바(Tattva, 眞理)가 발달한 데서 연기(paṭiccasamuppāda,

47) 「제9장 붓다 시대의 종교적 조건」 부분 참고.

48) 「제8장 베다의 배경 연구」 부분 참고.; 짜라까상히따(Carakasaṃhita)는 상키야(Sāṅkhya, 數論), 바이세시카(Vaiśeṣika, 勝論學派), 우파니샤드 관점의 합성물을 보여준다. 〈예〉 위의 책, 1.1.46-56; 위의 책, 1.8.3-16.

49) Creative Period, pp.462ff.

50) 따라서 닐라깐타(Nīlakaṇṭha)가 Mbh. ŚP. 219. 32ff에서 불교에 대한 언급을 본 것은 정당한 것으로 보인다.

51) ZDMG. 1898. p.1.: eine individuelle Umgestaltung des Sāṅkhya, aus den Sāṅkhya-yoga hervorgegangen.

緣起)의 유래를 찾으려는 시도는 앞에서 이미 언급되고 논의되었다.[52)]

올덴베르그(Oldenberg)에 의하면, 상키야가 불교에 직접적으로 영향을 미치지는 않았지만,[53)] 간접적 영향을 부정할 수는 없다고 한다.[54)] 그러나 올덴베르그의 논의 중 일부는 상키야의 영향과 '베단타(Vedānta)'의 영향을 충분히 구분하지 못함으로써 그 무게감이 떨어졌다. 예를 들면, 니르바나는 상키야 푸루사(Sāṅkhya Puruṣa)의 카이발리야(Kaivalya, 解脫)가 아니라,[55)] 브라흐마트마바바(Brahmātmabhāva, 梵天으로서의 存在)와 비교되는데, 왜냐하면 개인적 특성을 완벽히 초월한다는 의미가 아니기 때문이다.[56)] 이원론 체계가 아드바야와다(Advayavāda, 비이중성의 교리)라는 적절한 명칭을 얻은 불교의 기저를 이루었다는 점에 이론의 여지가 없지 않아 보이는 것도 마찬가지다.[57)]

불교와 상키야 모두 본질과 특성 간 차이를 부정한다는 점이 자주 지적되어 왔다.[58)]

끝으로, 몸과 마음과는 별개의 것으로서 푸루사(Puruṣa, 神我)에 대한 상키야의 분석은 나이라트미야바다(Nairātmyavāda, 無我說)의 성장에 영향을 미쳤던 것으로 추정된다.[59)] 상키야와 불교 모두 정신·물리적 집합체는 변하기 쉽고 자아가 없다고 여긴 데서 일치했음은 부정할 수 없다.

---

52) 「제11장 괴로움과 그 기원」 부분 참고.
53) Oldenberg, LU. p.294ff.
54) 위의 책, p.296.
55) 위의 책, p.307ff.
56) 〈참조〉Buddh. Car. XII. 76-7. 자유로워진 푸루사(Puruṣa, 神我)의 상태는 Vijñānakevala의 상태와 비교될 수도 있다.(〈예〉 Īśvarapratyabhijñāvimarśinī. II. pp.223-4.) 이들은 Āṇava mala에 의해 구분되었다.
57) 「제11장 괴로움과 그 기원」 부분 참조.
58) Stcherbatsky, BL. I. p.19; ĀŚ. p.90-2.
59) Mrs. Rhys Davids, JRAS. 1928. p.283; Keith, B. P. p.142; Stcherbatsky에 의해 I.H.Q. 1934-0. 754에 인용된 Garbe. 〈참조〉 Oldenberg, 앞의 책, p.299.

한편, 두 체계의 기본 원칙 간 차이는 중요하다. 사트카리야바다(Satkāryavāda, 因中有果論)인 상키야 교리와 그 필연적 결과인 영원한 프라크르티(Prakṛti, 自性, 근본원질)는[60] 분명히 불교의 프라티트야삼웃파다(Pratītyasamutpāda, 緣起) 및 무상 개념과 반대된다.[61] 수카(Sukha, 樂), 두흐카(Duḥka, 苦), 모하(Moha, 痴)가 유일하게 현상을 구성하는 요소라는 개념은 결코 불교에 받아들여질 수 없었다.[62] 불교에는 상키야의 푸루사(Puruṣa, 神我)에 완전히 일치하는 것이 없다. 니까야든 후대든, 비즈냐나바다(Vijñānavāda, 唯識派)에서 정화될 때도 최고의 본질이 되는 것은 찟따(citta, 心)와는 '완전히 다른(atyantāsaṅkīrṇa)' 무엇이 아니라, 찟따 자체다.[63]

불교에 영향을 미친 상키야가 대수롭지 않게 추정되어 왔던 것으로 보인다. 세계는 변하기 쉽고 괴로움으로 가득하다는 점은 기원전 6세기에 상키야 고유의 개념이 결코 아니었다.

'구나(Guṇa, 德)' 또는 타트바(Tattva, 眞理) 개념과 유사한 다르마 개념의 정밀한 발달은 최초기 불교에 해당되지 않는다.[64] 심신의 무아성(無我性)은 상키야만큼이나 우파니샤드의 베단타에도 해당된다.[65]

결론: 자이나교와 마찬가지로 상키야도 초기불교에 직접적이거나 차별적인 영향력을 발휘하지는 않았다. 사르바스티바다 아비다르마(Sarvāstivāda Abhidharma)는 상키야의 영향을 많이 받은 것으로 보이지

60) SK. 9-10.
61) 〈참조〉 Tattvasaṅgraha(眞理綱要), 7-45.
62) 〈참조〉 SK. 12; Tattvasaṅgraha, 36ff. 샨타락시타(Śāntarakṣita, 寂護)의 비판은 샹카라(Śaṅkara)와 유사하다. BS. 2.2-4 주석 참고.
63) YS. 비야사(Vyāsa)의 주석.
64) 「제12장 니르바나(Nirvāṇa, 涅槃)」 부분 참고.
65) 「제8장 베다의 배경 연구」 부분 참고.

만, 확인을 위한 역사적 문헌이 절실히 필요하다는 문제가 발생한다.[66)]

불교와 요가 — 요가가 불교에 미친 영향은 분명하다고 추정되어 왔다.[67)] YS에서 볼 수 있듯이 신비롭고 마술적인 수행과 엄격하고 체계적인 요가 사이에 중요한 차이가 나타나야 한다. 다양한 '요가' 수행은 우파니샤드에 언급되어 있으며,[68)] 니까야는 붓다의 스승들과 다른 여러 이교도들이 요가 수행에 능숙하다고 말한다. 붓다는 그의 스승들에게서 '무소유처(無所有處)'와 '비상비비상처(非想非非想處)'의 성취를 배웠다고 한다. 빠다나(Padhāna, 努力) 기간 동안, 붓다는 숨을 참는 집중 훈련을 했다.[69)] 체계적인 비물질계의 수행(Arūpadhyāna, 無色界禪定)과 호흡 통제 수행이 붓다 시대에 널리 퍼졌으며, 붓다도 배우고 가르쳤다. 이는 불교의 아루빠(Āruppa, 無色界)와 아나빠나사띠(Ānāpānasati, 入出息念)의 근원이 되었음을 설명한다. 브라흐마위하라(Brahmavihāra, 梵住) 수행 역시 본래 비불교(非佛教) 수행으로 거슬러 올라간다.[70)]

YS에서 자세히 설명하는 체계가 아주 오래된 것인지를 밝히기는 어렵다. 니까야의 불교와 주요 접점은 다음과 같다. 양 체계에서 최고로 계발된 프라즈냐(Prajñā, 慧)의 특성에 대해 비슷하게 설명한다.[71)] 양쪽 모두 다섯 가지 동일한 능력을 훈련함으로써 프라즈냐를 얻는다. YS. 1.17에서 설명하는 네 가지 사마디(samādhi, 定) 중에서 처음 세 가지는 아비담마에서 설명하는 다섯 가지 선정 중 처음 세 가지에 상응한

---

66) 아래 내용 참조.
67) 〈예〉 Oldenberg, 앞의 책, 324ff ; Keith, 앞의 책, 143ff; Jacobi, 앞의 인용문.
68) 앞의 내용, 「제8장 베다의 배경 연구」 부분 참고.
69) 「제10장 붓다의 생애」 부분 참고.
70) 「제13장 니르바나(Nirvāṇa, 涅槃)에 이르는 길」 부분 참고.
71) 「제12장 니르바나(Nirvāṇa, 涅槃)」 부분 참고.

다.[72] 아삼프라즈냐타 사마디(Asamprajñāta Samādhi)는 여덟 번째 사마빳띠(samāpatti)와 유사한 것으로 보이는데, 양쪽 모두 마음은 삼스카라세사(Saṃskāraśeṣa, 行有餘)이고 긍정적인 '알람바나(ālambana, 依存)'가 부족하다고 설명하기 때문이다.[73] YS. 2.5에서 아비드야(Avidyā, 無明)의 정의는 불교의 개념과 비슷하다. 두 체계 모두 세 가지 괴로움 개념이 있다.[74] 변화의 괴로움(vipariṇamadukkhatā, 壞苦性)은 공통이다. 불교의 고통의 괴로움(dukkhadukkhatā, 苦苦性)은 YS의 고행의 괴로움(tāpa-duḥkhatā)에 해당한다. 그러나 형성의 괴로움(saṅkhāradukkhatā, 行苦性)은 두 체계에서 서로 다르다.

둘 다 불행에 대해 동일한 네 가지 분석 형태를 사용한다.[75] 비야사(Vyāsa)는 웃체다와다(Ucchedavāda, 斷滅論)와 헤뚜와다(Hetuvāda, 因果論)를 피하고, 샤슈바타바다(Śāśvatavāda, 常住論), 참된 교리를 따라야 한다고 말한다.[76] 이는 연기(Pratītyasamutpāda, 緣起)를 통해 샤슈바타바다와 웃체다와다를 피하려 했던 불교의 시도 중 하나를 연상시킨다. 또한, 다른 곳에서 답변한 비야사의 발언을 니란바야비나샤(niranvayavināśa, 되돌릴 수 없는 제거)에 대한 (후대) 불교의 관점과 비교해볼 수도 있는데, 그는 에칸타니티야타(Ekāntanityatā)는 물론 에칸타

---

72) Dhs. pp.48-51(Nāgarī본) 참고.

73) 비야사(Vyāsa)의 주석과 더불어 YS. Ⅰ. 18; Vm. p.229. 아니면, 니로다사마빳띠(Nirodhasamāpatti, 滅盡定)와 비교되는 것이 아삼프라즈냐타(Asamprajñāta)인가? 하지만 니로다사마빳띠의 정확한 본질, 상태, 역할은 명확히 밝히기 어려워 보인다[「제13장 니르바나(Nirvāṇa, 涅槃)에 이르는 길」 부분 참고].

74) YS. 2.15; 불교 참고문헌은 「제11장 괴로움과 그 기원」 부분 참고.

75) YS. 2.15에 대해 비야사(Vyāsa); 네 가지 진리에 대해서는 「제11장 괴로움과 그 기원」 부분 참고.

76) 비야사(Vyāsa), 앞의 인용문.

비냐샤(Ekāntavināśa)도 부정했다.[77] 불교의 브라흐마위하라처럼 YS도[78] 마이트리(Maitrī, 慈), 카루나(Karuṇā, 悲), 무디타(Muditā, 喜), 우페크샤(Upekṣā, 捨) 수행에 대해 이야기한다. 그러나 비야사에 의하면 우페크샤에 관해서는 바와나(Bhāvanā, 修行)도 사마디(定)도 없는 반면,[79] 붓다고사에 의하면 사무량심 수행에서 네 번째 선정은 있으며 다른 세 가지[慈悲喜] 바와나는 우뻭카(Upekkhā, 捨)에서 막을 내린다는 점에 주목해야 한다.[80] 사실상, 비야사에게 우페크샤(Upekṣā, 捨)는 죄인에 대한 무관심을 뜻하는 반면, 붓다고사에게는 고르게 균형 잡힌 마음 상태(majjhattārārappavattilakkhaṇā ca upekkhā)를 뜻한다.[81]

다양한 신통력이 니까야뿐 아니라 YS. 곳곳에서 이야기된다.[82] 양 체계에서 카르만(karman, 業)을 크리슈나(Kṛṣṇa, 黑), 슈클라크리슈나(ŚuklaKṛṣṇa, 白黑) 등의 네 단계로 구분한 내용이 나온다. YS. 4.11에 대한 비야사의 논평은 니다나(Nidāna, 因緣)에 대한 비슷한 정형구를 포함하고 있다.[83] YS. 4.25의 '아트마바바(Ātmabhāva, 신체, 영혼)'라는 용어는 빠알리어의 앗따바와(Attabhāva, 自性)와 비교될 수도 있다.[84] YS. 4.33에 대한 비야사의 논평에서는 질문의 세 가지 유형을 언급한다.[85] 이는 불교의 네 가지 분류와 유사하다.[86]

---

77) YS. 3.13.
78) 1. 33.
79) YS. 3.23.
80) Vm. p.218.
81) 앞의 인용문.
82) 〈참조〉 YS. 3.45에 대한 비야사(Vyāsa)의 주석과 DN. 경전 2 § 87 비교.
83) 「제11장 괴로움과 그 기원」 부분 참조.
84) 「제12장 니르바나(Nirvāṇa, 涅槃)」 부분 참조.
85) Ekāntavacanīya(단일 언급), Vibhajyavacanīya(분별 언급), Avacanīya(언설 불가능)
86) 〈참조〉 Rosenberg, 앞의 책, p.56f.

『요가수트라』가 아주 오래된 것인지는 아직까지 밝혀지지 않았다. 따라서 위에 제시된 증거를 불교와 요가의 역사적 관계에 대한 철학적 체계라고 이해하기는 어렵다.

불교와 베다 전통 — 기원전 6세기 베다 전통에는 의식주의와 비의식주의의 두 가지 분야가 있었다. 니까야에는 붓다가 의식주의의 대표자와 논쟁했다고 두 번 이상 서술되어 있다.[87] 주제는 주로 카스트 제도와 희생제였다. 불교는 이런 주제에 대해 분명하게 반대했다. 붓다에게 비판받은 또 다른 점은 브라만이 믿음에 관해 전통적 권위를 존중하는 것이다.[88] 예를 들어 부와 학식과 명성이 대단한 어느 브라흐마나(Brāhmaṇa, 婆羅門)가 인간이 초인적인 힘을 얻는다는 데 의심을 품고 있었다.[89] 후대에 미망사카(Mīmāṃsaka)가 (그들 중 최소한 몇몇은) 인간이 자신의 노력으로 초감각적(atīdriya) 대상에 대한 직접적 지혜를 얻을 수도 있음을 어떻게 부정했는지 기억할 수 있다.[90] 니까야에서 붓다와 브라흐마나의 대화는 실제로 불교도와 미망사카의 싸움을 오래 끌게 된 시초가 된 것으로 보인다.

'아우파니샤다(Aupaniṣada, 우파니샤드 학도)'에 대해, 니까야는 신기할 정도로 침묵하고 있다. 붓다가 우파니샤드의 절대주의를 비판했다

87) 「제10장 붓다의 생애」 부분 참고.

88) 〈예〉 DN. 경전 13; MN. 경전 95.

89) Malalasekara, DPPN. Ⅱ. pp.246-7.; *역자주: 산스크리트어로 '반성', 또는 '비판적 탐구'라는 뜻이다. 한자로는 '미만차(彌曼蹉)', '성론파(聲論派)'라고도 한다. 기원전 2세기에서 기원전 1세기에 걸쳐 활약한 인도 철학자 자이미니(Jaimini)가 개조(開祖)이며, 자이미니가 집필했다는 『미망사 수트라(Mīmāmsā sūtra)』를 근본경전으로 삼는다.

90) 〈참조〉 Tattvasaṅgraha. Sarvajñaparīkṣa; 니까야에 나오는 브라흐마나에 대해서는 「제12장 니르바나(Nirvāṇa, 涅槃)」 부분 참고.

는 내용이 어디에도 보이지 않는다.[91] 후대에조차 불교가 베단타를 비판한 경우는 드물다. 로젠베르그(Rosenberg)는 "우리가 어디에서도 베단타와의 불교적 논쟁을 찾아볼 수 없다는 것은 특이하다."고 주장한다.[92] 불이일원론(不二一元論)의 베단타 지지자를 비판하는 게송을 지지하는 샨타락시타(Śāntarakṣita, 寂護)도 "그들에게 있어 사소한 실수가 [있는데, 그것은] 그 견해가 영원한 것으로 간주된다는 것이다."라고 말한다.(Tattvasaṅgraha, 330.)[93] 비즈냐나바다(Vijñānavāda, 唯識派)를 비판한 샹카라는 비즈냡티마트라타(Vijñaptimātratā, 唯識)에 대해 침묵한다. 또, 무지에서 비롯되었을 수도 있긴 하지만, 샹카라가 불교의 영향을 깊게 받았음을 부정할 수 없다.[94] 아마도 불교의 영향은 가우다파다(Gauḍapāda)를 거쳐 그들에게 이르렀으며, 가우다파다가 불교에 의존했음은 재론의 여지가 없다. 샹카라 절대주의의 뿌리는 우파니샤드로 거슬러 올라가는 반면, 불교 절대주의의 뿌리는 니까야에서 찾아낼 수 있다.[95] 니까야가 우파니샤드로부터 영향을 받았다고 가정한다면, 우파니샤드-베단타와 불교 시대의 밀접성이 더 분명해질 것이다. 우파니샤드와 니까야에서 비즈냐나(Vijñāna, 識) 개념에 유사성이 존재한다는 사실이 이런 가설을 뒷받침해 준다.[96] 또한, 니르바나에 대한 붓다의 태도

---

91) Keith, B. P. p.140.

92) 앞의 책, p.264.: Es ist charakteristisch, das wir nirgends eine buddhistische Polemik mit dem Vedānta finden.

93) Teṣāmalpāparādhaṃ tu darśanaṃ nityatoktitaḥ.

94) MM. Gopinath Kaviraj, the Preliminary Essay to Tantravārtika, MM. G. Jha 역(Bib. Ind. 161, Fasc. XIX), p.IX.

95) Walleser는 ĀŚ.가 가우다파다라는 이름을 가진 스승 개인의 저서임을 부정한다. 그는 ĀŚ.가 베단타 가우다(Gauḍa) 학파의 기본서(基本書)였다고 생각한다.(Der ältere Vedānta-Geschichte, Kritik and Lehre. (1910). 오래된 베단타 이야기, 비판 및 교리 p.6ff.); 〈참조〉 V. Bhattacharya, ĀŚ. p.LXVIIff.

96) 「제8장 베다의 배경 연구」 부분 참고; 「제12장 니르바나(Nirvāṇa, 涅槃)」 부분 참고.

가 어떻게 우파니샤드의, 특별히 야즈냐발키야(Yājñavalkya)가 유지시킨 절대주의를[97] 연상시키는지도 알 수 있다.

따라서, 직접적 증거가 부족하긴 하지만, 초기불교는 이상주의와 절대주의에 대한 우파니샤드의 초기 경향으로부터 근본적 영향을 받은 것으로 보인다. 이런 경향이 슈라마나(Śramaṇa, 沙門) 사상계에서 발생하기는 어렵다는 것을 기억할 필요가 있다.[98] 우파니샤드의 절대주의는 브라만(Brahman) 또는 아트만을 단정할 수 없다고 분명히 말하면서도 사트(Sat, 有), 치트(Cit, 知), 아난다(Ānanda, 歡喜)를 암시한다. 붓다는 '목표[Artha, 義]'와 '평화[Nirvāṇa, 涅槃]'라고 말함으로써 오로지 절대의 더없이 행복한 특성을 보여주면서, 좀 더 일관되게 '마디야마 프라티파드(madhyamā pratipad, 中道)'를 취한다. 비즈냐나(Vijñāna, 識)는 우파니샤드는 물론 불교 이상주의의 핵심이지만, 그럼에도 일반적으로 불교 이상주의에서는 '아니티야(Anitya, 無常)'와 '사비셰사(Saviśeṣa, 分別)'로 여긴다.[99]

결론 — 붓다가 당대의 슈라마나(Śramaṇa, 沙門, 전통) 및 브라흐마나(Brāhmaṇa, 婆羅門) 사상에 많은 신세를 진 것은 분명하다. 상사라 개념과 심신의 무아성(無我性) 개념, 궁극적 원리의 절대적이고 형언할 수 없는 특성 개념을 끌어냈다.

붓다가 가장 독창적이면서도 가장 심오하게 기여한 것은 연기(Pratītya samutpāda, 緣起)를 이론적으로 체계화했다는 점이다.[100]

---

97) 「제12장 니르바나(Nirvāṇa, 涅槃)」 부분 참고.
98) 「제8장 베다의 배경 연구」 부분 참고.
99) BS. Ⅱ. 28에 대한 샹카라의 주석 참고: "Sākṣiṇovagantuḥ 등".
100) R. G. Bhandarkar에 의하면, "자유롭게 사색하는 풍조는 동양에서 불교와 자이

나교 같은 체계로 정점에 이르렀다. 그러나 서양에서는 사람들 사이에서 살기 위해 내려온 신과 함께 유일신 체제가 생겨났다."(Collected Works, Ⅳ. p.3.) "기도라는 종교 관념이 초기에 생겨난 것으로 보이지만, 바수데바(Vāsudeva)가 아르주나(Arjuna)에게 기타(Gītā)를 드러냈을 때 명확한 형태를 받아들였다. …"(위의 책, p.11.) 따라서 불교와 박티(Bhakti)는 공통된 기본 경향, 즉 의식주의에 반대하며 자유롭게 사색하는 경향 아래 [대안으로] 발달하게 되었다. 이에 관해서는 앞에서 이미 논의하였다.(앞의 제8장-제9장.) 둘 사이의 연대상 관계가 무엇이든, 『바가바드기타(Bhagavadgītā)』와 익숙한 옛 니까야도 아니고, 옛 니까야에 익숙한 기타도 아닌 것을 추가해야 한다. 니까야에서 오래된 부분과 익숙한 유신론(有神論)은 기껏해야 창조주로서의 마하브라흐마(Mahābrahmā, 大梵天) 개념이다. 〈예〉 DN. Ⅰ. pp.20f. 나가리본(Nāgarī, Bombay.) 그들은 여러 신들은 알지만 유일신도 알지 못하고, 그 유일신의 화신도 알지 못한다. 〈참조〉 K. N. Upadhyaya, Early Buddhism and the Bhagavadgītā.

제15장 니까야 이후 불교의 발전 동향

분열의 기원 — 첫 번째 분열[2차 결집]이 발생한 기원에 대해 상가(Saṅgha, 僧伽) 내부는 전혀 다른 두 가지 전통을 가지고 있다. 이들 중에 바이샬리(Vaiśālī)의 수행승들이 위나야(Vinaya)에 반하는 열 가지 행위[十事]를[1] 한 결과로 인해 발생했다고 기술하는 전통이 더 알려져 있

1) *역자주: 상좌부 전통[남전]에서 설명하는 10가지 대상[十事, dasavatthu]은 다음과 같다. 1) 각염정(角鹽淨, kappati siṅgiloṇakappo): 일반적으로 먹을 것을 다음 날까지 비축해서는 안 되지만, 부패하지 않은 식염은 후일까지 소지하여도 무방하다. 2) 이지정(二指淨, kappati dvaṅgulakappo): 비구들은 태양이 남중하는 정오까지 식사할 수 있지만, 태양이 손가락 두 마디 정도 넘어갈 때까지는 먹어도 무방하다. 3) 타취락정(他聚落淨, kappati gāmantarakappo): 탁발하여 한 번 식사를 마친 후라도 오전 중이라면 다른 마을에 가서 다시 탁발을 할 수 있다. 4) 주처정(住處淨, kappati āvāsakappo): 동일 지역의 비구들은 한 달에 두 번 반드시 한곳에 모여 포살(참회의식)을 행해야 하지만, 사정에 따라 두 곳으로 나누어 시행해도 무방하다. 5) 수의정(隨意淨, kappati anumatikappo): 정족수에 미치지 않더라도 곧 도착할 비구의 동의에 예상하여 의결한 후, 사후에 승낙받아도 무방하다. 6) 구주정(久住淨, kappati āciṇṇakappo): 율 규정에 없는 것은 스승의 관례에 따른다. 7) 생화합정(生和合淨, kappati amathitakappo): 식사 이후라도 응고하지 않은 우유는 마셔도 무방하다. 8) 무연좌구정(無緣坐具淨, kappati adasakaṃ nisīdanaṃ): 비구가 사용하는 방석의 크기는 결정되어 있지만, 테두리 장식이 없는 것이라면 크기에 제한이 없다. 9) 음도루가주정(飮闍樓伽酒淨, kappati jalogi pātuṃ): 비구는 술을 마셔서는 안 되지만, 발효하지 않은 야자즙과 같은 술은 약용으로 마실 수 있다. 10) 금은정(金銀淨, kappati jātarūparajatan ti): 출가자는 금이나 은을 가져서는 안 되지만, 부득이한 경우 이를 수납하여도 무방하다.

다.[2] 이 주제가 결집(結集, mahāsaṅgīti)에서 논의되었으며, 웨살리(Vesāli, Vaiśāli) 수행승들의 열 가지 주장은 비난받았다. 별로 알려지지 않은 짧은 정형구로 표현된 열 가지 주장[3] 가운데 일부는 학파마다 해석상 차이가 나타난다.[4]

바수미트라(Vasumitra)가 보존하고 바브야(Bhavya, 清弁)와 비니타데바(Vinītadeva)가 따랐던 두 번째 전통은 상가 내에서 처음 분열이 일어난 것은 마하데바(Mahādeva)가 다섯 가지를 주장[五事]한 데서[5] 비롯되었다고 주장한다.[6] 이 다섯 가지도 수수께끼 같은 정형구로 표현되는데,

---

2) 이런 전통에 대한 주요 근거는 다음과 같다. (a) Vin.의 Cv.(『쭐라왁가(Cullavagga, 小品)』), 스리랑카 역사서의 설명 및 빠알리 주석서를 근거로 하여. (b) Vinayakṣudrakavastu, 『물라사르바스티바다 비나야(Mūlasarvāstivāda Vinaya, 根本說一切有部律)』의 티베트역, 부뜬(Buston)과 타라나타(Tārānātha)의 설명을 근거로 하여. Tārānātha, pp.40ff 참고; Buston Ⅱ. 91-6.

3) 〈참조〉 Minayeff, 앞의 책, p.43.

4) EMB. Ⅱ. pp.35-40 ; Minayeff, 앞의 책, pp.44-50.

5) *역자주: 북방 전통[북전]에 따르면 붓다가 입멸하고 116년(또는 160년) 무렵, 파탈리푸트라의 대천(Mahādeva, 大天)은 불교 수행의 이상인 아라한에 대해 5가지로 부정했다. 이러한 내용은 Kathāvatthu(173ff, 187ff, 194, 197.)에서도 설명된다. 그리고 이에 반대하는 전통적인 장로들이 대천의 무리에게 배척받아 서북인도로 쫓겨 감으로써 상좌부와 대중부의 근본분열이 일어나게 되었다고 설명한다. 이렇게 근본분열한 불교교단은 그 후에 교법상의 해석을 놓고 분열의 분열을 거듭한 끝에 불멸 4백 년 무렵 마침내 근본 2부를 포함하여 20여 파로 지말(支末)분열하기에 이르렀다. 대천의 5사는 다음과 같다 1) 여소유(餘所誘): 일체의 번뇌를 소멸한 아라한이라 할지라도 생리적인 욕구가 완전히 없어진 것은 아니므로 천마의 유혹에 의해 몽정하는 경우가 있다. 2) 무지(無知): 무명을 끊은 아라한이라고 할지라도 번뇌나 열반에 관한 한 어떠한 무지도 없지만 세속에 관해서는 무지한 경우가 있다. 3) 유예(猶豫): 아라한은 수행과 열반에 관해서는 어떠한 의혹도 없지만, 세속의 일에 관해서는 의혹이 생기는 경우가 있다. 4) 타령입(他令入): 아라한은 스스로 아라한과를 얻은 것을 알지 못하고 부처나 선배의 교시를 받아 비로소 득과의 자각을 획득하게 된다. 5) 도인성고기(道因聲故起): '괴롭도다'라고 외침으로써 세간의 무상·고·무아 등을 통감하고 이것에 의해 성도에 들어간다. (Vin. II. 294.)

6) EMB. Ⅱ. p.41. *역자주: 1~2세기 활동했던 아비달마 논사들이다. 바수미트라(Vasumitra, 1~2세기경)는 인도의 학승으로 『이부종륜론(異部宗輪論)』의 저자이다. 상가의 분열에 대해서는 남전(南傳)과 북전(北傳) 사이에 차이가 있다. 대표적인

아라한과 관계되며 놀랄 만한 개념이 펼쳐진다. 라 발레 뿌쌩(La Vallée Poussin)은 Kv.에도 이 점이 나온다는 것을 알았다.[7)]

규율 문제로 공공연하게 분열이 시작되었을 것 같진 않지만, 교리상 알아볼 수 있을 만한 차이가 싹트기 시작한 형태는 니까야에서 멀어져 번성하였다.[8)]

규율의 상태 — 웨살리(Vesāli) 수행승들의 열 가지 문제는 그 당시 풍기문란이 존재했으며, 지금 경률에 수록되어 있는 것과 같은, 보편적으로 인정받으면서 정확하게 기술된 행동규칙이 없었음을 보여준다.[9)] 나아가, 2차 결집에 대한 설명에서 율에 대한 분열에 두 집단 간 지리적 경계가 다소 분명하게 수반된다는 점은 흥미롭다.[10)] 리스 데이비즈 여사는 "실제 쟁점은 개인의 권리 및 중앙에 집중된 지배 체계의 규정과

남전 문헌으로는 『도사』와 『대사』가 있으며, 북전의 기록들 가운데서 가장 중요한 문헌으로 인정받고 있는 것은 『이부종륜론』이다. 바브야(Bhavya, 淸辯, 490년~570년)는 인도의 불교사상가로 바바비베카(Bhāvaviveka)라고 하기도 한다. 저서로 『중관심론(中觀心論)』, 『사택염(思澤炎)』, 『반야등론(般若燈論)』, 『장진론(掌珍論)』이 있다. 비니따데바(Vinītadeva, 750년경).

7) JRAS. 1910, pp.413ff.

8) 〈참조〉 EMB. Ⅱ. p.42.

9) Minayeff, 앞의 책, p.51.

10) 웨살리의 주창자들은 동부지방 사람들(Pācīnakā)이었으며, 삽바까미(Sabbakāmi), 살하(Sāḷha), 쿳자소비따(Khujjasobhitā), 와사바가미까(Vāsabhagāmmika)도 그러했다. 그들의 반대자들은 서부지방 사람들이었다: 꼬살라(Kosala)의 야사(Yasa), 소레이야(Soreyya)의 레와따(Revata), 마투라(Mathurā)의 삼부따 사나와시(Sambhūta Sāṇavāsī), 수마나(Sumana). 그 당시 불교의 주요 중심지는 바이샬리, 코샴비(Kauśāmbī), 마투라(Mathurā)의 세 군데였던 것으로 보인다. 바이샬리와 그 남동쪽에서는 마하상기카(Mahāsaṅghika, 大衆部)가 중요해졌고 코샴비와 그 남서쪽에서는 스타비라바딘(Sthaviravādin, 上座部)이 중요해졌던 반면에, 마투라와 그 북서쪽에서는 사르바스티바딘(Sarvāstivādin, 說一切有部)이 주요 부파가 되었다(Przyluski, N.; Dutt, EMB. Ⅱ. pp.29f에서 재인용).

비교한 지역 공동체의 권리였다."고 말했다.[11] 그녀는 '금과 은'의 사용이 없을 리가 없는데, 그 당시에 현물거래가 너무나 많았기 때문이며, 게다가 이 문제는 열 번째에 언급되었다고 말한다.[12] 듀트(N. Dutt) 역시 리스 데이비즈 여사의 첫 번째 주장을 분명하게 지지하면서, 철저한 민주주의 정신에 물든 왓지(Vajji) 사람들이 스스로 아라한이라고 주장하는 사람들의 독점적인 권력 및 특권에 굴복했을 것 같지 않다고 말한다.[13] 하지만 '금과 은'에 대해 쟁점으로 언급된 그 자체가 경제환경이 변한 증거로 보인다. 뿐만 아니라 근본적으로 아라한과 관련하여 다른 개념이 발달함으로써 아라한의 권위에 반대하게 된 것으로 보인다. 규율에 대한 규칙이 교리에 대한 주장을 촉진하지 않았다면 논리에 맞지 않을 것이다.

교리에 대해 — 마하데바(Mahādeva)의 주장에 대한 고찰을 통해 2차 결집이 있던 시기 불교 상가가 문란해진 상태였다는 미나예프(Minayeff)의 판단이 더 확실해진다. 이런 주장에 대해 논의되기 전에 그 당시 가짜 아라한이 흔했어야 할 필요가 있다. 아찐나깝뽀(Āciṇṇakappo, 常法淨)라는 이설(異說)은 확실히 위험했으며, 철학적 분열이 증가하는 데 도움이 되었을 수도 있다.[14]

부파 — 전통에 따르면 스타비라바딘(Sthaviravādin, 上座部)과 마하

11) Sakya, p.355.

12) 위의 책, p.345. 빠알리 전통의 열 번째 항목은 물라사르바스티바다(Mūlasarvāstivāda, 根本說一切有部)의 일곱 번째에 해당한다는 데 주목해야 한다. EMB. Ⅱ. p.38 참고.

13) EMB. Ⅱ. 43-4.

14) Minayeff, 앞의 책, p.207.

상기카(Mahāsaṅghika, 大衆部)로 첫 번째 교리상 분열이 일어난 뒤에, 서로 다른 열여덟 개 부파가 생겨났다. 이들 부파의 발생과 그 관계에 대해 몇 가지 다른 설명이 있다. Kv. A.에 따르면, 마하상기카는 고꿀리까(Gokulika, 鷄胤部)와 에깝보하리카(Ekabbohārika, 一說部)로 갈라졌다. 고꿀리까에서 빤낫띠와딘(Paṇṇattivādin, 說假部), 그리고 쩨띠야와딘(Cetiyavādin)이 파생되는 바훌리까(Bāhulika) 또는 바훗수띠까(Bahussutika, 多聞部)가 생겨났다. 한편, 테라와다(Theravāda, 上座部)는 마힘사사까(Mahiṃsāsaka, 化地部)와 왓지뿟따까(Vajjiputtaka, 犢子部)로 갈라졌다. 왓지뿟따까에서 담뭇따리야(Dhammuttariya, 法上部), 바드라야니카(Bhadrayānika, 賢胄部), 삼미티야(Sammitīya, 正量部)가 발생했다. 마힘사사까에서 삽밧티바딘(Sabbatthivādin, 說一切有部)과 담마굿띠까(Dhammaguttika, 法藏部)가 발생했다. 삽밧티바딘에서 깟사뻬까(Kassapika, 飮光部)가 발생했으며, 차례로 상깐띠까(Saṅkantika, 說轉部)를 낳았다. 이 중에서 숫따와딘(Suttavādin, 經量部)이 발생했다.[15)]

바수미트라(Vasumitra)에 의하면, 마하상기카는 에까비야바하리까(Ekavyavahārika, 一說部), 로콧타르바딘(Lokottarvādin, 說出世部), 카욱쿠티카(Kaukkuṭika, 鷄胤部)로 갈라졌다. 나중에 바후슈루티야(Bahuśrutīya, 多聞部)가 마하상기카에서 나왔으며, 훨씬 뒤에 프라즈냡티바딘(Prajñaptivādin, 說假部)이 발생했다. 2세기 말엽, 마하데바에 대한 두 번째 논의가 차이티야샤일라(Caityaśaila, 制多山部), 아파라샤일라(Apara

15) Debates Commentary, pp.2-3. 부파의 기원과 교리에 대해서는 Frauwallner, 앞의 책, Lamotte, Histoire du Bouddhisme indien, pp.138ff, Bareau, Les sectes bouddhiques. 이런 학자들의 견해에 대해서는 Pande, Bauddha Dharma Ke Vikas Ka Itihas, pp.173-91의 논평과 견해 참고. S.N. Dube 박사는 Doctrinal Controversies in Early Buddhism.

śaila, 西山住部), 웃타라샤일라(Uttaraśaila, 北山住部)를 낳았다. 스타비라바딘(Sthaviravādin, 上座部)은 사르바스티바다(Sarvāstivāda, 說一切有部) 또는 헤뚜와다(Hetuvāda, 因果論), 하이마바타(Haimavata, 雪山部) 부파로 이름을 바꾼 물라스타비라바다(Mūlasthaviravāda, 根本上座部)로 나뉘었다. 나중에 사르바스티바다에서 바트시푸트리야(Vātsīputrīya, 犢子部)가 발생했고, 그로부터 다르모타리야(Dharmottarīya, 法上部), 바드라야니야(Bhadrayānīya, 賢胄部), 삼마티야(Sammatīya, 正量部), 찬나가리카(Channagarika, 密林山部) 또는 산나가리카(Saṇṇagarika, 密林山部)가 나왔다. 사르바스티바딘에서 마히샤사카(Mahīśāsaka, 化地部)가 발생한 후 즉각 다르마굽타(Dharmagupta, 法藏部)가 발생했으며, 3세기 말에 카시야피야(Kāśyapīya, 飮光部) 혹은 수바르사카(Suvarṣaka, 善歲部)가 사르바스티바딘에서 나왔다. 끝으로, 4세기 초에 사우트란티카(Sautrāntika, 經量部) 또는 상크란티바딘(Saṅkrāntivādin, 說轉部)이 사르바스티바딘에서 나왔다.[16] 바브야(Bhavya, 淸辯)가 바수미트라에 의존한 것은 그에게 비판적 통찰이 부족했던 만큼이나 확실하다.[17] 그는 서로 다른 세 가지 목록을 제시한다. 첫 번째 목록은, 자파 전통(Svaguruparamparā, 自派傳統)에 따른 것으로, 마하상기카에서 발생된 고꿀리까(Gokulika, 鷄胤部)가 생략되어 있는 반면, 스타비라(Sthavira, 上座部)에서 무룬따까(Muruntaka), 아완띠까(Avantika), 꾸루꿀라까(Kurukullaka) 같은 새로운 이름으로 나뉜다. 두 번째 목록은, 다른 사람들이 말하는 것에 따르면 탐라샤티야(Tāmraśātīya)라는 새로운 이름을 제시하지만, 근본부파를 두 가지가 아닌 네 가지로[스타비라바딘(上座部), 바트시푸트리야(Vātsīputrīya,

16) Masuda, Origin & Doctrines of Early Indian schools, pp.15-17.
17) Walleser, Die Sekten, p.29.

犢子部), 비바즈야바딘(Vibhajyavādin, 分別說部), 마하상기카] 제시할 정도로 다르다. 세 번째 목록에서, 스타비라는 세 가지 주요 부파[사르바스티바딘, 바트시푸트리야(Vātsīputrīya, 犢子部), 비바즈야바딘(Vibhajyavādin, 分別說部)]로 나뉘며, "거기에 본래적인 스타비라 또는 하이마바타가 추가됩니다."라고 말한다.[18]

『마하븃빳띠(Mahāvyutpatti, 飜譯名義大集)』에 있는 목록에 의하면 네 가지의 근본부파, 즉 사르바스티바딘(Sarvāstivādin, 說一切有部), 삼마티야(Sammatīya, 正量部), 마하상기카, 스타비라(上座部)가 있었다. 처음에 물라사르바스티바딘(根本說一切有部), 카시야피야(Kāśyapīya, 飮光部), 마히샤사카(Mahīśāsaka, 化地部), 다르마굽타(法藏部), 바후슈루티야(Bahuśrutīya, 多聞部), 탐라샤티야(Tāmraśātīya, 也叫做紅衣部), 비바즈야바딘(Vibhajyavādin, 分別說部)으로 분열되었다. 두 번째로 카우루쿨라(Kaurukulla), 아반타카(Āvantaka), 바트시푸트리야(Vātsīputrīya, 犢子部)가 갈라졌다. 세 번째로 푸르바샤일라(Pūrvaśaila, 東山部), 아파라샤일라(Aparaśaila, 西山住部), 하이마바타(Haimavata, 雪山部), 로콧타라바딘(Lokottaravādin, 說出世部), 프라즈납티바딘(Prajñaptivādin, 說假部)이 생겨났다. 네 번째로 마하비하라바신(Mahāvihāravāsin, 大寺派), 제따와니야(Jetavanīya, 祇陀林寺派), 아바야기리바신(Abhayagirivāsin, 無畏山寺派)이 발생했다.[19]

타라나타(Tāranātha)가[20] 제시한 방법에 주목하면 이런 혼란은 줄어

18) 위의 책, pp.22-23.: zu denen noch die eigentlichen Sthaviras oder Haimavata hinzukommen.

19) Thomas, The History of Buddhist Thought, p.38.

20) *역자주: Tāranātha(1575-1634)는 티베트불교 조낭종의 라마승이다. 그의 작업으로는 History of Buddhism in India (dpal dus kyi 'khor lo'i chos bskor gyi byung khungs nyer mkho) (1608)이 잘 알려져 있다.

든다. (1) 카시야피야(Kāśyapīya, 飮光部)=수바르사카(Suvarṣaka, 善歲部), (2) 상크란티바딘(Saṅkrāntivādin, 說轉部)=웃따리야(Uttarīya)=탐라샤티야(Tāmraśātīya), (3) 차이티야카(Caityaka)=푸르바샤일라(Pūrvaśaila, 東山部)=마하데바(Mahādeva) 부파, (4) 로꼿따라바다(Lokottaravāda, 說出世部)=카욱쿠티카(Kaukkuṭika, 鷄胤部), (5) 마하상기카를 통칭하여 에까비야바하리까(Ekavyavahārika, 一說部), (6) 교리적으로 매우 유사한 카우루쿨라카(Kaurukullaka), 바트시푸트리야(Vātsīputrīya, 犢子部), 다르모타리야(Dharmottarīya, 法上部), 바드라야니야(Bhadrayānīya, 賢胄部), 찬나가리카(Channagarika, 密林山部).[21] 또한, 후대 부파와 소규모 부파를 제외한다면, 가장 오래되고 가장 중요한 부파는 스타비라, 마하상기카, 마히샤사카(化地部), 사르바스티바딘(說一切有部), 바트시푸트리야(犢子部)였다. 이들의 기원에 관해 Kv. A. 목록과 바수미트라의 가장 커다란 차이점은 그가 Kv. A.의 순서를 뒤집어서 마히샤사카가 사르바스티바딘에서 발생했다고 한 사실에 있다. 두 가지 마히샤사카 부파가 있었다는 설명에 이러한 모순이 있는데, 먼저 나온 마히샤사카는 테라와딘(Theravādin, 상좌부)에 더 가깝고, 뒤에 나온 마히샤사카는 사르바스티바딘에 더 가깝다.[22]

이들 부파의 분류와 교리는 마스다(Masuda),[23] 발레저(Walleser),[24] 바실리에프(Wassiljew), 듀트(N. Dutt)[25] 등의 많은 학자들이 상세하게 연구해왔다.[26] 따라서 부파에 대한 논쟁에서 드러난 주요 문제와 사상 경향

---

21) Tārānātha, pp.270-74 참고. 〈참조〉 N. Dutt의 주석, EMB. Ⅱ. pp,48-50.
22) EMB. Ⅱ. pp.111-2.
23) 인용된 문헌에 대한 그의 주석에서.
24) 앞의 책.
25) 앞의 책.
26) 바로(Bareau)가(앞의 책) 가장 자세히 연구했으나, 그의 설명은 교리에 관한 통찰

에 대해서는 약술하는 것으로 제한한다.

주요 문제 — 부파별 사상에 대해 고민하게 만들었던 가장 중요한 주제와 질문은 다음과 같다.[27)]

1. 붓다의 초월성(lokottaratā, 출세간)[28)]

2. 붓다의 모든 말씀이 듣는 사람을 상사라(Saṃsāra, 輪廻)로부터 자유롭게 할 수 있는가?[29)] 이는 어느 정도는 앞의 주제에 대한 결과다.

3. 경전에 상반되게 기록되어 있을 때 '니타르타(Nītārtha, 了義)' 경전과 '네야르타(Neyārtha, 不了義)' 경전을 구분하는 문제가 생겨났다.[30)] 훨씬 뒤에, 이것이 히나야나(Hīnayāna, 小乘)와 마하야나(Mahāyāna, 大乘)의 과도기였던 사티야싯디(Satyasiddhi, 成實宗) 부파에서 두 가지 진리 이론의 발달로 이어졌다.[31)]

4. 붓다의 초월성(lokottaratā, 출세간)에 대한 질문과 동시에 붓다의 출생 및 상가와의 관계 방식에 대한 문제가 발생한다.[32)]

5. 붓다에 대한 생각은 점점 더 숭고해진 반면, 아라한에 대한 생각은 쇠퇴되어 갔으며, 이는 초기 부파 간 논쟁의 전체 범위에서 가장 뜨거운 쟁점이 되었다.[33)]

력을 드러내 보이지 못했다, Pande, Bauddha Dharma Ke Vikāsa Kā Itihāsa, p.191 참고; Dube 박사의 저서가 앞에서 언급되었다.

27) 〈참조〉 Bareau, 앞의 책, pp.260-89.
28) 〈참조〉 Wassiljew, 앞의 책, Ⅰ. p.105.
29) 〈참조〉 위의 책.
30) 〈참조〉 위의 책.; *역자주: 596쪽 주 274 역자주 참조.
31) P. L. Vaidya, Etudes, p.19; 〈비고〉 Sogen, Systems of Buddhist Thought, p.177.
32) 〈참조〉 Wassiljew, 앞의 책, Ⅰ. p.107.
33) 〈참조〉 위의 책.

6. 푸드갈라(Pudgala, 個我)의 존재에 대한 문제.[34)]

7. 안따라바와(Antarābhava, 中有) 문제.

8. 과거와 미래의 대상의 존재.

9. 아누샤야(Anuśaya, 隨眠) 또는 잠재된 열망의 본성.

10. 비즈냐나(Vijñāna, 識)의 기능.

11. 아삼스크르타(Asaṃskṛta, 無爲)의 수.

12. 바와나(Bhāvanā, 修行)와 아비사마야(Abhisamaya, 現觀)의 순서.

발달 계보 — 상기 내용의 결과로 생겨난 발달의 주요 계보는 다음과 같다. 마하상기카 부파 사이에서 그리고 후대에 마하야나(Mahāyāna, 大乘)에서 가현설[35)]; 왓지뿟따카(Vajjiputtaka, 犢子部) 부파 사이에서 푸드갈라바다(Pudgalavāda, 個人論); 사르바스티바다(Sarvāstivāda, 說一切有部); 주로 사르바스티바다와 스타비라바다(Sthaviravāda, 上座部)의 아비다르마에서 다르마(Dharma, 法) 이론.

불교 가현설의 출현으로 이어지게 된 주요 요인은 다음과 같이 요약될 수 있다.[36)] 타고난 천성은 붓다에 대한 찬미로 이어지면서 붓다의 독특한 특성 주위에 신화적 상상의 그물망을 엮어 넣었다.[37)] 붓다에게 초인적인 특징이 부여되었다. 붓다가 평범한 삶의 제약을 받는 대상이 될 수는 없다고 생각되었는데, 붓다는 모든 면에서 완벽해야 했기 때문이다.[38)] 기억할지 모르겠지만, 불교는 이 세상에서의 모든 삶을 악으로 치

34) 〈참조〉 위의 책, p.110.
35) *역자주: 실제로 육체적 인간이 아닌 신의 환영(幻影)과 같이 보인다.
36) Anesaki, ERE. Ⅳ. p.836.
37) 〈예〉 DN. 경전 14-16. Kern의 입문서에 제시된 붓다의 생애에 대한 설명을 통독하면 이처럼 신화적으로 발달하게 된 본질이 잘 드러날 것이다.
38) 〈참조〉 AN. Ⅳ. 36에 따르면 붓다는 세상(loka)에 더럽혀지지 않았다.

부했다.[39] 그러므로 붓다는 실제로 인간으로서 살지 않았다. 붓다는 무지한 사람들을 위한 연민심으로 그리 했던 것으로 보인다.[40]

동시에, 따타가따(Tathāgata, 如來)로서 붓다의 특성에 대해 형이상학적으로 고찰해도 같은 방향을 가리키게 된다. 만약 붓다가 계속해서 존재하지도 않고 사후에 소멸되지도 않았다면 —붓다 사후의 본성을 상상할 수도 없고 말로 표현할 수도 없다면— 살아 있는 동안 존재했다고 말할 수 있었을까? 이런 계보에 따른 고찰은 프라즈냐(Prajñā) 학파에서 더 분명해졌으며,[41] 나가르주나(Nāgārjuna, 龍樹)가 표명한 마디야미카(Mādhyamika, 中觀派) 입장에서 정점에 이르렀다.

푸드갈라바다(Pudgalavāda, 個人論)의 기원과 교리는 앞에서 이미 살펴보았다.[42]

사르바스티바다가 발달하게 된 주요 동기는 잘 알려져 있지 않다. 경전적 근거는 의견을 적잖이 강요당한 사르바스티바딘이 명시해 두었다.[43] 니까야에는 사르바스티바다의 중심 주제가 발달한 데 대해 간접적으로 언급된 경우조차 거의 없다. 한편, 상키야 요가(Sāṅkhya Yoga) 체계와의 유사성은 이런 점에서 상당히 주목할 만하다. 결론적으로 말해서, 사르바스티바다가 형성될 수 있었던 기원에 대해 명확히 판단하기 전에 상키야 요가와 사르바스티바다의 역사적 관계를 부여해야 한

---

39) 〈참조〉 "(기독교의) 가현설은 항상 문제를 영지주의파의 공통요소인 악으로 표현하는 것이 결론이었다." ERE. Ⅳ. p.833.; 마하상기카는 마음(citta, 心)의 악이 실제로는 우연히 일어날 뿐이라고 주장했다는 점을 기억해야 한다.(EMB. Ⅱ. p.103).; 비즈냐티마트라타(Vijñaptimātratā, 唯識) 교리의 기원이 여기에 있다. 이는 니까야로 거슬러 올라간다.(「제12장 니르바나(Nirvāṇa, 涅槃)」 부분 참고.)

40) EMB. Ⅱ. pp.62-4; 74ff.

41) ERE. Ⅳ. 837-8.

42) 「제12장 니르바나(Nirvāṇa, 涅槃)」.

43) EMB. Ⅱ. pp.143-4 참고.

다.

다르마 이론에 대해서는 로젠베르그와 체르바스키의 저서가 광명을 드리워 준다. 다르마의 본질을 이해하는 데 있어 전자(前者)가 주로 기여한 바에 대해서는 앞에서 이미 언급되었다.[44] 여기서 다르마 이론 또는 아비다르마가 발달하게 된 주요 동기가 나이라트미야(Nairātmya, 無我) 개념에서 나왔음을 알게 될 수도 있다. 영혼은 더 이상 철학적 흥미의 중심으로 남아 있지 않으며, 후자(後者)는 외관상 인간의 몸과 마음에 대한 분석으로 강력하게 이끌었다. 사실상 영혼을 떨쳐내려는 그 시도는 몸과 마음의 복합체라는 그림을 더 잘 이해함으로써 적절히 채워져야 하는 대중적 상상에 전념할 곳을 필요로 했다. 본질적으로, 여기에는 경험적 심리학으로 이성을 대신하려는 시도가 있다.

44) 「제12장 니르바나(Nirvāṇa, 涅槃)」.

부록 1 초기 자이나 자료

자이나교 정전(正典), 그 역사와 진위 — 전통적으로 마하비라가 가나드하라(Gaṇadhara, 弟子/敎團 統率者)에게 열네 개의 푸바(Puvvas, 古文獻)를 가르쳤다고 추정한다. 그러나 디감바라(Digambaras, 裸行派·空衣派)에 의하면 원본 문헌은 흔적도 없이 사라졌다. 슈베탐바라(Śvetāmbaras, 白衣派)에 따르면, 파탈리푸트라(Pāṭaliputra)에서 열린 성전편찬회의에서 남은 부분, 즉 바드라바후(Bhadrabāhu)가 스툴라바드라(Sthūlabhadra)를 통해 다른 사람들에게 알려주도록 허락했던[1] 처음 열 개의 푸바를 모아서 열두 개의 앙가(Aṅga), 『딧티바야(Diṭṭhivāya, 諸見에 대한 논쟁)』를 편찬했다. 성전편찬회의 이후 수세기 내에 이들 열두 개의 앙가도 사라졌다. 그 내용에 대해 약간의 정보가 「사마바양가(Samavāyaṅga, 12앙가 중의 네 번째)」, 『난디(Nandī)』, 『체다수트라(Chedasūtra)』에 분명하게 보존되어 있다. 여기서 『딧티바야』의 다섯 부분 중에서 세 번째만 푸바를 제대로 다루었던 것으로 보인다. 『딧티바야』는 확실히 푸바에 대한 단순한 요약 이상이었다. 어쨌든, 『딧티바야』의 내용에 대한 언급에 남아 있는 열네 개의 푸바 정보가 진짜인지는 확신할 수 없다.[2]

---

1) 〈참조〉 Charpentier, Uttarādhy. pp.14-15에서는 이런 전통을 부인한다.
2) 샤르빵띠에(Charpentier)는 Dṛṣṭivāda(=Diṭṭhivāya, 諸見에 대한 논쟁)를 복원하는 것이 불가능하다고 보지 않는다.

디감바라(裸行派·空衣派)는 더 나아간다. 파탈리푸트라의 성전편찬회의(결집)에서도 그들은 편찬된 열한 개의 앙가가 진본이라고 인정하기를 거부했다. 슈베탐바라(Śvetāmbaras, 白衣派)는 이렇게 편찬되면서 아주 천천히 혼란이 전개되었으며, 발라비(Valabhī)에서 열린 편찬회의에서 중심적으로 재편집해야 했다고 말한다. 오늘날의 앙가는 마하비라 사후 1,000년이 좀 못 돼서 개최된 두 번째 편찬회의에서 확립된 내용을 나타낸다. 따라서 이 모든 내용은 내적 이유로 전부, 또는 일부가 초기의 것임을 증명할 수 있는 부분을 제외하면[3] 후대의 것으로 보아야 할 것이다. 문학 활동이 천 년간 뻗어나갔음에도 불구하고, 자이나교 경전 상당수의 초기 부분을 여전히 진본으로 보존하고 있을 것이라고 파악하는 점은 그 자체로 자이나교의 보수적인 경향을 입증한다. 자코비(Jacobi)는 "고대의 교리가 보존된 이유는 그것의 이념과 용어가 후대 철학의 내용과 공통점이 없어서 후자에 의해 영향을 받을 수 없었던 까닭으로 보인다. 고대의 교리는 그 상태에서 어느 정도 화석화되어 한 세대에서 다음 세대에로 변화하지 않고 전달되었다."[4]고 말한다. 이런 견해를 너무 완고하게 고수할 때 실제로 후대에 발달된 많은 교리를 초기의 것이라고 여기게 되는 위험이 있을 수 있다.

---

3) 샤르빵띠에는 "나는 신성한 주요 성전(聖典)의 현재 형태가 파탈리푸트라의 편찬회의에서 확립된 실제 경전을 나타낸다는 점을 의심치 않는다."고 결론짓는다.(앞의 책, p.31.) 그는 후대의 것임을 증명할 수 없다면 초기의 것으로 간주해야 한다는 가정 아래 진행한 것 같다. 자이나교 경전의 역사를 고려할 때 이런 원칙은 거꾸로 뒤바꿔야 한다.

4) ZDMG. 38 p.18.: Der Grund für die Conservirung der alten Lehre scheint mir der zu sein, dass ihre Ideen und Termini mit denen der späteren Philosophie incommensurabel waren, also von letzterer nicht beeinflüst werden konnten. Sie waren gewisser-massen versteinert und wurden in den Zustand von Generation zu Generation unverandert überliefert.

오늘날 슈베탐바라싯단타(Śvetāmbarasiddhānta, 백의파 성전)에 대해 간단하게 살펴보면 소수의 문헌만 '고대 문헌', 즉 사실상 최소한 마하비라 시대로 거슬러 올라간다고 확신할 수 있다.

파인나 — 제목이 보여주듯이, 파인나(Paiṇṇa)는 여러 종류의 조각들이며, 그 목록은 실제로 '몹시 불명확'하다.[5] 빈테르니츠(Winternitz)에 의하면, 「체야 숫따(Cheya sutta)」 중에서 깝빠(Kappa) 및 그 증보판, 「바바하라(Vavahāra)」과 「아야라다사오(Āyāradasāo)」만 '초기'의 것으로 볼 수 있다.[6] 「아야라다사오(Āyāradasāo)」의 여덟 번째 부분을 이루는 바드라바후(Bhadrabāhu)의 「칼파 수트라(Kalpa sūtra)」는 혼합적이며, 마하비라의 전기를 다루는 가장 흥미로운 부분 중 하나는 그 문체 때문에 아주 초기의 것이라고 볼 수는 없다.[7] 열두 개의 우방가(Uvaṅga) 중에서 처음 두 개만 초기 내용을 일부 포함하고 있으며, 나머지는 '체계적이고' 과장된 교리에 '과학적'이고 신화적인 보고서다. 처음 두 우방가 중에서 특히 「라야파세나이야(Rāyapaseṇaïjja, Rājapraśnīya)」는 오랜 전통에 기초한 것으로 보이는데, 왜냐하면 DN의 「빠야시 숫따(Pāyāsi sutta)」가 이를 개작했거나 같은 자료에서 뽑아낸 것으로 보이기 때문이다.

앙가 — 현 상태에서 앙가(Aṅga)는 모자이크 형태를 띠며, 편집자나 구성 시기가 일치한다고 해서 어느 하나가 전체라고 말할 수는 없다.

---

5) Winternitz, Ⅱ. p.461.
6) 위의 책, p.462; 464-465.
7) 위의 책, pp.462-463. 디감바라(Digambaras, 裸行派·空衣派)는 믿지 않았던 '배아의 전이'를 묘사하고 있다는 사실은 이 부분이 두 종파의 분열보다 훨씬 앞설 수 없음을 보여준다.

이들 중 일부는 거의 전부가 신화적이고 전설적인 내용이다. 「나야담마카하오(Nāyādhammakahāo)」, 「암타가다다사오(Aṃtagaḍadasāo)」, 「안웃타로바바이야다사오(Aṇuttarovavāīyadasāo)」, 「비바가수얌(Vivāgasuyaṃ)」이 그러하다. 이들에 대해서는 본고에서 다루고자 하는 철학적 종교 사상사(思想史)보다는 문학적이고 신화적인 역사에서 끌어낸 기준과 증거에 의해서만 연대순으로 [절대적 또는 상대적] 설명이 가능하다. 그러나 「암타가다다사오」와 「안웃타로바바이야」의 "본래 내용이 현재 내용과 완전히 다르다"는 데 주목할 만하다.[8] 열 번째 앙가도 "사라져 버린 옛 앙가를 대신"하는 '후대 저서'인 것으로 보인다.[9] 네 번째 앙가를 초기의 것으로 보는 것도 불가능한데, 브라흐미(Brāhmī, 梵字)의 열여덟 가지 종류와 『웃타라디야야나(Uttarādhyayana)』의 서른여섯 개 장(章)을 열거하고 있기 때문이다.[10] 여기서는 『난디(Nandī)』에 대해서도 언급하고 있다.[11] 현 형태에서는 다섯 번째 앙가 역시 초기의 것이라고 볼 수 없는데, 그중 일부는 매우 발달되고 철저히 '체계적인' 교리로 보인다.[12] 왜냐하면 여러 곳에서 『판나바나(Pannavaṇā)』, 『지바비가마(Jīvābhigama)』, 『난디』와 같은 저서로 추정되는 내용이 나타나기 때문이다. 또한 니까야에 가까운 문체로 여기저기 나오는 여러 대화와 이야기는 경전의 최초기에 속할 가능성이 높다.[13] 세 번째 앙가는 형식면에서 『앙굿따라(Aṅguttara)』와 비슷하지만, 훨씬 더 도식적이다. 초기의 것으로 보이는 대화가 약간 있

8) Winternitz, Ⅱ. p.450.
9) 위의 책, p.452. 〈참조〉 Charpentier, Uttarādya 서론. pp.26-27.
10) 〈참조〉 Charpentier, 앞의 책, p.41.
11) Winternitz, Ⅱ. p.442.
12) 개념과 표현에 있어서 이처럼 복잡한 단계는 아비다르마(Abhidharma)와 비교될 수도 있다.
13) 〈참조〉 Winternitz, Ⅱ. pp.443-444.

으며, 정확하고 발달된 교리로 추정된다. 최소한 마우리아 왕조 이후의 관리 체계를 보여주는 관직 목록이 한 번 나온다.[14)]

최초기 문헌 — 초기의 것으로 남아 있는 문헌은 『아야랑가(Āyāraṃga)』이다. 여기에는 2권이 부록으로 이루어진 것으로 보이며 후대의 것이다.[15)] 『수야가당가(Sūyagaḍaṃga)』 역시 2권이 상대적으로 후대의 것으로,[16)] 제Ⅶ장[17)] 및 『웃타랏자야나(Uttarajjhayaṇa)』와 같이 『우바사가다사오(Uvāsagadasāo)』의 일부분이며, 처음 23개 장(章)이 나머지보다 전반적으로 초기 시대층을 포함하고 있는 것으로 보인다.[18)] 언어학적 연구는 이들 문헌에 대해 유사한 결론을 내린다. 피셸(Pischel)에 의하면 "산문으로서 언어적으로 가장 중요한 경전은 최초의 앙가인 「아야랑가 숫따(Āyāraṅga sutta)」이다. 그것은 무엇보다도 가장 오래된 언어로 되어 있다. 그것 다음으로는 두 번째 앙가인 「수야가당가 숫따(Suyagaḍaṅga sutta)」가 특별히 주목된다. 이것의 첫 번째 뛰어난 운율적·시적 언어를 위한 문헌은 「아야르(Āyār)」이며, 산문을 위한 문헌은 고풍적이고 독특한 형태를 풍부하게 간직한 「웃따라자야나 숫따(Uttarajjhayaṇa sutta)」이다."[19)] 사상적 단순함이 이들 문헌을 통일하는 추가 요인이 된다. 샤르

14) 경전 693.
15) Winternitz, Ⅱ. p.437 참고.
16) Winternitz, Ⅱ. p.438.
17) 위의 책, p.449.
18) Charpentier, Uttarādhy. 서론, p.39.
19) Pischel, Grammatik, p.18.: "Der sprachlich für die Prosa weitaus wichtigste Text ist das erste Aṅga, das Āyāraṅgasutta, das unter allen die altertümilichste Sprache hat. Nach ihm komt besonders das zwiete Aṅga in Betracht, das Suyagaḍaṅgasutta,. dessen erstes, vorwiegend metrisches Buch für die poetiche Sprache ist, was das Āyār, für die Prosa … Uttarajjhayaṇasutta, das eine Fülle altertümlicher und eigenartiger Formen enthält ….

빵띠에(Charpentier)가 말하듯이 “자이나교 경전 중 정말로 오래된 문헌, 예를 들어 『아차랑가(Ācārāṅga)』, 『수트라크르탕가(Sūtrakṛtāṅga)』, 『웃타라디야야낭가(Uttarādhyayanāṅga)』는 대부분이 산문으로 경전의 후대 부분 방식으로 신학적 설명이나 철학적 설명을 하지 않는다.”[20]

니까야에서의 언급과 그 가치 — 니까야에서 초기 니간타(Nigaṇṭha)에 대해 언급하는 것은 초기 자이나교의 믿음과 실천에 대해 독립적 증거를 제공하는 매우 귀중한 기능을 한다. 니까야의 구성 대부분은 아소카(Aśoka) 왕 시대에 완성되었으므로, 관련 증거도 대체로 현존하는 자이나교 경전에서 최초기 시대층을 이루는 내용과 비슷한 그림을 그린다고 추정할 수 있다.

문헌 — 자코비(Jacobi)는 『마하왁가(Mahāvagga)』 Ⅵ. 31, MN.의 「우빨리 숫따(Upāli sutta)」, AN. Ⅲ. 70, DN.의 「사만냐팔라 숫따(Sāmaññaphala sutta)」와 같은 불교 문헌에서 제공하는 니간타에 대한 정보를 이미 논의했다.[21]

여기에 몇 가지 문헌이 추가될 수도 있다. MN.의 「깐다라까 숫따(Kandaraka sutta)」는 앗딴따빠 뿍갈라(Attantapa Puggala) 사이에서 니간타(Nigaṇṭha)를 분류하고, 「쭐라둑카칸다 숫따(Cūladukkhakkhandha sutta)」와 「데와다하 숫따(Devadaha sutta)」는 니간타의 주요 교리에 대한 개요 및 비평을 소개한다. AN. Ⅰ. 220-221에서는 릿차위 아바야(Licchavi

20) 앞의 책, p.37. 〈참조〉 『아야랑가』와 Ovavāiya(Uvāsagadasāo, p.X)이 고대의 것이라는 데 대한 P. L. Vaidya의 견해.

21) SBE. 45, pp.XV-XX. 〈참조〉 Muni Nagraj, 앞의 책.

Abhaya)가 앞의 MN. 경전 14에서와 같이 여러 가지 방법으로 니간타의 교리를 요약한다. AN. Ⅰ. 206쪽에서는 '니간투뽀사타(Nigaṇṭhūposatha)'를 악의적으로 묘사한다. AN. Ⅳ. 179ff에서 나따뿟따(Nātaputta)는 시하(Sīha)가 '아끼리야와다(Akiriyavāda, 非作業論)'였으므로 붓다를 찾아가도록 설득한다. AN. Ⅳ. 429는 나따뿟따가 "나는 끝이 없는 지혜로 끝이 있는 세계를 알고 보며 머문다."라고[22] 주장했다고 기록되어 있으나, 다른 곳에서는 통상 니간타 지도자와만 관련되어 있는 전지(全知)를 뿌라나 까싸빠(Pūraṇa Kassapa)도 주장한 것으로 표현되어 있어 일부 혼란함이 보인다. SN. Ⅰ. 66에서 데와뿟따(Devaputta)는 나따뿟따의 교리를 지지하는 가타(gāthā, 偈頌)를 읊는다. SN. Ⅰ. 78은 니간타를 자틸라(Jaṭila, 結髮行者), 아쩰라(Acela), 에까사타까(Ekasāṭaka)와 분명히 구분한다. SN. Ⅳ. 298은 고따마(Gotama)가 지지하는 "일으킨 생각[尋]이 없고 머무는 생각[伺]이 없는 삼매(avitakko avicāro samādhi, 無尋無伺三昧)"의 가능성을 나따뿟따가 거부하면서 믿음보다 뛰어난 지식을 말한다. SN. Ⅳ. 317-318에서는 니간타 사와까(Nigaṇṭha sāvaka, 니간타의 제자)가 붓다에게 나따뿟따의 가르침을 "생명을 죽이는 자는 누구라도 모두 악처에 떨어지고 지옥에 떨어진다 … 주어지지 않은 것을 가지는 자는 …감각적 욕망 위에 잘못된 행위를 하는 자는 … 거짓말을 하는 자는 …그가 많이 머무는 대로 그것에 따라 이끌린다."라고[23] 요약해 주고 나서 비판받는다.

이에 비해, 다른 몇 군데에서는 간접적인 특성에 대해 언급되고 있다.

22) aham anantenaantavantena ñāṇena antavantaṃ lokaṃ jānaṃ passaṃ viharāmīti.

23) yo koci pāṇaṃ atimāpeti sabbo so apāyiko nerayiko … adinnaṃ ādiyati … kāmesu micchā carati … musā bhaṇati … yam bahulaṃ yaṃ bahulaṃ viharati tena niyyātīti.

예를 들어, 「마하시하나다 숫따(Mahāsīhanāda sutta)」에[24] 있는 네 가지 브라흐마짜리야(Brahmacariya, 梵行者)에 대한 서술을 통해 자이나교 수행이 밀접하게 연상된다. 문맥에 나타나는 "더위와 추위에 시달리며 혼자 무서운 숲속에서, 나체로 불 가까이 앉지도 않고 현자는 구하는 바를 추구하노라."라는 가타는[25] 자이나교 문헌에서 가져온 것이 틀림없다. 「아바야라자꾸마라 숫따(Abhayarājakumāra sutta)」[26]와 SN. Ⅳ. 323-25는 나따뿟따가 기발한 딜레마를 제시함으로써 붓다를 당혹케 하려 했음을 보여준다. AN. Ⅴ. 215에서 열 가지 닛자라왓투니(Nijjaravatthūni)는 빌려온 체제가 유입된 불교적 내용인 것으로 보인다. AN. Ⅳ. 35ff에서 붓다가 비판한 "누구라도 12년간 완전하고 청정한 범행을 행하는 자"는[27] 칭찬받을 만한 비구(Niddaso Bhikkhu)라는 표현은 자이나교가 12년간의 고행에 부여하는 중요성을 연상시킨다.

---

24) MN.

25) MN. Ⅰ. p.79.: so tatto so sīno eko bhiṃsanke vane. Naggo na caggimāsīno esa nāpasuto munīti.

26) MN.

27) yo hi koci dvādasavassāni paripuṇṇam parisuddhaṃ brahmacariyaṃ carati.

부록 2 빠알리의 발상지에 대해

주석서에서 '빠알리(Pāli)'라는 용어는 '경전 문헌'을 의미하는 경우가 잦다.[28] 이 용어가 궁극적으로 담마빨리야요–빠알리(Dhammapāliyāyo–Pāli)의 중간 단계를 거쳐 '담마빨리야요(Dhammapaliyāyo)'에서 유래되었다고 말하는 경우도 있다.[29] 또한 주석서는 '빠알리 경전'의 언어가 마가디어(Māgadhī)라고 말한다. 아소카(Aśoka)의 마가디어는 문어(文語)[30]가 갖는 세 가지 독특한 특징 중 적어도 두 가지, 즉 주격 형태에서 *o* 대신에 *e*를, *r* 대신에 *ℓ*을 쓰는 것을 보여준다.[31] 이러한 '마가디어 특성(Māgadhisms)'은 몇 군데를 제외하면 경전의 빠알리어에는 나오지 않는다.[32] 따라서 오늘날 빠알리 경전은 아소카 왕 시대에 파탈리푸트라(Pāṭaliputra)에서 편찬되었다고 하는 경전과 언어학적으로 동일하다고 볼 수 없음이 분명하다.

빠알리어의 기본 어투에 대해 학자들은 상반된 검증을 다수 제기하

28) Dhs. A, 157, 168; Dhp. A, Ⅳ. 93. '빠알리(Pāli)'라는 용어는 오로지 주석서에서만 발견되며, 삐타까(Piṭaka, 藏)에서는 보이지 않는다(PTSD).

29) J. Kashyap: Pāli Mahāvyākaraṇa, pp.9-11.

30) Pischel, Grammatik, p.23.

31) 예를 들어, 최초로 분리된 다우리(Dhauli)의 석주(石柱) 칙령(Sircar, Select Ins. Ⅰ. pp.41ff) 또는 바라바르(Barabar) 언덕 동굴의 아소카(Aśoka) 비문(碑文)(위의 책, pp.78-79) 참고.

32) DN. 2(「사만냐팔라 숫따(Sāmaññaphala sutta)」) 또는 Kv. 1(뿍갈라까타, Puggalakathā)에서 그러하다.

였으며,[33] 논란 부분은 두 번 이상 재검토했음에도 불구하고[34] 최종 결과를 얻지 못했다.

바루아(Barua)는 증거를 주의 깊게 조사하여 길나르(Girnar)의 아소카왕 석주(石柱) 칙령에 쓰인 언어의 음운 체계 및 문법 형태가 빠알리어와 눈에 띄게 유사하다는 것을 입증했다.[35] 뿐만 아니라, 음운 체계와 구문을 통해 칸다기리(Khaṇḍagiri)와 우다야기리(Udayagiri) 동굴의 옛 브라흐미(Brāhmī) 비문(碑文)에 쓰인 언어가 빠알리어와 매우 가깝다고 판단했다.[36] 이는 빠알리어가 인도 중부의 말투 중 일부가 발달된 문어(文語)에 해당한다는 것을 시사한다. 이런 결론은 아소카 왕 시대에 마힌다(Mahinda)가 스리랑카에 불교를 전해주었다는 전통적 설명과 매우 부합된다.[37] 마힌다는 웃제니(Ujjenī) 지방과 서부 해안에서 스리랑카로 왔다고 추정된다는 점을 기억할 수 있다.[38]

---

33) Lévi, JA. 1912, s.10, t.XX, p.495ff; Konow, ZDMG. 1910, pp.114ff; Grierson, Bhand. Comm. Vol. pp.117ff; N. Dutt, Early History of the Spread of Buddhism(불교 확산 초기 역사). p.249ff; S. K. Chatterji, Origin and Development of the Bengali Language, Ⅰ. 55ff; Oldenberg Vin. I의 머리말 pp.1ff; PTSD, Foreword(서문); Geiger, Pali Literature and Language(빠알리문헌과 언어). pp.1-5; Bapat. I.H.Q. 1928, 23ff; Keith. I.H.Q. 1925 501ff; Mrs. Rhys Davids, Sakya, p.429ff 참고.

34) 〈예〉 Buddhist Studies에서 Keith; Winternitz, History of Indian Literature Ⅱ. App.(부록) Ⅱ.

35) Barua, OBI. pp.161ff.

36) 위의 책, pp.157ff.

37) Mahāvaṃsa, p.48.

38) Mahāvaṃsa, Chap. XIII; Malalasekara, DPPN. Ⅱ. 583.

부록 3 마이트라야니야 우파니샤드

마이트라야니야 우파니샤드(Maitrāyaṇīya Upaniṣad)는 이 개요에 활용되지 않았는데, 불교 이전의 것일 가능성이 극히 드물기 때문이다. 다음의 주장들이 후대의 것임을 확인해 줄 수 있다.

(a) 어떤 곳에서는 더 오래된 우파니샤드로부터 글자 그대로 분명하게 끌어내었다.(Ch.8.3.4와 그야말로 일치하는) 2.2.; 2.6. "이것을 먹는 자는… 듣는다[또는 안다]"(=Br.5.9.1).[39]; 2.6 "마음으로 이루어진 그는 숨을 신체로 하고, 빛을 형태로 가지며 그 목적이 충족된 자이다.…"(Ch.3.14.2)[40]; 6.3 "실로 두 가지 형태의 브라흐만이 있다. 하나는 형태를 가진 것이고 하나는 형태를 갖지 않은 것이다."(=Br.3.1)[41]; 6.32 "이 위대한 존재의…"(Br.2.4.10)[42]; 7.9 "Kath. 1.2.4, Īśa. 11, Kath. 1.2.5를 각각 반복하는 세 개의 게송".

(b) 용어가 대체로 잘 발달되어 있으며 한 곳에서는 "까담바리(Kādambarī)의 한 구절처럼 읽는다."[43] 그 게송은 대체로 Mbh.를 연상시킨다.

---

39) yadidamadyate … Śṛṇoti.
40) manomayaḥ prāṇaśarīro bhārūpaḥ satyasaṅkalpaḥ ….
41) dve vāva Brahmaṇo rūpe mūrtaṃ caivāmūrtaṃca.
42) etasya mahato bhūtasya.
43) Creative Period, p.127.

(c) 상키야(Sāṅkhya)와 요가(Yoga)에 대해 더 오래된 우파니샤드에서는 절대로 [혹은 좀처럼] 볼 수 없는 전문용어를 다수 사용함으로써 발달된 내용을 보여준다. "영혼은 의지와 심리적 노력, 욕망을 특징으로 한다"(2.5.5.2)[44); 감각 기관(Buddhi indriya)과 행위 기관(Karma indriya)(2.6); 선업과와 악업과(Sitāsita-karmaphala, 善業果惡業果)(2.7); "관찰자와 같은 상태에 있는(Prekṣakavad avasthitaḥ)"(위의 책); 원래의 상태(Prākṛtaguṇas, 原속성)(3.2); "속성이 제거된(guṇair hanyamānaḥ, 속성에 의해 제거된)"(3.3); 티끌(Raja)과 중생(Sattva, 衆生)(5.2); 푸루사(Puruṣa, 神我), 프라다나(Pradhāna, 勝因), 트리구나(Triguṇa, 三質), 프라크리티(Prakṛti, 自性, 原質), "위대함을 주는 것으로부터 나온 이 특수성을 지닌 신체(mahadādayaṃ viśeṣāntaṃ liṅgam)", "선악치지(善惡癡智, Sukhaduḥkhamohasañjñam)", 비야카타(Vyakta, 전개), 아비야카타(Avyakta, 미전개)(6.10); "요가는 조식(調息), 제감(制感), 정려(靜慮), 집지(執持), 사택(伺擇), 등지(等智) 등의 육지(六支)라고 이야기된다."(6.18)[45]; "나디 수슘나카야(nāḍī suṣumṇākhyā, suṣumṇa라고 불리는 nāḍī)"(6.21); 칫타브릇티(Cittavṛtti, 마음작용, 心作用)(6.34.1.)

(d) 다음 구절에서 불교에 대한 지식을 보여준다. "그는 순수하고 깨끗하며, 텅 비어 있고 적정하며 자아가 없다."(2.4)[46]; "그리고 자신을 통해 자신을 본 후, 무아가 된다. 무아라는 성질을 가진 까닭에 헤아릴 수 없다."(6.20)[47]; "그 경우, 무아라는 성질을 무아라는 성질로부터 생

---

44) Kṣetrajñaḥ saṅkalpādhyavasāyābhimānaliṅgaḥ.

45) Prāṇāyāmaḥ pratyāhāro dhyānaṃ dhāraṇā tarkaḥ samādhiḥ ṣaḍaṅga ityucyate yogaḥ ….

46) eṣa śuddhaḥ pūtaḥ śūnyaḥ śāntaḥ nirātmā ….

47) tadātmanātmānaṃ dṛṣṭvā nirātmā bhavati nirātmakatvādasaṅkhyaḥ ….

겨나지 고락(苦樂)에 의해 생기지 않는다."(6.21)[48]; "텅 빔이란 적정 등의 특징을 가진다"(6.31)[49]; "세상 사람들은 무아를 말하는 사기꾼들이 이야기하는 규범이라는 수단을 통해 브라흐마가 베다의 지식과 다름을 알지 못한다."(7.8.)[50]

48) tato nirātmakatvameti nirātmakatvānna sukhaduḥkhabhāgbhavati ⋯.

49) śūnyaḥ śāntādilakṣaṇaḥ.

50) Nairātmyavādakuhakairmithyādṛṣṭāntahetubhiḥ Bhrāmyaṃ loko na jānāti vedavidyāntaraṃ tu yat.

약어 및 참고문헌

안내 : (1) 본문에 참고한 문헌들만 아래에 언급되어 있다.

(2) 같은 문헌의 다른 판본이 쓰인 경우에는 약어(略語)를 달리하거나 설명을 붙였다.

(3) 원서방식에 따라 약어에 명시된 서지사항은 참고문헌에 중복되지 않는다.

(4) 원서내용에 따라 서지사항을 복원하지 못하고 생략된 부분들이 있다.

약어

【A】

AB : Aitareya-Brāhmaṇa (Ānandāśrama Sanskrit Series).

Ab.K. : L'Abhidharmakośa De Vasubandhu (traduit et annoté par Louis de la Vallée Poussin. 1923-1925).

ABORI : Annals of the Bhandarkar Oriental Research Institute.

Ait. : Aitareya-Upaniṣad (as in Aṣṭāviṃśatyupaniṣadaḥ, ed. Wāsudev Laxman Śāstrī Paṇsikar, 7th ed. Bombay, 1930).

Ait. Ā. : Aitareya-Āraṇyaka (Ānandāśrama Sanskrit Series, 1943).

Ak.V. : Abhidharmakośavyākhyā of Yaśomitra Vols.I-III. Ed. N. N. Law. (1949).

AN. : Aṅguttara-Nikāya (Ed. Pali Text Society).

AO : Acta Orientalia.

Ap. : Apastamba-Dharma-Sūtra, ed. G. Bühler, 2nd ed.

Ars. Up. : Ārṣeyopaniṣad (아래의 네 가지 미간행 Up. 참고).

Arthaśāstra : Kauṭilya's Arthaśāstra (TSS본).

AS : Atharvavedasaṃhitā (Svādhyāyamaṇḍala, Aundh, 1938).

ĀŚ : Āgamaśāstra of Gauḍapāda (edited, translated & annotated by Vidhushekhara Bhattacharya, 1943).

As. : Āyāraṃgasutta I (edited W. S. Schubring).

Aspects : N. Dutt, Aspects of Mahāyāna Buddhism and its Relation to Hīnayāna.

AUS : Āgamodayasamiti.

【B】

B. : Bhagavatī Viyāhapannatti, with the commentary of Abhayadeva (Edited by the AUS).

Barua, Pre-Buddhistic : B. M. Barua, History of Pre-Buddhistic Indian Philosophy (Calcutta, 1921).

Bāṣkala Up. : Baṣkalopaniṣad (아래의 네 가지 미간행 Up. 참고).

Baud. : Baudhāyana-Dharmasūtra, ed. L. Srinivasacharya, Mysore, 1907.

Beal, S. Catena : A Catena of Buddhist Scriptures.

BG : Bhagavadgītā.

Bhand. Comm. Vol. : Bhandarkar Commemoration Volume.

B.I. : Bibliotheca Indica.

BL : Stcherbatsky, Buddhist Logic 1932.

B. L'Ec. Fr. : Bulletin de l'école française d'Extrême Orient.

BPE : Buddhist Psychological Ethics (translation of Dhs. by Mrs. Rhys Davids, 1900).

Bṛ. : Bṛhadāraṇyaka-Upaniṣad (앞의 Ait. 참고).

BS : Brahmasūtras (Nirṇayasāgara edition, with Śankara's Comy., Ratnaprabhā, Bhāmatī etc).

B. P. : Keith, Buddhist Philosophy (1923).

Buddh. Car. : The Buddhacarita of Aśvaghoṣa. (Ed. E. B. Cowell, Oxford, 1893).

Buddh. Ind. : Rhys Davids, T. W., Buddhist India (London, 1911).

Buddha : Oldenberg, H., Buddha, sein Leben seine Lehre, seine Gemeinde (9th German edition).

Burnouf : Burnouf, E., Introduction à l'histoire du Bouddhisme Indien (Paris, 1876).

Bu-ston : Bu-ston, History of Buddhism Pts.I-II, tr. E. Obermiller, 1931-32.

【C】

Catalogue : Nanjio, Bunyiu, Catalogue of the Chinese Translation of the Buddhist Tripiṭaka, Oxford, 1883.

C.H.I. : Cambridge History of India.

C.I.I. : Corpus Inscriptionum Indicarum.

CAH : Cambridge Ancient History.

Ch. : Chāndogyopaniṣad. (앞의 Ait. 참고).

Chag. Up. : Chāgaleyopaniṣad (아래의 네 가지 미간행 Up. 참고).

Comm. Vol. : Commemoration volume.

Compendium : Compendium of Buddhist Philosophy (PTS translation of Abhidhammatthasaṅgaho).

Creative Period : Belvalkar, S. K., Ranade, R. D., The Creative Period of Indian Philosophy.

CSUP : Ranade, R. D., Constructive Survey of Upanishadic Philosophy, 1926.

Cv. : Cullavagga.

【D】

DA : Dīrghāgama

Dasgupta : Dasgupta, S. N., History of Indian Philosophy I.

Dh. Sū. : Dharmasūtra.

Dhp. : Dhammapada (판본은 다음의 Ud. 참고).

Dhp. A. : Dhammapadaṭṭhakathā (PTS edition).

Dhs. : Dhammasaṅgaṇi (ed. Bapat and Vadekar, Poona, 1940).

Dhs. A. : Dhammasaṅgaṇi-Aṭṭhakathā (PTS edition).

Dialogues : Dialogues of The Buddha, tr. (of DN) by T. W. Rhys Davids and Mrs. Rhys Davids.

Die Anfänge : Hauer, J. W., Die Anfänge der Yogapraxis (1922).

Die Entwicklung : Jacobi H., Die Entwicklung der Gottesidee bei den Indern.

Die Probleme : Rosenberg, O, Die Probleme der Buddhistischen Philosophie, 1924.

Die Sekten : Walleser, Die Sekten des alten Buddhismus.

Die soziale Gliederung : R. Fick, Die soziale Gliederung im nordostlichen Indien zu Buddhas Zeit, 1897.

Divyāv. : Divyāvadāna (ed. Cowell and Neil).

DN : Dīgha-Nikāya (PTS edition, 그 밖의 판본은 명시되어 있다).

DN(Nāg. ed). : Dīgha-Nikāya (Pts. I&II) ed. by N. K. Bhagwat, in Nāgarī Characters. (First Edition).

Dogme : Louis de la Vallée Poussin, Le dogme et la philosophie du Bouddhisme (Paris, 1930).

DPPN : Malalasekara, Dictionary of Pali Proper Names.

【E】

EA : Ekottarāgama

E. H. I. : Smith V., Early History of India (4th ed.).

EMB : N. Dutt, Early Monastic Buddhism (Vol.I, 1941 ; Vol.II, 1945).

ERE : Encyclopaedia of Religion and Ethics.

Etudes : P. L. Vaidya, Etudes sur Aryadeva et son catuḥśataka (Paris, 1923).

【F】

Four Unpub. Up. : Four Unpublished Upanishads(네 가지 미간행 우파니샤드), ed. Belvalkar, S. K., 1924.

【G】

G. Jha Comm. Vol. : MM. Gaṅgānātha Jha Commemoration Volume.

Gaut. Dh. S. : Gautama Dharma Sūtra (ed. Ānandāśrama, 1910).

Gilgit Mss. : Gilgit Manuscripts Vol.III, Ed. N. Dutt.

Grammatik : Pischel, R., Grammatik der Prakrit Sprachen. (Strassburg, 1900).

【H】

H.O.S. : Harward Oriental Series.

H.U.L. : Home University Library.

【I】

I.H.Q. : Indian Historical quarterly.

IA : Indian Antiquary.

IC : Indian Culture.

Ind. Phil. Cong. : Indian Philosophical Congress.

Ind. Psy. : Rhys Davids, Mrs, The Birth of Indian Psychology and its Development in Buddhism (1936).

Int. Cong. Or. : International Congress of Orientalists.

IP : Radhakrishnan, S., History of Indian Philosophy.

Īśa. : Īśopaniṣad (앞의 Ait. 참고).

It. : Itivuttaka (이용된 판본에 대해서는 Ud. 부분 참고).

【J】

JA : Journal Asiatique.

Jaina Sūtras I, II : S.B.E. Vol.22 and 45.

JAOS : Journal of the American Oriental Society.

Jat. : Jātakaṭṭhavaṇṇā, edited by Fausböll.

JBBRAS : Journal of the Bombay Branch of the Royal Asiatic Society.

JDL : Journal of the Department of Letters.

JGRI : Journal of the Gaṅgānātha Jha Research Institute.

JPTS : Journal of the Pali Text Society.

JRAS : Journal of Royal Asiatic Society.

JRASB : Journal of Royal Asiatic Society of Bengal.

【K】

Kane : Kane, P. V., History of the Dharma-Śāstra.

Kāt. Śraut. S. : Kātyāyana Śrauta Sūtra (Acyutagranthamālā).

Kaṭh. : Kaṭhopaniṣad (앞의 Ait. 참고).

Kāṭh. S. : Kāṭhaka-Saṃhitā (Pub. Svādhyāya-Maṇḍala, Aundh).

Kaus. : Kauṣītakibrāhmaṇopaniṣad (앞의 Ait. 참고).

Kena. : Kenopaniṣad (앞의 Ait. 참고).

Kh. : Khandha.

Kh. N. : Khuddaka Nikāya.

KS : The Book of Kindred Sayings (tr. of SN by Mrs. Rhys Davids and F. L., Woodward).

Kv. : Kathāvatthu (PTS. edition).

Kv. A. : Kathāvatthu-aṭṭhakathā (edited in JPTS 1889).

KZ : Kuhn's Zeitschrift.

【L】

Laṅkāvatāra : The Laṅkāvatāra Sūtra, Ed. B. Nanjio, Kyoto, 1923.

Life : Thomas E. J., The Life of Buddha.

LU : Oldenberg, Die Lehre der Upanishaden und die Anfänge des Buddhismus. (Göttingen, 1915).

LV : Lalitavistara I (Ed. Lefmann, 1902).

【M】

MA : Madhyamāgam.

Manual : Kern, J. H. C., Manual of Buddhism, Strassburg, 1896.

Mait. S. : Maitrāyaṇī Saṃhitā (Svādhyāyamaṇḍala, Aundh).

Maitrāyaṇīyāraṇ : Maitrāyaṇīyāraṇyaka (앞의 책과 함께 발행).

Māṇd. : Māṇḍūkyopaniṣad (앞의 Ait. 참고).

MIC : Marshall, Mohenjodaro & the Indus Civilization

Mbh. ŚP. : Mahābhārata, Śānti Parvan (Chitrashala Press, Poona).

Mem. A. S. B. : Memoir of the Asiatic Society of Bengal.

Mitra, P. I. : Mitra, P., Pre-historic India (Calcutta, 1927).

MK : Mādhyamika Kārikās of Nāgārjuna.

MK. V. (Cal. ed) : Madhyamikā Vṛtti of Chandrakīrti (Calcutta, 1894).

MKV : Mūlamadhyamaka-kārikās de Nāgārjuna avec la Prasnnapadā (Ed. L. de Vallée Poussin).

Mm. : Mahāmahopādhyāya

MN : Majjhima-Nikāya (PTS edition, 그 밖의 판본은 명시되어 있다).

MN(Nag. ed). : Majjhima-Nikāya Pt. I-II, Ed. in Devanāgarī by N. K. Bhagwat, Bombay, 1937-8.

MP : Milindapañho (Ed. R. D. Vādekar in Devanāgarī Charanters, Bombay, 1940).

MP (Trenckner) : Milindapañho, Ed. Trenckner, 1928.

MSA : Mahāyānasūtrālaṅkāra (ed. by S. Lévi).

Muṇḍ. : Muṇḍakopaniṣad (앞의 Ait. 참고).

Mvg. : Mahāvagga.

Mvu. : Mahāvastu, editied by E. Senart, Paris.

【N】

Nāg. ed. : 나가리(Nāgarī)로 표기된 판본.

Nāyā : Nāyādhammakahāo (AUS edition).

Newman : John Henry Cardinal Newman, An Essay on the Development of Christian Doctrine (1894).

Nip. : Nipāta.

Nirvāṇa : Stcherbatsky, Th., The Conception of Buddhist Nirvāṇa (Leningrad, 1927).

【O】

OBI : Barua, Old Brāhmi Inscriptions in the Udayagiri and Khandgiri (1926).

OC : All India Oriental Conference.

Opinions : Louis de la Vallée Poussin, Bouddhisme; Opinions sur l'histoire de la dogmatique, 4th ed. — L'Inde jusqu'au 300 avant J.C.

Original Gospel : Mrs. C. A. F. Rhys Davids, What was the Original Gospel in Buddhism?

【P】

Paṭiccasam : Paṭiccasamuppāda.

PHAI : Raychaudhuri H. C., Political History of Ancient India (ed. 5th).

R.P.V. : Keith A. B., Religion and Philosophy of the Veda (H.O.S), 1925.

Praśna : Praśnopaniṣad. (앞의 Ait. 참고).

Prav. sā. : Pravacanasāra (Rāyacandraśāstramālā).

PTS : Pali Text Society.

PTSD : Pali Dictionary of the Pali Text Society, edited by T. W. Rhys Davids and W. Stede.

PU : Deussen P., The Philosophy of the Upaniṣads (English tr. of the Original German, 1919).

PV. : Pramāṇavārtika (ed. with Manorathanadin's Comy. by Rahula Sankrtyayana in JBORS, 1938).

【R】

RPV : 앞의 Keith, A.B. 참고.

RV : Oldenberg, Die Religion des Veda (7th edition).

R.V. : Bloomfield, M. The Religion of the Veda (New York, 1908).

ṚS : Ṛgvedasaṃhitā (Svādhyāyamandala, Aundh).

【S】

s. : Sutta.

SA : Saṃyuktāgama.

Ṣaḍ. B. : Ṣaḍviṃśa-Brāhmaṇa (Leiden, 1908).

Sam. : Saṃyutta.

Śāṅ. A. : Śāṅkhāyana Āraṇyaka (Ānandāśrama ed).

Śāṅ. B. : Śāṅkhāyana Brāhmaṇa (Ānandāśrama ed).

ŚB : Śatapatha Brāhmaṇa (ed. Acyutagranthamālā).

SBE : Sacred Books of the East.

Siddhi : Vijñaptimātratāsiddhi, La Siddhi de Hiuan-Tsang, traduite et annotée par L. de la Vallée Poussin (Paris, 1928-29).

SK : Sāṅkhyakārikā (뒤의 STK 참고).

Sk. : Sūtrakṛtāṅga (ed. P. L. Vaidya).

SN : Saṃyutta Nikāya (PTS edition).

Sn. : Suttanipāta (이용된 판본에 대해서는 아래 Ud. 부분 참고).

STK : Sāṅkhyatattvakaumudī (ed. Chowkhamba).

Suzuki : Suzuki, D. T., Outlines of Mahāyāna Buddhism (1927).

Śvet. : Śvetāśvataropaniṣad. (앞의 Ait. 참고).

【T】

T.B. : Taittirīya Brāhmaṇa (Ānandāśrama edition).

TĀ : Taittirīya-Āraṇyaka (Ānandāśrama edition).

Tait. : Taittirīyopaniṣad. (앞의 Ait. 참고).

Tal. B. : Talavakāra Brāhmaṇa.

Tāṇḍ. B. : Tāṇḍyamahābrāhmaṇa (Chowkhamba edition).

Tārānātha : Tārānātha, Geschichte des Buddhismus in Indien (Übers. Von. Schiefner. St. Petersburg, 1869).

Tattvārthādhigama : Tattvārthādhigamasūtra of Umāsvāti.

Ṭhā. : Ṭhāṇaṃga (AUS edition).

Thag. : Theragāthā (게송 번호를 언급할 때만 PTS본 활용. 그밖에는 Rāhula Sāṅkṛtyāyana, Ananda Kausalyāyana, Jagadīśa Kāśyapa가 나가리Nāgarī로 표기한 판본, 1937).

Thig. : Therigāthā (상동, 上同).

Thought : Thomas, The History of Buddhist Thought (Kegan Paul, 1933).

TS : Taittirīya Saṃhitā (Ānandāśrama edition).

TSS : Trivandrum Sanskrit Series.

【U】

U : Uttarajjhayaṇa (AUS edition).

U. Vg. : Rockhill 참고.

U. Vg. : Udānavarga, London, 1883.

Über den Stand : Schrader, O., Über den Stand der Indischen Philosophie zur Zeit Mahaviras und Buddhas (1902).

Ud. : Udāna (페이지수를 언급할 때는 Rāhula Sāṅkṛtyāyana, Ananda Kausalyāyana, Jagadīśa Kāśyapa가 나가리Nāgarī로 표기한 판본, 1937 활용).

Up. : Upaniṣad.

Uvāsaga : Uvāsagadasāo (Ed. P. L. Vaidya).

【V】

V. I. : Macdonell and Keith, Vedic Index.

Vas : Vāsiṣṭha-Dharma-Śāstra. (Ed. A. A. Führer, Poona, 1930).

Vbh. : Vibhaṅga (edited by Mrs. Rhys Davids, PTS. 1904).

Ved. Sāra : Vedāntasāra, edited with notes and translation by Hiriyanna.

Vin. : Vinaya Piṭaka (PTS edition).

VM : Macdonell A. A., Vedic Mythology.

Vm. : Visuddhimaggo (D. Kosambi가 나가리Nāgarī로 표기한 판본).

【W】

WB : Oldenberg, Die Weltanschauung der Brāhmaṇa—texte. (Göttingen, 1919).

WZKM : Wiener Zeitschrift für die Kunde des Morgenlandes.

【Y】

Yaj. : Yājñavalkyasmṛti.

YS : Yogasūtras (Ed. with the commentaries of Vyāsa, Vācaspati Miśra etc. Chowkhamba S. S., 1935).

【Z】

ZDMG : Zeitschrift der Deutschen Morgenländischen Gesellschaft.

ZVS : Zeitschrift für Vergleichende Sprachforschung.

참고문헌

Abhidhammatthasaṅgaho with the Navanīta Ṭīkā of D. Kosambi.

AC. Mukerji, 'The Cultural Heritage of India(인도의 문화 유산)', Vol.III, pp.475ff.(2판).

Agarwal, V.S., India as Known to Pāṇini, Lucknow, 1953.

AL. Basham, History and Doctrines of the Ājīvakas : A Vanished Religion.(아지와까의 역사와 교리: 사라진 종교) (London, 1951).

Allchin, Bridget & Baynard, The Birth of Indian Civilization (Penguin, 1968).

Altekar. AS, Prācīna Bhāratīya Śāsana Paddhati.

Aṃtagadadasāo (Ed. Āgamodayasamiti).

Aṇuttarovavāiyadasāo (Ed. Āgamodayasamiti).

Āryamañjuśrīmūlakalpa—Edited TSS (참조).

Ātmatattvaviveka (Chowkhamba본).

Aṭṭhasālinī (나가리Nāgarī로 표기된 판본, P. V. Bapat · R. D. Vadekar, 1942).

Aveling, F., Personality & Will (Cambridge, 1931).

Āyāraṃgasutta, Śīlāṅka's Commentary (Calcutta, 1879).

Baladeva Upadhyaya, Bauddhadarśana (Hindi).

Bandyopadhyaya, N. C. Economic Life and Progress in Ancient India I (Calcutta, 1945).

Bapat, Satkari Mookerjee Felicitation Volume

Bareau, A., Les Sectes Bouddhiques du Petit Vehicule, Saigon, 1955.

Barua, B. M., Old Brahma Inscriptions in the Udayagiri and Khandagiri caves (Calcutta, 1929).

Barua, The Mahābodhi, 1944, March-April, p.61f.

Beal, S. Catena—Romantic Legend of Śākya Buddha (London, 1875).

Belvalkar, S. K., Sri Gopal Basu Mallik Lectures on Vedanta.

Beni Prasad's Theory of Government in Ancient India(1968). (Dr. A. D. Pant's Introduction).

B. Farrington, Greek Science

Bhandarkar, D. R., Aśoka (2nd edition).

Bhandarkar, D. R., Lectures on Ancient Indian Numismatics.

Bhandarkar, R. G., Collected Works Vol.VI.

Bhāratīya Anuśīlana (Mm. G. H. Ojha Comm. Vol).

Bhattacharya, Vidhushekhar—Basic Conception of Buddhism (Calcutta University Press).

Bhattacharya, Vidhushekhar—Pali Prakasa.
Bigandet, Life or Legend of Gautama, the Buddha of the Burmese. (London, 1880).
Bodhicaryāvatāra (B.I. edition).
Bose, Atindranath, Social and Rural Economy of Northern India. Vol.I (Calcutta, 1942) ; Vol.II (Calcutta, 1945).
Brewster, E. H., The Life of Gotama, The Buddha (Kegan Paul).
Brother Lawrencec, The Practice of the Presence of God, p.36 (Pub. Samuel Bagster & Sons Ltd.).
Buddha, (6th ed. 148n) ; Allgem. Gesch. der Phil. 1. 3., 138 156.
Buddhavaṃsa (PTS edition).
Buddhistic Studies (edited by Dr. B. C. Law) 1931.
Burnet, J., Early Greek Philosophy (2nd edition).
Burnet, J., Greek Philosophy, Thales to Plato, 1943.
Bury, J. B., History of Greece, London, 1906.
Carakasaṃhitā Ed. (Haridatta Śāstrī, 2nd edition, Lahore, 1940).
Carpenter, J. E., The Bible in the Nineteenth Century (1903).
Chanda, R. P., Indo-Aryan Races. (1916).
Charpentier, Uttarādya Charpentier, J., Uttarādhyayana Sūtra, Uppsala, 1922.
Chatterji, S. K., The Origin & Development of the Bengali Language, 1926.
Conze, E., Buddhist Texts, (Oxford, 1954).
Conze, E., Buddhist Thought in India, London, 1962.
Cook, Zeus. Cambridge, 1914.
Coomarswamy, A. K., Hinduism and Buddhism
Coomarswamy, A. K., Living Thoughts of Gotama, the Buddha.
Coomarswamy, A. K., Yakṣas Pt.I and II.
Cornford, F. M. From Religion to Philosophy.
Coster, G., Yoga and Western Psychology (Oxford University Press).
D.D. Kosambi, Ancient Kosala & Magadha (JBBRAS 1951).
Debates Commentary, PTS Translation of KV. A. (참조).
Dīpavaṃsa (ed. Oldenberg, London, 1879).
Divakar, R. R., Mahayogi.
Diwakar, R. R. Mahāyogi, pp.126-7

D.P. Agrawal, The Copper Bronze Age of India, p.255
Dube, S. N., Doctrinal Controversies in Early Buddhism (미간행).
Dutt, S. K., Early Buddhist Monachism.
Dutt,, Lévi in Tóung Pao, V. p.299.
Field, G. C., Plato and His Contemporaries.
Fitzgerald, China
F. L. Woodward, Some Sayings of the Buddha, p.251.
Foucher, L'Art gréco-boudhique du Gandhāra
Frauwallner, E., The Earliest Vinaya and the Beginnings of Buddhist Literature, Rome, 1956.
Fung Yu-Lan, History of Chinese Philosophy I
Garbe, R, Die Sankhya Philosophie (Leipzig, 1894).
G. C.Pande, "Patañjali's Interpretation of yoga"(요가에 대한 파탄잘리의 해석), Mountain Path, 1967, pp.213-16
G. N. Kavirāj, Sarasvati Bhavana Studies II. p.93ff
G. N. Kavirāj, Theism in Ancient India(고대 인도의 유신론).
G. R. Sharma, Excavations at Kauśāmbī.
Geiger, W., Pali Literature and Language (tr. Baṭakrishna Ghosh). —Pali Literature and Brahman.
Gheraṇḍa—Saṃhitā. 3. 64.
Ghoshal, History of Indian Public Life, Vol.II.
Ghurye, G. S., Caste and Race in India.
Glasenapp, H., The Doctrine of Karman in Jaina Philosophy. (tr. from German).
Gokuldas De, Democracy in the Buddhist Sangha
Gore, G., Jesus of Nazareth (H.U.L). (Home University Library, 개정판).
Gurwitch & Moore, Twentieth Century Sociology.
H. D. Sankalia in Purātattva, 1972-73,
H. J. Laski—The American Democracy
Hardayal, The Bodhisattva Doctrine (Kegan Paul, 1932).
Hardy, E., Indische Religionsgeschichte (Leipzig, 1898).
Hardy, G. H., Pure Mathematics (7th ed).
Hegel, Logic (tr. Wallace)—History of Philosophy (tr. E. S. Haldane).

Herzberg, The Psychology of Philosophers.
Hobson, The Theory of Functions of a Real Variable (1921).
Huber—B. Lecole Fr. 1906. p.1.
Hutton, J. H., Caste in India (2nd edition, 1951).
Indian Archaeology, A Review 1953-54 pp.6-7.
Īśvarapratyabhijñavimarśinī (Kashmir Series of Texts & Studies).
Jaidev Singh, The status ans role of Buddhi in Kaṭhopaniṣad and Bhagavadgīta
Jain, Jagdish Chandra, Life in Ancient India as Depicted in the Jain Canons (1947).
Jaini, J. L., Outlines of Jainism, Cambridge, 1916.
James, W., Varieties of Religious Experience.
Jayaswal, K. P., Hindu Polity, Calcutta, 1924.
Jayatilleke, K.N., Early Buddhist Theory of Knowledge, London, 1963.
Jinanand, B., Abhisamācārikā, Patna, 1969.
Jolly, J., Hindu Law and Custom, Calcutta, 1928.
K. A. Nilakanta Sastri (?) A. C. Mukerji, The Cultural Heritage of India II, p.22.
K. V. R. Aiyangar, Some Aspects of Ancient Indian Polity, p.62.
Kalpasūtra, Publised, Maphat Lal, 1942.
Kalyāṇa, Yogāṅka. MM. G. N. Kavirāj
Karl Marx, The Critique of Political Economy
Karsten, The Origins of Religion, London, 1935.
Kashyap, J., The Philosophy of Abhidhamma, 2 Vols.
Keith, "Pre-canonical Buddhism", pp.6-7(I.H.Q. 12, 1936).
Kern 'Buddha' I. p.247ff.(佛譯)
Kern, J. H. C., L' Histoire du Bouddhisme dans l'Inde (French tr. of the original Dutch, Paris, 1901-3).
Kimura, R., A Historical study of the Terms Hīnayāna & Mahāyāna and the Origin of Mahāyāna Buddhism. (Calcutta, 1927).
Lamotte, E., Histoire du Bouddhisme Indien des origines, al'ere Saka, Louvain, 1958.
Latourette, The Chinese : Their History and Culture
Law, B. C., India as Described in Early Texts of Buddhism and Jainism, London, 1941.—History of Pali Literature.
Lawrence, Brother, Practice of the Presence of God. (Pub. Samuel Bagster & Sons Ltd.).

Leumann, E., Das Aupapātika Sūtra, Leipzig, 1883.
Louis Renou, The Civilization in Ancient India, p.28.
Lutoslawski, Plato's Logic.
Macculoch, The Religion of the Ancient Celts.
Macdonell, A. A., Vedic Reader.
Macdonell, V. M. Macdonell, A. A., Vedic Mythology
Mackay, E. J. H., The Indus Civilization. (London, 1935).
Mahābhāṣya (ed. Kielhorn).
Mahabodhi Journal.
Mahāvaṃsa (PTS edition).
Mahāyānaviṃśaka (Nāgārjuna) Ed. MM. V. Bhattacharya.
Majumdar, R. C., (ed). The Vedic Age.
Majumdar, R. C., Corporate Life in Ancient India.
Manorathapūraṇī (PTS edition).
Manu—Mānavadharmaśāstra.
Marin-Sola, L'Evolution homogène du Dogme Catholique I & II (Deuxieme Edition, 1924).
Marx, K., Capital I (tr. Moore and Aveling, Allen & Unwin 1949).
Masson-Oursel, P., L'Esquisse d'une Histoire de la Philosophie Indienne.
Masuda, J., Origin & Doctrines of Early Indian Buddhist Schools.
Mclure—The Early Philosophers of Greece.
Mehta, R. L., Pre-Buddhist India.
Minayeff, Recherches Minayeff J. P., Recherches sur le Bouddhisme (Paris, 1894).
Misra, G. S. P., The Age of Vinaya (Delhi, 1972).
MM. V. Bhattacharya의 논문 "Evolution of Vijñānavāda(비즈냐나바다의 진화)", I.H.Q. 1934, p.1ff (ĀŚ. cxxxii에서 같은 저자).
MM. Gopinath Kaviraj, the Preliminary Essay to Tantravārtika, MM. G. Jha 역(Bib. Ind. 161, Fasc. XIX), p.IX.
MM. Vidhushekhara Shāstrin in Jha Comm. Vol. p.85f
Müller, F. Max—Hibbert Lectures.
Murray, Gilbert—Five Stages of Greek Religion.
N. Dutt, Early History of the Spread of Buddhism(불교 확산 초기 역사)—p.249ff
Nagarj, Muni, Āgama Aur Tripiṭak, Ek Anuśīlan, Calcutta, 1969.

Nairatmyapariprccha : JA 1928; edited separately also by Sujitkumar Mukerji.
Nirukta of Yāska (With Durgācharya's Comy). 2 Vols.
Nyāyabhāṣya, Chowkhamba edition.
Nyāyamañjarī, Vizianagram edition.
Nyāyavārtika, Chowkhamba edition.
Pa-Chow, W., Comparative Studies in the Mahāparinibbānasutta and its Chinese Versions. (Shantiniketan, 1946).
Pañcadaśī (Bombay, 1935).
Pande, G. C., Bauddha Dharma Ke Vikas Ka Itihas (Lucknow 1963).
Pande, G. C., Meaning and Process of Culture (Agra, 1972).
Paṇhāvāgaraṇa (AUS edition).
Pannavaṇā (AUS edition).
Papañcasūdanī (PTS edition).
Pātañjala Yogadarśana, pp.47ff. (Calcutta University, 1949).
Paṭisambhidāmagga (PTS edition).
Petavatthu (이용된 판본에 대해서는 아래 Ud. 부분 참고).
Piggott, Pre historic India.
Pischel의 Bruchstücke des Sanskrit-canons. .in B. L'ecole Fr. 1904. 473-'4
Plotinus, Select Works of, (tr. T. Taylor, Ed. G. R S. Mead, 1912).
Points of Controversy PTS translation of Kv. (Mrs. Rhys Davids).
Pratt, J. B., The Religious Consciousness, 1945.
Pratyabhijñāhṛdaya, Ed. J. C. Chatterji.
Pravāsī, Bengali Journal.
Przyluski, Le Concile de Rājagṛha
Pt. K. Chattopadhyaya, Pravāsī, Bhāga 37, Khaṇḍa 2, pp.557ff
Pt. K. Chaṭṭopādhyāya, in Proc. & Transac. of the Fourth O. C. (Allahabad) Vol.II. p.14
Pt. K. Chattopadhyaya, Presidential address in the Vedic Section of the Ninth AIOC, TSS 참고.
Puggalapaññatti, PTS edition.
Purātattva, journal of the Indian Archaeological Society 1972-73
R. S., Sāyaṇa's Comy. (Vedic Samśodhana Mandala, Poona).
Radhakrishnan, S., (Editor) History of Philosophy, Eastern and Western.

Rāyapaseṇaijja, AUS edition.
Republic 520 C. 1.
Rhys Davids, Mrs. Buddhism (H.U.L) Revised ed. (Mrs. Rhys Davids).
Rhys Davids, Mrs. Sakya (Kegan Paul, 1931). (Mrs. Rhys Davids).
Rhys Davids, T. W., American Lectures—Hibbert Lectures.
Rhys, John, Hibbert Lectures on the Origin & Growth of Religion as illustrated by Celtic Heathendom.
Rockhill, W. W., The Life of Buddha. (Kegan Paul).
Rohde, Psyche, Kegan Paul, 1925.
Roth, G., Bhiksuṇi Vinaya, Patna, 1970.
S. K. Chatterji, Bhāratīya Āryabhāṣā Aur Hindi, pp.53-4. (Rajkamal, 1954).
S. N. Dube, 'The Date of Kathāvatthu', East and West, March-June, 1972.
Saddharmapundarīka, Ed. H. Kern and B. Nanjio, (Bibliotheca Buddhica).
Samantapāsādikā, PTS edition.
Samavāyaṅga, AUS edition.
Samtani, N. H., The Arthaviniścaya-Sūtra & its Commentary, Patna, 1971.
Sāṅkhyapravacanabhāṣya of Vijñānabhikṣu, Chowkhamba ed.
Sāṅkhyasūtras with Aniruddha's comy., Calcutta, 1935.
Sansom, G. B., Japan.
Sāratthappakāsinī, PTS본.
Satapatha Bra—1.5.4. 6-11.
Satkari Mookerji Felicitation Volume, Chowkhamba 1969.
Sayadaw, Ledi, Expositions.
Schmidt, The Origin and Growth of Religion (London, 1931).
Select Works of Plotinus(플로티누스 작품선)(T. Taylor ed. G.R.S. Mead. 1921, p.320).
Sharma, Republics in Ancient India
Singh, M. R., A Critical Study of the Geographical Data in the Early Purāṇas, Calcutta, 1972.
Sircar, D. C., Select Inscriptions (Select Ins). Calcutta, 1942.
Soderblöm, The Living God (Oxford, 1933).
Sogen, Y., Systems of Buddhist Thought (=Systems).
Spengler, O., Der Untergang des Abendlandes, 1922.

Sri Aurobindo (Savitri II. 7.6 : Nirvāṇa).
Sri Aurobindo's Life Divine II (2) pp.1151-2.
Sri Aurobindo—Hymns to the Mystic Fire
Śrī Śrī Rāmakṛṣṇakathāmṛta, Śrī-Ma-Kathita, 14th edition.
Stcherbatsky, Central Conception of Buddhism and the Meaning of the Word "Dharma". (1923).
Sumaṅgalavilāsinī, PTS edition.
Suzuki, Studies in the Laṅkāvatārasūtra. (1930).
Sweezy, Paul M., The Theory of Capitalist Development (1952).
Syādvādamañjarī (Rāyacandraśāstramālā).
Tagore, A Vision of India's History (Visva-Bharati의 재판본, 1951).
Tantravārtika (B. I. Eng. tr. by Mm. G. Jha).
Tārānātha, History of Buddhism in India
Tattvārtharājavārtika, Sanātana Jaina Granthamālā.
Tattvasaṅgraha, Gaekwad's Oriental Series.
Tawney, R. H, Religion and the Rise of Capitalism.
The Comparative Catalogue of Chinese Āgamas and Pali Nikāyas (1929).
Thich Minh Chau, The Chinese Madhyamāgama and the Pali Majjima Nikāya
Thomson, G., Aeschylus and Athens. (1940).
Toynbee, A Study of History, III, pp.270ff.
Toynbee, Civilisation on Trial.
Tylor, E. B., Primitive Culture. (1903).
Upadeśasāhasrī, Bombay, 1930.
Upadhyaya, K. N., Early Buddhism and the Bhagavadgita (Patna, 1971).
Upendra Thakur, The History of Suicide in India (인도에서 자살의 역사).
V.S. Agrawal, Bhāratiya Kalā, pp.156-57.
Vaikhānasadharmapraśna, TSS.
Vedāntaparibhāṣā, Haridas Sanskrit Series, Banaras, 1937.
Vernon Venable, Human Nature : The Marxian View.
Vidhyabhushana, S. C., A History of Indian "Logic (1920).
Vigrahavyāvartanī, JBORS XXIII.
Vijñaptimātratāsiddhi, 앞의 Siddhi 참고.

Vimānavatthu (이용된 판본에 대해서는 아래 Ud. 부분 참고).
Vinayakṣudrakavastu
Vishva Bharati Quarterly.
Vivāgasuyam, AUS edition.
W. Ruben, "Materialismus in Leben des alten Indiens"(고대 인도 삶의 유물론). AO(Acta Orientalia), 1935, p.143
Wagle, N., Society at the Time of the Buddha, Bombay, 1966.
Waldschmidt, Catusparisat, Mahāvadāna and Mahāparinirvāṇa
Waldschmidt, Das Mahāparinirvāṇa sūtra, 1950-51.
Walleser, M, Der āltere Vedānta-Geschichte, Kritik and Lehre. (1910).
Warder, A. K., Indian Buddhism, Varanasi, 1970.
Wassiljew, Der Buddhismus Vol.I. St. Petersburg, 1860.
Welbon, The Buddhist Nirvāṇa and its Western Interpreters, Chicago, 1968.
Wheeler, M., The Indus Civilization (1953).
Winternitz M., History of Indian Literature (별도로 명시되어 있지 않는 한 Vol.II를 의미). 저자의 승인을 받은 영역(英譯)본, 1933.
Winternitz에 답하여, Visva Bharati Quart.(NS)
Wu-ta-ku'n, Past and Present I
Yoga Heute, (ed). Ursula Von Mangoldt, Otto Wilhelm Barth Verlag, 1971.
Zeller, E., Outlines of the History of Greek Philosophy, 13th Edition, tr. L. R. Palmer. (Kegan Paul, 1931).

『디가니까야』 힌디어 번역본의 도입부. (Sarnath, 1936).

찾아보기

【 ㄱ 】

가디어(Māgadhī) 685
가르베(Garbe) 365, 386
가부좌 333
가웨사나(Gavesana) 73
가이거(Geiger) 79, 562
가타(gāthās, 偈頌) 88, 152, 197, 198, 239, 247, 291, 445, 505, 683
가티(Gati, 運命) 449
가필 86
가하빠띠(Gahapati, 長者) 475
갈망(Taṇhā) 96
갈애(Taṇhā) 106, 111, 117, 127, 251, 288
감각적 욕망 204, 217
감역(感域, āyatanas) 109
게송(gāthās) 79, 86, 116, 138, 146, 152, 153, 164, 248, 252, 253, 298
견해(Diṭṭhi) 96, 119, 128, 204, 230
결집 18, 40, 41, 44, 127, 151, 192, 420, 665~667
경(sutta, 經) 153, 181
경장(Sutta Piṭaka, 經藏) 29, 39
계발(Bhāvanā) 317
계율(Sīla, 戒) 131, 137, 209, 419
고귀한 길[팔정도] 253
고귀한 침묵(Ariyo Tuṇhībhāvo) 479
고따미(Gotamī) 200
고성제(苦諦) 487
고행 202
고행주의 632
공(空) 278, 513
공성(空性) 242
괴로움[Vedanā, 受] 273
교리문답(vedalla) 85, 262, 274, 295
구경지(aññā, 究竟智) 274
구업(口業) 188
구원 611
궁극의 앎 607
궁극적 실제 568
궁극적 의미(Paramattha) 104
궁극적 진리(Paramārtha Satya, 勝義諦) 580
근본물질[四大] 598
글라제나프(Glasenapp) 444, 448
금욕 410, 466
금욕주의 337, 403, 409, 411, 416, 451, 613
금욕주의자 386, 338
기적 160
기타 400
길(道, Magga) 150, 165, 571, 609, 613
까루나 632, 652
까르마 364

까마(kāma, 欲望) 316, 364, 468, 571, 648
까삘라왓투(Kapilavatthu) 457
까시(Kasi) 473
까시나(kasiṇa, 遍處) 324
까싸빠 277, 433
까야(Kāya, 身) 281
까야누빳사나(Kāyānupassanā, 身隨觀) 300
까타(論) 45
『까타왓뚜빠까라나(Kathāvatthuppakaraṇa)』 30
『까타왓투(Kathāvatthu, 論事)』 43, 45, 46, 52, 536
깔리야나밋따(Kalyāṇamitta, 善友) 255
깜마(kamma, 業) 227, 273, 428, 440, 444, 446~449, 519, 520, 522, 528
깝빠(Kappa) 72, 679
깟짜야나(Kaccāyana) 433
깨달음(Bodhi, 覺) 468, 480, 481, 499, 556, 606, 611, 622
꼬살라(Kosala) 83, 475, 478, 646
꾸살라담마(Kusaladhamma, 善法) 619
끼리야와다(Kiriyavāda, 作業論) 440, 653
낄레사(Kilesa) 73

【 ㄴ 】

나가르주나(Nāgārjuna, 龍樹) 277, 508, 517, 534, 542, 579, 675
나가리(Nāgari)본 141, 165, 190
나따뿟따 683
나마루빠(Nāmārūpa) 99, 101, 275, 526
나이라트미야(nairātmya, 無我) 19, 619, 676
나이라트미야바다(Nairātmyavāda, 無我說) 656
난죠 분유(南条文雄) 87
난죠(Nanjio) 121, 122, 246, 306, 310→ 난죠 분유
날란다(Nālandā) 474
냐나(Ñāṇa, 知) 175, 553
냐나다싸나(Ñāṇadassana, 知見) 175
냐나왓투니(Ñāṇavatthūni) 74
네 가지 거룩한 가르침(Ariyasacca, 四聖諦) 106
네 가지 근본물질[四大] 137
네 가지 진리 151
네야르타(Neyārtha, 不了義) 673
네얏타(neyattha, 함축적 의미) 76, 312
노력(Padhāna) 317, 465
논장(Abhidharma Piṭaka, 論藏) 29
느낌(vedanā, 受) 228, 271, 599
니간타(Nigaṇṭha) 177, 187, 221, 414, 417, 418, 429, 431, 437, 613, 646, 647, 651, 682
니까야(Nikāya) 20, 33, 43, 44, 46, 48, 58, 59, 64, 66, 79, 84~86, 99, 103, 123, 131, 142, 146, 167, 170,

213, 254, 257, 298, 308, 313, 323, 407, 455, 460, 461, 471, 489, 490, 493, 503, 518, 530, 534, 549, 563, 579, 593, 601, 635, 646, 651, 652, 654, 658, 660, 667, 682
니다나(Nidāna, 因緣) 142, 158, 262, 266, 268, 274, 275, 496, 526, 660
『니데사(Niddesa)』 51
니땃타(nītatha, 분명한 의미) 76, 312
니로다(Nirodha, 滅) 113, 266, 488, 546
니로다사마빳띠(Nirodhasamāpatti, 滅盡定) 640
니루빠디세사 549
니르바나(Nirvāṇa, 涅槃) 471, 481, 493, 499, 534, 538, 540, 542, 544, 547, 549, 558, 603, 607, 609, 644, 662
니야띠 429
니야티(Niyati, 決定, 宿命) 423
니야티바딘(Niyativādin, 決定論者) 423
니와라나(Nīvaraṇa, 障礙) 150, 299, 528, 626
니타르타(Nītārtha, 了義) 673
닙바나(Nibbāna, 涅槃) 196, 216, 240, 248, 250, 256, 283, 289, 292, 308, 461, 463, 503, 536, 550, 566, 567, 571, 575, 620
닙부따(Nibbuta) 114
닛자라(Nijjarā, 消滅) 450

【 ㄷ 】

다나(Dāna, 布施) 156
다뚜(Dhātu, 界) 75, 194, 209, 276, 282, 600
『다뚜까타(Dhātukathā)』 30, 44
다르마 561, 612, 670, 676
다르마굽타(Dharmaguptas, 達摩笈多, 法藏部) 31, 41, 124
『다르마굽타비나야(Dharmaguptavinaya)』 91
다르마키르티 601
다신교 361, 378
단다(Daṇḍa) 74
단멸론 517
담마(Dhamma) 46, 75, 159, 181, 216, 242, 264, 318, 457, 481, 503, 559, 563, 564
담마누빳사나(dhammānupassanā, 法隨觀) 301
담마딘나(Dhammadinnā) 189, 571
담마따(Dhaṃmatā, 法性) 142, 225, 503
『담마빠다(Dhammapada)』 51, 115, 224, 239, 469
『담마상가니(Dhammasaṅgaṇi)』 30, 44, 51, 193
담마짝쿠(Dhammacakkhu, 法眼) 216, 562
데와다하(Devadaha) 458
데와야나(Devayāna) 75
도(maggo) 104, 633

도사(Dosa, 瞋) 474
동물(Paśu, 動物) 희생제 356
둑카(Dukkha, 苦) 263, 274, 275, 288, 432, 481, 488, 490, 491, 492, 502, 518, 578
둑카따(Dukkhatā) 75
듀트(N. Dutt) 34, 41, 432, 436, 471, 473, 546, 668
드야나(Dhyāna, 禪定) 611, 648
『디가니까야』 33, 34, 41, 55, 65, 80, 82, 100, 102, 103, 106, 116, 120~122, 132, 156, 170, 175, 176, 184, 231, 233, 237, 256, 257, 274, 295, 300, 312, 319, 595
딧티(Diṭṭhi, 見解, 교리) 74, 284
딧티가따(Diṭṭhigata, 邪見) 216
따빠스(Tapas, 苦行) 382
따타가따(Tathāgata, 如來) 183, 205, 216, 218, 268, 280, 297, 311, 312, 320, 542, 546, 570, 599, 602, 675
딴하(Taṇhā, 渴愛) 74, 274, 275, 302, 307, 319, 524, 530

【 ㄹ 】

라 발레 푸쌩(La Vallée Poussin) 38, 390, 544, 577, 621, 667
라가(Rāga, 貪) 474
라나드(Ranade) 365, 384
라다크리슈난(Radhakrishnan) 547, 578
라자가하(Rājagaha) 181, 216, 474
라자그리하(Rājagṛha) 39, 83, 148
라훌라(Rāhula) 179, 210, 211, 241, 460, 476
락카나(Lakkhaṇa, 特徵) 600
『랄리타비스타라(Lalitavisatara, 方廣大莊嚴經)』 89, 456, 470, 472
레비(Lévi) 38, 93, 118, 122
레쉬야(Leśyā) 454
로가(loga, 육체) 440
로까(Loka, 世界) 274, 288
로까다뚜(Lokadhātu, 世界) 157
로우(B. C. Law) 52
로젠베르그(Rosenberg) 495, 559, 603, 619, 662, 676
록힐(Rockhill) 38, 128, 456
루빠(Rūpa, 色, 물질) 209, 210, 264, 282, 316, 317, 640
루빠칸다(Rūpakkhandha, 色蘊) 211
루토슬라프스키(Lutoslawski) 66
룸비니(Lumbini) 457
리그베다(Ṛgveda) 345, 348, 349
리스 데이비즈(Rhys Davids) 20, 52, 53, 54, 67, 78, 81, 83, 131, 140, 146, 148, 156, 157, 160, 168, 193, 194, 200, 204, 214, 249, 255, 263, 270, 275, 281, 301, 307, 308, 410, 468, 470, 486, 489, 490, 495, 498, 499, 505, 509, 547, 564, 577, 578, 580,

594, 600, 615, 619, 627, 667

【 ㅁ 】

마가다(Magadha) 148, 181, 341, 465, 474, 478, 646
마나(māna, 我慢) 307
마나스(manas) 352, 372
『마디야미카 카리카』 33
마디야미카(Mādhyamika, 中觀派) 504, 542, 566, 545, 579, 589, 604, 675
마라(Māra, 惡魔) 467, 468
마르가(Mārga) 481, 488
마음(citta) 159, 170, 171, 301, 315
마음챙김[Sati, 念] 78, 211, 261, 625, 624, 628
마이트라야니야 우파니샤드(Maitrāyaṇīya Upaniṣad) 687
마하(Mahā) 144
마하깟짜나(Mahākaccāna) 198
마하데바 668
『마하바라타(Mahābhārata)』 99, 398
『마하바스투(Mahāvastu)』 89, 456
마하비라(Mahāvīra) 21, 417, 431, 449, 451, 646, 677, 679
마하빠자빠띠 고따미(Mahāpajāpati Gotamī) 459
마하뿌리사락카나(Mahāpurisalakkhaṇam, 大人相) 62
마하상기카(Mahāsaṅghikas, 大衆部) 31, 191, 651, 668
마하야나(Mahāyāna, 大乘) 16, 64, 471, 501, 562, 571, 673, 674
『마하왁가(Mahāvagga, 大品)』 32, 100, 417, 455, 460, 469, 682
마하쭌다(Mahācunda) 182
마하파리니르바나(大般涅槃) 539, 544
마히샤사카(Mahīśāsakas, 化地部) 31
마힌다(Mahinda) 686
막가(Magga, 道) 78, 251, 644
막가팔라(maggaphala, 道果) 537
막고(Maggo) 614
막칼리 고살라(Makkhali Gosāla) 426, 618
만따니뿟따(Puṇṇa Mantāniputta) 173
만유(Manyu, 분노) 350
만트라(mantra, 眞言) 379
말라(Malla) 477
말룽끼야뿟따(Māluṅkyaputta) 180
맛제나 담모(Majjhena Dhammo, 中道法) 273
『맛지마니까야』 33, 34, 55, 64, 80, 82, 83, 100, 102, 105, 112, 113, 116, 120, 164, 167, 218, 236, 246, 256, 257, 261, 293, 455, 472, 595
맛지마빠띠빠다(Majjhimāpatipadā) 510
맥도넬(Macdonell) 349
메떼야(Metteyya, 彌勒) 161
멧따 652
멸성제(滅諦) 488

명상 385, 462, 561, 610, 611, 637, 639
명지(明智) 142
모하(Moha, 癡) 474, 527
목갈라나(Moggalāna) 101, 189, 200, 220, 261, 473
목샤(Mokṣa, 解脫) 365, 399
몸(Kāya, 身) 130
무기(無記) 136
무니(Muni, 賢者) 105, 336, 337, 338, 344, 409, 437
무명(無明) 277
무상(無常) 143, 265, 499, 523
무색계 선정(無色界 禪定) 464
무소유처(無所有處) 658
무소유처정(無所有處定, Ākiñcaññāyatana) 465
무시청정열반(無始淸淨涅槃) 540
무아(無我, Anatta) 73, 77, 210, 230, 282
무아론(無我論) 193
무아설 127
무여열반(無餘涅槃) 540
무주열반(無住涅槃) 540
무지(Avijjā, 無知) 111, 492, 502, 523, 527, 561, 609
묵티(Mukti, 解脫) 364
물질(Rūpa, 色) 281
물질과 정신 106, 138
뮐러(E. Muller) 152
미나예프(Minayeff) 41, 307, 668
미륵 61
미륵불(Metteyya Buddha) 56
미망사카(Mīmāṃsaka) 661
미얀마본 141
믿음(saddhā, 信) 61, 622
『밀린다빤하(Milindapañho)』 536

【 ㅂ 】

바가바드기타(Bhagavadgītā)』 398, 433
바나프라스타(Vānaprastha, 隱遁期) 451
바라나시(Bārāṇasī) 458
바루나(Varuṇa) 347, 348
바루아(Barua) 429, 432, 570, 686
바른 삼매[正定] 237
바수반두(Vasubahdhu) 506
바실리에프(Wassiljew) 544
바와(Bhava, 生) 101, 530
바와나(Bhāvanā, 修行) 77, 219, 619, 629, 660, 674
바이바시카 537
바이샬리 665
바이샬리(Vaiśālī) 43, 148
바크(Vāk, 言語) 372
바트시푸트리야(Vātsīputrīya, 犢子部) 651
바팟(Bapat) 55
반다르카르(Bhandarkar) 45
발라(Bala, 力) 618, 620

밸베카르(Belvelkar) 365, 384
번뇌의 소멸(Āsavakhaya, 漏盡) 108, 241
범신론 350
법(Dhamma) 50, 159, 185, 268
법성(Dhammatā) 61, 323
베다 336, 338, 340, 343, 353, 379, 384, 385, 387, 398, 409, 653, 661
베단타(Vedānta) 352, 360, 534
벽지불 255
보가(Bhoga, 享有) 358
보디(Bodhi, 覺) 551, 555, 626, 635, 652
보디빡키야(Bodhipakkhiya, 菩提分) 152, 283, 309, 624
보디빡키야담마(Bodhipakkhiyadhamma, 菩提分法) 127, 191, 192, 242, 295, 298, 309, 486, 614, 628
보디삿따(Bodhisatta, 菩薩) 77, 118, 143, 177, 178, 195, 205, 206, 240, 275, 291, 293, 315, 462
보디삿트바(Bodhisattva, 菩薩) 205, 461, 471, 539
보름달(Pūrṇamāsa) 희생제 355
보리분법(菩提分法) 163
보살(Bodhisatta) 101
보장가(Bojjhaṅga, 覺支) 299, 626
보호(Parittā) 106
부드러운 수퇘지 고기 105, 120
부티(Bhūti, 富) 358
부파(部派) 50, 673
부파불교 469
북방 전통 15
분열 43, 229, 665
불가지론(不可知論) 603
불사(Amṛtatva, 不死) 363, 368, 370, 545, 554
불선(akusala, 不善) 230
불환자(anāgāmin) 68, 165
붓다 503
붓다고사(Buddhaghosa) 306, 385, 427, 506, 536, 639, 660
『붓다왐사(Buddhavaṃsa)』 51
붓디(Buddhi, 覺) 496
뷔르누프(E. Burnouf) 264
브라하스파티(Bṛhaspati) 346
브라흐마(Brahmā, 梵天) 470
『브라흐마나(Brāhmaṇa, 梵書)』 584
브라흐마나(Brāhmaṇa, 婆羅門) 335, 353, 394, 397, 401, 412
브라흐마위하라(Brahmavihāra, 梵住) 171, 232, 630, 631, 658
브라흐마짜리야 684
브라흐만(Brahman) 377
블룸필드(Bloomfield) 65
비드반(Vidvān, 賢者) 380
비드야(Vidyā, 知識) 360
『비바사(Vibhāṣā, 毘婆沙)』 537
비상비비상처(非想非非想處) 658
비상비비상처정(非想非非想處定) 465

비슈누(Viṣṇu) 349, 357
비슈바카르만(Viśvakarman) 349
비야사(Vyāsa) 335
비유(Upamā) 63, 106, 130, 136, 168, 174, 205, 206, 217, 218, 226, 239, 241, 248, 273, 278, 289, 315
비즈냐나(Vijñāna, 識) 496, 662, 674
비즈냐나바딘(Vijñanavādin, 唯識思想) 539, 560, 595, 657
빅쿠(Bhikkhu) 19, 105
빈테르니츠(Winternitz) 37, 54, 84, 85, 100, 114, 146, 151, 158, 162, 196, 228, 240, 263, 450, 679
빔비사라(Bimbisāra) 473, 474
빠꾸다 깟짜야나(Pakudha Kaccāyana) 432, 654
빠다나(Padhāna, 노력) 77, 236, 465, 618, 658
빠딸리뿟따(Pāṭaliputta) 82, 83, 150, 225
「빠띠목카(Pātimokkha, 婆羅提木叉)」 48
『빠띠삼비다막가(Paṭisambhidā Magga)』 51
빠라마타(Paramārtha, 眞諦) 433
빠라맛타(Paramattha, 최상의 의미) 93
「빠라야나왁가(Pārāyaṇavagga)」 89, 90, 92, 97, 98, 99, 107
빠락까마 618
빠로와라(Parovara) 76
빠리니르바나(Parinirvāṇa, 완전한 涅槃) 471
빠리닙바나 257
빠리바자까(Paribbājaka, 遊行者) 136, 410, 420, 475, 476, 509, 552
빠리야야(Pariyāya, 法門) 77, 172
『빠리와라(Parivāra)』 49
빠리윳타나(pariyuṭṭhāna) 69
빠릭카라(Parikkhāra, 필수 조건) 77
빠릿따(Parittā) 77
빠모짜(Pāmojja, 喜樂) 170
빠뭇자(Pāmujja 喜樂) 290
빠사디(Passadhi, 輕安) 170, 290, 626
빠세나디(Pasenadi) 83, 191, 233, 475
빠알리(Pāli) 15, 16, 31, 33, 37, 87, 90, 93, 110, 121, 123~125, 128, 148, 245, 246, 455, 468, 545, 685
빠알리본 167, 173, 246, 306, 508, 686
빠자빠띠(Pajāpati) 77
빠티가(Paṭigha, 嗔) 241
빠티삼비다막가 645
빤냐(paññā, 智慧) 132, 133, 153, 188, 553, 554, 612, 620, 621
빤냐위뭇띠(Paññāvimutti, 慧解脫) 109, 101, 133, 189, 261, 269, 313, 323, 553, 556
빳짜야(paccaya, 조건, 緣) 272, 527
빳짜웩카나(Paccavekkhaṇa, 省察) 180
빳짯따(Paccatta, 各自) 67, 582
빳쩨까붓다(Pacceka Buddha, 辟支佛, 緣覺)

61, 76, 118, 154, 195, 312
『빳타나(Paṭṭhāna)』 30, 44
『뻬따왓투(Petavatthu)』 51
뿌라나 까싸빠(Pūraṇa Kassapa) 431, 432, 683
뿌리사(Purisa, 사람, 남자) 77, 585
뿌리사 뿍갈라(Purisa puggala, 개인, 사람) 77, 187
뿌쌩 365, 603→라 발레 푸쌩
뿌자(pūjā, 供養) 334
뿌투자나(Puthujjana, 凡夫) 644
뿍갈라(Puggala, 개인, 인간) 77, 171, 209, 212, 586, 589, 644
『뿍갈라빤낫띠(Puggalapaññatti)』 30, 645
뿍갈라와딘(Puggalavādin, 個人論者) 281, 587~589
뿐나 만따니뿟따(Puṇṇa Mantāniputta) 282
쁘라띠목샤(Prātimokṣa, 波羅提木叉, 別解脫) 32
삐따까(Piṭakas) 29, 74
삐띠(Pīti, 喜悅) 170, 290

【 ㅅ 】

사까다가미(sakadāgāmī, 一來者) 222
사까다가미팔라(Sakadāgāmiphala, 一來果) 140
사까다가민(sakadāgāmīn, 一來者) 229
사념처(四念處) 192
사띠(Sati, 念) 78, 151, 160, 172, 206, 207, 251, 620, 621, 625, 626
사띠빳타나(Satipaṭṭhāna, 念處) 78, 150, 156, 159, 199, 300, 308, 626
사르바스티바다(Sarvāstivāda, 說一切有部) 29, 31, 191, 516, 561, 612, 657, 670, 675
사리뿟따(Sāriputta) 100, 101, 150, 173, 182, 184, 200, 201, 202, 220, 229, 233, 234, 258, 261, 274, 284, 294, 473
사마나(Samaṇa, 沙門) 613, 628
사마디(samādhi, 三昧, 集中) 77, 153, 156, 171, 172, 237, 242, 285, 290, 296, 385, 612, 620, 621, 626, 633, 658, 660
사마따(Samatā, 균형) 320
사마빳띠(samāpatti, 入定) 285
사마타(Samatha, 止) 220, 296, 642, 643
사마타바와나(Samathabhāvanā, 止修行) 642
사무다야(Samudaya, 集諦) 488
사범주(四梵住, Brahmavihāra) 157
사선정(四禪定) 220
사성제(四聖諦) 53, 101, 108, 132, 159, 309, 310, 485, 527
사신족(四神足) 192
사왓티(Sāvatthī) 458, 476
사우빠디세사(saupādisesa, 有餘) 536
사우트라마니(Sautrāmaṇī) 356

사우트란티카(Sautrāntika, 經量部) 539, 670
사정근(四正勤) 192
사트바(Sattva, 有情) 389
사하씨 로까다뚜(Sahassī Lokadhātu) 78
삭까(Sakka) 98
삭까야(Sakkāya, 有身) 241, 253, 289
삭까야딧티(Sakkāyadiṭṭhi, 有身見) 252
산냐(Saññā, 想) 78, 96, 248, 311, 317
산냐웨다이따니로다(Saññāvedayitanirodha, 想受滅) 193, 239, 257, 294, 323, 545, 546
산냐웨다이따니로다사마빳띠(Saññāvedayitanirodhasamāpatti, 想受滅成就) 256
산따(Santa, 寂靜) 543
산스크리트 15, 31, 37, 87, 93, 456
산자야 벨랏티뿟따(Sañjaya Belaṭṭhiputta) 434
산자야(Sañjaya) 438
산쩨따나(sañcetanā, 意圖) 267
살아야따나(Saḷāyatana) 101
삼마딧티(Sammādiṭṭhi, 正見) 237, 238, 251
삼마빠다나 619
삼마사띠(sammāsati, 正念) 238
삼마삼보디 551
삼마삼붓다(Sammāsabuddha, 正等覺者) 143, 154
삼마아지와(sammāājīva, 正命) 238
삼마와야마(sammāvāyāma, 正精進) 238
삼명(三明, tevijjā) 131, 180, 205, 220
삼법인(三法印) 53, 187, 204, 240, 278, 308
삼보(三寶) 308, 310
삼보디(sambodhi, 正覺) 455, 470, 549, 552, 553, 557, 566, 642
삼보장가(Sambojjhaṅga, 覺支) 150, 219, 309, 317, 618
삼빠다(Sampadā, 具足) 135
삼빠잔냐(sampajañña, 正知) 626
삼우다야(Samudaya, 發生) 266
삼장(Tipiṭaka) 47
삼팟사(Samphassa, 接觸) 286
삼학 109
삿다(Saddhā, 信) 621, 622
삿다누사리(Saddhānusārī, 믿음을 따르는 자) 228
삿따(satta, 衆生) 77, 586
삿따까야와다(Sattakāyavāda) 433
삿사따 508, 520
삿사따와다(Sassatavāda, 永遠論, 常主論) 433, 513, 653
상가(Saṅgha) 42~44, 82, 103, 172, 192, 201, 216, 412, 479, 620, 665, 666
상사라(輪廻) 339, 364, 410, 416, 424, 426, 447, 449, 453, 481, 522, 523,

571, 608, 648, 673
상사라위숫디(Saṃsāravisuddhi) 427
상세한 설명(veyyākaraṇa, 답변, 記別, 記說) 64, 128, 158
상수멸정(想受滅定, Saññāvedayitanirodha) 155
상와라(Saṃvara, 制御) 440, 449
상요자나(Saṃyojana, 束縛) 78, 190, 220, 283, 311, 620, 621
『상윳따니까야』 33, 34, 104, 119, 133, 148, 157, 176, 204, 245, 246, 271, 298, 309, 595
상주론 517
상카라(Saṅkhāra, 行) 78, 267, 272, 282, 317, 522, 526, 662
상키야(Sāṅkhya) 283, 386, 388, 433, 653, 657, 688
생략(Peyyāla, 중략) 141
샤슈바타바다(Śāśvatavāda, 常住論) 659
석주(石柱) 686
선업(善業) 156
선정(jhāna) 99, 103, 131, 155, 175, 205, 209, 217, 222, 224~227, 231, 285, 300, 314, 318, 321, 464, 466, 467, 479, 481, 571, 626, 632, 633, 635, 636, 638~640
설법 127, 136, 160, 169, 172, 180, 212, 272, 469, 472, 473, 486
성인(聖人) 223, 457, 492, 644
세 가지 귀의처[三寶] 110
세간적 진리(Saṃvṛti, 世俗諦) 580
셋티(Seṭṭhi, 장자) 473, 475
소따빤나(sotāpanna, 預流者) 229
소따빤노(sotāpanno, 預流者) 222
소따빳띠팔라(Sotāpattiphala, 豫流果) 140
소마(Soma, 의례 음료) 354, 355
소마 희생제 354, 357
소멸 231
소빠디세사 549
소크라테스 62
수까라맛다와(Sūkaramaddava, 부드러운 돼지고기) 227
수리야(Sūrya) 346
수승한 지혜(Abhiññā) 464
수시마(Susīma) 258, 551
수카(Sukha, 幸福, 樂) 170, 290, 432, 545
수쿠타(Sūktas, 찬가) 57, 337
수트라카라(Sūtrakāra, 경전 편찬자, 편집자) 407
수행(Bhāvanā, 계발) 130, 177, 206, 212, 481, 611, 628, 632
수행자(Yogi) 607
숫도다나(Suddhodana) 459, 476
『숫따니빠따(Suttanipāta, 經集)』 38, 51, 87, 89, 91, 92, 106, 112, 115, 117, 120, 127, 133, 139, 144, 158, 164, 172, 175, 176, 215, 218, 227, 230,

233, 240, 245, 249, 257, 292, 314, 323, 595
숫따삐타까(Suttapiṭaka, 經藏) 269
『숫따위방가(Sutta Vibhaṅga)』 51
쉬바(śiva) 333
쉴랑카(Śīlāṅka) 423, 431, 432, 434
슈라더(Schrader) 421, 424, 425, 496, 494, 548, 578, 600
슈라마나(Śramaṇa, 沙門) 336, 338, 367, 386, 401, 437, 497, 518, 570, 649, 653, 663
슈라우타(Śrauta, 天啓) 희생제 398
슈랏다(Śraddhā 믿음) 350
슈베탐바라(Śvetāmbaras, 白衣派) 678
슌냐따(Śuññatā, 空性) 79, 294
슌야바딘 560
슌야타(Śūnyatā, 空) 508, 517, 542, 597, 602
스나르(Senart) 390, 496
스리랑카 18, 47, 245, 686
스바바와바다(Svabhāvavāda, 自性論) 422
스야드바다(Syādvāda, 不定主義) 437, 438
스캄바(Skambha 세계의 기둥) 350
스타비라 670
스타비라바딘(Sthaviravādin, 上座部) 668
스테인(Stein) 87
식카빠다(Sikkhāpada, 학습 계율) 228
신격화 154
신구의(身口意) 삼행(三行) 179
신업(身業) 188
실라(sīla, 戒) 133, 153, 209, 224, 237, 268, 310, 311, 612, 620, 629
심리학 169, 193, 246, 324, 376, 457, 469, 492, 498, 601, 652, 676
심해탈 189
십정도(十正道) 165, 228, 238, 487

【 ㅇ 】

아가마(Āgama, 阿含) 20, 318
아그니(Agni) 346
아그니호트라(Agnihotra) 354
아까라까와다(Akārakavāda, 아무것도 행하지 않는 주의) 432
아꾸살라담마(Akusaladhamma, 不善法) 619
아끼리야와딘 654
아나가미따(Anāgāmitā) 101
아나가미팔라(Anāgāmiphala, 不還果) 140
아나가민(anāgāmin, 不還者) 52, 67, 134, 157, 280, 313, 644
아나빠나사띠(Ānāpānasati, 入出息念) 211, 300, 658
아나타삔디까(Anāṭhapaṇḍika) 201, 475
아난다 151, 154, 162, 200, 233, 256, 257, 272, 290
아네사키 마사하루(姉崎正治) 33
아네사키(Anesaki) 87, 185
아누룻다 256

아누룻다짜리야(Anuruddhācariya) 537
아누빠디세사(anupādisesa, 無餘) 536
아누사띠(Anussati) 69
아누사야(Anusaya, 잠재성향) 69, 103, 190, 221, 241, 311, 621, 674
아눌로마(Anuloma, 順觀) 526
아닛짜(Anicca, 無常) 263, 578
아드바야와다 656
아드바이타(Advaita, 不二論) 371
아뜨만 579
아라마(Ārāma, 庭園) 420
아라하(Arahā, 阿羅漢) 222, 289
아라한(arahant) 68, 70, 237, 238, 320, 468, 550, 644
아라핫따 550
아라핫따팔라(Arahattaphala, 阿羅漢果) 140
아람마나(Ārammaṇa, 所緣) 71, 537
아루빠(無色界) 226, 640, 658
아루빠위목카(Arūpavimokkha, 無色界解脫) 219, 220, 237, 256
아루빠자나(arūpajhāna, 無色界禪定) 217
아르타바가(Ārtabhāga) 367
아리스토텔레스 655
아리안족 329, 332, 334, 335, 340, 344, 351
아리야삿짜니(Ariyasaccāni) 487
아리야짝쿠(ariyacakkhu, 고귀한 눈) 216
아마따(Amata, 不死) 70, 226
아마라위케삐까(Amarāvikkhepika, 懷疑論者) 436, 437
아바바(Ababa) 70
아비다르마(Abhidharma, 論藏) 17, 487, 488, 500, 516, 676
『아비다르마코샤 바카야』 33
『아비다르마코샤』 33, 43
아비달마 58
아비담마(abhidhamma) 30, 44, 51, 52, 70, 169, 192, 193, 229, 276, 321, 612, 639, 645
아비드야(Avidyā, 無明) 497, 502, 659
아비바야타나(Abhibh.yatana) 70
아비야까따(Abyākata, 無記) 180, 535
아비야까따와다(Abyākatavāda, 無記說) 119
아비위나야(Abhivinaya) 70
아빈냐(Abhiññā, 超越知) 52, 70, 99, 261
아빠다나(Apadāna) 51, 69, 142
아빠마다(Appamāda) 69
아사와(Āsava, 煩惱) 71, 103, 171, 202, 440, 553, 555
아사와카야(Āsavakhaya, 漏盡) 131, 172
아삼스크르타 543, 674
아상카따(Asaṅkata, 無爲) 504, 535, 546
아소카(Aśoka) 18, 44~46, 74, 82, 84, 85, 174, 179, 457, 685
아슈라마(Āśrama, 週期) 404, 405, 407~409

아야따나(Āyatana, 處) 71, 75, 262, 288, 529, 600
아와사(Āvāsa, 煩惱) 416
아웻짜빠사다(aveccappasāda, 不壞淨) 156, 170, 320
아위하(Aviha) 70
아윗자(Avijjā, 無明, 痴) 205, 241, 272, 527, 528, 556
아잣따삿뚜(Ajātasattu) 84, 129, 134, 181, 426, 474
아즈냐나와딘(Ajñānavādin) 435
아지따께사깜발리(Ajitakesakambalī) 435
아지바카(Ājīvaka, 邪命外道) 414, 417, 418, 429, 430, 476, 613, 619
아카누마 치젠(赤沼智善) 34
아크리야(Akiriyā, 非作業) 431
아크리야바다(Akriyāvāda, 非作業論) 425
아트마드바이타(Ātmādvaita, 我不二) 378
아트만(Ātman) 352, 371, 372, 373, 377, 379, 402, 580, 597, 603, 604
아하라(āhāra, 滋養分) 268, 276, 413
아함(Āgama) 33, 35, 48
아함경 123
아힘사(Ahiṃsā, 不殺生) 648, 652
악기웨사나 230
안냐(Aññā, 究竟智) 552, 555, 635
안냐나와다(Annāṇavāda) 434
안따라바와(Antarābhava, 中有) 674
안아뜨만 579
안아트만 604
안앗따(Anattā, 無我) 19, 67, 187, 241, 251, 263, 267, 277, 281, 545, 548, 576, 578, 596, 605
안앗따와다(Anattavāda, 無我說) 208
알라라 깔라마(Āḷāra Kālāma) 464
앎[깨달음] 609, 611, 635
암르타트바(Amṛtatva, 不死性) 368
압부다(abbuda) 70
압빠마다(Appamāda, 不放逸) 112, 255
압빠삿다까모(Appasaddakāmo, 無聲處) 479
앗따(Attā, 自我) 209, 211, 249, 250, 264, 283, 403, 440, 542, 549, 576, 583, 584, 599, 605
앗따바와(attabhāva, 自性) 37, 582, 660
앗딴(attan) 67
앗자따찐띤(Ajjhattacintin) 67
앗잣따 581
앗타(Attha, 행복, 안녕, 유익) 93, 103, 547
앗타까(Aṭṭhaka) 94
「앗타까왁가(Aṭṭhakavagga)」 87, 90, 92, 94, 96, 97, 98, 107, 158
앗탕기까막가(aṭṭhaṅgikamagga, 八正道) 289
앗탕기꼬 막고(Aṭṭhaṅgiko Maggo, 八正道) 615, 617
앙굴리말라(Aṅgulimāla) 232

『앙굿따라니까야』 36, 56, 77, 80, 82, 108, 128, 185, 202, 246, 254, 261, 306, 595
야드르차바다(Yadṛcchāvāda, 비결정론) 423
야마(Yama, 夜摩) 468
『야마까(Yamaka)』 30, 44
야즈냐(Yajña, 제의, 제식) 359
야즈냐발키야 367, 663
약샤(Yakṣa, 夜叉) 400
얀냐(Yañña, 祭祀) 416
어리석음(Moha) 111
업(業) 198, 518
에까야노 막고(Ekāyano Maggo, 하나의 목적을 향한 길) 625
여덟 부류의 고귀한 사람들(puggala, 四雙八輩) 106
여래 215, 278
연기(Pratītyasamutpāda, 緣起) 21, 96, 97, 102, 111, 142~144, 208, 209, 262, 264, 266~269, 272, 490, 494, 500~503, 505, 508, 509, 516, 524, 570, 655
연민(Karuṇā, 悲) 139, 480, 481, 630
연민심 675
열반(Nirvāṇa, 涅槃) 17, 21, 213, 554
염처(念處) 199
영혼(정신) 160
예수 63
오가(ogha, 폭류) 52, 72, 248, 289, 294, 298, 318
오계(五戒) 235
오근(五根) 192
오력(五力) 192
오빠빠띠까(Opapātika, 化生) 68, 134, 140, 157, 229, 434
오빠빠띠꼬(opapātiko) 222
오온(五蘊) 78, 109, 127, 130, 143, 165, 187, 193, 200, 242
오온설(五蘊說) 210
오장애(Nīvaraṇa, 五蓋) 159
오취온(Upādānakkhandha, 五取蘊) 159, 165
오하분결(五下分結, Orambhāgiya saṃyojanas) 109
올덴베르그(Oldenberg) 15, 40, 48, 50, 129, 301, 387, 390, 468, 495, 500, 546, 656
올바른 사유 628
옴(Om) 383
와야마(Vāyāma, 精進) 618
와타나베 107, 110, 127
왁가(vagga) 36, 247
완전한 깨달음(Sambodhi, 正覺) 609
왓시뿌뜨리야(Vātsīputrīya, 犢子部) 191
왓차곳따(Vacchagotta) 214
요가 385, 386, 405, 611, 688
요가바샤(Yogabhāṣya) 454

요가차라(Yogācāra, 瑜伽行派) 518, 539, 559
요가케마(anuttara yogakkhema) 172
요기(Yogī) 333, 336
요니소 마나시까라(Yoniso manasikāra, 如理作意) 629
욕계(欲界) 490
욕망(Kāma) 96
『우다나(Udāna, 感興語)』 37, 51, 114, 115, 116, 120, 150, 469
우다나(Udāna, 呼氣, 날숨) 372
우루웰라(Uruvelā) 474
우바또바가위뭇따(Ubhatobhāgavimutta, 兩分解脫者) 228, 229, 261, 269, 323
우바히(Uvahī) 447
우빠낄레사(upakkilesa, 汚染, 煩惱) 170, 171, 240, 284
우빠다나(Upādāna) 72, 524, 530
우빠다나칸다(upādānakhandhas, 取蘊) 259
우빠디(Upadhi, 執着) 72, 249, 275, 447, 524
우빠디세사(Upādisesa) 101
우빠마(upamā, 比喩) 220, 240, 250, 258
우빠빳띠(Upapatti, 再生) 416
우빠사나(upāsanā, 숭배) 361, 369
우빨리(Upāli) 227
우뻭카(Upekkhā, 捨) 660
우안거 421
우파니샤드(Upaniṣad) 58, 62, 129, 139, 323, 338, 361, 364~366, 370, 371, 373~375, 379, 381, 385, 387, 389, 390, 391, 395, 398, 402, 403, 449, 510, 518, 534, 564, 580, 584, 585, 607, 610, 611, 653, 658, 662, 688
우페크샤(Upekṣā, 捨) 660
우포사타(uposatha, 布薩) 421
웃다까 라마뿟따(Uddaka Rāmaputta) 290, 464
웃다마가따니까(Uddhamāghātanika, 死後有想論) 437
웃닷짜(Uddhacca, 들뜸) 321
웃데사(uddesa, 說明) 169, 193, 197, 198, 213, 240
웃체다 493, 508, 520
웃체다와다(ucchedavāda, 斷滅論) 297, 513, 659
원전(原典) 15, 140
웨다나(Vedanā, 受) 240, 248, 273, 285, 316, 317, 530, 600
웨다나누빳사나(vedanānupassanā, 受隨觀) 300
웨달라(Vedalla, 교리문답) 64, 78
웨살리(Vesālī) 151, 458, 476, 666, 667
웨이야까라나(veyyākaraṇa, 說明) 322
위나야(Vinaya, 律) 84, 172, 200, 318, 456, 469, 472, 665
위나야삐따가(律藏) 470
위딱까(Vitakka, 尋, 생각, 사유) 205, 221

위리야 618, 621
『위마나왓투(Vimānavatthu)』 51
위목카(vimokkhas, 解脫) 145, 175, 191, 264, 318
위뭇띠(Vimutti, 解脫) 153, 264, 283, 308, 535, 546, 552, 612, 627, 632
위뭇띠냐나(Vimuttiñāṇa, 解脫知) 108
위밧자와다(Vibhajjavāda, 分別說部) 235
『위방가(Vibhaṅga, 分別論)』 30, 32, 44, 169, 197, 198, 213, 299
위빠사나(Vipassanā, 觀) 220, 296, 642
위빠사나바와나(Vipassanābhāvanā, 觀修行) 642
위사카(Visākhā) 475
위숫디(Visuddhi, 淸淨) 428
위숫디막가 612, 639
위야와하라(Vyavahāra, 언설) 433
위짜라(Vicāra, 伺) 381
위하라 632
윈냐나(Vinnñāṇa, 識) 78, 98, 184, 187, 188, 194, 200, 201, 206, 207, 209, 240, 248, 256, 264, 267, 268, 275, 276, 281, 290~292, 315, 317, 526, 528, 590
윌로마(Viloma, 逆觀) 526
윗자(vijjā, 明智) 132, 133, 178, 222, 226, 261, 551, 552
유여열반(Saupādisesa Nibbānadhātu, 有餘涅槃) 113, 540
유일신 378
유일신교 350
유학(有學) 238
유행(遊行) 455, 464
육내외처(ajjhattika bāhira āyatana, 六內外處) 159
윤리 629
윤회 114, 145, 362, 364, 574
윤회론 365
율(vinaya, 律) 153, 181
율장(Vinaya Piṭaka, 律藏) 31, 39, 47, 49, 86, 175
의식(Viññāṇa, 識) 98, 130, 139, 145
의업(意業) 188
의지(cetanā, 意圖) 323
이띠빠다(Iddhipāda, 神足) 156, 221, 627
『이띠웃따까(Itivuttaka, 如是語)』 38, 51, 53, 68, 107, 109, 111, 114, 132
이시빠따나(Isipatana) 473
인다(Inda) 71
인더스 문명 329, 330, 331, 332
인드라(Indra) 345
인드리야(Indriya, 根) 71, 346, 618, 620

【 ㅈ 】

자기수행 625
『자따까(Jātaka)』 47, 51, 64, 84, 133, 155, 232
자띠(Jāti, 生) 101, 526

자라마라나(Jarāmaraṇa) 102, 526
자살(自殺) 451
자아(Attā, 自我) 136, 145, 282, 344, 591, 597, 599
자애[慈] 수행 211
자양분 372
자이나 105, 339, 388, 403, 407, 437, 439, 441, 451, 632, 647
자이나교 117, 160, 182, 227, 236, 335, 341, 367, 394, 397, 410, 430, 450, 452, 518, 520, 652, 657, 677, 682
자코비(Jacobi) 40, 387, 403, 404, 407, 438, 496, 655, 678, 682
자띨라(Jaṭila) 413
『잡아함(Saṃyuktāgama, 雜阿含)』 33, 36, 89, 245
장로(Thera) 185, 186
『장아함(Dīrghāgama)』 33, 121, 122, 134
장애(Nīvaraṇa) 103, 111
전륜성왕 154
절제(saṃvara) 317
접촉(samphassa, 接觸) 285
정(Samādhi, 定) 137
제거(Pahāṇa) 317
족쇄(saṃyojana) 134
존 마셜(John Marshall) 331
종말론 352, 361
주석서 270, 685
주의집중 626
죽음(Maccu) 468
중도(中道, Majjhena Dhaṃmo) 213, 265, 269, 270, 271, 320, 508, 509, 517, 520, 605, 617, 629
『중아함』 33, 34, 36, 122
즐거움(sukha, 樂) 228
『증일아함』 33, 36, 306
지견(知見, Ñāṇadassana) 130
지반묵띠(Jīvanmukti, 生解脫) 380
지복(至福, Ānanda) 481
지성(知性, 智慧)(Prajñāna) 382
지와(Jīva, 生命) 432
지혜(Prajñā) 142, 373, 640
진화론 351
질문 98
집성제(集諦) 488
집중(Samādhi, 定) 383, 628
짜라나(caraṇa, 德行) 226
짝까왓띠(Cakkavattī) 73
쩨따나(cetanā, 意圖) 522
쩨또위뭇띠(Cetovimutti, 心解脫) 101, 109, 133, 189, 313, 553
쭌다(Cunda) 227
『쭐라왁가(Cullavagga)』 40, 49, 86, 417
찌와라(c.vara, 僧服) 147
찟따(citta) 69, 210, 264, 281, 312, 315, 389, 552, 585, 590, 635, 657
찟따누빳사나(cittānupassanā, 心隨觀) 300

【 ㅊ 】

차투르마샤(Cāturmāsya, 넉 달에 한 번 행하는 희생제) 356
찬가 57, 347, 353
찬나(Channa) 182, 256
찬다(Chanda, 慾) 524
찬다(R. Chanda) 73
찬드라키르티(Candrakīrti, 月稱) 271, 508, 516
창조론 351
청정(Viśuddhi) 413, 420
체르바스키(Stcherbatsky) 485, 493, 506, 545, 561, 577, 604, 676
초기경전 129
초기불교 15, 19, 48, 105, 223, 346, 447, 453, 488, 621, 630, 646, 647, 650, 652, 657, 663
초기불교도 628, 655
초승달(Darśa) 희생제 355
초전법륜 200
취착(upadhi) 96
칠각지(Bojjhaṅga, 七覺支) 159, 192
칠청정(七淸淨) 173
침묵 605, 608, 654, 661

【 ㅋ 】

카르마(Karma, 業) 339, 369, 424, 439, 444, 499, 522, 561, 572, 602, 652
『카르마그란타(Karmagrantha)』 445
카르만 367, 368, 648
카마(Kāma, 애욕) 350
카스트 133, 162, 207, 232, 234, 334, 342, 343, 353, 397, 406, 410, 412, 479, 661
칸다(khandhas, 蘊) 73, 99, 109, 211, 215, 248, 254, 262, 268, 273, 279, 280, 282, 284, 296, 302, 309, 325, 528, 575, 594, 600
『칸다까(Khandhaka, 犍度部)』 32, 48, 51
칼라(Kāla 시간) 350
칼라바다(Kālavāda, 時語, 時論) 421
캐시(Kesi) 453
컨(Kern) 473, 544
케발린(Kevalin, 完全知者) 651
쿠마르스와미(Coomarswamy) 500, 578
『쿳다까니까야(Khuddaka Nikāya, 小部)』 17, 37, 85
『쿳다까빠타(Khuddaka Pātha)』 51
크샤트리야(Kṣatriya) 357, 395, 410
클레샤 602
키스(Keith) 496, 497, 546, 562, 603, 619, 621

【 ㅌ 】

타바(Tava)[Tapa, 苦行] 452
타트바(Tattva, 眞理) 496
타파(Tapa, 苦行) 413, 451
탄트라(Tāntrika) 401

『테라가타(Theragāthā)』 35, 245
테라와다(Theravādin, 上座部) 16, 29, 31, 35, 37, 41, 45, 500, 516, 535, 669, 559
테라와딘 559
『테리가타(Therīgāthā)』 35, 51, 245, 259, 260
토마스(Thomas) 80, 467, 473
통찰 639
투빠(Thūpa) 74
특별한 앎과 봄 554
티베트 번역본 15
티베트본 128, 456, 469, 470

【 ㅍ 】

파라브르티(Parāvṛtti, 轉, 변화) 539
파리나마바다(Pariṇāmavāda, 轉變說) 510
파리니르바나(Parinirvāṇa, 般涅槃) 40, 544
파리브라자카(Parivrājaka, 遊行者) 412, 414
파야시 파에시(Pāyāsi Paësi) 435
파우스벨(Fausböll) 79, 88, 92
파인나(Paiṇṇa) 679
파초(Pachow) 32
파탄잘리(Patañjali) 335, 339, 385
파탈리푸트라(Pāṭaliputra) 148, 677
판본 128, 141
팔라(Phala, 果) 644
팔정도(八正道) 53, 78, 134, 135, 157, 165, 192, 217, 237, 238, 251, 255, 299, 488, 616
팟사(phassa, 觸) 265, 267, 272, 286, 529
편집 41, 53
편처(遍處) 165
평온과 통찰의 계발 230
평화(Śānti) 481
표상(表象) 383
푸드갈라(Pudgala, 個人) 588, 674
푸드갈라바다 675
푸루샤(Puruṣa, 神我) 390, 586, 656, 657
푸쌩(Poussin) 37, 41→라 발레 푸쌩
프라나(Prāṇa 생기, 호흡) 350, 352, 372
프라자파티(Prajāpati) 350
프라즈냐(Prajñā, 智慧) 465, 610, 658, 675
프라크리티(Prakṛti, 自性, 근본원질) 355, 448, 657
프라티트야삼웃파다(Pratītyasamutpāda, 緣起) 657
프랑케(Franke) 40, 55, 88, 123, 495, 497
프르질루스키(J. Przyluski) 146, 148, 256, 257
피고트(Piggott) 331, 335
피르(Feer) 247, 270

피셸(Pischel) 681
피트리야즈냐(Pitṛyajñasm, 조상제사) 357

【 ㅎ 】

하디(Hardy) 306
하우어(Hauer) 384
한역 90, 108, 110
한역본 15, 31, 125, 128, 167, 173
해방(Mokṣa, 解脫) 380
해탈 106, 109, 135, 143, 431
행(行, saṅkhāra) 113
행복(sukha) 231
헤겔(Hegel) 649
헤뚜와다헤뚜와다(Hetuvāda, 因果論) 659
현장(Yüan Chwang, 玄奘) 107
혜(Paññā, 慧) 137
혜해탈 189, 554
호너(I.B. Horner) 15
호흡 382
홉킨스(Hopkins) 406
회른레(Hoernle) 87, 429, 439
휠러(Wheeler) 330
흐름(ogha) 165
희론(망상) 139
희생제 353, 354, 357, 360, 362, 363, 367, 368, 394, 397, 407, 412, 661
히나야나 501, 673

PTSD 66, 67
PTS본 165

증보

p.33, 각주 21: 니시모토(Nishimoto)가 서로 다른 판본의 위나야(Vinaya)를 상대적인 연대순에 따라 배열하여 기원전 100년에서 기원후 400년 사이에 배치하였다.(H. Nakamura, Indian Buddhism, A Survey with Bibliographical Notes, p.51에서 재인용.) 빠알리 위나야의 연대를 기원후 100년경으로 결정하는 것은 전혀 인정할 수 없다. 〈참조〉 G.S.P. Misra, The Age of Vinaya.

p.33, 각주 25: 〈추가〉 다른 판본들 가운데서 이들 문헌을 비교한 것이 1950-51, 1953, 1956, 1960년에 베를린(Berlin)에서 출판되었다.

p.39, 첫 번째 단락 끝부분에 〈추가〉 빠알리 『담마빠다(Dhammapada)』와 비교할 만한 가장 중요한 문헌은 J. Brough가 1962년에 OUP에서 펴낸 『간다리 다르마파다(Gāndhāri Dharmapada)』이다.

p.40, 각주 52: 오랜 경전에 따른 붓다의 전기가 흩어진 상태로 발견된다는 가설을 감안할 때 올덴베르그(Oldenberg)와 프랑케(Franke)가 반대하는 것은 잘못된 판단으로 보인다.—Frauwallner, 앞의 책, p.42 참고.

p.44, 각주 71: 〈추가〉 S.N. Dube, Cross-currents in Early Buddhism(1980).

p.329, 각주 1: 〈추가〉 '아리안족의 침략'이라는 개념 전체는 개정 중이다.—B.B. Lal and S.P. Gupta, Frontiers of the Indus Civilisation(New Delhi, 1984), pp.430ff, B.K. Thapar, "The Aryans: A reappraisal of the Problem" in India's Contribution to World Thought and Culture, pp.147ff 참고.

p.331, 각주 15: 〈추가〉 Marshall, Wheeler 또는 Piggott에게 그런 것처럼 인더스문명이 비(非)아리안족의 문명이라는 점은 더 이상 확실치 않다. 〈참조〉 Bhagwan Singh, Harappa Sabhyata aur Vaidika Sahiyta, 2 Vols. 1987, Puratattva 6, pp.75-76; Lal and Gupta, 앞의 책, pp.437-43.

p.338, 각주 51: 〈추가〉 브라흐마나(Brāhmaṇa, 婆羅門)와 슈라마나(Śramaṇa, 沙門)를 종족으로 이해하는 아리안족과 아리안족 이전으로 연결시킬 필요가 없다. 영적이지도 않고 문화적이지도 않은 이러한 전통은 신체적 특징에

따라 결정된 종족으로만 정의된 어떤 공동체의 특성을 보여줄 수 있다. 게다가 아리안의 경우, 신체가 아니라 언어로 정의된다. 어느 때이든지 순수한 '종족'은 알려진 바가 없다.

p.340, 각주 56: 브라흐마나(Brāhmaṇa, 婆羅門)와 슈라마나(Śramaṇa, 沙門)의 종교-문화적 전통 간에 엄청난 차이는 민족 기준도 아니고 계급이나 카스트 기준도 아닌, 영적 기준으로 간주될 수 있다.—G.C. Pande, Bharatiya Parampara Ke Mula Svara, Chap.Ⅱ, Foundations of Indian Culture, Vol.Ⅰ. 〈참조〉 인도 문화는 단지 사회적 짜깁기나 민족 박물관이 아니라 영적 태도나 가치의 통합이라고 생각해야 한다.

p.341, 각주 57: 베다의 선지자는 숲의 고독을 좋아하는 반면, 마을과 도시에 사는 대다수 사람들은 그런 것을 알지 못했다.—G.C. Pande, Foundations of Indian Culture, Vol.Ⅱ, pp.72ff; G.S. Ghurye, Vedic Society 참고.

p.350, 각주 114: 〈참조〉 David Frawley, Gods, Sages and Kings, pp.47ff.

p.387, 각주 353: 〈추가〉 G.C. Pande, Foundations of Indian Culture, Vol.Ⅰ; Encyclopaedia of Indian Philosophies, Vol.Ⅳ.

p.388, 각주 357: 〈추가〉 〈참조〉 G.C. Pande, Life and Thought of Śaṅkarācārya(1993).

p.398, 각주 42: 〈추가〉 인도의 마르크스주의 역사학자들은 이러한 반의례주의(反儀禮主義)를 경제적·사회적 변화와 연결지으려 했지만 보여주어야 할 것을 추측하는 경향이 있다.—Bodhirasmi(New Delhi, 1984)에 수록된 졸고(拙稿), pp.5-8 참고.

p.457, 각주 10: 〈추가〉 파리니르바나(parinirvāṇa, 般涅槃) 및 결집과 아소카 왕의 대관식 사이에 경과된 기간에 대해, 마하비라(Mahāvīra)의 니르바나(nirvāṇa, 涅槃)에 대해, 그리고 같은 시기에 발생한 다양한 사건에 대해 다양한 고대 전통에서 붓다 시대를 위한 주요 증거가 제공된다. 붓다의 파리니르바나(parinirvāṇa, 般涅槃) 시기에 대한 지배적 관점은 주로 아소카 왕의 대관식을 붓다의 파리니르바나 이후 218년으로 보는 스리랑카 전통에서 유래한다. 약간의 차이가 있긴 하지만, 이런 관점은 전체적으로 주요 역사적 정보와 일치한다. Geiger 역, Mahavaṁśa, JRAS, 213-14, 225-28, Bareau, JA, 1953, 'la date du Nirvana' 참고. Divyāvadāna, Kalpanā-manditikā, Gilgit Manuscripts, Avadānaśataka, Mañjuśrīmūlakalpa, Vasumitra, Samayabhedoparacana cakra 등에서 유래된 다른 전통은 아소카 왕을 니르바나(Nirvāṇa, 涅槃) 후 100년으

로 본다. Lamotte, Histoire du bouddhisme indien, pp.13-15 참고. 대체로 인도의 역사학은 이들 전통을 스리랑카 연대기만큼 믿을 수 있는 자료로 보지 않으며, 그 당시 정치사의 연대기와 조화시킬 수 있는 것을 찾지 못했다. 그러나 최근에는 붓다의 파리니르바나 시기에 대해 소위 '북방 전통'을 재확인하고자 시도하고 있다. 〈예〉 Nakamura, 앞의 책, p.213, Heinz Bechert, Die Lebenzeit des Buddha-das älteste feststehende Datum der indischen Geschichte (Nachrichten der Akademie der Wissenschaften in Göttingen I Philologischhistorische Klasse), 1986, No.4. Bechert 교수가 문제와 관련하여 새로운 증거를 발견했다고 말할 수는 없다. 그의 주장은 빠알리 전통 — 아소카 왕 시대에 대해 혼란을 보여주고, 터무니없이 긴 기간 동안 장로들이 계속되며, 푸라나, 자이나, 스리랑카 전통에서 왕의 명단이 서로 달라 불일치하는 데 대한 회의적 비판에 크게 의지한다. 일반적인 고려 사항 — 스리랑카의 역사 기록은 신화적인 동시발생 사건을 따르는 경향이 있고, 아소카 왕 시대에 불교가 붓다로부터 2세기 이상 흐름으로써 정당화될 만큼의 발전을 보이지 않는다는 점이 여기에 추가된다. 하지만 '북방 전통'의 자료는 회의적으로 비판하기에는 훨씬 더 취약하다. 예를 들어, Divyāvadāna 같은 문헌은 스리랑카 연대기와 거의 비교될 수 없다. '짧은연대기'는 빔비사라(Bimbisāra)부터 찬드라굽타 마우리야(Candragupta Maurya)까지 마가다(Magadha) 통치자들의 연대기에 심각한 문제를 일으킬 수 있다. 경전에서 붓다 입멸 후 100년에 있었다고 설명하는 2차 결집은 경전에서 아소카 왕에 대해 언급되지 않는 점을 고려할 때 당연히 아소카 왕 이전으로 보아야 한다. '북방 전통' 자료는 칼라쇼카-카카바르니(Kālāśoka-Kākavarṇi)와 아소카 왕에 대해 혼동하고 그로 인해 2차 및 3차 결집에 대해 혼동함으로써 비롯된 것으로 볼 수 있다. 초기의 불교 사상 발전과 그 단계에 대해 Bechert 교수의 관점은 전체적으로 다소 지나치게 단순화한 것으로 보인다. 괴팅겐 콜로키움(Göttingen Colloquium)도 관련된 사실에 기반한 연구를 진행했다고 말할 수 없다. 정확한 시기에 대해 확신하기는 어렵지만, 붓다의 니르바나(Nirvāṇa, 涅槃)가 기원전 4세기보다는 5세기 초에 있었다는 데는 의심할 바가 거의 없다.

p.669, 각주 15: Dube 박사의 저서는 1980년에 출판되었다.

간행사 전문

〈본 세존학술연구원의 우수학술서 번역 불사는 박찬호 거사의 시주(施主) 원력으로 이루어졌음을 밝힌다.〉

1. 한국불교의 원류, 원효와 의상

중국을 거쳐 한국에 불교가 전래된 시기는 4세기 후반이다. 중국은 기원 전후에 인도의 불교를 접할 수 있었는데, 이는 붓다 입멸 후 거의 500년이 지난 시점이다. 거의 실시간으로 이루어지는 지금의 정보 전달을 염두에 둔다면, 인도에서 중국을 거쳐 한국에 전래되기까지의 900여 년이란 시간은, '사상의 변천'이 난해해질 수 있는 여건이 충분한, 짧지 않은 기간이다. 게다가 현재의 우리는 한국에 정착한 후 1,600여 년이나 지난 불교를 대하고 있다. 4세기 후반(372년) 고구려로 수입된 불교는 신라로 전해져, 원효(617~686)와 의상(625~702)이라는 두 걸출한 수행자를 통해 화려하게 시작되었다.

원효의 불교는 일심(一心)을 통한 화쟁사상(和諍思想)으로 흔히 요약된다. 일심은 일체의 망상이 사라진 마음자리로 왼쪽 한 발 옆은 화엄

사상, 오른쪽 한 발 옆은 금강반야사상, 앞으로 한 발은 정토사상, 뒤로 한 발은 중관과 유식이 있었다. 즉, 6세기까지 모든 경론(經論) 해석의 정점에 있었던 것이다.

의상 또한 화엄경에 달통하여 한국불교가 일찍이 최고의 경전을 접할 수 있는 절호의 인연을 만들어 준 최고의 논사였다. 이토록 희유(稀有)한 두 성현의 개시(開始)에도 불구하고, 지난 1,600여 년 동안 한국불교는 과연 무엇을 이루었는가에 대한 회의와 반성이 학술서 번역 출간을 기획하게 된 결정적 동기이다.

2. 한국불교에서 의상의 화엄사상 실종

의상에 의해 정립된 화엄 교학은 유심(唯心) 즉, 일심(一心)에 의해 펼쳐지는 법계연기(法界緣起)로 압축된다. 이는 붓다의 깨달음인 연기(緣起)를 모든 존재를 펼쳐지게 하는 본질인 이법계(理法界)와, 본질에 의해 펼쳐진 현상 세계인 사법계(事法界)를 무진연기(無盡緣起)로 설명한 세계관이다. 그리고 이 사상은 양자론같이 극미(極微)한 세계를 다루는 물리학이나 거시(巨視)적 우주를 다루는 천문학과도 잘 어울린다. 이는 화엄사상에서 다루는 대단히 심오한 논리이기도 하다.

다만 화엄경의 모체인 「십지품」에서 설하는 보살 실수행의 단계와 경지는 물론 수행의 구체적 방법이 간과되는 점은 매우 안타깝다. 「십지품」에서 설하는 보살지위의 수행은 십바라밀(十波羅蜜)로 보시·지계·인욕·정진·선정·지혜·방편·원·력·지 등 열 가지로, 「십지품」에서는 열 가지 모두에 '바라밀'을 붙여 사용함으로써 그 뜻을 명확히 하고 있다.

십바라밀은 보살의 십지(十地) 수행과 정확히 일치해, 초지보살은 "보시바라밀을 주 수행으로 삼되 다른 바라밀도 소홀히 하는 것은 아니다." 라고 말한다. 이런 순차로 마지막 십지보살은 "지[智, 般若]바라밀을 주 수행으로 삼고 나머지 바라밀을 소홀히 하지 않는다."라고 명쾌하게 설하고 있다.

그런데도 한국불교는 왜 육바라밀만을 거론하는 것일까? 그 이유를 나는 한국불교가 십바라밀을 수용할 수준에 이르지 못했기 때문이라고 생각한다. 십바라밀 중 앞의 육바라밀은 철저히 자리(自利) 수행의 단계이다.

여섯 번째 지혜바라밀은 자리의 지혜가 완성된 수행의 단계이고 보살 육지의 경지에 해당된다. 그러나 이어지는 보살 칠지에서 십지에 이르는 수행인 방편·원·력·지바라밀은 자리를 여의고 다시 시작해야 하는 보살 이타(利他) 수행의 본격에 해당된다.

육바라밀을 성취한 육지보살이라도 중생 구제를 위한 관세음보살 같은 방편, 보현보살 같은 원력, 어떤 장애와 마장도 능히 다스릴 수 있음은 물론 천제(闡提)까지도 구제할 수 있는 금강 같은 힘[力]을 갖추고, 마지막으로 궁극의 반야지(般若智)인 지바라밀을 얻게 된다는 것이 「십지품」에서 반복해서 강조하는 십바라밀의 본질이다.

십바라밀을 상기한다면 한국의 승가가 이타의 시작인 방편바라밀을 얼마나 이기적으로 악용해 왔는지 알 수 있다. 게다가 자리 수행에서마저도 오지보살의 선정바라밀에 집착해 육지보살의 지혜바라밀 수행을 거들떠보지도 않았다. 수행의 지침으로서 화엄경은 실종되어 버린 것이다.

3. 한국불교에서 원효의 통불교 실종

중국의 종파불교에 대해 한국불교의 정체성을 통불교(通佛敎)라 지칭한 사람은 최남선(1890~1957)이다. 최남선은 1930년 「불교지」 제74호에 발표한 〈조선불교(朝鮮佛敎)—그 동방문화사상(東方文化史上)에서의 지위(地位)〉에서 한국 불교사상의 근원으로 원효를 지목하며 '통불교'라 했다.

원효를 따른다면 나는 최남선의 통불교를 원통불교(圓通佛敎)로 이해하는 편이 더 원효적이라고 생각한다. 최남선은 한국의 역사학자로 일본에 의해 가두어진 한국의 사상 중 그나마 원효의 경지를 동경하며 찬탄하는 심정으로, 한국불교뿐만이 아니라 조국인 한국이 지향해야 할 미래 문화의 정신적 핵심 개념으로 '통불교'라는 용어를 사용했을 가능성이 크다고 본다.

나는 중국이 원효 이후에도 많은 불교사상을 수입 발전시켜 양과 질에서 종파불교를 형성할 충분한 여건을 조성했고, 실제 그들의 종파불교가 고려와 조선시대의 불교에 막대한 영향을 주었다는 사실에도 주목한다. 중국 종파불교를 끊임없이 들여 온 한국불교가 최남선에 의해 원효에서 그 정체성을 확인하고, 그것을 통불교라 했다는 것은 불행 중 다행임에 틀림이 없다.

다만 아쉽게도 최남선은 조선과 고려를 거슬러 신라의 원효에 이르는 거의 1,300여 년간 통불교를 지탱하고 발전시킨 어떤 고승도 언급하지 않았다. 한국불교의 불행은 종파불교도, 원효의 통불교도 자기 것으로 소화해 낼 능력이 없었다는 데 있다.

현재 한국불교는 승가를 이끌 걸출한 수행자를 배출해 내지 못하고 있다. 승려들 중 화엄·반야·법화사상의 차이는 고사하고, 붓다의 삶과 궁극의 가르침이 무엇인가를 설명할 수 있는 사람도 많지 않다. 이는 승가가 선 수행자는 문자에 의지하면 안 된다는 그릇된 전통에 집착한 나머지, 경전까지도 가까이하지 못하도록 방임했지만 실제로는 선 수행을 통한 '경지'에 도달한 수행자마저 배출하지 못한 진퇴양난의 결과이다.

본 우수학술서 번역 불사는 한국불교의 현재를 직시하고, 자기반성과 반전(反轉)의 인과 연을 심어놓는 데 그 목적이 있다.

원효와 의상 이후 한국불교의 정상에는 고려 중기의 보조(1158~1210)가 있었다. 보조는 선교일치(禪敎一致)를 통한 정혜결사(定慧結社)로 불교 중흥의 기틀을 마련하였고, 대혜종고(1089~1163)의 간화선을 한국불교의 대표적 선 수행으로 정착시켰다.

원효에서 보조에 이르기까지는 한국불교의 정체성이 통불교였다고 말할 수 있다. 흔히 근대 보조의 선풍을 되살려 간화선의 진면목을 유감없이 보였다는 수행자로 경허(1849~1912)를 꼽는다. 경허가 간화선의 맥을 이은 것은 사실이나 그것으로 경허의 일탈적 언행의 허물이 덮어지는 것은 아니다. 경허의 막행막식에 원효의 무애나 대자유인만이 누릴 수 있는 경지에서나 가능하다는 식의 접근은 대단히 우려스럽다. 경허는 수행의 마장(魔障)을 조복시키지 못했던 것이고 극기(克己)에 실패했을 뿐이다.

현대에 접어들어 성철(1912~1993)은 간화선사로서 치열함과 혜능(638~713)과 육조단경 논리에 충실한 돈·점의 논쟁을 주도하며 불교의 위상을 높인 측면이 있다. 하지만 안타깝게도 육조단경은 혜능의 추종자들이 후대에 만들었고, 그 내용도 선의 교과서 격으로 인정하기에는 부족하다는 연구 결과가 거의 30년 전에 발표되었다.[본 세존학술총서 중 존 매크래의『북종과 초기 선불교의 형성』이 대표적이다.]

성철의 간화선에는 이런 이론의 문제보다 더 심각한 수행의 자기모순이 있다. 화두 참구 시 반드시 경계해야 할 병통(病痛)에 대해 보조(1158~1210)에서 서산(1520~1604)에 이르기까지, 간화선사들이 실참하며 거론한 간화십종병(看話十種病)의 지적과 성철이 육조단경을 중심으로 펼치는 주장은 상당 부분 배치된다.

또한, 성철의 간화선 수행은 밀교의 주 수행인 진언수행을 우선 또는 병행하게 하는 것이 특이하다. 밀교는 법신불 격인 대일여래(大日如來)를 주불로 세워 힌두교의 여러 신들을 정교한 구성으로 회화(繪畵)화하고, 그 수행은 주문(呪文) 즉, 진언과 다라니를 염송하여 즉신성불(卽身成佛)을 성취한다는 7세기 인도에서 발생한 불교이다. 하지만 밀교는 불교가 사실상 힌두교에 흡수되는 결과를 초래했다는 비판을 받는다.

밀교의 수행 핵심인 진언수행을 간화선사인 성철이 강조했던 근거는, 중국과 한국의 일부 선 수행자가 능엄경이 선정과 마장의 경계를 밝혀 놓았다는 이유를 들어 소의(所依)로 삼은 데 있는 것 같다. 그러나 능엄경은 중국에서 편찬한 위경(僞經)이고, 간화선은 오직 '화두'에 생사를 거는 것이 수행의 전통임을 되새긴다면 성철이 밀교 경전인 능엄경의 능엄신주를 간화선에 접목한 것은 이해하기 난감하다.

이렇듯 근·현대를 대표하는 경허, 성철의 불교는 최남선이 탐구해 낸 원효와 의상을 원류로 하는 통불교도 정통 간화선도 아니다. 여기에 승가의 수행력에 대한 불신으로 남방불교의 수행법인 위빠사나가 빠르게 입지를 넓혀가고 있다. 한국불교의 정체성이 통불교라 주장하기에는 무엇인가 혼란스러운 상황에 처한 것이다.

물론 한국불교가 통불교라는 개념에 갇힐 필요는 없지만 적어도 추구하는 목표는 분명히 해야 한다. 그 분명한 목표가 당위성을 얻기 위한 작업에 본 학술서들이 일조할 수 있다면 다행이다.

4. 한국불교를 위한 제언

나는 20여 년 전부터 시작된 일본의 소위 '비판불교'적 시각을 한국불교도 적극 논의 대상으로 삼아야 한다고 생각한다. 다행히 승가 곳곳에서 한국불교의 고사(枯死)를 인정하고 있으니, 역설적으로 미래 불교의 새싹을 공개적으로 논할 수 있는 여건이 성숙되었다고 볼 수 있다.

나는 주요 경과 논서들을 보며 오히려 많은 의문이 들었다. 예를 들면 붓다의 깨달음은 연기임에도 다섯 비구에게 설한 것은 사성제라 하는데, 붓다는 사성제와 연기의 관계를 어떻게 설정하셨는지 명확하지 않다.

화엄의 유심(唯心)과 세친의 유식(唯識)이 공존할 수 있다면 심과 식의 차이는 없다는 것인가?

화두를 타파하면 연기와 공의 진리에 온전히 계합(契合)되는 경지인가?

간화선 자체를 불교 수행의 하나로 인정하며 생기는 수많은 모순들을, 간화선은 중국불교만의 독특한 수행법이라고 떨쳐 버리는 방법으로 해결할 수는 없는가?

붓다는 은인과 같았던 빔비사라 왕과 위제희 왕비를 죽이고, 곧 자신의 부모를 죽이고 왕권을 차지한 아사세 왕을 어떤 감정으로 대했을까?

이런 근원적 의문들의 해법에 전전긍긍하였다. 쉽게 말해 전설적 해석에 너무 관용적이고, 오래되고 추종자가 많다는 이유로 불교사상이나 수행의 당위성을 인정해 주는 것은 곤란하다는 것이 내 불교관의 핵심이다.

일본 학자들에 의해 제기된 비판불교는 바로 이런 내 의문들과 우연이라고 하기에는 신기할 정도로 동질성이 있다. 그리고 비판불교는 2,000년 이상 군살이 붙은 불교의 맨살을 되살리자는 것을 목표로 한다. 기복과 호국의 정당성을 신앙적으로 이용한 측면에서 자유롭지 못한 한국불교로서는, 이런 비판불교 정신으로 미래 불교의 판을 짜는 것을 승가와 학계가 진지하게 고민해 보자고 제안한다.

5. 맺는말

이 시대는 초고속의 기술개발과 응용에 폭발적 가속이 붙은 4차 산업혁명으로 인간이 과거에 경험하지 못한, 전혀 다른 세상으로 질주하고 있다. 혁명의 중심에는 인공지능(AI)이라는, 물질만으로 조립된 인간보다 유능한 기계로 인간의 생각까지 추적하고 추월한다는 목표가 있다. 이 변화는 결국 역사 이래 가장 근원적 난제인 '마음이라는 정체성의 본질이 정신에 있는가, 물질에도 있는가?'라는 문제에 가장 실감 나게 봉착하게 될 것이다. 불교가 지금과 같이 '마음'이라는 한 단어만을 모든 것의 만능으로 삼고, 마음으로 '인식하고 통찰하는 연기적 사고'를 적응시키지 못한다면 유일신의 종교보다 더 빠르게 사라질 것이다.

미래에 그런 불교를 구현하려면 붓다의 가르침의 궁극이 무엇인가에 대해 연구할 수 있는 '단서와 근거'의 씨앗을 뿌려 놓아야 한다. 말하자면 최소 1,000년은 넘은 대장경의 논장(論藏)보다 실용적이며 미래 적응 가능한, 21세기의 논장을 만들자는 것이 내 바람이다.

본 총서에 꼭 넣고 싶었던 폴 윌리엄스 편집, 『대승불교 논문집』 5권을 포기하는 것이 아쉽지만, 나는 번역서 10권을 내는 것에서 작업을 그칠 수밖에 없다. 원력 있는 불자나 재가 단체가 이 불사를 이어주길 바란다.

10권 출간 작업을 진행하며, 이 학술서 번역 불사는 재원 확보의 어려움은 물론 번역 원고 교정까지 각 공정이 정말 전문적이고, 특별한 정성이 없이는 불가능하다는 사실을 뼈저리게 느꼈다. 그렇기에 의례적인 인사말이 아니라 진심으로 감사 말씀을 드리며 간행사를 마친다.

이 학술적인 번역서들이 출판될 수 있도록 큰 원력을 내 주신 박찬호 거사와 학계의 열악한 연구 여건에도 불구하고 번역을 흔쾌히 수락해 주신 교수님들과 편집·교정을 해 주신 분들, 특히 민족사 윤창화 사장님의 안목과 열정에 깊이 감사드린다. 또한 십시일반으로 후원해 주신 불자들께도 감사드린다.

2019년 정월 초하루

고양시 용화사 무설설당에서

세존학술연구원장 성 법 합장

학술서 후원자 명단

가순용	김홍계	윤길주	정성문	함영준
곽은자	남궁염	윤장현	정정근	허민삼
권설희	류재춘	이강돈	정주열	현덕헌
김대옥	박문동	이경칠	정재훈	황흥국
김병기	박미숙	이동수	정찬희	송 운
김병태	박성일	이순옥	정화영	혜 관
김세원	박희구	이충규	조건종	홍정표
김수남	배덕현	이판교	조병이	이도명
김승규	송 산	이학우	조석환	여지원
김소형	안병환	이한용	조용준	이동수
김영민	안순국	이희성	조원희	이경락
김창근	안종만	장인옥	최기제	이영호
김천덕	엄유미	전상희	최수현	남진석
김태환	오상훈	정광화	최현승	정철상

저자 소개 : 고빈드 찬드라 판데
(Govind Chandra Pande, 1923~2011)

베다와 불교의 시대 연구에 전념한 인도의 역사학자이다.
자이푸르(Jaipur)대학과 알라하바드(Allahabad)대학에서 고대사를 연구했다.
1947년 알라하바드대학교의 강의를 시작으로
1978년부터 20년간 부총장을 역임했으며,
인도 역사와 고고학 관련의 다양한 연구소와 학회 등에서 회장을 역임한 전문가이다.
다양한 명예학위와 Padma Shri상 등의 수상 경력도 화려하다.
인도의 역사, 과학, 철학, 문화 등의 연구 프로젝트를 통해 많은 연구물들을 발표했다.
Foundations of Indian Culture(1984),
Studies in Mahāyāna(1993),
Life and Thought of Sankaracarya(1994),
Rigved Chhata Evam Satva Mandal(2008) 등의 저서가 있다.

역자 소개 : 정준영

초기불교를 전공한 대학교수이자 명상지도자이다.
스리랑카 국립 켈라니아대학교에서 위빠사나 수행을 주제로 철학박사 학위를 받았다.
경전연구소 상임연구원을 역임하고, 한국연구재단의 우수등재지 불교학연구회의 편집위원장이며, 현재 서울불교대학원대학교 불교학과 명상학전공 교수,
대원불교문화대학 등에서 강의하고 있다.
미얀마의 마하시·순룬·쉐우민 명상센터, 스리랑카의 칸두보다, 니싸라나와나야, 나우야나, 그리고 태국, 미국과 캐나다 등에서 수행했다.
저서로는 『위빠사나』, 『다른사람 다른명상』, 『욕망, 삶의 동력인가 괴로움의 뿌리인가』, 『나, 버릴 것인가 찾을 것인가』 등이 있고,
역서로는 『몰입이 시작이다』, 『어려울 때 힘이 되는 8가지 명상』,
논문으로는 「사마타와 위빠사나의 의미와 쓰임에 대한 일고찰」, 「상수멸정의 성취에 관한 일고찰」, 「장애의 두 가지 기능에 대한 연구」 등이 있다.

세존학술총서 3

불교의 기원

초판 1쇄 인쇄 | 2019년 2월 20일
초판 1쇄 발행 | 2019년 2월 25일

지음 | 고빈드 찬드라 판데(G.C.Pande)
옮김 | 정준영

펴낸이 | 윤재승
펴낸곳 | 민족사

주간 | 사기순
기획편집팀 | 사기순, 최윤영
영업관리팀 | 김세정

출판등록 | 1980년 5월 9일 제1-149호
주소 | 서울 종로구 삼봉로 81 두산위브파빌리온 1131호
전화 | 02)732-2403, 2404 팩스 | 02)739-7565
홈페이지 | www.minjoksa.org
페이스북 | www.facebook.com/minjoksa
이메일 | minjoksabook@naver.com

ISBN 979-11-89265-19-7 94220
ISBN 978-89-98742-96-6 (세트)

· 정가 48,000원 (500부 한정판)